KB107165

갑골문자휘편
甲骨文字彙編

김 태 환

박문사

서 문

1899년에 '龍骨'이라는 漢藥材에 글씨가 새겨져 있음을 발견하게 되면서 甲骨文이 세상에 알려졌으니 지금부터 한 세기 전의 일이다. 이들이 출토된 지역은 商나라의 무덤이 집결된 소위 殷墟 유적지로서 비로소 先秦시대 역사가 실증적으로 검토되기 시작하였다. 그 가운데 우리가 이름만 들어도 잘 아는 羅振玉·董作賓 같은 대가들의 업적이 속속 쌓이면서 甲骨學은 하나의 학문분야로 자리 잡게 되었다.

갑골문은 金文보다 앞서는 시기의, 가장 이른 형태의 한문글자로서 '한자' 문명이란 여기에 그 근원이 있다. 중국인들이 이 글자의 수집과 연구에 골몰하는 것은 당연한 일이지만, 캐나다인 名義士(James Mellon Menzies)나 일본인 林泰輔 등도 수집가의 대열에 끼어들었다. 그리하여 일본의 갑골문 연구도 어언 80여 년의 역사를 가지게 되었다. 이러한 수집 성과를 집대성한 갑골문 자료집은 모두 13책으로서 1982년에 완간을 보기에 이르렀다.

나라를 잃고 근대화에 뒤졌던 우리나라는 이러한 학문의 胎動이 남의 일에 지나지 않았지만, 간간이 這間의 소식에 접한 몇몇 人士가 없었던 것은 아니다. 한자문화권에 속하는 우리나라가 어떤 의미에서 우리 문화의 모태가 되는 갑골문자 연구에 언제까지나 등한히 하여 문화강국·학문강국의 대열에 뒤쳐질 수는 없는 노릇이다.

1980년대부터 우리나라의 일부 학자는 갑골문을 학술자료로 적극 활용하여 갑골문화가 오히려 발해연안 즉 東夷 지역에 집중되어 있는 사실을 밝히고, 이와 관련하여 우리 상고사 연구의 실증적 자료로 삼기에 이르렀다. 실은 우리민족이 갑골과 무관한 것도 아니다. 고대국가 부여에서는 전쟁이 있을 때 소를 죽여 그 발굽을 보고 길흉을 점쳤다. 1959년 함경북도 茂山 호곡동주거지에서는 甲骨(卜骨)이 발견되었으며, 1981년 한반도 남부의 김해부원동유적에서도 복골 사진이 실린 보고서가 나왔다. 비록 이들 유물에서 글자는 보이지 않아 無字卜骨에 지나지 않지만 갑골문화의 일종임은 말할 나위도 없다.

서문을 쓰는 나 자신은 일찍이 이런 방면에 별다른 조예가 없었다. 그런데도 저자와 맺은 인연으로 급기야 서문 작성을 감행하게 되었다. 저자와 학문적 관심이나 태도를 많은 부분 공유하면서, 그간 우정을 쌓은 작은 증표 정도를 남기고 싶기 때문이다.

아무쪼록 이 갑골문 사전을 계기로 한국에서도 갑골문 연구가 활발해지고, 나아가 상고시대의 역사와 문화가 좀 더 밝혀진다면 이보다 더한 영광이 없겠다.

2011년 7월,

한국학중앙연구원 교수 신종원.

목 록

범 례

본서는 근래에 편자가 제작한 갑골문(甲骨文) 폰트(font)「문채갑골 1.0」총2,008자의 전산화 정보와 사전적 정의를 수월히 파악할 수 있도록 정리한 것이다. 본문은 크게 두 부분으로 나뉜다. 제1부는 자휘(字彙) 편으로서 전산화 정보를 담았고, 제2부는 주석(注釋) 편으로서 사전적 정의를 담았다. 이밖에 색인을 따로 붙였다.

| 자 휘 |

본서의 자휘 편은 갑골문 자형과 그 출전 및 판독, 각국의 전산화 코드(code), 주요 자전의 수록 위치, 총획과 부수, 각국의 독음 등을 내용으로 삼는다. 이것을 다음과 같은 표에 넣었다. 하단의 내용은 상단의 제목과 더불어 상응하는 위치에 놓인다.

出典	Ucode 美國	康熙字典	Mandarin 北京
	Gcode 中國	漢語大辭典	Cantonese 廣東
甲骨文	Tcode 臺灣	大漢和辭典	JapaneseOn 日本
	Jcode 日本	總劃	Tang 唐
楷書	Kcode 韓國	部首	Hangul 韓國
A0278	U-65E8	0489.060	ZHI3
	0-563C	21485.070	zi2
	1-482F	13738	SHI
	0-3B5D	06	jǐ
旨	0-7229	日	지

갑골문 자형의 출전은 'A0001'과 같이 'A~F'에 이르는 기호와 1천 단위 자릿수로 정렬된 면수의 결합으로 표시했다. 그러나 고서의 경우는 'F中64a'와 같이 다만 권차와 장차로 면수를 대체했다. 판독은 출전의 판독 결과를 해서체로 제시했다. 다음은 출전에 등록된 6종의 도서다.

A. 劉興隆,『新編甲骨文字典』, 北京: 國際文化出版公司, 1993.
B. 徐中舒,『甲骨文字典』, 成都: 四川辭書出版社, 1988.
C. 中國社會科學院考古研究所,『小屯南地甲骨・索引』, 上海: 中華書局, 1983.
D. 貝塚茂樹,『甲骨文字研究・索引』, 京都: 同朋舍, 1980.

E. 于省吾, 『甲骨文字釋林』, 北京: 中華書局 影印, 2009.
F. 羅振玉, 『增訂殷虛書契考釋』, 臺北: 藝文印書館 影印, 1981.

출전은 『신편갑골문자전』을 결정적 자료로 채택하는 가운데 5종의 도서를 함께 참고하여 약간의 자형을 보충했다. 『신편갑골문자전』은 총3,647자를 수록하고 있는데, 본서는 여기서 총1,850자를 선발했다. 이것은 컴퓨터로 입력할 수 있는 최대한의 수량에 속한다. 여타의 도서는 『신편갑골문자전』에 수록되지 않은 경우의 자형만 선발했다. 다음은 그 결과를 집계한 것이다.

구분	A	B	C	D	E	F
총수	3,647	1,111	1,022	2,229	300	656
선발	1,850	15	9	122	10	2

갑골문 자형은 애초에 그 출전을 스캔하여 벡터 이미지로 낱낱 가공하는 작업을 벌이려 했는데, 서체의 통일성을 얻기 어려워 중도에 작업을 포기하고 말았다. 그러다 우연히 <한전(漢典, zdic.net)>에서 제공하는 갑골문 자형 총1,020자를 발견하게 되었다. 이것을 프린트하여 스캔하고 그 자획과 체세를 본받아 서체의 통일성을 얻으니, 이로써 총2,227자에 이르는 자형을 만들어 낼 수 있었다.

그러나 <한전>에서 제공하는 갑골문 자형 총1,020자는 앞에서 언급한 6종의 도서에 수록되지 않은 것도 많았다. 분량은 총219자에 이른다. 따라서 이것은 전거를 따로 밝히는 날을 기다려야 할 것이다. 본서는 다만 전거가 명확한 총2,008자를 각항의 표제자로 삼았다.

갑골문 자체의 자획을 떼거나 붙이고 깎거나 덧대는 등의 작업과 폰트 파일의 글리프(glyph)에 코드를 매기는 작업은 모두 편자가 홀로 맡았다. 글리프에 코드를 매기는 작업을 매핑(mapping)이라고 하는데, 갑골문 폰트 「문채갑골 1.0」은 UCS-2(2-byte Universal Character Set)에 기초한 유니코드(unicode)를 적어 넣었다. 본서는 그것을 'U-4E00'과 같은 형태로 밝히는 동시에 각국에서 저마다 따로 사용하는 코드를 또한 '0-6C69'과 같은 형태로 함께 밝혔다.

각국의 전산화 코드는 <유니코드한자자료고(Unihan Database, unicode.org>에서 제공하는 「유니코드한자(Unihan)」 파일의 정보를 선별하여 채록했다. 압축 문서로 제공되는 「유니코드한자」 파일은 주요 자전의 수록 위치에 관한 색인, 매핑을 위한 전산화 코드, 부수와 획수, 독음과 해석, 이체(異體) 관계 등의 정보를 총8개의 문서에 담았다. 분량은 한중일 통합한자와 확장한자를 통틀어 총75,616자에 이른다. 본서는 여기서 주요 자전의 수록 위치, 부수와 획수, 각국의 독음을 전산화 코드와 함께 추출하여 갑골문 총2,008자에 대응시켜 놓았다.

* <Unihan Database> http://www.unicode.org/charts/unihan.html
* <Unihan.zip> http://www.unicode.org/Public/UNIDATA/

그런데 여타의 정보와 다르게 주요 자전의 수록 위치에 관한 색인은 표기의 방식을 특별히 유의할 필요가 있겠다. 아래의 표에 보이는 『대한화사전』의 '02501'은 한자 '勿'(U-52FF, 물)이 수록된 면수를 나타낸 것이다. 그러나 『강희자전』과 『한어대자전』의 경우는 방식이 그와 조금 다르다.

A0595		U-52FF	0150.240	WU4
		0-4E70	10255.020	mat6
		1-4526	02501	BUTSU, BOTSU, MOCHI
		0-4C5E	04	*miət
	勿	0-5A28	勹	물
A0261		U-5301	0150.241	
		E-2363	10256.011	
		F-2130	02502	
		0-4C68	04	
	匁	1-606E	勹	문

여기서 『강희자전』과 『한어대자전』의 수록 위치에 보이는 소수점 이상의 수자와 소수점 이하의 수자는 '면수.위치(page.position)'의 관계다. <유니코드한자자료고>에 따르면, 색인의 대본이 되었던 주요 자전의 판종은 다음과 같았다.

* 張玉書, 『康熙字典』, 北京: 中華書局 影印, 1989.
* 徐中舒, 『漢語大字典』, 成都: 四川辭書出版社, 1986.
* 諸橋轍次, 『大漢和辭典』, 東京: 大修館書店, 1986.

면수를 나타내는 소수점 이상의 수자에 있어서 『한어대자전』은 맨 앞에 권수 한 자리를 더 가진다. 따라서 『강희자전』의 '0150.'은 곧 '150면'을 뜻하되, 『한어대자전』의 '10256.'은 곧 '1권 256면'을 뜻한다. 전자는 단권으로 되어 있지만, 후자는 총8권에 이른다.

위치를 나타내는 소수점 이하의 수자에 있어서 맨 끝의 한 자리는 가상적 위치다. 처음의 두 자리만 실제의 위치다. 따라서 『강희자전』의 '0150.241'은 '150면(page) 24번째 한자'에 해당하는 '勿'(U-52FF, 물)의 다음 자리를 차지할 만한 '匁'(U-5301, 문)의 가상적 위치를 뜻한다. 실제로 '匁'(U-5301, 문)은 『강희자전』에 수록되지 않은 한자다.

| 주 석 |

본서의 주석 편은 갑골문을 금문(金文)과 전서(篆書)에 비추어 자형의 변천을 살필 수 있도록 하였고, 본서의 자휘 편에 제시한 출전과 유니코드를 또한 덧붙여 두었다. 아울러 종래의 한자 사전에 나오는 해석을 다음과 같은 체제로 한데 모았다.

A0003 U-5929

•天• 大字部 總04劃. (ᄒᆞᆫ글) [천] 하늘. (新典) [텬] 하날. (訓蒙) [텬] 하ᄂᆞᆯ. (英譯) sky, heaven. god, celestial. (漢典) 會意. 甲骨文字形. 下面是個正面的人形, 上面指出是人頭, 小篆變成一橫. 本義: 人的頭頂. (康熙) <大部> 古文: 宎兲靝𠀘兲. {唐韻}{正韻}他前切, {集韻}{韻會}他年切, 𠀘腆平聲. {說文}顚也. 至高在上, 从一大也. {白虎通}鎭也, 居高理下, 爲物鎭也. {易·說卦}乾爲天. {禮·禮運}天秉陽, 垂日星. (說文) <一部> 他前切. 顚也. 至高無上, 从一, 大.

갑골문 폰트와 마찬가지로 여기서 사용한 금문 폰트와 전서 폰트도 <한전>에서 제공하는 자형을 토대로 제작했다. 금문 폰트는 총808자에 이르고, 전서 폰트는 총1,898자에 이른다. 금문의 자형과 그 판독에 관해서는 또한 다음과 같은 논저를 참고했다.

* 容庚, 『金文編』, 北京: 中國科學院考古研究所, 1959.
* 董妍希, 「金文字根研究」, 『國文研究所集刊』 第46號, 臺北: 臺灣師範大學, 2002.

본서의 주석 편에 인용한 종래의 한자 사전은 『강희자전』과 『설문해자』가 주종을 이룬다. 원문은 모두 <애문(愛問, iask.sina.com.cn)>에서 제공하는 텍스트 파일을 활용하되, 본서에 필요한 항목만 채록했다. 그리고 국내에서 저작된 사전은 다음과 같은 4종을 모본으로 삼았다.

* 崔世珍, 『訓蒙字會』(1527), 서울: 檀國大學校 東洋學研究所 影印, 1971.
* 柳希春, 『新增類合』(1574), 서울: 檀國大學校 東洋學研究所 影印, 1972.
* 李承熙, 『正蒙類語』(1884), 星州: 三峰書堂, 1936.
* 崔南善, 『新字典』(1915), 京城: 新文館, 1928.

여기서 『신자전』은 문자판독(OCR) 프로그램으로 입력한 결과를 가지고 한글로 작성된 내용만 교정하여 채록했다. 여타의 3종은 <국립국어원>에서 '21세기 세종계획 성과물'로 배포했던 자료를 활용하되, 이것도 본서에 필요한 항목만 채록했다.

이밖에 자원(字源)에 대한 설명은 <한전>에서 제공하는 자전의 내용을 발췌한 것이고, 영역(英譯)은 또한 <유니코드한자자료고>에서 제공하는 「유니코드한자」 파일의 일부를 발췌한 것이다. 아울러 <한글과컴퓨터>에서 제공하는 한자 사전의 음과 훈을 맨 앞에 넣었고, 부수와 획수를 또한 밝혔다.

갑골문 한자는 상(商)나라의 옛 도성 터에서 출토된 갑골을 매개로 3천년을 건너온 문자다. 우리가 흔히 은허(殷墟)라고 일컫는 하남성 안양시 소둔촌(小屯村)이 갑골의 출토와 함께 학계에 알려진 것은 1899년의 일이다. 이후에 1928년을 기점으로 10년에 걸치는 학술적 발굴이 있었다. 여기서 1만8천여 편의 갑골이 나왔다. 그런가 하면 1977년과 1979년에 오늘날 주원(周原)이라고 일컫는 주(周)나라의 옛 도성 터에서 또한 1만여 편의 갑골이 나왔다.

갑골문 한자의 수량은 통틀어 4천여 자에 이른다. 판독의 자취는 20세기 벽두로부터 있었다. 예컨대 『갑골문자전』이 편찬되기 이전의 주요 성과로 다음과 같은 업적을 매거할 만하다. 판독한 한자의 수량을 오른쪽 끝에 적는다.

* 孫詒讓, 『契文擧例』(1908), 臺北: 大通書局, 1986. 총185자.
* 商承祚, 『殷虛文字類編』(1923), 北京: 北京圖書館出版社, 2000. 총790자.
* 羅振玉, 『增訂殷虛書契考釋』(1927), 臺北: 藝文印書館, 1975. 총656자.
* 王襄, 『重訂簠室殷契類纂』(1929), 北京: 北京圖書館出版社, 2000. 총957자.
* 朱芳圃, 『甲骨學・文字編』(1933), 臺北: 商務印書館, 1983. 총925자.
* 金祥恒, 『續甲骨文編』(1959), 臺北: 藝文印書館, 1993. 총989자.
* 孫海波, 『甲骨文編』(1965), 北京: 中華書局, 1965. 총1,723자.

갑골문 한자와 후대의 한자는 의미가 크게 다르다. 갑골문 한자의 의미는 갑골문 자체의 문맥을 통하여 파악해야 마땅할 것이다. 그러나 자형의 원류와 의미의 원류는 별개의 사건이 아니다. 말류를 살펴야 기원에 이르는 길도 보인다. 본서의 주석 편은 이러한 요구에서 마련된 것이다.

* 郭沫若, 『甲骨文合集』 第1-13冊, 上海: 中華書局, 1982.
* 王宇信・楊升南, 『甲骨學一百年』, 北京: 社會科學文獻出版社, 1999.

중국은 100년 이상의 갑골학 연구사를 가졌다. 갑골학 연구를 위한 자료집 총13책이 1982년에 완간을 보았다. 연구사 100년 성과를 정리한 저술이 출간된 것도 이미 10년이 지났다. 일본도 80년 이상의 연구사를 가진다. 우리의 관심은 1993년에 편자의 은사 이형구 선생이 『갑골학 60년』을 번역한 데서 그 기원을 보았다.

본서는 편자의 은사 이형구 선생께 드리는 답례의 하나다. 선생은 갑골문에 보이는 “□□”[箕侯]를 유일한 인명으로 보고자 했었다. 갑골은 기자(箕子)를 발견할 수 있는 가장 유력한 문헌에 속한다. 선생은 이것을 거듭 편자의 청년에 새겼다.

편자는 근래에 문제의 “□□”[箕侯]가 유일한 인명이 아님을 질의할 만한 한두 용례를 『갑골문합집』에서 보았다. 편자의 이러한 질의를 논증해 주는 학자가 머잖아 있을 것이다. 본서를 미리 베풀어 그 사람과 그 때를 기다리는 바이다.

차 례

제1부

자 휘

出典 甲骨文 楷書	Ucode 美國 Gcode 中國 Tcode 臺灣 Jcode 日本 Kcode 韓國	康熙字典 漢語大辭典 大漢和辭典 總劃 部首	Mandarin 北京 Cantonese 廣東 JapaneseOn 日本 Tang 唐 Hangul 韓國
A0001	U-4E00	0075.010	YI1
	0-523B	10001.010	jat1
	1-4421	00001	ICHI, ITSU
	0-306C	01	*qit, qit
一	0-6C69	一	일
A0961	U-4E01	0075.030	DING1, ZHENG1
	0-3621	10002.050	ding1, zaang1, zang1
	1-4423	00002	TEI, CHOU, TOU
	0-437A	02	*deng, deng
丁	0-6F4B	一	정
A0274	U-4E02	0075.050	KAO3, QIAO3, YU2
	5-3021	10004.010	
	4-2126	00003	KOU
	1-3021	02	
丂		一	교
A0949	U-4E03	0075.070	QI1
	0-465F	10003.030	cat1
	1-4424	00006	SHICHI, SHITSU
	0-3C37	02	*tsit, tsit
七	0-7652	一	칠
A0024	U-4E09	0076.050	SAN1, SAN4
	0-487D	10004.030	saam1, saam3
	1-4435	00012	SAN
	0-3B30	03	*sam, sam
三	0-5F32	一	삼
A0005	U-4E0A	0076.070	SHANG4
	0-494F	10005.040	soeng5, soeng6
	1-4438	00013	JOU, SHOU
	0-3E65	03	*zhiàng, zhiàng, zhiǎng
上	0-5F3E	一	상
A0005	U-4E0B	0076.100	XIA4
	0-4F42	10007.010	haa5, haa6
	1-4436	00014	KA, GE
	0-323C	03	hà, hǎ
下	0-793B	一	하

出典 甲骨文 楷書	Ucode 美國 Gcode 中國 Tcode 臺灣 Jcode 日本 Kcode 韓國	康熙字典 漢語大辭典 大漢和辭典 總劃 部首	Mandarin 北京 Cantonese 廣東 JapaneseOn 日本 Tang 唐 Hangul 韓國
A0777	U-4E0D	0076.150	BU4, FOU3, FOU1
	0-323B	10011.060	bat1, fau2
	1-4462	00019	FU, BU, FUTSU, HI
	0-4954	04	*biət, biət
不	0-5C74	一	불
A0982	U-4E11	0077.040	CHOU3
	0-3373	10012.070	cau2
	1-4460	00023	CHUU, CHU
	0-312F	04	
丑	0-7564	一	축
A0920	U-4E14	0077.070	QIE3, JU1
	0-4752	10015.050	ce2, zeoi1, zoeng1
	1-4562	00029	SHA, SHO
	0-336E	05	*tsiă, tsiă
且	0-7326	一	차
A0777	U-4E15	0077.100	PI1
	0-5827	10015.010	pei1
	1-4561	00030	HI
	0-5023	05	pyi
丕	0-5D60	一	비
A0510	U-4E18	0077.140	QIU1
	0-4770	10017.010	jau1
	1-4563	00033	KYUU
	0-3556	05	*kiou, kiou
丘	0-4E78	一	구
A0956	U-4E19	0078.020	BING3
	0-317B	10016.030	bing2
	1-455F	00035	HEI, HYOU
	0-4A3A	05	
丙	0-5C30	一	병
A0116	U-3401	0078.030	TIAN3, TIAN4
	5-3024	10019.020	tim2
	4-2224		
		06	
㐁	3-2121	一	첨

出典 甲骨文 楷書	Ucode 美國 Gcode 中國 Tcode 臺灣 Jcode 日本 Kcode 韓國	康熙字典 漢語大辭典 大漢和辭典 總劃 部首	Mandarin 北京 Cantonese 廣東 JapaneseOn 日本 Tang 唐 Hangul 韓國
A0131	U-4E1E	0078.050	CHENG2
	0-5829	10019.080	sing4
	1-4722	00040	SHOU, JOU
	0-3E67	06	*zhiəng, zhiəng
丞	0-632A	一	승
A0118	U-4E29	0078.210	JIU1
	5-303C	10049.020	
	4-2127	00068	KYUU
	4-2125	01	
丩		丨	구
A0027	U-4E2D	0079.030	ZHONG1, ZHONG4
	0-5650	10028.100	zung1, zung3
	1-4463	00073	CHUU
	0-4366	04	*djiùng, djiung
中	0-7169	丨	중
A0147	U-4E2E	0079.060	JI3
	E-2128	10051.070	
	2-2130	00074	KEKI, KYAKU
	1-302B	04	
丮	2-212A	丨	극
A0445	U-4E2F	0079.070	JIE4
	E-2129	10028.080	
	4-213A	00075	KAI
	1-302C	04	
丯		丨	개
A0297	U-4E39	0080.160	DAN1
	0-3524	10044.010	daan1
	1-4465	00099	TAN
	0-4330	04	*dɑn, dɑn
丹	0-5321	丶	단
A0847	U-4E42	0081.100	YI4
	3-302A	10031.030	ngaai6
	2-2121	00111	GAI, GE
	0-5029	02	
乂	0-6751	丿	예

出典 甲骨文 楷書	Ucode 美國 Gcode 中國 Tcode 臺灣 Jcode 日本 Kcode 韓國	康熙字典 漢語大辭典 大漢和辭典 總劃 部首	Mandarin 北京 Cantonese 廣東 JapaneseOn 日本 Tang 唐 Hangul 韓國
A0273	U-4E43	0081.120	NAI3
	0-444B	10031.050	naai5, oi2
	1-4425	00113	DAI, AI, NAI
	0-4735	02	*nəĭ, nəĭ
乃	0-522C	丿	내
A0361	U-4E47	0082.020	ZHE2, NÜE4, ZHE4, TUO1
	0-5831	10032.010	tok3, zaak6
	2-2128	00120	TAKU, CHAKU
	1-3032	03	
乇	2-2132	丿	탁
A0354	U-4E4B	0082.040	ZHI1
	0-562E	10043.010	zi1
	1-4466	00125	SHI
	0-4737	04	*jiə, jiə
之	0-717D	丿	지
A0488	U-4E4D	0082.060	ZHA4, ZUO4
	0-5527	10035.030	zaa3, zaa6, zok3
	1-4565	00130	SAKU, SA
	0-4663	05	jrhà
乍	0-5E3F	丿	사
A0276	U-4E4E	0082.070	HU1, HU2
	0-3A75	10036.080	fu1, fu4, wu4
	1-4567	00131	KO
	0-3843	05	ho
乎	0-7B3A	丿	호
A0332	U-4E58	0083.090	CHENG2, SHENG4
	0-334B	10040.010	sing4, sing6
	1-537D	00154	JOU, SHOU
	0-502B	10	jhiəng, jhiə̀ng
乘	0-632B	丿	승
A0954	U-4E59	0083.150	YI3
	0-5252	10047.040	jyut3, jyut6
	1-4422	00161	OTSU
	0-3235	01	qyit
乙	0-6B60	乙	을

出典 甲骨文 楷書	Ucode 美國 Gcode 中國 Tcode 臺灣 Jcode 日本 Kcode 韓國	康熙字典 漢語大辭典 大漢和辭典 總劃 部首	Mandarin 北京 Cantonese 廣東 JapaneseOn 日本 Tang 唐 Hangul 韓國
A0949	U-4E5D	0083.190	JIU3
	0-3E45	10048.050	gau2
	1-4426	00167	KYUU, KU
	0-3665	02	*gioŭ, gioŭ
九	0-4E7A	乙	구
A0027	U-4E5E	0084.030	QI3
	0-4672	10050.070	hat1
	1-443F	00170	KOTSU, KI
	0-3870	03	kiət
乞	0-4B77	乙	걸
A0890	U-4E5F	0084.040	YE3
	0-5232	10050.050	jaa5
	1-443E	00171	YA
	0-4C69	03	iǎ
也	0-6525	乙	야
A0776	U-4E73	0084.170	RU3
	0-4869	10055.040	jyu5
	1-4B66	00190	NYUU
	0-467D	08	njiŏ
乳	0-6A61	乙	유
D0062	U-4E88	0085.160	YU2, YU3
	0-5368	10052.020	jyu4, jyu5
	1-4468	00231	YO, SHA
	0-4D3D	04	*iu, iu
予	0-6578	亅	여
A0004	U-4E8B	0085.240	SHI4
	0-4A42	10023.030	si6
	1-4B67	00241	JI, SHI
	0-3B76	08	*jrhiə̀, jrhiə̀
事	0-5E40	亅	사
A0897	U-4E8C	0086.010	ER4
	0-367E	10002.010	ji6
	1-4428	00247	NI, JI
	0-4673	02	*njì, njì
二	0-6C23	二	이

出典	Ucode 美國	康熙字典	Mandarin 北京
甲骨文	Gcode 中國	漢語大辭典	Cantonese 廣東
	Tcode 臺灣	大漢和辭典	JapaneseOn 日本
	Jcode 日本	總劃	Tang 唐
楷書	Kcode 韓國	部首	Hangul 韓國
A0277	U-4E8E	0086.060	YU2, XU1
	0-535A	10004.050	jyu1, jyu4
	1-4440	00252	U, KU
	0-5032	03	*hio, hio
于	0-694D	二	우
A0760	U-4E91	0086.080	YUN2
	0-5446	10384.020	wan4
	1-4469	00254	UN
	0-313E	04	*hiuən, hiuən
云	0-6976	二	운
A0945	U-4E94	0086.110	WU3
	0-4E65	10011.030	ng5
	1-446C	00257	GO
	0-385E	04	*ngǒ, ngǒ
五	0-6769	二	오
A0297	U-4E95	0086.140	JING3
	0-3E2E	10010.040	zeng2, zing2
	1-446A	00258	SEI, SHOU
	0-3066	04	*tsiĕng, tsiĕng
井	0-6F4C	二	정
A0898	U-4E98	0087.040	GEN4, GENG4
	0-5828	10017.160	
	3-2266	00262	SEN, KAN, KOU
	0-4F4B	06	
亘	0-5066	二	긍
A0692	U-4E99	0087.070	GEN4, GENG4
	E-213F	10019.050	gang2
	1-4727	00265	KOU
	0-4F4A	06	
亙	1-5B62	二	긍
A0944	U-4E9E	0087.130	YA4, YA1
	1-5147	10023.020	aa3, ngaa3
	1-4B69	00274	A, ATSU, OU
	0-5033	08	qà
亞	0-642C	二	아

出典	Ucode 美國	康熙字典	Mandarin 北京
甲骨文	Gcode 中國	漢語大辭典	Cantonese 廣東
	Tcode 臺灣	大漢和辭典	JapaneseOn 日本
	Jcode 日本	總劃	Tang 唐
楷書	Kcode 韓國	部首	Hangul 韓國
A0897	U-4E9F	0087.140	JI2, QI4
	0-583D	10055.070	gik1, kei3
	1-4F67	00279	KYOKU, KI
	0-5034	09	
亟	1-5B49	二	극
A0867	U-4EA1	0088.030	WANG2, WU2
	0-4D76	10279.050	mong4, mou4
	1-4441	00287	BOU, MOU
	0-4B34	03	*miɑng, miɑng
亡	0-584C	亠	망
A0681	U-4EA2	0088.040	KANG4, GANG1
	0-3F3A	10280.010	gong1, kong3
	1-446D	00288	KOU
	0-5036	04	kɑ̀ng
亢	0-7971	亠	항
A0677	U-4EA4	0088.060	JIAO1
	0-3D3B	10282.010	gaau1
	1-4728	00291	KOU, KYOU
	0-3872	06	*gau, gau
交	0-4E5F	亠	교
A1007	U-4EA5	0088.080	HAI4
	0-3A25	10283.050	hoi6
	1-472A	00292	GAI, KAI
	0-3067	06	həì
亥	0-7A24	亠	해
A0676	U-4EA6	0088.090	YI4
	0-5260	10281.030	jik6
	1-4729	00293	EKI, YAKU
	0-4B72	06	*iɛk, iɛk
亦	0-6632	亠	역
A0318	U-4EA8	0088.120	HENG1, XIANG3, PENG1
	0-3A60	10284.030	hang1, paang1
	1-486C	00295	KYOU, KOU, HOU
	0-357C	07	
亨	0-7A7B	亠	형

出典 甲骨文 楷書	Ucode 美國 Gcode 中國 Tcode 臺灣 Jcode 日本 Kcode 韓國	康熙字典 漢語大辭典 大漢和辭典 總劃 部首	Mandarin 北京 Cantonese 廣東 JapaneseOn 日本 Tang 唐 Hangul 韓國
A0322  㐭	U-342D KX008901 4-2534 A-2128	0089.010 10284.070 08 亠	LIN3 lam5 름
A0318  享	U-4EAB 0-4F6D 1-4B6A 0-357D 0-7A3D	0088.170 10284.080 00298 08 亠	XIANG3 hoeng2 KYOU 향
A0316  京	U-4EAC 0-3E29 1-4B6B 0-357E 0-4C48	0088.190 10284.060 00299 08 亠	JING1 ging1 KYOU, KEI, KIN giæng 경
A0318  亯	U-4EAF E-2143 3-2B26 1-3041	0089.050 10285.050 00305 09 亠	XIANG3 KYOU, KOU 향
A0314  亳	U-4EB3 0-5971 1-537E 0-5038 1-6131	0089.090 10287.090 00312 10 亠	BO2 bok3 HAKU, BAKU 박
A0482  人	U-4EBA 0-484B 1-4429 0-3F4D 0-6C51	0091.010 10101.100 00344 02 人	REN2 jan4 JIN, NIN *njin, njin 인
D0108 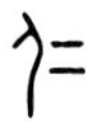 仁	U-4EC1 0-484A 1-446E 0-3F4E 0-6C52	0091.070 10107.010 00349 04 人	REN2 jan4 JIN, NIN, NI njin 인

出典 甲骨文 楷書	Ucode 美國 Gcode 中國 Tcode 臺灣 Jcode 日本 Kcode 韓國	康熙字典 漢語大辭典 大漢和辭典 總劃 部首	Mandarin 北京 Cantonese 廣東 JapaneseOn 日本 Tang 唐 Hangul 韓國
A0494	U-4EC3	0091.110	DING1
	0-586A	10108.010	ding1
	1-4470	00351	TEI
	1-3043	04	
仃	2-2155	人	정
A0586	U-4EC4	0091.120	ZE4
	0-5846	10103.070	zak1
	1-4476	00352	SOKU, SHOKU, SHIKI
	0-503C	04	*jriək, jriək
仄	0-7631	人	측
A0306	U-4ECA	0091.180	JIN1
	0-3D71	10105.050	gam1
	1-4474	00358	KON, KIN
	0-3A23	04	*gyim, gyim
今	0-5051	人	금
A0044	U-4ECB	0091.190	JIE4
	0-3D69	10103.090	gaai3
	1-4475	00359	KAI
	0-3270	04	gæì
介	0-4B3F	人	개
A0753	U-4ECC	0092.010	BING1
	5-313C	10105.020	
	3-214C	00360	
		04	
仌		人	빙
A0503	U-3430	0092.080	XIN4
	KX009208	10114.020	seon3
	4-2159		
	A-212B	05	
㐰		人	신
A0563	U-3431	0092.110	ZHEN3
	5-313D	10111.090	caa5, caan2, dou3, zaan2
	3-2175		
		05	
㐱		人	진

出典 甲骨文 楷書	Ucode 美國 Gcode 中國 Tcode 臺灣 Jcode 日本 Kcode 韓國	康熙字典 漢語大辭典 大漢和辭典 總劃 部首	Mandarin 北京 Cantonese 廣東 JapaneseOn 日本 Tang 唐 Hangul 韓國
D0109	U-4ED5	0092.070	SHI4
	0-4A4B	10112.030	si6
	1-456B	00368	SHI, JI
	0-3B45	05	
仕	0-5E42	人	사
A0567	U-4EE4	0093.120	LING4, LING2, LING3
	0-416E	10111.100	lim1, ling4, ling6
	1-456F	00387	REI, RYOU
	0-4E61	05	*liɛ̀ng, liɛng
令	0-5635	人	령
A0989	U-4EE5	0094.010	YI3
	0-5254	10105.070	ji5, jyu5
	1-4568	00388	I
	0-304A	05	*iə̌, iə̌
以	0-6C24	人	이
A0496	U-3438	0094.100	QIAN4
	7-2321	10125.020	gim1, him3
	6-234E		
		06	
㐸		人	흠
A0052	U-343A	0095.220	ZHONG4
	KX009522	10124.030	zung3
	4-2231		
	A-212D	06	
㐺	3-2144	人	중
A0489	U-4EFB	0094.240	REN4, REN2
	0-484E	10122.060	jam4, jam6
	1-4736	00416	NIN
	0-4724	06	*njim, njim
任	0-6C72	人	임
A0483	U-4F01	0095.040	QI3
	0-4673	10116.060	kei2, kei5
	1-473A	00422	KI
	0-346B	06	
企	0-506A	人	기

出典 甲骨文 楷書	Ucode 美國 Gcode 中國 Tcode 臺灣 Jcode 日本 Kcode 韓國	康熙字典 漢語大辭典 大漢和辭典 總劃 部首	Mandarin 北京 Cantonese 廣東 JapaneseOn 日本 Tang 唐 Hangul 韓國
A0177 役	U-4F07 5-315B 3-2274	0095.120 10125.040 00429 06 人	YI4 EKI, YAKU 역
A0484 伊	U-4F0A 0-5241 1-472E 0-304B 0-6C25	0095.150 10126.090 00432 06 人	YI1 ji1 I *qi, qi 이
A0185 伎	U-4F0E 0-3C3F 2-216A 0-346C 0-506B	0095.210 10119.020 00436 06 人	JI4, QI2 gei6 KI, GI 기
A0491 伏	U-4F0F 0-377C 1-4733 0-497A 0-5C51	0095.230 10119.040 00438 06 人	FU2 buk6, fuk6 FUKU, FUU, BUKU *bhiuk, bhiuk 복
A0491 伐	U-4F10 0-3725 1-4731 0-4832 0-5B69	0096.010 10120.080 00439 06 人	FA2 fat6 BATSU *bhiæt, bhiæt 벌
A0343 休	U-4F11 0-505D 1-4732 0-3559 0-7D4C	0096.020 10117.180 00440 06 人	XIU1 jau1 KYUU, KU *xiou, xiou 휴
A0496 伾	U-4F13 5-3152 2-2177	0096.080 10119.030 00446 06 人	BEI1 HAI, HE, HI 배

出典 甲骨文 楷書	Ucode 美國 Gcode 中國 Tcode 臺灣 Jcode 日本 Kcode 韓國	康熙字典 漢語大辭典 大漢和辭典 總劃 部首	Mandarin 北京 Cantonese 廣東 JapaneseOn 日本 Tang 唐 Hangul 韓國
A0479	U-4F2F	0096.160	BO2, BAI3, BA4
	0-322E	10136.020	baa3, baak3
	1-4924	00466	HAKU, HA
	0-476C	07	bæk
伯	0-5B57	人	백
D0109	U-4F37	0097.040	ZHOU4
	5-3168	10133.040	zau6
	3-2446	00479	CHUU
	1-3062	07	
伷	2-2175	人	주
A0993	U-4F38	0097.060	SHEN1
	0-496C	10133.020	san1
	1-487A	00481	SHIN
	0-3F2D	07	*shin, shin
伸	0-635F	人	신
A0205	U-4F3A	0097.080	SI4, CI4
	0-4B45	10139.050	zi6
	1-4879	00483	SHI
	0-3B47	07	siə̀
伺	0-5E43	人	사
A0486	U-4F4D	0098.070	WEI4
	0-4E3B	10138.030	wai2, wai6
	1-486D	00503	I
	0-304C	07	hyuɛ̀
位	0-6A48	人	위
A0015	U-4F50	0098.100	ZUO3
	0-5774	10130.060	zo3
	1-4876	00506	SA
	0-3A34	07	
佐	0-7125	人	좌
A0016	U-4F51	0098.110	YOU4
	0-5353	10131.020	jau6
	1-4877	00507	YUU, U
	0-4D24	07	
佑	0-694E	人	우

出典 甲骨文 楷書	Ucode 美國 Gcode 中國 Tcode 臺灣 Jcode 日本 Kcode 韓國	康熙字典 漢語大辭典 大漢和辭典 總劃 部首	Mandarin 北京 Cantonese 廣東 JapaneseOn 日本 Tang 唐 Hangul 韓國
A0485	U-4F55	0098.150	HE2, HE4
	0-3A4E	10130.040	ho4, ho6
	1-4874	00511	KA, GA
	0-323F	07	*ha, ha
何	0-793C	人	하
A0046	U-4F59	0099.020	YU2, XU2
	0-5360	10128.040	jyu4
	1-4927	00515	YO
	0-4D3E	07	*iu, iu
余	0-6579	人	여
A0488	U-4F5C	0099.070	ZUO4, ZUO1, ZUO2
	0-5777	10134.060	zok3
	1-4922	00518	SAKU, SA
	0-3A6E	07	*tzak, tzak
作	0-6D42	人	작
A0497	U-4F6E	0100.120	GE2
	3-3129	10150.040	tap1
	2-254C	00551	KOU
	1-3074	08	
佮	2-2225	人	합
A0004	U-4F7F	0101.050	SHI3, SHI4
	0-4A39	10145.020	sai2, si2, si3
	1-4B70	00573	SHI
	0-3B48	08	*shriə̌, shriə̀, shriə̌
使	0-5E45	人	사
A0503	U-4F83	0101.110	KAN3
	0-5929	10148.030	hon2
	1-4B75	00577	KAN
	0-3426	08	kan
侃	0-4A49	人	간
A0808	U-4F84	0101.140	ZHI2
	0-5636	10147.040	zat6
	2-253B	00579	SHITSU, SHICHI, TETSU
	1-307E	08	
侄	0-7269	人	질

出典 甲骨文 楷書	Ucode 美國 Gcode 中國 Tcode 臺灣 Jcode 日本 Kcode 韓國	康熙字典 漢語大辭典 大漢和辭典 總劃 部首	Mandarin 北京 Cantonese 廣東 JapaneseOn 日本 Tang 唐 Hangul 韓國
A0325	U-4F86	0101.160	LAI2, LAI4
	1-4034	10141.080	lai4, loi4, loi6
	1-4B74	00581	RAI
	0-5054	08	*ləi, ləi
來	0-554E	人	래
A0123	U-4F89	0101.220	KUA1, KUA3
	0-5928	10146.070	kwaa2
	2-253A	00585	KA, KE, A
	1-3122	08	
侉	1-594C	人	과
A0502	U-4F91	0102.050	YOU4
	0-5927	10146.040	jau6
	1-4B7E	00594	YUU, U
	0-5052	08	
侑	0-6A62	人	유
A0305	U-4F96	0102.100	LUN2
	1-4258	10143.010	leon4
	1-4B7B	00599	RON, RIN
	0-5055	08	
侖	0-5742	人	륜
A0485	U-4F9A	0102.150	XUN4
	3-312B	10151.030	seon1, seon6
	2-2540	00604	SHUN, JUN
	1-312C	08	
侚	1-6545	人	순
A0130	U-4F9B	0102.160	GONG1, GONG4
	0-3929	10144.040	gung1, gung3
	1-4B72	00605	KYOU, KU
	0-3621	08	*giong, giong
供	0-4D6A	人	공
A0487	U-4F9D	0102.180	YI1, YI3
	0-5240	10152.080	ji1
	1-4B6D	00607	I, E
	0-304D	08	*qiəi, qiəi
依	0-6B6E	人	의

出典 甲骨文 楷書	Ucode 美國 Gcode 中國 Tcode 臺灣 Jcode 日本 Kcode 韓國	康熙字典 漢語大辭典 大漢和辭典 總劃 部首	Mandarin 北京 Cantonese 廣東 JapaneseOn 日本 Tang 唐 Hangul 韓國
A0497 価	U-4FA1 E-2166 3-274B 0-3241 2-2237	0102.291 10146.010 00628 08 人	JIA4 KA 가
A0499 俅	U-345B S-226C 5-2821 	0104.120 10157.040 09 人	SU4 cuk1 속
A0310 侯	U-4FAF 0-3A6E 1-4F6C 0-3874 0-7D25	0103.070 10167.010 00633 09 人	HOU2, HOU4 hau4, hau6 KOU *hou, hou 후
A0489 侵	U-4FB5 0-4756 1-4F6B 0-3F2F 0-7655	0103.190 10166.120 00646 09 人	QIN1 cam1 SHIN *tsim, tsim 침
A0185 便	U-4FBF 0-3163 1-4F6D 0-4A58 0-7835	0103.320 10157.030 00659 09 人	BIAN4, PIAN2 bin6, pin4 BEN, BIN *bhiɛ̀n, bhiɛn 편
A0502 係	U-4FC2 1-7872 1-4F7B 0-3738 0-4C75	0104.040 10164.080 00663 09 人	XI4 hai6 KEI *gèi 계
A0920 俎	U-4FCE 0-595E 1-4F7D 0-5059 0-703B	0104.210 10156.040 00679 09 人	ZU3 zo2 SHO, SO jriǔ 조

出典 甲骨文 楷書	Ucode 美國 Gcode 中國 Tcode 臺灣 Jcode 日本 Kcode 韓國	康熙字典 漢語大辭典 大漢和辭典 總劃 部首	Mandarin 北京 Cantonese 廣東 JapaneseOn 日本 Tang 唐 Hangul 韓國
A0490	U-4FD4	0104.280	XIAN4
	3-305F	10161.010	jin5
	2-2926	00686	KEN
	0-5057	09	
俔	0-7A55	人	현
A0492	U-4FD8	0105.120	FU2
	0-377D	10164.020	fu1
	1-4F74	00697	FU
	0-505A	09	
俘	1-6233	人	부
A0482	U-4FDD	0105.170	BAO3
	0-3123	10160.040	bou2
	1-4F71	00702	HO, HOU
	0-4A5D	09	baŭ
保	0-5C41	人	보
A0663	U-4FE0	0105.240	XIA2
	1-4F40	10158.070	haap6, hap6
	1-4F6E	00706	KYOU
	1-3142	09	hep
俠	0-7A6F	人	협
A0136	U-4FF1	0106.080	JU4
	0-3E63	10177.020	geoi1, keoi1
	1-5434		KU
	3A-2E21	10	
俱	0-4E7C	人	구
A0307	U-5009	0107.140	CANG1
	1-3256	10169.150	cong1
	1-543F	00756	SOU
	0-4152	10	*tsang, tsang
倉	0-735A	人	창
A0485	U-5017	0108.010	PENG2
	3-3155	10181.050	paang4, pang4
	2-2D77	00772	HOU, BOU
	1-3152	10	
倗	2-2260	人	붕

出典 甲骨文 楷書	Ucode 美國 Gcode 中國 Tcode 臺灣 Jcode 日本 Kcode 韓國	康熙字典 漢語大辭典 大漢和辭典 總劃 部首	Mandarin 北京 Cantonese 廣東 JapaneseOn 日本 Tang 唐 Hangul 韓國
A0310	U-5019	0108.040	HOU4
	0-3A72	10178.050	hau6
	1-5437	00775	KOU
	0-3875	10	*hòu
候	0-7D26	人	후
D0108	U-501E	0108.090	JING4, LIANG4
	3-3156	10182.070	ging6, loeng6
	2-2D69	00780	KEI, KYOU, RYOU, OU
	1-3157	10	
倞	0-4C4A	人	경
A0821	U-503F	0109.171	
	E-2222	10183.041	
	3-644B		
		10	
倿		人	첩
A0487	U-5041	0109.200	CHENG1
	5-3249	10193.060	cing1
	2-335A	00828	SHOU
	1-3160	11	
偁	2-226C	人	칭
A0503	U-5058	0110.260	KAN3
	E-2226	10191.080	
	3-3447	00858	KAN
		11	
偘	1-5736	人	간
A0494	U-506A	0111.230	BI1
	E-2227	10187.020	bik1
	2-3350	00887	HIYOKU, HIKI, HUKU
	1-3172	11	
偪	1-7265	人	핍
A0586	U-5074	0111.340	CE4, ZE4
	1-3260	10189.120	zak1
	1-5921	00897	SOKU, SHOKU
	0-4226	11	*jriək, jriək
側	0-7630	人	측

出典 甲骨文 楷書	Ucode 美國 Gcode 中國 Tcode 臺灣 Jcode 日本 Kcode 韓國	康熙字典 漢語大辭典 大漢和辭典 總劃 部首	Mandarin 北京 Cantonese 廣東 JapaneseOn 日本 Tang 唐 Hangul 韓國
A0684	U-5092	0113.130	XI1, XI2, XI4
	5-325A	10203.210	hai4, hoi4
	2-3A41	00959	KEI, GEI
	1-3221	12	
傒	1-7365	人	혜
A0495	U-5099	0113.210	BEI4
	1-3138	10200.080	bei6
	1-5E2C	00967	BI
	0-4877	12	*bhyì
備	0-5D61	人	비
A0490	U-50B3	0114.230	CHUAN2, ZHUAN4
	1-342B	10208.090	cyun4, zyun6
	1-632E	01019	DEN, TEN
	0-5123	13	djhiuȅn
傳	0-6E6E	人	전
A0376	U-50B5	0114.260	ZHAI4
	1-552E	10207.100	zaai3
	1-632C	01022	SAI
	0-3A44	13	jrɛi
債	0-7370	人	채
A0493	U-50CF	0116.080	XIANG4
	0-4F71	10213.030	zoeng6
	1-6779	01084	ZOU, SHOU
	0-417C	14	*ziăng, ziăng
像	0-5F40	人	상
A0130	U-50D5	0116.180	PU2
	1-464D	10218.090	buk6
	1-6778	01094	BOKU
	0-4B4D	14	*bhuk, bhuk
僕	0-5C52	人	복
A0464	U-50DA	0116.250	LIAO2
	0-4145	10218.030	liu4
	1-6777	01100	RYOU
	0-4E3D	14	
僚	0-5676	人	료

出典	Ucode 美國	康熙字典	Mandarin 北京
甲骨文	Gcode 中國	漢語大辭典	Cantonese 廣東
	Tcode 臺灣	大漢和辭典	JapaneseOn 日本
	Jcode 日本	總劃	Tang 唐
楷書	Kcode 韓國	部首	Hangul 韓國
A0952	U-50E4	0117.090	DAN4
	3-3158	10219.060	daan1, daan6
	2-487E	01112	TAN, DAN, SEN, ZEN, TATSU, TACHI
	1-3240	14	
僤	2-2358	人	탄
A0127	U-50EE	0117.300	TONG2, ZHUANG4
	0-5957	10221.040	tung4, zung3
	1-6773	01132	DOU, TOU
	0-512A	14	*dhung, dgung
僮	1-5D52	人	동
A0573	U-50FB	0118.140	PI4
	0-4627	10229.050	pik1
	1-6C22	01166	HEKI, HI, HEI
	0-4A48	15	pek, piɛk
僻	0-5B78	人	벽
A0865	U-5100	0118.210	YI2
	1-5247	10228.020	ji4
	1-6C21	01172	GI
	0-3537	15	ngyɛ
儀	0-6B70	人	의
A0573	U-5106	0119.090	JING3
	0-5953	10217.130	ging2
	2-4F52	01187	KEI, SHOU
	1-324A	15	
儆	0-4C4C	人	경
A0486	U-5110	0119.240	BIN4, BIN1
	1-594F	10232.030	ban1, ban3
	1-7033	01214	HIN
	1-3252	16	
儐	1-6338	人	빈
A0621	U-5137	0121.360	LI4
	1-5933	10238.180	lai6
	1-7A62	01311	REI
	0-5136	21	
儷	0-5563	人	려

出典 甲骨文 楷書	Ucode 美國 Gcode 中國 Tcode 臺灣 Jcode 日本 Kcode 韓國	康熙字典 漢語大辭典 大漢和辭典 總劃 部首	Mandarin 北京 Cantonese 廣東 JapaneseOn 日本 Tang 唐 Hangul 韓國
A0537	U-5140	0123.020	WU4
	0-5823	10264.050	ngat6
	1-4442	01337	KOTSU, GOTSU
	0-513A	03	*nguət, nguət
兀	0-6834	儿	올
A0537	U-5141	0123.030	YUN3
	0-544A	10265.030	wan5
	1-4478	01338	IN
	0-3074	04	
允	0-6B43	儿	윤
A0548	U-5142	0123.050	ZAN1, ZAN3
	E-2250	10265.010	zaam1
	4-213D	01339	SHIN, SAN
	1-3265	04	
兂		儿	잠
A0002	U-5143	0123.060	YUAN2
	0-542A	10264.060	jyun4
	1-4477	01340	GEN, GAN
	0-3835	04	*ngiuæn, ngiuæn
元	0-6A2A	儿	원
A0543	U-5144	0123.090	XIONG1
	0-5056	10266.040	hing1
	1-4573	01343	KEI, KYOU
	0-373B	05	*xiuæng, xiuæng
兄	0-7A7C	儿	형
A0194	U-5146	0124.030	ZHAO4
	0-5557	10268.020	siu6, ziu6
	1-473E	01347	CHOU, JOU
	0-437B	06	djhiɛ̆u
兆	0-703C	儿	조
A0550	U-5148	0124.050	XIAN1
	0-4F48	10267.020	sin1
	1-473F	01349	SEN
	0-4068	06	*sen, sen
先	0-603B	儿	선

出典 甲骨文 楷書	Ucode 美國 Gcode 中國 Tcode 臺灣 Jcode 日本 Kcode 韓國	康熙字典 漢語大辭典 大漢和辭典 總劃 部首	Mandarin 北京 Cantonese 廣東 JapaneseOn 日本 Tang 唐 Hangul 韓國
A0644	U-5149	0124.060	GUANG1
	0-3962	10266.070	gwong1
	1-473C	01350	KOU
	0-3877	06	*guang, guang
光	0-4E43	儿	광
A0418	U-514B	0124.150	KE4
	0-3F4B	10269.040	haak1, hak1
	1-492C	01355	KOKU
	0-396E	07	kək
克	0-503A	儿	극
A0538	U-514C	0124.210	DUI4
	E-2253	10271.010	deoi3, deoi6
	1-492B	01356	DA, TAI, EI
	0-513C	07	
兌	0-773A	儿	태
A0471	U-514D	0124.230	MIAN3
	0-4362	10270.090	man6, min5
	1-492D	01358	MEN, BEN
	0-4C48	07	*myĕn, myĕn
免	0-5873	儿	면
A0627	U-514E	0124.240	TU4
	E-2254	10270.050	tou3
	3-2454	01359	TO
	0-4546	07	
兎	0-774D	儿	토
A0536	U-5152	0125.030	ER2, ER5
	1-3679	10272.050	ji4, ngai4
	1-4C23	01365	JI, NI, GEI
	0-513B	08	*njiɛ, njiɛ
兒	0-642E	儿	아
A0627	U-5154	0125.060	TU4
	0-4D43	10273.040	tou3
	1-4C22	01368	TO
	0-513D	08	*tò, tò
兔	2-237D	儿	토

出典 甲骨文 楷書	Ucode 美國 Gcode 中國 Tcode 臺灣 Jcode 日本 Kcode 韓國	康熙字典 漢語大辭典 大漢和辭典 總劃 部首	Mandarin 北京 Cantonese 廣東 JapaneseOn 日本 Tang 唐 Hangul 韓國
A0051	U-5155	0125.070	SI4
	0-596E	10270.030	zi6
	1-4C24	01369	SHI, JI
	1-3269	08	zǐ
兕	1-655A	儿	시
A0542	U-5157	0125.150	YAN3
	E-2257	10273.100	jin5
	1-5022	01375	EN
	1-326A	09	
兗	1-6742	儿	연
A0307	U-5165	0125.320	RU4
	0-486B	10102.010	jap6
	1-442B	01415	NYUU, JU, JUU
	0-467E	02	*njip, njip
入	0-6C7D	入	입
A0867	U-5166	0125.340	WANG2
	E-2261	80008.120	mong4
	3-2134	01417	BOU
	1-326E	03	
亾	2-2424	入	망
A0308	U-5167	0125.350	NEI4, NA4
	E-2262	10097.020	naap6, noi6
	1-4479		DAI, NAI
		04	*nuəi, nuəi
內	0-522E	入	내
A0470	U-34B3	0126.100	LIANG3
	KX012610	10100.080	loeng5
	3-2455		
		07	
㒳		入	량
A0470	U-5169	0126.130	LIANG3, LIANG4
	1-413D	10024.020	loeng5
	1-4C25	01436	RYOU
	0-5140	08	liàng, liǎng
兩	0-5557	入	량

出典 甲骨文 楷書	Ucode 美國 Gcode 中國 Tcode 臺灣 Jcode 日本 Kcode 韓國	康熙字典 漢語大辭典 大漢和辭典 總劃 部首	Mandarin 北京 Cantonese 廣東 JapaneseOn 日本 Tang 唐 Hangul 韓國
A0531 兪	U-516A E-2263 3-2B37 0-5141 0-6A64	0126.150 10155.050 01437 09 入	YU2, SHU4 jyu6 YU 유
A0042 八	U-516B 0-304B 1-442C 0-482C 0-7822	0126.260 10241.030 01450 02 八	BA1 baat3 HACHI, HATSU *bat, bat 팔
A0045 公	U-516C 0-392B 1-447C 0-3878 0-4D6B	0126.280 10242.010 01452 04 八	GONG1 gung1 KOU *gung, gung 공
A0948 六	U-516D 0-4179 1-447A 0-4F3B 0-573F	0127.010 10241.090 01453 04 八	LIU4, LU4 luk6 ROKU, RIKU *liuk, liuk 륙
A0275 兮	U-516E 0-5962 1-447B 0-5142 0-7B31	0127.030 10241.060 01455 04 八	XI1 hai4 KEI *hei, hei 혜
A0136 共	U-5171 0-3932 1-4741 0-3626 0-4D6C	0127.050 10243.020 01458 06 八	GONG4, GONG1 gung1, gung6 KYOU *ghiòng, ghiòng 공
A0135 兵	U-5175 0-3178 1-492E 0-4A3C 0-5C32	0127.100 10244.040 01462 07 八	BING1 bing1 HEI, HYOU *biæng, biæng 병

出典 甲骨文 楷書	Ucode 美國 Gcode 中國 Tcode 臺灣 Jcode 日本 Kcode 韓國	康熙字典 漢語大辭典 大漢和辭典 總劃 部首	Mandarin 北京 Cantonese 廣東 JapaneseOn 日本 Tang 唐 Hangul 韓國
A0266	U-5176	0127.180	QI2, JI1
	0-4664	10245.010	gei1, kei4
	1-4C27	01472	KI, GI
	0-4236	08	*ghiə, ghiə
其	0-506C	八	기
A0136	U-5177	0128.010	JU4
	0-3E5F	10246.040	geoi6
	1-4C26	01473	GU, KU
	0-3671	08	*ghiò, ghiò
具	0-4E7D	八	구
A0267	U-5178	0128.020	DIAN3
	0-3564	10247.010	din2
	1-4C28	01474	TEN
	0-4535	08	*děn, děn
典	0-6E70	八	전
A0043	U-34B8	0128.050	SUI4, XUAN2
	5-313A	10248.050	seoi6
	3-2B38		
		09	
㒸		八	수
A0468	U-5182	0128.300	JIONG1
	0-5867	10096.130	gwing1
	3-2127	01506	KEI, KYOU
	0-5144	02	
冂	2-2428	冂	경
A0470	U-5183	0128.320	
	E-2267	10096.150	
	4-213E	01508	BOU, MOU
	1-3270	04	
冃		冂	모
A0239	U-5184	0128.330	RAN3
	E-2268	10096.160	
	3-214D	01509	ZEN, NEN
	1-3271	04	
冄	2-2429	冂	염

出典 甲骨文 楷書	Ucode 美國 Gcode 中國 Tcode 臺灣 Jcode 日本 Kcode 韓國	康熙字典 漢語大辭典 大漢和辭典 總劃 部首	Mandarin 北京 Cantonese 廣東 JapaneseOn 日本 Tang 唐 Hangul 韓國
A0239 冉	U-5189 0-483D 1-4574 0-5147 1-6752	0128.360 10099.030 01514 05 冂	RAN3 jim5 NEN, ZEN *njiĕm, njiĕm 염
A0112 冊	U-518A E-226A 1-4575 0-3A7D 0-737C	0129.051 10099.050 01515 05 冂	CE4 caak3 SATSU, SAKU 책
A0240 再	U-518D 0-5459 1-4742 0-3A46 0-6E22	0129.080 10018.010 01524 06 冂	ZAI4 zoi3 SAI, SA *tzə̀i, tzə̀i 재
B0463 冎	U-518E 5-3133 4-2236 1-3273 	0129.090 10100.050 01525 06 冂	GUA3 KA, KE 과
A0065 冑	U-5191 E-226D 1-5024 0-5149 2-242C	0129.200 32059.090 01537 09 冂	ZHOU4 zau6 CHUU djhiòu 주
A0470 冒	U-5192 0-4330 1-5023 0-4B41 0-5933	0129.210 21499.120 01538 09 冂	MAO4, MOU4, MO4 mak6, mou6 BOU mɑ̀u 모
A0087 冓	U-5193 3-3025 2-2E23 0-514A 1-5A47	0129.250 10100.170 01540 10 冂	GOU4, GOU1 gau3 KOU 구

出典 / 甲骨文 / 楷書	Ucode 美國 / Gcode 中國 / Tcode 臺灣 / Jcode 日本 / Kcode 韓國	康熙字典 / 漢語大辭典 / 大漢和辭典 / 總劃 / 部首	Mandarin 北京 / Cantonese 廣東 / JapaneseOn 日本 / Tang 唐 / Hangul 韓國
A0470	U-5195	0129.300	MIAN3
	0-4361	21514.060	min5
	1-5928	01545	BEN, MEN
	0-514B	11	myĕn
冕	0-5874	冂	면
A0468	U-5196	0130.120	MI4
	0-5A22	10302.140	mik6
	3-2128	01565	BEKI, MYAKU
	0-514C	02	
冖	2-242E	冖	멱
A0449	U-5197	0130.130	RONG3
	0-485F	10302.160	jung2
	1-447D	01566	JOU
	0-3E69	04	njiŏng
冗	0-6937	冖	용
D0072	U-519F	0130.220	SHI4
	3-3267	10304.030	
	3-2B39	01579	
		09	
冟	2-2432	冖	석
A0470	U-51A1	0130.240	MENG2
	5-3374	10304.060	
	3-2F5B	01584	BOU, MO
	1-3276	10	
冡	2-2433	冖	몽
A0469	U-51A3	0130.260	JU4
	E-226F	10304.080	
	3-2F59	01586	SHU, JU, SAI
	1-3277	10	
冣	1-7065	冖	취
A0843	U-51A5	0130.280	MING2
	0-5A24	10304.100	ming4, ming5
	1-5442	01588	MEI
	0-4C3D	10	meng, mèng
冥	0-5922	冖	명

出典 甲骨文 楷書	Ucode 美國 Gcode 中國 Tcode 臺灣 Jcode 日本 Kcode 韓國	康熙字典 漢語大辭典 大漢和辭典 總劃 部首	Mandarin 北京 Cantonese 廣東 JapaneseOn 日本 Tang 唐 Hangul 韓國
A0468 冪	U-51AA E-2272 1-7036 0-5151 0-5871	0131.090 10306.050 01601 16 冖	MI4 mik6 BEKI 멱
A0753 冫	U-51AB 0-597B 1-272F 0-5152 2-2438	0131.150 10295.010 01607 02 冫	BING1 bing1 HYOU 빙
A0879 冬	U-51AC 0-362C 1-4576 0-455F 0-544F	0131.170 20867.190 01610 05 冫	DONG1 dung1 TOU *dong, dong 동
A0753 冰	U-51B0 0-3179 1-4743 0-5156 1-6345	0131.240 10295.090 01612 06 冫	BING1, NING2 bing1 HYOU *biəng, biəng 빙
A0740 冽	U-51BD 0-597D 1-4C29 0-5158 0-5629	0132.150 10297.020 01637 08 冫	LIE4 lit6 RETSU, REI 렬
A0803 凄	U-51C4 0-4660 2-2E25 0-4028 0-7422	0132.330 10299.010 01657 10 冫	QI1 cai1 SEI *tsei, tsei 처
A0752 凝	U-51DD 0-447D 1-7037 0-3645 0-6B6A	0133.450 10301.180 01720 16 冫	NING2 jing4, king4 GYOU *ngiəng, ngiəng 응

出典	Ucode 美國	康熙字典	Mandarin 北京
甲骨文	Gcode 中國	漢語大辭典	Cantonese 廣東
	Tcode 臺灣	大漢和辭典	JapaneseOn 日本
	Jcode 日本	總劃	Tang 唐
楷書	Kcode 韓國	部首	Hangul 韓國
A0899	U-51E1	0134.020	FAN2
	0-3732	10276.030	faan4
	1-443B	01739	BON, HAN
	0-4B5E	03	bhiæm
凡	0-5B6D	几	범
A0356	U-51FA	0135.110	CHU1
	0-3376	10307.080	ceot1
	1-4578	01811	SHUTSU, SUI
	0-3D50	05	*chuit
出	0-7573	凵	출
A0407	U-51FD	0135.160	HAN2
	0-3A2F	10309.090	haam4
	1-4C2A	01826	KAN
	0-4821	08	hæm
函	0-795E	凵	함
A0254	U-5200	0135.240	DAO1
	0-3536	10319.120	dou1
	1-442E	01845	TOU
	0-4561	02	*dɑu
刀	0-536F	刀	도
A0254	U-5202	0136.010	DAO1
	0-5856	10320.010	
	4-212A	01847	TAU
	1-3331	02	
刂	2-2454	刀	도
A0260	U-5203	0136.020	REN4
	0-4850	10320.030	06-Jan
	1-4443	01850	JIN
	0-3F4F	03	njìn
刃	0-6C53	刀	인
A0042	U-5206	0136.040	FEN1, FEN4
	0-3756	10321.030	fan1, fan6
	1-4521	01853	BUN, FUN, BU
	0-4A2C	04	*biən, bhiə̀n
分	0-5D42	刀	분

出典 甲骨文 楷書	Ucode 美國 Gcode 中國 Tcode 臺灣 Jcode 日本 Kcode 韓國	康熙字典 漢語大辭典 大漢和辭典 總劃 部首	Mandarin 北京 Cantonese 廣東 JapaneseOn 日本 Tang 唐 Hangul 韓國
A0949 切	U-5207 0-4750 1-4522 0-405A 0-6F37	0136.090 10320.050 01858 04 刀	QIE1, QIE4, QI4 cai3, cit3 SETSU, SAI tset 절
A0410 刈	U-5208 0-5857 1-4523 0-3422 0-6754	0136.100 10323.070 01859 04 刀	YI4 ngaai6 GAI 예
A0261 㓞	U-34DE 5-337E 5-2230	0137.150 10324.110 06 刀	QI4, QIA4, YAO2 kaai3 갈, 계
A0261 刎	U-520E 0-5858 1-4747 0-5166 0-597B	0137.030 10327.100 01879 06 刀	WEN3 man5 FUN, BUN miŏn 문
A0258 刖	U-5216 0-6B3E 1-4748 1-3336 1-6957	0137.250 10327.070 01900 06 刀	YUE4 jyut6 GETSU, GUCHI, GOTSU, GOCHI, KATSU 월
A0249 列	U-5217 0-4150 1-4744 0-4E73 0-562A	0137.260 10325.050 01901 06 刀	LIE4 laat6, lit6 RETSU, REI liɛt 렬
A0258 刜	U-521C 3-3276 2-232E 2-2460	0137.320 10331.080 01910 07 刀	FU2 fat1 HUTSU, HUCHI 불

出典 甲骨文 楷書	Ucode 美國 Gcode 中國 Tcode 臺灣 Jcode 日本 Kcode 韓國	康熙字典 漢語大辭典 大漢和辭典 總劃 部首	Mandarin 北京 Cantonese 廣東 JapaneseOn 日本 Tang 唐 Hangul 韓國
A0256	U-521D	0137.330	CHU1
	0-3375	10327.220	co1
	1-4F4F	01911	SHO, SO
	0-3D69	07	*chriu
初	0-7478	刀	초
A0260	U-521E	0137.350	QU4
	5-3436	10328.110	
	2-232F	01912	SHO
		07	
刞	2-2461	刀	저
A0255	U-5229	0138.190	LI4
	0-407B	10329.020	lei6
	1-4933	01932	RI
	0-4D78	07	*lì
利	0-5757	刀	리
B0499	U-522A	0138.281	SHAN1
	E-2331	10328.120	saan1
	1-4934	01917	SAN
	0-5168	07	
删	0-5F22	刀	산
A0413	U-523A	0139.130	CI4, QI4
	0-344C	10333.020	ci3, cik3, sik3
	1-4C2E	01969	SHI, SEKI
	0-3B49	08	lɑt, tsiɛk, tsiɛ̀
刺	0-6D29	刀	자
A0364	U-524C	0140.140	LA4, LA2
	0-585D	10339.060	laat6
	1-502A	02010	RATSU
	0-516F	09	lɑt
剌	0-5537	刀	랄
A0072	U-524D	0140.150	QIAN2
	0-4730	10248.040	cin4
	1-5029	02011	ZEN, SEN
	0-4130	09	*dzhen
前	0-6E71	刀	전

出典 甲骨文 楷書	Ucode 美國 Gcode 中國 Tcode 臺灣 Jcode 日本 Kcode 韓國	康熙字典 漢語大辭典 大漢和辭典 總劃 部首	Mandarin 北京 Cantonese 廣東 JapaneseOn 日本 Tang 唐 Hangul 韓國
A0856	U-5257	0141.050	CHAN3
	3-3275	10343.190	caan2
	3-2F65	02036	SAN, SEN
	1-3341	10	
剗	1-6B33	刀	잔
A0048	U-525B	0141.110	GANG1
	1-3855	10344.100	gong1
	1-544B	02042	GOU
	0-3964	10	gɑng
剛	0-4B27	刀	강
A0257	U-525D	0141.210	BO1, BAO1
	E-233B	10346.040	bok1, mok1
	1-544C	02049	HAKU
	3A-2F7E	10	pak
剝	0-5A4E	刀	박
A0601	U-5262	0141.350	ZHUO2
	5-3448	10343.170	
	2-2E2F	02062	TOKU, TAKU
		10	
剢	2-2470	刀	탁
A0252	U-526E	0142.200	GUA3
	1-3950	10345.010	waa2
	2-336F	02094	KA, KE
	1-3349	11	
剮	2-2476	刀	과
A0258	U-34F7	0142.290	YI4
	5-345C	10350.120	nau4, zi6
	3-3A24		
		12	
㓷		刀	의
A0257	U-34FB	0142.470	
	5-345B	10350.080	gong1
	3-3A22		
		12	
㓻	3-217C	刀	강

出典 甲骨文 楷書	Ucode 美國 Gcode 中國 Tcode 臺灣 Jcode 日本 Kcode 韓國	康熙字典 漢語大辭典 大漢和辭典 總劃 部首	Mandarin 北京 Cantonese 廣東 JapaneseOn 日本 Tang 唐 Hangul 韓國
A0916  㓸	U-34F8 KX014237 6-506C 3-217D	0142.370 10352.040 13 刀	JUE2, ZHUO2 coek3, sau2, zoek3 착, 두
A0259  㓼	U-34FC 3-332E 5-3D70 3-217E	0143.160 10353.010 13 刀	CHI4, CHONG4 칠, 철
A0169  劃	U-5283 1-3B2E 1-6822 0-3344 0-7C71	0144.100 10356.080 02193 14 刀	HUA4, HUA2 waak6 KAKU huɛk 획
A0259  劅	U-5285 E-2345 4-4925 1-334F 2-247D	0144.280 10358.080 02212 15 刀	ZHUO4 TAKU 탁
A0261  劉	U-5289 1-4175 1-6C2C 0-4E2D 0-5731	0144.390 10359.040 02224 15 刀	LIU2 lau4 RU, RYUU *liou 류
A0262  劌	U-528C 1-585B 2-4F5B 1-3351 2-2522	0144.440 10357.130 02227 15 刀	GUI4 gwai3 KEI, KE 귀
A0912  力	U-529B 0-4126 1-4430 0-4E4F 0-5574	0146.050 10364.040 02288 02 力	LI4 lik6 RYOKU, RIKI *liək 력

出典 甲骨文 楷書	Ucode 美國 Gcode 中國 Tcode 臺灣 Jcode 日本 Kcode 韓國	康熙字典 漢語大辭典 大漢和辭典 總劃 部首	Mandarin 北京 Cantonese 廣東 JapaneseOn 日本 Tang 唐 Hangul 韓國
A0913  劦	U-52A6 3-333C 2-217E 1-335B 2-252A	0146.220 10367.110 02307 06 力	XIE2 hip3, hip6 KYOU, GYOU, RYOU 협
A0913  動	U-52D5 1-362F 1-592F 0-4630 0-5451	0148.140 10375.060 02390 11 力	DONG4 dung6 DOU *dhŭng 동
E0396  勹	U-52F9 0-5968 1-2734 0-5231 2-2549	0150.180 10254.130 02493 02 勹	BAO1 baau1 HOU 포
A0919  勺	U-52FA 0-4957 1-4444 0-3C5B 0-6D43	0150.190 10254.140 02495 03 勹	SHAO2, ZHUO2 coek3, soek3, zoek3 SHAKU 작
B1018  勽	U-52FD 5-332B 3-2155	0150.220 10256.010 02499 04 勹	BAO4 bou6 BUN, MON, HOU, BOU, HYOU 문
A0595  勿	U-52FF 0-4E70 1-4526 0-4C5E 0-5A28	0150.240 10255.020 02501 04 勹	WU4 mat6 BUTSU, BOTSU, MOCHI *miət 물
A0261  匁	U-5301 E-2363 F-2130 0-4C68 1-606E	0150.241 10256.011 02502 04 勹	 문

出典 甲骨文 楷書	Ucode 美國 Gcode 中國 Tcode 臺灣 Jcode 日本 Kcode 韓國	康熙字典 漢語大辭典 大漢和辭典 總劃 部首	Mandarin 北京 Cantonese 廣東 JapaneseOn 日本 Tang 唐 Hangul 韓國
A0867	U-5304	0150.260	GAI4
	E-2366	10257.050	
	3-2222	02505	KAI
		05	
匄		勹	개
B1020	U-5305	0150.270	BAO1
	0-307C	10257.060	baau1
	1-457D	02506	HOU
	0-4A71	05	bau
包	0-7850	勹	포
A0807	U-5315	0152.180	BI3
	0-5830	10261.150	bei2, bei6
	1-4431	02570	HI
	0-5238	02	
匕	0-5D62	匕	비
A0504	U-5316	0152.200	HUA4, HUA1
	0-3B2F	10109.040	faa3
	1-4527	02572	KA, KE
	0-323D	04	*xuà
化	0-7B79	匕	화
A0508	U-5317	0152.250	BEI3, BEI4
	0-3131	10262.040	baak1, bak1
	1-4621	02574	HOKU, HAI
	0-4B4C	05	*bək
北	0-5D41	匕	북
A0868	U-531A	0153.100	FANG1
	0-584E	10081.030	fong1
	2-2124	02595	HOU
	0-5239	02	
匚	2-2553	匚	방
D0159	U-531C	0153.140	YI2
	3-3047	10082.060	ji4
	2-214D	02598	I, TA, DA
	1-3426	05	
匜	2-2555	匚	이

出典 甲骨文 楷書	Ucode 美國 Gcode 中國 Tcode 臺灣 Jcode 日本 Kcode 韓國	康熙字典 漢語大辭典 大漢和辭典 總劃 部首	Mandarin 北京 Cantonese 廣東 JapaneseOn 日本 Tang 唐 Hangul 韓國
A0356	U-531D	0153.160	ZA1
	0-5451	10082.040	zaap3
	1-4622	02599	SOU
	0-4159	05	
匝	2-2556	匚	잡
A0869	U-532C	0154.070	TOU2
	3-304E	10088.020	
	4-305F	02637	YU, TOU, ZU
	1-342E	11	
匬	2-255B	匚	유
A0870	U-5330	0154.190	DAN1
	3-304D	10090.010	daan1
	2-492C	02650	TAN
	1-3430	14	
匰	2-255D	匚	단
A0868	U-5340	0155.130	QU1, OU1
	1-4778	10087.100	au1, keoi1
	1-5934	02691	KU, OU, KOU
	0-523F	11	gou, kio
區	0-4F21	匚	구
A0119	U-5341	0155.170	SHI2
	0-4A2E	10058.090	sap6
	1-4432	02695	JUU, JITSU
	0-3D3D	02	*zhip
十	0-6428	十	십
A0118	U-5343	0155.190	QIAN1
	0-4727	10059.010	cin1
	1-4445	02697	SEN
	0-4069	03	*tsen
千	0-7436	十	천
A0120	U-5344	0155.200	NIAN4
	5-3022	10058.100	jaa6, je6
	3-2138	02698	JUU, NYUU
		04	
卄	0-6C7E	十	입

出典 甲骨文 楷書	Ucode 美國 Gcode 中國 Tcode 臺灣 Jcode 日本 Kcode 韓國	康熙字典 漢語大辭典 大漢和辭典 總劃 部首	Mandarin 北京 Cantonese 廣東 JapaneseOn 日本 Tang 唐 Hangul 韓國
A0121	U-5345	0156.010	SA4
	0-5826	10059.030	saa1
	1-452B	02700	SOU
	0-5241	04	
卅	1-636F	十	삽
A0926	U-5347	0156.030	SHENG1
	0-497D	10033.050	sing1
	1-452A	02702	SHOU
	0-3E23	04	*shiəng
升	0-632E	十	승
A0990	U-5348	0156.040	WU3
	0-4E67	10406.010	ng5
	1-4529	02703	GO
	0-3861	04	ngǒ
午	0-676D	十	오
A0121	U-534C	0156.140	XI4
	3-3022	10060.020	se3
	2-214E	02712	SHUU
	1-3437	05	
卌	2-2569	十	십
A0974	U-534D	0156.210	WAN4
	5-3037	10051.150	maan6
	2-2223	02724	BAN, MAN
	0-5244	06	
卍	0-5833	十	만
A0167	U-5351	0156.270	BEI1
	0-3130	10063.010	bei1
	1-4C38	02738	HI
	0-485C	08	biɛ
卑	0-5D64	十	비
A0518	U-5352	0156.280	ZU2, CU4
	0-5764	10063.020	cyut3, zeot1
	1-4C35	02740	SOTSU
	0-4234	08	*tzuət, tsuət, tzuit
卒	0-706F	十	졸

出典 甲骨文 楷書	Ucode 美國 Gcode 中國 Tcode 臺灣 Jcode 日本 Kcode 韓國	康熙字典 漢語大辭典 大漢和辭典 總劃 部首	Mandarin 北京 Cantonese 廣東 JapaneseOn 日本 Tang 唐 Hangul 韓國
A0093 卓	U-5353 0-573F 1-4C37 0-426E 0-7671	0156.290 10061.060 02741 08 十	ZHUO1 coek3, zoek3 TAKU 탁
A0913 協	U-5354 1-502D 1-4C36 0-3628 0-7A70	0156.340 10064.030 02742 08 十	XIE2 hip3 KYOU hep 협
A0358 南	U-5357 0-444F 1-5032 0-466E 0-5175	0157.050 10065.020 02750 09 十	NAN2, NA1 naam4 NAN, DAN *nom 남
A0193 占	U-5360 0-553C 1-4627 0-406A 0-6F3F	0157.300 10092.050 02780 05 卜	ZHAN1, ZHAN4 zim1, zim3 SEN jiɛm 점
A0409 卣	U-5363 0-5855 2-2334 1-343C 2-256C	0158.060 10093.150 02791 07 卜	YOU3 jau5 YUU, YU 유
A0409 㔽	U-353D KX015819 3-2764 	0158.190 10094.090 08 卜	YAO4, YOU3 zaau5 유
A0566 㔾	U-353E KX015846 4-212B A-215B 3-2234	0158.460 10310.100 02 卩	JIE2 zit3 절

出典 甲骨文 楷書	Ucode 美國 Gcode 中國 Tcode 臺灣 Jcode 日本 Kcode 韓國	康熙字典 漢語大辭典 大漢和辭典 總劃 部首	Mandarin 北京 Cantonese 廣東 JapaneseOn 日本 Tang 唐 Hangul 韓國
A0566	U-5369	0158.450	JIE2, BU4
	0-5A60	10310.090	zit3
	3-212A	02836	SETSU
	0-5247	02	
卩	2-256D	卩	절
A0984	U-536F	0159.050	MAO3
	0-432E	10311.050	maau5
	1-4628	02847	BOU
	0-312C	05	
卯	0-5956	卩	묘
A0572	U-5370	0159.100	YIN4
	0-5321	10312.020	jan3, ngan3
	1-474D	02848	IN
	0-3075	06	qìn
印	0-6C54	卩	인
A0586	U-5371	0159.120	WEI1, WEI2
	0-4E23	10312.030	ngai4
	1-474E	02849	KI
	0-346D	06	*ngyuɛ
危	0-6A4B	卩	위
A0298	U-5373	0159.180	JI2
	0-3C34	10314.020	zik1
	1-493B	02855	SOKU, SHOKU
	0-4228	07	
即	1-6D71	卩	즉
A0298	U-537D	0160.030	JI2
	E-237C	10316.020	zik1
	3-2B4B	02872	SOKU, SHOKU
	3-2E71	09	*tziək
卽	0-716D	卩	즉
A0303	U-537F	0160.080	QING1
	0-4764	10318.030	hing1
	1-544E	02877	KYOU, KEI
	0-362A	12	*kiæng
卿	0-4C4F	卩	경

出典 甲骨文 楷書	Ucode 美國 Gcode 中國 Tcode 臺灣 Jcode 日本 Kcode 韓國	康熙字典 漢語大辭典 大漢和辭典 總劃 部首	Mandarin 北京 Cantonese 廣東 JapaneseOn 日本 Tang 唐 Hangul 韓國
A0586	U-5383	0160.170	ZHAN1
	5-3429	10068.020	
	4-2144	02892	SEN, GI, EN
	1-3443	04	
厃		厂	첨
A0320	U-539A	0161.260	HOU4
	0-3A71	10072.060	hau5
	1-5034	02949	KOU
	0-387C	09	hòu, hǒu
厚	0-7D27	厂	후
A0849	U-53A5	0162.220	JUE2
	0-584A	10076.130	kyut3
	1-5E3C	02992	KETSU, KUTSU
	0-5250	12	giuæt
厥	0-4F70	厂	궐
A0295	U-53BB	0164.100	QU4
	0-4825	10384.080	heoi2, heoi3
	1-462A	03070	KYO, KO
	0-356E	05	*kiù
去	0-4B5B	厶	거
A0243	U-53C0	0164.170	ZHUAN1, HUI4
	E-242B	10386.120	
	4-2559	03083	SEN
	1-3457	08	
叀		厶	전
A0152	U-53C8	0164.430	YOU4
	0-5356	10390.010	jau6
	1-4434	03115	YUU
	0-4B74	02	*hiòu
又	0-6951	又	우
A0153	U-53C9	0165.010	CHA1, CHA2, CHA3, CHA4, CHAI1, CHA5
	0-3266	10390.020	caa1
	1-4446	03116	SHA, SAI, SA
	0-3A35	03	
叉	0-7329	又	차

出典 甲骨文 楷書	Ucode 美國 Gcode 中國 Tcode 臺灣 Jcode 日本 Kcode 韓國	康熙字典 漢語大辭典 大漢和辭典 總劃 部首	Mandarin 北京 Cantonese 廣東 JapaneseOn 日本 Tang 唐 Hangul 韓國
A0153	U-355A	0165.020	ZHAO3
	KX016502	10393.020	zaau2
	5-2141		
	A-215E	04	
叉		又	조
A0158	U-53CA	0165.030	JI2
	0-3C30	10035.010	gap6, kap6
	1-452F	03118	KYUU
	0-355A	04	*ghyip
及	0-5060	又	급
A0163	U-53CB	0165.060	YOU3
	0-5351	10391.010	jau5
	1-452E	03119	YUU
	0-4D27	04	hiǒu
友	0-6952	又	우
A0158	U-53CD	0165.190	FAN3, FAN1
	0-3734	10391.030	faan1, faan2
	1-4530	03127	HAN, TAN, HON
	0-483F	04	*biæ̆n
反	0-5A63	又	반
A0004	U-355C	0165.300	SHI3
	KX016530	10394.030	sei3, si2
	3-2332		
	A-2160	06	
叓		又	사
A0004	U-53D3	0165.360	SHI4, LI4
	E-2431	10394.100	
	4-234F	03146	SHI, ZU
	1-345B	07	
叓		又	사
A0493	U-53D4	0165.420	SHU1
	0-4A65	10396.010	suk1
	1-4C3E	03154	SHUKU
	0-3D47	08	
叔	0-6252	又	숙

出典 / 甲骨文 / 楷書	Ucode 美國 / Gcode 中國 / Tcode 臺灣 / Jcode 日本 / Kcode 韓國	康熙字典 / 漢語大辭典 / 大漢和辭典 / 總劃 / 部首	Mandarin 北京 / Cantonese 廣東 / JapaneseOn 日本 / Tang 唐 / Hangul 韓國
A0160	U-53D6	0166.040	QU3, QU1
	0-4821	10395.010	ceoi2
	1-4C3D	03158	SHU
	0-3C68	08	*tsiŏ
取	0-7622	又	취
A0246	U-53D7	0166.050	SHOU4
	0-4A5C	10396.020	sau6
	1-4C3F	03159	JU, SHUU
	0-3C75	08	*zhiŏu
受	0-6174	又	수
A0154	U-53DC	0166.130	SOU3
	5-353A	10398.030	
	3-2B4E	03167	
		09	
叜	2-2630	又	수
A0154	U-53DF	0166.210	SOU3
	0-5B45	10399.010	sau2
	1-5451	03176	SOU, SHUU
	0-5257	10	*sŏu
叟	1-6529	又	수
A0054	U-53E3	0171.010	KOU3
	0-3F5A	10566.140	hau2
	1-4447	03227	KOU, KU
	0-387D	03	*kŏu
口	0-4F22	口	구
D0018	U-3563	0172.090	YAN3, YAN4
	5-3135	10570.020	zin2
	4-216B		
	A-2163	05	
㕣		口	연
A0119	U-53E4	0171.080	GU3
	0-3945	10568.030	gu2
	1-462C	03233	KO
	0-3845	05	*gŏ
古	0-4D2F	口	고

出典 甲骨文 楷書	Ucode 美國 Gcode 中國 Tcode 臺灣 Jcode 日本 Kcode 韓國	康熙字典 漢語大辭典 大漢和辭典 總劃 部首	Mandarin 北京 Cantonese 廣東 JapaneseOn 日本 Tang 唐 Hangul 韓國
A0118	U-53E5	0171.110	JU4, GOU1
	0-3E64	10571.030	gau1, geoi3
	1-463B	03234	KU, KOU
	0-3667	05	*giò
句	0-4F23	口	구
A0065	U-53E9	0172.040	KOU4
	0-5F35	10573.030	kau3
	1-4630	03238	KOU
	0-4321	05	kǒu
叩	0-4D30	口	고
A0055	U-53EC	0172.070	ZHAO4, SHAO4
	0-5559	10574.030	siu6, ziu6
	1-462E	03241	SHOU
	0-3E24	05	djhiɛ̀u
召	0-612F	口	소
A0275	U-53EF	0172.120	KE3, KE4
	0-3F49	10567.070	hak1, ho2
	1-462B	03245	KA, KOKU
	0-3244	05	*kǎ
可	0-4A26	口	가
A0004	U-53F2	0173.030	SHI3
	0-4A37	10571.020	si2
	1-4638	03249	SHI
	0-3B4B	05	*shriə̌
史	0-5E48	口	사
A0275	U-53F5	0173.090	PO3
	0-584F	10082.030	po2
	1-4634	03254	HA
	1-3463	05	
叵	1-7167	口	파
D0167	U-53F6	0174.010	XIE2, YE4, SHE4
	0-5236	10568.020	hip6
	3-222D	03255	KYOU
	0-3370	05	
叶	1-735A	口	협

出典 甲骨文 楷書	Ucode 美國 Gcode 中國 Tcode 臺灣 Jcode 日本 Kcode 韓國	康熙字典 漢語大辭典 大漢和辭典 總劃 部首	Mandarin 北京 Cantonese 廣東 JapaneseOn 日本 Tang 唐 Hangul 韓國
A0565	U-53F8	0174.030	SI1
	0-4B3E	10572.080	si1
	1-4633	03257	SHI
	0-3B4A	05	*siə
司	0-5E49	口	사
A0061	U-5404	0174.180	GE4
	0-3877	10583.010	go3, gok3
	1-4756	03281	KAKU
	0-3346	06	*gɑk
各	0-4A40	口	각
A0069	U-5405	0174.190	XUAN1
	5-376C	10577.110	
	3-2339	03282	TEN, KUN, SEN, SHOU, JU, RIN
		06	
吅		口	훤
A0305	U-5408	0174.240	HE2, GE3
	0-3A4F	10581.010	gap3, hap6
	1-4759	03287	GOU, KATSU, GATSU
	0-3967	06	*hop
合	0-796A	口	합
A0058	U-5409	0175.020	JI2
	0-3C2A	10576.060	gat1
	1-474F	03289	KICHI, KITSU
	0-3548	06	git
吉	0-514E	口	길
A0493	U-540A	0175.030	DIAO4
	0-3575	10579.010	diu3
	1-4752	03291	CHOU
	0-445F	06	
吊	0-6E54	口	적
A0469	U-540C	0175.060	TONG2, TONG4
	0-4D2C	10578.010	tung4
	1-4751	03294	DOU, TOU
	0-4631	06	*dhung
同	0-5452	口	동

出典 甲骨文 楷書	Ucode 美國 Gcode 中國 Tcode 臺灣 Jcode 日本 Kcode 韓國	康熙字典 漢語大辭典 大漢和辭典 總劃 部首	Mandarin 北京 Cantonese 廣東 JapaneseOn 日本 Tang 唐 Hangul 韓國
A0055 名	U-540D 0-437B 1-4758 0-4C3E 0-5923	0175.090 10582.060 03297 06 口	MING2 meng4, ming4 MEI, MYOU *miæng 명
A0981 后	U-540E 0-3A73 1-475B 0-3921 0-7D28	0176.010 10580.010 03298 06 口	HOU4 hau6 KOU, GO 후
A0004 吏	U-540F 0-4074 1-4750 0-4D79 0-5759	0176.020 10018.030 03299 06 口	LI4 lei6 RI *liə̀ 리
A0438 向	U-5411 0-4F72 1-4757 0-387E 0-7A3E	0176.040 10579.080 03301 06 口	XIANG4 hoeng3 KOU, KYOU, SHOU *xiàng 향
B0214 㕯	U-356F 5-3134 3-2472 A-2166 	0179.090 10588.150 07 口	NEI4 neot6 눌, 열
A0055 君	U-541B 0-3E7D 1-4949 0-372F 0-4F56	0177.070 10595.060 03323 07 口	JUN1 gwan1 KUN *giuən 군
A0061 吝	U-541D 0-415F 1-493D 0-5267 0-5770	0177.130 10594.040 03327 07 口	LIN4 leon6 RIN 린

出典 甲骨文 楷書	Ucode 美國 Gcode 中國 Tcode 臺灣 Jcode 日本 Kcode 韓國	康熙字典 漢語大辭典 大漢和辭典 總劃 部首	Mandarin 北京 Cantonese 廣東 JapaneseOn 日本 Tang 唐 Hangul 韓國
D0018	U-5420	0177.220	FEI4
	0-374D	10587.020	fai6
	1-4952	03331	HAI, BAI
	0-4B4A	07	bhiæ̀i
吠	0-7845	口	폐
A0777	U-5426	0178.020	FOU3, PI3
	0-3771	10586.050	fau2, pei2
	1-4941	03340	HI
	0-485D	07	biǒu
否	0-5C7A	口	부
A0181	U-542F	0178.210	QI3
	0-4674	10594.100	kai2
	3-2524	03357	KEI
	1-346B	07	
启	2-2647	口	계
D0136	U-5433	0179.040	WU2
	E-2439	10595.080	ng4
	1-4946	03365	GO
		07	*ngo
吳	0-676F	口	오
A0959	U-5436	0179.100	NE5, NE4, NA4
	E-243A	10588.140	naap6, nat6, neot6
	1-4951	03370	TOTSU, DOTSU
	0-5265	07	
吶	1-5C56	口	눌
A0054	U-5439	0179.130	CHUI1, CHUI4
	0-3435	10593.030	ceoi1, ceoi3
	1-494C	03373	SUI
	0-3F61	07	*chiuɛ, chiuɛ̀
吹	0-7623	口	취
D0017	U-543E	0180.030	WU2
	0-4E61	10585.130	ng4
	1-4940	03379	GO
	0-3863	07	*ngo
吾	0-676E	口	오

出典 甲骨文 楷書	Ucode 美國 Gcode 中國 Tcode 臺灣 Jcode 日本 Kcode 韓國	康熙字典 漢語大辭典 大漢和辭典 總劃 部首	Mandarin 北京 Cantonese 廣東 JapaneseOn 日本 Tang 唐 Hangul 韓國
A0054 吿	U-543F E-243B 3-2521 	0180.060 10589.121 03381 07 口	GAO4 KOKU, KOU 고
A0463 呂	U-5442 E-243C 1-4948 0-4F24 0-5565	0181.030 10577.120 03386 07 口	LÜ3 leoi5 RYO, RO *liŭ 려
E0174 呇	U-5447 E-243E 2-2346 1-3471 2-2650	0181.160 10589.010 03400 07 口	QI3 KEI 계
E0041 呈	U-5448 0-334A 1-4947 0-4468 0-6F50	0181.170 10585.010 03401 07 口	CHENG2 cing4 TEI 정
A0054 告	U-544A 0-3866 1-494B 0-3970 0-4D31	0181.191 10589.120 03381 07 口	GAO4 gou3, guk1 KOKU, KOU *gàu 고
A0059 周	U-5468 0-565C 1-4C52 0-3C7E 0-7132	0181.360 10606.030 03441 08 口	ZHOU1 zau1 SHUU *jiou 주
A0547 呪	U-546A E-2446 3-2778 0-3C76 0-7131	0182.020 10601.030 03443 08 口	ZHOU4 zau2 JU, SHUU 주

出典 甲骨文 楷書	Ucode 美國 Gcode 中國 Tcode 臺灣 Jcode 日本 Kcode 韓國	康熙字典 漢語大辭典 大漢和辭典 總劃 部首	Mandarin 北京 Cantonese 廣東 JapaneseOn 日本 Tang 唐 Hangul 韓國
A0276 呼	U-547C 0-3A74 1-4C4B 0-3846 0-7B3C	0183.140 10605.020 03471 08 口	HU1, XU1 fu1 KO *xo 호
A0567 命	U-547D 0-437C 1-4C54 0-4C3F 0-5924	0183.180 10604.110 03473 08 口	MING4 meng6, ming6 MEI, MYOU *miæ̀ng 명
A0492 咎	U-548E 0-3E4C 1-4C55 0-526B 0-4F24	0185.060 10607.060 03493 08 口	JIU4, GAO1 gau3, gou1 KYUU, KOU ghiǒu 구
A0229 咩	U-54A9 0-5F63 1-5049 1-352F 2-2675	0186.130 10622.050 03540 09 口	MIE1 me1 BI, MI 미
A0057 咸	U-54B8 0-4F4C 1-503B 0-5279 0-7960	0187.190 21404.020 03563 09 口	XIAN2 haam4 KAN, GEN *hæm 함
A0252 咼	U-54BC 1-5F43 2-294B 0-5325 1-597E	0188.040 10616.010 03573 09 口	WAI1 gwaa3, waa1 KA, KAI 괘, 화
A0110 品	U-54C1 0-4637 1-5042 0-494A 0-7921	0188.120 10615.100 03581 09 口	PIN3 ban2 HIN, HON pǐm 품

出典 甲骨文 楷書	Ucode 美國 Gcode 中國 Tcode 臺灣 Jcode 日本 Kcode 韓國	康熙字典 漢語大辭典 大漢和辭典 總劃 部首	Mandarin 北京 Cantonese 廣東 JapaneseOn 日本 Tang 唐 Hangul 韓國
A0059  㖖	U-3596 KX019218 6-357D A-216B 	0192.180 10633.070 10 口	NIE4 saan1, zip6, zit6 알
A0372  員	U-54E1 1-5431 1-545E 0-3077 0-6A2C	0189.310 10628.060 03633 10 口	YUAN2, YUN4 jyun4, wan4 IN, EN hyuɛn 원
A0229  咩	U-54F6 5-384E 3-3022 1-3541 	0191.070 10625.081 03672 10 口	MIE1 me1 BA, ME, BI, MI 마
A0060  唐	U-5510 0-4C46 1-5453 0-4562 0-5350	0192.120 10633.050 03709 10 口	TANG2 tong4 TOU dhang 당
D0082  㖦	U-35A6 KX019426 3-345A 4-2423 	0194.260 10638.010 11 口	DONG3 dung2 동
A0056  唯	U-552F 0-4E28 1-5944 0-4D23 0-6A66	0193.170 10642.050 03761 11 口	WEI2, WEI3 wai2, wai4 YUI, I *ui 유
A0117  商	U-5546 0-494C 1-5938 0-3E26 0-5F42	0194.320 10288.060 03803 11 口	SHANG1 soeng1 SHOU *shiang 상

出典 甲骨文 楷書	Ucode 美國 Gcode 中國 Tcode 臺灣 Jcode 日本 Kcode 韓國	康熙字典 漢語大辭典 大漢和辭典 總劃 部首	Mandarin 北京 Cantonese 廣東 JapaneseOn 日本 Tang 唐 Hangul 韓國
A0352 啉	U-5549 0-5F78 3-345B 1-3558 2-275C	0195.030 10637.070 03806 11 口	LAN2, LIN2 lam1 RAN 람
A0056 問	U-554F 1-4E4A 1-5942 0-4C64 0-597D	0195.100 74284.030 03814 11 口	WEN4 man6 MON, BUN *miən 문
A0181 啓	U-5553 1-4674 3-3462 0-373C 0-4C76	0195.170 10646.120 03820 11 口	QI3 kai2 KEI 계
A0322 啚	U-555A 5-3869 3-3464 1-355E 2-2768	0196.080 10638.110 03829 11 口	BI3, TU2 HI, TO 비
A0182 啟	U-555F E-245C 1-5A76 	0196.261 21463.080 03821 11 口	QI3 kai2 KEI 계
A0114 㗊	U-35CA 3-3667 4-3663 	0200.210 10655.010 12 口	JI2 leoi4, lo4 집, 뢰
A0278 喜	U-559C 0-4F32 1-5E45 0-346E 0-7D6C	0199.050 10649.020 03957 12 口	XI3 hei2 KI, SHI *xiə̌ 희

出典 甲骨文 楷書	Ucode 美國 Gcode 中國 Tcode 臺灣 Jcode 日本 Kcode 韓國	康熙字典 漢語大辭典 大漢和辭典 總劃 部首	Mandarin 北京 Cantonese 廣東 JapaneseOn 日本 Tang 唐 Hangul 韓國
A0582	U-55A6	0200.020	NIE4
	5-387A	10787.020	ngaam4
	2-3A5B	03975	JOU, NYOU
		12	
喦	2-277E	口	엽
A0070	U-55AA	0200.120	SANG1, SANG4
	1-4925	10650.030	song1, song3
	1-5E46	03985	SOU
	0-4153	12	*sàng
喪	0-5F43	口	상
A0554	U-55AB	0200.190	CHI1, JI1
	E-2467	10648.070	hek3, jaak3
	1-5E56	03987	KITSU, KEKI
	0-354A	12	
喫	0-5152	口	끽
A0317	U-55AC	0200.220	QIAO2
	1-4747	10656.120	kiu4
	1-5E52	03990	KYOU, GYOU
	0-362C	12	ghyɛu
喬	0-4E62	口	교
A0069	U-55AE	0200.250	DAN1, SHAN4, CHAN2
	1-3525	10654.060	daan1, sin4, sin6
	1-5E4C	03993	TAN
	0-5345	12	*zhiɛn, dɑn
單	0-5324	口	단
A0110	U-55BF	0201.160	SAO4
	3-423D	10667.150	co3, cou3
	2-417A	04029	SOU, SHOU
	1-3575	13	
喿	2-2828	口	소
A0324	U-55C7	0202.050	SE4
	1-5844	10665.110	sik1
	1-6345	04053	SHOKU
	0-5427	13	
嗇	0-5F60	口	색

出典 甲骨文 楷書	Ucode 美國 Gcode 中國 Tcode 臺灣 Jcode 日本 Kcode 韓國	康熙字典 漢語大辭典 大漢和辭典 總劃 部首	Mandarin 北京 Cantonese 廣東 JapaneseOn 日本 Tang 唐 Hangul 韓國
A0394	U-55FE	0204.280	SOU3
	0-6055	10678.090	sau2, zuk6
	1-6826	04155	SOU
	0-5355	14	
嗾	0-7133	口	주, 촉
A0281	U-5609	0205.070	JIA1
	0-3C4E	10672.110	gaa1
	1-682D	04176	KA
	0-3245	14	ga
嘉	0-4A29	口	가
A0276	U-5611	0205.260	HU1, HU4, LA4
	E-2472	10676.010	laa3
	3-4634	04195	KO, KU
	1-3631	14	
嘑	2-284D	口	호
A0110	U-566A	0210.070	ZAO4
	0-546B	10691.050	cou3
	1-7041	04380	SOU
	0-5364	16	sàu
噪	1-6C7B	口	조
A0114	U-569A	0212.430	YIN2
	3-374A	10699.190	ngan4
	2-6149	04518	GIN, GON, GAN, GEN
	1-365B	18	
嚚	1-6A2F	口	은
A0774	U-56A8	0213.230	LONG2
	1-417C	10703.110	lung4
	1-782D	04550	ROU, RU
	1-3661	19	
嚨	2-2932	口	롱
A0303	U-56AE	0213.380	XIANG4
	1-7875	10698.080	hoeng2, hoeng3
	1-763D	04565	KOU, KYOU
	0-536C	19	
嚮	0-7A3F	口	향

出典 甲骨文 楷書	Ucode 美國 Gcode 中國 Tcode 臺灣 Jcode 日本 Kcode 韓國	康熙字典 漢語大辭典 大漢和辭典 總劃 部首	Mandarin 北京 Cantonese 廣東 JapaneseOn 日本 Tang 唐 Hangul 韓國
A0366  㘝	U-361D 5-3975 3-2232	0216.190 10711.040 05 口	NIAN3, NIE4 nim2, nip6, zik1 닙
A0943 四	U-56DB 0-4B44 1-463E 0-3B4D 0-5E4C	0216.220 10710.160 04682 05 口	SI4 sei3, si3 SHI *sì 사
A0898 回	U-56DE 0-3B58 1-475F 0-3273 0-7C5E	0216.260 10712.020 04690 06 口	HUI2 wui4 KAI, E *huəi 회
A0578  囟	U-56DF 0-5836 2-2227 1-3675 1-656F	0216.270 10713.030 04691 06 口	XIN4 seon3 SHIN, SHI 신
A0365  因	U-56E0 0-5272 1-475E 0-3078 0-6C57	0217.020 10711.090 04693 06 口	YIN1 01-Jan IN *qin 인
A0366  囡	U-56E1 0-606F 2-2226 1-3676 2-294C	0217.060 10713.080 04696 06 口	NAN1 naam4 JUU, NOU, NAN 닙
A0401  囧	U-56E7 5-3976 2-2348 1-367A 2-2950	0217.100 10715.120 04707 07 口	JIONG3 gwing2 KEI, KYOU 경

出典 甲骨文 楷書	Ucode 美國 Gcode 中國 Tcode 臺灣 Jcode 日本 Kcode 韓國	康熙字典 漢語大辭典 大漢和辭典 總劃 部首	Mandarin 北京 Cantonese 廣東 JapaneseOn 日本 Tang 唐 Hangul 韓國
A0369  囮	U-56EE 3-3752 2-2347 0-5379 1-6853	0217.180 10715.050 04715 07 口	E2, YOU2 jau4, ngo4 KA, YUU 와
A0367  困	U-56F0 0-4027 1-495A 0-3A24 0-4D5D	0217.200 10714.070 04717 07 口	KUN4 kwan3 KON *kuə̀n 곤
A0365  囿	U-56FF 0-6073 1-504C 0-537C 1-6969	0218.080 10717.200 04756 09 口	YOU4 jau6 YUU 유
A0368  圂	U-5702 3-3756 2-2E4B 1-3724 1-7421	0218.200 10719.040 04773 10 口	HUN4 wan6 KON, GON, KAN, DAN 환
A0195  圃	U-5703 0-4654 1-5467 0-4A60 0-7855	0218.210 10718.150 04774 10 口	PU3 bou2, pou2 HO bǒ 포
A0368  圄	U-5704 0-6074 1-5468 0-537D 0-6558	0219.010 10719.010 04775 10 口	YU3 jyu5 GYO, GO 어
A0407  圅	U-5705 E-2542 3-3027 2-2957	0219.020 10720.050 04776 10 口	HAN2 KAN, GON 함

出典 甲骨文 楷書	Ucode 美國 Gcode 中國 Tcode 臺灣 Jcode 日本 Kcode 韓國	康熙字典 漢語大辭典 大漢和辭典 總劃 部首	Mandarin 北京 Cantonese 廣東 JapaneseOn 日本 Tang 唐 Hangul 韓國
A0368  圉	U-5709 0-6076 1-5950 0-537E 1-6726	0219.110 10720.070 04793 11 囗	YU3 jyu5 GYO, GO ngiŭ 어
A0852  國	U-570B 1-397A 1-594F 0-5422 0-4F50	0219.160 10720.090 04798 11 囗	GUO2 gwok3 KOKU *guək 국
A0367  圍	U-570D 1-4E27 1-5E58 0-5423 0-6A4C	0220.010 10722.140 04806 12 囗	WEI2 wai4 I *hiuəi 위
A0900 土	U-571F 0-4D41 1-4448 0-455A 0-774F	0223.010 10415.010 04867 03 土	TU3 tou2 DO, TO *tŏ 토
A0353  在	U-5728 0-545A 1-4763 0-3A5F 0-6E24	0224.181 10418.070 04881 06 土	ZAI4 zoi6 ZAI *dzhə̆i 재
D0084  址	U-5740 0-5637 1-495F 0-542E 0-7223	0224.240 10422.130 04908 07 土	ZHI3 zi2 SHI 지
A0901  坐	U-5750 0-5778 1-4964 0-3A41 0-7126	0225.150 10423.120 04931 07 土	ZUO4 co5, zo6 ZA *dzhuà, *dzhuă 좌

出典	Ucode 美國	康熙字典	Mandarin 北京
甲骨文	Gcode 中國	漢語大辭典	Cantonese 廣東
	Tcode 臺灣	大漢和辭典	JapaneseOn 日本
	Jcode 日本	總劃	Tang 唐
楷書	Kcode 韓國	部首	Hangul 韓國
A0468	U-5770	0226.290	JIONG1
	3-3374	10432.030	gwing1
	2-2577	04985	KEI, KYOU
	1-3749	08	
坰	0-4C50	土	경
A0510	U-5775	0226.350	QIU1
	E-2554	10432.080	jau1
	2-257A	04990	KYOU
	1-374D	08	
坵	0-4F26	土	구
A0361	U-5782	0227.160	CHUI2
	0-3439	10432.050	seoi4
	1-504D	05012	SUI
	0-3F62	08	*zhiuɛ
垂	0-6177	土	수
A0033	U-57CB	0229.280	MAI2, MAN2
	0-4271	10443.210	maai4
	1-546B	05116	MAI, BAI
	0-4B64	10	*mæi
埋	0-5858	土	매
A0902	U-57CE	0229.320	CHENG2
	0-3347	10438.070	seng4, sing4
	1-5052	05086	JOU
	0-3E6B	10	*zhiɛng
城	0-6072	土	성
A0352	U-57DC	0230.130	YE3
	E-2563	10450.050	je5
	2-3434	05154	SHO, YA
	0-4738	11	
埜	1-6670	土	야
A0147	U-57F6	0231.080	YI4, SHI4
	3-3439	10455.040	ngai6, zap1
	2-3433	05192	GEI, SEI
	1-3775	11	
埶	2-2A48	土	예

出典 甲骨文 楷書	Ucode 美國 Gcode 中國 Tcode 臺灣 Jcode 日本 Kcode 韓國	康熙字典 漢語大辭典 大漢和辭典 總劃 部首	Mandarin 北京 Cantonese 廣東 JapaneseOn 日本 Tang 唐 Hangul 韓國
A0679 執	U-57F7 1-5634 1-595A 0-3C39 0-727B	0231.090 10457.050 05193 11 土	ZHI2 zap1 SHITSU, SHUU jip 집
A0900 基	U-57FA 0-3B79 1-5957 0-3470 0-5071	0231.120 10449.070 05197 11 土	JI1 gei1 KI giə 기
A0901 埽	U-57FD 0-5C23 2-3438 1-3777 1-6468	0231.180 10459.010 05202 11 土	SAO4, SAO3 sou3 SOU *sǎu 소
A0641 堇	U-5807 0-5D40 2-343E 2-2A4E	0232.050 10450.020 05212 11 土	JIN3 gan2 KIN 근
A0906 堯	U-582F 1-5222 1-5E59 0-7421 0-686B	0234.010 10459.140 05272 12 土	YAO2 jiu4 GYOU *ngəu 요
A0868 報	U-5831 1-3128 1-5E5E 0-4A73 0-5C43	0234.050 10466.040 05275 12 土	BAO4 bou3 HOU *bàu 보
A0094 塗	U-5857 1-4D3F 1-6355 0-4549 0-5373	0235.200 10474.080 05338 13 土	TU2 tou4 TO *dho 도

出典 甲骨文 楷書	Ucode 美國 Gcode 中國 Tcode 臺灣 Jcode 日本 Kcode 韓國	康熙字典 漢語大辭典 大漢和辭典 總劃 部首	Mandarin 北京 Cantonese 廣東 JapaneseOn 日本 Tang 唐 Hangul 韓國
A0592 塙	U-5859 3-345F 2-4233 0-4839 1-586D	0236.010 10473.150 05341 13 土	QUE4 kok3 KAKU, KOU 각
A0270 塞	U-585E 0-487B 1-6352 0-3A49 0-5F5D	0236.090 10475.010 05349 13 土	SAI1, SE4, SAI4 coi3, sak1 SOKU, SAI *sək, *sə̀i 새
A0622 塵	U-5875 1-333E 1-6838 0-3F50 0-7248	0236.380 10482.030 05388 14 土	CHEN2 can4 JIN *djhin 진
A0903 墀	U-5880 0-5C2F 1-6C3F 1-383B 1-6D7A	0237.120 10489.120 05404 14 土	CHI2 ci4 CHI, JI *djhi 지
A0315 墉	U-5889 0-5C2D 2-493D 1-383F 0-693A	0237.270 10481.140 05419 14 土	YONG1, YONG2 jung4 YOU, YU iong 용
A0934 墜	U-589C 1-5739 1-6C43 0-4446 0-754D	0238.220 10484.060 05451 15 土	ZHUI4 zeoi6 TSUI *djhuì 추
D0165 增	U-589E 0-5476 1-6C41 3-2F5D 0-7172	0238.250 10489.060 05454 15 土	ZENG1 zang1 ZOU, SOU *tzəng 증

出典 甲骨文 楷書	Ucode 美國 / Gcode 中國 / Tcode 臺灣 / Jcode 日本 / Kcode 韓國	康熙字典 / 漢語大辭典 / 大漢和辭典 / 總劃 / 部首	Mandarin 北京 / Cantonese 廣東 / JapaneseOn 日本 / Tang 唐 / Hangul 韓國
A0937	U-58AE	0239.110	DUO4, HUI1
	1-3669	10484.030	do6, fai1
	1-6C44	05481	DA
	0-5458	15	dhuǎ
墮	0-7665	土	타
A0901	U-58BE	0240.030	KEN3
	1-3F51	10492.040	han2
	1-704A	05509	KON
	0-3A26	16	
墾	0-4A4B	土	간
A0937	U-58C0	0240.060	PI2, BI4, PI4, BEI1
	E-262D	10494.070	
	3-504B	05515	
		16	
壀		土	비
A0390	U-58C7	0240.220	TAN2
	1-4C33	10492.120	taan4
	1-704B	05528	DAN, TAN
	0-4345	16	dhɑn
壇	0-5326	土	단
A0973	U-58EB	0242.380	SHI4
	0-4A3F	10416.010	si6
	1-4449	05638	SHI, JI
	0-3B4E	03	*jrhiǎ
士	0-5E4D	土	사
A0512	U-58EC	0243.010	REN2
	0-4849	10417.010	jam4
	1-4531	05639	JIN, NIN
	0-3F51	04	
壬	0-6C73	土	임
A0279	U-58F4	0243.050	ZHU3
	3-3521	10439.060	syu6
	2-2960	05649	SHU, CHU
	4-2537	09	
壴	2-2B3F	土	주

出典 甲骨文 楷書	Ucode 美國 Gcode 中國 Tcode 臺灣 Jcode 日本 Kcode 韓國	康熙字典 漢語大辭典 大漢和辭典 總劃 部首	Mandarin 北京 Cantonese 廣東 JapaneseOn 日本 Tang 唐 Hangul 韓國
A0678	U-58FA	0243.150	HU2
	1-3A78	10468.010	wu4
	1-5E63	05657	KO
	0-5464	12	*ho
壺	0-7B3E	士	호
A0907	U-58FD	0244.040	SHOU4
	1-4A59	10483.100	sau6
	1-6840	05672	JU, SU, SHUU, JUU
	0-5468	14	zhiòu, zhiǒu
壽	0-6178	士	수
A0327	U-5902	0244.170	ZHI3
	0-623A	20867.150	gau2, zi1
	3-2139	05691	CHI, SHUU, SHU
	0-5469	03	
夂	2-2B43	夂	치
F中64a	U-5904	0158.021	CHU4, CHU3
	0-3426	20867.170	cyu3
	3-2235		
		05	
处	2-2B45	夂	처
A0333	U-5906	0244.220	FENG2, PANG2
	3-3A34	20868.070	fung1
	2-2350	05698	HOU, HU, BA
	1-3860	07	
夆	1-622D	夂	봉
A0327	U-590A	0245.010	SUI1
	8-287B	20867.160	seoi1
	3-213A	05708	SUI
	0-546A	03	
夊	2-2B48	夊	쇠
A0540	U-590C	0245.050	LING2
	3-3A35	20869.010	ling4
	2-2623	05714	RYOU
	1-3862	08	
夌	2-2B4A	夊	릉

出典 甲骨文 楷書	Ucode 美國 Gcode 中國 Tcode 臺灣 Jcode 日本 Kcode 韓國	康熙字典 漢語大辭典 大漢和辭典 總劃 部首	Mandarin 北京 Cantonese 廣東 JapaneseOn 日本 Tang 唐 Hangul 韓國
A0327	U-5912	0245.280	NAO2
	3-3A38	20871.230	naau4
	2-6545	05741	DOU, NOU
	1-3863	18	
夒	2-2B4C	夊	노
A0403	U-5915	0246.010	XI1, XI4
	0-4F26	20859.010	zik6
	1-444A	05749	SEKI
	0-4D3C	03	*ziɛk
夕	0-602A	夕	석
A0404	U-5916	0246.020	WAI4
	0-4D62	20860.010	ngoi6, oi6
	1-4640	05750	GAI, GE
	0-3330	05	*nguài
外	0-6862	夕	외
A0404	U-5919	0246.070	SU4
	0-596D	20861.070	suk1
	1-4768	05755	SHUKU
	0-3D48	06	siuk
夙	0-6254	夕	숙
A0405	U-591A	0246.110	DUO1
	0-3660	20862.020	do1
	1-4769	05756	TA
	0-423F	06	*da
多	0-527D	夕	다
A0403	U-591C	0246.180	YE4
	0-5239	10285.010	je6
	1-4C5F	05763	YA
	0-4C6B	08	*ià
夜	0-6528	夕	야
A0464	U-5922	0247.160	MENG4, MENG2
	1-434E	20864.190	mung6
	1-6842	05801	MU
	0-4C34	14	*mùng
夢	0-5953	夕	몽

出典	Ucode 美國	康熙字典	Mandarin 北京
甲骨文	Gcode 中國	漢語大辭典	Cantonese 廣東
	Tcode 臺灣	大漢和辭典	JapaneseOn 日本
	Jcode 日本	總劃	Tang 唐
楷書	Kcode 韓國	部首	Hangul 韓國
A0661	U-5927	0248.010	DA4, DAI4, TAI4
	0-3473	10520.010	daai6
	1-444B	05831	TAI, DAI, TA
	0-4267	03	*dhài
大	0-535E	大	대
A0677	U-5928	0248.030	ZE4
	5-372B	10524.020	
	4-2149	05832	SHOKU, SHIKI, RETSU, RECHI
	1-386B	04	
夨		大	녈
A0003	U-5929	0248.040	TIAN1
	0-4C6C	10522.010	tin1
	1-4532	05833	TEN
	0-4537	04	*ten
天	0-7438	大	천
A0669	U-592A	0248.100	TAI4
	0-4C2B	10524.010	taai3
	1-4534	05834	TA, TAI
	0-4240	04	*tài
太	0-773C	大	태
A0685	U-592B	0248.110	FU1, FU2
	0-3772	10521.010	fu1, fu4
	1-4533	05835	FU, FUU
	0-4957	04	*bio, bhio
夫	0-5C7D	大	부
B1164	U-592D	0249.030	YAO1, WO4, WAI1, YAO3
	0-5832	10523.020	jiu1, jiu2
	1-4535	05838	YOU, OU, KA
	0-5470	04	qyĕu
夭	0-686C	大	요
A0315	U-592E	0249.050	YANG1
	0-516B	10524.060	joeng1
	1-4641	05840	OU
	0-317B	05	qiang
央	0-6467	大	앙

出典 甲骨文 楷書	Ucode 美國 Gcode 中國 Tcode 臺灣 Jcode 日本 Kcode 韓國	康熙字典 漢語大辭典 大漢和辭典 總劃 部首	Mandarin 北京 Cantonese 廣東 JapaneseOn 日本 Tang 唐 Hangul 韓國
A0666  㚐	U-3690 HZ 3-2348	0250.071 10527.040 06 大	TAO4 tou3, zou6 투
A0675  夶	U-5936 E-264E 3-2347 1-3870	0249.140 10527.030 05850 06 大	BI3 HI 비
A0663  夷	U-5937 0-5244 1-476A 0-3050 0-6C28	0249.150 10527.050 05852 06 大	YI2 ji4 I i 이
A0123  夸	U-5938 0-3F64 1-476B 0-5472 1-594F	0250.020 10526.050 05854 06 大	KUA1 kwaa1 KO, KA kua 과
A0663  夾	U-593E 1-3C50 1-4968 0-5473 0-7A71	0250.100 10529.180 05867 07 大	JIA1, JIA2 gaap3, gap3, gep6, gip6 KOU, KYOU *gæp 협
A0679  㚔	U-3694 3-3530 4-2571	0250.240 10536.030 08 大	NIE4 nip6 녑, 행
A0611  奇	U-5947 0-4666 1-4C61 0-3471 0-5074	0250.310 10533.040 05892 08 大	QI2, JI1 gei1, kei4 KI *ghyɛ, gyɛ 기

出典	Ucode 美國	康熙字典	Mandarin 北京
甲骨文	Gcode 中國	漢語大辭典	Cantonese 廣東
	Tcode 臺灣	大漢和辭典	JapaneseOn 日本
	Jcode 日本	總劃	Tang 唐
楷書	Kcode 韓國	部首	Hangul 韓國
A0682	U-594F	0251.150	ZOU4
	0-5760	10537.010	zau3
	1-5057	05915	SOU
	0-4155	09	tzòu
奏	0-7134	大	주
A0260	U-5951	0251.210	QI4, QIE4, XIE4
	0-4675	10536.100	kai3, kit3, sit3
	1-5056	05917	SETSU, KEI
	0-3740	09	*kèi, ket, set
契	0-4C78	大	계
D0134	U-5952	0251.220	KAI1, ZHA1, ZHA4
	5-373B	10540.050	
	3-2B7C	05918	KAI, HOU, BU
	1-3874	09	
奓		大	개
A0684	U-595A	0252.100	XI1, XI2
	0-5E49	10541.110	hai4
	1-5471	05930	KEI
	0-5478	10	hei
奚	0-7A28	大	해
A0268	U-5960	0253.050	DIAN4
	0-356C	10546.060	din6
	1-5E64	05960	TEN, DEN, TEI
	0-547B	12	dhèn
奠	0-6E75	大	전
A0800	U-5973	0254.220	NÜ3, RU3
	0-452E	21023.230	jyu5, neoi5, neoi6
	1-444C	06036	JO, NYO, NYOU
	0-3D77	03	*niŭ, *njiŭ
女	0-5233	女	녀
A0810	U-5974	0254.260	NU2
	0-452B	21024.070	nou4
	1-4643	06039	DO, NU
	0-455B	05	*no
奴	0-523F	女	노

出典 甲骨文 楷書	Ucode 美國 Gcode 中國 Tcode 臺灣 Jcode 日本 Kcode 韓國	康熙字典 漢語大辭典 大漢和辭典 總劃 部首	Mandarin 北京 Cantonese 廣東 JapaneseOn 日本 Tang 唐 Hangul 韓國
A0832	U-36A4	0255.100	YI4
	5-3F3E	21025.080	zik6
	3-234A		
		06	
㚤		女	익
A0819	U-597B	0255.080	NAN2
	5-3F42	21029.030	
	2-222F	06050	DAN, NAN
	1-3926	06	
奻	2-2B64	女	난
A0813	U-597D	0255.110	HAO3, HAO4
	0-3A43	21028.010	hou2, hou3
	1-476F	06053	KOU
	0-3925	06	*xàu, *xǎu
好	0-7B3F	女	호
A0816	U-5982	0255.210	RU2
	0-4867	21025.090	jyu4
	1-4771	06060	JO, NYO
	0-4721	06	*njiu
如	0-657D	女	여
B1313	U-36A9	0256.110	RAN3
	KX025611	21031.010	zim5
	3-2552		
		07	
㚩		女	염
A0804	U-598A	0256.060	REN4
	0-4851	21031.060	jam4
	1-4973	06072	NIN, JIN
	0-4725	07	
妊	0-6C74	女	임
A0815	U-598C	0256.080	JING4
	3-3C22	21029.080	
	3-254C	06074	SEI, JOU
	1-3929	07	
妌	2-2B69	女	정

出典 甲骨文 楷書	Ucode 美國 Gcode 中國 Tcode 臺灣 Jcode 日本 Kcode 韓國	康熙字典 漢語大辭典 大漢和辭典 總劃 部首	Mandarin 北京 Cantonese 廣東 JapaneseOn 日本 Tang 唐 Hangul 韓國
A0804	U-5991	0256.150	PA1
	3-3C30	21034.010	
	4-2369	06081	
		07	
妑	1-7168	女	파
E0423	U-5997	0256.210	JIN4
	0-6621	21032.030	kam5
	2-2355	06087	SEN, KEN, KAN, KIN, GON
	1-392D	07	
妗	0-5052	女	금
A0817	U-599D	0256.300	ZHUANG1
	1-5731	21033.130	zong1
	1-4969	06096	SOU, SHOU
	0-5523	07	*jriang
妝	1-6B40	女	장
A0366	U-599E	0256.320	NIU1
	0-6624	21033.100	nau2
	1-496C	06098	JUU, NYU, CHUU
		07	
妞	2-2B70	女	뉴
B1316	U-599F	0256.330	YAN4
	5-494E	21031.020	
	3-2551	06099	AN, EN
	1-392E	07	
妟	2-2B71	女	안
A0807	U-59A3	0257.030	BI3
	0-657E	21030.080	bei2
	1-496D	06103	HI
	0-5526	07	
妣	1-6270	女	비
A0820	U-59A5	0257.060	TUO3
	0-4D57	21032.020	to5
	1-4974	06107	DA, TA
	0-4245	07	tuă
妥	0-7666	女	타

出典 甲骨文 楷書	Ucode 美國 Gcode 中國 Tcode 臺灣 Jcode 日本 Kcode 韓國	康熙字典 漢語大辭典 大漢和辭典 總劃 部首	Mandarin 北京 Cantonese 廣東 JapaneseOn 日本 Tang 唐 Hangul 韓國
A0836  妦	U-59A6 5-3F43 2-2352 2-2B75	0257.070 21029.060 06108 07 女	FENG1 fung1 HOU, HU 봉
A0841  妬	U-59AC E-265B 3-2841 0-454A 0-7760	0257.120 21035.100 06121 08 女	DU4 dou3 TO dò 투
A0846  妳	U-59B3 8-2D66 1-4C72 1-3935 2-2B7A	0257.200 21039.090 06130 08 女	NAI3, NI3 lei5, naai5, nei5 DAI, NAI, DEI, JI 내
D0152  妵	U-59B5 3-3C3E 2-2625 2-2B7C	0257.230 21040.070 06133 08 女	TOU3 tau2 TOU, TSU 주
A0813  妸	U-59B8 5-3F50 3-2840 2-2C21	0257.270 21035.050 06137 08 女	E1 A 아
A0807  妹	U-59B9 0-4343 1-4C68 0-4B65 0-5859	0257.280 21034.060 06138 08 女	MEI4 mui6 MAI *mə̀i 매
A0803  妻	U-59BB 0-465E 1-4C66 0-3A4A 0-7423	0257.300 21036.020 06140 08 女	QI1, QI4 cai1, cai3 SAI *tsei 처

出典 甲骨文 楷書	Ucode 美國 Gcode 中國 Tcode 臺灣 Jcode 日本 Kcode 韓國	康熙字典 漢語大辭典 大漢和辭典 總劃 部首	Mandarin 北京 Cantonese 廣東 JapaneseOn 日本 Tang 唐 Hangul 韓國
A0128 妾	U-59BE 0-662A 1-4C65 0-3E2A 0-745D	0257.390 21040.080 06147 08 女	QIE4 cip3 SHOU *tsziɛp 첩
A0815 姀	U-59C0 5-3F56 2-2632 2-2C25	0258.010 21038.030 06150 08 女	HE2 KA, WA 화
A0828 姃	U-59C3 3-3C32 2-262E 1-393A 0-6F51	0258.040 21034.090 06153 08 女	ZHENG1 SEI, SHOU 정
A0838 姈	U-59C8 3-3C3A 2-2633 1-393C 1-5E5D	0258.130 21039.060 06163 08 女	LING2 REI, RYOU 령
D0151 始	U-59CB 0-4A3C 1-4C6E 0-3B4F 0-6337	0258.160 21041.120 06166 08 女	SHI3 ci2 SHI *shiə̆ 시
A0801 姓	U-59D3 0-5055 1-4C6F 0-402B 0-6073	0259.050 21037.120 06178 08 女	XING4 seng3, sing3 SEI, SHOU siɛ̆ng 성
A0815 委	U-59D4 0-4E2F 1-4C67 0-3051 0-6A4D	0259.100 21038.040 06181 08 女	WEI3, WEI1 wai1, wai2 I *gyuɛ, gyuɛ̆ 위

出典 甲骨文 楷書	Ucode 美國 Gcode 中國 Tcode 臺灣 Jcode 日本 Kcode 韓國	康熙字典 漢語大辭典 大漢和辭典 總劃 部首	Mandarin 北京 Cantonese 廣東 JapaneseOn 日本 Tang 唐 Hangul 韓國
A0812	U-36C4	0260.160	
	5-3F6E	21047.070	zi1
	3-2B7E		
		09	
㛄	3-2342	女	의
A0802	U-59DC	0259.200	JIANG1
	0-3D2A	21047.110	goeng1
	1-505A	06205	KYOU
	0-552A	09	
姜	0-4B29	女	강
A0808	U-59EA	0260.190	ZHI2
	E-2665	21043.110	zat6
	1-5061	06226	TETSU, CHITSU
	0-4C45	09	
姪	0-726B	女	질
A0829	U-59EB	0260.220	JI1
	5-3F5F	21043.040	
	3-2C23	06229	KI
	0-4931	09	
姫	2-2C35	女	진
A0829	U-59EC	0260.230	JI1
	0-3C27	21049.150	gei1
	1-5478	06230	KI
		09	giə
姬	0-7D6F	女	희
A0816	U-59F7	0261.090	YOU4
	5-3F60	21043.050	
	2-296F	06243	YUU, U
	1-394B	09	
姷	2-2C3C	女	유
A0809	U-59FC	0261.180	CHI3
	3-3C59	21047.030	ci2, si4
	2-296B	06253	SHI, TA, TEI, DAI, KI, GI
		09	
姼	2-2C3E	女	제

出典 甲骨文 楷書	Ucode 美國 Gcode 中國 Tcode 臺灣 Jcode 日本 Kcode 韓國	康熙字典 漢語大辭典 大漢和辭典 總劃 部首	Mandarin 北京 Cantonese 廣東 JapaneseOn 日本 Tang 唐 Hangul 韓國
A0832 娀	U-5A00 3-3C45 2-2966 1-394C 2-2C41	0261.230 21042.050 06258 09 女	SONG1 sung1 SHUU, SHU 융
A0836 妦	U-36D4 KX026222 3-3050 	0262.220 21053.100 10 女	PENG2 fung1 봉
A0817 娕	U-5A15 3-3C5E 2-2E61 	0262.130 21050.050 06301 10 女	LAI4 SAKU, SHOKU, SOKU, RAI 착
A0818 娘	U-5A18 0-446F 1-5473 0-4C3C 0-5226	0262.160 21054.050 06304 10 女	NIANG2 noeng4 JOU, NYOU *niang 낭
A0805 娠	U-5A20 0-496F 1-5479 0-3F31 0-6363	0263.010 21050.090 06322 10 女	SHEN1 san1, zan3 SHIN 신
A0811 娥	U-5A25 0-3670 1-547C 0-552E 0-6430	0263.100 21052.100 06331 10 女	E2 ngo4 GA *nga 아
A0843 娩	U-5A29 0-4364 1-547B 0-4A5A 0-5834	0263.150 21053.090 06337 10 女	MIAN3, WAN3 maan5, min5 BEN, HAN 만

出典 甲骨文 楷書	Ucode 美國 Gcode 中國 Tcode 臺灣 Jcode 日本 Kcode 韓國	康熙字典 漢語大辭典 大漢和辭典 總劃 部首	Mandarin 北京 Cantonese 廣東 JapaneseOn 日本 Tang 唐 Hangul 韓國
A0835 㛨	U-36E8 KX026409 3-3521 	0264.090 21061.060 11 女	QIANG3 goeng2 강
A0802 娶	U-5A36 0-4822 1-595E 0-5538 0-7625	0263.300 21056.010 06365 11 女	QU3 ceoi2, ceoi3 SHU 취
A0812 娿	U-5A3F E-2673 3-3533 1-6624	0263.460 21054.090 06381 11 女	E1 A qa 아
A0826 婋	U-5A4B 5-4024 3-352A 2-2C58	0264.140 21057.120 06398 11 女	XIAO1 효
A0816 婐	U-5A50 E-2677 2-3459 1-3960 1-6854	0264.200 21057.140 06404 11 女	E1, WO3 gwo2, o1, wo2 WA, KA 와
A0791 婚	U-5A5A 0-3B69 1-5966 0-3A27 0-7B66	0264.340 21060.110 06418 11 女	HUN1 fan1 KON xuən 혼
A0822 婡	U-5A61 3-3C63 3-3527 	0265.090 21057.040 06427 11 女	LAI2 래

出典 甲骨文 楷書	Ucode 美國 Gcode 中國 Tcode 臺灣 Jcode 日本 Kcode 韓國	康熙字典 漢語大辭典 大漢和辭典 總劃 部首	Mandarin 北京 Cantonese 廣東 JapaneseOn 日本 Tang 唐 Hangul 韓國
A0810 婢	U-5A62 0-663E 1-5965 0-5539 0-5D66	0265.100 21059.140 06428 11 女	BI4 pei5 HI bhiĕ 비
A0812 婤	U-5A64 3-3D24 2-345E 2-2C65	0265.120 21060.100 06430 11 女	ZHOU1, CHOU1 zau1 SHUU, SHU, CHOU, CHUU, JUU 주
A0803 婦	U-5A66 1-383E 1-5961 0-4958 0-5C7E	0265.140 21062.060 06432 11 女	FU4 fu5 FU *bhiǒu 부
A0819 婪	U-5A6A 0-4037 1-5962 0-553A 1-5E29	0265.190 21056.080 06436 11 女	LAN2 laam4 RAN, RIN lom 람
A0834 婭	U-5A6D 1-662B 2-3458 1-3966 2-2C69	0265.230 21055.080 06441 11 女	YA4 aa3 A 아
A0839 㛸	U-36F8 5-402D 5-3746 	0266.430 21063.090 12 女	SHU4 syu6 수
A0823 媒	U-5A92 0-433D 1-5E68 0-475E 0-585A	0266.370 21063.130 06498 12 女	MEI2 mui4 BAI, MAI, BOU məi 매

出典	Ucode 美國	康熙字典	Mandarin 北京
甲骨文	Gcode 中國	漢語大辭典	Cantonese 廣東
	Tcode 臺灣	大漢和辭典	JapaneseOn 日本
	Jcode 日本	總劃	Tang 唐
楷書	Kcode 韓國	部首	Hangul 韓國
A0813	U-5A9A	0267.070	MEI4
	0-4344	21069.150	mei4, mei6
	1-5E66	06513	BI
	0-553B	12	myì
媚	0-5A2C	女	미
A0684	U-370E	0269.080	QI2, XI4
	5-4050	21072.090	haai4, haai6
	4-3C63		
		13	
㜎	3-234A	女	혜
A0805	U-5AB0	0267.370	ZOU1
	3-3C3D	21072.180	co4, zau1
	2-4241	06566	SHIU, SU, SHU, JU
		13	
媰	2-2D23	女	추
A0833	U-5ABB	0268.150	PAN2
	5-404E	21072.100	po4, pun4
	2-4244	06583	HAN, BAN, HA, BA
	1-397D	13	
媻	1-6137	女	반
A0832	U-5AC0	0268.320	QIN2
	5-4043	21070.070	
	2-4247	06601	SHIN, JIN
		13	
嫀		女	진
A0843	U-5AC7	0268.400	MING2
	3-3D48	21074.040	ming4
	2-423A	06609	BEI, MYAU, BAU
		13	
嫇		女	명
A0823	U-5AC9	0269.020	JI2
	0-3C35	21073.010	zat6
	1-6361	06611	SHITSU
	0-3C3B	13	
嫉	0-726C	女	질

出典	Ucode 美國	康熙字典	Mandarin 北京
甲骨文	Gcode 中國	漢語大辭典	Cantonese 廣東
	Tcode 臺灣	大漢和辭典	JapaneseOn 日本
	Jcode 日本	總劃	Tang 唐
楷書	Kcode 韓國	部首	Hangul 韓國
A0817	U-5ACA	0269.040	SU4
	5-4045	21070.080	
	2-4248	06613	SO
		13	
嫊	2-2D2A	女	소
A0832	U-5B02	0271.150	ZHI1
	5-3F53	21082.100	
	2-5024	06722	SHOKU, SHIKI
		15	
嬂	2-2D3F	女	직
A0839	U-5B09	0271.280	XI1
	0-6652	21079.020	hei1
	1-6C48	06736	KI
	0-3472	15	
嬉	0-7D70	女	희
D0151	U-5B16	0272.070	BI4
	0-6654	21085.100	pei3
	2-5662	06770	HEI
	0-554A	16	
嬖	0-7846	女	폐
D0152	U-5B20	0272.251	CAN2
	5-4066	21083.220	
	2-5665	06795	SAN
		16	
嬠	2-2D49	女	참
A0274	U-5B23	0272.260	NENG2
	3-3C41	21088.020	
	2-5C5D	06808	TAU, NYAU, DEI
		17	
嬣	2-2D4C	女	녕
A0816	U-5B2A	0272.370	PIN2
	1-6649	21087.190	ban3, pan4
	1-7350	06819	HIN
	0-554D	17	bhin
嬪	0-5E2E	女	빈

出典 甲骨文 楷書	Ucode 美國 Gcode 中國 Tcode 臺灣 Jcode 日本 Kcode 韓國	康熙字典 漢語大辭典 大漢和辭典 總劃 部首	Mandarin 北京 Cantonese 廣東 JapaneseOn 日本 Tang 唐 Hangul 韓國
A0846	U-5B2D	0272.470	NAI3
	E-2746	21086.020	naai5
	2-5C5A	06824	DAI, NE, DEI, NAI, JI, NI
	1-3A38	17	
嬭	1-5C3A	女	내
A0831	U-5B30	0273.040	YING1
	1-5324	21086.080	jing1
	1-734F	06828	EI
	0-3145	17	qiɛng
嬰	1-6764	女	영
A0819	U-5B43	0274.070	NIANG2, NANG2, RANG2, RANG3
	8-7E59	21090.140	noeng4
	1-7968	06891	JOU
	0-5550	20	*niang
孃	0-653E	女	양
A0975	U-5B50	0277.010	ZI3, ZI5
	0-5753	21006.060	zi2
	1-444D	06930	SHI, SU
	0-3B52	03	*tziə̆
子	0-6D2D	子	자
A0976	U-5B55	0277.140	YUN4
	0-5450	21009.050	06-Jan
	1-4645	06938	YOU
	0-5554	05	
孕	0-6D26	子	잉
A0980	U-5B56	0277.170	ZI1, MA1
	3-3D6E	21011.010	maa1
	2-2233	06941	SHI, JI
	1-3A3E	06	
孖	1-6A71	子	자
A0145	U-5B5A	0278.060	FU2, FU1
	0-665A	21012.060	fu1
	1-4977	06948	FU
	0-5555	07	
孚	0-5D21	子	부

出典 甲骨文 楷書	Ucode 美國 Gcode 中國 Tcode 臺灣 Jcode 日本 Kcode 韓國	康熙字典 漢語大辭典 大漢和辭典 總劃 部首	Mandarin 北京 Cantonese 廣東 JapaneseOn 日本 Tang 唐 Hangul 韓國
B1574	U-5B63	0279.030	JI4
	0-3C3E	21013.050	gwai3
	1-4C77	06965	KI
	0-3528	08	gì
季	0-4C79	子	계
A0981	U-5B68	0279.140	ZHUAN3
	5-4126	21015.150	
	4-286E	06976	SEN, JUU, NYUU
	1-3A40	09	
孨	2-2D5F	子	전
A0977	U-3743	0279.240	FAN4, MIAN3, WAN3
	5-4127	21016.040	hei1, min5
	3-3054		
		10	
㝃		子	면
A0877	U-5B6B	0279.230	SUN1, XUN4
	1-4B6F	21016.050	syun1
	1-5521	06987	SON
	0-4239	10	*suən
孫	0-615D	子	손
A0148	U-5B70	0280.050	SHU2
	0-4A6B	21016.140	suk6
	1-5969	06995	JUKU
	0-5559	11	*zhiuk, zhiuk
孰	0-6255	子	숙
A0145	U-5B75	0280.210	FU1
	0-3775	21018.170	fu1
	1-684D	07021	FU
	0-555B	14	
孵	0-5D22	子	부
A0189	U-5B78	0280.280	XUE2
	1-5127	21019.110	hok6
	1-7050	07033	GAKU
	0-555C	16	*hak
學	0-794A	子	학

出典 / 甲骨文 / 楷書	Ucode 美國 / Gcode 中國 / Tcode 臺灣 / Jcode 日本 / Kcode 韓國	康熙字典 / 漢語大辭典 / 大漢和辭典 / 總劃 / 部首	Mandarin 北京 / Cantonese 廣東 / JapaneseOn 日本 / Tang 唐 / Hangul 韓國
A0970	U-5B7C	0281.050	NIE4
	E-2755	21020.080	jit6
	3-5A34	07046	GETSU, GECHI
	1-3A43	19	
孼	0-656D	子	얼
A0970	U-5B7D	0281.060	NIE4
	0-4475	21020.070	jip6, jit6
	1-7969	07047	GETSU, GECHI
	1-3A44	20	ngiɛt
孽	2-2D64	子	얼
A0436	U-5B80	0281.110	MIAN2
	0-6532	20909.130	min4
	3-213B	07054	BEN, MEN
	0-555F	03	
宀	2-2D66	宀	면
A0444	U-374A	0281.190	SHOU3
	KX028119	20911.050	sau2
	3-223C		
		05	
文		宀	수
A0943	U-5B81	0281.120	NING2, ZHU4, NING4
	0-447E	20910.010	cyu5
	2-2153	07055	CHO
	1-3A47	05	
宁	1-6B5B	宀	저
A0449	U-5B82	0281.130	RONG3
	E-2757	20911.020	jung2
	3-223D	07056	
		05	
宂	1-6925	宀	용
A0890	U-5B83	0281.140	TA1, TUO1
	0-4B7C	20910.030	taa1, to1
	1-4646	07057	TA, SHA
	0-5560	05	
它	2-2D67	宀	타, 사

出典 甲骨文 楷書	Ucode 美國 Gcode 中國 Tcode 臺灣 Jcode 日本 Kcode 韓國	康熙字典 漢語大辭典 大漢和辭典 總劃 部首	Mandarin 北京 Cantonese 廣東 JapaneseOn 日本 Tang 唐 Hangul 韓國
A0446 宄	U-5B84 0-6533 2-2154 1-3A48 2-2D68	0281.150 20910.040 07058 05 宀	GUI3 gwai2 KI 귀
A0437 宅	U-5B85 0-552C 1-4777 0-4270 0-536B	0281.200 20913.030 07064 06 宀	ZHAI2 zaak6 TAKU *djhæk 댁, 택
A0441 宇	U-5B87 0-536E 1-4775 0-3127 0-6954	0282.020 20911.070 07067 06 宀	YU3 jyu5 U *hiŏ 우
A0444 守	U-5B88 0-4A58 1-4776 0-3C69 0-617A	0282.050 20912.030 07071 06 宀	SHOU3, SHOU4 sau2 SHU, SU *shiŏu 수
A0439 安	U-5B89 0-3032 1-4778 0-3042 0-644C	0282.080 20913.090 07072 06 宀	AN1 ngon1, on1 AN *qɑn 안
A0447 宋	U-5B8B 0-4B4E 1-497A 0-4157 0-6164	0282.120 20915.020 07078 07 宀	SONG4 sung3 SOU *sòng 송
E0412 宏	U-5B8F 0-3A6A 1-497B 0-3928 0-4E5B	0282.200 20916.030 07086 07 宀	HONG2 wang4 KOU huɛng 굉

出典 甲骨文 楷書	Ucode 美國 Gcode 中國 Tcode 臺灣 Jcode 日本 Kcode 韓國	康熙字典 漢語大辭典 大漢和辭典 總劃 部首	Mandarin 北京 Cantonese 廣東 JapaneseOn 日本 Tang 唐 Hangul 韓國
A044. 宓	U-5B93 0-6535 2-2638 1-3A4E 0-5C55	0283.060 20923.030 07098 08 宀	MI4, FU2 fuk6, mat6 BITSU, MICHI, HUKU, BUKU, HITSU myit 복
A0446 宕	U-5B95 0-6534 2-2639 0-4566 0-7735	0283.110 20919.030 07103 08 宀	DANG4 dong1, dong6 TOU 탕
A0448 宗	U-5B97 0-575A 1-4C78 0-3D21 0-7073	0283.140 20917.110 07106 08 宀	ZONG1 zung1 SHUU, SOU *tzong 종
A0928 官	U-5B98 0-3959 1-4C7A 0-3431 0-4E2F	0283.150 20921.040 07107 08 宀	GUAN1 gun1 KAN *guan 관
D0098 宙	U-5B99 0-5666 1-4C7C 0-4368 0-7135	0283.170 20921.020 07108 08 宀	ZHOU4 zau6 CHUU djhiòu 주
A0439 定	U-5B9A 0-3628 1-4C79 0-446A 0-6F52	0283.180 20918.020 07109 08 宀	DING4 deng6, ding6 TEI, JOU *dhèng 정
A0450 宛	U-5B9B 0-4D70 1-4C7D 0-3038 0-6848	0284.010 20922.050 07110 08 宀	WAN3, YUAN1 jyun1, jyun2 EN qiuæn, qiuǽn 완

出典 甲骨文 楷書	Ucode 美國 / Gcode 中國 / Tcode 臺灣 / Jcode 日本 / Kcode 韓國	康熙字典 / 漢語大辭典 / 大漢和辭典 / 總劃 / 部首	Mandarin 北京 / Cantonese 廣東 / JapaneseOn 日本 / Tang 唐 / Hangul 韓國
A0442	U-5B9C	0284.030	YI2
	0-524B	20920.060	ji4
	1-4C7B	07111	GI
	0-3539	08	*ngyɛ
宜	0-6B71	宀	의
D0098	U-5BA2	0284.120	KE4
	0-3F4D	20927.130	haak3
	1-506A	07128	KYAKU, KAKU
	0-3552	09	*kæk
客	0-4B54	宀	객
A0438	U-5BA3	0284.160	XUAN1
	0-507B	20923.100	syun1
	1-5067	07132	SEN
	0-406B	09	*siuɛn
宣	0-603E	宀	선
A0437	U-5BA4	0285.020	SHI4
	0-4A52	20925.030	sat1
	1-5069	07136	SHITSU
	0-3C3C	09	*shit
室	0-6378	宀	실
A0452	U-5BA9	0285.101	SHI3
	E-275E	20929.010	
	F-2A39	07147	SHI
	1-3A52	09	
宩		宀	시
A0381	U-5BAC	0285.110	CHENG2
	3-3B3B	20925.020	sing4
	2-2E6A	07151	SEI, JOU
	1-3A53	10	
宬	0-6074	宀	성
A0462	U-5BAE	0285.160	GONG1
	E-275F	20936.041	gung1
	1-5527	07156	KYUU, GUU
	0-355C	10	*giung
宮	0-4F60	宀	궁

出典 甲骨文 楷書	Ucode 美國 Gcode 中國 Tcode 臺灣 Jcode 日本 Kcode 韓國	康熙字典 漢語大辭典 大漢和辭典 總劃 部首	Mandarin 北京 Cantonese 廣東 JapaneseOn 日本 Tang 唐 Hangul 韓國
A0442	U-5BB0	0286.040	ZAI3
	0-5457	20935.060	zoi2
	1-5523	07160	SAI
	0-3A4B	10	*tzə̌i, tzə̌i
宰	0-6E25	宀	재
A0445	U-5BB3	0286.120	HAI4, HE2
	0-3A26	20929.050	hoi6, hot3
	1-5524	07165	GAI, KATSU
	0-3332	10	*hɑ̀i
害	0-7A2A	宀	해
A0436	U-5BB6	0286.170	JIA1, JIE5, GU1
	0-3C52	20930.150	gaa1, gu1
	1-5525	07169	KA, KE, KO
	0-3248	10	*ga
家	0-4A2B	宀	가
A0469	U-3761	0288.201	ZUI4
	HZ	20936.110	zeoi3, zyu4
	A-2233	11	
㝡	3-2364	宀	최
A0443	U-5BBF	0287.130	SU4, XIU3, XIU4
	0-4B5E	20938.100	sau3, suk1
	1-596E	07195	SHUKU, SHUU
	0-3D49	11	*siuk, siòu
宿	0-6256	宀	숙
A0983	U-5BC5	0288.050	YIN2
	0-527A	20936.160	04-Jan
	1-596B	07204	IN
	0-4652	11	in
寅	0-6C59	宀	인
A0440	U-5BC6	0288.110	MI4
	0-435C	20940.060	mat6
	1-596F	07205	MITSU
	0-4C29	11	*myit
密	0-5A4B	宀	밀

出典 甲骨文 楷書	Ucode 美國 Gcode 中國 Tcode 臺灣 Jcode 日本 Kcode 韓國	康熙字典 漢語大辭典 大漢和辭典 總劃 部首	Mandarin 北京 Cantonese 廣東 JapaneseOn 日本 Tang 唐 Hangul 韓國
A0459 寉	U-5BC9 5-3E2A 0-5565 	0288.201 20938.101 11 宀	QUE4 KAKU 추
A0460 富	U-5BCC 0-383B 1-5E6E 0-4959 0-5D23	0288.270 20942.040 07230 12 宀	FU4 fu3 FU, FUU *biòu 부
A0275 寍	U-5BCD 5-3E30 2-3B35 1-3A5D 2-2D76	0289.020 20944.090 07232 12 宀	NING2, NING4 ning4 NEI 녕
D0102 寐	U-5BD0 0-4342 1-5E70 0-5567 0-585B	0289.060 20944.120 07236 12 宀	MEI4 mei6 BI mì 매
A0709 寖	U-5BD6 5-3E35 2-424E 1-3A5F 1-7123	0289.230 20946.080 07253 13 宀	JIN4, QIN4 zam3 SHIN 침
A0447 㝪	U-376A 3-3B3C 4-4275 	0290.140 20946.170 14 宀	DIAN4, DING3 dim3 점
A0444 寢	U-5BE2 1-475E 1-6854 0-556A 0-7656	0290.220 20951.010 07289 14 宀	QIN3 cam2 SHIN *tsǐm 침

出典	Ucode 美國	康熙字典	Mandarin 北京
甲骨文	Gcode 中國	漢語大辭典	Cantonese 廣東
	Tcode 臺灣	大漢和辭典	JapaneseOn 日本
	Jcode 日本	總劃	Tang 唐
楷書	Kcode 韓國	部首	Hangul 韓國
A0464	U-5BE4	0291.010	WU4
	0-653B	20950.030	ng6
	1-6855	07291	GO
	0-5568	14	
寤	0-6775	宀	오
A0274	U-5BE7	0291.080	NING2, NING4, ZHU4
	1-447E	20949.050	ning4
	1-684F	07296	NEI, NYOU
	0-472B	14	*neng, neng
寧	0-523B	宀	녕
A0464	U-5BEE	0292.100	LIAO2
	0-653C	20953.070	liu4
	1-6C4E	07325	RYOU
	0-4E40	15	leu
寮	0-5677	宀	료
A0443	U-5BF5	0293.070	CHONG3
	1-3368	20957.190	cung2
	1-7831	07368	CHOU
	0-437E	19	*tjiŏng
寵	0-7541	宀	총
A0441	U-5BF6	0293.120	BAO3
	1-3126	20958.030	bou2
	1-796A	07376	HOU
	0-556F	20	*bău
寶	0-5C44	宀	보
A0464	U-3771	0293.190	MENG4
	5-3E3F	20959.020	mung6
	3-5E2B		
		21	
㝱		宀	몽
A0360	U-5C01	0294.070	FENG1
	0-3762	10504.140	fung1
	1-506C	07426	FUU, HOU
	0-4975	09	biong
封	0-5C66	寸	봉

出典 甲骨文 楷書	Ucode 美國 Gcode 中國 Tcode 臺灣 Jcode 日本 Kcode 韓國	康熙字典 漢語大辭典 大漢和辭典 總劃 部首	Mandarin 北京 Cantonese 廣東 JapaneseOn 日本 Tang 唐 Hangul 韓國
A0875	U-5C04	0294.130	SHE4, YI4, YE4
	0-4964	10506.100	je6, jik6, se6
	1-552B	07434	SHA, SEKI
	0-3C4D	10	*jhià, ià, jhiɛk
射	0-5E52	寸	사
A0179	U-5C07	0294.160	JIANG1, JIANG4, QIANG1
	1-3D2B	42375.100	zoeng1, zoeng3
	1-5972	07438	SHOU, SOU
	0-5572	11	*tziɑng, *tziɑ̀ng
將	0-6D62	寸	장
A0180	U-5C08	0295.010	ZHUAN1
	1-5728	10507.010	zyun1
	1-5971	07439	SEN
	0-5573	11	jiuɛn
專	0-6E76	寸	전
A1001	U-5C0A	0295.100	ZUN1
	0-5770	10509.060	zeon1, zyun1
	1-5E71	07445	SON
	0-423A	12	*tzuən
尊	0-706E	寸	존
D0049	U-5C0B	0295.120	XUN2, XIN2
	1-5130	10510.010	cam4
	1-5E72	07447	JIN
	0-3F52	12	*zim
尋	0-637C	寸	심
A0280	U-5C0C	0295.140	SHU4
	5-375E	10509.020	syu6
	2-3B3B	07448	SHU, JU, CHU, JIU
	1-3A69	12	
尌	1-6D4D	寸	주
A0129	U-5C0D	0296.070	DUI4
	1-3654	10511.090	deoi3
	1-6857	07457	TAI, TSUI
	0-5574	14	*duə̀i
對	0-535F	寸	대

出典	Ucode 美國	康熙字典	Mandarin 北京
甲骨文	Gcode 中國	漢語大辭典	Cantonese 廣東
	Tcode 臺灣	大漢和辭典	JapaneseOn 日本
	Jcode 日本	總劃	Tang 唐
楷書	Kcode 韓國	部首	Hangul 韓國
A0041	U-5C0F	0296.180	XIAO3
	0-5021	10560.120	siu2
	1-4451	07473	SHOU
	0-3E2E	03	*siɛ̆u
小	0-6133	小	소
A0041	U-5C11	0296.200	SHAO3, SHAO4
	0-4959	10561.020	siu2, siu3
	1-4537	07475	SHOU
	0-3E2F	04	*shiɛ̆u, *shiɛ̆u
少	0-6134	小	소
A0958	U-5C19	0297.110	SHANG4, CHANG2
	E-2779	10563.050	
	3-2851	07493	SHOU
		08	
尙	0-5F46	小	상
A0638	U-5C1E	0297.240	LIAO4, LIAO2
	5-4079	10565.100	
	3-3B24	07517	RYOU
	1-3A6B	12	
尞	2-2E2E	小	료
A0955	U-5C24	0298.030	YOU2
	0-5348	10551.140	jau4
	1-4538	07543	YUU
	0-4C60	04	*hiou
尤	0-6956	尢	우
A0629	U-5C28	0298.090	MANG2, MENG2, PANG2
	3-5876	10553.090	mong4, mung4, pong4
	2-235E	07554	BOU
	0-5578	07	
尨	0-5B2B	尢	방
A0524	U-5C38	0299.260	SHI1
	0-4A2C	20963.140	si1
	1-4453	07630	SHI
	0-5579	03	
尸	0-6339	尸	시

出典 甲骨文 楷書	Ucode 美國 Gcode 中國 Tcode 臺灣 Jcode 日本 Kcode 韓國	康熙字典 漢語大辭典 大漢和辭典 總劃 部首	Mandarin 北京 Cantonese 廣東 JapaneseOn 日本 Tang 唐 Hangul 韓國
A0156	U-5C39	0299.270	YIN3
	0-527C	20964.010	wan5
	1-4467	07631	IN
	0-557A	04	iŭn
尹	0-6B45	尸	윤
A0979	U-5C3B	0300.020	KAO1
	0-656A	20965.050	haau1
	2-2156	07634	KOU
	0-3F2C	05	
尻	0-4D36	尸	고
A0526	U-5C3E	0300.160	WEI3, YI3
	0-4E32	20966.160	mei5
	1-4A22	07650	BI
	0-4878	07	*miĕi
尾	0-5A2D	尸	미
B0945	U-5C3F	0300.200	NIAO4, SUI1
	0-4472	20966.150	niu6, seoi1
	1-4A21	07651	NYOU
	0-4722	07	
尿	0-5263	尸	뇨
A0947	U-5C4B	0301.190	WU1
	0-4E5D	20972.010	nguk1, uk1
	1-5070	07684	OKU
	0-3230	09	*quk
屋	0-6829	尸	옥
A0525	U-5C4D	0301.240	SHI1
	E-2827	20971.090	si1
	1-506F	07688	SHI
	0-3B53	09	shi
屍	0-633B	尸	시
A0527	U-5C4E	0301.250	SHI3, XI1
	0-4A3A	20973.060	hei1, si2
	1-506D	07689	SHI, KI
	0-557D	09	
屎	0-633A	尸	시

出典	Ucode 美國	康熙字典	Mandarin 北京
甲骨文	Gcode 中國	漢語大辭典	Cantonese 廣東
	Tcode 臺灣	大漢和辭典	JapaneseOn 日本
	Jcode 日本	總劃	Tang 唐
楷書	Kcode 韓國	部首	Hangul 韓國
A0063	U-5C55	0302.100	ZHAN3
	0-5539	20974.070	zin2
	1-552D	07715	TEN
	0-4538	10	*djiĕn
展	0-6E77	尸	전
D0113	U-5C56	0302.120	XI1
	3-3B58	20976.050	
	2-2E6C	07716	SEI, SAI
		10	
屖	2-2E41	尸	서
A0028	U-5C6E	0304.100	CHE4, CAO3
	0-6578	21021.030	cit3
	2-212B	07826	SA
	0-5625	03	
屮	2-2E4C	屮	좌
A0400	U-37A2	0304.120	
	5-3F33	21021.050	zi1
	3-2162		
		04	
㞢		屮	지
A0029	U-5C6F	0304.110	TUN2, ZHUN1
	0-4D4D	10013.020	tyun4, zeon1
	1-453A	07828	TON, CHUN
	0-4656	04	dhuən, djuin
屯	0-546A	屮	둔
A0084	U-5C70	0305.010	NI4
	5-3139	21021.090	
	4-225F	07833	GEKI, GYAKU, HAKU, HIYAKU
	1-3B22	06	
屰		屮	역
A0580	U-5C71	0307.010	SHAN1
	0-493D	10759.110	saan1
	1-4454	07869	SAN, SEN
	0-3B33	03	*shrɛn
山	0-5F23	山	산

出典 甲骨文 楷書	Ucode 美國 Gcode 中國 Tcode 臺灣 Jcode 日本 Kcode 韓國	康熙字典 漢語大辭典 大漢和辭典 總劃 部首	Mandarin 北京 Cantonese 廣東 JapaneseOn 日本 Tang 唐 Hangul 韓國
D0074  㞥	U-37A5 5-3A55 3-2243	0307.050 10760.090 05 山	CEN2 cip3, gip3, saam4, seon2 잠
A0356  岀	U-5C80 E-282D 3-235A	0307.271 10761.100 06 山	CHU1 SHUTSU, SUI 출
A0582  岩	U-5CA9 0-5152 1-4D27 0-3464 0-645B	0309.190 10766.070 07985 08 山	YAN2 ngaam4 GAN *ngam 암
A0581  岳	U-5CB3 0-5440 1-4D2A 0-3359 0-643F	0309.310 10767.140 08001 08 山	YUE4 ngok6 GAKU *ngak 악
A0582  岶	U-5CB6 5-3A66 2-264B 0-562F 2-2E5E	0309.350 10768.010 08005 08 山	PO4 HAKU, HYAKU 백
A0582  島	U-5CF6 1-353A 1-5535 0-4567 0-5376	0312.040 10775.140 08108 10 山	DAO3 dou2 TOU *dǎu 도
A0223  崔	U-5D14 0-345E 1-597E 0-5643 0-754B	0314.060 10780.170 08178 11 山	CUI1 ceoi1 SAI, SUI, SE tsuəi 최

出典	Ucode 美國	康熙字典	Mandarin 北京
甲骨文	Gcode 中國	漢語大辭典	Cantonese 廣東
	Tcode 臺灣	大漢和辭典	JapaneseOn 日本
	Jcode 日本	總劃	Tang 唐
楷書	Kcode 韓國	部首	Hangul 韓國
A0582	U-5D52	0316.290	YAN2
	E-284E	10787.020	ngaam4
	2-3B49	08294	GAN
	0-5649	12	
嵒	2-2F3B	山	암
A0582	U-5D8B	0319.080	DAO3
	5-3A68	10794.190	
	3-4659	08434	TOU
	0-4568	14	
嶋	0-5377	山	도
A0970	U-5DAD	0320.280	E4, NIE4
	3-396A	10801.040	jit6
	2-5672	08517	GATSU, GACHI, GETSU, GECHI
		16	
嶭	2-2F62	山	알
A0581	U-5DBD	0321.280	YUE4
	E-2865	10803.040	ngok6
	1-7357	08566	GAKU
	0-5656	17	*ngak
嶽	0-6440	山	악
A0582	U-5DD6	0323.070	YAN2
	8-2D65	10808.070	ngaam4
	1-7C35	08649	GAN, GEN
	0-565E	23	*ngam
巖	0-645C	山	암
A0747	U-5DDB	0323.180	CHUAN1, KUN1
	0-675D	21097.080	
	3-213C	08669	SEN
	0-565F	03	
巛	2-2F73	巛	천
A0747	U-5DDD	0323.230	CHUAN1
	0-3428	10032.020	cyun1
	1-4455	08673	SEN
	0-406E	03	*chiuɛn
川	0-7439	巛	천

出典 甲骨文 楷書	Ucode 美國 Gcode 中國 Tcode 臺灣 Jcode 日本 Kcode 韓國	康熙字典 漢語大辭典 大漢和辭典 總劃 部首	Mandarin 北京 Cantonese 廣東 JapaneseOn 日本 Tang 唐 Hangul 韓國
A0748 州	U-5DDE 0-565D 1-477C 0-3D23 0-7136	0324.010 10046.030 08678 06 巛	ZHOU1 zau1 SHUU, SU *jiou 주
D0028 巡	U-5DE1 0-5132 1-4B56 0-3D64 0-625E	0324.110 63817.090 08680 07 巛	XUN2 ceon4 JUN zuin 순
A0269 工	U-5DE5 0-3924 1-4456 0-3929 0-4D6F	0325.010 10410.060 08714 03 工	GONG1 gung1 KOU, KU gung 공
A0166 左	U-5DE6 0-5773 1-464A 0-3A38 0-7127	0325.080 10411.050 08720 05 工	ZUO3 zo2 SA tzǎ 좌
A0274 巧	U-5DE7 0-4749 1-4649 0-392A 0-4E65	0325.090 10412.010 08721 05 工	QIAO3 haau2, kiu2 KOU kǎu 교
A0271 巫	U-5DEB 0-4E57 1-4A27 0-5660 0-5963	0325.190 10412.080 08728 07 工	WU1, WU2 mou4 FU, BU *mio 무
A0063 㠭	U-382D 5-3551 3-3B38	0326.050 10414.020 12 工	ZHAN3, ZHAN4 zin2 전

出典		Ucode 美國	康熙字典	Mandarin 北京
甲骨文		Gcode 中國	漢語大辭典	Cantonese 廣東
		Tcode 臺灣	大漢和辭典	JapaneseOn 日本
		Jcode 日本	總劃	Tang 唐
	楷書	Kcode 韓國	部首	Hangul 韓國
A0964		U-5DF1	0326.090	JI3
		0-3C3A	20983.050	gei2
		1-4457	08742	KI, KO
		0-384A	03	giǎ
	己	0-5079	己	기
A0987		U-5DF3	0326.120	SI4
		0-4B48	20984.020	zi6
		1-4459	08744	SHI
		0-4C26	03	
	巳	0-5E53	己	사
A0966		U-5DF4	0327.010	BA1
		0-304D	20985.010	baa1
		1-453B	08745	HA
		0-4743	04	*ba
	巴	0-7769	己	파
A0989		U-382F	0327.030	YI3
		KX032703	10029.020	zyu5
		3-2245		
		A-2256	05	
	㠯	3-2441	己	이
A0964		U-3831	0327.110	JI4, QI3
		5-3E72	20987.010	gei6
		4-3142		
			11	
	㠱	3-2443	己	기
D0119		U-5DFD	0327.160	XUN4
		0-5963	20987.050	seon3
		1-5E78	08765	SON
		0-4327	12	
	巽	0-615E	己	손
A0476		U-5DFE	0327.200	JIN1
		0-3D6D	10727.170	gan1
		1-445A	08771	KIN
		0-3652	03	*gin
	巾	0-4B6E	巾	건

出典 甲骨文 楷書	Ucode 美國 Gcode 中國 Tcode 臺灣 Jcode 日本 Kcode 韓國	康熙字典 漢語大辭典 大漢和辭典 總劃 部首	Mandarin 北京 Cantonese 廣東 JapaneseOn 日本 Tang 唐 Hangul 韓國
A0355	U-5E00	0328.020	ZA1
	E-2874	10728.010	
	3-2163	08773	SOU
	1-3C24	04	tzop
帀	2-2F7D	巾	잡
A0477	U-5E1A	0330.060	ZHOU3
	0-5663	10735.100	zaau2, zau2
	1-4D2C	08854	SOU, SHUU
	0-5664	08	jiǒu
帚	1-703E	巾	추
A0479	U-5E1B	0330.070	BO2
	0-322F	10734.060	baak6
	1-4D2F	08855	HAKU
	0-5667	08	bhæk
帛	0-5B59	巾	백
A0007	U-5E1D	0330.140	DI4
	0-355B	10738.020	dai3
	1-5074	08865	TEI, TAI
	0-446B	09	*dèi
帝	0-7028	巾	제
A0471	U-3848	0331.240	MEN2, WEN4
	5-3A38	10741.030	man6
	4-2C68		
		10	
㡈	3-244A	巾	문
A0356	U-5E2B	0331.350	SHI1
	1-4A26	10740.020	si1
	1-553A	08916	SHI
	0-3B55	10	*shri
師	0-5E54	巾	사
A0116	U-5E2D	0332.080	XI2
	0-4F2F	10741.040	zik6
	1-5539	08926	SEKI
	0-404A	10	*ziɛk
席	0-602C	巾	석

<table>
<tr><th>出典
甲骨文
楷書</th><th>Ucode 美國
Gcode 中國
Tcode 臺灣
Jcode 日本
Kcode 韓國</th><th>康熙字典
漢語大辭典
大漢和辭典
總劃
部首</th><th>Mandarin 北京
Cantonese 廣東
JapaneseOn 日本
Tang 唐
Hangul 韓國</th></tr>
<tr><td>A0470 
帽</td><td>U-5E3D
0-4331
1-5E7A
0-4B39
0-5936</td><td>0333.190
10747.080
08971
12
巾</td><td>MAO4
mou6
BOU, MOU
*màu
모</td></tr>
<tr><td>A0468
幎</td><td>U-5E4E
3-3831
2-425F
0-566D
1-603F</td><td>0335.040
10751.050
09024
13
巾</td><td>MI4
mik6
BEKI

멱</td></tr>
<tr><td>D0104 
幕</td><td>U-5E55
0-443B
1-685D
0-4B6B
0-582D</td><td>0335.290
10749.070
09051
14
巾</td><td>MU4
mok6
MAKU, BAKU
*mak
막</td></tr>
<tr><td>A0115 
干</td><td>U-5E72
0-3849
1-445B
0-3433
0-4A4E</td><td>0339.010
10405.050
09165
03
干</td><td>GAN1, GAN4, HAN2
gon1
KAN
*gan, gan
간</td></tr>
<tr><td>A0506 
幷</td><td>U-5E77
E-2928
3-2863
3A-7E7C
0-5C34</td><td>0340.070
10408.060
09175
08
干</td><td>BING4, BING1
bin3, bing3
HEI, HYOU
*biɛng
병</td></tr>
<tr><td>A0679 
幸</td><td>U-5E78
0-5052
1-4D31
0-392C
0-7A39</td><td>0341.010
10434.080
09176
08
干</td><td>XING4
hang6
KOU
hĕng
행</td></tr>
<tr><td>A0240 
幺</td><td>U-5E7A
0-675B
3-213D
0-5676
1-6875</td><td>0341.120
21092.140
09189
03
幺</td><td>YAO1
jiu1
YOU

요</td></tr>
</table>

出典 甲骨文 楷書	Ucode 美國 Gcode 中國 Tcode 臺灣 Jcode 日本 Kcode 韓國	康熙字典 漢語大辭典 大漢和辭典 總劃 部首	Mandarin 北京 Cantonese 廣東 JapaneseOn 日本 Tang 唐 Hangul 韓國
A0241	U-5E7C	0342.020	YOU4, YAO4
	0-5357	21093.070	jau3
	1-464E	09193	YOU, YUU
	0-4D44	05	qiə̀u
幼	0-6A6A	幺	유
A0241	U-5E7D	0342.120	YOU1
	0-5344	21094.080	jau1
	1-5077	09205	YUU
	0-4D29	09	*qiəu
幽	0-6A6B	幺	유
E0044	U-5E7E	0342.140	JI3, JI1
	1-3C38	21095.080	gei1, gei2
	1-5E7D	09208	KI
	0-3476	12	*giə̆i, giəi
幾	0-507A	幺	기
A0878	U-386D	0343.020	JI4, KUI2
	5-415D	21096.040	gai3
	3-465E		
		14	
㡭		幺	계
A0967	U-5E9A	0344.220	GENG1
	0-387D	20879.060	gang1
	1-4D32	09278	KOU
	0-392E	08	gæng
庚	0-4C52	广	경
A0343	U-5EA5	0345.240	XIU1
	0-6253	20883.010	jau1
	2-2A3B	09311	KYUU, KU
	1-3C47	09	
庥	2-3058	广	휴
A0583	U-5EAD	0346.210	TING2, TING4
	0-4D25	20882.110	ting4
	1-553C	09337	TEI
	0-446D	10	*dheng
庭	0-6F54	广	정

出典 甲骨文 楷書	Ucode 美國 Gcode 中國 Tcode 臺灣 Jcode 日本 Kcode 韓國	康熙字典 漢語大辭典 大漢和辭典 總劃 部首	Mandarin 北京 Cantonese 廣東 JapaneseOn 日本 Tang 唐 Hangul 韓國
A0585	U-5EB6	0347.200	SHU4
	0-4A7C	20886.150	syu3
	1-5A2C	09373	SHO
	0-3D6E	11	shiù
庶	0-5F6E	广	서
A0423	U-5EB7	0347.270	KANG1
	0-3F35	20891.010	hong1
	1-5A2A	09376	KOU
	0-392F	11	kang
康	0-4B2C	广	강
A0195	U-5EB8	0347.300	YONG1, YONG2
	0-5339	20890.050	jung4
	1-5A2B	09378	YOU
	0-4D47	11	iong
庸	0-693C	广	용
A0616	U-5ECC	0349.201	ZHI4
	3-3A6B	20896.020	zaai6, zai6, zi6
	2-4264	09433	CHI
	1-3C51	13	
廌	2-3069	广	치
D0121	U-5ECF	0349.250	JIU4
	E-2933	20899.050	
	3-4661	09453	
	0-567E	14	
廏	2-306B	广	구
A0947	U-5EE1	0351.010	WU3, WU2
	1-6250	20902.030	mou4, mou5
	2-503E	09491	BU
	0-5727	15	
廡	1-606A	广	무
A0455	U-5EE3	0351.030	GUANG3
	1-3963	20897.040	gwong2
	1-6C5D	09493	KOU
	0-5722	15	*guǎng
廣	0-4E46	广	광

出典 甲骨文 楷書	Ucode 美國 Gcode 中國 Tcode 臺灣 Jcode 日本 Kcode 韓國	康熙字典 漢語大辭典 大漢和辭典 總劃 部首	Mandarin 北京 Cantonese 廣東 JapaneseOn 日本 Tang 唐 Hangul 韓國
A0322	U-5EE9	0351.220	LIN3
	E-2938	20905.160	lam5
	2-5679	09515	RIN
	0-5729	16	
廩	1-5F54	广	름
A0436	U-5EEC	0352.050	LU2
	1-422E	20907.190	lou4
	1-7833	09535	RYO, RO
	0-572A	19	*liu
廬	0-5566	广	려
A0583	U-5EF3	0352.240	TING1
	1-4C7C	20909.090	teng1
	1-7D22	09562	CHOU, TEI
	0-572C	25	
廳	0-7466	广	청
A0103	U-389F	0352.290	CHAN3
	3-335C	10403.080	cin2
	4-2429		
		07	
㢟		廴	지
D0048	U-38AD	0357.211	
	S-2440	20992.050	tou1
		07	
㢭		廴	도
A0082	U-5EF6	0352.300	YAN2
	0-5153	10404.010	jin4
	1-4D37	09569	EN
	0-3164	07	*iɛn
延	0-6645	廴	연
A0103	U-5EF7	0353.020	TING2
	0-4D22	10403.110	ting4
	1-4A2C	09571	TEI
	0-446E	07	*dheng
廷	0-6F55	廴	정

出典 甲骨文 楷書	Ucode 美國 Gcode 中國 Tcode 臺灣 Jcode 日本 Kcode 韓國	康熙字典 漢語大辭典 大漢和辭典 總劃 部首	Mandarin 北京 Cantonese 廣東 JapaneseOn 日本 Tang 唐 Hangul 韓國
A0103	U-5EFA	0353.040	JIAN4
	0-3D28	10404.100	gin3
	1-507A	09574	KEN, KON
	0-377A	09	*giæ̀n
建	0-4B6F	廴	건
A0130	U-5EFE	0353.080	GONG3, GONG4, NIAN4
	0-5E43	10513.110	gung2
	1-445C	09583	KYOU, KU
	0-5730	03	
廾	2-3079	廾	공
A0120	U-5EFF	0353.100	NIAN4
	0-5825	10059.020	jaa6, je6, nim6
	1-453D	09586	JUU, NYUU
	0-467B	04	
廿	1-6A6D	廾	입
A0133	U-5F04	0353.170	NONG4, LONG4
	0-452A	10515.010	lung6, nung6
	1-4A2D	09596	ROU
	0-4F2E	07	*lùng
弄	0-5667	廾	롱
A0847	U-5F0B	0355.010	YI4
	0-5F2E	10557.230	jik6
	1-445D	09656	YOKU
	0-5735	03	iək
弋	1-6A59	弋	익
A0872	U-5F13	0356.010	GONG1
	0-392D	20987.110	gung1
	1-445E	09692	KYUU
	0-355D	03	*giung
弓	0-4F61	弓	궁
A0493	U-5F14	0356.070	DIAO4
	E-2946	20989.010	diu3
	1-453E	09698	CHOU, TEKI
	0-4424	04	*dèu
弔	0-7040	弓	조

出典	Ucode 美國	康熙字典	Mandarin 北京
甲骨文	Gcode 中國	漢語大辭典	Cantonese 廣東
	Tcode 臺灣	大漢和辭典	JapaneseOn 日本
	Jcode 日本	總劃	Tang 唐
楷書	Kcode 韓國	部首	Hangul 韓國
A0873	U-5F15	0356.080	YIN3
	0-527D	20988.050	05-Jan
	1-453F	09699	IN
	0-307A	04	*ĭn
引	0-6C5A	弓	인
A0847	U-5F17	0356.160	FU2
	0-3825	20990.090	fat1
	1-4651	09708	FUTSU, BOTSU
	0-4A26	05	
弗	0-5D57	弓	불
A0872	U-5F18	0356.170	HONG2
	0-3A6B	20990.150	wang4
	1-4650	09709	KOU, GU
	0-3930	05	huəng
弘	0-7B70	弓	홍
A0875	U-5F1C	0357.070	JIANG4, QIANG2
	3-3B65	20991.120	
	4-226C	09725	KYOU, GOU, KI
	1-3C62	06	
弜		弓	강
A0332	U-5F1F	0357.170	DI4, TI4
	0-355C	10244.100	dai6, tai5
	1-4A2E	09737	TEI, DAI
	0-446F	07	*dhěi
弟	0-7029	弓	제
A0874	U-5F48	0360.450	DAN4, TAN2
	1-352F	21002.080	daan6, taan4
	1-6C5F	09865	DAN
	0-573C	15	*dhan, dhàn
彈	0-7725	弓	탄
A0873	U-5F4A	0361.060	QIANG2, QIANG3, JIANG1, JIANG4
	E-294F	21003.010	goeng1, goeng6, koeng4, koeng5
	1-7053	09872	KYOU, GOU
	0-3630	16	*ghiang
彊	0-4B2E	弓	강

出典 甲骨文 楷書	Ucode 美國 Gcode 中國 Tcode 臺灣 Jcode 日本 Kcode 韓國	康熙字典 漢語大辭典 大漢和辭典 總劃 部首	Mandarin 北京 Cantonese 廣東 JapaneseOn 日本 Tang 唐 Hangul 韓國
A0713 彌	U-5F4C 1-4356 1-735A 0-573D 0-5A2F	0361.110 21004.030 09877 17 弓	MI2 mei4, nei4 BI, MI, GEI miɛ 미
A0602 㣇	U-38C7 3-3B4A 4-2642 	0362.080 20961.010 08 彐	NI3, YI4 caa3, zi6 이
A0418 彔	U-5F54 E-2951 2-2655 1-3C78 1-5E79	0362.111 20960.190 09918 08 彐	LU4 luk6 ROKU 록
A0161 彗	U-5F57 0-6567 1-5A31 0-5742 0-7B32	0362.160 20961.100 09927 11 彐	HUI4, SUI4 seoi6, wai6 SUI, KEI, E hiuɛ̆i, ziuɛ̆i, zui 혜
A0604 彘	U-5F58 0-6569 2-3B58 1-3C79 1-6F5E	0362.170 20961.140 09931 12 彐	ZHI4 zi6 TEI, DEI, EI, E 체
A0603 㣈	U-38C8 3-3B4B 4-5031 	0362.240 20962.140 16 彐	SI4 si3 시
A0879 彞	U-5F5E E-2954 1-7641 	0362.291 20962.180 18 彐	YI2 I 이

出典 甲骨文 楷書	Ucode 美國 Gcode 中國 Tcode 臺灣 Jcode 日本 Kcode 韓國	康熙字典 漢語大辭典 大漢和辭典 總劃 部首	Mandarin 北京 Cantonese 廣東 JapaneseOn 日本 Tang 唐 Hangul 韓國
A0563	U-5F61	0363.020	SHAN1, XIAN1
	0-616A	20852.040	saam1
	3-2142	09962	SAN, SEN
	0-5744	03	
彡	2-313F	彡	삼
A0528	U-5F64	0363.080	TONG2
	0-4D2E	20853.020	tung4
	1-4A2F	09972	TOU, ZU
	1-3C7D	07	dong
彤	1-5D56	彡	동
A0342	U-5F69	0363.210	CAI3
	0-324A	20855.030	coi2
	1-5A33	09992	SAI
	0-3A4C	11	*tsǎi
彩	0-7374	彡	채
A0279	U-5F6D	0364.050	PENG2
	0-456D	20855.060	paang4, pang4
	1-5F25	10003	HOU
	0-5745	12	
彭	0-7830	彡	팽
A0494	U-38D4	0365.030	
	5-3C25	20811.030	ding1
	3-224B		
		05	
㣔		彳	정
D0029	U-38D5	0365.071	

		06	
㣕	3-2477	彳	대
A0097	U-5F75	0365.070	TUO3
	E-2957	20814.060	
	4-226D	10044	TA
	1-3D24	06	
彵		彳	타

出典	Ucode 美國	康熙字典	Mandarin 北京
甲骨文	Gcode 中國	漢語大辭典	Cantonese 廣東
	Tcode 臺灣	大漢和辭典	JapaneseOn 日本
	Jcode 日本	總劃	Tang 唐
楷書	Kcode 韓國	部首	Hangul 韓國
A0158	U-5F76	0365.080	JI2
	5-3C26	20814.050	
	2-2375	10047	KIHU, KOHU
		07	
彶	2-3145	彳	급
A0935	U-5F77	0365.130	PANG2, FANG3
	0-615D	20815.010	fong2, pong4
	1-4A31	10052	HOU
	0-5747	07	
彷	0-5B2D	彳	방
A0177	U-5F79	0365.180	YI4
	0-525B	20814.230	jik6
	1-4A32	10057	YAKU, EKI
	0-4C72	07	*iuɛk
役	0-6635	彳	역
A0100	U-38D9	0365.310	DI2
	5-3C2A	20816.040	dek6, duk6
	3-2874		
		08	
㣙		彳	적
A0097	U-5F80	0365.320	WANG3, WANG4
	0-4D79	20817.060	wong5
	1-4D3B	10073	OU
	0-317D	08	
往	0-6859	彳	왕
A0079	U-5F81	0365.370	ZHENG1
	0-5577	20815.020	zing1
	1-4D3C	10077	SEI
	0-402C	08	*jiɛng
征	0-6F56	彳	정
A0100	U-5F89	0366.140	YANG2
	0-6160	20820.020	joeng4
	1-5126	10094	YOU
	1-3D29	09	
徉	1-6679	彳	양

出典 甲骨文 楷書	Ucode 美國 Gcode 中國 Tcode 臺灣 Jcode 日本 Kcode 韓國	康熙字典 漢語大辭典 大漢和辭典 總劃 部首	Mandarin 北京 Cantonese 廣東 JapaneseOn 日本 Tang 唐 Hangul 韓國
A0100 律	U-5F8B 0-4249 1-5123 0-4E27 0-5748	0366.170 20821.010 10097 09 彳	LÜ4 leot6 RITSU, RICHI luit 률
A0099 後	U-5F8C 0-6161 1-5125 0-3865 0-7D2D	0366.180 20822.030 10098 09 彳	HOU4 hau6 GO, KOU *hǒu, hòu 후
D0028 徐	U-5F90 0-506C 1-5541 0-3D79 0-5F6F	0367.110 20825.140 10110 10 彳	XU2 ceoi4 JO *ziu 서
A0081 徒	U-5F92 0-4D3D 1-553F 0-454C 0-5379	0367.220 20823.030 10121 10 彳	TU2 tou4 TO *dho, dho 도
A0100 得	U-5F97 0-3543 1-5A35 0-4640 0-5470	0367.310 20828.030 10137 11 彳	DE2, DE5, DEI3 dak1 TOKU *dək 득
A0086 徙	U-5F99 0-6163 1-5A36 0-5750 0-5E55	0368.050 20827.120 10142 11 彳	XI3 saai2 SHI 사
A0096 徝	U-5F9D 5-3C3C 4-3153 1-3D2E 	0368.170 20827.030 10151 11 彳	ZHI4 CHI, CHOKU, CHIKI 치, 지

出典 甲骨文 楷書	Ucode 美國 Gcode 中國 Tcode 臺灣 Jcode 日本 Kcode 韓國	康熙字典 漢語大辭典 大漢和辭典 總劃 部首	Mandarin 北京 Cantonese 廣東 JapaneseOn 日本 Tang 唐 Hangul 韓國
A0506 從	U-5F9E 1-3453 1-5A37 0-574F 0-7074	0368.180 20829.120 10152 11 彳	CONG2, ZONG4, ZONG1, CONG1 cung4 JUU, SHOU, JU *dzhiong, tsiong 종
A0325 徠	U-5FA0 1-6162 1-5A3A 0-5752 0-5550	0368.210 20827.060 10155 11 彳	LAI2, LAI4 loi4 RAI 래
A0101 御	U-5FA1 0-5379 1-5A39 0-3866 0-6559	0368.230 20832.160 10157 11 彳	YU4, YA4 jyu6, ngaa6 GYO, GO *ngiù 어
A0096 復	U-5FA9 1-3834 1-5F26 0-497C 0-5C56	0369.220 20834.020 10183 12 彳	FU4, FOU4 fau6, fuk6 FUKU *bhiuk, bhiòu 부, 복
D0028 徬	U-5FAC 5-3C46 1-6371 1-3D33 1-6147	0370.090 20839.090 10200 13 彳	PANG2 pong4 HOU, BOU 방
A0098 微	U-5FAE 0-4E22 1-6372 0-4879 0-5A30	0370.120 20837.100 10203 13 彳	WEI1, WEI2 mei4 BI *miəi 미
A0182 徹	U-5FB9 1-3339 1-6865 0-4530 0-744B	0371.100 20844.070 10245 15 彳	CHE4 cit3 TETSU djhiɛt, tjiɛt 철

出典 甲骨文 楷書	Ucode 美國 Gcode 中國 Tcode 臺灣 Jcode 日本 Kcode 韓國	康熙字典 漢語大辭典 大漢和辭典 總劃 部首	Mandarin 北京 Cantonese 廣東 JapaneseOn 日本 Tang 唐 Hangul 韓國
A0689	U-5FC3	0375.010	XIN1
	0-5044	42267.010	sam1
	1-4540	10295	SHIN
	0-3F34	04	*sim
心	0-637D	心	심
E0060	U-5FC5	0375.020	BI4
	0-3158	42267.020	bit1
	1-4652	10299	HITSU
	0-492C	05	*bit
必	0-7931	心	필
A0828	U-38FD	0376.180	SHU4
	KX037618	42271.020	syu3
	4-2431		
		07	
㣽		心	서
A0693	U-5FE9	0377.260	CONG1
	E-2973	42274.070	
	3-287E	10366	SOU
	1-3D46	08	
忩	2-3163	心	총
A0693	U-6031	0382.210	CONG1
	E-2975	42281.060	cung1
	3-2C5B	10494	SOU, SU
	0-5764	09	tsung
怱	2-3223	心	총
A0692	U-6046	0383.250	HENG2
	E-297B	42294.160	hang4
	1-5131	10528	KOU
	0-5771	09	*hәng
恆	1-732D	心	긍
A0913	U-604A	0383.340	XIE2
	5-5373	42299.050	
	3-2C60	10535	KYOU
	0-5770	09	
恊	1-735C	心	협

出典 甲骨文 楷書	Ucode 美國 Gcode 中國 Tcode 臺灣 Jcode 日本 Kcode 韓國	康熙字典 漢語大辭典 大漢和辭典 總劃 部首	Mandarin 北京 Cantonese 廣東 JapaneseOn 日本 Tang 唐 Hangul 韓國
A0692 恒	U-6052 0-3A63 3-2C5D 0-3931 0-7976	0384.130 42294.050 10527 09 心	HENG2 hang4 KOU 항
A0694  恔	U-6054 3-5165 2-2A42 1-3D64 2-3232	0384.150 42298.060 10558 09 心	XIAO4 haau6 KYOU, KOU 교
A0828  恕	U-6055 0-4B21 1-5546 0-3D7A 0-5F70	0384.170 42293.090 10560 10 心	SHU4 syu3 JO, SHO 서
A0693  恙	U-6059 0-6D26 1-5542 0-5779 0-653F	0384.230 42292.100 10565 10 心	YANG4 joeng6 YOU iàng 양
A0135  恭	U-606D 0-3927 1-5547 0-3633 0-4D71	0385.150 42299.090 10596 10 心	GONG1 gung1 KYOU giung 공
A0538  悅	U-6085 E-2A29 1-5550 0-666D	0386.260 42306.151 10629 10 心	YUE4 jyut6 ETSU 열
A0694  悆	U-6086 5-527D 2-3537 1-3D6E 2-3242	0386.290 42301.060 10632 11 心	YU4 YO, SHO, SO 여

出典 甲骨文 楷書	Ucode 美國 Gcode 中國 Tcode 臺灣 Jcode 日本 Kcode 韓國	康熙字典 漢語大辭典 大漢和辭典 總劃 部首	Mandarin 北京 Cantonese 廣東 JapaneseOn 日本 Tang 唐 Hangul 韓國
A0693 悤	U-60A4 E-2A2E 3-3572 1-3D79 0-7542	0388.210 42301.030 10693 11 心	CONG1 cung1 SOU 총
A0215 惟	U-60DF 0-4E29 1-5A4D 0-3054 0-6A6E	0391.170 42316.030 10820 11 心	WEI2 wai4 I, YUI, BI *ui, ui 유
A0862 惄	U-60C4 3-507B 2-3B61 1-3E24 1-5C3D	0389.290 42310.050 10755 12 心	NI4 nik6 DEKI 녁
A0244 惠	U-60E0 0-3B5D 1-5F2D 0-582A 0-7B33	0391.190 42309.100 10822 12 心	HUI4 wai6 KEI, E *huèi 혜
A0619 慶	U-6176 1-476C 1-6C63 0-3744 0-4C54	0400.130 20903.090 11145 15 心	QING4 hing3 KEI, KYOU kiæ̀ng 경
A0693 懈	U-61C8 0-5038 1-705C 0-5868 0-7A2B	0405.190 42362.070 11328 16 心	XIE4 gaai3, haai5, haai6 KAI, KE 해
A0902 懇	U-61C7 1-3F52 1-735E 0-3A29 0-4A50	0405.180 42358.120 11326 17 心	KEN3 han2 KON kə̌n 간

出典 甲骨文 楷書	Ucode 美國 Gcode 中國 Tcode 臺灣 Jcode 日本 Kcode 韓國	康熙字典 漢語大辭典 大漢和辭典 總劃 部首	Mandarin 北京 Cantonese 廣東 JapaneseOn 日本 Tang 唐 Hangul 韓國
A0219 應	U-61C9 1-5326 1-735C 0-5866 0-6B6B	0405.210 42359.030 11330 17 心	YING1, YING4 jing1, jing3 YOU, OU *qiəng, *qiə̀ng 응
A0691 懋	U-61CB 0-6D2E 1-7360 0-586C 0-5965	0405.240 42358.020 11333 17 心	MAO4 mau6 BOU 무
A0562 懸	U-61F8 1-507C 1-796C 0-377C 0-7A58	0408.240 42368.050 11462 20 心	XUAN2 jyun4 KEN, KE *huen 현
A0205 懼	U-61FC 1-3E65 1-7A6A 0-5876 0-4F2B	0408.430 42371.070 11488 21 心	JU4 geoi6 KU, GU ghiò 구
A0850 戈	U-6208 0-386A 1-4541 0-5879 0-4D7C	0411.010 21397.010 11530 04 戈	GE1 gwo1 KA *gua 과
A0863 戉	U-6209 5-4822 2-215D 0-587A 2-3423	0411.020 21397.060 11531 05 戈	YUE4 jyut6 ETSU 월
A0962 戊	U-620A 0-4E6C 1-4653 0-4A6A 0-5966	0411.030 21397.040 11532 05 戈	WU4 mou6 BO, BOU 무

出典 甲骨文 楷書	Ucode 美國 Gcode 中國 Tcode 臺灣 Jcode 日本 Kcode 韓國	康熙字典 漢語大辭典 大漢和辭典 總劃 部首	Mandarin 北京 Cantonese 廣東 JapaneseOn 日本 Tang 唐 Hangul 韓國
A1003	U-620C	0411.040	XU1
	0-5067	21398.010	seot1
	1-4827	11535	JUTSU
	0-587C	06	
戌	0-6279	戈	술
A0852	U-620D	0411.060	SHU4
	0-4A79	21398.030	syu3
	1-4828	11537	JU, SHU
	0-587B	06	*shiò
戍	0-6221	戈	수
A0673	U-620E	0411.080	RONG2
	0-4856	21397.080	jung4
	1-4826	11539	JUU
	0-3D3F	06	*njiung
戎	0-6B54	戈	융
A0963	U-6210	0411.110	CHENG2
	0-3349	21399.010	cing4, seng4, sing4
	1-4829	11542	SEI, JOU
	0-402E	07	*zhiɛng
成	0-6077	戈	성
A0864	U-6211	0412.010	WO3
	0-4E52	21401.020	ngo5
	1-4A3C	11545	GA
	0-3266	07	*ngă
我	0-6432	戈	아
A0134	U-6212	0412.050	JIE4
	0-3D64	21400.050	gaai3
	1-4A3B	11548	KAI
	0-327C	07	gæ̀i
戒	0-4C7C	戈	계
A0852	U-6213	0412.070	GE1
	E-2A6E	21401.010	
	3-2625	11549	KA
	1-3F28	07	
戓	2-3424	戈	가

出典 甲骨文 楷書	Ucode 美國 Gcode 中國 Tcode 臺灣 Jcode 日本 Kcode 韓國	康熙字典 漢語大辭典 大漢和辭典 總劃 部首	Mandarin 北京 Cantonese 廣東 JapaneseOn 日本 Tang 唐 Hangul 韓國
A0854	U-39B0	0412.110	
	5-4825	21403.020	cim1
	4-2654		
		08	
㦰	3-2622	戈	첨
A0856	U-6214	0412.140	JIAN1
	1-6A27	21402.060	zin1
	2-2670	11559	SAN, SEN, ZAN
	0-587D	08	
戔	1-6B34	戈	전, 잔
A0853	U-6215	0412.170	QIANG1, QIANG2
	0-635E	21403.070	coeng4
	1-4D51	11562	SHOU, ZOU, SAN, SOU
	1-3F29	08	
戕	1-6B44	戈	장
A0852	U-6216	0412.180	HUO4, YU4
	0-3B72	21402.080	waak6
	1-4D50	11563	WAKU, IKI
	0-303F	08	*huək
或	0-7B64	戈	혹
A0863	U-621A	0412.380	QI1
	0-465D	21406.150	cik1
	1-5A51	11594	SEKI, SOKU
	0-404C	11	tsek
戚	0-742B	戈	척
D0156	U-621F	0413.090	JI3
	0-6A2A	21407.070	gik1
	1-5F3C	11606	GEKI
	0-3761	12	giæk
戟	0-503D	戈	극
A0855	U-6220	0413.160	SHI4
	5-7878	21409.040	
	2-4278	11615	SHOKU, SHIKI, SHI
	1-3F2B	13	
戠	2-3429	戈	시

出典 甲骨文 楷書	Ucode 美國 Gcode 中國 Tcode 臺灣 Jcode 日本 Kcode 韓國	康熙字典 漢語大辭典 大漢和辭典 總劃 部首	Mandarin 北京 Cantonese 廣東 JapaneseOn 日本 Tang 唐 Hangul 韓國
D0156 戣	U-6223 3-4635 2-427A 1-3F2D 2-342A	0413.230 21409.070 11622 13 戈	KUI2 kwai4 KI, GI 규
A0861 截	U-622A 0-3D58 1-6870 0-5923 0-6F38	0413.320 21409.090 11639 14 戈	JIE2 zit6 SETSU dzhet 절
A0783 戶	U-6236 E-2A74 1-4542 0-7B42	0414.320 32257.010 11696 04 戶	HU4 wu6 KO 호
A0783 㦿	U-39BF 3-506C 4-2655 	0415.090 32258.050 08 戶	HU4 haang6, him1, wu6 호
B1098 戾	U-623E 0-6C65 1-4D53 3-7463 0-5568	0415.110 32258.060 11712 08 戶	LI4, LIE4 leoi6 REI, RAI 려
A0786 扉	U-6249 0-6C69 1-5F3D 0-4862 0-5D6A	0416.190 32264.080 11750 12 戶	FEI1 fei1 HI *biəi 비
A0353 才	U-624D 0-3245 1-445F 0-3A4D 0-6E26	0416.300 31824.020 11769 03 手	CAI2 coi4 SAI, ZAI *dzhəi 재

出典 甲骨文 楷書	Ucode 美國 Gcode 中國 Tcode 臺灣 Jcode 日本 Kcode 韓國	康熙字典 漢語大辭典 大漢和辭典 總劃 部首	Mandarin 北京 Cantonese 廣東 JapaneseOn 日本 Tang 唐 Hangul 韓國
A0145  手	U-624B 0-4A56 1-4543 0-3C6A 0-6222	0416.280 31824.010 11768 04 手	SHOU3 sau2 SHU *shiŏu 수
A0797  扔	U-6254 0-4853 1-4655 1-3F3B 2-343A	0417.130 31828.010 11782 05 手	RENG1, RENG4 jing4, wing1, wing4 JOU, NYOU 잉
D0149  扜	U-625C E-2A7C 2-2243 1-3F3E 2-343F	0417.240 31829.010 11799 06 手	YU1 jyu1 U, KU 우
A0798  扞	U-625E E-2A7D 2-2244 0-592A 2-3441	0418.020 31828.060 11802 06 手	HAN4, GAN3 hon6 KAN 한
A0798  扡	U-6261 3-495D 2-2246 4-2C7A 2-3444	0418.050 31832.050 11805 06 手	YI3, CHI3, TUO1 ci2, to1 타
A0874  扶	U-6276 0-3776 1-4A41 0-495E 0-5D26	0419.050 31833.020 11840 07 手	FU2, PU2 fu4 FU, HO *bhio 부
A0854  找	U-627E 0-5552 1-4A46 0-5932 1-6D21	0419.180 31835.040 11851 07 手	ZHAO3 zaau2 KA, GE, SOU 조

出典 甲骨文 楷書	Ucode 美國 Gcode 中國 Tcode 臺灣 Jcode 日本 Kcode 韓國	康熙字典 漢語大辭典 大漢和辭典 總劃 部首	Mandarin 北京 Cantonese 廣東 JapaneseOn 日本 Tang 唐 Hangul 韓國
A0165	U-6282	0420.060	KUANG2
	E-2B23	31833.010	
	3-262A	11859	KYOU, GOU
	0-5930	07	
抂	2-3452	手	광
A0572	U-6291	0421.090	YI4
	0-5256	31841.070	jik1
	1-4A4F	11883	YOKU
	0-4D5E	07	qiək
抑	0-6564	手	억
A0145	U-6293	0421.110	ZHUA1, ZHAO1
	0-5725	31839.010	aau1, zaa1, zaau2
	1-4A4E	11885	SOU
	0-5934	07	
抓	2-345B	手	조
A0176	U-6295	0421.130	TOU2
	0-4D36	31842.030	tau4
	1-4A4D	11887	TOU
	0-456A	07	*dhou
投	0-7761	手	투
A0681	U-6297	0422.020	KANG4, KANG2
	0-3F39	31843.040	kong3
	1-4A3E	11889	KOU
	0-3933	07	kàng
抗	0-7977	手	항
A0038	U-6298	0422.040	ZHE2, SHE2, ZHE1
	0-555B	31838.070	zit3
	1-4A4B	11890	SETSU
	0-405E	07	*jiɛt
折	0-6F39	手	절
A0799	U-39D4	0424.110	GUAI4
	3-4977	31850.020	gwai3, tim4
	5-263A		
		08	
拔		手	괴

出典 / 甲骨文 / 楷書	Ucode 美國 / Gcode 中國 / Tcode 臺灣 / Jcode 日本 / Kcode 韓國	康熙字典 / 漢語大辭典 / 大漢和辭典 / 總劃 / 部首	Mandarin 北京 / Cantonese 廣東 / JapaneseOn 日本 / Tang 唐 / Hangul 韓國
A0131	U-627F	0419.190	CHENG2, ZHENG3
	0-3350	10054.030	sing4
	1-4D55	11852	SHOU, SOU
	0-3E35	08	*zhiəng
承	0-632F	手	승
A0849	U-62B5	0423.120	DI3
	0-3556	31855.080	dai2
	1-4D6A	11921	TEI
	0-4471	08	děi
抵	0-6E3D	手	저
E0048	U-62D4	0426.010	BA2, BEI4
	0-304E	31850.030	bat6
	1-4D60	11959	BATSU, HATSU, HAI
	0-5936	08	*bhat
拔	0-5A7B	手	발
A0798	U-62D5	0426.020	TUO1
	5-4B71	31858.070	to1
	3-292E	11960	TA, DA, I
	1-3F53	08	
拕	1-712E	手	타
A0798	U-62D6	0426.030	TUO1
	0-4D4F	31853.080	to1
	1-4D6E	11961	TA, DA, I
	1-3F54	08	
拖	0-7669	手	타
A0587	U-39EA	0430.040	GUI3
	5-4C25	31873.040	gwaai2, ngaai4
	3-2C68		
		09	
㧪	3-263A	手	궤, 위
A0681	U-62DC	0427.020	BAI4
	0-305D	31846.070	baai1, baai3
	1-5138	11969	HAI
	0-5941	09	*bæ̀i
拜	0-5B48	手	배

出典 甲骨文 楷書	Ucode 美國 Gcode 中國 Tcode 臺灣 Jcode 日本 Kcode 韓國	康熙字典 漢語大辭典 大漢和辭典 總劃 部首	Mandarin 北京 Cantonese 廣東 JapaneseOn 日本 Tang 唐 Hangul 韓國
A0799 拪	U-62EA 5-4B78 3-2C6D 1-3F56 2-3473	0427.170 31867.070 11986 09 手	QIAN1 SEN, I 천
A0131 拯	U-62EF 0-557C 1-5143 0-594E 0-7175	0427.220 31876.080 11991 09 手	ZHENG3 cing2 JOU, SHOU 증
A0136 拱	U-62F1 0-3930 1-5141 0-594A 0-4D72	0428.020 31867.020 11994 09 手	GONG3 gung2 KYOU *giǒng 공
D0149 挈	U-6308 0-6A7C 1-5554 0-594D 2-3521	0429.220 31863.010 12035 10 手	QIE4, QI4 kit3 KETSU, KEI 설
A0987 振	U-632F 0-5571 1-5558 0-3F36 0-7249	0431.280 31879.010 12093 10 手	ZHEN4, ZHEN1, ZHEN3 zan3 SHIN *jìn 진
A0512 挺	U-633A 0-4D26 1-555E 0-4472 0-6F58	0432.040 31869.110 12106 10 手	TING3 ting2, ting5 TEI, CHOU dheng 정
A0663 挾	U-633E 1-502E 1-5557 0-5951 0-7A73	0432.160 31880.020 12118 10 手	XIE2, JIA1, XIA2 haap6, hip6 KYOU, SHOU 협

出典 甲骨文 楷書	Ucode 美國 Gcode 中國 Tcode 臺灣 Jcode 日本 Kcode 韓國	康熙字典 漢語大辭典 大漢和辭典 總劃 部首	Mandarin 北京 Cantonese 廣東 JapaneseOn 日本 Tang 唐 Hangul 韓國
A0800	U-6348	0433.110	TU2
	3-4A40	31884.190	
	2-2F4E	12135	
		10	
捈	2-353D	手	도
A0853	U-634D	0433.200	HAN4
	0-3A34	31881.050	hon2, hon5, hon6
	1-5564	12143	KAN
	0-5952	10	
捍	1-7277	手	한
A0264	U-6354	0434.080	JUE2
	3-4A41	31886.070	gok3
	2-2F44	12156	KAKU, SAKU, ZAKU
	1-3F75	10	
捔	2-3542	手	각
A0901	U-6383	0436.140	SAO3, SAO4
	1-4928	31908.040	sou2, sou3
	1-5A61	12237	SOU
	0-415D	11	*sǎu, sàu
掃	0-6137	手	소
A0246	U-6388	0436.190	SHOU4
	0-4A5A	31901.020	sau6
	1-5A66	12242	JU
	0-3C78	11	zhiòu
授	0-6223	手	수
A0342	U-63A1	0438.120	CAI3
	E-2B50	31901.010	coi2
	1-5A68	12274	SAI
	0-3A4E	11	*tsə̌i
採	0-7375	手	채
A0611	U-63AB	0439.110	ZOU1
	3-4A4B	31891.050	zau1
	2-3554	12287	SOU, SHUU
	0-5958	11	
掫	2-3563	手	추

出典 甲骨文 楷書	Ucode 美國 Gcode 中國 Tcode 臺灣 Jcode 日本 Kcode 韓國	康熙字典 漢語大辭典 大漢和辭典 總劃 部首	Mandarin 北京 Cantonese 廣東 JapaneseOn 日本 Tang 唐 Hangul 韓國
A0797	U-6394	0437.160	QIAN1
	3-4949	31889.010	haan1
	2-3B75	12259	KAN, KEN
	1-402A	12	
掔	2-3559	手	견
A0596	U-63DA	0442.080	YANG2
	1-516F	31914.110	joeng4
	1-5F52	12355	YOU
	0-4D48	12	*iang
揚	0-6540	手	양
A0246	U-63F4	0445.020	YUAN2
	0-542E	31921.050	jyun4, jyun6, wun4
	1-5F4E	12407	EN
	0-3167	12	hiuæn
援	0-6A35	手	원
A0154	U-641C	0447.070	SOU1
	0-4B51	31919.070	sau1, sau2
	1-6432	12486	SOU
	0-5953	13	shrău, shriou
搜	0-6224	手	수
A0157	U-6463	0450.150	ZHA1, ZA1
	3-4B2F	31945.020	
	4-435E	12601	SA, SHIA, GA, NA, SAI, SE
	1-4066	14	
摣	2-3666	手	사
A0796	U-6467	0450.230	CUI1, CUO4
	0-345D	31946.080	ceoi1
	1-6879	12609	SAI, SA, SUI
	0-5974	14	*dzhuəi
摧	1-7034	手	최
A0796	U-646F	0451.180	ZHI4
	1-563F	31939.100	zi3
	1-6C78	12632	SHI
	0-5975	15	
摯	0-7227	手	지

出典 甲骨文 楷書	Ucode 美國 Gcode 中國 Tcode 臺灣 Jcode 日本 Kcode 韓國	康熙字典 漢語大辭典 大漢和辭典 總劃 部首	Mandarin 北京 Cantonese 廣東 JapaneseOn 日本 Tang 唐 Hangul 韓國
A0796 撣	U-64A3 1-3527 2-505F 1-4077 2-3727	0455.090 31958.050 12725 15 手	DAN3, CHAN2, SHAN4 daan6, sin6 TAN, DAN, SEN, ZEN 탄
A0182 撤	U-64A4 0-3337 1-6874 0-4531 0-744C	0455.100 31962.030 12726 15 手	CHE4 cit3 TETSU 철
A0798 擀	U-64C0 0-5F26 3-5070	0457.250 31967.010 12780 16 手	GAN3, HAN4 간
A0237 擒	U-64D2 0-475C 1-7069 0-5A22 0-5053	0458.250 31961.020 12816 16 手	QIN2 kam4 KIN ghyim 금
A0919 擛	U-3A67 3-4B54 4-5B31	0462.010 31980.050 18 手	BO2 bok6 박
A0132 擧	U-64E7 E-2C27 3-576D 0-5A29 0-4B61	0460.100 31966.010 12863 18 手	JU3 KYO 거
A0799 攏	U-650F 1-4223 1-7839 1-413A 1-5F22	0462.380 31983.120 12967 19 手	LONG3 lung5 ROU, RU lŭng 롱

出典 甲骨文 楷書	Ucode 美國 Gcode 中國 Tcode 臺灣 Jcode 日本 Kcode 韓國	康熙字典 漢語大辭典 大漢和辭典 總劃 部首	Mandarin 北京 Cantonese 廣東 JapaneseOn 日本 Tang 唐 Hangul 韓國
A0181	U-6534	0468.040	PU1, PO1
	0-6A37	21447.080	bok1, pok3
	3-2167	13108	HOKU, HAKU
	0-5A3D	04	
攴	2-3762	攴	복
A0181	U-6535	0468.050	SUI1
	0-6B36	21447.090	
	3-2168	13109	BOKU, HAKU, HOKU
	0-5A3E	04	
攵	2-3763	攴	복
A0187	U-6537	0468.080	KAO3, KAO2
	E-2C31	21448.010	haau2
	2-224D	13111	KOU
	0-5A3F	06	
攷	0-4D39	攴	고
A0185	U-6538	0468.100	YOU1
	0-587C	10132.010	jau4
	1-4A53	13113	YUU
	0-5A41	07	iou
攸	0-6A72	攴	유
A0184	U-6539	0468.110	GAI3
	0-3844	21450.010	goi2
	1-4A51	13114	KAI
	0-327E	07	*gǎi
改	0-4B47	攴	개
A0187	U-653B	0468.160	GONG1
	0-3925	21449.060	gung1
	1-4A52	13120	KOU
	0-3936	07	gong, gung
攻	0-4D74	攴	공
A0184	U-3A85	0469.220	
	KX046922	21452.040	gaang1, sing3
	3-2C75		
	A-234B	09	
㪅	3-2674	攴	경, 갱

出典	楷書	Ucode 美國	Gcode 中國	Tcode 臺灣	Jcode 日本	Kcode 韓國	康熙字典	漢語大辭典	大漢和辭典	總劃	部首	Mandarin 北京	Cantonese 廣東	JapaneseOn 日本	Tang 唐	Hangul 韓國
A0119 	故	U-6545	0-394A	1-514A	0-384E	0-4D3A	0469.250	21453.050	13161	09	攴	GU4, GU3	gu3	KO	*gò	고
A0183 	效	U-6548	0-5027	1-5566	0-5A43	0-7C79	0470.210	21457.110	13186	10	攴	XIAO4	haau6	KOU	hàu	효
A0798 	敤	U-3A8B	5-4876	3-3633			0470.310	21458.120		11	攴	HAN4	hon6			한
A0188	教	U-654E	E-2C36	3-3636		0-4E67	0470.380	21463.040	13212	11	攴	JIAO4, JIAO1	gaau3	KYOU, KOU		교
A0183 	敏	U-654F	0-4374	1-5A77	0-4952	0-5A42	0471.040	21463.010	13202	11	攴	MIN3	man5	BIN, MIN		민
A0186 	敗	U-6557	1-305C	1-5A75	0-4754	0-7828	0471.150	21462.020	13227	11	攴	BAI4	baai6	HAI, BAI	bhài	패
A0188 	教	U-6559	0-3D4C	1-5A74	0-3635	2-3770	0472.051	21459.090	13213	11	攴	JIAO4, JIAO1	gaau1, gaau3	KYOU, KOU	*gau, gàu	교

出典 甲骨文 楷書	Ucode 美國 Gcode 中國 Tcode 臺灣 Jcode 日本 Kcode 韓國	康熙字典 漢語大辭典 大漢和辭典 總劃 部首	Mandarin 北京 Cantonese 廣東 JapaneseOn 日本 Tang 唐 Hangul 韓國
A0435 𢿣	U-3A94 5-4879 3-267C	0472.320 21464.030 12 支	SAN4, TAN2 saan3 산
D0049 㪙	U-3A99 3-4741 	0473.171 21464.090 12 支	KE3, KE4, KUO4 fo2 과
A0480 敝	U-655D 0-3156 1-5A71 0-5A49 1-7234	0472.110 21461.040 13245 12 支	BI4 bai6 HEI bhiɛ̆i 폐
A0247 敢	U-6562 0-3852 1-5F56 0-343A 0-4A72	0472.260 21463.090 13260 12 支	GAN3 gam2 KAN *gǎm 감
A0435 散	U-6563 0-4922 1-5F57 0-3B36 0-5F24	0472.340 21465.150 13265 12 支	SAN4, SAN3 saan2, saan3 SAN *sàn 산
A0186 敦	U-6566 0-3658 1-5F55 0-4658 0-5444	0473.080 21468.010 13276 12 支	DUN1, DUI4, DIAO1, DUI1, TUAN2, TUN2 deoi1, deoi6, deon1 TON, DAN, CHOU duəi 돈
A0575 敬	U-656C 0-3E34 1-6439 0-3749 0-4C57	0473.350 21466.020 13285 13 支	JING4 ging3 KEI, KYOU *giæ̀ng 경

出典 甲骨文 楷書	Ucode 美國 Gcode 中國 Tcode 臺灣 Jcode 日本 Kcode 韓國	康熙字典 漢語大辭典 大漢和辭典 總劃 部首	Mandarin 北京 Cantonese 廣東 JapaneseOn 日本 Tang 唐 Hangul 韓國
D0049 㪤	U-3AA4 3-473E 4-4A2B	0474.420 21475.020 15 攴	BI4 baat1, but6 필
D0043 㪥	U-3AA5 3-4736 4-4A2A	0474.470 21472.160 15 攴	 zaa1 자
A0256 斀	U-6580 3-4738 2-5C7A 2-3823	0475.390 21477.190 13405 17 攴	ZHUO2 탁
A0189 斆	U-6586 3-4743	0476.271 80022.190 20 攴	XIAO4, JIAO3 haau6 KOU, GYOU, KAKU, GAKU gàu 효
A0564 文	U-6587 0-4E44 1-4546 0-4A38 0-597E	0477.010 32169.010 13450 04 文	WEN2, WEN4 man4, man6 BUN, MON *miən 문
A0925 斗	U-6597 0-3637 1-4547 0-454D 0-5460	0477.240 32252.010 13489 04 斗	DOU3, DOU4 dau2 TO, TOU *dǒu 두
A0264 斛	U-659B 0-757A 1-5A7C 0-5A4F 0-4D57	0478.140 32254.020 13508 11 斗	HU2 huk6 KOKU huk 곡

出典 甲骨文 楷書	Ucode 美國 Gcode 中國 Tcode 臺灣 Jcode 日本 Kcode 韓國	康熙字典 漢語大辭典 大漢和辭典 總劃 部首	Mandarin 北京 Cantonese 廣東 JapaneseOn 日本 Tang 唐 Hangul 韓國
A0925 斝	U-659D 3-5065 2-3C3F 1-415C 1-5727	0478.160 32254.070 13512 12 斗	JIA3 gaa2 KA, KE 가
A0869 斞	U-659E 5-525E 2-3C40 2-382B	0478.180 32255.040 13516 13 斗	YU3 jyu5 유
A0921 斤	U-65A4 0-3D6F 1-4548 0-3654 0-5045	0479.040 32022.010 13534 04 斤	JIN1 gan1 KIN 근
A0921 斧	U-65A7 0-382B 1-4D74 0-4960 0-5D28	0479.080 32023.100 13539 08 斤	FU3 fu2 FU biǒ 부
A0924 斫	U-65AB 0-6D3D 1-514B 0-5A51 0-6D45	0479.150 32024.030 13548 09 斤	ZHUO2 zoek3 SHAKU jiɑk 작
A0922 新	U-65B0 0-5042 1-643B 0-3F37 0-6366	0480.100 32026.210 13572 13 斤	XIN1 san1 SHIN *sin 신
A0916 斲	U-65B2 E-2C4D 2-5068 1-4161 1-6E4A	0480.180 32027.100 13585 14 斤	ZHUO2 doek3 TAKU 착

出典 甲骨文 楷書	Ucode 美國 Gcode 中國 Tcode 臺灣 Jcode 日本 Kcode 韓國	康熙字典 漢語大辭典 大漢和辭典 總劃 部首	Mandarin 北京 Cantonese 廣東 JapaneseOn 日本 Tang 唐 Hangul 韓國
A0534 方	U-65B9 0-373D 1-4549 0-4A7D 0-5B30	0481.030 32172.010 13620 04 方	FANG1, FENG1, PANG2, WANG3 fong1 HOU *biang 방
A0391 㫃	U-3AC3 5-507C 3-2371 	0481.050 32174.010 06 方	YAN3 zin2 *qiu, qo 언
A0534 斻	U-65BB 5-5121 2-2724 	0481.090 32174.050 13626 08 方	HANG2 항
A0277 於	U-65BC 0-6C36 1-4D75 0-3177 0-655A	0481.110 32175.020 13628 08 方	YU2, YU1, WU1 jyu1, wu1 O, YO 어
A0183 施	U-65BD 0-4A29 1-514C 0-3B5C 0-633F	0482.010 32176.060 13629 09 方	SHI1, SHI3, YI2, YI4 ji6, si1 SHI, I, SE *shiɛ, shiɛ, shiɛ̀ 시
A0392 斿	U-65BF 5-5122 2-2A6B 1-4164 1-696D	0482.070 32176.050 13632 09 方	YOU2, LIU2 jau4 YOU, YO, RYUU, RU 유
A0008 旁	U-65C1 0-4554 1-5569 0-5A55 0-5B31	0482.110 32179.020 13637 10 方	PANG2, BANG4 pong4 HOU, BOU *bhang 방

出典	Ucode 美國	康熙字典	Mandarin 北京
甲骨文	Gcode 中國	漢語大辭典	Cantonese 廣東
	Tcode 臺灣	大漢和辭典	JapaneseOn 日本
	Jcode 日本	總劃	Tang 唐
楷書	Kcode 韓國	部首	Hangul 韓國
D0090	U-65C2	0482.150	QI2
	8-2D7E	32178.010	kei4
	2-2F54	13638	KI, GE
	1-4165	10	
旂	1-5B6E	方	기
D0090	U-65C3	0482.170	ZHAN1
	0-6C39	32178.040	zin1
	2-2F52	13640	SEN
	0-5A53	10	jiɛn
旃	1-6B7B	方	전
A0393	U-65C5	0483.020	LÜ3
	0-4243	32178.070	leoi5
	1-556A	13644	RYO
	0-4E39	10	*liŭ
旅	0-5569	方	려
A0395	U-3ACB	0484.081	
	S-2424	32180.050	zin1
	3-363E		
		11	
㫋		方	전
A0393	U-65CB	0483.170	XUAN2, XUAN4
	0-507D	32181.040	syun4
	1-5B21	13656	SEN
	0-407B	11	*ziuɛn
旋	0-6041	方	선
A0394	U-65CF	0484.030	ZU2, ZOU4, COU4
	0-5765	32181.010	zuk6
	1-5A7E	13661	ZOKU, SOU
	0-4232	11	dzhuk
族	0-7069	方	족
A0392	U-65D7	0484.280	QI2
	0-466C	32183.130	kei4
	1-6921	13687	KI
	0-347A	14	*ghiə
旗	0-507D	方	기

出典 甲骨文 楷書	Ucode 美國 Gcode 中國 Tcode 臺灣 Jcode 日本 Kcode 韓國	康熙字典 漢語大辭典 大漢和辭典 總劃 部首	Mandarin 北京 Cantonese 廣東 JapaneseOn 日本 Tang 唐 Hangul 韓國
A0558	U-65E1	0485.250	JI4
	5-4278	21147.130	
	2-213E	13717	KI, KE
	0-5A5C	04	
旡	2-3848	无	기
A0299	U-65E2	0485.310	JI4, XI4
	0-3C48	21148.010	gei3
	1-514D	13721	KI
	0-347B	09	
既		无	기
A0299	U-65E3	0485.300	JI4, XI4
	E-2C56	21148.050	gei3
	3-3641	13724	KI
		11	*giəi
旣	0-507E	无	기
A0382	U-65E5	0489.010	RI4, MI4
	0-4855	21482.010	jat6
	1-454A	13733	NICHI, JITSU
	0-467C	04	*njit
日	0-6C6D	日	일
A0390	U-65E6	0489.030	DAN4
	0-3529	21483.010	daan3
	1-4659	13734	TAN
	0-4336	05	dàn
旦	0-5329	日	단
A0278	U-65E8	0489.060	ZHI3
	0-563C	21485.070	zi2
	1-482F	13738	SHI
	0-3B5D	06	jĭ
旨	0-7229	日	지
A0574	U-65EC	0489.160	XUN2
	0-512E	21485.030	ceon4
	1-4830	13746	JUN, SHUN
	0-3D5C	06	zuin
旬	0-6262	日	순

出典 甲骨文 楷書	Ucode 美國 Gcode 中國 Tcode 臺灣 Jcode 日本 Kcode 韓國	康熙字典 漢語大辭典 大漢和辭典 總劃 部首	Mandarin 北京 Cantonese 廣東 JapaneseOn 日本 Tang 唐 Hangul 韓國
A0320 㫗	U-3AD7 HZ 3-2640 4-2E36 	0490.221 21487.220 07 日	HOU4 hau5 후
A0641 旱	U-65F1 0-3A35 1-4A54 0-5A5D 0-7951	0490.060 21486.080 13752 07 日	HAN4 hon5 KAN 한
A0036 旽	U-65FD 5-4953 2-272F 0-5445	0490.270 21489.060 13777 08 日	TUN1 돈
A0383 昃	U-6603 0-6A3E 2-272B 0-5A60 1-7069	0490.350 21489.030 13785 08 日	ZE4 zak1 SOKU, SHOKU 측
A0401 明	U-660E 0-4377 1-4D7C 0-4C40 0-5925	0491.120 21491.080 13805 08 日	MING2 ming4 MEI, MYOU *miæng 명
A0384 昏	U-660F 0-3B68 1-4D7E 0-3A2A 0-7B67	0491.140 21492.030 13806 08 日	HUN1, MIN3 fan1 KON *xuən 혼
A0606 易	U-6613 0-5257 1-4D78 0-3057 0-6636	0492.030 21494.010 13814 08 日	YI4 ji6, jik6 EKI, I *iὲ, iεk 역

出典 甲骨文 楷書	Ucode 美國 Gcode 中國 Tcode 臺灣 Jcode 日本 Kcode 韓國	康熙字典 漢語大辭典 大漢和辭典 總劃 部首	Mandarin 北京 Cantonese 廣東 JapaneseOn 日本 Tang 唐 Hangul 韓國
A0385  昔	U-6614 0-4E74 1-4D77 0-404E 0-602E	0492.050 21488.110 13816 08 日	XI1, CUO4, XI2 sik1 SEKI, SHAKU *siɛk 석
A0385  昕	U-6615 0-6A3F 1-4E21 1-417C 0-7D5A	0492.060 21491.010 13817 08 日	XIN1 01-Jan KIN, KON, KI 흔
A0596  昜	U-661C 5-495D 2-2A70 0-5A66 2-3859	0492.170 21499.070 13832 09 日	YANG2 joeng4 YOU 양
A0397  星	U-661F 0-5047 1-5153 0-4031 0-6078	0492.210 21500.120 13837 09 日	XING1 seng1, sing1 SEI, SHOU *seng 성
A0036  春	U-6625 0-343A 1-514E 0-3D55 0-7570	0493.060 21496.100 13844 09 日	CHUN1, CHUN3 ceon1 SHUN *chuin 춘
A0712  昧	U-6627 0-4341 1-5151 0-4B66 0-585C	0493.120 21497.010 13846 09 日	MEI4 mui6 MAI *mə̀i 매
A0214  昱	U-6631 0-6A45 1-5155 1-422D 0-6970	0494.030 21503.090 13862 09 日	YU4, YI4 juk1 IKU 욱

出典 甲骨文 楷書	Ucode 美國 Gcode 中國 Tcode 臺灣 Jcode 日本 Kcode 韓國	康熙字典 漢語大辭典 大漢和辭典 總劃 部首	Mandarin 北京 Cantonese 廣東 JapaneseOn 日本 Tang 唐 Hangul 韓國
A0699	U-6637	0494.090	WEN1, YUN4
	5-4A3A	21500.090	
	3-2D24	13870	ON
	1-4230	09	
昷	1-683E	日	온
D0089	U-6642	0494.220	SHI2
	1-4A31	21505.050	si4
	1-556B	13890	JI, SHI
	0-3B7E	10	*zhiə
時	0-6341	日	시
A0383	U-6649	0494.310	JIN4
	1-3D7A	21507.030	zeon3
	1-556C	13898	SHIN, SEN
	0-5A69	10	
晉	0-724B	日	진
A0170	U-665D	0495.430	ZHOU4
	1-5667	21515.020	zau3
	1-5B24	13948	CHUU
	0-5A6C	11	*djiòu
晝	0-7138	日	주
A0385	U-6666	0496.100	HUI4
	0-3B5E	21513.030	fui3
	1-5B28	13960	KAI
	0-3322	11	xuəi
晦	0-7C64	日	회
D0091	U-6668	0496.120	CHEN2
	0-333F	21512.030	san4
	1-5B27	13962	SHIN
	0-5A6F	11	*jhin, zhin
晨	0-6367	日	신
A0387	U-3AF6	0496.270	COU3, ZHOU3
	5-4974	21522.100	zau2
	4-377E		
	A-2364	12	
㫶		日	주

出典 甲骨文 楷書	Ucode 美國 Gcode 中國 Tcode 臺灣 Jcode 日本 Kcode 韓國	康熙字典 漢語大辭典 大漢和辭典 總劃 部首	Mandarin 北京 Cantonese 廣東 JapaneseOn 日本 Tang 唐 Hangul 韓國
A0236 㫿	U-3AFF 3-274B	0497.311 12 日	 유
A0387 晭	U-666D 5-4971 3-3C25 4-2E28 	0496.280 21519.110 13981 12 日	ZHOU3 주
A0181 晵	U-6675 3-4777 4-3824 1-4245 2-3874	0497.030 21522.050 13997 12 日	QI3 KEI, KEN 계
A0397 晶	U-6676 0-3E27 1-5F5E 0-3E3D 0-6F5C	0497.060 21518.100 14000 12 日	JING1 zing1 SHOU tziɛng 정
D0055 智	U-667A 0-5647 1-5F61 0-4352 0-722A	0497.150 21518.150 14010 12 日	ZHI4, ZHI1 zi3 CHI djiȅ 지
A0386 暈	U-6688 1-544E 1-643F 0-5A74 0-7D3B	0497.370 21527.010 14037 13 日	YUN1, YUN4 wan4, wan6 UN ngiuən 훈
A0387 暊	U-668A 5-4961 2-434A 2-387D	0498.020 21523.040 14040 13 日	FU3 부

出典 甲骨文 楷書	Ucode 美國 Gcode 中國 Tcode 臺灣 Jcode 日本 Kcode 韓國	康熙字典 漢語大辭典 大漢和辭典 總劃 部首	Mandarin 北京 Cantonese 廣東 JapaneseOn 日本 Tang 唐 Hangul 韓國
A0941 暗	U-6697 0-3035 1-643C 0-3045 0-645E	0498.270 21526.060 14065 13 日	AN4 am3, ngam3 AN *qòm 암
A0596 暘	U-6698 3-474C 1-6442 0-5A78 0-6543	0498.280 21523.090 14066 13 日	YANG2 joeng4 YOU 양
A0386 㬎	U-3B0E 5-4A25 4-436E 4-2E2E 3-2750	0498.540 21531.140 14 日	XIAN3 hin2 현
A0039 暮	U-66AE 0-443A 1-6D31 0-4A6B 0-593A	0499.210 21528.110 14128 15 日	MU4 mou6 BO *mò 모
D0090 暴	U-66B4 0-3129 1-6D33 0-4B3D 0-786C	0499.290 21532.150 14137 15 日	BAO4, PU4, BO2 bou6, buk6 BOU, BAKU bhàu 포, 폭
A0641 暵	U-66B5 3-482A 2-506A 1-425C 1-7278	0499.310 21532.120 14138 15 日	HAN4 hon3 KAN 한
A0391 暨	U-66C1 E-2C7B 3-5123 0-5A7A 1-5B70	0500.020 21531.070 14165 16 日	JI4 KI 기

出典 甲骨文 楷書	Ucode 美國 Gcode 中國 Tcode 臺灣 Jcode 日本 Kcode 韓國	康熙字典 漢語大辭典 大漢和辭典 總劃 部首	Mandarin 北京 Cantonese 廣東 JapaneseOn 日本 Tang 唐 Hangul 韓國
A0073	U-66C6	0500.100	LI4
	1-784F	21536.020	lik6
	1-706D	14171	REKI
	3-7547	16	
曆	0-5575	日	력
A0390	U-66E3	0501.300	YAN4
	3-4837	21541.100	jin3
	2-687D	14250	
		20	
曣	1-6748	日	연
A0271	U-66F0	0502.010	YUE1
	0-543B	21482.020	joek6, jyut6
	1-454B	14278	ETSU
	0-5B29	04	*hiuæt
曰	0-6858	曰	왈
A0871	U-66F2	0502.020	QU1, QU3
	0-477A	21484.020	kuk1
	1-4832	14280	KYOKU
	0-364A	06	*kiok
曲	0-4D58	曰	곡
A0184	U-66F4	0502.060	GENG4, GENG1
	0-387C	10020.020	ang1, gaang1, gang1, gang3
	1-4A55	14283	KOU
	0-3939	07	*gæng, gæ̀ng
更	0-4C5A	曰	경, 갱
A0169	U-66F8	0502.120	SHU1
	1-4A69	21509.090	syu1
	1-5573	14294	SHO
	0-3D71	10	*shiu
書	0-5F76	曰	서
A0272	U-66F9	0502.130	CAO2
	0-325C	21511.060	cou4
	1-5B2A	14297	SOU
	0-4162	11	*dzhau
曹	0-7047	曰	조

出典 甲骨文 楷書	Ucode 美國 Gcode 中國 Tcode 臺灣 Jcode 日本 Kcode 韓國	康熙字典 漢語大辭典 大漢和辭典 總劃 部首	Mandarin 北京 Cantonese 廣東 JapaneseOn 日本 Tang 唐 Hangul 韓國
A0043	U-66FE	0503.030	CENG2, ZENG1
	0-5478	21521.030	cang4, zang1
	1-5F64	14299	SO, SOU, ZOU
	0-413D	12	*dzhəng, *tzəng
曾	0-7174	曰	증
A0306	U-6703	0503.080	HUI4, KUAI4, GUI4
	1-3B61	21524.050	kui2, wui2, wui4, wui5, wui6
	1-6444	14306	KAI, E
	0-5072	13	*huài
會	0-7C65	曰	회
A0398	U-6708	0504.190	YUE4
	0-5442	32041.010	jyut6
	1-454C	14330	GETSU, GATSU
	0-376E	04	*ngiuæt
月	0-6A45	月	월
A0400	U-6709	0504.200	YOU3, YOU4
	0-5350	32041.050	jau5, jau6
	1-4834	14332	YUU, U
	0-4D2D	06	*hiǒu
有	0-6A73	月	유
A0399	U-670B	0504.290	PENG2
	0-4573	32050.060	pang4
	1-4E25	14340	HOU
	0-4A7E	08	bhəng
朋	0-5D5B	月	붕
A0164	U-670D	0505.020	FU2, FU4, BI4
	0-377E	32053.070	fuk6
	1-4E24	14345	FUKU
	0-497E	08	*bhiuk
服	0-5C57	月	복
A0529	U-6715	0505.190	ZHEN4
	0-6B5E	32071.050	zam6
	1-5575	14361	CHIN, JIN
	0-443F	10	
朕	0-7279	月	짐

出典 甲骨文 楷書	Ucode 美國 Gcode 中國 Tcode 臺灣 Jcode 日本 Kcode 韓國	康熙字典 漢語大辭典 大漢和辭典 總劃 部首	Mandarin 北京 Cantonese 廣東 JapaneseOn 日本 Tang 唐 Hangul 韓國
A0399 朗	U-6717 0-404A 1-5576 0-4F2F 0-5547	0505.230 32072.060 14362 11 月	LANG3 long5 ROU lǎng 랑
A0513 望	U-671B 0-4D7B 1-5B2C 0-4B3E 0-5850	0505.290 32080.020 14368 11 月	WANG4 mong6 BOU, MOU *miɑng, miàng 망
A0392 朝	U-671D 0-332F 1-5F67 0-442B 0-7048	0506.030 32084.080 14374 12 月	ZHAO1, CHAO2, ZHU1 ciu4, ziu1 CHOU *djhiɛu, *djiɛu 조
A0513 朢	U-6722 E-2D3C 2-4A62 1-4275 2-3950	0506.240 32101.040 14391 14 月	WANG4 mong6 BOU, MOU 망
A0399 朤	U-6724 E-2D3D 3-5126 	0506.330 32113.010 14402 16 月	LANG3 랑
A0333 木	U-6728 0-443E 1-454D 0-4C5A 0-594A	0509.010 21149.060 14415 04 木	MU4 muk6 BOKU, MOKU *muk 목
A0992 未	U-672A 0-4E34 1-465C 0-4C24 0-5A31	0509.050 21150.010 14419 05 木	WEI4 mei6 MI, BI *miə̀i 미

出典 甲骨文 楷書	Ucode 美國 Gcode 中國 Tcode 臺灣 Jcode 日本 Kcode 韓國	康熙字典 漢語大辭典 大漢和辭典 總劃 部首	Mandarin 北京 Cantonese 廣東 JapaneseOn 日本 Tang 唐 Hangul 韓國
A0336	U-6731	0509.130	ZHU1, SHU2
	0-566C	21154.030	zyu1
	1-4837	14424	SHU
	0-3C6B	06	*jio, zhio
朱	0-7139	木	주
A0413	U-673F	0510.180	CI4
	3-3023	21153.030	ci3
	2-2255	14441	SHI
	0-5B33	06	
朿	2-3959	木	자
A0345	U-6749	0511.040	SHAN1, SHA1
	0-493C	21161.020	caam3
	1-4A5E	14452	SAN
	0-3F79	07	shræm
杉	0-5F34	木	삼
A0344	U-674B	0511.080	FAN1
	E-2D43	21161.060	
	2-2447	14456	
		07	
杋	2-395C	木	범
A0334	U-674E	0511.110	LI3
	0-406E	21162.080	lei5
	1-4A57	14459	RI
	0-4D7B	07	*liə̌
李	0-575D	木	리
A0333	U-674F	0511.140	XING4
	0-5053	21160.040	hang6
	1-4A58	14461	KYOU, KOU
	0-3049	07	hæ̌ng
杏	0-7A3A	木	행
A0919	U-6753	0511.190	SHAO2, BIAO1, SHUO2
	0-683C	21161.050	biu1, soek3
	1-4A61	14466	HYOU, TEKI, SHAKU
	0-3C5D	07	zhiɑk
杓	0-7875	木	표

出典 甲骨文 楷書	Ucode 美國	Gcode 中國	Tcode 臺灣	Jcode 日本	Kcode 韓國	康熙字典	漢語大辭典	大漢和辭典	總劃	部首	Mandarin 北京	Cantonese 廣東	JapaneseOn 日本	Tang 唐	Hangul 韓國
A0338  杕	U-6755	3-404C	2-2441	1-427D	2-3960	0511.210	21159.010	14468	07	木	DI4, DUO4	dai6	TEI, DAI, TA, DA	dhèi	체
A0339  杗	U-6757	3-4052	1-4A62		2-3961	0512.020	21161.110	14470	07	木	MANG2	mong4			망
A0334  杜	U-675C	0-3645	1-4A5B	0-454E	0-5461	0512.090	21157.020	14477	07	木	DU4	dou6	DO, TO, ZU	*dhǒ	두
A0345  杞	U-675E	0-683D	1-4A5D	0-5B39	0-5123	0512.110	21162.030	14479	07	木	QI3	gei2	KO, KI	kiə̌	기
A0364  束	U-675F	0-4A78	1-4A56	0-422B	0-6156	0512.120	21158.030	14480	07	木	SHU4	cuk1	SOKU	*shiok	속
A0339  㭉	U-3B49	5-6748	F-274C		3-2765	0514.180	21164.060		08	木	HUA2	waa4			화
A0534  杭	U-676D	0-3A3C	1-4E26	0-393A	0-7978	0513.060	21174.030	14494	08	木	HANG2, KANG1	hong4	KOU		항

出典 甲骨文 楷書	Ucode 美國 Gcode 中國 Tcode 臺灣 Jcode 日本 Kcode 韓國	康熙字典 漢語大辭典 大漢和辭典 總劃 部首	Mandarin 北京 Cantonese 廣東 JapaneseOn 日本 Tang 唐 Hangul 韓國
A0348	U-6771	0513.120	DONG1
	1-362B	21165.040	dung1
	1-4E29	14499	TOU
	0-456C	08	*dung
東	0-5454	木	동
A0338	U-6772	0513.130	GAO3
	0-6A3D	21169.020	gou2
	1-4E3B	14500	KOU
	0-5A5E	08	gǎu
杲	1-586E	木	고
C0033	U-6773	0513.140	YAO3
	0-6843	21169.010	jiu2, miu5
	1-4E2B	14501	YOU
	0-5A62	08	*qěu
杳	0-595C	木	묘
A0990	U-6775	0513.170	CHU3
	0-6846	21170.080	cyu5
	1-4E36	14503	SHO
	0-354F	08	chiŭ
杵	0-6E3E	木	저
A0176	U-6778	0514.020	SHU1
	5-434B	21174.020	syu4
	2-2747	14507	
		08	
杸	2-396F	木	수
A0690	U-677A	0514.060	XIN1
	5-434C	21175.040	
	2-2740	14511	
		08	
杺	2-3971	木	심
A0343	U-6790	0515.080	XI1
	0-4E76	21171.060	cik1, sik1
	1-4E35	14538	SEKI, SHAKU
	0-404F	08	sek
析	0-6030	木	석

出典 甲骨文 楷書	Ucode 美國 Gcode 中國 Tcode 臺灣 Jcode 日本 Kcode 韓國	康熙字典 漢語大辭典 大漢和辭典 總劃 部首	Mandarin 北京 Cantonese 廣東 JapaneseOn 日本 Tang 唐 Hangul 韓國
A0349	U-6797	0516.050	LIN2
	0-4156	21164.070	lam4
	1-4E2F	14551	RIN
	0-4E53	08	*lim
林	0-5779	木	림
A0337	U-679A	0516.080	MEI2
	0-4336	21171.010	mui4
	1-4E37	14554	MAI, BAI
	0-4B67	08	miĕu
枚	0-585D	木	매
A0337	U-679C	0516.110	GUO3, KE4, LUO3, WO3
	0-397B	21168.110	gu2, gwo2
	1-4E2A	14556	KA, RA
	0-324C	08	*guǎ
果	0-4D7D	木	과
D0079	U-679D	0516.120	ZHI1, QI2
	0-5626	21165.070	kei4, zi1
	1-4E2E	14557	SHI, KI
	0-3B5E	08	*jiɛ
枝	0-722B	木	지
A0345	U-3B52	0519.150	SI4
	5-4359	21183.070	zi2, zi6
	3-2D2C		
		09	
㭒		木	사
A0347	U-67C1	0518.040	DUO4, TUO2, TUO3
	0-685E	21189.030	to4, to5
	2-2A7C	14599	TA, DA
	0-4248	09	
柁	1-712F	木	타
A0340	U-67C4	0518.080	BING3, BING4
	0-317A	21179.020	beng3, bing3
	1-5163	14603	HEI, HYOU
	0-4A41	09	biæ̀ng
柄	0-5C37	木	병

出典 甲骨文 楷書	Ucode 美國 Gcode 中國 Tcode 臺灣 Jcode 日本 Kcode 韓國	康熙字典 漢語大辭典 大漢和辭典 總劃 部首	Mandarin 北京 Cantonese 廣東 JapaneseOn 日本 Tang 唐 Hangul 韓國
A0336 柏	U-67CF 0-3058 1-5169 0-4770 0-5B5A	0518.220 21185.030 14617 09 木	BAI3, BO2, BO4 baak3, paak3 HAKU *bæk 백
A0346 某	U-67D0 0-4433 1-515C 0-4B3F 0-593B	0519.010 21177.040 14618 09 木	MOU3 mau5 BOU, BAI 모
E0048 柰	U-67F0 0-684D 2-2B37 1-4345 0-5230	0520.230 21176.090 14659 09 木	NAI4 noi6 NA, DAI 내
A0351 柲	U-67F2 3-407C 2-2A7D 1-4346 2-3A42	0521.010 21189.040 14661 09 木	BI4 bei3 HI, HITSU, BICHI 비
A0335 柳	U-67F3 0-4178 1-516B 0-4C78 0-5733	0521.020 21187.020 14662 09 木	LIU3 lau5 RYUU *liǒu 류
A0017 柴	U-67F4 0-3271 1-5627 0-3C46 0-6343	0521.060 21197.110 14664 09 木	CHAI2, ZHAI4, ZI4 caai4 SAI, SHI *jrhɛi 시
A0339 柵	U-67F5 E-2D5C 1-5160 0-3A74 0-737D	0521.121 21187.010 14665 09 木	ZHA4, CE4, SHA4, SHAN1 caak3, saan1, saan3 SAKU, SAN 책

出典	Ucode 美國	康熙字典	Mandarin 北京
甲骨文	Gcode 中國	漢語大辭典	Cantonese 廣東
	Tcode 臺灣	大漢和辭典	JapaneseOn 日本
	Jcode 日本	總劃	Tang 唐
楷書	Kcode 韓國	部首	Hangul 韓國
A0344	U-6815	0522.020	ZHEN1
	5-4364	21195.070	
	3-315D	14692	
		10	
栕		木	정
A0410	U-6817	0522.050	LI4
	0-4075	21195.090	leot6
	1-5623	14695	RITSU
	0-372A	10	*lit
栗	0-574A	木	률
A0342	U-6821	0522.250	XIAO4, JIAO3, JIAO4, XIAO2
	0-5023	21205.080	gaau3, haau6
	1-5577	14713	KOU, KYOU
	0-393B	10	gàu, hàu
校	0-4E68	木	교
A0343	U-683A	0524.090	ZHI3
	3-4139	21203.030	
	2-2F74	14747	
		10	
栺	2-3A60	木	지
A0061	U-683C	0524.110	GE2, GE1
	0-3871	21203.060	gaak3
	1-562A	14749	KOU, KAKU, KYAKU
	0-334A	10	gæk
格	0-4C2B	木	격
A0860	U-683D	0524.120	ZAI1, ZAI4
	0-5454	21193.060	zoi1
	1-5626	14750	SAI
	0-3A4F	10	
栽	0-6E28	木	재
A0354	U-6851	0526.010	SANG1
	0-4923	21209.030	song1
	1-5625	14772	SOU
	0-372C	10	*sang
桑	0-5F4D	木	상

出典 甲骨文 楷書	Ucode 美國 Gcode 中國 Tcode 臺灣 Jcode 日本 Kcode 韓國	康熙字典 漢語大辭典 大漢和辭典 總劃 部首	Mandarin 北京 Cantonese 廣東 JapaneseOn 日本 Tang 唐 Hangul 韓國
A0338	U-6877	0527.120	JUE2
	0-6876	21218.050	gok3
	2-3625	14813	KAKU
	0-5B64	11	gak
桷	1-5735	木	각
A0335	U-688C	0528.180	TU2
	3-415D	21216.090	
	2-3637	14838	
		11	
梌	2-3A7B	木	도
A0679	U-688F	0528.210	GU4, JUE2
	0-6874	21215.080	guk1
	2-3624	14841	KOKU, KAKU
	0-5B67	11	gok
梏	0-4D59	木	곡
A0378	U-6896	0529.030	BEI4
	5-4342	21213.040	bui3
	2-362F	14848	HAI
	1-436F	11	
梖	2-3A7E	木	패
A0330	U-689D	0529.140	TIAO2
	1-4C75	10176.020	tiu4, tiu5
	1-5B3E	14859	JOU, CHOU, DEKI
	0-5B6A	11	*dheu
條	0-7049	木	조
A0905	U-689F	0529.160	XIAO1
	1-6849	21217.110	hiu1
	1-5B40	14861	KYOU
	0-5B66	11	keu
梟	0-7C7C	木	효
A0238	U-68C4	0531.150	QI4
	1-467A	21237.070	hei3
	1-5B39	14913	KI
	0-347E	12	*kì
棄	0-5125	木	기

出典 甲骨文 楷書	Ucode 美國 Gcode 中國 Tcode 臺灣 Jcode 日本 Kcode 韓國	康熙字典 漢語大辭典 大漢和辭典 總劃 部首	Mandarin 北京 Cantonese 廣東 JapaneseOn 日本 Tang 唐 Hangul 韓國
A0341 棊	U-68CA E-2E2C 3-3C38 0-5B77 1-5B71	0532.020 21224.050 14921 12 木	QI2 kei4 KI, GI 기
A0341 棋	U-68CB 0-4665 1-5F76 0-347D 0-5124	0532.030 21224.040 14922 12 木	QI2, JI1 kei4 KI, GI ghiə 기
A0350 森	U-68EE 0-492D 1-5F70 0-3F39 0-5F35	0534.110 21226.020 14974 12 木	SEN1 sam1 SHIN *shrim 삼
A0334 椃	U-6903 5-4438 3-3C2F 4-2F26 	0535.170 21231.040 15005 12 木	HAO2 호
A0521 椊	U-690A 3-417E 2-3C6E 1-4437 2-3B51	0536.060 21237.010 15019 12 木	ZUO2 zyut6 SOTSU, SATSU, SUI 졸
A0904 植	U-690D 0-5632 1-5F78 0-3F22 0-6355	0536.100 21225.080 15023 12 木	ZHI2 zik6 SHOKU, CHI djhiə̀ 식
A0340 椎	U-690E 0-5735 1-5F7A 0-4447 0-7550	0536.110 21233.100 15024 12 木	ZHUI1, CHUI2 ceoi4, zeoi1 TSUI, SUI djhui 추

出典 甲骨文 楷書	Ucode 美國 Gcode 中國 Tcode 臺灣 Jcode 日本 Kcode 韓國	康熙字典 漢語大辭典 大漢和辭典 總劃 部首	Mandarin 北京 Cantonese 廣東 JapaneseOn 日本 Tang 唐 Hangul 韓國
A0410 㮚	U-3B9A 5-445A 3-417A	0541.010 21247.040 13 木	LI4 leot6 률
A0346 楓	U-6953 1-3763 1-6452 0-4976 0-7923	0539.080 21253.080 15126 13 木	FENG1 fung1 FUU *biung 풍
A0691 楙	U-6959 3-424F 2-435B 0-5C3E 0-596A	0539.220 21258.050 15140 13 木	MAO4 mau6 BOU, MU 무
A0349 楚	U-695A 0-337E 1-6447 0-413F 0-7522	0539.230 21244.090 15141 13 木	CHU3 co2 SO *chriŭ 초
A0336 楡	U-6961 E-2E4C 3-4179 0-5C40 0-6A78	0540.120 21253.010 15153 13 木	YU2 YU 유
A0898 極	U-6975 1-3C2B 1-644B 0-364B 0-503F	0542.020 21240.100 15181 13 木	JI2 gik6 GOKU, KYOKU, GOKI *ghiək 극
A0347 槁	U-69C1 0-6942 1-6929 0-5C49 0-4D3E	0545.170 21267.080 15300 14 木	GAO3, KAO4, GAO1 gou2 KOU gǎu 고

出典 甲骨文 楷書	Ucode 美國 Gcode 中國 Tcode 臺灣 Jcode 日本 Kcode 韓國	康熙字典 漢語大辭典 大漢和辭典 總劃 部首	Mandarin 北京 Cantonese 廣東 JapaneseOn 日本 Tang 唐 Hangul 韓國
A0530 槃	U-69C3 3-4267 1-6937 0-5C51 0-5A69	0545.200 21265.080 15303 14 木	PAN2 pun4 HAN, BAN 반
A0373 樂	U-6A02 1-4056 1-6D40 0-5C5B 0-6445	0548.200 21280.160 15399 15 木	LE4, YUE4, YAO4, LUO4, LIAO2 lok6, ngaau6, ngok6 GAKU, RAKU, GOU *lɑk, *ngak 악
A0350 㯟	U-3BDF KX055422 3-5139 	0554.220 21288.210 16 木	LU4 luk1 록
A0348 㯥	U-3BE5 5-3027 3-5134 	0555.290 21289.020 16 木	CAO2, ZHA2 cou4 조
A0280 樹	U-6A39 1-4A77 1-7079 0-3C79 0-6227	0551.290 21287.040 15496 16 木	SHU4 syu6 JU *zhiò, *zhiǒ 수
A0365 橐	U-6A50 0-6952 2-575C 1-452B 1-713A	0553.080 21289.050 15533 16 木	TUO2, DU4, LUO4, TUO4 tok3 TAKU, SHA tɑk 탁
A0347 㯽	U-3BFD 3-283E	0559.261 18 木	 ban1, ping1 빈

出典 甲骨文 楷書	Ucode 美國 Gcode 中國 Tcode 臺灣 Jcode 日本 Kcode 韓國	康熙字典 漢語大辭典 大漢和辭典 總劃 部首	Mandarin 北京 Cantonese 廣東 JapaneseOn 日本 Tang 唐 Hangul 韓國
A0412	U-6AC5	0559.140	JI1
	3-413F	21310.030	zai1
	2-6169	15759	
		18	
櫅	2-3D5F 木	木	제
A0293	U-6AD1	0560.030	LEI3, LEI2
	5-462A	21313.130	leoi4, leoi5
	2-655A	15796	RAI
	0-5D2A	19	
櫑	2-3D68	木	뢰
D0079	U-6ADB	0560.240	JIE2, ZHI4
	1-684E	21302.080	zit1, zit3
	1-7376	15817	SHITSU
	0-367B	19	jrit
櫛	0-716E	木	즐
A0342	U-6ADF	0560.300	LI4, LAO2, YUE4
	1-685D	21314.090	lik1
	2-655D	15823	REKI, ROU
	0-5D2B	19	
櫟	1-5E47	木	력
A0554	U-6B20	0565.010	QIAN4, QUE1
	0-4737	32133.010	him3
	1-454E	15991	KETSU
	0-3767	04	kiuæm
欠	0-7D62	欠	흠
A0930	U-6B21	0565.030	CI4
	0-344E	32133.020	ci3
	1-4839	15992	JI, SHI
	0-3C21	06	tsì
次	0-732D	欠	차
A0924	U-6B23	0566.040	XIN1
	0-5040	32135.120	01-Jan
	1-4E3C	16008	GON, KIN, KON
	0-3655	08	xiən
欣	0-7D5B	欠	흔

出典 甲骨文 楷書	Ucode 美國 Gcode 中國 Tcode 臺灣 Jcode 日本 Kcode 韓國	康熙字典 漢語大辭典 大漢和辭典 總劃 部首	Mandarin 北京 Cantonese 廣東 JapaneseOn 日本 Tang 唐 Hangul 韓國
D0117	U-6B2C	0567.190	KAI4, KE2
	E-2F47	32139.050	kat1, koi3
	2-2F77	16061	KAI, KI, GAI
	1-456B	10	
欬	1-7334	欠	해
D0117	U-6B4C	0571.070	GE1
	0-3868	32147.120	go1
	1-693A	16167	KA
	0-324E	14	*gɑ
歌	0-4A30	欠	가
A0556	U-3C43	0571.260	YIN3
	KX057126	32150.080	zaam2
	3-4C68		
		15	
㱃		欠	음
A0072	U-6B62	0573.240	ZHI3
	0-5639	21435.030	zi2
	1-454F	16253	SHI
	0-3B5F	04	*jiə̌
止	0-722D	止	지
A0079	U-6B63	0574.020	ZHENG4, ZHENG1
	0-557D	21436.010	zeng3, zing1, zing3
	1-465F	16255	SEI, SHOU
	0-4035	05	*jiɛ̀ng
正	0-6F61	止	정
A0079	U-6B64	0574.100	CI3
	0-344B	21438.030	ci2
	1-483A	16259	SHI
	0-3A21	06	*tsiɛ̌
此	0-732E	止	차
A0077	U-6B65	0574.150	BU4
	0-323D	21438.060	bou6
	1-4A63	16264	HO, BU, FU
	3-7643	07	*bhò
步	0-5C46	止	보

出典 甲骨文 楷書	Ucode 美國 Gcode 中國 Tcode 臺灣 Jcode 日本 Kcode 韓國	康熙字典 漢語大辭典 大漢和辭典 總劃 部首	Mandarin 北京 Cantonese 廣東 JapaneseOn 日本 Tang 唐 Hangul 韓國
A0855	U-6B66	0575.090	WU3
	0-4E64	21439.050	mou5
	1-4E3D	16273	BU, MU
	0-4970	08	*miŏ
武	0-596B	止	무
A0077	U-6B68	0576.040	BU4
	5-4860	21441.010	
	3-2955	16277	
		08	
歨		止	보
A0077	U-6B69	0576.101	BU4
	E-2F50	21441.020	
	3-2956	16284	HO, BU, FU
	0-4A62	08	
歩		止	보
D0023	U-6B6C	0576.160	QIAN2
	5-4863	21442.120	
	3-3168	16291	
	4-2F7B	10	
歬	2-3E50	止	전
D0023	U-6B6E	0576.380	SE4
	5-4865	21443.060	
	3-3C49	16317	JUU
	1-457B	12	
歮	2-3E52	止	색
A0078	U-6B72	0577.020	SUI4
	1-4B6A	21443.200	seoi3
	1-6459	16326	SEI, SAI
		13	*siuɛ̆i
歲	0-6128	止	세
A0073	U-6B77	0577.140	LI4
	1-407A	21445.090	lik6
	1-7125	16340	
	3-7645	16	*lek
歷	0-5576	止	력

出典 甲骨文 楷書	Ucode 美國 Gcode 中國 Tcode 臺灣 Jcode 日本 Kcode 韓國	康熙字典 漢語大辭典 大漢和辭典 總劃 部首	Mandarin 北京 Cantonese 廣東 JapaneseOn 日本 Tang 唐 Hangul 韓國
A0073	U-6B78	0578.070	GUI1, KUI4
	1-3969	21446.150	gwai1
	1-7657	16349	KI, GI
	0-5D45	18	*giuəi
歸	0-4F7D	止	귀
A0249	U-6B79	0578.150	DAI3, E4, DAI1
	0-3475	21379.140	aat3, daai2
	1-4550	16359	GATSU, ATSU, GACHI
	0-5D46	04	
歹	2-3E56	歹	알
A0249	U-6B7A	0578.180	DAI3
	E-2F55	21379.150	daai2
	3-2253	16362	
	4-2F7D	05	
歺		歹	알
A0250	U-6B7B	0578.220	SI3
	0-4B40	21380.060	sei2, si2
	1-483B	16365	SHI
	0-3B60	06	*sǐ
死	0-5E5D	歹	사
A0856	U-6B98	0581.370	CAN2
	1-3250	21389.040	caan1, caan4
	1-6024	16506	ZAN, SAN
	0-5D4C	12	*dzhɑn
殘	0-6D51	歹	잔
A0854	U-6BB1	0584.041	
	E-2F60	21396.021	
			SEN
	0-5D54	19	
殱		歹	섬
A0855	U-6BB2	0584.110	JIAN1
	1-3C5F	21396.100	cim1
	1-7A73	16608	SEN
	0-5D53	21	tziɛm
殲	0-6068	歹	섬

出典 甲骨文 楷書	Ucode 美國 Gcode 中國 Tcode 臺灣 Jcode 日本 Kcode 韓國	康熙字典 漢語大辭典 大漢和辭典 總劃 部首	Mandarin 北京 Cantonese 廣東 JapaneseOn 日本 Tang 唐 Hangul 韓國
A0174	U-6BB3	0584.170	SHU1
	0-6C2F	32155.010	syu4
	2-213F	16613	SHU
	0-5D55	04	
殳	1-652D	殳	수
A0175	U-3C7F	0585.010	QUE4
	5-5063	32156.020	kok3
	3-316B		
		10	
㱿		殳	각, 학
A0180	U-6BB7	0585.020	YIN1, YAN1, YIN3
	0-5273	32156.040	jan1, jan2, jin1
	1-5633	16627	IN, AN
	0-5D56	10	*qiən, qiə̆n, qɛn
殷	0-6B5C	殳	은
A0179	U-6BB8	0585.060	QING4
	5-5065	32159.060	
	4-324E	16633	KEI, KYOU, KOU, SEI, SHOU
	1-4630	11	
殸		殳	성
A0179	U-6BBA	0585.110	SHA1, SA4, SHAI4, SHE4
	1-4931	32157.010	saai3, saat3
	1-5B44	16638	SATSU, SETSU, SAI
	0-3B26	11	*shrat, *shrǽi
殺	0-5F2F	殳	살
A0176	U-3C83	0586.040	JIU4
	5-506A	32160.100	gaau3, kaau3
	4-384B		
		12	
㲃	3-2879	殳	구
A0175	U-6BBC	0586.050	KE2, QIAO4
	5-5068	32160.070	hok3
	1-6026	16646	KAKU, KOKU
	0-5D57	12	kak
殼	0-4A43	殳	각

出典 甲骨文 楷書	Ucode 美國 Gcode 中國 Tcode 臺灣 Jcode 日本 Kcode 韓國	康熙字典 漢語大辭典 大漢和辭典 總劃 部首	Mandarin 北京 Cantonese 廣東 JapaneseOn 日本 Tang 唐 · Hangul 韓國
A0026  㲄	U-3C84 HZ 3-4225 	0587.031 32161.040 13 殳	KOU4 huk1 구
A0407  毋	U-6BCB 0-4E63 1-4551 0-5D59 0-596C	0588.230 42380.010 16721 04 毋	WU2, MOU2 mou4 BU, MU mio 무
A0407  毌	U-6BCC 3-5324 2-2140 1-4637 2-3E79	0588.240 42380.020 16722 04 毋	GUAN4 gun3, kwun3 KAN 관
A0806  母	U-6BCD 0-4438 1-4660 0-4A6C 0-593D	0588.250 42380.030 16723 05 毋	MU3, MU2, WU3, WU2 mou5 BO, BOU, MO *mǒu 모
A0030  毎	U-6BCF 0-433F 1-4A64 3-764A 0-585F	0589.020 42381.020 16725 07 毋	MEI3, MEI4 mui5 MAI, BAI *mə̌i 매
A0981  毓	U-6BD3 0-5839 1-645C 0-5D5A 0-6B3E	0590.060 42384.040 16740 14 毋	YU4 juk1 IKU 육
A0507  比	U-6BD4 0-3148 1-4552 0-4866 0-5D6F	0590.090 21415.080 16743 04 比	BI3, BI4, PI2, PI3 bei2, bei6, pei4 HI *bǐ, bhi, bì 비

出典 甲骨文 楷書	Ucode 美國 Gcode 中國 Tcode 臺灣 Jcode 日本 Kcode 韓國	康熙字典 漢語大辭典 大漢和辭典 總劃 部首	Mandarin 北京 Cantonese 廣東 JapaneseOn 日本 Tang 唐 Hangul 韓國
A0625 㲋	U-3C8B 3-326E 4-297B	0591.050 21418.020 09 比	CHUO4, ZHUO2, ZU2 coek3 착
A0848 氏	U-6C0F 0-4A4F 1-4554 0-3B61 0-642B	0597.180 32130.010 17026 04 氏	SHI4, ZHI1, JING1 si6, zi1 SHI *zhiĕ, jiɛ 씨
A0849 氐	U-6C10 0-5835 1-4662 1-4649 1-6B5F	0597.190 32130.020 17027 05 氏	DI3, DI1, ZHI1 dai1, dai2 TEI, TAI, SHI, CHI 저
A0846 民	U-6C11 0-4371 1-4661 0-4C31 0-5A45	0598.010 32131.010 17028 05 氏	MIN2 man4 MIN min 민
A0849 氒	U-6C12 5-4F7C 4-2321 1-464A 2-3F41	0598.030 32131.020 17029 06 氏	JUE2 KETSU, KACHI 궐
A0846 氓	U-6C13 0-4325 1-4E40 0-5D62 0-586C	0598.040 32131.030 17030 08 氏	MANG2, MENG2 maang4, man4, mong4 BOU 맹
A0696 水	U-6C34 0-4B2E 1-4555 0-3F65 0-6229	0603.010 31545.010 17083 04 水	SHUI3 seoi2 SUI *shuǐ 수

出典 甲骨文 楷書	Ucode 美國 Gcode 中國 Tcode 臺灣 Jcode 日本 Kcode 韓國	康熙字典 漢語大辭典 大漢和辭典 總劃 部首	Mandarin 北京 Cantonese 廣東 JapaneseOn 日本 Tang 唐 Hangul 韓國
A0737	U-3CBA	0603.090	JI2, KE4, LEI2
	5-546D	31548.030	zik1
	3-2255		
		05	
㲺		水	질
A0753	U-6C37	0603.030	BING1
	E-2F79	31546.040	bing1
	3-2257	17087	HYOU
	0-4939	05	
氷	0-5E3C	水	빙
A0751	U-6C38	0603.040	YONG3
	0-5340	31546.030	wing5
	1-4663	17088	EI, YOU
	0-314A	05	*hiuǎng
永	0-6735	水	영
A0725	U-6C43	0604.050	BIN1, PA4
	3-532E	31548.080	ban1, paak3
	2-2161	17106	
		05	
汃	1-7177	水	팔
A0714	U-3CBB	0603.110	NI4
	5-315E	31546.090	nik6
	3-2422		
		06	
㲻		水	닉
A0714	U-6C3C	0603.120	NI4
	5-5461	31547.020	
	3-2421	17099	
		06	
氼	2-3F47	水	닉
A0706	U-6C4E	0604.150	FAN4, FENG3
	E-2F7D	31553.020	faan3, faan4, faan6
	1-4847	17120	HAN, FUU, HOU
	0-4846	06	*piæ̀m
汎	0-5B71	水	범

出典 甲骨文 楷書	Ucode 美國 / Gcode 中國 / Tcode 臺灣 / Jcode 日本 / Kcode 韓國	康熙字典 / 漢語大辭典 / 大漢和辭典 / 總劃 / 部首	Mandarin 北京 / Cantonese 廣東 / JapaneseOn 日本 / Tang 唐 / Hangul 韓國
A0669	U-6C4F	0605.010	DAI4, DA4, TAI4
	3-5331	31552.010	daai6
	2-225C	17121	TAI, DAI, TATSU, TACHI
	1-465B	06	
汏	1-5D34	水	대
A0730	U-6C52	0605.060	MANG2
	5-5470	31554.050	mong4
	2-225A	17125	BOU, MOU
	1-465C	06	
汒	1-602A	水	망
A0713	U-6C53	0605.070	QIU2
	5-5471	31555.020	
	3-2425	17126	
		06	
汓	2-3F4C	水	수
A0711	U-6C5C	0605.170	SI4
	0-6361	31555.010	ci5
	2-225B	17136	SHI, JI, I
	1-4660	06	
汜	1-6350	水	사
A0701	U-6C5D	0606.020	RU3
	0-486A	31555.040	jyu5
	1-483D	17138	JO
	0-4672	06	*njiŭ
汝	0-6623	水	여
A0556	U-3CC4	0611.090	XIAN2
	KX061109	31570.030	zin4
	3-265A		
		07	
㳄	3-292C	水	연
A0519	U-6C42	0604.040	QIU2
	0-4773	31547.080	kau4
	1-4A65	17105	KYUU
	0-3561	07	*ghiou
求	0-4F34	水	구

出典 甲骨文 楷書	Ucode 美國 Gcode 中國 Tcode 臺灣 Jcode 日本 Kcode 韓國	康熙字典 漢語大辭典 大漢和辭典 總劃 部首	Mandarin 北京 Cantonese 廣東 JapaneseOn 日本 Tang 唐 Hangul 韓國
A0721 汫	U-6C6B 3-533A 2-244D 1-4661 2-3F52	0607.130 31558.020 17155 07 水	QING4 zeng2 KEI, KYOU, SEI, JOU 정
A0744 汭	U-6C6D 3-5349 2-2455 1-4662 0-6757	0607.150 31566.010 17157 07 水	RUI4 jeoi6 ZEI, NEI, ZETSU, NECHI 예
A0701 沁	U-6C81 0-475F 1-4A68 0-5D6E 0-637E	0609.110 31574.020 17182 07 水	QIN4 sam3 SHIN 심
A0542 沇	U-6C87 5-547E 2-2456 1-466B 0-664C	0610.040 31576.030 17188 07 水	YAN3 jin2, jin5, wai5 EN, I 연
A0716 沈	U-6C88 0-4972 1-4A69 0-4440 0-7658	0610.060 31572.070 17189 07 水	CHEN2, SHEN3, TAN2 cam4, sam2 CHIN, JIN, SHIN *djhim, shĭm 침
A0740 沌	U-6C8C 0-6367 1-4A71 0-4659 0-5447	0610.100 31561.090 17193 07 水	DUN4, TUN2, ZHUAN4, CHUN2 deon6 TON 돈
A0735 沎	U-6C8E 5-5479 2-245D 2-3F5F	0611.030 31567.030 17197 07 水	HUO4 화

出典 甲骨文 楷書	Ucode 美國 Gcode 中國 Tcode 臺灣 Jcode 日本 Kcode 韓國	康熙字典 漢語大辭典 大漢和辭典 總劃 部首	Mandarin 北京 Cantonese 廣東 JapaneseOn 日本 Tang 唐 Hangul 韓國
A0743 沐	U-6C90 0-6365 1-4A6F 0-5D74 0-594B	0611.070 31558.070 17201 07 水	MU4 muk6 BOKU, MOKU muk 목
A0718 沑	U-6C91 3-5357 3-264D 2-3F61	0611.080 31575.010 17202 07 水	ROU2 뉴, 육
A0706 沖	U-6C96 8-2D54 1-4A73 0-322D 0-7578	0611.180 31565.030 17209 07 水	CHONG1 cung1 CHUU 충
A0711 沚	U-6C9A 3-5347 2-2454 0-5D6D 0-722F	0612.010 31562.060 17213 07 水	ZHI3 zi2 SHI 지
A0731 洩	U-3CCF 5-5526 3-2960 	0616.060 31586.010 08 水	CHI3, SHI4 saai6 시
A0728 泆	U-3CD1 KX061904 3-2968 A-2440 	0619.040 31586.040 08 水	YI4 zaat6 일
A0721 沓	U-6C93 0-6D33 2-274F 0-3723 0-534B	0611.150 31556.080 17206 08 水	TA4, DA2 daap6 TOU dhop 답

出典 甲骨文 楷書	Ucode 美國 Gcode 中國 Tcode 臺灣 Jcode 日本 Kcode 韓國	康熙字典 漢語大辭典 大漢和辭典 總劃 部首	Mandarin 北京 Cantonese 廣東 JapaneseOn 日本 Tang 唐 Hangul 韓國
A0746 沝	U-6C9D 5-5465 2-2764 2-3F63	0612.050 31557.010 17219 08 水	ZHUI3 추
A0648 沬	U-6CAC 3-5358 1-4E5D 1-6031	0612.140 31578.010 17236 08 水	MEI4, HUI4 mei6, mui6, mut3 mat 매
A0699 沮	U-6CAE 0-3E5A 1-4E54 0-5D7C 0-6E41	0613.020 31584.010 17238 08 水	JU1, JU4, JIAN1, ZU3, JU3 zeoi1, zeoi2, zeoi3 SHO, SO dzhiŭ, tsiu, tziù 저
D0138 沱	U-6CB1 0-637B 1-4E45 0-5D7D 1-7131	0613.070 31594.020 17243 08 水	TUO2, DUO4, CHI2 to4 TA, DA dha 타
A0697 河	U-6CB3 0-3A53 1-4E48 0-324F 0-7941	0613.090 31582.030 17245 08 水	HE2 ho4 KA *ha 하
A0733 泊	U-6CCA 0-3234 1-4E5C 0-4771 0-5A55	0615.140 31588.050 17275 08 水	BO2, PO2, PO1, PO4 bok6, paak3 HAKU *bhak 박
A0730 泖	U-6CD6 0-6377 1-4E60 1-467E 2-3F76	0616.160 31591.030 17293 08 水	MAO3, MAO2, LIU3 maau5 BOU, MYOU, RYUU, RA 묘

出典 甲骨文 楷書	Ucode 美國 Gcode 中國 Tcode 臺灣 Jcode 日本 Kcode 韓國	康熙字典 漢語大辭典 大漢和辭典 總劃 部首	Mandarin 北京 Cantonese 廣東 JapaneseOn 日本 Tang 唐 Hangul 韓國
A0751	U-6CF3	0619.020	YONG3
	0-533E	31595.050	wing6
	1-4E44	17328	EI
	0-314B	08	hiuæ̀ng
泳	0-6736	水	영
A0739	U-3CDA	0620.080	YU4
	KX062008	31605.040	leot6, waat6
	5-297B		
	A-2444	09	
㳚		水	휼
A0749	U-6CC9	0615.120	QUAN2
	0-482A	31576.100	cyun4
	1-5178	17274	SEN
	0-4074	09	*dzhiuɛn
泉	0-743B	水	천
A0706	U-6D00	0619.140	ZHOU1, PAN2
	5-5543	31612.020	pun4, zau1
	2-2B5E	17349	
	4-6E4A	09	
洀	2-4026	水	주
D0138	U-6D0B	0619.280	YANG2, XIANG2, YANG3
	0-5173	31615.110	joeng4
	1-5179	17363	YOU, SHOU
	0-4D4E	09	iɑng
洋	0-6547	水	양
A0740	U-6D0C	0619.290	LIE4
	0-6423	31605.050	lit6
	1-517E	17364	RETSU
	0-5E30	09	
洌	0-562C	水	렬
A0719	U-6D0E	0619.340	JI4
	0-6429	31610.050	gei3, gei6
	1-5230	17369	KI, GI
	1-472E	09	ghyì
洎	2-402D	水	계

出典 甲骨文 楷書	Ucode 美國 Gcode 中國 Tcode 臺灣 Jcode 日本 Kcode 韓國	康熙字典 漢語大辭典 大漢和辭典 總劃 部首	Mandarin 北京 Cantonese 廣東 JapaneseOn 日本 Tang 唐 Hangul 韓國
A0722	U-6D17	0620.110	XI3, XIAN3
	0-4F34	31608.080	sai2
	1-5223	17379	SEN
	0-4076	09	*sěi
洗	0-6129	水	세, 선
A0700	U-6D1B	0620.150	LUO4
	0-4265	31614.040	lok3, lok6
	1-5228	17383	RAKU
	0-4D6C	09	*lak
洛	0-5526	水	락
A0703	U-6D27	0621.170	WEI3
	0-6422	31604.020	fui2
	1-522B	17398	I
	1-4734	09	
洧	0-6A7B	水	유
A0730	U-6D31	0622.080	ER3
	0-367D	31602.030	ji5
	1-5221	17412	JI, NI
	1-4739	09	
洱	2-403D	水	이
A0749	U-6D32	0622.090	ZHOU1
	0-565E	31616.060	zau1
	1-517A	17413	SHUU
	0-3D27	09	*jiou
洲	0-713D	水	주
A0704	U-6D39	0622.160	HUAN2
	0-6421	31602.060	jyun4, wun4
	1-522A	17421	EN, ON, KAN, GAN
	1-473A	09	
洹	0-6A37	水	원
D0139	U-6D3E	0623.010	PAI4, MAI4, BAI4, PA1
	0-4549	31611.060	paai1, paai3
	1-5226	17428	HA
	0-4749	09	pèi
派	0-776F	水	파

出典	Ucode 美國	康熙字典	Mandarin 北京
甲骨文	Gcode 中國	漢語大辭典	Cantonese 廣東
	Tcode 臺灣	大漢和辭典	JapaneseOn 日本
	Jcode 日本	總劃	Tang 唐
楷書	Kcode 韓國	部首	Hangul 韓國
D0143	U-6D41	0623.040	LIU2
	0-4177	31631.120	lau4
	1-517C	17572	RYUU, RU
	0-4E2E	09	*liou
流	0-5735	水	류
A0731	U-3CEF	0627.280	
	KX062728	31631.100	
		10	
涬	3-293B	水	신
A0729	U-6D5B	0623.240	HAN4, HAN2
	3-5442	31630.010	
	3-3179	17461	
	4-6E52	10	
浛	2-4048	水	함
A0722	U-6D65	0624.100	YI4, YA4
	3-543C	31625.010	jap1
	1-564D	17474	YUU, OU, YOU
	1-4741	10	gyip
浥	1-6A43	水	읍
A0732	U-6D71	0625.040	CHUN2
	5-5553	31620.030	
	3-3222	17491	
		10	
浱		水	순
A0723	U-6D74	0625.090	YU4
	0-5421	31629.030	juk6
	1-5647	17496	YOKU
	0-4D61	10	iok
浴	0-6931	水	욕
A0701	U-6D78	0625.150	JIN4, QIN1
	0-3D7E	31635.040	zam3
	1-563F	17505	SHIN
	0-3F3B	10	tzìm
浸	0-7659	水	침

出典	Ucode 美國	康熙字典	Mandarin 北京
甲骨文	Gcode 中國	漢語大辭典	Cantonese 廣東
	Tcode 臺灣	大漢和辭典	JapaneseOn 日本
	Jcode 日本	總劃	Tang 唐
楷書	Kcode 韓國	部首	Hangul 韓國
D0138	U-6D7F	0625.240	PEI4
	3-5348	31623.040	bui3
	2-3036	17513	
		10	
浿	0-782A	水	패
A0746	U-6D89	0626.130	SHE4, DIE2
	0-4966	31621.020	sip3
	1-5644	17530	SHOU
	3-766C	10	zhiεp
涉	0-606F	水	섭
A0742	U-6D91	0626.240	SU4, SOU1, SHU4
	0-6433	31619.110	cuk1
	2-3033	17539	SOU, SU, SHUU, SHU
	1-4748	10	
涑	0-6157	水	속
A0717	U-6DB5	0628.130	HAN2, HAN4
	0-3A2D	31665.040	haam4
	1-5B60	17595	KAN
	0-5E3E	11	*hom
涵	0-7964	水	함
A0732	U-6DB7	0628.180	DONG1, DONG4
	3-5362	31643.020	dung1, dung3
	2-364C	17600	TOU, TSU
	1-4751	11	
涷	1-5D59	水	동
A0715	U-6DBF	0628.270	ZHUO1, ZHUO2
	0-6443	31644.050	doek3
	1-5B6C	17609	TOKU, DOKU, TAKU
	1-4754	11	
涿	1-713C	水	탁
A0712	U-6DC4	0629.040	ZI1
	0-574D	31665.080	zi1
	1-5B69	17616	SHI
	1-4755	11	
淄	0-763E	水	치

出典 甲骨文 楷書	Ucode 美國 Gcode 中國 Tcode 臺灣 Jcode 日本 Kcode 韓國	康熙字典 漢語大辭典 大漢和辭典 總劃 部首	Mandarin 北京 Cantonese 廣東 JapaneseOn 日本 Tang 唐 Hangul 韓國
A0720	U-6DE0	0630.130	PI4, PEI4
	0-6444	31649.050	pei3
	2-3651	17655	HI, HEI, HAI
	1-475E	11	
淠	1-6278	水	비
D0139	U-6DE1	0630.180	DAN4, TAN2, YAN3, YAN4
	0-352D	31660.080	daam6, taam5
	1-5B4D	17660	TAN, EN
	0-4338	11	*dhàm, *dhăm
淡	0-533F	水	담
A0702	U-6DEE	0631.140	HUAI2
	0-3B34	31652.050	waai4
	1-5B66	17682	WAI, KAI
	0-5E4E	11	*huæi
淮	0-7C67	水	회
A0700	U-6DF2	0632.040	PIAO2
	3-5459	31648.030	
	2-3664	17689	
		11	
淲	2-4128	水	표
A0708	U-6DF5	0632.080	YUAN1
	1-5428	31681.010	jyun1
	1-5B5C	17692	EN
	0-4A25	11	
淵	0-6650	水	연
A0742	U-6DF6	0632.130	LAI2
	1-6435	31644.020	loi4
	2-364D	17693	RAI
	1-4765	11	
淶	1-5E32	水	래
A0542	U-6E37	0635.130	YAN3
	E-3053	31684.030	
	4-385B	17791	
		12	
渷	1-674A	水	연

出典 甲骨文 楷書	Ucode 美國 Gcode 中國 Tcode 臺灣 Jcode 日本 Kcode 韓國	康熙字典 漢語大辭典 大漢和辭典 總劃 部首	Mandarin 北京 Cantonese 廣東 JapaneseOn 日本 Tang 唐 Hangul 韓國
A0392	U-6E38	0635.140	YOU2, LIU2
	0-534E	31684.080	jau4
	1-602C	17792	YUU, RYUU
	0-5E62	12	*iou
游	0-6A7D	水	유
A0712	U-6E44	0636.090	MEI2
	0-6458	31690.070	mei4
	1-604A	17809	BI, MI, DAN, NAN
	1-4771	12	
湄	0-5A35	水	미
A0732	U-6E48	0636.150	MEI2
	E-3055	31667.050	
	3-3C56	17815	BAI, ME
	1-4773	12	
湈	2-413F	水	매
A0707	U-6E4C	0636.240	CAN1
	5-5633	31682.050	
	3-3C6E	17824	
	4-6E77	12	
湌	2-4142	水	찬
A0698	U-6E54	0637.010	JIAN1, JIAN4, ZAN4, ZHAN3
	0-6455	31686.040	zin1
	1-602D	17833	SEN, SAN
	1-477A	12	
湔	1-6B7E	水	전
A0743	U-6E57	0637.050	FENG4
	5-5623	31666.120	
	3-3C66	17837	HOU, FU
	1-477B	12	
湗	2-4146	水	봉
A0716	U-6E5B	0637.160	ZHAN4, CHEN2, DAN1, JIAN1, TAN2, JIN4
	0-553F	31667.060	daam1, zaam3
	1-6036	17846	TAN, CHIN
	0-4339	12	djhæ̆m
湛	0-5340	水	담

出典 甲骨文 楷書	Ucode 美國 Gcode 中國 Tcode 臺灣 Jcode 日本 Kcode 韓國	康熙字典 漢語大辭典 大漢和辭典 總劃 部首	Mandarin 北京 Cantonese 廣東 JapaneseOn 日本 Tang 唐 Hangul 韓國
A0709	U-6E61	0637.230	YU2
	3-5527	31675.030	jyu4
	2-3D46	17852	
		12	
湡	2-414A	水	우
A0735	U-6E62	0637.240	BI4
	3-547B	31671.020	bik1
	2-3D35	17853	HYOKU, HYKI
	1-4821	12	
湢	2-414B	水	벽
A0711	U-6ECB	0642.150	ZI1, CI2
	0-574C	31686.060	zi1
	1-6045	17919	JI, SHI
	0-3C22	12	*tziə
滋	0-6D32	水	자
A0719	U-3D2A	0640.200	NIE4
	KX064020	31701.010	zip6, zit6
	3-4238		
		13	
㴪		水	얼
A0291	U-6EA2	0640.060	YI4
	0-5267	31707.050	jat6
	1-645E	17951	ITSU
	0-306E	13	qit
溢	0-6C6E	水	일
A0698	U-6EAB	0640.230	WEN1
	E-3067	31699.080	wan1
	1-646B	17968	ON, UN
	3-767C	13	quən
溫	0-682E	水	온
A0714	U-6EBA	0641.110	NI4, NIAO4
	0-4467	31710.070	nik1, nik6, niu6
	1-646A	17990	DEKI, JOU, NYOU
	0-452E	13	nek
溺	0-527C	水	닉

出典 甲骨文 楷書	Ucode 美國 Gcode 中國 Tcode 臺灣 Jcode 日本 Kcode 韓國	康熙字典 漢語大辭典 大漢和辭典 總劃 部首	Mandarin 北京 Cantonese 廣東 JapaneseOn 日本 Tang 唐 Hangul 韓國
A0717	U-6EBC	0641.140	SHI1, QI4
	E-3069	31697.060	sap1
	1-6469	17992	
		13	*ship
溼	2-416E	水	습
A0657	U-6EC5	0642.010	MIE4
	1-4370	31696.090	mit6
	1-6466	18008	METSU, BETSU
	0-4C47	13	*miɛt
滅	0-587E	水	멸
A0732	U-6EE3	0643.241	CHUN2
	5-5643	31696.060	
	3-4245		
		13	
漘	2-417D	水	순
A0738	U-6EF3	0644.020	SHANG1
	3-557A	31729.010	
	3-4757	18083	
		14	
滳		水	상
A0700	U-6EF9	0644.110	HU1, HU3
	0-646F	31721.040	fu1
	2-4B49	18092	KO, KU
	1-483E	14	
滹	2-4225	水	호
A0771	U-6F01	0644.210	YU2
	1-5366	31726.100	jyu4
	1-6955	18101	RYOU, GYO
	0-3579	14	*ngiu
漁	0-655B	水	어
A0727	U-6F05	0644.270	JIAO3
	5-5665	31734.050	caau4
	2-4B54	18107	
		14	
漅	2-422C	水	소

出典 甲骨文 楷書	Ucode 美國 Gcode 中國 Tcode 臺灣 Jcode 日本 Kcode 韓國	康熙字典 漢語大辭典 大漢和辭典 總劃 部首	Mandarin 北京 Cantonese 廣東 JapaneseOn 日本 Tang 唐 Hangul 韓國
A0705	U-6F14	0645.230	YAN3, YAN4
	0-515D	31730.030	jin2, jin5
	1-693D	18130	EN
	0-3169	14	iĕn
演	0-6651	水	연
A0732	U-6F18	0645.280	CHUN2, QUN2
	3-556A	31720.040	seon4
	2-4B42	18135	SHIN, JIN
	1-4847	14	
漘	2-4234	水	순
A0736	U-6F10	0645.150	ZHI2
	3-5329	31711.130	
	3-4C6A	18122	
	3-7723	15	
漐	2-4232	水	칩
A0733	U-6F50	0648.320	JIAO4
	3-5633	31744.010	
	2-5156	18223	
		15	
潐	2-424A	水	초
A0712	U-6F62	0649.200	HUANG2, HUANG3, HUANG4, GUANG1
	0-646A	31713.080	wong4
	2-514B	18251	KOU, OU
	1-485E	15	huang
潢	0-7C52	水	황
A0714	U-6F66	0650.010	LAO3, LAO4, LAO2, LIAO2, LIAO3
	0-414A	31738.110	liu2, liu4, lou5
	1-6D4D	18259	ROU
	0-5F33	15	làu
潦	1-5F37	水	료
A0729	U-6F7E	0651.170	LIN2
	3-563A	31747.090	leon4
	2-5144	18308	RIN, RAN, REN
	1-4862	15	lin
潾	0-5771	水	린

出典 甲骨文 楷書	Ucode 美國 Gcode 中國 Tcode 臺灣 Jcode 日本 Kcode 韓國	康熙字典 漢語大辭典 大漢和辭典 總劃 部首	Mandarin 北京 Cantonese 廣東 JapaneseOn 日本 Tang 唐 Hangul 韓國
A0740 澅	U-6F85 3-5455 2-514D	0651.260 31747.160 18316 15 水	HUA4 쾌
A0735 澎	U-6F8E 0-456C 1-6D54 0-5F30 0-7831	0652.040 31736.020 18332 15 水	PENG2, PENG1 paang1, paang4 HOU 팽
A0739 㵢	U-3D62 KX065312 3-514E	0653.120 31754.110 16 水	LEI2, LEI3 leoi4 뢰
A0710 澫	U-6FAB 5-546F 2-582E 2-4269	0653.140 31752.100 18401 16 水	MAN4 만
A0702 澭	U-6FAD 5-572B 2-5774 2-426B	0653.160 31764.050 18403 16 水	YONG1 jung1 옹
A0726 澮	U-6FAE 1-642B 2-5825 1-4875 0-7C68	0653.180 31761.050 18405 16 水	KUAI4, HUI4, HUA2 kui2 KAI, KE, WAI, E 회
A0717 濕	U-6FD5 1-4A2A 1-742E 0-5F3C 0-6325	0655.220 31769.080 18483 17 水	SHI1, QI4, TA4, XI2 sap1 SHITSU, SHUU *ship 습

出典 甲骨文 楷書	Ucode 美國 Gcode 中國 Tcode 臺灣 Jcode 日本 Kcode 韓國	康熙字典 漢語大辭典 大漢和辭典 總劃 部首	Mandarin 北京 Cantonese 廣東 JapaneseOn 日本 Tang 唐 Hangul 韓國
A0712	U-6FD8	0655.270	NING4, NING2, NI4
	1-4522	31773.090	ning6
	1-7422	18487	NEI
	0-5F3F	17	
濘	1-5C42	水	녕
A0720	U-6FDE	0655.350	PI4, BI4
	0-6528	31770.070	pei3
	2-5D43	18496	HI, HEI, HAI, BI
	1-4922	17	
濞	1-6279	水	비
A0724	U-6FE4	0656.120	TAO1, TAO2, CHAO2, SHOU4, DAO4
	1-4C4E	31765.160	tou4
	1-7427	18508	TOU
	0-5E39	17	*dhau
濤	0-5426	水	도
A0714	U-6FE9	0656.210	HUO4, HU4
	3-5641	31752.170	wok6, wu6
	1-742D	18517	KAKU, WAKU
	1-4924	17	huak
濩	0-7B4D	水	호, 확
A0703	U-6FFC	0658.060	LUO4, BO2, PO1, LI4
	1-6378	31779.010	bok6, lok6
	2-6224	18563	ROKU, HOKU
	1-4928	18	
濼	2-432C	水	락
A0589	U-6FFF	0658.120	LI4
	5-5523	31767.030	lai6
	2-617E	18569	
		18	
濿	2-432D	水	례
A0706	U-700A	0659.010	PAN2
	E-3140	31779.070	
	2-6226	18597	
	4-6F4B	18	
瀊	2-4331	水	반

出典	Ucode 美國	康熙字典	Mandarin 北京
甲骨文	Gcode 中國	漢語大辭典	Cantonese 廣東
	Tcode 臺灣	大漢和辭典	JapaneseOn 日本
	Jcode 日本	總劃	Tang 唐
楷書	Kcode 韓國	部首	Hangul 韓國
A0715	U-7027	0660.190	LONG2, SHUANG1
	1-6371	31784.170	lung4, soeng1
	2-6568	18671	SOU, ROU
	0-426D	19	shrang
瀧	0-5669	水	롱
A0724	U-703C	0661.230	RANG2, RANG4
	3-566B	31789.070	joeng4
	2-6929	18716	JOU, NYOU, DOU, NOU
	1-4936	20	njiang
瀼	1-667B	水	양
A0707	U-7042	0662.110	ZHUO2, JIAO4
	3-5669	31789.030	ziu3, zok6, zuk1
	2-692F	18735	
		21	
灂	2-434B	水	작, 착
A0702	U-7049	0662.250	YONG1
	3-5673	31794.020	jung1
	2-6B65	18749	YOU, YU
	1-493A	21	
灉	2-4350	水	옹
A0722	U-7051	0663.110	SA3, LI2, XIAN3, XI3, SHI1
	1-4877	31794.070	saa2
	1-7B64	18774	SAI, SHA
	0-5F53	22	*shră, shri, shriɛ̀, shriɛ̆, shrɛ̆i
灑	0-616E	水	쇄
A0637	U-706B	0665.010	HUO3, HUO1
	0-3B70	32187.010	fo2
	1-4556	18850	KA, KO
	0-3250	04	*xuǎ
火	0-7B7D	火	화
A0433	U-7077	0666.110	ZHUAN4
	3-4F4C	32189.080	
	3-265F	18871	
		07	
灷		火	선

出典	楷書	Ucode 美國	Gcode 中國	Tcode 臺灣	Jcode 日本	Kcode 韓國	康熙字典	漢語大辭典	大漢和辭典	總劃	部首	Mandarin 北京	Cantonese 廣東	JapaneseOn 日本	Tang 唐	Hangul 韓國
A0644	災	U-707D	E-315B	1-4B24	0-3A52	0-6E2C	0666.180	32190.060	18879	07	火	ZAI1	zoi1	SAI	tzəi	재
A0646	㶪	U-3DAA		3-2973			0668.031	32191.101		08	火					배
D0131	炆	U-7086	3-4F5B	2-2774	1-494B	1-6073	0667.010	32193.020	18898	08	火	WEN2	man1	BUN, MON		문
D0130	炈	U-7088	3-4F5A	3-2970			0667.040	32193.010	18901	08	火	YI4				역
A0646	炋	U-708B	E-315C	3-296F			0667.090	32191.100	18906	08	火	PI1				배
A0657	炎	U-708E	0-5157	1-4E63	0-316A	0-667A	0667.130	32193.060	18910	08	火	YAN2, YAN4, TAN2	jim4	EN, TAN	*hyɛm	염
A0640	炑	U-7091	5-5135	2-2776		2-4370	0667.160	32191.070	18913	08	火	MU4				목

出典	Ucode 美國	康熙字典	Mandarin 北京
甲骨文	Gcode 中國	漢語大辭典	Cantonese 廣東
	Tcode 臺灣	大漢和辭典	JapaneseOn 日本
	Jcode 日本	總劃	Tang 唐
楷書	Kcode 韓國	部首	Hangul 韓國
A0647	U-7092	0667.170	CHAO3
	0-3334	32191.150	caau2
	1-4E64	18915	SOU, SHOU
	0-5F56	08	
炒	0-7524	火	초
A0656	U-7095	0667.200	KANG4, HANG1
	0-3F3B	32193.030	hong3, kong3
	1-4E62	18918	KOU
	1-494D	08	
炕	1-732E	火	항
A0646	U-7098	0667.230	XIN1
	3-4F56	32192.070	01-Jan
	2-2771	18921	KIN, KON
	1-4950	08	
炘	0-7D5C	火	흔
A0656	U-3DB3	0669.260	JIN4
	5-6735	32201.040	zeon6
	3-322E		
		10	
烎		火	신
A0650	U-3DB7	0671.081	
		10	
焨	3-2A24	火	순
A0642	U-70C4	0669.110	JIAO3
	3-4F71	32200.180	
	3-3228	18982	
		10	
烄		火	교, 요
A0249	U-70C8	0669.160	LIE4
	0-4152	32201.120	lit6
	1-5653	18987	RETSU
	0-4E75	10	*liɛt
烈	0-562D	火	렬

出典 甲骨文 楷書	Ucode 美國 Gcode 中國 Tcode 臺灣 Jcode 日本 Kcode 韓國	康熙字典 漢語大辭典 大漢和辭典 總劃 部首	Mandarin 北京 Cantonese 廣東 JapaneseOn 日本 Tang 唐 Hangul 韓國
A0656 烕	U-70D5 3-4632 3-3231 1-495C 2-4428	0670.120 21405.180 19007 10 火	XUE4, MIE4 mit6 KETSU, KECHI, BETSU 혈, 멸
A0644 烖	U-70D6 E-3163 3-322F 1-495D 2-4429	0670.130 32198.160 19008 10 火	ZAI1 zoi1 SAI 재
D0130 烝	U-70DD 3-5061 2-3050 0-5F5F 0-7176	0671.010 32202.070 19019 10 火	ZHENG1 zing1 JOU, SHOU jiəng 증
A0318 烹	U-70F9 0-456B 1-5B6E 0-4B23 0-7832	0671.210 32207.040 19049 11 火	PENG1 paang1 HOU pæng 팽
A0651 烼	U-70FC 3-4F75 2-3675 2-443C	0672.010 32204.030 19056 11 火	HU1 훌
A0639 焚	U-711A 0-3759 1-604F 0-4A32 0-5D4D	0673.130 32208.090 19100 12 火	FEN2, FEN4 fan4 FUN bhiən 분
A0642 焛	U-711B E-316F 2-3D69 2-444C	0673.150 74291.020 19102 12 火	LIN4 린

出典 甲骨文 楷書	Ucode 美國 Gcode 中國 Tcode 臺灣 Jcode 日本 Kcode 韓國	康熙字典 漢語大辭典 大漢和辭典 總劃 部首	Mandarin 北京 Cantonese 廣東 JapaneseOn 日本 Tang 唐 Hangul 韓國
A0349 無	U-7121 1-4E5E 1-6052 0-4C35 0-596D	0673.260 32211.150 19113 12 火	WU2, MO2 mou4 MU, BU *mio 무
C0029 焦	U-7126 0-3D39 1-6050 0-3E47 0-7525	0674.060 32212.010 19119 12 火	JIAO1, QIAO2 ziu1 SHOU tziɛu 초
A0646 焮	U-712E 5-516D 2-3D60 3-7750 1-7528	0674.230 32209.180 19137 12 火	XIN4, XIN1 01-Jan 흔
A0660 焱	U-7131 0-6C4D 2-3D61 1-4970 1-7349	0675.050 32211.030 19142 12 火	YAN4, BIAO1, YI4 jim6 EN, KEKI, KYAKU 염
A0648 煤	U-7164 0-433A 1-6477 0-4761 0-5860	0677.290 32214.020 19220 13 火	MEI2 mui4 BAI, MAI 매
A0646 煲	U-7172 0-6C52 2-4459 2-4470	0678.161 32218.150 19260 13 火	BAO1, BAO4 bou1 보
D0129 熊	U-718A 0-505C 1-695C 0-3727 0-6A28	0679.100 32227.050 19294 14 火	XIONG2 hung4 YUU *hiung 웅

出典 甲骨文 楷書	Ucode 美國 Gcode 中國 Tcode 臺灣 Jcode 日本 Kcode 韓國	康熙字典 漢語大辭典 大漢和辭典 總劃 部首	Mandarin 北京 Cantonese 廣東 JapaneseOn 日本 Tang 唐 Hangul 韓國
A0640	U-719F	0680.200	SHU2, SHOU2
	0-4A6C	32231.030	suk6
	1-6D5E	19332	JUKU
	0-3D4F	15	*zhiuk
熟	0-6259	火	숙
A0641	U-71AF	0681.030	HAN4
	3-5049	32227.120	hon3, hon5
	2-516B	19355	ZEN, NEN, GAN
	1-4A2C	15	
熯	1-643F	火	한, 연, 선
A0640	U-71B1	0681.080	RE4
	1-4848	32230.100	jit6
	1-6D60	19360	NETSU, ZETSU, NECHI
	0-472E	15	*njiɛt
熱	0-6670	火	열
A0645	U-3DF6	0682.180	BEI4, BI4
	5-525B	32240.030	bik1
	4-512B		
		16	
㷶	3-2A41	火	벽
A0643	U-71B9	0681.210	XI1
	0-6C64	32239.050	hei1
	1-713B	19380	KI
	0-5F74	16	
熹	0-7D78	火	희
A0643	U-71BA	0681.220	XI1
	5-523B	32232.030	
	3-5160	19381	KI
	1-4A30	16	
熺	0-7D79	火	희
A0643	U-71C0	0682.010	CHAN3, DAN3
	3-502C	32234.010	cin2, daan6, zin2
	2-5838	19388	SEN, TAN
	1-4A32	16	chiĕn, jiĕn
燀	2-4534	火	천

出典 甲骨文 楷書	Ucode 美國 Gcode 中國 Tcode 臺灣 Jcode 日本 Kcode 韓國	康熙字典 漢語大辭典 大漢和辭典 總劃 部首	Mandarin 北京 Cantonese 廣東 JapaneseOn 日本 Tang 唐 Hangul 韓國
A0638	U-71CE	0683.020	LIAO3, LIAO2, LIAO4
	0-4147	32233.030	liu4, liu6
	1-713C	19414	RYOU
	0-5F79	16	liɛ̀u, liɛ̆u
燎	0-567A	火	료
A0658	U-71D0	0683.050	LIN2
	E-323C	32236.100	leon4
	1-7137	19417	RIN
	0-4E55	16	
燐	0-5772	火	린
A0639	U-71D3	0683.090	FEN1
	5-523E	32232.110	
	3-5166	19421	FUN, BUN, HAN, BON
	1-4A37	16	
燓	2-453D	火	분
A0639	U-71D4	0683.130	FAN2, FEN2
	0-6C5C	32235.080	faan4
	2-583B	19426	HAN
	0-5F78	16	
燔	0-5B62	火	번
A0771	U-71D5	0683.160	YAN4, YAN1
	0-5160	32239.060	jin1, jin3
	1-713A	19429	EN
	0-316D	16	*qen, *qèn
燕	0-6658	火	연
A0154	U-71EE	0685.120	XIE4
	0-5B46	10402.120	sip3, sit3
	1-7433	19481	SHOU
	0-5259	17	
燮	0-6070	火	섭
A0640	U-7207	0686.170	RUO4, RE4
	3-6B42	32244.060	jyut3
	2-6575	19541	ZETSU, NECHI, ZEI, NEI, NETSU
	1-4A3F	19	
爇	1-644C	火	설, 열

出典	Ucode 美國	康熙字典	Mandarin 北京
甲骨文	Gcode 中國	漢語大辭典	Cantonese 廣東
	Tcode 臺灣	大漢和辭典	JapaneseOn 日本
	Jcode 日本	總劃	Tang 唐
楷書	Kcode 韓國	部首	Hangul 韓國
A0290	U-7210	0686.310	LU2
	1-422F	32246.250	lou4
	1-7977	19566	RO
	0-6024	20	*lo
爐	0-5653	火	로
A0145	U-722A	0688.260	ZHUA3, ZHAO3
	0-5726	32030.010	zaau2
	1-4557	19653	SOU
	0-445E	04	jrău
爪	0-7050	爪	조
A0247	U-722D	0688.330	ZHENG1, ZHENG4
	1-5579	32031.030	caang1, zaang1, zang1
	1-4E68	19663	SOU
	0-6027	08	*jrɛng
爭	0-6E33	爪	쟁
A0239	U-722F	0689.030	CHENG1
	5-4E6A	32032.050	
	4-2A2A	19671	SHOU
	1-4A49	09	
爯	2-4560	爪	칭
A0246	U-7230	0689.050	YUAN2
	0-6B3C	32032.010	jyun4, wun4
	1-523B	19672	EN
	0-6029	09	hiuæn
爰	0-6A3A	爪	원
A0146	U-7232	0689.130	WEI4, WEI2
	1-4E2A	32033.210	wai4, wai6
	3-3D22	19686	I
	0-602A	12	*hyuɛ, *hyuɛ̀
爲	0-6A53	爪	위
A0300	U-7235	0689.290	JUE2
	0-3E74	32037.060	zoek3
	1-743A	19710	SHAKU
	0-3C5F	18	
爵	0-6D49	爪	작

出典 甲骨文 楷書	Ucode 美國 Gcode 中國 Tcode 臺灣 Jcode 日本 Kcode 韓國	康熙字典 漢語大辭典 大漢和辭典 總劃 部首	Mandarin 北京 Cantonese 廣東 JapaneseOn 日本 Tang 唐 Hangul 韓國
A0153	U-7236	0690.010	FU4, FU3
	0-3838	32039.010	fu2, fu6
	1-4558	19721	FU, HO
	0-4963	04	*bhiŏ
父	0-5D2B	父	부
A0197	U-723B	0690.130	YAO2, XIAO4
	0-5833	10034.040	ngaau4
	1-4559	19737	KOU
	0-602B	04	
爻	0-7D21	爻	효
A0198	U-723D	0690.220	SHUANG3, SHUANG1
	0-4B2C	10543.150	song2
	1-5B73	19746	SOU
	0-4156	11	shriăng
爽	0-5F50	爻	상
A0197	U-723E	0691.040	ER3
	1-367B	10027.010	ji5
	1-695F	19750	JI, NI
	0-3C24	14	*njiĕ, njiĕ
爾	0-6C33	爻	이
A0339	U-723F	0691.090	QIANG2, PAN2
	0-635D	42374.010	baan2, baan6, coeng4
	2-2142	19758	SHOU
	0-602D	04	
爿	2-4563	爿	장
A0339	U-7240	0691.150	CHUANG2
	E-325C	42374.040	cong4
	3-297C	19763	SOU, SHOU
	0-602E	08	*jrhiang
牀	0-5F51	爿	상
A0414	U-7241	0691.190	GE1
	3-3A3A	42374.080	go1, o1
	2-2B77	19767	KA
	1-4A4D	09	
牁	2-4564	爿	가

出典 甲骨文 楷書	Ucode 美國 Gcode 中國 Tcode 臺灣 Jcode 日本 Kcode 韓國	康熙字典 漢語大辭典 大漢和辭典 總劃 部首	Mandarin 北京 Cantonese 廣東 JapaneseOn 日本 Tang 唐 Hangul 韓國
A0324	U-7246	0692.290	QIANG2
	E-325F	42378.220	coeng4
	1-743B	19806	SHOU
	0-602F	17	*dzhiɑng
牆	0-6D6D	爿	장
A0847	U-7247	0692.360	PIAN4, PIAN1, PAN4
	0-462C	32014.010	pin3
	1-455A	19813	HEN
	0-4A52	04	*pèn
片	0-7838	片	편
A0046	U-725B	0697.010	NIU2
	0-4523	31800.010	ngau4
	1-455C	19922	GYUU
	0-356D	04	*ngiou
牛	0-695A	牛	우
A0047	U-725D	0697.020	PIN4
	0-6A72	31800.040	pan5
	1-484A	19925	HIN
	0-4C46	06	
牝	0-5E36	牛	빈
A0053	U-725F	0697.060	MOU2, MU4, MAO4
	0-4432	31800.070	mau4
	1-4849	19928	BOU, MU
	0-4C36	06	
牟	0-593F	牛	모
A0047	U-7261	0697.110	MU3
	0-4435	31801.020	maau5, mau5
	1-4B27	19933	BO, BOU
	0-3234	07	
牡	0-5940	牛	모
A0050	U-7262	0698.010	LAO2, LAO4, LOU2
	0-404E	31802.060	lou4
	1-4B26	19934	ROU
	0-4F34	07	lɑu
牢	0-566F	牛	뢰

出典 甲骨文 楷書	Ucode 美國 Gcode 中國 Tcode 臺灣 Jcode 日本 Kcode 韓國	康熙字典 漢語大辭典 大漢和辭典 總劃 部首	Mandarin 北京 Cantonese 廣東 JapaneseOn 日本 Tang 唐 Hangul 韓國
A0188  牧	U-7267 0-4441 1-4E6B 0-4B52 0-594C	0698.160 31803.190 19950 08 牛	MU4 muk6 BOKU, MOKU *miuk 목
A0052  物	U-7269 0-4E6F 1-4E6C 0-4A2A 0-5A2A	0699.090 31805.030 19959 08 牛	WU4 mat6 MOTSU, BUTSU *miət 물
A0797  牽	U-727D 1-4723 1-5B74 0-3823 0-4C32	0701.020 31811.110 20025 11 牛	QIAN1, QIAN4 hin1 KEN *ken, kèn 견
A0051  犀	U-7280 0-4F2C 1-6058 0-3A54 0-5F79	0701.140 31815.010 20045 12 牛	XI1 sai1 SEI, SAI sei 서
A0048  犅	U-7285 3-487A 2-3D6F 2-4624	0702.080 31813.050 20056 12 牛	GANG1 gong1 강
A0628  犬	U-72AC 0-482E 1-455D 0-3824 0-4C33	0705.270 21331.010 20234 04 犬	QUAN3 hyun2 KEN 견
A0630  犯	U-72AF 0-3738 1-4667 0-4848 0-5B73	0706.020 21331.080 20238 05 犬	FAN4 faan6 HAN, BON bhiæ̌m 범

出典	Ucode 美國	康熙字典	Mandarin 北京
甲骨文	Gcode 中國	漢語大辭典	Cantonese 廣東
	Tcode 臺灣	大漢和辭典	JapaneseOn 日本
	Jcode 日本	總劃	Tang 唐
楷書	Kcode 韓國	部首	Hangul 韓國
A0241	U-7384	0725.011	XUAN2, XUAN4
	0-507E	10280.030	jyun4
	1-4668	20814	GEN, KEN
	0-383C	05	*huen
玄	0-7A5C	犬	현
A0630	U-3E5E	0707.150	YIN2, YIN3
	5-4653	21336.110	ngaan4
	3-266D		
		07	
犷	3-2A73	犬	은
A0636	U-72BE	0707.090	YIN2
	E-3274	21335.060	
	3-266A	20276	GIN
	1-4A71	07	
犾	2-4648	犬	은
A0636	U-72C4	0707.240	DI2, TI4
	0-3552	21337.010	dik6
	1-4B29	20290	TEKI
	0-603F	07	
狄	0-6E5A	犬	적
A0646	U-3E5C	0707.080	YIN2
	5-4646	21333.170	ngaan4
	4-2734		
	A-2467	08	
㹜	3-2A72	犬	은
A0633	U-72D0	0708.290	HU2
	0-3A7C	21340.140	wu4
	1-4E71	20333	KO
	0-3851	08	*ho
狐	0-7B4F	犬	호
A0631	U-72E9	0711.040	SHOU4
	0-6177	21346.050	sau2, sau3
	1-523F	20390	SHU, SHUU
	0-3C6D	09	shiòu
狩	0-622D	犬	수

出典 甲骨文 楷書	Ucode 美國 Gcode 中國 Tcode 臺灣 Jcode 日本 Kcode 韓國	康熙字典 漢語大辭典 大漢和辭典 總劃 部首	Mandarin 北京 Cantonese 廣東 JapaneseOn 日本 Tang 唐 Hangul 韓國
A0630	U-72FA	0711.320	YIN2
	0-617E	21350.040	ngan4
	2-3065	20430	GEN, GON
	1-4A7D	10	
狺	1-6A35	犬	은
A0633	U-72FC	0712.020	LANG2, LANG4, LANG3, HANG3
	0-4047	21350.070	long4
	1-5657	20432	ROU
	0-4F35	10	*lang
狼	0-5549	犬	랑
A0634	U-72FD	0712.030	BEI4
	1-3137	21349.030	bui3
	1-5659	20433	HAI, BAI
	0-4762	10	bài
狽	0-782C	犬	패
A0633	U-7331	0715.080	NAO2
	0-622E	21361.070	naau4
	2-3D75	20544	DOU, NOU, JUU, NYUU
	1-4B32	12	nau
猱	1-5C46	犬	노
A0599	U-7333	0715.150	JIA1
	5-4724	21360.060	
	2-3D76	20551	
	4-704D	12	
猳	2-4723	犬	가
A0633	U-7334	0715.170	HOU2
	0-3A6F	21358.110	hau4
	1-605B	20553	KOU, GO
	0-604D	12	hou
猴	1-7465	犬	후
A0633	U-7336	0715.200	YOU2, YAO2
	1-534C	21359.090	jau4
	1-6059	20557	YUU
	0-4D31	12	*iou
猶	0-6B22	犬	유

出典 甲骨文 楷書	Ucode 美國 Gcode 中國 Tcode 臺灣 Jcode 日本 Kcode 韓國	康熙字典 漢語大辭典 大漢和辭典 總劃 部首	Mandarin 北京 Cantonese 廣東 JapaneseOn 日本 Tang 唐 Hangul 韓國
A0632	U-7337	0716.010	YOU2
	0-6960	21355.080	jau4
	1-6527	20558	YUU
	0-4D32	13	iou
猷	0-6B23	犬	유
A0636	U-3E87	0716.150	
	3-4459	21362.050	si1
	4-4465		
		14	
獬		犬	시
D0129	U-7358	0718.090	BI4
	E-332C	21367.020	bai6
	2-517D	20672	HEI, BEI, HETSU, BECHI
	1-4B3D	16	
獘	1-7236	犬	폐
A0216	U-7372	0720.190	HUO4
	1-3B71	21370.060	waai4, wok6
	1-743D	20758	KAKU
	0-334D	17	huɛk
獲	0-7C72	犬	을
A0631	U-7378	0721.030	SHOU4
	1-4A5E	21375.050	sau3
	1-784B	20775	JUU
	0-6059	19	*shiòu
獸	0-622E	犬	수
A0142	U-737B	0721.090	XIAN4, SUO1, XI1
	1-4F57	21376.090	hin3
	1-7978	20783	KEN, KON
	0-605B	20	*xiæ̀n
獻	0-7A4C	犬	헌
A0242	U-7386	0725.030	ZI1, CI1, XUAN2
	3-3254	10288.010	ci4, zi1
	1-565C	20816	JI, SHI, KEN, GEN
	1-4B51	10	
玆	0-6D35	玄	자

出典 甲骨文 楷書	Ucode 美國 Gcode 中國 Tcode 臺灣 Jcode 日本 Kcode 韓國	康熙字典 漢語大辭典 大漢和辭典 總劃 部首	Mandarin 北京 Cantonese 廣東 JapaneseOn 日本 Tang 唐 Hangul 韓國
A0885	U-7387	0725.050	LÜ4, SHUAI4, LÜE4
	0-424A	10289.030	leot6, seot1
	1-5B7B	20817	RITSU, SOTSU
	0-4E28	11	luì, shruit
率	0-6163	玄	솔
A0024	U-738B	0727.020	WANG2, WANG4, YU4
	0-4D75	21099.100	wong4, wong6
	1-455E	20823	OU
	0-3226	04	*hiuang, hiuàng
王	0-685D	玉	왕
A0025	U-7389	0726.040	YU4
	0-5371	21100.010	juk6
	1-4669	20821	GYOKU, GOKU
	0-364C	05	*ngiok
玉	0-682C	玉	옥
D0009	U-739F	0728.030	MIN2, WEN2
	0-6764	21105.030	man4
	1-4E74	20860	BIN, MIN, BAI, MAI, BUN, MON
	1-4B5A	08	
玟	0-5A47	玉	민
A0026	U-73A8	0728.140	JUE2
	5-4172	21103.010	gok3
	1-4E73	20871	
	4-7060	08	
玨		玉	각
A0026	U-73CF	0730.081	JUE2
	0-6765	21105.120	
	3-2D79	20926	KAKU, KOKU
	1-4B6D	09	
珏	0-4A44	玉	각
A0551	U-73FE	0732.220	XIAN4
	1-4F56	21116.030	jin6
	1-5C22	21004	GEN, KEN
	0-383D	11	
現	0-7A5E	玉	현

出典	Ucode 美國	康熙字典	Mandarin 北京
甲骨文	Gcode 中國	漢語大辭典	Cantonese 廣東
	Tcode 臺灣	大漢和辭典	JapaneseOn 日本
	Jcode 日本	總劃	Tang 唐
楷書	Kcode 韓國	部首	Hangul 韓國
A0043	U-7511	0752.110	ZENG4
	0-6A35	21432.080	zang6
	2-5D5C	21602	SOU
	0-3979	17	tziə̀ng
甑	0-7177	瓦	증
A0142	U-7517	0753.040	YAN3
	3-4674	21433.140	jin5
	2-6B6C	21626	GEN, GON
	1-4D23	21	
甗	2-4924	瓦	언
A0271	U-7518	0753.190	GAN1
	0-384A	42413.010	gam1
	1-466C	21643	KAN
	0-3445	05	*gɑm
甘	0-4A76	甘	감
A0359	U-751F	0754.260	SHENG1
	0-497A	42575.010	saang1, sang1
	1-466D	21670	SEI, SHOU
	0-4038	05	*shræng
生	0-5F66	生	생
A0194	U-7528	0755.240	YONG4
	0-5343	10097.050	jung6
	1-466E	21703	YOU
	0-4D51	05	*iòng
用	0-6944	用	용
A0195	U-752B	0756.020	FU3, PU4, PU3
	0-3826	10020.010	fu2, pou2, pou3
	1-4B2D	21706	HO, FU
	0-4A63	07	biǒ
甫	0-5C4B	用	보
A0275	U-752F	0756.080	NING2, NING4
	0-6538	20944.080	ning4, ning6
	2-3E30	21717	NEI, NYOU
	1-4D2A	12	
甯	2-492C	用	녕

出典 甲骨文 楷書	Ucode 美國	康熙字典	Mandarin 北京
	Gcode 中國	漢語大辭典	Cantonese 廣東
	Tcode 臺灣	大漢和辭典	JapaneseOn 日本
	Jcode 日本	總劃	Tang 唐
楷書	Kcode 韓國	部首	Hangul 韓國
A0906	U-7530	0756.110	TIAN2
	0-4C6F	42524.010	tin4
	1-4670	21723	DEN, TEN
	0-4544	05	*dhen
田	0-6F23	田	전
A0065	U-7531	0757.010	YOU2, YAO1
	0-5349	42524.020	jau4
	1-4671	21724	YUU, YU, YUI
	0-4D33	05	*iou
由	0-6B26	田	유
A0953	U-7532	0758.010	JIA3
	0-3C57	42525.010	gaap3
	1-4672	21725	KOU, KAN
	0-3943	05	*gap
甲	0-4B23	田	갑
A0993	U-7533	0758.040	SHEN1
	0-496A	42526.010	san1
	1-4673	21726	SHIN
	0-3F3D	05	shin
申	0-6369	田	신
A0578	U-7536	0759.010	FU2
	5-597C	42528.040	
	4-232B	21728	FUTSU, FUCHI, HI, HUTSU, HUCHI
	1-4D2B	06	
甴		田	불
A0911	U-7537	0759.020	NAN2
	0-4450	42529.050	naam4
	1-4B2E	21730	DAN, NAN
	0-434B	07	*nom
男	0-517B	田	남
A0274	U-7539	0759.060	PING2, PING1
	3-3027	42528.060	ping1
	2-246E	21734	HEI, BYOU
	1-4D2C	07	
甹	2-492D	田	병

出典		Ucode 美國	康熙字典	Mandarin 北京
甲骨文		Gcode 中國	漢語大辭典	Cantonese 廣東
		Tcode 臺灣	大漢和辭典	JapaneseOn 日本
		Jcode 日本	總劃	Tang 唐
	楷書	Kcode 韓國	部首	Hangul 韓國
A0871		U-753E	0759.110	ZI1, ZAI1
		0-675E	42531.050	zi1, zoi1
		2-2834	21742	SHI
		1-4D2E	08	
	甾	2-4930	田	치
A0132		U-7540	0759.160	BI4
		0-6E2F	42530.060	bei2, bei3
		2-2833	21748	HI
		1-4D30	08	
	畀	2-4931	田	비
A0187		U-754B	0760.170	TIAN2
		0-6E31	42533.090	tin4
		1-524E	21774	TEN, DEN
		0-5A42	09	dhen, dhèn
	畋	1-6C25	田	전
D0129		U-754E	0760.200	QUAN3
		0-6E30	42532.010	hyun2
		1-524D	21777	KEN, TEI, KYOU
		1-4D34	09	
	畎	1-5837	田	견
A0579		U-754F	0760.220	WEI4, WEI1, WEI3
		0-4E37	42532.030	wai3
		1-524B	21778	I
		0-305A	09	*qiuəi
	畏	0-6866	田	외
A0014		U-7550	0760.330	FU2
		3-5A61	42531.140	
		3-2E26	21787	FUKU, BUKU, HYOKU, HIKI
		1-4D35	09	
	畐	2-4936	田	복
A0910		U-7555	0760.380	JIANG1
		5-5A2A	42536.030	
		3-324E	21802	
			10	
	畕		田	강

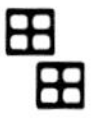

出典 甲骨文 楷書	Ucode 美國 Gcode 中國 Tcode 臺灣 Jcode 日本 Kcode 韓國	康熙字典 漢語大辭典 大漢和辭典 總劃 部首	Mandarin 北京 Cantonese 廣東 JapaneseOn 日本 Tang 唐 Hangul 韓國
A0321	U-7557	0761.030	DA2, FU2
	5-334E	42538.020	
	3-3250	21806	TOU, FUKU, BUKU
	1-4D37	10	
畗	2-4938	田	복
A0908	U-755C	0761.120	CHU4, XU4
	0-5073	42538.040	cuk1
	1-5665	21814	CHIKU, KIKU, KYUU
	0-435C	10	
畜	0-7565	田	축
A0237	U-7562	0761.210	BI4
	1-314F	42535.090	bat1
	1-5C2B	21829	HITSU
	0-492D	11	*bit
畢	0-7934	田	필
A0169	U-756B	0763.080	HUA4
	1-3B2D	42544.020	waa2, waa6, waak6
	1-606B	21859	KAKU, GA, KAI
	0-6141	12	*huɛ̀i, huɛk
畫	1-7430	田	화
A0908	U-756F	0763.170	JUN4
	3-5A6B	42545.010	zeon3
	2-3E31	21865	SHUN
	1-4D3B	12	
畯	0-7161	田	준
A0137	U-7570	0763.180	YI4
	E-3425	42540.050	ji6
	1-5C2C	21866	I
	0-305B	12	*iə̀
異	0-6C36	田	이
A0169	U-7575	0764.060	HUA4
	E-3428	42549.020	
	4-3E6B	21877	KAKU, GA, KAI
		13	
畵	0-7B7E	田	화

出典 甲骨文 楷書	Ucode 美國 Gcode 中國 Tcode 臺灣 Jcode 日本 Kcode 韓國	康熙字典 漢語大辭典 大漢和辭典 總劃 部首	Mandarin 北京 Cantonese 廣東 JapaneseOn 日本 Tang 唐 Hangul 韓國
A0911	U-757A	0765.050	JIANG1
	5-302B	42545.110	
	3-427B	21895	KYOU, KOU
	1-4D3E	13	
畺	0-4B31	田	강
A0873	U-7586	0766.330	JIANG1, QIANG2, JIANG4
	0-3D2E	42554.050	goeng1
	1-7851	21961	KYOU
	0-6145	19	giang
疆	0-4B32	田	강
A0907	U-7587	0766.400	CHOU2
	1-336B	42553.130	cau4
	1-7850	21967	CHUU
	0-6146	19	
疇	0-7142	田	주
A0108	U-758B	0767.160	PI3, PI1, SHU1, YA3
	0-7162	42749.010	ngaa5, pat1, so1
	1-4674	21994	SO, SHO, GA
	0-4925	05	
疋	0-7935	疋	필, 소
A0244	U-7590	0768.020	ZHI4, DI4
	5-304E	42751.030	zi3
	2-4C21	22006	CHI, SHI, TEI, TAI
	1-4D45	14	
疐	2-4949	疋	체, 치
A0504	U-7591	0768.030	YI2, NI3, NING2
	0-5249	42751.040	ji4
	1-696A	22007	GI, KYOU
	0-353F	14	*ngiə
疑	0-6B77	疋	의
A0465	U-7592	0769.010	CHUANG2
	0-705A	42659.010	nik6
	3-225B	22015	DAKU, NYAKU, SOU, JOU, SHITSU
	1-4D46	05	
疒	2-494A	疒	녁

出典 甲骨文 楷書	Ucode 美國 Gcode 中國 Tcode 臺灣 Jcode 日本 Kcode 韓國	康熙字典 漢語大辭典 大漢和辭典 總劃 部首	Mandarin 北京 Cantonese 廣東 JapaneseOn 日本 Tang 唐 Hangul 韓國
A0466 疛	U-759B 3-5E48 3-2A3A 2-494E	0769.140 42660.070 22034 08 疒	ZHOU3 주
A0467 疤	U-75A4 0-304C 1-5250 1-4D4C 2-4950	0769.310 42664.010 22051 09 疒	BA1 baa1 HA, HE 파
C0067 疫	U-75AB 0-525F 1-524F 0-3156 0-6639	0770.180 42663.080 22069 09 疒	YI4 jik6 EKI, YAKU 역
A0564 疹	U-75B9 0-556E 1-566F 0-3F3E 0-7256	0771.070 42668.040 22097 10 疒	ZHEN3, CHEN4 can2, zan2 SHIN, CHIN jĭn 진
A0465 疾	U-75BE 0-3C32 1-5668 0-3C40 0-7270	0771.220 42666.100 22112 10 疒	JI2 zat6 SHITSU *dzhit 질
A0467 瘢	U-7622 0-7123 1-6D72 0-616D 0-5A6E	0778.150 42690.040 22405 15 疒	BAN1 baan1 HAN 반
A0973 癸	U-7678 0-396F 1-5254 0-6223 0-4D24	0783.320 42760.040 22660 09 癶	GUI3 gwai3 KI 계

出典 甲骨文 楷書	Ucode 美國 Gcode 中國 Tcode 臺灣 Jcode 日本 Kcode 韓國	康熙字典 漢語大辭典 大漢和辭典 總劃 部首	Mandarin 北京 Cantonese 廣東 JapaneseOn 日本 Tang 唐 Hangul 韓國
A0077	U-7679	0784.010	PO1, BA2
	3-6025	42760.060	
	2-2C40	22661	
		09	
癹	2-4A45	癶	발
A0076	U-767B	0784.070	DENG1, DE2
	0-3547	42760.110	dang1
	1-6074	22668	TOU, TO
	0-4550	12	*dəng
登	0-5474	癶	등
A0077	U-767C	0784.100	FA1, FA4, BO1
	1-3722	42761.040	faat3
	1-6075	22669	HOTSU, HATSU
	0-6224	12	*biæt
發	0-5B21	癶	발
A0479	U-767D	0785.010	BAI2, BO2
	0-3057	42642.010	baak6
	1-4675	22678	HAKU, BYAKU
	0-4772	05	*bhæk
白	0-5B5C	白	백
A0211	U-767E	0785.040	BAI3, BO2, MO4
	0-3059	42643.010	baak3
	1-484B	22679	HYAKU, HAKU
	0-4934	06	*bæk
百	0-5B5D	白	백
A0298	U-7680	0786.010	BI1, JI2
	3-5C54	42644.060	
	3-2674	22683	HYUU, KYUU, HYOKU
	0-6225	07	
皀	1-5B5E	白	급
A0549	U-7683	0786.040	MAO4
	5-5B4F	42644.070	
	3-2676	22686	BOU, BAKU
	0-6226	07	
皃	1-604F	白	모

出典	楷書	Ucode 美國	Gcode 中國	Tcode 臺灣	Jcode 日本	Kcode 韓國	康熙字典	漢語大辭典	大漢和辭典	總劃	部首	Mandarin 北京	Cantonese 廣東	JapaneseOn 日本	Tang 唐	Hangul 韓國
A0209 	皆	U-7686	0-3D54	1-5255	0-3327	0-4B4B	0786.120	42647.010	22699	09	白	JIE1	gaai1	KAI	*gæi	개
A0289 	皿	U-76BF	0-4373	1-4677	0-3B2E	0-5929	0792.330	42557.010	22941	05	皿	MIN3, MING3	ming5	BAI, MYOU		명
A0289 	盂	U-76C2	0-535B	1-4E7C	0-6233	0-695D	0792.400	42557.060	22949	08	皿	YU2	jyu4	U		우
A0291 	益	U-76CA	0-5266	1-5674	0-3157	0-6C4C	0793.180	42560.060	22972	10	皿	YI4	jik1	EKI, YAKU		익
A0289 	盛	U-76DB	0-4A22	1-5C36	0-4039	0-607C	0794.200	42562.040	23001	12	皿	SHENG4, CHENG2	sing4, sing6	SEI, JOU	*zhièng	성
A0557 	盜	U-76DC	E-345F	1-6079	0-5D39	0-5428	0794.210	42564.130	23006	12	皿	DAO4	dou6	TOU	*dhàu	도
A0402 	盟	U-76DF	0-434B	1-6541	0-4C41	0-586F	0795.170	42565.070	23024	13	皿	MENG2, MING2, MENG4	mang4	MEI, MOU		맹

出典 甲骨文 楷書	Ucode 美國 Gcode 中國 Tcode 臺灣 Jcode 日本 Kcode 韓國	康熙字典 漢語大辭典 大漢和辭典 總劃 部首	Mandarin 北京 Cantonese 廣東 JapaneseOn 日本 Tang 唐 Hangul 韓國
A0291	U-76E1	0795.220	JIN4, JIN3
	1-3E21	42567.050	zeon6
	1-6970	23029	JIN
	0-6238	14	*dzhǐn
盡	0-7257	皿	진
A0514	U-76E3	0796.020	JIAN1, JIAN4, KAN4
	1-3C60	42566.030	gaam1, gaam3
	1-6971	23032	KAN
	0-3446	14	gam, gàm
監	0-4A78	皿	감
A0530	U-76E4	0796.090	PAN2, XUAN2
	1-454C	42568.030	pun4
	1-6D75	23036	BAN, HAN
	0-4857	15	*bhan, bhan
盤	0-5A6F	皿	반
A0292	U-76E5	0796.120	GUAN4
	0-6E42	42570.030	fun2, gun3
	1-714E	23041	KAN
	0-6239	16	
盥	1-5961	皿	관
A0290	U-76E7	0797.060	LU2
	1-422C	42569.110	lou4
	1-714D	23050	RO, RYO
	0-623A	16	*lo
盧	0-5654	皿	로
A0723	U-76E8	0797.110	SHU3, XU3
	3-5B41	42571.130	
	4-572D	23058	SHU, SU, SHO, SO
	1-4E53	17	
盨	2-4A6D	皿	수
A0199	U-76EE	0798.250	MU4
	0-443F	42467.010	muk6
	1-4678	23105	MOKU, BOKU
	0-4C5C	05	*miuk
目	0-594D	目	목

出典 甲骨文 楷書	Ucode 美國 Gcode 中國 Tcode 臺灣 Jcode 日本 Kcode 韓國	康熙字典 漢語大辭典 大漢和辭典 總劃 部首	Mandarin 北京 Cantonese 廣東 JapaneseOn 日本 Tang 唐 Hangul 韓國
A0204 盯	U-76EF 0-3622 1-4B31 2-4A70	0799.060 42468.040 23111 07 目	DING1, CHENG2 ding1 정
A0846 盲	U-76F2 0-4324 1-4E7D 0-4C55 0-586E	0800.010 42469.190 23132 08 目	MANG2, WANG4 maang4 MOU, BOU 맹
A0866 直	U-76F4 0-5631 1-4E7E 0-443E 0-7241	0800.050 10061.070 23136 08 目	ZHI2 zik6 CHOKU, JIKI *djhiək, *djhiə̀ 직
A0203 䀗	U-4017 3-5939 4-2A57 3-2C4F	0801.070 42477.140 09 目	JUE2 kyut3 결, 혈
A0200 相	U-76F8 0-4F60 1-525E 0-416A 0-5F53	0800.180 42470.130 23151 09 目	XIANG1, XIANG4 soeng1, soeng3 SHOU, SOU *siɑng, *siɑ̀ng 상
A0400 眀	U-7700 5-587C 4-2A59 1-4E5A 2-4A78	0802.040 42476.050 23178 09 目	MING2 BEI, MYOU 명
A0206 省	U-7701 0-4A21 1-525C 0-3E4A 0-607D	0802.050 42473.010 23179 09 目	SHENG3, XIAN3, XING3 saang2, sing2 SEI, SHOU *shræ̆ng, siĕng 성

出典 甲骨文 楷書	Ucode 美國 Gcode 中國 Tcode 臺灣 Jcode 日本 Kcode 韓國	康熙字典 漢語大辭典 大漢和辭典 總劃 部首	Mandarin 北京 Cantonese 廣東 JapaneseOn 日本 Tang 唐 Hangul 韓國
A0205	U-7709	0803.010	MEI2
	0-433C	42478.030	mei4
	1-525F	23190	BI, MI
	0-487D	09	*myi
眉	0-5A36	目	미
A0205	U-4020	0803.220	QU2
	5-5926	42479.130	keoi4
	3-325D		
		10	
䀠		目	구
A0201	U-4022	0805.090	SHUN4
	5-5927	42480.070	seon3
	3-3260		
		10	
䀢	3-2C54	目	순
A0199	U-7714	0947.321	DA4
	3-5A7D	42915.120	
	4-2E55	23221	TOU, DOU
	1-4E5F	10	
眔		目	답
A0206	U-771A	0804.110	SHENG3
	0-6D72	42480.060	saang2
	2-3139	23228	SEI, SHOU
	1-4E63	10	
眚	1-6425	目	생
A0200	U-7722	0805.080	YUAN1
	0-6D73	42481.170	jyun1
	2-313A	23243	WAN, EN, ON
	1-4E65	10	
眢	2-4B29	目	완
A0201	U-7734	0806.410	XUAN4, SHUN4
	3-595B	42486.120	hyun3, jyun6, seon1
	2-3750	23307	KEN, GEN, SHUN
	1-4E6A	11	
眴	1-6548	目	현

出典 甲骨文 楷書	Ucode 美國 Gcode 中國 Tcode 臺灣 Jcode 日本 Kcode 韓國	康熙字典 漢語大辭典 大漢和辭典 總劃 部首	Mandarin 北京 Cantonese 廣東 JapaneseOn 日本 Tang 唐 Hangul 韓國
A0204	U-775E	0810.170	LAI4
	1-6D79	42495.070	loi6
	1-6545	23442	RAI
	1-4E7B	13	
睞	2-4B48	目	래
A0389	U-7763	0810.310	DU1
	0-363D	42495.120	duk1
	1-6546	23457	TOKU
	0-4644	13	
督	0-543D	目	독
A0204	U-404E	0812.210	CHENG2
	3-5A3A	42503.080	caang4
	4-4537		
		14	
䁎	3-2C67	目	정
D0055	U-7782	0813.120	FA1, FA2
	5-3078	42502.170	fat6
	2-4C2D	23544	
		14	
瞂	2-4B58	目	벌
A0201	U-779A	0815.420	SHUN4
	5-596E	42511.160	seon3, seon6
	2-5862	23640	SHUN
	1-4F32	16	
瞚	2-4B65	目	순
A0204	U-77AA	0817.180	DENG4
	0-3549	42515.100	cing4, dang6
	1-7447	23689	DOU, TOU
	1-4F36	17	
瞪	1-6E3F	目	징
A0201	U-77AC	0817.230	SHUN4
	0-4B32	42514.090	seon3
	1-7449	23694	SHUN
	0-3D56	17	
瞬	0-626B	目	순

出典 甲骨文 楷書	Ucode 美國 Gcode 中國 Tcode 臺灣 Jcode 日本 Kcode 韓國	康熙字典 漢語大辭典 大漢和辭典 總劃 部首	Mandarin 北京 Cantonese 廣東 JapaneseOn 日本 Tang 唐 Hangul 韓國
A0203	U-77B2	0818.030	XU4, XUE4
	5-5971	42516.010	hyut3
	2-5D68	23706	
		17	
瞲	2-4B73	目	휼
A0205	U-77BF	0819.050	JU4, QU2, JI2, QU1
	0-7644	42517.020	geoi3, geoi6, keoi4
	1-766D	23747	KU
	0-625A	18	ghio
瞿	0-4F3A	目	구
D0170	U-77DB	0821.220	MAO2
	0-432C	42764.010	maau4
	1-4679	23846	MU, BOU
	0-4C37	05	miou
矛	0-5943	矛	모
A0309	U-77E2	0823.340	SHI3
	0-4A38	42580.010	ci2
	1-467A	23929	SHI
	0-4C70	05	shǐ
矢	0-6345	矢	시
A0310	U-77E6	0824.050	HOU2
	5-342B	42582.090	
	3-2E36	23937	KOU
	1-4F46	09	
矦	2-4C30	矢	후
A0310	U-4836	1237.300	SHE4
	KX123730	63809.170	se6
	3-3F41		
		12	
䠶		矢	사
A0587	U-77F3	0827.010	SHI2, DAN4
	0-4A2F	42416.010	daam3, sek6
	1-467B	24024	SHAKU, SEKI, KOKU
	0-4050	05	*zhiɛk
石	0-6034	石	석

出典 甲骨文 楷書	Ucode 美國 Gcode 中國 Tcode 臺灣 Jcode 日本 Kcode 韓國	康熙字典 漢語大辭典 大漢和辭典 總劃 部首	Mandarin 北京 Cantonese 廣東 JapaneseOn 日本 Tang 唐 Hangul 韓國
A0361	U-77FA	0827.160	TUO1
	3-5748	42417.140	zaak3
	2-2840	24041	
		08	
矺	1-713D	石	탁, 책
A0589	U-7805	0828.040	LI4
	5-577D	42420.050	lai6
	2-2C4F	24050	REI, RI, HYOU
	1-4F4E	09	
砅	2-4C3A	石	례
A0593	U-780B	0828.150	ZHI3
	3-574F	42420.030	
	3-2E3A	24061	
		09	
砋	2-4C3E	石	지
A0590	U-7813	0828.240	ZHE2
	E-352A	42421.090	
	2-2C55	24070	
		09	
砓	2-4C42	石	철
A0588	U-786A	0831.030	E2, WO4, YI3
	0-6D52	42434.010	ngo4, ngo6
	2-3E4F	24228	GI
	1-4F6B	12	
硪	2-4C67	石	아
A0592	U-78BA	0833.310	QUE4
	1-4837	42450.040	kok3
	1-6D7D	24366	KAKU
	0-334E	15	
確	0-7C2C	石	확
A0592	U-78BB	0833.320	QUE4, QIAO1
	3-5853	42449.020	kok3
	2-5249	24367	KAKU
	1-5021	15	
碻	0-7C2D	石	확

出典 甲骨文 楷書	Ucode 美國 Gcode 中國 Tcode 臺灣 Jcode 日本 Kcode 韓國	康熙字典 漢語大辭典 大漢和辭典 總劃 部首	Mandarin 北京 Cantonese 廣東 JapaneseOn 日本 Tang 唐 Hangul 韓國
A0589	U-78EC	0836.020	QING4, QING3
	0-6D60	42451.020	hing3
	1-7155	24454	KEI
	0-627E	16	kèng
磬	0-4C64	石	경
A0593	U-7919	0837.460	AI4
	1-302D	42461.110	ngoi6
	1-7855	24542	GAI, GE
	0-6328	19	ngəi
礙	1-6663	石	애
A0008	U-793A	0839.200	SHI4, QI1, ZHI4, SHI2
	0-4A3E	42385.010	si6
	1-467C	24623	SHI, JI, KI
	0-3C28	05	jhì
示	0-6346	示	시
A0900	U-793E	0839.260	SHE4
	0-4967	42386.070	se5
	1-4F23	24631	SHA, JA
	0-3C52	08	zhiă
社	0-5E64	示	사
A0919	U-793F	0839.300	YUE4
	3-567A	42386.080	joek6
	2-2843	24632	YAKU, YOU
	1-504D	08	
礿	2-4D6D	示	약
A0014	U-7940	0840.010	SI4
	0-6C6B	42387.010	zi6
	1-4F24	24633	SHI, JI
	0-632B	08	ziə̆
祀	0-5E65	示	사
A0020	U-7948	0840.090	QI2, GUI3
	0-466D	42388.140	kei4
	1-526B	24640	KI
	0-3527	09	ghiəi
祈	0-5137	示	기

出典 甲骨文 楷書	Ucode 美國 Gcode 中國 Tcode 臺灣 Jcode 日本 Kcode 韓國	康熙字典 漢語大辭典 大漢和辭典 總劃 部首	Mandarin 北京 Cantonese 廣東 JapaneseOn 日本 Tang 唐 Hangul 韓國
A0013	U-7949	0840.100	ZHI3
	0-6C6D	42388.120	zi2
	1-526A	24641	SHI, CHI
	0-3B63	09	
祉	0-7233	示	지
A0176	U-794B	0840.140	DUI4
	3-5723	42389.020	deoi3, doi6
	2-2C58	24645	TAI, TATSU, TACHI
	1-5052	09	
祋	2-4D6F	示	대
A0016	U-794F	0841.040	SHI2
	3-5725	42391.020	sek6, sik6
	2-314B	24651	SEKI, JAKU
	1-5053	10	
祏	2-4D71	示	석
A0016	U-7950	0841.050	YOU4
	3-5726	42391.010	jau6
	1-572A	24652	YUU
	0-4D34	10	
祐	0-695E	示	우
E0048	U-7953	0841.120	FU2, FEI4
	0-6C70	42391.030	fat1
	2-314D	24658	FUTSU, HAI
	0-6331	10	
祓	1-6261	示	불
A0018	U-7956	0841.180	ZU3, JIE1
	0-5766	42391.040	zou2
	1-572D	24664	SO
	0-4144	10	*tzǒ
祖	0-7053	示	조
D0005	U-795C	0841.270	HU4
	0-6C6F	42390.240	wu2
	2-314C	24671	KO, GO
	1-5058	10	
祜	0-7B54	示	호

出典 甲骨文 楷書	Ucode 美國 Gcode 中國 Tcode 臺灣 Jcode 日本 Kcode 韓國	康熙字典 漢語大辭典 大漢和辭典 總劃 部首	Mandarin 北京 Cantonese 廣東 JapaneseOn 日本 Tang 唐 Hangul 韓國
A0019	U-795D	0842.010	ZHU4, ZHOU4, CHU4
	0-5723	42393.010	zuk1
	1-572F	24672	SHUKU, SHUU, CHO
	0-3D4B	10	jiuk
祝	0-7566	示	축
A0603	U-795F	0842.050	SUI4
	0-4B6E	42390.190	seoi6
	1-572C	24674	SUI
	0-632E	10	
祟	1-6534	示	수
A0019	U-7960	0842.060	CI2, SI4
	0-6C74	42395.010	ci4
	1-572B	24676	SHI
	0-632C	10	*ziə
祠	0-5E66	示	사
A0017	U-7961	0842.070	CHAI2
	5-5749	42396.070	
	2-3765	24677	
		10	
祡	2-4D75	示	시
A0331	U-7965	0842.160	XIANG2
	0-4F69	42398.010	coeng4
	1-5C40	24689	SHOU
	0-3E4D	11	ziang
祥	0-5F54	示	상
A0013	U-796D	0843.070	JI4, ZHAI4
	0-3C40	42397.070	zai3
	1-5C42	24700	SAI
	0-3A57	11	*tziɛ̆i
祭	0-702E	示	제
D0006	U-797C	0844.040	GUAN4
	3-5731	42402.030	gun3
	2-4559	24738	KAN
	1-505F	13	
祼	1-5962	示	관

出典 甲骨文 楷書	Ucode 美國 Gcode 中國 Tcode 臺灣 Jcode 日本 Kcode 韓國	康熙字典 漢語大辭典 大漢和辭典 總劃 部首	Mandarin 北京 Cantonese 廣東 JapaneseOn 日本 Tang 唐 Hangul 韓國
D0005 祿	U-797F E-3569 1-655A 0-6333 0-565F	0844.080 42402.081 24741 13 示	LU4 luk6 ROKU luk 록
A0021 禍	U-798D 1-3B76 1-697E 0-3252 0-7C21	0844.310 42402.040 24766 14 示	HUO4 wo5, wo6 KA huǎ 화
A0014 福	U-798F 0-3823 1-697D 0-4A21 0-5C58	0845.020 42404.030 24768 14 示	FU2, FU4 fuk1 FUKU biuk 복
A0007 禘	U-7998 3-5737 2-4C40 1-5068 2-4E2B	0845.130 42405.040 24778 14 示	DI4 dai3 TEI, DAI 체
A0021 禦	U-79A6 1-787A 1-7157 0-357A 0-655D	0846.230 42408.030 24820 16 示	YU4 jyu6 GYO, GO ngiŭ 어
A0015 禩	U-79A9 E-3572 3-5227 1-506D 2-4E34	0846.340 42407.200 24833 16 示	SI4 SHI 사
A0019 禮	U-79AE 1-4071 1-7671 0-6339 0-5649	0847.070 42409.140 24844 18 示	LI3 lai5 REI, RAI *lĕi 례

出典 甲骨文 楷書	Ucode 美國 Gcode 中國 Tcode 臺灣 Jcode 日本 Kcode 韓國	康熙字典 漢語大辭典 大漢和辭典 總劃 部首	Mandarin 北京 Cantonese 廣東 JapaneseOn 日本 Tang 唐 Hangul 韓國
A0092	U-79B1	0847.160	DAO3
	1-353B	42410.100	dou2, tou2
	1-7856	24852	TOU
	1-5070	19	dàu, dǎu
禱	0-542A	示	도
A0237	U-79BD	0848.130	QIN2
	0-475D	10199.040	kam4
	1-655D	24893	KIN
	0-3659	13	*ghyim
禽	0-5058	禸	금
A0420	U-79BE	0848.180	HE2
	0-3A4C	42588.010	wo4
	1-467D	24906	KA
	0-3253	05	huɑ
禾	0-7C22	禾	화
A0423	U-5E74	0340.010	NIAN2
	0-446A	10037.060	nin4
	1-4821	09168	NEN
	0-472F	06	*nen
年	0-5234	禾	년
A0159	U-79C9	0849.210	BING3
	0-317C	42592.050	bing2
	1-4F26	24932	HEI
	0-633D	08	biæ̌ng
秉	0-5C3C	禾	병
A0424	U-79CB	0850.060	QIU1
	0-476F	42595.050	cau1
	1-5271	24940	SHUU
	0-3D29	09	
秋	0-7555	禾	추
A0422	U-79DC	0851.170	NI2, LI2
	3-5B65	42601.090	
	2-3156	24982	
		10	
秜	2-4E46	禾	니

出典 甲骨文 楷書	Ucode 美國 Gcode 中國 Tcode 臺灣 Jcode 日本 Kcode 韓國	康熙字典 漢語大辭典 大漢和辭典 總劃 部首	Mandarin 北京 Cantonese 廣東 JapaneseOn 日本 Tang 唐 Hangul 韓國
A0429	U-79DD	0851.180	LI4
	5-5B25	42600.050	lang3, lik6, ling3
	2-3158	24983	REKI, RYAKU
	1-507D	10	
秝	2-4E47	禾	력
A0425	U-79E6	0851.300	QIN2
	0-4758	42597.050	ceon4
	1-5736	24995	SHIN, JIN
	0-3F41	10	*dzhin
秦	0-725A	禾	진
A0322	U-7A1F	0855.160	BING3, LIN3
	E-362E	42615.080	ban2, lam5
	1-6562	25127	RIN, HIN
	0-6348	13	byǐm
稟	0-7922	禾	품
A0427	U-7A20	0855.190	CHOU2, TIAO2, TIAO4, DIAO4
	0-336D	42614.100	cau4
	1-6560	25130	CHUU, CHOU
	0-6347	13	djhiou
稠	0-7056	禾	조
A0243	U-7A31	0856.240	CHENG1, CHENG4, CHEN4
	1-3346	42619.020	can3, cing1, cing3
	1-6A22	25180	SHOU
	0-634A	14	*chiəng, chiə̀ng
稱	0-7660	禾	칭
A0421	U-7A37	0857.190	JI4, ZE4
	0-7022	42623.050	zik1
	1-6E29	25207	SHOKU
	0-634D	15	tziək
稷	0-7243	禾	직
A0422	U-7A3B	0857.290	DAO4
	0-353E	42624.110	dou6
	1-6E2A	25216	TOU
	0-634B	15	dhàu
稻	0-542B	禾	도

出典 甲骨文 楷書	Ucode 美國 Gcode 中國 Tcode 臺灣 Jcode 日本 Kcode 韓國	康熙字典 漢語大辭典 大漢和辭典 總劃 部首	Mandarin 北京 Cantonese 廣東 JapaneseOn 日本 Tang 唐 Hangul 韓國
D0098	U-7A45	0859.020	KANG1
	E-3639	42630.030	hong1
	3-522A	25250	KOU
	1-5140	16	
穅	1-5760	禾	강
A0420	U-7A46	0859.040	MU4
	0-4442	42628.200	muk6
	1-715A	25251	BOKU, MOKU
	0-4B54	16	miuk
穆	0-594F	禾	목
A0324	U-7A61	0860.420	SE4
	1-7023	42634.050	sik1
	1-7672	25325	SHOKU
	0-6351	18	
穡	0-5F62	禾	색
A0421	U-7A67	0861.120	JI4
	3-5B76	42637.060	zai3, zai6
	2-6630	25342	SEI, ZAI, SHI
	1-514C	19	
穧	2-4F25	禾	재
D0102	U-7A81	0863.210	TU1, TU2
	0-4D3B	42722.040	dat6
	1-5273	25424	TOTSU
	0-464D	09	*tuət
突	0-544D	穴	돌
A0678	U-7ACB	0870.170	LI4, WEI4
	0-4122	42706.010	laap6, lap6
	1-4721	25721	RITSU, RYUU
	0-4E29	05	*lip
立	0-5821	立	립
A0126	U-41C2	0870.180	
	KX087018	42706.020	hin1
	3-2434		
		06	
䇂		立	건

出典 甲骨文 楷書	Ucode 美國 Gcode 中國 Tcode 臺灣 Jcode 日本 Kcode 韓國	康熙字典 漢語大辭典 大漢和辭典 總劃 部首	Mandarin 北京 Cantonese 廣東 JapaneseOn 日本 Tang 唐 Hangul 韓國
A0688 竝	U-7ADD E-3660 3-3324 0-636D 0-5C3D	0870.390 42708.090 25752 10 立	BING4, BANG4 bing6 HEI, HOU 병
A0128 竟	U-7ADF 0-3E39 1-5D7E 0-706F 0-4C65	0871.040 42710.010 25757 11 立	JING4 ging2 KEI, KYOU *giæ̀ng 경
A0127 童	U-7AE5 0-4D2F 1-6129 0-4638 0-545B	0871.200 42711.090 25775 12 立	TONG2, ZHONG1 tung4 DOU, TOU *dhung 동
A0435 端	U-7AEF 0-364B 1-6A26 0-433C 0-532E	0872.320 42714.010 25806 14 立	DUAN1 dyun1 TAN *duɑn 단
A0126 競	U-7AF6 1-3E3A 1-7A23 0-3625 0-4C66	0873.220 42717.020 25831 20 立	JING4 ging3, ging6 KYOU, KEI *ghiæ̀ng 경
A0543 竸	U-7AF8 E-366A 3-5F55 0-513F 1-5855	0873.290 42717.070 25840 22 立	JING4 KEI 경
A0265 竹	U-7AF9 0-5671 1-484C 0-435D 0-7153	0877.010 52947.010 25841 06 竹	ZHU2 zuk1 CHIKU *djiuk 죽

出典 甲骨文 楷書	Ucode 美國 Gcode 中國 Tcode 臺灣 Jcode 日本 Kcode 韓國	康熙字典 漢語大辭典 大漢和辭典 總劃 部首	Mandarin 北京 Cantonese 廣東 JapaneseOn 日本 Tang 唐 Hangul 韓國
A0332	U-7B2C	0881.040	DI4
	0-355A	52959.090	dai6
	1-5C49	25943	DAI
	0-4268	11	*dhèi
第	0-702F	竹	제
D0066	U-7B30	0881.080	FU2
	3-6360	52960.010	fat1
	2-3772	25947	HUTSU, HUCHI, HI
	1-517E	11	
第		竹	불
A0266	U-7B95	0887.250	JI1
	0-3B7E	52979.040	gei1
	1-6A28	26143	KI
	0-4C27	14	
箕	0-5139	竹	기
A0265	U-7B99	0888.060	FU2
	5-6356	52984.110	fuk6
	2-4C62	26148	FUKU
	0-6439	14	
箙	1-6227	竹	복
A0176	U-7C0B	0897.270	GUI3
	0-737E	53011.170	gwai2
	2-5E2F	26448	KI
	1-5262	17	
簋	1-5B30	竹	궤
A0266	U-7C2A	0900.280	ZAN1, ZAN3
	0-7422	53014.070	zaam1
	1-7679	26558	SHIN, SAN
	0-6451	18	*jrim
簪	0-6D58	竹	잠
A0432	U-7C73	0906.310	MI3
	0-4357	53141.010	mai5
	1-484D	26832	BEI, MAI, ME
	0-4A46	06	měi
米	0-5A37	米	미

出典 甲骨文 楷書	Ucode 美國 Gcode 中國 Tcode 臺灣 Jcode 日本 Kcode 韓國	康熙字典 漢語大辭典 大漢和辭典 總劃 部首	Mandarin 北京 Cantonese 廣東 JapaneseOn 日本 Tang 唐 Hangul 韓國
A0817 籹	U-7C79 3-676D 2-2C67 1-5329 2-513D	0906.400 53142.080 26844 09 米	NÜ3 jyu5 JO, NYO 여
D0094 粟	U-7C9F 0-4B5A 1-6135 0-3040 0-6158	0908.140 53146.170 26922 12 米	SU4 suk1 ZOKU, SHOKU, SOKU siok 속
A0658 粦	U-7CA6 8-2F7A 3-3E22 1-5332 1-5F6A	0909.010 53147.120 26939 12 米	LIN4, LIN2 leon4 RIN 린
A0747 粼	U-7CBC 0-7454 2-4C67 1-5338 1-5F6B	0910.040 53152.170 26991 14 米	LIN2, LIN3 leon4 RIN 린
A0527 糞	U-7CDE 1-3760 1-745E 0-4A35 0-5D50	0912.260 53158.070 27102 17 米	FEN4 fan3 FUN biən 분
A0432 䊤	U-42A4 3-6825 4-5C56 	0912.470 53160.060 18 米	TAN2 taam4 담
A0877 糸	U-7CF8 0-7469 1-484E 0-3B65 1-6040	0915.010 53361.010 27221 06 糸	MI4, SI1 mik6, si1 SHI, BEKI 사

出典 甲骨文 楷書	Ucode 美國 Gcode 中國 Tcode 臺灣 Jcode 日本 Kcode 韓國	康熙字典 漢語大辭典 大漢和辭典 總劃 部首	Mandarin 北京 Cantonese 廣東 JapaneseOn 日本 Tang 唐 Hangul 韓國
A0876	U-7CFB	0915.040	XI4, JI4
	0-4F35	53361.020	hai6
	1-4B37	27223	KEI
	0-374F	07	
系	0-4D27	糸	계
A0881	U-7CFF	0915.090	YOU4
	E-377C	53362.060	
	3-2A4A	27228	
		08	
糿	2-5173	糸	공
A0880	U-42BC	0917.110	CHI3
	KX091711	53373.010	ci2
	3-3335		
		10	
䊼		糸	치
A0878	U-7D0A	0916.150	WEN4, WEN3
	0-4E49	53376.060	leon6, man5, man6
	1-5742	27261	BIN, BUN
	0-6524	10	
紊	0-5A22	糸	문
A0308	U-7D0D	0916.180	NA4
	1-4449	53373.080	naap6
	1-574A	27264	TOU, NOU, NA
	0-473C	10	*nop
納	0-5221	糸	납
A0939	U-7D1A	0918.050	JI2
	1-3C36	53366.020	kap1
	1-5748	27294	KYUU
	0-3569	10	
級	0-5064	糸	급
D0161	U-7D1F	0918.100	JIN1, JIN4
	3-6C3B	53375.070	gam1, gam3, kam1
	2-3179	27299	
		10	
紟	2-517D	糸	금

出典 甲骨文 楷書	Ucode 美國 Gcode 中國 Tcode 臺灣 Jcode 日本 Kcode 韓國	康熙字典 漢語大辭典 大漢和辭典 總劃 部首	Mandarin 北京 Cantonese 廣東 JapaneseOn 日本 Tang 唐 Hangul 韓國
A0884	U-7D20	0918.110	SU4
	0-4B58	53368.030	sou3
	1-5743	27300	SO, SU
	0-4147	10	*sò
素	0-6148	糸	소
A0357	U-7D22	0918.160	SUO3
	0-4B77	53369.090	saak3, sok3, suk3
	1-5744	27306	SAKU
	0-3A77	10	shræk, shrɛk, sɑk
索	0-5F63	糸	색, 삭
A0882	U-7D24	0919.170	JIU3
	E-377E	53374.070	
	3-3337	27321	
		10	
紤		糸	규
A0883	U-7D37	0920.140	LING2
	3-6C4A	53384.020	
	3-3827	27359	
		11	
紷	2-5223	糸	령
B1411	U-7D39	0920.160	SHAO4, CHAO1
	1-495C	53388.010	siu6
	1-5C55	27361	SHOU, JOU
	0-3E52	11	zhiĕu
紹	0-6149	糸	소
A0879	U-7D42	0921.010	ZHONG1
	1-5655	53384.050	zung1
	1-5C5C	27372	SHUU, SHU
	0-3D2A	11	*jiung
終	0-707B	糸	종
A0885	U-7D72	0924.030	SI1
	1-4B3F	53401.010	si1
	1-613D	27448	SHI, BEKI
	0-652F	12	*siə
絲	0-5E6A	糸	사

出典 甲骨文 楷書	Ucode 美國 Gcode 中國 Tcode 臺灣 Jcode 日本 Kcode 韓國	康熙字典 漢語大辭典 大漢和辭典 總劃 部首	Mandarin 北京 Cantonese 廣東 JapaneseOn 日本 Tang 唐 Hangul 韓國
A0878	U-7D76	0924.161	JUE2
	1-3E78	53396.040	
	3-3E33	49469	ZETSU
	0-4064	12	
絶	0-6F3E	糸	절
A0471	U-7D7B	0924.230	MIAN3, WEN4
	3-6C70	53406.050	man5, man6
	2-4626	27472	BUN, MON, BEN, MEN, BAN, MAN
	1-5370	13	
絻	2-523E	糸	문
A0820	U-7D8F	0925.170	SUI1, SUI2, SHUAI1, RUI2, TUO3
	1-4B67	53406.010	seoi1
	1-6572	27501	SUI, TA
	0-6537	13	
綏	0-6237	糸	수
A0880	U-7D95	0926.020	ZHI1
	5-6C22	53401.050	
	3-4364	27510	
		13	
綕		糸	지
A0879	U-7DA0	0926.270	LÜ4, LU4
	E-383C	53422.021	luk6
	1-6A3A	27541	RYOKU, ROKU
	3-7A28	14	*liok
綠	0-5660	糸	록
A0215	U-7DAD	0927.150	WEI2, YI2
	1-4E2C	53415.050	wai4
	1-6A44	27568	I, YUI
	0-305D	14	ui
維	0-6B2B	糸	유
D0161	U-7DE8	0931.080	BIAN1, BIAN4, BIAN3
	1-3160	53431.050	pin1
	1-6E3E	27665	HEN
	0-4A54	15	ben
編	0-783A	糸	편

出典 甲骨文 楷書	Ucode 美國 Gcode 中國 Tcode 臺灣 Jcode 日本 Kcode 韓國	康熙字典 漢語大辭典 大漢和辭典 總劃 部首	Mandarin 北京 Cantonese 廣東 JapaneseOn 日本 Tang 唐 Hangul 韓國
A0883 繁	U-7E0F 3-6C2A 2-5945 2-5278	0933.220 53437.170 27746 16 糸	PAN2 pun4 반
A0562 縣	U-7E23 1-4F58 1-716C 0-6551 0-7A63	0934.230 53435.110 27784 16 糸	XIAN4, XUAN2 jyun2, jyun4, jyun6 KEN *huèn 현
A0884 縯	U-7E2F 3-6D42 1-7473 1-544B 0-6660	0935.280 53448.080 27816 17 糸	YIN3, YAN3 jin2 EN, IN 연
A0505 縱	U-7E31 1-575D 1-746B 0-6554 0-707D	0935.310 53445.020 27819 17 糸	ZONG4, ZONG3, SONG3, CONG2 zung1, zung3 JUU, SHOU tziong, tziòng 종
A0880 織	U-7E54 1-562F 1-767E 0-3F25 0-7244	0938.290 53453.170 27892 18 糸	ZHI1, ZHI4 zik1 SHOKU, SHIKI, SHI *jiək 직
A0502 繫	U-7E6B 1-7873 1-785F 1-545A 0-4D28	0940.070 53456.150 27940 19 糸	XI4, JI4 hai6 KEI *gèi 계
A0878 繼	U-7E7C 1-3C4C 1-7A2B 0-656B 0-4D29	0941.340 53464.130 27997 20 糸	JI4 gai3 KEI *gèi 계

出典 甲骨文 楷書	Ucode 美國 Gcode 中國 Tcode 臺灣 Jcode 日本 Kcode 韓國	康熙字典 漢語大辭典 大漢和辭典 總劃 部首	Mandarin 北京 Cantonese 廣東 JapaneseOn 日本 Tang 唐 Hangul 韓國
A0358	U-7E86	0942.290	MO4
	3-6D53	53466.100	mak6
	2-6B79	28026	BOKU, MOKU
	1-5461	21	mək
纆	2-5349	糸	묵
D0161	U-7E8C	0942.400	XU4
	1-5078	53465.070	zuk6
	1-7A7D	28037	ZOKU, SHOKU
	0-6574	21	ziok
續	0-6159	糸	속
A0308	U-7F36	0944.260	FOU3, GUAN4
	0-733E	52935.010	fau2
	1-484F	28108	KAN, FU
	0-344C	06	
缶	0-5D2E	缶	부
A0293	U-7F4D	0946.080	LEI2
	3-6341	52939.170	leoi4
	2-6B7B	28187	RAI
	0-6623	21	luəi
罍	1-5F2D	缶	뢰
D0104	U-4356	0947.200	FU2, FU4, HAI4, XIE4
	KX094720	42916.110	faau4, fu1
	6-3A6B		
		10	
罖	3-2F3D	网	포
D0104	U-7F5D	0947.220	JU1, JIE1
	3-5A7E	42915.140	ze1, zeoi1
	2-3223	28245	SHA, SHO
	1-5478	10	tzia
罝	1-6B63	网	저
A0221	U-435C	0948.110	ZHAO4
	5-5A4F	42921.090	zaau3
	3-436D		
		13	
罩		网	조

出典 甲骨文 楷書	Ucode 美國 Gcode 中國 Tcode 臺灣 Jcode 日本 Kcode 韓國	康熙字典 漢語大辭典 大漢和辭典 總劃 部首	Mandarin 北京 Cantonese 廣東 JapaneseOn 日本 Tang 唐 Hangul 韓國
A0468	U-7F83	0950.080	MI4
	5-5A56	42927.050	mik6
	2-6645	28393	BEKI
	0-6632	19	
羃	2-536A	网	멱
A0472	U-7F85	0950.120	LUO2, LUO1, LUO5
	1-425E	42928.050	lo4
	1-7865	28397	RA
	0-4D65	19	*la
羅	0-547E	网	라
D0104	U-7F89	0950.350	LUAN2
	E-3921	42930.080	lyun4
	2-7048	28419	
		24	
羉		网	란
A0228	U-7F8A	0950.380	YANG2
	0-5172	53125.010	joeng4
	1-4850	28425	YOU
	0-4D53	06	iɑng
羊	0-654F	羊	양
A0228	U-7F8B	0951.020	MI3, MIE1
	5-312D	10029.080	me1, me5
	1-4F2E	28428	BA, MA, BI, MI
	1-5526	08	
羋	2-536B	羊	미
A0230	U-7F8C	0951.030	QIANG1
	0-473C	53125.030	goeng1
	1-4F2D	28429	KYOU
	0-6635	08	*kiɑng
羌	0-4B36	羊	강
A0230	U-7F8E	0951.100	MEI3
	0-4340	53126.050	mei5
	1-5321	28435	BI, MI
	0-487E	09	*myĭ
美	0-5A38	羊	미

出典 甲骨文	Ucode 美國	康熙字典	Mandarin 北京
	Gcode 中國	漢語大辭典	Cantonese 廣東
	Tcode 臺灣	大漢和辭典	JapaneseOn 日本
	Jcode 日本	總劃	Tang 唐
楷書	Kcode 韓國	部首	Hangul 韓國
D0058	U-4367	0951.200	
	KX095120	53127.150	zong1
	6-3A74		
		10	
䍧	3-2F43	羊	장
A0301	U-4369	0951.320	ANG3, YANG3
	KX095132	53127.160	zoeng5, zoeng6
	3-313F		
		10	
䍩		羊	양
A0982	U-7F9E	0952.040	XIU1
	0-505F	53128.070	sau1
	1-5C60	28471	SHUU
	0-6637	11	*siou
羞	0-623A	羊	수
A0556	U-7FA8	0952.310	XIAN4, YI2, YAN2
	E-3927	53134.100	sin6
	1-6579	28503	
	0-4122	13	
羨	0-604C	羊	선
A0865	U-7FA9	0952.320	YI4
	1-5265	53133.020	ji6
	1-6578	28504	GI
	0-3541	13	ngyɛ̀
義	0-6B79	羊	의
A0232	U-7FB4	0954.080	SHAN1
	E-392A	53139.020	
	3-585D	28566	SEN
	1-5533	18	
羴	2-5423	羊	전
A0232	U-7FB6	0954.210	SHAN1
	E-392B	53139.120	zin1
	1-7866	28581	SEN
	0-663F	19	shiɛn
羶	1-6C2B	羊	전

出典 甲骨文 楷書	Ucode 美國 Gcode 中國 Tcode 臺灣 Jcode 日本 Kcode 韓國	康熙字典 漢語大辭典 大漢和辭典 總劃 部首	Mandarin 北京 Cantonese 廣東 JapaneseOn 日本 Tang 唐 Hangul 韓國
A0213	U-7FBD	0955.010	YU3, HU4
	0-5370	53341.010	jyu5
	1-4851	28614	U
	0-3129	06	*hiŏ
羽	0-6962	羽	우
A0214	U-7FCA	0956.090	YI4
	0-7134	53346.090	jik6
	2-383B	28655	YOKU
	0-6644	11	iək
翊	0-6C4D	羽	익
A0214	U-7FCC	0956.110	YI4
	0-526E	53346.070	jik6
	1-5C62	28657	YOKU
	0-4D62	11	
翌	0-6C4E	羽	익
A0213	U-7FD2	0956.230	XI2
	1-4F30	53345.010	zaap6
	1-5C64	28672	SHUU, JUU
	0-3D2C	11	zip
習	0-6327	羽	습
A0224	U-7FDF	0957.320	DI2, ZHAI2
	0-3554	53350.060	dik6, zaak6
	1-6A4B	28727	KEKI, JAKU, TAKU
	1-553C	14	
翟	0-6E61	羽	적
A0775	U-7FFC	0959.340	YI4
	0-526D	53356.010	jik6
	1-7476	28801	YOKU
	0-4D63	17	*iək
翼	0-6C4F	羽	익
A0523	U-8001	0960.250	LAO3
	0-404F	42778.010	lou5
	1-4852	28842	ROU
	0-4F37	06	*lău
老	0-5655	老	로

出典	楷書	Ucode 美國	Gcode 中國	Tcode 臺灣	Jcode 日本	Kcode 韓國	康熙字典	漢語大辭典	大漢和辭典	總劃	部首	Mandarin 北京	Cantonese 廣東	JapaneseOn 日本	Tang 唐	Hangul 韓國
A0524	考	U-8003	0-3F3C	1-4853	0-394D	0-4D45	0960.270	42779.020	28843	06	老	KAO3	haau2	KOU	kǎu	고
A0524	耊	U-800A	5-5F48	3-3344	1-554A	2-5446	0961.100	42782.020	28860	10	老	DIE4		TETSU		질
A0524	耋	U-800B	0-7173	1-6146	0-664F	2-5447	0961.110	42782.030	28861	12	老	DIE4	dit6	TETSU	dhet	질
A0597	而	U-800C	0-3678	1-4854	0-3C29	0-6C3B	0961.180	42810.010	28871	06	而	ER2, NENG2	ji4	JI, NI	*njiə	이
A0435	耑	U-8011	E-3938	1-5325	1-554E	1-5C69	0962.020	42812.010	28880	09	而	ZHUAN1, DUAN1	dyun1, zyun1	TAN, SEN		단
A0345	䎣	U-43A3	KX096308	3-3838			0963.080	42771.050		11	耒	SI4, XIN4	ci5, piu3, zi6			사
A0354	耜	U-801C	0-716A	1-5C65	0-6653	2-544C	0963.070	42772.010	28915	11	耒	SI4	zi6	SHI		사

出典 甲骨文 楷書	Ucode 美國 Gcode 中國 Tcode 臺灣 Jcode 日本 Kcode 韓國	康熙字典 漢語大辭典 大漢和辭典 總劃 部首	Mandarin 北京 Cantonese 廣東 JapaneseOn 日本 Tang 唐 Hangul 韓國
A0262	U-8024	0963.340	JI2, JIE4
	5-5F38	42773.020	zik6
	2-4D28	28945	SEKI, JAKU, SHA, JA
	1-5556	14	
耤	2-5450	耒	적
A0788	U-8033	0965.050	ER3, RENG2
	0-367A	42783.010	ji5
	1-4856	28999	JI, JOU
	0-3C2A	06	*njiě
耳	0-6C3C	耳	이
A0792	U-8051	0967.100	DIE2
	3-604C	42788.030	
	2-3F2A	29061	
		12	
聑		耳	접
A0795	U-8058	0967.290	PIN4, PING4
	0-4638	42789.070	ping3
	1-657C	29079	HEI
	0-665B	13	
聘	0-5E3D	耳	빙
A0791	U-43BD	0968.090	WEN2, WEN4
	5-5F55	42791.130	man4
	4-4637		
		14	
䎽	3-2F5E	耳	문, 성
A0469	U-805A	0967.410	JU4
	0-3E5B	42791.180	zeoi6
	1-6A4D	29093	SHUU, SHU, JU
	0-665C	14	dzhiò
聚	0-7629	耳	취
A0792	U-805D	0968.070	GUO2
	5-5F51	42790.130	gwik1
	2-4D29	29100	
		14	
聝	2-5464	耳	괵

出典 甲骨文 楷書	Ucode 美國 Gcode 中國 Tcode 臺灣 Jcode 日本 Kcode 韓國	康熙字典 漢語大辭典 大漢和辭典 總劃 部首	Mandarin 北京 Cantonese 廣東 JapaneseOn 日本 Tang 唐 Hangul 韓國
A0790	U-805E	0968.110	WEN2, WEN4
	1-4E45	74294.120	man4, man6
	1-6A4C	29104	BUN, MON
	0-4A39	14	*miən
聞	0-5A24	耳	문
A0792	U-806F	0969.050	LIAN2
	1-412A	42796.030	lyun4
	1-747A	29153	REN
	0-4E7E	17	*liɛn
聯	0-5624	耳	련
A0790	U-8072	0969.180	SHENG1
	1-4979	42794.040	seng1, sing1
	1-7478	29166	SEI, SHOU
	0-6661	17	*shiɛng
聲	0-6122	耳	성
A0789	U-807D	0970.240	TING1, TING4
	1-4C7D	42799.140	teng1, ting1, ting3
	1-7B6F	29211	CHOU, TEI
	0-6665	22	*teng, tèng
聽	0-7469	耳	청
A0791	U-807E	0970.260	LONG2
	1-417B	42800.050	lung4
	1-7B6E	29212	ROU
	0-4F38	22	lung
聾	0-566C	耳	롱
A0168	U-807F	0971.010	YU4
	0-6D32	53166.010	jyut6, leot6, wat6
	1-4857	29215	ITSU, ICHI
	0-6666	06	
聿	0-6B53	聿	율
A0850	U-8081	0971.060	ZHAO4
	5-5266	53166.070	
	6-3B24	29220	CHOU, JOU, TOU, DOU
	1-556A	10	
肁	2-5471	聿	조

出典 甲骨文 楷書	Ucode 美國 Gcode 中國 Tcode 臺灣 Jcode 日本 Kcode 韓國	康熙字典 漢語大辭典 大漢和辭典 總劃 部首	Mandarin 北京 Cantonese 廣東 JapaneseOn 日本 Tang 唐 Hangul 韓國
D0122	U-8086	0971.150	SI4, TI4
	0-4B41	53167.040	sei3, si3
	1-657D	29226	SHI
	0-6668	13	sì
肆	0-5E6B	聿	사
A0182	U-8087	0972.020	ZHAO4
	0-5558	53168.050	siu6
	1-6A4E	29228	CHOU
	0-4825	14	
肇	0-705C	聿	조
A0182	U-8088	0972.030	ZHAO4
	5-6736	53168.040	siu6
	6-6060	29230	CHOU, JOU, TOU, DOU
	1-556B	14	
肈	2-5473	聿	조
A0252	U-8089	0973.010	ROU4, RU4
	0-4862	52931.010	juk6
	1-4858	29236	NIKU, JUU
	0-4679	06	*njiuk
肉	0-6B3F	肉	육
A0949	U-8098	0974.040	ZHOU3
	0-5662	32044.090	zaau2, zau2
	1-4B3C	29268	CHUU
	0-492A	07	djiǒu
肘	1-6D52	肉	주
A0528	U-809C	0974.080	RONG2, CHEN1
	0-6B40	32045.120	jung4
	2-2478	29272	YUU, YU, CHN
	1-556D	07	
肜	2-5479	肉	융
A0526	U-80A9	0975.100	JIAN1, XIAN2
	0-3C67	32052.080	gin1
	1-4F36	29299	KEN
	0-382A	08	gen
肩	0-4C37	肉	견

出典 甲骨文 楷書	Ucode 美國 Gcode 中國 Tcode 臺灣 Jcode 日本 Kcode 韓國	康熙字典 漢語大辭典 大漢和辭典 總劃 部首	Mandarin 北京 Cantonese 廣東 JapaneseOn 日本 Tang 唐 Hangul 韓國
A0153	U-80B1	0976.080	GONG1
	0-6B45	32047.080	gwang1
	1-4F33	29315	KOU
	0-394F	08	
肱	0-4E5D	肉	굉
A0981	U-80B2	0976.140	YU4, YO1
	0-537D	32052.050	juk6
	1-4B3F	29318	IKU
	0-3069	08	iuk
育	0-6B40	肉	육
A0923	U-80B5	0976.190	JIN4, QI2
	3-4C4B	32049.120	kei4
	2-284F	29323	
		08	
肵	1-5B79	肉	근, 기
A0508	U-80CC	0977.210	BEI4, BEI1
	0-3133	32058.040	bui3, bui6
	1-532C	29363	HAI
	0-4758	09	*bəi
背	0-5B4E	肉	배
A0597	U-80F9	0981.070	ER2
	3-4C6B	32066.130	ji4
	2-322F	29444	JI, NI
	1-5625	10	
胹	2-553E	肉	이
A0254	U-80FE	0981.180	ZI4
	3-4633	52932.050	zi3
	2-3F2D	29457	SHI
	1-5627	12	
胾	1-6A7A	肉	자
A0676	U-814B	0986.280	YI4, YE4
	0-5238	32090.050	jat6, jik6, jit6
	1-614B	29615	EKI, SEKI
	0-667E	12	
腋	0-647D	肉	액

出典 甲骨文 楷書	Ucode 美國 Gcode 中國 Tcode 臺灣 Jcode 日本 Kcode 韓國	康熙字典 漢語大辭典 大漢和辭典 總劃 部首	Mandarin 北京 Cantonese 廣東 JapaneseOn 日本 Tang 唐 Hangul 韓國
A0139	U-8170	0989.130	YAO1
	0-517C	32094.050	jiu1
	1-6622	29705	YOU
	0-3978	13	*qiɛu
腰	0-6926	肉	요
A0263	U-8179	0990.020	FU4
	0-3839	32097.010	fuk1
	1-6628	29722	FUKU
	0-4A22	13	*biuk
腹	0-5C59	肉	복
A0253	U-818F	0992.010	GAO1, GAO4
	0-3860	32103.080	gou1, gou3
	1-6A51	29800	KOU
	0-3951	14	gɑu, gɑ̀u
膏	0-4D47	肉	고
A0290	U-819A	0992.280	FU1
	1-3774	32107.050	fu1
	1-6E50	29829	FU
	0-4966	15	*bio
膚	0-5D31	肉	부
A0855	U-81B1	0994.300	ZHI2, ZHU1
	E-3970	32113.060	jik1, zik1
	2-5954	29887	
		16	
膱	2-5624	肉	직
A0219	U-81BA	0995.170	YING1
	0-625F	32118.010	jing1
	1-747E	29928	YOU, OU
	0-673F	17	qiəng
膺	0-6B6C	肉	응
A0232	U-81BB	0995.190	DAN4, SHAN1, TAN3
	0-6B7E	32117.090	saan1, zin1
	2-5E55	29929	TAN
	1-5654	17	
膻	2-5627	肉	단

出典	Ucode 美國	康熙字典	Mandarin 北京
甲骨文	Gcode 中國	漢語大辭典	Cantonese 廣東
	Tcode 臺灣	大漢和辭典	JapaneseOn 日本
	Jcode 日本	總劃	Tang 唐
楷書	Kcode 韓國	部首	Hangul 韓國
A0525	U-81C0	0996.050	TUN2
	0-4D4E	32119.060	tyun4
	1-7522	29939	DEN, TON
	0-673D	17	
臀	0-546B	肉	둔
A0253	U-4444	0997.090	PI4, YI4
	3-4E23	32120.150	
	4-5C76		
		18	
䑄	3-303A	肉	비
A0597	U-81D1	0997.100	RU2, ER2, NAO4
	3-4E21	32120.070	ji4, jyu4, naau6
	2-6269	29986	DAU, JU, JI
	0-6742	18	
臑	1-5C48	肉	노
A0290	U-81DA	0998.120	LU2, LÜ3
	1-6B4D	32124.050	lou4
	1-7A2F	30027	RYO, RO
	0-6746	20	
臚	1-5E42	肉	려
A0173	U-81DF	0998.290	ZANG4
	1-5460	32126.020	zong6
	1-7B70	30046	ZOU, SOU
	0-6747	22	
臟	0-6D74	肉	장
A0171	U-81E3	0999.130	CHEN2
	0-333C	42801.010	san4
	1-485B	30068	SHIN, JIN
	0-3F43	06	*zhin
臣	0-636D	臣	신
A0170	U-81E4	0999.160	QIAN1
	5-5F62	42802.010	
	4-276C	30070	KAN, KEN, KOU, KYOU, GEN
	1-5661	08	
臤	2-5639	臣	현, 간

出典 甲骨文 楷書	Ucode 美國 Gcode 中國 Tcode 臺灣 Jcode 日本 Kcode 韓國	康熙字典 漢語大辭典 大漢和辭典 總劃 部首	Mandarin 北京 Cantonese 廣東 JapaneseOn 日本 Tang 唐 Hangul 韓國
A0172	U-81E7	0999.230	ZANG1, CANG2, ZANG4, ZANG2
	0-6A30	21410.110	zong1
	1-6A56	30083	ZOU
	0-6749	14	
臧	0-6D75	臣	장
A0207	U-81EA	1000.070	ZI4
	0-5754	53046.010	zi6
	1-485C	30095	SHI, JI
	0-3C2B	06	*dzhì
自	0-6D3B	自	자
A0341	U-81EC	1000.190	NIE4
	0-742B	53047.030	jit6, nip6
	1-5769	30107	
	1-5663	10	nget
臬	1-6732	自	얼
A0632	U-81ED	1000.200	CHOU4, XIU4
	0-3374	53047.040	cau3
	1-5768	30103	SHUU, KYUU
	0-3D2D	10	chiòu
臭	0-762B	自	취
A0207	U-81F1	1000.280	MIAN2
	3-654A	53048.200	
	4-4C62	30124	BEN, MEN
	1-5665	15	
臱		自	면
A0779	U-81F3	1001.110	ZHI4, DIE2
	0-5641	42814.010	zi3
	1-485D	30142	SHI
	0-3B6A	06	*jì
至	0-7238	至	지
A0151	U-81F4	1001.211	ZHI4, ZHUI4
	0-5642	42815.060	zi3
	1-5333	30149	CHI
	0-4357	10	*djì
致	0-7648	至	치

出典	Ucode 美國	康熙字典	Mandarin 北京
甲骨文	Gcode 中國	漢語大辭典	Cantonese 廣東
	Tcode 臺灣	大漢和辭典	JapaneseOn 日本
	Jcode 日本	總劃	Tang 唐
楷書	Kcode 韓國	部首	Hangul 韓國
C0021	U-81FC	1003.010	JIU4
	0-3E4A	53037.010	kau3, kau5
	1-485E	30173	KYUU
	0-3131	06	ghiŏu
臼	0-4F3F	臼	구
A0434	U-81FD	1003.040	XIAN4
	5-342A	53037.060	
	4-276D	30177	KAN, GEN, KON
	1-566B	08	
臽	2-5641	臼	함
A0432	U-8202	1003.200	CHONG1, CHUANG1, ZHONG1
	0-7429	53039.040	zung1
	1-5C6F	30195	SHOU, SOU
	0-674E	11	shiong
舂	1-692B	臼	용
A0277	U-8207	1004.130	YU3, YU4, YU2
	1-536B	10251.040	jyu4, jyu5, jyu6
	1-6A58	30212	YO
	0-6750	14	*iŭ, iu
與	0-6628	臼	여
A0138	U-8208	1005.050	XING1, XING4
	1-504B	10253.090	hing1, hing3
	1-717B	30226	KYOU, KOU
	0-363D	16	*xièng, *xiəng
興	0-7D69	臼	흥
A0227	U-820A	1006.010	JIU4
	1-3E49	53043.180	gau6
	1-772E	30249	KYUU
	0-6751	18	*ghiòu
舊	0-4F41	臼	구
A0115	U-820C	1006.220	SHE2, GUA1
	0-4960	52941.010	sit3, sit6
	1-485F	30277	ZETSU, SETSU
	0-4065	06	
舌	0-605F	舌	설

出典 甲骨文 楷書	Ucode 美國 Gcode 中國 Tcode 臺灣 Jcode 日本 Kcode 韓國	康熙字典 漢語大辭典 大漢和辭典 總劃 部首	Mandarin 北京 Cantonese 廣東 JapaneseOn 日本 Tang 唐 Hangul 韓國
A0929 舘	U-8218 8-2F75 3-524A 0-345C 2-564B	1007.250 52945.150 30326 16 舌	GUAN3 gun2 KAN 관
A0330 舞	U-821E 0-4E68 1-6A5A 0-4971 0-5971	1008.160 20865.100 30342 14 舛	WU3 mou5 BU, MU *miŏ 무
A0527 舟	U-821F 0-565B 1-4861 0-3D2E 0-7147	1008.240 53055.010 30350 06 舟	ZHOU1 zau1 SHUU, SHU *jiou 주
A0528 彤	U-4463 5-6472 3-2E67 	1009.090 53056.070 09 舟	 침
D0114 舨	U-8228 0-7432 1-576E 1-5677 2-5652	1009.240 53057.040 30382 10 舟	BAN3 baan2 HAN 판
A0533 航	U-822A 0-3A3D 1-576C 0-3952 0-797E	1009.270 53058.020 30385 10 舟	HANG2 hong4 KOU hang 항
A0530 般	U-822C 0-3063 1-576F 0-484C 0-5A75	1009.300 53057.080 30388 10 舟	BAN1, BO1, PAN2, BAN3 bo1, bun1 HAN, BAN, HATSU 반

出典	Ucode 美國	康熙字典	Mandarin 北京
甲骨文	Gcode 中國	漢語大辭典	Cantonese 廣東
	Tcode 臺灣	大漢和辭典	JapaneseOn 日本
	Jcode 日本	總劃	Tang 唐
楷書	Kcode 韓國	部首	Hangul 韓國
A0347	U-8235	1010.100	DUO4, TUO2
	0-3666	53060.060	to4
	1-5C70	30400	TA, DA
	0-4249	11	
舵	0-766C	舟	타
A0531	U-8245	1011.060	YU2
	5-6521	53062.040	jyu4
	2-464D	30438	YO
	1-567D	13	
艅	0-6629	舟	여
A0321	U-826F	1013.230	LIANG2, LIANG3
	0-413C	53170.020	loeng4
	1-4B40	30597	RYOU
	0-4E49	07	liang
良	0-555E	艮	량
A0840	U-8271	1013.290	JIAN1
	1-3C68	53171.050	gaan1
	1-7529	30600	KAN, KEN
	0-6765	17	*gɛn
艱	0-4A5E	艮	간
A0573	U-8272	1014.020	SE4, SHAI3
	0-492B	53071.010	sik1
	1-4863	30602	SHOKU, SHIKI
	0-3F27	06	*shriək
色	0-5F64	色	색
A0028	U-8278	1017.010	CAO3, ZAO4
	5-6738	53172.010	cou2
	2-226A	30638	SOU
	0-6767	06	
艸	0-752C	艸	초
A0035	U-827F	1017.100	NAI3, RENG2, RENG4
	0-5C35	53173.110	jing4, naai5
	2-226E	30649	JOU, NYOU, JI, NI
	1-572E	06	
艿	2-5676	艸	잉

出典 甲骨文 楷書	Ucode 美國 Gcode 中國 Tcode 臺灣 Jcode 日本 Kcode 韓國	康熙字典 漢語大辭典 大漢和辭典 總劃 部首	Mandarin 北京 Cantonese 廣東 JapaneseOn 日本 Tang 唐 Hangul 韓國
A0363	U-82B1	1020.210	HUA1
	0-3B28	53181.070	faa1
	1-4F44	30734	KA
	0-3256	08	*xua
花	0-7C23	艸	화
D0010	U-82BD	1021.130	YA2
	0-513F	53179.130	ngaa4
	1-4F41	30860	GA, GE
	0-326A	08	nga
芽	0-6434	艸	아
A0575	U-82DF	1023.050	GOU3, GOU1
	0-3936	53194.120	gau2
	1-5348	30790	KOU, KU
	0-6771	09	
苟	0-4F42	艸	구
A0031	U-82E5	1023.120	RUO4, RE3, RE2, RE4
	0-4874	53187.070	je5, joek6
	1-533C	30796	JAKU, NYAKU
	0-3C63	09	*njiɑk
若	0-6534	艸	약
D0010	U-82F4	1024.160	JU1, CHA2, ZHA3, ZU1, JIE1, BAO1, XIE2
	0-5C5A	53190.050	zeoi1
	2-2D38	30813	SO, SHO, SA
	0-6773	09	
苴	1-6B65	艸	저
A0032	U-82BB	1021.100	CHU2
	1-5B3B	10260.010	co1
	1-5770	30744	SUU, SU, SHUU
	0-676D	10	
芻	0-7556	艸	추
A0242	U-8332	1028.290	ZI1, CI1
	E-3A48	53212.160	ci4, zi1
	1-577B	30911	JI, SHI
	0-6824	10	*tziə, dzhiə
茲	1-6A7C	艸	자

出典 甲骨文 楷書	Ucode 美國 Gcode 中國 Tcode 臺灣 Jcode 日本 Kcode 韓國	康熙字典 漢語大辭典 大漢和辭典 總劃 部首	Mandarin 北京 Cantonese 廣東 JapaneseOn 日本 Tang 唐 Hangul 韓國
A0363	U-8342	1030.040	KUA1
	5-6772	53201.060	kwaa1
	2-3243	30933	KA, KE, HU, KU
	1-5773	10	
荂	2-5752	艸	과
A0028	U-8349	1030.170	CAO3, ZAO4
	0-325D	53203.040	cou2
	1-5777	30945	SOU
	0-4170	10	*tsău
草	0-752E	艸	초
A0040	U-8377	1032.130	HE2, HE4, KE1, HE1
	0-3A49	53220.040	ho4, ho6
	1-5D23	31000	KA
	0-3259	11	hɑ, hă
荷	0-7943	艸	하
A0687	U-8385	1033.110	LI4
	0-5D30	53221.040	lei6
	3-385D	31024	RI, REI
	0-682E	11	
莅	1-5F5F	艸	리
D0181	U-83A4	1035.060	YOU2
	3-6923	53215.130	
	2-3863	31071	
		11	
莤	2-5777	艸	숙
D0116	U-83A7	1035.090	XIAN4, HUAN2, WAN4
	1-5C48	53218.030	jin6
	1-5D27	31074	KAN, GEN, KEN
	1-5831	11	
莧	2-577A	艸	현, 한
A0039	U-83AB	1035.130	MO4, MU4
	0-442A	53217.150	mok6, mou6
	1-5C7B	31078	BO, BAKU, MAKU
	0-477C	11	*mɑk
莫	0-5830	艸	막, 모, 맥

出典	Ucode 美國	康熙字典	Mandarin 北京
甲骨文	Gcode 中國	漢語大辭典	Cantonese 廣東
	Tcode 臺灣	大漢和辭典	JapaneseOn 日本
	Jcode 日本	總劃	Tang 唐
楷書	Kcode 韓國	部首	Hangul 韓國
A0037	U-83BD	1036.410	MANG3, MANG2
	0-4327	53216.130	mong5
	1-5C7A	31132	BOU, MOU
	0-684F	12	*mǎng
莽	0-5855	艸	망
A0363	U-83EF	1039.140	HUA2, HUA1, HUA4
	1-3B2A	53213.010	faa1, waa4, waa6
	1-615E	31119	KA, KE
	0-325A	12	*hua, huà
華	0-7C24	艸	화
D0010	U-840C	1041.050	MENG2, MING2
	0-4348	53233.140	mang4
	1-6164	31265	HOU, BOU
	0-4B28	12	
萌	0-5870	艸	맹
A0037	U-8411	1041.130	HUAN2, TUI1, ZHUI1
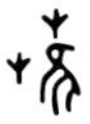	0-5D48	53235.160	wun4
	2-3F60	31272	KAN, GAN, SUI
	1-5849	12	
萑	2-583C	艸	추
A0950	U-842C	1042.330	WAN4
	1-4D72	53247.080	maan6
	1-655C	31339	MAN
	0-685F	13	*miæ̀n
萬	0-583F	艸	만
A0370	U-846C	1046.050	ZANG4
	0-5461	53246.020	zong3
	1-6635	31448	SOU
	0-4172	13	*tzàng
葬	0-6D77	艸	장
A0034	U-8499	1048.150	MENG2, MENG1, MENG3, MANG2
	0-4349	53271.040	mung4
	1-6A60	31555	BOU, MOU
	0-4C58	14	*mung
蒙	0-5955	艸	몽

出典 甲骨文 楷書	Ucode 美國 Gcode 中國 Tcode 臺灣 Jcode 日本 Kcode 韓國	康熙字典 漢語大辭典 大漢和辭典 總劃 部首	Mandarin 北京 Cantonese 廣東 JapaneseOn 日本 Tang 唐 Hangul 韓國
A0283 蒸	U-84B8 0-5574 1-6A65 0-3E78 0-717A	1050.070 53273.040 31618 14 艸	ZHENG1 zing1 JOU jiəng, jiɛng 증
A0035 蒿	U-84BF 0-5D6F 1-6A5D 0-6866 0-7B5A	1050.250 53267.150 31634 14 艸	HAO1, GAO3 hou1 KOU *hɑu 호
A0030 蓆	U-84C6 8-2F6E 1-6A5E 0-686E 0-6036	1051.050 53268.010 31645 14 艸	XI2 zek6, zik6 SEKI 석
A0227 蔑	U-8511 0-436F 1-6E59 0-4A4E 0-5921	1054.030 53279.080 31781 15 艸	MIE4 mit6 BETSU 멸
A0157 蔖	U-8516 5-695D 2-5351 2-594A	1054.120 53277.170 31790 15 艸	CUO2 차
A0030 蔡	U-8521 0-324C 1-6E5B 0-6871 0-7379	1055.030 53282.100 31818 15 艸	CAI4, SA4, CA1 coi3 SAI, SATSU *tsὰi 채
A0733 薄	U-8584 0-3121 1-752B 0-4776 0-5A5D	1060.120 53307.030 32083 17 艸	BO2, BAO2, BO4, BU4 bok6 HAKU *bhɑk 박

出典	Ucode 美國	康熙字典	Mandarin 北京
甲骨文	Gcode 中國	漢語大辭典	Cantonese 廣東
	Tcode 臺灣	大漢和辭典	JapaneseOn 日本
	Jcode 日本	總劃	Tang 唐
楷書	Kcode 韓國	部首	Hangul 韓國
A0970	U-859B	1061.220	XUE1, XIE1
	0-5126	53303.080	sit3
	1-7531	32123	SETSU, SECHI
	0-692D	17	
薛	0-6060	艸	설
D0126	U-85A6	1062.020	JIAN4
	1-3C76	53305.110	zin3
	1-7535	32143	SEN, SHIN
	0-4126	17	*tzèn
薦	0-7440	艸	천
A0063	U-85B6	1062.520	MAI2, LI2, WEI1, WO1
	5-6A4E	53314.100	maai4
	2-627E	32198	BAI, MAI, RI
	1-5968	18	
薶	2-5A35	艸	매
A0173	U-85CF	1064.220	CANG2, ZANG4, ZANG1
	0-3258	53311.110	cong4, zong6
	1-772F	32264	ZOU, SOU
	0-6936	18	*dzhang, dzhang
藏	0-6D7A	艸	장
A0148	U-85DD	1065.340	YI4
	1-5255	53317.120	ngai6
	1-786B	32330	GEI
	0-693A	19	ngiĕi
藝	0-675D	艸	예
A0285	U-864D	1073.010	HU1
	0-722E	42819.010	fu1, fu2
	2-226F	32674	KO, KU
	0-6948	06	
虍	2-5B29	虍	호
A0285	U-4588	1073.070	NÜE4
	5-604F	42819.030	zoek6
	3-2A6D		
		08	
虐		虍	학

出典 甲骨文 楷書	Ucode 美國 Gcode 中國 Tcode 臺灣 Jcode 日本 Kcode 韓國	康熙字典 漢語大辭典 大漢和辭典 總劃 部首	Mandarin 北京 Cantonese 廣東 JapaneseOn 日本 Tang 唐 Hangul 韓國
A0286 虎	U-864E 0-3B22 1-4F4D 0-3857 0-7B5B	1073.030 42819.020 32675 08 虍	HU3, HU4 fu2 KO *xǒ 호
A0285 虐	U-8650 0-4530 1-534B 0-3554 0-794B	1073.090 42820.050 32678 09 虍	NÜE4 joek6 GYAKU ngiɑk 학
A0285 虘	U-458B KX107318 3-3367 	1073.180 42819.080 10 虍	NÜE4 zoek6 학
F中64a 處	U-8655 1-3426 1-5D28 0-515D 0-7425	1073.250 42822.120 32697 11 虍	CHU4, CHU3 cyu2, cyu3, syu3 SHO *chiù, *chiŭ 처
A0285 虖	U-8656 5-6054 2-3921 1-5A3B 2-5B2B	1074.010 42822.080 32698 11 虍	HU1, HU4, HU2 fu1 KO, KU, GO, KEI, KYOU 호
A0157 虘	U-8658 5-6051 3-3860 1-5A3D 2-5B2D	1074.030 42822.020 32701 11 虍	CUO2 SA, ZA, SO, ZO 차
D0068 虞	U-865E 0-535D 1-663E 0-3673 0-6965	1074.240 42827.020 32723 13 虍	YU2 jyu4 GU *ngio 우

出典 甲骨文 楷書	Ucode 美國 Gcode 中國 Tcode 臺灣 Jcode 日本 Kcode 韓國	康熙字典 漢語大辭典 大漢和辭典 總劃 部首	Mandarin 北京 Cantonese 廣東 JapaneseOn 日本 Tang 唐 Hangul 韓國
A0287 虢	U-8662 0-6B3D 2-5367 1-5A42 2-5B32	1075.170 42828.070 32742 15 虍	GUO2 gwik1 HOU, BOU guæk 괵
A0287 虣	U-8663 3-614E 2-5A25 1-5A43 2-5B33	1075.180 42828.170 32744 15 虍	BAO4 bou6 HOU, BOU 포
A0288 虤	U-8664 3-614F 2-5A27 1-5A44 2-5B34	1075.250 42829.070 32752 16 虍	YAN2 ngaan4 GAN, GEN, KEN 현
A0890 虫	U-866B 0-3366 1-4865 0-436E 1-7477	1076.190 42833.010 32804 06 虫	CHONG2, HUI3 cung4, wai2 CHUU, KI 충
A0887 虹	U-8679 0-3A67 1-534C 0-467A 0-7B76	1076.400 42834.080 32830 09 虫	HONG2, JIANG4, HONG4, GONG4 hung4 KOU gàng, gùng, hung 홍
A0887 蚩	U-86A9 0-723F 1-582A 0-6950 0-7649	1078.280 42841.050 32902 10 虫	CHI1 ci1 SHI chiə 치
A0890 蛇	U-86C7 0-495F 1-5D2A 0-3C58 0-5E6F	1080.200 42845.080 32964 11 虫	SHE2, YI2, TUO2, CHI2 ji4, se4 JA, I, DA *jhia, tɑ 사

出典 甲骨文 楷書	Ucode 美國 Gcode 中國 Tcode 臺灣 Jcode 日本 Kcode 韓國	康熙字典 漢語大辭典 大漢和辭典 總劃 部首	Mandarin 北京 Cantonese 廣東 JapaneseOn 日本 Tang 唐 Hangul 韓國
A0888  䖵	U-45B5 5-6130 3-3E66	1082.220 42849.020 12 虫	 kwan1 곤
A0895  蛙	U-86D9 0-4D5C 1-6172 0-333F 0-6843	1081.250 42847.030 32997 12 虫	WA1, JUE2 waa1 A, WA qua 와
A0896  蛛	U-86DB 0-566B 1-6175 0-6961 0-7148	1081.310 42849.090 33002 12 虫	ZHU1 zyu1 SHU, CHU 주
A0886  蜀	U-8700 0-4A71 1-6645 0-6966 0-7539	1084.040 42921.130 33086 13 虫	SHU3 suk6 SHOKU, ZOKU *zhiok 촉
A0755  蜄	U-8704 5-6140 2-472A 1-5A71 2-5C23	1084.080 42854.050 33090 13 虫	ZHEN4 zan3 SHIN 진
D0162  蜩	U-8729 0-7268 1-6A75 0-6973 1-6D31	1086.230 42865.020 33166 14 虫	TIAO2, DIAO4 tiu4 CHOU dheu 조
D0162  蝠	U-8760 0-7270 1-6E64 0-6975 1-6229	1090.050 42868.100 33288 15 虫	FU2 fuk1 FUKU biuk 복

出典 甲骨文 楷書	Ucode 美國 Gcode 中國 Tcode 臺灣 Jcode 日本 Kcode 韓國	康熙字典 漢語大辭典 大漢和辭典 總劃 部首	Mandarin 北京 Cantonese 廣東 JapaneseOn 日本 Tang 唐 Hangul 韓國
A0950	U-87EC	1097.310	CHAN2, SHAN4
	1-3275	42891.070	sim4, sin4
	1-7738	33616	SEN, ZEN
	3-7B62	18	*zhiɛn
蟬	0-6051	虫	선
A0889	U-8831	1103.120	GU3
	1-3946	42906.090	gu2
	1-7C47	33867	KO, YA
	0-6A43	23	
蠱	0-4D4C	虫	고
D0162	U-8836	1103.330	CAN2
	1-324F	42908.110	caam4
	1-7C66	33890	SAN, TEN
	0-6A44	24	*dzhom
蠶	0-6D59	虫	잠
A0296	U-8840	1107.010	XIE3, XUE4
	0-512A	53050.010	hyut3
	1-4866	33964	KETSU
	0-376C	06	*xuet
血	0-7A6C	血	혈
A0511	U-8846	1107.160	ZHONG4
	1-565A	53051.140	zung3
	3-3E6A	33981	SHUU, SHU
	0-3D30	12	*jiùng
衆	0-716B	血	중
A0103	U-884C	1108.310	XING2, HANG2, XING4, HANG4, HENG2
	0-5050	20811.060	haang4, hang4, hang6, hong4
	1-4867	34029	KOU, GYOU, AN
	0-3954	06	*hæng, *hɑng
行	0-7A3C	行	행
D0138	U-884D	1108.350	YAN3, YAN2
	0-515C	20820.040	hin2, jin2, jin5
	1-534F	34033	EN
	0-5E27	09	iɛ̀n
衍	0-6662	行	연

出典 甲骨文 楷書	Ucode 美國 Gcode 中國 Tcode 臺灣 Jcode 日本 Kcode 韓國	康熙字典 漢語大辭典 大漢和辭典 總劃 部首	Mandarin 北京 Cantonese 廣東 JapaneseOn 日本 Tang 唐 Hangul 韓國
A0105	U-885B	1109.290	WEI4
	1-4E40	20845.040	wai6
	1-6E6C	34073	EI, E
	0-3152	16	*hiuɛ̆i
衛	0-6A5B	行	위
A0516	U-8863	1111.010	YI1, YI4
	0-5242	53074.010	ji1, ji3
	1-4868	34091	I, E
	0-3061	06	*qiəi, qièi
衣	0-6B7D	衣	의
A0518	U-461A	1111.030	ZHU2
	KX111103	53074.020	zeot1
	3-2A6E		
		08	
卒	3-3161	衣	졸
A0522	U-8881	1113.080	YUAN2
	0-542C	10444.110	jyun4
	1-5830	34152	EN, ON
	0-6A4F	10	hiuæn
袁	0-6A3E	衣	원
A0521	U-4628	1116.010	JIAO3
	3-665E	53090.030	gaau1, gau2
	4-3A79		
		12	
袎		衣	교
A0519	U-88D8	1117.220	QIU2
	0-7443	53090.090	kau4
	1-6651	34312	KYUU
	0-6A64	13	*ghiou
裘	1-5A67	衣	구
A0518	U-4639	1118.370	ZUI4
	3-6672	53099.140	ceoi3
	4-4727		
		14	
袸	3-316A	衣	쉬

出典 甲骨文 楷書	Ucode 美國 / Gcode 中國 / Tcode 臺灣 / Jcode 日本 / Kcode 韓國	康熙字典 / 漢語大辭典 / 大漢和辭典 / 總劃 / 部首	Mandarin 北京 / Cantonese 廣東 / JapaneseOn 日本 / Tang 唐 / Hangul 韓國
A0517	U-8918	1121.170	HUI1
	3-662B	53105.020	fai1
	2-5430	34453	I, KIKU
	1-5C5C	14	
褘	0-6A5C	衣	위, 휘
A0517	U-8944	1123.310	XIANG1
	0-4F65	53109.120	soeng1
	1-7543	34556	JOU, SHOU
	0-6A77	17	*siɑng
襄	0-6551	衣	양
D0113	U-8972	1127.060	XI2
	1-4F2E	53121.020	zaap6
	1-7B71	34717	SHUU, JUU
	0-3D31	22	zip
襲	0-6329	衣	습
A0781	U-897F	1128.100	XI1
	0-4E77	42805.020	sai1
	1-4869	34763	SEI, SAI
	0-403E	06	*sei
西	0-6024	襾	서
A0139	U-8981	1128.160	YAO4, YAO1, YAO3
	0-522A	42805.080	jiu1, jiu3
	1-5351	34768	YOU
	0-4D57	09	*qiɛ̆u
要	0-6929	襾	요
A0245	U-8983	1128.290	TAN2, QIN2, YAN3
	0-717B	42807.100	taam4
	1-617D	34778	TAN, EN
	0-6B29	12	
覃	0-5347	襾	담
A0398	U-8987	1129.100	BA4, PO4
	E-3D48	42808.100	baa3
	3-5B2F	34790	HA, HAKU
	0-4746	19	
覇	0-782E	襾	패

出典 甲骨文 楷書	Ucode 美國 Gcode 中國 Tcode 臺灣 Jcode 日本 Kcode 韓國	康熙字典 漢語大辭典 大漢和辭典 總劃 部首	Mandarin 北京 Cantonese 廣東 JapaneseOn 日本 Tang 唐 Hangul 韓國
A0551 見	U-898B 1-3C7B 1-4B44 0-382B 0-4C38	1133.010 63663.010 34796 07 見	JIAN4, XIAN4 gin3, jin6 KEN *gèn 견
A0205 視	U-8996 1-4A53 1-617E 0-3B6B 0-634A	1134.210 63665.190 34827 12 見	SHI4 si6 SHI *zhǐ, zhì 시
A0205 覗	U-8997 5-4A61 2-4038 0-4741 1-6357	1134.320 63667.140 34839 12 見	SI1, SI4 zi6 SHI 사
A0226 觀	U-89C0 1-395B 1-7D28 0-6B37 0-4E3A	1138.140 63677.050 34993 25 見	GUAN1, GUAN4 gun1, gun3 KAN *guan, guàn 관
A0263 角	U-89D2 0-3D47 1-4B45 0-3351 0-4A47	1139.060 63919.010 35003 07 角	JIAO3, JUE2, GU3, LU4 gok3, luk6 KAKU, ROKU, KOKU *gak 각
A0263 解	U-89E3 0-3D62 1-6658 0-3272 0-7A30	1142.010 63925.100 35067 13 角	JIE3, JIE4, XIE4 gaai2, gaai3, haai6 KAI, GE *gĕi 해
A0263 觥	U-89E5 0-7621 2-4744 1-5D39 1-5A2D	1142.030 63924.030 35069 13 角	GONG1 gwang1 KOU 굉

出典 甲骨文 楷書	Ucode 美國 Gcode 中國 Tcode 臺灣 Jcode 日本 Kcode 韓國	康熙字典 漢語大辭典 大漢和辭典 總劃 部首	Mandarin 北京 Cantonese 廣東 JapaneseOn 日本 Tang 唐 Hangul 韓國
A0264 觳	U-89F3 0-6C32 2-5F4B 1-5D3E 1-592C	1144.180 80028.050 35144 17 角	HU2, JUE2, QUE4 huk6 KOKU, GOKU, KAKU, GAKU 곡
A0263 觵	U-89F5 5-713C 3-5B32 2-6023	1144.320 63931.240 35166 19 角	GONG1 gwang1 굉
A0121 言	U-8A00 0-5154 1-4B46 0-3840 0-656B	1146.010 63936.010 35205 07 言	YAN2, YAN4, YIN2 jin4 GEN, GON, GIN *ngiæn 언
A0122 訊	U-8A0A 1-5136 1-5839 0-3F56 0-6372	1147.040 63942.100 35224 10 言	XUN4 seon3 JIN, SHIN, SHUN sìn 신
A0027 訖	U-8A16 1-467D 1-583C 0-6B3F 0-7D61	1148.120 63941.090 35242 10 言	QI4 gat1, ngat6 KITSU kiət 흘
A0924 訢	U-8A22 3-7267 1-5D46 1-5D4D 1-7529	1150.060 63948.050 35271 11 言	XIN1, XI1, YIN2 01-Jan KIN, KON, KI, FGIN, GON 흔
A0122 訥	U-8A25 1-5A2B 1-5D41 0-6B44 0-526D	1150.090 63946.040 35274 11 言	NE4, NA4 nat6, neot6 TOTSU, DOTSU 눌

出典 甲骨文 楷書	Ucode 美國 Gcode 中國 Tcode 臺灣 Jcode 日本 Kcode 韓國	康熙字典 漢語大辭典 大漢和辭典 總劃 部首	Mandarin 北京 Cantonese 廣東 JapaneseOn 日本 Tang 唐 Hangul 韓國
A0124  設	U-8A2D 1-4968 1-5D43 0-405F 0-6062	1151.090 63950.050 35293 11 言	SHE4 cit3 SETSU, SECHI shiɛt 설
A0991  許	U-8A31 1-506D 1-5D42 0-3576 0-7A49	1151.140 63946.090 35298 11 言	XU3, HU3 heoi2 KYO, KO *xiŭ 허
A0547  詋	U-8A4B 5-7170 3-3F23 1-6D57	1154.110 63954.030 35365 12 言	ZHOU4 주
A0972  詞	U-8A5E 1-344A 1-6224 0-3B6C 0-5E72	1156.090 63957.090 35394 12 言	CI2 ci4 SHI, JI *ziə 사
A0125  詠	U-8A60 E-3D67 1-6222 0-3153 0-6749	1156.180 63957.080 35409 12 言	YONG3 wing6 EI *hiuæ̀ng 영
A0547  詶	U-8A76 E-3D6A 2-474B 1-5D68 2-6053	1159.070 63971.080 35452 13 言	CHOU2, ZHOU4 cau4 SHUU, JU 수
A0123  誇	U-8A87 1-3F64 1-665F 0-3858 0-4E23	1161.020 63962.140 35474 13 言	KUA1 kwaa1 KO, KA *kuɑ 과

出典 甲骨文 楷書	Ucode 美國 Gcode 中國 Tcode 臺灣 Jcode 日本 Kcode 韓國	康熙字典 漢語大辭典 大漢和辭典 總劃 部首	Mandarin 北京 Cantonese 廣東 JapaneseOn 日本 Tang 唐 Hangul 韓國
A0274 䛣	U-46E3 3-733F 4-4742	1163.140 63976.120 14 言	빙, 추
A0538 說	U-8AAA E-3D73 1-6B29 0-6063	1164.080 63979.031 35556 14 言	SHUO1, SHUI4, YUE4, TUO1 jyut6, seoi3, syut3 SETSU, ZEI, ETSU 설
A0305 論	U-8AD6 1-425B 1-6F22 0-4F40 0-5665	1168.130 63988.030 35658 15 言	LUN4, LUN2 leon4, leon6 RON, RIN *luən, luin, luən 론
A0031 諾	U-8AFE 1-4535 1-723F 0-427A 0-5167	1173.020 63984.010 35687 16 言	NUO4 nok6 DAKU 낙
A0290 謐	U-8B10 1-5A57 1-754F 0-6B6D 0-5A4D	1175.020 64010.030 35803 17 言	MI4 mat6 HITSU, BITSU 밀
A0110 譟	U-8B5F E-3E34 1-7A42 0-6C21 1-6D33	1182.190 64024.050 35998 20 言	ZAO4 cou3 SOU sàu 조
A0575 警	U-8B66 0-3E2F 1-7A40 0-3759 0-4C6D	1183.050 64017.040 35989 20 言	JING3 ging2 KEI, KYOU giæ̆ng 경

出典	Ucode 美國	康熙字典	Mandarin 北京
甲骨文	Gcode 中國	漢語大辭典	Cantonese 廣東
	Tcode 臺灣	大漢和辭典	JapaneseOn 日本
	Jcode 日本	總劃	Tang 唐
楷書	Kcode 韓國	部首	Hangul 韓國
A0752	U-8C37	1189.010	GU3, YU4, LU4
	0-3948	63902.010	guk1, juk6
	1-4B47	36182	KOKU, YOKU
	0-432B	07	*guk, iok
谷	0-4D5B	谷	곡
A0282	U-8C46	1191.140	DOU4
	0-3639	63565.010	dau2, dau6
	1-4B48	36245	TOU, ZU
	0-4626	07	dhòu
豆	0-5467	豆	두
C0018	U-4734	1191.220	CHU4, SHI4
	3-6E42	63566.050	si6
	4-354A		
		11	
豉		豆	추
A0176	U-8C49	1191.230	CHI3, SHI4
	0-7479	63566.040	si6
	1-5D47	36253	SHI, JI
	1-5E68	11	
豉	1-6566	豆	시
A0284	U-8C4A	1192.070	LI3, FENG1
	3-6E46	63566.140	lai5
	2-475A	36263	HOU, FUU
	0-4B2D	13	
豊	0-7925	豆	풍, 례
A0280	U-8C4E	1192.220	SHU4
	E-3E45	63567.140	syu6
	1-6F28	36280	JU
	0-6C33	15	zhiǒ
豎	1-653A	豆	수
A0284	U-8C50	1193.120	FENG1
	1-3761	63569.020	fung1
	1-7742	36296	HOU, FUU
	0-6C34	18	*piung
豐	2-6224	豆	풍

出典	Ucode 美國	康熙字典	Mandarin 北京
甲骨文	Gcode 中國	漢語大辭典	Cantonese 廣東
	Tcode 臺灣	大漢和辭典	JapaneseOn 日本
	Jcode 日本	總劃	Tang 唐
楷書	Kcode 韓國	部首	Hangul 韓國
A0597	U-8C55	1194.040	SHI3
	0-7539	63610.010	ci2
	1-4B49	36337	SHI
	0-6C35	07	shiĕ
豕	0-634E	豕	시
A0599	U-8C56	1194.080	CHU4
	3-6F2B	63610.050	doek3
	2-286B	36338	
		08	
豖	1-7059	豕	축
A0605	U-8C5A	1194.230	TUN2, DUN1
	0-6B60	63611.080	tyun4
	1-5D48	36352	TON
	0-465A	11	dhuən
豚	0-544A	豕	돈
A0607	U-8C61	1195.210	XIANG4
	0-4F73	63611.090	zoeng6
	1-622F	36372	SHOU, ZOU
	0-3E5D	12	*ziăng
象	0-5F5A	豕	상
A0599	U-8C62	1196.040	HUAN4
	0-3B3F	63614.070	waan6
	1-666D	36380	KEN, KAN
	0-6C36	13	
豢	1-743E	豕	환
A0600	U-8C69	1197.010	BIN1
	5-6E47	63615.030	waan1
	2-4E3A	36405	HIN, KAN, KEN
	1-5E77	14	
豩	2-6231	豕	빈
A0599	U-8C6D	1198.050	JIA1
	3-6F3E	63618.150	gaa1
	1-7248	36435	KA, KE
	1-5E78	16	
豭	2-6232	豕	가

出典 甲骨文 楷書	Ucode 美國 Gcode 中國 Tcode 臺灣 Jcode 日本 Kcode 韓國	康熙字典 漢語大辭典 大漢和辭典 總劃 部首	Mandarin 北京 Cantonese 廣東 JapaneseOn 日本 Tang 唐 Hangul 韓國
A0264	U-8C70	1198.110	BO2, HU4, HUO4, GOU4
	3-4F3C	32167.020	
	2-5F5E	36442	
		17	
豰	2-6234	豕	혹
A0605	U-8C78	1199.360	ZHI4
	0-7574	63908.010	zaai6, zi6
	2-2524	36496	CHI, TAI
	0-6C38	07	
豸	1-7074	豸	치
A0606	U-8C79	1199.390	BAO4
	0-312A	63908.060	baau3, paau3
	1-5841	36499	HOU, HYOU
	0-493F	10	bàu
豹	0-787B	豸	표
A0902	U-8C87	1201.110	KUN1
	5-706F	63912.040	
	4-4078	36547	KON, KEN
	1-5F21	13	
貇	2-6244	豸	간
A0549	U-8C8C	1201.190	MAO4
	0-4332	63913.040	maau6
	1-6B32	36556	BOU, BAKU
	0-4B46	14	mak, màu
貌	0-5949	豸	모
A0372	U-8C9D	1204.010	BEI4
	1-3134	63622.010	bui3
	1-4B4A	36656	BAI, HAI
	0-332D	07	*bại
貝	0-782F	貝	패
A0192	U-8C9E	1204.030	ZHEN1
	1-556A	63622.030	zing1
	1-5356	36658	TEI, JOU
	0-4467	09	djiɛng
貞	0-6F76	貝	정

出典 甲骨文 楷書	Ucode 美國 Gcode 中國 Tcode 臺灣 Jcode 日本 Kcode 韓國	康熙字典 漢語大辭典 大漢和辭典 總劃 部首	Mandarin 北京 Cantonese 廣東 JapaneseOn 日本 Tang 唐 Hangul 韓國
A0270	U-8CA2	1205.010	GONG4
	1-3931	63624.050	gung3
	1-5843	36665	KOU, KU
	0-3957	10	*gùng
貢	0-4D78	貝	공
A0373	U-8CA3	1205.020	TE4
	3-354C	63625.030	tik1
	2-3326	36666	
		10	
貣	2-6252	貝	특
A0407	U-8CAB	1205.170	GUAN4, WAN1
	1-3961	63628.150	gun3
	1-5D4B	36681	KAN, WAN
	0-3453	11	guàn
貫	0-4E3B	貝	관
A0376	U-8CAC	1205.190	ZE2, ZHAI4
	1-5470	63626.020	zaak3
	1-5D4A	36682	SEKI, SAI
	0-4055	11	jrɛk
責	0-7421	貝	책
A0377	U-476D	1207.010	GOU4
	3-4846	63634.070	gau3
	4-3B42		
		12	
䝭		貝	구
A0374	U-8CAF	1206.090	ZHU3, ZHU4
	1-567C	63635.060	cyu5
	1-6231	36698	CHO
	0-4379	12	djiŭ
貯	0-6E4D	貝	저
B0706	U-8CB4	1206.150	GUI4
	1-3973	63632.090	gwai3
	1-6238	36704	KI
	0-352E	12	*giuəi
貴	0-4F7E	貝	귀

出典 甲骨文 楷書	Ucode 美國 Gcode 中國 Tcode 臺灣 Jcode 日本 Kcode 韓國	康熙字典 漢語大辭典 大漢和辭典 總劃 部首	Mandarin 北京 Cantonese 廣東 JapaneseOn 日本 Tang 唐 Hangul 韓國
A0376	U-8CB7	1206.210	MAI3
	1-4272	63633.070	maai5
	1-6239	36708	BAI
	0-4763	12	*mɛ̆i
買	0-5862	貝	매
A0373	U-8CB8	1206.220	DAI4, TE4
	1-347B	63634.020	taai3, tik1
	1-623C	36709	TAI, TOKU
	0-425F	12	
貸	0-5368	貝	대
A0248	U-3562	1208.260	GAI4, HAI4, JU4, LUN3, NOU3
	3-335B	10401.100	
	4-4756		
		14	
㕢		貝	개
A0248	U-4773	1208.270	CAN2
	KX120827	63642.090	
	5-4A29		
		14	
䝳	3-3260	貝	잔
A0374	U-8CD3	1208.370	BIN1, BIN4
	1-3176	63643.080	ban1
	1-6B33	36788	HIN
	0-4950	14	*bin
賓	0-5E39	貝	빈
A0606	U-8CDC	1209.150	CI4, SI4
	1-344D	63648.020	ci3
	1-6F32	36809	SHI
	0-3B72	15	*siɛ̀
賜	0-5E74	貝	사
A0170	U-8CE2	1209.280	XIAN2
	1-4F4D	63646.060	jin4
	1-6F30	36822	KEN
	0-382D	15	*hen
賢	0-7A67	貝	현

出典	楷書	Ucode 美國	Gcode 中國	Tcode 臺灣	Jcode 日本	Kcode 韓國	康熙字典	漢語大辭典	大漢和辭典	總劃	部首	Mandarin 北京	Cantonese 廣東	JapaneseOn 日本	Tang 唐	Hangul 韓國
A0660	赤	U-8D64	0-3360	1-4B4B	0-4056	0-6E65	1213.220	53506.010	36993	07	赤	CHI4	cek3, cik3	SEKI, SHAKU	*chiɛk	적
A0071	走	U-8D70	0-575F	1-4B4C	0-4176	0-714B	1215.010	53473.010	37034	07	走	ZOU3	zau2	SOU, SHU	*tzǒu, tzòu	주
A0071	䞡	U-47A1	KX121612	5-3C52		3-326F	1216.120	53482.010		12	走	TAN3	tan2, tan2			단
A0106	趖	U-8D96	3-6E24	2-4E3E		2-632E	1217.290	53489.130	37150	14	走	SUO1	so1			좌
A0093	趠	U-8DA0	5-6D51	2-5458	1-5F54	1-6F7A	1218.200	53492.050	37192	15	走	CHUO4, CHAO4	coek3	TAKU, CHOU		탁
A0079	足	U-8DB3	0-5763	1-4B4D	0-422D	0-706B	1221.170	63686.010	37365	07	足	ZU2, JU4	zeoi3, zuk1	SOKU, SHOKU, SUU	*tziok	족
A0494	䟓	U-47D3	3-6F4D	4-2B4C			1221.220	63687.040		09	足		ding1			정

出典 甲骨文 楷書	Ucode 美國 Gcode 中國 Tcode 臺灣 Jcode 日本 Kcode 韓國	康熙字典 漢語大辭典 大漢和辭典 總劃 部首	Mandarin 北京 Cantonese 廣東 JapaneseOn 日本 Tang 唐 Hangul 韓國
A0890	U-8DCE	1223.150	TUO2
	0-7549	63698.030	to4
	1-6240	37452	TA, DA
	1-5F64	12	*dhɑ
跎	1-7133	足	타
A0755	U-47F4	1226.240	ZHEN4
	KX122624	63708.060	ngan3, zaan1, zaan3
	5-4A3E		
		14	
䟴	3-3334	足	진
D0032	U-8DFD	1226.110	JI4
	0-7555	63711.020	gei6
	2-4E43	37549	KI, GI
	1-5F73	14	
跽	2-635D	足	기
D0028	U-8E10	1227.170	JIAN4
	1-3C79	63714.060	cin5, zin6
	1-6F39	37608	SEN
	0-6C78	15	dzhiĕn
踐	0-7442	足	천
A0942	U-8E8B	1235.170	JI1
	1-7552	63746.020	zai1
	1-7B31	37949	SEI, SAI
	0-6D33	21	tzei
躋	1-6C70	足	제
A0515	U-8EAB	1237.010	SHEN1, YUAN2, JUAN1
	0-496D	63807.010	gyun1, san1
	1-4B4E	38034	SHIN, KEN
	0-3F48	07	*shin
身	0-6373	身	신
A0927	U-8ECA	1239.010	CHE1, JU1
	1-3335	53511.010	ce1, geoi1
	1-4B4F	38172	SHA, KYO
	0-3C56	07	*giu, chia
車	0-7333	車	차

出典 甲骨文 楷書	Ucode 美國 Gcode 中國 Tcode 臺灣 Jcode 日本 Kcode 韓國	康熙字典 漢語大辭典 大漢和辭典 總劃 部首	Mandarin 北京 Cantonese 廣東 JapaneseOn 日本 Tang 唐 Hangul 韓國
D0170 軎	U-8ECE 0-6A26 5-3055	1239.140 53515.080 38182 10 車	WEI4 세
D0170 載	U-8F09 1-5458 1-6725 0-3A5C 0-6E30	1243.120 53526.100 38309 13 車	ZAI4, ZAI3, DAI4, ZAI1, ZI1 zoi2, zoi3 SAI *tzə̀i, *tzə̆i, dzhə̀i, tzə̀i 재
A0927 輦	U-8F26 1-697D 1-6F46 0-6D53 0-5626	1245.130 53536.130 38393 15 車	NIAN3 lin5 REN *liĕn 련
A0139 輿	U-8F3F 1-535F 1-7561 0-4D41 0-662B	1247.170 53549.090 38468 17 車	YU2, YU4 jyu4 YO *iu 여
A0180 轉	U-8F49 1-572A 1-774B 0-6D5B 0-6F2E	1248.170 53552.040 38507 18 車	ZHUAN3, ZHUAN4 zyun2, zyun3 TEN *djiuĕn 전
A0885 轡	U-8F61 1-604E 1-7B79 0-3725 1-632D	1249.370 53561.090 38587 22 車	PEI4 bei3 HI byì 비
A0969 辛	U-8F9B 0-5041 1-4B50 0-3F49 0-6374	1250.250 64036.010 38630 07 辛	XIN1 san1 SHIN *sin 신

出典	Ucode 美國	康熙字典	Mandarin 北京
甲骨文	Gcode 中國	漢語大辭典	Cantonese 廣東
	Tcode 臺灣	大漢和辭典	JapaneseOn 日本
	Jcode 日本	總劃	Tang 唐
楷書	Kcode 韓國	部首	Hangul 韓國
A0573	U-8F9F	1251.060	PI4, PI1, BI4, MI3
	0-3159	64037.080	bik1, pik1
	1-6728	38642	HEKI, HI, BI
	0-6D64	13	bhiɛk, biɛk
辟	1-7255	辛	벽
A0970	U-8FA5	1251.170	XUE1
	5-7331	64042.030	
	3-5327	38654	SETSU, SECHI
	1-6131	16	
辥	2-654A	辛	설
A0972	U-8FAD	1252.080	CI2
	1-3447	64043.130	ci4
	1-7930	38671	JI, SHI
	0-6D66	19	*ziə
辭	0-5E76	辛	사
A0986	U-8FB0	1252.150	CHEN2
	0-333D	63606.010	san4
	1-4B51	38682	SHIN
	0-4324	07	zhin
辰	0-7263	辰	진
C0050	U-8FB1	1252.210	RU3, RU4
	0-4868	63607.010	juk6
	1-5849	38686	JOKU, NIKU
	0-3F2B	10	njiok
辱	0-6934	辰	욕
A0140	U-4885	1253.030	CHEN2
	5-645D	63608.030	san4
	4-476B		
		13	
䢅	3-3357	辰	신
A0140	U-8FB2	1252.240	NONG2
	1-4529	63607.030	nung4
	1-6729	38688	NOU, DOU
	0-4740	13	nong
農	0-525C	辰	농

出典 甲骨文 楷書	Ucode 美國 Gcode 中國 Tcode 臺灣 Jcode 日本 Kcode 韓國	康熙字典 漢語大辭典 大漢和辭典 總劃 部首	Mandarin 北京 Cantonese 廣東 JapaneseOn 日本 Tang 唐 Hangul 韓國
A0141 辳	U-8FB3 E-4027 3-4F39	1253.050 63608.040 38693 15 辰	NONG2 농
A0081 辵	U-8FB5 3-7154 3-272F 1-6133 2-654C	1253.110 63815.010 38700 04 辵	CHUO4 coek3 CHAKU 착
A0094 䢊	U-488A KX125316 3-2732	1253.160 63817.070 07 辵	YOU2 zaau4 유
A0027 迄	U-8FC4 0-4679 1-4B55 0-4B78 1-752E	1253.240 63816.120 38724 07 辵	QI4 hat1, ngat6 KITSU 흘
A0935 䢍	U-488D KX125338 3-2A6F	1253.380 63822.010 08 辵	FANG3, FEN4 fong2 방
C0076 迍	U-8FCD 3-7158 2-286F 1-613C 1-5D69	1254.020 63819.030 38747 08 辵	ZHUN1, TUN2 zeon1 CHUN, TON, DON djuin 둔
A0082 迎	U-8FCE 0-532D 1-4F52 0-375E 0-674A	1254.030 63821.090 38748 08 辵	YING2, YING4 jing4, jing6 GEI *ngiæng 영

出典 甲骨文 楷書	Ucode 美國 Gcode 中國 Tcode 臺灣 Jcode 日本 Kcode 韓國	康熙字典 漢語大辭典 大漢和辭典 總劃 部首	Mandarin 北京 Cantonese 廣東 JapaneseOn 日本 Tang 唐 Hangul 韓國
D0027	U-8FD5	1254.150	WU4, WU3
	0-6543	63819.100	ng6
	2-2871	38759	GO
	1-6140	08	ngò
迕	1-6835	辵	오
A0273	U-5EFC	0353.051	NAI3
	E-2940	10404.080	
	3-2C4B	09576	DAI, NAI
	0-4736	09	
廼	2-3078	辵	내
A0468	U-8FE5	1254.300	JIONG3
	0-6544	63824.020	gwing2
	1-5361	38786	KEI, GYOU
	0-6D6A	09	*huěng
迥	1-7363	辵	형
D0027	U-9008	1257.041	JIONG3
	E-4039	80039.180	
	3-3427	38868	KEI, GYOU
	1-614D	09	
逈	0-7B2D	辵	형
A0083	U-4894	1256.090	GE2, HE2, JIA2
	3-715F	63830.020	hap6
	4-3030		
		10	
䢔	3-335D	辵	합
A0273	U-8FFA	1256.040	NAI3
	8-2D5C	63827.100	naai5
	1-584E	38831	DAI, NAI
	0-6D72	10	
迺	1-5C3B	辵	내
A0090	U-8FFD	1256.100	ZHUI1, DUI1, TUI1
	0-5737	63829.050	zeoi1
	1-5851	38836	TSUI, TAI
	0-4449	10	*djui
追	0-755A	辵	추

出典	Ucode 美國	康熙字典	Mandarin 北京
甲骨文	Gcode 中國	漢語大辭典	Cantonese 廣東
	Tcode 臺灣	大漢和辭典	JapaneseOn 日本
	Jcode 日本	總劃	Tang 唐
楷書	Kcode 韓國	部首	Hangul 韓國
A0084	U-9006	1256.300	NI4
	0-4466	63833.020	jik6, ngaak6
	1-584B	38849	GYAKU, GEKI
	0-3555	10	ngiæk
逆	0-663D	辵	역
A0094	U-9010	1257.140	ZHU2, DI2, ZHOU4, TUN2
	0-5670	63839.030	zuk6
	1-5D5C	38877	CHIKU, JIKU
	0-4360	11	*djhiuk
逐	0-756F	辵	축
A0094	U-9014	1257.200	TU2
	0-4D3E	63843.040	tou4
	1-5D64	38882	TO, ZU
	0-4553	11	*dho
途	0-5432	辵	도
A0085	U-901A	1258.040	TONG1, TONG4
	0-4D28	63845.080	tung1
	1-5D57	38892	TS, UTSU, TOU
	0-444C	11	*tung
通	0-7757	辵	통
A0085	U-901F	1258.100	SU4
	0-4B59	63838.010	cuk1
	1-5D5A	38897	SOKU
	0-422E	11	suk
速	0-615C	辵	속
A0085	U-9022	1258.160	FENG2, PANG2, PENG2
	0-376A	63844.020	fung4
	1-5D61	38901	HOU, BU
	0-3029	11	*bhiong
逢	0-5C71	辵	봉
A0083	U-9032	1259.300	JIN4
	1-3D78	63851.050	zeon3
	1-6250	38943	SHIN, JIN
	0-3F4A	12	*tzìn
進	0-7264	辵	진

出典 甲骨文 楷書	Ucode 美國 Gcode 中國 Tcode 臺灣 Jcode 日本 Kcode 韓國	康熙字典 漢語大辭典 大漢和辭典 總劃 部首	Mandarin 北京 Cantonese 廣東 JapaneseOn 日本 Tang 唐 Hangul 韓國
A0093	U-9034	1260.040	CHUO4
	3-7167	63848.120	coek3
	2-4073	38947	TAKU, CHAKU
	1-6158	12	
逴	1-7141	辵	탁
A0494	U-903C	1260.160	BI1
	0-3146	63856.080	bik1
	1-672F	38973	HITSU, HYOKU
	0-492F	13	biək
逼	0-793A	辵	핍
A0392	U-904A	1261.110	YOU2
	E-4049	63861.020	jau4
	1-672B	38994	YUU, YU
	0-4D37	13	*iou
遊	0-6B34	辵	유
A0089	U-9054	1262.100	DA2, TA4, TI4
	1-346F	63855.010	daat6, taat3
	1-672E	39011	TATSU, DACHI
	0-4323	13	*dhɑt
達	0-5339	辵	달
A0087	U-9058	1262.210	GOU4
	0-655C	63869.050	gau3
	1-6B40	39031	KOU
	0-6E29	14	
遘	1-5A6A	辵	구
D0026	U-905D	1263.090	TA4, DAI4
	3-7172	63872.010	daap6
	1-6B46	39044	TOU, DOU
	1-615F	14	dhop
遝	0-534F	辵	답
A0092	U-9060	1263.120	YUAN3, YUAN4
	1-5436	63869.070	jyun5, jyun6
	1-6B3F	39047	EN, ON
	0-3173	14	
遠	0-6A40	辵	원

出典 甲骨文 楷書	Ucode 美國 Gcode 中國 Tcode 臺灣 Jcode 日本 Kcode 韓國	康熙字典 漢語大辭典 大漢和辭典 總劃 部首	Mandarin 北京 Cantonese 廣東 JapaneseOn 日本 Tang 唐 Hangul 韓國
A0093	U-9063	1263.190	QIAN3, QIAN4
	0-4732	63871.070	hin2
	1-6B42	39052	KEN
	0-382F	14	*kiɛ̆n
遣	0-4C3A	辵	견
D0027	U-9069	1263.340	SHI4, DI2, TI4, ZHE2
	1-4A4A	63877.080	dik1, sik1
	1-6F4B	39076	TEKI, SEKI
	0-452C	15	*shiɛk
適	0-6E6A	辵	적
A0088	U-9072	1264.170	CHI2, ZHI4, XI1, ZHI2
	1-3359	63885.050	ci4
	1-725A	39113	CHI
	0-6E2F	16	*djhi
遲	0-7240	辵	지
A0799	U-9077	1265.040	QIAN1
	1-4728	63881.020	cin1
	1-6F4F	39123	SEN
	0-412B	16	*tsiɛn
遷	0-7443	辵	천
D0027	U-48AE	1266.250	LEI4
	5-7048	63887.130	
	4-5939		
		17	
䢮	3-3364	辵	뢰
A0089	U-907F	1266.090	BI4
	0-315C	63891.050	bei6
	1-7562	39163	HI
	0-4872	17	*bhiɛ̀
避	0-792D	辵	피
A0091	U-9087	1267.040	ER3
	1-6547	63891.110	ji5
	1-774D	39193	JI, NI
	0-6D6E	18	
邇	0-6C44	辵	이

出典 甲骨文 楷書	Ucode 美國 Gcode 中國 Tcode 臺灣 Jcode 日本 Kcode 韓國	康熙字典 漢語大辭典 大漢和辭典 總劃 部首	Mandarin 北京 Cantonese 廣東 JapaneseOn 日本 Tang 唐 Hangul 韓國
A0207 邊	U-908A 1-315F 1-7931 0-6E34 0-5C2B	1267.130 63894.030 39216 19 辵	BIAN1 bin1 HEN *ben 변
D0027 邋	U-908B 0-6565 1-7932 1-6169 2-6627	1267.150 63894.080 39218 19 辵	LA2, LA1, LIE4 laap6, laat6 RYOU, ROU 랍
A0379 邑	U-9091 0-5258 1-4B57 0-4D38 0-6B69	1267.420 63753.010 39269 07 邑	YI4, E4 jap1 YUU, OU *qyip 읍
A0380 邦	U-90A6 0-306E 1-4B5A 0-4B2E 0-5B40	1269.050 63756.140 39310 07 邑	BANG1 bong1 HOU bang 방
A0510 邱	U-90B1 0-4771 1-4F57 0-6E39 0-4F48	1269.260 63763.050 39335 08 邑	QIU1 jau1 KYUU *kiou 구
A0568 邲	U-90B2 3-7065 2-2873 1-6177 2-6631	1269.290 63764.040 39339 08 邑	BI4 bei3 HITSU, BICHI, HI 필
A0570 邵	U-90B5 0-495B 1-4F55 0-6E3A 0-6150	1270.020 63764.090 39343 08 邑	SHAO4 siu6 SHOU, JOU zhiɛ̀n 소

出典 甲骨文 楷書	Ucode 美國 Gcode 中國 Tcode 臺灣 Jcode 日本 Kcode 韓國	康熙字典 漢語大辭典 大漢和辭典 總劃 部首	Mandarin 北京 Cantonese 廣東 JapaneseOn 日本 Tang 唐 Hangul 韓國
A0220 邕	U-9095 0-675F 1-5854 1-616D 0-683B	1268.060 63754.040 39277 10 邑	YONG1, YONG3 jung1 YOU, YU qiong 옹
A0381 郕	U-90D5 3-706C 2-2D5B 1-6225 2-663A	1271.150 63767.010 39409 10 邑	CHENG2 sing4 SEI, JOU 성
A0315 郭	U-90ED 0-3979 1-5D66 0-3354 0-4E2C	1273.130 63780.070 39474 11 邑	GUO1, GUO2 gwok3 KAKU *guak 곽
A0303 鄉	U-9115 E-4069 3-4525 3-7C6C 0-7A41	1275.290 63790.091 39571 13 邑	XIANG1, XIANG3, XIANG4 hoeng1 KYOU, GOU *xiang 향
A0592 鄗	U-9117 3-7B6E 1-673A 1-623E 2-665C	1276.050 63789.110 39576 13 邑	HAO4 haau1, hou6 KOU, GOU, KAKU 호
A0323 鄙	U-9119 0-3149 1-6B48 0-6E41 0-5E29	1276.180 63792.080 39597 14 邑	BI3 pei2 HI byǐ 비
D0088 鄧	U-9127 1-354B 1-6F52 1-6247 0-5478	1277.130 63799.060 39630 15 邑	DENG4 dang6 TOU, DOU dhəng 등

出典 甲骨文 楷書	Ucode 美國 Gcode 中國 Tcode 臺灣 Jcode 日本 Kcode 韓國	康熙字典 漢語大辭典 大漢和辭典 總劃 部首	Mandarin 北京 Cantonese 廣東 JapaneseOn 日本 Tang 唐 Hangul 韓國
A0269	U-912D	1277.300	ZHENG4
	1-5623	63798.010	zeng6, zing6
	1-6F51	39647	TEI, JOU
	0-4522	15	*djièng
鄭	0-6F77	邑	정
C0071	U-9130	1278.080	LIN2, LIN4
	1-415A	63797.110	leon4
	1-6F50	39656	RIN
	0-6E43	15	*lin
鄰	1-5F6F	邑	린
D0088	U-9146	1279.310	FENG1
	0-5B3A	63805.020	fung1
	2-6C49	39749	FUU, HOU
	4-7A3E	21	
酆	2-667D	邑	풍
A0993	U-9149	1280.020	YOU3
	0-534F	63572.010	jau5
	1-4B5C	39763	YUU
	0-4653	07	
酉	0-6B37	酉	유
A1000	U-48E5	1280.060	BI3, MI4
	KX128006	63572.030	bei2
	3-2F3F		
		09	
䣥		酉	비
D0181	U-914C	1280.070	ZHUO2
	0-5743	63573.090	zoek3
	1-585A	39768	SHAKU
	0-3C60	10	*jiɑk
酌	0-6D4C	酉	작
A0997	U-914D	1280.090	PEI4
	0-4564	63574.030	pui3
	1-5859	39771	HAI
	0-475B	10	pə̀i
配	0-5B55	酉	배

出典 甲骨文 楷書	Ucode 美國 Gcode 中國 Tcode 臺灣 Jcode 日本 Kcode 韓國	康熙字典 漢語大辭典 大漢和辭典 總劃 部首	Mandarin 北京 Cantonese 廣東 JapaneseOn 日本 Tang 唐 Hangul 韓國
A1001	U-914E	1280.100	ZHOU4
	0-747C	63573.050	zau6
	2-3343	39772	CHUU
	0-4371	10	
酎	0-714F	酉	주
A0994	U-9152	1281.030	JIU3
	0-3E46	63574.020	zau2
	1-5858	39776	SHU
	0-3C72	10	*tziǒu
酒	0-7150	酉	주
A0556	U-9153	1281.110	YAN3
	3-6E53	63576.080	jim2
	2-3978	39786	EN, TAN, DON, KAN, KON
	1-6257	11	
酓	2-6723	酉	염
A0578	U-919C	1286.090	CHOU3
	1-3373	63590.060	cau2
	1-756B	39969	SHUU
	0-3D39	17	chiǒu
醜	0-755D	酉	추
D0181	U-91AB	1287.130	YI1
	1-523D	63595.090	ji1
	1-7750	40006	I
	0-6E50	18	
醫	0-6C22	酉	의
A0284	U-91B4	1288.100	LI3
	0-7537	63600.020	lai5
	1-7A4A	40053	REI, RAI
	0-6E54	20	
醴	0-564A	酉	례
D0015	U-91C6	1290.040	BIAN4, CAI3
	E-412B	63898.010	bin6
	1-4B5D	40115	HAN, BAN, HEN
	0-4850	07	
釆	2-6756	釆	변

出典 甲骨文 楷書	Ucode 美國 Gcode 中國 Tcode 臺灣 Jcode 日本 Kcode 韓國	康熙字典 漢語大辭典 大漢和辭典 總劃 部首	Mandarin 北京 Cantonese 廣東 JapaneseOn 日本 Tang 唐 Hangul 韓國
A0342	U-91C7	1290.060	CAI3, CAI4
	0-3249	63898.020	coi2, coi3
	1-4F59	40116	SAI
	0-3A53	08	*tsǎi
采	0-737A	釆	채
A0906	U-91CE	1291.050	YE3
	0-5230	63683.010	je5
	1-5D69	40133	YA, SHO
	0-4C6E	11	*iǎ
野	0-652F	里	야
A0514	U-91CF	1292.050	LIANG4, LIANG2
	0-413F	63683.020	loeng4, loeng6
	1-6258	40138	RYOU
	0-4E4C	12	liang, liàng
量	0-5561	里	량
A0157	U-91D0	1292.100	LI2, XI1
	E-412D	63684.070	hei1, lei4
	1-7752	40146	RI, KI, RAI
	0-6E5A	18	
釐	0-576D	里	리
A0863	U-925E	1302.020	YUE4, HUI4
	1-6E61	64184.090	jyut6
	2-483B	40313	ETSU
	0-6E68	13	hiuæt
鉞	0-6A47	金	월
A0674	U-92AC	1305.211	KAO4
	1-6E6D	64193.130	kaau3
	1-6B50	40411	
		14	
銬	2-6867	金	고
A0538	U-92B3	1306.030	RUI4, DUI4, YUE4
	E-417C	64211.121	jeoi6
	1-6F5E	40418	EI, TAI
		15	
銳	0-6765	金	예

出典 甲骨文 楷書	Ucode 美國 Gcode 中國 Tcode 臺灣 Jcode 日本 Kcode 韓國	康熙字典 漢語大辭典 大漢和辭典 總劃 部首	Mandarin 北京 Cantonese 廣東 JapaneseOn 日本 Tang 唐 Hangul 韓國
A0916	U-92C0	1306.190	DOU4
	3-7635	64205.040	dau6
	2-552F	40433	TOU, ZU
	1-6432	15	
鋀	2-6870	金	두
A0917	U-92DD	1307.250	LÜE4
	1-6F32	64210.030	lyut3
	2-5538	40470	RETSU, RECHI, SETSU, SECHI
	1-6445	15	
鋝	2-6924	金	렬
D0168	U-932B	1312.050	XI2, XI1, TI4
	1-4E7D	64219.030	sek3, sik1, sik3
	1-7266	40573	SEKI, SHAKU, SHI
	0-3C62	16	sek
錫	0-6038	金	석
A0917	U-9370	1315.080	HUAN2
	1-6F4C	64234.050	waan4
	1-7577	40648	KAN, GEN, EN
	1-647A	17	
鍰	1-7440	金	환
A0530	U-939C	1317.170	PAN2
	E-4265	64242.050	
	3-5949	40720	
		18	
鎜		金	반
A0261	U-93A6	1318.040	LIU2, LIU4
	1-6F56	64243.060	lau4, lau5
	2-642A	40734	RYUU, RU
	1-6534	18	
鎦	2-697E	金	유
A0394	U-93C3	1319.030	ZU2, CHUO4
	1-6F5F	64251.050	zuk6
	1-7938	40772	ZOKU, SOKU
	0-6F37	19	
鏃	0-706C	金	족

出典 甲骨文 楷書	Ucode 美國 Gcode 中國 Tcode 臺灣 Jcode 日本 Kcode 韓國	康熙字典 漢語大辭典 大漢和辭典 總劃 部首	Mandarin 北京 Cantonese 廣東 JapaneseOn 日本 Tang 唐 Hangul 韓國
A0196	U-93DE	1320.060	YONG1
	1-6F5E	64250.060	jung4
	2-674C	40808	YOU, YU
	1-6549	19	
鏞	0-694B	金	용
A0915	U-9444	1324.230	ZHU4
	1-567D	64266.070	zyu3
	1-7B7B	40972	CHUU
	0-6F49	22	jiò
鑄	0-7151	金	주
A0916	U-944A	1325.030	HUO4
	1-6F6C	64262.040	wok6
	2-6E38	40981	KAKU, WAKU
	1-656C	22	
鑊	1-7436	金	확
A0515	U-9451	1325.100	JIAN4
	E-4345	64267.060	gaam3
	1-7B7C	40988	KAN
	0-3455	22	
鑑	0-4A7C	金	감
A0290	U-946A	1326.200	LU2
	E-4351	64272.080	lou4, lou5
	1-7C6F	41038	RO
	0-6F4E	24	lo
鑪	1-5E73	金	로
A0918	U-947F	1327.290	ZAO2, ZUO4, ZU2, ZAO4
	1-5464	64277.070	zok6
	1-7D44	41088	SAKU, SOU
	0-6F58	28	dzhak
鑿	0-733A	金	착
A0594	U-9577	1328.070	CHANG2, ZHANG3, ZHANG4
	1-3324	64050.010	coeng4, zoeng2
	1-4F5B	41100	CHOU
	0-4439	08	*djhiang, djhiàng, djhiăng
長	0-6D7E	長	장

出典 甲骨文 楷書	Ucode 美國 Gcode 中國 Tcode 臺灣 Jcode 日本 Kcode 韓國	康熙字典 漢語大辭典 大漢和辭典 總劃 部首	Mandarin 北京 Cantonese 廣東 JapaneseOn 日本 Tang 唐 Hangul 韓國
A0785	U-9580	1329.530	MEN2
	1-4345	74281.010	mun4
	1-4F5C	41208	MON, BON
	0-4C67	08	*mən
門	0-5A26	門	문
A0538	U-95B1	1336.070	YUE4
	E-436D	74301.070	jyut6
	1-6F65	41341	ETSU
		15	
閱	0-6673	門	열
A0939	U-962A	1346.110	BAN3
	0-5A66	64117.120	baan2, faan2
	1-4B62	41562	HAN
	0-3A65	07	
阪	0-7821	阜	판
A0721	U-9631	1347.030	JING3
	0-5A65	64116.040	zing6
	1-4B61	41574	SEI, JOU
	1-664B	07	
阱	2-6B57	阜	정
A0935	U-9632	1347.050	FANG2
	0-3740	64118.010	fong4
	1-4B5F	41576	BOU, HOU
	0-4B49	07	*bhiang
防	0-5B41	阜	방
A0932	U-961C	1345.010	FU4
	0-3837	64114.010	fau6
	1-4F5D	41534	FU
	0-496C	08	bhiǒu
阜	0-5D3D	阜	부
A0937	U-49C5	1350.010	TI4, YA4, YI2
	3-7537	64126.050	zi4
	4-2B5A		
		09	
䧅		阜	이

出典 甲骨文 楷書	Ucode 美國 Gcode 中國 Tcode 臺灣 Jcode 日本 Kcode 韓國	康熙字典 漢語大辭典 大漢和辭典 總劃 部首	Mandarin 北京 Cantonese 廣東 JapaneseOn 日本 Tang 唐 Hangul 韓國
A0936	U-964D	1349.120	JIANG4, XIANG2, XIANG4
	0-3D35	64126.180	gong3, hong4
	1-5371	41620	KOU
	0-395F	09	gàng, hang
降	0-4B3D	阜	강, 항
A0933	U-965F	1351.160	ZHI4, DE2
	0-5A6C	64131.010	zik1
	2-3349	41659	CHOKU, TOKU
	0-7022	10	
陟	0-7433	阜	척
A0933	U-966E	1353.020	DUI3
	5-7479	64137.170	
	3-3961	41687	TAI, TE
	1-665A	11	
隹	2-6B6C	阜	퇴
A0932	U-9670	1353.060	YIN1, YIN4, AN1
	1-5275	64138.050	jam1
	1-5D75	41691	IN, ON, AN
	0-3122	11	*qim
陰	0-6B64	阜	음
A0362	U-9672	1353.150	CHUI2
	0-5A6F	64137.130	seoi4
	1-6270	41694	SUI
	0-7024	11	*zhiuɛ
陲	1-653B	阜	수
A0937	U-9674	1354.040	PI2, BI4
	0-5A70	64137.180	pei4
	1-5D76	41702	HI, BI, HAI, BAI
	1-665B	11	bhiɛ
陴	1-6331	阜	비
A0540	U-9675	1354.060	LING2
	0-416A	64134.060	ling4
	1-5D72	41704	RYOU
	0-4E4D	11	*liəng
陵	0-5755	阜	릉

出典	甲骨文 楷書	Ucode 美國	康熙字典	Mandarin 北京
		Gcode 中國	漢語大辭典	Cantonese 廣東
		Tcode 臺灣	大漢和辭典	JapaneseOn 日本
		Jcode 日本	總劃	Tang 唐
		Kcode 韓國	部首	Hangul 韓國
A0935		U-9676	1354.100	TAO2, DAO4, YAO2
		0-4C55	64139.050	jiu4, tou4
		1-5D77	41705	TOU, YOU
		0-462B	11	*dhau
	陶	0-5436	阜	도
A0434		U-9677	1354.120	XIAN4
		0-4F5D	64140.010	haam6, ham6
		1-5D78	41707	KAN
		0-6F7C	11	hæ̀m
	陷	0-7968	阜	함
A0933		U-9678	1355.010	LU4, LIU4
		1-423D	64134.050	luk6
		1-5D74	41708	RIKU, ROKU
		0-4E26	11	*liuk
	陸	0-5741	阜	륙
A0942		U-967D	1355.150	YANG2
		1-5174	64144.030	joeng4
		1-626C	41725	YOU
		0-4D5B	12	*iang
	陽	0-6555	阜	양
A0934		U-968A	1357.040	DUI4, SUI4, ZHUI4
		1-3653	64148.090	deoi6
		1-6269	41750	TAI, TSUI
		0-4262	12	
	隊	0-5369	阜	대
A0941		U-968C	1357.060	AN3
		5-7522	64148.080	
		3-3F70	41752	
			12	
	隌	2-6B7A	阜	암
A0480		U-9699	1359.010	XI4
		0-4F36	64150.110	gwik1
		1-6B61	41792	GEKI, KEKI, KYAKU
		0-3764	13	kiæk
	隙	0-5040	阜	극

出典 甲骨文 楷書	Ucode 美國 Gcode 中國 Tcode 臺灣 Jcode 日本 Kcode 韓國	康熙字典 漢語大辭典 大漢和辭典 總劃 部首	Mandarin 北京 Cantonese 廣東 JapaneseOn 日本 Tang 唐 Hangul 韓國
A0942	U-969D	1360.020	DAO3
	5-746E	64154.130	wu2
	3-4A45	41824	TOU, CHOU
	1-6668	14	
隝	2-6B7E	阜	도
A0942	U-96AE	1362.080	JI1
	3-7539	64163.030	zai1
	2-6041	41885	SEI, SAI
	1-666E	17	
隮	2-6C25	阜	제
A0942	U-96AF	1362.100	DAO3
	E-443C	64161.100	
	3-566F	41887	TOU
	1-666F	17	
隯	2-6C26	阜	도
A0717	U-96B0	1362.120	XI2, XIE4
	0-5A74	64162.060	zaap6
	2-6042	41889	SHITSU, SHUU
	0-702E	17	
隰	1-6556	阜	습
A0215	U-96B9	1364.050	ZHUI1, CUI1, WEI2
	0-763F	64090.010	zeoi1
	1-4F63	41937	SUI, SAI
	0-7032	08	
隹	1-704D	隹	추
A0216	U-96BB	1364.090	ZHI1
	1-7922	64090.100	zek3
	1-5869	41941	SEKI
	0-4049	10	
隻	0-7434	隹	척
A0222	U-96BF	1364.170	YI4
	E-4440	64091.040	
	2-3A30	41950	
		11	
隿	2-6C28	隹	익

出典		Ucode 美國	康熙字典	Mandarin 北京
甲骨文		Gcode 中國	漢語大辭典	Cantonese 廣東
		Tcode 臺灣	大漢和辭典	JapaneseOn 日本
		Jcode 日本	總劃	Tang 唐
	楷書	Kcode 韓國	部首	Hangul 韓國
A0217		U-96C0	1364.200	QUE4, QIAO1, QIAO3
		0-4838	64091.070	zoek3
		1-5D7A	41954	JAKU, SAKU
		0-3F7D	11	*tziak
	雀	0-6D4D	隹	작
A0333		U-96C6	1365.150	JI2
		0-3C2F	64092.100	zaap6
		1-6275	41974	SHUU, JUU
		0-3D38	12	*dzhip
	集	0-7322	隹	집
A0220		U-96C7	1365.180	GU4
		0-394D	64096.020	gu3
		1-6276	41976	KO
		0-385B	12	
	雇	0-4D52	隹	고, 호
A0226		U-96C8	1365.181	HUAN2
		E-4441	64092.090	wun4
		2-414A	41980	KAN, GAN
			12	
	雈		隹	환
A0217		U-96C9	1365.240	ZHI4, KAI3, YI3, SI4
		0-6F74	64097.010	zi5, zi6
		1-6756	41987	CHI, JI
		0-7035	13	*djhǐ
	雉	0-764B	隹	치
A0222		U-96CC	1366.110	CI2, CI1
		0-3446	64098.180	ci1
		1-6B64	41998	SHI
		0-3B73	13	tsiɛ
	雌	0-6D41	隹	자
A0220		U-96CD	1366.140	YONG1
		0-533A	10291.090	jung1
		1-6754	42000	YOU, YU
		0-7036	13	
	雍	0-683C	隹	옹

出典 甲骨文 楷書	Ucode 美國 Gcode 中國 Tcode 臺灣 Jcode 日本 Kcode 韓國	康熙字典 漢語大辭典 大漢和辭典 總劃 部首	Mandarin 北京 Cantonese 廣東 JapaneseOn 日本 Tang 唐 Hangul 韓國
A0226 雚	U-96DA 5-6A48 2-643D 1-6676 1-5969	1368.380 64104.020 42120 18 隹	GUAN4 gun3 KAN 관
A0218 雛	U-96DB 1-337B 1-7765 0-3F77 0-7561	1368.390 64105.060 42121 18 隹	CHU2, JU2, JU4 co1, co4 SUU jrhio 추
A0220 雝	U-96DD E-4445 2-6441 1-6677 1-6850	1369.010 64108.030 42123 18 隹	YONG1 jung1 YOU, YU 옹
A0218 雞	U-96DE E-4446 1-7766 1-6678 1-5868	1369.020 64105.020 42124 18 隹	JI1 gai1 KEI *gei 계
A0219 離	U-96E2 1-406B 1-7762 0-4E25 0-576E	1369.160 64106.020 42140 19 隹	LI2, LI4, LI3, CHI1, GU3 lei4 RI *liɛ 리
A0232 雥	U-96E5 5-745F 2-705B 2-6C34	1371.090 64113.060 42196 24 隹	ZA2 zaap6 잡
A0233 雧	U-96E7 5-4639 3-622F 	1371.150 64113.150 42205 28 隹	JI2 집

出典 甲骨文 楷書	Ucode 美國 Gcode 中國 Tcode 臺灣 Jcode 日本 Kcode 韓國	康熙字典 漢語大辭典 大漢和辭典 總劃 部首	Mandarin 北京 Cantonese 廣東 JapaneseOn 日本 Tang 唐 Hangul 韓國
A0233 䨊	U-4A0A KX137117 3-6240	1371.170 64113.180 32 隹	연
A0754 雨	U-96E8 0-536A 1-4F64 0-312B 0-696B	1371.180 64057.010 42210 08 雨	YU3, YU4 jyu5, jyu6 U *hiŏ 우
A0758 雩	U-96E9 0-7627 1-5D7C 1-667A 0-696C	1371.250 64057.040 42212 11 雨	YU2, YU4, XU1 jyu4 U, KU, KYO, KO 우
A0756 雪	U-96EA 0-5129 1-5D7B 0-4063 0-6064	1371.290 64058.040 42216 11 雨	XUE3 syut3 SETSU *siuɛt 설
A0759 雲	U-96F2 1-5446 1-6278 0-3140 0-6A23	1372.050 64058.090 42235 12 雨	YUN2 wan4 UN *hiuən 운
A0756 零	U-96F6 0-4163 1-675B 0-4E6D 0-5643	1372.100 64061.010 42242 13 雨	LING2, LIAN2 ling4 REI *leng 령
A0754 雷	U-96F7 0-4057 1-6758 0-4D6B 0-5674	1372.140 64060.020 42245 13 雨	LEI2, LEI4 leoi4 RAI, RUI *luəi 뢰

出典 甲骨文 楷書	Ucode 美國 Gcode 中國 Tcode 臺灣 Jcode 日本 Kcode 韓國	康熙字典 漢語大辭典 大漢和辭典 總劃 部首	Mandarin 北京 Cantonese 廣東 JapaneseOn 日本 Tang 唐 Hangul 韓國
A0756	U-96F9	1372.260	BAO2, BO2
	0-3122	64061.050	bok6
	1-675A	42248	HAKU, HOKU
	0-703B	13	
雹	0-5A5F	雨	박
A0755	U-96FB	1373.050	DIAN4
	1-3567	64060.010	din6
	1-6759	42253	DEN, TEN
	0-4545	13	*dhèn
電	0-6F33	雨	전
D0144	U-4A15	1374.020	
	3-7440	64063.100	wu1
	4-4833		
		14	
䨕		雨	우
A0756	U-9707	1374.210	ZHEN4, SHEN1
	0-5570	64064.010	zan3
	1-6F68	42300	SHIN
	0-3F4C	15	jìn
震	0-7268	雨	진
A0757	U-970B	1375.090	QI1
	5-7351	64067.060	saap3
	2-5B5D	42313	
		16	
霋	2-6C3E	雨	처
A0232	U-970D	1375.170	HUO4, HE4, SUO3
	0-3B74	64068.010	fok3
	1-7277	42321	KAKU
	0-7039	16	xuak
霍	1-595C	雨	곽
A0757	U-9716	1376.030	LIN2
	0-4158	64066.140	lam4
	1-7276	42335	RIN
	0-7043	16	
霖	0-577D	雨	림

出典 甲骨文 楷書	Ucode 美國	康熙字典	Mandarin 北京
	Gcode 中國	漢語大辭典	Cantonese 廣東
	Tcode 臺灣	大漢和辭典	JapaneseOn 日本
	Jcode 日本	總劃	Tang 唐
	Kcode 韓國	部首	Hangul 韓國
D0144	U-971C	1376.290	SHUANG1
	0-4B2A	64070.020	soeng1
	1-7624	42363	SOU
	0-417A	17	*shriang
霜	0-5F5C	雨	상
A0757	U-971D	1376.300	LING2, LING4
	5-7359	64070.110	ling4
	2-6047	42364	REI, RYOU
	1-6726	17	
霝	2-6C41	雨	령
A0758	U-4A2A	1377.300	MAI2
	KX137730	64072.080	mai4, mo1
	7-4460		
		18	
䨪	3-345B	雨	매
A0398	U-9738	1379.130	BA4, PO4
	0-3054	64077.190	baa3
	1-7B3D	42490	HAKU, HYAKU, HA
	0-5B31	21	
霸	1-717C	雨	패
A0758	U-973D	1379.220	JI4
	1-762B	64081.090	zai3
	1-7B7E	42499	SEI, SAI
	0-7049	22	*tzèi
霽	0-7038	雨	제
A0758	U-973E	1379.300	MAI2, LI2
	0-7632	64081.070	lei4, maai4, mai4
	1-7C21	42507	BAI
	0-704A	22	mæi
霾	2-6C51	雨	매
D0144	U-973F	1380.010	MENG4, MENG2, MOU4
	3-7452	64080.030	mung6
	2-6E40	42508	
		22	
霿	2-6C52	雨	몽

出典 甲骨文 楷書	Ucode 美國 Gcode 中國 Tcode 臺灣 Jcode 日本 Kcode 韓國	康熙字典 漢語大辭典 大漢和辭典 總劃 部首	Mandarin 北京 Cantonese 廣東 JapaneseOn 日本 Tang 唐 Hangul 韓國
A0754	U-9741	1380.110	LEI2, LEI4
	5-7373	64082.010	
	3-6059	42518	RAI
	1-672D	23	
靁	2-6C53	雨	뢰
A0232	U-9743	1380.170	HUO4, SUI3
	3-7454	64083.020	
	2-705D	42525	KAKU, SUI
	1-672E	24	
靃	2-6C54	雨	확
A0757	U-9748	1380.240	LING2, LING4
	1-4169	64082.120	leng4, ling4
	1-7C71	42532	REI, RYOU
	0-704D	24	*leng
靈	0-5644	雨	령
A0775	U-975E	1382.110	FEI1, FEI3
	0-3747	64086.010	fei1
	1-4F66	42585	HI
	0-4873	08	*biəi
非	0-5E2A	非	비
A0561	U-9762	1383.070	MIAN4
	0-4366	74398.010	min6
	1-5372	42618	MEN, BEN
	0-4C4C	09	*miɛ̀n
面	0-587C	面	면
A0185	U-97AD	1390.090	BIAN1
	0-315E	74343.060	bin1
	1-776A	42937	HEN, BEN
	0-4A5C	18	*biɛn
鞭	0-783D	革	편
C0028	U-97C9	1392.400	JIAN1
	1-7735	74353.040	zin1
	1-7D36	43089	SEN
	1-675C	26	
韉	2-6D30	革	천

出典 甲骨文 楷書	Ucode 美國 Gcode 中國 Tcode 臺灣 Jcode 日本 Kcode 韓國	康熙字典 漢語大辭典 大漢和辭典 總劃 部首	Mandarin 北京 Cantonese 廣東 JapaneseOn 日本 Tang 唐 Hangul 韓國
A0105	U-97CB	1393.060	WEI2, HUI2
	1-4E24	74503.010	wai4, wai5
	1-5374	43108	I
	0-706A	09	hiuəi
韋	0-6A5F	韋	위
A0121	U-97F3	1396.250	YIN1, YIN4
	0-5274	74495.010	jam1
	1-5376	43265	ON, IN
	0-323B	09	*qyim
音	0-6B65	音	음
A0559	U-9801	1399.010	YE4, XIE2
	1-5233	74355.010	jip6
	1-5377	43333	KETSU, YOU, KECHI
	0-4A47	09	
頁	0-7A6D	頁	혈
A0670	U-9805	1399.110	XIANG4
	1-4F6E	74356.090	hong6
	1-627A	43343	KOU, GOU
	0-3960	12	
項	0-7A23	頁	항
A0562	U-9808	1399.230	XU1
	1-506B	74358.010	seoi1
	1-627C	43352	SHU, SU
	0-3F5C	12	*sio, sio
須	0-624E	頁	수
A0670	U-9838	1405.140	JING3, GENG3
	1-3E31	74373.070	geng2
	1-7321	43515	KEI
	0-7074	16	giɛ̆ng
頸	0-4C72	頁	경
A0674	U-4ACF	1405.390	
	5-602A	74377.090	hei1
	4-5977		
		17	
䫏	3-3533	頁	기

出典	Ucode 美國	康熙字典	Mandarin 北京
甲骨文	Gcode 中國	漢語大辭典	Cantonese 廣東
	Tcode 臺灣	大漢和辭典	JapaneseOn 日本
	Jcode 日本	總劃	Tang 唐
楷書	Kcode 韓國	部首	Hangul 韓國
A0220	U-9867	1409.380	GU4
	1-394B	74392.110	gu3
	1-7B41	43689	KO
	0-385C	21	*gò
顧	0-4D53	頁	고
A0386	U-986F	1410.210	XIAN3
	1-4F54	74395.060	hin2
	1-7C4F	43726	KEN, GEN
	0-707D	23	xĕn
顯	0-7A69	頁	현
A0234	U-98A8	1411.010	FENG1, FENG3, FENG4
	1-3767	74480.010	fung1, fung3
	1-5378	43756	FUU, FU
	0-4977	09	*biung
風	0-7926	風	풍
D0146	U-98DB	1415.140	FEI1
	1-3749	74513.010	fei1
	1-5379	44000	HI
	0-4874	09	*biəi
飛	0-5E2B	飛	비
A0301	U-98DF	1415.290	SHI2, SI4, YI4
	0-4A33	74440.010	ji6, sik6, zi6
	1-537A	44014	SHOKU, SHI, JIKI
	0-3F29	09	*jhiək
食	0-635D	食	식
B0572	U-98E4	1416.100	SI4
	E-454C	74441.040	zi6
	3-6670	44025	
		11	
飤	2-6E25	食	사
A0305	U-4B25	1416.200	YI4
	KX141620	74442.040	zi3, zik1
	3-402A		
		12	
䬥		食	의

出典	Ucode 美國	康熙字典	Mandarin 北京
甲骨文	Gcode 中國	漢語大辭典	Cantonese 廣東
	Tcode 臺灣	大漢和辭典	JapaneseOn 日本
	Jcode 日本	總劃	Tang 唐
楷書	Kcode 韓國	部首	Hangul 韓國
A0302	U-98E7	1416.190	SUN1
	0-6238	74442.130	syun1
	1-627D	44038	SON
	1-684C	12	
飧	1-647D	食	손
A0555	U-98F2	1417.331	YIN3, YIN4
	1-527B	74445.070	jam2, jam3
	1-6323	44063	IN, ON
	0-307B	12	*qyìm, *qyǐm
飮		食	음
A0555	U-98EE	1417.190	YIN3
	E-454E	74445.081	
		44063	IN, ON
	0-5D3B	13	
飲	0-6B66	食	음
A0302	U-98F1	1417.290	SUN1
	E-4550	74443.100	
	3-455C	44072	
	4-7C52	13	suən
飱	1-647E	食	손
A0301	U-990A	1419.260	YANG3, YANG4
	1-5178	74452.080	joeng5, joeng6
	1-6F72	44144	YOU
	0-4D5C	15	*iǎng
養	0-6557	食	양
A0795	U-990C	1419.300	ER3
	1-367C	74449.130	nei6
	1-6B70	44146	JI
	0-3142	15	njiə̀
餌	0-6C48	食	이
A0707	U-9910	1419.390	CAN1, SUN4
	0-324D	74455.050	caan1
	1-7327	44160	SAN, SON
	0-3B41	16	*tsɑn
餐	0-7349	食	찬

出典 甲骨文 楷書	Ucode 美國 Gcode 中國 Tcode 臺灣 Jcode 日本 Kcode 韓國	康熙字典 漢語大辭典 大漢和辭典 總劃 部首	Mandarin 北京 Cantonese 廣東 JapaneseOn 日本 Tang 唐 Hangul 韓國
A0144	U-9917	1420.200	SU4
	3-7A64	74455.010	cuk1
	2-556D	44180	SOKU, SAKU
	1-6856	16	
餗	2-6E33	食	속
A0305	U-9928	1422.140	GUAN3
	1-395D	74461.130	gun2
	1-7328	44237	KAN
	0-345B	17	*guàn
館	0-4E3D	食	관
D0072	U-994E	1425.290	CHI4, XI1
	3-7B23	74473.010	ci3, ci4
	2-6A63	44391	SHI, KI
	1-686E	21	
饎	2-6E4E	食	희, 치
A0305	U-9950	1425.330	YI4
	3-7B24	74473.020	ji3
	2-6A62	44396	I, ETSU
	0-713E	21	
饐	1-6A4D	食	의
A0303	U-9957	1426.150	XIANG3
	1-774F	74471.140	hoeng2
	1-7B43	44431	KYOU
	0-3642	22	
饗	0-7A44	食	향
A0561	U-9996	1427.320	SHOU3
	0-4A57	74500.010	sau2
	1-537B	44489	SHU, SHUU
	0-3C73	09	*shiǒu
首	0-624F	首	수
A0792	U-9998	1428.130	GUO2, XU4
	0-5965	74501.210	gwik1
	2-6061	44507	KAKU
	0-7145	17	
馘	1-5A2B	首	괵

出典 甲骨文 楷書	Ucode 美國 Gcode 中國 Tcode 臺灣 Jcode 日本 Kcode 韓國	康熙字典 漢語大辭典 大漢和辭典 總劃 部首	Mandarin 北京 Cantonese 廣東 JapaneseOn 日本 Tang 唐 Hangul 韓國
A0431	U-9999	1428.210	XIANG1
	0-4F63	74423.010	hoeng1
	1-537C	44518	KOU, KYOU
	0-3961	09	*xiang
香	0-7A45	香	향
A0432	U-99A8	1429.300	XIN1, XING1
	0-5C30	74425.080	hing1
	1-7A54	44559	KEI, KYOU
	0-333E	20	xeng
馨	0-7B30	香	형
A0607	U-99AC	1433.010	MA3
	1-426D	74539.010	maa5
	1-586B	44572	BA, ME, MA
	0-474F	10	*mǎ
馬	0-5829	馬	마
A0608	U-4B74	1433.090	HUAN2, YUAN4
	5-4129	74539.060	man5, wan4
	3-402D		
		12	
馵		馬	환
D0125	U-4B7E	1435.211	TUO2
	HZ	74543.070	to4
	3-4A69		
		14	
馱		馬	태
A0608	U-99BD	1435.060	ZHI2
	5-412C	74543.170	zap1
	2-4F40	44612	CHUU, SHOU
	1-6923	14	
馽	2-6E66	馬	칩
A0609	U-99C1	1435.120	BO2
	1-3235	74544.090	bok3
	1-6B72	44619	BAKU, HAKU
	0-477D	14	
駁	0-5A60	馬	박

出典 / 甲骨文 / 楷書	Ucode 美國 Gcode 中國 Tcode 臺灣 Jcode 日本 Kcode 韓國	康熙字典 漢語大辭典 大漢和辭典 總劃 部首	Mandarin 北京 Cantonese 廣東 JapaneseOn 日本 Tang 唐 Hangul 韓國
A0612	U-99DB	1437.020	SHI3
	1-4A3B	74547.050	sai2
	1-6F79	44679	SHI
	0-714B	15	
駛	1-6358	馬	사
A0612	U-4B8B	1438.190	LI4, LIE4
	3-3E2F	74552.160	lit6
	4-552D		
		16	
駠		馬	렬
A0611	U-9A0E	1440.360	QI2, JI4
	1-466F	74560.080	gei6, ke4, kei4
	1-7777	44817	KI
	0-3533	18	*ghyɛ, *ghyɛ̀
騎	0-5148	馬	기
A0610	U-9A3D	1444.090	XI2
	3-3E69	74575.170	
	2-6C67	44955	
		21	
騽	2-6F44	馬	습
D0125	U-9A45	1444.240	QU1
	1-477D	74574.010	keoi1
	1-7B44	44968	KU, KYUU
	0-715C	21	*kio
驅	0-4F4C	馬	구
A0317	U-9A55	1445.250	JIAO1, XIAO1, JU1, QIAO2
	1-3D3E	74577.120	giu1
	1-7C26	45008	KYOU
	0-7161	22	*gyɛu
驕	0-4E76	馬	교
A0611	U-9A5F	1446.210	ZOU4, ZHOU4
	1-5668	74581.120	zaau6, zau6
	1-7C75	45048	SHUU
	0-7165	24	jrhiou
驟	0-762E	馬	취

出典 甲骨文 楷書	Ucode 美國 Gcode 中國 Tcode 臺灣 Jcode 日本 Kcode 韓國	康熙字典 漢語大辭典 大漢和辭典 總劃 部首	Mandarin 北京 Cantonese 廣東 JapaneseOn 日本 Tang 唐 Hangul 韓國
A0609	U-9A6A	1447.180	LI2, CHI2
	1-666A	74585.040	lei4
	1-7D47	45090	RI, REI
	0-716B	29	*liɛ
驪	0-5571	馬	려
A0252	U-9AA8	1447.250	GU3, GU1, GU2
	0-3947	74406.010	gwat1
	1-586C	45098	KOTSU
	0-397C	10	*guət
骨	0-4D69	骨	골
D0117	U-4BC9	1448.180	YA4
	KX144818	74408.100	at3
	3-4A6D		
		14	
䯉		骨	알
A0313	U-9AD8	1451.260	GAO1, GAO4
	0-385F	74593.010	gou1
	1-586D	45313	KOU
	0-3962	10	*gɑu
高	0-4D54	高	고
A0563	U-9AE5	1452.430	RAN2
	E-4651	74519.110	
	3-4A73	45375	ZEN, NEN
	1-6970	14	
髥	0-6723	髟	염
A0563	U-9AEF	1453.290	RAN2
	0-7757	74522.020	jim4
	1-7022	45404	ZEN
	0-7179	15	
髯	2-6F78	髟	염
A0562	U-9B1A	1456.380	XU1
	1-7876	74535.110	sou1
	1-7C29	45580	SHU, SU
	0-7224	22	*sio
鬚	0-6251	髟	수

出典 甲骨文 楷書	Ucode 美國 Gcode 中國 Tcode 臺灣 Jcode 日本 Kcode 韓國	康熙字典 漢語大辭典 大漢和辭典 總劃 部首	Mandarin 北京 Cantonese 廣東 JapaneseOn 日本 Tang 唐 Hangul 韓國
A0151	U-9B25	1457.290	DOU4
	1-3637	74515.010	dau3
	1-586E	45632	TOU, TSU, KAKU
	0-7228	10	
鬥	2-7031	鬥	투
A0299	U-9B2F	1458.100	CHANG4
	0-5B4B	10263.010	coeng3
	2-334D	45661	CHOU
	0-722E	10	
鬯	1-6E76	鬯	창
A0142	U-9B32	1458.200	LI4, GE2, E4
	0-582A	74587.010	gaak3, lik6
	1-586F	45672	REKI, KAKU
	0-722F	10	
鬲	1-5833	鬲	격, 력
A0142	U-9B33	1459.090	JUAN4
	3-6147	74588.090	jin6
	2-5B7E	45681	KEN, GAN, GEN, GON
	1-6A33	16	
鬳	2-7034	鬲	권
A0143	U-9B3B	1459.450	YU4, ZHOU1, ZHU3, ZHU4, JU1
	0-6577	74590.150	juk6
	2-6E54	45721	SHUKU, IKU
	0-6478	22	
鬻	2-7039	鬲	죽
A0576	U-9B3C	1460.300	GUI3
	0-396D	74427.010	gwai2
	1-5870	45758	KI
	0-3534	10	*giuəi
鬼	0-5021	鬼	귀
A0577	U-9B45	1461.300	MEI4
	0-7748	74430.010	mei6, mui6
	1-7024	45811	MI, BI
	0-4C25	15	myì
魅	0-5865	鬼	매

出典	Ucode 美國	康熙字典	Mandarin 北京
甲骨文	Gcode 中國	漢語大辭典	Cantonese 廣東
	Tcode 臺灣	大漢和辭典	JapaneseOn 日本
	Jcode 日本	總劃	Tang 唐
楷書	Kcode 韓國	部首	Hangul 韓國
A0674	U-9B4C	1462.330	QI1
	3-7A3D	74433.120	hei1, kei1
	2-646B	45863	KI
	1-6A3C	18	
魌	2-703F	鬼	기
A0765	U-9B5A	1465.010	YU2
	1-5363	74674.010	jyu4
	1-5E23	45956	GYO
	0-357B	11	*ngiu
魚	0-6560	魚	어
A0767	U-9B5B	1465.040	DAO1
	3-773B	74675.030	dou1
	2-4870	45960	TOU
	1-6A40	13	
魛	2-7044	魚	도
A0210	U-9B6F	1466.260	LU3, LÜ3
	1-4233	74677.070	lou5
	1-7027	46013	RO
	0-4F25	15	*lŏ
魯	0-565B	魚	로
A0768	U-9B8F	1468.110	XING1
	5-764F	74681.120	
	3-537D	46071	SEI, SHOU, SOU
	1-6A5B	16	
鮏	2-7063	魚	성
A0768	U-9BAA	1469.210	WEI3
	1-765B	74685.090	fui2
	1-762F	46126	I, YUU
	0-4B6E	17	
鮪	1-6A24	魚	유
A0769	U-4C5B	1472.090	XU4
	3-7835	74695.070	gwik1
	4-6267		
		19	
䱛	3-3654	魚	혁

出典 甲骨文 楷書	Ucode 美國 Gcode 中國 Tcode 臺灣 Jcode 日本 Kcode 韓國	康熙字典 漢語大辭典 大漢和辭典 總劃 部首	Mandarin 北京 Cantonese 廣東 JapaneseOn 日本 Tang 唐 Hangul 韓國
A0766	U-9BE4	1473.020	KUN1
	1-766F	74696.010	gwan1
	2-6838	46247	KON
	0-724A	19	
鯤	0-4D66	魚	곤
A0768	U-9BF9	1473.320	XING1, ZHENG1
	E-4735	74701.100	
	3-5D71	46293	SEI, SHOU, SOU
	1-6B21	20	
鯹		魚	성
A0233	U-9CE5	1480.520	NIAO3, DIAO3, DAO3, QUE4
	1-4471	74613.010	niu5
	1-5E24	46634	CHOU
	0-443B	11	*děu
鳥	0-7068	鳥	조
A0236	U-9CE7	1481.070	FU2
	5-5B73	74614.050	fu4
	2-4873	46643	FU
	0-726A	13	bhio
鳧	0-5D40	鳥	부
A0221	U-4CA8	1482.110	HONG2
	5-354D	74615.070	hung4
	3-4A7C		
		14	
䲨	3-366E	鳥	홍
A0234	U-9CF3	1482.130	FENG4
	1-376F	74616.050	fung6
	1-6B7A	46671	HOU, FUU
	0-4B31	14	*bhiùng
鳳	0-5C73	鳥	봉
A0236	U-9CF4	1482.180	MING2
	1-4379	74615.170	ming4
	1-6B78	46672	MEI
	0-4C44	14	*miæng
鳴	0-5930	鳥	명

出典 甲骨文 楷書	Ucode 美國 Gcode 中國 Tcode 臺灣 Jcode 日本 Kcode 韓國	康熙字典 漢語大辭典 大漢和辭典 總劃 部首	Mandarin 北京 Cantonese 廣東 JapaneseOn 日本 Tang 唐 Hangul 韓國
A0222	U-9CF6	1482.200	YUAN1
	1-7030	74615.130	jyun1
	1-6B79	46674	EN
	0-4650	14	iuɛn
鳶	0-6669	鳥	연
A0335	U-9D1A	1485.260	GE1, JIA1
	3-5D2B	74622.100	
	3-5433	46791	
		16	
鴚		鳥	가
A0221	U-9D3B	1488.200	HONG2, HONG4
	1-3A68	74632.080	hung4
	1-7631	46874	KOU
	0-3963	17	*hung
鴻	0-7B78	鳥	홍
A0235	U-9D5D	1490.310	E2
	1-366C	74635.100	ngo4
	1-7826	46954	GA
	0-7321	18	ngɑ
鵝	0-643D	鳥	아
A0218	U-9DB5	1496.210	CHU2
	5-5C26	74652.080	co4
	2-6D2B	47186	SUU, SU, JU
	1-6C34	21	
鶵	1-7054	鳥	추
A0235	U-9DBE	1497.030	HAN4
	5-733E	74649.150	hon6
	2-6D27	47202	
		21	
鶾	2-7332	鳥	한
A0218	U-9DC4	1497.100	JI1
	1-3C26	74651.170	gai1
	3-5F36	47209	KEI
	0-7331	21	*gei
鷄	0-4D2E	鳥	계

出典 甲骨文 楷書	Ucode 美國 Gcode 中國 Tcode 臺灣 Jcode 日本 Kcode 韓國	康熙字典 漢語大辭典 大漢和辭典 總劃 部首	Mandarin 北京 Cantonese 廣東 JapaneseOn 日本 Tang 唐 Hangul 韓國
A0219 鷹	U-9DF9 1-5325 1-7C79 0-426B 0-6B6D	1501.180 74666.020 47377 24 鳥	YING1 jing1 YOU, OU *qiəng 응
A0781 鹵	U-9E75 1-7852 1-5E25 0-7343 0-565D	1507.010 74609.010 47528 11 鹵	LU3 lou5 RO 로
A0618 鹿	U-9E7F 0-4239 1-5E26 0-3C2F 0-5663	1508.140 74727.010 47586 11 鹿	LU4, LÜ2 luk6 ROKU *luk 록
A0620 麇	U-9E87 0-7765 2-5C3D 1-6C61 2-7371	1509.220 74729.060 47612 16 鹿	JUN1, KUN3, QUN2 gwan1, kwan4 KIN, KUN, GUN 균
A0619 麋	U-9E8B 0-7767 1-7633 0-7348 1-6124	1509.340 74730.180 47625 17 鹿	MI2 mei4 BI myi 미
A0619 麐	U-9E90 E-485D 3-5A24 2-7377	1510.130 74731.150 47643 18 鹿	LIN2 린
A0620 麑	U-9E91 3-7C35 2-6860 0-734C 1-6822	1510.230 74733.060 47656 19 鹿	NI2, MI2 ngai4 GEI, BEI 예

出典 甲骨文 楷書	Ucode 美國 Gcode 中國 Tcode 臺灣 Jcode 日本 Kcode 韓國	康熙字典 漢語大辭典 大漢和辭典 總劃 部首	Mandarin 北京 Cantonese 廣東 JapaneseOn 日本 Tang 唐 Hangul 韓國
A0350	U-9E93	1510.250	LU4
	0-4234	74732.020	luk1
	1-795F	47658	ROKU
	0-4F3C	19	
麓	0-5664	鹿	록
A0620	U-9E95	1510.280	JUN1, QUN2
	5-7A22	74733.030	kwan2
	3-5C29	47660	KIN, KUN, GUN
	0-734B	19	
麕	2-7379	鹿	균
A0621	U-9E97	1510.310	LI4, LI2
	1-4076	74732.040	lai6
	1-795E	47663	REI, RI
	0-4E6F	19	*lèi
麗	0-5572	鹿	려
A0620	U-9E9B	1511.080	MI2
	3-7C39	74734.180	mai4, nei4
	2-6B40	47675	BEI, MAI
	1-6C66	20	mei
麛	2-737E	鹿	미
A0623	U-9E9D	1511.130	SHE4
	0-776A	74735.040	se6
	1-7B51	47682	SHA, JA, SEKI
	0-734D	21	jhià
麝	0-5E7A	鹿	사
A0619	U-9E9F	1511.200	LIN2
	0-776B	74735.200	leon4
	1-7C5B	47690	RIN
	0-4E5B	23	*lin
麟	0-5778	鹿	린
A0622	U-9EA4	1512.060	CU1
	E-4865	74737.020	cou1
	2-7241	47714	SO, ZO
	1-6C68	33	tso
麤	1-7056	鹿	추

出典 甲骨文 楷書	Ucode 美國 Gcode 中國 Tcode 臺灣 Jcode 日本 Kcode 韓國	康熙字典 漢語大辭典 大漢和辭典 總劃 部首	Mandarin 北京 Cantonese 廣東 JapaneseOn 日本 Tang 唐 Hangul 韓國
A0326 麥	U-9EA5 1-4273 1-5E27 0-734E 0-586A	1512.080 74600.010 47717 11 麥	MAI4 maak6, mak6 BAKU *mɛk 맥
A0911 黃	U-9EC3 E-4870 1-6327 3-7E71 0-7C5C	1516.030 74596.020 47926 12 黃	HUANG2 wong4 KOU, OU 황
A0430 黍	U-9ECD 0-4A72 1-6328 0-3550 0-6028	1517.250 74759.010 47991 12 黍	SHU3 syu2 SHO shiŭ 서
A0659 黑	U-9ED1 0-3A5A 1-6329 3-7E72 0-7D59	1518.360 74743.010 48038 12 黑	HEI1, HE4 haak1, hak1 KOKU *xək 흑
A0233 黝	U-9EDD 0-776E 1-7637 0-735B 1-6A25	1519.270 74748.020 48082 17 黑	YOU3, YI1 jau2 YUU 유
A0481 黹	U-9EF9 0-6D69 2-4155 0-7363 2-7441	1522.450 74738.010 48248 12 黹	ZHI3, XIAN4 zi2 CHI 치
D0107 黻	U-9EFB 0-6D6A 2-613C 0-7364 1-6267	1523.020 74738.030 48250 17 黹	FU2, FU4 fat1 FUTSU 불

出典 甲骨文 楷書	Ucode 美國 Gcode 中國 Tcode 臺灣 Jcode 日本 Kcode 韓國	康熙字典 漢語大辭典 大漢和辭典 總劃 部首	Mandarin 北京 Cantonese 廣東 JapaneseOn 日本 Tang 唐 Hangul 韓國
D0107  黼	U-9EFC 0-6D6B 2-6862 0-7365 1-6222	1523.040 74738.050 48252 19 黹	FU3 fu2 HO, FU 보
A0895  黽	U-9EFD 1-763C 2-4875 0-7366 1-612E	1523.090 74768.010 48257 13 黽	MIN3, MENG2, MENG3, MIAN3 man5 BOU, BIN, BEN 민
A0892  黿	U-9EFF 1-763D 2-613D 1-6D22 1-6956	1523.110 74768.060 48261 17 黽	YUAN2 jyun4 GEN, GAN ngiuæn 원
A0895  鼃	U-9F03 E-4876 3-5C2D 1-6D24 2-7443	1524.100 74769.120 48278 19 黽	WA1 waa1 WAI, KAI 와, 왜
A0896  鼄	U-9F04 5-744B 3-5C2E 1-6D5F	1524.110 74770.010 48280 19 黽	ZHU1 주
A0893  鼈	U-9F08 E-4878 3-615F 0-7368 0-5C2F	1524.270 74771.030 48305 25 黽	BIE1 bit3 BETSU, HETSU biεt 별
A0895  鼉	U-9F09 1-763E 2-7154 1-6D25 1-7138	1525.010 74771.040 48306 25 黽	TUO2 to4 TA, DA, TAN, DAN, SEN, ZEN dhɑ 타

出典 甲骨文 楷書	Ucode 美國 Gcode 中國 Tcode 臺灣 Jcode 日本 Kcode 韓國	康熙字典 漢語大辭典 大漢和辭典 總劃 部首	Mandarin 北京 Cantonese 廣東 JapaneseOn 日本 Tang 唐 Hangul 韓國
A0416	U-9F0E	1525.080	DING3, ZHEN1
	0-3626	74740.010	ding2
	1-676F	48315	TEI
	0-4524	13	*děng
鼎	0-7023	鼎	정
A0417	U-4D7C	1525.220	
	3-7C3C	74741.100	soeng1
	4-6C62		
		24	
䵼		鼎	상
A0186	U-9F13	1526.010	GU3
	0-3944	74763.010	gu2
	1-6770	48330	KO
	0-385D	13	
鼓	0-4D55	鼓	고
A0281	U-9F14	1526.030	GU3
	5-4923	74764.010	gu2
	3-456A	48331	KO, KU
	1-6D2A	13	*gǒ
鼔	2-7447	鼓	고
A0637	U-9F20	1527.140	SHU3
	0-4A73	74772.010	syu2
	1-6771	48390	SO, SHO
	0-414D	13	*shiŭ
鼠	0-6029	鼠	서
A0212	U-9F3B	1530.010	BI2
	0-3147	74779.010	bei6
	1-6B7C	48498	BI, HI
	0-4921	14	bhì
鼻	0-5E2C	鼻	비
A0411	U-9F4A	1531.060	QI2, JI1, JI4, JIAN3, ZHAI1, ZI1
	1-466B	74783.010	cai4, zai6, zi1
	1-6B7D	48560	SEI, ZAI, SAI
	0-736E	14	*dzhei
齊	0-703A	齊	제

出典 甲骨文 楷書	Ucode 美國 Gcode 中國 Tcode 臺灣 Jcode 日本 Kcode 韓國	康熙字典 漢語大辭典 大漢和辭典 總劃 部首	Mandarin 北京 Cantonese 廣東 JapaneseOn 日本 Tang 唐 Hangul 韓國
A0421 齋	U-9F4B 1-552B 1-763A 0-6337 0-6E31	1531.120 74785.030 48565 17 齊	ZHAI1 zaai1, zai1 SAI, SHI *jræi, jræi 재, 자
A0107 齒	U-9F52 1-335D 1-702F 0-736F 0-764D	1532.080 74788.010 48583 15 齒	CHI3 ci2 SHI *chiə̆ 치
A0107 齲	U-9F72 1-4823 1-7D21 0-737A 1-6941	1535.050 74798.010 48716 24 齒	QU3 geoi2 KU, U 우
A0772 龍	U-9F8D 1-417A 1-733E 0-4E36 0-5723	1536.330 74803.010 48818 16 龍	LONG2, LONG3, MANG2 lung4 RYUU, ROU *liong 룡
A0135 龔	U-9F8F 3-5877 4-632D 1-6D58 	1537.020 74804.030 48823 19 龍	GONG1 KYOU, KU, AKU 공
A0584 龐	U-9F90 1-4553 1-7832 1-6D59 0-5B42	1537.030 74804.070 48824 19 龍	PANG2 pong4 HOU, BOU, ROU, RU bhang 방
A0773 䶬	U-4DAC KX153712 5-7561 A-2832 	1537.120 74805.090 22 龍	 gin1 견

出典 甲骨文 楷書	Ucode 美國 Gcode 中國 Tcode 臺灣 Jcode 日本 Kcode 韓國	康熙字典 漢語大辭典 大漢和辭典 總劃 部首	Mandarin 北京 Cantonese 廣東 JapaneseOn 日本 Tang 唐 Hangul 韓國
B0746 龓	U-9F93 3-587C 3-602B 2-752C	1537.110 74805.140 48832 22 龍	LONG2 롱
A0135 龔	U-9F94 1-3928 1-7C33 1-6D5C 1-594B	1537.140 74805.120 48837 22 龍	GONG1 gung1 KYOU, KU, YOU, YU 공
A0774 龖	U-9F96 3-587A 4-6E55 1-6D5D 	1537.200 74806.070 48843 32 龍	TA4 TOU, DOU, SOU 답
A0892 龜	U-9F9C 1-396A 1-733F 0-737D 0-4F4F	1538.010 74809.040 48847 16 龜	GUI1, JUN1, QIU1 gau1, gwai1, gwan1 KI, KYUU, KIN giou, gyui 구, 귀, 균
A0111 龠	U-9FA0 0-595F 2-6142 0-737E 1-6678	1538.250 74807.010 48882 17 龠	YUE4 joek6 YAKU 약
A0111 龢	U-9FA2 E-4931 2-6E7C 1-6D61 1-7432	1538.290 74807.050 48886 22 龠	HE2, HE4, HUO4 wo4 KA, WA 화

제2부

주 석

一　一　一　　A0001　U-4E00

•一• 一字部 總01劃. (훈글) [일] 한. (新典) [일] 한, 한아. 정셩. 슌젼할. 오로지. 갓흘. 왼, 왼통. 만약. 쳣재. 낫낫. (訓蒙) [일] ᄒᆞᆫ. (英譯) one. a, an. alone. (漢典) 指事. "一"是漢字部首之一. 本義: 數詞. 大寫作"壹". 最小的正整數. 常用以表示人或事, 物的最少數量. (康熙) <一部> 古文: 弌. {唐韻}{韻會}於悉切, {集韻}{正韻}益悉切, 太漪入聲. {說文}惟初大始, 道立於一. 造分天地, 化成萬物. {廣韻}數之始也, 物之極也. {易・繫辭}天一地二. {老子・道德經}道生一, 一生二. 又{廣韻}同也. {禮・樂記}禮樂刑政, 其極一也. {史記・儒林傳}韓生推詩之意, 而爲內外傳數萬言, 其語頗與齊魯閒殊, 然其歸一也. 又少也. {顏延之・庭誥文}選書務一不尙煩密. {何承天・答顏永嘉書}竊願吾子舍兼而遵一也. 又{增韻}純也. {易・繫辭}天下之動貞大一. {老子・道德經}天得一以淸, 地得一以寧, 神得一以靈, 谷得一以盈, 萬物得一以生, 侯王得一以爲天下正. 又均也. {唐書・薛平傳}兵鎧完礪, 徭賦均一. 又誠也. {中庸}所以行之者, 一也. 又正一. {唐書・司馬承楨傳}得陶隱居正一法, 逮四世矣. 又一一. {韓非子・內儲篇}南郭處士請爲齊宣王吹竽. 宣王悅之, 廩食以數百人. 湣王立, 好一一聽之, 處士逃. {韓愈詩}一一欲誰憐. {蘇軾詩}好語似珠穿一一. 又{星經}天一星, 在紫微宮門外. 太一星, 在天一南半度. 又太一, 山名, 卽終南山. 一名太乙. 又三一. {前漢・郊祀志}以太牢祀三一. {註}天一, 地一, 泰一. 泰一者, 天地未分元氣也. 又尺一, 詔版也. {後漢・陳蕃傳}尺一選擧. {註}版長尺一, 以寫詔書. 又百一, 詩篇名, 魏應璩著. 又姓, 明一炫宗. 又三字姓. 北魏有一那蔞氏, 後改蔞氏. 又一二三作壹貳叄. {大學}壹是皆以修身爲本. {史記・禮書}總一海內. {前漢・霍光傳}作總壹. {六書故}今惟財用出納之簿書, 用壹貳叄以防姦易. 又{韻補}叶於利切, 音懿. {左思・吳都賦}藿蒳豆蔻, 薑彙非一. 江蘺之屬, 海苔之類. 又叶弦雞切, 音兮. {參同契}白者金精, 黑者水基. 水者道樞, 其數名一. (說文) <一部> 於悉切. 惟初太始, 道立於一, 造分天地, 化成萬物. 凡一之屬皆从一.

□　●　↑　　A0961　U-4E01

•丁• 一字部 總02劃. (훈글) [정] 넷째 천간. (新典) [뎡] 넷재 텬간. 당할. 장뎡군. 부림군. 외로을. 백뎡. 루슈 소리. 나무 베는 소리. (訓蒙) [뎡] ᄉᆞᆫ. (英譯) male adult. robust, vigorous. 4th heavenly stem. (漢典) 象形. 金文象俯視所見的釘頭之形, 小篆象側視的釘形. 本義: 釘子. (康熙) <一部> 古文: 个. {唐韻}{集韻}{韻會}{正韻}太當經切, 音玎. 十幹名. {說文}夏時萬物皆丁實. 丁承丙, 象人心. {六書正譌}丁, 蠆尾也, 象形. 凡造物必以金木爲丁附著之, 因聲借爲丙丁字. {爾雅・釋天}太歲在丁曰彊圉, 月在丁曰圉. {禮・月令}仲春之月上丁, 命樂正習舞釋菜. 又{唐書・禮樂志}仲春, 仲秋, 釋奠於文宣王, 皆以上丁. 又五丁, 力士. {蜀記}秦惠王欲伐蜀, 造石牛, 置金其後. 蜀人使五丁力士拖石成道, 秦遂伐蜀. {杜甫詩}論功超五丁. 又六丁, 神名. {道書}陽官六甲, 陰官六丁. 謂六甲中丁神也. 又{爾雅・釋詁}丁, 當也. {註}相當値. {詩・大雅}寧丁我躬. 又民丁. {唐書・食貨志}租庸調之法, 以人丁爲本. 又授田十畝, 歲輸粟二斛, 謂之租丁. 又{莊子・養生主}庖丁解牛. {杜甫詩}畦丁負籠至. {宋史・高宗紀}團敎峒丁槍杖手. {又}罷廉州貢珠, 縱蜑丁自便. {何異傳}募山丁, 捕首亂者. {唐璘傳}團結漁業茶鹽舟夫蘆丁, 悉備燎舟之具. {元史・博爾忽傳}畲丁溪子. {橘錄}金橘高不及尺許, 結實繁多. 園丁種之, 以鬻於市. 又零丁, 或作伶仃, 失志貌. {晉書・李密傳}零丁孤苦, 至於成立. 又彼此相屬曰丁寧. {後漢・郎顗傳}丁寧再三, 留神於此. 俗作叮嚀. 又丁寧, 鉦也. {左傳

・宣四年}楚伯棼射王, 汰輈及鼓跗, 著於丁寧. 又丁東, 聲也. 凡玉珮鐵馬聲皆曰丁當. 當東二音古通. 又丁水. {水經注}泗水又東南流, 丁溪水注之. 又{爾雅・釋魚}魚枕謂之丁. {註}枕在魚頭骨中, 形似篆書丁字. 又丁子, 科斗也. 初生如丁有尾. {莊子・天下篇}丁子有尾. 又肉丁, 瘡名. {物類相感賦}身上生肉丁, 芝蔴花擦之. 又烏丁, 茶名. 見{本草}. 又吉丁, 蟲名. {本草註}甲蟲也. 背正綠, 有翅, 在甲下, 出嶺南賓澄諸州, 人取帶之, 令人喜好相愛. 又{貫休詩}蕨苞玉粉生香壟, 菌簇紅丁出靜槎. {陸游詩}滿貯醇醪漬黃甲, 密封小甕餉紅丁. 皆詩人象形借用也. 又姓. 本姜姓, 齊太公子伋爲丁公, 因以命氏. 又{逸書謚法}述義不克曰丁. 又{廣韻}{集韻}{韻會}𠀤中莖切, 音朾. {詩・小雅}伐木丁丁. {註}伐木聲相應也. 又{韻會小補}叶都陽切, 音當. 韓愈{贈張籍詩}相見不復期, 零落甘所丁. 嬌兒未絕乳, 念之不能忘. {正字通}唐書張弘靖傳, 汝輩挽兩石弓, 不如識一丁字. 按續世說一丁作一个, 因篆文个與丁相似. 傳寫譌作丁. (說文) <丁部> 當經切. 夏時萬物皆丁實. 象形. 丁承丙, 象人心. 凡丁之屬皆从丁.

丂 丂 A0274 U-4E02

•丂• 一字部 總02劃. (훈글) [교] 공교할. (英譯) obstruction of breath (qi) as it seeks release. variant of other characters. (康熙) <一部> {唐韻}{集韻}𠀤苦浩切, 音考. {說文}氣欲舒出, ㄣ上礙於一也. 又{玉篇}古文巧字. 註詳工部二畫. (說文) <丂部> 苦浩切. 气欲舒出. ㄣ上礙於一也. 丂, 古文以爲亏字, 又以爲巧字. 凡丂之屬皆从丂.

十 十 七 A0949 U-4E03

•七• 一字部 總02劃. (훈글) [칠] 일곱. (新典) [칠] 일곱. 글 톄격 이름. (訓蒙) [칠] 닐굽. (英譯) seven. (漢典) 指事. 從一ㄣ. 畫以紀數. 本義: 六加一的和. (康熙) <一部> {唐韻}親吉切, {集韻}{韻會}{正韻}戚悉切, 𠀤音桼. 少陽數也. {說文}陽之正也, 从一, 微陰从中衺出也. {書・舜典}在璿璣玉衡, 以齊七政. {註}七政, 日月五星也. {詩・唐風}豈曰無衣七兮. {註}侯伯七命, 車服皆以七爲節. 又詞家以七名篇, 雖八首, 問對凡七. 七者, 問對之別名, 始枚乘七發, 後傅毅七激, 崔駰七依, 曹植七啓, 張協七命, 繼之凡十餘家. 又三七, 藥名. {本草綱目}言葉左三右四, 故名. 一說本名山桼. 又姓. 明七希賢. 又人名. {續仙傳}殷七七, 名文祥. {蘇軾詩}安得道人殷七七, 不論時節遣花開. {正字通}或通作柒桼漆. 柒. (說文) <七部> 親吉切. 陽之正也. 从一, 微陰从中衺出也. 凡七之屬皆从七.

☰ 三 三 A0024 U-4E09

•三• 一字部 總03劃. (훈글) [삼] 석. (新典) [삼] 석, 셋. 세 번. (訓蒙) [삼] 석. (英譯) three. (漢典) 指事. 本義: 數目. 二加一的和. (康熙) <一部> 古文: 弎. {唐韻}{集韻}{韻會}蘇甘切, {正韻}蘇監切, 𠀤颯平聲. {說文}三, 天地人之道也. 謂以陽之一合陰之二, 次第重之, 其數三也. {老子・道德經}一生二, 二生三, 三生萬物. {史記・律書}數始於一, 終於十, 成於三. 又{周禮・冬官考工記}凡兵無過三其身. 又{左傳・昭七年}士文伯曰: 政不可不愼, 務三而已. 一擇人, 二因民, 三從時. 又{晉語}民生於三, 事之如一. 又{周語}人三爲衆, 女三爲粲, 獸三爲羣. 又姓. 明三成志. 又漢複姓. 屈原之後有三閭氏, 三飯尞之後有三飯氏, 三州孝子之後有三州氏. 又去聲. {韻會}蘇暫切. {論語}三思而後行. 又本作參. {博雅}參, 三也. {周禮・冬官考

工記}參分其股圍. {前漢・刑法志}秦造參夷之誅. 厺與三同. 又{韻補}叶疏簪切, 音森. {詩・召南}摽有梅, 其實三兮. 下叶今. 厽. 說文 <三部> 穌甘切. 天地人之道也. 从三數. 凡三之屬皆从三.

A0005 U-4E0A

•上• 一字部 總03劃. 훈글 [상] 위. 新典 [샹] 우, 마, 첫, 치, 슥닥이. 임금, 인군. 놉흘. 오를. 올릴. 이를. 訓蒙 [샹] 마딕. 英譯 top. superior, highest. go up, send up. 康熙 <一部> 古文: 丄二. {廣韻}{集韻}{韻會}{正韻}厺時亮切, 音尙. 在上之上, 對下之稱. 崇也, 尊也. {易・乾・文言}本乎天者親上. 又{廣韻}君也. 太上極尊之稱. 蔡邕{獨斷}上者, 尊位所在. 但言上, 不敢言尊號. 又上日. {書・舜典}正月上日. {註}孔氏曰: 上日, 朔日也. 葉氏曰: 上旬之日. 曾氏曰: 如上戊, 上辛, 上丁之類. 又姓. 漢上雄, 明上觀, 上志. 又上官, 複姓. 又{唐韻}時掌切, {集韻}{韻會}{正韻}是掌切, 厺商上聲. 登也, 升也, 自下而上也. {易・需卦}雲上于天. {禮・曲禮}拾級聚足, 連步以上. 又進也. {前漢・東方朔傳}朔上三千奏牘. 又與尙通. {詩・魏風}上愼旃哉. {前漢・賈誼傳}上親, 上齒, 上賢, 上貴. 又{匡衡傳}治天下者審所上. 又{韻補}叶辰羊切, 音常. {楚辭・九懷}臨淵兮汪洋, 顧林兮忽荒. 修予兮袿衣, 騎霓兮南上. 又叶時刃切, 音愼. {王微觀海詩}照本苟不昧, 在末理知瑩. 忽乘搏角勢, 超騰迸崖上. 又叶矢忍切, 音審. {郭璞・遊仙詩}翹首望太淸, 朝雲無增景. 雖欲思陵化, 龍津未易上. {說文}上, 高也. 指事. 時掌切. ○ 按字有動靜音, 諸韻皆以上聲, 是掌切, 爲升上之上, 屬動, 去聲, 時亮切, 爲本在物上之上, 屬靜. 今詳{說文}上聲上字, 高也, 是指物而言, 則本在物上之上亦作上聲矣. 依諸韻分動靜音爲是. 後倣此.

A0005 U-4E0B

•下• 一字部 總03劃. 훈글 [하] 아래. 新典 [하] 알에. 밋. 나즐. 나릴. 나즌 체할. 항복할. 쎨어질. 訓蒙 [하] 아래. 英譯 under, underneath, below. down. inferior. bring down. 漢典 指事. 據甲骨文, 上面部分表示位置的界限, 下面部分表示在下的意思. 本義: 下面, 位置在下. 康熙 <一部> 古文: 丅二. {廣韻}胡雅切, {集韻}{韻會}{正韻}亥雅切, 厺遐上聲. 在下之下, 對上之稱. {易・乾・文言}本乎地者親下. 又{說文}底也. {玉篇}後也. 又賤也. 又{儀禮・士相見禮}始見于君, 執摯至下. {鄭註}下謂君所. {賈疏}不言所而言下者. 凡臣視袷已下, 故言下也. 又{集韻}{韻會}厺亥駕切, 遐去聲. {正韻}降也, 自上而下也. {易・屯卦}以貴下賤. {詩序}君能下下. 又{爾雅・釋詁}下, 落也. {邢疏}下者, 自上而落也. 草曰零, 木曰落. 又去也. {周禮・夏官・司士}歲登, 下其損益之數. 又{韻補}叶後五切, 音戶. {詩・召南}于以奠之, 宗室牖下. 與女叶. {吳棫曰}毛詩下字一十有七, 陸德明皆此讀. {陳第・古音考}與吳同. 又叶胡佐切, 音賀. {曹丕・寡婦賦}風至兮淸厲, 陰雲曀兮雨未下. 伏枕兮忘寐, 逮乎朝兮起坐.

A0777 U-4E0D

•不• 一字部 總04劃. 훈글 [불] 아닐. 新典 [부] 아닌가. [불] 아니, 아닐, 못할. 類合 [블] 아닐. 英譯 no, not. un-. negative prefix. 康熙 <一部> 古文: 丕芇. {韻會}{正韻}厺逋沒切, 補入聲. 不然也, 不可也, 未也. {禮・曾子問}葬引至于堩, 日有食之, 則有變乎, 且不

乎. 又{周禮・夏官}服不氏, 掌養猛獸而敎擾之. {註}服不服之獸者. 又{廣韻}{韻會}丛分物切. 與弗同. 今吳音皆然. 又{韻會}俯九切, 音缶. 與可否之否通. {說文}鳥飛上翔, 不下來也. 从一, 一猶天也. 象形. 又{玉篇}甫負切, {廣韻}甫救切, 丛缶去聲. 義同. 又{廣韻}甫鳩切, {集韻}{韻會}{正韻}方鳩切, 丛音浮. 夫不, 鵻也. 亦作鳺鴀. {爾雅・釋鳥}鵻其鳺鴀. {邢疏}陸璣云: 今小鳩也. 一名鵓鳩, 幽州人或謂鶻鳩, 梁宋閒謂之隹, 揚州人亦然. 又未定之辭也. {陶潛詩}未知從今去, 當復如此不. 又姓. {晉書}汲郡人不準. ○ 按{正字通}云: 不姓之不, 轉注古音, 音彪. 又{正韻}芳無切. 與柎通. 花萼跗也. {詩・小雅}鄂不韡韡. {鄭箋}承華者, 鄂也. 不當作柎. 鄭樵曰: 不象萼蔕形. 與萼通. {陸璣詩疏}柎作跗. {束晳・補亡詩}白華絳趺. {唐詩}紅萼青趺皆因之. 又華不注, 山名, 在濟南城東北. {左傳・成二年}晉郤克戰于鞌, 齊師敗績. 逐之, 三周華不注. {伏琛齊記}引摯虞畿服經, 不, 與詩鄂不之不同. 李白詩: 玆山何峻秀, 彩翠如芙蓉. 蓋因華跗而比擬之. 胡傳讀不如卜, 非. 又{古詩・日出東南隅行}使君謝羅敷, 還可共載不. 羅敷前致辭, 使君亦何愚. 使君自有婦, 羅敷自有夫. ○ 按愚當讀若吾, 疑模切, 與敷不夫叶. 敷不夫本同模韻, {正字通}不改音符, 叶夫愚, 非是. 又與丕同. {書・大誥}爾丕克遠省. 馬融作不. {秦・詛楚文}不顯大神巫咸. {秦・和鐘銘}不顯皇祖. 丛與詩周頌不顯不承同. 不顯不承, 猶書云丕顯丕承也. 又{韻補}叶補美切, 音彼. {荀子・賦篇}簡然易知, 而致有理者與. 君子所敬, 而小人所不者與. 所不謂小人所鄙也. {正字通}不字在入聲者, 方音各殊, 或讀逋入聲, 或讀杯入聲. 司馬光切韻圖定爲逋骨切, 今北方讀如幫鋪切, 雖入聲轉平, 其義則一也. (說文) <不部> 方久切. 鳥飛上翔不下來也. 从一, 一猶天也. 象形. 凡不之屬皆从不.

A0982 U-4E11

•丑• 一字部 總04劃. (훈글) [축] 소. (新典) [츄] 둘재 디지. 축시. 슈갑, 조막손이. (英譯) clown, comedian. 2nd terrestrial branch. (漢典) 形聲. 從鬼, 酉聲. 古人以爲鬼的面貌最丑, 故從鬼. 本義: 貌丑. (康熙) <一部> {廣韻}{集韻}{韻會}敕久切, {正韻}齒九切, 丛音醜. 十二月辰名. {爾雅・釋天}太歲在丑曰赤奮若. {淮南子・時則訓}招搖指丑. {前漢・律歷志}孳萌於子, 紐牙於丑. 又神名. {山海經}女丑之尸. {六書正譌}手械也. 从又, 手也, 有物以縶之. 象形. 因聲借爲子丑字, 十二月之象也. 又丑象子初生擧手. (說文) <丑部> 敕九切. 紐也. 十二月, 萬物動, 用事. 象手之形. 時加丑, 亦擧手時也. 凡丑之屬皆从丑.

A0920 U-4E14

•且• 一字部 總05劃. (훈글) [차] 또. (新典) [저] 어조사. 만흘. 파초. 공경스러울. [챠] 글허두 낼. 문득. 또. 이. 구차할. (類合) [챠] 또. (英譯) moreover, also (post-subject). about to, will soon (pre-verb). (康熙) <一部> 古文: 且𠀃. {廣韻}{集韻}{韻會}淺野切, {正韻}七野切, 丛音跙. 借曰之辭. {論語}且予之類是也. 又未定之辭. {禮・檀弓}曾子曰: 祖者, 且也. 且胡爲其不可以反宿. 又又也. {詩・小雅}君子有酒, 多且旨. 又此也. {詩・周頌}匪且有且. {傳}非獨此處有此稼穡之事也. 又姑且也. {詩・唐風}且以喜樂. 又將也. {史記・項羽紀}范增謂項莊曰: 若屬且爲所虜. 又苟且也. {莊子・庚桑楚}老子語南榮趎曰: 與物且者, 其身不容, 焉能容人. {註}且者, 姑與物爲雷同, 而志不在也. 又姓. 宋且謹修, 明且簡. 俗誤讀苴. 又通作俎. 薦牲具. 祭祀燕饗用之. 又{集韻}{韻會}{正韻}丛子余切, 音疽. {說文}薦也. 又同趄. 行不進也. {易・夬卦}其行次且. 別作趑趄. 又多貌. {詩・大雅}籩豆有且. 又蝍蛆亦曰卽且.

{史記・龜筴傳}騰蛇之神, 而殆於卽且. 又{爾雅・釋天}六月爲且. {郭註}闕詁. 或云: 一作焦月. 六月盛熱, 故曰焦. 又巴且, 見{司馬相如賦}. {史記}作猼且, 卽巴焦. 又語餘聲. {詩・鄭風}士曰旣且. {朱傳}音疽. 語辭, 與乃見狂且, 其樂只且, 匪我思且, 椒聊且, 曰父母且, 諸且字皆語餘聲. 又{集韻}{韻會}{正韻}𠀤叢租切. 與徂同, 往也. 又{韻會}七序切, 徐去聲. 恭敬貌. {詩・周頌}有萋有且. {正字通}{說文}且从几, 足有二横. 一, 地也. 象藉於地形. 音阻. 阻詛諸且爲聲, 餘義皆假借. 孫愐譌用子余切. {韻會}馬韻且引{說文}義同俎, 譌轉魚韻, 爲孫切所蔽, 音同疽, 音義相矛盾. 又俎本作且, 且字借義旣廣, 故別加半肉作俎以別之. (說文) <且部> 子余切・千也切. 薦也. 从几, 足有二横, 一其下地也. 凡且之屬皆从且.

A0777 U-4E15

•丕• 一字部 總05劃. (훈글) [비] 클. (新典) [비] 클. 밧들. 웃듬. (英譯) great, grand, glorious, distinguished. (漢典) 形聲. 從一, 不聲. 本義: 大. (康熙) <一部> {廣韻}敷悲切, {集韻}{韻會}攀悲切, {正韻}鋪悲切, 𠀤音胚. 大也. {書・大禹謨}嘉乃丕績. 又奉也. {前漢・郊祀志}丕天之大律. {註}奉天之大法也. 又姓. 春秋晉大夫丕鄭. 亦作㔻. 又同岯. 山名. 大邳山. {史記}作伾. {國語}作丕. 又元也. {書・金縢}是有丕子之責于天. {史記}以丕爲負. {索隱}引鄭氏曰: 丕讀作負. ○ 按{廣韻}{玉篇}諸書音切, 倶本音和, 惟重脣輕脣之音, 多用交互. 後學不考, 遂成譌舛, 如丕用敷悲切之類. 是以敷母輕脣之音, 切滂母重脣之字. 宜從{集韻}諸書攀悲切爲是. 岯原字从山不. (說文) <一部> 敷悲切. 大也. 从一不聲.

A0510 U-4E18

•丘• 一字部 總05劃. (훈글) [구] 언덕. (新典) [구] 두덕. 모듸. 클. 데골. 뫼. 단. (訓蒙) [구] 두던. (英譯) hill. elder. empty. a name. (漢典) 會意兼指事. 甲骨文字形, 象地面上并立兩個小土峰. 本義: 自然形成的小土山. (康熙) <一部> 古文: 坵. {廣韻}去鳩切, {集韻}{韻會}祛尤切, {正韻}驅尤切, 𠀤音蚯. 阜也, 高也. 四方高, 中央下曰丘. {爾雅・釋丘}非人爲之曰丘. 又前高後下曰旄丘. {博雅}小陵曰丘. 又{周禮・春官・大司樂}凡樂, 冬日至, 于地上之圜丘而奏之. 夏日至, 于澤中之方丘而奏之. {疏}土之高者曰丘. 因高以事天, 故於地上. 因下以事地, 故於澤中. 又地名. 帝丘, 本顓頊之墟, 今澶州濮陽縣. 又營丘, 商丘, 楚丘, 靈丘, 葵丘, 咸丘, 虎丘, 皆地名. 又三丘. {張衡・思玄賦}過少昊之窮野兮, 問三丘乎句芒. {註}蓬萊, 方丈, 方壺, 三者皆羣仙所居. 又{前漢・刑法志}四井爲邑, 四邑爲丘. 丘, 十六井也. 又{春秋・成元年}作丘甲. {胡傳}益兵也, 卽丘出一甲, 則一甸之中, 共百人爲兵矣. 又聚也. {孔安國・尚書序}九州之志, 謂之九丘. 言九州所有, 皆聚此書也. 又崇丘, 亡詩篇名. 言萬物得極其高大也. 又大也. {前漢・楚元王傳}高祖微時, 嘗與賓客過其丘嫂食. {註}長嫂之稱. 又空也. {前漢・息夫躬傳}寄居丘亭. 又丘里. {莊子・則陽篇}少知問太公調曰: 何謂丘里之言. 曰: 丘里者, 合十姓百名, 以爲風俗也. 又比丘. {魏書・釋老傳}桑門爲息心, 比丘爲行乞. 又姓. 又左丘, 龍丘, 咸丘, 虞丘, 梁丘, 母丘, 陶丘, 浮丘, 麥丘, 水丘, 吾丘, 皆復姓. 又{韻補}叶祛其切, 音欺. {詩・衞風}送子涉淇, 至于頓丘. 叶下媒期. {小雅}楊園之道, 猗于畝丘. 叶下詩之. {左傳・僖十五年}史蘇占之曰: 不利行師, 敗於宗丘. 叶上姬旗. 又叶苦高切, 音尻. {楚辭・九懷}玄鳥兮辭歸, 飛翔兮靈丘. 望谿兮蓊鬱, 熊羆兮响嗥. 又叶丘於切, 音區. {陳琳・大荒賦}過不死之靈域兮, 仍羽人之丹丘. 惟民生之每每兮, 佇盤桓以躊躕. 古丘區聲通. {顔師古曰}古語丘區二字音

不別, 今讀則異. 互見匚部區字註. {集韻}本作㐀, 亦作𠀉. 說文 <丘部> 去鳩切. 土之高也, 非人所爲也. 从北从一. 一, 地也, 人居在丘南, 故从北. 中邦之居, 在崐崘東南. 一曰四方高, 中央下爲丘. 象形. 凡丘之屬皆从丘. 今隸變作丘.

A0956 U-4E19

•丙• 一字部 總05劃. 한글 [병] 남녘. 新典 [병] 셋재 텬간. 남녘. 불. 英譯 third. 3rd heavenly stem. 漢典 象形. 本義: 魚尾. 康熙 <一部> {唐韻}兵永切, {集韻}{韻會}{正韻}補永切, 丛音炳. 十幹名之一. {爾雅·釋天}太歲在丙曰柔兆. 月在丙曰修. {說文}南方之位也. 南方屬火, 而丙丁適當其處, 故有文明之象. 又{周髀算經}上天名青丙, 下地曰青戊. 又{張衡·東京賦}大丙弭節, 風后陪乘. {註}大丙, 神名. 又{集韻}陂病切, 音柄. 日名. 說文 <丙部> 兵永切. 位南方, 萬物成, 炳然. 陰气初起, 陽气將虧. 从一入冂. 一者, 陽也. 丙承乙, 象人肩. 凡丙之屬皆从丙.

A0116 U-3401

•㐁• 一字部 總06劃. 한글 [첨] 핥을. 英譯 to lick. to taste, a mat, bamboo bark. 康熙 <一部> 古文: 㖡. {集韻}他點切, 音忝. 以舌鉤取也. {說文}舌貌. 从谷省, 象形. {精蘊}㐁以舌在口外, 露舌耑舐物. 人有持短長術, 以言鉤人者, 孟子斥爲穿窬. 又{玉篇}{唐韻}{集韻}丛他念切, 添去聲. 義同. ○ 按㐁字, 今通作餂. 說文 <谷部> 他念切. 舌皃. 从谷省. 象形.

A0131 U-4E1E

•丞• 一字部 總06劃. 한글 [승] 도울. 新典 [승] 이을. 도을. 벼슬 이름. 정승. 英譯 assist, aid, rescue. 漢典 會意. 甲骨文字形, 上面象兩只手, 下面象人掉在陷阱里, 合起來表示救人于陷阱之中. 本義: 拯救. 康熙 <一部> {廣韻}署陵切, {集韻}{韻會}辰陵切, {正韻}時征切, 丛音承. {玉篇}繼也. {廣韻}佐也. {正韻}副貳也. {禮·文王世子}虞, 夏, 商, 周有師保, 有疑丞. 又{戰國策}堯有九佐, 舜有七友, 禹有五丞, 湯有三輔. 又{前漢·百官表}丞相秦官金印紫綬, 掌丞天子助理萬機. {註}應劭曰: 丞者, 承也. 相者, 助也. 又{前漢·淳于長傳}扶丞左右, 甚有甥舅之恩. 又{宋史·天文志}紫微垣西蕃七星, 第七星爲上丞. 東蕃八星, 第八星爲少丞. 又與承通. {史記·張湯傳}於是丞上指. 今本或作承. 又{廣韻}常證切, 承去聲. 縣名. 在沂州, 匡衡所居. 又{韻補}叶之郢切. 與拯通. {揚雄·羽獵賦}丞民於豐桑. 說文 <収部> 署陵切. 翊也. 从廾从卩从山. 山高, 奉承之義.

A0118 U-4E29

•丩• 丨字部 總01劃. 한글 [구] 얽힐. 英譯 to join or connect the vine. 康熙 <丨部> {集韻}居尤切, 音鳩. 延蔓也. 瓜藤之屬, 遇他物縈繞之, 乃得上引. 象牽連交繚形. 𠙼收糾等字皆从此. 又居虯切, 音樛. 義同. 又巨夭切, 音撟. 與糺糾通. 或作𠜾. 說文 <丩部> 居虯切. 相糾繚也. 一曰瓜瓠結丩起. 象形. 凡丩之屬皆从丩.

A0027 U-4E2D

•中• 丨字部 總04劃. (훈글) [중] 가운데. (新典) [즁] 가온대. 바를. 맘. 안. 반. 일울. 찰. 뚜를. 셈대 그릇. 당할. 용할. 마칠. 마즐. (訓蒙) [듕] 가온딧. (英譯) central. center, middle. in the midst of. hit (target). attain. (康熙) <丨部> 古文: 㠉𠁦. ｛唐韻｝陟弓切, ｛集韻｝｛韻會｝｛正韻｝陟隆切, 竝音忠. ｛書・大禹謨｝允執厥中. ｛周禮・地官・大司徒｝以五禮防民僞, 而敎之中. ｛左傳・成十三年｝劉子曰: 民受天地之中以生. 又｛左傳・文元年｝擧正於中, 民則不惑. ｛註｝擧中氣也. 又司中, 星名. 在太微垣. ｛周禮・春官・大宗伯｝以槱燎祀司中司命飌師雨師. 又｛前漢・律歷志｝春爲陽中, 萬物以生. 秋爲陰中, 萬物以成. 又中央, 四方之中也. ｛書・召誥｝王來紹上帝, 自服于土中. ｛註｝洛爲天地之中. ｛張衡・東京賦｝宅中圓大. 又正也. ｛禮・儒行｝儒有衣冠中. ｛周禮・秋官・司刺｝以此三法者求民情, 斷民中, 施上服下服之罪. ｛註｝斷民罪, 使輕重得中也. 又心也. ｛史記・韓安國傳｝深中寬厚. 又內也. ｛易・坤卦｝黃裳元吉, 文在中也. 又｛老子・道德經｝多言數窮, 不如守中. 又半也. ｛列子・力命篇｝得亦中, 亡亦中. ｛魏志・管輅傳｝鼓一中. ｛註｝猶言鼓一半也. 又成也. ｛禮・禮器｝因名山升中于天. ｛註｝中, 猶成也. 燔柴祭天, 告以諸侯之成功也. 又滿也. ｛前漢・百官表｝制中二千石. ｛註｝謂滿二千石也. ｛索隱｝漢制, 九卿已上, 秩一歲, 滿二千石. 又穿也. ｛周禮・冬官考工記｝中其莖. ｛註｝謂穿之也. 又盛算器. ｛禮・投壺｝主人奉矢, 司射奉中. ｛註｝士鹿中, 大夫兕中, 刻木如兕鹿而伏, 背上立圓圈, 以盛算也. 又｛禮・深衣註｝衣有表者, 謂之中衣. 與衷通. 又俚語. 以不可爲不中. ｛蕭參希通錄｝引左傳成公二年, 無能爲役. 杜預註: 不中爲之役使. 又｛禮・鄕飮酒義｝冬之爲言中也. 中者, 藏也. 又姓. 漢少府卿中京. 又中行, 中英, 中梁, 中壘, 中野, 皆複姓. 又｛廣韻｝｛集韻｝｛韻會｝竝陟仲切, 音妕. 矢至的曰中. ｛史記・周本紀｝養由基去柳葉百步, 射之, 百發百中. 又著其中曰中. ｛莊子・達生篇｝中身當心則爲病, 猶醫書中風, 中暑是也. 又要也. ｛周禮・春官｝凡官府鄕州及都鄙之治中, 受而藏之. ｛註｝謂治職簿書之要也. 又應也. ｛禮・月令｝律中大簇. ｛註｝中猶應也. 又合也. ｛左傳・定元年｝季孫曰: 子家子亟言於我, 未嘗不中吾志也. 又｛類篇｝｛正韻｝竝直衆切. 與仲通. ｛禮・月令｝中呂, 卽仲呂, 又讀作得. ｛周禮・地官｝師氏掌國中失之事. ｛註｝故書中爲得. 陸德明云: 中, 杜音得. 又｛韻補｝叶陟良切, 音章. 師古曰: 古讀中爲章. ｛吳志・胡綜傳・黃龍大牙賦｝四靈旣布, 黃龍處中. 周制日月, 是曰太常. 又叶諸仍切, 音征. ｛劉貢父・詩話｝關中讀中爲烝. ｛詩・大雅｝泉之竭兮, 不云自中. 叶上頻. ｛班固・高祖泗水亭碑｝天期乘祚受爵漢中. 叶下秦. 古東韻與庚陽通. 俗讀中酒之中爲去聲. 中與之中爲平聲. ○ 按｛魏志・徐邈傳｝: 邈爲尚書郞, 時禁酒. 邈私飮沈醉, 趙達問以曹事, 曰中聖人. 時謂酒淸爲聖人, 濁者爲賢人. 蘇軾詩: 公特未知其趣耳, 臣今時復一中之. 則中酒之中, 亦可讀平聲. ｛通鑑｝: 周宣王成中與之名, 註: 當也. 杜詩: 今朝漢社稷, 新數中與年. 則中與之中亦可讀去聲. (說文) <丨部> 陟弓切. 内也. 从口. 丨, 上下通.

A0147 U-4E2E

•丮• 丨字部 總04劃. (훈글) [극] 잡을. (英譯) catch. (康熙) <丨部> ｛唐韻｝几劇切, ｛集韻｝訖逆切, 竝音戟. ｛說文｝丮, 持也, 象手有所丮據也. 讀若戟. ｛元包經｝丮之摭. ｛傳｝手之掇也. ○ 按｛說文｝｛玉篇｝丮執音義小別. 執, 捕罪人也. 从丮从卒. 之入切. (說文) <丮部> 几劇切. 持也. 象手有所丮據也. 凡丮之屬皆从丮. 讀若戟.

A0445 U-4E2F

•丯• 丨字部 總04劃. (훈글) [개] 풀이 자라 산란할. (英譯) dense. (康熙) <丨部> ｛廣韻｝古拜切, ｛集韻｝居拜切, 𠀤音介. ｛說文｝艸蔡也. 象艸生散亂. 凡丯之屬皆从丯. ○ 按｛說文｝丯與夆別. 夆, 相遮要害也, 讀若害. ｛字彙｝誤以丯爲夆, 移｛說文｝夆訓入丯註, 非. (說文) <丯部> 古拜切. 艸蔡也. 象艸生之散亂也. 凡丯之屬皆从丯. 讀若介.

A0297 U-4E39

•丹• 丶字部 總04劃. (훈글) [단] 붉을. (新典) [단] 붉을. 쥬사. 맘. 어엿블. 채색할. (訓蒙) [단] 블글. (英譯) cinnabar (native HgS). vermilion (artificial HgS used as pigment). (康熙) <丶部> 古文: 𠁿㣋同. ｛唐韻｝都寒切, ｛集韻｝｛韻會｝多寒切, ｛正韻｝都艱切, 𠀤音單. 赤色丹砂也. ｛書・禹貢｝礪砥砮丹. ｛山海經｝丹以赤爲主, 黑白皆丹之類. ｛陶弘景曰｝卽朱砂也. 又道家以烹鼎金石爲外丹, 吐故納新爲內丹. ｛黃庭經｝九轉八瓊丹. ｛註｝八者: 朱砂, 雄黃, 空青, 硫黃, 雲母, 戎鹽, 硝石, 雌黃也. 又｛博物志｝和氣相感, 則陵出黑丹. 仁主壽昌, 民延壽命, 天下太平. 又以朱色塗物曰丹. ｛揚雄・解嘲｝朱丹其轂. 又容美曰渥丹. ｛詩・秦風｝顏如渥丹. 又赤心無僞曰丹. ｛謝朓詩｝旣秉丹石心, 寧流素絲涕. 又姓. 漢丹玉, 宋丹山, 明丹衷. 又丹陽, 郡名. 漢武帝改鄣郡爲丹陽郡. 晉武帝分立宣城, 毗陵二郡. 又州名. 本赤翟地, 元魏置汾州, 後改丹州. 又｛崔豹古今註｝丹徼, 南方徼, 色赤, 故稱丹徼, 爲南方之極也. 又丹丹, 國名. 見｛南史｝. 又｛山海經｝鳳凰產于丹穴. 又鷄丹, 鳥名. 爲九鳳之一. 又牡丹, 花名. ｛本草｝一名鼠姑. 又木丹, 梔子花別名. 紫丹, 茈草別名. 又叶都懸切, 音顚. ｛陸機・羅敷歌｝南崖充羅幕, 北渚盈軿軒. 淸川含藻景, 高岸被華丹. ｛說文｝丹巴, 越赤石. 外象丹井, 中象丹形, 靑彤雘等字从此. (說文) <丹部> 都寒切. 巴越之赤石也. 象采丹井, 一象丹形. 凡丹之屬皆从丹.

A0847 U-4E42

•乂• 丿字部 總02劃. (훈글) [예] 벨. (新典) [예] 풀 벨. 다스릴. 어질. (訓蒙) [예] 다슬. (英譯) govern, control, manage. nurture. (漢典) 會意. 從丿從乂相交. 又作"刈". 本義: 割草或收割谷類植物. (康熙) <丿部> ｛廣韻｝魚肺切, ｛集韻｝魚刈切, 𠀤音刈. ｛說文｝芟草也. ｛爾雅・釋詁｝治也. ｛書・堯典｝有能俾乂. 通作嬖. 又賢才之稱. ｛書・皐陶謨｝俊乂在官. 又｛集韻｝牛蓋切, 音艾. 懲創也. 或作忞. 通作刈艾. (說文) <丿部> 魚廢切. 芟艸也. 从丿从乀, 相交.

A0273 U-4E43

•乃• 丿字部 總02劃. (훈글) [내] 이에. (新典) [내] 이에. 어조사. 너. (類合) [내] ᄒᆞ야사. (英譯) then. really, indeed. as it turned out, after all. namely. (康熙) <丿部> 古文: 𠄎𠧧𢎧弓. ｛唐韻｝奴亥切, ｛集韻｝｛韻會｝｛正韻｝囊亥切, 𠀤柰上聲. 語辭. ｛莊子・逍遙遊｝而後乃今培風. 又承上起下之辭. ｛爾雅・序疏｝若乃者, 因上起下語. 又繼事之辭. ｛書・堯典｝乃命羲和. 又辭之難也. ｛公羊傳・宣八年｝而者何, 難也. 乃者何, 難也. 曷爲或言而, 或言乃, 乃難乎而也. 又辭之緩也. ｛周禮・秋官・小司寇｝乃致事. ｛註｝乃, 緩辭. 又語已辭. 韓愈｛鬭雞聯句｝一噴一醒然, 再接再礪乃. ｛註｝用費誓礪乃鋒刃語也. 又｛王禕詩｝玆焉舍我去, 契闊將無乃. 又爾

汝之稱. ｛書・大禹謨｝惟乃之休. ｛註｝乃, 猶汝也. 又某也. ｛禮・雜記｝祝稱卜葬虞子孫曰哀, 夫曰乃. ｛註｝乃某卜葬其妻某氏. 又彼也. ｛莊子・大宗師｝孟孫氏人哭亦哭, 是自其所以乃. 又｛唐書・南蠻傳｝昔有人見二羊鬬海岸, 彊者則見, 弱者入山, 時人謂之來乃. 來乃者, 勝勢也. 又地名. ｛元史・地理志｝新添葛蠻安撫司, 都鎭馬乃等處. 又果名. ｛桂海虞衡志｝特乃子, 狀似梐, 而圓長端正. 又｛玉篇｝或作廼. ｛詩・大雅｝廼慰廼止, 廼左廼右. ｛前漢・項籍傳｝必欲烹廼公. 又｛正韻｝依亥切, 哀上聲. ｛字彙｝款乃, 棹船相應聲. 黃山谷曰: 款乃, 湖中節歌聲. ｛正字通｝款乃, 本作欸乃. 今行船搖櫓, 戛軋聲似之. ｛柳宗元詩｝欸乃一聲山水綠. ｛元結・湖南欸乃曲｝讀如矮靄是也. ｛劉蛻・湖中歌｝靄廼. ｛劉言史・瀟湘詩｝曖廼皆欸乃之譌. ○ 按欸, 亞改切, 應也. 後人因柳集註有云: 一本作襖靄. 遂直音欸爲襖, 乃爲靄, 不知彼註自謂別本作襖靄, 非謂欸乃當音襖靄也. ｛正韻｝上聲解韻乃音靄, 引柳詩: 欸乃讀如襖靄. 而上聲巧韻襖部不收款. 去聲泰韻, 乃音愛, 亦引柳詩: 欸乃讀如懊愛. 而去聲效韻奧部不收款. 至若旱韻, 收款音窾, 絕不註明有襖懊二音, 此可證款不音襖懊, 而欸之譌作款明矣. 又乃有靄音, 無愛音. ｛正韻｝增音愛, 非. 又｛字彙｝｛正字通｝旣明辨款不音襖, 欸譌作款, 而｛字彙｝欠部款音襖, 棹船相應聲. ｛正字通｝櫓聲, 自相矛盾, 尤非. 說文 <乃部> 奴亥切. 曳詞之難也. 象气之出難. 凡乃之屬皆从乃.

A0361 U-4E47

•乇• 丿字部 總03劃. 훈글 [탁] 부탁할. 英譯 to depend on, to entrust with. 康熙 <丿部> ｛集韻｝陟格切, 音磔. 草木根乇生地上也. 又｛玉篇｝竹戹切. 義同. 又｛六書正譌｝借爲寄乇, 委乇, 字樣別作侂, 託通. 說文 <乇部> 陟格切. 艸葉也. 从垂穗, 上貫一, 下有根. 象形. 凡乇之屬皆从乇.

A0354 U-4E4B

•之• 丿字部 總04劃. 훈글 [지] 갈. 新典 [지] 갈. 이를. 이. 씨칠. 의. 어조사. 類合 [지] 갈. 英譯 marks preceding phrase as modifier of following phrase. it, him her, them. go to. 漢典 會意. 象艸過屮. 枝莖益大. 本義: 出, 生出, 滋長. 康熙 <丿部> 古文: 㞢. ｛唐韻｝｛正韻｝止而切, ｛集韻｝｛韻會｝眞而切, 𠀤音枝. ｛說文｝出也, 象艸過屮枝莖益大有所之. 一者, 地也. ｛玉篇｝是也, 適也, 往也. ｛禮・檀弓｝延陵季子曰: 若魂氣, 則無不之也. 又於也. ｛禮・大學｝之其所親愛而辟焉. ｛註｝之, 適也. ｛朱傳｝猶於也. 又語助辭. ｛書・金縢｝禮亦宜之. ｛禮・文王世子｝秋冬亦如之. ｛正字通｝凡之字, 或句中, 或語尾, 或層出. 如毛詩我之懷矣, 共武之服, 及女曰雞鳴章知子之來之, 六句九之字, 常華章左之左之, 六句八之字, 可以例推. 又此也. ｛詩・周南｝之子于歸. ｛註｝之子, 是子也. 又變也. ｛易傳｝辭也者, 各指其所之. ｛孫奕示兒編｝之字訓變, 左傳, 遇觀之否. 言觀變爲否也. 又至也. ｛詩・鄘風｝之死矢靡他. 又遺也. ｛揚子・法言｝或問孔子, 知其道之不用也. 則載而惡乎之. 曰: 之後世君子. ｛註｝言行道者貴乎及身, 乃載以遺後世. 又姓. 出｛姓苑｝. 又｛郝敬讀書通｝凡言之者, 物有所指, 事有所屬, 地有所往, 連屬之辭也. 通作旃. ｛詩・唐風｝舍旃舍旃. 又｛魏風｝上愼旃哉. 𠀤與之同. 通作至. 往彼曰之, 到此曰至, 音義互通. 又｛韻補｝叶職流切, 音周. ｛楚辭・九章｝呂望屠於朝歌兮, 甯戚歌而飯牛. 不逢堯舜與桓繆兮, 世孰云而知之. 叶上牛下求. ｛周伯琦曰｝古人因物制字. 如之本芝草, 乎本吁氣, 焉本鳶, 後人借爲助語, 助語之用旣多, 反爲所奪, 又制字以別之, 乃有芝字吁字鳶字.

說文 <之部> 止而切. 出也. 象艸過屮, 枝莖益大, 有所之. 一者, 地也. 凡之之屬皆从之.

A0488 U-4E4D

•乍• ノ字部 總05劃. 훈글 [사] 잠깐. 新典 [사] 잠간. 첨. 언듯, 얼풋. 겨우. 類合 [사] 잠깐. 英譯 first time, for the first time. 漢典 會意. 小篆字形, 從亡從一. 本義: 忽然. 康熙 <ノ部> {唐韻}鉏駕切, {集韻}{正韻}助駕切, 丛槎去聲. {增韻}暫也, 初也, 忽也, 猝也, 甫然也. {孟子}今人乍見孺子. 又{荀悅・雜言}一俯一仰, 乍進乍退. 又{集韻}{類篇}丛卽各切. 同作. 三代鼎文款識, 作皆書爲乍. 說文 <亡部> 鉏駕切. 止也, 一曰亡也. 从亡从一.

A0276 U-4E4E

•乎• ノ字部 總05劃. 훈글 [호] 어조사. 新典 [호] 온, 아. 그런가. 오흡다. 에. 英譯 interrogative or exclamatory final particle. 漢典 會意. 甲骨文字形, 上面的符號表示聲音上揚, 下面的符號表示舒氣. "乎"是"呼"的本字. 當"乎"借作語氣詞, 介詞用之后, 就另造了一個從"口"的形聲字"呼". 本義: 吐氣. 康熙 <ノ部> 古文: 虖. {廣韻}戸吳切, {集韻}{韻會}{正韻}洪孤切, 丛音湖. {說文}兮語之餘也. 从兮, 象聲上越揚之形. {徐曰}凡名兮皆上句之餘聲. {廣韻}極也. 又疑辭. {詩・邶風}胡爲乎中露. {戰國策}彈鋏歸來乎. 又呼聲. 如魯論, 參乎, 使乎之類. 又荒烏切. 與呼同. {詩・大雅}於乎小子. {陸德明・音義}於音烏, 乎音呼. {吳越春秋}越王夫人歌曰: 徊復翔兮, 游颺去復反兮. 於乎, 今經史於戲, 於虖, 嗚虖, 嗚嘑, 於乎相通, 皆歎辭. 說文 <兮部> 戸吳切. 語之餘也. 从兮, 象聲上越揚之形也.

A0332 U-4E58

•乘• ノ字部 總10劃. 훈글 [승] 탈. 新典 [승] 멍에 멜. 인할. 다스릴. 익일. 탈. 곱셈, 곱할, 곱칠. 오를. 수레. 악, 사긔. 한쌍. 족보. 訓蒙 [숭] 틀. 英譯 ride, ascend. avail oneself of. numerary adjunct for vehicles. 漢典 會意. 甲骨文字形, 從大從木, 表示人爬在樹上. "大"象"人"正面. 本義: 登, 升. 康熙 <ノ部> 古文: 椉椉. {唐韻}食陵切, {集韻}{韻會}神陵切, 丛音繩. {廣韻}駕也, 登也. {易・乾卦}時乘六龍以御天. 又因也. {孟子}不如乘勢. {老子・道德經}乘乘兮若無所歸. 又治也. {詩・豳風}亟其乘屋. 又勝也. {周語}乘人不義陵也. 又計也. {周禮・夏官・稾人}乘其事, 試其弓弩, 以下上其食而誅賞. 又姓. 漢煮棗侯乘昌. 又{廣韻}{韻會}實證切, {集韻}石證切, 丛音剩. 車也. {詩・小雅}元戎十乘, 以先啓行. 又物雙曰乘. {左傳・僖三十三年}弦高以乘韋先牛十二犒師. {揚子・方言}雙鴈曰乘. 又物四數皆曰乘. {禮・少儀}乘壺酒. {孟子}發乘矢. 又乘丘, 地名. {爾雅・釋地註}乘丘, 形似車乘也. 又草名. {爾雅・釋草}望乘車. {註}可爲索, 長丈餘. 又{韻會}乘者, 載也. 取載事爲名. {孟子}晉之乘. ○ 按{韻瑞}引晉乘入平聲, 誤. 今宗譜曰家乘, 義與史乘通. 又{傳燈錄}禪有淺深階級, 一小乘, 一大乘. 頓悟自心無漏智, 此心卽佛, 曰最上乘. {宋沙門契嵩・原教篇}五乘皆統之於三藏. 一人乘, 二天乘, 三聲聞乘, 四緣覺乘, 五菩薩乘. 後三乘導其徒出世也. 前二乘以欲不可輒去, 就其情而制之也. 皆去聲. 又{集韻}諸應切, 音證. 姓也. {說文}本作椉.

A0954 U-4E59

•乙• 乙字部 總01劃. (ᄒᆞᆫ글) [을] 새. (新典) [을] 둘재 텬간. 고기 밸. 굴할. (正蒙) [을] 을방. (英譯) second. 2nd heavenly stem. (漢典) 象形. 甲骨文字形. 本義: 象植物屈曲生長的樣子. (康熙) <乙部> ｛唐韻｝於筆切, ｛集韻｝億姞切, ｛韻會｝｛正韻｝益悉切, 𠀤音鳦. 十幹名. 東方木行也. ｛爾雅·釋天｝太歲在乙曰旃蒙. 月在乙曰橘. ｛前漢·律歷志｝奮軋於乙. ｛京房易傳｝乙, 屈也. 又凡讀書, 以筆志其止處曰乙. ｛史記·東方朔傳｝朔初上書, 人主從上方讀之, 止輒乙其處, 讀三月乃盡. 又唐試士式, 塗幾字, 乙幾字. 抹去譌字曰塗, 字有遺脫, 句其旁而增之曰乙. 又｛太乙數｝有君基太乙, 五福太乙諸名. 又｛前漢·藝文志｝有天乙三篇. ｛註｝天乙謂湯, 其言非殷時, 皆假託也. 又姓. 漢南郡大守乙世, 前燕護軍乙逸, 明乙瑄, 乙山. 又｛爾雅·釋魚｝魚腸謂之乙. ｛禮·內則｝魚去乙. ｛註｝魚餒必自腸始, 形屈如乙字. 一說魚腮骨, 在目旁, 如篆文乙, 食之鯁不可出, 去之乃食. 又｛茅亭客話｝虎有威如乙字, 長三寸許, 在脅兩旁皮下, 取得佩之, 臨官而能威衆. 無官佩之, 無憎疾者. ｛蘇軾詩｝得如虎挾乙. (說文) <乙部> 於筆切. 象春艸木冤曲而出, 陰气尚彊, 其出乙乙也. 與丨同意. 乙承甲, 象人頸. 凡乙之屬皆从乙.

A0949 U-4E5D

•九• 乙字部 總02劃. (ᄒᆞᆫ글) [구] 아홉. (新典) [구] 아홉. [규] 모들. (訓蒙) [구] 아홉. (英譯) nine. (漢典) 指事. 本義: 數詞. 比八大一的基數. (康熙) <乙部> ｛唐韻｝｛正韻｝舉有切, ｛集韻｝｛韻會｝己有切, 𠀤音久. 數也. ｛說文｝陽之變也. ｛易·乾·文言｝乾元用九, 天下治也. ｛列子·天瑞篇｝一變而爲七, 七變而爲九, 九變者, 究也. 又算法曰九九. ｛韓詩外傳｝齊桓公設庭燎待人士, 不至. 東野有以九九見者, 曰: 九九薄能耳, 君猶禮之, 況賢於九九者乎. ｛註｝若今九章算法. 又｛荆楚歲時記｝俗用冬至次日, 數及九九八十一日爲寒盡. 又｛史記·騶衍傳｝中國之外, 有赤縣神州者九. 又九之爲言多也. ｛公羊傳·僖九年｝葵丘之會, 桓公震而矜之, 叛者九國, 言叛者衆, 非實有九國也. 宋趙鵬飛曰: 會葵丘惟六國, 會鹹牡丘皆七國, 會淮八國, 猶漢紀謂叛者九起也. 又陽九, 戹也. ｛左思·吳都賦｝世際陽九. ｛註｝陽戹五, 陰戹四, 合爲九. 又姓. 又複姓. ｛何氏姓苑｝岱縣人, 姓九百, 名里. 又秦穆公時九方皐, 一名歅. 善相馬, 見｛列子｝. 又隸書防詐譌, 凡紀數, 九借用玖. ｛陳絳曰｝洪容齋五筆, 九作久, 陽數九爲老久義也. 玖, 黑色玉也. 借作玖, 非. 又｛韻會｝渠尤切, 音仇. 國名. ｛史記·殷本紀｝九侯. ｛註｝音仇. 又｛集韻｝｛正韻｝𠀤居尤切, 音鳩. 聚也. ｛論語｝九合諸侯. ｛莊子·天下篇｝禹親操橐耜, 以九雜天下之川. ｛註｝九, 讀糾. 糾合錯雜, 使川流貫穿注海也. 九與鳩糾勼𠀤通. (說文) <九部> 舉有切. 陽之變也. 象其屈曲究盡之形. 凡九之屬皆从九.

A0027 U-4E5E

•乞• 乙字部 總03劃. (ᄒᆞᆫ글) [걸] 빌. (新典) [글] 俗音 [걸] 빌, 달랄, 구할. [긔] 빌릴. (訓蒙) [걸] 빌. (英譯) beg. request. (漢典) 象形. ｛說文｝本作"氣", 借雲氣字表示乞求義. 本義: 向人求討. (康熙) <乙部> ｛廣韻｝去訖切, ｛集韻｝｛韻會｝｛正韻｝欺訖切, 𠀤音乬. 求也. ｛禮·內則｝五帝憲三王有乞言. ｛史記·王翦傳｝將軍之乞貸, 亦已甚矣. ｛後漢·李通傳｝以病上書乞身. 又｛釋典｝比丘者, 華言乞士, 謂內乞法資心, 外乞食資身也. 又姓. 五代將乞力. 又乞伏, 複姓. 又｛集韻｝丘旣切, ｛正韻｝去冀切, 𠀤音器. 凡與人物, 亦曰乞. ｛前漢·朱買臣傳｝吏卒更乞匃之. ｛

註}音氣. {晉書・謝安傳}謂甥羊曇曰: 以墅乞汝. {鄭樵・通志}气, 氣也. 因聲借爲與人之乞, 音氣. 因與人之義, 借爲求人之乞, 此因借而借也.

  A0890 U-4E5F

•也• 乙字部 總03劃. 훈글 [야] 어조사. 新典 [야] 잇기, 라. 응당. 이를. 類合 [야] 입겻. 英譯 also. classical final particle of strong affirmation or identity. 康熙 <乙部> 古文: 乜. {唐韻}羊者切, {集韻}{正韻}以者切, 𠀤音野. 語已辭. {說文徐註}語之餘也. 凡言也, 則氣出口下而盡. {玉篇}所以窮上成文也. {廣韻}語助之終. 柳宗元曰: 決辭也. 又發語辭. {岑參詩}也知鄉信曰應疎. 又姓. 明也伯先. 又{劉攽曰}詞人多以也字作夜音讀. {杜甫詩}青袍也自公, 是也. 又{正韻}養里切, 同迆. 又{六書正譌}古文匜字. 註詳匚部三畫. 說文 <乁部> 羊者切. 女陰也. 象形.

  A0776 U-4E73

•乳• 乙字部 總08劃. 훈글 [유] 젖. 新典 [유] 젓. 젓 먹일. 訓蒙 [슈] 젓. 英譯 breast, nipples. milk, suckle. 漢典 會意. 從孚. 甲骨文中象手抱嬰兒哺乳形. "孚"是以爪抱子哺乳. 本義: 生子, 生產. 康熙 <乙部> {唐韻}而主切, {集韻}{韻會}蘂主切, 𠀤音擩. {廣韻}柔也. 又湩也. {白虎通}文王四乳, 是謂至仁. 又{禮・月令・註}燕以施生時來巢人堂宇孚乳. 又天乳, 星名. 在氐宿北. {列星圖}天乳明, 則甘露降. 又馬乳, 蒲萄子別名. {本草圖經}子似馬乳. 又石鐘乳. {桂海虞衡志}桂林宜融山洞穴中, 凡石脈涌處爲乳牀, 融結下垂, 其端輕薄中空, 水乳且滴且凝, 紋如蟬翼者勝. 又竹乳. {開寶本草}竹乳者, 其山洞徧生小竹, 以竹津相滋, 乳如竹狀, 其性平. 又鐘四帶有乳. {周禮・冬官考工記註}篆閒之枚也. 聲之震動在此, 以其乳可數, 故曰枚. 又{溪蠻叢笑}廱陽有銅鼓, 江水中掘得, 如大鐘, 長筩三十六, 乳重百餘觔. 又{韻補}叶如又切, 柔去聲. {易林}胎卵胞乳, 長大成就, 君子萬年, 動有福佑. {說文}从孚从乙. 乙者玄鳥. 人及鳥生子曰乳, 獸曰產. ○ 按{荀子・榮辱篇}乳彘觸虎, 乳狗不遠遊, 則獸亦稱乳矣. 說文 <乞部> 而主切. 人及鳥生子曰乳, 獸曰産. 从孚从乞. 乞者, 玄鳥也. {明堂月令}: "玄鳥至之日, 祠于高禖, 以請子." 故乳从乞. 請子必以乞至之日者, 乞, 春分來, 秋分去, 開生之候鳥, 帝少昊司分之官也.

  D0062 U-4E88

•予• 亅字部 總04劃. 훈글 [여] 나. 新典 [여] 나. 줄. 訓蒙 [여] 나. 英譯 I, me. to give. 康熙 <亅部> {唐韻}余呂切, {集韻}{韻會}演女切, {正韻}弋渚切, 𠀤音與. 賜也. {詩・小雅}君子來朝, 何錫予之. {周禮・春官}內史掌王八枋之灋, 七曰予, 八曰奪. 通作與. 又{博雅}大予, 樂名. {註}漢明帝永平三年秋八月戊辰, 改大樂爲大予樂. 又{廣韻}弋諸切, {正韻}羊諸切. 𠀤與余同. 我也. {郭忠恕・佩觿集}予讀若余. 本無余音, 後人讀之也. {顏師古・刊謬正俗}曲禮, 予一人. 鄭康成註: 余予古今字. 因鄭此說, 學者遂皆讀予爲余. 爾雅: 卬, 吾, 台, 予, 朕, 身, 甫, 余, 言, 我也. 此則予之與余, 但義訓我, 非同字也. {說文}: 予, 相推予也. 余, 詞之舒也. 各有意義, 本非古今字別也. 歷觀詩賦, 予無余音. 又{吳棫・韻補}予當讀與. 詩或敢侮予, 將伯助予. 楚辭: 目眇眇兮愁予, 何壽夭兮在予. 皆無余音. 說文 <予部> 余呂切. 推予也.

象相予之形. 凡予之屬皆从予.

事 A0004 U-4E8B

•事• 亅字部 總08劃. (훈글) [사] 일. (新典) [사, 亽] 일, 일할, 일 삼을. 섬길. 경영할. 다스릴. 벼슬아치. (訓蒙) [亽] 일. (英譯) affair, matter, business. to serve. accident, incident. (漢典) 形聲. 從史, 之省聲. 史, 掌管文書記錄. 甲骨文中與“吏”同字. 本義: 官職. (康熙) <亅部> 古文: 叓㕝. {唐韻}鉏吏切, {集韻}{韻會}仕吏切, 𠀤音示. 大曰政, 小曰事. {廣韻}使也, 立也, 由也. {釋名}事, 偉也. 偉立也. 凡所立之功也. {書・大禹謨}六府三事允治. 又{詩・小雅}三事大夫, 莫肯夙夜. {註}三公也. 又{詩・大雅}三事就緒. {註}三農之事也. 又奉也. {禮・曲禮}年長以倍. 則父事之. 又營也, 治也. {史記・曹參世家}卿大夫以下吏及賓客, 見參不事事. 又{廣韻}{類篇}𠀤側吏切. 事刃, 與傳剚同. 別見人部傳字註. 又{韻補}叶逝支切, 音時. {蔡邕詞}帝曰休哉, 命公三事. 乃耀柔嘉, 是式百司. 又叶詩紙切, 音始. {詩・召南}于以用之, 公侯之事. 叶沚. 又叶疎語切, 書上聲. {韓非子・揚權篇}使雞司夜, 令狸執鼠. 皆用其能, 上乃無事. 又叶常御切, 音樹. {易林}雖慍不去, 復職內事. (說文) <史部> 鉏史切. 職也. 从史, 之省聲.

二 A0897 U-4E8C

•二• 二字部 總02劃. (훈글) [이] 두. (新典) [이] 두, 둘. (訓蒙) [ᅀᅵ] 두. (英譯) two. twice. (漢典) 會意. 古文字二用兩橫畫表示, 是原始記數符號. (康熙) <二部> 古文: 弍. {唐韻}{集韻}{韻會}{正韻}𠀤而至切, 音樲. 地數之始, 卽偶之兩畫而變之也. {易・繫辭}分而爲二, 以象兩. {左傳・定四年}衞侯將會, 使祝佗從. 佗曰: 若又共二徼大罪也. {註}謂兼二職. {荀子・議兵篇}權出於一者强, 權出於二者弱. {史記・韓信傳}功無二於天下. {前漢・嚴助傳}詔曰: 子在朕前之時, 知略輻輳, 以爲天下少雙, 海內寡二. 又巽二, 風神名. 又古貨布文帝字. 見{六書略}. 二字上下畫均齊. 上畫短者, 乃古文上字也. 今相仍上短下長作二字, 非. 貳. 二二二二. (說文) <二部> 而至切. 地之數也. 从偶一. 凡二之屬皆从二.

于 A0277 U-4E8E

•于• 二字部 總03劃. (훈글) [우] 어조사. (新典) [우] 갈. 할. 잇을. 활활 걸을. 활작 넓을. 든든할. 차흡다. (英譯) in, on, at. go to. surname. (漢典) 象形. 甲骨文字形, 表示氣出受阻而仍越過. 本義: 超過. (康熙) <二部> {唐韻}羽俱切, {集韻}{韻會}{正韻}雲俱切, 𠀤音迂. {爾雅・釋詁}于, 曰也. 又往也. {書・大誥}民獻有十夫, 予翼以于. {詩・小雅}王于出征. 又{儀禮・士冠禮}宜之于假. {註}于, 猶爲也. 宜之見爲大矣. 又{聘禮}賄在聘于賄. {註}于讀曰爲. 言當視賓之禮, 而爲之財也. 又{司馬相如・長門賦敘}因于解悲愁之辭. 又未定之辭. {公羊傳・僖二十八年}歸于者何. 歸于者, 罪未定也. 又行貌. 韓愈{上宰相書}于于焉而來矣. 又于于, 自足貌. {莊子・應帝王}其臥徐徐, 其覺于于. 又鐘兩口之閒曰于. {周禮・冬官考工記}鳧氏爲鐘, 兩欒謂之銑, 銑閒謂之于. 又{前漢・元后傳}衣絳緣諸于. {註}大掖衣也. 又{唐書・元德秀傳}明皇命三百里內刺史縣令, 以聲樂集, 德秀惟樂工十人, 聮袂歌于蔿于. 又草名. {爾雅・釋草}莤, 蔓于. {註}生水中. 一名軒于. {司馬相如・子虛賦}菴閭軒于. 又木名. {爾雅・釋木}

杙木, 于木. {註}僵木也. 江東呼木觡. 又淳于, 縣名. 今密州安丘縣, 古淳于國. 又姓. 周武王第二子邘叔之後, 以國爲氏, 後因去邑爲于. 又淳于, 宣于, 鮮于, 多于, 鬬于, 皆複姓. 又三氏姓. 勿忸于, 阿伏于, 見{魏書·官氏志}. 又助語辭. {詩·召南}于沼于沚. {朱傳}于, 於也. {周易}{毛詩}於皆作于. 于於古通用. 又{集韻}邕俱切, 音紆. 廣大貌. {禮·檀弓}邾婁考公之喪, 徐君使容居來弔含. 有司曰: 諸侯之來辱敝邑者, 易則易, 于則于, 易于雜者, 未之有也. 又{文王世子}仲尼曰: 周公抗世子法于伯禽, 所以善成王也. 聞之曰: 爲人臣者, 殺其身有益於君, 則爲之, 況于其身以善其君乎. 俱與迂通. 又{正韻}休居切, 與吁通. 歎辭. {詩·周南}于嗟麟兮.

A0760 U-4E91

•云• 二字部 總04劃. (훈글) [운] 이를. (新典) [운] 움즉일. 이를. 이러하다 할. 이러하다 저러하다 할. (類合) [운] 니를. (英譯) say, speak. clouds. (漢典) 象形. {說文}: 古文字形. 象雲回轉形. “雲”爲會意字, 從雨, 從雲. 本義: 雲彩. 這個意義后作“雲”. (康熙) <二部> {唐韻}{集韻}王分切, {韻會}{正韻}于分切, 𠀤音雲. {說文}山川氣也. 象回轉形. 後人加雨作雲, 而以云爲云曰之云. {正字通}與曰音別義同. 凡經史, 曰通作云. 又運也. {管子·戒篇}天不動, 四時云下, 而萬物化. {註}云: 運動貌. 又狎昵往復也. {詩·小雅}昏姻孔云. {朱傳}云: 旋也. {左傳·襄二十九年}晉不鄰矣, 其誰云之. {註}云: 猶旋. 旋歸之也. 又語助. {詩·小雅}伊誰云憎. {史記·封禪書}秦文公獲若石云于陳倉北坂. 又陸佃曰: 云者, 有應之言也. {左傳·襄二十六年}子朱曰: 朱也當御. 三云: 叔向不應. 又云云: 衆語也. {前漢·汲黯傳}上曰, 吾欲云云. {註}猶言如此如此也. 又云云: 山名. {前漢·郊祀志}封大山禪云云: {註}云云: 太山下小山. 又云爲. {易·繫辭}變化云爲. 又姓. 漢云敞. 又與芸同. {莊子·在宥篇}萬物云云. {註}盛貌. 老子作芸芸. 又紛云: 興作貌. {呂覽·圜道篇}雲氣西行云云然. {前漢·司馬相如傳}威武紛云. 俗作紜. 又{韻補}叶于先切, 言也. 韓愈{剝啄行}我謝再拜, 汝無復云. 往追不及, 來可待焉.

A0945 U-4E94

•五• 二字部 總04劃. (훈글) [오] 다섯. (新典) [오] 닷. 다섯, 다사. (訓蒙) [오] 다ᄉᆞᆺ. (英譯) five. surname. (康熙) <二部> 古文: 㐅乄. {唐韻}{韻會}疑古切, {集韻}{正韻}阮古切, 𠀤音午. {增韻}中數也. {易·繫辭}天數五, 地數五. {書·武成}列爵惟五. {詩·鄘風}良馬五之. 又格五. {後漢·梁冀傳}能挽滿, 彈棊, 格五, 六博, 蹴鞠, 意錢之戲. {註}行棊相塞謂之簺, 簺有四采, 簺白乘五是也. 至五卽格不得行. 又{辛氏三秦記}城南韋杜, 去天尺五. 又十五夜曰三五. {謝靈運詩}期在三五夕. {崔曙詩}秒冬正三五, 日月遙相望. 又姓. 漢五京. 又第五, 五鹿, 皆複姓. 崔曙{早發交崖山還太室作}: 仲冬正三五, 日月遙相望. (說文) <五部> 疑古切. 五行也. 从二, 陰陽在天地閒交午也. 凡五之屬皆从五.

A0297 U-4E95

•井• 二字部 總04劃. (훈글) [정] 우물. (新典) [정] 우물. 밧이랑 정자로 글. 정간 반듯이 글. (訓蒙) [졍] 우믈. (英譯) well, mine shaft, pit. (漢典) 象形. 金文字形, 外象井口, 中間一點

表示井里有水. 本義: 水井. 康熙 <二部> {唐韻}{集韻}{韻會}{正韻}䢒子郢切, 精上聲. 穴地出水曰井. {釋名}井, 淸也. {廣雅}深也. 易有井卦. {世本}伯益作井. {汲冢周書}黃帝作井. {孟子}掘井九仞, 而不及泉. 又{廣韻}田九百畝曰井, 象九區之形. {孟子}方里而井, 井九百畝. 又市井. {玉篇}穿地取水, 伯益造之, 因井爲市也. {師古曰}市, 交易之處, 井, 共汲之所, 因井成市, 故名. 又南方宿名. {史記・天官書}南宮朱鳥東井爲水事. {註}東井八星, 主水衡也. 又井井, 經畫端整貌. {荀子・儒效篇}井井兮其有條理也. 又往來連屬貌. {易・井卦}往來井井. 又姓. 漢有井丹. 又藻井. {風俗通}堂殿上作藻井, 以象東井, 藻以厭火. 又綺井. {左思・魏都賦}綺井列疏以懸蒂. {註}屋板爲井形, 飾以丹靑, 如綺也. 又古文井與刑通用. {左傳}有井伯, 卽邢伯. {說文}本作丼. 說文 <井部> 子郢切. 八家一井, 象構韓形. •, 甕之象也. 古者伯益初作井. 凡井之屬皆从井.

A0898 U-4E98

•亘• 二字部 總06劃. 훈글 [긍] 걸칠. 新典 [션] 베플. 英譯 extend across, through. from. 康熙 <二部> {集韻}{韻會}荀緣切, {正韻}息緣切, 䢒音宣. {說文}求宣也. 揚布也. 又與桓同. 烏亘, 外國名. ○ 按亘本作亙, 與亙字不同. 亙从二从舟. 舟今作亙. 亙从二从回, 回卽回字, 今从日作亘. 又毛晃曰: 紹興二年, 禮部看詳姓氏, 从水从亘, 水名. 从木从亘, 木名. 从木从亘者, 皆定讀曰亘. 若{晉書}亘彝, 亘溫, {書・禹貢}西傾因亘是來之類是也. 說文 <二部> 須緣切. 求亘也. 从二从回. 回, 古文回, 象亘回形. 上下, 所求物也.

A0692 U-4E99

•亙• 二字部 總06劃. 훈글 [긍] 걸칠. 新典 [긍] 쌔칠, 버들. 통할. 극진할. 맛칠. 類合 [흥] ᄆᆞᄅᆞ딜어실. 英譯 extend across, through. from. 康熙 <二部> {正字通}同亙. 月弦也. ○ 按{說文・木部}櫃, 竟也. 古文作亙, 从二从舟. 二部, 恆, 常也. 从心从舟, 在二之閒. 獨恒字古文作死, 註从月. {詩・小雅}如月之恆. 據此則去聲亙从舟竟岸, 本義也. 平聲恆从心亙聲, 訓常, 本義也. {詩}如月之恆, 先儒以爲月上弦而就盈, 取漸進之義, 此借義也. 讀去聲者亙字, 加心轉平聲者恆字, 形變音變, 義因之而變, 不相蒙也. 謂恆从舟, 亦从月, 兩存備考可也, 必存亙廢亙, {正字通}之誤也. 欲存亙廢亙, 遂謂{詩}如月之恆, 恆當作亙, 譌加心作恆. 心部恆註謂{詩}不當將亙字譌借恆, 則誤甚矣. 又{集韻}櫃字古文又作朚, 則从舟又从月矣. 存以備考.

A0944 U-4E9E

•亞• 二字部 總08劃. 훈글 [아] 버금. 新典 [아] 버금. 동서. 가장귀질. 적을. 나아갈. 곱사등이. 英譯 Asia. second. used as a prefix to names. 漢典 象形. 小篆作"亞". 許愼認爲像人駝背形. 甲骨文一說像花邊形. 本義: 丑. 康熙 <二部> {唐韻}{集韻}䢒衣駕切, 鴉去聲. {說文}醜也. 象人局背之形. 又{爾雅・釋言}亞, 次也. {蜀志}諸葛亮管蕭之亞. 又{增韻}少也. {廣韻}就也. 又姻亞, 壻之父曰姻, 兩壻相謂曰亞. {詩・小雅}瑣瑣姻亞, 則無膴仕. 別作婭. 又{集韻}{正韻}䢒於加切, 音鴉. {前漢・東方朔傳}伊優亞者, 辭未定也. 又{趙古則曰}物之岐者曰亞. 俗作丫椏. 又{正韻}烏落切. {正譌}與堊同, 塗飾牆也. 又與惡同. {史記・盧綰傳}綰孫

他人封亞谷侯. {漢書}作惡谷. {語林}宋人有獲玉印, 文曰周惡夫印. 劉原父曰: 漢條侯印, 古亞惡二字通用. 又與滹通, 滹沱. {禮・禮器}作惡池. {秦・詛楚文}作亞駝. 又與稏通, 稻也. {韻會}穲稏通作罷亞. 又{郝敬讀書通}壓通作亞. {杜甫・上巳宴集詩}花蕊亞枝紅. 又{人宅詩}花亞欲移竹. 㚈與壓同. {字彙}正譌云: 亞本涂飾字, 餘皆借義, 旣爲借義所奪, 小篆遂从土作堊字, 又从心作惡字以別之. 亞, 堊, 惡本一字, {秦・詛楚文}以亞駝代滹沱, 則因聲借用明矣. ○ 按{字彙}說是, 但俗旣習用借義已久, 姑載本義於後, 以備一字原委云. 說文 <亞部> 衣駕切. 醜也. 象人局背之形. 賈侍中說: 以爲次弟也. 凡亞之屬皆从亞.

A0897 U-4E9F

•亟• 二字部 總09劃. ᄒᆞᆫ글 [극] 빠를. 新典 [극] 급할. 싸를. [긔] 자조. 英譯 urgently, immediately, extremely. 漢典 會意. 甲骨文字形, 是"亟"字的初文. 中間是一個站著的人, 上面一橫表示"極于頂", 下面一橫表示"極于踵." 金文繁化字形, 與小篆的寫法相似. 本義: 極點, 盡頭. 快速, 迅速 亟, 急也. 康熙 <二部> {唐韻}紀力切, {集韻}{韻會}訖力切, 㚈音棘. 敏也, 疾也. {說文}从人从口从又从二. 二, 天地也. {徐鍇曰}承天之時, 因地之利, 口謀之, 手執之, 時不可失, 疾之意也. {詩・大雅}經始勿亟. {左傳・襄二十四年}公孫之亟也. {註}急也. 言鄭公孫宛射犬性急. 又{廣韻}{集韻}㚈去吏切, 音唭. 頻數也. {孟子}亟問亟餽鼎肉. {又}仲尼亟稱於水. 又詐欺也. {揚子・方言}東齊海岱之閒曰亟. 又與棘通. {詩・大雅}匪棘其欲. 又與革通. {禮・檀弓}夫人之病革矣. 又與極通. {荀子・賦論}反覆甚極. {註}極與亟同. 說文 <二部> 紀力切・去吏切. 敏疾也. 从人从口, 从又从二. 二, 天地也.

A0867 U-4EA1

•亡• 亠字部 總03劃. ᄒᆞᆫ글 [망] 망할. 新典 [망] 일흘, 업서질. 멸할. 도망할. 내쫏길. 죽을. 업슬. 類合 [망] 업슬. 英譯 death, destroyed. lose, perish. 漢典 會意. 小篆字從入, 從乚. "入"是人字. 乚隱蔽. 合起來表示人到隱蔽處. 本義: 逃離, 出走. 康熙 <亠部> {唐韻}{集韻}{韻會}㚈武方切, 音忘. 失也. {孟子}樂酒無厭謂之亡. {註}謂廢時失事也. {家語}楚人亡弓, 楚人得之. 又滅也. {莊子・田子方}楚王與凡君坐. 少焉, 楚左右曰: 凡亡者三. 凡君曰: 凡之亡也, 不足以喪, 吾存. 又{周禮・春官・大宗伯}以喪禮哀死亡. 又逃也. {大學}舅犯曰: 亡人無以爲寶. 又{前漢・韓信傳}蕭何聞信亡, 自追之. 又與忘同. {詩・邶風}心之憂矣, 曷維其亡. 又{正韻}同無. {詩・邶風}何有何亡, 黽勉求之. {毛傳}亡謂貧也. {說文}从入从乚. {徐曰}乚音隱, 隸作亡. {藝苑雌黃}古惟用亾字, 秦時始以蕃橆之橆爲有亾之亾, 今又變林爲四點. 說文 <亡部> 武方切. 逃也. 从人从乚. 凡亡之屬皆从亡.

A0681 U-4EA2

•亢• 亠字部 總04劃. ᄒᆞᆫ글 [항] 목. 新典 [강] 俗音 [항] 목. 새 목구멍. 지나칠. 극진할. 가릴. 겨를. 굿셀. 英譯 high, proud. violent, excessive. skilled. name. 漢典 象形. 小篆字形, 從大省, 象人的頸脈形 本義: 人頸的前部, 喉嚨 高. 康熙 <亠部> {唐韻}古郎切, {集韻}{韻會}{正韻}居郎切, 㚈音岡. {說文}人頸也. {史記・婁敬傳}搤其亢. 又{爾雅・釋鳥}亢, 鳥嚨. {註}亢卽咽, 俗作吭. 又{玉篇}苦浪切. 星名. {爾雅・釋天}壽星, 角亢也. {註}列宿數起

角亢, 故曰壽. {史記・天官書}亢爲疏廟. {春秋・元命包}亢四星爲廟庭, 聽政之所, 其占明大, 則輔臣忠, 天下寧. 又過也, 悠也. {易・乾卦}亢龍有悔. {正義}上九, 亢陽之至, 大而極盛, 故曰亢龍. 又旱曰亢陽. 又極也. {左傳・宣三年}可以亢寵. 又强也, 蔽也. {左傳・昭元年}鄭太叔曰: 吉不能亢身, 焉能亢宗. 又無所卑屈曰亢. {唐書・崔信明傳}信明蹇亢, 以門望自負. 又督亢, 龍亢, 俱地名. 又姓. 明亢思謙, 臨汾人, 由翰林官至布政. 又敵也. {揚雄・趙充國贊}營平守節, 屢奏封章. 料敵制勝, 威謀靡亢. 又同庚. 亢倉子. {莊子}作庚桑子. 說文 <亢部> 古郎切. 人頸也. 从大省, 象頸脈形. 凡亢之屬皆从亢.

A0677 U-4EA4

•交• 亠字部 總06劃. ᄒᆞᆫ글 [교] 사귈. 新典 [교] 사괼. 서로. 벗. 교섭할. 흘에할, 암굴. 얼음. 석길. 옷깃. 새소리. 訓蒙 [교] 섯글. 英譯 mix. intersect. exchange, communicate. deliver. 漢典 象形. 小篆字形, 象人兩腿交叉形. 本義: 交叉. 康熙 <亠部> 古文: 迒. {廣韻}古肴切, {集韻}{韻會}{正韻}居肴切, 𠀤音郊. {小爾雅}俱也. {廣韻}共也, 合也. {易・泰卦}上下交, 而其志同也. 又友也. {易・繫辭}上交不諂, 下交不瀆. {禮・郊特牲}爲人臣者無外交, 不敢貳君也. 又交交, 鳥飛貌. {詩・秦風}交交黃鳥. 又交加, 參錯也. {前漢・劉向傳}章交公車. 又州名, 南越地, 漢置交州. {書・堯典}申命羲叔宅南交. {蔡傳}南交, 南方交趾地. 又衣領也. {揚子・方言}衿謂之交. 又同蛟. {前漢・高帝紀}則見交龍於上. {史記}作蛟. 又同鵁. {司馬相如・上林賦}交精旋目. 卽鵁鶄. 說文 <交部> 古爻切. 交脛也. 从大, 象交形. 凡交之屬皆从交.

A1007 U-4EA5

•亥• 亠字部 總06劃. ᄒᆞᆫ글 [해] 돼지. 新典 [해, ᄒᆡ] 숫재 ᄃᆡ지. 해시. 英譯 12th terrestrial branch. 漢典 象形. 甲骨文字形, 與“豕”的寫法相似, 象豬形. 古代“亥”與“豕”很容易寫混, 成語: “魯魚亥豕”講的就是這種誤寫現象. 本義: 豬. 康熙 <亠部> {唐韻}{正韻}胡改切, {集韻}{韻會}下改切, 𠀤音頦. 辰名. {爾雅・釋天}太歲在亥曰大淵獻. {前漢・律歷志}該閡於亥. {唐書・禮樂志}吉亥祀先農. {元史・祭祀志}黑帝位亥. 又姓. 晉亥唐. 又豕亥. {家語}或讀史云: 三豕渡河. 子夏曰: 己亥渡河, 己譌爲三, 亥譌爲豕. 校之, 果然. {左傳・襄三十年}史趙曰: 亥有二首六身. {註}亥字, 二畫在上, 幷三人爲身, 如算之六. 又亥市. {通雅}青箱雜記, 蜀有亥市, 亥音皆, 言如痎瘧, 間日一發也. 諱痎, 故云亥市. {徐筠水志}荆吳俗, 取寅申巳亥日集於市. 又{韻補}叶許已切, 音喜. {易林}將戌繫亥, 陽藏不起. 君子散亂, 太上危殆. 殆音以. 說文 <亥部> 胡改切. 荄也. 十月, 微陽起, 接盛陰. 从二, 二, 古文上字. 一人男, 一人女也. 从乙, 象裹子咳咳之形. {春秋傳}曰: “亥有二首六身.” 凡亥之屬皆从亥.

A0676 U-4EA6

•亦• 亠字部 總06劃. ᄒᆞᆫ글 [역] 또. 類合 [역] 도. 英譯 also, too. likewise. 康熙 <亠部> 古文: 㐰. {唐韻}羊益切. {集韻}{韻會}{正韻}夷益切, 𠀤音睪. 總也, 又也. 又傍及之詞. 又姓. 宋開禧進士亦尙節, 明參將亦孔昭. 又同奕. {詩・周頌}亦服爾耕. {箋}亦, 大也. {正義}亦奕義通. 亦本作大, 象人左右兩腋形. {說文}大與掖同. {詩・衡門序}誘掖其君. {釋文}{石經}作

亦. 亦, 古掖字也, 左右肘脅之閒曰掖. 後从肉作腋. 說文 <亦部> 羊益切. 人之臂亦也. 从大, 象兩亦之形. 凡亦之屬皆从亦.

A0318 U-4EA8

•亨• 亠字部 總07劃. 훈글 [형] 형통할. 新典 [형] 형통할. 類合 [형] 형통. 英譯 smoothly, progressing, no trouble. 漢典 象形. 金文字形, 象盛祭品之器形. 小篆作“亯”, 隸書寫作“亨”, “享”, 三字其實是同一個字. 本義: 獻. 引申義: 通達. 康熙 <亠部> 古文: 亯亨. {廣韻}{集韻}{韻會}{正韻}丛虛庚切, 音哼. 通也. {易・乾・文言}亨者, 嘉之會也. 又{唐韻}{集韻}丛許兩切, 同享. {易・大有}公用亨于天子. 又{唐韻}{正韻}丛普庚切, 同烹. {易・鼎卦}大亨以養聖賢. {詩・豳風}七月亨葵及菽. {周禮・秋官・小司寇}凡禋祀五帝, 實鑊水納亨亦如之. {註}致牲也. 又{韻補}叶鋪郞切, 音滂. {詩・小雅}或剝或亨, 叶下將彊. 又{史記・韓信傳}狡兔死, 獵狗亨. 高鳥盡, 良弓藏. 敵國破, 謀臣亡. ○ 按古惟亯字兼三義, 後加一畫, 作享獻之享, 加四點作烹飪之烹, 今皆通用.

A0322 U-342D

•㐭• 亠字部 總08劃. 훈글 [름] 곳집. 英譯 (same as 廩) a granary, to supply (foodstuff), to stockpile. 康熙 <亠部> {說文}廩本字. 从入从回, 象屋形. 中有戶牖, 防蒸熱. {六書略}方曰倉, 圜曰㐭. 上象其蓋. 說文 <㐭部> 力甚切. 穀所振入. 宗廟粢盛, 倉黃㐭而取之, 故謂之㐭. 从入, 回象屋形, 中有戶牖. 凡㐭之屬皆从㐭.

A0318 U-4EAB

•享• 亠字部 總08劃. 훈글 [향] 누릴. 新典 [향] 들일. 흠향할, 누릴. 잔치. 類合 [향] 졔ᄉᆞ. 英譯 enjoy. 漢典 會意. 本作“亯”. 從“高”省, “曰”象進獻熟物形. 本義: 祭獻, 上供. 用物品進獻人, 供奉鬼神使其享受. 康熙 <亠部> 古文: 亯. {唐韻}{集韻}{韻會}{正韻}丛許兩切, 音響. 獻也, 祭也, 歆也. {禮・曲禮}五官致貢曰享. {孔安國曰}奉上之謂享. 又宴享. {左傳・成十二年}享以訓恭儉, 宴以示慈惠. 又同亨. 詳亨字註. 又{韻補}叶許陽切, 音香. {詩・小雅}吉蠲爲饎, 是用孝享. 叶下王疆. 又{前漢・郊祀歌}嘉籩別陳, 庶幾宴享. 滅除凶災, 烈騰八荒.

A0316 U-4EAC

•京• 亠字部 總08劃. 훈글 [경] 서울. 新典 [경] 클. 서울. 가지런할. 놉흔 누덕. 쳔만, 은잘. 訓蒙 [경] 셔울. 英譯 capital city. 漢典 象形. 甲骨文字形, 象筑起的高丘形, 上爲聳起的尖端. 本義: 人工筑起的高土堆. 康熙 <亠部> {唐韻}舉卿切, {集韻}{韻會}{正韻}居卿切, 丛音驚. 大也. {揚子・方言}燕之北鄙, 齊楚之郊, 凡人之大謂之京. 又{爾雅・釋丘}丘絕高曰京. {廣雅}四起曰京. 又蔡邕{獨斷}天子所居曰京師. 京, 大也. 師, 衆也. {公羊傳・桓九年}天子之居, 必以衆大之辭言之. 又數名. 十億爲兆, 十兆爲京. 又姓. 漢京房, 宋京鏜. 又與原同. {禮・檀弓}趙文子曰: 是全要領, 以從先大夫于九京也. {註}九京, 山名, 在今絳州. 晉大

夫墓地在九京. 京卽原字. 又人名. {後漢・銚期傳}破吏始將軍京. {東觀漢紀}京作原. 古通用. 又與鯨同. {前漢・揚雄傳}騎京魚. 又與强同. {山海經}北方神名禺强. {莊子註}作禺京. 又{韻補}叶居良切, 音疆. {詩・小雅}憂心京京, 叶上將下痒. {左傳・莊二十二年}五世其昌, 並于正卿. 八世之後, 莫之與京. {註}京猶齊也. 卿音羌. 說文 <京部> 舉卿切. 人所爲絕高丘也. 从高省, 丨 象高形. 凡京之屬皆从京.

A0318 U-4EAF

•亯• 亠字部 總09劃. 한글 [향] 누릴. 英譯 to receive. to enjoy. 康熙 <亠部> {玉篇}古文亨字. 註詳六畫. 又{集韻}古文烹字. ○ 按亨烹二字古通, 故古文亦通用. 說文 <亯部> 許兩切・普庚切. 獻也. 从高省, 曰象進孰物形. {孝經}曰: "祭則鬼亯之." 凡亯之屬皆从亯.

A0314 U-4EB3

•亳• 亠字部 總10劃. 한글 [박] 땅 이름. 新典 [박] 상나라 서울. 英譯 name of district in Anhui. capital of Yin. 康熙 <亠部> {唐韻}旁各切, {集韻}{韻會}白各切, 𠀤音泊. 商湯所都. 契封商, 湯始居亳. 皇甫謐曰: 梁國有三亳. 南亳在穀熟. 卽湯都. 北亳在蒙, 卽景亳. 湯所受命地偃師爲西亳, 卽盤庚所徙. {通雅}宋州穀熟縣卽歸德之考城縣. 考城今有亳越, 有大蒙, 小蒙. 章本清云: 湯遷南亳, 卽歸德府. 亳一作薄. {荀子・議兵篇}古者湯以薄. {註}與亳同. {前漢・地理志}山陽郡有薄縣. {註}湯居亳. {說文}亳, 京兆杜陵亭名. 則又一亳也. 又{書・立政}三亳阪尹. {傳}與皇甫說同. 孔安國云: 亳人歸文王者三所, 爲之立監, 故爲三亳. 又{廣韻}亳, 國名. 春秋陳地, 漢爲沛之譙縣, 晉爲南兗州, 後周爲亳州. 說文 <高部> 旁各切. 京兆杜陵亭也. 从高省, 乇聲.

A0482 U-4EBA

•人• 人字部 總02劃. 한글 [인] 사람. 新典 [인] 사람. 남. 訓蒙 [신] 사ᄅᆞᆷ. 英譯 man. people. mankind. someone else. 漢典 象形. 甲骨文字形, 象側面站立的人形. "人"是漢字部首之一. 本義: 能制造工具改造自然并使用語言的高等動物. 康熙 <人部> 古文: 𠀀. {唐韻}如鄰切, {集韻}{韻會}{正韻}而鄰切, 𠀤音仁. {說文}天地之性最貴者也. {釋名}人, 仁也, 仁生物也. {禮・禮運}人者, 天地之德, 陰陽之交, 鬼神之會, 五行之秀氣也. 又一人, 君也. {書・呂刑}一人有慶, 兆民賴之. 又予一人, 天子自稱也. {湯誥}嗟爾萬方有衆, 明聽予一人誥. 又二人, 父母也. {詩・小雅}明發不寐, 有懷二人. 又左人, 中人, 翟國二邑. 又官名. {周禮}有庖人, 亨人, 槳人, 凌人之類. 又楓人, 老楓所化, 見{朝野僉載}. 又蒲人, 艾人, 見{歲時記}. 又姓. 明人傑. 又左人, 聞人, 俱複姓. 又{韻補}叶如延切, 音然. {劉向・列女頌}望色請罪, 桓公嘉焉. 厥後治內, 立爲夫人. 說文 <人部> 如鄰切. 天地之性最貴者也. 此籒文. 象臂脛之形. 凡人之屬皆从人.

D0108 U-4EC1

•仁• 人字部 總04劃. 한글 [인] 어질. 新典 [인] 어질, 착할. 씨. 거북할. 訓蒙 [신] 클.

(英譯) humaneness, benevolence, kindness. (漢典) 會意. 從人, 從二. 右邊的二是重文. 本義: 博愛, 人與人相互親愛. (康熙) <人部> 古文: 忎𡰥. {唐韻}如鄰切, {集韻}{韻會}{正韻}而鄰切, 𠀤音人. {釋名}忍也. {易・乾卦}君子體仁, 足以長人. {禮・禮運}仁者, 義之本也, 順之體也. 得之者尊. {程顥曰}心如穀種. 生之性, 便是仁. 又{方書}手足痿痺爲不仁. 後漢班超妹昭, 以兄老西域, 請命超還漢土, 上書云: 兄年七十, 兩手不仁. 又果核中實有生氣者亦曰仁. 又姓. 又{韻補}叶如延切, 音然. {歐陽修・送吳子京南歸詩}我笑謂吳生, 爾其聽我言. 顏回不貳過, 後世稱其仁. {六書正譌}元, 从二从人. 仁則从人从二. 在天爲元, 在人爲仁. 人所以靈於萬物者, 仁也. (說文) <人部> 如鄰切. 親也. 从人从二.

A0494 U-4EC3

•仃• 人字部 總04劃. (훈글) [정] 외로울. (新典) [뎡] 외로올. (英譯) lonely, solitary. (康熙) <人部> {廣韻}同行.

A0586 U-4EC4

•仄• 人字部 總04劃. (훈글) [측] 기울. (新典) [측] 기울. 물 괄괄 흐를. 이삭 쌕 들어설. 돈 이름. [습] 열사람. 세간. 책권. (訓蒙) [측] 기울. (英譯) slanting, oblique. oblique tones. (漢典) 會意. 小篆字形象人側身在山崖洞穴里的形狀. 本義: 傾斜. (康熙) <人部> {說文}則本字. 通作側. 又平仄, 字聲也. 又仄慝, 月行遲也. 占家曰: 朔而月見東方謂之仄慝. 仄慝則王侯其肅. 又赤仄, 錢名. 又{六書本義}湢仄, 水流貌. 作汄, 非. 又稲仄, 禾密貌. 作稄稄, 非. 从厂从人. 厂音罕, 山石之厓巖. 人處厂下, 有慮傾側之象. (說文) <厂部> 阻力切. 側傾也. 从人在厂下.

A0306 U-4ECA

•今• 人字部 總04劃. (훈글) [금] 이제. (新典) [금] 이제. 곳. (訓蒙) [금] 엳. (英譯) now, today, modern era. (漢典) 會意. 從亼乛. 本義: 現在. (康熙) <人部> {廣韻}{集韻}{韻會}{正韻}𠀤居吟切, 音金. {說文}是時也. {廣韻}對古之稱. {詩・召南}迨其今兮. {毛傳}今, 急辭也. {朱傳}今, 今日也. 不待吉也. 又{圓覺經}無起無滅, 無去來今. {註}謂過去見在未來三世. 又{韻補}叶居青切, 音京. {詩・周頌}有椒其馨, 胡考之寧. 匪且有且, 匪今斯今. 又叶居良切, 音姜. {易林}庭燎夜明, 追古傷今. 陽弱不制, 陰雄坐房. 从亼乛會意. 乛, 古文及字. 已往爲古, 逮及爲今. (說文) <亼部> 居音切. 是時也. 从亼从乁. 乁, 古文及.

A0044 U-4ECB

•介• 人字部 總04劃. (훈글) [개] 끼일. (新典) [개] 낄. 도을. 클. 인할. 즁매할. 갑옷. 짝지. 갓. 개결할. 사신. 임금의 아들. 구들. [갈] 홀짐승. (訓蒙) [개] 당아리. (英譯) forerunner, herald, harbinger. to lie between. sea shell. to wear armor. (漢典) 象形. 甲骨文字形, 象人身上穿著鎧甲形. 中間是人, 兩邊的四點象聯在一起的鎧甲片. 本義: 鎧甲. 一種用來防身的武器. (康熙) <人部> {廣韻}古拜切, {集韻}{韻會}{正韻}居拜切, 𠀤音戒. 際也. {易・繫辭}

憂悔吝者存乎介. {傳}介謂辨別之端. {左傳・襄九年}介居二大國之間. 又助也. {詩・豳風}爲此春酒, 以介眉壽. 又大也. {詩・小雅}神之聽之, 介爾景福. 又{爾雅・釋詁}介, 善也. 又因也. {左傳・僖七年}求介于大國. 又{文六年}介人之寵, 非勇也. {史記・魯仲連傳}平原君曰: 勝請爲紹介. {孔叢子・難訓}子上曰: 士無介不見. 又{揚子・方言}介, 特也. 物無耦曰特, 獸無耦曰介. 又小也. {揚子・法言}升東嶽而知衆山之峛崺也, 况介丘乎. 又閒廁也. 古者主有擯, 客有介. {禮・聘義}上公七介, 侯伯五介, 子男三介. 又隔也. {左傳・昭二十年}晏子曰: 偪介之關, 暴征其私. {註}介, 隔也. 迫近國都之關. 又貴介. {左傳・襄二十六年}王子圍, 寡君之貴介弟也. 又保介, 農官之副. {詩・周頌}嗟嗟保介. 又凡堅確不拔亦曰介. {易・豫卦}介于石. {孟子}柳下惠不以三公易其介. 又介介, 猶耿耿也. {後漢・馬援傳}介介獨惡是耳. 又側畔也. {楚辭・九章}悲江介之遺風. 又一夫曰一介. {左傳・襄八年}亦不使一介行李告于寡君. 又兵甲也. {禮・曲禮}介冑則有不可犯之色. 又水鱗甲亦曰鱗介. {禮・月令}孟冬之月, 其蟲介. 又{前漢五行志}春秋成公十六年雨木冰. 或曰今之長老名木冰爲木介, 介者甲兵象也. 又國名. {春秋・僖二十九年}介葛盧來朝. {註}介, 東夷國. 葛盧, 名. 又姓. 晉介之推. 又與芥同. {前漢・元后傳}遇共王甚厚, 不以往事爲纖介. 又叶居吏切, 音記. {馬融・長笛賦}激朗清厲, 隨光之介也. 牢刺拂戾, 諸賁之氣也. {說文}作爪, 从人介于八之中. {正譌}爪, 分畫也, 限也. 从人从八, 分辨之義. 別作个. 詳丨部个字註. [說文] <八部> 古拜切. 畫也. 从八从人. 人各有介.

A0753 U-4ECC

•仌• 人字部 總04劃. [훈글] [빙] 얼음. [康熙] <人部> {廣韻}筆陵切, {集韻}悲凌切. 𠀤冰本字. {說文}象水凝之形. 本作仌, 旁省作冫. ○ 按{說文}仌自爲部, 今依正字通列人部. [說文] <仌部> 筆陵切. 凍也. 象水凝之形. 凡仌之屬皆从仌.

A0503 U-3430

•㐰• 人字部 總05劃. [훈글] [신] 믿음. [英譯] (ancient form of 信) to believe in. to trust, truth, sincerity, confidence, a pledge or token. [康熙] <人部> {說文}古文信字. 註詳七畫.

A0563 U-3431

•㐱• 人字部 總05劃. [훈글] [진] 숱많을. [英譯] (same as 鬒) bushy, black hair. [康熙] <人部> {說文}鬒本字, 引{詩}: 㐱髮如雲. ○ 按{詩・鄘風}今作鬒. [說文] <几部> 之忍切. 新生羽而飛也. 从几从彡.

D0109 U-4ED5

•仕• 人字部 總05劃. [훈글] [사] 벼슬할. [新典] [사, ᄉᆞ] 벼슬. 살필. [類合] [ᄉᆞ] ᄉᆞ관. [英譯] official. serve government. [漢典] 會意. 從人, 從士. 本義: 做官. [康熙] <人部> {唐韻}{韻會}鉏里切, {集韻}上史切, 𠀤音士. 仕宦也. {禮・曲禮}四十曰强而仕. {禮運}仕于公曰臣, 仕于

家曰僕. 又官名. 登仕郞. 見{隋書・百官志}. 將仕郞, 見韓愈{與于襄陽書}. 又察也. {詩・小雅}弗問弗仕, 勿罔君子. {箋}不問而察之, 則下民未罔其上矣. 又通事. {詩・大雅}武王豈不仕. {註}仕, 事也. 又{韻補}叶牀擧切, 音齟. {易林}伊伯致仕, 去桀耕野. 執順以傳, 反和無咎. 野音墅. 咎音渠. (說文) <人部> 鉏里切. 學也. 从人从士.

A0567 U-4EE4

•令• 人字部 總05劃. (한글) [령] 영. (新典) [령] 하여금, 시길. 부릴, 심부림군. 개 목고리 소리. 벽돌. 령. 착할. 원. 철. (訓蒙) [령] 긔결홀. (英譯) command, order. commandant, magistrate. allow, cause. (康熙) <人部> {集韻}{正韻}丛力正切, 零去聲. 律也, 法也, 告戒也. {書・冏命}發號施令, 罔有不臧. {禮・月令}命相布德和令. {周禮・秋官}士師掌士之八成, 四曰犯邦令, 五月撟邦令. 又三令. {前漢・宣帝紀}令有先後, 有令甲, 令乙, 令丙. 又縣令. 漢法, 縣萬戶以上爲令, 以下爲長. 又時令, 月令, 所以紀十二月之政. 又善也. {詩・大雅}令聞令望. {左傳・成十年}忠爲令德, 非其人猶不可, 況不令乎. 又姓. 又{集韻}郞丁切, {正韻}離呈切, 丛音零. 厮役曰使令. 又丁令, 地名. 見{前漢・張湯傳}. 或作丁零. 又令狐, 亦地名. 又令狐, 複姓. 又{詩・齊風}盧令令. {註}盧, 田犬. 令令, 犬頷下環聲. 又與鴒通. {詩・小雅}脊令在原, 兄弟急難, 卽鶺鴒鳥. 又令適, 甓也. 與瓴甋同. 又{集韻}郞定切, 音笭. 令支, 縣名. 在遼西. 又{廣韻}力延切, {集韻}陵延切, 丛音連. 亦縣名. {前漢・地理志}金城郡有令居縣. 又{集韻}盧景切, 音領. 官署之長. 又叶呂張切, 音良. 韓愈{谿堂詩}凡公四封, 旣富以强. 謂公吾父, 孰違公令. 叶下邦. {說文}載卩部. 从亼从卩. 發號也. {徐曰}亼卽集字, 人而爲之節制. 會意. (說文) <卩部> 力正切. 發號也. 从亼, 卪.

A0989 U-4EE5

•以• 人字部 總05劃. (한글) [이] 써. (新典) [이] 할. 쓸, 써. 까닭. 로. (英譯) by means of. thereby, therefore. consider as. in order to. (漢典) 象形. 甲骨文字形象. 金文字形, 象人. 本義: 用. (康熙) <人部> 古文: 㠯. {韻會}{正韻}丛養里切, 怡上聲. 爲也. {論語}視其所以. 又因也. {詩・邶風}何其久也, 必有以也. {左傳・昭十三年}我之不共, 魯故之以. {註}以魯故也. {列子・周穆王篇}宋人執而問其以. 又用也. {論語}不使大臣怨乎不以. 又{左傳・僖二十六年}凡師能左右之曰以. {易・師卦}能以衆正. 又{詩・周頌}侯彊侯以. {註}彊民有餘力來助者, 以閒民轉移執事者. 又同已. {孟子}無以, 則王乎. 又古以與聲相通. {禮・燕禮}君曰: 以我安. {註}猶與也. {魏書・李順傳}此年行師, 當克以不. 韓愈{剝啄行}凡今之人, 急名以官. {註}韓文與多作以. 又{集韻}與似同. {易・明夷}箕子以之. 鄭氏, 荀氏皆作似.

A0496 U-3438

•佽• 人字部 總06劃. (한글) [흠] 하품. (英譯) (non-classical form of 欠) to own money, deficient, to yawn, last name. (康熙) <人部> {集韻}同欠. 又{正韻}七四切, 音刺. 人名也. {荀子註}荆有佽飛, 得寶劒於干越. {漢書註}作兹非. {呂覽}作次非. 或曰作佽飛. ○ 按{正字通}謂佽無次音, 誤.

A0052 U-343A

•㐺• 人字部 總06劃. (훈글) [중] 무리. (英譯) (standard form of 眾) all. the whole of. a multitude, a crowd (three or more). (康熙) <人部> {正字通}衆本字. {六書本義}从人, 三成類爲意. 象形. 亦作㐺. (說文) <㐺部> 魚音切. 眾立也. 从三人. 凡㐺之屬皆从㐺. 讀若欽崟.

A0489 U-4EFB

•任• 人字部 總06劃. (훈글) [임] 맏길. (新典) [임] 맛길, 맛흠. 도타울. 견딜. 당할. 멜. 보싸리. 일. 임소. 쓸. 맘대로 하게 할. 익일. (訓蒙) [심] 맛뎔. (英譯) trust to, rely on, appoint. to bear, duty, office. allow. (康熙) <人部> {唐韻}{集韻}{韻會}如林切, {正韻}如深切, 𠀤音壬. 誠篤也. {詩・邶風}仲氏任只. {鄭箋}以恩相信曰任. 又{周禮・地官}大司徒之職, 以鄉三物, 敎萬民而賓興之. 二曰六行, 孝友睦婣任恤. {註}任, 信於友道. 又{廣韻}堪也. {王粲・登樓賦}情眷眷而懷歸兮, 孰憂思之可任. {註}言誰堪此憂思也. 又當也. {左傳・僖十五年}衆怒難任. 又負也, 擔也. {詩・小雅}我任我輦. {禮・王制}輕任幷, 重任分. {註}幷已獨任之, 分析而二之. 又姓. 大任, 文王之母. 又薛國之姓. {左傳・隱十一年}不敢與諸任齒. {正義}謝章薛舒呂祝終泉畢過此, 十國皆任姓也. 又{集韻}{韻會}{正韻}𠀤如鴆切, 壬去聲. 克也, 用也. 又所負也. {論語}仁以爲已任. 又事也. {周禮・夏官}施貢分職, 以任邦國. {註}事以其力之所堪. 又與妊姙同. {史記・鄒陽傳註}紂刳任者, 觀其胎產. 又{方書}督脈屬陽, 循脊而上, 至鼻. 任脈屬陰, 循腹而上, 至咽. 女子二十, 任脈通, 則有子. 又{書・舜典}而難任人. {註}言拒絕佞人. 本作壬, 與巧言孔壬之壬同. 譌作任. (說文) <人部> 如林切. 符也. 从人壬聲.

A0483 U-4F01

•企• 人字部 總06劃. (훈글) [기] 꾀할. (新典) [기] 발적여 드듸고 바랄. (類合) [기] 고초드딀. (英譯) plan a project. stand on tiptoe. (漢典) 會意. 從人, 從止. 甲骨文字形, 上面是一個人, 下面是"止", 表示這個人在踮起后腳跟, 有企立, 企足的意思. 本義: 踮起腳跟. (康熙) <人部> 古文: 𠆭. {唐韻}{集韻}{韻會}去智切, {正韻}去冀切, 𠀤音器. 舉踵望也. {爾雅・釋鳥}鳧雁醜, 其足蹼, 其踵企. {揚子・方言}跂登, 隑企, 立也, 東齊海岱北燕之郊, 跪謂之跂登, 委痿謂之隑企. {前漢・高帝紀}日夜企而望歸. 又{廣韻}丘弭切, {韻會}遣尒切, 𠀤音跂. 義同. 从人从止會意. 止卽足也. (說文) <人部> 去智切. 舉踵也. 从人止聲.

A0177 U-4F07

•伇• 人字部 總06劃. (훈글) [역] 부릴. (康熙) <人部> {集韻}同役. 又{揚子・方言}棄也. 淮汝之閒謂之伇.

A0484 U-4F0A

•伊• 人字部 總06劃. (훈글) [이] 저. (新典) [이] 저. 오직. 누구. 답답할. 글 읽는 소리. (訓蒙)

[이] 저. (英譯) third person pronoun. he, she, this, that. (漢典) 會意. 從人, 從尹. 尹, 治理. 合起來指伊尹, 殷治理天下者. 后假借爲那. (康熙) <人部> 古文: 䚷𣄗. {唐韻}於脂切, {集韻}於夷切, {韻會}幺夷切, {正韻}於宜切, 𠀤音蛜. 彼也. {詩・秦風}所謂伊人, 在水一方. 又發語辭. {詩・邶風}伊余來塈. 又{小雅}伊誰云從. 又維也. {儀禮・士冠禮}嘉薦伊脯. {揚雄・河東賦}伊年暮春, 將瘞后土, 禮靈祇. {註}師古曰: 伊, 是也. 又鬱伊, 不舒貌. {後漢・崔寔傳}智士鬱伊於下. 與噫通. 又吾伊, 讀書聲. {黃庭堅詩}北窻讀書聲吾伊. 俗作咿. 又伊威, 委黍也. {詩・豳風}伊威在室. {陸璣疏}伊威一名委黍, 一名鼠婦, 在壁根下甕底土中生, 如白魚者是也. 又姓. 又州名. 本伊吾盧, 地在燉煌大磧外, 唐初內附, 置伊州. 又木名. {山海經}熊耳之山, 伊水出焉, 南入于洛. 與泂同. 又{周禮・秋官}伊耆氏. {註}伊耆, 古王者號. 後王識伊耆氏之舊德, 而以名官. 今姓有伊耆氏. (說文) <人部> 於脂切. 殷聖人阿衡, 尹治天下者. 从人从尹.

A0185 U-4F0E

•伎• 人字部 總06劃. (훈글) [기] 재주. (新典) [기] 재조. 천천할. (英譯) talent, skill, ability. (漢典) 形聲. 從人, 支聲. 本義: 黨與, 同黨的人. (康熙) <人部> {集韻}{韻會}𠀤巨錡切, 音芰. 伎巧. {老子・道德經}多人伎巧. 又伎倆. {史記・馮驩傳}無他伎能. {揚子・法言}通天地而不通人曰伎. {又}淳于越可謂伎矣. {註}伎, 才也. 又{廣韻}巨支切. 與跂通, 足多指也. 又舒貌. {詩・小雅}鹿斯之奔, 維足伎伎. {註}宜疾而舒, 留其羣也. (說文) <人部> 渠綺切. 與也. 从人支聲. {詩}曰: "籥人伎忒."

A0491 U-4F0F

•伏• 人字部 總06劃. (훈글) [복] 엎드릴. (新典) [복] 업듸. 숨길. 자복할. 복. [부] 새알 품을. (類合) [복] 굿블. (英譯) crouch, crawl, lie hidden, conceal. (漢典) 會意. 從人, 從犬. 意思是: 人如狗那樣地匍伏著. 本義: 俯伏, 趴下. (康熙) <人部> {唐韻}{集韻}{韻會}{正韻}𠀤房六切, 音服. 偃也. {禮・曲禮}寢毋伏. 又{廣韻}匿藏也. {書・大禹謨}嘉言罔攸伏. {詩・小雅}潛雖伏矣. {史記・樂書}羽者嫗伏, 毛者孕鬻. {前漢・趙廣漢傳}發奸擿伏如神. 又屈服也. {左傳・隱十一年}許旣伏其罪矣. 又三伏. {史記・秦本記}秦德公二年初伏. {註}六月三伏之節. 始自秦德公. 周時無伏. {釋名}伏者, 金氣伏藏之日也. 金畏火, 故三伏皆庚. 四氣代謝, 皆以相生. 至立秋以金代火, 故庚日必伏. {註}夏至後三庚爲初伏, 第四庚爲中伏, 立秋後初庚爲末伏. 又姓. 漢有伏勝, 伏隆. {氏族博考}伏宓同出伏羲氏. 漢伏生, 晉書作宓生. 又乞伏, 外國姓. 又{廣韻}{集韻}{韻會}{正韻}𠀤扶富切, 浮去聲. 禽覆卵也. {古今注}燕伏戊己. {前漢・五行志}丞相府史家雄雞伏子. 又{集韻}鼻墨切. 與匐通. {史記・范睢傳}膝行蒲伏. 又叶必歷切, 音壁. {賈誼・鵩賦}禍兮福所倚, 福兮禍所伏. 憂喜聚門兮. 吉凶同域. (說文) <人部> 房六切. 司也. 从人从犬.

A0491 U-4F10

•伐• 人字部 總06劃. (훈글) [벌] 칠. (新典) [벌] 칠. 벨. 공. 자랑할, 공치사할. 방패. (類合) [벌] 버힐. (英譯) cut down, subjugate, attack. (漢典) 會意. 從人, 從戈. 甲骨文字形, 像用戈砍人的頭. 本義: 砍殺. (康熙) <人部> {唐韻}{集韻}{類篇}{韻會}𠀤房越切, 音罰. 征伐. {詩・

小雅}薄伐玁狁. {周禮・夏官}大司馬以九伐之灋正邦國. {左傳・莊二十九年}凡師有鐘鼓曰伐, 無曰侵. 又{小爾雅}伐, 美也. 又伐閱, 與閥閱同. {史記・功臣侯表}古者人臣功有五等, 明其功曰伐, 積日曰閱. {左傳・莊二十八年}且旌君伐. {註}伐, 功也. 又自稱其功曰伐. {老子・道德經}不自伐, 故有功. 又斫木也. {詩・周南}伐其條枚. 又考擊鐘鼓也. {禮・郊特牲}孔子曰: 二日伐鼓何居. 又攻殺擊刺也. {書・牧誓}不愆于四伐五伐六伐七伐, 乃止齊焉. {註}少不下四五, 多不過六七而齊, 所以戒其貪殺也. 又兵器. {詩・秦風}蒙伐有苑. {註}蒙, 雜文. 伐, 干也. 亦作瞂. 又星名. {周禮・冬官考工記}熊旗六斿. 以象伐也. {註}熊虎爲旗, 師都之所建, 伐屬白虎宿, 與參連體而六星. 又與垡同. {周禮・冬官考工記}一耦之伐. {疏}甽上高土謂之伐. 又叶許竭切, 音歇. {詩・商頌}韋顧既伐. 叶上截下桀. 又叶扶廢切, 音吠. {徐幹・西征賦}奉明辟之渥德, 與游軫而西伐. 過京邑以釋駕, 觀帝居之舊制. 伐字从人从戈, 戍字亦从人从戈. {留青日札}人坐臥則爲戍守, 人立行則爲征伐. (說文) <人部> 房越切. 擊也. 从人持戈. 一曰敗也.

A0343 U-4F11

•休• 人字部 總06劃. (훈글) [휴] 쉴. (新典) [휴] 아름다움. 쉴. 노흠. 물러갈. 넉넉할. 검소할. (類合) [휴] 쉴. (英譯) rest, stop. retire. do not!. (漢典) 會意. 從人, 從木. 人依傍大樹休息. 本義: 休息. (康熙) <人部> {唐韻}許尤切, {集韻}{韻會}{正韻}虛尤切, 𠀤朽平聲. 美善也, 慶也. {書・太甲}實萬世無疆之休. 又{周官}作德心逸日休. {詩・商頌}何天之休. 又宥也. {書・呂刑}雖休勿休. {註}宥之也. 我雖以爲宥, 爾惟勿宥. 又{爾雅・釋訓}休休, 儉也. {疏}良士顧禮節之儉也. {詩・唐風}良士休休. 又休沐, 言休假也. 一曰下沐, 一曰旬休. 唐法, 旬休者一月三旬, 遇旬則休沐, 卽十日一洗沐也. 又致仕曰休. 又休息. {禮・月令}季秋之月, 霜始降, 則百工休. 又{揚子・方言}稱傀儡戲曰休, 亦曰提休. 又地名. 漢封楚元王子爲休侯. 見{史記・年表}. 又{爾雅・釋木}休, 無實李. {註}一名趙李. 又蚤休, 藥名. 又姓. 又休休, 人名. 見{五代史}. 又{集韻}吁句切, 音煦. 氣以溫之也. {周禮・冬官考工記}弓人角之, 本蹙於剒, 而休於氣. 又同咻. {左傳・昭三年}民人痛疾, 而或燠休之. {註}燠休, 痛念聲. 又叶虛嬌切, 音囂. {陸雲・贈鄭曼季詩}拊翼墜夕, 和鳴興朝. 我之思之, 言懷其休. 又叶匈于切, 音虛. {吳志・胡綜黃龍大牙賦}含契河洛, 動與道俱. 天贊人和, 僉曰惟休. {說文}休在木部, 人依木則休. {爾雅}庇蔭曰休, 會止木庇息意. ○ 按今{爾雅・釋言}本作庇庥蔭也. (說文) <木部> 許尤切. 息止也. 从人依木.

A0496 U-4F13

•伓• 人字部 總06劃. (훈글) [배] 산 이름. (康熙) <人部> {集韻}晡枚切, 音桮. 山名. 又貧悲切. 與伾同. 又部鄙切, 音否. 引{爾雅}一成坯, 或从人.

A0479 U-4F2F

•伯• 人字部 總07劃. (훈글) [백] 맏. (新典) [백, 빅] 맛. 첫. 벼슬 이름. 남편. 말 맛흔 별 이름. [파] 웃듬. (訓蒙) [빅] 몬아자비. (英譯) older brother. fathers elder brother. senior male sire. feudal rank count. (康熙) <人部> {唐韻}{集韻}{正韻}𠀤博陌切, 音百. {說文}長

也. {釋名}父之兄曰伯父. 伯, 把也, 把持家政也. 又兄曰伯. {詩・小雅}伯氏吹塤. 又第三等爵曰伯. 又{周禮・春官}大宗伯之職, 以九儀之命, 正邦國之位, 九命作伯. {註}上公有功德者, 加命爲二伯, 得征五侯九伯者. {疏}公羊傳, 自陝以東, 周公主之. 陝以西, 召公主之. 是東西二伯也. 言九伯者, 九州有十八伯, 各得九伯, 故云九伯也. 又婦人目其夫曰伯. {詩・衞風}伯也執殳. 又馬祖, 天駟, 房星之神曰伯. {詩・小雅}既伯既禱. {註}以吉日祭馬祖而禱之. 又鳥名. {左傳・昭十七年}伯趙氏, 司至者也. {註}伯趙, 伯勞也. 又姓. 益之後. 春秋時有伯宗, 伯州犂. 又同陌. {史記・酷吏傳}置伯格長. {註}言阡陌村落皆置長也. 又{正韻}必駕切. 同霸. 五伯, 齊桓, 晉文, 秦繆, 宋襄, 楚莊也. 伯叔伯長之義, 後人恐與侯伯字溷, 故借霸字別之. 又叶蒲各切, 音博. {詩・大雅}王錫申伯. 叶下蹻濯. 又叶壁益切, 音必. {史記・敘傳}維弃作稷, 德盛西伯. 又叶博故切, 音布. {揚雄・解嘲}子胥死而吳亡, 種蠡存而越伯. 五羖入而秦喜, 樂毅出而燕懼. (說文) <人部> 博陌切. 長也. 从人白聲.

D0109 U-4F37

•伷• 人字部 總07劃. (훈글) [주] 투구. (新典) [쥬] 맛아들. (英譯) descendent. (康熙) <人部> {廣韻}{集韻}太同胄.

A0993 U-4F38

•伸• 人字部 總07劃. (훈글) [신] 펼. (新典) [신] 펼. 다스릴. 기지개 켤. (訓蒙) [신] 기지게. (英譯) extend, stretch out, open up. trust. (漢典) 形聲. 從人, 申聲. 本義: 伸直, 伸展. (康熙) <人部> {唐韻}失人切, {集韻}{韻會}{正韻}升人切, 太音身. 舒也, 理也. {易・繫辭}引而伸之. 又屈者使直也. {莊子・刻意篇}吹呴呼吸, 吐故納新. 熊經鳥伸, 爲壽而已矣. 又欠伸. {禮・曲禮}侍坐于君子, 君子欠伸撰杖屨, 視日蚤暮, 侍坐者請出矣. {疏}志疲則欠, 體疲則伸也. 又{集韻}通作信. 詳信字註. 又姓. {毛氏曰}古惟申字, 後加人以別之. (說文) <人部> 失人切. 屈伸. 从人申聲.

A0205 U-4F3A

•伺• 人字部 總07劃. (훈글) [사] 엿볼. (新典) [사, ᄉᆞ] 엿볼, 살필. (類合) [ᄉᆞ] 여슬. (英譯) serve, wait upon, attend. examine. (康熙) <人部> {廣韻}息吏切, {集韻}{韻會}{正韻}相吏切, 太音四. 偵候也. 又察也. {前漢・文三王傳}左右弄口積, 使上下不和, 更相眄伺. 又{唐書・陸贄傳}李楚琳挾兩端, 有所狙伺. 又通司. {前漢・灌夫傳}魏其與夫人益市牛酒, 令門下候司, 至日中, 丞相不來. 又{廣韻}息玆切, {集韻}{韻會}新玆切, {正韻}相咨切, 太音斯. 義同. 別作〈貝司〉. (說文) <人部> 相吏切. 候望也. 从人司聲. 自低已下六字, 从人, 皆後人所加.

A0486 U-4F4D

•位• 人字部 總07劃. (훈글) [위] 자리. (新典) [위] 지위, 벼슬. 자리, 위치. 뎡할. 분. 벌림할. (訓蒙) [위] 벼슬. (英譯) throne. position, post. rank, status. seat. (漢典) 會意. 從人

立. 人站在朝廷上. 本義: 官吏在朝廷上站立的位置. 康熙 <人部> ｛廣韻｝于愧切, ｛集韻｝于累切, ｛韻會｝喩累切, ｛正韻｝于位切, 𠀤音壝. ｛說文｝列中庭之左右曰位. ｛廣韻｝正也. ｛易・繫辭｝聖人之大寶曰位. ｛周禮・天官｝惟王建國, 辨方正位. 又凡所坐立者, 皆曰位. ｛禮・曲禮｝揖人, 必違其位. ｛註｝出位而揖, 禮以變爲敬也. 又所也. ｛論語｝君子思不出其位. ｛朱註｝范氏曰: 物各得其所, 而天下之理得矣. 又姓. 明位安. 又高麗人呼相似爲位. 見｛三國志｝. 本作𠈁. 俗作位. 𠈁字原刻从亻从大. 說文 <人部> 于備切. 列中庭之左右謂之位. 从人, 立.

A0015 U-4F50

•佐• 人字部 總07劃. ᄒᆞᆫ글 [좌] 도울. 新典 [자] 俗音 [좌] 도을. 버금. 類合 [좌] 도올. 英譯 assist, aid, second. subordinate. 漢典 形聲. 從人, 左聲. 本義: 輔助, 幫助. 康熙 <人部> ｛廣韻｝則箇切, ｛正韻｝子賀切, 𠀤左去聲. 輔也, 貳也. ｛周禮・天官｝以佐王均邦國. ｛論語註｝顏子王佐之才. 又｛史記・天官書｝五星者, 天之五佐, 見伏有時, 盈縮有度. 又｛集韻｝子我切. 義同.

A0016 U-4F51

•佑• 人字部 總07劃. ᄒᆞᆫ글 [우] 도울. 新典 [우] 도을. 英譯 help, protect, bless. 漢典 形聲. 從人, 右聲. 字本作"右". 表右助. 因"右"用爲左右之"右", 又造"佑"字表示本義. 康熙 <人部> ｛集韻｝｛韻會｝𠀤云九切, 音有. 佐助也. 又｛集韻｝｛正韻｝𠀤與祐同. ｛書・湯誥｝上天孚佑下民. 又叶于愧切, 音位. ｛楚辭・天問｝驚女採薇鹿何祐, 北至回水萃何喜. ｛註｝祐, 一作佑. 喜, 叶音戲. ○ 按｛說文｝佐佑之佑本作右, 音有. 今加人作佑, 且音宥. 而右止爲左右手之右, 不詳｛說文｝之義矣.

A0485 U-4F55

•何• 人字部 總07劃. ᄒᆞᆫ글 [하] 어찌. 新典 [하] 엇지, 무슨, 무엇. 누구. 뇨. 엇지하지 못할. 조곰 잇다가. 멜. 수질음. 類合 [하] 엇데. 英譯 what, why, where, which, how. 康熙 <人部> ｛唐韻｝胡歌切, ｛集韻｝｛韻會｝｛正韻｝寒歌切, 𠀤賀平聲. 曷也, 奚也, 孰也, 詰詞也. ｛書・皐陶謨｝禹曰何. ｛詩・小雅｝夜如何其. 又誰何. 猶言莫敢如何也. ｛賈誼・過秦論｝陳利兵而誰何. 又未多時曰無何, 亦曰無幾何. ｛史記・曹參傳｝居無何, 使者果召參. 又｛前漢・袁盎傳｝南方卑濕, 君能日飮, 無何, 可免禍也. ｛註｝無何, 言更無餘事也. 又｛南史・西域傳｝西域呼帽爲突何. 又｛古今樂錄｝羊無夷伊那何, 皆曲調之遺聲. 又國名. ｛隋書｝西域有何國. 又姓. 又娙何, 漢女官名, 秩比二千石. 又｛集韻｝｛正韻｝𠀤下可切, 賀上聲. 同荷. 儋也, 負也. ｛易・噬嗑｝何校滅耳. ｛詩・曹風｝何戈與祋. ｛小雅｝何蓑何笠. ｛商頌｝百祿是何. 又通訶. ｛前漢・賈誼傳｝大譴大何. ｛註｝譴, 責也. 何, 詰問也. 說文 <人部> 胡歌切. 儋也. 从人可聲.

A0046 U-4F59

•余• 人字部 總07劃. ᄒᆞᆫ글 [여] 나. 新典 [여] 나. 마락이. 類合 [여] 나. 英譯 I, my, me. surname. surplus. 漢典 形聲. 從食, 余聲. 本義: 飽足. 康熙 <人部> ｛唐韻｝以諸切,

{集韻}{韻會}羊諸切, {正韻}雲居切, 𠀤音餘. {說文}語之舒也. {爾雅・釋詁}我也. 又四月爲余月. 又接余, 荇菜也. 又{前漢・匈奴傳}單于衣繡, 袷綺錦袷被各一, 比余. {註}比余, 髮之飾也. 又姓. 由余之後. 又{集韻}詳於切, 音徐. 余吾, 水名. 在朔方. 又{集韻}同都切, 音徒. 史記檮余, 匈奴山名. 又于遮切, 音邪. 褒余, 蜀地名. 一作褒斜. {漢陽厥碑}褒斜作褒余. 又叶演女切, 音與. {楚辭・九思}鶡雀列兮譁讙, 雊雉鳴兮聒余. 抱昭華兮寶車, 欲衒鬻兮莫取. 又與餘同. {周禮・地官}委人, 凡其余聚以待頒賜. {註}余同餘. 說文 <八部> 以諸切. 語之舒也. 从八, 舍省聲.

作 A0488 U-4F5C

•作• 人字部 總07劃. 훈글 [작] 지을. 新典 [주] 지을, 만들. [자] 할. 지을. [작] 지을. 비롯을. 행할, 역사할. 일어날. 설. 類合 [작] 지을. 英譯 make. work. compose, write. act, perform. 康熙 <人部> 古文: 胙作. {唐韻}則洛切, {集韻}{韻會}{正韻}卽各切, 𠀤臧入聲. 興起也. {易・乾卦}聖人作而萬物覩. {書・堯典}平秩東作. 又振也. {書・康誥}作新民. 又造也. {禮・樂記}作者之謂聖. {詩・鄘風}定之方中, 作于楚宮. 又爲也. {詩・鄭風}敝予又改作兮. 又始也. {詩・魯頌}思馬斯作. 又坐作. {周禮・夏官}大司馬教坐作進退之節. 又將作, 秦官名. {前漢・百官表}秩二千石, 掌宮室. 又作猶斮也. {禮・內則}魚曰作之. {註}謂削其鱗. 又汨作, 逸書篇名. 又姓. 漢涿郡太守作顯. 又與詛同. 怨謗也. {詩・大雅}侯作侯祝. 又{集韻}{韻會}{正韻}𠀤子賀切, 音佐. {後漢・廉范傳}廉叔度, 來何暮, 不禁火, 民夜作, 昔無襦, 今五袴. {韓愈詩}非閣復非船, 可居兼可過. 君去問方橋, 方橋如此作. 今方音作讀佐. 俗用做. 又{韻補}叶總古切, 音阻. 韓愈{處州孔子廟碑}惟此廟學, 鄴侯所作. 厥初庳下, 神不以宇. 又叶子悉切, 音卽. {擊壤歌}日出而作, 日入而息. {陳琳・客難}太王築室, 百堵俱作. 西伯營臺, 功不浹日. 說文 <人部> 則洛切. 起也. 从人从乍.

佮 A0497 U-4F6E

•佮• 人字部 總08劃. 훈글 [합] 합하여 가질. 英譯 (Cant.) intensive particle. 康熙 <人部> {集韻}葛合切, 音閤. 合取也. 又渴合切, 音庵. 姓也. 說文 <人部> 古沓切. 合也. 从人合聲.

使 A0004 U-4F7F

•使• 人字部 總08劃. 훈글 [사] 하여금. 新典 [사, ᄉᆞ] 부릴. 하여금. [시] 사신, 심부림군. 가령. 類合 [시] ᄇᆞ릴. 英譯 cause, send on a mission, order. envoy, messenger, ambassador. 漢典 形聲. 從人, 吏聲. 從人表示人的動作行爲. 本義: 命令. 康熙 <人部> 古文: 㚖㪅. {唐韻}疏士切, {集韻}{韻會}爽士切, {正韻}師止切, 𠀤音史. 令也, 役也. {豳風}序: 說以使民. {禮・曲禮}六十曰耆指使. {註}指事使人也. {管子・樞言篇}天以時使, 地以材使, 人以德使, 鬼神以祥使, 禽獸以力使. 又{集韻}疏吏切, {正韻}式至切, 𠀤音駛. 遣人聘問曰使. {前漢・韓信傳}發一乘之使, 下咫尺之書. 又{鬼谷子抵巇篇}聖人者, 天地之使也. {淮南子・天文訓}四時者, 天之吏也. 日月者, 天之使也. 又{謚法}治民克盡嚴篤無私曰使. 本

作使. {六書統}从人从事. 令人治事也. (說文) <人部> 疏士切. 伶也. 从人吏聲.

A0503 U-4F83

•侃• 人字部 總08劃. (훈글) [간] 강직할. (新典) [간] 강직할. 웃는 샹. (英譯) upright and strong. amiable. (康熙) <人部> 古文: 侃. {唐韻}{韻會}{正韻}空旱切, {集韻}可旱切, 丛看上聲. 剛直也. {論語}侃侃如也. 又{正韻}袪幹切, 音看. 義同. (說文) <川部> 空旱切. 剛直也. 从㐰, 㐰, 古文信 ; 从川, 取其不舍晝夜. {論語}曰: "子路侃侃如也."

A0808 U-4F84

•侄• 人字部 總08劃. (훈글) [질] 어리석을. (新典) [질] 굿을. 어리석을. (英譯) nephew. (康熙) <人部> {廣韻}之日切, {集韻}職日切, 丛音質. 堅也. 又癡也, 侄佗不前也. 又騶吾. {大傳}謂之侄獸. 俗誤以侄爲姪字.

A0325 U-4F86

•來• 人字部 總08劃. (훈글) [래] 올. (新典) [릭] 이를. 부를. [래, 릭] 울. 오나라 할. 돌아올. 보리. 오대 손위로 할. (類合) [릭] 올. (英譯) come, coming. return, returning. (漢典) 象形. 甲骨文字形. 象麥子形. 本義: 麥. 小麥叫"麥", 大麥叫"麰"(或寫作"牟"). (康熙) <人部> 古文: 徠. {廣韻}落哀切, {集韻}{韻會}{正韻}郎才切, 丛賴平聲. 至也, 還也, 及也. {禮・曲禮}禮尚往來. 往而不來, 非禮也. 來而不往, 亦非禮也. 又{公羊傳・隱五年}公觀魚於棠, 登來之也. {註}登讀爲得, 齊人謂求得爲登來. 又玄孫之子曰來孫. 又麥名. {詩・周頌}貽我來牟. {前漢・劉向傳}作飴我釐麰. 亦作秾. 又呼也. {周禮・春官}大祝來瞽令皐舞. 又姓. 又{集韻}洛代切, 音賚. 撫其至日來. {孟子}放勳曰: 勞之來之. 又叶鄰奚切, 音離. {詩・邶風}莫往莫來, 悠悠我思. {素問}恬澹虛無, 眞氣從之. 精神守內, 病安從來. 又叶郎狄切, 音力. {詩・小雅}東人之子, 職勞不來. 叶下服. {大雅}經始勿亟, 庶民子來. 又叶落蓋切, 音賴. {屈原・離騷}因氣變而遂會舉兮, 忽神奔而鬼怪. 時髣髴以遙見兮, 精皎皎以往來. 又叶良置切, 音利. {荀子・賦篇}一往一來, 結尾以爲事. (說文) <來部> 洛哀切. 周所受瑞麥來麰. 一來二縫, 象芒朿之形. 天所來也, 故爲行來之來. {詩}曰: "詒我來麰." 凡來之屬皆从來.

A0123 U-4F89

•侉• 人字部 總08劃. (훈글) [과] 자랑할. (新典) [과] 징랑. (康熙) <人部> 同夸. {書・畢命}驕淫矜侉. 又{集韻}安賀切, 阿去聲. 痛呼也. (說文) <人部> 苦瓜切. 憊詞. 从人夸聲.

A0502 U-4F91

•侑• 人字部 總08劃. (훈글) [유] 권할. (新典) [유] 도울. 권할. 짝. 너그러울. (英譯) help, assist, repay kindness. (漢典) 形聲. 從人, 有聲. 本義: 勸食. (康熙) <人部> {唐韻}于救切, {集韻}{韻會}尤救切, {正韻}爰救切, 丛音又. 佐也, 相也. {周禮・天官}膳夫以樂侑食. 又侍

食於所尊亦曰侑食. {禮・玉藻}凡侑食, 不盡食. 又{爾雅・釋詁}醻酢侑, 報也. {郭註}此通謂相報答, 不主於飮酒. 又{文子・守弱篇}三皇五帝有勸戒之器, 命曰侑卮. 別作酭. 又與姷通. 耦也. 又寬也. {管子・法法篇}文有三侑, 武無一赦.

A0305 U-4F96

•侖• 人字部 總08劃. 훈글 [륜] 둥글. 新典 [륜] 덩얼이. 英譯 logical reasons, logical order. 康熙 <人部> {廣韻}力迍切, {集韻}盧昆切, 𠀤音論. 敘也, 亼冊而卷之侖如也. 又昆侖山, 與崑崙同. 見{漢志}. 又{山海經}有侖者之山. 又神名. {山海經}槐江之山, 槐鬼離侖居之. {註}離侖, 神名. 又凡物之圓渾者曰昆崙, 圓而未剖散者曰渾淪. 本作侖. 說文 <亼部> 力屯切. 思也. 从亼从冊.

A0485 U-4F9A

•侚• 人字部 總08劃. 훈글 [순] 재빠를. 英譯 fast. 康熙 <人部> {唐韻}辭閏切, {集韻}徐閏切, {韻會}松閏切. 𠀤通殉. {書・伊訓}侚于貨色. {禮・檀弓}死者用生之器, 不殆于用侚乎哉. 又與徇通. {前漢・五行志}始皇大臣十二人, 皆車裂以侚. {註}侚, 行示也. 又疾也. 與儁通. 說文 <人部> 辞閏切. 疾也. 从人旬聲.

A0130 U-4F9B

•供• 人字部 總08劃. 훈글 [공] 이바지할. 新典 [공] 베풀. 이바지할. 가촐. 밧들. 공쵸바들. 類合 [공] 겻기. 英譯 supply, provide for. offer in worship. 漢典 形聲. 從人, 共聲. 本義: 供給, 供應. 康熙 <人部> {廣韻}九容切, {集韻}{韻會}居容切, {正韻}居中切, 𠀤音恭. {說文}設也. 一曰供給. {書・無逸}文王不敢盤于游田, 以庶邦惟正之供. {禮・檀弓}杜蕢曰: 蕢, 宰夫也. 非刀匕是供. {左傳・僖四年}敢不供給. 又姓. 明供仲序, 廣東人. 又{廣韻}{集韻}{韻會}{正韻}𠀤居用切, 音貢. 義同. {華嚴經}諸供養中, 法供最重. 又通作共. 互詳八部共字註. 說文 <人部> 俱容切. 設也. 从人共聲. 一曰供給.

A0487 U-4F9D

•依• 人字部 總08劃. 훈글 [의] 의지할. 新典 [의] 비길, 기댈, 의지할. 비슷할. 조츨, 싸를. 부팀. 비유할. 병풋. 類合 [의] 의지홀. 英譯 rely on, be set in. consent, obey a wish. 漢典 形聲. 從人, 衣聲. 甲骨文字形. 人在衣中. 本義: 靠著. 康熙 <人部> {廣韻}{集韻}{韻會}{正韻}𠀤於希切, 音衣. {說文}倚也. {書・無逸}知小人之依. {註}言稼穡. {詩・小雅}謀之不臧, 則具是依. {又}昔我往矣, 楊柳依依. 又依稀, 猶彷彿也. {劉禹錫詩}宋臺梁館尚依稀. 又姓. 又{集韻}{韻會}𠀤隱豈切, 音倚. {詩・大雅}于京斯依. 又斧依, 與扆通. {儀禮・覲禮}天子設斧依于戶牖之閒. {註}依, 如今綈素屛風也. 有繡斧文, 所以示威也. 又纏弦也. {儀禮・卽夕禮}設依撻焉. {疏}依, 以韋依纏其弦, 卽今時弓彄是也. 又{儀禮・士虞禮}佐食無事, 則出戶負依南面. {註}戶牖之閒謂之依. 又喩也. {禮・學記}不學博依, 不能安詩. {疏}謂依倚譬喩也. 又{韻補}叶烏皆切, 音挨. {曹植詩}願爲西南風, 長逝入君懷. 君懷良不開, 賤妾當何依.

又{白居易詩}坐依桃葉妓. {自註}依, 烏皆反. (說文) <人部> 於稀切. 倚也. 从人衣聲.

佃 A0497 U-4FA1

•価• 人字部 總08劃. (훈글) [가] 값. (英譯) price, value.

倲 A0499 U-345B

•倲• 人字部 總09劃. (훈글) [속] 몸집이 작고 추한 모양. (英譯) to shake ones head. (康熙) <人部> {廣韻}桑谷切, {集韻}蘇谷切, 𠀤音速. 㑛倲, 頭動也.

侯 A0310 U-4FAF

•侯• 人字部 總09劃. (훈글) [후] 과녁. (新典) [후] 벼슬 이름. 임금. 아름다울. 오직. 소포. 엇지. (訓蒙) [후] 님굼. (英譯) marquis, lord. target in archery. (漢典) 象形. 從人, 從廠, 象張布, 矢在其下. 甲骨文字形, 象射侯張布著矢之形. 本義: 箭靶. (康熙) <人部> 古文: 厌. {廣韻}戶鉤切, {集韻}{韻會}{正韻}胡溝切, 𠀤後平聲. {爾雅・釋詁}公侯, 君也. 又五等爵之次曰侯. {書・禹貢}五百里侯服. {孔氏曰}侯, 候也. 斥候而服事. 又{史記・秦始皇紀}倫侯. {註}爵卑於列侯, 無封邑者. 倫, 類也. 又侯, 射布也. 方十尺曰侯, 四尺曰鵠. {儀禮・鄕射禮}天子熊侯白質, 諸侯麋侯赤質. 大夫布侯, 畫以虎豹, 士布侯, 畫以鹿豕. {註}此所謂獸侯也. 又美也. {詩・鄭風}洵直且侯. 又發語辭. 與惟維同意. {爾雅・釋詁}伊維, 侯也. {詩・小雅}侯誰在矣. 又{大雅}侯于周服. 又{周禮・春官}肆師侯禳. {疏}侯者, 候迎善祥. 禳者, 禳去殃氣. 又姓. 魏侯嬴. 又屈侯, 夏侯, 柏侯, 侯岡, 俱複姓. 又侯莫陳, 三字姓. 又{諡法}執應八方曰侯. 又與兮通. 亦語辭. {史記・樂書}高祖過沛, 詩三侯之章. {索隱曰}沛詩有三兮, 故曰三侯詩. 卽大風歌. 兮侯古韻通. 又通作何. {呂覽・觀表篇}今侯渫過而弗辭. {司馬相如・封禪頌}君乎君乎, 侯不邁哉. {註}侯, 何也. {說文}本作矦. 从人从厂. 象張布之狀, 矢在其下. 鄭司農曰: 方十尺曰矦, 四尺曰鵠. ○ 按射侯, 古作矦. {漢書}多作矦. 从矢取射義, 射之有侯, 所以候中否, 明工拙也. 古者以射選賢, 射中者獲封爵, 故因謂之諸侯. 又{蘇子瞻・新渠詩}渠成如神, 民始不知. 問誰爲之, 邦君趙侯. 侯叶支韻.

㑴 𠋝 侵 A0489 U-4FB5

•侵• 人字部 總09劃. (훈글) [침] 침노할. (新典) [침] 차츰, 겸겸. 범할, 가랠, 침로할. 짝글. 큰 흉년. 모춤할. (類合) [침] 침노. (英譯) invade, encroach upon, raid. (漢典) 會意. 小篆字形從人, 手拿掃帚, 一步一步地掃地. 本義: 漸進. (康熙) <人部> {唐韻}{正韻}七林切, {集韻}{韻會}千尋切, 𠀤音駸. {說文}漸進也. 又朘削也. {春秋・胡傳}聲罪緻討曰伐, 潛師掠境曰侵. 又{周禮・大司馬}負固不服則侵之. 又侵尋. {史記・武帝紀}天子始巡郡縣, 侵尋於泰山. {封禪書}作浸尋. {郊祀志}作寖尋. 義同. 又歲凶. {穀梁傳・襄二十四年}五穀不登, 謂之大侵. {韓詩外傳}一穀不升曰歉, 二穀不升曰饑, 三穀不升曰饉, 四穀不升曰荒, 五穀不升曰大侵. 又姓. {三輔決錄}有侵恭. 又{正韻}七稔切, 音寢. 貌不揚也. {前漢・田蚡傳}貌侵. {註}師古曰: 短小曰侵. 亦作寑. (說文) <人部> 七林切. 漸進也. 从人, 又持帚, 若埽之進. 又, 手也.

A0185 U-4FBF

•便• 人字部 總09劃. 훈글 [편] 편할. 新典 [편] 편할, 다늘. 익일. 맛당할, 맛가즘. 말 변변이 할, 말 씩씩할. 비위 마칠. [변] 문득. 쏭오즘. 편리할. 갓가울. 곳. 슌할. 배 쑹쑹할. 訓蒙 [편] 오좀. 英譯 convenience, ease. expedient. 康熙 <人部> {廣韻}婢面切, {集韻}{韻會}{正韻}毗面切, 𠀤音卞. 順也, 利也, 宜也. {荀子・議兵篇}汝所謂便者, 不便之便也. 所謂仁義者, 大便之便也. {前漢・趙充國傳}留屯田十二便. 又習也. {禮・表記}唯欲行之浮于名也. 故自謂便人. {註}亦言其謙也. 辟仁聖之名, 云自便習於此事之人耳. 又安也. {前漢・武帝紀}便殿火. {註}凡言便殿, 便宮, 便坐者, 所以就便安也. 又即也, 輒也. {莊子・達生篇}若乃夫沒人, 則未嘗見舟. 而便操之也. 又溲也. {前漢・張安世傳}郎有醉便殿上者, 安世曰: 何知非反水漿耶. 又{集韻}毗連切, {正韻}蒲眠切, 𠀤音緶. {爾雅・釋訓}便便, 辨也. {論語}便便言. 又{韓詩}便便, 閒雅貌. 又肥滿貌. {後漢・邊韶傳}邊孝先, 腹便便. 又便辟, 足恭也. {書・冏命}便辟側媚. 又姓. 漢有少府便樂成. 又通平. {書・堯典}平章百姓. {史記・五帝紀}作便. 互詳平字註. 又叶毗賓切, 音頻. {陳琳・車渠椀賦}玉爵不揮, 欲厥珍兮. 豈若陶梓, 爲用便兮. {說文}从更. 从人, 人有不便更之. 說文 <人部> 房連切. 安也. 人有不便, 更之. 从人, 更.

A0502 U-4FC2

•係• 人字部 總09劃. 훈글 [계] 걸릴. 新典 [계] 맬. 이을. 혜맛 이을. 英譯 bind, tie up. involve, relation. 康熙 <人部> {集韻}{韻會}𠀤同繫. {爾雅・釋詁}係, 繼也. {疏}係者, 繫屬之繼. {易・隨卦}係小子, 失丈夫. 又{左傳・僖二十五年}秦人過析, 隈入而係輿人, 以圍商密. 昏而傅焉. {註}係, 縛也. 又{襄十八年}獻子以朱絲係玉二瑴. 又與曳同. {莊子・山木篇}正緳係履而見魏王. 說文 <人部> 胡計切. 絜束也. 从人从系, 系亦聲.

A0920 U-4FCE

•俎• 人字部 總09劃. 훈글 [조] 도마. 新典 [조] 적대. 도마. 正蒙 [조] 적틀. 英譯 chopping board or block. painted. 漢典 指事兼形聲. 小篆字形. {說文}"從半肉在且上." 且, 祭祀所用的禮器. 本義: 供祭祀或宴會時用的四脚方形青銅盤或木漆盤, 常陳設牛羊肉. 康熙 <人部> {唐韻}側呂切, {集韻}壯所切, 𠀤音阻. 祭享之器. {詩・小雅}爲俎孔碩. {禮・明堂位}周以房俎, 有虞氏以梡俎, 夏后氏以嶡俎. 又折俎. {左傳・宣十六年}晉侯使士會平王室, 定王享之原. 襄公相禮殽烝. 玉召士會曰: 王享有體薦, 宴有折俎. 公當享, 卿當宴, 王室之禮也. {註}殽烝, 升殽於俎也. 體薦, 半體示儉也. 折俎, 體解節折, 示惠也. 又鼎俎. {韓詩外傳}伊尹負鼎俎, 調五味, 而立爲相. 又{揚子・方言}俎, 几也. 西南蜀漢之郊曰杫, 杫音賜. 又刀俎. {史記・項羽紀}樊噲曰: 如今人方爲刀俎, 我爲魚肉. {註}俎, 椹版也. 又尊俎. {後漢・馬融傳}起謀於尊俎之閒. {註}尊, 奠酒之罇. 俎, 載牲之器. 又姓. 又叶壯揣切, 錐上聲. {蘇轍・新宅詩}李侯雖貧足圖史, 旋作明窗安淨几. 閉門且辦作詩章, 好事從來置尊俎. {說文}俎在且部, 禮俎也. 从半肉, 在且旁. 指事亦會意. 非从人. {字彙}附人部, 非. 說文 <且部> 側呂切. 禮俎也. 从半肉在且上.

俔 A0490 U-4FD4

•俔• 人字部 總09劃. 한글 [현] 염탐할. 新典 [현] 렴탐할. 바람 시 보는 깃. [견] 비유할. 英譯 like. 康熙 <人部> {集韻}{韻會}丛輕甸切, 音擇. {說文}譬諭也. {詩・大雅}俔天之妹. {傳}俔, 磬也. {韓詩}作磬. 磬, 譬也. 又{廣韻}{集韻}{韻會}{正韻}丛胡典切, 賢上聲. {爾雅・釋言}閒俔也. {註}左傳謂之諜, 卽今之細作也. 又船上候風羽, 謂之綄. 楚謂五兩. {王維詩}畏說南風五兩輕. 亦謂之俔. {淮南子・齊俗訓}譬俔之見風, 無須臾之閒定矣. 一曰相竿. 又與睍同. {韓愈文}伈伈俔俔. 說文 <人部> 苦甸切. 譬諭也. 一曰間見. 从人从見. {詩}曰: "俔天之妹."

俘 A0492 U-4FD8

•俘• 人字部 總09劃. 한글 [부] 사로잡을. 新典 [부] 가져 올. 사로잡을. 가둘. 訓蒙 [부] 사ᄅᆞ자블. 英譯 prisoner of war. take as prisoner. 漢典 形聲. 從人, 孚聲. 本義: 俘獲. 康熙 <人部> {唐韻}{集韻}{韻會}{正韻}丛芳無切, 音孚. {說文}軍所獲也. {春秋・莊六年}齊人來歸衞俘. 三傳皆曰衞寶, 杜預曰俘囚, 疑經誤. 一說俘, 取也. 與書俘厥寶玉同義. 經以所取言之, 傳以其物言之, 非經誤也. 又{左傳・莊三十一年}諸侯不相遺俘. {爾雅疏}囚敵曰俘, 伐執之曰取. 說文 <人部> 芳無切. 軍所獲也. 从人孚聲. {春秋傳}曰: "以爲俘聝."

保 A0482 U-4FDD

•保• 人字部 總09劃. 한글 [보] 지킬. 新典 [보] 보둘. 지닐, 보젼할. 도을. 편안할. 미듬. 직힐. 잣, 흙셩. 기를. 안을. 머슴. 類合 [보] 안봇. 英譯 protect, safeguard, defend, care. 漢典 會意. 甲骨文字形, 象用手抱孩子形. 金文寫作從"人"從"子". 后來爲了結構的對稱, 小篆變成"保", 使人不能因形見義了. 本義: 背子于背. 康熙 <人部> 注解: (古文: 孚呆保) {廣韻}{集韻}{韻會}補抱切, {正韻}補道切, 丛音寶. 安也. {周禮・天官}以八統詔王馭萬民, 五曰保庸. {註}保庸, 安有功者. 又恃也, 守也. 又{禮・月令}四鄙入保. {註}小城曰保. 又都邑之城曰保. 又任也. {周禮・地官・大司徒}令五家爲比, 使之相保. {註}保猶任也. 又全之也, 佑也. {書・召誥}天迪格保. {註}格正夏命而保佑之. 又{詩・小雅}天保定爾, 亦孔之固. 又{說文}養也. {增韻}抱也. {書・周官}立太師, 太傅, 太保. {禮・文王世子}入則有保, 出則有師. {前漢・宣帝紀}嘗有阿保之功. {註}阿, 倚也. 保, 養也. {賈誼傳}保者, 保其身體. 又{史記・欒布傳}窮困賃傭於齊, 爲酒家保. {註}酒家作保傭也. 又姓. {呂氏春秋}楚保申, 爲文王傅. 又與褓緥丛通. {禮・月令}保介之御閒. {註}猶衣也. 保卽襁褓. 又叶博古切, 音補. {易林}東南其戶, 風雨不處. 燕婉仁人, 父子相保. 又叶博效切, 音報. {詩・大雅}無射亦保. 叶上廟. 說文 <人部> 博袌切. 養也. 从人, 从孚省. 孚, 古文孚.

俠 A0663 U-4FE0

•俠• 人字部 總09劃. 한글 [협] 호협할. 新典 [협] 의긔, 머누. [겹] 겻. 아오를. 正蒙 [협] 협긔. 英譯 chivalrous person. knight-errant. 康熙 <人部> {唐韻}{正韻}丛胡頰切, 音協. 任俠. 相與信爲任, 同是非曰俠. {前漢・季布傳}任俠有名. {師古曰}俠之言挾, 以權力

俠輔人也. 又姓. 韓相俠累. 又與挾通. {前漢・叔孫通傳}殿下郎中俠陛. {揚子・法言}滕灌樊酇曰俠介. 丛與挾同. 又{集韻}古洽切. 與夾通. 傍也, 丛也. {公羊傳・哀四年註}滕薛俠轂. 又{儀禮・士喪禮}婦人俠牀東西. {周禮・冬官考工記註}今時鐘乳俠鼓與舞. 丛與夾同. 俗作俠, 非. 說文 <人部> 胡頰切. 俜也. 从人夾聲.

A0136 U-4FF1

•俱• 人字部 總10劃. 훈글 [구] 함께. 新典 [구] 다. 한게. 類合 [구] ᄀᆞᆯ올. 英譯 all, together. accompany. 漢典 形聲. 從人, 具聲. 本義: 走在一起, 在一起. 康熙 <人部> {唐韻}舉朱切, {集韻}{韻會}恭于切, 丛音拘. 皆也. {孟子}父母俱存. 又偕也, 具也. {莊子・天運篇}道可載而與之俱也. {史記・孔子世家}孔子適周, 魯君與之一乘車, 兩馬, 一豎子俱. 又姓. 南凉將軍俱延, 唐江州監軍俱文珍. 說文 <人部> 舉朱切. 偕也. 从人具聲.

A0307 U-5009

•倉• 人字部 總10劃. 훈글 [창] 곳집. 新典 [창] 고집, 광. 초상 날. 訓蒙 [창] 창. 英譯 granary. berth. sea. 漢典 象形. 甲骨文字形, 上象蓋兒, 中間象一扇門, 下面是進出的口兒, 合起來表示倉庫這個概念. 本義: 糧倉. 康熙 <人部> 古文: 仺. {唐韻}七岡切, {集韻}千岡切, 丛音蒼. {說文}穀藏也. {國策註}圓曰囷, 方曰倉. {詩・小雅}乃求千斯倉. {禮・月令}季秋, 命冢宰舉五穀之要藏, 帝籍之, 收于神倉. 又官名. {周禮・地官}倉人掌粟入之藏. 又倉卒, 悤遽貌. {杜甫・送鄭虔詩}倉皇已就長途往. 又姓. 周倉葛. 又與蒼通. {禮・月令}駕倉龍. {前漢・蕭望之傳}倉頭廬兒. 又與臟通. 五倉, 五臟也. {前漢・谷永傳}成帝曰: 化色五倉之術, 皆左道以欺妄. 又與滄通. {揚雄・甘泉賦}東燭倉海. 又與桑通. 亢倉子, 亦作庚桑子. 又{集韻}楚亮切, 借作愴. {詩・大雅}倉兄塡兮. 說文 <倉部> 七岡切. 穀藏也. 倉黃取而藏之, 故謂之倉. 从食省, 口象倉形. 凡倉之屬皆从倉.

A0485 U-5017

•倗• 人字部 總10劃. 훈글 [붕] 부탁할. 康熙 <人部> {唐韻}步崩切, {集韻}蒲登切, 丛音朋. {說文}輔也. {六書統}委也, 託也. 朋同類, 故可託. 又姓也. 說文 <人部> 步崩切. 輔也. 从人朋聲. 讀若陪位.

A0310 U-5019

•候• 人字部 總10劃. 훈글 [후] 물을. 新典 [후] 물을. 기다릴. 망군, ᄂᆞᆯ미. 날시, 철. 訓蒙 [후] 긔운. 英譯 wait. expect. visit. greet. 漢典 形聲. 古文作"矦". 從人, 矦聲. 本義: 守望, 偵察. 康熙 <人部> {唐韻}胡遘切, {集韻}下遘切, 丛音後. 訪也. 又伺望也. {前漢・張禹傳}上臨候禹. 又{釋名}候, 護也, 可護諸事也. 又候人, 道路迎送賔客之官. {詩・曹風}彼候人兮, 何戈與祋. 又斥候. {孫奕示兒編}斥候謂檢行險阻, 伺候盜賊. 俗作堠. 又氣候, 證候. 又叶後五切, 音祜. {楊泉蠶賦}爰求柔桑, 切若細縷. 起止得時, 燥溼是候. {說文}有矦無候. 互見前矦字註.

D0108 U-501E

•倞• 人字部 總10劃. ᄒᆞᆫ글 [경] 굳셀. 新典 [량] 멀리. 차즐. [경] 굿셀. 英譯 far. 康熙 <人部> {集韻}渠映切, 音競. {說文}彊也. 又{集韻}力讓切, {正韻}力仗切, 𠀤音諒. 遠也. 又{禮・郊特牲}祊之爲言倞也. {註}倞猶索也. 倞或爲諒. 又{開元五經文字}讀彊去聲, 其亮切. 强也. {詩・大雅}秉心無倞. {又}無倞維人. 今俱作競. 說文 <人部> 渠竟切. 彊也. 从人京聲.

A0821 U-503F

•倿• 人字部 總10劃. ᄒᆞᆫ글 [첩] 첩.

A0487 U-5041

•偁• 人字部 總11劃. ᄒᆞᆫ글 [칭] 들. 新典 [칭] 날릴. 들. 英譯 state. 康熙 <人部> {廣韻}稱本字. {說文}揚也. {爾雅・釋言}舉也. 說文 <人部> 處陵切. 揚也. 从人爯聲.

A0503 U-5058

•偘• 人字部 總11劃. ᄒᆞᆫ글 [간] 강직할. 新典 [간] 꼬장꼬장할. 英譯 ancient family name. 康熙 <人部> {廣韻}{集韻}𠀤同侃. {唐書・薛延陀傳}偘偘不干虛譽.

A0494 U-506A

•偪• 人字部 總11劃. ᄒᆞᆫ글 [핍] 다가올. 新典 [벽] 正音 [픽] 俗音 [핍] 핍박할. 행젼, 각반. 英譯 compel, pressure, force. bother. 康熙 <人部> {集韻}與逼同. 侵迫也. {禮・雜記}君子不僭上, 不偪下. 又爲行縢之名. {釋名}偪, 所以自逼束. 今謂之行縢, 言以裹脚, 可以跳騰輕便也. {禮・內則}偪屨著綦. {註}行縢也. {詩・小雅・邪幅在下註}幅偪也. 邪纏於足, 所以束脛在股下也. 諸侯見天子, 人子事父母, 皆然. 又{揚子・方言}腹滿曰偪. {註}言敕偪也. {晉書・明帝紀}阮孚告溫嶠內迫, 卽謂偪也. 又{廣韻}{集韻}𠀤方六切, 音福. 偪陽, 地名. 見{左傳・襄十年}.

A0586 U-5074

•側• 人字部 總11劃. ᄒᆞᆫ글 [측] 곁. 新典 [측] 겻. 기울. 미텬할. 배반할. 類合 [측] 기울. 英譯 side. incline, slant, lean. 康熙 <人部> {唐韻}阻力切, {集韻}{韻會}札色切, 𠀤音仄. 旁也, 傾也. {詩・召南}在南山之側. {書・洪範}無反無側. {註}不偏邪也. 又卑陋也. {書・堯典}明明揚側陋. 又叛黨曰反側. {後漢・光武紀}使反側子自安. 又{儀禮・旣夕}有司請祖期曰日側. {註}側, 昳也. 謂將過中之時. 與仄同. 又側注, 冠名. 酈食其服以見沛公. 又側生, 荔支名. 又與特通. {儀禮・士冠禮}側尊一甒醴. {註}特設一尊醴也. 又{聘禮}公側授宰玉. 又側授宰幣. {註}謂君特授, 不假相也. 又同仄. {史記・平準書}公卿鑄鐘官赤側. {註}赤側, 錢名. 說文 <人部> 阻力切. 旁也. 从人則聲.

A0684 U-5092

•傒• 人字部 總12劃. (훈글) [혜] 묶을. (新典) [혜] 가둘. 기다릴. (英譯) personal name. servant. (康熙) <人部> {廣韻}胡雞切, {集韻}{韻會}{正韻}弦雞切, 𠀤音奚. 江右人曰傒. {南史・胡諧之傳}是何傒狗. 諧之南昌人, 故云. 又人名. {左傳}齊卿高傒. 又{集韻}同繫. {淮南子・本經訓}傒人之子女. {註}傒與囚繫之繫同. 又{六書故}戸禮切. 通徯. 待也. 一說傒, 奚同. 與徯別.

A0495 U-5099

•備• 人字部 總12劃. (훈글) [비] 갖출. (新典) [비] 가촐. 일울. 족할. 다할. 긴 병장긔. 예비할. [부] 스승. 이를. 붓흘. 베풀. 갓가울. 슈표. 편들. (類合) [비] ᄀᆞ즐. (英譯) prepare, ready, perfect. (康熙) <人部> 古文: 俻. {唐韻}{集韻}{韻會}𠀤平祕切, 音避. 成也. {周禮・春官・樂師}凡樂成則告備. 又咸也, 副也. {書・周官}官不必備惟其人. 又先具以待用也. {書・說命}惟事事, 乃其有備, 有備無患. {左傳・僖五年}凡分至啓閉, 必書雲物, 爲備故也. 又足也. {易・繫辭}易之爲書也, 廣大悉備. 又{禮・祭統}福者, 備也. 備者, 百順之名也. 無所不順者之謂備. 又盡也. {禮・月令}季秋之月, 乃命冢宰, 農事備收. 又長兵曰備. {左傳・昭二十一年}用少莫如齊致死, 齊致死莫如去備. 又搔也. {周禮・秋官}冥氏若得其獸, 則獻其皮革齒須備. {註}須直謂頤下須, 備謂搔也. 搔音爪. 又姓. 又叶蒲必切, 音弼. {詩・小雅}禮儀既備, 鐘鼓既戒. 戒音吉. (說文) <人部> 平祕切. 愼也. 从人𤰈聲.

A0490 U-50B3

•傳• 人字部 總13劃. (훈글) [전] 전할. (新典) [젼] 젼할. 줄. 이을. 펼. 음길. 쥬막, 길집. 역말. 보람, 통부. 책. [련] 가로기, 쌍동이. 병아리. (類合) [뎐] 뎐할. (英譯) summon. propagate, transmit. (康熙) <人部> {廣韻}直攣切, {集韻}{韻會}{正韻}重緣切, 𠀤音椽. 轉也. {左傳・莊九年}公喪戎路, 傳乘而歸. {註}戎路, 兵車. 傳乘, 乘他車. {釋文}傳, 直專反. 又丁戀反. 又{正韻}授也, 續也, 布也. {周禮・夏官・訓方氏}誦四方之傳道. {註}傳說往古之事也. 讀平聲. 又{禮・曲禮}七十曰老而傳. {註}倦勤, 傳家事于子也. 又{禮・內則}父母, 舅姑之衣衾, 簟席枕几不傳. {註}移也. 又{集韻}{韻會}{正韻}𠀤株戀切, 專去聲. 傳舍. {釋名}傳, 轉也. 人所止息, 去者復來. 轉, 相傳無常主也. {史記・酈食其傳註}高陽傳舍. 又{說文}遽也, 驛遞曰傳. {禮・玉藻}士曰傳遽之臣. {註}驛傳車馬, 所以供急遽之令, 士賤而給役使, 故自稱如此. 又古者以車駕馬, 乘詣京師, 謂之傳車. 後又置驛騎, 用單馬乘之, 若今之遞馬. 凡四馬高足爲置傳, 四馬中足爲馳傳, 四馬下足爲乘傳, 一馬二馬爲軺傳. 漢律, 諸當乘傳及發駕置傳者, 皆持尺五寸木傳信, 封以御史大夫印章, 其乘傳參封之. 參, 三也. 有期會絫封兩端, 端各兩封, 凡四封. 乘置馳傳五封之, 兩端各二, 中央一軺, 傳兩馬再封之, 一馬一封, 以馬駕軺車而乘傳, 曰一封軺傳. 又關傳. {周禮・地官・司關}凡所達貨賄, 則以節傳出之. {前漢・文帝紀}{註}張晏曰: 信也, 若今過所也. 如淳曰: 兩行書繒帛, 分持其一, 出入關, 合之乃得過, 謂之傳. 師古曰: 今或用棨刻木爲合符. {後漢・陳蕃傳}投傳而去. {註}符也. 丁戀切. {釋名}傳, 轉也. 轉移所在, 執以爲信也. 又{集韻}{韻會}{正韻}𠀤柱戀切, 音瑑. 訓也. 賢人之書曰傳. 又紀載事迹以傳於世亦曰傳, 諸史列傳是也. {釋名}傳, 傳也. 以傳示後人也. 又續也. {孟子}傳食於

諸侯. 又叶重倫切, 音陳. {前漢・敘傳}帝庸親親, 厥國五分, 德不堪寵, 四支不傳. ○ 按諸字書傳本有直攣, 知戀, 直戀三切, {廣韻}分析極細, {正韻}因之. 然歷考經史註疏, 驛傳之傳, 平, 去二音可以互讀, 至傳道, 傳聞, 傳授之傳, 乃一定之平聲, 紀載之傳, 一定之去聲. 此音之分動靜, 不可易者也. {正字通}專闢動靜字音之說, 每於此等處, 爲渾同之說以亂之, 此斷斷不可从者. 又按{廣韻}二仙, 傳, 直攣切, 音椽, 又持戀, 丁戀二切. 三十三線, 傳, 直戀切, 卽持戀切. 知戀切, 卽丁戀切. 丁戀切蓋用交互門法, 不如用音和知戀切爲安也. (說文) <人部> 直戀切. 遽也. 从人專聲.

債 A0376 U-50B5

•債• 人字部 總13劃. (훈글) [채] 빚. (新典) [채] 빗, 빗질. (訓蒙) [채] 빋. (英譯) debt, loan, liabilities. (康熙) <人部> {唐韻}{集韻}{韻會}{正韻}太側賣切, 齋去聲. {說文}負也. 今俗負財曰債. {前漢・鼂錯傳}賣田宅, 鬻子孫, 以償債. {谷永傳}爲人起債分利受謝. 又通作責. {周禮・天官・小宰}八成經邦治, 四曰聽稱責. {戰國策}馮諼爲孟嘗君收責於薛. {史記}作收債. {前漢・高帝紀}歲竟, 兩家常折劵棄責. 讀如債. (說文) <人部> 側賣切. 債負也. 从人, 責, 責亦聲.

像 A0493 U-50CF

•像• 人字部 總14劃. (훈글) [상] 형상. (新典) [샹] 쏠, 모양, 형샹. 갓흘, 닮을. 모뜰, 의방할. (英譯) a picture, image, figure. to resemble. (漢典) 形聲. 從人, 從象, 象亦聲. 本義: 相貌相似. (康熙) <人部> {唐韻}徐兩切, {集韻}{韻會}{正韻}似兩切, 太音象. 形象也, 肖似也. 又摹倣也. {易・繫辭}象也者, 像此者也. {荀子・議兵篇}像上之意. 通作象. (說文) <人部> 徐兩切. 象也. 从人从象, 象亦聲. 讀若養.

僕 A0130 U-50D5

•僕• 人字部 總14劃. (훈글) [복] 종. (新典) [복] 시중군. 마부. 황송한 체할. 부틸. 저. 종. (訓蒙) [복] 죵. (英譯) slave, servant, I. (康熙) <人部> 古文: 蹼. {唐韻}{集韻}{韻會}太蒲沃切, 蓬入聲. {說文}給事者. {禮・禮運}仕于公曰臣, 仕于家曰僕. {周禮・春官}車僕掌戎路. 廣車, 闕車, 苹車, 輕車之萃. {註}車僕, 主供副車者. 僕猶御也, 萃猶副也. 謂供副車, 以待乏用也. 五車皆兵車也. 又司僕, 官名. {五代史・百官志}唐龍朔中, 改太保曰司馭, 又改爲司僕. 齊職儀衆僕之長曰太僕, 掌輿馬. 明制有太僕寺. 又御車曰僕. {論語}冉有僕. 又僕隸, 賤役. {左傳・僖二十四年}秦伯送衞于晉三千人, 實紀綱之僕. 又自謙之辭. {前漢・韋玄成傳}自稱爲僕, 甲辭也. 又辱也. {戰國策}傳命僕官. 又徒也. {莊子・則陽篇}仲尼曰: 是聖人僕也. {註}猶言聖人之徒也. 又僕僕, 煩猥貌. 又附也. {詩・大雅}君子萬年, 景命有僕. 又隱也. {左傳・昭七年}楚芋尹無宇曰: 吾先君文王, 作僕區之法, 曰: 盜所隱器, 與盜同罪. {註}僕區, 刑書名. 區, 匿也, 作爲隱匿亡人之法. 又虎僕, 獸名. {博物志}羽民國有獸, 文似豹, 名虎僕, 毛可爲筆. 又僕纍, 蝸牛也. {山海經}青要之山, 多僕纍蒲盧. {註}僕纍一名蚹蠃. 蒲盧, 細腰蟲, 蠮螉也. 又姓. 漢僕朋, 宋僕斗, 南明僕淮. 又{集韻}普木切, 音撲. 羣飛貌. {莊子・天運篇}螽蝱僕緣. 又叶鼻墨切, 音匐. {柳宗元・佩韋賦}尼父戮齊而誅卯兮, 本柔仁以作極. 蘭竦顏以誚秦兮, 入

降廉猶臣僕. 說文 <業部> 蒲沃切. 給事者. 从人从業, 業亦聲.

僚 A0464 U-50DA

•僚• 人字部 總14劃. 흔글 [료] 동료. 新典 [료] 벗. 동관. 어엿블. 희롱할. 訓蒙 [료] 동관. 英譯 companion, colleague. officials. bureaucracy. a pretty face. 漢典 形聲. 從人, 尞聲. 本義: 官, 官職. 康熙 <人部> {廣韻}落蕭切, {集韻}{韻會}憐蕭切, {正韻}連條切, 𠀤音聊. 朋也, 官僚也. {書・皐陶謨}百僚師師. 通作寮. {左傳・文七年}荀林父曰: 同官爲寮. 又姓. 晉陽大夫僚安. 又{左傳・昭七年}隷臣僚, 僚臣僕. {註}僚, 勞也, 共勞事也. {焦氏筆乘}僚卽古牢字. 又{集韻}朗鳥切, 音了. 好貌. {詩・陳風}佼人僚兮. {陸氏曰}亦作嫽. 又叶力鳩切. 韓愈{祭穆員外文}留守無事, 多君子僚. 罔有疑忌, 維其嬉遊. 又叶力魚切. {傅毅・洛神賦}革服朔, 正官僚, 辨方位, 摹八區. 說文 <人部> 力小切. 好皃. 从人尞聲.

僤 A0952 U-50E4

•僤• 人字部 總14劃. 흔글 [탄] 빠를. 新典 [탄] 도타울. 쌔를. 英譯 sincere. 康熙 <人部> {唐韻}{集韻}{韻會}徒案切, {正韻}杜晏切, 𠀤音憚. 篤也. {詩・大雅}我生不辰, 逢天僤怒. {毛傳}厚也. 陸氏音都但反. 亦作亶. 又疾也. {周禮・冬官考工記}句兵欲無僤. 又{韻會}{正韻}𠀤上演切, 音善. 婉僤, 行動貌. {司馬相如・上林賦}象輿婉僤於西淸. 又{集韻}齒善切, 音闡. 地名. {公羊傳・哀八年}齊人取讙及僤. {左傳}作闡. 又{集韻}昌然切, 音川. 義同. 說文 <人部> 徒案切. 疾也. 从人單聲. {周禮}曰: "句兵欲無僤."

僮 A0127 U-50EE

•僮• 人字部 總14劃. 흔글 [동] 아이. 新典 [동] 아이종. 굽실거릴. 訓蒙 [동] 종. 英譯 page, boy servant. 漢典 形聲. 從人, 童聲. 本義: 未成年的人. 康熙 <人部> {唐韻}徒紅切, {集韻}{韻會}徒東切, 𠀤音同. {說文}未冠也. 又{前漢・衞靑傳註}僮者, 婢妾之總稱. {史記・貨殖傳}卓王孫家僮八百人. {前漢・張安世傳}僮七百人, 皆有手技. {玉篇}僮幼迷荒者. {詩・鄭風}狂僮之狂也且. {傳}狂行僮昏所化也. {廣雅}僮, 癡也. 今爲童. 又無知貌. {揚子・太玄經}物僮然未有知. 又竦敬貌. {詩・召南}被之僮僮, 夙夜在公. 又縣名. {前漢・地理志}徐, 僮, 取慮三縣名, 屬臨淮郡. 又姓. 漢交趾刺史僮尹. {鄭樵・族略}卽童姓. 或从人, 以別其族. {韻會}{說文}童, 孥也. 僮, 幼也. 今以僮幼字作童, 童僕字作僮, 相承失也. 說文 <人部> 徒紅切. 未冠也. 从人童聲.

僻 A0573 U-50FB

•僻• 人字部 總15劃. 흔글 [벽] 후미질. 新典 [벽] 회미질, 한귓질, 궁벽할. 치우칠, 편벽될. 간사할. 피벽할. 방탕할. 깁숙할. 類合 [벽] 츼드롤. 英譯 out-of-the-way, remote. unorthodox. 康熙 <人部> {廣韻}芳辟切, {集韻}{韻會}毗亦切, {正韻}匹亦切𠀤, 批入聲. 陋也. 又偏僻, 邪僻. 又{正韻}匹智切, 音譬. 僻倪, 與埤垸同. 城上女牆也. {正字通}僻, 辟通. 辟借作避, {詩・魏風}宛然左辟是也. 僻通作辟, 辟則爲天下僇, 放辟邪侈, 非辟之心無自而入

是也. 經傳避借僻者不多見. {說文}僻, 避也, 引{詩}作左僻, 一曰从旁牽也. {長箋}謂詩不當作辟. 쑛非. 本作僻, 俗作躄. 說文 <人部> 普擊切. 避也. 从人辟聲. {詩}曰: "宛如左僻." 一曰从旁牽也.

儀 A0865 U-5100

•儀• 人字部 總15劃. 훈글 [의] 거동. 新典 [의] 쓸, 즛, 거동, 모양. 짝. 법바들. 쪽. 형상. 訓蒙 [의] 거동. 英譯 ceremony, rites gifts. admire. 康熙 <人部> {唐韻}{集韻}魚羈切, {韻會}疑羈切, 쑛音宜. 兩儀, 天地也. 又三儀, 天地人也. 又容也. {詩・曹風}其儀不忒. 又威儀. {詩・邶風}威儀棣棣, 不可選也. 又{周禮・地官・保氏}敎國子以六儀, 一祭祀, 二賔客, 三朝廷, 四喪紀, 五軍旅, 六車馬之容. 又{春官・典命}掌諸侯之五儀. {註}公, 侯, 伯, 子, 男也. 又{秋官・司儀}掌九儀之賔客擯相之禮, 以詔儀容辭令揖讓之節. 又唐禮部之長曰大儀. 又{釋名}宜也. 得事宜也. 又由儀, 笙詩. {序}由儀, 萬物之生, 各得其宜也. 又象也, 法也. {詩・大雅}儀刑文王. 又{爾雅・釋詁}匹也. {疏}詩鄘風, 實維我儀. 又{周語}丹朱馮身以儀之. {通雅}偶也. 謂牉合也. 又度也. {詩・大雅}我儀圖之. 又{揚子・方言}來也. 淮潁之閒曰儀. 又儀栗, 周邑名. 見{左傳・定七年}. 又姓. 秦大夫儀楚, 漢儀長孺. 又通作擬. {前漢・外戚傳}皆心儀霍將軍女. {註}心儀卽心擬. 又{韻補}叶牛何切, 音俄. {揚子・太玄經}陽氣氾施, 不偏不頗. 物無爭訟, 各遵其儀. 本作儀. 說文 <人部> 魚羈切. 度也. 从人義聲.

儆 A0573 U-5106

•儆• 人字部 總15劃. 훈글 [경] 경계할. 新典 [경] 경계할. 英譯 warn. warning. 漢典 形聲. 從人, 敬聲. 本義: 警戒, 戒備. 康熙 <人部> {韻會}擧影切, 音景. 戒也. {書・大禹謨}儆戒無虞. {春秋・宣十二年}在軍, 無日不討, 軍實而申儆之. 亦與警通. 又{廣韻}渠敬切, {集韻}{韻會}渠映切, 쑛音競. 義同. 說文 <人部> 居影切. 戒也. 从人敬聲. {春秋傳}曰: "儆宮."

儐 A0486 U-5110

•儐• 人字部 總16劃. 훈글 [빈] 인도할. 新典 [빈] 인도할. 나갈. 베풀. 손 대접할. 英譯 entertain guests. 康熙 <人部> {唐韻}{集韻}{韻會}{正韻}쑛必刃切, 賓去聲. 導也, 相也. {禮・聘義}卿爲上儐, 大夫爲承儐, 士爲紹儐. 又接賓以禮曰儐, 接鬼神亦然. 又{禮運}山川所以儐鬼神也. {註}儐禮鬼神, 而祭山川也. {石經}从手作擯, 亦省作賔. 又進也. {周禮・春官}王命諸侯則儐. 又陳也. {詩・小雅}儐爾籩豆. 又{廣韻}必鄰切, {集韻}卑民切, 쑛音賔. 敬也. 又同擯. {戰國策}六國從親以儐秦. 又同矉. 眉蹙也. {枚乘菟園賦}儐笑連便. 說文 <人部> 必刃切. 導也. 从人賓聲.

儷 A0621 U-5137

•儷• 人字部 總21劃. 훈글 [려] 짝. 新典 [려] 아오를. 짝. 채단. 訓蒙 [례] 골올. 英譯 spouse, couple, pair. 康熙 <人部> {廣韻}{韻會}쑛郞計切, 音麗. 並也. {淮南子・繆稱訓}與俗儷走, 而內行無繩. 又伉儷, 偶也. {左傳・成十一年}郤犫奪施氏婦. 婦人曰: 鳥獸猶不失

儷, 子將若何. ｛又｝已不能庇其伉儷而亡之. 通作麗. 又｛儀禮・士冠禮｝主人酬賔束帛儷皮. ｛註｝兩鹿皮也. 古文儷爲離. 又｛士昏禮｝納徵曰: 某有先人之禮, 儷皮束帛, 使某也請納徵. 又｛集韻｝鄰知切, 音離. ｛說文｝棽儷也. ｛韻會｝木枝條貌. 說文 <人部> 呂支切. 棽儷也. 从人麗聲.

A0537 U-5140

•兀• 儿字部 總03劃. 훈글 [올] 우뚝할. 新典 [올] 옷독할. 발뒤굼치 벨. 쏙 안즐. 訓蒙 [올] 방사오리. 英譯 to cut off the feet. 漢典 指事. 從一, 在人上. 人頭上一橫, 表示高平. 本義: 高聳特出的樣子. 康熙 <儿部> ｛唐韻｝｛集韻｝｛韻會｝｛正韻｝丛五忽切, 音杌. ｛說文｝兀, 高而上平也. 从一在人上. 又刖足曰兀. ｛莊子・德充符｝魯有兀者叔山無趾, 踵見仲尼. 仲尼曰: 無趾, 兀者也. 又｛柳宗元・晉問篇｝乘水潦之波, 以入於河而流焉, 盪突硉兀. ｛註｝危石也. 又兀兀, 不動貌. 韓愈｛進學解｝常兀兀以窮年. 又｛正韻｝臬兀, 不安也. 亦作卼. ｛易・困卦｝于臲卼. 又姓. ｛韻會｝後魏改樂安王元覽爲兀氏. 又｛韻會｝或作掘. ｛莊子・齊物論｝掘若槁木. 說文 <儿部> 五忽切. 高而上平也. 从一在人上. 讀若敻. 茂陵有兀桑里.

A0537 U-5141

•允• 儿字部 總04劃. 훈글 [윤] 진실로. 新典 [윤] 밋블. 맛당할. 질길. 類合 [윤] 맛당. 英譯 to grant, to allow, to consent. 漢典 會意. 甲骨文字形, 上爲"以"字, 下爲"兒"字. 以是任用, 用人不貳就是"允". 本義: 誠信. 康熙 <儿部> 古文: 㽙. ｛唐韻｝余準切, ｛集韻｝｛韻會｝庾準切, 丛音尹. ｛說文｝允, 信也. 从㠯人. ｛徐曰｝儿, 仁人也, 故爲信. 又｛爾雅・釋詁｝允, 信也. ｛疏｝謂誠實不欺也. 按｛方言｝云: 徐魯之閒曰允. ｛書・君奭｝公曰: 告汝朕允. 又｛玉篇｝允, 當也. 又｛增韻｝肯也. 又通作盾. 中盾, 官名. ｛前漢・班固敘傳｝數遣中盾, 請問近臣. ｛註｝師古曰: 盾讀曰允. 又｛正韻｝羽敏切, 音隕. 義同. 又｛集韻｝余專切, 音鉛. ｛前漢・地理志｝金城郡允吾. ｛註｝應劭曰: 允吾, 音鈆牙. 說文 <儿部> 樂準切. 信也. 从儿㠯聲.

A0548 U-5142

•兂• 儿字部 總04劃. 훈글 [잠] 비녀. 英譯 hairpin, clasp. wear in hair. 康熙 <儿部> ｛正譌｝古文簪字. 註見竹部十二畫. 說文 <兂部> 側岑切. 首笄也. 从人, 匕象簪形. 凡兂之屬皆从兂.

A0002 U-5143

•元• 儿字部 總04劃. 훈글 [원] 으뜸. 新典 [원] 비롯, 첨, 웃듬. 클. 하날. 임금. 백셩. 긔운. 類合 [원] 머리. 英譯 first. dollar. origin. head. 漢典 會意. 從一, 從兀. 甲骨文字形. 象人形. 上面一橫指明頭的部位. 上一短橫是后加上去的, 依漢字造字規律, 頂端是一橫的, 其上可加一短橫. 本義: 頭. 康熙 <儿部> ｛唐韻｝｛集韻｝｛韻會｝丛愚袁切, 音原. ｛精蘊｝天地之大德, 所以生生者也. 元字从二从人, 仁字从人从二. 在天爲元, 在人爲仁, 在人身則爲體之長. ｛易・乾卦｝元者, 善之長也. 又｛爾雅・釋詁｝元, 始也. 又｛廣韻｝長也. 又大也. ｛前漢・哀帝紀｝

夫基事之元命.{註}師古曰: 更受天之大命. 又首也.{書・益稷}元首明哉.{前漢・班固敘傳}上正元服.{註}師古曰: 元, 首也. 故謂冠爲元服. 又本也.{後漢・班固傳}元元本本. 又百姓曰元元.{戰國策}制海內, 子元元.{史記・文帝本紀}以全天下元元之民.{註}古者謂人云善人, 因善爲元, 故云黎元. 其言元元者, 非一人也. 又{公羊傳・隱元年}元年者何, 君之始年也.{左傳註}凡人君卽位, 欲其體元以居正, 故不言一年一月.{羅泌・路史}元者, 史氏之本辭也. 君卽位之一年稱元, 古之史皆然. 書太甲元年維元祀, 虞夏有元祀之文, 非春秋始爲法也. 又氣也.{公羊傳註}變一爲元. 元者, 氣也. 又正月一日曰元日.{書・舜典}月正元日.{註}朔日. 又諡法, 行義悅民, 始建國都, 主義行德, 㕁曰元. 又姓.{韻會}左傳, 衞大夫元咺. 又後魏孝文拓拔氏爲元氏, 望出河南. 又{韻補}叶虞雲切, 音輑.{桓譚・仙賦}呼則出故, 翕則納新. 夭矯經引, 積氣關元.{史記・敘傳}莊王之賢, 乃復國陳. 旣赦鄭伯, 班師華元. ○ 按新, 陳㕁非文韻.
說文 <一部> 愚袁切. 始也. 从一从兀.

A0543 U-5144

•兄• 儿字部 總05劃. 훈글 [형] 맏. 新典 [형] 맛, 형, 언니. 어른. [황] 불을. 민망할. 하믈며. 訓蒙 [형] 몬. 英譯 elder brother. 漢典 會意. 據甲骨文, 上爲“口”, 下爲匍伏的人. 小篆從口, 從兒. 象一人在對天祈禱, 是“祝”的本字. 本義: 兄長. 康熙 <儿部>{唐韻}許榮切,{集韻}{韻會}{正韻}呼榮切, 㕁虩平聲.{說文}長也.{通論}口儿爲兄. 儿者, 人在下, 以兄敎其下也.{精薀}从人从口, 以弟未有知而誨之.{爾雅・釋親}男子先生爲兄.{玉篇}昆也.{詩・小雅}凡今之人, 莫如兄弟.{管子・心衞篇}善氣迎人, 親於弟兄. 又{集韻}{韻會}許放切,{正韻}虛放切, 㕁音貺.{前漢・尹翁歸傳}尹翁歸字子兄.{註}師古曰: 兄讀曰況. 又{詩・大雅}不殄心憂, 倉兄塡兮.{註}倉兄與愴怳同.{又}職兄斯引.{註}兄怳同. 又與況同.{漢樊毅華嶽廟碑}君善必書, 兄乃盛德.{註}兄與況同.{管子・大匡篇}召忽語管仲曰: 雖得天下, 吾不生也. 吾不生也, 兄與我齊國之政也. 又{說文}況貺皆以兄得聲.{白虎通}兄, 況也. 兄況于父. 今江南北猶呼兄爲況. 又虛王切, 音荒.{詩・魏風}陟彼岡兮, 瞻望兄兮.{晉魯褒錢神論}親愛如兄, 字曰孔方.{通雅}謂兄爲況, 本於荒音.{釋名}兄, 荒也. 荒, 大也. 青徐人稱兄曰荒. 又{正字通}方音讀若熏. 義同. 說文 <兄部> 許榮切. 長也. 从儿从口. 凡兄之屬皆从兄.

A0194 U-5146

•兆• 儿字部 總06劃. 훈글 [조] 조짐. 新典 [죠] 즘잘, 열억. 졈괘. 뫼. 싹, 빌미, 죠짐. 類合 [됴] 밍됴. 英譯 omen. million. mega. also trillion. China = million. Japan and Taiwan = trillion. 漢典 象形. 大篆字形像龜甲受灼所生的裂痕. 本義: 卜兆, 龜甲燒后的裂紋. 康熙 <儿部>{唐韻}治小切,{集韻}{韻會}直紹切, 㕁音肇.{說文}灼龜坼也.{周禮・春官・大卜}掌三兆之法, 一曰玉兆, 二曰瓦兆, 三曰原兆.{註}兆者, 灼龜發于火, 其形可占者.{前漢・文帝紀}兆得大橫.{註}應劭曰: 龜曰兆. 又壇域塋界皆曰兆.{前漢・郊祀志}謹按周官兆五帝于四郊.{註}兆謂爲壇之塋域也.{孝經・喪親章}卜其宅兆, 而安厝之.{註}塋墓界域也. 又朕兆.{老子・道德經}我則泊兮其未兆.{註}意未作之時也. 又數名.{韻會}十萬爲億, 十億爲兆. 又京兆.{韻會}兆者, 衆數. 言大衆所在也. 又{史記・曆書}游兆執徐三年.{註}游兆, 景也. 執徐, 辰也. 丙辰歲也. 又{韻補}叶直遙切, 音朝.{晉書・樂志歌}神之來, 光景昭. 聽無聲, 視無兆.

A0550 U-5148

•先• 儿字部 總06劃. (훈글) [선] 먼저. (新典) [션] 먼저. 압, 압서. 이를. 예. 먼저 할. 동세. (類合) [선] 몬져. (英譯) first, former, previous. (漢典) 會意. 據甲骨文, 上面是"止", 下面是"人". 意思是脚已走在人的前面. 本義: 前進, 走在前面. (康熙) <儿部> {唐韻}{正韻}蘇前切, {集韻}{韻會}蕭前切, 𠀤霰平聲. {說文}先, 前進也. 从人之. {徐曰}之, 往也, 往在人上也. 一曰始也, 故也. {玉篇}前也, 早也. {孝經・感應章}必有先也. {老子・道德經}象帝之先. 又祖父已殁曰先. {司馬遷・報任安書}太上不辱先, 其次不辱身. 又姓. {韻會}晉有先軫. 又{韻會}凡在前者謂之先, 則平聲. 先而導前與當後而先之, 則去聲. 又{唐韻}{集韻}{韻會}{正韻}𠀤先見切, 音霰. {增韻}先之也. {正韻}相導前後曰先後. {周禮・夏官・大司馬}以先愷樂, 獻于社. {註}先猶導也. {史記・酈食其傳}沛公吾所願從游, 莫爲我先. 又先事而爲曰先. {易・乾卦}先天而天弗違. {禮・月令}先立春三日. 又當後而前曰先. {左傳・文二年}不先父食. {孟子}疾行先長者. {老子・道德經}先天地生. 又{廣韻}娣姒曰先後. {前漢・郊祀志}神君者, 長陵女子. 以乳死, 見神于先後宛若. {註}孟康曰: 兄弟妻相謂先後. 師古曰: 古謂之娣姒, 今關中俗呼爲先後, 吳楚呼之爲妯娌. 又{韻會}{正韻}𠀤蘇典切, 音跣. {越語}句踐親爲夫差先馬. {韻會}前漢太子, 太傅少傅屬官有先馬. 後漢職如謁者, 太子出, 則當直者前驅導威儀也. 或作洗. (說文) <先部> 穌前切. 前進也. 从儿从之. 凡先之屬皆从先.

A0644 U-5149

•光• 儿字部 總06劃. (훈글) [광] 빛. (新典) [광] 빗. 빗날. (訓蒙) [광] 빗. (英譯) light, brilliant, shine. only. (漢典) 會意. 甲骨文字形, "從火, 在人上". 本義: 光芒, 光亮. (康熙) <儿部> 古文: 炗𤇾灮炚. {唐韻}古黃切, {集韻}{韻會}{正韻}姑黃切, 𠀤廣平聲. {說文}从火在人上. 本作炗, 今作光. {徐曰}光明意也. {易・需卦}有孚光亨. {程傳}有孚則能光明而亨通. {正韻}輝光, 明耀華彩也. 又{集韻}太歲在辛曰重光. 又諡法, 能紹前業曰光. 又姓. {廣韻}田光後, 秦末子孫避地, 以光爲氏. 晉有光逸. 又{集韻}古曠切, 廣去聲. 飾色也. 或作橫. (說文) <火部> 古皇切. 明也. 从火在人上, 光明意也.

A0418 U-514B

•克• 儿字部 總07劃. (훈글) [극] 이길. (新典) [극] 능할. 익일. 멜. (類合) [극] 이긜. (英譯) gram. overcome. transliteration. (漢典) 象形. 甲骨文字形, 下面象肩形. 整個字形, 象人肩物之形. 本義: 勝任. (康熙) <儿部> 古文: 𠧚𠅏㲃亨㨂. {廣韻}苦得切, {集韻}{韻會}{正韻}乞得切, 𠀤音刻. {說文}肩也. {徐曰}肩, 任也. 任者, 又負荷之名也. 能勝此物謂之克也. {易・大有}公用享于天子, 小人弗克. 又{玉篇}勝也. {書・洪範}沉潛剛克高明柔克. 又{爾雅・釋言}克, 能也. {書・康誥}克明峻德. 又{揚子・法言}勝己之私謂之克. {論語}克已復禮爲仁. 又{春秋・隱元年}鄭伯克段于鄢. {公羊傳}克之者何, 殺之也. 又{左傳・莊十一年}得儁曰克. 又忌刻. {韻會}勝心也. {左傳・僖九年}不忌不克. {集韻}通作剋. (說文) <克部> 苦得切. 肩也. 象屋下刻木之形. 凡克之屬皆从克.

A0538 U-514C

•兌• 儿字部 總07劃. (훈글) [태] 빛날. (新典) [태] 깃블. 고들. 통할. 박굴. (英譯) cash. exchange, barter. weight. (漢典) 會意. 從人, 從口, 八象氣之舒散, 兄者與祝同意. 從八, 與曾同意, 今字作悅. 本義: 喜悅. (康熙) <儿部> ｛唐韻｝杜外切, ｛集韻｝｛韻會｝徒外切, 𠀤𣞘去聲. ｛說文｝兌, 說也. ｛易・兌卦｝兌亨利貞. ｛釋名｝物得備足, 皆喜悅也. 又｛韻會｝穴也, 直也. 又｛正韻｝易兌爲澤. 澤者, 水中之鍾聚也. 又｛荀子・議兵篇｝仁人之兵, 兌則若莫邪之利鋒. ｛註｝兌猶聚也. 與隊同. 又｛正韻｝𨈖易也. ｛唐・丁芝仙詩｝十千兌得餘杭酒. 又｛集韻｝俞芮切, 音睿. ｛史記・天官書｝三星隨北端兌. ｛漢書｝兌作銳. 又｛集韻｝｛韻會｝𠀤吐外切, 音娧. ｛詩・大雅｝行道兌矣. ｛毛傳｝兌, 成蹊也. ｛註｝兌, 通也. 又｛集韻｝徒活切, 音奪. ｛史記・趙世家｝趙與燕易土, 以龍兌與燕. 又｛正韻｝魚厥切, 音月. ｛禮・學記｝兌命曰: 與說同. ｛韻會｝悅或作說, 亦作兌. 𣞘字原刻从㕣. (說文) <儿部> 大外切. 說也. 从儿㕣聲.

A0471 U-514D

•免• 儿字部 總07劃. (훈글) [면] 면할. (新典) [면] 벗을, 앗을, 면할. 내칠. 노흘. [문] 해산할. 통건 쓸. (類合) [면] 면홀. (英譯) spare. excuse from. evade. (漢典) 會意. 金文字形, 下面是“人”, 上面象人頭上戴帽形, 是冠冕的“冕”本字. 由于假借爲“免除”義, 另造“冕”字. 假借義: 免除, 避免. (康熙) <儿部> ｛唐韻｝亡辨切, ｛集韻｝｛韻會｝美辨切, 𠀤音勉. ｛玉篇｝去也, 止也, 脫也. ｛增韻｝事不相及也. ｛正譌｝从兔而脫其足. ｛前漢・賈誼傳｝免起阡陌之中. ｛註｝師古曰: 免者, 言免脫傜役也. 又｛廣韻｝黜也. ｛韻會｝縱也. ｛前漢・文帝紀｝遂免丞相勃, 遣就國. 又姓. ｛韻會｝衞大夫免餘. 又｛集韻｝武遠切, 音晚. 默也. 又｛集韻｝無販切, 音萬. 喪冠也. 春秋傳, 陳侯免擁社. 徐邈讀. 又｛正韻｝文運切, 音問. 娩生子也. 又喪禮, 去冠括髮也. ｛通雅｝禮記云: 公儀仲子之喪, 檀公免焉. ｛註｝免音問, 別作絻. 又物之鮮者爲免. ｛禮・內則｝堇荁枌榆免薧. ｛註｝免新鮮者, 薧乾陳者. 言堇荁枌榆, 或用新, 或用舊也.

A0627 U-514E

•兎• 儿字部 總07劃. (훈글) [토] 토끼. (新典) [토] 토기, 토짱이. (訓蒙) [토] 톳기. (英譯) rabbit, hare. (康熙) <儿部> ｛正字通｝俗兔字.

A0536 U-5152

•兒• 儿字部 總08劃. (훈글) [아] 아이. (新典) [아, 으] 아기, 아이, 아희. [예] 어릴. (訓蒙) [수] 아히. (英譯) son, child, oneself. final part. (漢典) 象形. 甲骨文字形, 下面是“人”字, 上面象小兒張口哭笑. “兒”是漢字部首之一, 從“兒”的字大都與“人”有關. 本義: 幼兒. 古時男稱兒, 女稱嬰, 后來孩童都稱兒. (康熙) <儿部> 古文: 㒵. ｛唐韻｝汝移切, ｛集韻｝｛韻會｝｛正韻｝如支切, 𠀤爾平聲. ｛說文｝孺子也. 象形. 小兒頭囟未合. 又｛韻會｝男曰兒, 女曰嬰. 又｛韻會｝兒, 倪也. 人之始, 如木有端倪. 又｛倉頡篇｝兒, 嫣也. 謂嬰兒嫣嫣然, 幼弱之形也. 又｛韻會｝姓也. 漢有兒寬. 又｛唐韻｝五稽切, ｛集韻｝｛韻會｝研奚切, ｛正韻｝五黎切, 𠀤音霓. 姓也. ｛前漢・藝文志｝兒良一篇. ｛註｝師古曰: 六國時人也. ｛兒寬傳｝兒寬, 千乘人也. 又｛韻會｝弱小也. 通作

倪. {孟子}反其旄倪. (說文) <儿部> 汝移切. 孺子也. 从儿, 象小兒頭囟未合.

A0627 U-5154

•兔• 儿字部 總08劃. (훈글) [토] 토끼. (英譯) rabbit, hare. (漢典) 象形. 象踞后其尾形. 本義: 哺乳類動物, 通稱兔子. (康熙) <儿部> {唐韻}湯故切, {集韻}{韻會}{正韻}土故切, 𠀤吐去聲. {說文}獸名. 象踞後其尾. {禮·曲禮}兔曰明視. {韻會}歐陽氏曰: 兔从免字加一點. 俗作兎, 非. 陸佃云: 兔, 吐也. 明月之精, 視月而生, 故曰明視. 咀嚼者九竅而胎生, 獨兔八竅五月而吐子. {王充·論衡}兔舐毫而孕, 及其生子, 從口而出. 又{正韻}亦作菟. {前漢·賈誼傳}搏畜菟. {嚴延年傳}韓盧取菟. (說文) <兔部> 湯故切. 獸名. 象踞, 後其尾形. 兔頭與㲋頭同. 凡兔之屬皆从兔.

A0051 U-5155

•兕• 儿字部 總08劃. (훈글) [시] 외뿔 들소. (新典) [사, ᄉᆞ] 正音 [시] 외ᄲᅳᆯ소. ᄲᅮᆯ잔. (英譯) a female rhinoceros. (康熙) <儿部> 古文: 兕豚. {唐韻}徐姊切, {集韻}{韻會}序姊切, 𠀤音祀. {說文}狀如野牛而青. 象形. 本作𤉡. {爾雅·釋獸}兕似牛. {註}一角, 青色, 重千斤. {疏}其皮堅厚, 可制甲. 交州記, 角長三尺餘, 形如馬鞭柄. {儀禮·鄉射禮}大夫兕中各以其物獲. {註}兕, 獸名. {周禮·冬官考工記}兕甲六屬. 又, 兕甲壽二百年. {韻會}陸佃云: 兕善抵觸, 故先王制罰爵以爲酒戒. {詩·周南}我姑酌彼兕觥. {傳}兕觥, 角爵也.

A0542 U-5157

•兗• 儿字部 總09劃. (훈글) [연] 바를. (英譯) establish. one of nine empire divisions. (康熙) <儿部> {唐韻}{集韻}{韻會}以轉切, {正韻}以淺切, 𠀤沿上聲. {說文}兗州之兗, 九州之渥地也. {書·禹貢}濟河惟兗州. {春秋·元命包}五星爲兗州. 兗, 端也, 信也. {韻會}蓋取流水以名. 後魏置南兗州於譙, 置西兗州於定陶, 隋改魯州, 唐復兗州, 宋襲慶府. 又{韻會}姓也. {集韻}通作沇.

A0307 U-5165

•入• 入字部 總02劃. (훈글) [입] 들. (新典) [입] 들, 들어갈, 들어올. 들일. 싸질. (類合) [입] 들. (英譯) enter, come in(to), join. (漢典) 象形. 甲骨文字形, 象個尖頭器具, 尖頭器具容易進入. 本義: 進來, 進去. (康熙) <入部> {唐韻}人執切, {集韻}{韻會}日汁切, {正韻}日執切, 𠀤任入聲. {說文}內也. {玉篇}進也. {禮·少儀}事君, 量而後入. {檀弓}孟獻子禫比御而不入. {註}言雖比次婦人之當御者, 猶不入寢也. 又{春秋·隱二年}莒人入向. {定六年}於越入吳. {傳}造其國都曰入, 弗地曰入. {註}謂勝其國邑, 不有其地也. 入者, 逆而不順, 非王命而入人國也. 又{廣韻}納也, 得也. 又{增韻}沒也. 又{楞嚴經}六入謂六塵, 卽眼入色, 耳入聲也. 又{教坊記}每日常在天子左右爲長入. (說文) <入部> 人汁切. 內也. 象从上俱下也. 凡入之屬皆从入.

A0867 U-5166

•亾• 入字部 總03劃. 훈글 [망] 도망갈. 新典 [망] 일흘. 멸할. 도망. [무] 업슬. 英譯 destruction. 康熙 <入部> {集韻}{韻會}丛武方切. 亡本字. {說文}从入从乚. 隸作亡. 又亾.

A0308 U-5167

•內• 入字部 總04劃. 훈글 [내] 안. 新典 [내, 닉] 속, 안. 가온대. 대궐 안. [납] 들일. 바들. 訓蒙 [닉] 안. 英譯 inside, interior. domestic. 漢典 會意. 甲骨文字形, 從冂入. 冂表示蒙蓋, 入表示進入之物, 合而表示事物被蒙蓋在里面. 本義: 入, 自外面進入里面. 康熙 <入部> 古文: 肉. {唐韻}{集韻}{韻會}{正韻}丛奴對切, 餒去聲. {說文}入也, 从冂入, 自外而入也. {玉篇}裏也. {增韻}中也. {易・坤卦}君子敬以直內, 義以方外. 又{前漢・鼂錯傳}先爲築室家, 有一堂二內. {註}二房也. {韻會}房室曰內, 天子宮禁曰內. 漢制, 天子內中曰行, 內猶禁中也. 唐有三內, 皇城在長安西北隅, 曰西內. 東內曰大明宮, 在西內之東. 南內曰興慶宮, 在東內之南. 又五內, 五中也. {魏志・王淩傳註}聞命驚愕, 五內失守. 又職內, 官名. {周禮・天官註}職內, 主人也. 若今之泉所入, 謂之少內. 又河內, 地名. {周禮・夏官・職方氏}河內曰冀州, 其山鎭曰霍山. 又{集韻}{正韻}丛儒稅切. 同汭, 水相入也. 或省文作內. 又{正韻}同枘. {周禮・冬官考工記註}調其鑿, 內而合之. 又{正韻}奴荅切. 同納. {孟子}若已推而內之溝中. 說文 <入部> 奴對切. 入也. 从口, 自外而入也.

A0470 U-34B3

•㒳• 入字部 總07劃. 훈글 [량] 두. 英譯 (ancient form of 兩) two, a pair. a couple. both. 康熙 <入部> {玉篇}古文兩字. 註詳六畫. {說文}从冂从㐃. {徐曰}从二入也. 此本爲兩再之㒳. 今經傳皆作兩. 說文 <㒳部> 良獎切. 再也. 从冂, 闕. {易}曰: "參天㒳地." 凡㒳之屬皆从㒳.

A0470 U-5169

•兩• 入字部 總08劃. 훈글 [량] 두. 新典 [량] 두, 둘. 짝. 슷. 량. 수레. 類合 [슈] 스믈네. 英譯 two, both, pair, couple. ounce. 康熙 <入部> 古文: 㒳. {唐韻}{正韻}良獎切, {集韻}{韻會}里養切, 丛良上聲. {說文}再也. {易・繫辭}兼三才而兩之. 又{玉篇}匹耦也. {周禮・天官・大宰之職}以九兩繫邦國之民. {註}兩猶耦也, 所以協耦萬民, 聯繫不散, 有九事也. 又{韻會}匹也. {左傳・閔二年}重錦三十兩. {註}三十匹也. 又車數曰兩. {後漢・吳祐傳}載之兼兩. {註}車有兩輪, 故稱兩. 又{玉篇}二十四銖爲兩. 又{雞林類事}四十曰麻兩. 又{史記・平準書}更鑄四銖錢, 其文爲半兩. 又{南史・齊和帝紀}百姓及朝士皆以方帛塡胸, 名曰假兩. 又{唐韻}{集韻}{韻會}力讓切, {正韻}力仗切, 丛良去聲{詩・召南}百兩御之. 說文 <㒳部> 良獎切. 二十四銖爲一兩. 从一; 㒳, 平分, 亦聲.

 A0531 U-516A

•兪• 入字部 總09劃. (훈글) [유] 점점. (新典) [유] 그럴. 공손스러울. (英譯) surname. consent. (康熙) <入部> {唐韻}羊朱切, {集韻}{韻會}容朱切, {正韻}雲俱切, 太音臾. {爾雅・釋言}然也. {疏}然應也. {書・堯典}帝曰兪. {禮・內則}男唯女兪. {註}皆應詞. {前漢・郊祀歌}星留兪. {註}師古曰: 答也. 又姓. {韻會}唐書兪俊臣. 又{唐韻}{集韻}太丑救切, 抽去聲. {廣韻}漢人姓. 又{集韻}舂遇切, 輸去聲. 隃或作兪. {說文}北陵西隃鴈門是也. 又{集韻}{類篇}太夷周切, 音由. 然也. 又{集韻}勇主切, {正韻}偶許切, 太音愈. {集韻}兪兪, 容貌和恭也. {正韻}荀子仲尼篇, 兪務兪遠. 註: 太讀作愈. 又{集韻}舂朱切, 音輸. 漢侯國名, 欒布所封. 一曰人名. {莊子・駢拇篇}兪兒, 古之識味人. 又{韻會}兪戍切, 臾去聲. 呴兪, 色仁也.

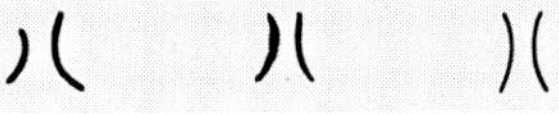 A0042 U-516B

•八• 八字部 總02劃. (훈글) [팔] 여덟. (新典) [팔] 여듧, 여덜. (訓蒙) [팔] 여듧. (英譯) eight. all around, all sides. (康熙) <八部> {唐韻}博拔切, {集韻}{韻會}{正韻}布拔切, 太音捌. {說文}別也. 象分別相背之形. {徐曰}數之八, 兩兩相背, 是別也. 少陰數, 木數也. {玉篇}數也. 又{集韻}補內切, 音背. {趙古則六書本義}八, 音背, 分異也, 象分開相八形, 轉爲布拔切, 少陰數也. 又{韻補}叶筆別切, 音笍. {張衡・舞賦}聲變諧集, 應激成節. 度終復位, 以授二八. 又{韻補}叶必益切, 音璧. {張衡・西京賦}叉簇之所攙捔, 徒搏之所撞柲. 白日未及移晷, 已獮其什七八. 又八八. {通雅}八八, 外國語稱巴巴. {唐書・李懷光傳}德宗, 以懷光外孫燕八八爲後. (說文) <八部> 博拔切. 別也. 象分別相背之形. 凡八之屬皆从八.

 A0045 U-516C

•公• 八字部 總04劃. (훈글) [공] 공변될. (新典) [공] 공변될, 아즐. 한가지. 바를. 벼슬 이름. 마을. 구이. 어른. 그대. 아비. 시아비. (訓蒙) [공] 구의. (英譯) fair, equitable. public. duke. (漢典) 會意. 小篆字形, 上面是"八", 表示相背, 下面是"厶". 合起來表示"與私相背", 即"公正無私"的意思. 本義: 公正, 無私. (康熙) <八部> 古文: 㒶. {唐韻}{正韻}古紅切, {集韻}{韻會}沽紅切, 太音工. {說文}平分也. 从八从厶. 八, 猶背也. 厶音私. {韓非曰}自營爲厶, 背厶爲公. {徐曰}會意. {爾雅・釋言}無私也. {書・周官}以公滅私, 民其允懷. 又{玉篇}方平也, 正也, 通也. 又{禮・禮運}大道之行, 天下爲公. {註}公猶共也. 又爵名, 五等之首曰公. {書・微子之命}庸建爾于上公. 又三公官名. {韻會}周太師, 太傅, 太保爲三公. 漢末大司馬, 大司徒, 大司空爲三公. 東漢太尉, 司徒, 司空爲三公. 又官所曰公. {詩・召南}退食自公. 又父曰公. {列子・黃帝篇}家公執席. {前漢・郊祀志}天子爲天下父, 故曰鉅公. 又婦謂舅曰公. {前漢・賈誼策}與公併倨. 又尊稱曰公. {賈誼策}此六七公皆亡恙. 又相呼曰公. {史記・毛遂傳}公等碌碌. 又事也. {詩・召南}夙夜在公. {註}夙夜在視濯埽饎爨之事. 又星名. {隋書・天文志}七公七星, 在招搖東, 天之相也. 又姓. {韻會}漢有公儉. 又諡法, 立志及衆曰公. 又與功通. {詩・小雅}以奏膚公. {大雅}王公伊濯. 又{集韻}諸容切, 音鐘. 同妐. 夫之兄爲兄妐. 一曰關中呼夫之父曰妐. 或省作公. 通作鍾. 又{韻補}叶姑黃切, 音光. {東方朔・七諫}邪說飾而多曲兮, 正法弧而不公. 直士隱而避匿兮, 讒諛登乎明堂. (說文) <八部> 古紅切. 平分也. 从八从厶. (音司.)八猶背也. 韓非曰: 背厶爲公.

A0948 U-516D

•六• 八字部 總04劃. (훈글) [륙] 여섯. (新典) [륙] 여, 엿, 여섯. (類合) [뉵] 여숫. (英譯) number six. (康熙) <八部> {唐韻}{集韻}{韻會}力竹切, {正韻}盧谷切, 丛音陸. {說文}易之數, 陰變于六, 正于八. {玉篇}數也. {增韻}三兩爲六, 老陰數也. 又國名. {左傳・文五年}楚人滅六. {史記・黥布傳}布者, 六人也. {註}索隱曰: 地理志, 廬江有六縣. 蘇林曰: 今爲六安也. 又叶錄直切, 音近力. {前漢・西域敘傳}總統城郭, 三十有六. 修奉朝貢, 各以其職. (說文) <六部> 力竹切. {易}之數, 陰變於六, 正於八. 从入从八. 凡六之屬皆从六.

A0275 U-516E

•兮• 八字部 總04劃. (훈글) [혜] 어조사. (新典) [혜] 말 멈칠. 노래 후렴. (英譯) exclamatory particle. (康熙) <八部> {唐韻}胡雞切, {集韻}{韻會}{正韻}弦雞切, 丛音奚. {說文}語有所稽也. 从丂八, 象氣越丂也. {徐曰}爲有稽考, 未便言之. 言兮則語當駐, 駐則氣越丂也. {增韻}歌辭也. 又通作猗. {書・秦誓}斷斷猗, 大學引作兮. {莊子・大宗師}我猶爲人猗. 又與侯通. {史記・樂書}高祖過沛, 詩三侯之章. {註}索隱曰: 沛詩有三兮, 故曰三侯, 卽大風歌. {韻會}歐陽氏曰: 俗作〈ソ下丁〉. (說文) <兮部> 胡雞切. 語所稽也. 从丂, 八象气越亏也. 凡兮之屬皆从兮.

A0136 U-5171

•共• 八字部 總06劃. (훈글) [공] 함께. (新典) [공] 한게, 한가지. 향할. 다. 모들. 공변될. 무리. 공경. (類合) [공] 흔가지로. (英譯) together with, all, total. to share. (康熙) <八部> 古文: 𠔏. {唐韻}{集韻}{韻會}{正韻}丛渠用切, 蛩去聲. {說文}同也. 从廿廾. {徐曰}廿音入, 二十共也, 會意. {玉篇}同也, 衆也. {廣韻}皆也. {增韻}合也, 公也. {禮・王制}爵人于朝, 與士共之. {史記・張釋之傳}法者, 所與天下共也. 又{唐韻}九容切, {集韻}{韻會}居容切, 丛音恭. {前漢・王褒傳}共惟秋法, 五始之要. {註}服虔曰: 共, 敬也. 師古曰: 共, 讀曰恭. 又姓. {氏族略}以國爲氏. 又地名. {詩・大雅}侵阮徂共. {韻會}阮國之地, 在河內共城. 又{集韻}古勇切, {正韻}居竦切, 丛恭上聲. {前漢・百官公卿表}垂作共工, 利器用. {註}應劭曰: 垂, 臣名也. 爲共工, 理百工之事. 共讀曰龔. 又向也. {論語}居其所而衆星共之. 又姓. {前漢・匈奴傳}太守共友. {註}師古曰: 共友, 太守姓名也. 共讀曰龔. 又{集韻}{正韻}丛居用切, 恭去聲. {左傳・僖四年}敢不共給. {前漢・成帝紀}無共張繇役之勞. {註}師古曰: 共音居用反, 謂共具張設. 又{律歷志}共養三德爲善. ○ 按, 共給, 共養, 有平, 去二音, 音別義同, 故{正韻}東, 送二韻共供兩存之. 又{正韻}忌遇切, 音具. {周禮・天官・內饔}掌共羞修刑膴胖骨鱐, 以待共膳. {註}掌共, 共當爲具. 又{集韻}胡公切, 音洪. 共池, 地名. {字彙}本作廾, 象兩手合持之形. 今作共. 考證: 〈{禮・王制}爵人于朝, 與衆共之.〉謹照原文衆改士. (說文) <共部> 渠用切. 同也. 从廿, 廾. 凡共之屬皆从共.

A0135 U-5175

•兵• 八字部 總07劃. (훈글) [병] 군사. (新典) [병] 군사, 다람. 싸홈 연장, 병장긔. 칠. (正蒙)

[병] 군사. 英譯 soldier, troops. 漢典 會意. 從廾, 從斤. 甲骨文字形, 上面是“斤”, 是短斧之類, 下面是“廾”, 象雙手持斤. 本義: 兵器, 武器. 康熙 <八部> 古文: 偋㒊. {唐韻}甫明切, {集韻}{韻會}晡明切, {正韻}補明切, 𠀤丙平聲. {說文}械也. {增韻}戎器也. {世本}蚩尤以金作兵. 兵有五, 一弓, 二殳, 三矛, 四戈, 五戟. 又執兵器從戎者曰兵. {禮・月令}命將帥選士厲兵. {周禮・夏官}中秋敎治兵. {廣韻}戎也. 又擊敵曰兵之. {左傳・定十年}公會齊景公于夾谷, 齊犁彌使萊人以兵劫公. 孔子以公退, 曰: 士兵之. {註}命士官擊萊人也. 又{禮・曲禮}死寇曰兵. {註}言能捍國難爲寇所殺者, 謂爲兵也. 又必良切, 音浜. {詩・衛風}擊鼓其鏜, 踴躍用兵. 土國城漕, 我獨南行. {史記・天官書}五星同色, 天下偃兵, 百姓寧昌. {白虎通}武王望羊, 是謂攝揚. 盱目陳兵, 天下富昌. ○ 按兵古音必良切, 自{魏・王粲・刀銘}相時陰陽, 制玆利兵. 始與淸, 呈, 形, 靈爲韻. {陳思王・孟冬篇}武官誡田, 講旅統兵. 與淸, 停爲韻. {贈丁儀王粲}詩: 皇佐揚天惠, 四海無交兵. 與淸, 城, 名, 聲爲韻. {明帝・苦寒行}雖有吳蜀寇, 春秋足耀兵. 與齡, 纓爲韻. 又{韻補}叶犇謨切, 音逋. {道藏歌}解帶天皇寢, 停駕高上兵. 玉眞啓角節, 翊衞自相扶. 說文 <収部> 補明切. 械也. 从廾持斤, 并力之皃.

A0266 U-5176

•其• 八字部 總08劃. 훈글 [기] 그. 新典 [기] 그, 그것. 어조사. 類合 [기] 저. 英譯 his, her, its, their. that. 康熙 <八部> 古文: 丌亓. {唐韻}{集韻}{韻會}渠之切, {正韻}渠宜切, 𠀤音碁. {韻會}指物之辭. {易・繫辭}其旨遠, 其辭文. {詩・大雅}其在于今. 又助語辭. {書・西伯戡黎}今王其如台. {詩・周南}灼灼其華. {玉篇}辭也. 又姓. {韻會}漢陽阿侯其石. 又{唐韻}{集韻}{韻會}𠀤居之切, 音姬. {韻會}語辭. {書・微子}若之何其. {詩・小雅}夜如何其. 又人名. {史記・酈生傳}酈生食其者, 陳留高陽人也. {註}正義曰: 酈食其, 三字三音, 讀曆異幾. {前漢・楚元王傳}高祖使審食其留侍太上皇. {註}師古曰: 食音異, 其音基. 又山名. {前漢・武帝紀}四月, 幸不其. {註}其音基, 山名. {廣韻}在琅邪. 又地名. {韻會}祝其, 卽夾谷也. 又{集韻}{韻會}居吏切. {正韻}吉器切, 𠀤音寄. {韻會}語已辭. {詩・檜風}彼其之子. 通作記. {禮・表記}引{詩}彼記之子. 又通已. {左傳・襄二十七年}引{詩}彼已之子. 又{韻會}或作忌. {詩・鄭風}叔善射忌.

A0136 U-5177

•具• 八字部 總08劃. 훈글 [구] 갖출. 新典 [구] 기촌. 판비할. 이바지. 그릇, 제구. 類合 [구] ᄀᆞᆺ촐. 英譯 tool, implement. draw up, write. 漢典 會意. 甲骨文字形, 上面是“鼎”, 下面是雙手. 表示雙手捧著盛有食物的鼎器. 本義: 準備飯食或酒席. 康熙 <八部> {唐韻}其遇切, {集韻}{韻會}衢遇切, {正韻}忌遇切, 𠀤音懼. {說文}共置也. {廣韻}備也, 辦也, 器具也. {儀禮・饋食禮}東北面告濯具. {前漢・劉澤傳}田生子請張卿臨, 親修具. {註}師古曰: 具, 供具也. {荀子・王制篇}具具而王, 具具而霸. {註}言具其所具也. 又與俱通. {詩・小雅}則具是違. {詩詁}俱也. 又姓. {左傳}有具丙. 又{詩・小雅}爾牲則具. {註}居律反, 音橘. 又{韻補}叶忌救切, 求去聲. {漢・馬融・廣成頌}上無飛鳥, 下無走獸. 虞人植旍, 獵者效具. 車弊田罷, 從入禁囿. 說文 <収部> 其遇切. 共置也. 从廾, 从貝省. 古以貝爲貨.

A0267 U-5178

•典• 八字部 總08劃. 한글 [전] 법. 新典 [뎐] 맛흠. 법. 책, 경서. 뎐당 잡힐. 訓蒙 [뎐] 글월. 英譯 law, canon. documentation. classic, scripture. 漢典 會意. 甲骨文字形, 上面是“冊”字, 下面是大. 本義: 重要的文獻, 典籍. 康熙 <八部> 古文: 籅. {唐韻}{集韻}{韻會}{正韻}丛多殄切, 顚上聲. {說文}典, 五帝之書也. 从冊在丌上, 尊閣之也. {爾雅・釋言}典, 經也. {廣韻}法也. {書・舜典}愼徽五典. {註}五典, 五常也. {周禮・天官・大宰之職}掌建邦之六典. {秋官・大司寇}掌建邦之三典. {疏}常經卽是法式. 又{周語}召公曰: 瞽獻典. {註}典, 樂典也. 又典守, 猶主也. {周禮・春官}典同. {又}典瑞. {戰國策}我典主東地. {註}典猶職典也. 又姓. {魏志}有典韋. 又{集韻}{韻會}{正韻}丛徒典切, 音殄. {正韻}堅潤貌. {周禮・冬官考工記}是故輈欲頎典. {註}頎讀爲懇. 典, 堅韌貌. {韻會}一曰車轅束. 說文 <丌部> 多殄切. 五帝之書也. 从冊在丌上, 尊閣之也. 莊都說, 典, 大冊也.

A0043 U-34B8

•㒸• 八字部 總09劃. 한글 [수] 드디어. 英譯 (same as U+9042 遂) to obey. to comply with. to follow the wishes of another, (an ancient form of U+6B72 歲) a year, age, the harvest. 康熙 <八部> {唐韻}{集韻}丛徐醉切, 音燧. {玉篇}今作遂. {增韻}俗作㒸, 非. 說文 <八部> 徐醉切. 从意也. 从八豕聲.

A0468 U-5182

•冂• 冂字部 總02劃. 한글 [경] 먼데. 新典 [경] 멀, 먼대. 빌. 英譯 wide. KangXi radical 13. 康熙 <冂部> {集韻}涓熒切, 音扃. {說文}邑外謂之郊, 郊外謂之野, 野外謂之林, 林外謂之冂. 象遠界也. {集韻}古作冋, 象國邑也. 今文从土作坰. 又{集韻}欽熒切, 音檾. 遠也. 又{集韻}戶茗切, 音迥. 空也. 說文 <冂部> 古熒切. 邑外謂之郊, 郊外謂之野, 野外謂之林, 林外謂之冂. 象遠界也. 凡冂之屬皆从冂.

A0470 U-5183

•冃• 冂字部 總04劃. 한글 [모] 쓰개. 康熙 <冂部> {唐韻}莫到切, {集韻}莫報切, 丛音帽. {說文}小兒頭衣也. {徐曰}今作冒. {玉篇}或作帽. 又{集韻}莫候切, 音茂. 覆也. 說文 <冃部> 莫報切. 小兒蠻夷頭衣也. 从冂; 二, 其飾也. 凡冃之屬皆从冃.

A0239 U-5184

•冄• 冂字部 總04劃. 한글 [염] 나아갈. 新典 [염] 다팔머리. 타달거릴. 남생이 등 언저리. 英譯 tender. weak. gradually alterrrrating. 康熙 <冂部> {集韻}{韻會}丛而琰切, 音染. {說文}毛冄冄也. {徐曰}冄, 弱也. 又{廣韻}冄冄, 行貌. {楚辭・九章}時亦冄冄而將至. {韻會}又姓. 又{前漢・食貨志}元龜岠冄, 長尺二寸. {註}冄, 龜甲緣也. 說文 <冄部> 而琰切. 毛冄冄也. 象形. 凡冄之屬皆从冄.

A0239 U-5189

•冉• 冂字部 總05劃. 훈글 [염] 나아갈. 新典 [염] 冄同. 나아갈. 침로할. 英譯 tender. weak. proceed gradually. 漢典 象形. 本義: 毛柔弱下垂的樣子. 康熙 <冂部> {唐韻}{集韻}{正韻}丛而琰切, 音染. {玉篇}毛冉冉也, 行也, 進也, 侵也. 亦作冄.

A0112 U-518A

•冊• 冂字部 總05劃. 훈글 [책] 책. 新典 [책, 칙] 책, 앗. 병부. 세울. 쐬. 訓蒙 [칙] 칙. 英譯 book, volume. 漢典 象形. 金文, 小篆字形與甲骨文相似, 象簡冊形. 本義: 書簡. 古代文書用竹簡. 編簡名爲冊, 后凡簿籍均可稱"冊". 說文 <冊部> 楚革切. 符命也. 諸矦進受於王也. 象其札一長一短, 中有二編之形. 凡冊之屬皆从冊.

A0240 U-518D

•再• 冂字部 總06劃. 훈글 [재] 두. 新典 [재, 직] 두, 두 번. 거듭. 類合 [직] 두 번. 英譯 again, twice, re-. 漢典 會意. 小篆: 從一, 冓省. "冓"是"構"的初文, 甲骨文字形, 象兩部分材木架起的樣子. 本義: 第二次. 康熙 <冂部> {唐韻}{集韻}{韻會}丛作代切, 音載. {說文}一舉而二也. 从冓省. {徐曰}一言舉二也. {玉篇}兩也. {廣韻}重也, 仍也. {書・禹謨}朕言不再. {禮・儒行}過言不再. {註}知過則改, 故不再也. {左傳・僖五年}一之謂甚, 其可再乎. 又子例切, 音祭. {楚辭・九章}背法度而心治兮, 辟與此其無異. 寧溘死而流亡兮, 恐禍殃之有再. 說文 <冓部> 作代切. 一舉而二也. 从冓省.

B0463 U-518E

•冎• 冂字部 總06劃. 훈글 [과] 뼈 발라낼. 新典 [과] 쌔 앙상히 남을. 康熙 <冂部> {唐韻}{集韻}{韻會}丛古瓦切, 音寡. {說文}剔人肉, 置其骨也. {集韻}亦作剮. {韻會}或作另. 說文 <冎部> 古瓦切. 剔人肉置其骨也. 象形. 頭隆骨也. 凡冎之屬皆从冎.

A0065 U-5191

•冑• 冂字部 總09劃. 훈글 [주] 투구. 訓蒙 [듀] 투구. 英譯 helmet. 康熙 <冂部> {唐韻}{集韻}直祐切, {韻會}{正韻}直又切, 丛音宙. {說文}兜鍪. 从冃, 由聲. {徐曰}介冑字从冃, 冃音冒. {詩・魯頌}公徒三萬, 貝冑朱綅. {韻會}或作䩜, 亦作軸. {荀子・議兵篇}冠軸帶劒. {正韻}冑與冑子之冑不同. 經典多混, 傳寫譌也.

A0470 U-5192

•冒• 冂字部 總09劃. 훈글 [모] 무릅쓸. 新典 [모] 가릴. 쓰개. 시긔할. 거짓 쓸. 믁탐할. 범할, 무릅쓸. 類合 [모] 다와돌. 英譯 risk, brave, dare. 漢典 會意. 小篆字形. 上爲帽子, 下邊是眼睛. 本義: 帽子. 康熙 <冂部> 古文: 䀤圕. {唐韻}莫到切, {集韻}{韻會}{正韻}莫報

切, 丛音耄. {說文}蒙而前也. 从冃目, 以物自蒙而前也. 謂貪冒若目無所見也. {前漢・翟方進傳}冒濁苟容. {註}師古曰: 貪蔽也. {食貨志}擧陵夷廉恥相冒. {註}冒, 蔽也. 又假稱曰冒. {前漢・衞青傳}冒姓衞氏. {註}冒爲假稱, 若人首之有覆冒也. 又所以覆其首. {前漢・雋不疑傳}著黃冒. 又{玉篇}覆也, 食巾也. 又與娼通. {正韻}忌也. {書・秦誓}冒嫉以惡之. 又通作瑁. {周禮・春官}天子執冒四寸, 以朝諸侯. {註}名玉. 曰冒者, 言德能覆天下也. 又{集韻}{韻會}{正韻}丛密北切, 音默. {增韻}貪也. {左傳・昭三十一年}貪冒之民. 又犯也. {前漢・衞青傳}直冒漢圍. 又單于名. {史記・匈奴傳}及冒頓立, 攻破月氏. 又{集韻}{正韻}丛莫佩切, 音妹. {前漢・司馬相如傳}毒冒鼈黿. {註}毒音代, 冒音妹. {韻會}龜屬. 身似龜, 首尾如鸚鵡, 甲有文. 說文 <冃部> 莫報切. 冢而前也. 从冃从目.

A0087 U-5193

◆冓◆ 冂字部 總10劃. 훈글 [구] 짤. 新典 [구] 재목 어긋막겨 쌀. 지밀, 침방. 訓蒙 [구] 외촘. 英譯 a secluded place. secret cabinet. 康熙 <冂部> {唐韻}古候切, {集韻}{韻會}{正韻}居候切, 丛音遘. {說文}交積財也. 象對交之形. 又{韻會}數也. 十秭曰冓. 又{韻會}邑名. 又中冓, 宮中構結深密之處. {詩・鄘風}中冓之言. {前漢・梁共王傳}聽聞中冓之言. {註}應劭曰: 中冓, 材構在堂中. 顏曰: 舍之交積材木, 蓋閨內隱奧處. 說文 <冓部> 古候切. 交積材也. 象對交之形. 凡冓之屬皆从冓.

A0470 U-5195

◆冕◆ 冂字部 總11劃. 훈글 [면] 면류관. 新典 [면] 면류관. 訓蒙 [면] 곳갈. 英譯 crown. ceremonial cap. 漢典 形聲. 從月, 免聲. "月是蠻夷及小兒的頭衣", "免"是"冕"的本字. 本義: 古代帝王, 諸侯及卿大夫所戴的禮帽. 康熙 <冂部> {唐韻}亡辨切, {集韻}{韻會}{正韻}美辨切, 丛音免. {說文}大夫以上冠也. 邃延垂瑬纊紞. 从冃, 免聲. 古黃帝初作冕. {徐曰}冕, 上加之也. 長六寸, 前狹圓, 上廣方, 朱綠塗之, 前後邃延. 旒, 其前垂珠也, 俯仰逶迤, 如水之流. 纊紞, 黃色也, 以黃綿綴冕兩旁, 下繫玉瑱, 又謂之珥, 細長而銳若筆頭, 以屬耳中, 無作聰明, 虛己以待人之意. 冕之言俛也, 後仰前俯, 主於恭也. {禮・玉藻}諸侯裨冕以朝. {禮器}天子之冕朱綠藻, 十有二旒, 諸侯九, 上大夫七, 下大夫五, 此以文爲貴也. 又{韻會}或作絻. {荀子・禮論篇}郊之麻絻. {集韻}亦作俛. 又{正韻}禮記, 士玄端, 諸侯玄端以祭, 天子玄端而朝日於東門之外. 端皆作冕. 又{集韻}武遠切, 音晚. 冠有延, 前俯也. 說文 <冃部> 亡辡切. 大夫以上冠也. 邃延, 垂瑬, 紞纊. 从冃免聲. 古者黃帝初作冕.

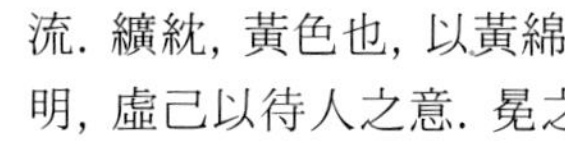

A0468 U-5196

◆冖◆ 冖字部 總02劃. 훈글 [멱] 덮을. 新典 [멱] 덥흘. 英譯 cover. KangXi radical 14. 康熙 <冖部> {唐韻}{集韻}丛莫狄切, 音覓. {說文}覆也. 从一下垂. {玉篇}以巾覆物. {同文擧要}象布幕下覆. {正字通}今作冪, 楷作冪. 小篆从巾作幎. 說文 <冖部> 莫狄切. 覆也. 从一下垂也. 凡冖之屬皆从冖.

A0449 U-5197

•冗• 冖字部 總04劃. (훈글) [용] 쓸데없을. (英譯) excessive. superfluous. (康熙) <冖部> {篇海}同宂. 宂从儿.

D0072 U-519F

•冟• 冖字部 總09劃. (훈글) [석] 잘못 지은 밥. (康熙) <冖部> {玉篇}詩亦切, 音適. 飯堅柔調也. 今作適. 又{說文}飯剛柔不調者. {釋名}冟, 不適也. (說文) <皀部> 施隻切. 飯剛柔不調相著. 从皀冂聲. 讀若適.

A0470 U-51A1

•冡• 冖字部 總10劃. (훈글) [몽] 덮어 씀. (新典) [몽] 덥흠. 속일. 어릴. (康熙) <冖部> {唐韻}{正韻}莫紅切, {集韻}{韻會}謨蓬切, 𠀤音蒙. {說文}覆也. 从冃从豖. {精薀}幼學未通也. 養之以正, 作聖胚胎也. 羣生蚩蚩, 有物蔽覆, 暗者當求明也. {集韻}通作蒙. (說文) <冃部> 莫紅切. 覆也. 从冃, 豖.

A0469 U-51A3

•冣• 冖字部 總10劃. (훈글) [취] 쌓을. (康熙) <冖部> {集韻}{韻會}𠀤從遇切, 音堅. {說文}冣从冖从取. 積也. {徐曰}古以聚物之聚爲冣, 上必有覆冒之也. 今借作最, 誤. (說文) <冖部> 才句切. 積也. 从冂从取, 取亦聲.

A0843 U-51A5

•冥• 冖字部 總10劃. (훈글) [명] 어두울. (新典) [명] 밤. 어둘. 어릴. 바다. (類合) [명] 어두을. (英譯) dark, gloomy, night. deep. (漢典) 會意. 小篆字形, 從日, 從六, 冖聲. 日, 太陽, 日數十, 十六日而月始虧, 幽暗也. 本義: 昏暗. (康熙) <冖部> {唐韻}莫經切, {集韻}{韻會}忙經切, {正韻}眉兵切, 𠀤音銘. {說文}幽也. 从日六, 冖聲. 日數十, 十六日而月始虧, 冖亦夜也. {爾雅・釋言}幼也. {註}幼稚者, 冥昧也. {詩・小雅}噦噦其冥. {前漢・五行志}其廟獨冥. {註}暗也. {玉篇}窈也, 夜也, 草深也. 又青冥, 天也. {楚辭・九章}據青冥而攄虹. 又北冥, 海也. {莊子・逍遙遊}北冥有魚. {正韻}通作溟. 又玄冥, 水神. {禮・月令}其神玄冥. {註}少皥氏子曰脩, 曰熙, 爲水官. 又{集韻}{韻會}母迥切, {正韻}母耿切, 𠀤銘上聲. {詩・小雅}無將大車, 維塵冥冥. 無思百憂, 不出于熲. {朱註}冥冥, 昏晦也. 又{集韻}莫定切, 銘去聲. 義同. 又{集韻}{韻會}{正韻}𠀤莫狄切, 音覓. 覆也. 以繩縻取禽獸之名. 周禮有冥氏, 掌設弧張爲阱擭, 以攻猛獸. 又叶謨陽切, {史記・龜筴傳}正晝無見, 風雨晦冥. 雲蓋其上, 五采青黃. 又{集韻}瞑見切, 音麪. 冥眴, 視不見. (說文) <冥部> 莫經切. 幽也. 从日从六, 冖聲. 日數十. 十六日而月始虧幽也. 凡冥之屬皆从冥.

A0468 U-51AA

•冪• 冖字部 總16劃. 한글 [멱] 덮을. 新典 [멱] 덥흘. 英譯 cover-cloth, cover with cloth. 康熙 <冖部> {集韻}{韻會}𠀤莫狄切, 音覓. {韻會}本作冖. 或作冪. {周禮・天官}冪人掌共巾冪. {註}共巾可以覆物. 祭祀以疏布巾冪八尊, 以畫布巾冪八彝. {韻會}或作冪. {正韻}作羃, 亦作冪, 覆食巾.

A0753 U-51AB

•冫• 冫字部 總02劃. 한글 [빙] 얼음. 新典 [빙] 어름. 英譯 ice. KangXi radical 15. 康熙 <冫部> {唐韻}筆陵切, {集韻}{韻會}悲陵切, 𠀤逼平聲. {說文}凍也. {玉篇}冬寒水結也. {韻會}本作仌, 今文作冰. 仌字偏旁書作冫.

A0879 U-51AC

•冬• 冫字部 總05劃. 한글 [동] 겨울. 新典 [동] 겨울, 겨우. 訓蒙 [동] 겨스. 英譯 winter, 11th lunar month. 漢典 會意. 表示時序終了, 已進入寒冷季節. 四季中的第四季, 即農歷十月至十二月. 康熙 <冫部> 古文: 舁各昮奐㬎. {唐韻}{集韻}{韻會}𠀤都宗切, 篤平聲. {說文}四時盡也. {禮・月令}天氣上騰, 地氣下降. 天地不通, 閉塞而成冬. {樂記}冬, 藏也. {前漢・律歷志}冬, 終也. {白虎通}冰霜, 冬之候也. {鶡冠子・環流篇}斗柄北指, 天下皆冬. 又姓. {韻會}前燕有司馬冬壽. 說文 <仌部> 都宗切. 四時盡也. 从仌从夂. 夂, 古文終字.

A0753 U-51B0

•冰• 冫字部 總06劃. 한글 [빙] 얼음. 新典 [빙] 얼음. 살통 쑥개. 類合 [빙] 어름. 英譯 ice. ice-cold. 漢典 會意. 從仌, 從水. 金文作“仌”. 金文字形表示水凝成冰后, 體積增大, 表面上漲形. {說文}: “凍也, 象水凝之形”. 小篆繁化, 增加“水”變成. 從“仌”從“水”的會意字, 于是“仌”就專用作部首. 本義: 水凍結而成的固體. 康熙 <冫部> 古文: 仌. {唐韻}筆陵切, {集韻}{韻會}悲陵切, 𠀤逼平聲. {說文}本作仌. {徐曰}今文作冰. {韓詩}說冰者, 窮谷陰氣所聚, 不洩, 則結而爲伏陰. {禮・月令}孟冬水始冰, 仲冬冰益壯, 季冬冰方盛. 水澤腹堅, 命取冰, 冰以入. {周禮・天官}淩人共冰. 秋刷冰室, 冬藏春啓, 夏頒冰. 又{爾雅・釋器}冰, 脂也. {註}莊子云: 肌膚若冰雪. 冰雪, 脂膏也. {疏}脂膏一名冰脂. 又矢箙蓋曰冰. {左傳・昭二十五年}公徒釋甲執冰而踞. {註}冰, 櫝丸蓋. {疏}盛弓者也. 或云: 櫝丸是箭箙, 其蓋可以取飲. 又{集韻}{正韻}𠀤魚陵切, 音凝. 同凝. {正韻}古文冰作仌, 凝作冰. 後人以冰代仌, 以凝代冰. 又{集韻}讀去聲, 逋孕切. {唐書・韋思謙傳}涕泗冰須. {註}謂涕著須而凝也. {李商隱詩}碧玉冰寒漿. 又{韻補}叶筆良切, 音近浜. {陳琳・大荒賦}心慇懃以伊感兮, 㦖永思以增傷. 悵太息而攬涕, 乃揮雹而淚冰. 說文 <仌部> 魚陵切. 水堅也. 从仌从水.

A0740 U-51BD

•冽• 冫字部 總08劃. 한글 [렬] 찰. 新典 [렬] 맵게 찰, 강치위. 찬 샘. 英譯 cold and

raw. pure, clear. [康熙] <冫部> {唐韻}{正韻}良薛切, {集韻}力蘖切, {韻會}力薛切, 㕘音列. {玉篇}寒氣也. {詩・小雅}有冽氿泉. 又{韻會}通作烈. 詩二之日栗烈. 又{集韻}力制切, 音例. 義同. {易・井卦}九五井冽寒泉食. {王肅註}音例. {漢・王褒聖主得賢臣頌}虎嘯而谷風冽, 龍興而致雲氣. {馬融・笛賦}氣噴勃以布覆兮, 乍跱蹠以狼戾. 靁叩鍛之岌峇兮, 正瀏溧以風冽.

A0803 U-51C4

• 凄 • 冫字部 總10劃. [훈글] [처] 쓸쓸할. [新典] [처] 바람 쓸쓸할. [類合] [처] 치울. [英譯] bitter cold, miserable, dreary. [漢典] 形聲. 從水, 妻聲. 本義: 雲雨興起的樣子. [康熙] <冫部> {唐韻}七稽切, {集韻}{韻會}千西切, {正韻}此西切, 㕘音妻. {玉篇}寒也. {韻會}通作淒. 詩淒其以風. 嚴氏曰: 淒旁加二點, 从仌, 冰寒也.

A0752 U-51DD

• 凝 • 冫字部 總16劃. [훈글] [응] 엉길. [新典] [응] 엉길. 일울. 배얼. [類合] [응] 얼읠. [英譯] coagulate. congeal. freeze. [漢典] 會意. 古冰字, 從水, 從疑. 疑, 止也. 疑亦聲. 本義: 結冰. [康熙] <冫部> {唐韻}{集韻}{正韻}魚陵切, {韻會}疑陵切, 㕘鸄平聲. {說文}水堅也. 本作冰. 从水从仌. {徐曰}俗作凝. 今文从俗. {易・坤卦}履霜堅冰, 陰始凝也. 又{增韻}成也, 定也. {書・皐陶謨}庶績其凝. {易・鼎卦}君子以正位凝命. {註}嚴整貌. 又{謝玄暉鼓吹曲}凝笳翼高蓋. {李註}徐聲引調謂之凝. 又{唐韻}牛餕切, {集韻}{韻會}牛孕切, 㕘鸄去聲. 止水也. 又叶鄂力切. 鸄入聲. {楚辭・大招}天白顥顥, 寒凝凝只. 寬乎無往, 盈北極只. {註}凝凝, 冰凍貌. 又{韻會}或作疑. {詩・大雅}靡所止疑. {註}音屹. 疑, 讀如儀禮疑立之疑, 定也.

A0899 U-51E1

• 凡 • 几字部 總03劃. [훈글] [범] 무릇. [新典] [범] 대강. 범상할. 무릇, 대컨. 우두머리. [類合] [범] 믈읫. [英譯] all, any, every. ordinary, common. [漢典] 象形. 金文字形, 象造器之模范形. 本義: 鑄造器物的模子. 引申義: 凡是, 表示概括. [康熙] <几部> {唐韻}{集韻}{韻會}{正韻}㕘符咸切, 音帆. {說文}最括也. {玉篇}非一也. {廣韻}常也, 皆也. {正韻}大概也. 又{前漢・揚雄傳}請略舉凡. {註}師古曰: 凡, 大指也. {杜預・左傳序}發凡以言例. 又{玉篇}計數也. {前漢・石奮傳}凡號奮爲萬石君. {註}師古曰: 凡, 最計也. 總合其一門, 計五人爲二千石, 故號萬石君. 又最凡, 諸凡之最目也. {周禮・天官・司會註}書謂簿書, 契其最凡也. {小宰疏}凡要亦是簿書, 如今印契, 其凡目所最處印之. 又輕微之稱. {廣韻}凡, 輕也. {孟子}待文王而後興者, 凡民也. 又國名. 在濬州. {春秋・隱七年}天王使凡伯來聘. {左傳・僖二十四年}凡蔣邢茅胙祭周公之胤也. 又姓. {韻會}周公凡伯之後. 又叶符筠切. {崔駰達旨}高樹靡陰, 獨木不林. 隨時之宜, 道貴從凡. {註}凡, 常也. [說文] <二部> 浮芝切. 最括也. 从二, 二, 偶也. 从乃, 乃, 古文及.

A0356 U-51FA

• 出 • 凵字部 總05劃. [훈글] [출] 날. [新典] [출] 날, 나아갈. 게울, 토할. 도망할. 보일. 날.

내칠. [츄] 내일. (類合) [츌] 날. (英譯) go out, send out. stand. produce. (漢典) 象形. 象草木益滋上出達之形. 本義: 長出. (康熙) <凵部> {唐韻}赤律切, {集韻}{韻會}{正韻}尺律切, 𡘋春入聲. {說文}進也. {廣韻}見也, 遠也. {增韻}出入也, 吐也, 寫也. 又生也. {爾雅·釋訓}男子謂姊妹之子爲出. {左傳·成十三年}康公, 我之自出. {註}秦康公, 晉之甥也. 又{周禮·秋官·大司寇}其不能改而出圜土者殺. {註}出謂越獄逃亡也. 又{增韻}斥也. {正韻}亦作黜絀. 又{唐韻}{集韻}{韻會}尺類切, {正韻}蚩瑞切, 𡘋推去聲. 自中而外也. 又{正韻}凡物自出, 則入聲. 非自出而出之, 則去聲. 然亦有互用者. 又叶尺僞切, 吹去聲. {詩·小雅}匪舌是出, 維躬是瘁. 又叶敕律切, 音黜. {馬融·圍棋賦}熒惑窘乏兮無令詐出, 深念遠慮兮勝乃可必. 又{韻補}叶側劣切, 音茁. {曹植·卞后誄}詳惟聖善, 岐嶷秀出. 德配姜嫄, 不忝先哲. 又叶赤知切, 音侈. {穆天子傳·西王母謠}白雲在天, 丘陵自出. 道里悠遠, 山川閒之. 又叶赤至切, 音熾. {楚辭·九章}竊快在其中心兮, 揚厥憑而不竢. 芳與澤其雜糅兮, 羌芳華自中出. {靈樞經}男內女外, 堅拒勿出. 謹守勿內, 是謂得氣. (說文) <出部> 尺律切. 進也. 象艸木益滋, 上出達也. 凡出之屬皆从出.

函 A0407 U-51FD

•函• 凵字部 總08劃. (훈글) [함] 함. (新典) [함] 휩쌍. 갑옷. 편지, 글월, 오드. 갑. (訓蒙) [함] 함. (英譯) correspondence. a case. a box. (漢典) 象形. 今隸誤作函. 本義: 舌. (康熙) <凵部> {唐韻}{集韻}{韻會}{正韻}𡘋胡男切, 音含. {說文}舌也, 又容也. {禮·曲禮}席閒函丈. 又{前漢·禮樂志郊祀歌}函蒙祉福常若期. {註}師古曰: 函, 包也. 又{前漢·班固敘傳}函之如海. {註}讀與含同. {律歷志}太極函三爲一. {禮·樂志}人函陰陽之氣. 又{玉篇}鎧也. {周禮·冬官考工記}燕非無函也, 夫人而能爲函也. 又{集韻}戶感切, 音頷. {通俗文}口上曰臄, 口下曰函. {集韻}或作㮀. {前漢·天文志}太白閒可㮀劒. {註}謂可容一劒也. 又{唐韻}{集韻}{韻會}胡讒切, {正韻}胡喦切, 𡘋音咸. 匱也. 又{集韻}或作椷, 木名. 又或作鋡. {博雅}介鎧也, 通作函. 又{玉篇}書也. {晉書·殷浩傳}竟達空函. 又姓. {廣韻}漢有豫章太守函熙. 又漢複姓. 漢末有黃門侍郎函治子覺. 又函谷, 關名. 又通作咸. {周禮·秋官}伊耆氏共杖咸. {註}咸讀爲函, 以此藏杖也. 又{張有·復古編}圅又作函, 亦筆迹小異. 別作凾, 非.

刀 A0254 U-5200

•刀• 刀字部 總02劃. (훈글) [도] 칼. (新典) [도] 칼. 거루. 돈 이름. (訓蒙) [도] 갈. (英譯) knife. old coin. measure. (漢典) 象形. 小篆字形, 象刀形. 漢字部首之一. 本義: 古代兵器名. (康熙) <刀部> {唐韻}{集韻}{韻會}都勞切, {正韻}都高切, 𡘋到平聲. {說文}兵也. 象形. {徐曰}象刀背與刃也. {釋名}刀, 到也. 以斬伐到其所也. {玉篇}所以割也. {左傳·襄三十一年}未能操刀而使割也. 又錢名. {初學記}黃帝採首山之銅, 始鑄爲刀. {史記·平準書}龜貝金錢刀布之幣興焉. {註}索隱曰: 刀者, 錢也. 以其形如刀. {前漢·食貨志}利於刀. {註}如淳曰: 名錢爲刀者, 以其利於民也. 又{詩·衞風}誰謂河廣, 曾不容刀. {朱註}小船曰刀. {正韻}小船形如刀. (說文) <刀部> 都牢切. 兵也. 象形. 凡刀之屬皆从刀.

A0254 U-5202

•刂• 刀字部 總02劃. (ᄒᆞᆫ글) [도] 칼. (英譯) knife. radical number 18. (康熙) <刀部> {韻會}刀, 隸或作刂. 補遺: {五音篇海}必堯切, 音標. 飛火也.

A0260 U-5203

•刃• 刀字部 總03劃. (ᄒᆞᆫ글) [인] 칼날. (新典) [인] 미ᄂᆞᆯ. 날. 병쟝긔. (訓蒙) [ᅀᅵᆫ] ᄂᆞᆯ. (英譯) edged tool, cutlery, knife edge. (漢典) 指事. 小篆字形, 在刀上加一點, 表示刀鋒所在. 本義: 刀口, 刀鋒. (康熙) <刀部> {唐韻}{集韻}{韻會}{正韻}丛而振切, 忍去聲. {說文}刀堅也. 象刀有刃之形. {徐曰}若今刀刃, 皆別鑄剛鐵, 故从一. {玉篇}刀刃也. {莊子・養生主}臣之刀十九年矣, 所解數千牛, 而刀刃若新發于硎. 又{韻會}刀加距爲刃. {字彙}俗作刄, 非. 又而鄰切, 音人. {揚子・太玄經}旌旗絓羅太恨民也. 兵衺衺不血刃也. (說文) <刃部> 而振切. 刀堅也. 象刀有刃之形. 凡刃之屬皆从刃.

A0042 U-5206

•分• 刀字部 總04劃. (ᄒᆞᆫ글) [분] 나눌. (新典) [분] 나늘, 난홀, 쏘갤. 분별할. 씨즐. 난호아 줄. 반쪽. 한푼. 분수, 디위. 직분. 목, 깃. 헤칠. (訓蒙) [분] ᄂᆞᆫ홀. (英譯) divide. small unit of time etc. (漢典) 會意. 從八, 從刀. “八”就是分, 從“刀”, 是以刀剖物, 使之分開的意思. 本義: 一分爲二. (康熙) <刀部> {唐韻}府文切, {集韻}{韻會}方文切, 丛音饙. {說文}別也. 从八刀, 刀以分別物也. {易・繫辭}物以羣分. 又{增韻}裂也, 判也. 又{廣韻}賦也, 施也. {增韻}與也. 又{玉篇}隔也. 又{前漢・律歷志}一黍之廣爲一分. 分者, 自三微而成著, 可分別也. 又半也. {公羊傳・莊二年}師喪分焉. {荀子・仲尼篇}以齊之分, 奉之而不足. 又徧也. {左傳・哀元年}熟食者分, 而後敢食. 又與紛通. {荀子・儒效篇}分分乎其有終始也. {淮南子・繆稱訓}禍之生也分分. {註}猶紛紛. 又{周禮・天官}以待國之匪頒. {註}匪讀爲分. 又{唐韻}扶問切, {集韻}{韻會}符問切, 丛汾去聲. 名分也. {禮・禮運}禮達而分定. 又均也, 分劑也. {禮・曲禮}分毋求多. 又分位也. {漢諸葛亮出師表}此臣所以報先帝, 而忠陛下之職分也. 又{集韻}方問切, 紛去聲. 均也. {左傳・僖元年}救患分災. 又{正韻}府吻切, 音粉. {爾雅・釋器}律謂之分. {註}分音粉, 律管可以分氣. 又{韻補}叶膚容切, 音丰. {曹植・七啓}太極之初, 渾沌未分. 萬物紛錯, 與道俱隆. 又叶膚眠切, 音近徧. {班固・西都賦}九市開場, 貨別隊分. 人不得顧, 車不得旋. 災字原刻从巛. (說文) <八部> 甫文切. 別也. 从八从刀, 刀以分別物也.

A0949 U-5207

•切• 刀字部 總04劃. (ᄒᆞᆫ글) [절] 끊을. (新典) [체] 왼통. [절] 점일, 썰, 버일. 삭일. 급할. 정셩스러울. 종요롭을. 진맥할. 문지방. 반절. 간절. (類合) [절] 절ᄒᆞᆯ. (英譯) cut, mince, slice, carve. (康熙) <刀部> {唐韻}{集韻}{韻會}{正韻}丛千結切, 音竊. {說文}刌也. 从刀, 七聲. {廣韻}割也, 刻也. {爾雅・釋器}骨謂之切. {註}治骨器. {禮・內則}聶而切之爲膾. 又迫也, 急也. {禮・禮器疏}祭祀之事, 必以積漸敬愼, 不敢偪切也. 又慤實也. {後漢・馮衍傳}明君不惡切慤之言. 又{揚雄・長楊賦}請略擧凡, 而客自覽其切. {註}師古曰: 切, 要也. 又{史

記·扁鵲傳}不待切脈. {註}切, 按也. 又{韻會}譏切也, 剴切也. 又{韻會}反切. 一音展轉相呼謂之反, 亦作翻, 以子呼母, 以母呼子也. 切謂一韻之字相摩以成聲謂之切. 又{前漢·外戚傳}切皆銅沓, 冒黃金塗. {註}師古曰: 切, 門限也. 音千結反. 又{唐韻}{集韻}{韻會}{正韻}<u>丛</u>七計切, 音砌. 衆也. 又一切, 大凡也. {前漢·平帝紀}一切滿秩如眞. {註}師古曰: 一切者, 權時之事, 如以刀切物, 苟取整齊, 不顧長短縱橫, 故言一切. 又{韻補}砌或作切. {張衡·西京賦}設切厓隒. 李善註: 古字通. 又叶音刺, 與刺通. {儀禮註}采時世之詩爲樂歌, 所以通情相風切也. 說文 <刀部> 千結切. 刌也. 从刀七聲.

A0410 U-5208

•刈• 刀字部 總04劃. 훈글 [예] 벨. 新典 [예] 풀 벨. 訓蒙 [애] 뷔. 英譯 cut off, reap, mow. sickle. 漢典 形聲. 從刀, 乂聲. 本作"義". 本義: 割草. 康熙 <刀部> 古文: 刘. {唐韻}魚肺切, {集韻}魚刈切, {韻會}疑刈切, {正韻}倪制切, <u>丛</u>音乂. {說文}芟草也. {徐曰}本作乂, 後人又加刀作刈. {屈原·離騷}願竢時乎吾將刈. {註}刈, 穫也. 草曰刈, 穀曰穫. 又通艾. {前漢·匈奴傳}艾, 朝鮮之旃. {註}師古曰: 艾讀曰刈. 刈, 絕也. 又{玉篇}取也, 殺也. 又{韻會}絕也.

A0261 U-34DE

•㓞• 刀字部 總06劃. 훈글 [갈] 교묘히 새길. [계] 약속할. 英譯 to engrave, (interchangeable with U+ 5951 契) a written contract or agreement. 康熙 <刀部> {唐韻}恪八切, {集韻}丘八切, <u>丛</u>音劼. {說文}巧㓞, 或作挈. 又與契通. {六書正譌}音器, 約也. 从刀丰聲. 象刀刻畫竹木以記事者. 別作契栔, 後人所加. 說文 <㓞部> 恪入切. 巧㓞也. 从刀丯聲. 凡㓞之屬皆从㓞.

A0261 U-520E

•刎• 刀字部 總06劃. 훈글 [문] 목벨. 新典 [문] 목 찌를. 버일. 英譯 behead, cut throat. 漢典 形聲. 從刀, 勿聲. 本義: 割脖子. 康熙 <刀部> {唐韻}{集韻}{韻會}{正韻}<u>丛</u>武粉切, 音吻. {說文}剄也. {玉篇}割也. {禮·檀弓}不至者刎其人. {史記·張耳陳餘傳}兩人相與, 爲刎頸交. {韻會}或作歾. 說文 <刀部> 武粉切. 剄也. 从刀勿聲.

A0258 U-5216

•刖• 刀字部 總06劃. 훈글 [월] 벨. 新典 [월] 발꿈치 버일. 訓蒙 [월] 발 버힐. 英譯 cutting off feet as form of punishment. 漢典 形聲. 從刀, 月聲. 本義: 斷足. 古代的一種酷刑. 康熙 <刀部> {唐韻}{集韻}{韻會}<u>丛</u>魚厥切, 音月. {說文}絕也. 从刀, 月聲. 本作䠶, 斷足也. 从足, 月聲. {徐曰}足見斷爲䠶, 其刑名則刖也. 今文但作刖. {書·呂刑}刖足曰剕. {前漢·刑法志}刖罪五百. 又{唐韻}{集韻}{韻會}{正韻}<u>丛</u>五忽切, 音兀. 斷足也. {集韻}或作跀. 說文 <刀部> 魚厥切. 絕也. 从刀月聲.

 A0249 U-5217

•列• 刀字部 總06劃. 훈글 [렬] 줄. 新典 [렬] 반렬. 항오. 벌, 나늘. 항렬. 펼. 베풀. 類合 [녈] 벌. 英譯 a line. to arrange in order, classify. 漢典 形聲. 從刀, 本義: 割, 分. 康熙 <刀部> ｛唐韻｝｛正韻｝良薛切, ｛集韻｝｛韻會｝力櫱切, 𠀤音裂. ｛說文｝分解也. ｛廣韻｝行次也, 位序也. ｛前漢・韋玄成傳｝恤我九列. ｛註｝九卿之位. ｛顏延之・曲水詩序｝婆娑于九列. 又軍伍. ｛左傳・僖二十二年｝不鼓不成列. 又布也, 陳也. ｛班固・西都賦｝陛戟百重, 周廬千列. 又｛周禮・地官・稻人｝以列舍水. ｛註｝列者, 腠其町畦, 必使平垣, 則水可止舍也. 又姓. ｛廣韻｝鄭有列禦寇. 又｛集韻｝力制切, 音例. 比也. 說文 <刀部> 良薛切. 分解也. 从刀𡿪聲.

A0258 U-521C

•刜• 刀字部 總07劃. 훈글 [불] 칠. 英譯 chop. 康熙 <刀部> ｛唐韻｝｛集韻｝｛韻會｝｛正韻｝𠀤敷勿切, 音拂. ｛說文｝擊也. ｛玉篇｝斫也. ｛集韻｝斷也. ｛左傳・昭二十六年｝苑子刜林雍斷其足. ｛白居易・劒詩｝君勿矜我玉可切, 君勿誇我鍾可刜. 不如持取抉浮雲, 無令漫漫蔽白日. 又｛唐韻｝｛集韻｝𠀤符勿切, 音佛. 義同. 說文 <刀部> 分勿切. 擊也. 从刀弗聲.

A0256 U-521D

•初• 刀字部 總07劃. 훈글 [초] 처음. 新典 [초] 첨, 비롯. 근본. 예. 類合 [초] 처엄. 英譯 beginning, initial, primary. 漢典 會意. 從刀, 從衣. 合起來表示: 用刀剪裁衣服是制衣服的起始. 本義: 起始, 開端. 康熙 <刀部> 古文: 㓚. ｛唐韻｝｛集韻｝楚居切, ｛正韻｝楚徂切, 𠀤楚平聲. ｛說文｝始也. 从刀衣, 裁衣之始也. ｛徐曰｝禮之初, 施衣以蔽形. ｛書・禹謨｝率百官若帝之初. ｛蔡仲｝愼厥初. 又｛禮・檀弓｝夫魯有初. ｛註｝初謂故事. 又｛列子・天瑞篇｝太初者, 氣之始也. ｛韓愈詩｝賢愚同一初. ｛韻會｝又姓. 說文 <刀部> 楚居切. 始也. 从刀从衣. 裁衣之始也.

A0260 U-521E

•刞• 刀字部 總07劃. 훈글 [처] 땅파는제구. 康熙 <刀部> ｛唐韻｝｛集韻｝𠀤七慮切, 音覰. 耕土器.

A0255 U-5229

•利• 刀字部 總07劃. 훈글 [리] 날카로울. 新典 [리] 날카러울, 날낼. 리할, 리로울, 던을. 탐할. 편리할. 길미, 변리. 類合 [니] 니홀. 英譯 gains, advantage, profit, merit. 漢典 會意. 從刀, 從禾. 表示以刀斷禾的意思. 本義: 刀劍鋒利, 刀口快. 康熙 <刀部> 古文: 㓫. ｛唐韻｝｛集韻｝｛韻會｝力至切, ｛正韻｝力地切, 𠀤音詈. ｛說文｝銛也. 从刀和, 然後利, 从和省. 易利者, 義之和也. ｛前漢・鼂錯傳｝兵不完利, 與空手同. 又｛廣韻｝吉也, 宜也. ｛易・賁卦｝利有攸往. 又私利也. ｛莊子・駢拇篇｝小人以身殉利. 又｛禮・坊記｝先財而後禮, 則民利. ｛註｝利猶貪也. 又｛前漢・高帝紀｝徙齊楚大族五姓關中, 與利田宅. ｛註｝師古曰: 利謂便好也. 又｛周禮・冬官考工記｝軸有三理, 三者以爲利也. ｛註｝利, 滑密也. 又州名. ｛韻會｝巴蜀地. 晉西益州, 梁

改利州. 又姓. {韻會}漢有利乾, 爲中山相. 又{韻補}叶音棃. {古樂府}雨雪霏霏雀勞利, 長觜飽滿短觜饑. (說文) <刀部> 力至切. 銛也. 从刀. 和然後利, 从和省. {易}曰: "利者, 義之和也."

B0499 U-522A

•刪• 刀字部 總07劃. (훈글) [산] 깎을. (新典) [산] 싹글. (類合) [산] 갓ᄀᆞᆯ. (英譯) to cut. delete, erase. to geld. (說文) <刀部> 所姦切. 剟也. 从刀, 冊. 冊, 書也.

A0413 U-523A

•刺• 刀字部 總08劃. (훈글) [자] 찌를. (新典) [자, ᄌᆞ] 씨를. 벼일. 썝을, 추릴. 바느질할. 가시. 명함. 취열할, 신문할. 긔롱할. [쳑] 씨를. 자자할. 정탐할. 잡아당길. 소곤거릴. (類合) [ᄌᆞ] 디를. (英譯) stab. prick, irritate. prod. (康熙) <刀部> {唐韻}{集韻}{韻會}七賜切, {正韻}七四切, 太此去聲. {說文}刺, 直傷也. 从刀朿. {爾雅・釋詁}刺, 殺也. {春秋・僖二十八年}公子買戍衞, 不卒戍刺之. {公羊傳}刺之者何, 殺之也. 又{儀禮・士相見禮}庶人則曰刺草之臣. {註}刺猶剗除之也. 又{前漢・郊祀志}刺六經中作王制. {註}刺, 采取之也. 又{廣韻}針刺也. 以針黹物曰刺. 又{韻會}棘芒也. 又{釋名}書姓名於奏白曰刺. {後漢・禰衡傳}建安初游洛下, 始達穎川, 陰懷一刺, 旣而無所之, 至刺字漫滅. 又{詩・大雅}天何以刺. {毛傳}刺, 責之. 又{周禮・秋官}司刺掌三刺, 一訊羣吏, 二訊羣臣, 三訊萬民. {註}刺, 訊決也. 又刺史, 官名. {韻會}漢武帝初置刺史, 掌奉詔察州. 成帝更名牧, 哀帝復爲刺史. 又{唐韻}{集韻}{韻會}{正韻}太七迹切, 音磧. 穿也, 傷也. {增韻}刃之也. {孟子}刺人而殺之. 又針黹也. {史記・貨殖傳}刺繡文, 不如倚市門. 又偵伺也. {前漢・燕王旦傳}燕王旦遣幸臣之長安問禮儀, 陰刺候朝廷事. 又{韻會}黥也. 又撐也. {史記・陳平世家}平乃刺船而去. {韓愈詩}峻瀨乍可刺. 又刺刺, 多言貌. {管子・心術篇}焉能去刺刺爲咢咢乎. 韓愈{送殷員外序}丁寧顧婢子, 語刺刺不能休. 又七計切, 音砌. {詩・魏風}維是褊心, 是以爲刺. {集韻}俗作刾. {韻會}从朿从刀. 俗作刺, 誤. 刺音辣. (說文) <刀部> 七賜切. 君殺大夫曰刺. 刺, 直傷也. 从刀从朿, 朿亦聲.

A0364 U-524C

•剌• 刀字部 總09劃. (훈글) [랄] 어그러질. (新典) [랄] 어기어질. 활 다리는 소리. 고기 쒸는 소리. (英譯) slash, cut in two. contradict. (漢典) 會意. 從束, 從刀. 本義: 乖戾, 違背. (康熙) <刀部> {唐韻}盧達切, {集韻}{韻會}{正韻}郎達切, 太音辣. {說文}戾也. 从束从刀. 刀者, 剌之也. {徐曰}剌, 乖違者莫若刀也. {前漢・杜欽傳}無乖剌之心. 又{武五子傳}李姬生燕剌王旦. {註}師古曰: 諡法, 暴戾無親曰剌. 又{張衡・思玄賦}彎威弦之撥剌. {註}張弓聲. 又{李白詩}雙腮呀呷鬐鬣張, 跋剌銀盤欲飛去. {註}魚躍聲. 又{韻補}叶力蘖切, 音列. {白居易・桐花詩}風候一參差, 榮枯遂乖剌. 况吾北人情, 不耐南方熱. {韻會}从約束之束, 从刀. 與刺字不同. (說文) <束部> 盧達切. 戾也. 从束从刀. 刀者, 剌之也.

A0072 U-524D

•前• 刀字部 總09劃. (훈글) [전] 앞. (新典) [젼] 압. 먼저. 압설. 예, 저즘. 인도할. 연검은

빗. 訓蒙 [전] 앏. 英譯 in front, forward. preceding. 康熙 <刀部> 古文: 歬葥. {唐韻}昨先切, {集韻}{韻會}{正韻}才先切, 𠀤音錢. {增韻}前, 後之對. 又進也. {廣韻}先也. 又{禮・檀弓}我未之前聞也. {註}猶故也. 又{儀禮・特牲}祝前主人降. {註}前猶導也. 又{集韻}{韻會}{正韻}𠀤子淺切, 湔上聲. {說文}齊斷也. 俗作剪. 又{正韻}淺黑色. {周禮・春官・巾車}木路前樊, 鵠纓. {註}前, 讀爲緇翦之翦. 淺黑也. 又{韻補}叶慈鄰切, 淨平聲. {劉向・九歎}陸魁堆以蔽視兮, 雲冥冥而暗前. 山峻高以無垠兮, 遂曾閎而迫身. 說文 <止部> 昨先切. 不行而進謂之歬. 从止在舟上.

A0856 U-5257

•剗• 刀字部 總10劃. ᄒᆞᆫ글 [잔] 깎을. 新典 [찬] 正音 [잔] 깍글. 평할. 英譯 to level off. to trim. to pare down. 康熙 <刀部> {唐韻}初限切, {集韻}{韻會}楚限切, {正韻}楚簡切, 𠀤音鏟. {玉篇}削也. {集韻}平也. {戰國策}剗而類, 破吾家. {前漢・班固敘傳}革剗五等, 制立郡縣. 又{集韻}側展切, 音展. 刈也. {蘇軾・牛戬畫詩}王師本不戰, 賊壘何足剗. 笑指塵壁閒, 此是老牛戬. 又{韻會}初諫切, 鏟去聲. 攻也, 平治也. 本作剷, 今文作剗. {韓愈詩}活計以鋤剗.

A0048 U-525B

•剛• 刀字部 總10劃. ᄒᆞᆫ글 [강] 굳셀. 新典 [강] 구들. 굿셀. 쇠장쇠장할. 訓蒙 [강] 구들. 英譯 hard, tough, rigid, strong. 漢典 形聲. 從刀, 岡聲. 本義: 堅硬. 康熙 <刀部> 古文: 㓻但信. {唐韻}古郎切, {集韻}{韻會}{正韻}居郎切, 𠀤音岡. {說文}彊斷也. 从刀, 岡聲. {增韻}堅也, 勁也. {易・乾卦}大哉乾乎, 剛健中正. {司馬光・潛虛}剛, 天之道也. 又作罰. {史記・樂書}而民罰毅. 說文 <刀部> 古郎切. 彊斷也. 从刀岡聲.

A0257 U-525D

•剝• 刀字部 總10劃. ᄒᆞᆫ글 [박] 벗길. 新典 [박] 찌즐. 쩔어질. 벗어질. 두드릴. 英譯 peel, peel off, to shell, strip. 康熙 <刀部> 古文: 㓼. {唐韻}{集韻}{韻會}𠀤北角切, 音駁. {說文}裂也. 从刀, 彔聲. {玉篇}削也. {廣韻}落也, 割也, 傷害也. {楚辭・九思}怫鬱兮肝切剝. 又{增韻}褫也, 脫也. 又卦名. {易・剝卦}剝也, 柔變剛也. 又{周禮・秋官・柞氏}冬日至, 令剝陰木而水之. {註}謂斫去次地之皮. 又殺牲體解之名. {詩・小雅}或剝或亨. 又{禮・檀弓}喪不剝奠也與. {註}剝者, 不巾覆也. 脯醢之奠不惡塵埃, 故可無巾覆. 又{集韻}普木切, {正韻}普卜切, 𠀤音璞. 力擊也. {詩・豳風}八月剝棗. {註}擊也. 又音卜. {魏・劉楨・魯都賦}毛羣隕殪, 羽族殲剝. 填崎塞畎, 不可勝錄. {集韻}或作刂, 亦作㓼. 說文 <刀部> 北角切. 裂也. 从刀从彔. 彔, 刻割也. 彔亦聲.

A0601 U-5262

•剢• 刀字部 總10劃. ᄒᆞᆫ글 [탁] 쫄. 康熙 <刀部> {唐韻}丁木切, {集韻}都木切, 𠀤音啄. 刀鉏也. {正字通}同斲. 見六書故. 與椓斱通.

A0252 U-526E

•剮• 刀字部 總11劃. (훈글) [과] 바를. (新典) [과] 살 바를. (英譯) cut, cut flesh from bones. (漢典) 形聲. 從刀, 咼聲. 本義: 割肉離骨. (康熙) <刀部> {唐韻}{集韻}丛古瓦切, 音寡. {玉篇}剔肉置骨也. {說文}作冎. {廣韻}俗咼字. {正字通}本作冎.

A0258 U-34F7

•㓷• 刀字部 總12劃. (훈글) [의] 코벨. (英譯) (same as 劓) to cut off the nose. cut off. (康熙) <刀部> {唐韻}{集韻}丛牛例切. 與劓同. (說文) <刀部> 魚器切. 刑鼻也. 从刀臬聲. {易}曰: "天且㓷."

A0257 U-34FB

•㓻• 刀字部 總12劃. (훈글) [강] 굳셀. (英譯) (same as 剛) tough. unyielding. inflexible. hard. (康熙) <刀部> {韻會}剛或作㓻. {史記・樂書}而民㓻毅.

A0916 U-34F8

•㓸• 刀字部 總13劃. (훈글) [착] 쪼갤. [두] 작은 구멍. (英譯) (same as 斲) to cut to pieces. to hack. to chop or hew, to carve for ornaments. (康熙) <刀部> {集韻}竹角切, 音琢. 斫也. 斲或作㓸. 又當侯切, 音兜. 本作剅, 小穿也. 一曰割也.

A0259 U-34FC

•㓼• 刀字部 總13劃. (훈글) [칠] 쪼갤. [철] 다칠. (英譯) an incised wound. cuts. (康熙) <刀部> {唐韻}初紀切, {集韻}測紀切, 丛音敊. {博雅}割也. {說文}傷也. {集韻}或作剢剢. 又{唐韻}初栗切, {集韻}測乙切, 丛音䣛. 義同. 又{集韻}或作剘剢. (說文) <刀部> 親結切. 傷也. 从刀桼聲.

A0169 U-5283

•劃• 刀字部 總14劃. (훈글) [획] 그을. (新典) [획] 송곳칼. 글. 마련할. (類合) [획] 긋. (英譯) divide, mark off, lay boundary. (康熙) <刀部> 古文: 劃. {唐韻}呼麥切, {集韻}{韻會}忽麥切, {正韻}霍虢切, 丛騞入聲. {說文}錐刀也. 又{廣韻}劃, 作事也. 又{玉篇}以刀劃破物也. 又{唐韻}{集韻}丛胡麥切, 音獲. 裂也. {集韻}或作剨. 亦作㦎. (說文) <刀部> 呼麥切. 錐刀曰劃. 从刀从畫, 畫亦聲.

A0259 U-5285

•劅• 刀字部 總15劃. (훈글) [탁] 형벌. (新典) [탁] 불알 발올, 불 칠. (康熙) <刀部> {集韻}竹

角切, 音剢. ｛玉篇｝刑也. ｛說文｝去陰之刑也. 本作斀. ｛書・呂刑｝劓刵斀黥.

A0261 U-5289

•劉• 刀字部 總15劃. 훈글 [류] 죽일. 新典 [류] 익일. 죽일. 베풀. 쇠잔할. 英譯 surname. kill, destroy. 康熙 <刀部> 古文: 鐂戼. ｛唐韻｝｛集韻｝｛韻會｝｛正韻｝𠀤力求切, 音留. ｛說文｝殺也. ｛書・盤庚｝重我民, 無盡劉. ｛詩・周頌｝勝殷遏劉. ｛左傳・成十三年｝虔劉我邊陲. 又｛爾雅・釋詁｝劉, 陳也. ｛疏｝謂敷陳也. 又｛爾雅・釋詁｝劉, 暴樂也. ｛疏｝木枝葉稀疎不均爲暴樂. ｛詩・大雅｝捋采其劉. ｛毛傳｝劉, 爆爍而希也. 又｛爾雅・釋木｝劉, 劉杙. ｛註｝劉子生山中. ｛疏｝劉一名劉杙, 其子可食. 又姓. ｛韻會｝凡二十五望, 𠀤自陶唐氏劉累之後. 又｛集韻｝力九切, 留上聲. 好也. 又｛集韻｝龍珠切, 音鏤. 殺也. 漢禮, 立秋有貙劉. 又｛同文備考｝作鐂.

A0262 U-528C

•劌• 刀字部 總15劃. 훈글 [귀] 상처 입힐. 新典 [귀] 삽분 찌를. 버일. 英譯 to cut, injure, stab, stick on. 康熙 <刀部> ｛唐韻｝居衞切, ｛集韻｝｛韻會｝姑衞切, 𠀤音蹶. ｛說文｝利傷也. 从刀, 歲聲. ｛廣韻｝割也. ｛禮・聘義｝君子比德于玉, 廉而不劌, 義也. 又人名. ｛前漢・古今人表｝魯曹劌. 說文 <刀部> 居衛切. 利傷也. 从刀歲聲.

A0912 U-529B

•力• 力字部 總02劃. 훈글 [력] 힘. 新典 [력] 힘. 힘쓸. 부지런할. 심할. 종, 부림군. 類合 [녁] 힘쁠. 英譯 power, capability, influence. 漢典 象形. 甲骨文字形, 象耒形, 有柄有尖, 用以翻地. 用耒表示執耒耕作需要花費力氣. "力"是漢字部首之一. 本義: 體力, 力氣. 康熙 <力部> 古文: 仂. ｛唐韻｝｛集韻｝｛韻會｝𠀤林直切, 陵入聲. ｛說文｝筋也. 象人筋之形. ｛徐曰｝象人筋竦, 其身作力, 勁健之形. ｛增韻｝筋, 力氣所任也. ｛禮・聘義｝日幾中而後禮成, 非强有力者不能行也. 又｛曲禮｝老者不以筋力爲禮. 又｛韻會｝凡精神所及處, 皆曰力. ｛孟子｝聖人旣竭目力焉, 旣竭耳力焉. 又｛韻會｝物所勝亦曰力. ｛家語｝善御馬者均馬力. ｛杜甫・張旭草書詩｝溟漲與筆力. 又勤也. ｛書・盤庚｝若農服田力穡, 乃亦有秋. ｛前漢・司馬遷傳｝力誦聖德. ｛註｝師古曰: 力, 勤也. 又｛禮・坊記｝食時不力珍. ｛註｝力, 猶務也. 又｛後漢・銚期傳｝身被三創, 而戰方力. ｛註｝力, 苦戰也. 又病甚曰力. ｛唐書・汲黯傳｝臣犬馬病力. 又爲人役者曰力. ｛晉・陶潛・與子書｝遣此力, 助汝薪水之勞. 又姓. ｛韻會｝黃帝佐力牧之後. 又｛韻補｝叶力蘖切, 苶入聲. ｛蘇軾・香積寺詩｝此峯獨蒼然, 感荷祖佛力. 幽光發中夜, 見者惟木客. 說文 <力部> 林直切. 筋也. 象人筋之形. 治功曰力, 能圉大災. 凡力之屬皆从力.

A0913 U-52A6

•劦• 力字部 總06劃. 훈글 [협] 힘 합할. 英譯 variant of U+5354 協. cooperate. combined labor. 康熙 <力部> ｛唐韻｝胡頰切, ｛集韻｝檄頰切, 𠀤音協. ｛說文｝同力也. ｛山海經｝惟號之山, 其風若劦. ｛玉篇｝急也. 又｛集韻｝力協切, 音鬣. 力不輟也. 說文 <劦部> 胡頰切. 同力也. 从三力. ｛山海經｝曰: "惟號之山, 其風若劦." 凡劦之屬皆从劦.

A0913 U-52D5

•動• 力字部 總11劃. 훈글 [동] 움직일. 新典 [동] 움즉일, 뮐. 지을. 흔들. 날. 움즉이게 할. 訓蒙 [동] 뮐. 英譯 move, happen. movement, action. 漢典 形聲. 從力, 重聲. {說文}古文從"辵". 本義: 行動, 發作. 康熙 <力部> 古文: 運 連. {唐韻}{正韻}徒揔切, {集韻}{韻會}杜孔切, 丛同上聲. {說文}作也. {增韻}動, 靜之對. {易 · 坤卦}六二之動, 直以方也. {書 · 說命}慮善以動, 動惟厥時. 又{廣韻}出也. {禮 · 月令}仲春, 蟄蟲咸動. 又搖也. {庾信 · 夢入內堂詩}日光釵焰動, 窗影鏡花搖. 又{韻會}{正韻}丛徒弄切, 同去聲. {易 · 繫辭}雷以動之, 風以散之. {韻會}凡物自動, 則上聲. 彼不動而我動之, 則去聲. 又{集韻}覩孔切, 音董. 振動, 拜也, 以兩手相擊而拜. 今倭人拜以兩手相擊, 蓋古之遺法. 說文 <力部> 徒總切. 作也. 从力重聲.

E0396 U-52F9

•勹• 勹字部 總02劃. 훈글 [포] 쌀. 新典 [포] 쌀. 英譯 wrap. KangXi radical 20. 康熙 <勹部> {唐韻}{集韻}丛布交切, 音苞. {說文}裹也. 勹, 象人曲形, 有所包裹. 說文 <勹部> 布交切. 裹也. 象人曲形, 有所包裹. 凡勹之屬皆从勹.

A0919 U-52FA

•勺• 勹字部 總03劃. 훈글 [작] 구기. 新典 [쟉] 잔질할. 국이. 訓蒙 [쟉] 구기. 英譯 spoon, ladle. unit of volume. 漢典 象形. 本義: 古代舀酒器. 康熙 <勹部> {唐韻}之灼切, {集韻}{韻會}{正韻}職略切, 丛音灼. {說文}挹取也. 象形, 中有實. {徐曰}按禮記, 一勺水之多, 言少也. 又{廣韻}周公樂名. {儀禮 · 燕禮}若舞則勺. {註}勺, 頌篇告成, 大武之樂歌也. {前漢 · 禮樂志}周公作勺, 言能勺先祖之道也. {集韻}或作汋. 又通作酌. {前漢 · 禮樂志郊祀歌}勺椒漿. {註}師古曰: 勺, 讀曰酌. 又{唐韻}市若切, {集韻}實若切, {韻會}是若切, {正韻}裳灼切, 丛音芍. {周禮 · 冬官考工記}梓人爲飮器, 勺一升. {註}勺, 尊升也. {儀禮 · 士冠禮}勺觶角柶. {註}勺, 所以斞酒也. {玉篇}亦作杓. 又{韻會}長勺, 魯地名. 勺字原刻从一不从丶. 說文 <勺部> 之若切. 挹取也. 象形, 中有實, 與包同意. 凡勺之屬皆从勺.

B1018 U-52FD

•勽• 勹字部 總04劃. 훈글 [문] 쌀. 英譯 to incubate. to brood. to hatch. 康熙 <勹部> {唐韻}{集韻}丛武粉切, 音刎. 覆也. 又{集韻}薄皓切, 音抱. 義同. {韻會}菢或作勽, 亦作抱. 又{集韻}皮教切, 音泡. 鳥伏卵. 說文 <勹部> 薄皓切. 覆也. 从勹覆人.

A0595 U-52FF

•勿• 勹字部 總04劃. 훈글 [물] 말. 新典 [물] 업슬. 말. 긔발. 졍셩스러울. [몰] 몬지채. 英譯 must not, do not. without, never. 康熙 <勹部> {唐韻}{集韻}{韻會}{正韻}丛文拂切, 音物. {說文}勿, 州里所建旗. 象其柄, 有三游, 雜帛幅半異, 所以趣民, 故遽稱勿勿. {集韻}或作㫚. 又通作物. {周禮 · 春官 · 司常}九旗雜帛爲物. 又{玉篇}非也. {廣韻}無也. {增韻}

毋也. {韻會}莫也. {通志}勿, 州里之旗也. 而爲勿不之勿, 借同音, 不借義. {論語}非禮勿視. {朱註}勿者, 禁止之辭. 又{韻會}慤愛貌. {禮・祭義}勿勿諸其欲其饗之也. {註}猶勉勉也. 又{六書正譌}事物之物, 本只此字, 後人加牛以別之. 又{顏氏家訓篇}書翰稱勿勿, 不知所由. 或妄言此匆匆之殘缺者. 及考{說文}乃知忽遽者稱爲勿勿. {東觀餘論}今俗勿中加點作匆, 爲忽遽字, 彌失眞矣. 又{正韻}莫勃切, 音沒. 掃塵也. {禮・曲禮}郵勿驅塵. 說文 <勿部> 文弗切. 州里所建旗. 象其柄, 有三游. 雜帛, 幅半異. 所以趣民, 故遽, 稱勿勿. 凡勿之屬皆从勿.

A0261 U-5301

•匁• 勹字部 總04劃. 훈글 [문] 몸매. 英譯 Japanese unit of weight (1/1000 of a kan).

A0867 U-5304

•匄• 勹字部 總05劃. 훈글 [개] 빌. 新典 [개] 빌. 가져갈. 英譯 to beg for alms. a beggar. 康熙 <勹部> {韻會}匃亦作匄. {前漢・文帝紀}匄以啓告朕. {註}師古曰: 匄, 亦乞也.

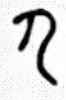

B1020 U-5305

•包• 勹字部 總05劃. 훈글 [포] 쌀. 新典 [포] 쌀, 쑤릴. 용납할. 더부룩히 날. 類合 [포] 쌀. 英譯 wrap, pack, bundle. package. 漢典 會意. 小篆字形, 外邊是“勹”. 中間是個“巳”字, “象子未成形”. “勹”就是“包”的本字. 本義: 裹. 康熙 <勹部> {廣韻}布交切, {集韻}班交切, 𠀤音苞. {說文}包, 象人褢姙. 巳在中, 象子未成形也. 元氣起於子. 子, 人所生也. 男左行三十, 女右行二十, 俱立於巳, 爲夫婦褢姙於巳. 巳爲子, 十月而生, 男起巳至寅, 女起巳至申, 故男年始寅, 女年始申也. 又容也. {易・泰卦}九二包荒, 用馮河. 又裹也. {書・禹貢}包匭菁茅. {禮・樂記}倒載干戈, 包以虎皮. 又{前漢・班固敘傳}包漢舉信. {註}劉德曰: 包, 取也. 又通作苞. 叢生也. {書・禹貢}草木漸包. 又姓. {廣韻}楚大夫申包胥之後. 漢有大鴻臚包咸. 又山名. {山海經註}吳縣南, 太湖中包山下有洞庭穴, 號爲地脈. 又{集韻}{正韻}𠀤蒲交切, 音咆. {集韻}匏亦作包. 又庖通作包. {易・姤卦}包有魚. {繫辭}古者包犧氏之王天下也. 又{韻補}房尤切, 音浮. 地名. 春秋, 公及莒人盟于包來. 左氏作孚. 通雅, 古呼包如孚, 脬與胞, 桴與枹, 莩與苞, 浮與抱之類, 同原相因, 故互通. 又叶補苟切, 褒上聲, 裹也. {詩・召南}野有死麕, 白茅包之. 有女懷春, 吉士誘之. 說文 <包部> 布交切. 象人裹妊, 巳在中, 象子未成形也. 元气起於子. 子, 人所生也. 男左行三十, 女右行二十, 俱立於巳, 爲夫婦. 裹妊於巳, 巳爲子, 十月而生. 男起巳至寅, 女起巳至申. 故男秊始寅, 女秊始申也. 凡包之屬皆从包.

A0807 U-5315

•匕• 匕字部 總02劃. 훈글 [비] 비수. 新典 [비] 숟, 숟가락. 비슈. 訓蒙 [비] 숟. 英譯 spoon, ladle. knife, dirk. 漢典 象形. {說文}: “相與比敘也. 從反人. 匕, 亦所以用比取飯, 一名柶.”, 甲骨文字形, 象湯匙形. 漢字部首之一. 本義: 勺子. 康熙 <匕部> {唐韻}卑履切, {集韻}{韻會}補履切, {正韻}補委切, 𠀤音比. {說文}匕, 相與比敘也. 亦所以用取飯. 一名柶. {玉篇}匙也. {易・震卦}不喪匕鬯. {詩・小雅}有捄棘匕. {註}以棘爲匕, 所以載鼎肉, 而

升之于俎也. {三國志・劉先主傳}先生方食, 失匕箸. 又匕首. {通俗文}劒屬. 其頭類匕, 短而便用, 故曰匕首. {史記・吳世家}專諸置匕首于炙魚中, 以刺吳王僚. {刺客傳}荆軻至秦獻燕督亢地圖, 圖窮而匕首見. {註}荆軻懷數年之謀, 而事不就者, 尺八匕首不足恃也. {劉向・說苑}尺八短劒頭似匕. 說文 <匕部> 卑履切. 相與比敘也. 从反人. 匕, 亦所以用比取飯, 一名柶. 凡匕之屬皆从匕.

A0504 U-5316

•化• 匕字部 總04劃. 훈글 [화] 될. 新典 [화] 될, 화할. 변화할. 본바들. 환형할. 訓蒙 [화] 도욀. 英譯 change, convert, reform. -ize. 康熙 <匕部> 古文: 匕佮傀. {唐韻}{正韻}呼霸切, {集韻}{韻會}火跨切, 𠀤花去聲. {說文}化, 敎行也. {增韻}凡以道業誨人謂之敎. 躬行于上, 風動于下, 謂之化. {老子・道德經}我無爲而民自化. 又以德化民曰化. {禮・樂記}化民成俗. 又{韻會}天地陰陽運行, 自有而無, 自無而有, 萬物生息則爲化. 又泛言改易, 亦曰變化. {易・繫辭}擬議以成其變化. 又貨賄貿易曰化. {書・益稷}懋遷有無化居. 又革物曰化. {周禮・春官・大宗伯}合天地之化. {註}能生非類曰化. {疏}鳩化爲鷹之類. 皆身在而心化. 若鼠化爲鴽, 雀化爲蛤蜃之等, 皆據身亦化, 故云能生非類. 又{正韻}告諭使人回心曰化. {書・大誥}肆予大化, 誘我友邦君. 又{公羊傳・桓六年}化我也. {註}行過無禮謂之化, 齊人語也. {疏}哀六年傳云: 陳乞曰: 常之母有魚菽之祭, 願諸大夫之化我也. 亦是行過無禮之事. 又州名. {韻會}漢屬合浦郡, 宋改化州. 又{正韻}呼瓜切, 音花. {後漢・馮衍傳}與時變化. {章懷太子註}音花. 又{韻補}叶胡隈切, 音回. {三略}變動無常, 因敵變化. 不爲事先, 動而輒隨. {陳琳・大荒賦}越洪寧之蕩蕩兮, 追玄漠之造化. 跨三五其無偶兮, 邈卓立而獨奇. 又叶呼戈切, 音訶. {離騷}初旣與余成言兮, 後悔遁而有他. 余旣不難夫離別兮, 傷靈脩之數化. 又叶許旣切, 希去聲. {後漢・傳幹皇后箴}在昔明后, 日新其化. 匪惟訓外, 亦訓于內. 又叶呼臥切, 呼去聲. {白虎通}火之爲言化也. 陽氣用事, 萬物變化也. {釋名}火, 化也, 消化物也. {漢書・敘傳}偪上并下, 荒殖其貨. 侯服玉食, 敗俗傷化. 又{總要}化音吪, 差錯也, 謬言也. 从人匕會意. 小篆與匕混, 故加言作訛. {史記・天官書}其人逢俉化言. 說文 <匕部> 呼跨切. 教行也. 从匕从人, 匕亦聲.

A0508 U-5317

•北• 匕字部 總05劃. 훈글 [북] 북녘. 新典 [븍] 노, 뒤, 븍녁. [패] 正音 [배] 패하야 달아날. 각각 둘. 類合 [븍] 븍녁. 英譯 north. northern. northward. 康熙 <匕部> 古文: 𠁌. {唐韻}博墨切, {集韻}{韻會}必墨切, {正韻}必勒切, 𠀤繃入聲. {說文}乖也. 从二人相背. {徐曰}乖者, 相背違也. {史記・魯仲連傳}士無反北之心. {玉篇}方名. {史記・天官書}北方水, 太陰之精, 主冬, 曰壬癸. {前漢・律歷志}太陰者北方. 北, 伏也. 陽氣伏于下, 于時爲冬. 又{廣韻}奔也. {史記・管仲傳}吾三戰三北. 又{集韻}補妹切, {韻會}蒲妹切, 𠀤音背. {集韻}違也. {正韻}分異也. {書・舜典}分北三苗. {註}分其頑梗, 使背離也. 說文 <北部> 博墨切. 乖也. 从二人相背. 凡北之屬皆从北.

A0868 U-531A

•匚• 匚字部 總02劃. 훈글 [방] 상자. 新典 [방] 상자. 英譯 box. KangXi radical 22.

康熙 <匚部> 古文: 匚. {唐韻}府良切, {集韻}分房切, 𠀤音方. {說文}受物之器. {肯綮錄}一斗曰匚. {六書正譌}本古方字, 借爲受物器. {六書故}匚, 器之爲方者也. 又通作筐. {通雅}匚爲古筐. 又{集韻}放古作匚. 註見攴部四畫. 說文 <匚部> 府良切. 受物之器. 象形. 凡匚之屬皆从匚. 讀若方.

D0159 U-531C

•匜• 匚字部 總05劃. 훈글 [이] 주전자. 新典 [이] 손대야. 술그릇. 訓蒙 [이] 귀대야. 英譯 basin. container for wine. 康熙 <匚部> 古文: 也. {唐韻}弋支切, {集韻}{韻會}余支切, {正韻}延知切, 𠀤音移. {說文}盥器. 似羹魁, 柄中有道, 可以注水. {禮・內則}敦牟巵匜. {唐書・百官志}盥則奉匜. 又{集韻}{類篇}{韻會}演爾切, {正韻}養里切, 𠀤音酏. 又{集韻}唐何切, 音駝. 義𠀤同. 又{正譌}也, 古匜字, 借爲助辭, 羊者切. 助辭之用既多, 故正義爲所奪, 又加匚爲匜以別之. 實一字也. 說文 <匚部> 移尔切. 似羹魁, 柄中有道, 可以注水. 从匚也聲.

A0356 U-531D

•匝• 匚字部 總05劃. 훈글 [잡] 돌. 新典 [잡] 들릴. 類合 [잡] 에울. 英譯 full circle. encircle. 康熙 <匚部> {增韻}帀俗作匝. {篇海}亦作迊.

A0869 U-532C

•匬• 匚字部 總11劃. 훈글 [유] 노적가리. 新典 [유] 휘. 康熙 <匚部> {集韻}勇主切, 音庾. 同斞. {說文}量也. {玉篇}器受十六斗. 又{集韻}徒侯切, 音頭. {說文}甌器也. 說文 <匚部> 度侯切. 甌, 器也. 从匚俞聲.

A0870 U-5330

•匰• 匚字部 總14劃. 훈글 [단] 주독. 新典 [단] 신쥬독. 康熙 <匚部> {唐韻}都寒切, {集韻}{韻會}多寒切, {正韻}都艱切, 𠀤音丹. {玉篇}宗廟盛主器也. {周禮・春官・司巫}祭祀則共匰主. {註}匰, 器名. 主, 木主也. 說文 <匚部> 都寒切. 宗廟盛主器也. {周禮}曰: "祭祀共匰主." 从匚單聲.

A0868 U-5340

•區• 匚字部 總11劃. 훈글 [구] 지경. 新典 [구] 감출. 작은 방. 난흘. 조고마할. 옥 다섯 쌍. [우] 갈피, 디경. 난흘. 저울 네 눈. 숨길. 類合 [구] 고믈. 英譯 area, district, region, ward. surname. 漢典 會意. 甲骨文字形. 從品在匚中. "品"表示許多物品. "匚", 盛物的器具. 本義: 收藏. 康熙 <匚部> {唐韻}豈俱切, {集韻}{韻會}虧于切, {正韻}丘于切, 𠀤音驅. {說文}藏隱也. 从品在匚中. 品, 衆也. {徐曰}凡言區者, 皆有所藏也. {荀子・大略篇}言之信者, 在乎區蓋之閒. {註}區, 藏物處. 又{前漢・揚雄傳}有田一廛, 宅一區. {張敞傳}敞以耳目, 發起賊主, 名區處. {註}師古曰: 區, 謂居止之所也. 又{韻會}區者, 小室之名. {前漢・胡建傳}

穿北軍壘, 以爲賈區. {註}師古曰: 區者, 小屋之名, 若今小菴屋之類. 故衞士之屋謂之區. 又{論語}區以別矣. {朱註}區, 猶類也. 韓愈{別趙子詩}人心未嘗同, 不可一理區. 又{爾雅・釋器}玉十謂之區. {郭註}雙玉曰瑴, 五瑴爲區. 又區區, 小貌. {前漢・楚元王傳}豈爲區區之禮哉. {註}師古曰: 區區, 謂小也. {禮・樂志}河閒區區小國. 又{集韻}{韻會}丛祛尤切, 音丘. 域也. {增韻}分也, 阜也. {韻會}曲禮, 不嫌諱名, 謂宇與禹, 丘與區. 禹宇二字, 其音不別. 丘之與區, 今讀則異. 然尋古語, 其聲亦同. {陸士衡詩}普厥丘宇. 又晉閣名所載若干區者, 別爲丘字, 則知丘之與區, 其音不別. 又{集韻}{韻會}{正韻}丛烏侯切, 音甌. 量名. 四豆爲區. {左傳・昭三年}豆區釜鍾. 又匿也. {左傳・昭七年}楚文王作僕區之法. {註}僕, 隱也. 區, 匿也. 又姓. {韻會}古歐冶子之後. {王莽傳}中郎區博. 又{集韻}居侯切, 音鉤. 同句. 曲也. {韻會}句或作區. {禮記}區萌達. {註}屈生曰區. 疏: 鉤曲而生. 說文 <匸部> 豈俱切. 踦區, 藏匿也. 从品在匸中. 品, 衆也.

A0119 U-5341

•十• 十字部 總02劃. 훈글 [십] 열. 新典 [십] 열. 訓蒙 [십] 열. 英譯 ten, tenth. complete. perfect. 漢典 指事. 甲骨文象用一根樹枝代表十, 金文象是結繩記數, 用一個結表示十. 后來一點變成了一横. 本義: 九加一的和. 康熙 <十部> {唐韻}{韻會}是執切, {集韻}寔入切, {正韻}寔執切, 丛音拾. {說文}十, 數之具也. 一爲東西, 丨爲南北, 則四方中央具矣. 易, 數生于一, 成于十. {易・繫辭}天九地十. {前漢・韓安國傳}利不十者, 不易業. 又通作什. {孟子}或相什百. {前漢・谷永傳}天所不饗, 什倍於前. {枚乘傳}此其與秦地相什, 而功相百. 又{韻會}令官文書借作拾. 又{陸游老學菴筆記}轉平聲, 可讀爲諶. 白樂天詩: 綠浪東西南北路, 紅欄三百九十橋. 宋文安公宮詞: 三十六所春宮館, 一一香風送管絃. 鼂以道詩: 煩君一日殷勤意, 示我十年感遇詩. 說文 <十部> 是執切. 數之具也. 一爲東西, 丨爲南北, 則四方中央備矣. 凡十之屬皆从十.

A0118 U-5343

•千• 十字部 總03劃. 훈글 [천] 일천. 新典 [쳔] 즘즈믄, 일쳔. 訓蒙 [쳔] 즈믄. 英譯 thousand. many, numerous. very. (Cant.) a cheater, swindler. 漢典 形聲. 從十, 人聲. 本義: 數目. 十百爲千. 康熙 <十部> {唐韻}蒼先切, {集韻}{韻會}{正韻}倉先切, 丛音阡. {說文}十百也. 又{廣韻}漢複姓. 又{韻補}叶雌人切, 請平聲. {劉劭趙都賦}宮妾盈兮數百, 食客過兮三千. 越信孟之卑體, 慕姬旦之懿仁. 說文 <十部> 此先切. 十百也. 从十从人.

A0120 U-5344

•卄• 十字部 總04劃. 훈글 [입] 스믈. 新典 [입] 스무, 스믈. 英譯 twenty, twentieth. 康熙 <十部> {玉篇}如拾切. 二十幷也. 今直爲二十字. {廣韻}廿, 人執切, 音入. 今作卄. {集韻}{韻會}丛作廿. {說文}廿, 二十幷也. 古文省. {徐曰}自古以來, 書二十字从省, 併爲廿字也.

A0121 U-5345

•卅• 十字部 總04劃. 훈글 [삽] 서른. 新典 [삽] 서른. 英譯 thirty, thirtieth. 康熙 <十

部> {集韻}{韻會}悉盍切, {正韻}悉合切, 𠀤音颯. {說文}三三十也. 今作卅, 十幷也. {廣韻}卉直爲三十字. 說文 <卅部> 蘇沓切. 三十幷也. 古文省. 凡卅之屬皆从卅.

A0926 U-5347

•升• 十字部 總04劃. 한글 [승] 되. 新典 [승] 되. 오를. 일울. 새. 태평할. 訓蒙 [승] 되. 英譯 arise, go up. hoist. advance. 漢典 象形. 本義: 容器名. 一斗的十分之一. 康熙 <十部> {唐韻}識蒸切, {集韻}{韻會}書蒸切, 𠀤音陞. {說文}籥也. 十合爲升. {前漢・律歷志}升者, 登合之量也. 古升上徑一寸, 下徑六分, 其深八分. 龠十爲合, 合十爲升. 又成也. {禮・樂記}男女無辨則亂升. 又{廣韻}布八十縷爲升. {禮・雜記}朝服十五升. 又卦名. {易・升卦}升元亨, 用見大人, 勿恤, 南征吉. 又降之對也. {書・畢命}道有升降. {註}猶言有隆有汙也. 又登也, 進也. {詩・小雅}如日之升. {易・坎象}天險不可升也. 又{前漢・梅福傳}民有三年之儲曰升平. 說文 <斗部> 識蒸切. 十龠也. 从斗, 亦象形.

A0990 U-5348

•午• 十字部 總04劃. 한글 [오] 일곱째 지지. 新典 [오] 일곱재 디지. 낫. 어수선할. 어긋날. 英譯 noon. 7th terrestrial branch. 漢典 象形. 本義: 御馬索. 康熙 <十部> {唐韻}{集韻}{韻會}{正韻}𠀤疑古切, 音五. {說文}啎也. 五月陰氣午逆, 陽冒地而出也. {徐曰}五月陽極陰生. 仵者, 正衡之也. 又辰名. {爾雅・釋天}太歲在午曰敦牂. {淮南子・時則訓}斗五月指午. 又{廣韻}交也. {韻會}一縱一橫曰旁午, 猶言交橫也. {儀禮・特牲饋食}心舌皆去, 本末午割之. {註}縱橫割也. {禮・內則}男角女羈. {註}午達曰羈. {疏}度尺而午, 令女剪髮, 留其頂上, 縱橫各一, 相通達也. {前漢・霍光傳}使者旁午. {註}旁午, 分布也. 又舛午, 違背也. 見{前漢・劉向傳}. 又{前漢・劉向傳}水旱飢蝝, 蝨午𠀤起. {註}猶雜沓也. 又{段成式詩}良人爲漬木瓜水, 遮却紅腮交午痕. 又{韻會}馬屬午. 晉姓司馬, 因叚司馬官爲典午. 說文 <午部> 疑古切. 啎也. 五月, 陰气午逆陽. 冒地而出. 此予矢同意. 凡午之屬皆从午.

A0121 U-534C

•卌• 十字部 總05劃. 한글 [십] 마흔. 英譯 forty, fortieth.

A0974 U-534D

•卍• 十字部 總06劃. 한글 [만] 만자. 英譯 swastika, one of the auspicious signs recognized (e.g. in Chinese Tathagata Buddhism) as being on the chest of Buddha (and variously seen in statuary on the chest, soles of the feet, or palms of the hands). 康熙 <十部> {字彙補}內典萬字. {苑咸詩}蓮花卍字總由天.

A0167 U-5351

•卑• 十字部 總08劃. 한글 [비] 낮을. 新典 [비] 나즐. 천할. 訓蒙 [비] ᄂᆞᆺ가올. 英譯

humble, low, inferior. despise. (康熙) <十部> {唐韻}府移切, {集韻}{韻會}賓彌切, {正韻}逋眉切, 𠀤音碑. {說文}賤也. 執事者. {玉篇}下也. {易・繫辭}天尊地卑. 又{韻會}鮮卑山, 在柳州界. 又鮮卑, 帶名. {楚辭・大招}小腰秀頸, 若鮮卑只. {註}鮮卑, 衮帶頭也. 言腰支細小, 頸銳秀長, 若以鮮卑帶約而束之也. 又姓. {廣韻}蔡邕胡太傅碑, 有太傅椽鴈門卑整. 又{前漢・鄒陽傳}封之於有卑. {註}地名也. 音鼻. 又音彼. 與俾同. {荀子・宥坐篇}卑民不迷. 又音陛. 與庳同. {周禮・冬官考工記}輪人爲蓋, 上欲尊而宇欲卑. (說文) <𠂇部> 補移切. 賤也. 執事也. 从𠂇, 甲.

A0518 U-5352

•卒• 十字部 總08劃. (훈글) [졸] 군사. (新典) [졸] 항오. 밧블. 별안간. [줄] 마칠. 죽을. 임이. (訓蒙) [졸] 군ᄉᆞ. (英譯) soldier. servant. at last, finally. (康熙) <十部> {唐韻}{集韻}{韻會}{正韻}𠀤藏沒切, 尊入聲. {說文}隷人給事者. {周禮・地官・小司徒}乃會萬民之卒伍而用之. 五人爲伍, 五伍爲兩, 四兩爲卒. 又{唐韻}子律切, {集韻}{韻會}卽聿切, {正韻}卽律切, 𠀤音啐. {爾雅・釋詁}盡也. {疏}終盡也. {詩・衛風}畜我不卒. 又{爾雅・釋言}已也. {禮・曲禮}大夫死曰卒. 又{唐韻}{集韻}{正韻}倉沒切, {韻會}蒼沒切, 𠀤村入聲. {廣韻}急也. {韻會}匆遽之貌. {前漢・司馬遷傳}卒卒無須臾之閒. {趙充國傳}則亡以應卒. {註}卒謂暴也. 又與倅同, 音翠. 副貳也. {禮・燕義}庶子, 官職, 諸侯, 卿大夫, 士之庶子之卒. 又{集韻}崒亦作卒. 又{韻補}叶將遂切, 音翠. {左思・吳都賦}雕題之士, 鏤身之卒. 比飾虬龍, 蛟螭與對. 又叶昌悅切, 音測. {蘇轍・功臣寺詩}流傳後世人, 談笑資口舌. 是非亦已矣, 興廢何倉卒. (說文) <衣部> 臧沒切. 隷人給事者衣爲卒. 卒, 衣有題識者.

A0093 U-5353

•卓• 十字部 總08劃. (훈글) [탁] 높을 (新典) [착] 俗音 [탁] 놉흘. 웃둑할. (英譯) profound. brilliant. lofty. (康熙) <辵部> {唐韻}{集韻}{韻會}𠀤敕角切, 音踔. {說文}遠也. {史記・霍去病傳}逴行殊遠. {註}逴與卓同. 遠也. 又超絕也. {班固・西都賦}逴躒諸夏. 又{玉篇}蹇也. {揚子・方言}自關而西, 秦晉之閒, 凡蹇者謂之逴. {註}行略逴也. 體偏長短, 亦謂之逴. 又逴龍, 神名. {楚辭・大招}北有寒山, 逴龍赩只. 又{廣韻}丑略切, {集韻}{韻會}敕略切, 𠀤音綽. 義同. (說文) <匕部> 竹角切. 高也. 早匕爲皁, 匕卩爲卬, 皆同義.

A0913 U-5354

•協• 十字部 總08劃. (훈글) [협] 맞을. (新典) [협] 마즐. 화할. 복종할. (類合) [협] 동심. (英譯) be united. cooperate. (康熙) <十部> 古文: 叶. {唐韻}{正韻}胡頰切, {集韻}{韻會}檄頰切, 𠀤音挾. {說文}衆之同和也. 从劦, 十聲. {書・堯典}協和萬邦. {皐陶謨}同寅協恭. 又{爾雅・釋詁}服也. {疏}協者, 和合而服也. {書・微子之命}下民祇協. {晉書・虞溥傳}崇尙道素, 廣開學業, 讚協時雍, 光揚盛化. 又{集韻}與劦通. {山海經}惟號之山, 其風若劦. 通作協. 又作汁. {周禮註}卿士汁日. {張衡・西京賦}五緯相汁. (說文) <劦部> 胡頰切. 眾之同和也. 从劦从十.

A0358 U-5357

•南• 十字部 總09劃. (훈글) [남] 남녘. (新典) [남] 마, 압, 남녁. 금. (訓蒙) [남] 앏. (英譯) south. southern part. southward. (康熙) <十部> 古文: 峷䍐. {唐韻}{集韻}{韻會}{正韻}𠀤那含切, 音男. {說文}草木至南方, 有枝任也. {徐曰}南方主化育, 故曰主枝任也. {前漢・律歷志}太陽者, 南方. 南, 任也. 陽氣任養物, 於時爲夏. {白虎通}八月之律, 謂之南呂何. 南者, 任也. 言陽氣尚有任生薺麥也. 又樂名. {詩・小雅}以雅以南. {韻會}南亦雅樂名, 猶九夏也, 南夏皆文明之方, 故名南. 周南召南, 亦樂名. 又姓. {韻會}魯大夫南遺. {宋書・律志}班左並馳, 董南齊轡. 又雙南, 金也. {范仲淹金在鎔賦}英華旣發, 雙南之價彌高. 鼓鑄未停, 百鍊之功可待. 又{翻譯名義}合掌作禮曰和南. {淳化帖衞夫人書}衞和南. 又{韻補}叶尼心切, 音寧. {詩・邶風}遠送于南. 沈重讀. {陸雲・喜霽賦}朱明啓候, 凱風自南, 復火正之舊司, 黜后土于重陰. (說文) <宋部> 那含切. 艸木至南方, 有枝任也. 从宋羊聲.

A0193 U-5360

•占• 卜字部 總05劃. (훈글) [점] 차지할. (新典) [졈] 졈칠. 날시 볼. 차지할, 졈령할. 입으로 부를. (訓蒙) [졈] 졈복. (英譯) divine. observe. versify. (漢典) 會意. 從卜, 從口. 以口問卜. 本義: 推測吉兇, 即察看甲骨的裂紋或蓍草排列的情況取兆推測吉兇. (康熙) <卜部> {唐韻}職廉切, {集韻}{韻會}{正韻}之廉切, 𠀤音詹. {說文}視兆問也. 从卜口. {徐曰}會意. {易・繫辭}以卜筮者, 尚其占. 又{爾雅・釋言}隱占也. {疏}占者, 視兆以知吉凶也. 必先隱度, 故曰隱占也. 又{玉篇}候也. {揚子・方言}視也. {韻會}凡相候謂之占. 占亦瞻也. 又{唐韻}{集韻}{韻會}{正韻}𠀤章豔切, 音佔. {廣韻}固也. {韻會}固有也. {增韻}擅據也, 著位也. {前漢・宣帝紀}流民自占八萬餘口. {王安石詩}坐占白鷗沙. 又{韻會}隱度其辭, 口以授人曰口占. {後漢・陳遵傳}遵常召善書吏於前, 治私書謝親故, 馮几口占書數百封, 親疎各有意. 又有也. 韓愈{進學解}占小善者, 率以錄. 又{顏延之・陶潛誄}敬述靖節, 式遵遺占. {註}遺占, 卽遺令也. (說文) <卜部> 職廉切. 視兆問也. 从卜从口.

A0409 U-5363

•卣• 卜字部 總07劃. (훈글) [유] 술통. (新典) [유] 즁술준. (英譯) wine pot. (康熙) <卜部> 古文: 卤. {唐韻}與九切, {集韻}{韻會}以九切, {正韻}云九切, 𠀤音酉. {玉篇}中尊器也. {爾雅・釋器}卣, 器也. {註}盛酒尊. {疏}卣, 中尊也. 孫炎云: 尊彝爲上, 罍爲下, 卣居中. 郭云: 不大不小, 在罍彝之閒. {詩・大雅}秬鬯一卣. 又作脩. {周禮・春官・鬯人}廟用脩. {註}鄭曰: 脩, 讀曰卣. 又{唐韻}以周切, {集韻}夷周切, {正韻}于求切, 𠀤音由. 義同.

A0409 U-353D

•𠧽• 卜字部 總08劃. (훈글) [유] 중술통. (英譯) (non-classical form of 卣) a kind of wine pot or jar used in ancient time. (康熙) <卜部> {字彙補}同卣.

A0566 U-353E

•㔾• 卩字部 總02劃. (ᄒᆞᆫ글) [절] 병부. (英譯) (same as U+7B44 節) last name. KangXi radical 26. a joint, a seal, (ancient form of 節). (康熙) <卩部> {韻會}凡从弓字之偏旁作弓巴㔾卩.

A0566 U-5369

•卩• 卩字部 總02劃. (ᄒᆞᆫ글) [절] 병부. (新典) [졀] 몸긔. (英譯) seal. KangXi radical 26. (康熙) <卩部> {玉篇}古文節字, 註見竹部九畫. {說文}作弓. {正譌}卩象骨卩形. 古符卩, 所以示信, 半在外, 半在內, 取象于骨卩, 故又借爲符卩字. 隸作節. {韻會}卩與阝不同. 阝音邑. (說文) <卩部> 子結切. 瑞信也. 守國者用玉卪, 守都鄙者用角卪, 使山邦者用虎卪, 士邦者用人卪, 澤邦者用龍卪, 門關者用符卪, 貨賄用璽卪, 道路用旌卪. 象相合之形. 凡卪之屬皆从卪.

A0984 U-536F

•卯• 卩字部 總05劃. (ᄒᆞᆫ글) [묘] 넷째 지지. (新典) [묘] 넷재 디지. 셩할. (英譯) 4th terrestrial branch. period from 5-7 a.m.. (漢典) 象形. 象兩扇門打開之形. 本義: 門開著. (康熙) <卩部> 古文: 兆非丱聊. {唐韻}{集韻}{韻會}{正韻}太莫飽切, 音昴. {說文}冒也. 二月, 萬物冒地而出, 象開門之形, 故二月爲天門. {徐曰}二月, 陰不能制, 陽冒而出也. 天門, 萬物畢出也. 又{廣韻}辰名. {爾雅・釋天}歲在卯曰單閼. {晉書・樂志}卯, 茂也, 謂陽氣生而孳茂也. {韻會}俗作夘, 非. (丣) {說文}卯本字. 與丣字上畫連者有別. 丣音酉. {六書正譌}丣, 闢戶也. 从二戶, 象門兩闢形. 因聲借爲寅卯字, 爲日出物生之象. (說文) <卯部> 去京切. 事之制也. 从卩, 㔾. 凡卯之屬皆从卯. 闕.

A0572 U-5370

•印• 卩字部 總06劃. (ᄒᆞᆫ글) [인] 도장. (新典) [소] 인, 쯕이, 소누. 찍을, 박을. (訓蒙) [인] 인. (英譯) print, seal, stamp, chop, mark. (漢典) 會意. 甲骨文字形. 左是手爪, 右象跪著的人, 合起來表示用手按人使之跪拜. 本義: 官印. (康熙) <卩部> 古文: 㡇. {唐韻}於刃切, {集韻}{韻會}伊刃切, {正韻}衣刃切, 太因去聲. {說文}執政所持信也. 从爪从卪. 卪象相合之形. 今文作卩, 瑞信也. 手爪以持印. 會意. {廣韻}符, 印也. 印, 信也, 亦因也, 封物相因付. {增韻}刻文合信也. {前漢・百官公卿表}二千石皆銀印, 二百石以上皆銅印. {註}師古曰: 刻文云: 某官之印. 又姓. {廣韻}左傳, 鄭大夫印段, 出自穆公子印, 以王父字爲氏. (說文) <印部> 於刃切. 執政所持信也. 从爪从卪. 凡印之屬皆从印.

A0586 U-5371

•危• 卩字部 總06劃. (ᄒᆞᆫ글) [위] 위태할. (新典) [위] 위태할, 바들, 바드러울. 병 더칠. 기울. 대마루. (類合) [위] 위틱. (英譯) dangerous, precarious. high. (漢典) 會意. 小篆字形上面是人, 中間是山崖, 下面腿骨節形. 人站在山崖上, 表示很高. 本義: 在高處而畏懼. (康熙) <卩部>

古文: 岔. {唐韻}魚爲切, {集韻}{韻會}虞爲切, 太僞平聲. {說文}在高而懼也. 从产, 人在厓上, 自卩止之也. {徐曰}孝經, 高而不危, 制節謹度. 故从卩. {玉篇}不安貌. {廣韻}疾也. 隤也, 不正也. 又{禮・儒行}有比黨而危之者. {註}危, 欲毁害之也. 又屋棟上也. {禮・喪大記}升自東榮, 中屋履危. {疏}踐履屋棟高危處. 又{韻會}宿名. 三星. {左傳・襄二十八年註}玄武之宿, 虛危之星. 又{書・禹貢}三危旣宅. {韻會}三峗, 山名. 通作危. (說文) <危部> 魚爲切. 在高而懼也. 从产, 自卩止之. 凡危之屬皆从危.

A0298 U-5373

•即• 卩字部 總07劃. (훈글) [즉] 곧. (英譯) promptly, quickly, immediately. (漢典) 會意. 甲骨文作坐人形面對食器會意. 本義: 走近去吃東西. (康熙) <卩部> {玉篇}卽今作即.

A0298 U-537D

•卽• 卩字部 總09劃. (훈글) [즉] 곧. (新典) [즉] 이제, 곳. 갓가울. 나아갈. 다만. 불똥. 가득할. (類合) [즉] 곧. (英譯) promptly. (康熙) <卩部> 古文: 皀. {唐韻}子力切, {集韻}{韻會}{正韻}節力切, 太音稷. {說文}卽食也. 一曰就也. {徐曰}卽猶就也. 就食也. {前漢・高帝紀}使陸賈卽授璽綬. {註}師古曰: 卽, 就也. 又{玉篇}今也. 又{爾雅・釋詁}卽, 尼也. {註}尼, 近也. {疏}卽今相近也. 又{前漢・西南夸傳}卽以爲不毛之地, 無用之民. {註}卽, 猶若也. 又卽卽, 充實也. {前漢・禮樂志・安世房中歌}磑磑卽卽, 師象山則. {註}積實之盛, 類于山也. 又通作則. {前漢・王莽傳}應聲滌地, 則時成創. {註}則時, 猶卽時也. 又燭炬之燼曰卽. {管子・弟子職}右手執燭, 左手正櫛. {檀弓}註櫛作卽. 又姓. {廣韻}風俗通有單父令卽費. 又漢複姓, 有卽墨成. 又{集韻}隷作卽. {玉篇}今作卽. 㶣从火从収. (說文) <皀部> 子力切. 卽食也. 从皀卩聲.

A0303 U-537F

•卿• 卩字部 總12劃. (훈글) [경] 벼슬. (新典) [경] 밝힐. 향할. 벼슬, 귀할. (訓蒙) [경] 벼슬. (英譯) noble, high officer. (漢典) 會意. 甲骨文字形, 像二人向食之形. {說文}: “從卯, 皀聲.” “卯, 事之制也.” 本義: 饗食. (康熙) <卩部> {唐韻}去京切, {集韻}{韻會}{正韻}丘京切, 太音輕. {說文}章也. 从卯皀聲. {徐曰}章善明理也. 又嚮也. 言爲人所歸嚮也. {禮・王制}大國三卿, 小國二卿. {儀禮疏}諸侯兼官, 但有三卿: 司徒兼冢宰, 司馬兼春官, 司空兼秋官. {玉篇}漢置正卿九: 太常, 光祿, 太僕, 衞尉, 延尉, 鴻臚, 宗正, 司農, 少府. {晉書・百官志}古者, 天子諸侯皆名執政大臣曰正卿, 自周後始有三公九卿之號. 又{韻會}秦漢以來, 君呼臣以卿. {正韻}君呼臣爲卿, 蓋期之以卿也. 又{韻會}凡敵體相呼亦爲卿, 蓋貴之也. 隋唐以來, 儕輩下已, 則稱卿, 故宋璟卿呼張易之. 又{前漢・項籍傳}號爲卿子冠軍. {註}文穎曰: 卿子, 時人相褒尊之稱, 猶言公子也. 又姓. {風俗通}虞卿之後. (說文) <卯部> 去京切. 章也. 六卿: 天官冢宰, 地官司徒, 春官宗伯, 夏官司馬, 秋官司寇, 冬官司空. 从卯皀聲.

A0586 U-5383

•产• 厂字部 總04劃. (훈글) [첨] 우러러볼. (英譯) to look upward. (康熙) <厂部> {唐韻}職

廉切, {集韻}之廉切, 𠀤音詹. {說文}仰也. 从人在厂上. 一曰屋梠也. 秦謂之桷, 齊謂之产. 又{集韻}五委切, 音頠. 又{集韻}{類篇}𠀤之嚴切. 義𠀤同. 說文 <厂部> 魚毁切. 仰也. 从人在厂上. 一曰屋梠也, 秦謂之桷, 齊謂之产.

A0320 U-539A

•厚• 厂字部 總09劃. ᄒᆞᆫ글 [후] 두터울. 新典 [후] 무거울. 두터울. 클. 무르녹을. 類合 [후] 두터울. 英譯 thick. substantial. greatly. 漢典 會意. 從廠, 表示與山石有關. 本義: 地殼厚. 與"薄"相對. 康熙 <厂部> 古文: 垕䢕. {唐韻}{正韻}胡口切, {集韻}{韻會}很口切, 𠀤侯上聲. {說文}山陵之厚也. {玉篇}不薄也, 重也. {易廣}博厚配天地. 又{戰國策}非能厚勝之也. {註}厚, 猶大也. 又{增韻}醲也. 又{廣韻}姓也. 出{姓苑}. 又謚法, 思慮不爽曰厚. 說文 <㫗部> 胡口切. 山陵之厚也. 从㫗从厂.

A0849 U-53A5

•厥• 厂字部 總12劃. ᄒᆞᆫ글 [궐] 그. 新典 [궐] 그, 그것. 저를. 조을. 어조사. 英譯 personal pronoun he, she, it. 康熙 <厂部> 古文: 氒〈氏下可〉身身𨈐. {唐韻}{集韻}{韻會}𠀤居月切, 音蕨. {說文}發石也. 从厂, 欮聲. {玉篇}短也. {爾雅・釋言}其也. {周禮・地官・鄉大夫之職}厥明. {註}其也. 又{前漢・諸侯王表}漢諸侯王厥角稽首. {註}應劭曰: 厥者, 頓也. 角者, 額角也. 又姓. {韻會}京兆人, 漢賜衡山王妾厥氏. 又{韻會}九勿切, 音劂. 突厥世居金山, 工於鐵作, 金山狀如兜鍪. 俗呼兜鍪爲突厥, 因爲國號. 說文 <厂部> 俱月切. 發石也. 从厂欮聲.

A0295 U-53BB

•去• 厶字部 總05劃. ᄒᆞᆫ글 [거] 갈. 新典 [거] 갈. 버릴. 덜, 업시 할. 감출. 類合 [거] 갈. 英譯 go away, leave, depart. 漢典 會意兼形聲. 甲骨文字形. 上面是人, 下面是口, 表示人離開洞口或坑坎而去. {說文}: "從大, 凵聲." 凵. 本義: 離開. 康熙 <厶部> {唐韻}{集韻}{韻會}𠀤丘據切, 墟去聲. {說文}人相違也. {廣韻}離也. {增韻}來去, 離去, 去就之去. {玉篇}行也. {史記・莊助傳}汲黯招之不來, 麾之不去. 又棄也. {後漢・申屠剛傳}愚聞人所歸者, 天所與. 人所畔者, 天所去也. 又{唐韻}羌舉切, {集韻}{韻會}口舉切, {正韻}丘舉切, 𠀤墟上聲. {集韻}徹也. 又藏也. {前漢・蘇武傳}掘野鼠, 去草實而食之. {註}去, 收藏也. 又{集韻}或作弆. {前漢・陳遵傳}遵善書, 與人尺牘, 皆藏弆以爲榮. {註}弆, 亦藏也. 又{韻會}{正韻}𠀤丘於切, 音墟. 疾走. {正字通}同驅. {詩・小雅}鳥鼠攸去, 君子攸芋. {左傳・僖十五年}秦伯伐晉. 卜之, 曰: 千乘三去, 三去之餘, 獲其雄狐. 說文 <去部> 丘據切. 人相違也. 从大凵聲. 凡去之屬皆从去.

A0243 U-53C0

•叀• 厶字部 總08劃. ᄒᆞᆫ글 [전] 삼가할. 康熙 <厶部> {正字通}同專. 說文 <叀部> 職緣切. 專小謹也. 从幺省 ; 屮, 財見也 ; 屮亦聲. 凡叀之屬皆从叀.

A0152 U-53C8

•又• 又字部 總02劃. (훈글) [우] 또. (新典) [우] 쏘. [역] 다시. [역] 다시. (類合) [우] 쏘. (英譯) and, also, again, in addition. (康熙) <又部> {唐韻}于救切, {集韻}{韻會}尤救切, {正韻}爰救切, 𠀤音宥. {說文}手也. 象形. 三指者, 手之𠛬多, 略不過三也. {韻會}偏旁作𠬝. 又{廣韻}又, 猶更也. 又{韻補}叶夷益切, 音亦. 復也. {詩·小雅}人之齊聖, 飮酒溫克. 彼昏不知, 壹醉日富. 各敬爾儀, 天命不又. 富音偪. (說文) <又部> 于救切. 手也. 象形. 三指者, 手之𠛬多略不過三也. 凡又之屬皆从又.

A0153 U-53C9

•叉• 又字部 總03劃. (훈글) [차] 깍지낄. (新典) [채] 가닥진 비녀. 가장귀. [차] 손길 잡을. (訓蒙) [차] 거릴. (英譯) crotch. fork, prong. (漢典) 指事. 小篆爲"又"上加一點, 指出叉手的動向. 本義: 交錯, 交叉. (康熙) <又部> {唐韻}初牙切, {集韻}{韻會}{正韻}初加切, 𠀤音差. {說文}手指相錯. {玉篇}指相交也. {增韻}俗呼拱手曰叉手. {柳宗元詩}入郡腰常折, 逢人手盡叉. 又{酉陽雜俎}蘇都識匿國有夜叉城, 城舊有野叉, 其窟見在. {唐書·酷吏傳}監察御史李全交酷虐, 號鬼面夜叉. 又{唐韻}楚佳切, {集韻}初佳切, {正韻}初皆切, 𠀤音釵. 義同. 又{正韻}婦人岐笄, 同釵. 又{正韻}兩枝也. (說文) <又部> 初牙切. 手指相錯也. 从又, 象叉之形.

A0153 U-355A

•㕚• 又字部 總04劃. (훈글) [조] 손톱. (英譯) (ancient form of 爪) claws of birds or animals, feet, to scratch, to claw, to grasp. (康熙) <又部> {唐韻}{韻會}𠀤古文爪字. 註見部首. {說文}手足甲也. 象其甲指端生形. ○ 按{正譌}覆手曰爪. 㕚, 手足甲形. 分爪, 㕚爲二, 太泥. (說文) <又部> 側狡切. 手足甲也. 从又, 象叉形.

A0158 U-53CA

•及• 又字部 總04劃. (훈글) [급] 미칠. (新典) [급] 미칠. 미처 갈. 죄미칠. 밋. (類合) [급] 미츨. (英譯) extend. reach. come up to. and. (漢典) 會意. 甲骨文字形, 從人, 從手. 表示后面的人趕上來用手抓住前面的人. 本義: 追趕上, 抓住. (康熙) <又部> 古文: 弓遘. {唐韻}其立切, {集韻}{韻會}極入切, {正韻}忌立切, 𠀤琴入聲. {說文}逮也. 从又从人. {徐曰}及, 捕人也. 會意. {廣韻}至也. 又{韻會}旁及, 覃被也. {詩·大雅}覃及鬼方. {周頌}燕及皇天. 又{增韻}連累也. {左傳·隱六年}長惡不悛, 從自及也. 又兼與之辭. {左傳·宣七年}與謀曰及. 又{後漢·黨錮傳}張儉等八人爲八及, 言能導人追宗也. 又{韻補}叶極業切. {詩·大雅}征夫捷捷, 每懷靡及. (說文) <又部> 巨立切. 逮也. 从又从人.

A0163 U-53CB

•友• 又字部 總04劃. (훈글) [우] 벗. (新典) [우] 벗, 친구. 우애. 합할. (訓蒙) [우] 번. (英譯) friend, companion. fraternity. (漢典) 會意. 甲骨文字形, 象順著一個方向的兩只手, 表示以

手相助. 本義: 朋友. (康熙) <又部> 古文: 𠬛䶭習㞢𦣻. {唐韻}云久切, {集韻}{韻會}{正韻}云九切, 𠀤音有. {說文}同志爲友. {禮・儒行}儒有合志同方, 營道同術, 𠀤立則樂, 相下不厭, 久不相見, 聞流言不信, 其行本方立, 義同而進, 不同而退, 其交友有如此者. 又善于兄弟爲友. {書・君陳}惟孝友于兄弟. 又凡氣類合同者皆曰友. {司馬光・潛虛}醜, 友也. 天地相友, 萬彙以生. 日月相友, 羣倫以明. 風雨相友, 艸木以榮. 君子相友, 道德以成. 又{韻補}叶羽軌切, 音洧. {前漢・禮樂志天馬歌}體容與, 迣萬里, 今安匹, 龍爲友. (說文) <又部> 云久切. 同志爲友. 从二又. 相交友也.

A0158 U-53CD

•反• 又字部 總04劃. (훈글) [반] 되돌릴. (新典) [번] 뒬, 뒤칠. [반] 왼, 두리킬. 업흘, 업칠. 돌아올. 배반할, 미길. 듬직할, 진즁할. (類合) [반] 뒤혈. (英譯) reverse, opposite, contrary, anti. (漢典) 象形. 甲骨文字形, 從又從廠. “廠”音 hăn. 本義: 手心翻轉. (康熙) <又部> 古文: 反. {唐韻}府遠切, {集韻}{韻會}甫遠切, 𠀤音返. {說文}覆也. 从又, 厂. {詩・周頌}福祿來反. {註}言福祿之來, 反覆不厭也. 又{前漢・陳勝傳}使者五反. {註}師古曰: 反, 謂回還也. 又{唐韻}{集韻}{韻會}孚袁切, {正韻}孚艱切, 𠀤音幡. {廣韻}斷獄平反. {韻會}錄囚平反之, 謂舉活罪人也. {增韻}理正幽枉也. {前漢・食貨志}杜周治之, 獄少反者. {註}反, 音幡. 又通作翻. {前漢・張安世傳}反水漿. 又{集韻}{韻會}𠀤部版切, 翻上聲. {集韻}難也. {詩・小雅}威儀反反. 沈重讀. 又{集韻}方願切, 音販. 難也. {詩・小雅}威儀反反. 毛萇說. 一曰順習貌. 又{正韻}販亦作反. {荀子・儒效篇}積反貨而爲商賈. 又{集韻}孚萬切, 音娩. 覆也. (說文) <又部> 府遠切. 覆也. 从又, 厂反形.

A0004 U-355C

•㕜• 又字部 總06劃. (훈글) [사] 역사. (英譯) (ancient form of 史) history. chronicles. annals. (康熙) <又部> {正韻}史, 古作㕜. 註見口部二畫. {說文}記事者也. 从又, 持中. 中, 正也. {徐曰}記事當主于中正也.

A0004 U-53D3

•叓• 又字部 總07劃. (훈글) [사] 일. (英譯) affair, matter. work. (康熙) <又部> {玉篇}古文事字. 註見亅部七畫.

A0493 U-53D4

•叔• 又字部 總08劃. (훈글) [숙] 아재비. (新典) [슉] 아자비, 삼촌. 주을. 어릴. (訓蒙) [슉] 아ᄋᆞ아자비. (英譯) fathers younger brother. (康熙) <又部> 古文: 尗䒢𠦑. {唐韻}{集韻}{韻會}{正韻}𠀤式竹切, 音菽. {說文}拾也. 从又, 尗聲. 汝南謂收芋爲叔. {徐曰}收拾之也. {詩・豳風}九月叔苴. {註}拾也. 又{玉篇}伯叔也. {廣韻}季父也. {釋名}叔, 少也. 幼者稱也. 又{爾雅・釋親}婦謂夫之弟曰叔. 又{玉篇}同尗, 豆也. {前漢・昭帝紀}得以叔粟當賦. {註}師古曰: 叔, 豆也. 又姓. {韻會}魯公子叔弓之後. 漢光武破虜將軍叔壽. 又{集韻}或作村. {玉篇}俗

作𣏌. 又{集韻}昌六切, 與俶. 同. {說文}善也. 詩: 令終有俶. (說文) <又部> 式竹切. 拾也. 从又尗聲. 汝南名收芌爲叔.

A0160 U-53D6

•取• 又字部 總08劃. (훈글) [취] 취할. (新典) [츄] 거둘, 가질. 바들. 차즐. [추] 어들. (類合) [취] 가질. (英譯) take, receive, obtain. select. (漢典) 會意. 從又, 從耳. 甲骨文字形. 左邊是耳朵, 右邊是手, 合起來表示用手割耳朵. 古代作戰, 以割取敵人尸體首級或左耳以計數獻功. 本義: 割下左耳. (康熙) <又部> {唐韻}七庾切, {集韻}{韻會}{正韻}此主切, 𠀤娶上聲. {說文}捕取也. 从又耳. {玉篇}資也, 收也. {廣韻}受也. {增韻}索也. {禮・儒行}力行以待取. {史記・魯仲連傳}爲人排難解紛, 而無取也. {管子・白心篇}道者, 小取焉則小得福, 大取焉則大得福. 又{韻會}凡克敵不用師徒曰取. 又{前漢・王莽傳}考論五經, 定取禮. {註}師古曰: 取, 讀曰娶. 又{集韻}{韻會}{正韻}𠀤逡須切, 音趨. {集韻}取慮, 縣名, 在臨淮. 又{集韻}雌由切, 音秋. {前漢・地理志}陳留浚儀. {註}師古曰: 取慮, 縣名. 音秋盧. 取又音趨. 又{集韻}{韻會}{正韻}𠀤此苟切, 音趣. {杜甫・遭田父泥飮詩}今年大作社, 拾遺能住否. 叫婦開大瓶, 盆中爲吾取. 感此氣揚揚, 須知風化首. 又{正韻}索也. {詩・小雅}如酌孔取. {箋}謂度所勝多少. 又{六書本義}申通用伸, 伸通取. 訓索, 取轉聲, 與娶趣字同. 又{古文奇字}朱謀㙔曰: 古文取, 疑當从与聲. 人與而我取也. (說文) <又部> 七庾切. 捕取也. 从又从耳. {周禮}: "獲者取左耳." {司馬法}曰: "載獻聝." 聝者, 耳也.

A0246 U-53D7

•受• 又字部 總08劃. (훈글) [수] 받을. (新典) [슈] 바들. 어들. 담을. 용납할. (訓蒙) [슈] 바둘. (英譯) receive, accept, get. bear, stand. (漢典) 會意. 甲骨文字形, 象兩手中間有一只舟, 表示傳遞東西. 本義: 接受, 承受. (康熙) <又部> 古文: 叐. {唐韻}殖酉切, {集韻}{韻會}{正韻}是酉切, 𠀤音壽. {說文}相付也. {玉篇}得也. {易・旣濟}實受其福. {詩・大雅}受天之祜. 又承也. {李適之法觀禪師碑銘}孰承最上, 密受居多. 又盛也. {杜甫詩}野航恰受兩三人. 又容納也. {論語}君子不可以小知, 而可大受也. 又{正字通}神呪切, 收去聲. {詩・小雅}投畀有北, 有北不受. 叶下昊. 昊, 許候切. ○ 按受字{韻書}無去聲. 又叶音署. {張衡・誚靑衣賦}晏嬰潔志, 不顧景女. 乃雋不疑, 奉霍不受. {韻會}毛氏曰: 从爫从冖. 俗或作受, 非. 受音胡到切, 下从丈. (說文) <𠬪部> 殖酉切. 相付也. 从𠬪, 舟省聲.

A0154 U-53DC

•叜• 又字部 總09劃. (훈글) [수] 늙은이. (新典) [수] 어른. 쌀 씻는 소리. 늙은이. (英譯) old man. (康熙) <又部> {唐韻}{集韻}𠀤古文叟字. 註詳八畫. {說文}老也. 从灾, 又聲. 灾者, 衺惡也. {廣韻}老叜. {集韻}或作𡩱傁傻. (說文) <又部> 穌后切. 老也. 从又从灾. 闕.

A0154 U-53DF

•叟• 又字部 總10劃. (훈글) [수] 늙은이. (新典) [수] 어른. 쌀 씻는 소리. 늙은이. (訓蒙) [수]

하나비. 英譯 old man, elder. 康熙 <又部> 古文: 叜. {唐韻}{集韻}{韻會}{正韻}𡘜蘇后切, 音藪. {說文}老也. 又{集韻}{韻會}{正韻}𡘜疎鳩切, 音搜. 叟叟, 淅米聲. {詩・大雅}釋之叟叟, 蒸之浮浮. {註}釋, 淅米也. 叟叟, 聲也. {集韻}或作溞, 通作溲. 又{正韻}先侯切, 漱平聲. 尊老之稱. {劉琨・贈盧諶詩}惟彼太公望, 昔是渭濱叟. 鄧生何感激, 千里來相求. 又{集韻}蘇遭切, 音騷. 同搜. 搜搜, 動貌. 或省作叟.

A0054 U-53E3

•口• 口字部 總03劃. 훈글 [구] 입. 新典 [구] 입. 어구. 인구. 訓蒙 [구] 입. 英譯 mouth. open end. entrance, gate. 漢典 象形. 甲骨文字形, 象人的口形. 本義: 口腔器官, 嘴. 康熙 <口部> 古文: 𠮛𠙵. {唐韻}苦后切, {集韻}{韻會}去厚切, {正韻}苦厚切, 𡘜寇上聲. {說文}人所以言食也. 象形. {易・頤卦}自求口食. {書・大禹謨}唯口出好興戎. 又戸口. {孟子}數口之家. {前漢・宣帝紀}膠東相成勞來不怠, 流民自占八萬餘口. 又{李陵傳}捕得生口, 言李陵教單于爲兵, 以備漢軍. 又姓. {唐韻}今同州有之. {正字通}明弘治中, 宣府通判口祿. 又古口, 複姓. {正字通}漢有古口引. 又壺口, 山名. {書・禹貢}冀州旣載壺口. 又谷口, 地名. {史記・范睢傳}北有甘泉谷口. {註}九嵕山中西謂之谷口. 又列口, 縣名. {前漢・地理志}樂浪郡, 列口縣. 又{史記・倉公傳}切其脉時, 右口氣息. {註}右手寸口也. 脉經, 從魚際至高骨却行一寸, 其中名曰寸口, 其骨自高. 又{韻補}苦動切, 音孔. {釋名}口, 空也. 空上聲. 又叶康杜切, 音苦. {詩・小雅}好言自口, 莠言自口. 憂心愈愈, 是以有侮. {前漢・溝洫志}且漑且糞, 長我禾黍. 衣食京師, 億萬之口. {宋玉・風賦}侵淫谿谷, 盛怒於土囊之口, 緣泰山之阿, 舞於松柏之下. 下叶音戸. ○ 按唐韻正, 口古音苦. 引朱子韓文考異云: 今建州人謂口爲苦, 走爲祖. 雖出俚俗, 亦由音本相近, 故與古暗合也. 是直以爲口當讀作苦, 非止叶音矣. 又叶恪侯切, 音彄. {梁法雲・三洲歌}三洲斷江口, 水從窈窕河傍流. 說文 <口部> 苦后切. 人所以言食也. 象形. 凡口之屬皆从口.

D0018 U-3563

•㕣• 口字部 總05劃. 훈글 [연] 산속의 늪. 英譯 a marsh at the foot of the hills, (interchangeable 湢 沇) name of a river. 康熙 <口部> 古文: 容. {唐韻}{集韻}{韻會}𡘜以轉切, 音抁. {說文}山閒陷泥地. 从口从水, 敗貌. 讀若沇州之沇. 九州之渥地也, 故以沇名焉. {徐鍇曰}口象山門. 八半水, 象土上有少水也. {韻會}兖本作㕣, 通作沇, 今文作兖. {毛晃曰}兖字, 中从㕣. 俗从公作兗, 非. 說文 <口部> 以轉切. 山閒陷泥地. 从口, 从水敗皃. 讀若沇州之沇. 九州之渥地也, 故以沇名焉.

A0119 U-53E4

•古• 口字部 總05劃. 훈글 [고] 옛. 新典 [고] 예. 비롯올. 訓蒙 [고] 녜. 英譯 old, classic, ancient. 漢典 會意. 從十, 從口. 本義: 古代. 一般分爲太古, 上古, 中古, 近古. 康熙 <口部> 古文: 𠖠𡇰. {唐韻}{集韻}公戸切, {韻會}果五切, {正韻}公土切, 𡘜音鼓. {爾雅・釋詁}古, 故也. {說文}从十, 口. 識前言者也. {徐鉉曰}十口所傳, 是前言也. {玉篇}久也, 始也. {書・堯典}曰若稽古帝堯. {詩・邶風}逝不古處. {前漢・藝文志}世歷三古. {孟康曰}伏羲上

古, 文王中古, 孔子下古. 又{禮・祭義}以祀天地, 山川, 社稷, 先古. {註}先古, 謂先祖也. 又{周禮・冬官考工記}輪已庳, 則於馬終古登阤也. {註}終古, 猶言常也. 又賁古, 縣名. {前漢・地理志}益州郡賁古縣. 又姓. {廣韻}周太王從邠適岐, 稱古公, 其後氏焉. 漢有古初, 蜀志有廣漢功曹古牧, 北魏有古弼. 又草名. {爾雅・釋草}紅蘢古. {註}俗呼紅草爲蘢鼓, 語轉耳. 又{集韻}古暮切, 音顧. 亦作故, 義同. {劉向・九歎}輿離騷之微文兮, 冀靈修之壹悟. 還余車于南郢兮, 復姓軌于初古. 又{字彙補}溪姑切, 音枯. 古成氏, 複姓. 漢廣漢太守古成雲. 後秦古成詵, 以文章參樞密. (說文) <古部> 公戶切. 故也. 从十, 口. 識前言者也. 凡古之屬皆从古.

A0118 U-53E5

•句• 口字部 總05劃. (훈글) [구] 글귀. (新典) [구] 구졀, 모, 드, 토. 글귀. 굽울. 거리낄. 마타볼. (訓蒙) [구] 긋긋. (英譯) sentence. (漢典) 形聲. 從口. 正當讀今言鉤, 俗作勾. 本義: 彎曲. (康熙) <口部> {唐韻}九遇切, {集韻}{韻會}俱遇切, 𠀤音屨. {玉篇}止也, 言語章句也. {類篇}詞絕也. {詩・關雎疏}句古謂之言. 秦漢以來, 衆儒各爲訓詁, 乃有句稱. 句必聯字, 而言句者, 局也. 聯字分疆, 所以局言者也. 又僂句, 地名, 龜所出也. {左傳・昭二十五年}初, 臧昭伯如晉, 臧會竊其寶龜僂句. 又{禮・樂記}句中鉤. {疏}謂大屈也. 言音聲大屈曲, 感動人心, 如中當於鉤也. 又{周禮・冬官考工記・廬人}句兵欲無彈. {註}句兵, 戈戟屬. {釋文}句, 俱具反. 又音鉤. 又{史記・叔孫通傳}臚句. {註}上傳語告下爲臚, 下告上爲句. 又高句驪, 遼東國名, 漢爲縣. {前漢・地理志}元菟郡高句驪. 又句容, 縣名. {地理志}丹陽郡句容縣. 又{廣韻}古候切, {集韻}{韻會}{正韻}居候切, 𠀤音遘. {廣韻}句當. {宋史・曹彬傳}江南句當公事回. 又姓. {華陽國志}王平, 句扶, 張翼, 廖化𠀤爲將. 時人曰: 前有王句, 後有張廖. 又{類篇}拘也. 又與彀同. {詩・大雅}敦弓既句. {釋文}句, 說文作彀. 張弓曰彀. 又{唐韻}{集韻}古侯切, {韻會}{正韻}居侯切, 𠀤音溝. 俗作勾. {說文}曲也. {禮・月令}句者畢出. {左傳・哀十七年}越子爲左右句卒. {註}鉤伍相著, 別爲左右屯. {前漢・趙充國傳}入鮮水北句廉上. {註}句廉, 渭水岸曲而有廉稜也. 又{集韻}亦作區. {禮・樂記}區萌達. {註}屈生曰區. {釋文}區音勾, 古侯反. 又句芒, 春神. {禮・月令}其神句芒. 又句龍, 社神. {左傳・昭二十九年}共工氏有子, 曰句龍, 爲后土. 又句繹, 邾地. {春秋・哀二年}盟于句繹. 又句瀆, 齊地. {左傳・襄十九年}執公子牙于句瀆之丘. {前漢・地理志}濟陰郡, 句陽縣. {註}左傳句瀆之丘也. 又寃句, 句章, 𠀤縣名. {前漢・地理志}會稽郡句章縣, 濟陰郡寃句縣. {註}師古曰, 句音鉤. 又句吳. {史記・吳世家}自號句吳. {註}吳言句者, 發聲也. 猶言于越耳. 又{五音集韻}亦姓. {史記・仲尼弟子傳}句井疆. {註}正義曰: 句作鉤. 又{廣韻}其俱切, {集韻}權俱切, 𠀤音衢. 須句, 地名. {春秋・文七年}公伐邾, 取須句. {音義}句, 其俱反. 又句町, 縣名. {前漢・地理志}牂牁郡句町縣. {註}師古曰, 音劬挺. 又{字彙補}與絇同. 屨頭飾也. {周禮・天官・屨人}青句. {註}句當爲絇. {前漢・王莽傳}句屨. {註}師古曰, 其形岐頭. 又{集韻}恭于切, 音俱. 本作拘. 或作佝, 𢸣止也. 又{史記・孝文紀}故楚相蘇意爲將軍, 軍句注. {註}應劭曰, 山險名也. 索隱曰, 句音俱. 包愷音鉤. 又與矩同, 方也. {莊子・田子方}履句履者知地形. {陸德明・音義}句音矩. 徐云: 其俱反. 李云: 方也. 又古有切, 音九. {淮南子・地形訓}自東北至西北方, 有岐踵民, 句嬰民. {註}句, 讀若九. {說文}本作㽛. 㽛篆文句字, 从口丩 (ㄐ) 聲. (說文) <句部> 古矦切・九遇切. 曲也. 从口ㄐ聲. 凡句之屬皆从句.

A0065 U-53E9

•叩• 口字部 總05劃. (훈글) [고] 두드릴. (新典) [구] 두다릴. 쑤벅거릴. 물을. 발할. (類合) [고] 두드릴. (英譯) knock, ask. kowtow, bow. (康熙) <口部> {集韻}{韻會}{正韻}丛丘候切, 音寇. {玉篇}叩, 擊也. {禮・學記}叩之以小者, 則小鳴. 叩之以大者, 則大鳴. {論語}以杖叩其脛. {公羊傳・僖十九年}其用之社奈何, 蓋叩其鼻以血社也. {史記・秦始皇紀}叩關而攻秦. 又{集韻}以手至首也. {正字通}稽顙曰叩首. {前漢・李陵傳}叩頭自請. 又{韻會}問也, 發也. {論語}我叩其兩端而竭焉. {疏}叩, 發動也. 又{廣韻}{正韻}苦后切, {集韻}{韻會}去厚切, 丛音口. {廣韻}叩頭. 又{正韻}問也. 本作訆. 又{廣韻}與扣同. 亦擊也. 又叶孔五切, 音苦. 韓愈{元和聖德詩}取之江中, 枷脰械手. 婦女纍纍, 啼哭拜叩. 手音暑.

A0055 U-53EC

•召• 口字部 總05劃. (훈글) [소] 부를. (新典) [쵸] 俗音 [쇼] 부를. (類合) [쇼] 브를. (英譯) imperial decree. summon. (漢典) 形聲. 從口, 刀聲. 本義: 呼喚. (康熙) <口部> {唐韻}直少切, {集韻}{韻會}{正韻}直笑切, 丛潮去聲. {說文}評也. {王逸曰}以手曰招, 以言曰召. {書・甘誓}大戰于甘, 乃召六卿. {詩・齊風}自公召之. {禮・曲禮}父召, 無諾唯而起. 又{廣韻}{正韻}實照切, {集韻}{韻會}時照切, 丛同邵. {廣韻}邑名. {詩序}甘棠, 美召伯也. {箋}召伯, 姬姓, 名奭, 食邑于召. 又姓. {廣韻}召公之後. {前漢・循吏傳}召信臣, 九江壽春人. {氏族博考}春秋召與邵一氏, 後分爲二, 汝南安陽之族皆从邵. (說文) <口部> 直少切. 評也. 从口刀聲.

A0275 U-53EF

•可• 口字部 總05劃. (훈글) [가] 옳을. (新典) [가] 오를. 올타 할. 가히. 바. (類合) [가] ᄒᆞ얌직. (英譯) may, can, -able. possibly. (漢典) 會意. 從口, 從丂, 表示在神前歌唱. “可”似爲“歌”字的古文. 本義: 唱 引申義: 許可. (康熙) <口部> {唐韻}肯我切, {集韻}{韻會}{正韻}口我切, 丛音坷. {說文}肯也. {廣韻}許可也. {韻會}可者, 否之對. {書・堯典}嚚訟可乎. {文中子・事君篇}達人哉山濤也, 多可而少怪. 又僅可, 未足之辭. {論語}子曰: 可也簡. 又{禮・內則}擇于諸母與可者. {註}諸母, 衆妾也, 可者, 傅御之屬也. 又所也. {禮・中庸}體物而不可遺. {註}體猶生也, 可猶所也. 不有所遺, 言萬物無不以鬼神之氣生也. 又姓. {正字通}唐諫議大夫可中正, 宋紹興進士可懋. 又{字彙補}苦格切, 音克. {魏書・吐谷渾傳}可汗, 此非復人事. {唐書・突厥傳}可汗猶單于也, 妻曰可敦. 又叶孔五切, 音苦. 韓愈{元和聖德詩}負鄙爲難, 縱則不可. 出師征之, 其衆十旅. 又叶口箇切, 軻去聲. {魏文帝・寡婦賦}伏枕兮不寐, 逮平明兮起坐. 愁百端兮猥來, 心鬱鬱兮無可. 又{集韻}歌古作可. 註詳欠部十畫. 又讀作何. {石鼓文}其魚隹可. {風雅廣逸註}隹可讀作惟何, 古省文也. (說文) <可部> 肯我切. 肎也. 从口丂, 丂亦聲. 凡可之屬皆从可.

A0004 U-53F2

•史• 口字部 總05劃. (훈글) [사] 역사. (新典) [사, ᄉᆞ] 사관. 악, 사긔. (訓蒙) [ᄉᆞ] ᄉᆞ긧. (英譯) history, chronicle, annals. (漢典) 會意. 甲骨文字形, 上面是放簡策的容器, 下面是手. 合起

來表示掌管文書記錄. 本義: 史官. (康熙) <口部> 古文: 叓. {唐韻}疎士切, {集韻}{韻會}爽士切, {正韻}師止切, 丛音使. {說文}記事者也. {玉篇}掌書之官也. {世本}黃帝始立史官, 倉頡沮誦居其職. {書・立政}周公若曰: 太史司寇蘇公, 式敬爾繇獄, 以長我王國. {詩・小雅}旣立之監, 或佐之史. {禮・曲禮}史載筆, 士載言. 又{玉藻}動則左史書之, 言則右史書之. 又{周禮・天官・宰夫}八職, 五曰府, 掌官契以治藏, 六曰史, 掌官書以贊治. ○ 按{周禮}凡官屬皆有府史. 又{周禮・天官}女史掌王后之禮職. {春官}大史掌建邦之六典, 小史掌邦國之志, 內史掌王之八枋之灋, 外史掌書外令. 又御史, 長史, 刺史, 丛漢官名. 又太史, 九河之一. {爾雅・釋水}太史. {疏}李巡云: 禹大使徒衆, 通其水道, 故曰太史. 又姓. {廣韻}周卿, 史佚之後, 出建康. 又{廣韻}漢複姓, 五氏: 世本衞有史朝朱駒, 漢書藝文志有靑史氏著書, 又有新豐令王史音, 吳有東萊太守太史慈, 晉有東萊侯史光. 又叶疎土切. {易林}重黎祖後, 司馬大史. 陵氏之災, 罹宮悲苦. {說文}本作叓. 从又持中. 中, 正也. (說文) <史部> 疏士切. 記事者也. 从又持中. 中, 正也. 凡史之屬皆从史.

A0275 U-53F5

•叵• 口字部 總05劃. (훈글) [파] 어려울. (新典) [파] 가히 하지 못할. 드될. (英譯) cannot, be unable do, improbable. thereupon. (漢典) 會意. "可"字的反寫. 本義: 不可. (康熙) <口部> {廣韻}{集韻}{韻會}{正韻}丛普火切, 音頗. {說文}不可也. 从反可. {後漢・呂布傳}大耳兒最叵信. 又{正字通}叵耐, 不可耐也. 又遂也. {後漢・隗囂傳}帝知其終不爲用, 叵欲討之. {註}叵, 猶遂也. 又{班超傳}超欲因此叵平諸國. 又叵羅, 酒巵. {北史・祖珽傳}神武宴僚屬, 于坐失金叵羅, 竇太令飮酒者皆脫帽, 于珽髻上得之. (說文) <可部> 普火切. 不可也. 从反可.

D0167 U-53F6

•叶• 口字部 總05劃. (훈글) [협] 화합할. (新典) [협] 화할, 다즐. (英譯) to harmonize, to rhyme. to unite. (borrowed for) leaf. (康熙) <口部> {玉篇}古文協字. {後漢・律曆志}叶時月正日. 餘詳十部六畫. 又{集韻}同旪. {前漢・五行志}次四曰旪用五紀. {註}師古曰, 旪讀曰叶. 又{正韻}同汁. {張衡・西京賦}五位相汁, 以旅于東井. {註}汁, 叶同. (葉) {唐韻}與涉切, {集韻}{正韻}弋涉切, 丛音枼. {說文}草木之葉. {陸游詩註}吳人直謂桑曰葉. 又世也. {詩・商頌}昔在中葉, 有震且業. 又{博雅}聚也. 又書冊. {歐陽修曰}唐人藏書皆作卷軸, 後有葉子, 似今策子. 又姓. {通志・氏族略}葉氏, 舊音攝, 後世與木葉同音. 又與擖通. {儀禮・士冠禮}贊者洗於房中, 側酌醴, 加柶, 覆之面葉. {註}古文葉爲擖. 又式涉切, 音攝. {左傳・及葉註}葉, 今南陽葉縣. 又{韻補}叶, 逆約切, 音虐. {易林}桑芳將落, 隕其黃葉. 又叶於急切. {易林}同本異葉, 樂人上德. 東鄰慕義, 來興吾國. 又{集韻}徒協切, 音牒. 與箕同, 書篇名. {韻會}或作菜, 非.

A0565 U-53F8

•司• 口字部 總05劃. (훈글) [사] 맡을. (新典) [사, ᄉᆞ] 맛흘, 가말, 차지할. 벼슬. (訓蒙) [ᄉᆞ] 마ᄉᆞᆯ. (英譯) take charge of, control, manage. officer. (漢典) 指事. 甲骨文字形, 表示一個人用口發布命令, 有統治, 管理義. 從反后, 意思說, 與帝王"后"相對爲"司", 即有司. 本義: 職掌,

主管. 康熙 <口部> 古文: 𠪳. {唐韻}{集韻}息兹切, {韻會}新兹切, {正韻}相咨切, 𠀤音思. {說文}臣司事於外者. {玉篇}主也. {書・大禹謨}兹用不犯于有司. 又{高宗肜日}王司敬民. 又{周官}欽乃攸司. {禮・曲禮}天子之五官, 曰司徒, 司馬, 司空, 司士, 司寇, 典司五衆. 天子之六府, 曰司土, 司水, 司木, 司草, 司器, 司貨, 典司六職. 又州名. {晉書・地理志}司州, 漢司隸校尉所部. 魏氏置司州. 又{廣韻}姓也. {左傳}鄭有司臣. 又{正字通}司徒, 司馬, 司空, 皆複姓. 又{集韻}{韻會}{正韻}𠀤相吏切, 音笥. 義同. {前漢・敘傳}民具爾瞻, 困于二司. {註}師古曰: 司, 先字反. {王粲・酒賦}酒正膳夫冢宰是司, 虔濯器用, 敬滌蘊饎. 又與伺通. {前漢・高五王傳}魏勃常早掃齊相舍人門外, 舍人怪之, 以爲物而司之, 得勃. 又{灌夫傳}太后亦已使候司. 又{容齋隨筆}司有入聲. 如白居易詩: 四十著緋軍司馬, 男兒官職未蹉跎. 一爲州司馬, 三見歲重陽. 武元衡詩, 惟有白鬚張司馬, 不言名利尚相從是也. ○ 按司字有平, 去二聲. 白, 武二詩所用, 當係去聲讀作入聲者, 無據, 不可從. 說文 <司部> 息兹切. 臣司事於外者. 从反后. 凡司之屬皆从司.

A0061 U-5404

• 各 • 口字部 總06劃. 훈글 [각] 각각. 新典 [각] 각각, 제각금, 싸로. 類合 [각] 제금. 英譯 each, individually, every, all. 康熙 <口部> {唐韻}古洛切, {集韻}剛鶴切, {韻會}{正韻}葛鶴切, 𠀤音閣. {說文}異辭也. 从口从夂. 夂者, 有行而止之不相聽也. {書・湯誥}各守爾典, 以承天休. 又屠各, 北方種落名. {後漢・公孫瓚傳}瓚子續爲屠各所殺. 又{字彙補}借作部落之落, 見諸葛銅鐺. 又{字彙補}引沈括筆談云: 又借作洛. {石鼓文}大車出各. 說文 <口部> 古洛切. 異辭也. 从口, 夂. 夂者, 有行而止之, 不相聽也.

A0069 U-5405

• 吅 • 口字部 總06劃. 훈글 [훤] 부르짖을. 康熙 <口部> {唐韻}{集韻}𠀤况袁切, 音萱. {說文}驚嘑也, 讀若讙. {徐鉉曰}今俗別作喧, 非. {玉篇}囂也, 與讙通. {廣韻}喚聲. 又{集韻}荀緣切, 音宣. 義同. 又{集韻}訟古作吅. 註詳言部四畫. 又{字彙補}與鄰同. {漢隸衡立碑}{孫根碑}俱有吅字. {釋文}𨛜鄰字. {吹景錄}鄰𨙸吅三字, 一字也. 說文 <吅部> 况袁切. 驚嘑也. 从二口. 凡吅之屬皆从吅. 讀若讙.

A0305 U-5408

• 合 • 口字部 總06劃. 훈글 [합] 합할. 新典 [합] 갓흘. 싹. 못거지. 모들. 대답할. [갑] 부를. 화할. 홉. 類合 [합] 모둘. 英譯 combine, unite, join. gather. 漢典 會意. 從亼, 三面合閉, 從口. 本義: 閉合, 合攏. 康熙 <口部> {唐韻}候閤切, {集韻}{韻會}曷閤切, {正韻}胡閤切, 𠀤音盒. {說文}合口也. 又{玉篇}同也. {易・乾卦}保合太和. {詩・小雅}妻子好合. 又配也. {詩・大雅}天作之合. {前漢・貨殖傳}糵麴鹽豉千合. {註}師古曰: 糵麴以斤石稱之, 輕重齊則爲合. 鹽豉以斗斛量之, 多少等亦爲合. 合者, 相配耦之言耳. 又會也. {禮・王制}不能五十里者, 不合于天子. {註}合, 會也. 又聚也. {論語}始有曰: 苟合矣. {註}合, 聚也. 又答也. {左傳・宣二年}旣合而來奔. {註}合, 答也. 又閉也. {前漢・兒寬傳}封禪告成, 合祛于天地神明. {註}李奇曰: 祛, 開散. 合, 閉也. 又六合. {莊子・齊物論}六合之外, 聖人存而不論. {梁元

帝・纂要｝天地四方曰六合. 又黍名. ｛禮・曲禮｝黍曰薌合. 又｛文中子・問易篇｝黃帝有合宮之聽. 又合黎, 地名. ｛書・禹貢｝導弱水, 至于合黎, 餘波入于流沙. 又州名. ｛廣韻｝秦爲巴郡, 宋爲宕渠郡, 後魏置合州, 蓋涪漢二水合流之處, 因以名之. 又參合, 代地. ｛史記・韓王信傳｝入居參合. 又鉅合在平原, 合騎在高城, 𠀤漢侯國. 見｛史記・建元以來王子侯者年表｝. 又重合縣屬勃海郡, 合鄉縣屬東海郡. 又合浦, 郡名. 𠀤見｛前漢・地理志｝. 又｛廣韻｝器名. ｛正韻｝合子, 盛物器. 又｛廣韻｝姓也. ｛左傳｝宋大夫合左師. 又子合, 西域國名. ｛前漢・西域傳｝西夜國王, 號子合王. ｛後漢・西域傳｝子合國, 去疏勒千里. 又通作闔. ｛戰國策｝意者, 臣愚而不闔於王心耶. ｛註｝闔合同. 又與郃通. ｛史記・魏世家｝築雒陰合陽. ｛註｝郃水之北. 又｛高祖功臣侯表｝高祖兄仲廢爲合陽侯. 又｛唐韻｝｛正韻｝古沓切, ｛集韻｝｛韻會｝葛合切, 𠀤音閤. ｛廣韻｝合, 集也. 又｛集韻｝兩龠爲合. ｛前漢・律歷志｝量者, 龠合升斗斛也, 所以量多少也. 又合龠爲合, 十合爲升. ｛註｝合龠一作十龠, 又合者, 合龠之量也. 又叶許及切, 音翕. ｛張衡・思玄賦｝何孤行之煢煢兮, 孑不羣而介立. 感鸞鷖之特棲兮, 悲淑人之希合. 說文 <亼部> 候閤切. 合口也. 从亼从口.

A0058 U-5409

•吉• 口字部 總06劃. 훈글 [길] 길할. 新典 [길] 길할, 노질. 착할. 리할. 초하로날. 類合 [길] 됴ᄒᆞᆯ. 英譯 lucky, propitious, good. 漢典 會意. 甲骨文字形, 上象兵器, 下象盛放兵器的器具. 合起來表示把兵器盛放在器中不用, 以減少戰爭, 使人民沒有危難. 本義: 吉祥, 吉利. 康熙 <口部> ｛唐韻｝居質切, ｛集韻｝｛韻會｝｛正韻｝激質切, 𠀤音拮. ｛說文｝善也. ｛廣韻｝吉利也. ｛書・大禹謨｝惠迪吉. 又朔日曰吉. ｛詩・小雅｝二月初吉. ｛周禮・天官・大宰｝正月之吉. 又州名. ｛韻會｝漢豫章地, 隋置吉州. 又姓. ｛廣韻｝出馮翊尹吉甫之後. 漢有漢中太守吉恪. 又｛集韻｝極乙切, 音佶. 本作姞, 姓也. 又｛集韻｝謹也. 又｛集韻｝｛韻會｝𠀤其吉切, 音咭. 亦姓也. ｛詩・小雅｝彼君子女, 謂之尹吉. ｛箋｝吉讀爲姞. 尹氏, 姞氏, 周室昏姻之舊姓也. ○ 按｛釋文｝吉, 毛讀如字. 鄭讀爲姞, 其吉反, 又其乙反, 三音皆可讀. 又｛唐韻正｝叶音髻. ｛曹植・黃帝三鼎贊｝鼎質之精, 古之神器. 黃帝是鑄, 以象太一. 能輕能重, 知凶識吉. 一叶於二反. ｛徐勉・萱草賦｝亦曰宜男, 加名斯吉. 華而不豔, 雅而不質. 隨晦明而舒卷, 與風霜而榮悴. 質叶音致. 說文 <口部> 居質切. 善也. 从士, 口.

A0493 U-540A

•吊• 口字部 總06劃. 훈글 [적] 조상할. 類合 [됴] 됴문. 英譯 condole, mourn, pity. hang. 漢典 會意. 甲骨文字形, 象人持弋射矰繳之形. 古人死而不葬, 只是放在荒野里用柴薪蓋著, 但怕禽獸要來吃, 連送喪的親友都帶著弓箭前來幫助驅除. 本義: 悼念死者. 康熙 <口部> ｛字彙｝字俗弔.

A0469 U-540C

•同• 口字部 總06劃. 훈글 [동] 한가지. 新典 [동] 한가지, 갓흘. 모들. 무리. 가지런이할. 화할. 類合 [동] ᄒᆞᆫ가지. 英譯 same, similar. together with. 漢典 會意. 從冃, 從口. 冃, 重復. 本義: 聚集. 康熙 <口部> ｛唐韻｝｛正韻｝徒紅切, ｛集韻｝｛韻會｝徒東切, 𠀤音桐. ｛說

文}合會也. {玉篇}共也. {廣韻}①也. {易・同人}天與火同人, 君子以類族辨物. {書・益稷}敷同日奏罔功. 又{廣韻}齊也. {書・舜典}同律度量衡. {詩・小雅}我馬旣同. 又聚也. {詩・小雅}獸之所同. {傳}同猶聚也. 又和也. {禮・禮運}是謂大同. {註}猶和也, 平也. 又{周禮・春官・大司樂}六律六同. {註}六律合陽聲者, 六同合陰聲者. 又{典同}掌六律, 六同之和. {註}律以竹, 同以銅. 言助陽宣氣, 與之同也. 又{周禮・春官・大宗伯}時見曰會, 殷見曰同. {詩・小雅}赤芾金舃, 會同有繹. 又{周禮・地官・小司徒・井牧其田野註}司馬法曰: 十成爲終, 十終爲同, 同方百里. {疏}謂之爲同者, 取象震雷百里所聞同, 故名百里爲同也. 又爵名. {書・顧命}上宗奉同瑁. {註}同, 爵. 瑁, 圭也. 又州名. {廣韻}漢馮翊地有九龍泉, 泉有九源, 同爲一流, 因以名之. {韻會}後魏以澧水攸同名州. 又{正韻}通也. {莊子・在宥篇}聞廣成子在于空同之上. {註}呂吉甫曰: 空同之上, 無物而大通之處也. 又姓. {正字通}唐有同谷. 又{盧仝詩}仝不仝, 異不異, 是謂大仝而小異. 又通作童. {列子・黃帝篇}狀與我童者, 近而愛之. 狀與我異者, 疏而畏之. 又{釋文}徒貢切, 音洞. 與詷同. {禮・祭統}鋪筵設同几, 爲依神也. {註}同之言詷也. {疏}同之言詷也者, 若單作同字, 是齊同之同, 非詷共之詷. 若詷共之詷, 則言旁作同. 漢魏之時, 字義如此, 今則總爲一字. 又叶徒黃切, 音唐. {陳琳・答客難}六合咸熙, 九州來同. 倒載干戈, 放馬華陽. ①字作北下里. (說文) <冃部> 徒紅切. 合會也. 从冃从口.

名 名 名 　　A0055 U-540D

•名• 口字部 總06劃. (훈글) [명] 이름. (新典) [명] 이름, 일홈. 이름 질. 공. (訓蒙) [명] 일훔. (英譯) name, rank, title, position. (漢典) 會意. 甲骨文字形. 從口夕. 本義: 自己報出姓名, 起名字. (康熙) <口部> {唐韻}武幷切, {集韻}{韻會}彌幷切, {正韻}眉兵切, 𠀤音詺. {說文}自命也. 从口从夕. 夕者, 冥也. 冥不相見, 故以口自名. {玉篇}號也. {廣韻}名字也. {春秋・說題}名, 成也. {左傳・桓六年}九月丁卯, 子同生, 公問名于申繻. 對曰: 名有五, 有信, 有義, 有象, 有假, 有類. 又自呼名也. {禮・曲禮}父前子名, 君前臣名. 又呼人之名也. {禮・曲禮}國君不名卿老世婦. 又名譽也. {易・乾卦}不易乎世, 不成乎名. 又{春秋・說題}名, 大也. {書・武成}告于皇天后土, 所過名山大川. {疏}山川大, 乃有名, 名大互言之耳. 又名號也. {儀禮・士昏禮}請問名. {疏}問名, 問姓氏也. 名有二種, 一是名字之名, 一是名號之名. 孔安國註尚書, 以舜爲名. 鄭君目錄, 以曾子爲姓名, 亦據子爲名, 皆是名號爲名者也. 今以姓氏爲名, 亦名號之類. {周語}有不貢, 則修名. {註}名謂尊卑職貢之名號. 又號令也. {周語}言以信名. {註}信, 審也. 名, 號令也. 又文字也. {儀禮・聘禮}不及百名書于方. {註}名書, 文也, 今謂之字. {疏}名者, 卽今之文字也. {周禮・秋官・大行人}諭書名. {註}書名, 書之字也, 古曰名. 又{春秋・解題}名, 功也. {周語}勤百姓以爲己名. {註}功也. 又{釋名}名, 明也, 明實事使分明也. 又{爾雅・釋訓}目上爲名. {註}眉眼之閒. {說文}引{詩・齊風}作猗嗟顈兮. 又姓. {廣韻}左傳楚大夫彭名之後, 唐名初撰公侯政術十卷. 又與命通. {史記・天官書}免七命. {註}免星有七名. 又{張耳傳}亾命遊外黃. {註}脫名逃籍也. 又{集韻}忙經切, 音冥. 與銘同. 志也. 詳金部銘字註. 又{集韻}彌正切, 洺去聲. 與詺同. 目諸物也. 詳言部詺字註. 又叶彌延切, 音綿. {道藏歌}玄挺自嘉會, 金書東華名. 賢安密所戒, 相期陽洛汧. 又叶莫陽切, 音鋩. 韓愈{曹成王碑辭}子父易封, 三王守名. 延延百載, 以有成王. 又叶必仞切, 音儐. {張華鮑元泰誄}烈考中丞, 妙世顯名. 嶷嶷先生, 誕資英俊. (說文) <口部> 武并切. 自命也. 从口从夕. 夕者, 冥也. 冥不相見, 故以口自名.

A0981 U-540E

•后• 口字部 總06劃. 훈글 [후] 임금. 新典 [후] 임금. 뒤. 왕비, 임금 안에. 訓蒙 [후] 등궁. 英譯 queen, empress, sovereign. (simp. for 後) behind, rear, after. 漢典 會意. 象人之形, 施令以告四方, 古之, 從一口, 發號者君后也. 按從坐人, 從口, 與君同意. 本義: 君主, 帝王. 康熙 <口部> {唐韻}{集韻}{正韻}胡口切, {韻會}很口切, 丛音後. {說文}繼體君也, 象人之形. 施令以告四方, 故𠫓之从一, 口. 發號者, 君后也. {書・仲虺之誥}徯我后. {易・泰卦}后以財成天地之道. {禮・檀弓}夏后氏塈周. {疏}夏言后者, 白虎通云以揖讓受于君, 故稱后. 又{禮・曲禮}天子有后. {疏}后, 後也. 言其後于天子, 亦以廣後胤也. {白虎通}商以前皆曰妃, 周始立后. 正嫡曰王后, 秦漢曰皇后, 漢祖母稱太皇太后, 母稱皇太后. 又諸侯亦稱后. {書・舜典}班瑞于羣后. 又古者君稱臣亦曰后. {書・舜典}汝后稷, 播時百穀. {疏}國語云: 稷爲天官, 單名爲稷, 尊而君之, 稱爲后稷. 又{畢命}三后協心. {註}謂周公君陳畢公也. 又{書・武成}告于皇天后土. {傳}后土, 社也. {左傳・昭二十九年}土正曰后土. {註}土爲羣物主, 故稱后也. 其祀句龍焉, 在家則祀中霤, 在野則爲社. {正韻}后土, 亦取厚載之義. 又姓. {史記・仲尼弟子傳}后處字子里. {前漢・儒林傳}后倉字近君. 又與後通. {禮・曲禮}再拜稽首, 而后對. 又{廣韻}胡遘切, {集韻}下遘切, {韻會}{正韻}胡茂切, 丛音候. 義同. 又叶後五切, 音戶. 蔡邕{胡黃二公頌}允玆漢室, 誕育二后. 曰胡曰黃, 方軌齊武. {陸雲・漢高盛德頌}咸陽克殄, 旣係秦后. 峩峩阿房, 乃淸帝宇. ○ 按詩本音云: {周頌}宣哲維人, 文武維后, 燕及皇天, 克昌厥後. 后後俱音戶, 後人誤入四十五厚韻, 故於{唐韻}正中歷引經集証之. 然自{玉篇}以後, 后在厚韻相沿已久, 不得不以後五切爲叶音矣. 說文 <后部> 胡口切. 繼體君也. 象人之形. 施令以告四方, 故厂之. 从一, 口. 發號者, 君后也. 凡后之屬皆从后.

A0004 U-540F

•吏• 口字部 總06劃. 훈글 [리] 벼슬아치. 新典 [리] 언가, 아전. 訓蒙 [리] 서릿. 英譯 government official, magistrate. 漢典 會意. 甲骨文. 從手, 從中. 以手持中. 有人認爲中爲筆. "吏", "事", "使"古同字. 本義: 官吏. 康熙 <口部> {唐韻}力置切, {集韻}{韻會}良志切, {正韻}力地切, 丛音利. {說文}吏, 治人者也. 从一从史. {徐鍇曰}吏之治人, 心主於一, 故从一. {書・胤征}天吏逸德, 烈于猛火. {禮・曲禮}五官之長曰伯, 是職方, 其擯于天子也, 曰天子之吏. {左傳・成二年}王使委于三吏. {註}三吏, 三公也. 又{韻會}府史之屬亦曰吏. {周禮・天官・大宰}八則, 三曰廢置以馭其吏. {前漢・百官公卿表}秩四百石至二百石, 是爲長吏. 百石以下, 有斗食佐史之秩, 是爲少吏. {註}師古曰: 吏, 理也. 主理其縣內也. 又姓. {正字通}漢吏宗, 王莽時人. 又{五音集韻}神至切, 音示. 奉也, 職事也, 勞也. {說文}本作吏. 說文 <一部> 力置切. 治人者也. 从一从史, 史亦聲.

A0438 U-5411

•向• 口字部 總06劃. 훈글 [향] 향할. 新典 [향] 안, 향할, 대할. 추창할. 저즘게. 북쪽창. 類合 [향] 향홀. 英譯 toward, direction, trend. 漢典 象形. 從宀, 從口. "宀"表示房屋, 甲骨文中像屋墻, 有窗戶之形. 本義: 朝北開的窗戶. 康熙 <口部> {唐韻}{集韻}{韻會}{正韻}丛許亮切, 音蠁. {說文}北出牖也. 从宀从口. {註}牖所以通人气, 故从口. {玉篇}窻也. {詩・

豳風}塞向墐戶. {傳}北出牖也. {疏}士虞禮註云: 嚮, 牖一名也. 北爲寒之備, 不塞南窗, 故云北出牖也. {廣韻}嚮與向通用. {集韻}亦作⿰片向. {正韻}亦作鄕. {禮・明堂位}刮楹達鄕. ○ 按明堂位註, 鄕謂夾戶窗也. 每室八窗, 爲四達, 則凡牖皆名鄕, 不獨北出牖矣. 又{廣韻}對也. {戰國策}西向事秦. {莊子・秋水篇}望洋向若而嘆. 又或作嚮. {易・說卦}嚮明而治. 亦作鄕. {禮・明堂位}南鄕而立. 又{集韻}趣也. 又{韻會}救也. 又昔也. {莊子・寓言篇}若向也俯, 而今也仰. 亦通作鄕. {論語}鄕也, 吾見於夫子而問知. 又{廣韻}{集韻}{韻會}{正韻}丛式亮切, 音餉. {廣韻}姓也. {左傳・成五年}諸侯謀復會宋公, 使向爲人辭以子靈之難. {釋文}向, 舒亮反. 又{玉篇}地名. {詩・小雅}皇父孔聖, 作都于向. {註}向在東都畿內, 今孟州河陽縣. {左傳・隱十一年}王與鄭人向. {註}軹縣西有地, 名向上. {襄十一年}諸侯會于北林師于向. {註}在頴川長社縣東北. {後漢・郡國志}頴川郡有向鄕. 又{集韻}國名. {春秋・隱二年}莒人入向. {註}向, 小國也, 譙國龍亢縣東南有向城. {史記・褚少孫補三皇紀}怡向申莒, 皆姜姓之後, 漢爲縣. {前漢・地理志}沛郡向縣. {註}向, 故國, 姜姓, 炎帝後. 又{集韻}{正韻}丛許兩切, 音嚮. {集韻}人字. {左傳・襄十一年}晉侯使叔肸告于諸侯. {註}叔肸, 叔向也. {釋文}向, 許文反. {前漢・刑法志}作叔嚮, 顏師古: 音許兩反. 又{正韻}古文嚮字. 註詳十六畫. (說文) <宀部> 許諒切. 北出牖也. 从宀从口. {詩}曰: "塞向墐戶."

B0214 U-356F

•㕯• 口字部 總07劃. (훈글) [눌] 말을 더듬을. [열] 말 느린 소리. (英譯) slow-tongued. to stammer, to shout in triumph. the noise of shoting in battle. (康熙) <口部> {唐韻}{集韻}女滑切, {韻會}女刮切, 丛音豽. {說文}言之訥也. {玉篇}下聲也, 言不出口也. {廣韻}言逆下也. 又{廣韻}內骨也. {集韻}奴骨切, 丛音訥. {廣韻}㕯口. 又{廣韻}{集韻}丛如劣切, 音爇. {廣韻}言遲聲. {集韻}同吶. 又{集韻}女劣切, 音笍. 亦與吶同. (說文) <㕯部> 女滑切. 言之訥也. 从口从內. 凡㕯之屬皆从㕯.

A0055 U-541B

•君• 口字部 總07劃. (훈글) [군] 임금. (新典) [군] 임군, 인군. 아바지. 안에. 그대, 자네. (訓蒙) [군] 님굼. (英譯) sovereign, monarch, ruler, chief, prince. (漢典) 會意. 從尹, 從口. "尹", 表示治事, 從"口", 表示發布命令. 合起來的意思是: 發號施令, 治理國家. 本義: 君主, 國家的最高統治者. (康熙) <口部> 古文: 商䂂. {唐韻}舉云切, {集韻}{韻會}拘云切, 丛音軍. {說文}尊也. 从尹, 發號, 故从口. {白虎通}君者, 羣也, 羣下歸心也. {易・師卦}大君有命. {書・大禹謨}皇天眷命, 奄有四海, 爲天下君. 又凡有地者, 皆曰君. {儀禮・子夏傳}君, 至尊也. {註}天子, 諸侯, 及卿大夫有地者皆曰君. {晉語}三世仕家君之. 又夫人亦稱君. {詩・鄘風}我以爲君. {傳}君國小君. {箋}夫人對君稱小君. {論語}邦君之妻, 邦人稱之曰君夫人. 稱諸異邦曰寡小君, 異邦人稱之亦曰君夫人. 又子稱父母曰君. {易・家人}家人有嚴君焉, 父母之謂也. 又子孫稱先世皆曰君. {孔安國・尚書序}先君孔子, 生于周末. 又兄稱弟曰君. {杜牧・爲弟墓誌}君諱顗. 又妾稱夫曰君. {禮・內則}君已食徹焉. {註}此謂士大夫之妾也. {儀禮・喪服}妾謂君. {註}妾謂夫爲君者, 不得體之, 加尊之也, 雖士亦然. {疏}以妻得體之, 得名爲夫, 妾雖接見於夫, 不得體敵, 故加尊之, 而名夫爲君. 又婦稱夫亦曰君. {古樂府}十七爲君婦. 又夫稱婦曰細君. {前漢・東方朔傳}歸遺細君, 又何仁也. 又上稱下亦曰君. {史記・申屠嘉傳

}上曰: 君勿言吾私之. 又封號曰君. {史記・商君傳}秦封之於商十五邑, 號爲商君. 又婦人封號亦曰君. {史記・外戚世家}尊皇太后母臧兒爲平原君. 又彼此通稱亦曰君. {史記・司馬穰苴傳}百姓之命, 皆懸於君. 君謂莊賈也. 又{張儀傳}舍人曰: 臣非知君, 知君乃蘇君. 又隱士就聘者曰徵君. {後漢・逸民韓康傳}亭長以韓徵君當至. 又持節出使者曰使君. {後漢・寇恂傳}非敢脅使君. 又{謚法}慶賞刑威曰君, 從之成羣曰君. 又君子, 成德之稱. {易・乾卦}君子, 終曰乾乾. {論語}不亦君子乎. {註}君子, 成德之名. 又姓. {正字通}明有君助. 又叶姑員切, 音涓. {劉向・烈女傳}引過推讓, 宣王悟焉. 夙夜崇道, 爲中興君. 說文 <口部> 擧云切. 尊也. 从尹. 發號, 故从口.

A0061 U-541D

•吝• 口字部 總07劃. 훈글 [린] 아낄. 新典 [린] 한할. 앗길. 린색할. 類合 [린] 직브드드. 英譯 stingy, miserly, parsimonious. 漢典 形聲. 從口, 文聲. 本義: 顧惜, 舍不得. 康熙 <口部> 古文: 𠯒𠮶㖁. {唐韻}{集韻}{韻會}{正韻}𠀤良刃切, 音藺. {說文}恨也. {易・屯卦}君子幾不如舍往吝. {註}夫君子之動, 豈取恨辱哉. 故不如舍往吝窮也. 又{繫辭}悔吝者, 憂虞之象也. 又{說文}惜也. {易・說卦}坤爲吝嗇. {書・仲虺之誥}改過不吝. {註}無所吝惜. {論語}使驕且吝. {註}吝, 鄙嗇也. 又與遴通. {前漢・王莽傳}性實遴嗇. {註}師古曰: 遴讀與吝同. {說文}俗作恡. {廣韻}俗作𠫟. 又鄙吝之吝亦作恪. {集韻}或作咯𠷸, 又鄙吝之吝亦作悋. 說文 <口部> 良刃切. 恨惜也. 从口文聲. {易}曰: "以往吝."

D0018 U-5420

•吠• 口字部 總07劃. 훈글 [폐] 짖을. 新典 [폐] 지즐. 訓蒙 [폐] 즈즐. 英譯 bark. 漢典 會意. 從犬, 從口. 本義: 狗叫. 康熙 <口部> {唐韻}扶廢切, {集韻}{韻會}房廢切, 𠀤音茷. {說文}犬吠鳴也. {廣韻}犬聲. {詩・召南}無使尨也吠. {戰國策}跖之狗吠堯. {楚辭・九章}邑犬羣吠兮, 吠所怪也. 又吠狗, 地名. {齊語}以燕爲主, 反其侵地柴夫, 吠狗. {註}燕之二邑. {集韻}或作狒㹃. 說文 <口部> 符廢切. 犬鳴也. 从犬, 口.

A0777 U-5426

•否• 口字部 總07劃. 훈글 [부] 아닐. 新典 [비] 막힐. 더러울. 악할. [부] 아닐. 訓蒙 [부] 몯홀. 英譯 not, no, negative. final particle. 漢典 會意. 從口, 從不. "不"亦兼表字音. 本義: 不然, 不是這樣. 康熙 <口部> 古文: 𠙐. {唐韻}方九切, {集韻}{韻會}{正韻}俯九切, 𠀤音缶. {說文}不也. {徐鍇曰}不可之意見於言, 故从口. {集韻}口不許也. {書・益稷}否則威之. {詩・周南}害澣害否. 又{小雅}嘗其旨否. {集韻}通作不. 又{廣韻}符鄙切, {集韻}{韻會}部鄙切, 𠀤音痞. {玉篇}閉不行也. {廣韻}塞也, 易卦名. 又{集韻}{韻會}𠀤補美切, 音鄙. {集韻}惡也. {正韻}穢也. {易・師卦}初六, 師出以律, 否臧凶. {疏}否爲破敗, 臧爲有功. 又{鼎卦}初六, 鼎顚趾, 利出否. {註}否, 謂不善之物也. {疏}寫出否穢之物也. {詩・大雅}未知臧否. {又}邦國若否. ○ 按{釋文}書益稷, 詩烝民, 否字俱兼缶鄙二音. 又叶府眉切, 音卑. {楚辭・九章}心純厖而不泄兮, 遭讒人而嫉之. 君含怒以待臣兮, 不淸徵其然否. 又叶方矩切, 音甫. {陳琳・大荒賦}覽六五之咎休兮, 乃貧尼而富虎, 嗣反覆其若玆兮, 豈云行之臧否. 說文 <口

部> 方九切. 不也. 从口从不.

𡇒 A0181 U-542F

•启• 口字部 總07劃. (흔글) [계] 열. (英譯) open. begin, commence. explain. (漢典) 會意. 從戶, 從口. 甲骨文字形, 左邊是手, 右邊是戶, 用手開門, 即開啟的意思. 后繁化加“口”, 或省去手而成“启”. 金文又加“攴”成“啓”. 現簡化爲“启”. 本義: 開, 打開. (康熙) <口部> {唐韻}康禮切, {集韻}{韻會}遣禮切, {正韻}祛禮切, 丛音棨. {說文}開也. 从戶从口. {玉篇}書曰启明, 本亦作啓. 又{爾雅・釋天}明星謂之启明. {註}太白星也. 晨見東方爲启明, 昏見西方爲太白. ○ 按{詩・小雅}作啓明. (說文) <口部> 康禮切. 開也. 从戶从口.

D0136 U-5433

•吳• 口字部 總07劃. (흔글) [오] 나라 이름. (新典) [오] 오나라. 큰소리 할. [화] 짓거릴. (英譯) one of warring states. surname. (康熙) <口部> 古文: 㕦𡗿. {唐韻}午胡切, {集韻}{韻會}{正韻}訛胡切, 丛音吾. 國名. {史記・吳太伯世家}太伯之奔荆蠻, 自號句吳. {註}宋衷曰: 句吳, 太伯始所居地名. {前漢・地理志}會稽郡秦置, 高帝六年爲荆國, 十二年, 更名吳. 亦縣名. {前漢・地理志}會稽郡吳縣. 又{說文}郡也. {後漢・郡國志}吳郡, 順帝分會稽置. {韻會}吳郡, 吳興, 丹陽爲三吳. {正字通}水經以吳興, 吳郡, 會稽爲三吳. 指掌圖以蘇, 常, 湖爲三吳, 其說不同. 又{齊語}西服流沙西吳. {註}雍州之地. 又天吳, 水神也. {郭璞・山海經贊}八頭十尾, 人面虎身. 龍據兩川, 威無不震. 又{說文}姓也. {廣韻}太伯之後, 因以命氏. 又{方言}大也. {說文}大言也. {詩・周頌}不吳不敖. {傳}吳, 譁也. 又{魯頌}不吳不揚. {說文註}大言故矢大口以出聲. 今寫詩者, 改吳作吴, 又音乎化切, 其謬甚矣. {釋文}吳, 舊如字. 何承天云: 从口下大, 故魚之大口者名吴, 胡化反, 此音恐驚俗也. 按{說文}{釋文}俱云吳作吴讀, 非. 而{玉篇}{廣韻}{集韻}{類篇}{韻會}諸書, 吳字亦皆無去聲一音, 惟正韻收吳入禡韻, 詩朱註亦作去聲讀. 未知孰是, 存以備考. 又{集韻}元俱切, 音愚. 虞古作吳. 註詳虍部七畫. {釋名}吳, 虞也. 太伯讓位而不就, 歸封于此, 虞其志也. 又與娛通. {詩・周頌}不吳不敖. {疏}正義曰: 人自娛樂, 必讙譁爲聲. 故以娛爲譁也. 定本娛作吳. (說文) <夨部> 五乎切. 姓也. 亦郡也. 一曰吳, 大言也. 从夨, 口.

A0959 U-5436

•呐• 口字部 總07劃. (흔글) [눌] 말 더듬을. (新典) [눌] 말 써듬거릴. [설] 말 늘어지게 할. (英譯) raise voice, yell out loud, shout. stammer.

A0054 U-5439

•吹• 口字部 總07劃. (흔글) [취] 불. (新典) [취] 불. 부름. (訓蒙) [츄] 불. (英譯) blow. puff. brag, boast. (漢典) 會意. 從口, 從欠. “欠”是出氣的意思. 本義: 合攏嘴唇用力呼氣. (康熙) <口部> {唐韻}{正韻}昌垂切, {集韻}姝爲切, {韻會}樞爲切, 丛音炊. {說文}嘘也. {玉篇}出氣也. {莊子・逍遙遊}野馬也, 塵埃也, 生物之以息相吹也. {詩・小雅}鼓瑟吹笙. 又吹嘘. {揚子・

方言}吹, 助也. {註}吹噓, 相佐助也. 又{集韻}亦作歈. {周禮・春官}笙師掌敎歈竽笙. 又同炊. {荀子・仲尼篇}可炊而僓也. {註}炊與吹同. 僓當爲僵. 言可以氣吹之而僵仆. 又{廣韻}{集韻}{韻會}𠀤尺僞切, 音䄺. {廣韻}鼓吹也. {禮・月令}上丁, 命樂正入學習吹. {又}季冬, 命樂師大合吹而罷. {爾雅・釋樂}徒吹謂之和. {古今樂錄}漢樂有鼓吹鐃歌十八曲. (說文) <口部> 昌垂切. 噓也. 从口从欠.

D0017 U-543E

•吾• 口字部 總07劃. (훈글) [오] 나. (新典) [오] 나. 웅얼거릴. (訓蒙) [오] 나. (英譯) i, my, our. resist, impede. (漢典) 形聲. 從口, 五聲. 本義: 我. (康熙) <口部> 古文: 呑. {唐韻}五乎切, {集韻}{韻會}{正韻}訛胡切, 𠀤音梧. {說文}我自稱也. {爾雅・釋詁}吾, 我也. {左傳・桓六年}我張吾三軍, 而被吾甲兵. {楚辭・九章註}朱子曰: 此篇多以余吾𠀤稱, 詳其文意, 余平而吾倨也. 又{廣韻}御也. 執金吾, 官名. {前漢・百官公卿表}中尉, 秦官, 武帝太初元年, 更名執金吾. {註}師古曰: 金吾, 鳥名也, 主辟不祥. 天子出行, 職主先導, 以禦非常, 故執此鳥之象以名官. 又{後漢・百官志}執金吾掌宮外戒司非常水火之事, 月三繞行宮外, 及主兵器. 吾猶禦也. {註}應劭曰: 執金革, 以禦非常. 又{集韻}棒名. {古今注}金吾, 車輻棒也. 漢官執金吾, 吾, 止也, 執金革禦非常也, 以銅爲之, 黃金塗兩末謂之金吾, 御史大夫司隸校尉亦得執焉. ○按顏應二說, 及古今注凡三義, 各不相同, 今𠀤存之. 又昆吾, 國名. {詩・商頌}昆吾夏桀. {箋}已姓. 又地名. {前漢・揚雄傳}武帝廣開上林, 南至宜春鼎湖, 御宿昆吾. {註}晉灼曰: 昆吾, 地名, 有亭. 又鍾吾, 國名. 漢爲司吾縣. {左傳・昭二十七年}公子燭庸奔鍾吾. {前漢・地理志}東海郡司吾縣. 又番吾, 番音蒲, 卽漢蒲吾縣. {史記・蘇秦傳}秦甲渡河踰漳, 據番吾. {註}徐廣曰: 常山有蒲吾縣. 正義曰: 疑古番吾公邑也. 又余吾, 紘吾, 朱吾, 巳吾, 皆縣名. {前漢・地理志}上黨郡余吾縣, 涿郡紘吾縣, 日南郡朱吾縣. {後漢・郡國志}陳留郡巳吾縣. 又伊吾, 地名. {後漢・西域傳}伊吾, 舊膏腴之地. 又余吾, 水名. {前漢・匈奴傳}北橋余吾. {註}師古曰: 於余吾水上作橋. 又{正字通}伊吾, 除哦聲, 亦作咿唔. 又姓. {廣韻}漢有廣陵令吾扈. 又複姓. 五氏, 徐吾以鄕爲氏. 鍾吾, 昆吾以國爲氏. 由吾, 由余之後. 又古有肩吾子, 隱者. 又{正字通}借爲支吾. 與枝梧通. 又{集韻}{類篇}𠀤牛居切, 音魚. {晉語}暇豫之吾吾. {註}吾讀如魚, 吾吾, 不敢自親之貌. 又山名. {史記・河渠書}功無已時兮吾山平. {註}徐廣曰: 東郡東阿有魚山, 或者是乎. 又{廣韻}五加切, {集韻}牛加切, 𠀤音牙. 允吾, 縣名. {前漢・地理志}金城郡允吾縣. {註}應劭曰: 允吾, 音鈆牙. 又{讀書通}童通作吾. {管子・海王篇}吾子食鹽二升少半. {註}吾子, 謂小男小女也. {正字通}古本管子作童. (說文) <口部> 五乎切. 我, 自稱也. 从口五聲.

A0054 U-543F

•告• 口字部 總07劃. (훈글) [고] 아뢸. (英譯) tell, announce, inform. accuse. (康熙) <口部> {廣韻}古到切, {集韻}{韻會}{正韻}俱号切, 𠀤音誥. {說文}牛觸人, 角著橫木, 所以告也. 从口从牛. 又{玉篇}語也. {廣韻}報也. 告上曰告, 發下曰誥. {增韻}啓也. {書・禹貢}告厥成功. {詩・周南}言告師氏. 又問也. {禮・王制}八十月告存. {疏}告謂問也. 君每月使人致膳, 告問存否. 又{正韻}命也. {易・泰卦}上六自邑告命. 又{玉篇}請告也. 又{韻會}唐制, 授官之符曰告身. 又休假曰告. {史記・汲黯傳}黯多病, 病且滿三月, 上常賜告者數. {註}如淳曰: 杜欽所

謂病滿賜告, 詔恩也. 或曰賜告得去官歸家, 予告居官不視事. {後漢・陳忠傳}光武絕告寧之典. {註}告寧, 休謁之名. 吉曰告, 凶曰寧. 古者名吏休假曰告. 又{韻會}姓也. 又{五音集韻}胡刀切, 音豪. {集韻}休謁也. 或作勂. 又{集韻}居勞切, 音高. 白也. 又{廣韻}古沃切, {集韻}{韻會}姑沃切, 𠀤音梏. {易・蒙卦}初筮告, 再三瀆, 瀆則不告. {詩・大雅}令終有俶, 公尸嘉告. {禮・曲禮}夫爲人子者, 出必告, 反必面. {爾雅・釋言}告, 謁請也. {疏}成二年左傳曰: 晉與魯衞, 兄弟也, 來告曰: 大國朝夕釋憾於敝邑之地. ○ 按梏谷二字, 音切各異, 各韻書告字俱音梏, 惟正韻告, 古祿切, 音谷. 今經傳告字, {釋文}朱註皆讀谷. 惟曲禮, {釋文}作古毒反. 又{集韻}枯沃切, 音酷. 吏休假也. {後漢・陳忠傳}告寧之典. 孟康讀. 又{集韻}{正韻}𠀤居六切, 音菊. {禮・文王世子}其刑罪則纖剸, 亦告于甸人. {註}告讀爲鞠. 讀書用法曰鞠. 又{集韻}轄覺切, 音學. 休謁也. 又叶古岳切, 音角. {王逸・九思}思怫鬱兮肝切剝, 忿悁悒兮孰訴告. 又叶訖得切, 音翺. {詩・大雅}訏謨定命, 遠猶辰告. 敬愼威儀, 維民之則. 又叶居立切, 音汲. {史記・太史公自序}收殷餘民, 叔封始邑. 申以商亂, 酒材是告. 又叶居候切, 音姤. {楚辭・九章}道思作頌, 聊以自救兮. 憂心不遂, 斯言誰告兮.

A0463 U-5442

•呂• 口字部 總07劃. (훈글) [려] 음률. (新典) [려] 법중, 풍류. 등골새. (英譯) surname. a musical note. (康熙) <口部> {唐韻}力舉切, {集韻}{韻會}{正韻}兩舉切, 𠀤音旅. {說文}脊骨也, 象形. 昔太嶽爲禹心呂之臣, 故封呂侯. {書・呂刑}惟呂命. {傳}言呂侯見命爲卿. {鄭語}南有荆蠻申呂. {註}申呂, 姜姓. {後漢・郡國志}汝南郡新蔡有大呂亭. {註}故呂侯國. 又{史記・高祖功臣侯者年表}周呂侯, 以呂后兄初起, 以客從入漢爲侯. {註}周及呂皆國名. 濟陰有呂都縣. 見{前漢・地理志}. 又縣名, 屬楚國. 亦見{前漢・地理志}. 又姓. {廣韻}太嶽封呂侯, 後因爲氏. 又六呂, 陰律也. {周禮・春官・大司樂}奏黃鐘, 歌大呂, 奏姑洗, 歌南呂, 奏夷則, 歌小呂. {註}小呂一名中呂. 又{大師}陰聲, 大呂應鐘, 南呂函鐘, 小呂夾鐘. {前漢・律歷志}陰六爲呂, 呂以旅陽宣氣. 又大呂, 旅也, 言陰大旅助黃鐘宣氣, 而牙物也. 又鐘名. {戰國策}大呂陳于元英, 故鼎反乎磨室. {註}大呂, 齊鐘名. {晏子・諫篇}景公泰呂成. {史記・平原君傳}使趙重于九鼎大呂. {註}正義曰: 大呂, 周廟大鐘. 又{揚子・方言}㢧呂, 長也, 東齊曰㢧, 宋魯曰呂. 又{逸周書}擊之以輕呂. {註}劒名. (說文) <呂部> 力舉切. 膂骨也. 象形. 昔太嶽爲禹心呂之臣, 故封呂矦. 凡呂之屬皆从呂.

E0174 U-5447

•呇• 口字部 總07劃. (훈글) [계] 새벽별. (英譯) star. (康熙) <口部> {篇海}輕禮切, 音起. 明星也. 按呇當與啓启同.

E0041 U-5448

•呈• 口字部 總07劃. (훈글) [정] 드릴. (新典) [정] 보일. 들어낼. 평할. (訓蒙) [뎡] 바틸. (英譯) submit, show. appear. petition. (漢典) 形聲. 從口, 壬聲. 本義: 平. (康熙) <口部> {唐韻}直貞切, {集韻}馳貞切, {韻會}馳成切, 𠀤音程. {說文}平也. 从口壬聲. 又{玉篇}解也. 又{廣韻}示也, 見也. {正韻}露也. 又姓. {正字通}古今印藪有呈紳. 又與程通. {史記・秦始皇紀}

上至以衡石量書, 日夜有呈, 不中呈不得休息. 又{廣韻}{集韻}丛直正切, 音鄭. {廣韻}自媒衒. {唐書・韋澳傳}恐無呈身御史. 又{集韻}丑郢切, 音騁. 與逞同, 通也. 一曰快也. {集韻}呈古作呈. 註詳屮部四畫. 又{字彙補}古文狂字. 註詳犬部四畫. {郭氏正誤}呈, 从王从口. 與呈字異. 呈字从壬. (說文) <口部> 直貞切. 平也. 从口壬聲.

A0054 U-544A

•告• 口字部 總07劃. (흔글) [고] 알릴. (新典) [고] 알일, 이를, 고할. 엿줄. 관고, 칙지. 슈유할. 물을. [곡] 청할. 고시할. [와] 움즉일. 화할. 거짓말. (訓蒙) [고] 고홀. (英譯) tell, announce, inform. accuse. (漢典) 會意. 甲骨文字形, 上面的"牛", 牛觸人, 角著横木, 所以告人也. 從口, 從牛. 本義: 報告, 上報. (說文) <告部> 古奧切. 牛觸人, 角箸横木, 所以告人也. 从口从牛. {易}曰: "僮牛之告." 凡告之屬皆从告.

A0059 U-5468

•周• 口字部 總08劃. (흔글) [주] 두루. (新典) [쥬] 두를, 둘레, 두루. 쥬밀할. 두루할. 밋블. (類合) [쥬] 두루. (英譯) Zhou dynasty. circumference. (漢典) 象形. 甲骨文字形, 在"田"里加四點, 郭沫若認爲"周象田中有種植之形." 有稠密和周遍的意思. 小篆析爲會意, 從用口. 段玉裁認爲, 善用口則周密. 本義: 周密, 周到而沒有疏漏. (康熙) <口部> 古文: 周𠳬. {唐韻}職流切, {集韻}{韻會}之由切, 丛音州. {廣韻}徧也. {易・繫辭}知周乎萬物. 又至也. {書・泰誓}雖有周親, 不如仁人. {傳}周, 至也. 又忠信也. {書・太甲}自周有終. {傳}用忠信有終也. {詩・小雅}行歸于周. {論語}君子周而不比. {註}忠信爲周, 阿黨爲比. 又終也. {左傳・昭二十年}以周事子. {註}周, 猶終竟也. 又{說文}密也. {管子・樞言篇}先王貴當貴周, 周者不出于口, 不見于色, 一龍一蛇, 一日五化, 之謂周. {註}深密不測, 故周也. 又曲也. {詩・唐風}生于道周. {傳}周, 曲也. 又{詩・周南疏}周, 代名, 其地在岐山之陽, 漢屬扶風美陽縣. 又{廣韻}備也. {前漢・路溫舒傳}鍛鍊而周內之. {註}晉灼曰: 精熟周悉, 致之法中也. 又{廣韻}周帀也. {前漢・劉向傳}周回五里有餘. {韻會}俗作週, 非. 又鳥名. {爾雅・釋鳥}巂周. {疏}今謂之子規. 又{韓非子・說林篇}鳥有周周者, 重首而屈尾, 將欲飮于河則必顚, 乃銜其羽而飮之. 一作翢. 又不周, 山名, 在崑崙. {屈原・離騷}路不周以左轉兮. 又風名. {白虎通}西北曰不周風. 不周者, 不交也, 言陰氣未合化也. 又陽周, 平周, 定周, 皆縣名. {前漢・地理志}上郡陽周縣, 西河郡平周縣, 鬱林郡定周縣. 又姓. {廣韻}本自周平王子, 别封汝川, 人謂之周家, 因氏焉. 又魏獻帝次兄普氏, 後改爲周氏. 又複姓, 魏初徵士燉煌周生烈. 又與賙通. {論語}君子周急不繼富. {孟子}君之於氓也, 固周之. 又叶市朱切, 音殊. {季歷哀慕歌}梧桐萋萋, 生于道周. 宮榭徘徊, 臺閣旣除. (說文) <口部> 職畱切. 密也. 从用, 口.

A0547 U-546A

•呪• 口字部 總08劃. (흔글) [주] 빌. (新典) [주] 방자할. (訓蒙) [츅] 굴. (英譯) curse, damn, incantation. (康熙) <口部> {廣韻}{集韻}{韻會}{正韻}丛職救切, 音鷲. {廣韻}呪詛也. {戰國策}許綰爲我呪. {後漢・王忳傳}忳呪曰: 有何枉狀. {關尹子・七釜篇}有誦呪者. 又{集韻}通作祝. {書・無逸}民否, 則厥心違怨否, 則厥口詛祝. {詩・大雅}侯作侯祝. {周禮・春官}有詛

祝. {集韻}或作詋, 亦作詋.

A0276 U-547C

•呼• 口字部 總08劃. 훈글 [호] 부를. 新典 [호] 숨 내쉴. 부를. 슬프다 할. 부르지즐. 訓蒙 [호] 숨 내쉴. 英譯 breathe sigh, exhale. call, shout. 漢典 形聲. 從口, 乎聲. 本義: 吐氣, 與"吸"相對. 康熙 <口部> 古文: 㕦戲. {唐韻}荒烏切, {集韻}{韻會}{正韻}荒胡切, 𠀤音虍. {說文}外息也. {韻會}出息爲呼, 入息爲吸. 又{廣韻}喚也. 又{集韻}嗚呼, 歎辭. {書・五子之歌}嗚呼曷歸. 又通作乎. {詩・大雅}於乎小子. 又通作虖. {前漢・武帝紀}嗚虖何施而臻此與. 亦作嘑. 又姓. {廣韻}列仙傳有仙人呼子先, 又複姓. {前漢・匈奴傳}呼衍氏. {註}師古曰: 卽今鮮甲姓呼延者是也. 又呼沱, 水名. {戰國策}南有呼沱易水. 又草名. {爾雅・釋草}蔙薃, 馬尾. {疏}蔏陸, 一名夜呼. 又{集韻}虛交切, 音虓. 與詨同. 吳人謂叫呼爲詨. 或作嘵嘐. 又{禮・檀弓}曾子聞之, 瞿然曰呼. {註}呼, 虛憊聲. {釋文}音虛, 吹氣聲也. 又{廣韻}{集韻}{正韻}𠀤荒故切, 音戽. {廣韻}本作謼. 號呼也. {詩・大雅}式號式呼. {釋文}呼, 火胡反. 又火故反. {禮・曲禮}城上不呼. {釋文}呼, 火故反. 又{集韻}許箇切, 音訶. {左傳・文元年}江芊怒曰: 呼役夫. {註}呼, 發聲也. {釋文}呼, 好賀反. 又{集韻}虛訝切, 音嚇. 與罅同. 裂也. 詳缶部罅字註. 說文 <口部> 荒烏切. 外息也. 从口乎聲.

A0567 U-547D

•命• 口字部 總08劃. 훈글 [명] 목숨. 新典 [명] 목숨. 시길, 부릴. 명령. 이름. 도. 訓蒙 [명] 목숨. 英譯 life. destiny, fate, luck. an order, instruction. 漢典 會意. 從口從令. 表示用口發布命令. 本義: 指派, 發號. 康熙 <口部> {唐韻}{集韻}{韻會}{正韻}𠀤眉病切, 鳴去聲. {說文}使也. {書・堯典}乃命羲和. 又{玉篇}敎令也. {書・大禹謨}文命敷于四海. {傳}言其外布文德敎命. {說命}王言惟作命. {易・泰卦}自邑告命. {增韻}大曰命, 小曰令. 上出爲命, 下稟爲令. 又{爾雅・釋詁}命, 告也. 又{易・乾卦}各正性命. {疏}命者, 人所稟受. {說卦}窮理盡性, 以至于命. {註}命者, 生之極. {左傳・成十三年}民受天地之中以生, 所謂命也, 是以有動作禮義威儀之則, 以定命也. {疏}命雖受之天地, 短長有本, 順理則壽考, 逆理則夭折, 是以有動作禮義威儀之法則, 以定此命, 言有法, 則命之長短得定, 無法, 則夭折無恆也. 又{詩・周頌}維天之命, 於穆不已. {箋}命, 猶道也. 又{詩・周頌}夙夜基命宥密. {傳}命, 信也. {疏}信順天命. 又{周禮・春官・大祝}作六辭, 以通上下親疏遠近. 一曰祠, 二曰命. {論語}爲命裨諶草創之. {疏}命, 謂政令盟會之辭也. 又{周禮春官大宗伯}典命. {註}命, 謂遷秩羣臣之書. 又星名. {周禮・春官・大宗伯}司命. {註}文昌第四星. 又{周語}襄王賜晉惠公命. {註}命, 瑞命. 諸侯卽位, 天子賜之命圭, 以爲瑞節. 又{周語}襄王賜. 晉文公命. {註}命, 命服也. 諸侯七命, 冕服七章. 又{前漢・張耳傳}嘗亡命遊外黃. {註}師古曰: 命者, 名也. 脫名籍而逃亡. 又{前漢・李陵傳}射命中. {註}師古曰: 所指名處, 卽中之也. 又{廣韻}計也. 又{廣韻}召也. 又叶眉辛切, 音珉. {詩・鄘風}乃如之人也, 懷昏姻也, 大無信也, 不知命也. 又{大雅}保右命之, 自天申之. ○ 按{朱子}皆叶彌并反, 并在庚韻, 難與眞韻相叶, 疑應作彌賓反. 又叶漭去聲. {郭璞・山海經・不死國贊}有人爰處, 員丘之上, 赤泉駐年, 神木養命. 又{禮・大學}擧而不能先命也. {註}命讀爲慢, 聲之誤也. {釋文}命音慢, 武諫反. 說文 <口部> 眉病切. 使也. 从口从令.

A0492 U-548E

•咎• 口字部 總08劃. (훈글) [구] 허물. (新典) [구] 허물. 재앙. (類合) [구] 허믈. (英譯) fault, defect. error, mistake. (漢典) 會意. 從人, 從各. 從“各”, 表示相違背. 違背人的心愿. 本義: 災禍, 災殃. (康熙) <口部> ｛唐韻｝其九切, ｛集韻｝｛韻會｝｛正韻｝巨九切, 丛音舅. ｛說文｝災也. 从人从各. 各者, 相違也. ｛書・大禹謨｝天降之咎. 又｛爾雅・釋詁｝咎, 病也. ｛疏｝罪病也. ｛廣韻｝愆也, 過也. ｛易・乾卦｝九三, 君子終日乾乾, 夕惕若厲, 无咎. ｛詩・小雅｝寧適不來, 微我有咎. 又｛書序｝殷始咎周. ｛傳｝咎, 惡也. 又與臼通. ｛晉語｝宜咎. ｛註｝咎. 或作臼, 古字通用. 又與舅通. ｛儀禮・士昏禮註｝古文舅作咎. ｛荀子・臣道篇｝晉之咎犯. ｛左傳｝作舅. 又｛唐韻正｝四十四有韻中之半, 古與篠, 小, 巧, 皓通爲一韻. 書大禹謨, 民弃不保, 天降之咎. 易小畜, 初九復自道, 何其咎. 經傳子集如此用者甚多, 非叶音也. 又｛廣韻｝古勞切, ｛集韻｝｛韻會｝居勞切, ｛正韻｝姑勞切, 丛音高. ｛廣韻｝皐陶, 舜臣名, 古作咎繇. ｛前漢・百官公卿表｝咎繇作士. ｛書序｝咎單作明居. ｛傳｝咎單, 臣名. ○ 按｛集韻｝｛類篇｝｛韻會｝｛正韻｝俱云姓也, 誤. 又國名. ｛左傳・僖二十三年｝狄人伐廧咎如. ｛註｝赤狄別種. ｛陸德明・音義｝咎, 古刀反. 又叶暨几切, 音技. ｛史記・龜筴傳｝王若遣之, 宋必有咎. 後雖悔之, 亦無及已. 又叶跽許切, 音巨. ｛三略｝强弱相虜, 莫適禁禦, 延及君臣, 國受其咎. 又叶巨又切, 音舊. ｛詩・小雅｝謀夫孔多, 是不用集. 發言盈庭, 誰敢執其咎. 集叶疾救反. ○ 按｛字彙｝｛正字通｝俱以去聲爲咎字正音. 考｛玉篇｝｛廣韻｝｛集韻｝諸書, 咎字丛無去聲一音. ｛字彙｝｛正字通｝皆誤. (說文) <人部> 其久切. 災也. 从人从各. 各者, 相違也.

咩 A0229 U-54A9

•咩• 口字部 總09劃. (훈글) [미] 양울. (英譯) the bleating of sheep. (Cant.) an interrogative particle. (康熙) <口部> ｛篇海｝迷爾切, 同哶. 羊鳴也. 又｛釋典｝呪曰: 賖咩.

咸 A0057 U-54B8

•咸• 口字部 總09劃. (훈글) [함] 다. (新典) [함] 다. 갓흘. (類合) [함] 다. (英譯) together. all, completely. united. (漢典) 會意. 據甲骨文. 從戌, 從口. 戌是長柄大斧, “口”指人頭. 合起來表示大斧砍人頭. 本義: 殺. (康熙) <口部> ｛唐韻｝胡監切, ｛集韻｝｛韻會｝胡讒切, ｛正韻｝胡嵒切, 丛音諴. ｛說文｝皆也. ｛玉篇｝悉也. ｛書・堯典｝庶績咸熙. ｛左傳・僖二十四年｝周公弔二叔之不咸. ｛註｝咸, 同也. ｛魯語｝小賜不咸. ｛註｝咸, 徧也. ｛莊子・知北遊｝周徧咸三者異名同實, 其指一也. ｛史記・司馬相如傳｝上咸五, 下登三. ｛註｝師古曰: 與五帝皆盛也. 又卦名. ｛易・咸卦｝彖曰: 咸, 感也. 又｛易・雜卦｝咸, 速也. 又｛爾雅・釋丘｝左高曰咸丘. 又樂名. ｛周禮・春官・大司樂｝大咸. ｛註｝大咸, 咸池, 堯樂也. 又地名. ｛史記・秦本紀｝孝公十二年, 作爲咸陽. 又星名. ｛前漢・天文志｝咸漢星出西北. 又｛王充・論衡｝任氣卒咸, 不揆於人. 又姓. ｛姓苑｝巫咸之後, 今東海有之. 又｛集韻｝居咸切, 音緘. ｛禮・喪大記｝凡封, 大夫士以咸. ｛註｝咸讀爲緘, 今齊人謂棺束爲緘繩. 咸或爲椷. ｛釋文｝咸, 一本作緘. 又｛集韻｝古斬切, 音鰔. 與減同. 損也. 又一曰水名, 詳水部減字註. 又姓. ｛前漢・酷吏傳｝咸宣, 楊人也. ｛註｝咸音減省之減. 又｛集韻｝公陷切, 音顴. 亦與減同. 詳水部減字註. 又音憾. ｛左傳・昭二十一年｝窕則不咸. ｛註｝不充滿人心. ｛釋文｝咸, 本亦作感, 戶暗反. ○ 按感同憾. 又叶餘針切, 音刑. ｛張衡・舞賦｝歌以詠志,

舞以旌心. 細則聲窕, 大則不咸. 說文 <口部> 胡監切. 皆也. 悉也. 从口从戌. 戌, 悉也.

A0252 U-54BC

•咼• 口字部 總09劃. 훈글 [괘] 입 비뚤어질. [화] 성. 英譯 chat, jaw, gossip, talk. mouth. 康熙 <口部> ｛唐韻｝苦媧切, ｛集韻｝空媧切, 𠀤音跬. ｛說文｝口戾不正也. ｛廣韻｝同喎. ｛集韻｝或作竵. 又與和同. ｛淮南子・說山訓｝咼氏之璧. 又｛正字通｝音戈. 姓也. 南唐咼拯, 宋咼輔, 明咼文光. 說文 <口部> 苦媧切. 口戾不正也. 从口冎聲.

A0110 U-54C1

•品• 口字部 總09劃. 훈글 [품] 물건. 新典 [픔] 뭇, 온갓. 픔수. 꽐, 가지. 바레, 벼슬 차례. 법. 訓蒙 [품] 츳례. 英譯 article, product, commodity. 漢典 會意, 從三口. 口代表人, 三個表多數, 意即眾多的人. 本義: 眾多. 康熙 <口部> ｛唐韻｝丕飲切, ｛集韻｝｛韻會｝丕錦切, 𠀤匹上聲. ｛說文｝衆庶也. ｛廣韻｝類也. ｛易・乾卦｝品物流形. ｛疏｝品類之物, 流布成形. 又｛書・舜典｝五品不遜. ｛疏｝品爲品秩, 一家之內, 尊卑之差, 卽父母兄弟子是也. 又｛增韻｝物件曰品. ｛書・禹貢｝厥貢惟金三品. ｛疏｝鄭元以爲金三品者, 銅三色也. ｛易・巽卦｝田獲三品. ｛註｝一曰乾豆, 二曰賔客, 三曰充君之庖. ｛禮・禮器｝薦不美多品. 又｛少儀｝問品味, 曰: 子亟食于某乎. ｛疏｝品味者, 殽饌也. ｛周禮・天官・膳夫｝品嘗食. ｛註｝品者, 每物皆嘗之, 道尊者也. 又｛韻會｝品格也. ｛禮・檀弓｝品節斯, 斯之謂禮. ｛疏｝品, 階格也, 節制斷也. 又｛玉篇｝齊也. ｛周語｝品其百籩. 又同也. ｛前漢・李尋傳｝百里爲品. ｛註｝孟康曰: 品, 同也, 言百里內數度同也. 又｛玉篇｝官品. ｛周語｝外官不過九品. ｛註｝九卿也. 又｛廣韻｝式也, 法也. 又｛廣韻｝二口則生訟, 三口乃能品量. 又官名. ｛正字通｝唐宦官曰品官. 又｛廣韻｝姓也. 出何氏姓苑. ｛正字通｝明有品嵒. 又地名. ｛左傳・文十六年｝楚予乘馹, 會師于臨品. 又｛前漢・西域傳｝戎盧國王治卑品城. 說文 <品部> 丕飲切. 眾庶也. 从三口. 凡品之屬皆从品.

A0059 U-3596

•㖖• 口字部 總10劃. 훈글 [알] 거절할. 英譯 (standard form) to spit out. to blame, name of an organic compounds. 康熙 <口部> ｛說文｝啐本字.

A0372 U-54E1

•員• 口字部 總10劃. 훈글 [원] 수효. 新典 [원] 관원, 무내. 둥글. [운] 더할. 訓蒙 [원] 관원. 英譯 member. personnel, staff member. 漢典 會意. 甲骨文字形, 表示俯視鼎, 看到鼎口是圓形的. 小篆從貝, 口聲. 本義: 物的數量, 人員的數額. 亦指人員. 康熙 <口部> 古文: 云. ｛唐韻｝王權切, ｛集韻｝｛韻會｝｛正韻｝于權切, 𠀤音圓. ｛說文｝物數也. ｛徐鉉曰｝古以貝爲貨, 故數之. 又｛玉篇｝官數. ｛史記・平原君傳｝願君卽以遂備員而行矣. ｛前漢・尹翁歸傳｝責以員程. ｛註｝師古曰: 員, 數也. 又｛正韻｝周也, 幅員, 亦作幅隕. ｛詩・商頌｝景員維河. ｛傳｝員, 均也. 與幅隕同. 又｛廣韻｝｛集韻｝王分切, ｛韻會｝｛正韻｝于分切, 𠀤音雲. ｛廣韻｝益也. ｛詩・小雅｝無棄爾輔, 員于爾輻. ｛傳｝員, 益也. 又地名. ｛前漢・匈奴傳｝前將軍出塞千二百余里, 至烏

員. 又通鄖. ⌈前漢・古今人表⌉員公辛. ⌈註⌉師古曰: 員讀曰鄖. 亦與云通. ⌈詩・鄭風⌉聊樂我員. ⌈釋文⌉員, 本亦作云. ⌈商頌⌉景員維河. ⌈箋⌉員古文作云. ⌈釋文⌉員, 毛音圓, 鄭音云: 二音皆可讀. 又⌈集韻⌉于倫切, ⌈韻會⌉爲贇切, 𠀤音筠. ⌈集韻⌉人字. ⌈左傳・襄二十六年⌉行人子員. 又⌈廣韻⌉⌈集韻⌉⌈韻會⌉王問切, ⌈正韻⌉禹慍切, 𠀤音運. ⌈廣韻⌉姓也, 前涼錄有金城員敞, 唐有棣州刺史員半千. ⌈韻會⌉伍員, 人名, 後人慕之, 爲姓. ○ 按⌈左傳・昭二十年⌉伍員, ⌈釋文⌉本音云. 楊愼曰: 陸龜蒙詩, 賴得伍員騷思少, 誤讀平聲. 此說非也. 員字平去二音皆可讀. ⌈玉篇⌉⌈廣韻⌉作貟. 說文 <員部> 王權切. 物數也. 从貝囗聲. 凡員之屬皆从員.

A0229 U-54F6

•咩• 口字部 總10劃. 훈글 [마] 양이 울. 英譯 bleat. 康熙 <口部> ⌈玉篇⌉莫者切, ⌈集韻⌉母野切, 𠀤音乜. ⌈玉篇⌉羊鳴也. 又⌈集韻⌉母婢切, 音弭. 義同. 本作芈. 又彌嗟切, 乜平聲. 苴咩, 城名, 在雲南.

A0060 U-5510

•唐• 口字部 總10劃. 훈글 [당] 당나라. 新典 [당] 황당할. 복도. 正蒙 [당] 당나라. 英譯 Tang dynasty. Chinese. 漢典 形聲. 小篆作字形. 從口, 庚聲. 本義: 大話. 康熙 <口部> 古文: 啺䣘鶶. ⌈唐韻⌉⌈集韻⌉⌈韻會⌉⌈正韻⌉𠀤徒郎切, 音堂. ⌈說文⌉大言也. 从口庚聲. ⌈莊子・天下篇⌉荒唐之言. 又⌈史記・司馬相如・上林賦⌉瑉玉旁唐. ⌈註⌉郭璞云: 旁唐, 盤薄. 又國名. ⌈玉篇⌉堯稱唐者蕩蕩, 道德至大之貌. ⌈書・五子之歌⌉惟彼陶唐, 有此冀方. ⌈疏⌉韋昭云: 陶, 唐皆國名, 猶湯稱殷商也. ○ 按書傳皆言堯以唐侯升爲天子, 不言封於陶唐. 陶唐二字, 或共爲地名, 未必如昭言也. 又⌈詩・唐風疏⌉唐者, 成王母弟叔虞所封其地, 帝堯夏禹所都之墟, 漢曰太原郡. 又漢縣名. ⌈前漢・地理志⌉中山國唐縣. ⌈註⌉故堯國也, 唐水在西. ⌈詩・唐風疏⌉皇甫謐曰: 堯始封於唐, 今中山唐縣是也. 後徙晉陽, 及爲天子, 都平陽, 於詩爲唐國, 則唐國爲平陽也. 又魯地. ⌈春秋・隱二年⌉公及戎盟于唐. ⌈註⌉高平方與縣北有武唐亭. 又⌈戰國策⌉左濟右天唐. ⌈註⌉謂高唐. ⌈前漢・地理志⌉平原郡高唐. ⌈註⌉桑欽言, 漯水所出也. 又⌈武帝紀⌉南巡狩至於盛唐. ⌈註⌉韋昭曰: 在南郡. 又⌈地理志⌉會稽郡錢唐. ⌈註⌉武林水所出. 又⌈後漢・光武紀⌉進屠唐子鄉. ⌈註⌉唐子鄉有唐子山, 在今唐州湖陽縣西南. ⌈廣韻⌉唐州, 楚地. 戰國時屬晉, 後入於韓, 秦屬南陽郡, 後魏爲淮州, 隋爲顯州, 貞觀改爲唐州, 因唐城山爲名. 又姓. ⌈廣韻⌉唐堯之後, 子孫氏焉. ⌈史記・秦本紀⌉孝文王立, 尊唐八子爲唐太后. 又⌈屈原傳⌉楚有宋玉, 唐勒, 景差之徒. 又唐山, 複姓. ⌈前漢・禮樂志⌉高祖唐山夫人. 又⌈詩・陳風⌉中唐有甓. ⌈傳⌉中, 中庭也. 唐, 堂途也. ⌈疏⌉爾雅釋宮云: 廟中路謂之唐, 堂途謂之陳. 李巡曰: 唐, 廟中路名. 孫炎引詩中唐有甓. 堂途, 堂下至門之徑也. 然則唐之與陳, 廟庭之異名耳, 其實一也. 故云: 唐, 堂途也. ⌈周語⌉陂唐汙庳, 以鍾其美. ⌈註⌉唐, 俗本作塘. ⌈說文⌉無塘字. ⌈莊子・徐無鬼⌉其求唐子也, 而未始出域, 有遺類矣. ⌈註⌉唐子者, 堂途給使令之人, 猶周禮云門子耳. 又草名. ⌈詩・鄘風⌉爰采唐矣. ⌈傳⌉唐, 蒙菜名. ⌈爾雅・釋草⌉唐蒙, 女蘿. 女蘿, 菟絲. 又弓名. ⌈周禮・夏官・司弓矢⌉唐弓, 大弓, 以授學射者. 又叶徒紅切, 音同. ⌈歐陽修・楊諫議銘⌉震官太尉, 四世以公. 於陵正直, 僕射於唐. 考證: 〈⌈武帝紀⌉南巡狩至於盛唐. ⌈註⌉韋昭曰: 南郡.〉 謹照原文南郡上增在字. 說文 <口部> 徒郎切. 大言也. 从口庚聲.

D0082 U-35A6

•㖦• 口字部 總11劃. (훈글) [동] 말이 많을. (英譯) loquacity. (康熙) <口部> {玉篇}丁動切, {集韻}覩動切, 𠀤音董. 多言也.

A0056 U-552F

•唯• 口字部 總11劃. (훈글) [유] 오직. (新典) [유] 오즉, 만, 쌘. 어조사. 올타 할. (類合) [유] 오직. (英譯) only. yes. (漢典) 形聲. 從口, 隹聲. 本義: 急聲回答聲. (康熙) <口部> {廣韻}以追切, {集韻}{韻會}夷隹切, 𠀤音惟. {玉篇}唯, 獨也. {集韻}專辭. {易・乾卦}其唯聖人乎. {詩・小雅}唯酒食是議. {韻會}六經惟維唯三字皆通. 作語辭. 又縣名. {前漢・地理志}益州郡來唯縣. 又{集韻}視隹切, 音垂. 與誰同. 何也. 又{唐韻}以水切, {集韻}{韻會}愈水切, 𠀤音壝. {說文}諾也. {禮・曲禮}必慎唯諾. {釋文}唯, 于癸反. 徐, 于比反. 沈, 以水反. {又}父召無諾, 先生召無諾, 唯而起. 又{內則}能言, 男唯, 女俞. {戰國策}范睢曰唯唯. 又{詩・齊風}其魚唯唯. {傳}唯唯, 出入不制也. {箋}唯唯, 行相隨順之貌. {釋文}唯, 維癸反. 沈, 養水反. {韓詩}作遺遺, 言不能制也. (說文) <口部> 以水切. 諾也. 从口隹聲.

A0117 U-5546

•商• 口字部 總11劃. (훈글) [상] 헤아릴. (新典) [샹] 세일일. 쟝사. 쇠소리. (訓蒙) [샹] 흥졍 홀. (英譯) commerce, business, trade. (漢典) 會意. 從冏, 章省聲. 本義: 計算, 估量. (康熙) <口部> 古文: 𠫂𠫃𠁗𠫄𠁤𠭊𠭋賌. {唐韻}式陽切, {集韻}{韻會}{正韻}尸羊切, 𠀤音觴. {說文}从外知內也. 从冏, 章省聲. {廣韻}度也. {易・兌卦}九四, 商兌未寧. {註}商, 商量, 裁制之謂也. {禮・曲禮}槀魚曰商祭. {註}商猶量也. {疏}祭用乾魚, 量度燥濕, 得中而用之也. 又{玉篇}五音, 金音也. {禮・月令}其音商. {註}商數七十二, 屬金者以其濁次宮, 臣之象也. 秋氣和, 則商聲調. {前漢・律歷志}商之爲言章也, 物成孰, 可章度也. {白虎通}商者, 强也. {梁元帝・纂要}秋曰素商, 亦曰高商. 又{說文}行賈也. {易・復卦}商旅不行. {周禮・天官・大宰}九職, 六曰商賈, 阜通貨賄. {註}行曰商, 處曰賈. {廣韻}本作賌. 俗作商, 非. 又{集韻}刻也. {詩・齊風・東方未明疏}尚書緯謂刻爲商. {儀禮・士昏禮註}鄭目錄云: 日入三商爲昏. {疏}馬氏云: 日未出, 日沒後, 皆二刻半, 云三商者, 據整數言也. {正字通}商, 乃漏箭所刻之處. 古以刻鐫爲商, 所云商金, 商銀是也. 刻漏者, 刻其痕以驗水也. 又{廣韻}張也, 又降也, 又常也. 又國名. {詩・商頌譜}商者, 契所封之地. {疏}鄭以湯取契之所封以爲代號也, 服虔王肅則不然. 襄九年左傳曰: 閼伯居商, 丘相土因之. 服虔云: 相土契之孫居商丘, 湯以爲號. 又書序王肅註亦云: 然契之封商見於書傳史記中, 候其文甚明. 經典之言商者, 皆單謂之商, 未有稱商丘者, 又相土之于殷室, 非王迹所因, 何當取其所居, 以爲代號也. 又地名. {左傳・僖二十五年}楚鬬克屈禦寇, 以申息之師戍商密. 又{春秋・襄二十一年}會于商任. 又{戰國策}高商之戰. 又州名. {廣韻}卽古商國, 後魏置洛州, 周爲商州, 取商於地爲名. {戰國策}衞鞅亡魏入秦, 孝公以爲相, 封之於商, 號曰商君. {史記・張儀傳}臣請獻商於之地六百里. {註}商州有古商城, 其西二百餘里有古於城. 又商陵, 漢侯國, 在臨淮. 見{史記・惠景閒侯者年表}. 又姓. {史記・仲尼弟子傳}商瞿商澤. 又{謚法}昭功寧民曰商. 又與讁通. {荀子・儒效篇}讁德而定次. {註}讁與商同. 又{集韻}諸良切, 音章. 度也. {書・費誓}我商賚汝. {釋文}商如字, 徐音章. (說文)

<㕯部> 式陽切. 从外知內也. 从㕯, 章省聲.

啉　A0352　U-5549

•啉• 口字部 總11劃. 훈글 [람] 술 순배. 英譯 stupid. slow. 康熙 <口部> ｛廣韻｝｛集韻｝丛盧含切, 音婪. ｛廣韻｝酒巡匝曰啉, 出酒律. ｛集韻｝飲畢曰啉. 又｛集韻｝聒也. ｛廣韻｝亦書作啓.

問　A0056　U-554F

•問• 口字部 總11劃. 훈글 [문] 물을. 新典 [문] 물을. 선물할. 문초할. 訓蒙 [문] 무를. 英譯 ask (about), inquire after. 漢典 形聲. 從口, 門聲. 本義: 問, 詢問. 康熙 <口部> 古文: 䎽. ｛唐韻｝亡運切, ｛集韻｝｛韻會｝｛正韻｝文運切, 丛聞去聲. ｛說文｝訊也. ｛書・仲虺之誥｝好問則裕. ｛詩・邶風｝問我諸姑, 遂及伯姊. 又｛爾雅・釋言｝聘問也. ｛儀禮・聘禮｝小聘曰問. ｛周禮・春官・大宗伯｝時聘曰問. 又｛秋官・大行人｝閒問以諭諸侯之志. ｛又｝凡諸侯之邦交, 歲相問也. 又｛正字通｝古謂遺曰問. ｛詩・鄭風｝雜佩以問之. ｛傳｝問, 遺也. ｛禮・曲禮｝凡以苞苴簞笥問人者. ｛左傳・哀二十六年｝衛侯使以弓問子貢. 又訊罪曰問. ｛詩・魯頌｝淑問如臯陶. ｛註｝淑, 善. 問, 訊囚也. 又命也. ｛左傳・莊八年｝期戍, 公問不至. ｛註｝問, 命也. 又姓. ｛廣韻｝今襄州有之. ｛正字通｝明問智, 成化貢士. 又｛正韻｝與聞同, 聲問也. ｛詩・大雅｝宣昭義問. ｛又｝亦不隕厥問. 說文 <口部> 亡運切. 訊也. 从口門聲.

啓　A0181　U-5553

•啓• 口字部 總11劃. 훈글 [계] 열. 新典 [계] 열. 살. 엿줄. 訓蒙 [계] 열틀. 英譯 open. begin, commence. explain. 漢典 會意. 從戶, 從口. 甲骨文字形, 左邊是手, 右邊是戶, 用手開門, 即開啟的意思. 后繁化加"口", 或省去手而成"啟". 金文又加"攴"成"啓". 現簡化爲"啟". 本義: 開, 打開. 康熙 <口部> ｛廣韻｝康禮切, ｛集韻｝｛韻會｝遣禮切, ｛正韻｝祛禮切, 丛音棨. ｛說文｝本作啓, 教也. ｛玉篇｝開發也. ｛書・堯典｝啓明. ｛傳｝啓, 開也. 又｛大甲｝啓廸後人. 又｛爾雅・釋言｝啓, 跪也. ｛註｝跽也. ｛詩・小雅｝不遑啓處. ｛傳｝啓, 跪. 處, 居也. 又｛廣韻｝別也. 又刻也. 又｛詩・小雅｝元戎十乘, 以先啓行. ｛註｝王氏曰: 軍前曰啓, 後曰殿. 先軍行之前者, 所謂選鋒也. 又啓事. ｛晉書・山濤傳｝濤爲吏部尚書, 凡用人行政, 皆先密啓, 然後公奏, 擧無失才. 時稱山公啓事. 又｛字彙｝姓也. 又｛爾雅・釋畜｝前右足白, 啓. ｛註｝左傳曰啓服. ｛疏｝昭二十九年, 衞侯來獻其乘馬, 曰啓服. 杜預曰: 啓服, 馬名是也. 又｛埤雅｝雨而晝晴曰啓. 又星名. ｛詩・小雅｝東有啓明. 又與启通. 詳前启字註.

啚　A0322　U-555A

•啚• 口字部 總11劃. 훈글 [비] 인색할. 新典 [비] 다라울, 린색할. 英譯 low, mean. 康熙 <口部> 古文: 㐭. ｛唐韻｝方美切, ｛集韻｝｛韻會｝補美切, ｛正韻｝補委切, 丛音鄙. ｛說文｝嗇也, 从口㐭. 㐭, 受也. ｛集韻｝通作鄙. ｛韻會｝俗以爲圖字, 非. 說文 <㐭部> 方美切. 嗇也. 从口, 㐭. 㐭, 受也.

A0182 U-555F

•啟• 口字部 總11劃. (ᄒᆞᆫ글) [계] 열. (英譯) open. begin. (漢典) 會意. 從戶, 從口. 甲骨文字形, 左邊是手, 右邊是戶, 用手開門, 即開啟的意思. 后繁化加“口”, 或省去手而成“啟”. 金文又加“攴”成“啓”. 現簡化爲“啟”. 本義: 開, 打開. (說文) <攴部> 康礼切. 教也. 从攴启聲. {論語}曰: “不憤不啟.”

A0114 U-35CA

•㗊• 口字部 總12劃. (ᄒᆞᆫ글) [집] 여러 사람의 입. [뢰] 우레. (英譯) public opinion. clamour. noise, (ancient form of 雷). thunder, an organic compound (porphin). (porphyrins). (康熙) <口部> {唐韻}阻立切, {集韻}側立切, 𠔱音戢. {說文}衆口也, 从四口, 讀若戢. 又{集韻}測入切, 音屆. 又訖立切, 音伋. 又北及切, 音鵖. 義𠔱同. 又{字彙補}古文雷字. 見七修類稿. (說文) <㗊部> 阻立切. 眾口也. 从四口. 凡㗊之屬皆从㗊. 讀若戢. 又讀若呶.

A0278 U-559C

•喜• 口字部 總12劃. (ᄒᆞᆫ글) [희] 기쁠. (新典) [희] 깃블, 깃거울, 질거워할, 조하할. (類合) [희] 깃글. (英譯) like, love, enjoy. joyful thing. (漢典) 會意. 甲骨文上面是“鼓”本字, 下面是“口”. “鼓”表示歡樂, “口”是發出歡聲. 本義: 快樂, 高興. (康熙) <口部> 古文: 憘歖歖. {唐韻}虛里切, {集韻}{韻會}許已切, {正韻}許里切, 𠔱音蟢. {爾雅・釋詁}喜, 樂也. {玉篇}悅也. {書・益稷}股肱喜哉. {易・否卦}先否後喜. 又聞喜, 縣名. 又姓. {正字通}元順帝時喜同, 明正統中喜寧. 又{集韻}虛其切, 音僖. 末喜, 有施氏女名. {晉語}夏桀伐有施氏, 有施人以妺喜女焉. 又{楚辭・天問}簡狄在臺嚳何宜, 玄鳥致貽女何喜. {註}喜叶音羲. 又{集韻}許記切, 與憙同. 好也. {詩・小雅}彤弓弨兮, 受言載之. 我有嘉賓, 中心喜之. {註}載叶子利反, 喜讀去聲. {前漢・廣陵王傳}何用爲樂心所喜, 出入無悰爲樂亟. {註}韋昭曰: 喜, 許吏反. 亟, 丘吏反. 又{集韻}{類篇}𠔱昌志切, 音熾. 與饎同. 詳食部饎字註. (說文) <喜部> 虛里切. 樂也. 从壴从口. 凡喜之屬皆从喜.

A0582 U-55A6

•喦• 口字部 總12劃. (ᄒᆞᆫ글) [엽] 땅 이름. (英譯) talkative. (康熙) <口部> {唐韻}{正韻}尼輒切, {集韻}昵輒切, 𠔱音聶. {說文}多言也, 从品相連, 春秋傳, 次于喦北. ○ 按春秋僖元年, 齊師宋師曹師次于聶北, 三傳俱作聶, 說文作喦, 或古本喦聶通也. 又{廣韻}而涉切, {集韻}日涉切, 𠔱音顳. 義同. {集韻}本作讘. 或作囁. 又{玉篇}曳喦, 爭言也. 又{集韻}逆吸切, 音岌. 地名. 春秋取宋師于喦. ○ 按春秋哀十三年, 鄭取宋師于喦, 無釋文. 十二年左傳釋文, 喦, 五咸反, 𠔱不音入聲, 然集韻當必有據, 平聲一音當入山部嵒字註. 字彙云: 喦與山部嵒字音巖者不同. 正韻引古文尚書, 用顧畏于民喦, 孔氏書作嵒, 音巖, 與山部嵒字混, 非. (說文) <品部> 尼輒切. 多言也. 从品相連. {春秋傳}曰: “次于喦北.” 讀與聶同.

A0070 U-55AA

•喪• 口字部 總12劃. 훈글 [상] 죽을. 新典 [상] 복입을. 죽을, 궂길. 일흘. 類合 [상] 상ᄉᆞ. 英譯 mourning. mourn. funeral. 康熙 <口部> 古文: 𠸶𡃤𠷎𡃷𧯛. {廣韻}{正韻}蘇浪切, {集韻}{韻會}四浪切, 𠀤桑去聲. {玉篇}亡也. 又{正韻}失位也. {論語}二三子何患於喪乎. {註}喪, 失位也. {左傳・昭二十四年}昭公曰: 喪人不佞. 又{廣韻}息郎切, {集韻}{韻會}{正韻}蘇郎切, 𠀤音桑. {正韻}持服曰喪. {禮・檀弓}故孔氏之不喪出母, 自子思始也. {又}子夏喪其子, 而喪其明. {釋文}上喪字平聲, 下喪字去聲. 又{廣韻}喪, 器也, 今謂之柩. {禮・曲禮}送喪不踰境. 又姓. {廣韻}楚大夫喪左. {說文}本作𠷎. {廣韻}亦作䘮. 說文 <哭部> 息郎切. 亾也. 从哭从亾. 會意. 亾亦聲.

A0554 U-55AB

•喫• 口字部 總12劃. 훈글 [끽] 마실. 新典 [긱] 먹을. 마실. 訓蒙 [긱] 머글. 英譯 eat. drink. suffer, endure, bear. 康熙 <口部> {唐韻}{正韻}苦擊切, {集韻}{韻會}詰歷切, 𠀤音燩. {說文}食也. {玉篇}啖, 喫也. {杜甫・絕句}梅熟許同朱老喫. 又{正韻}飮也. {杜甫・送李校書詩}對酒不能喫. {廣韻}同噭. {集韻}或作噭𠯗. {正韻}亦作毄. 又{集韻}口賣切, 音㾾. 喫詬, 力諍. 又口戒切, 音㤥. 義同. 說文 <口部> 苦擊切. 食也. 从口契聲.

A0317 U-55AC

•喬• 口字部 總12劃. 훈글 [교] 높을. 新典 [교] 우무질엉 나무. 창 갈구리. 英譯 tall, lofty. proud, stately. 康熙 <口部> {唐韻}巨嬌切, {集韻}{韻會}渠嬌切, 𠀤音僑. {說文}高而曲也, 从夭从高省. {爾雅・釋木}句如羽喬. {註}樹枝曲卷, 似鳥毛羽. {又}下句曰朻, 上句曰喬, 如木楸曰喬. {又}小枝上繚曰喬. {書・禹貢}厥木惟喬. {傳}喬, 高也. {詩・周南}南有喬木. {傳}喬, 上竦也. 又矛之上句曰喬. {詩・鄭風}二矛重喬. {傳}重喬, 累荷也. {箋}喬, 矛矜, 近上及室題所以縣毛羽. 又姓. {後漢・光武紀}雲中太守喬扈. 又人名. {戰國策}世世稱孤, 而有喬松之壽. {註}喬, 王子喬. 松, 赤松. 又通橋. {詩・周南・喬木釋文}亦作橋喬. 又{廣韻}擧橋切, {集韻}居妖切, 𠀤音驕. {書・禹貢惟喬釋文}喬, 徐音驕. 又{詩・鄭風・重喬釋文}喬, 居橋反. 又與驕通. {禮・樂記}齊音敖辟喬志. {釋文}喬, 音驕. 本或作驕. 又{表記}喬而野. 又{集韻}丘祆切, 音蹺. 喬詰, 意不平. {莊子・在宥篇}天下始喬詰卓鷙. {釋文}喬, 欽消反, 或云去夭反, 郭音矯, 李音驕. 又{集韻}擧夭切, 音矯. 又祛矯切, 音槁. 義𠀤同. 又渠廟切, 音轎. 木枝上曲. 說文 <夭部> 巨嬌切. 高而曲也. 从夭, 从高省. {詩}曰: "南有喬木."

A0069 U-55AE

•單• 口字部 總12劃. 훈글 [단] 홑. 新典 [단] 홋. 다할. 홀호. 클. [선] 되 임금. 類合 [단] 홋. 英譯 single, individual, only. lone. 康熙 <口部> {唐韻}都寒切, {集韻}{韻會}多寒切, 𠀤音丹. {說文}大也. 又{書・洛誥}乃單文祖德. {傳}單, 盡也. {詩・小雅}俾爾單厚. {箋}單, 盡也. {禮・郊特牲}惟爲社事單出里. {鄭語}夏禹能單平水土. {晉語}單善而內辱之. 又{揚雄・甘泉賦}單埢垣兮. {註}單, 周也. 又縣名. {前漢・地理志}牂牁郡母單縣. 又{廣韻}

單複也. {正字通}單者, 複之對也. {杜甫詩}歲暮衣裳單. 又{玉篇}一也, 隻也. {詩・大雅}其軍三單. {箋}大國之制, 三軍以其餘卒爲羨, 單者無羨卒也. {禮・禮器}鬼神之祭單席. {史記・信陵君傳}今單車來代之. {後漢・耿恭傳}以單兵固守孤城. 又{高彪傳}家傳單寒. 又姓. {廣韻}可單氏, 後改爲單氏. 又{集韻}唐干切, 音壇. 亦姓也. 鄭有櫟邑大夫單伯. 通作檀. 又{廣韻}市連切, {集韻}{韻會}時連切, 𠀤音蟬. {廣韻}單于. {前漢・匈奴傳}單于者, 廣大之貌也. 言其象天, 單于然也. 又{爾雅・釋天}太歲在卯曰單閼. {釋文}單音蟬, 又音丹, 或音善. 又{廣韻}{韻會}常演切, {集韻}{正韻}上演切, 𠀤音善. {玉篇}大也. 又縣名. {前漢・地理志}山陽郡單父縣. {註}師古曰: 音善甫. 又姓. {廣韻}單襄公之後. {史記・儒林傳}桓生單次. {註}單音善, 單姓, 次名. 又人名. {書序}咎單作明居. {傳}咎單, 臣名, 主土地之官. {註}單音善. 又{集韻}齒善切, 音闡. 與嘽同. 詳後嘽字註. 又{集韻}黨旱切, {正韻}多簡切, 𠀤音狚. {集韻}本作亶, 多穀也. 一曰誠也, 厚也. {書・洛誥}乃單文祖德. {釋文}單音丹, 又丁但反, 信也. {詩・小雅}俾爾單厚. {傳}單, 信也, 或曰厚也. {釋文}單, 毛音都但反, 鄭音丹. 又{周頌}單厥心. {傳}單, 厚也. {釋文}都但反. 又通亶. {史記・歷書}端蒙單閼二年. {註}單閼, 一作亶安. 又{集韻}徒案切, 音憚. 與鄲同, 鄲狐, 邑名. 又{集韻}{正韻}𠀤之膳切, 音戰. 單至, 輕發之貌. 又{集韻}{韻會}𠀤時戰切, 音繕. 單父, 邑名. 亦姓. 說文 <吅部> 都寒切. 大也. 从吅, 𠁼, 吅亦聲. 闕.

A0110 U-55BF

•喿• 口字部 總13劃. 훈글 [소] 울. 新典 [소] 새 쎄지어 울. 訓蒙 [쇼] 밥죽. 英譯 chirping of birds. 康熙 <口部> {唐韻}蘇到切, {集韻}{韻會}{正韻}先到切, 𠀤音瘙. {說文}鳥羣鳴也, 从品在木上. {集韻}或作噪喿. 又{集韻}千遙切, 燥平聲. {玉篇}臿屬金作鍫. {集韻}本作斛. 或作鍬斲銚鍫橾. 說文 <品部> 穌到切. 鳥羣鳴也. 从品在木上.

A0324 U-55C7

•嗇• 口字部 總13劃. 훈글 [색] 아낄. 新典 [색, 식] 앗길. 린색할, 다라울. 탐할, 게엄낼. 권농. 訓蒙 [식] 븓질길. 英譯 miserly, thrifty, stingy. stopped up, constipated. 漢典 會意. 甲骨文字形, 象糧食收入谷倉形. 小篆從來回, “來”是小麥, “回”是倉庫. 本義: 收獲谷物. 康熙 <口部> 古文: 嗇嗇嗇嗇. {唐韻}所力切, {集韻}{韻會}殺測切, 𠀤音色. {說文}本作嗇. 愛濇也. 从來从㐭. 來者, 㐭而藏之, 故田夫謂之嗇夫. {玉篇}愛也, 慳貪也. {易・說卦傳}爲吝嗇. {左傳・襄二十六年}嗇于禍. {註}嗇, 貪也. 又{老子・道德經}治人事天莫如嗇. {註}嗇者, 有餘不盡用之意. 又{史記・倉公傳}脈嗇而不屬. 又官名. {書・胤征}嗇夫馳. {註}嗇夫, 主幣之官. {詩・小雅・田畯至喜箋}田畯, 司嗇, 今之嗇夫也. {史記・張釋之傳}虎圈嗇夫. {註}正義曰: 掌虎圈, 百官表有鄉嗇夫, 此其類也. 又與穡同. {儀禮・特牲饋食禮}主人出寫嗇于房. {註}嗇者, 農力之成功. {前漢・成帝紀}服田力嗇. 說文 <嗇部> 所力切. 愛濇也. 从來从㐭. 來者, 㐭而藏之. 故田夫謂之嗇夫. 凡嗇之屬皆从嗇.

A0394 U-55FE

•嗾• 口字部 總14劃. 훈글 [주] 부추길. [족] 개 부름. 新典 [수] 개 부릴. 英譯 to set

a dog on. incite, instigate. 漢典 形聲. 從口, 族聲. 本義: 使狗, 發出使狗咬人的聲音. 康熙 <口部> {廣韻}{集韻}{韻會}{正韻}並蘇后切, 音叟. {說文}使犬聲. {玉篇}{方言}秦晉冀隴謂使犬曰嗾. {左傳・宣二年}公嗾夫獒焉. {疏}服虔云: 嗾, 𠳳也. {釋文}嗾, 素口反. 服本作𠳳. {廣韻}同𡁼. 又{唐韻}蘇奏切, {集韻}{韻會}{正韻}先奏切, 並音漱. 或作族. 又{廣韻}倉奏切, {集韻}千候切, 並音湊. 或作𡁼. 又{集韻}蘇卧切, 音膹. 又{集韻}{類篇}並先侯切, 音揪. 或作𡁼〈氵造〉. 又{集韻}作木切, 音鏃. 或作𡁼, 義並同. 說文 <口部> 穌奏切. 使犬聲. 从口族聲. {春秋傳}曰: "公嗾夫獒."

嘉 A0281 U-5609

•嘉• 口字部 總14劃. 훈글 [가] 아름다울. 新典 [가] 아름다울. 착할. 기릴. 질거울. 類合 [가] 됴흘. 英譯 excellent. joyful. auspicious. 漢典 形聲. 從壴, 加聲. 本義: 善, 美. 康熙 <口部> {唐韻}古牙切, {集韻}{韻會}{正韻}居牙切, 並音加. {爾雅・釋詁}嘉, 美也. {書・大禹謨}嘉乃丕績. {易・乾卦}亨者, 嘉之會也. {周禮・春官・大宗伯}以嘉禮親萬民. {註}嘉, 善也. {左傳・襄四年}鹿鳴君所以嘉寡君也, 敢不拜嘉. {楚語}百嘉備舍. 又{周禮・秋官・大司寇}以嘉石, 平罷民. {註}嘉石, 文石也, 樹之外朝, 欲使罷民思其文理以改悔. 又{前漢・律歷志}準繩嘉量. {註}張晏曰: 準水平, 量知多少, 故曰嘉. 又{爾雅・釋詁}樂也. {禮・禮運}交獻以嘉魂魄. {註}嘉, 樂也. 又或作假. {詩・大雅}假樂君子. {註}假, 嘉也. {禮・中庸}作嘉. 又{史記・秦始皇紀}更名臘曰嘉平. 又縣名. {前漢・地理志}河內郡, 獲嘉縣. 又{韻會}州名. 漢屬犍爲郡, 周置嘉州, 宋改嘉興府. 又姓. {左傳}周大夫嘉父. 又{韻會}魚名, 嘉魚, 出丙穴. 又{集韻}或作佳. 詳佳字註. 又{集韻}亥駕切, {正韻}胡駕切, 並音暇. {集韻}美也. 或作假. 又叶居何切, {詩・豳風}其新孔嘉, 其舊如之何. 又{小雅}物其多矣, 維其嘉矣. {後漢・趙岐傳}漢有逸人, 姓趙名嘉, 有志無時, 命也奈何. 說文 <壴部> 古牙切. 美也. 从壴加聲.

嘑 A0276 U-5611

•嘑• 口字部 總14劃. 훈글 [호] 부르짖을. 新典 [호] 응컬거릴. 고함 지를. 英譯 to menace. to howl at. to bawl. (Cant.) final particle. 康熙 <口部> {唐韻}荒烏切, {集韻}{正韻}荒胡切, 並音呼. {說文}唬也. {玉篇}大聲. {廣韻}口嘑. {周禮・春官}雞人夜嘑旦, 以嘂百官. {釋文}嘑, 火吳反. 又{集韻}亦姓. 又與滹同. {史記・蘇秦傳}南有嘑沱易水. {集韻}或作嘑. 又{集韻}{正韻}並荒故切, 音戽. 義同. 又{孟子}嘑爾而與之. {註}嘑爾, 咄啐之貌. {集韻}本作謼. 或作呼. 說文 <口部> 荒烏切. 唬也. 从口虖聲.

噪 A0110 U-566A

•噪• 口字部 總16劃. 훈글 [조] 떠들썩할. 新典 [소] 俗音 [조] 뭇새 지져귈. 訓蒙 [조] 우지질. 英譯 be noisy. chirp loudly. 漢典 形聲. 康熙 <口部> {廣韻}蘇到切, {集韻}先到切, 並音燥. {玉篇}呼噪也. {拾遺記}魯僖公有白鵶, 遶煙而噪. {玉篇}同譟. {廣韻}同譟. {集韻}本作喿.

A0114 U-569A

•嚚• 口字部 總18劃. (훈글) [은] 어리석을. (新典) [은] 어리석을. 말다툼할. (英譯) argumentative, talkative. (康熙) <口部> 古文: 㗁㘇㗯㘈. {唐韻}語巾切, {集韻}{正韻}魚巾切, {韻會}疑巾切, 𠀤音銀. {說文}語聲. 又{玉篇}愚也. {書・堯典}父頑母嚚. {左傳・僖二十四年}口不道忠信之言爲嚚. {前漢・昌邑王傳}書作䦳. 又人名. {晉語}召史嚚占之. {註}史嚚, 虢太史也. 又{集韻}牛閑切, 音訮. 語聲. (說文) <㗊部> 語巾切. 語聲也. 从㗊臣聲.

A0774 U-56A8

•嚨• 口字部 總19劃. (훈글) [롱] 목구멍. (新典) [룽] 목구멍. (訓蒙) [룽] 목ᄉᆞ무. (英譯) throat. (康熙) <口部> {唐韻}盧紅切, {集韻}{韻會}盧東切, 𠀤音籠. {說文}喉也. {爾雅・釋鳥}亢, 鳥嚨. {註}謂喉嚨. {後漢・五行志童謠}吏買馬, 君買車, 請爲諸君鼓嚨胡. (說文) <口部> 盧紅切. 喉也. 从口龍聲.

A0303 U-56AE

•嚮• 口字部 總19劃. (훈글) [향] 향할. (新典) [향] 향할, 대할. 누릴. 저즘게. (英譯) guide, direct. incline to, favor. (康熙) <口部> 古文: 向㝑𡨘. {廣韻}{集韻}𠀤許亮切, 音𨶹. {集韻}面也, 對也. {書・盤庚}若火之燎于原, 不可嚮邇. {傳}火炎不可嚮近. 又{洛誥}伻嚮卽有僚. {傳}當使臣下各嚮就有官. {易・隨卦}君子以嚮晦入宴息. 又{書・洪範}嚮用五福. {傳}言天所以嚮勸人用五福. 又{前漢・丙吉傳}嚮使丞相不先聞馭吏言, 何見勞勉之有. 又{廣韻}{集韻}𠀤許兩切, 音響. {廣韻}爾雅, 兩階間謂之嚮. ○ 按今{爾雅・釋宮}作鄉. 又{書・洪範嚮用五福釋文}嚮, 許亮反, 又許兩反, 二音皆可讀. 又{史記・游俠傳}何知仁義, 已嚮其利者爲有德. {註}索隱曰: 嚮者, 享受也. 又與響同. {易・系辭}其受命也如嚮. {莊子・養生主}砉然嚮然. {前漢・賈山傳}天下嚮應. 又與饗同. {前漢・宣帝紀}上帝嘉嚮. {註}師古曰: 嚮, 讀曰饗. {集韻}本作鄉.

A0366 U-361D

•㘝• 囗字部 總05劃. (훈글) [닙] 사사로이 취하는 모양. (英譯) to take in. to absorb, (non-classical form of 罶) a kind of spring fishing net. a kind of small net with a handle used to catch fishes or birds. (康熙) <囗部> {唐韻}{集韻}𠀤昵立切, 音惗. {說文}私取物縮藏之. 从囗从又. 又{唐韻}女洽切, {集韻}昵洽切, 𠀤音䐑. 義同. 或作囡囝. (說文) <囗部> 女洽切. 下取物縮藏之. 从囗从又. 讀若聶.

A0943 U-56DB

•四• 囗字部 總05劃. (훈글) [사] 넉. (新典) [사, ᄉᆞ] 넷, 넉, 네. (訓蒙) [ᄉᆞ] 넉. (英譯) four. (漢典) 指事. 甲骨文字形, 象鼻子喘息呼氣之形. 本義: 數目. 三加一所得. (康熙) <囗部> 古文: 䦉. {唐韻}{集韻}𠀤息利切, 音泗. {說文}囗, 四方也. 八, 別也. 囗中八, 象四分之形. 又{玉篇

}陰數次三也. {正韻}倍二爲四. {易・繫辭}天一地二, 天三地四, 天五地六, 天七地八, 天九地十, 五位相得而各有合. {又}兩儀生四象, 四象生八卦. 又姓. {正字通}宋有四象, 慶元閒知汀州府. 又{正字通}今官司文移變四作肆, 防詐譌竄易, 非四之本義也. 又{集韻}息七切, 音悉. 關中謂四數爲悉. ○ 按{正字通}云平聲音司, 引{樂譜}四五讀司烏, 不知此特口變易, 非四有司音也. {正字通}誤. 說文 <四部> 息利切. 陰數也. 象四分之形. 凡四之屬皆从四.

A0898 U-56DE

•回• 囗字部 總06劃. 훈글 [회] 돌. 新典 [회] 두리킬, 돌. 돌아올. 간사할. 어길. 머뭇거릴. 돌. 피할. 類合 [회] 도로혈. 英譯 return, turn around. a time. 漢典 象形. 甲骨文象淵水回旋之形. 本義: 回旋, 旋轉. 康熙 <囗部> {唐韻}戶恢切, {集韻}{韻會}{正韻}胡隈切, 丛音洄. {說文}从囗, 中象回轉之形. {徐鍇曰}渾天之氣, 天地相承. 天周地外, 陰陽五行, 回轉其中也. 又{說文}邪也, 曲也. {詩・小雅}淑人君子, 其德不回. {禮・禮器}禮飾回, 增美質, 措則正, 施則行. 又{正韻}返也. {後漢・蔡邕傳}回途要至, 俯仰取容. 又{廣韻}違也. {詩・大雅}求福不回. {又}徐方不回. {註}回猶違也, 言不違命也. 又{詩・大雅}昭回于天. {註}昭, 明. 回, 旋也. 又屈也. {後漢・盧植傳}可加赦恕申宥回枉. {又}抗議不回. 又徘回. {說文}徘徊本作裴回. 寬衣也, 取其裴回之狀. {張衡・思玄賦}馬倚輈而徘回. {註}言踟躕不進也. 又低回, 紆衍貌. {史記・孔子世家贊}適魯, 觀仲尼車服禮器, 余低回留之, 不能去. {前漢・揚雄傳}大道低回. 又姓. {韻會}古賢者方回之後. {正字通}明宣德中御史回續. 又地名. {後漢・郡國志}右扶風有回城, 名曰回中. 又通作迴. {荀子・儒效篇}圖迴天下於掌上. 又通作廻. {史記・鄒陽傳}墨子廻車. 又{正字通}回回, 國名. 西域大食國種也. 明丘濬曰: 國在玉門關外萬里, 陳隋閒入中國. 金元以後, 蔓延滋甚, 所至輒相親守, 其所謂教門者尤篤, 今在在有之. 又{集韻}{韻會}丛戶賄切, 音悔. 繞也. {左傳・襄十八年}右回梅山. 徐邈讀上聲. 又{集韻}{韻會}丛胡對切, 音繢. {前漢・趙充國傳}回遠千里. {註}回謂路迂回也, 音胡悔反. 又畏避也. {前漢・王溫舒傳}卽有避回. {註}謂不盡意, 捕擊盜賊. 又{蓋寬饒傳}刺舉無所回避. {註}回丛讀若諱. 俗作囬. 說文 <囗部> 戶恢切. 轉也. 从囗, 中象回轉形.

A0578 U-56DF

•囟• 囗字部 總06劃. 훈글 [신] 정수리. 新典 [신] 숨구멍, 뎡수리. 英譯 top of the head. skull. 漢典 象形. 或從肉, 宰聲. 本義: 連合胎兒或新生兒顱頂蓋各骨間的膜質部. 康熙 <囗部> 古文: 出𦞦顖顋. {廣韻}息晉切, {集韻}思晉切, 丛音信. {說文}頭會腦蓋也. 象形. {魏校曰}頂門也. 子在母胎, 諸竅尚閉, 唯臍內氣, 囟爲之通氣, 骨獨未合. 旣生, 則竅開, 口鼻內氣, 尾閭爲之洩氣, 囟乃漸合, 陰陽升降之道也. {方書}頂中央旋毛中爲百會, 百會前一寸半爲前頂, 百會前三寸卽囟門. 又{集韻}息忍切, 信上聲. 又息利切, 音四. 義丛同. 說文 <囟部> 息進切. 頭會, 匘蓋也. 象形. 凡囟之屬皆从囟.

A0365 U-56E0

•因• 囗字部 總06劃. 훈글 [인] 인할. 新典 [인] 인할, 그대로. 이을. 헤질. 말미암을. 의지할. 부탁할. 인연, 안시. 類合 [인] 인흘. 英譯 cause, reason. by. because (of). 漢典

會意. 從口大. 大, 人. 甲骨文字形, 象人在車席子上. 本義: "茵"的本字, 坐墊, 車墊. 康熙 <口部> 古文: 㒚. {唐韻}於眞切, {集韻}{韻會}{正韻}伊眞切, 𠀤音姻. {說文}从口大. 會意. {徐鍇曰}能大者, 衆圍就之也. 又仍也, 襲也. {論語}殷因於夏禮. {孟子}爲高必因丘陵, 爲下必因川澤. {書・堯典}日永星火, 以正仲夏, 厥民因. {註}析而又析也. {禮・禮器}因天事天, 因地事地, 因名山升中于天, 因吉土以享帝于郊. 又依也. {論語}因不失其親, 亦可宗也. 又托也. {孟子}時子因陳子而以告孟子. 又由也. {鄒陽・上梁王書}夜光之璧, 以暗投人於道, 莫不按劒相眄者, 無因至前也. 又緣也. {傳燈錄}欲知前世因, 今生受者是. 欲知後世因, 今生作者是. 又姓. {左傳・定二年}遂人四族, 有因氏. {正字通}明有因禮, 因絅. 又{六書正譌}借爲昏姻之姻, 言女有所因. 又叶烏前切, 音烟. {陸雲・贈顧尚書詩}殊音合奏, 曲異響連. 綣我懽條, 統我思因. {集韻}或作捆. 說文 <口部> 於眞切. 就也. 从口, 大.

A0366 U-56E1

•囡• 口字部 總06劃. 한글 [닙] 아이. 英譯 ones daughter. to filch. to secrete. 康熙 <口部> {集韻}與㘝同.

A0401 U-56E7

•囧• 口字部 總07劃. 한글 [경] 빛날. 新典 [경] 창 밝을. 康熙 <口部> {唐韻}{集韻}{韻會}𠀤俱永切, 音憬. {說文}窻牖麗廔闓明, 象形. 又伯囧, 人名. 周太僕. 正本作囧, 俗訛作冏. 見{書・囧命}. 又與烱同. {韓愈詩}蟲鳴室幽幽, 月吐窻囧囧. {註}囧囧猶烱烱也. 烱从火囧. 說文 <囧部> 俱永切. 窻牖麗廔闓明. 象形. 凡囧之屬皆从囧. 讀若獷. 賈侍中說: 讀與明同.

A0369 U-56EE

•囮• 口字部 總07劃. 한글 [와] 후림새. 新典 [와] 새어리. 화할. 英譯 inveigle, decoy. cheat. 康熙 <口部> {廣韻}{集韻}五禾切, {韻會}{正韻}吾禾切, 𠀤音譌. {說文}譯也. 率鳥者, 繫生鳥以來之, 名曰囮. {徐鍇曰}譯者, 傳四夷及鳥獸之語. 囮者, 誘禽鳥也, 卽今鳥媒也. 又化也. {元包經}羣類囮育, 庶物甡植. {註}囮與吪同. 化也. 又{廣韻}以周切, 音猷. 又{集韻}以九切, 音槱. 義𠀤同. 說文 <口部> 五禾切. 譯也. 从口, 化. 率鳥者繫生鳥以來之, 名曰囮. 讀若譌. 又音由.

A0367 U-56F0

•困• 口字部 總07劃. 한글 [곤] 괴로울. 新典 [곤] 곤할. 로곤할, 지칠. 類合 [곤] 곤홀. 英譯 to surround, beseige. to be surrounded. difficult. 漢典 會意. 甲骨文字形, 從口, 象房的四壁, 里邊是生長的樹木. 本義: 廢棄的房屋. 康熙 <口部> 古文: 朱. {唐韻}{集韻}{韻會}{正韻}𠀤苦悶切, 坤去聲. {說文}故廬也. 从木, 在口中. {徐鍇曰}舊所居廬, 故其木久而困獘也. {六書本義}木在口中, 木不得申也, 借爲窮困, 病困之義. 又卦名. {易・困卦}象曰: 澤無水困, 君子以致命遂志. 又{序卦}升而不已則困. 又{廣韻}窮也, 苦也. {書・大禹謨}不廢困窮. {禮・中庸}事前定則不困. 又{史記・范雎蔡澤傳}二子不困阨, 惡能激乎. 又瘁也, 倦極力

乏也. {後漢・耿純傳}世祖至營, 勞純曰: 昨夜困乎. 又憂愁也. {書・盤庚}汝不憂朕心之攸困. 又亂也. {論語}不爲酒困. {註}言不爲酒所困而及亂也. 又不通也. {禮・中庸}或困而知之. {論語}困而學之, 又其次也. {註}謂有所不通也. 又{孟子}困於心, 衡於慮, 而後作. {註}事勢窮蹙, 以至困於心, 衡於慮, 然後奮發而興起也. 又爲人所阨亦曰困. {左傳・宣十四年}困獸猶鬬, 況國相乎. 又叶苦昆切, 音坤. {易林}陽不制陰, 宜其家困. 又叶苦卷切, 款去聲. {後漢・竇何傳贊}上惛下蔽, 人靈動怨, 將糾邪慝, 以合人願. 道之屈矣, 代離凶困. 說文 <口部> 苦悶切. 故廬也. 从木在口中.

A0365 U-56FF

•囿• 口字部 總09劃. 흔글 [유] 동산. 新典 [유] 엔담, 나라 동산. 고루할. [육] 나라 동산. 訓蒙 [유] 동산. 英譯 pen up. limit, constrain. 漢典 形聲. 從口, 有聲. "口"表示范圍和區域. 本義: 古代帝王養禽獸的園林. 康熙 <口部> {唐韻}于救切, {集韻}{韻會}尤救切, {正韻}爰救切, 𠀤音右. {說文}从口有聲. 苑有垣也. 一曰禽獸有囿. {詩・大雅}王在靈囿. {疏}囿者, 築牆爲界域, 而禽獸在其中也. {周禮・地官・囿人}掌囿遊之獸禁. {註}古謂之囿, 漢謂之苑. {孟子}文王之囿. {註}古者四時之田, 皆於農隙以講武事. 不欲馳騖於稼穡場圃之中, 故度閒曠之地以爲囿也. {初學記}囿猶有也. 有藩曰園, 有牆曰囿. 又九囿. {通鑒外紀}人皇氏, 依山川土地之勢, 財度爲九州, 謂之九囿. 又{司馬相如・封禪文}遙集乎文雅之囿, 翺翔乎禮樂之場. 又{左思・魏都賦}聊爲吾子, 復玩德音, 以釋二客, 競於辨囿也. 又識不通廣曰囿. 猶拘墟也. {尸子廣擇篇}列子貴虛, 揚子貴別, 囿其學之相, 非也, 皆弇於私也. 又{集韻}于九切, 音有. 義同. 又{唐韻}于六切, 音唷. {詩・大雅}王在靈囿, 麀鹿攸伏. 又{劉向・九歎}莞芎棄於澤洲兮, 瓟蠡蘽於筐簏. 麒麟奔於九皐兮, 熊羆羣而逸囿. 又叶于愧切, 音位. {張衡・東京賦}悉率百禽, 鳩諸靈囿. 獸之所同, 是謂告備. 又叶于詭切, 音委. {司馬相如・騶虞頌}般般之獸, 樂我君囿. 黑質白章, 其儀可喜. 說文 <口部> 于救切. 苑有垣也. 从口有聲. 一曰禽獸曰囿.

A0368 U-5702

•圂• 口字部 總10劃. 흔글 [환] 뒷간. 新典 [혼] 뒤간, 셔각. 訓蒙 [혼] 뒷간. 英譯 pig-sty. privy. 康熙 <口部> {唐韻}{集韻}𠀤胡困切, 音溷. {說文}廁也. 从豕在口中也. 會意. 又{集韻}{正韻}𠀤胡慣切. 與豢同. {禮・少儀}君子不食圂腴. 註: 謂犬豕之屬食米穀者也. 說文 <口部> 胡困切. 廁也. 从口, 象豕在口中也. 會意.

A0195 U-5703

•圃• 口字部 總10劃. 흔글 [포] 밭. 新典 [포] 나믈밧, 채마. 訓蒙 [보] 맏. 英譯 garden, cultivated field. 漢典 形聲. 從口, 甫聲. 口, 圍的古體字. 從口的字往往表示某一個范圍或區域. 本義: 種植果木瓜菜的園地. 周圍常無垣籬. 康熙 <口部> {唐韻}博古切, {集韻}彼五切, 𠀤音補. {說文}種菜曰圃. {周禮・天官・大宰}九職, 二曰園圃, 毓草木. {註}樹果蓏曰圃, 園其樊也. 又{地官・場人}掌國之場圃, 而樹之果蓏珍異之物, 以時斂而藏之. {疏}場圃連言同地耳. 春夏爲圃, 秋冬爲場也. 又{地官・閭師}任圃, 以樹事責草木. {註}任, 使也. 園圃毓草木, 故還使貢草木也. 又{周禮・夏官・職方氏}河南曰豫州, 其澤藪曰圃田. {註}圃田在中牟.

{後漢・郡國志}中牟縣有圃田澤. ○ 按圃田, 卽詩所謂甫草是也, 在周東都畿內, 後爲鄭地. 又藉圃, 蒲圃, 㳅地名. {左傳・哀十七年}衞侯爲虎, 幄于藉圃. 又{襄四年}季孫樹六檟于蒲圃東門之外. 又{何晏・景福殿賦}建以永寧安昌臨圃. {註}皆殿名也. 又縣圃, 山名. {楚辭・天問}崑崙縣圃, 其尻安在. 又{揚雄・甘泉賦}配帝居之縣圃兮, 象太乙之威神. {註}縣圃在崑崙山, 天帝所居. 亦作玄圃. {穆天子傳}銘迹於玄圃之上, 以詔後世. {庾信・馬射賦}周王玄圃之前, 猶驂八駿. 又{唐韻}{集韻}㳅博故切, 音布{屈原・離騷}朝發軔於蒼梧兮, 夕余至乎懸圃. 欲少留此靈瑣兮, 日忽忽其將暮. {集韻}或省作甫. 別作囿. (說文) <囗部> 博古切. 種菜曰圃. 从囗甫聲.

A0368 U-5704

•圄• 囗字部 總10劃. (한글) [어] 옥. (新典) [이] 옥, 남두. (訓蒙) [어] 옥. (英譯) prison, jail. (漢典) 形聲. 從囗, 吾聲. "囗", "圍"的本字, 表示限制在某個范圍. 本義: 囚禁. (康熙) <囗部> {唐韻}魚呂切, {集韻}偶舉切, {韻會}{正韻}偶許切, 㳅音語. 獄名. {說文}守之也. {禮・月令}省囹圄. {註}圄, 止也. 所以止罪人出入於舍. {初學記}囹, 領也. 圄, 禦也. 言領錄囚徒禁禦也. 一曰囹, 令也. 圄, 悟也. 令罪人入其中, 自悔悟也. {左傳・宣四年}圄伯嬴于轑陽而殺之. 又與圉同. {說文}囹圄作囹圉, 所以拘罪人也. {書・禹貢}西傾朱圉. {前漢・地理志}作朱圄. 又{東方朔傳}囹圉空虛. (說文) <囗部> 魚舉切. 守之也. 从囗吾聲.

A0407 U-5705

•圅• 囗字部 總10劃. (한글) [함] 함. (新典) [함] 담을. 혀함. 함. 갑옷. (英譯) correspondence. a case. a box. (康熙) <囗部> {唐韻}{集韻}㳅胡男切, 音含. {說文}函本字. 註詳凵部六畫. 又{集韻}戶感切, 音頷. 口上曰臄, 口下曰圅. 或作臽. (說文) <马部> 胡男切. 舌也. 象形. 舌體马马. 从马, 马亦聲.

A0368 U-5709

•圉• 囗字部 總11劃. (한글) [어] 마부. (新典) [어] 마부. 변방. 어릿어릿할. (英譯) stable, corral, enclosure. frontier, border. (康熙) <囗部> {唐韻}魚巨切, {集韻}偶舉切, {韻會}魚許切, {正韻}偶許切, 㳅音語. {說文}本作圉. 圉人, 掌馬者. {周禮・夏官・校人}乘馬, 一師四圉. {註}四匹爲乘, 養馬爲圉, 乘馬分爲四圉, 則圉師一人掌之. 又{圉師}掌敎圉人養馬. 又{圉人}掌養馬芻牧之事, 以役圉師. {註}役者, 圉師使令焉. 又{爾雅・釋詁}垂也. {註}守圉在外垂也. {詩・大雅}多我覯痻, 孔棘我圉. {左傳・隱十一年}亦聊以固我圉也. 又{僖二十八年}不有行者, 誰扞牧圉. 又月名. {爾雅・釋天}月在丁曰圉. 又{孟子}始舍之圉圉焉. {註}圉圉, 困而未舒之貌. 又姓. {左傳・哀十六年}楚圉公陽穴宮負王, 以如昭夫人之宮. 又圉門, 周王城門. {周語}王自圉門入. 又圉陽, 地名. {左傳・昭二十四年}楚王以舟師略吳疆, 至圉陽而還. 又朱圉, 山名. {書・禹貢}西傾朱圉. {前漢・地理志註}山在冀縣南梧中聚. 又邑名. {後漢・郡國志}圉屬豫州陳留郡. 又洛陽有圉鄕. 又與圄同. 詳前圄字註. 又與敔通. 樂器. {詩・周頌}鼗磬柷圉. {書・益稷}作柷敔. 又{謚法}威德剛武曰圉. 又{正韻}魚據切, 音御. 止也, 捍也. {莊子・繕性篇}其來不可圉. {註}與禦同. {管子・大匡篇}吾參圍之, 安能圉我. 又{前漢・賈

誼傳序}設建屏藩, 以守强圉. 吳楚合從, 賴誼之慮. 說文 <幸部> 魚擧切. 囹圄, 所以拘罪人. 从幸从口. 一曰圉, 垂也. 一曰圉人, 掌馬者.

A0852 U-570B

◆國◆ 囗字部 總11劃. 한글 [국] 나라. 新典 [국] 나라. 訓蒙 [국] 나라. 英譯 nation, country, nation-state. 康熙 <囗部> 古文: 囗囯圀戜𢧤. {唐韻}古或切, {集韻}骨或切, 𠀤虢入聲. {說文}邦也. {周禮·夏官·量人}掌建國之法, 以分國爲九州. 又{冬官·考工記}匠人營國, 旁三門, 國中九經九緯, 經涂九軌, 左祖右社, 面朝後市. {禮·王制}五國以爲屬, 十國以爲連, 二十國以爲卒, 二百一十國以爲州. {孟子}大國, 地方百里, 次國, 地方七十里, 小國, 地方五十里. 又{周禮·地官·掌節}山國用虎節, 土國用人節, 澤國用龍節. {註}山國多山者, 土國平地也, 澤國多水者. 又滅人之國曰勝國. {左傳註}勝國者, 絕其社稷, 有其土地也. 又九州之外曰外國. 亦曰絕國. {後漢·班超傳}君侯在外國三十餘年. {又}遠處絕國. 又兩國相距曰敵國. {孟子}敵國不相征也. 又外國來附者曰屬國. {李陵·答蘇武書}聞子之歸位, 不過典屬國. {註}典, 掌也. 卽掌屬國之事者. 又城郭國, 行國. {宋程大昌備北邊對}漢西域諸國, 有城郭國, 有行國. 城郭國, 築城爲守者, 行國不立城, 以馬上爲國也. 又姓. {姓苑}太公之後. 齊有國氏, 世爲上卿, 宋有國卿. 又国, {正字通}俗國字. 囻, 同國, 民國期間俗字. 說文 <囗部> 古惑切. 邦也. 从囗从或.

A0367 U-570D

◆圍◆ 囗字部 總12劃. 한글 [위] 둘레. 新典 [위] 둘에. 에둘을. 에울, 에워쌀. 아람. 類合 [위] 에울. 英譯 surround, encircle, corral. 漢典 形聲. 從囗, 韋聲. "囗"是"圍"的古字. 本義: 環繞. 康熙 <囗部> 古文: 囗. {唐韻}羽非切, {集韻}于非切, 𠀤音韋. {說文}守也. 又繞也. {易·繫辭}範圍天地而不過. {註}周備也. 範, 如金之有模範. 圍, 匡郭也. 又{詩·商頌}帝命式于九圍. {註}分天下爲九處, 若規圍然. 又環也. {周禮·夏官·環人註}環猶圍也, 主圍賓客, 任器爲之守衞. 又遮取禽獸. {禮·曲禮}國君春田不圍澤. {註}春育之時, 不合圍盡收之也. 又{王制}天子不合圍. {註}言不四面圍之也. 又環繞攻城. {春秋·提要註}環其城邑曰圍. 又{周禮·春官·大宗伯}以禬禮哀圍敗. {註}謂其國見圍入, 而國被禍敗也, 喪失財物, 則同盟之國會合財貨歸之, 以更其所喪也. 又{韻會}五寸曰圍, 一抱曰圍. {莊子·人閒世}櫟, 社樹, 其大蔽牛, 絜之百圍, 散木也無所用, 故壽. 又縣名. {後漢·郡國志}圍縣, 屬涼州武威郡. 又與韋通. {前漢·成帝紀}大風拔木, 十韋以上. 又與衞通. {管子·地員篇}山藜葦芒, 羣藥安聚, 以圍犟殃. {註}圍同衞. 又{唐韻}{集韻}𠀤于貴切, 音謂. 繞也. 說文 <囗部> 羽非切. 守也. 从囗韋聲.

A0900 U-571F

◆土◆ 土字部 總03劃. 한글 [토] 흙. 新典 [토] 흙, 흑. [두] 섀리. 訓蒙 [토] 흙. 英譯 soil, earth. items made of earth. 漢典 象形. 甲骨文字形, 上象土塊, 下象地面. 金文中空廓變填實, 小篆又變爲線條. 本義: 泥土, 土壤. 康熙 <土部> {唐韻}{正韻}他魯切, {集韻}{韻會}統五切, 𠀤吐上聲. 五行之一. {說文}地之吐生物者也. 二象地之下, 地之中, 土物出形也.

{易·離象傳}百穀草木麗乎土. {書·禹貢}冀州厥土惟白壤, 兗州厥土黑墳, 青州厥土白墳, 徐州厥土赤埴墳, 揚州荆州厥土惟塗泥, 豫州厥土惟壤下土墳壚, 梁州厥土青黎, 雍州厥土惟黃壤. 又{書·禹貢}徐州厥貢惟土五色. {註}諸侯受命, 各錫以方色土, 建大社于國中, 一曰冢土. {詩·大雅}乃立冢土. 又后土, 取厚載之義. 共工氏子句龍爲后土, 位在中央, 主於四季各十八日. {禮·月令}中央土, 其日戊己, 其帝黃帝, 其神后土. {周禮·冬官考工記}土以黃, 其象方. 又星土, 星所主土. {周禮·春官}保章氏以星土辨九州之地. 又度也. 土圭之土訓度. 詳圭字註. 又業也. {皇極經世}獨夫以百畝爲土, 大夫以百里爲土, 諸侯以四境爲土, 天子以九州爲土, 仲尼以萬世爲土. 又星名, 一曰鎭星. {漢書}作塡. 詳塡字註. 又地名. {春秋·僖二十八年}公會晉侯, 齊侯, 宋公, 蔡侯, 鄭伯, 衞子, 莒子, 盟于踐土. {註}鄭地. 又姓. 句龍爲后土, 子孫爲氏. 又{廣韻}{正韻}徒古切, {集韻}{韻會}動五切, 𠀤音杜. {揚子·方言}東齊謂根曰土, 非專指桑根白皮. {郭璞註}{方言}引{詩}作桑土, 非. 又{集韻}{韻會}{正韻}𠀤董五切, 音覩. 圜土, 獄城也. {周禮·秋官}以圜土聚敎罷民. 又{介之推龍蛇歌}五蛇從之, 周流天下. 龍反其淵, 安其壤土. 下音戶, 戶土俱在姥韻. {字彙}作叶音, 非. 又{集韻}丑下切, 音姹. 土苴, 不眞物. 一曰査滓, 糞草糟粕之類. 又{字彙補}同都切, 音徒. 土門, 北方之族. 門音瞞. 見周書異域傳. (說文) <土部> 它魯切. 地之吐生物者也. 二象地之下, 地之中, 物出形也. 凡土之屬皆从土.

在 (古字形) A0353 U-5728

•在• 土字部 總06劃. (훈글) [재] 있을. (新典) [재, 지] 잇을. 거할, 살. 살필. 곳. (類合) [지] 이실. (英譯) be at, in, on. consist in, rest. (漢典) 形聲. 小篆字形. 從土, 才聲. 表示草木初生在土上. 本義: 存活著, 生存, 存在. (康熙) <土部> 韻會·正韻> 盡亥切, 𠀤裁上聲. > 爾雅·釋訓> 居也. > 易·乾傳> 在下位而不憂. 又察也. > 書·舜典> 在璿璣玉衡, 以齊七政. > 禮·文王世子> 食上必在視寒煖之節. 又存也. > 論語> 父母在. 又所在也. > 前漢·武帝紀> 徵詣行在. 蔡邕{獨斷}天子以四海爲家, 謂所居爲行在所. 又姓. 晉汝南太守在育. 又脾神曰常在, 見> 黃庭經> . 又昨代切, 音載. 義同. 又叶雌氏切. 音此. 善也. > 詩·小雅> 不屬于毛, 不離于裏. 天之生我, 我辰安在. 又叶才里切. 示上聲. > 屈原·離騷> 吾令豐隆乘雲兮, 求虙妃之所在. 解佩纕以結言兮, 吾令蹇修以爲理. 从土从才. 本作扗, 今作在. > 正字通> 在, 本昨代切, 舊本泥韻書先才上聲訓居, 次轉去聲訓所, 不知所卽居, 非上聲者訓居, 去聲者訓所也. ○ 按在有上去二聲. 字書韻書皆然. {禮韻}原許通押, {字彙}分訓, 似泥. {正字通}不从上轉去, 亦非. {唐韻}昨宰切集韻}韻會}正韻}盡亥切, 𠀤裁上聲. 爾雅·釋訓}居也. 易·乾傳}在下位而不憂. 又察也. 書·舜典}在璿璣玉衡, 以齊七政. 禮·文王世子}食上必在視寒煖之節. 又存也. 論語}父母在. 又所在也. 前漢·武帝紀}徵詣行在. 蔡邕{獨斷}天子以四海爲家, 謂所居爲行在所. 又姓. 晉汝南太守在育. 又脾神曰常在, 見黃庭經}. 又昨代切, 音載. 義同. 又叶雌氏切. 音此. 善也. 詩·小雅}不屬于毛, 不離于裏. 天之生我, 我辰安在. 又叶才里切. 示上聲. 屈原·離騷}吾令豐隆乘雲兮, 求虙妃之所在. 解佩纕以結言兮, 吾令蹇修以爲理. 从土从才. 本作扗, 今作在. 正字通}在, 本昨代切, 舊本泥韻書先才上聲訓居, 次轉去聲訓所, 不知所卽居, 非上聲者訓居, 去聲者訓所也. ○ 按在有上去二聲. 字書韻書皆然. {禮韻}原許通押, {字彙}分訓, 似泥. {正字通}不从上轉去, 亦非. (說文) <土部> 昨代切. 存也. 从土才聲.

址 D0084 U-5740

•址• 土字部 總07劃. ᄒᆞᆫ글 [지] 터. 新典 [지] 터. 訓蒙 [지] 터. 英譯 site, location, land for house. 漢典 形聲. 從土, 止聲. 字本從阜, 止聲. 本義: 地基, 基部. 康熙 <土部> {廣韻}{集韻}{正韻}𠀤渚市切, 音止. 基也. {劉秉・長春節詩}太平基址千年永, 混一車書萬古存. 與阯同.

𡋀 A0901 U-5750

•坐• 土字部 總07劃. ᄒᆞᆫ글 [좌] 앉을. 新典 [좌] 안즐. 꿇. 죄 입을. 대심할. 자리. 訓蒙 [좌] 안즐. 英譯 sit. seat. ride, travel by. 漢典 會意. {說文}古文作象形字, 象兩人坐在土上. 本義: 人的止息方式之一. 古人席地而坐, 坐時兩膝著地, 臀部壓在腳跟上. 康熙 <土部> 古文: 𡋀. {唐韻}{集韻}{韻會}{正韻}𠀤徂臥切, 音座. 行之對也. {禮・曲禮}坐如尸. {又}虛坐盡後, 食坐盡前. 又便坐, 別坐之處. {前漢・文翁傳}在便坐受事. 又{後漢・宣秉傳}秉修高節, 光武特拜御史中丞, 詔與司隸校尉中書令同專席而坐, 京師謂之三獨坐. 又猶守也. {左傳・桓十二年}楚伐絞, 軍其南門. 絞人爭出, 驅楚役徒于山中. 楚人坐其北門, 而覆諸山下, 大敗之. 又古者謂跪爲坐. {禮・曲禮}先生琴瑟書策在前, 坐而遷之. {註}坐, 跪也. 又{律}有罪坐. {前漢・文帝紀}除收帑相坐律令. 又罪人對理曰坐. {左傳・僖二十八年}鍼莊子爲坐. 又釋氏大坐曰跏趺. {蓮華經}結跏趺坐. 又與座通. {前漢・梅福傳}當戶牖之法坐. {註}正座也. 又姓. 見{姓苑}. 又{集韻}徂果切, 音脞. 義同. ○ 按坐有上去二音, 字韻諸書訓註皆同, 惟{轉註古音}坐註引{史記}高帝紀, 遂坐上坐. {正義}云: 前坐字, 在果反, 後坐字, 在臥反. {字彙}行坐之坐讀上聲, 非. {正字通}謂坐字在上聲者, 叶音也, 亦非. 本作𡋀. {說文}从土, 从畱省, 土所止也. 隷作坐. 說文 <土部> 但臥切. 止也. 从土, 从畱省. 土, 所止也. 此與畱同意.

坰 A0468 U-5770

•坰• 土字部 總08劃. ᄒᆞᆫ글 [경] 들. 新典 [경] 들. 英譯 wilds. 康熙 <土部> 古文: 冋. {唐韻}古螢切, {集韻}{韻會}{正韻}涓熒切, 𠀤音扃. {爾雅・釋地}林外謂之坰. {詩・魯頌}在坰之野. {左思・吳都賦}目龍川而帶坰. 又地名. {尚書序}湯歸自夏, 至于大坰. {註}大坰, 未詳所在, 當在定陶向亳之閒. {正字通}大坰作大行, 非. 又叶葵營切, 音瓊. {謝靈運・初去郡詩}理櫂遄還期, 遵渚騖修坰. 叶上迎平, 下明英.

坵 A0510 U-5775

•坵• 土字部 總08劃. ᄒᆞᆫ글 [구] 언덕. 英譯 earthenware, earthenware vessel. 康熙 <土部> {正字通}俗丘字.

垂 A0361 U-5782

•垂• 土字部 總08劃. ᄒᆞᆫ글 [수] 드리울. 新典 [슈] 들일. 변방. 거의. 類合 [슈] 드리울. 英譯 let down. suspend, hand. down. 漢典 形聲. 從土, 聲. 本義: 邊疆. 康熙 <土部>

古文: 垂𠂀䅑㕞. {唐韻}{集韻}𠀤是爲切, 音甀. 自上縋下. {易・大傳}黃帝堯舜垂衣裳而天下治. {詩・小雅}垂帶而厲. 又布也. {後漢・鄧禹傳}垂功名於竹帛. 又同陲. 堂之盡處近階者. {書・顧命}一人冕執戣, 立于東垂. 一人冕執瞿, 立于西垂. {史記・袁盎傳}臣聞千金之子, 坐不垂堂. 又邊垂. {左傳・成十三年}虔劉我邊垂. {前漢・谷永傳}方今四垂宴然. 又地名. {春秋・隱八年}宋公衞侯遇于垂. {註}垂, 衞地, 濟陰句陽縣東北有垂亭. {宣八年}仲遂卒于垂. {註}齊地. 又{集韻}馳僞切, 音縋. 鄉名. 在縣. 又{集韻}樹僞切, {正韻}殊僞切, 𠀤音瑞. {書・舜典}垂共工. 陸德明讀. 又將及也. 杜甫有垂老別詩. (說文) <土部> 是爲切. 遠邊也. 从土𠂹聲.

薶　A0033 U-57CB

•埋• 土字部 總10劃. (한글) [매] 묻을. (新典) [매, 미] 무들. 감출. (類合) [미] 무들. (英譯) bury, secrete, conceal. (漢典) 形聲.從土, 里聲.字本作"薶", 甲骨文字形, 象在坑中埋狗的形象, 是向地神祭獻的活動. 本義: 藏入土中. (康熙) <土部> {唐韻}莫皆切, {集韻}{韻會}{正韻}謨皆切, 𠀤音霾. {釋名}葬不如禮曰埋痗也. 趨使痗腐而已. 又藏也. {左傳・昭十三年}埋璧于太室之庭. {後漢・張綱傳}漢安元年, 遣八使循行風俗, 綱獨埋其車輪于洛陽亭. 又叶呂支切, 音離. {左傳・萊人歌}景公死乎, 不與埋. 三軍之事乎, 不與謀. 師乎師乎, 何黨之乎. {說文}本作薶. 俗作埋. {周禮}省作貍.

城　A0902 U-57CE

•城• 土字部 總10劃. (한글) [성] 성. (新典) [셩] 잣, 재. (訓蒙) [셩] 잣. (英譯) castle. city, town. municipality. (漢典) 會意. 從土, 從成, 成亦聲. 本義: 城墻. (康熙) <土部> {唐韻}是征切, {集韻}{韻會}{正韻}時征切, 𠀤音成. 內曰城, 外曰郭. {釋名}城, 成也. 一成而不可毀也. {古今注}盛也, 盛受國都也. {淮南子・原道訓}夏鯀作三仞之城. 一曰黃帝始立城邑以居. {白虎通}天子曰崇城. {史記・始皇本紀}帝築萬里長城. {前漢・元帝紀}帝初築長安城. 城南爲南斗形, 城北爲北斗形, 因名斗城. 又諸侯僭侈, 建城踰制, 謂之產城, 若生子長大之義. {司馬法曰}攻城者, 攻其所產. 又{唐・李肇・國史補}元日冬至, 大朝會, 百官已集, 宰相後至, 列燭多至數百炬, 謂之火城. {王禹偁・待漏院記}北闕向曙, 東方未明. 相君啓行, 煌煌火城. 又層城. {淮南子・地形訓}掘崑崙墟以下地, 中有層城九重. {孫綽・天台賦}苟台嶺之可攀, 亦何羨于層城. 又官名. {左傳・文十六年}公子蕩爲司城. {註}宋桓公, 以武公諱, 司空改司城. 又宮名. {前漢・班倢伃傳}倢伃居增城舍. 又山名. 析城, 在河東濩縣西. {書・禹貢}底柱析城. 又赤城山, 在會稽東南. {孫綽・天台賦}赤城霞起以建標. 又墓地曰佳城. {博物志}夏侯嬰死, 送葬至東都門外, 馬踣地悲鳴, 掘之, 得石槨, 銘曰: 佳城鬱鬱, 三千年見白日. 吁嗟滕公, 居此室. 又姓. 城渾. 又司城, 複姓. 又叶辰羊切, 音常. 韓愈{贈張籍詩}我友東來說, 我家免禍殃. 乘船下汴水, 東去趨彭城. (說文) <土部> 氏征切. 以盛民也. 从土从成, 成亦聲.

埜　A0352 U-57DC

•埜• 土字部 總11劃. (한글) [야] 들. (英譯) open country, field. wilderness. (康熙) <土部> {集韻}野古作埜. 註詳里部四畫. {史記・司馬相如傳}膏液潤埜草而不辭. 又姓. 明正統中南

昌千戶埜佑, 固安人.

A0147 U-57F6

•埶• 土字部 總11劃. 훈글 [예] 심을. 新典 [예] 심을. 英譯 art. 康熙 <土部> {唐韻}魚祭切, {集韻}{韻會}{正韻}倪制切, 丛同藝. {說文}種也. 又六埶, 才埶, 丛詳藝字註. 又{廣韻}{集韻}{韻會}丛始制切, 音世. 與勢同. {禮・禮運}刑仁講讓, 示民有常, 如有不由此者, 在埶者去衆以爲殃. {註}在埶, 居尊位也. 去謂不由禮而去仁讓及上著義考信著過五事也. {前漢・高帝紀}秦得百二, 地埶便利.

A0679 U-57F7

•執• 土字部 總11劃. 훈글 [집] 잡을. 新典 [집] 잡을. 직힐. 잡을. 막을. 아비 벗. 잡아 가둘. 類合 [집] 자블. 英譯 hold in hand. keep. carry out. 康熙 <土部> {唐韻}{集韻}{韻會}之入切, {正韻}質入切, 丛音汁. 守也, 持也. {書・大禹謨}允執厥中. 又處也. {禮・樂記}師乙曰: 請誦其所聞, 吾子自執焉. 又塞也. {左傳・僖二十八年}子玉使伯棼請戰曰: 非敢必有功也, 願以閒執讒慝之口. 又父之友曰執友. {禮・曲禮}見父之執, 不問不敢對. {後漢・馬援傳}援爲梁松父執, 松貴拜援牀下, 援不之答. 又捕也. {禮・檀弓}肆諸市朝, 而妻妾執. {孟子}執之而已. 又姓. 又執失代, 三字姓. 又與慹同. {前漢・朱博傳}豪强執服. {註}謂畏威懾服也. 本作執, 省作執. 亦作瓡. 說文 <幸部> 之入切. 捕罪人也. 从丮从幸, 幸亦聲.

A0900 U-57FA

•基• 土字部 總11劃. 훈글 [기] 터. 新典 [긔] 터. 홈의. 근본. 업, 밋절미. 웅거할, 자리 잡을. 訓蒙 [긔] 터. 英譯 foundation, base. 漢典 形聲. 從土, 其聲. 本義: 墻基. 康熙 <土部> 古文: 坖. {唐韻}{集韻}{韻會}丛居之切, 音朞. {揚子・方言}基, 據也. 在下, 物所依據也. {詩・大雅}止基廼理. {潘岳・藉田賦}結崇基之靈趾. 又田器. {孟子}雖有鎡基. 又門塾之址. {詩・周頌}自堂徂基. 又樂名. {孝經緯}伏犧之樂曰立基. 又山名. {山海經}亶爰山東三百里, 曰基山. 又{集韻}渠之切. 與朞通. {咸陽靈臺碑}承祠基年, 鮀魚複生. 又叶古詣切, 音計. {劉向・列女頌}以爲世基. 叶下避字. 說文 <土部> 居之切. 牆始也. 从土其聲.

A0901 U-57FD

•埽• 土字部 總11劃. 훈글 [소] 쓸. 新典 [소] 쓸. 언덕. 英譯 broom. to sweep, clear away. 康熙 <土部> {唐韻}{集韻}{韻會}{正韻}丛蘇老切, 音嫂. {說文}棄也. 从帚, 以帚却土也. 又{廣韻}蘇到切, {集韻}{韻會}{正韻}先到切, 丛音噪. {周禮・地官・閽人}掌埽門庭. {禮・少儀}氾埽曰埽, 席前曰拚. {註}氾埽, 席埽也. 拚, 除穢也. 又堤岸曰埽. 竹木爲枋, 柳實其中, 和土以捍水, 令黃河之役用之. 又叶蘇后切, 音叟. {詩・鄘風}牆有茨, 不可埽也. 叶下道醜, 道叶頭上聲. 說文 <土部> 穌老切. 棄也. 从土从帚.

A0641 U-5807

•堇• 土字部 總11劃. (훈글) [근] 노란 진흙. (英譯) yellow loam. clay. season. few. (康熙) <土部> {唐韻}巨斤切, {集韻}{韻會}渠斤切, 𠀤音勤. {說文}黏土也. {徐曰}黃土乃黏. {五代史}劉守光圍滄州, 城中雜食堇塊. 又時也. {管子・五行篇}修槩水土, 以待乎天堇. 亦作墐. 又{集韻}渠吝切, 音覲. 塗也. 又與僅勵通. {博雅}堇少也. {前漢・地理志}豫章出黃金, 然堇堇物之所有. 又{集韻}居焮切, 音靳. 國名. 堇子國, 在寧波奉化縣東, 境內有赤堇山. {越絕書}薛燭與越王說劒, 赤堇之山破而出錫, 卽今鄞地. 又堇陰, 地名, 在晉. ○ 按烏頭堇荼之堇从艸, {字彙}附此, 非. {毛氏韻增}从廿不从卄, 監本下从二畫, 亦誤. (說文) <堇部> 巨斤切. 黏土也. 从土, 从黃省. 凡堇之屬皆从堇.

A0906 U-582F

•堯• 土字部 總12劃. (훈글) [요] 요임금. (新典) [요] 놉흘. 요임금. (正蒙) [요] 놉흘. (英譯) a legendary ancient emperor-sage. (康熙) <土部> 古文: 梵. {廣韻}五聊切, {集韻}倪幺切, 𠀤音僥. {說文}高也. 从垚, 在兀上. 高遠也. {白虎通}堯猶嶢也. 嶢嶢, 至高貌. 古唐帝. {書・堯典}曰若稽古帝堯. 又姓. 魏堯暄, 上黨人, 以武功著. 又{謚法}翼善傳聖, 善行德義, 皆曰堯. 又人名. {前漢・高帝紀}帝擢趙堯爲御史大夫, 曰無以易堯. {宋史}陳堯叟, 堯咨, 堯佐, 兄弟皆有聲, 世謂陳氏三堯. 又山名. {山海經}美山東北百里曰大堯山, 今直隸眞定唐山, 縣亦名堯山以堯始封得名. 或作鐃. 本作垚, 小篆加兀, 作堯. 兀, 會高意. 一曰从三土積累而上, 象高形. (說文) <垚部> 吾聊切. 高也. 从垚在兀上, 高遠也.

A0868 U-5831

•報• 土字部 總12劃. (훈글) [보] 갚을. (新典) [보] 대답할. 녓쥴, 고할. 갑흘. 합할. 공초바다 올릴. 치붓흘. [부] 싸를. (類合) [보] 가플. (英譯) report, tell, announce. (康熙) <土部> {唐韻}博秏切, {集韻}{韻會}博號切, 𠀤保去聲. 復也, 酬也, 答也. {詩・鄭風}投我以木瓜, 報之以瓊琚. {禮・郊特牲}報本反始. {註}謝其恩之謂報, 歸其功之謂反. {史記・范雎傳}睚眦之怨必報. 又告也. {前漢・吳王傳}無文書, 口報. {天寶遺事}新進士及第, 以泥金書帖子, 附家書中, 用報登科之喜. 又猶合也. {禮・喪服小記}下殤小功帶澡麻, 不絕本, 詘而反以報之. 又論囚曰報. {前漢・張湯傳}爰書論訊鞫報. 又下婬上曰報. {左傳・宣三年}鄭文公報鄭子之妃曰陳嬀. {註}鄭子, 文公叔父子儀也. {漢律}婬季父之妻曰報. 又與赴通. {禮・喪服小記}報葬者報虞. {註}報, 讀爲赴, 急疾之義. 虞以安神, 不可緩也. 本作報. (說文) <幸部> 博号切. 當罪人也. 从幸从𠬝. 𠬝, 服罪也.

A0094 U-5857

•塗• 土字部 總13劃. (훈글) [도] 진흙. (新典) [도] 진흙. 바를, 맥질할. 더럽힐. 이슬 흠칠을 할. 길. 호리멍덩할. 글자 고칠. [쇼] 허수아비, 곳두. (英譯) smear, daub, apply, spread. paint. (漢典) 形聲. 從水, 余聲. 本義: 涂水. (康熙) <土部> {廣韻}{集韻}{韻會}{正韻}𠀤同都切, 音徒. 泥也. {書・禹貢}塗泥. 見土字註. 又{爾雅・釋詁}路旅, 途也. {張衡・西京賦}參塗

夷庭.〔註〕參塗, 郭門之三道.〔潘岳·藉田賦〕啓四塗之廣阡. 又杜也, 杜塞孔穴也.〔書·梓材〕惟其塗塈茨.〔詩·小雅〕如塗塗附. 又污也.〔莊子·讓王篇〕夷齊曰: 周以塗吾身. 不如避之以潔吾行. 又厚貌.〔楚辭·九歎〕白露紛以塗塗.〔謝朓·酬王晉詩〕塗塗晚露稀. 又〔禮·檀弓〕菆塗龍輴以椁. 又塗車, 明器也.〔禮·檀弓〕塗車芻靈. 自古有之. 又糊塗, 不分曉也.〔宋史·呂端傳〕太宗欲相端, 或言端爲人糊塗. 帝曰: 端小事糊塗, 大事不糊塗. 又塗乙, 改竄也.〔隋百官志〕給事中掌侍左右分判省事, 詔敕有不便者, 塗竄奏還, 謂之塗歸.〔李義山韓碑詩〕點竄堯典舜典字, 塗改淸廟生民詩. 又塗山, 國名. 在壽春界巢縣東北.〔書·益稷〕娶于塗山.〔連山易〕禹娶塗山氏女, 名攸.〔史記·夏本紀〕禹會諸侯塗山, 今山前有禹會村.〔蘇軾·有禹會村詩〕. 俗謂塗山在會稽, 渝州, 濠州, 當塗, 九江, 及三巴之江州, 㚘非. 又山名.〔山海經〕天帝山之西南曰皐塗之山. 又三塗, 太行轘轅崤澠也.〔馬融·廣成頌〕右彎三塗. 左槩嵩嶽. 彎䙡也. 又姓. 見〔統譜〕. 又〔集韻〕徒故切, 音渡.〔張衡·思玄賦〕雲師䨴以交集兮, 涷雨沛其灑塗. 轙琱輿而樹葩兮, 擾應龍以服路. 又〔廣韻〕宅加切,〔集韻〕直加切, 㚘音茶. 沮洳也. 一曰飾也.〔前漢·東方朔傳〕諧語曰: 老柏塗.〔柳宗元詩〕善幻迷冰火, 齊諧笑柏塗. 東門牛屢飯, 中散蝨空爬. 又叶他魯切, 音土.〔史記·龜筴傳〕周流天下, 還復其所. 上至蒼天, 下薄泥塗. (說文) <土部> 同都切. 泥也. 从土涂聲.

墧　　　　　　　　　　　　　　　　　　A0592　U-5859

•墧• 土字部 總13劃. (훈글) [각] 단단할. (英譯) truly. (康熙) <土部>〔廣韻〕〔集韻〕㚘克角切, 音埆. 土高也. 一曰土堅不可拔也. 又〔集韻〕丘交切, 音敲. 磽也. 墩墝墽㚘同. (說文) <土部> 苦角切. 堅不可拔也. 从土高聲.

塞　　　　　　　　　　　　　　　　　　A0270　U-585E

•塞• 土字部 總13劃. (훈글) [새] 변방. (新典) [새, 석] 변방, 도누, 설미. 주사위. (訓蒙) [석] ᄌᆞᆨ. (英譯) stop up, block, seal, cork. pass, frontier. fortress. (漢典) 會意兼形聲. 從土, 𡫳聲. 塞同𡨄, 空隙之義. 本義: 阻隔, 堵住. (康熙) <土部>〔廣韻〕蘇則切,〔集韻〕〔韻會〕〔正韻〕悉則切, 㚘音愳. 塡也, 隔也.〔禮·月令〕孟冬, 天地不通, 閉塞成冬.〔又〕謹關梁, 塞徯徑, 季春開通道路, 無有障塞. 又充也, 滿也.〔書·舜典〕溫恭允塞.〔詩·鄘風〕秉心塞淵. 又國之阨險曰塞.〔史記·蘇秦傳〕秦四塞之國, 披山帶渭.〔後漢·杜篤傳〕城池百尺, 阨塞要害. 又月在辛曰塞, 見〔爾雅·釋天〕. 又塞塞, 不安貌, 見〔博雅〕. 又伊蒲塞, 卽優婆塞.〔後漢·楚王英傳〕以助伊蒲塞桑門之饌. 又〔廣韻〕〔集韻〕〔韻會〕〔正韻〕㚘先代切, 音賽. 邊界也.〔禮·月令〕孟冬備邊境, 完要塞. 又九塞.〔淮南子·地形訓〕九塞, 太汾, 澠阨荆阮方城, 殽阪, 井陘, 令疵, 句注, 居庸.〔註〕太汾在晉, 澠阨殽阪皆在弘農郡, 荆阮方城皆在楚, 井陘在常山, 令疵在遼西, 句注在鴈門陰館, 居庸在上谷阻陽之東. 又紫塞.〔古今注〕秦築長城, 土色皆紫, 因名. 又博塞, 戲具也.〔莊子·駢拇篇〕問穀何事, 則博塞以遊. 又姓. 又與賽同.〔前漢·郊祀志〕冬塞禱祈. 本作𡫳. 亦作㥶. (說文) <土部> 先代切. 隔也. 从土从𡫳.

塵　　　　　　　　　　　　　　　　　　A0622　U-5875

•塵• 土字部 總14劃. (훈글) [진] 티끌. (新典) [진] 띄끌, 티끌, 먼지, 몬지, 문지. 째 찔. 오랠. (訓蒙) [딘] 듣글. (英譯) dust, dirt, ashes, cinders. (漢典) 會意.〔說文〕從三"鹿", 從"土",

表示鹿群行揚起塵土的意思. 楷書簡去重迭的部分, 只保留一個“鹿”. 現行簡化字“塵”, 也是一個從“小”從“土”的會意字. 本義: 塵土. 康熙 <土部> 古文: 䨘㙻尘. ｛唐韻｝直珍切, ｛集韻｝｛韻會｝｛正韻｝池鄰切, 𠀤音陳. 埃也. ｛爾雅・釋詁｝久也. 謂塵垢稽久也. ｛詩・小雅｝無將大車, 祇自塵兮. ｛後漢・班固傳｝風伯淸塵. ｛拾遺記｝石虎起樓四十丈, 異香爲屑, 風起則揚之, 名芳塵. ｛嶺南表異錄｝犀角爲簪梳, 塵不著髮, 名辟塵犀. 又淫視爲遊塵, 見｛穀梁序疏｝. 又明窻塵, 丹砂, 藥名. ｛李白・草創大還詩｝髣髴明窻塵. 又｛梵書・圓覺經｝根塵虛妄. ｛註｝根塵, 六根之塵, 謂眼, 耳, 鼻, 舌, 心, 意. 又｛列仙傳｝麻姑謂王方平曰: 見東海三變爲桑田, 今將行復揚塵乎. 又姓, 見｛統譜｝. 又叶直連切, 音廛. ｛班彪・北征賦｝忽進路以息節兮, 飮予馬兮洹泉. 朝露漸予冠蓋兮, 衣晻藹而蒙塵.

墀 A0903 U-5880

•墀• 土字部 總14劃. ᄒᆞᆫ글 [지] 계단 위의 공지. 新典 [지] 디대 ᄠᅳᆯ. 대궐 디대. 訓蒙 [디] ᄠᅳᆯ. 英譯 porch. courtyard. steps leading. 漢典 形聲. 從土, 犀聲. 本義: 古代殿堂上經過涂飾的地面. 康熙 <土部> ｛唐韻｝直泥切, ｛集韻｝｛韻會｝陳尼切, ｛正韻｝陳知切, 𠀤音蚳. ｛說文｝涂地也. 禮, 天子赤墀. ｛徐曰｝階上地也. 漢制, 靑瑣丹墀. ｛典職曰｝以丹漆地, 故曰丹墀. 砌以玉石曰玉墀. ｛楊巨源詩｝無因隨百獸, 率舞在丹墀. ｛前漢・梅福傳｝願登文石之殿, 陟赤墀之途. ｛漢武落葉哀蟬曲｝玉墀兮生塵. 又後庭元墀釦砌. 又國名. ｛西京雜記｝因墀國有解形之人. 又與墀同. 說文 <土部> 直泥切. 涂地也. 从土犀聲. ｛禮｝: “天子赤墀.”

墉 A0315 U-5889

•墉• 土字部 總14劃. ᄒᆞᆫ글 [용] 담. 新典 [용] 담. 작은 셩. 차면담. 訓蒙 [용] 담. 英譯 wall. fortified wall. small wall. 漢典 形聲. 從土, 庸聲. 本義: 城墻. 康熙 <土部> 古文: 𩫖𦎫. ｛廣韻｝｛集韻｝｛韻會｝𠀤餘封切, 音容. ｛禮・王制註｝小城曰墉. ｛易・同人｝乘其墉. ｛詩・大雅｝以伐崇墉. 又築土壘壁曰墉. ｛釋名｝墉, 容也, 所以隱蔽形容也. ｛儀禮・士喪禮｝堂中北牆謂之墉. ｛禮・郊特牲｝君南向于北墉下. 又仙宮. ｛武帝內傳｝我墉宮, 玉女王子登也. 又叶余章切, 音羊. ｛道藏歌｝玉臺敷朱霄, 綠霞高元墉. 體矯萬津波, 神生攝十方. 與庸通. 一作陠牗. 說文 <土部> 余封切. 城垣也. 从土庸聲.

墜 A0934 U-589C

•墜• 土字部 總15劃. ᄒᆞᆫ글 [추] 떨어질. 新典 [츄] ᄯᅥᆯ어질. 類合 [듀] ᄠᅥ러딜. 英譯 fall down, drop, sink, go to ruin. 漢典 形聲. 從土, 隊聲. 墜落到地上, 故從土. 本義: 落下, 掉下. 康熙 <土部> ｛唐韻｝｛集韻｝｛韻會｝｛正韻｝𠀤直類切, 垂去聲. ｛說文｝陊也. ｛爾雅・釋詁｝落也. ｛論語｝未墜於地. ｛韓詩外傳｝星墜木鳴, 國人皆恐. 又｛集韻｝直律切, 音术. 義同. 䃍隊隧隊古通, 經史皆互見. 說文 <土部> 直類切. 陊也. 从土隊聲. 古通用䃍.

增 D0165 U-589E

•增• 土字部 總15劃. ᄒᆞᆫ글 [증] 불을. 新典 [증] 더할. 거듭. 만흘. 類合 [증] 더을. 英譯

increase, add to, augment. (漢典) 形聲. 從土, 曾聲. 字本作“曾”. 本義: 增多. (康熙) <土部> {唐韻}作滕切, {集韻}{韻會}咨騰切, {正韻}咨登切, 𠀤音曾. {說文}益也. 一曰重也. {詩・小雅}如川之方至, 以莫不增. {史記・黃霸傳}戸口歲增. 又衆也. {詩・魯頌}烝徒增增. 又與層通. 增城漢宮. 見前城字註. {揚雄・甘泉賦}增宮參差. 又與曾通. 又{廣韻}{集韻}{韻會}子鄧切, {正韻}子孕切, 𠀤音橧. 賸也. (說文) <土部> 作滕切. 益也. 从土曾聲.

墮 A0937 U-58AE

•墮• 土字部 總15劃. (ᄒᆞᆫ글) [타] 떨어질. (新典) [휴] 문어트릴. [타] ᄯᅥ러질. 상투. (類合) [타] ᄂᆞ려딜. (英譯) fall, sink, let fall. degenerate. (康熙) <土部> {廣韻}徒果切, {集韻}{韻會}{正韻}吐火切. 𠀤同𡐦. 毁也. {說文}作陊. 敗城旣曰陊. 亦作陊. {春秋}墮郈, 墮郕, 墮費. {賈誼・過秦論}墮名城. {史記・高祖紀}士卒墮指. 又釋氏團墮, 言食墮在缽中也. 梵言儐茶波. 一曰濱茶夜. 華言團, 團者食團, 謂行乞食也. 又與惰通. {禮・月令}季秋行春令, 民氣解墮. {韓非子・五蠹篇}侈而墮者貧. {史記・司馬相如傳}不敢怠墮. {註}墮, 𠀤同惰. 又{廣韻}許規切, {集韻}{韻會}翾規切, 𠀤音孈. 義同. 又{廣韻}他果切, 音埵. 倭墮, 髻也. 又叶丑呂切, 音楮. 韓愈{元和聖德詩}衆樂驚作, 轟豗融冶. 紫饒嘘呵, 高靈下墮. 冶音與. 又墮, 隓, 同陊. 同墮. {史記・高祖紀}漢王急推墮二子. {賈誼傳}梁王墮馬. 墮字原从阜, 不从隋作.

墾 A0901 U-58BE

•墾• 土字部 總16劃. (ᄒᆞᆫ글) [간] 따비할. (新典) [간, ᄀᆞᆫ] 갈. 맬. 싸베 일올. 샹할. (英譯) cultivate, reclaim, to farm land. (康熙) <土部> {廣韻}康很切, {集韻}{韻會}口很切, 𠀤音懇. 力治也. 一曰開田用力反土也. 又傷也, 如鉏墾之傷物也. {周禮・冬官考工記旊人}陶旊之事, 髻墾薜暴不入市. {註}旊人, 摶埴之工. 髻, 薄也. 墾, 傷也. 薜, 破裂也. 暴, 暴起也. 皆器之不任用者, 故不令其入市. 又叶苦泫切, 音犬. {蘇軾・垂雲亭詩}我詩久不作, 荒澀旋鉏墾. 從君覓佳句, 咀嚼廢朝飯. 飯音卞上聲. (說文) <土部> 康很切. 耕也. 从土豤聲.

壀 A0937 U-58C0

•壀• 土字部 總16劃. (ᄒᆞᆫ글) [비] 붙좇을. (康熙) <土部> 同埤.

壇 A0390 U-58C7

•壇• 土字部 總16劃. (ᄒᆞᆫ글) [단] 단. (新典) [단] 제터. 단, 핫. (訓蒙) [단] 제터. (英譯) altar. arena, examination hall. (康熙) <土部> {廣韻}{集韻}{韻會}唐干切, {正韻}唐闌切, 𠀤音彈. {說文}祭場也. 壇之言坦也. 一曰封土爲壇. {禮・祭義}燔柴于泰壇祭天也. {祭法}去祧爲壇. {註}遠廟八世祖則遷于壇, 有禱則祭. 互詳墠字註. {史記・文帝紀}其廣增諸祀壇場. 又楚人謂中庭曰壇, 見{荆楚風俗通}. 又盟誓則立壇. {禮・雜記}孔子出魯東門, 過故杏壇, 曰: 玆臧文仲誓盟之壇也. 睹物思人, 命琴而歌. 又國君朝會亦設壇. {左傳・襄二十八年}鄭伯如楚, 舍不爲壇, 子產曰: 大適小則爲壇, 小適大苟舍而已, 焉用作壇. 又特拜將相亦設壇. {前漢・高帝紀}上設壇具禮, 拜韓信爲大將, 一軍皆驚. {唐書・裴度傳}度拜相, 詔四登師壇. 又雜壇, 友會

也. {北戸錄}越人每相交, 作壇, 祭以白犬丹雞. 又瑤壇, 仙境也. {張協・七命}眷椒庭于瑤壇. 又{集韻}儻旱切, 音僤. {周禮・夏官・大司馬}九伐之法. 一曰暴內陵外則壇之. {鄭註}出其君. 置空壇之地. 又{集韻}{韻會}徒案切, {正韻}杜晏切, 𠀤音但. 壇曼, 寬廣貌. {史記・司馬相如傳}壇以陸離. {子虛賦}案衍壇曼. 又{集韻}{正韻}𠀤時戰切, 音繕. 除地也. 又{集韻}上演切, 音善. 野土也. {楚辭・九章}鸞鳥鳳凰, 日以遠兮. 燕雀烏鵲, 巢堂壇兮. 又亭年切, 音田. {桓君山仙賦}周覽八極, 還崦華壇. 氾氾濫濫, 隨天轉旋. 又叶直良切, 音長. {楚辭・九歌}蓀壁兮紫壇, 播芳椒兮成堂. 俗作壇, 非. 壇字从面, 不从亩作. (說文) <土部> 徒干切. 祭場也. 从土亶聲.

士　　　A0973 U-58EB

•士• 士字部 總03劃. (훈글) [사] 선비. (新典) [사, ᄉᆞ] 션비, 션배, 드만. 벼슬. 일. 군사. (訓蒙) [ᄉᆞ] 됴ᄉᆞ. (英譯) scholar, gentleman. soldier. (漢典) 會意. 從一, 從十. 善于做事情, 從一開始, 到十結束. 本義: 古代男子的美稱. (康熙) <士部> {廣韻}{集韻}{韻會}𠀤鉏里切, 音仕. 四民士爲首. {詩・大雅}譽髦斯士. {禮・王制}命鄉論秀士, 升之司徒, 曰選士. 司徒論選士之秀者, 升之學, 曰俊士. 升於司徒者, 不征於鄉, 升於學者, 不征於司徒, 曰造士. 大樂正論造士之秀者, 升之司馬, 曰進士. 又官總名. {書・立政}庶常吉士. {禮・王制}天子之元士, 諸侯之上士, 中士, 下士. 又{孔安國曰}士, 理官也, 欲得其曲直之理也. {書・舜典}帝曰: 皐陶, 汝作士. {左傳・僖二十八年}士榮爲大士. 又漢制, 嘗爵爲公侯奪免者, 曰公士. 又{前漢・鄒陽傳}武力鼎士. {註}能擧鼎者. 又{前漢・李尋傳}拔擢天士. {註}能知天道者. 又{後漢・李業傳}王莽以業爲酒士. {註}時官酤酒, 故置酒士. 又侍從之士. {通鑑}唐杜如晦等十八學士, 時謂之登瀛州. 又士卒. {左傳・丘甲註}革車一乘, 甲士三人, 步卒七十二人. {家語}孔子之宋, 匡人以. 甲士圍之. 又男子通稱. {詩・周頌}有依其士. 又女之有士行者曰女士. {詩・大雅}釐我女士. 又{管子・牧民篇}有士經. {註}士, 事也. 經, 常也. 又{梵書}釋子勤佛行者曰德士, 無上士. 又俗塐神像曰木居士. {韓愈詩}偶然題作木居士, 便有無窮求福人. 又{山海經}大荒西有國, 名淑士. 又士鄉. {後漢・鄭玄傳}昔齊置士鄉. {註}管仲相桓公, 制國爲二十一鄉, 工商之鄉六, 士鄉十五. 又縣名, 勇士縣, 屬天水郡, 見{後漢・西羌傳}. 又姓. 陶唐之苗裔士蔿之後, 爲士氏, 見{統譜}. 又複姓, 漢士孫瑞, 扶風人. 又與事通. {書・洛誥}見士于周. {註}悉來赴役也. {詩・豳風}勿士銜枚. {註}自今可勿爲行陳銜枚之事. 又叶主矩切, 音雨. {詩・大雅}赫赫明明, 王命卿士. 叶下父. 父, 音甫. {說文}士, 事也. 數始于一, 終于十, 从一从十. {集韻}本作𡈼. 又與仕通. (說文) <士部> 鉏里切. 事也. 數始於一, 終於十. 从一从十. 孔子曰: "推十合一爲士." 凡士之屬皆从士.

壬　　　A0512 U-58EC

•壬• 士字部 總04劃. (훈글) [임] 아홉째 천간. (新典) [임] 아홉재 텬간. 븍방, 노쑥. 간사할. 클. (正蒙) [임] 임방. (英譯) 9th heavenly stem. (康熙) <士部> {廣韻}{集韻}{韻會}如林切, {正韻}如深切, 𠀤音任. {說文}壬位, 北方也. {爾雅・釋歲}太歲在壬曰玄黓, 月在壬曰終. {淮南子・時則訓}戌在壬曰玄黓. {史記・律書}壬之爲言任也. 言陽氣任養萬物于下也. {前漢・律歷志}懷妊于壬. {抱朴子・雜應卷}立夏, 佩六壬六癸之符. 又大六壬數, 近世尚之. 又{爾雅・釋訓}佞也. {書・皐陶謨}巧言令色孔壬. 又大也. {詩・小雅}百禮旣至, 有壬有林. 又與任

同. 負也. ○ 按本義先有壬癸之壬, 借爲負壬懷壬字. 又从人作任, 从女作妊以別之. 黓原字从戈. 玄黓, 伭黓. (說文) <壬部> 如林切. 位北方也. 陰極陽生, 故{易}曰: “龍戰于野.” 戰者, 接也. 象人褢妊之形. 承亥壬以子, 生之敘也. 與巫同意. 壬承辛, 象人脛. 脛, 任體也. 凡壬之屬皆从壬.

A0279 U-58F4

•壴• 士字部 總09劃. (훈글) [주] 악기이름. (康熙) <士部> {廣韻}中句切, {集韻}冢庾切, 𠀤音紵. 陳樂也. 又借作豎立之豎. 見{韻寶}. {正字通}豈字之譌. {說文}豈陳樂立而上見也. 从中从豆. 附士部, 非. (說文) <壴部> 中句切. 陳樂立而上見也. 从中从豆. 凡壴之屬皆从壴.

A0678 U-58FA

•壺• 士字部 總12劃. (훈글) [호] 병. (新典) [호] 병, 홀. 박. (訓蒙) [호] 호병. (英譯) jar, pot, jug, vase. surname. (漢典) 象形. 甲骨文字形, 象壺形. 本義: 古代盛器. (康熙) <士部> 同壷, 與壼別. (說文) <壺部> 戶吳切. 昆吾圜器也. 象形. 从大, 象其蓋也. 凡壺之屬皆从壺.

A0907 U-58FD

•壽• 士字部 總14劃. (훈글) [수] 목숨. (新典) [슈] 목숨, 므리. 나. 오랠. (訓蒙) [슈] 목숨. (英譯) old age, long life. lifespan. (康熙) <士部> 古文: 𦒷𦒶𡖟𠷎. {唐韻}{集韻}𠀤承咒切, 音綬. {說文}久也. 凡年齒皆曰壽. {書・君奭}天壽平格. {詩・大雅}作召公考, 天子萬壽. {左傳・僖三十二年}爾何知, 中壽. {註}上壽百二十歲, 中壽百歲, 下壽八十. {董子繁露}壽者, 酬也. 壽有短長, 由養有得失. {前漢・王吉傳}心有堯舜之志, 則體有松喬之壽. 又以金帛贈人曰壽. {史記・刺客傳}嚴仲子奉. 黃金百鎰, 爲聶政母壽. 又星名. {爾雅・釋天}壽星, 角亢也. {註}數起角亢, 列宿之長, 故曰壽. 又地名. 平壽, 衞下邑. {左傳・昭二十年}衞侯在平壽, 壽州古淮南, 春秋吳楚陳蔡之地, 戰國倂于楚, 考烈王遷此, 曰郢都. 靈壽, 古中山邑. {史記・魏世家}樂羊拔中山, 文侯封之靈壽. 又漢壽, 亭名, 在蜀嚴道. 曹操以關羽爲漢壽亭侯. 又山名. {史記・五帝紀}舜作什器于壽山. 又壽山在福州侯官縣, 產文石, 可爲印章, 五色具備, 惟艾綠色者少. {宋・黃幹詩}石爲文多招斧鑿. 又水名. 壽水, 在太原壽陽縣, 其源有二, 一出要羅村, 一出頡訖村, 合流入于洞渦河. 又木名. 靈壽木, 可爲杖. {山海經}靈壽實華. {呂氏春秋}壽木之華. 又姓. 吳王壽夢之後. 又常壽, 複姓. 又{廣韻}殖酉切, {集韻}{韻會}{正韻}是酉切, 𠀤讎上聲. {詩・豳風}爲此春酒, 以介眉壽. ○ 按酒壽俱有韻, 朱子作叶音, 非. {正字通}受授皆有上去二音, 諸韻書分載有宥二韻, 壽字亦然, 非壽讀若受, 專屬上聲, 讀若授, 專屬去聲也. (說文) <老部> 殖酉切. 久也. 从老省, 𠷎聲.

A0327 U-5902

•夂• 夂字部 總03劃. (훈글) [치] 뒤져서 올. (英譯) go. KangXi radical 34. (康熙) <夂部> {集韻}陟移切, 音摛. {說文}从後至也. 象人兩脛後有推致之者. ○ 按與夊字不同, 夂右畫長出于外, 夊右畫短縮于中. 又{集韻}古文終字. 註詳糸部五畫. (說文) <夂部> 陟侈切. 从後至

也. 象人兩脛後有致之者. 凡夊之屬皆从夊. 讀若黹.

F中64a U-5904

•処• 夊字部 總05劃. ᄒᆞᆫ글 [처] 거처할. 英譯 place. locale, department. 漢典 會意. 從口, 從文, 或從處, 虍聲. "處"即"處"的古字, 于六書為會意. 金文加聲旁"虍"變成了形聲字. 本義: 中止, 停止. 康熙 <虍部> {唐韻}昌與切, {集韻}{正韻}敞呂切, 㚔音杵. {玉篇}居也. {詩・王風}莫或遑處. 又止也. {詩・召南}其後也處. {廣韻}留也, 息也, 定也. 又居室也. {詩・大雅}于時處處. 又歸也. {左傳・襄四年}民有寢廟, 獸有茂草, 各有攸處. 又分別也. {晉書・杜預傳}處分既定, 乃啓請伐吳之期. 又制也. {晉書・食貨志}人閒巧僞滋多, 雖處以嚴刑, 而不能禁也. 又姓. {前漢・藝文志}{處子}九篇. {師古註}{史記}云: 趙有處子. {廣韻}{風俗通}云: 漢有北海太守處興. 又州名. {一統志}晉屬永嘉郡, 隋置處州. 又{廣韻}讀去聲, 昌據切. 所也. {詩・邶風}爰居爰處, 爰喪其馬. {魯語}五刑三次. {註}次, 處也. 三處, 野, 朝, 市也. 又{集韻}居御切. 通據. 人名, 齊有梁丘處. 又通杵. {公羊傳・僖十二年}陳侯處臼卒. {註}{左傳}作杵臼. {說文}作処. {廣韻}俗作處.

A0333 U-5906

•夆• 夊字部 總07劃. ᄒᆞᆫ글 [봉] 끌. 英譯 resist. 康熙 <夊部> {廣韻}{集韻}{韻會}㚔符容切, 音逢. {說文}啎也. {徐曰}相逆啎也. 又牽挽. {爾雅・釋訓}甹夆掣曳也. 一曰又與逢通, 遇也. 又江韻, 音厖, 厚也. 亦姓. 从丰, 三畫皆平. 說文 <夊部> 敷容切. 啎也. 从夊丯聲. 讀若縫.

A0327 U-590A

•夊• 夊字部 總03劃. ᄒᆞᆫ글 [쇠] 천천히 걸을. 新典 [쇠] 천천이 걸을. 英譯 KangXi radical 35. go slowly. 康熙 <夊部> {唐韻}息遺切, {集韻}山垂切, 㚔音衰. 行遲貌. {說文}夊夊, 象人兩脛有所躧也. {精薀}安行也. 又{廣韻}楚危切, {集韻}初危切, 㚔音吹. 義同. 又{玉篇}古文綏字. 註詳糸部七畫. 說文 <夊部> 楚危切. 行遲曳夊夊, 象人兩脛有所躧也. 凡夊之屬皆从夊.

A0540 U-590C

•夌• 夊字部 總08劃. ᄒᆞᆫ글 [릉] 언덕. 新典 [릉] 건늘. 놉흘. 英譯 to dawdle. the name of the father of the Emperor Yao. 康熙 <夊部> {玉篇}古文陵字. 註詳阜部八畫. {說文}越也. 从夊从兂, 高也. 一曰夌徲也. {徐曰}夌徲, 漸𡸁地也. 史記, 泰山之高, 跛牂牧其上, 夌徲故也. 徲字原从亻. 說文 <夊部> 力膺切. 越也. 从夊从兂. 兂, 高也. 一曰夌约也.

A0327 U-5912

•夒• 夊字部 總18劃. ᄒᆞᆫ글 [노] 원숭이. 康熙 <夊部> {廣韻}{集韻}㚔猱本字. {說文}貪獸

也. 一曰母猴, 似人. 从頁, 巳止象手, 夊象足, 省作猱. 說文 <夊部> 奴刀切. 貪獸也. 一曰母猴, 似人. 从頁, 巳, 止, 夊, 其手足.

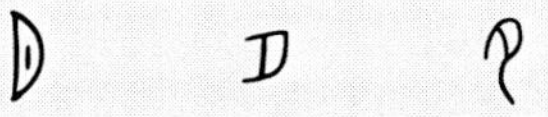

A0403 U-5915

•夕• 夕字部 總03劃. 훈글 [석] 저녁. 新典 [셕] 저녁. 저믈. 쏠릴. 訓蒙 [셕] 나죄. 英譯 evening, night, dusk. slanted. 漢典 指事. 從月半見. 本義: 黃昏, 傍晚. 康熙 <夕部> {唐韻}{集韻}{韻會}{正韻}太祥易切, 音席. 晨之對, 暮也. {尚書・大傳}歲之夕, 月之夕, 日之夕, 謂臘爲歲夕, 晦爲月夕, 日入爲日夕也. {詩・小雅}以永今夕. 又朝見曰朝, 夕見曰夕. {晉語}平公射鴳不死, 使豎襄搏之, 失. 公怒, 將殺之, 叔向聞之夕. {註}夕見于朝以諫也. 又七夕. {齊諧記}桂陽武丁有仙道, 謂弟曰: 七月七夕, 織女當渡河暫詣牽牛. {荆楚歲時記}七夕, 婦女結綵樓, 陳瓜果庭中, 穿七孔針以乞巧. 柳宗元有乞巧文. 又官名. 夕郎, 漢制, 給事黃門之職. 又地名. {左傳・莊十九年}楚子卒, 鬻拳葬諸夕室. 又山名. {山海經}渾夕之山. 又曹夕之山. 又姓. 望出巴郡. 見{統譜}. 又斜也. {呂覽}正坐于夕室, 謂室斜而正其坐也. 又與昔通. {莊子・天運篇}通昔不寐. 又叶在爵切, 音皭. 猶宿也. {詩・齊風}齊子發夕. {陸德明疏}發朝也. 叶上鞹薄. {說文}从月半見. {徐曰}月字之半, 月初生則暮見西方, 故半月爲夕. 說文 <夕部> 祥易切. 莫也. 从月半見. 凡夕之屬皆从夕.

A0404 U-5916

•外• 夕字部 總05劃. 훈글 [외] 밖. 新典 [외] 밧, 밧겻. 멀리할, 외댈. 訓蒙 [외] 밧. 英譯 out, outside, external. foreign. 漢典 會意. 從夕, 從卜. 通常在白天占卜, 如在夜里占卜, 表明邊疆有事. 又有人說, 因爲要在外過夜, 故要卜問吉兇. 本義: 外面, 外部. 康熙 <夕部> 古文: 夘. {廣韻}{集韻}五會切, {韻會}魚會切, 太歪去聲. 內之對, 表也. {易・坤卦文言}義以方外. {家人彖傳}男正位乎外. {禮・祭義}禮也者, 動於外者也. {莊子・齊物論}六合之外, 聖人存而不論. {列子・仲尼篇}遠在八荒之外. 又疏斥也. {易・泰卦彖傳}內君子, 而外小人. {前漢・霍光傳}盡外我家. 又度外, 置之也. {後漢・光武紀}暫置此兩子于度外. 又方外, 散人也. {淮南子・道應訓}吾與汗漫期于九垓之外. 又{集韻}五活切, 音杌. {黃庭經}洞視得見無內外, 存嗽五牙不飢渴, 神華執中六丁謁. 又叶征例切, 音制. {詩・魏風}十畝之外兮. 叶下泄逝. {說文}外, 遠也. 卜尚平旦, 今若夕卜, 于事外矣. 會意. 說文 <夕部> 五會切. 遠也. 卜尚平旦, 今夕卜, 於事外矣.

A0404 U-5919

•夙• 夕字部 總06劃. 훈글 [숙] 일찍. 新典 [슉] 이를. 訓蒙 [슉] 이를. 英譯 early in morning, dawn. previous. 漢典 會意. 夕是夜間, 丮表示以手持物. 天不亮就起來做事情, 表示早. 所以除了早晨的意義外, 還有早起勞作, 以示恭敬的意思. 本義: 早晨. 康熙 <夕部> 古文: 佤偤夗. {廣韻}息逐切, {集韻}{韻會}息六切, 太音宿. {說文}早敬也. {書・舜典}夙夜惟寅. {詩・大雅}祈年孔夙. 又姓. 魯大夫季孫夙之後. 又夙沙, 複姓. 又叶相卽切, 音息. {詩・大雅}載震載夙. 叶下稷韻.

A0405 U-591A

•多• 夕字部 總06劃. (한글) [다] 많을. (新典) [다] 만을, 하. 나올. 과할. 아름답다 할. 싸홈 공. (類合) [다] 할. (英譯) much, many. more than, over. (漢典) 會意. 甲骨文字形, 從二"夕". 表示數量大. 本義: 多, 數量大, 與"少", "寡"相對. (康熙) <夕部> 古文: 夛㣳. {廣韻}{正韻}得何切, {集韻}{韻會}當何切, 𠀤朶平聲. {爾雅·釋詁}衆也. {詩·小雅}謀夫孔多. {增韻}不少也. {易·謙卦象傳}君子以裒多益寡. {禮·表記}取數多者, 仁也. 又勝也. {禮·檀弓}曾子曰: 多矣乎予出祖者. {註}曾子聞子游喪事有進無退之言, 以爲勝于已之所說出祖也. {史記·高帝紀}臣之業所就, 孰與仲多. 又剡求也. {左傳·僖七年}後之人將求多于汝, 汝必不免. 又稱美也. {前漢·袁盎傳}諸公聞之皆多盎. {後漢·馮異傳}諸將皆言願屬大樹將軍, 帝以此多之. 又戰功曰多, 見{周禮·夏官·司勳}. 又荒俗呼父爲阿多. {唐書·德宗紀}正元六年, 回紇可汗謝其次相曰: 惟仰食于阿多. 又姓. 漢多軍, 多卯, 宋多岳. 又梵語吃栗多, 華言賤人. 底栗多, 華言畜生. 又樹名. 貝多樹, 出摩伽陀國, 長六七丈, 冬不凋, 見{酉陽雜俎}. 又南印建那補羅國北有多羅樹, 株三十餘里, 其葉長廣, 其色光潤, 諸國書寫采用之. 見{西域記}. 又叶都牢切, 音刀. {蘇轍·巫山廟詩}歸來無恙無以報, 山下麥熟可作醪. 神君尊貴豈待我, 再拜長跪神所多. 又{詩·魯頌}享以騂犧, 是饗是宜, 降福既多. {正字通}朱傳, 犧, 虛宜虛何二反, 宜, 牛奇牛多二反, 多, 章移當何二反. 字彙專叶音趨, 不知詩有二反也. ○ 按朱子意, 若从上虛宜切之犧, 牛奇切之宜, 則當何切之多宜叶章移切, 音貲. 若从下多字叶, 則犧叶虛何切, 音呵, 宜叶牛多切, 音哦. 一在支韻止攝, 一在歌韻果攝, {字彙}叶逡須切, 音趨, 錯入虞韻遇攝, {正字通}譏{字彙}不知二反, 殊不知其錯入虞韻, 并不知一反也. {說文}多, 重也, 从重夕. 夕者, 相繹也, 故爲多. 重夕爲多, 重日爲曡. (說文) <多部> 得何切. 重也. 从重夕. 夕者, 相繹也, 故爲多. 重夕爲多, 重日爲曡. 凡多之屬皆从多.

A0403 U-591C

•夜• 夕字部 總08劃. (한글) [야] 밤. (新典) [야] 밤. 쉴. [액, 익]. (訓蒙) [야] 밤. (英譯) night, dark. in night. by night. (漢典) 形聲. 金文字形. 從月, 亦聲. 本義: 從天黑到天亮的時間. (康熙) <夕部> 古文: 亱㚌𡖍. {唐韻}羊謝切, {集韻}{韻會}寅謝切, {正韻}寅射切, 𠀤耶去聲. 日入爲夜, 與晝對. {夏小正}時有養夜. {註}猶言永夜也. {周禮·秋官·司寤氏}以星分夜, 以詔夜士夜禁. {衞宏·漢舊儀}晝漏盡, 夜漏起, 省中黃門持五夜. {註}晝有朝禺中晡夕, 夜有甲乙丙丁戊. 漢制, 金吾掌宮外, 戒非常, 惟元夜弛禁, 前後各一日, 謂之放夜. 又宣夜, 窺天之器. 蔡邕{釋誨}言天體者有三, 一曰周髀, 二曰宣夜, 三曰渾天. 又夜明, 祭月之坎. {禮·祭法}夜明, 祭月也. 又武宿夜, 武舞曲名. {禮·祭統}舞莫重於武宿夜. 又子夜, 晉曲名. {樂府·解題}昔女子名子夜者造此聲, 其聲甚哀. 又國名. 西夜, 去長安萬三百五十里, 見{前漢·西域傳}. 又夜郎, 在播州. 見{蜀記}. 又{史記·夏本紀}桀鑿池爲夜宮. 又使夜, 漢宮官名, 見{外戚傳}. 又不夜, 城名, 在西夏. {杜甫詩}無風雲出塞, 不夜月臨關. {邵氏聞見錄}無風塞, 不夜城, 西夏有其地, 王韶經略西邊至其處. {齊地記}齊有不夜城, 古者有日夜照于東境, 萊子立此城, 以不夜爲名. 又墓穴曰夜臺, 一曰長夜. {古詩}築此長夜室. 又嘉夜, 草名. {前漢·禮樂志郊祀歌}俠嘉夜, 茝蘭芳. {註}俠挾同. 嘉夜, 芳草也. {楊愼·轉注}作液, 非. 又姓, 見{通志}. 又{集韻}夷益切, 音亦. 東海縣名. 又他歷切, 音惕. 列子湯問篇, 師曠方夜擿耳, 俛首而聽之, 弗聞其聲, 見{古今轉注}. 又通御韻. {屈原·離騷}吾令鳳凰飛騰兮, 繼之以日夜. 飄風屯其相

離兮, 率雲霓而來御. 又古通箇韻. {陳琳・武庫賦}千徒縱唱, 億夫求和, 聲訇隱而動山, 光赫赫以燭夜. 字書<u>丛</u>作叶, 非. 又叶羊洳切, 音豫. {詩・唐風}夏之日, 冬之夜. 叶下居, 居音倨. 又叶以灼切, 音龠. {詩・小雅}三事大夫, 莫肯夙夜. 叶下惡. {說文}夜舍也, 天下休舍也. 从夕, 夾省聲, 亦作亱. 說文 <夕部> 羊謝切. 舍也. 天下休舍也. 从夕, 亦省聲.

A0464 U-5922

•夢• 夕字部 總14劃. 훈글 [몽] 꿈. 新典 [몽] 꿈 혼미할. 訓蒙 [몽] 꿈. 英譯 dream. visionary. wishful. 漢典 會意. 小篆字形, 由"宀", "爿", "夢"三字合成. 意爲夜間在床上睡覺, 眼前模糊看不清, 即作夢. "夢"由"苜", "宀", "夕"三字會意. 本義: 睡眠中的幻象. 康熙 <夕部> {唐韻}{集韻}{韻會}莫鳳切, {正韻}蒙弄切, <u>丛</u>蒙去聲. 覺之對, 寐中所見事形也. {書・說命}夢帝賚子良弼. {詩・小雅}乃占我夢. {周禮・春官・占夢}以日月星辰占六夢之吉凶, 一正夢, 二噩夢, 三思夢, 四寤夢, 五喜夢, 六懼夢. {又}大卜掌三夢之法, 一致夢, 二觭夢, {註}奇怪之夢, 三咸陟. {註}升也, 進也, 無思慮而有其夢. 一作咸夢. {莊子・齊物論}昔者莊周夢爲蝴蝶, 栩栩然胡蝶也. 俄然覺, 則蘧蘧然周也. {張子正蒙}夢形閉而氣專于內, 夢所以緣舊于習心, 飢夢取, 飽夢與. 又澤名. {書・禹貢}雲土夢作. 又{司馬相如・子虛賦}楚有七澤, 一曰雲夢. 雲夢者, 方九百里. ○ 按{左傳}{漢書}雲夢<u>丛</u>平去二音. 又水名. 夢水, 在袁州宜春縣東. {寰宇記}昔鍾儀欲相此立縣, 夜乞夢, 果符所祝, 因名縣曰思縣, 水曰夢水. 又姓. 見{統譜}. 又{廣韻}{正韻}莫紅切, {集韻}{韻會}謨中切, <u>丛</u>音蒙. {潘岳・哀永逝文}既遇目兮無兆, 曾寤寐兮弗夢. 爰顧瞻兮家道, 長寄心兮爾躬. 又{集韻}彌登切. 音萌. {詩・齊風}甘與子同夢. 又叶諸良切, 音章. {陳琳・大荒賦}懼蓍兆之有惑兮, 退齊思乎蘭房. 魂營營與神遇兮, 又診余以嘉夢. 又叶暮傍切, 茫去聲. {道藏歌}絳衣表羣會, 生始似久夢. 德隱冲內迹, 至寂不覺當. 當去聲. {說文}夢, 不明也. 从夕, 瞢省聲. 說文 <夕部> 莫忠切・亡貢切. 不明也. 从夕, 瞢省聲.

A0661 U-5927

•大• 大字部 總03劃. 훈글 [대] 큰. 新典 [대] 큰, 클, 한. 지날. 길. 類合 [대] 큰. 英譯 big, great, vast, large, high. 康熙 <大部> 古文: 亣. {唐韻}{集韻}{韻會}徒蓋切. {正韻}度柰切, <u>丛</u>音汏. 小之對. {易・乾卦}大哉乾元. {老子・道德經}域中有四大, 道大, 天大, 地大, 王亦大. {莊子・天地篇}不同同之謂大. {則陽篇}天地者, 形之大. 陰陽者, 氣之大. 又初也. {禮・文王世子}天子視學, 大昕鼓徵. {註}日初明, 擊鼓徵召學士, 使早至也. 又徧也. {禮・郊特牲}大報天而主日. 又肥美也. {儀禮・公食大夫禮}士羞, 庶羞皆有大, 贊者辨取庶羞之大, 以授賓. {註}大, 以肥美者特爲臠, 所以祭也. 又過也. {戰國策}無大大王. 又長也. {爾雅・釋器}珪大尺二寸謂之玠. {疏}大, 長也. 又都大, 官名. 宋制有兩都大, 一提舉茶馬, 一提點坑冶鑄錢與提刑序官. 又措大, 士也. {書・言故事}窮措大, 眼孔小, 與錢十萬貫, 塞破屋子矣. 又唐大, 弓名, 見{周禮・夏官}. 又四大, 地, 水, 火, 風也, 見{梵書・圓覺經}. 又姓大. 廷氏之後, 見{風俗通}. 又{集韻}{韻會}{正韻}<u>丛</u>他蓋切, 音忕. 易: 大和大極. 書, 詩: 大王大師. 禮: 大羹大牢. <u>丛</u>音泰. 又{廣韻}{集韻}{韻會}<u>丛</u>唐佐切, 音馱. {杜甫・天狗賦}不愛力以許人兮, 能絕目以爲大. 又{集韻}{韻會}{正韻}<u>丛</u>吐臥切, 音拕. 猛也, 甚也. {禮・童子不衣裘裳註}鄭康成爲大溫也. 徐邈大音唾. 又叶徒計切, 音第. {詩・大雅}戎雖小子, 而式弘大, 叶厲泄愒敗. {正字通}楊愼曰: 大無音一駕切者, 韻書二十二禡不收. 考淮南子, 宋康王世, 有雀生鸇. 占曰:

小而生大, 必覇天下. 大叶下, 古亦有一駕切之音. {說文}天大, 地大, 人亦大. 象人形. {徐曰}本古文人字. 一曰他達切, 經史大太泰通. 考證: 〈{儀禮・公食大夫禮}士羞, 庶羞皆有大, 贊者辨取庶羞之大, 以治賓.〉 謹照原文治賓改授賓. (說文) <大部> 徒蓋切. 天大, 地大, 人亦大. 故大象人形. 古文大(他達切)也. 凡大之屬皆从大.

A0677 U-5928

•夨• 大字部 總04劃. (훈글) [녈] 머리가 기울. (康熙) <大部> {集韻}乃結切, 音涅. 頭傾也. (說文) <夨部> 阻力切. 傾頭也. 从大, 象形. 凡夨之屬皆从夨.

A0003 U-5929

•天• 大字部 總04劃. (훈글) [천] 하늘. (新典) [텬] 하날. (訓蒙) [텬] 하늘. (英譯) sky, heaven. god, celestial. (漢典) 會意. 甲骨文字形. 下面是個正面的人形, 上面指出是人頭, 小篆變成一横. 本義: 人的頭頂. (康熙) <大部> 古文: 兲靝𠀘𠑺𡗜. {唐韻}{正韻}他前切, {集韻}{韻會}他年切, 忝腆平聲. {說文}顚也. 至高在上, 从一大也. {白虎通}鎭也, 居高理下, 爲物鎭也. {易・說卦}乾爲天. {禮・禮運}天秉陽, 垂日星. 荀子曰: 天無實形, 地之上至虛者皆天也. 邵子曰: 自然之外别無天. {程子遺書}天之蒼蒼, 豈是天之形. 視下亦復如是. {張子正蒙}天左旋, 處其中者順之, 少遲則反右矣. {朱子・語類}離騷有九天之說, 諸家妄解云有九天. 據某觀之, 只是九重. 蓋天運行有許多重數, 裏面重數較軟, 在外則漸硬, 想到第九重成硬殼相似, 那裏轉得愈緊矣. ○ 按天形如卵白. 細察卵白, 其中之絪緼融密處確有七重, 第八重白膜稍硬, 最後九重便成硬殼. 可見朱子體象造化之妙. 今西洋曆說, 天一層緩似一層, 此七政退旋, 所以有遲速也. 又星名. {爾雅・釋天}天, 根氐也. {周語}天根見而水涸. 又古帝號. 葛天氏, 見{疏仡紀}. 又神名. {山海經}形天與帝爭神, 帝斷其首, 乃以乳爲目, 臍爲口, 操干戚以舞. 形一作刑. {陶潛詩}刑天舞干戚, 猛志故常在. 或作獸名, 非. 又地名. {蜀地志}蜀卭僰山後四野, 無晴日, 曰漏天. {杜甫詩}地近漏天終歲雨. 又山名. {九州要記}凉州古武城有天山, 黃帝受金液神丹于此. 一曰在伊州. {註}天山, 卽祁連山. 又天, 樂名. 鈞天廣樂, 見{史記・趙世家}. 又署名. {唐六典}內閣惟祕書閣, 宏壯曰木天. 今翰林院稱木天署. 又景天, 草名. {陶弘景曰}以盆盛, 置屋上, 辟火灾. 又髡刑. {易・睽象}其人天且劓. 又姓. 漢長社令天高. 見{姓苑}. ○ 按先韻, 古與眞文通, 故天字皆从鐵因反. 考之經史皆然, 惟{易}六位時成, 時乘六龍以御天, 與庚靑通耳. {正字通}謂, 至尊莫如天, 天以下又莫如君父, 字音必不可僭易改叶, 所論頗正大. 丙, 武后所造天字, 似篆文天. (說文) <一部> 他前切. 顚也. 至高無上, 从一, 大.

A0669 U-592A

•太• 大字部 總04劃. (훈글) [태] 클. (新典) [태] 클, 한. 심할, 넘어. (英譯) very, too, much. big. extreme. (漢典) 指事. 古作"大", 后語音分化, 在"大"字下添加符號, 成指事字. 本義: 過于. (康熙) <大部> {集韻}他蓋切, 音汰. 與大泰忲同. {說文}滑也. 一曰大也, 通也. ○ 按經史太字俱作大. 如大極, 大初, 大素, 大室, 大玄, 大廟, 大學及官名大師, 大宰之類. 又作泰, 如泰卦, 泰壇, 泰誓, 泰春, 泰夏, 泰秋, 泰冬之類. 范氏撰{後漢書}父名泰, 避家諱, 改从太. 毛氏韻增, 經史古太字無點, 後人加點以别小大之大, 非. {字彙}引之, 失考. 又姓. 文王四友太顚之

後. 見{統譜}. 又叶力至切, 音利. {歐陽修・祭龍文}宜安爾居, 靜以養智. 冬雪春雨, 其多已太. 又{集韻}他達切, 音獺. 太末, 漢縣名. 在會稽西南. 亦作太.

A0685 U-592B

•夫• 大字部 總04劃. (훈글) [부] 지아비. (新典) [부] 산아이. 지아비. 션생임. 계집 벼슬. 진저. 저. 어조사. (訓蒙) [부] 샤옹. (英譯) man, male adult, husband. those. (漢典) 象形. 甲骨文字形, 像站著的人形, 上面的“一”, 表示頭發上插一根簪, 意思是成年男子, 是個丈夫了. 古時男子成年束發加冠才算丈夫, 故加“一”做標志. 本義: 成年男子的通稱. (康熙) <大部> {唐韻}甫無切, {集韻}{韻會}風無切, 丛音膚. 男子通稱. {禮・郊特牲}夫也者, 以知帥人者也. {詩註}夫有傳相之德, 而可倚仗, 謂之丈夫. 又男女旣配曰夫婦. {易・家人}夫夫婦婦. 又先生長者曰夫子, 妻稱夫亦曰夫子. 又{禮・曲禮}天子有后, 有夫人. 又妾曰如夫人. {左傳・昭十七年}齊侯好內, 多內寵, 內嬖如夫人者六人. 又官名. {禮・王制・大夫註}大夫者, 扶進人者也. 又{周禮・地官}十夫有溝, 百夫有洫, 千夫有澮, 萬夫有川. 又十六以上不成丁, 曰餘夫. 又販夫. {周禮・地官}夕時而市, 販夫販婦爲主. {白樂天詩}樓暗攢倡婦, 堤喧簇販夫. 又執御行役曰僕夫. {詩・小雅}召彼僕夫, 謂之載矣. 又以我稱人曰夫夫. {禮・檀弓}曾子指子游示人曰: 夫夫也, 爲習于禮者. 又人名. 黔夫, 齊威王疆埸四臣之一. 又國名. 丈夫國, 在維鳥北, 見{山海經}. 又邑名. 柴夫, 屬燕地, 見{齊語}. 又山名. 夫夫山, 在風伯山之東, 見{山海經}. ○ 按{續通考}引此作大夫. 又武夫, 石之次玉者. {前漢・董仲舒傳}五霸比于三王, 猶武夫之于美玉. 別作玞砆. 又數名. {前漢・食貨志}六尺爲步, 步百爲畮, 畮百爲夫. 又姓. 又息夫, 複姓. 又{廣韻}防無切, {集韻}{韻會}馮無切, {正韻}逢夫切, 丛音扶. 語端辭. {論語}夫仁者. 又語已辭. {論語}如斯夫. 又有所指之辭. {論語}夫二三子也. 又草名. {爾雅・釋草}柱夫搖車. {註}蔓生, 細葉紫花, 可食, 俗呼爲翹搖車. 又叶縛謀切, 音浮. {陳琳詩}仲尼以聖德, 行聘徧周流. 遭斥戹陳蔡, 歸之命也夫. 考證: 〈又國名. 丈夫國, 在維鳥, 見{山海經}.〉 謹照原文維鳥下增北字. 〈{史記・董仲舒傳}五霸比于三王.〉 謹按史記儒林傳董仲舒傳無此語, 所引出前漢書, 謹將史記二字改前漢. (說文) <夫部> 甫無切. 丈夫也. 从大, 一以象簪也. 周制以八寸爲尺, 十尺爲丈. 人長八尺, 故曰丈夫. 凡夫之屬皆从夫.

B1164 U-592D

•夭• 大字部 總04劃. (훈글) [요] 어릴. (新典) [요] 얼골빗 화평할. 어엿블. 재앙. 굴할. 일즉 죽을. [오] 싄어 죽일. 어릴. (訓蒙) [요] 주글. (英譯) young, fresh-looking. die young. (漢典) 象形. 小篆字形, 象頭部屈曲的樣子. 本義: 屈, 摧折. (康熙) <大部> {廣韻}於嬌切, {集韻}{韻會}於喬切, {正韻}伊堯切, 丛音妖. 色愉貌. {論語}夭夭如也. 又草盛貌. {書・禹貢}厥草惟夭. 又少好貌. {詩・周南}桃之夭夭. 又災也. {詩・小雅}天夭是椓. 又閎夭, 人名. 文王四友之一, 武十亂之一. 又栢夭, 馬名, 見{列子}. 又{廣韻}{集韻}{韻會}{正韻}丛烏皓切, 音襖. 未壯也. {禮・月令}孟春毋殺胎夭. {王制}不殺胎, 不殀夭. {註}未生者曰胎, 方生者曰夭. 又{廣韻}{集韻}{韻會}於兆切, {正韻}伊鳥切. 丛同妖. {說文}屈也. {徐曰}夭矯其頭頸也. 一曰短折也. {博雅}不盡天年謂之夭. 又{集韻}烏酷切, 音沃. {山海經}軒轅國有諸夭之野. 又苦緺切, 音歪. {白樂天詩}錢塘蘇小小, 人道最夭斜. {自註}夭音歪, 收入九佳. 又叶於糾切, 音黝. 韓愈{韋夫人墓銘}歸逢其良, 夫夫婦婦. 獨不與年, 而卒以夭. 婦音阜. {歐陽修・蔡君山墓銘}

退之有言, 死孰爲夭. 子墓予銘, 其傳不朽. 别作芺夭𡗝. (說文) <夭部> 於兆切. 屈也. 从大, 象形. 凡夭之屬皆从夭.

A0315 U-592E

•央• 大字部 總05劃. (훈글) [앙] 가운데. (新典) [앙] 가온대. 반, 가옷. 다할. 넓을. (類合) [앙] 가온대. (英譯) center, conclude, run out. beg. (漢典) 會意. 小篆字形. 從大, 在冂之內. 上像物體, 一個人站在它的當中. 本義: 中心. (康熙) <大部> {廣韻}{集韻}{韻會}{正韻}𠀤於良切, 音秧. 中也. {詩・秦風}宛在水中央. {淮南子・天文訓}中央爲都. {地形訓}中央四達, 風氣之所通, 雨露之所會也. 又半也. {詩・小雅}夜如何其, 夜未央. {上官儀詩}明月樓中夜未央. 又盡也. {漢武帝・李夫人賦}惜蕃華之未央. 又廣也. {司馬相如・長門賦}覽曲臺之央央. 又未央, 漢宮名, 在長安. 又於京切, 音英. 旗斿貌. {詩・小雅}旂旐央央. 又鮮明貌. {詩・小雅}白旆央央. {說文}从大, 在冂之內. {徐曰}从大, 取其正中, 會意. (說文) <冂部> 於良切. 中央也. 从大在冂之內. 大, 人也. 央旁同意. 一曰久也.

A0666 U-3690

•奐• 大字部 總06劃. (훈글) [투] 덮개. (英譯) (same as 套) a case. a wrapper. a covering. a snare, to encase. to slip over. (康熙) <大部> {篇海類編}與套同.

A0675 U-5936

•夶• 大字部 總06劃. (훈글) [비] 비할. (康熙) <大部> {集韻}比古作夶. 註詳匕部二畫.

A0663 U-5937

•夷• 大字部 總06劃. (훈글) [이] 오랑캐. (新典) [이] 큰활. 편편할. 깃거울. 상할. 못하야질. 베풀. 무리. 멸할. (訓蒙) [이] 되. (英譯) ancient barbarian tribes. (漢典) 會意. 從大從弓. 本義: 東方之人. 即我国古代對對東部各民族的統稱. (康熙) <大部> 古文: 𡰥. {唐韻}{廣韻}以脂切, {集韻}{韻會}{正韻}延知切, 𠀤音姨. 平也, 易也. {詩・周頌}彼徂矣, 岐有夷之行. 又大也. {詩・周頌}降福孔夷. 又安也, 悅也. {詩・鄭風}旣見君子, 云胡不夷. 又等也, 儕也. {禮・曲禮}在醜夷不爭. {史記・張良傳}諸將陛下等夷. 又陳也. {禮・喪大記}男女奉尸夷於堂. {周禮・天官・凌人}大喪共夷槃冰, 牀曰夷牀, 衾曰夷衾, 皆依尸爲言. 又夷俟, 展足箕坐也. {論語}原壤夷俟. 又誅滅也. {前漢・刑法志}戰國時, 秦用商鞅連相坐之法, 造參夷之誅. 又傷也. {易・序卦}故受之以明夷. 又芟也. {周禮・秋官}薙氏掌殺草, 夏日至而夷之. 又陵夷, 言凡事始盛終衰, 其頹替如丘陵漸平也. {前漢・成帝紀}帝王之道, 曰以陵夷. 又地名. {左傳・隱元年}紀人伐夷. {註}國在城陽莊武縣. {莊十六年}晉武公伐夷. {註}采地. {僖二十三年}楚伐陳, 遂取焦夷. {註}焦, 譙縣, 夷, 城父, 𠀤陳地. 又要服. {書・禹貢}五百里要服, 三百里夷. 又嵎夷, 東表之地, 在今登州. {書・堯典}宅嵎夷. 又馮夷, 河伯也. {莊子・大宗師}馮夷, 得之, 以遊大川. {郭璞・江賦}冰夷倚浪. {穆天子傳}河伯無夷之所都居. {註}冰夷, 無夷, 𠀤卽馮夷. 又{淮南子・原道訓}馮夷, 泰丙之御也. {註}二人名, 古之能御陰陽者. {容齊隨筆}此別

是一馮夷. 又女夷, 風神名. {淮南子・天文訓}女夷鼓吹, 以司天和. 又山名. 武夷, 在今崇安, 有十二峰九曲之勝. 相傳籛鏗之子, 長曰武, 次曰夷, 隱此得道, 故名. 又水名. 夷水, 出襄陽及康狼二山之閒. {水經}漢水過宜城, 夷水注之. 又鴟夷, 酒器. {揚雄・酒箴}鴟夷滑稽, 腹大如壺. {吳越春秋}吳王取子胥尸, 盛以鴟夷, 而投之江. {史記・貨殖傳}范蠡變名易姓, 爲鴟夷子皮. 又辛夷, 花名. {楚辭・九歌}辛夷楣兮葯房. 又留夷, 香草. {屈原・離騷}畦留夷與揭車. 又{諡法}克殺秉政, 安心好靜, 竝曰夷. 又姓. 周齊大夫夷仲年之後, 見{統譜}. 又人名. 伯夷, 舜秩宗之官. 又孤竹君之長子曰伯夷. 又優婆夷. {梵書・翻譯名義}男曰優婆塞, 女曰優婆夷, 所云淸淨男女也. 又與彝同. {孟子}詩云: 民之秉夷. 詩本作彝. 又叶羊吏切, 音異. {馮衍・顯志賦}攢射干雜蘼蕪兮, 結木英與新夷. 光扈扈而揚耀兮, 紛郁郁而暢美. 美音媚. 新夷卽辛夷. 本作徲. 一曰古遲夷通. (說文) <大部> 以脂切. 平也. 从大从弓. 東方之人也.

A0123 U-5938

•夸• 大字部 總06劃. (ᄒᆞᆫ글) [과] 자랑할. (新典) [과] 큰 체할, 자랑할. 사치할. 아첨할. (英譯) extravagant, luxurious. handsome. (漢典) 形聲. 從大, 于聲. 本義: 奢侈. (康熙) <大部> {廣韻}苦瓜切, {集韻}{韻會}{正韻}枯瓜切, 竝音誇. 大也. {爾雅・釋言}夸毗, 體柔也. {詩・大雅}無爲夸毗. 又{諡法}華言無實曰夸. 又苦瓦切, 音侉. 夸奓, 自大也. {前漢・諸侯王表}夸州兼郡. {楊僕傳}懷銀黃夸鄕里. 又姓. 又{集韻}虧亏切, 音區. 奢也. 又{集韻}匈于切, 音吁. 美貌. 又{集韻}區遇切, 音姁. 巍也. {左思・吳都賦}橫塘查下, 邑屋隆夸. 長干延屬, 飛甍舛互. 又苦禾切, 音科. {陸機・感舊賦}或趨時以風發兮, 或遺榮而嫛婗. 或沖虛以後已兮, 或招世而自夸. {說文}从大亏聲. 亦作夰奆. (說文) <大部> 苦瓜切. 奢也. 从大于聲.

A0663 U-593E

•夾• 大字部 總07劃. (ᄒᆞᆫ글) [협] 낄. (新典) [협] 挾同. [겹] 俗音 [협] 겻. 잡을. 겻 붓축할. 갓가울. 잡될. 겸할. (類合) [협] 찔. (英譯) be wedged or inserted between. (康熙) <大部> {廣韻}{集韻}{正韻}古狎切, {韻會}訖洽切, 竝音甲. 左右持也. {書・多方}爾曷不夾介乂我周王. {左傳・僖二十六年}夾輔成王. 又近也. {書・梓材}懷爲夾. {註}懷遠爲近也. 又兼也. {呂温狄仁傑頌}潛授五龍, 夾日以飛. 又梵夾. {通鑑}唐懿宗於禁中設講, 自唱經, 手錄梵夾. 又鉗夾, 巧言膠固也. {柳宗元・乞巧文}膠如鉗夾. 又{集韻}{韻會}吉協切, {正韻}古協切, 竝音頰. 傍也, 把也. 夾弓, 見{周禮・夏官註}. 往體多, 來體寡曰夾. 又劒夾. {陶弘景・刀劒錄}商孔甲採牛首山鐵, 鑄一劒, 銘曰夾. 又{集韻}檄頰切, 音協. {說文}傍也. 又姓. {前漢・藝文志}有夾氏春秋. 又同狹. {後漢・東夷傳}東沃沮, 其地東西夾, 南北長. {六書正譌}从二人, 从大省. 二人對輔于肘夾之下, 會夾意. (說文) <大部> 古狎切. 持也. 从大俠二人.

A0679 U-3694

•㚔• 大字部 總08劃. (ᄒᆞᆫ글) [녑] 놀랠. [행] 다행. (英譯) instrument of torture used in ancient times, loud, an evil doer all the times, (same as 幸) to rejoice, fortunate. prosperous. (康熙) <大部> {廣韻}{集韻}竝尼輒切, 音聶. {說文}所以驚人也. 一曰俗以盜不止爲㚔. 或曰恬終也. 又曰: 犯罪不止也. 又{玉篇}古文幸字. 註詳干部五畫.

奇 A0611 U-5947

•奇• 大字部 總08劃. (훈글) [기] 기이할. (新典) [긔] 이상할. 괴술. 가만할. 외셈. 못 맛날, 수 사나울. (類合) [긔] 긔특. (英譯) strange, unusual, uncanny, occult. (康熙) <大部> {廣韻}{集韻}{韻會}渠羈切, {正韻}渠宜切, 丛音琦. 異也. {莊子・北遊篇}萬物一也. 臭腐化爲神奇, 神奇復化爲臭腐. {仙經}人有三奇, 精, 氣, 神也. 又祕也. {史記・陳平傳}平凡六出奇計, 其奇祕世莫得聞. 又姓. 又天神名. {淮南子・地形訓}窮奇廣莫, 風之所生也. 又四凶之一. {史記・五帝紀}少皞氏有不才子, 天下謂之窮奇. {註}窮奇, 卽共工氏. 又獸名. {司馬相如・上林賦}窮奇象犀. {註}狀如牛, 蝟毛, 音如嗥狗, 食人. 又江神謂之奇相. {江記}帝女也. 卒爲江神. 又與琦通. 又{廣韻}{集韻}{韻會}丛居宜切, 音羈. 一者, 奇也. 陽奇而陰偶. {易・繫辭}陽卦奇, 亦零數也. {又}歸奇于扐以象閏. 又隻也. {禮・投壷}一算爲奇. 又餘夫也. {韓非子・十過篇}遺有奇人者, 使治城郭. 又數奇, 不偶也. {史記・李廣傳}大將軍陰受上誡, 以爲李廣老數奇, 毋令獨當單于. 又奇攑, 一拜也. {周禮・春官}大祝辨九攑, 七曰奇攑. 又奇車, 奇邪不正之車. {禮・曲禮}國君不乘奇車. 又奇衺, 詭異也. {周禮・地官}比長有辠, 奇衺則相及. 又{集韻}{韻會}{正韻}丛隱綺切. 與倚通. 依倚也. {前漢・鄒陽傳}輪囷離奇. 又{字彙補}倚蠏切. 同矮, 短人也. {後漢・五行志}童謠, 見一奇人, 言欲上天. 又叶古禾切, 音戈. {宋玉・招魂}娭光眇視, 目曾波些. 被文服纖, 麗而不奇些. {說文}从大从可. 別作①. 俗作竒, 非. ①字从大从司.
(說文) <可部> 渠羈切. 異也. 一曰不耦. 从大从可.

奏 A0682 U-594F

•奏• 大字部 總09劃. (훈글) [주] 아뢸. (新典) [주] 알욀, 엿줄, 이를. 천거할. 새곡됴. 상소. 편지. (訓蒙) [주] 엳ᄌᆞ올. (英譯) memorialize emperor. report. (漢典) 會意. 小篆字形. 上爲“屮”, 初生的草, 有上進義, 中爲雙手形, 下爲“本”, 行趨之義. 本義: 奉獻, 送上. (康熙) <大部> 古文: 奏㞫𡙸敎. {廣韻}{集韻}{韻會}{正韻}丛則候切, 諏去聲. 進也, 薦也. {書・舜典}敷奏以言. {詩・小雅}以奏膚公. 又樂一更端曰奏, 故九成謂之九奏. {周禮・春官}九奏乃終, 謂之九成. {詩・小雅}樂具入奏. {禮・樂記}節奏合以成文. {註}節謂曲節, 奏謂動作. {漢書}作族. {嚴安傳}調五聲, 使有節族. 又簡類. {晉法}召王公以一尺奏, 王公以下用一尺版. 又人臣言事章疏曰奏. {前漢・汲黯傳}上嘗坐武帳, 黯前奏事. 又與腠通. {儀禮・公食大夫禮}載體進奏. {註}奏, 謂牲體皮膚之理也. 又與輳湊通. {前漢・成帝紀}帝帥羣臣, 橫大河, 奏汾陰. 又叶則古切, 音珇. {詩・大雅}予曰有奔奏. 叶下侮. 本作𡗗. {說文}从夲, 从収从屮. 屮, 上進之義. 今通作奏. (說文) <夲部> 則候切. 奏進也. 从夲从廾从屮. 屮, 上進之義.

契 A0260 U-5951

•契• 大字部 總09劃. (훈글) [계] 맺을. (新典) [계] 계약할, 문셔. 쪽. 계약셔, 문셔. 거북 등 지즐. 근심할. (訓蒙) [계] 글월. (英譯) deed, contract, bond. engrave. (康熙) <大部> {廣韻}苦計切, {集韻}{韻會}詰計切, {正韻}去計切, 丛音栔. 約也. {易・繫辭}上古結繩而治, 後世聖人易之以書契. {禮・曲禮}獻粟者執右契. {註}兩書一契, 同而別之. 又合也. {周禮・天官}宰夫掌官契以治藏. {前漢・高帝紀}帝與功臣, 剖符作誓, 丹書鐵契. {唐書・玄宗紀}木契銅魚起兵. 又神合也. {神仙傳}魏伯陽作參同契二卷. 又憂苦也. {詩・小雅}契契寤歎. 又

灼龜具. {詩・大雅}爰契我龜. {註}契, 所以然火而灼之者也. 又怯也. {周禮・冬官考工記・輈人}馬不契需. {註}契, 怯. 需, 懦也. 又姓. 見{姓苑}. 又{廣韻}{集韻}{韻會}私列切, {正韻}先結切. 𠀤同卨, 高辛氏子, 舜五臣之一, 商之祖也. {書・舜典}帝曰: 契, 汝作司徒. 別作偰卨. 又{廣韻}苦結切, {集韻}{韻會}{正韻}詰結切. 𠀤同挈, 勤苦也. {詩・邶風}死生契闊. 又疎闊也. {前漢・范丹傳}行路急卒, 非陳契闊之所. 又刻也. {呂覽}契舟求劒. 與鍥通. 又絕也, 缺也. {司馬相如・封禪文}陛下謙讓而弗發, 契三神之歡. {註}三神, 上帝, 泰山, 梁父. {前漢・毋將隆傳}契國威器. 又{集韻}欺訖切, 音乞. 契丹, 國號. 宋爲南朝, 契丹北朝, 後改號遼. 又訖黠切, 音拮. 戲也. 又叶似入切, 音習. {禰衡顏子碑}知微知章, 聞一覺十用舍行藏, 與聖合契. 从丯从刀从大. 俗作契, 非. 說文 <大部> 苦計切. 大約也. 从大从㓞. {易}曰: "後代聖人易之以書契."

D0134 U-5952

•奒• 大字部 總09劃. 훈글 [개] 클. 康熙 <大部> {集韻}丘哀切, 音開. 大貌.

A0684 U-595A

•奚• 大字部 總10劃. 훈글 [해] 어찌. 新典 [혜] 俗音 [해, 히] 엇지. 종. 큰 배. 英譯 where? what? how? why? servant. 漢典 會意. 據甲骨文, 左爲手, 右爲繩索捆著的人. 本義: 奴隸, 又專指女奴. 康熙 <大部> {廣韻}胡雞切, {集韻}{韻會}{正韻}弦雞切, 𠀤音兮. 隸役也. {周禮・天官}酒人奚三百人. {註}奚, 猶今官婢. 通作嫨徯. {唐書・李賀傳}賀小奚奴背古錦囊, 遇所得詩, 投囊中. 又地名. {春秋・桓十七年}及齊師戰于奚. {註}魯地. 又山名. 大奚山, 在廣州, 距佛堂門海三百里, 潮汐相通, 見{南粵志}. 又騨奚, 駿馬名. {前漢・匈奴傳}騊駼驒奚. {註}驒, 音顚, 生七日而超其母. 又羊奚, 草名. {本草綱目}羊奚比乎石筍子. 又疑問辭. {論語}子奚不爲政. {孟子}奚不去也. 又姓. 夏車正奚仲, 北魏奚牧. {說文}奚, 大腹也, 从大, 𦃃省聲. {正字通}說文專說大腹, 非是. 說文 <大部> 胡雞切. 大腹也. 从大, 𦃃省聲. 𦃃, 籒文系字.

A0268 U-5960

•奠• 大字部 總12劃. 훈글 [전] 제사 지낼. 新典 [뎐] 뎡할, 늑을. 뎐 올릴. 둘. 베풀. 訓蒙 [뎐] 노흘. 英譯 pay respect. settle. 漢典 象形. 金文字形, 上面是"酋", 下面象放東西的基物. 本義: 設酒食以祭. 康熙 <大部> {廣韻}{集韻}{韻會}𠀤堂練切, 音電. 定也. {書・禹貢}奠高山大川. {盤庚}奠厥攸居. {周禮・天官・職幣}辨其物而奠其錄. {註}謂別其物色, 而定其錄籍也. 又薦也, 頓爵神前也. {禮・文王世子}凡學, 春官釋奠於先師, 秋冬亦如之. 又置也. {禮・內則}奠之而後取之. {註}男女授器必以篚, 若無篚, 則授者置諸地, 受者亦就地以取之. 又{集韻}徒徑切, 音定. {周禮・春官}小史掌邦國之志, 奠繫世, 辨昭穆. 又{韻會}唐丁切, 音亭. {周禮・冬官考工記・匠人}凡行奠水, 磬折以參伍. {註}奠水, 渟水也. {說文}从酋. 酋, 酒也, 下其丌也. 說文 <丌部> 堂練切. 置祭也. 从酋. 酋, 酒也. 下其丌也. {禮}有奠祭者.

A0800 U-5973

•女• 女字部 總03劃. 훈글 [녀] 여자. 新典 [녀] 계집, 쌀, 가신애. 시집 보낼. 訓蒙 [녀]

겨집. 英譯 woman, girl. feminine. KangXi radical 38. 漢典 象形. 甲骨文字形, 象一個斂手跪著的人形. 本義: 女性, 女人, 與"男"相對. 康熙 <女部> 古文: 㚢. {唐韻}{正韻}尼呂切, {集韻}{韻會}碾與切, 丛茹上聲. {博雅}女, 如也. 言如男子之敎, 人之陽曰男, 陰曰女. {易・繫辭}坤道成女. {詩・小雅}乃生女子, 載寢之地, 載衣之裼, 載弄之瓦. {禮・內則}女子生, 設帨於門右. {淮南子・地形訓}土地各以類生, 澤氣生女. 又已嫁曰婦, 未字曰女. {禮・曾子問}嫁女之家, 三夜不息燭, 思相離也. 又星名. 須女四星, 主布帛, 爲珍寶藏, 一名婺女. 十二月旦在北, 二月旦中. 又織女三星, 天女也, 主苽果絲帛, 丛見{星經}. 又水名. {山海經}嶧皐之山, 其水出焉, 東流注于激女之水. 又玄女, 九天妃也. 黃帝與蚩尤戰, 不勝, 歸太山, 遇一婦人, 曰: 吾所謂玄女者. 見{玄女戰法}. 又金女, 西王母也, 厥姓緱氏, 見{集仙錄}. 又靑女, 霜神也, 至秋三月地氣下藏, 靑女乃出, 以降霜雪, 見{淮南子・天文訓}. 又奼女, 丹汞也. 河上奼女, 得火則飛, 見{參同契}. 又國名. 女子國, 在巫咸北. {郭璞・圖贊}女子之國, 浴于黃水. 乃娠乃字, 生男則死. 又東女國, 女王號賓就. 見{唐書・西域傳}. 又扶桑東千里有女國, 其人容貌端正, 身體有毛, 見{通考}. 又姓. 湯賢臣女鳩, 女房, 漢賢良女敦, 晉大夫女叔寬. 又梵言阿摩, 此言女, 言母. 蘇弗室利, 此言善女. 又鸜鵒名雪衣女, 見{漢武外傳}. 鵲名神女, 見{古今注}. 蜆名縊女, 見{爾雅・釋蟲}. 螟蛉名戎女, 見{毛詩・註疏}. 又{集韻}{韻會}丛忍與切. 同汝, 對我之稱. 又{廣韻}{集韻}{韻會}丛尼據切, 茹去聲. 以女妻人曰女. {書・堯典}女于時. 說文 <女部> 尼呂切. 婦人也. 象形. 王育說. 凡女之屬皆从女.

A0810 U-5974

•奴• 女字部 總05劃. 훈글 [노] 종. 新典 [노] 종. 訓蒙 [노] 남진죵. 英譯 slave, servant. 漢典 會意. 從女, 從又. 女指女奴, 又指用手掠奪之. 一說又指女奴從事勞動. 本義: 奴隸, 奴仆. 康熙 <女部> 古文: 伮. {廣韻}乃都切, {集韻}{韻會}{正韻}農都切, 丛音笯. {說文}奴婢, 古之罪人. {周禮・秋官・司厲}男子入于罪隸, 女子入于舂藁. 凡有爵者, 與七十者, 未齔者, 皆不爲奴. {前漢・衞靑傳}人奴之生, 得無笞罵足矣, 安望封侯乎. 又地名. 雍奴, 漢縣, 屬漁陽郡. 建武二年, 封寇恂爲雍奴侯. 見{後漢書}. 又澤名. 四面有水曰雍, 不流曰奴. 見{水經注}. 又姓. 盧奴之後. 見{統譜}. 又念奴, 官妓名. {元稹・連昌宮詞}力士傳呼覓念奴. 又梵言馱索迦, 華言奴. 又飛奴, 鴿也. 張九齡家養羣鴿, 每與親知書信, 繫鴿尾上, 依所敎投之. 又燭奴, 燭檠也. 申王以檀木刻童子執畫燭, 名曰燭奴. 見{天寶遺事}. 又酪奴, 與茗爲奴. 齊王肅品題食物, 惟酪不中與茗爲奴, 見{洛陽伽藍記}. 又木奴, 柑橘號. {杜甫詩}方同楚客憐鄉樹, 不學荊州利木奴. 見{玉堂閑話}. 又竹奴, 靑奴, 世所稱竹夫人, 所以憩臂休膝者, 見{黃庭堅集}. 又錫奴, 溫足缾也. 荔枝奴, 龍眼也. 狸奴, 獺也. 丛見{玉堂閑話}. 又{類篇}奴故切, 音笯. 亦賤稱也. 說文 <女部> 乃都切. 奴, 婢, 皆古之辠人也. {周禮}曰: "其奴, 男子入于辠隸, 女子入于舂藁." 从女从又.

A0832 U-36A4

•妷• 女字部 總06劃. 훈글 [익] 여자 벼슬 이름. 英譯 a lady officer of the monarchs palace in old times. 康熙 <女部> {廣韻}與職切, {集韻}{韻會}逸職切, 丛音杙. 婦官也. {後周皇后紀}皇后率六宮三妃三妷, 祭先蠶西陵氏神. 通作弋. 漢武鉤弋夫人. 說文 <女部> 與職切. 婦官也. 从女弋聲.

A0819 U-597B

•奻• 女字部 總06劃. 훈글 [난] 시끄럽게 송사할. 康熙 <女部> {廣韻}奴還切, {集韻}尼還切. {說文}訟也. 又女患切. 諠訟也. 說文 <女部> 女還切. 訟也. 从二女.

A0813 U-597D

•好• 女字部 總06劃. 훈글 [호] 좋을. 新典 [호] 아름다울. 조흘. 조하할. 사랑할. 구슬 구멍. 訓蒙 [호] 됴흘. 英譯 good, excellent, fine. well. 漢典 會意. 從女, 從子. 本義: 美, 貌美. 康熙 <女部> 古文: 㚩𡚧𤩹. {唐韻}呼皓切, {集韻}{韻會}{正韻}許皓切, 𠀤蒿上聲. 美也, 善也. {詩・鄭風}琴瑟在御, 莫不靜好. 又相善也. {詩・衞風}永以爲好也. 又好會也. {周禮・春官}琬圭以結好. {左傳・文十二年}藉寡君之命, 結二國之好. 又人名. 張好好, 年十三, 姣麗善歌, 杜牧置樂籍中. 見{唐書・杜牧傳}. 又曲名. 武夷君于山頂會鄕族, 仙樂競奏, 唱人閒好. 見{武夷山志}. 又{廣韻}呼到切, {集韻}{韻會}{正韻}虛到切, 𠀤音耗. {說文}愛而不釋也. 女子之性柔而滯, 有所好, 則愛而不釋, 故於文, 女子爲好. {詩・唐風}中心好之. 又孔也. {周禮・冬官考工記}璧羨尺好, 三寸以爲度. {註}羨, 徑也. 璧羨, 以起度也. 好, 璧孔也. 又姓. 見{纂文}. 又叶呼厚切, 音吼. {王褒・講德論}毛嬙西施, 善毀者不能蔽其好. 嫫母倭傀, 善譽者不能揜其醜. 又叶滂佩切, 音配. {楚辭・九章}自前世之嫉賢兮, 謂蕙若其不可佩. 妒佳冶之芬芳兮, 嫫母姣而自好. 又叶呼候切, 音詬. {詩・唐風}豈無他人, 維子之好. 叶上究. 說文 <女部> 呼皓切. 美也. 从女, 子.

A0816 U-5982

•如• 女字部 總06劃. 훈글 [여] 같을. 新典 [여] 갓흘. 그럴. 갈. 이를. 類合 [여] ᄀᆞᄐᆞᆯ. 英譯 if, supposing. as if. like, as. 漢典 會意. 從女, 從口. 本義: 遵從, 依照. 康熙 <女部> {唐韻}人諸切, {集韻}{韻會}{正韻}人余切, 𠀤音駕. {說文}从隨也. 一曰若也, 同也. {書・舜典}如五器, 如岱禮, 如初, 又然也. {易・離卦}突如其來如. {前漢・揚雄傳}雄家產不過十金, 晏如也. 又往也, 至也. 公如棠, 如齊. 見{左傳}. {劉伶・酒德頌}幕天席地, 縱意所如. 又月名. {爾雅・釋歲}二月爲如. 又語助辭. {論語}恂恂如也. {孟子}驩虞如也, 皞皞如也. 又凉如. 縣名. {前漢・郊祀志}上遂北巡朔方, 還釋兵凉如. 又肥如, 古國名, 在遼西郡. {應劭曰}肥子奔燕, 燕封于此. 又姓. 如羅氏, 改爲如氏, 見{統譜}. 又本覺爲如, 今覺爲來, 見{道院集}. 又眞如, 有變易性相, 如如常住不遷, 𠀤見{禪燈錄}. 又獿如, 獸名. 瞿如, 鳥名. 𠀤見{山海經}. 又通作而. {前漢・五行志}引左傳, 星隕如雨. {註}如, 而也, 星隕而且雨. 又{廣韻}人恕切, {集韻}{韻會}如倨切, 𠀤音茹. {東方朔・七諫}忽容容其安之兮, 超荒忽其焉如. 苦衆人之難信兮, 願離情而遠擧. {註}擧去聲. 又{集韻}{類篇}𠀤乃箇切, 音那. 亦若也. 說文 <女部> 人諸切. 从隨也. 从女从口.

B1313 U-36A9

•㚩• 女字部 總07劃. 훈글 [염] 가냘픈 모양. 英譯 with a charming sprightly carriage (said of a woman). 康熙 <女部> {廣韻}而琰切, 音冉. 長好貌. 本作姌. 說文 <女部> 而琰

切. 弱長皃. 从女冄聲.

A0804 U-598A

•妊• 女字部 總07劃. 한글 [임] 아이 밸. 新典 [임] 애밸. 英譯 conceive, be pregnant. 漢典 形聲. 從女, 壬聲. 康熙 <女部> {廣韻}汝鴆切, 音任. {說文}身懷孕也. 又{集韻}{韻會}如林切, {正韻}如深切, 丛音壬. 義同. 別作姙. 說文 <女部> 如甚切. 孕也. 从女从壬, 壬亦聲.

A0815 U-598C

•妌• 女字部 總07劃. 한글 [정] 엄전할. 康熙 <女部> {類編}疾政切, 音穽. {說文}靜也. 女德不妄動也. 說文 <女部> 疾正切. 靜也. 从女井聲.

A0804 U-5991

•妑• 女字部 總07劃. 한글 [파] 새앙머리. 康熙 <女部> {集韻}邦家切, 音巴. 女名. 一曰妑頭, 女兒雙髻也. 又{廣韻}普巴切, {類編}披巴切, 丛音葩. 女字.

E0423 U-5997

•妗• 女字部 總07劃. 한글 [금] 외숙모. 新典 [금] 싱긋벙긋할. 계집 방경스러울. 訓蒙 [금] 아ᄌᆞ미. 英譯 wife of mothers brother. 康熙 <女部> {廣韻}{集韻}丛處占切, 音襜. 娑妗, 善笑貌. 又{集韻}馨兼切, 音蔹. 義同. 又{廣韻}許兼切, {集韻}虛咸切, 丛音欦. 美也. 一曰女輕薄貌. 又{集韻}巨禁切, 音黅. 俗謂舅母曰妗. 說文 <女部> 火占切. 娑妗也. 一曰善笑皃. 从女今聲.

A0817 U-599D

•妝• 女字部 總07劃. 한글 [장] 꾸밀. 新典 [장] 단장, 숨일. 英譯 to adorn oneself, dress up, use make-up. 漢典 形聲. 從女, 爿聲. 本義: 梳妝打扮. 康熙 <女部> {廣韻}{集韻}側羊切, {正韻}側霜切, 丛音莊. {說文}飾也. {司馬相如・上林賦}靚妝刻飾. {後漢・梁冀傳}冀妻孫壽, 美而善爲疾態, 作愁眉啼妝. {天寶遺事}妃嬪施粉于兩頰, 號淚妝. 識者以爲不祥. {通鑑}周天元帝禁天下婦女施粉黛, 皆黃眉黑妝. 从女, 牀省聲. 俗作粧妝. 說文 <女部> 側羊切. 飾也. 从女, 牀省聲.

A0366 U-599E

•妞• 女字部 總07劃. 한글 [뉴] 성. 英譯 girl. 康熙 <女部> {集韻}同㚱. 又女久切, 音紐. 人姓也. 高麗有之.

B1316 U-599F

•妟• 女字部 總07劃. 훈글 [안] 편안할. 康熙 <女部> {集韻}於諫切. 同晏. {說文}安也. 說文 <女部> 烏諫切. 安也. 从女, 日. {詩}曰: “以妟父母.”

A0807 U-59A3

•妣• 女字部 總07劃. 훈글 [비] 죽은 어미. 新典 [비] 죽은 어미. 訓蒙 [비] 어미. 英譯 ones deceased mother. 漢典 形聲. 從女, 比聲. 本義: 母親. 康熙 <女部> {廣韻}卑履切, {集韻}{韻會}補履切, 𠀤音比. {爾雅・釋親}父爲考, 母爲妣. {鄭註}妣之爲言媲也, 媲于考也. {說文}歿母也. {禮・曲禮}生曰父母, 死曰考妣. {儀禮・配食}妣配考同位, 不別設位也. ○ 按謝氏曰: 易曰有子考无咎, 書言事厥考之類. 蓋考, 妣, 古者通稱, 皆非死而後稱也. 又{集韻}必至切, 音庇. 母名. 說文 <女部> 卑履切. 歿母也. 从女比聲.

A0820 U-59A5

•妥• 女字部 總07劃. 훈글 [타] 온당할. 新典 [타] 타텹할, 일 업슬. 類合 [태] 주옥. 英譯 satisfactory, appropriate. 漢典 會意. 從爪女. 爪指手. 意思是得到了女子, 就安穩, 安定了. 本義: 安穩, 安定. 康熙 <女部> {廣韻}他果切, {集韻}{正韻}吐火切, 𠀤音嫷. 安也. {詩・小雅}以妥以侑. {唐書・循吏傳}民去愁歎而就安妥. 韓愈{薦士詩}妥帖力排奡. 今方言, 工穩成就皆曰妥帖. 又與墮通. {漁隱叢話}西北方言以墮爲妥. {杜甫詩}花妥鶯捎蝶. 又叶他魯切, 音土. 韓愈{元和聖德詩}猷盾騰挐, 圓壇帖妥. 天兵四羅, 旗常婀娜. 娜, 音努. 別作綏妥. 妥字原从夊, 同.

A0836 U-59A6

•妦• 女字部 總07劃. 훈글 [봉] 아름다울. 康熙 <女部> {廣韻}{集韻}𠀤敷容切, 音丰. {揚子・方言}凡好而輕者, 趙魏燕代之閒曰妦. 或作烽.

A0841 U-59AC

•妬• 女字部 總08劃. 훈글 [투] 강샘할. 新典 [덕] 자식 업는 계집. 類合 [투] 새옴. 英譯 jealous, envious. 康熙 <女部> {集韻}同妒.

A0846 U-59B3

•妳• 女字部 總08劃. 훈글 [내] 젖. 英譯 you (f.). 康熙 <女部> {正字通}俗嬭字. 又唐人呼晝睡爲黃妳.

D0152 U-59B5

•妵• 女字部 總08劃. 훈글 [주] 사람 이름. 英譯 persons name. 康熙 <女部> {廣韻}天口

切, {集韻}{韻會}{正韻}他口切, 𠀤音黈. 好貌. 又人名. {左傳·昭二十一年}華姓居于公里.
(說文) <女部> 天口切. 女字也. 从女主聲.

A0813 U-59B8

•婀• 女字部 總08劃. (훈글) [아] 여자의자. (英譯) person. (康熙) <女部> {說文}婐本字.
(說文) <女部> 烏何切. 女字也. 从女可聲. 讀若阿.

A0807 U-59B9

•妹• 女字部 總08劃. (훈글) [매] 누이. (新典) [매, 믹] 손알에 누의. (訓蒙) [믹] 아슨누의.
(英譯) younger sister. (漢典) 形聲. 從女, 未聲. 本義: 妹妹. (康熙) <女部> {廣韻}{集韻}{韻會}{正韻}𠀤莫佩切, 音昧. {說文}女弟也. {詩·大雅}俔天之妹. {衞風}東宮之妹. 又同母異父曰外妹. {左傳·成十一年}聲伯嫁其外妹于施孝叔. 又{易·說卦}上震下兌, 歸妹. {雜卦}歸妹, 女之終也. 又{集韻}莫貝切, 音眛. 義同. 又地名. {書·酒誥}明大命于妹邦. 又國名. {汲冢周書}姑妹珍. {註}姑妹國, 後屬越. (說文) <女部> 莫佩切. 女弟也. 从女未聲.

A0803 U-59BB

•妻• 女字部 總08劃. (훈글) [처] 아내. (新典) [쳐] 안에, 마누라. 시집 보낼. (訓蒙) [쳐] 겨집.
(英譯) wife. (漢典) 會意. 小篆字形從女, 從中, 從又. "中"象家具形, 又是手. 合起來象女子手拿家具從事勞動的形象. 本義: 男子的正式配偶. (康熙) <女部> 古文: 㛗妛. {廣韻}七稽切, {集韻}{韻會}{正韻}千西切, 𠀤音凄. {說文}妻, 與己齊者也. {詩·邶風}士如歸妻, 迨冰未泮. 又令妻, 令善之妻. {詩·魯頌}令妻壽母. 又妻曰鄕里. {南史·張彪傳}呼妻曰: 我不忍令鄕里落他處. {姚寬曰}猶會稽人言家里. 又{梵書·蓮經註}佛有妻, 名耶須. 又{集韻}千咨切, 恣平聲. 義同. 又七計切, 音砌. 以女嫁人曰妻之. {論語}以其子妻之. 一曰妻者, 判合也. 夫者, 天也. 故於字夫正而妻偏. (說文) <女部> 七稽切. 婦與夫齊者也. 从女从中从又. 又, 持事, 妻職也.

A0128 U-59BE

•妾• 女字部 總08劃. (훈글) [첩] 첩. (新典) [쳡] 고마, 가직이, 쳡. (訓蒙) [쳡] 고마. (英譯)
concubine. (漢典) 會意. 從辛, 從女. 甲骨文字形上面是"ň"字, 即古代刑刀, 表示有罪, 受刑. 下面是"女"字. 合而表示有罪的女子. 本義: 女奴. (康熙) <女部> {廣韻}{集韻}{韻會}{正韻}𠀤七接切, 音踥. 接也. 得接于君子者也. {禮·曲禮}買妾, 不知其姓, 則卜之. {前漢·五行志}處妾遇之而孕. {註}處妾, 童女也. 又國名. {山海經}雨師妾在其北. {楊愼曰}雨師妾如姮娥織女之類, 非. 下文元股國在雨師妾北, 可證. 又姓. 漢妾胥, 妾志, 見{印藪}. {說文}从辛从女. 辛音愆. (說文) <辛部> 七接切. 有辠女子, 給事之得接於君者. 从辛从女. {春秋}云: "女爲人妾." 妾, 不娉也.

A0815 U-59C0

•妀• 女字部 總08劃. (훈글) [화] 단정할. (康熙) <女部> {集韻}胡戈切, 音和. 女字. 一曰雅容.

A0828 U-59C3

•姃• 女字部 總08劃. (훈글) [정] 단정할. (新典) [정] 음전스러울. (康熙) <女部> {廣韻}{集韻}太諸盈切, 音征. 女字. 又{集韻}之盛切, 音政. 義同. 一曰女容端莊.

A0838 U-59C8

•姈• 女字部 總08劃. (훈글) [령] 여자가 슬기로울. (康熙) <女部> {廣韻}{集韻}太郎丁切, 音靈. 女字. 一曰女巧慧也.

D0151 U-59CB

•始• 女字部 總08劃. (훈글) [시] 처음. (新典) [시] 비롯을, 첨. 바야흐로. (類合) [시] 비르슬. (英譯) begin, start. then, only then. (漢典) 形聲. 從女, 臺聲. 本義: 開頭, 開始. (康熙) <女部> 古文: 乱乩甜䢗. {廣韻}{正韻}詩止切, {集韻}{韻會}首止切, 太音葹. 初也. {易・乾卦}大哉乾元, 萬物資始. {毛詩序}是爲四始. {註}風二雅頌也. {前漢・鮑宣傳}日食于三始. {註}元日爲歲之朝, 月之朝, 日之朝. 始, 猶朝也. {王褒・聖主得賢臣頌}春秋法五始之要. {註}元者, 氣之始. 春者, 四時之始. 王者, 受命之始. 正月者, 政教之始. 公卽位者, 一國之始. 又七始, 華始, 太樂名. {孟康曰}七始, 天地人四時之始. 華始, 萬物英華之始. {漢・安世房中歌}七始華始, 肅倡和聲. 又旬始, 星名. {前漢・天文志}旬始, 出于北斗傍. {司馬相如・大人賦}垂旬始以爲幓. 又山名. {山海經}東始之山多蒼玉. 又州名. 屬廣漢郡, 魏攺始州. 宋攺隆慶府爲始州. 又式吏切, 音試. {毛晃曰}本始之始上聲, 易資始, 大始之類是也. 方始爲之始去聲, 禮月令桃始華, 蟬始鳴之類是也. 幓字原从車从參. 或作襂縿. (說文) <女部> 詩止切. 女之初也. 从女台聲.

A0801 U-59D3

•姓• 女字部 總08劃. (훈글) [성] 성. (新典) [셩] 억, 씨, 셩. (訓蒙) [셩] 셩. (英譯) ones family name. clan, people. (漢典) 會意兼形聲. 從女, 從生, 生亦聲. 本義: 標志家族系統的字. (康熙) <女部> 古文: 㽓眚. {唐韻}{集韻}{韻會}{正韻}太息正切, 音性. {說文}人所生也. {左傳・隱八年}天子建德因生以賜姓. 又孫謂之子姓. {詩・周南}振振公姓. {楚語}率其子姓, 從其時享. 又晐姓, 備庶媵也. {吳語}一介嫡女願執箕箒, 以晐姓于王宮. 又百姓, 民庶也. {書・堯典}平章百姓. 又百官族姓. {酒誥}越百姓里居. 又生子曰姓. {左傳・昭四年}庚宗之婦人, 獻以雉. 問其姓, 對曰: 余子長矣, 能奉雉而從我矣. 又姓. {前漢・食貨志}臨菑人姓偉, 貲五千萬. {註}姓, 姓也. 偉, 其名. 又推律定姓. 京房本姓李, 推律定姓爲京氏. 又筮易得姓, 陸羽不知所生, 自筮得蹇之漸, 乃姓陸, 名羽, 字鴻漸. 又{集韻}師庚切, 音生. 人名. {春秋・哀四年}蔡殺其大夫公孫姓. 又叶桑經切, 音星. {詩・唐風}豈無他人, 不如我同姓. 叶上菁. {鄭曉曰}姓, 字从女生. 上古八大姓, 姜姬嬀姒嬴姞姚妘, 皆从女. 住, 从人. (說文) <女部> 息正切. 人所生也. 古之神聖母, 感天而生子, 故稱天子. 从女从生, 生亦聲. {春秋傳}曰: "天子因生以賜姓."

A0815 U-59D4

•委• 女字部 總08劃. (훈글) [위] 맡길. (新典) [위] 맘에 든든할. 이삭 고개 숙일. 버릴. 맛길. 부칠. 싸힐. 쯧. 싸힐. (類合) [위] 맛딜. (英譯) appoint, send, commission. (康熙) <女部> {廣韻}於詭切, {集韻}{韻會}鄔毁切, 𠀤音骫. 任也, 屬也. {莊子・知北遊}生非汝有, 是天地之委和也. 性命非汝有, 是天地之委順也. 子孫非汝有, 是天地之委蛻也. {左傳・昭元年}徐吾犯之妹美, 公孫黑强委禽焉. 又頓也. {唐書・杜遜能傳}書詔雲委. {蘇頲傳}詔書塡委. 又棄置也. {孟子}委而去之. 又本曰原, 末曰委. {禮・學記}或原也, 或委也. 又端委, 禮衣. {左傳・昭元年}劉子謂趙孟曰: 吾與子弁冕端委. 又宛委, 山名, 在會稽東南. {汲冢周書}禹登宛委山, 發金簡之書, 得通水之理. 又姓. {風俗通}太原太守委進. 又{集韻}於僞切, 音萎. 委積牢米薪蒭之總名. 少曰委, 多曰積, 委積以待施惠. 又籠貨物之府. 漢少府有屬官, 郡置轉輸, 開委府于京師, 以籠貨物. 又{廣韻}於爲切, {集韻}邕危切, 𠀤音逶. 雍容自得之貌. {詩・召南}委蛇委蛇. {鄘風}委委佗佗. {說文}委, 隨也. 从女从禾. {徐鉉曰}曲也. 从禾垂穗, 委曲之貌. (說文) <女部> 於詭切. 委隨也. 从女从禾.

A0812 U-36C4

•㛄• 女字部 總09劃. (훈글) [의] 여자 이름. (英譯) used in girls name. (康熙) <女部> {廣韻}{集韻}𠀤於希切, 音衣. {說文}女字. (說文) <女部> 於稀切. 女字也. 从女衣聲. 讀若衣.

A0802 U-59DC

•姜• 女字部 總09劃. (훈글) [강] 성. (新典) [강] 셩. (訓蒙) [강] 겨집. (英譯) surname. ginger. (漢典) 形聲. 從女, 羊聲. 本義: 水名. 姜水. (康熙) <女部> {廣韻}{集韻}{韻會}𠀤居良切, 音疆. 神農居姜水, 以爲姓, 其後爲齊甫, 申呂, 紀許, 向芮. 又不姜, 水名. {山海經}不姜之水, 黑水窮焉. {柳宗元・天對}盈盈黑水, 窮于不姜. (說文) <女部> 居良切. 神農居姜水, 以爲姓. 从女羊聲.

A0808 U-59EA

•姪• 女字部 總09劃. (훈글) [질] 조카. (新典) [질] 다미, 족하. 족하쌀[뎔]. (訓蒙) [딜] 아ᄎᆞ아ᄃᆞᆯ. (英譯) niece. (康熙) <女部> {唐韻}{集韻}{韻會}徒結切, {正韻}杜列切, 𠀤音咥. 兄弟之女也. 古之貴者嫁女, 必以姪娣從. {釋名}姑謂兄弟之女曰姪. 姪, 迭也. 更迭進御也. {春秋傳}姪其從姑. 又兄弟之子. {聞見錄}宋眞宗過洛, 幸呂蒙正第, 問諸子孰可用. 對曰: 臣諸子皆豚犬, 有姪夷簡, 宰相才也. 又妻兄弟之子妻, 稱之亦曰姪. {唐書・狄仁傑傳}仁傑諫武后曰: 姑姪與母子, 孰親. 又{廣韻}直一切, {集韻}{韻會}{正韻}直質切, 𠀤音秩. 義同. 又與耋通. {漢郭究碑}耆姪士女. 又{山海經}鳧麗山有獸如狐, 九尾九首, 虎爪, 名曰蠪姪是食人. 或作妷. 俗作侄, 非. (說文) <女部> 徒結切. 兄之女也. 从女至聲.

A0829 U-59EB

•姫• 女字部 總09劃. (훈글) [진] 삼갈. (英譯) beauty. imperial concubine. (康熙) <女部>

{集韻}止忍切, 音軫. 愼也.

A0829 U-59EC

•姬• 女字部 總09劃. 훈글 [희] 성. 新典 [긔] 俗音 [희] 아씨. 訓蒙 [희] 겨집. 英譯 beauty. imperial concubine. 漢典 形聲. 本義: 上古母系社會流傳下來的一種姓氏. 康熙 <女部> 古文: 妀. {唐韻}{集韻}{韻會}丛居之切, 音基. {說文}黃帝居姬水, 以姬爲氏, 周人嗣其姓. {左傳·昭二十八年}武王克商, 光有天下, 兄弟之國者, 十有五人. 姬姓之國者, 四十人. 又{廣韻}與之切, {集韻}盈之切, 丛音怡. 婦人美稱. 一曰王妻别名. 一曰衆妾總稱. {師古曰}姬本周姓, 其女貴於列國之女, 所以婦人美號皆稱姬. {劉安世曰}政和中, 大臣不學, 以郡主爲宗姬. 姬, 周姓, 漢初取爲嬪嬙之號已可笑, 今乃以嬪嬙名其女, 尤非. 又九魚切. 同居. {列子·黃帝篇}姬將告女. {註}姬作居. 說文 <女部> 居之切. 黃帝居姬水, 以爲姓. 从女𦣞聲.

A0816 U-59F7

•姷• 女字部 總09劃. 훈글 [유] 짝. 康熙 <女部> {廣韻}于救切, {集韻}尤救切, 丛音宥. {說文}耦也. 說文 <女部> 于救切. 耦也. 从女有聲. 讀若祐.

A0809 U-59FC

•姼• 女字部 總09劃. 훈글 [제] 예쁠. 新典 [제] 어엿불. [시] 죽은 어미. 康熙 <女部> {廣韻}是支切, {集韻}常支切, 丛音提. {揚子·方言}南楚謂父考曰父姼, 母妣曰母姼. {郭註}古者通以考妣爲生存之稱. 又{廣韻}承紙切, {集韻}上紙切, 丛音是. 又典可切, 音彈. 義丛同. 又{集韻}侈支切, 音眵. 美女. 一曰姑姼, 輕薄貌. 又敞尒切, 音侈. 義同. 又巨綺切. 同妓. {說文}婦人小物也. 又田黎切. 同媞. 安也. 一曰美好. {前漢·西域傳}姼姼公主, 乃女烏孫. 說文 <女部> 尺氏切. 美女也. 从女多聲.

A0832 U-5A00

•娀• 女字部 總09劃. 훈글 [융] 나라 이름. 新典 [슝] 俗音 [융] 유융나라. 英譯 name of a concubine of Di Ku, father of the mythical Yao. 康熙 <女部> {廣韻}息弓切, {集韻}{韻會}思融切, {正韻}息中切, 丛音嵩. 有娀氏女簡狄, 帝嚳次妃, 契之母也. {詩·商頌}有娀方將, 帝立子生商. 說文 <女部> 息弓切. 帝高辛之妃, 偰母號也. 从女戎聲. {詩}曰: "有娀方將."

A0836 U-36D4

•㛔• 女字部 總10劃. 훈글 [봉] 예쁘고 가벼울. 英譯 (same as 妦) exquisite. fine. (said of a womans figure) very full and voluptuous. buxom, used in girls name. 康熙 <女部> {集韻}同妦.

A0817 U-5A15

•娕• 女字部 總10劃. ᄒᆞᆫ글 [착] 삼갈. 康熙 <女部> {說文}娖本字. 說文 <女部> 測角切. 謹也. 从女束聲. 讀若謹敕數數.

A0818 U-5A18

•娘• 女字部 總10劃. ᄒᆞᆫ글 [낭] 아가씨. 新典 [냥] 俗音 [낭] 각시. 작은 아씨. 訓蒙 [냥] 겨집. 英譯 mother. young girl. woman. wife. 漢典 形聲. 從女, 良聲. 本義: 對婦女的泛稱, 多指少女. 康熙 <女部> {唐韻}女良切, {集韻}{韻會}尼良切, 丛同孃. 少女之號. {唐書・平陽公主傳}高祖女, 柴紹妻. 高祖起兵, 主與紹得數百人以應帝, 定京師, 號娘子軍. 又馬頭娘, 蜀女, 化爲蠶. 見{圖經}. 又雪衣娘, 鸚鵡名, 見{開元遺事}. 又雪面娘, 馬名. {李肇國史補}八百哥, 雪面娘, 窣地嬌, 銜蟬奴, 皆魏王繼笈馬名. 又紅姑娘, 野果名, 見{徐一夔・元故宮記}. 又嫵媚娘, 唐樂府曲名. 又通作孃. 後世稱母后曰孃孃. {蘇軾・龍川雜志}仁宗謂劉氏爲大孃孃, 楊氏爲小孃孃. 又俗稱父曰爺, 母曰娘. 亦作耶孃. {古樂府}不聞耶孃喚女聲, 但聞黃河流水鳴濺濺. {杜甫・兵車行}耶孃妻子走相送, 塵埃不見咸陽橋.

A0805 U-5A20

•娠• 女字部 總10劃. ᄒᆞᆫ글 [신] 애 밸. 新典 [신] 애 밸. 마부. 訓蒙 [신] 빌. 英譯 pregnant. 康熙 <女部> {廣韻}失人切, {集韻}{韻會}{正韻}升人切, 丛音申. {說文}女妊身動也. {左傳・哀元年}后緡方娠. 又{集韻}之刃切, 音震. 義同. 通作身. 又{正韻}之人切, 音眞. {揚子・方言}燕齊之間, 養馬者及官婢女厮通謂之娠, 亦曰侲. 說文 <女部> 失人切. 女妊身動也. 从女辰聲. {春秋傳}曰: "后緡方娠." 一曰宮婢女隸謂之娠.

A0811 U-5A25

•娥• 女字部 總10劃. ᄒᆞᆫ글 [아] 예쁠. 新典 [아] 어엿불. 항아. 英譯 be beautiful. good. surname. 漢典 形聲. 從女, 我聲. 本義: 女子容貌美好. 常"娥媌", "娥娥", "娥姣"等連用, 形容女子美貌. 康熙 <女部> {唐韻}五何切, {集韻}{正韻}牛何切, 丛音蛾. 好也. {揚子・方言}秦謂好曰娥. 又星娥, 帝少昊母. 娥皇, 堯女舜妻. 見{史記}. 又嫦娥, 羿妾. {後漢・天文志}嫦娥竊羿不死藥, 奔月, 及之, 爲蟾蜍. 又夸娥, 天女也. 見{列子・湯問篇}. 又韓娥, 歌妓也. {博物志}韓娥之齊, 粥歌假食, 旣去, 餘響繞梁三日. 又姓. 見{姓苑}. 說文 <女部> 五何切. 帝堯之女, 舜妻娥皇字也. 秦晉謂好曰娙娥. 从女我聲.

A0843 U-5A29

•娩• 女字部 總10劃. ᄒᆞᆫ글 [만] 해산할. 新典 [반] 토끼 색기. 訓蒙 [면] 나흘. 英譯 give birth child. complaisant. 漢典 形聲. 從女, 免聲. 本義: 生孩子. 康熙 <女部> {廣韻}無遠切, {集韻}{韻會}武遠切, 丛音晚. 媚也, 順也. {禮・內則}女子十年不出, 姆教婉娩聽從. 又{廣韻}亡運切, {集韻}{韻會}{正韻}文運切, 丛音問. 女字. 一曰生也. 又{正韻}美辯切, 音免. 義同.

A0835 U-36E8

•㛨• 女字部 總11劃. (훈글) [강] 문란한 모양. (英譯) (corrupted form) chaos. anarchy. distractions. confusion. (康熙) <女部> {字彙}丘仰切, 羌上聲. 亂貌. {正字通}譌字.

A0802 U-5A36

•娶• 女字部 總11劃. (훈글) [취] 장가들. (新典) [츄] 장가들. (訓蒙) [취] 어를. (英譯) marry, take wife. (漢典) 會意兼形聲. 從女, 從取, 取亦聲. 本義: 男子結婚. 把女子接過來成親. (康熙) <女部> {廣韻}七句切, {集韻}{韻會}逡遇切, 𠀤音趣. {說文}娶婦也. {胡安定家訓}嫁女須勝吾家, 則女之事人必戒. 娶婦須不若吾家, 則事舅姑必謹. 又{集韻}新於切, 音胥. 商娶, 媒也. 又詢趨切, 音須. {荀卿佹詩}閭娶子奢, 莫之媒也. 或作娵. 一作雙雛切, 音毹. 又遵須切, 音諏. 人名. 烏孫王岑娶. 經史內通作取. (說文) <女部> 七句切. 取婦也. 从女从取, 取亦聲.

A0812 U-5A3F

•娿• 女字部 總11劃. (훈글) [아] 아리따울. (新典) [아] 머뭇거릴. 한들거릴. (康熙) <女部> {廣韻}{集韻}{韻會}{正韻}𠀤於何切, 音阿. 媕娿, 不決也. 韓愈{石鼓歌}詎肯感激徒媕娿. 又{廣韻}{正韻}烏可切, {集韻}{韻會}倚可切, 𠀤音旖. 娿娜, 弱態貌. 亦姓. (說文) <女部> 烏何切. 媕娿也. 从女阿聲.

A0826 U-5A4B

•婋• 女字部 總11劃. (훈글) [효] 여자의 마음 씀이 재치 있음. (康熙) <女部> {集韻}虛交切, 音虓. {玉篇}女心俊慧也.

A0816 U-5A50

•婐• 女字部 總11劃. (훈글) [와] 정숙할. (英譯) maid. (康熙) <女部> {廣韻}{集韻}{韻會}{正韻}𠀤烏果切, 音倮. 婐妮, 身弱好貌. {古樂府}珠佩婐妮戲金闕. 又{集韻}女侍也. 與孟子二女果之果通. 別作倮. (說文) <女部> 烏果切. 妮也. 一曰女侍曰婐. 讀若騧, 或若委. 从女果聲. 孟軻曰: "舜爲天子, 二女婐."

A0791 U-5A5A

•婚• 女字部 總11劃. (훈글) [혼] 혼인할. (新典) [혼] 장가들. (訓蒙) [혼] 사돈. (英譯) get married. marriage, wedding. (漢典) 形聲. 從女, 昏聲. 因爲古時黃昏迎親, 故"昏"亦兼表字義. 本義: 婦家. (康熙) <女部> {廣韻}{集韻}{韻會}{正韻}𠀤呼昆切, 音昏. 婚姻, 嫁也. {爾雅·釋親}婦之黨爲婚兄弟, 壻之黨爲姻兄弟. {易·屯卦}求婚媾. 又婚嫁之婚親曰連婚. {前漢·王商傳}大將軍鳳連婚楊肜. 又凡嫁娶斂財曰賣婚. {史通}山東士人尚閥閱, 嫁娶必多取資, 人謂之賣婚. 經史通作昏. 詳昏字註. (說文) <女部> 呼昆切. 婦家也. {禮}: 娶婦以昏時, 婦人

陰也，故曰婚．从女从昏，昏亦聲．

A0822 U-5A61

•婡• 女字部 總11劃. ᄒᆞᆫ글 [래] 예쁠. 康熙 <女部> {集韻}郎才切，音來．女字．又落蓋切，音賴．好貌．

A0810 U-5A62

•婢• 女字部 總11劃. ᄒᆞᆫ글 [비] 여자종. 新典 [비] 계집종. 訓蒙 [비] 겨집죵. 英譯 servant girl. your servant. 漢典 形聲．從女，卑聲．本義：舊社會里被迫受剝削階級役使的女子． 康熙 <女部> {廣韻}便俾切，{集韻}{韻會}部弭切，㐬音庳．{說文}女之甲者．{禮・曲禮}自世婦以下皆稱曰婢子．又夫人負罪而有所請，亦曰婢子．{左傳・僖十五年}穆姬曰：晉君朝以入，則婢子夕以死．又{二十二年}嬴氏對太子圉曰：寡君使婢子侍執巾櫛．又有罪而沒入于官曰官婢．{前漢・刑法志}太倉令淳于公罪當刑，小女緹縈上書，願沒入爲官婢，以贖父．又小魚曰魚婢，見{爾雅・釋魚}．又金鳳花，別名菊婢，見{草木譜}．又婢曰上清．{司馬光・考異}引柳珵上淸傳，竇參知敗，屬上淸，定爲宮婢．一曰上淸或婢本名．{正字通}當時通稱婢爲上淸． 說文 <女部> 便俾切．女之卑者也．从女从卑，卑亦聲．

A0812 U-5A64

•婤• 女字部 總11劃. ᄒᆞᆫ글 [주] 얼굴 얌전할. 英譯 lovely. 康熙 <女部> {廣韻}{集韻}㐬丑鳩切，音抽．好貌．又{廣韻}職流切，{集韻}之由切，㐬音周．{說文}女字．又孌人婤姶．見前姶字註．又{集韻}陳留切，音儔．義同．又丁聊切，音貂．女名． 說文 <女部> 職流切．女字也．从女周聲．

A0803 U-5A66

•婦• 女字部 總11劃. ᄒᆞᆫ글 [부] 며느리. 新典 [부] 제어미, 안에, 미미. 며느리. 어엿블. 訓蒙 [부] 며느리. 英譯 married women. woman. wife. 漢典 會意．甲骨文字形，左邊是"帚"，右邊是"女"．從女持帚，表示灑掃．本義：已婚的女子． 康熙 <女部> 古文：䘈．{唐韻}房九切，{集韻}{韻會}扶缶切，{正韻}房缶切，㐬音阜．{說文}服也．{爾雅・釋親}子之妻爲婦．又女子已嫁曰婦．婦之言服也，服事於夫也．{禮・昏義}婦人先嫁，三月教以婦德，婦言，婦容，婦功．又{郊特牲}婦人，從人者也．幼從父兄，嫁從夫，夫死從子．又冢婦，長婦，介婦，衆婦也．見{內則}．又嬪婦，化治絲枲．見{周禮・天官}．又世婦，后宮官，所謂二十七世婦也．又屬婦，婦之窮獨，當聯屬者．{書・梓材}至于屬婦．又嫠婦，寡婦也．{蘇軾・赤壁賦}泣孤舟之嫠婦．又好貌．{荀子・樂論篇}其容婦．又物類之陰者亦曰婦．{埤雅}鵓鳩陰則屛逐其婦，晴則呼之．又{韻府}蟋蟀一名吟蛩，濟南呼爲嬾婦．又江中有魚名白旂，其脂可然，用之照歌舞則明，照紡績則昏，世謂嬾婦所化．又鷦鷯名巧婦，赤斑蜘蛛名絡絲婦．㐬見{本草綱目}．又梵言婆利耶，華言婦．又{正韻}防父切，音附．{陳琳・飮馬長城窟}邊城多健少，內舍多寡婦．作書與內舍，便嫁莫留住．又叶芳尾切，音斐．{楚辭・天問}水濱之木，得彼小子，夫何惡之，媵有莘之婦．通作負．別作媍． 說文 <女部> 房九

切. 服也. 从女持帚灑掃也.

A0819 U-5A6A

•婪• 女字部 總11劃. (훈글) [람] 탐할. (新典) [람] 탐할. (訓蒙) [람] 탐홀. (英譯) covet. covetous, avaricious. (漢典) 形聲. 從女, 林聲. 本義: 貪食. (康熙) <女部> {廣韻}{集韻}{韻會}{正韻}夶盧含切, 音嵐. {說文}貪也. {杜林}卜者黨相詐驗爲婪. 韓愈{順宗實錄}韋執誼, 性貪婪詭賊. 又{集韻}盧感切, 音窞, 義同. 一曰不謹也. (說文) <女部> 盧含切. 貪也. 从女林聲. 杜林說: 卜者黨相詐驗爲婪. 讀若潭.

A0834 U-5A6D

•婭• 女字部 總11劃. (훈글) [아] 동서. (新典) [아] 동셔. (英譯) mutual term of address used by sons-in-law. a brother- in-law. (康熙) <女部> {廣韻}{集韻}{韻會}{正韻}夶依嫁切, 音稏. {爾雅・釋親}兩壻相謂曰婭, 言相亞次也. 通作亞.

A0839 U-36F8

•㛸• 女字部 總12劃. (훈글) [수] 여자 이름. (英譯) (corrupted form) used in girls name. (康熙) <女部> 媰字之譌.

A0823 U-5A92

•媒• 女字部 總12劃. (훈글) [매] 중매. (新典) [매, 미] 즁매, 즁신, 갑달이. 비즐. (訓蒙) [미] 듕신. (英譯) go-between, matchmaker. medium. (漢典) 形聲. 從女, 某聲. 本義: 婚姻介紹人, 媒人. (康熙) <女部> {廣韻}莫杯切, {集韻}{韻會}謨杯切, 夶音枚. {說文}謀也. 謀合二姓, 以成昏媾也. {路史}女媧佐大昊, 禱于神, 祈爲女婦, 正姓氏職昏, 因是曰神媒. {詩・衞風}匪我愆期, 子無良媒. {禮・曲禮}男女非有行媒, 不相知名. {周禮・地官}媒氏掌萬民之判. 又凡相因而至亦曰媒. {文中子・魏相篇}聞謗而怒者, 讒之囮也. 見譽而喜者, 佞之媒也. 又龍媒, 駿馬也. {前漢・禮樂志}天馬徠龍之媒. {杜甫詩}有能市駿骨, 莫恨少龍媒. 又齊人名麴餠曰媒. {前漢・可馬遷傳}媒孼其短. {孟康曰}媒, 酒酵也. 孼, 麴也. 謂釀成其罪也. 又{集韻}{正韻}夶莫佩切, 音妹. 媒媒, 卽昧昧也. {莊子・知北遊}媒媒晦晦, 無心而不可與謀. 又{集韻}彌登切, 音瞢. 義同. 又莫貝切, 音昧. 貪也. 又叶市朱切, 音殊. {焦氏・易林}塗行破車, 醜女無媒. 莫適爲偶, 孤困獨居. 又叶莫浮切, 音謀. {陳琳・止欲賦}惟今夕之何夕兮, 我獨無此良媒. 雲漢倬以昭回兮, 天水混而光流. (說文) <女部> 莫桮切. 謀也, 謀合二姓. 从女某聲.

A0813 U-5A9A

•媚• 女字部 總12劃. (훈글) [미] 아첨할. (新典) [미] 상긋거릴. 아쳠할 중. 사랑할. 분닐. (類合) [미] 얼울. (英譯) charming, attractive. flatter. (漢典) 形聲. 從女, 眉聲. "眉"也有示意作用, 表示以目媚人. 本義: 愛, 喜愛. (康熙) <女部> 古文: 㥯. {廣韻}{集韻}{韻會}{正韻}夶

明祕切, 音郿. {說文}說也. 又諧也, 諂也, 蠱也. {書・囧命}便辟側媚. {史記・佞幸傳}非獨女以色媚, 士宦亦有之. {吳志}虞翻曰: 自恨骨體不媚. 又愛也, 親順也. {詩・大雅}媚玆一人. {唐書・魏徵傳}太宗曰: 人言魏徵擧動疎慢, 我見其嫵媚. 又地名. {左傳・定九年}齊侯致禚媚杏于衞. {註}三邑皆齊西界. 又叶武悲切, 音眉. 韓愈{永貞行}狐鳴梟噪爭署置, 睗睒跳踉相嫵媚. {註}睗睒, 獸狂視貌. 時順宗病瘖, 王伾王叔文用事. 憲宗立, 改元永貞. 本作媚. 說文 <女部> 美祕切. 說也. 从女眉聲.

A0684 U-370E

•嫨• 女字部 總13劃. 훈글 [혜] 겁낼. 新典 [혜] 계집종. 투긔할. 英譯 slave girls, lacking in courage. nervous, a jealous woman. 康熙 <女部> {唐韻}弦雞切, 音奚. 女隷也. 今通作奚. 又{集韻}胡計切, 音系. 怯也. 一曰妒也. 說文 <女部> 胡雞切. 女隷也. 从女奚聲.

A0805 U-5AB0

•媰• 女字部 總13劃. 훈글 [추] 애 밸. 新典 [츄] 홀어미. 康熙 <女部> {廣韻}仕于切, {集韻}{韻會}崇芻切, 𠀤音雛. 嫠婦也. {淸河王誄}惠于媰孀. 又{集韻}窻兪切, 音芻. 女名. 又甾尤切, 音鄒. 義同. 又逡遇切, 音娶. 姓也. 又側救切, 音皺. 好貌. 又仄遇切. 同㑳. 婦人妊娠也. 又鉏救切. 同㤛. 義同. 說文 <女部> 側鳩切. 婦人妊身也. 从女芻聲. {周書}曰: "至于媰婦."

A0833 U-5ABB

•媻• 女字部 總13劃. 훈글 [반] 비틀거릴. 英譯 to move. 康熙 <女部> {廣韻}薄官切, {集韻}{韻會}{正韻}蒲官切, 𠀤音槃. {博雅}媻媻, 往來貌. 又同婆. {說文}奢也. {博雅}老嫗也. 又{集韻}薄半切, 音畔. 與奢義同. 說文 <女部> 薄波切. 奢也. 从女般聲.

A0832 U-5AC0

•嫀• 女字部 總13劃. 훈글 [진] 여자 이름. 康熙 <女部> {類編}慈鄰切, 音秦. 女字. 又疏鄰切, 音申. 義同.

A0843 U-5AC7

•嫇• 女字部 總13劃. 훈글 [명] 조심조심할. 新典 [맹, 밍] 어린 지어미. 앙징스러울. 康熙 <女部> {廣韻}莫經切, {集韻}忙經切, 𠀤音冥. {說文}嫈嫇也. 又{集韻}謨耕切, {韻會}謨盲切, 𠀤音萌. 嫈嫇, 幼婦也. 韓愈{城南聯句}彩伴颭嫈嫇. 又明淨貌. {王逸・九歎}衡芷彫兮瑩嫇. 一曰嫇嫇, 小人貌. 又{廣韻}莫迥切, {集韻}母迥切, 𠀤音茗. 嫇奵, 自持也. 一曰面平貌. 說文 <女部> 莫經切. 嬰嫇也. 从女冥聲. 一曰嫇嫇, 小人皃.

A0823 U-5AC9

•嫉• 女字部 總13劃. (한글) [질] 시기할. (新典) [질] 미워할. 투긔할. (類合) [질] 새옴. (英譯) jealousy. be jealous of. (漢典) 形聲. 從女, 疾聲. 本義: 忌妒才德地位等美好的人. (康熙) <女部> {廣韻}秦悉切, {集韻}{韻會}{正韻}昨悉切, 丛音蒺. {說文}妎也. {屈原·離騷註}害色曰妒, 害賢曰嫉. {史記·外戚傳}褚先生曰: 傳曰: 女無美惡, 入室見妒, 士無賢不肖, 入朝見嫉. {亢倉子·用道篇}同道者相愛, 同藝者相嫉. 又{集韻}疾二切, 音自. 義同. 亦作㜎. 通作疾. 或作㑵㾊.

A0817 U-5ACA

•嫊• 女字部 總13劃. (한글) [소] 여자 이름. (康熙) <女部> {集韻}蘇故切, 音素. 女字.

A0832 U-5B02

•嬂• 女字部 總15劃. (한글) [직] 여자 이름. (康熙) <女部> {集韻}質力切, 音職. 女字.

A0839 U-5B09

•嬉• 女字部 總15劃. (한글) [희] 즐길. (新典) [희] 아리다울. 희학질할. 놀. 계집 이름. 어엿블. (英譯) enjoy. play, amuse oneself. (漢典) 形聲. 從女, 喜聲. 本義: 無拘束地游戲. (康熙) <女部> {廣韻}許其切, {集韻}{韻會}虛其切, {正韻}虛宜切, 丛音僖. {博雅}戲也. {增韻}美也, 游也. {史記·孔子世家}嬉戲常陳俎豆. {前漢·文帝紀}七八十翁, 嬉戲如小兒狀. {張協·七命}乘鳥舟兮爲水嬉. 又{集韻}{韻會}許已切, {正韻}許里切, 丛音喜. {白居易·雜興詩}澹灩九折池, 縈回十餘里. 四月芰荷發, 越王日遊嬉. 又妹嬉, 夏桀妃, 見妹字註. 又{廣韻}{集韻}{韻會}許記切, {正韻}許意切, 丛音憙. 美姿顏也. 又{集韻}羊朱切, 音愉. {劉楨·魯都賦}素秋二七, 天漢指隅. 民胥祓禊, 國子水嬉.

D0151 U-5B16

•嬖• 女字部 總16劃. (한글) [폐] 사랑할. (新典) [폐] 고일. 사랑할. (訓蒙) [폐] ᄉᆞ랑ᄒᆞᆯ. (英譯) favorite. a minion. (漢典) 形聲. 從女, 辟聲. 本義: 寵愛. (康熙) <女部> {廣韻}博計切, {集韻}{韻會}必計切, 丛音閉. {說文}便辟也. 愛也. {增韻}便幸, 左右近習者也. {春秋傳}賤而得幸曰嬖. {左傳·昭九年}飮外嬖嬖叔. 又官名. {左傳·昭七年}宣子爲子產之敏也, 使從嬖大夫. {註}下大夫也. 又{集韻}毘義切, 音臂. 義同. (說文) <女部> 博計切. 便嬖, 愛也. 从女辟聲.

D0152 U-5B20

•嬠• 女字部 總16劃. (한글) [참] 탐할. (康熙) <丑集·女部> {龍龕}青含切. 婪也.

A0274 U-5B23

•嬣• 女字部 總17劃. 훈글 [녕] 여자가 용렬할. 新典 [녕] 계집 용렬할. 느릴. 康熙 <女部> {廣韻}女耕切, {集韻}尼耕切, 㤅音儜. 體也. 姘嬣, 女劣貌. 一曰女態舒徐也. 又{集韻}囊丁切, 音寧. 女字.

A0816 U-5B2A

•嬪• 女字部 總17劃. 훈글 [빈] 아내. 新典 [빈] 지어미. 복종할. 궁녀 벼슬 이름. 訓蒙 [빙] 빙. 英譯 court lady. palace maid. 康熙 <女部> 古文: 姘嫔姘嬪嬪. {唐韻}符眞切, {集韻}{韻會}{正韻}毗賓切, 㤅音頻. {爾雅・釋親}婦也. {說文}服也. {書・堯典}嬪于虞. {詩・大雅}來嫁于周, 曰嬪于京. 又{禮・曲禮}生曰妻, 死曰嬪. {註}嬪, 婦人美稱. 妻死, 其夫以美號名之, 故稱嬪. 又妃嬪, 婦官也. {禮・昏義}古者天子后立六宮, 三夫人, 九嬪, 二十七世婦, 八十一御妻. {周禮・天官}九嬪, 掌婦學之法, 以敎九御, 各率其屬, 而以時御敘于王所. {正字通}禮記九嬪, 無昭容等號. 字彙九嬪下以昭容, 昭儀, 昭媛, 修容, 修儀, 修媛, 克容, 克儀, 克媛接連上文, 誤. 又仙女號鬱嬪, 九華眞人, 見{列仙傳}. 又嬪然, 多貌. {前漢・王莽傳}收復絕屬, 存亡嬪廢, 得比肩首, 復爲人者, 嬪然成行. 說文 <女部> 符眞切. 服也. 从女賓聲.

A0846 U-5B2D

•嬭• 女字部 總17劃. 훈글 [내] 젖. 新典 [내] 젖어미. 낫 졸음. 訓蒙 [내] 젖. 英譯 milk. suckle. breasts. 康熙 <女部> 古文: 㚷. {廣韻}奴蟹切, {集韻}女蟹切, 㤅音疓. 乳也. 或作妳. 又{風土歲時記}唐人呼晝睡爲黃嬭. 一作妳. 又{廣韻}奴禮切, 音禰. {博雅}母也. 楚人呼母曰嬭. 又{廣韻}兒氏切, {集韻}忍氏切, 㤅音尒. 姊謂之嬭. 又{集韻}乃計切, 泥去聲. 女名.

A0831 U-5B30

•嬰• 女字部 總17劃. 훈글 [영] 갓난아이. 新典 [영] 어릴. 더할. 씨를. 둘릴. 얼킬. 구실들임. 물요괴. 類合 [영] 아히. 英譯 baby, infant. bother. 康熙 <女部> {廣韻}於盈切, {集韻}伊盈切, {正韻}於京切, 㤅音纓. {釋名}人始生曰嬰兒. 胷前曰嬰, 抱之嬰前, 乳養之, 故曰嬰. 一曰女曰嬰, 男曰孩. 又{六書故}女首飾也. 嬰, 所以飾也. {荀子・富國篇}處女嬰寶珠. 別作瓔. 又加也. {賈誼・治安策}嬰之以芒刃. 又觸也. {韓非子・說難}龍喉下逆鱗, 嬰之則殺人. 又繞也. {後漢・卓茂傳}嬰城者相望. 又縈也, 絆也. {陸機詩}世網嬰吾身. {張九齡詩}形隨世網嬰. 又山名. {隋圖經}嬰山, 并州之主山. 又{山海經}金星之山, 多天嬰, 其狀如龍骨. 又九嬰, 水火之怪. {淮南子・本經訓}堯使誅九嬰于凶水之上. 又盂也. 與罌通. {穆天子傳}黃金之嬰之屬. 又姓. 晉季膺之後. 別作賏. 又{集韻}於慶切, 音映. 關中謂孩子曰嬰. 又於正切, 音郢. 嬰累, 弱也. 一曰絆也. 說文 <女部> 於盈切. 頸飾也. 从女, 賏. 賏, 其連也.

A0819 U-5B43

•孃• 女字部 總20劃. 훈글 [양] 여자애. 新典 [냥] 냥어머니. 訓蒙 [냥] 어미. 英譯

troubled, oppressed. fat. mother. 康熙 <女部> ｛唐韻｝汝陽切, ｛集韻｝如陽切, 𠀤音穰. ｛說文｝煩擾也. 一曰肥大也. 又｛集韻｝奴當切, 音囊. 又汝兩切, 音壤. 義𠀤同. 又同娘. ｛古樂府｝不聞耶孃哭子聲. 說文 <女部> 女良切. 煩擾也. 一曰肥大也. 从女襄聲.

A0975 U-5B50

•子• 子字部 總03劃. 훈글 [자] 아들. 新典 [자, 즈] 아들. 자식. 당신. 어르신네. 임자, 임. 사람. 첫재 디지. 자시. 자벼슬. 기름. 열음. 열매. 알. [결] 俗音 [혈] 고단할, 외울. 남아지. 매일매일할, 옷둑할. 창갈구리. 訓蒙 [즈] 아둘. 英譯 offspring, child. fruit, seed of. 1st terrestrial branch. 漢典 象形. 甲骨文字形, 象小兒在襁褓中, 有頭, 身, 臂膀, 兩足象并起來的樣子. "子"是漢字的一個部首. 本義: 嬰兒. 康熙 <子部> 古文: 孚𢀈𢿱𡦂𡥞. ｛唐韻｝即里切, ｛集韻｝｛韻會｝｛正韻｝祖似切, 𠀤音梓. ｛說文｝十一月陽氣動, 萬物滋入, 以爲稱. ｛徐鍇曰｝十一月夜半, 陽氣所起. 人承陽, 故以爲稱. 又｛廣韻｝息也. ｛增韻｝嗣也. ｛易・序卦傳｝有男女, 然後有夫婦. 有夫婦, 然後有父子. ｛白虎通｝王者父天母地曰天子. 天子之子曰元子. ｛書・顧命｝用敬保元子釗. 又｛儀禮・喪服｝諸侯之子稱公子. 又凡適長子曰冢子, 卽宗子也. 其適夫人之次子, 或衆妾之子, 曰別子, 亦曰支子. ｛禮・曲禮｝支子不祭, 祭必告於宗子. 又男子之通稱. ｛顏師古曰｝子者, 人之嘉稱, 故凡成德, 謂之君子. ｛王肅曰｝子者, 有德有爵之通稱. 又自世婦以下自稱曰婢子, 見｛禮記・曲禮｝. 又卿之妻曰內子. ｛儀禮・有司徹註｝內子不薦籩. 又｛禮・檀弓｝兄弟之子猶子也. 又｛前漢・嚴助傳註｝令子出就婦家爲贅壻, 曰贅子. 又人君愛養百姓曰子. 又辰名. ｛爾雅・釋天｝太歲在子曰困敦. ｛前漢・律歷志｝孳萌於子. 又｛禮・王制｝公侯伯子男, 凡五等. ｛疏｝子者, 奉恩宣德. 又左庶子, 中庶子, 官名. 又國名. ｛括地志｝子城, 在渭州莘城縣. 又長子, 縣名. 周史辛甲所封, 後爲趙邑, 屬上黨. 又姓. ｛史記・殷本紀｝契, 母呑鳦子而生, 故曰子氏. 又複姓. ｛左傳｝鄭大夫子人氏, 魯大夫子服氏, 子家氏. 又子細, 猶分別. ｛北史・源思禮傳｝爲政當舉大綱, 何必太子細也. ｛正字通｝子讀若薺, 方語別也. 俗作仔細. 又去聲, 才四切. ｛中庸｝子庶民也. 徐邈讀. 又與慈通. ｛禮・樂記｝易直子諒之心, 油然生矣. ｛韓詩外傳｝子諒作慈良. 又叶濟口切, 音走. ｛前漢・班固敘傳｝侯王之祉, 祚及孫子. 公族蕃衍, 枝葉暢茂. 茂音某. 又叶子德切, 音則. ｛詩・豳風｝既取我子, 無毀我室. ｛楊愼・古音叢目｝與朱傳同. 說文 <子部> 即里切. 十一月, 陽气動, 萬物滋, 人以爲偁. 象形. 凡子之屬皆从子. (李陽冰曰: "子在襁緥中, 足併也.")

A0976 U-5B55

•孕• 子字部 總05劃. 훈글 [잉] 아이밸. 新典 [잉] 아이밸. [인] . 訓蒙 [잉] 빌. 英譯 be pregnant, pregnancy. 漢典 會意. 甲骨文字形, 外象婦女大腹之形, 內象腹中懷子之形. 本義: 懷胎. 康熙 <子部> 古文: 雕. ｛唐韻｝｛集韻｝｛韻會｝｛正韻｝𠀤以證切, 音媵. ｛說文｝懷子也. ｛易・漸卦｝婦孕不育. ｛史記・周本紀｝姜嫄見巨人跡, 欲踐之, 踐之而身動如孕. 又｛禮・郊特牲｝牲孕弗食. ｛註｝孕, 妊子也. ｛樂記｝羽者嫗伏, 毛者孕育. 又通作蠅. ｛管子・四時篇｝春蠃育, 夏長養. ｛集韻｝或作孕. 亦作𡜲. 說文 <子部> 以證切. 裹子也. 从子从几.

A0980 U-5B56

•孖• 子字部 總06劃. 훈글 [자] 쌍둥이. 英譯 twins. 康熙 <子部> ｛廣韻｝子之切, ｛集韻｝

{類篇}津之切, 𠀤音玆. {玉篇}雙生子也. 亦作滋, 蕃長也. 又{廣韻}{集韻}𠀤疾置切, 音字. 義同.

A0145 U-5B5A

•孚• 子字部 總07劃. (훈글) [부] 미쁠. (新典) [부] 밋불. 옥문채. 기를. (英譯) brood over eggs. have confidence. (康熙) <子部> 古文: 㝅. {唐韻}{集韻}{韻會}{正韻}𠀤芳無切, 音敷. {說文}卵孚也. 一曰信也. {徐鍇曰}鳥之乳卵, 皆如其期, 不失信也. {詩・大雅}成王之孚. {註}成王者之信於天下也. {書・呂刑}獄成而孚. 又{禮・聘義}孚尹旁達, 信也. {馬氏曰}玉之爲物, 孚尹於中, 而旁達於外, 所以爲信. 又{集韻}玉采也. 又孚甲. {禮・月令・鄭註}其日甲乙, 萬物皆解孚甲, 自抽軋而出. 又中孚, 易卦名. 又去聲. {集韻}芳遇切, 音赴. 育也. {揚子・方言}雞伏卵而未孚. 或作孵. 又叶芳尤切, 音浮. {詩・大雅}儀刑文王, 萬邦作孚. 叶上臭. 臭平聲. ○ 按{集韻}訓玉采, 音方尤切. 孚亦有浮音, 則又非但叶音矣. (說文) <爪部> 芳無切. 卵孚也. 从爪从子. 一曰信也.

B1574 U-5B63

•季• 子字部 總08劃. (훈글) [계] 끝. (新典) [계] 말재. 숫. (類合) [계] 말자. (英譯) quarter of year. season. surname. (漢典) 會意. 從子, 從稚省. "稚"亦兼表讀音. 本義: 即排行最后的. (康熙) <子部> 古文: 孚孿㐲𠫔. {唐韻}{集韻}{韻會}𠀤居悸切, 音記. {說文}少稱也. {玉篇}稚也. {左傳・文十八年}高辛氏有才子八人, 以伯仲叔季爲序. 又物之稚者亦曰季. {周禮・地官・山虞}凡服耜斬季材. {疏}服與耜宜用穉材, 尚柔忍也. 又細也, 小稱也. {管子・乘馬篇}季絹三十三. 又{儀禮・特牲饋食}掛於季指. {註}季指, 小指也. 又{廣韻}末也, 凡四時之末月曰季月. 末世曰季世. {左傳・昭三年}叔向問晏子曰: 齊其何如. 晏子曰: 此季世也. 叔向曰: 然, 雖吾公室, 亦季世也. 又姓. 魯大夫季友, 漢季布. {說文}从子从稚省, 稚亦聲. (說文) <子部> 居悸切. 少偁也. 从子, 从稚省, 稚亦聲.

A0981 U-5B68

•孨• 子字部 總09劃. (훈글) [전] 삼갈. (康熙) <子部> {廣韻}旨兗切, {集韻}主兗切, 𠀤音剸. {說文}謹也, 从三子. {廣韻}孤露可憐也. 又{集韻}以轉切, 聲近軟. {正字通}據史漢, 吾王, 孱王也. 韋昭曰: 孱, 仁謹貌. {方言}冀州人謂懦弱曰孱. 孨當與孱通. 又{六書統}𡥧與進同義. 朱謀㙔曰: 羣兒聚弄爭先, 因其弱而不前者, 借爲孱弱字. 又{廣韻}莊眷切, {集韻}雛戀切, 𠀤音饌. 義同. (說文) <孨部> 旨兖切. 謹也. 从三子. 凡孨之屬皆从孨. 讀若翦.

A0977 U-3743

•㝃• 子字部 總10劃. (훈글) [면] 아이를 낳을. (新典) [면] 해산할, 나흘. (英譯) (same as U+ 5A29 娩) to bear a son. to give birth. (康熙) <子部> {廣韻}無遠切, {集韻}武遠切, {韻會}{正韻}美辨切, 𠀤音勉. {說文}生子免身也. 从子免. {徐鍇曰}會意. 又{正譌}芳萬切, 音販. {韻會}{正韻}𠀤文運切, 音問. {正字通}㝃無販問二音. ○ 按諸家註, 㝃, 美辨切, 產子

也. 嬔, 方諫切, 音販, 生子均齊也. 一曰免子, 挽音販者, 以挽與嬔通也. 又{韻會}{正韻}俱載問韻, 註生子也, 與娩免同. 二音應㚘存. 說文 <子部> 芳萬切. 生子免身也. 从子从免.

A0877 U-5B6B

•孫• 子字部 總10劃. ᄒᆞᆫ글 [손] 손자. 新典 [손] 손자, 아들의 아들, 나느. 움. 겸손할. 訓蒙 [손] 손ᄌᆞ. 英譯 grandchild, descendent. surname. 漢典 會意. 從子, 從系, 續也. 金文, 象用繩索捆綁小孩子, 意爲少年俘虜. 本義: 兒子的兒子. 康熙 <子部> {唐韻}{集韻}思䆳切, {韻會}{正韻}蘇昆切, 㚘音飧. {說文}子之子也. 从子从系. 系, 續也, 言順續先祖之後也. {爾雅・釋親}子之子爲孫, 孫之子爲曾孫. {朱子曰}曾, 重也, 自曾孫以至於無窮, 皆得稱之也. 又凡臨祭祀, 內事曰孝孫, 外事曰曾孫. {詩・小雅}神保是饗, 孝孫有慶. {書・武成}告於皇天后土, 所過名山大川, 曰惟有道曾孫周王發. 又物再生亦曰孫. {周禮・春官・大司樂}孫竹之管. {註}竹枝根之末生者. 又{番禺志}稻再生曰稻孫. 又織女曰天孫. {前漢・天文志}織女, 天帝孫也. 又{博物志}岱嶽亦名天孫. 又青海旁馬多龍種, 曰龍孫. 又矢名. {晉語}申孫之矢. 又烏孫, 西戎國名. 又姓. 又公孫, 長孫, 王孫, 俱複姓. {廣韻}衞公子, 惠孫曾耳之後, 因氏焉. 又{集韻}蘇困切, 音巽. 與遜同. {論語}孫以出之. {禮・學記}入學鼓篋, 孫其業也. {註}猶恭順也. 又遁也. {春秋・莊元年}三月, 夫人孫于齊. {閔二年}九月, 夫人姜氏孫于邾. 又叶荀緣切, 音宣. {趙壹窮鳥賦}天乎祚賢, 歸賢永年. 且公且侯, 子子孫孫. 說文 <系部> 思魂切. 子之子曰孫. 从子从系. 系, 續也.

A0148 U-5B70

•孰• 子字部 總11劃. ᄒᆞᆫ글 [숙] 누구. 新典 [숙] 누구. 어느, 아모. 살필. 訓蒙 [슉] 뉘. 英譯 who? which? what? which one? 漢典 會意. 小篆字形. 左上是"享", 左下是"羊", 表示食物是羊肉, 右邊是"丮", 表示手持. 合起來表示手持熟食來吃. 本義: 熟, 煮熟. 康熙 <子部> {唐韻}殊六切, {集韻}{韻會}{正韻}神六切, 㚘音淑. {說文}食飪也. 本作䈞, 隸作孰. 生之反也. {禮・禮運}腥其俎, 孰其殽. {特牲饋食禮}註, 祭祀自孰始. 又歲稔也. {禮・樂記}德盛而敎尊, 五穀時孰. {前漢・食貨志}大孰則上糴三而舍一, 中孰則糴一, 使民食足. 互見火部熟字註. 又{爾雅・釋訓}孰, 誰也. {楚辭・天問}圜則九重, 孰營度之. {莊子・天運篇}孰主張是, 孰維綱是. {史記・藺相如傳}公之視廉將軍, 孰與秦王. 又{正韻}何也. {論語}是可忍也, 孰不可忍也. 又{正字通}審也. {漢武策賢良制}其孰之復之. ○ 按{說文}生孰字本但作孰, 後人加火, 以別生熟之熟, 而孰但爲誰孰字矣.

A0145 U-5B75

•孵• 子字部 總14劃. ᄒᆞᆫ글 [부] 알 ᄭᆞᆯ. 新典 [부] 알 깔. 英譯 sit on eggs, hatch. 康熙 <子部> {集韻}芳無切, 音孚. 孵化也. 陸績曰: 自孵而轂. 又{集韻}芳遇切, 音赴. 育也. 或作孚.

A0189 U-5B78

•學• 子字部 總16劃. ᄒᆞᆫ글 [학] 배울. 新典 [학] 배흘, 깨칠. 학교, 글방, 고남. 배홈, 공부,

나. (訓蒙) [혹] 비올. (英譯) learning, knowledge. school. (漢典) 形聲. 本作“斈”, 象雙手構木爲屋形. 后作聲符, 加“子”爲義符. 子, 孩子. 小孩子是學習的主體. 本義: 學習. (康熙) <子部> ｛唐韻｝胡覺切, ｛集韻｝｛韻會｝｛正韻｝轄覺切, 𠀤音鷽. ｛說文｝覺悟也, 本作斆, 篆作學. ｛增韻｝受教傳業曰學. 朱子曰: 學之爲言效也. ｛詩・周頌｝日就月將, 學有緝熙于光明. ｛書・說命｝王人求多聞, 時惟建事. 學于古訓, 乃有獲. ｛禮・學記｝君子之於學也, 藏焉, 修焉, 息焉, 游焉, 夫然故安其學而親其師, 樂其友而信其道. 又學校, 庠序總名. ｛禮・王制｝天子命之教, 然後爲學. 小學在公宮南之左, 大學在郊, 天子曰辟雍, 諸侯曰頖宮. 又姓. 見｛姓苑｝. 又叶許旣切, 音戲. ｛前漢・匡張孔馬敘傳｝樂安裒裒, 古之文學. 叶下司, 司音細. 又叶後教切, 音效. ｛傅毅・廸志詩｝訓我嘉務, 惠我博學. 叶上誥. ｛正字通｝與斆別. ○ 按｛書・說命｝惟斆學半. 學與斆別. 諸家泥經傳, 斆或作學, 合學斆爲一, 非. 今斆音效, 而學校字但作學, 互詳攴部斆字註.

A0970 U-5B7C

•孼• 子字部 總19劃. (훈글) [얼] 서자. (新典) [얼] 얼자식, 첩의 자식. 치장할. 요물. (正蒙) [얼] 재얼. (英譯) misfortune. sin, evil. (康熙) <子部> ｛唐韻｝｛集韻｝｛韻會｝｛正韻｝𠀤魚列切, 音闑. ｛說文｝庶子也. ｛玉篇｝憂也. ｛史記・商君傳｝商君者, 衞之庶孼公子也. ｛禮・玉藻｝公子曰臣孼. ｛註｝公侯衆子也. 又｛通論｝妾隸之子曰孼, 孼之言蘖也, 有罪之女, 沒入於公, 得幸而有所生, 若木旣伐而生栟, 故於文从子辥爲孼. 孼, 辠也. 又｛爾雅・釋訓｝孼孼, 戴也. ｛詩・衞風｝庶姜孼孼. ｛傳｝孼孼盛飾也. 又孼與嬖通. ｛前漢・賈誼傳｝庶人孽妾緣其履. 又借爲妖孼之孼. ｛左傳・昭十年｝蘊利生孼. ｛註｝蘊, 畜也. 孼, 妖害也. 又｛前漢・五行志｝蟲豸之妖謂之孼. 又叶倪祭切, 音義. ｛焦氏・易林｝政令無常, 下民多孼. 叶上類. 又櫱从米, 麴櫱也, 與孼孽義別. 俗譌以媒櫱之櫱與孼同, 非是. 孽字从辥. 从薛俗字. (說文) <子部> 魚列切. 庶子也. 从子辥聲.

A0970 U-5B7D

•孽• 子字部 總20劃. (훈글) [얼] 첩의 자식. (類合) [얼] 요얼. (英譯) evil. son of concubine. ghost. (漢典) 形聲. 從子, 薛聲. 從子, 與子孫有關. 本義: 庶出的, 宗法制度下指家庭的旁支. (康熙) <子部> ｛正字通｝俗孼字.

A0436 U-5B80

•宀• 宀字部 總03劃. (훈글) [면] 집. (新典) [면] 움. (英譯) roof. KangXi radical 40. (康熙) <宀部> ｛廣韻｝武延切, ｛集韻｝彌延切, 𠀤音綿. ｛說文｝交覆深屋也. ｛田藝衡曰｝古者穴居野處, 未有宮室, 先有宀, 而後有穴. 宀, 當象上阜高凸, 其下有冋可藏身之形, 故穴字从此. 室家宮宁之制, 皆因之. (說文) <宀部> 武延切. 交覆深屋也. 象形. 凡宀之屬皆从宀.

A0444 U-374A

•㝊• 宀字部 總05劃. (훈글) [수] 지킬. (英譯) (same as 守) to guide. to watch, to wait, to keep. (康熙) <宀部> ｛正字通｝同守. ｛六書故｝守从又.

A0943 U-5B81

•宁• 宀字部 總05劃. (한글) [저] 쌓을. (新典) [져] 져, 조회 밧는 자리. (英譯) calm, peaceful, serene. healthy. (康熙) <宀部> {唐韻}直呂切, {集韻}{韻會}展呂切, 𠀤音佇. {爾雅・釋宮}門屛之閒謂之宁. {禮・曲禮}天子當宁而立. {註}門內屛外, 人君視朝所宁立處. 又{集韻}通作著. {詩・齊風}俟我于宁乎而. 今作著. 又{廣韻}直魚切, {集韻}{韻會}{正韻}陳如切, 𠀤音除. 義同. 又{說文}宁辨積物也. 象上隆四周之形. ○ 按積物, 與{爾雅}正意相背. {韻會}六豒分註. (說文) <宁部> 直呂切. 辨積物也. 象形. 凡宁之屬皆从宁.

A0449 U-5B82

•宂• 宀字部 總05劃. (한글) [용] 쓸데없을. (新典) [용] 한산할, 일 업슬. 군, 긴치 아닐. 밧불, 번잡할. 써다닐. (英譯) scattered, mixed affairs. duties. occupation business. (康熙) <宀部> {唐韻}{正韻}而隴切, {集韻}{韻會}乳勇切, 𠀤戎上聲. {說文}散也. 从宀, 人在屋下, 無田事也. 古設官分職, 有宂員備使令. {周禮・夏官}槀人掌共外內朝宂食者之食. {註}謂外內朝上直諸吏, 謂之宂吏, 亦曰散吏. {續漢志}有宂從僕射. {註}散從也. 又{增韻}雜也, 剩也, 忙也. 今無事備員曰宂官. 蘇軾曰: 爲政在去三宂, 曰宂官, 宂兵, 宂費. 又民無定居曰宂. {後漢・光武詔}流宂道路, 朕甚愍之. 又{集韻}戎用切. 義同. 又{正字通}俗从几作宂. 或作冗, 𠀤非. (說文) <宀部> 而隴切. 椒也. 从宀, 人在屋下, 無田事. {周書}曰: "宮中之宂食."

A0890 U-5B83

•它• 宀字部 總05劃. (한글) [타] 다를. [사] 뱀. (英譯) it. other. (康熙) <宀部> {玉篇}古文佗字. 佗, 蛇也. {說文}虫也. 本作它, 从虫而長. 上古艸居, 慮它, 故相問無它乎. 又{玉篇}非也, 異也. {正字通}與佗他同. {易・比卦}終來有它吉. {禮・檀弓}或敢有它志, 以辱君義. 又{揚子・法言}適堯舜文王爲正道, 非堯舜文王爲它道, 君子正而不它. 又{正譌}它, 虫之大者. 象宼曲𠂹尾形. 今文加虫作蛇, 食遮切與托何切, 二音通用. (說文) <它部> 託何切. 虫也. 从虫而長, 象冤曲垂尾形. 上古艸居患它, 故相問無它乎. 凡它之屬皆从它.

A0446 U-5B84

•宄• 宀字部 總05劃. (한글) [귀] 도둑. (新典) [귀] 밧게서 난 도적. (英譯) a traitor. a villain. (康熙) <宀部> 古文: 宼㝁殳. {唐韻}居洧切, {集韻}{韻會}矩鮪切, {正韻}古委切, 𠀤音軌. {說文}姦也. {周禮・秋官・司刑註}由內爲姦, 起外爲宄. {書・舜典}寇賊姦宄, 又通軌. {史記}: 寇賊姦宄. 考證: 〈{書・舜典}寇賊姦宄, 汝作士. 又{漢書}作姦軌.〉 謹按汝作士, 文義屬下, 此誤連引姦宄下. 謹改又通軌. 史記寇賊姦宄. (說文) <宀部> 居洧切. 姦也. 外爲盜, 內爲宄. 从宀九聲. 讀若軌.

A0437 U-5B85

•宅• 宀字部 總06劃. (한글) [댁] 댁. [택] 집. (新典) [책, 택] 俗音 [틱, 택] 집. 뎡할. (類合)

[틱] 집. (英譯) residence, dwelling, home. grave. (漢典) 形聲. 從宀, 乇聲. 本義: 住所, 住處. (康熙) <宀部> 古文: 宅厇. {唐韻}場伯切, {集韻}{韻會}{正韻}直格切, 𠀤音澤. {說文}宅, 所托也. {爾雅・釋言}居也. {疏}謂居處也. {釋名}宅, 擇也, 擇吉處而營之也. {書・禹貢}四隩既宅. {召誥}太保朝至于洛卜宅. 又{周禮・地官・大司徒}辨十有二土之名物, 以相民宅而知其利害. 又所居之位亦曰宅. {書・舜典}使宅百揆. 又{立政}克用三宅三俊. {註}宅以位言, 俊以德言. 三宅, 謂居常伯常任準人之位者. 又{禮・郊特牲}土反其宅. 又定也. {書・康誥}亦惟助王宅天命. {註}安定天命也. 又宅兆亦曰宅. {禮・雜記}大夫卜宅與葬日. 又叶徒落切, 音鐸. {詩・小雅}其究安宅. 叶上作. {大雅}乃眷西顧, 此維與宅. 叶上廓莫. {集韻}或作度. (說文) <宀部> 場伯切. 所託也. 从宀乇聲.

A0441 U-5B87

•宇• 宀字部 總06劃. (훈글) [우] 집. (新典) [우] 쳐아 기슭. 집. 하늘. (訓蒙) [우] 집. (英譯) house. building, structure. eaves. (漢典) 形聲. 從宀, 于聲. "宀"表示房屋. 本義: 屋檐. (康熙) <宀部> 古文: 寓. {唐韻}{集韻}王矩切, {等韻}于矩切, 𠀤音禹. {說文}宇, 屋邊也. {釋名}宇, 羽也, 如鳥羽翼, 自覆蔽也. {易・繫辭}上棟下宇, 以待風雨. {詩・豳風}八月在宇. {註}宇, 簷下也. {大雅}聿來胥宇. 又{廣韻}大也. {玉篇}方也, 四方上下也. 尸子曰: 天地四方曰宇. {史記・秦本紀}包舉宇內. 又{孔穎達・正義}于屋, 則簷邊爲宇. 于國, 則四垂爲宇. {周語}先王規方千里, 以爲甸服, 其餘以均分公侯伯子男, 使各有寧宇. 又隤下曰宇. {周禮・冬官考工記}輪人爲蓋, 上欲尊, 而宇欲卑. 又籀文作寓. {張衡・東京賦}德寓天覆. {集韻}亦作庽廡. (說文) <宀部> 王榘切. 屋邊也. 从宀于聲. {易}曰: "上棟下宇."

A0444 U-5B88

•守• 宀字部 總06劃. (훈글) [수] 지킬. (新典) [슈] 직할. 보살필. 원. 셔리. 기다릴. (類合) [슈] 디킐. (英譯) defend, protect, guard, conserve. (漢典) 會意. 從宀, 從寸. 宀表示房屋, 寸是法度. 合起來表示掌管法度. 本義: 官吏的職責, 職守. (康熙) <宀部> 古文: 寽夋. {唐韻}書九切, {集韻}{韻會}{正韻}始九切, 𠀤音首. {說文}守, 守官也. 从宀, 官府也. 从寸, 法度也. {玉篇}收也, 視也, 護也. {易・繫辭}何以守位, 曰仁. {周禮・天官}獸人職時田則守罟. {註}防獸觸攫也. 又{廣韻}主守也. {左傳・昭二十年}晏子云: 山林之木, 衡鹿守之. 澤之萑蒲, 舟鮫守之. 藪之薪蒸, 虞候守之. 海之鹽蜃, 祈望守之. 衡鹿等皆官名. 又{增韻}攻守也. {易・坎卦}王公設險, 以守其國. {史記・留侯世家}阻三面而守. 又{唐韻}{廣韻}{集韻}{韻會}{正韻}𠀤舒救切, 音獸. {增韻}守之也, 所守也, 爲之守也. 天子巡諸侯所守, 曰巡守. 諸侯爲天子守土, 亦曰守. 漢置郡太守. 又姓. {正字通}宋守恭, 與蘇軾爲詩友. 又叶式視切, 音矢. {楚辭・天問}雄虺九首, 儵忽焉在. 何所不老, 長人何守. 在音泚. 又叶雖遂切, 音粹. {前漢・班固敘傳}崇執言責, 隆持官守. 寶曲定陵, 𠀤有大志. (說文) <宀部> 書九切. 守官也. 从宀从寸. 寺府之事者. 从寸. 寸, 法度也.

A0439 U-5B89

•安• 宀字部 總06劃. (훈글) [안] 편안할. (新典) [안] 편안할, 다는. 고요할, 안존할. 편안이

할. 무엇, 어느. 자리 잡을. 類合 [안] 편안. 英譯 peaceful, tranquil, quiet. 漢典 會意. 從"女"在"宀"下, 表示無危險. 本義: 安定, 安全, 安穩. 康熙 <宀部> {唐韻}{集韻}{韻會}{正韻}太於寒切, 案平聲. {說文}静也, 从女, 在宀下. {廣韻}徐也, 止也. {書·堯典}欽明文思安安. {註}安安, 自然性之也. {益稷}安汝止. {註}謂止於至善也. 又寧也, 定也. {書·皐陶謨}在知人, 在安民. {齊語}其心安焉, 不見異物而遷焉. 又危之對也. {前漢·賈誼傳}置之安處則安, 置之危處則危. 又佚樂也. {禮·表記}君子莊敬日强, 安肆日偸. {左傳·僖二十三年}懷與安實敗名. 又{謚法}和好不爭曰安. 又何也. {禮·檀弓}吾將安仰. {楚辭·天問}九天之際, 安放安屬. 又與焉同. {正字通}安之於焉, 猶何之於曷, 音別義通. 又姓. {風俗通}漢太守安成, 唐安金藏. 又安期, 安平, 俱複姓. 又州名, 春秋時鄖國, 漢屬江夏郡, 宋改爲安州. 又叶烏前切, 音煙. {詩·大雅}執訊連連, 攸馘安安. 又叶於眞切, 音因. {蘇軾·李仲蒙哀辭}矯矯犖犖, 自貴珍兮. 欺世幻俗. 內弗安兮. 說文 <宀部> 烏寒切. 静也. 从女在宀下.

A0447 U-5B8B

•宋• 宀字部 總07劃. 훈글 [송] 송나라. 正蒙 [송] 송나라. 英譯 Song dynasty. surname. 康熙 <宀部> {唐韻}{韻會}蘇統切, {集韻}蘇綜切, 太音送. {說文}居也, 从宀从木. {徐曰}木所以成室, 以居人也. 又國名, 微子所封地, 卽閼伯之商丘. {左傳·昭十七年}宋, 大辰之虛也. 又州名, 隋置宋爲應天府, 今河南歸德府是也. 又姓. 說文 <宀部> 蘇統切. 居也. 从宀从木. 讀若送.

E0412 U-5B8F

•宏• 宀字部 總07劃. 훈글 [굉] 클. 新典 [횡] 俗音 [클] 클. 넙을. 類合 [굉] 클. 英譯 wide, spacious, great, vast. 漢典 形聲. 從宀, 表示與家室房屋有關, 厷聲. 本義: 屋子寬大而深. 康熙 <宀部> {唐韻}戶萌切, {集韻}{韻會}乎萌切, 太音竑. {說文}屋深響也. {玉篇}大也. {增韻}廣也. {書·盤庚}用宏玆賁. {註}宏賁皆大也, 謂宏大此大業也. 又{周禮·冬官考工記}梓人爲筍虡羸屬, 大聲而宏, 則於鐘宜. 又宏宏. {集異記}山玄卿撰蒼龍宮新溪銘云: 新宮宏宏, 崇軒轞轞. 又宏父, 官名. {書·酒誥}宏父定辟. {註}事官司空也, 主制其疆界, 以定法也. 又{岳珂·追感詩}心術參堯運, 規模紹漢宏. 又{正字通}宏與紘閎洪通. {前漢·司馬相如傳}崇論紘議. {史記}作閎. {揚雄傳}閎言崇議. 又{華陽國志}文學聘士洛下宏, 字長公, 閬中人. {漢書}作閎. 太與洪宏同. 說文 <宀部> 戶萌切. 屋深響也. 从宀厷聲.

A044. U-5B93

•宓• 宀字部 總08劃. 훈글 [복] 성. 新典 [복] 셩. [밀] 잠잠할. 편안할. 가만할. 英譯 quiet, silent. in good health. 康熙 <宀部> {唐韻}美畢切, {集韻}{韻會}{正韻}覓畢切, 太音蜜. {說文}安也. {玉篇}止也, 静也, 默也. {埤蒼}祕宓也. {顏師古曰}宓汨, 去疾也. 又人名. {三國志}秦宓. 又房六切. {孟康漢書古文註}宓, 今伏字. 皇甫謐云: 伏羲或謂之宓羲. 考諸經史緯侯無宓羲之號, 必後世傳寫誤以虙爲宓. 孔子弟子虙不齊, 後人云濟南伏生, 卽子賤之後, 是知虙與伏古字通用, 後誤以爲宓也. 又{集韻}宓或作密賓. 說文 <宀部> 美畢切. 安也. 从宀必聲.

A0446 U-5B95

•宕• 宀字部 總08劃. 한글 [탕] 방탕할. 新典 [탕] 골집. 지날. 방탕할. 돌구덩이. 英譯 stone quarry. cave dwelling. 康熙 <宀部> {廣韻}徒浪切, {集韻}{韻會}大浪切, 𠀤音盪. {說文}過也. 一曰洞屋, 从宀碭省聲. {穀梁傳・文十一年}長翟兄弟三人佚宕中國. 又州名. 秦漢諸羌地, 後魏內附, 周置宕州, 陜西化外, 汝南項有宕鄕. 又{集韻}采石工謂之宕戶. 又{正字通}與蕩通. 說文 <宀部> 徒浪切. 過也. 一曰洞屋. 从宀, 碭省聲. 汝南項有宕鄕.

A0448 U-5B97

•宗• 宀字部 總08劃. 한글 [종] 마루. 新典 [종] 마루. 종묘. 밋, 밋둥. 죠회볼. 일가, 겨레. 위하는 것. 놉힐. 공부간래. 訓蒙 [종] ᄆᆞᄅᆞ. 英譯 lineage, ancestry. ancestor, clan. 漢典 會意. 從宀示. 示, 神祇, 宀, 房屋. 在室內對祖先進行祭祀. 本義: 宗廟, 祖廟. 康熙 <宀部> {唐韻}作冬切, {集韻}{韻會}祖賨切, {正韻}祖冬切, 𠀤音嵏. {說文}尊祖廟也. {白虎通}宗者何, 宗有尊也, 爲先祖主也, 宗人之所尊也. {邢昺曰}宗者, 本也. 廟號不遷, 最尊者祖, 次曰宗, 通稱曰宗廟. {禮・祭法}有虞氏祖顓頊而宗堯, 夏后氏祖顓頊而宗禹, 殷人祖契而宗湯, 周人祖文王而宗武王. {賈誼曰}祖有功, 宗有德也. 又流派所出爲宗. {禮・喪服小記}別子爲祖, 繼別爲宗, 繼禰爲小宗. {程頤曰}凡言宗者, 以主祭祀爲言, 人宗於此而祭祀也. 又同姓曰宗. {詩・大雅}宗子維城. {註}同姓也. 又{書・舜典}禋于六宗. {註}謂所尊祭者, 其祀有六, 寒暑日月星水旱也. 賈逵曰: 天宗三, 日月星. 地宗三, 河海岱. 司馬彪曰: 天宗日月星辰寒暑之屬, 地宗社稷五祀之屬. 又秩宗, 官名. {書・舜典}咨伯, 汝作秩宗. {註}主郊廟之官, 掌叙鬼神尊卑, 故曰秩宗, 周禮謂之宗伯. 又曰祝宗. 又{周禮・春官・大宗伯}賓禮親邦國, 春見曰朝, 夏見曰宗. 又瞽宗, 殷學名. 又人物所歸往亦曰宗. {書・禹貢}江漢朝宗于海. {註}言百川以海爲宗也. {史記・孔子世家}孔子以布衣傳十餘世, 學者宗之. 又姓. 又叶則郎切, 音臧. {史記・司馬遷自敘}蠲除肉刑, 開通關梁. 廣恩施博, 厥稱太宗. {說文}从宀从示. {徐曰}宗廟, 神祇所居. 示, 古祇字. 說文 <宀部> 作冬切. 尊祖廟也. 从宀从示.

A0928 U-5B98

•官• 宀字部 總08劃. 한글 [관] 벼슬. 新典 [관] 벼슬. 말, 관가. 부림. 공번될. 일. 맛흘. 訓蒙 [관] 구의. 英譯 official, public servant. 漢典 會意. 甲骨文字形, 從"宀", 以一覆眾, 則有治眾的意思. 本義: 官吏, 官員. 康熙 <宀部> 古文: 㒼. {唐韻}古丸切, {集韻}{韻會}{正韻}沽歡切, 𠀤音觀. {說文}吏事君也. {玉篇}宦也. {論語・撰考}黃帝受地形, 象天文, 以制官. {周禮・天官疏}上古以雲鳥紀官, 六官之號見於唐虞, 堯育重黎之後, 羲氏和氏之子, 使掌舊職天地之官. 其時官名, 蓋曰稷曰司徒, 是天官稷也, 地官司徒也. 又分命仲叔, 使掌四時之官, 春爲秩宗, 夏爲司馬, 秋爲士, 冬爲共工. 共工, 冬官也. 合稷與司徒, 是六官之名見也. 夏之官百有二十, 公卿大夫元士, 具列其數, 殷之官二百四十, 至周三百六十而大備, 故曰設官分職, 以爲民極. 又{增韻}職也, 使也, 公也. {書・咸有一德}任官惟賢材. {禮・王制}論定然後官之. 又{周禮・春官・大宗伯}六命賜官. {註}謂自置其臣屬, 治家邑也. 又朝廷治事處曰官. {禮・玉藻}在官不俟屨. {註}趨君命也. {前漢・賈誼傳}學者所學之官也. 又事也. {禮・樂記

{禮樂明備, 天地官矣. {疏}官猶事也, 謂各得其事也. 又身有五官. {孟子}耳目之官, 不思而蔽於物. {又}心之官則思, 思則得之. 又姓. 又複姓. 三氏, 晉王官氏, 魯亓官氏, 楚上官氏. 又與管通, 宋元邊徼所司曰掌管, 今爲土司長官. 又叶古元切, 音涓. {崔駰・大理箴}嗟玆大理, 愼於爾官. 賞不可不思, 斷不可不虔. {說文}从宀从𠂤. 𠂤猶衆也, 與師同意. (說文) <𠂤部> 古丸切. 史, 事君也. 从宀从𠂤. 𠂤猶眾也. 此與師同意.

宙 宙 D0098 U-5B99

•宙• 宀字部 總08劃. (훈글) [주] 집. (新典) [쥬] 집. 쌔, 적. (訓蒙) [듀] 집. (英譯) time as concept. infinite time. (漢典) 形聲. 從宀, 由聲. "宀", 表示房屋. 本義: 棟梁. (康熙) <宀部> {唐韻}{韻會}{正韻}直又切, {集韻}直祐切, 𠀤音胄. {說文}舟車所極覆也, 下覆爲宇, 上奠爲宙. {淮南子・齊俗訓}往古來今謂之宙, 四方上下謂之宇. 又{玉篇}居也, 徐鉉曰: 凡天地之居萬物, 猶居室之遷貿而不覺. 又叶持御切, 音住. {司馬相如・上林賦}追怪物, 出宇宙. 彎蕃弱, 滿白羽. 羽去聲. (說文) <宀部> 直又切. 舟輿所極覆也. 从宀由聲.

定 定 定 A0439 U-5B9A

•定• 宀字部 總08劃. (훈글) [정] 정할. (新典) [뎡] 뎡할, 근을. 고요할. 그칠, 머믈을. 뎡별. 이마. 익은 고기. 마침. (類合) [뎡] 뎡홀. (英譯) decide, settle, fix. (漢典) 會意. 從宀, 從正. "正"亦兼表字音. 本義: 安定, 安穩. (康熙) <宀部> 古文: 㝎. {唐韻}{集韻}{韻會}{正韻}𠀤徒徑切, 庭去聲. {說文}安也. {增韻}靜也, 正也, 凝也, 決也. {易・說卦}天地定位. {書・堯典}以閏月定四時成歲. {禹貢}震澤底定. 又{禮・王制}論進士之賢者, 以告於王, 而定其論. {註}謂各署其所長也. 又止也. {書・洛誥}公定, 予往已. {註}成王欲周公止洛, 自歸往宗周也. 又{儀禮・鄉飮酒禮}羹定. {註}定猶熟也. {疏}熟卽止, 故以定言之. 又{謚法}純行不差, 安民法古, 𠀤曰定. 又州名. 漢中山郡, 唐改定州, 以安定天下爲名. 又丘名. {爾雅・釋丘}左澤曰定. 又{廣韻}{集韻}{韻會}{正韻}𠀤丁定切, 音訂. 營室星也. {詩・鄘風}定之方中, 作于楚宮. {註}定星昏而正中, 於是時可以營制宮室, 故謂之營室. 孫炎曰: 定, 正也. 一曰定謂之耨. 又{詩・周南}麟之定. {註}定, 額也. 又{禮・禮器}羹定詔於堂. {註}羹, 肉湆. 定, 熟肉. 又{爾雅・釋器}斪斸謂之定. {郭註}鋤屬也. 又叶唐丁切, 音庭. {詩・小雅}亂靡有定. 叶下寧成. 又{韻會}古通正. 亦作奠. 引周禮瞽矇世奠繫, 奠讀爲定, 謂帝繫, 諸侯世本之屬. (說文) <宀部> 徒徑切. 安也. 从宀从正.

宛 宛 A0450 U-5B9B

•宛• 宀字部 總08劃. (훈글) [완] 굽을. (新典) [완] 어슴풀어할. 작을. 언덕 우에 언덕. [원] 西域國名大~ [온] 싸힐. (英譯) seem, as if, crooked. (漢典) 形聲. 從宀, 夗聲. 象屋里的草彎曲自相覆蓋. 本義: 彎曲. (康熙) <宀部> 古文: 惌. {唐韻}{正韻}於阮切, {韻會}委遠切, 𠀤音琬. {說文}屈草自覆也. 又宛然猶, 依然. {詩・秦風}宛在水中央. {註}宛然, 坐見貌. {魏風}好人提提, 宛然左辟. {註}宛然, 讓之貌. 又丘名. {爾雅・釋丘}宛中, 宛丘. {又}丘上有丘爲宛丘. {註}宛謂中央隆高. 又平聲. {玉篇}{集韻}{類篇}𠀤於袁切, 音鴛. 大宛, 西域國名, 去長安萬二千五百里. 又縣名. {一統志}宛, 本申伯國, 春秋時屬晉, 戰國爲韓宛邑, 秦爲宛縣, 漢因

之, 明屬南陽府. 又姓. {左傳}鄭大夫宛射犬, 楚大夫宛春. 又去聲, 於願切, 音苑. 小也. {詩·小雅}宛彼鳴鳩. {註}宛, 小貌. 又入聲, 紆勿切, 音鬱. {史記·倉公傳}寒濕氣宛. 與苑鬱通. 又叶於云切, 音熅. {前漢·班固敘傳}漢武勞神, 圖遠甚勤. 王師嘽嘽, 致誅大宛. 說文 <宀部> 於阮切. 屈草自覆也. 从宀夗聲.

A0442 U-5B9C

•宜• 宀字部 總08劃. 훈글 [의] 마땅할. 新典 [의] 울흘. 마즐. 맛당. 구슌할. 일할. 제 이름. 類合 [의] 맛당. 英譯 suitable, right, fitting, proper. 漢典 會意. 從門之下一之上. 甲骨文字形. 象屋里俎上有肉的形狀. 本義: 合適, 適宜. 康熙 <宀部> 古文: 宧宐㝖. {唐韻}{集韻}魚羈切, {韻會}疑羈切, 𠀤音儀. {說文}所安也. {增韻}適理也. {易·泰卦}后以財成天地之道, 輔相天地之宜. {禮·王制}齊其政, 不易其宜. 又{左傳·成二年}先王疆理天下物土之宜. {註}職方氏所謂靑州宜稻粱, 雍州宜黍稷之類是也. 又{詩·周南}宜其室家. {傳}宜者, 和順之意. 又{爾雅·釋詁}宜, 事也. {詩·大雅}公尸來燕來宜. {毛傳}宜其事也. 又{玉篇}當也, 合當然也. {禮·樂記}武之遲久, 不亦宜乎. 又祭名. {書·泰誓}類于上帝, 宜于冢土. {註}祭社曰宜. 冢土, 社也. {禮·王制}宜乎社. {註}引爾雅, 起大事, 動大衆, 必先有事乎社, 令誅罰得宜. 又州名. 古百越地, 庸置粵州, 改宜州. 又姓. {正字通}元宜桂可, 博通經史. 又通作儀. {前漢·地理志}伯益能儀百物. 儀讀與宜同. 又叶五何切, 音俄. {詩·鄘風}如山如河, 象服是宜. 叶上佗下何. ○ 按{音學五書}宜古音魚何反. 宜字{詩}凡九見, {易}一見, {儀禮}一見, {楚辭}一見, 𠀤同. 後人誤入五支韻, 據此則又非但叶音矣. {集韻}宐, 隸作宜.

D0098 U-5BA2

•客• 宀字部 總09劃. 훈글 [객] 손. 新典 [객, 긱] 손. 부칠. 訓蒙 [긱] 손. 英譯 guest, traveller. customer. 漢典 形聲. 從宀, 表示與家室房屋有關, 各聲. 本義: 寄居, 旅居, 住在異國他鄕. 康熙 <宀部> {唐韻}苦格切, {集韻}{韻會}{正韻}乞格切, 𠀤坑入聲. {說文}寄也. 从宀各聲. 又{廣韻}賔客. {周禮·秋官}大行人掌大賔之禮, 及大客之儀. {註}大賔爲五等諸侯, 大客卽其孤卿. 又{司儀}諸公相爲賔, 諸公之臣相爲國客. 又主客. {禮·郊特牲}天子無客禮, 莫敢爲主焉. 又{左傳·僖二十四年}宋, 先代之後也, 於周爲客. 又凡自外至者皆曰客. {易·需卦}有不速之客三人來, 敬之終吉. 又外寇亦曰客. {易·繫辭}重門擊柝, 以待暴客. 又姓. {正字通}漢客孫, 廣德人. 又叶苦各切, 音恪. {詩·小雅}所謂伊人, 於焉嘉客. 叶上夕藿. 夕音削. 又{楚辭·哀郢}順風波以從流兮, 焉洋洋而爲客. 凌陽侯之氾濫兮, 忽翺翔之焉薄. 說文 <宀部> 苦格切. 寄也. 从宀各聲.

A0438 U-5BA3

•宣• 宀字部 總09劃. 훈글 [선] 베풀. 新典 [션] 베플, 펼. 헤칠. 밝힐. 통할. 보일. 다할. 일직 셀. 類合 [션] 베플. 英譯 declare, announce, proclaim. 漢典 形聲. 從宀, 亘聲. "宀"與房屋有關. 一說據甲骨文爲雲氣舒卷自如之象. 本義: 帝王的宮殿. 康熙 <宀部> 古文: 亶. {唐韻}須緣切, {集韻}{韻會}荀緣切, {正韻}息緣切, 𠀤音瑄. {說文}天子宣室也. 从宀亘聲. {徐鉉曰}从回, 風回轉, 所以宣陰陽也. 又{爾雅·釋言}徧也. {詩·大雅}旣順迺宣. {註}順,

安. 宣, 徧也. 又{左傳・賈註}通也. {詩・周頌}宣哲維人. {註}宣, 通. 哲, 智也. 又布也, 散也. {書・皐陶謨}日宣三德. {禮・月令}季秋, 會天地之藏, 無有宣出. {註}物皆收斂, 無有宣露出散也. 又{增韻}召也. {包佶詩}隔屛初聽玉音宣. 又{爾雅・釋言}緩也. 又盡也, 明也, 示也. {周語}爲川者, 決之使導. 爲民者, 宣之使言. 又{左傳・成十三年}是用宣之, 以懲不壹. 又{詔書別錄}唐故事, 中書舍人掌詔誥, 皆寫兩本, 一爲底, 一爲宣, 在中書可檢覆, 謂之正宣. 又{謚法}善聞周達曰宣. 一曰聖善周聞曰宣. 又{周禮・冬官考工記}車人之事, 半矩謂之宣. 又{爾雅・釋器}璧大六寸, 謂之宣. {郭璞註}漢書瑄玉是也. 瑄宣同. 又州名. 吳宣城郡, 唐改宣州. 又姓. {正字通}東漢人宣秉. 又頭髮皓落也. {易・說卦}巽爲宣髮. {註}髮早白也. 今文譌作寡髮. {釋文}寡本作宣. 又叶相倫切, 音荀. {徐幹・齊都賦}日不遷晷, 玄澤普宣. 鶉火南飛, 我后來巡. {集韻}本作亘. 說文 <宀部> 須緣切. 天子宣室也. 从宀亘聲.

A0437 U-5BA4

•室• 宀字部 總09劃. ᄒᆞᆫ글 [실] 집. 新典 [실] 집, 방. 마누라, 안에. 訓蒙 [실] 집. 英譯 room, home, house, chamber. 漢典 會意. 從宀從至. 人到屋中就停止了. 本義: 內室. 康熙 <宀部> {唐韻}{集韻}{韻會}{正韻}夶式質切, 音失. {說文}實也. 从宀从至. 至, 所止也. {孔穎達曰}宮室通名. 因其四面穹隆曰宮, 因其財物充實曰室. 室之言實也. {易・繫辭}上古穴居而野處, 後世聖人易之以宮室. {書・蔡仲之命}以蕃王室. {詩・豳風}曰爲改歲, 入此室處. 又{周禮・地官註}城郭之宅曰室. 又宗廟曰世室. {周禮・冬官考工記}夏后氏世室, 殷人重屋, 周人明堂. {註}世室, 宗廟也. 又夫以婦爲室. {禮・曲禮}三十曰壯, 有室. 又營室, 星名. {朱子・詩傳}此星昏而正中, 夏正十月也, 是時可以營制宮室, 故謂之營室. 又山名. {史記・封禪書註}崧高山有大室, 少室二山, 以山有石室, 故名. 又壙穴. {詩・唐風}百歲之後, 歸于其室. 又姓. {正字通}宋衞將軍室种. 又{集韻}{韻會}式吏切. {正韻}式至切, 夶音試. {集韻}居也. {左思・魏都賦}窺玉策於金縢, 按圖錄於石室. 考曆數之所在, 察五德之所蒞. 又叶書藥切, 音爍. {焦氏・易林}歲暮華落, 陽入陰室. 萬物伏匿, 藏不可得. 得音鐸. 說文 <宀部> 式質切. 實也. 从宀从至. 至, 所止也.

A0452 U-5BA9

•宩• 宀字部 總09劃. ᄒᆞᆫ글 [시] 똥. 康熙 <宀部> {龍龕}音屎.

A0381 U-5BAC

•宬• 宀字部 總10劃. ᄒᆞᆫ글 [성] 서고. 新典 [셩] 사고, 사긔 두는 대. 英譯 archives. surname. 康熙 <宀部> {唐韻}是征切, {集韻}時征切, 夶音成. {說文}屋所容受也. {字彙補}藏書之室也, 明大內有皇史宬, 貯列聖御筆實錄祕典. 亦或作㡴. 說文 <宀部> 氏征切. 屋所容受也. 从宀成聲.

A0462 U-5BAE

•宮• 宀字部 總10劃. ᄒᆞᆫ글 [궁] 집. 新典 [궁] 집. 궁궐. 소리 이름. 불알 쌕일. 담. 訓蒙

[궁] 집. (英譯) palace, temple, dwelling, enclose. (漢典) 象形. 甲骨文字形, 象房屋形. 在穴居野處時代也就是洞窟. 外圍象洞門, 里面的小框框象彼此連通的小窟, 即人們居住的地方. 本義: 古代對房屋, 居室的通稱(秦, 漢以后才特指帝王之宮. (康熙) <宀部> {唐韻}居戎切, {集韻}{韻會}居雄切, {正韻}居中切, 太音弓. {說文}室也. 从宀, 躳省聲. {白虎通}黃帝作宮室, 以避寒暑. 宮之言中也. {釋名}宮, 穹也. 屋見垣上穹隆然也. {詩・大雅}雝雝在宮. {周禮・內宰六宮註}婦人稱寢曰宮. 宮者, 隱蔽之言, 天子謂之六寢. 又{禮・儒行}儒有一畝之宮. {註}宮, 牆垣也. {儀禮・士昏禮}母戒女曰: 夙夜無違宮事, 古者貴賤所居, 皆得稱宮, 至秦始定爲至尊所居之稱. 又宗廟亦曰宮. {詩・召南}于以用之, 公侯之宮. {孔氏曰}可以奉祭祀曰事, 祭必於宗廟曰宮, 互見其義也. 又學名. {禮・曲禮}諸侯曰頖宮. {註}謂半於天子之宮也. 又官名. {周禮・天官}宮正掌王宮之戒令糾禁. 又五音中聲曰宮. {前漢・律歷志}宮, 中也. 居中央, 暢四方, 倡始施生, 爲四聲綱. {史記・樂書}宮, 土音, 聲出於脾, 合口而通之, 其性圓而居中. 五聲六律十二管, 還相爲宮也. {註}宮爲君主之義, 當其爲宮, 五聲皆備. 又腐刑曰宮. {書・呂刑宮辟註}宮, 淫刑, 次死之刑也. {禮・文王世子}公族無宮刑, 不翦其類也. 又環也. {爾雅・釋山}大山宮, 小山霍. {註}宮謂圍繞之. 禮記曰: 君爲廬宮之是也. 又{周禮・春官・小胥}正樂縣之位, 天子宮縣. {註}宮縣, 四面縣也. 又姓. 左傳虞宮之奇, 戰國宮佗. 又北宮, 南宮, 俱複姓. 又守宮, 木名. {爾雅・釋木}守宮, 槐. 又守宮, 蜥蜴名, 別作蝗. 又叶古黃切, 音光. {班固・張敖銘}功成德立, 襲封南宮. 垂號萬期, 永保無疆. 又叶古元切, 音涓. {黃庭經}自高自下皆眞人, 玉堂絳宇盡元宮. 人音然. (說文) <宮部> 居戎切. 室也. 从宀, 躳省聲. 凡宮之屬皆从宮.

A0442 U-5BB0

•宰• 宀字部 總10劃. (훈글) [재] 재상. (新典) [재, 지] 쥬관할, 다스릴. 관원. 잡을, 고기 족일. 삶을. (訓蒙) [지] 지샹. (英譯) to slaughter. to rule. (漢典) 會意. 從宀, 從辛. “宀”表屋子. 辛, 奴隸, 罪人. 本義: 充當家奴的罪人. (康熙) <宀部> 古文: 䆣宰伞. {唐韻}作亥切, {集韻}{韻會}{正韻}子亥切, 太哉上聲. {說文}官稱. {玉篇}治也. {增韻}主也. {周禮・天官}立天官冢宰, 使帥其屬掌邦治. {註}冢, 大也. 又大宰, 掌建邦之六典, 以佐王治邦國. {註}大宰, 治官之長, 兼總六官也. 大宰之副貳曰小宰. 又有宰夫之職, 掌治朝之法. {鄭註}宰夫, 主諸臣萬民之復逆, 故詩人重之, 曰家伯維宰. 又{周禮・地官}有里宰, 掌比其邑之衆寡, 與其六畜兵器. 又家臣之長曰宰. {詩・小雅}諸宰君婦. {註}諸宰, 家宰也. 又{廣韻}制也. {正字通}爲事物主也. {史記・禮書}宰制萬物, 役使羣動. {荀子・正名篇}心者, 道之主宰. 又屠也, 烹也. 主膳羞者曰膳宰, 亦曰庖宰. {前漢・陳平傳}里中社, 平爲宰. 平曰: 使平得宰天下, 亦如此肉. {顏師古註}主切割肉也. 又姓. 周大夫宰孔之後, 以官爲氏, 周宰咺, 漢宰直. 又宰父, 複姓. 又叶子里切, 音擠. {詩・大雅}疚哉冢宰. 叶紀止里. 又{說文}宰辠, 人在屋下執事者. 从宀从辛. 辛, 辠也. ○ 按{周官}大小邑宰, 皆由賢能升進. 从辛訓辠, 泥, 不可从. (說文) <宀部> 作亥切. 辠人在屋下執事者. 从宀从辛. 辛, 辠也.

A0445 U-5BB3

•害• 宀字部 總10劃. (훈글) [해] 해칠. (新典) [해] 해할. 해롭게 할. 시긔할. [할] 어느, 무엇. 엇지 아니. (類合) [해] 유해. (英譯) injure, harm. destroy, kill. (漢典) 會意. 從宀, 從口, 豐聲.

從"宀", 從"口", 意思是言從家起, 而"言"又往往是危害的根源. 本義: 傷害, 損害. (康熙) <宀部> {唐韻}何蓋切, {集韻}{正韻}下蓋切, {韻會}合蓋切, 𠀤孩去聲. {說文}傷也. 从宀从口. 言从家起也. 丯聲. {徐曰}禍嘗起於家, 生於忽微, 故害从宀. {增韻}利, 害之對. 又殘也, 禍也. {易·謙卦}鬼神害盈而福謙. {繫辭}損以遠害, 益以興利. 又{周語}先王非務武也, 勤恤民隱, 而除其害也. 又妨也. {左傳·桓六年}謂其三時不害, 而民和年豐也. 又要害. {戰國策}秦之號令賞罰地形利害, 天下弗如也. {史記·秦始皇本紀}北收要害之郡. 又忌也. {史記·燕世家}燕昭王使樂毅約趙楚伐齊, 諸侯害齊湣王驕暴, 皆許之. {註}害猶言患之也. 又{屈原·列傳}上官大夫與之同列爭寵, 而心害其能. 又{集韻}{類篇}𠀤何割切, 音曷. 何也. {爾雅·釋言}盍也. {註}盍, 何不也. 或作害, 與曷盍通. {詩·周南}害澣害否. {註}害, 何也. {書·大誥}王害不違卜. {註}害作曷. 又叶古詣切, 音係. {詩·邶風}願言思子, 不瑕有害. 叶上逝. 又{賈誼·旱雲賦}畎畝枯槁而失澤兮, 壞石相聚而爲害. 叶下涕. {前漢·眭兩夏侯京翼李敘傳}疑殆匪闕, 違衆忤世. 淺爲悔尤, 深作敦害. 俗作害. 害字丯聲, 俗从丰作. (說文) <宀部> 胡蓋切. 傷也. 从宀从口. 宀, 口, 言从家起也. 丯聲.

A0436 U-5BB6

•家• 宀字部 總10劃. (훈글) [가] 집. (新典) [가] 집. 나나, 남편, 서방. 용한이. (訓蒙) [가] 집. (英譯) house, home, residence. family. (漢典) 會意. 甲骨文字形, 上面是"宀", 表示與室家有關, 下面是"豕", 即豬. 古代生產力低下, 人們多在屋子里養豬, 所以房子里有豬就成了人家的標志. 本義: 屋內, 住所. (康熙) <宀部> 古文: 冡家穿. {唐韻}古牙切, {集韻}{韻會}{正韻}居牙切, 𠀤音加. {說文}家居也. {爾雅}戶牖之閒謂之扆. 其內謂之家. {詩·周南}宜其室家. {註}家謂一門之內. 又婦謂夫曰家. {孟子}女子生而願爲之有家. 又一夫受田百畝, 曰夫家. {周禮·地官}上地家七人, 中地家六人, 下地家五人. {註}有夫有婦, 然後爲家. 又大夫之邑曰家, 仕於大夫者曰家臣. {左傳·襄二十九年}大夫皆富, 政將在家. 又天家, 天子之稱. 蔡邕{獨斷}天子無外, 以天下爲家. 又居其地曰家. {史記·陸賈傳}以好畤田地, 善往家焉. 又著述家. {前漢·武帝紀}表章六經, 罷黜百家. 又{太史公自序}成一家之言. 又家人, 易卦名. 又姓. 漢劇令家羨, 宋家鉉翁. 又{集韻}古胡切, 音姑. {詩·豳風}予未有室家. 叶上据荼. 又{小雅}復我邦家. 叶上居樗. 又與姑同. 大家, 女之尊稱. 漢曹世叔之妻班昭稱大家, 卽超妹. 又叶古俄切, 音歌. {古雉朝飛操}我獨何命兮未有家, 時將暮兮可奈何. 又{孔臧·蓼賦}苟非德義, 不以爲家. 安逸無心, 如禽獸何. 又叶古暮切, 音固. {焦氏·易林}三足孤鳥, 靈明爲御. 司過罰惡, 自殘其家. {說文}从宀, 豭省聲. 周伯溫曰: 豕居之圈曰家, 故从宀从豕. 後人借爲室家之家. ○按{六書故}作①, 人所合也. 从㐺, 三人聚宀下, ①之義也. 豖古族字, 豖譌爲豕, {說文}謂从豭省, 無義. ①字从宀从㐺, 或从宀从豖. 豖字从亻从人人, 與㐺形近. 又穴. (說文) <宀部> 古牙切. 居也. 从宀, 豭省聲.

A0469 U-3761

•㝡• 宀字部 總11劃. (훈글) [최] 가장. (英譯) (a variant of 最) very. exceedingly. most, superior.

A0443 U-5BBF

•宿• 宀字部 總11劃. (훈글) [숙] 묵을. (新典) [쥬] 쌔별. [숙] 잘, 드샐. 직힐. 본대, 오랩. (類合) [슉] 잘. (英譯) stop, rest, lodge, stay overnight. constellation. (漢典) 形聲. 據甲骨文, 象人睡在室內席子上. 本義: 住宿, 過夜. (康熙) <宀部> 古文: 㝛夙. {廣韻}息逐切, {集韻}{韻會}息六切, 𠀤音夙. {說文}止也. {玉篇}夜止也, 住也. {詩・周頌}有客宿宿, 有客信信. {註}一宿曰宿, 再宿曰信. {周禮・地官}三十里有宿, 宿有路室. 又星宿各止其所, 故名宿. 二十八宿, 亦名二十八次. 次, 舍也. {釋名}宿, 宿也, 言星各止住其所也. 又{增韻}安也, 守也. {左傳・昭二十九年}官宿其業. {註}宿, 安也. 又{周禮・宮正註}諸吏直宿, 謂職王宮之守衞者. 又{廣韻}素也. {史記・信陵傳}晉鄙嚄唶宿將. 又{莊子・列傳}雖當世宿學, 不能自解免也. 又國名. {春秋・隱二年}及宋人盟于宿. 又邑名. {史記・衞世家}孫林父甯殖, 謀逐獻公怒如宿. 又蒯聵入宿. 又{史記・吳世家}將舍於宿. {左傳}作戚, 字別義同. 又姓. {風俗通}漢鴈門太守宿祥, 明正德中蜀人宿進. 又通作夙, 早也. {周禮・春官}世婦, 掌女宮之宿戒. {註}宿戒, 當給事, 謂豫告之也. 又與肅同. {禮・祭統}先期旬有一日, 宮宰宿夫人. {註}宿讀爲肅戒也. 又{儀禮・宿尸註}宿, 與曲禮主人肅客入之肅同. 又去聲. {廣韻}{集韻}{韻會}{正韻}𠀤息救切, 音秀. 列星也. ○ 按{史記}{漢書}二十八宿. {正義}音息袖反, 又音夙. {左思・吳都賦}窮飛鳥之棲宿, 註亦音秀, 是星宿之宿, 與棲宿之宿, 古皆通同. 又叶息流切, 音羞. {莊子・天地篇}至無而供其求, 時騁而要其宿. 又叶相卽切, 音息. {班彪・冀州賦}遵大路以北逝兮, 歷趙衰之采邑. 醜柏人之惡名兮, 聖高帝之不宿. (說文) <宀部> 息逐切. 止也. 从宀㐰聲. 㐰, 古文夙.

A0983 U-5BC5

•寅• 宀字部 總11劃. (훈글) [인] 셋째 지지. (新典) [인] 공경할. 동관. 셋재 디지. 인시. (類合) [인] 조심. (英譯) to respect, reverence. respectfully. 3rd terrestrial branch. (漢典) 象形. 據甲骨文爲矢形. 小篆訛變. 本義: 恭敬. (康熙) <宀部> 古文: 㝽𡩡寅𡨹𡪀. {唐韻}弋眞切, {集韻}{韻會}夷眞切, 𠀤音夤. {說文}寅, 髕也. 本作寅. {徐曰}髕, 擯斥之意. 正月陽氣上銳, 而出閡於宀也. 臼, 所擯也, 象形. 今作寅, 東方之辰, 一曰孟陬. {前漢・律歷志}引達於寅. {爾雅・釋天}太歲在寅曰攝提格. 又{玉篇}演也, 敬也, 强也. {書・堯典}寅賓出日. {註}寅, 敬也, 以賓禮接之. 出日, 方出之日. 蓋以春秋之旦, 朝方出之日, 而識其初出之景也. 又{舜典}汝作秩宗, 夙夜惟寅. {註}言蚤夜敬思其職也. 又{皐陶謨}同寅協恭和衷哉. {註}謂當同其寅畏, 協其恭敬, 使民彝物, 則各得其正也. 又{廣韻}以脂切, {集韻}{韻會}{正韻}延知切, 𠀤音夷. 義同. ○ 按{說文}寅訓髕也, 夕部夤訓敬惕. 今諸書寅字兼敬惕義. 寅夤二字古疑通. (說文) <寅部> 弋眞切. 髕也. 正月, 陽气動, 去黃泉, 欲上出, 陰尚彊, 象宀不達, 髕寅於下也. 凡寅之屬皆从寅.

A0440 U-5BC6

•密• 宀字部 總11劃. (훈글) [밀] 빽빽할. (新典) [밀] 색색할, 촘촘할, 찍찍할, 보일, . 가만할, 은근할. 깁흘. 매우 갓가울. (類合) [밀] 칙칙. (英譯) dense, thick, close. intimate. (漢典) 形聲. 從山, 宓聲. 本義: 形狀象堂屋的山. (康熙) <宀部> {唐韻}美畢切, {集韻}{韻會}莫筆切,

{正韻}覓筆切, 𠀤音蜜. {爾雅・釋山}山如堂者密. {郭璞註}山形如堂室者曰密. 尸子, 松柏之鼠, 不知堂密之有美樅. 一曰靜也. 又{玉篇}止也, 默也, 深也. {易・繫辭}聖人以此洗心, 退藏於密. {詩・周頌}夙夜基命宥密. {註}謂所以承藉天命者, 宏深而靜密也. 又{增韻}稠也, 疎之對也. {易・小畜}密雲不雨. {詩・大雅}止旅廼密. {註}言其居止之衆, 日以益密也. 又{史記・功臣年表}罔亦少密焉. 又祕也. {易・繫辭}幾事不密, 則害成. 又{禮・樂記}陰而不密. {註}密言閉也. 又{禮・少儀}不窺密. {註}曲隱處也, 嫌伺人陰私也. 又近也. {書・畢命}密邇王室, 式化厥訓. 又國名. 密須氏, 姞姓之國. {詩・大雅}密人不恭. 又州名. 古姑幕城, 秦琅邪, 隋爲密州. 因水以名. 又姓. {正字通}漢尚書密忠, 宋有密祐. 又複姓. {何氏姓苑}密茅氏, 琅邪人. 又有密革氏, 密須氏. 又叶明祕切, 音媚. {江淹・齊高帝誄}宋主陵遐, 紫殿遏密. 話言之詔, 貽在英粹. {集韻}或省作宓, 俗作峦. (說文) <山部> 美畢切. 山如堂者. 从山宓聲.

A0459 U-5BC9

•寉• 宀字部 總11劃. (훈글) [추] (미등록).

A0460 U-5BCC

•富• 宀字部 總12劃. (훈글) [부] 가멸. (新典) [부] 감열, 넉넉할, 븜을, 만을. 어린. (訓蒙) [부] 가ᄉᆞ멸. (英譯) abundant, ample. rich, wealthy. (漢典) 形聲. 從宀, 表示與房屋宮室有關. 畐聲. 聲符亦兼表字義. "畐"本像人腹滿之形, 合"宀"爲之, 以示富人安居宮室, 豐于飲饌之義. 本義: 財產多, 富裕. (康熙) <宀部> {廣韻}{集韻}{韻會}𠀤方副切, 否去聲. {說文}備也. 一曰厚也. {廣韻}豐於財也. {書・洪範}五福, 二曰富. {周禮・天官・冢宰}二曰祿以馭其富又. {史記・貨殖傳}本富爲上, 末富次之, 奸富最下. 又{易・繫辭}富有之謂大業. {禮・儒行}不祈多積, 多文以爲富. {莊子・天地篇}有萬不同之謂富. 又{正字通}年富, 謂年幼後來齒歷方久也. {史記・曹相國世家}悼惠王富於春秋. 又{禮・祭義}殷人貴富而尚齒. {註}臣能世祿曰富. 又貨賄也. {書・呂刑}典獄非訖于威, 惟訖于富. {註}主獄之官, 非惟得盡法於權勢, 亦得盡法於賄賂之人也. 又姓. {左傳}周大夫富辰. 又凡充裕皆曰富. {晉書・夏侯湛傳}文章宏富. {王接傳}左氏辭義贍富. {宋書・謝弘微傳}才辭辨富. {唐書・呂溫傳}藻翰精富. {文心雕龍}經籍深富, 辭理遐亘. 又叶渠記切, 音忌. {詩・大雅}何神不富. 叶上刺類瘁. {魯頌}俾爾壽而富. 叶上熾下試. 又叶畢吉切, 音必. {詩・小雅}彼昏不知, 壹醉日富. 叶上克下又. {朱傳}又夷益反. 富猶甚也. {說文}从宀畐聲. 畐, 古福字. 俗作冨. (說文) <宀部> 方副切. 備也. 一曰厚也. 从宀畐聲.

A0275 U-5BCD

•寍• 宀字部 總12劃. (훈글) [녕] 편안할. (英譯) used as a term of comparison:-rather. it is better. would that. (康熙) <宀部> {玉篇}古文寧字. 註詳十一畫. {說文}安也. 从宀从心, 在皿上. 皿, 人之飮食器, 所以安人也. (說文) <宀部> 奴丁切. 安也. 从宀, 心在皿上. 人之飮食器, 所以安人.

D0102 U-5BD0

•寐• 宀字部 總12劃. 훈글 [매] 잠잘. 新典 [미] 俗音 [매, 믹] 잘, 쉴. 訓蒙 [믹] 잘. 英譯 sleep. be asleep. 漢典 形聲. 本義: 睡著. 康熙 <宀部> {唐韻}{集韻}{韻會}丛密二切, 音媚. {說文}臥也. {徐曰}寐之言迷也, 不明之意. {廣韻}寢也, 息也. {增韻}昧也, 目閉神藏. {詩・小雅}夙興夜寐. {公羊傳・僖二年}寡人夜者寢而不寐. 又魚名. {山海經}諸鉤之山, 多寐魚. {註}卽鮇魚. 又叶美必切, 音蜜. {江淹・擬古詩}明月入綺窻, 髣髴想蕙質. 消憂非萲草, 永懷寧夢寐. {正字通}本作寐. 說文 <㝱部> 蜜二切. 臥也. 从㝱省, 未聲.

A0709 U-5BD6

•寖• 宀字部 總13劃. 훈글 [침] 잠길. 新典 [침] 저즐. 英譯 gradually, step by step, little. 康熙 <宀部> {集韻}咨林切. 與浸濅同, 漸也. 又水名. 寖水, 出武安縣東. 又寖漬. {前漢・溝洫志}西南出寖數百里. 又{漢武帝・策賢良制}寖明寖昌. 又{五音集韻}子鴆切. 義同. ○ 按{正字通}水部十畫寖重出. 詳十三畫濅字註. 說文 <水部> 子鴆切. 水. 出魏郡武安, 東北入呼沱水. 从水㝮聲. 㝮, 籒文寑字.

A0447 U-376A

•㝪• 宀字部 總14劃. 훈글 [점] 기울. 英譯 a slanting house, nightmare. 康熙 <宀部> {唐韻}{集韻}丛都念切, 音店. {說文}屋傾下也. 一曰厭也. {廣韻}㝪也. 或从土作墊. 又{廣韻}丁愜切, {集韻}{類篇}的協切, 丛音喋. 義同. {正字通}㝪字省文.

A0444 U-5BE2

•寢• 宀字部 總14劃. 훈글 [침] 잠잘. 新典 [침] 잘, 눌. 방. 자각. 쉴, 잠잘. 못생길. 訓蒙 [침] 몸채. 英譯 sleep, rest. bed chamber. 康熙 <宀部> 古文: 帍㾻寑. {廣韻}{集韻}{韻會}{正韻}丛七稔切, 侵上聲. {說文}臥也. {詩・小雅}乃寢乃興. {論語}宰予晝寢. 又{廣韻}堂室也. {爾雅・釋宮}無東西廂, 有室曰寢. 周制, 王公六寢, 路寢一, 小寢五. 路寢, 治事之所, 小寢, 燕息之地也. {公羊傳・莊三十二年}路寢者何, 正寢也. 又寢廟. 凡廟, 前曰廟, 後曰寢. {詩・小雅}奕奕寢廟, 君子作之. {商頌}寢成孔安. {註}廟中之寢, 所以安神也. 又陵寢. {史記・樂書}三代以前, 未有墓祭. 至秦始出寢, 起於墓側. 漢因秦制, 上陵皆有園寢. 又凡居室皆曰寢. {禮・王制}庶人祭於寢. 又息也. {前漢・刑法志}兵寢刑措. {唐書・裴度傳}汲黯在朝, 淮南寢謀. 又寢丘, 縣名, 在汝南. {前漢・地理志應劭註}叔敖子所邑之地, 後更名固始. 又叶衣檢切, 音揜. {詩・小雅}乃安斯寢. 叶上簟. 簟音忝. {集韻}亦作寑.

A0464 U-5BE4

•寤• 宀字部 總14劃. 훈글 [오] 깰. 新典 [오] 잠깰. 깨칠. 訓蒙 [오] 씰. 英譯 few, scarce. empty, deserted. 康熙 <宀部> {唐韻}{集韻}{韻會}{正韻}丛五故切, 音誤. {說文}寐覺而有言曰寤. 从㝱省, 吾聲. 一曰晝見而夜㝱也. {周禮・秋官}有司寤氏. {註}寤, 覺也,

主夜覺者. 又｛春官・大卜疏｝精神寤見, 覺而占之. 又｛左傳・隱元年｝莊公寤生, 驚姜氏. ｛註｝遌生也. 遌, 逆也. 杜預曰: 寤寐而莊公生. ｛風俗通｝凡兒墮地, 能開目視者, 謂之寤生. 又與悟通. ｛爾雅序｝別爲音圖, 用祛未寤. ｛註｝用此音圖, 以袪除未曉寤者也. 孔伋曰: 吾終日思而未之得, 於學則寤焉. 又｛說文｝一作寣. ｛正字通｝俗作寤, 非. 寤, 竈名. 又寤, 同寤. (說文) <㝱部> 五故切. 寐覺而有信曰寤. 从㝱省, 吾聲. 一曰晝見而夜㝱也.

A0274 U-5BE7

•寧• 宀字部 總14劃. (훈글) [녕] 편안할. (新典) [녕] 차라리. 편안, 다늘. 문안할. 엇지. 저리할. (類合) [령] 편안. (英譯) repose, serenity, peace. peaceful. (康熙) <宀部> 古文: 寍. ｛唐韻｝奴丁切, ｛集韻｝｛韻會｝囊丁切, ｛正韻｝奴經切, 𠀤佞平聲. ｛說文｝願詞也. 从丂, 寍聲. 又安也. ｛易・乾卦｝首出庶物, 萬國咸寧. ｛詩・大雅｝文王有聲, 遹求厥寧. ｛書・康誥｝裕乃以民寧. ｛註｝行寬政, 乃以安民也. 又｛書・洪範｝五福, 三曰康寧. ｛註｝無疾病也. 又女嫁歸省父母曰寧. ｛詩・周南｝歸寧父母. 又予寧居喪也. ｛前漢・哀帝紀｝博士弟子父母喪, 子寧三年. 又無寧, 寧也, 願辭也. ｛左傳・隱十一年｝無寧玆許公復奉其社稷. 又｛襄二十六年｝若不幸而過, 寧僭無濫. ｛書・大禹謨｝與其殺不辜, 寧失不經. 又丁寧, 屬付諄復也. ｛前漢・郞顗傳｝丁寧再三. 俗作叮嚀. 又丁寧, 鉦也. ｛左傳・宣四年｝著於丁寧. ｛正義｝言著於丁寧, 則丁寧是器. ｛晉語｝伐備鐘鼓, 聲罪也. 戰以錞于丁寧, 儆其民也. 是丁寧, 戰之用也. 又州名, 秦北郡, 魏置華州, 西魏改寧州. 又姓. 又｛集韻｝乃定切, 音佞. 通甯. ｛前漢・郊祀歌｝穰穰復正直往甯. ｛師古註｝叶音平聲. 言獲福旣多, 歸於正道, 克當往日所願也. 又叶乃挺切, 佞上聲. ｛張載・七命｝王猷四塞, 函夏謐寧. 丹冥投烽, 靑徼釋警. 又叶女良切, 音娘. ｛蘇軾・富鄭公碑｝堂堂韓公, 與萊相望. 再聘於燕, 四方以寧. 望平聲. ｛韻會｝本作寧, 經史作寧, 俗作寧. 寧从丂. (說文) <丂部> 奴丁切. 願詞也. 从丂寍聲.

A0464 U-5BEE

•寮• 宀字部 總15劃. (훈글) [료] 벼슬아치. (新典) [료] 동관, 스삼. 작은창. 중의 집. (英譯) shanty, hut, shack. (漢典) 形聲. 從宀, 表示與房屋有關, 尞聲. 本義: 小窗. (康熙) <宀部> ｛廣韻｝落蕭切, ｛集韻｝｛韻會｝憐蕭切, ｛正韻｝連條切, 𠀤音聊. ｛爾雅・釋詁註｝同官爲寮. 又官寮也. ｛書・酒誥｝百寮庶尹. 又｛左傳・文七年｝荀林父曰: 吾嘗同寮, 敢不盡心乎. 又｛正字通｝寮, 小窻也. 楊愼曰: 古人謂同官爲寮, 亦指齋署同窻爲義. 又通作僚. ｛書・皐陶謨｝百僚師師. 又叶凌如切, 音閭. ｛傅毅・洛都賦｝革服朔, 正官寮. 辨方位, 摹八區.

A0443 U-5BF5

•寵• 宀字部 總19劃. (훈글) [총] 괼. (新典) [춍] 사랑, 고임. 은혜. 영화. 쳡. (訓蒙) [통] 수랑홀. (英譯) favorite, concubine. favor. (康熙) <宀部> ｛唐韻｝丑壟切, ｛集韻｝｛韻會｝｛正韻｝丑勇切, 𠀤沖上聲. ｛說文｝尊居也. 从宀龍聲. 一曰愛也, 恩也. 又｛增韻｝尊榮也. ｛易・師卦｝承天寵也. ｛書・泰誓｝惟其克相, 上帝寵綏四方. ｛周官｝居寵思危. 又姓. ｛正字通｝蜀漢長史寵義. 又古借龍. ｛詩・商頌｝何天之龍. ｛周頌｝我龍受之. ｛鄭註｝讀若寵. 又｛集韻｝盧東切, 音籠. 都寵, 縣名, 在九眞郡. (說文) <宀部> 丑壟切. 尊居也. 从宀龍聲.

A0441 U-5BF6

•寶• 宀字部 總20劃. (훈글) [보] 보배. (新典) [보] 보배. 귀할. 옥새. 돈. (訓蒙) [보] 보빗. (英譯) treasure, jewel. precious, rare. (漢典) 形聲. 甲骨文字形, 象房子里有貝和玉, 表示家里藏有珍寶, 會意. 在西周金文里, 又加上一個聲符"缶". 本義: 珍寶. (康熙) <宀部> 古文: 寚㻄. {唐韻}{正韻}博浩切, {集韻}{韻會}補抱切, 犮音保. {說文}珍也. 从宀玉貝, 缶聲. {徐曰}人所保也. {廣韻}珍寶. 又瑞也, 符也. {易・繫辭}聖人之大寶曰位. {禮・禮運}天不愛其道, 地不愛其寶. {詩・大雅}稼穡惟寶. 又{書・旅獒}所寶惟賢, 則邇人安. 又{增韻}符璽也, 重也, 貴也. {周禮・春官・天府}凡國之玉鎭, 大寶器藏焉. {書・旅獒}分寶玉于伯叔之國. 禮聘凡四器者, 唯其所寶, 以聘可也. 註謂圭璋璧琮. 古者天子諸侯以圭璧爲符信, 至秦始有皇帝信璽, 唐改曰寶. 又凡錢文曰通寶. 又姓. 又叶博古切, 音補. {詩・大雅}錫爾介圭, 以作爾寶. 叶上土. 又{陳琳・瑪瑙賦}帝道匪康, 皇鑒元輔. 顧以多福, 康以碩寶. 又通作葆. {史記・魯世家}毋墜天之降葆命. {註}讀如寶. {留侯世家}見穀城下黃石, 取而葆祠之. {徐廣曰}史珍寶字皆作葆. (說文) <宀部> 博皓切. 珍也. 从宀从王从貝, 缶聲.

A0464 U-3771

•㝱• 宀字部 總21劃. (훈글) [몽] 꿈. (新典) [몽] 夢同. (英譯) (standard form) a dream. todream, visionary, stupid. (康熙) <宀部> {唐韻}{集韻}莫鳳切, {韻會}{正韻}蒙弄切, 犮同夢. {說文}作㝱, 寐而有覺也. 从宀从疒夢聲. {周禮・春官・占夢}以日月星辰, 占六㝱之吉凶, 一曰正㝱, 二曰噩㝱, 三曰思㝱, 四曰悟㝱, 五曰喜㝱, 六曰懼㝱. 隸省作夢. 互詳夕部夢字註. (說文) <㝱部> 莫鳳切. 寐而有覺也. 从宀从疒, 夢聲. {周禮}: "以日月星辰占六㝱之吉凶: 一曰正㝱, 二曰噩㝱, 三曰思㝱, 四曰悟㝱, 五曰喜㝱, 六曰懼㝱." 凡㝱之屬皆从㝱.

A0360 U-5C01

•封• 寸字部 總09劃. (훈글) [봉] 봉할. (新典) [봉] 무덤, 흙덤지. 디경. 클. 북도들. 봉션제. 봉할. 쌍 졔어 줄. 부자. (類合) [봉] 봉홀. (英譯) letter, envelope. feudal. (漢典) 會意. 金文字形, 左邊象土上長著豐茂的樹木形, 右邊是一只手, 表示聚土培植. {說文}: "封, 爵諸侯之土也. 從之從土從寸." 郭沫若曰: "古之畿封實以樹爲之也. 此習于今猶存. 然其事之起, 乃遠在太古. 太古之民多利用自然林木以爲族與族間之畛域, 西方學者所稱爲境界林者是也.". 李孝定曰: "封之 (康熙) <寸部> 古文: 𡉚𡊅. {唐韻}府容切, {集韻}{韻會}方容切, 犮音葑. {說文}爵諸侯之土也. 从之从土从寸. {徐曰}各之其土也, 寸守其法度也. 本作封, 隸作封, 从圭所執也. {周禮・春官・大宗伯}王大封, 則告后土. {註}封, 土地之事也. 又{大戴禮}五十里而封. 又{前漢・刑法志}同十爲封, 封十爲畿, 畿方千里. 又封疆之官曰封人. {周禮・地官}封人掌設王之社壝, 爲畿封而樹之. 又{大司徒之職}凡造都鄙, 制其地域, 而溝封之. {註}封, 起土界也. 土在溝上謂之封, 封上樹木以爲固也. 又大也. {詩・商頌}封建厥福. {書・舜典}封十有二山. {孔傳}封, 大也. 每州之名山殊大者, 以爲其州之鎭. 又封禪, 祭名. 積土增山曰封, 爲墠祭地曰禪. {孝經緯}封於泰山, 禪於梁甫. {白虎通}王者封禪以告太平. 金泥銀繩, 封以印璽. 孔子登泰山, 觀易姓而王可得而數者, 七十餘封是也. 又聚土曰封. {周禮・地官・冢人}以爵等爲丘封之度與樹數. 又培也. {吳語}封殖越國. {註}壅本曰封. 又富厚也. {史記・貨殖傳}無秩

祿之奉, 爵邑之入, 而樂與之比者, 命曰素封. 又凡專利自私曰封. {詩・周頌}無封靡于爾邦. {禮・王制}名山大澤不以封. {鄭註}與民同財, 不得障管也. 又緘也. 漢制, 奏事皁囊封板, 以防宣泄, 謂之封事. 又{前漢・平帝紀}諸乘傳者, 持尺五木傳信, 封以御史大夫印. 又國名. {禮・明堂位}封父龜. {註}封父, 國也. 又州名. 蒼梧郡地, 隋爲封州. 又姓. 黃帝時有封鉅. 又賁氏改封氏. 又穿封, 複姓. 又土精. {白澤圖}物如小兒手, 無指, 名封. 食之多力. 又封豕, 大豕名. 又去聲. {廣韻}芳用切, 音葑{書・蔡仲之命}往卽乃封. 徐邈讀. 又叶府良切, 音方. 韓愈{李道古銘}本支于今, 其尚有封. 叶下亡. 封字从𡉚从寸作. (說文) <土部> 府容切. 爵諸矦之土也. 从之从土从寸, 守其制度也. 公矦, 百里；伯, 七十里；子男, 五十里.

A0875 U-5C04

•射• 寸字部 總10劃. (훈글) [사] 궁술. (新典) [샤] 쏠. [야] 秦官名僕~ [셕] 마쳐 취할. [역] 실흘. (訓蒙) [쌰] 뽈. (英譯) shoot, eject, issue forth, emit. (漢典) 會意. 本作"射". 金文字形, 象箭在弦上, 手(寸)在發放. 小篆把弓矢形訛變成"身"字, 誤. 本義: 用弓發箭使中遠處目標. (康熙) <寸部> {唐韻}神柘切, {集韻}食夜切, {韻會}{正韻}神夜切, 𠀤蛇去聲. {說文}弓弩發於身, 而中於遠也. {禮・射義}古者, 天子以射選諸侯卿大夫士. 射者, 男子之事也, 因而飾之以禮樂也. 又射之爲言繹也. 繹者各繹己之志也. 故心平體正, 持弓矢審固, 則中矣. 又射義有大射, 賓射, 燕射. {周禮・地官・保氏}五射, 曰白矢, 曰參連, 曰剡註, 曰襄尺, 曰井儀. 詳{鄭司農註}. 又{廣韻}羊謝切, {集韻}{韻會}{正韻}夤謝切, 𠀤音夜. 僕射, 秦官名. {漢官儀註}僕, 主也. 古者重武事, 每官必有主射督課之, 故名. 師古曰: 射本如字讀, 今音夜, 蓋關中語轉爲此音也. 朱子曰: 禮僕人師扶左, 射人師扶右. 周官大僕之職, 僕射之名, 蓋起於此. 漢獻帝始分置左右僕射, 唐改左右匡政, 又改左右相. 又{廣韻}{集韻}𠀤食亦切, 音實. {增韻}以弓弩矢射物也. 又指物而取曰射. {論語}弋不射宿. 又{蜀志}孟光曰: 吾好直言, 每彈射利病, 爲世所嫌. 歐陽氏曰: 泛而言射, 則在去聲, 以射其物而言, 則在入聲. {正字通}以爲曲說, 非. 又{廣韻}羊益切, {集韻}{韻會}{正韻}夷益切, 𠀤音睪. {詩・大雅}無射亦保. {周頌}無射于人斯. {註}射, 厭也. 又無射, 九月律名. {前漢・律歷志}無射, 言陽氣上升, 陰氣收藏, 終而復始, 無厭已也. 又叶當故切, 音妒. {詩・小雅}式燕且譽, 好爾無射. 又叶於略切, 音約. {詩・大雅}不可度思, 矧可射思. {楚辭・天問}封豨是射. 叶下若. {說文}本作䠶. 从身从矢. 或从寸. 寸, 法度也. 亦手也.

A0179 U-5C07

•將• 寸字部 總11劃. (훈글) [장] 장차. (新典) [쟝] 쟝차. 문득. 또. 기를. 도을. 보낼. 클. 밧들, 이을. 곳. 거느릴. 나아갈. 행할. 가질. 써붓들. 함게 할. 청컨대. 쟁그렁쟁그렁할. 으리으리할. 장슈. 거느릴. (訓蒙) [쟝] 쟝슈. (英譯) will, going to, future. general. (康熙) <寸部> 古文: 牂. {廣韻}卽良切, {集韻}{韻會}{正韻}資良切, 𠀤音漿. {說文}本將帥字. 一曰有漸之辭. {蘇林曰}將, 甫始之辭. {易・繫辭}是以君子將有爲也, 將有行也. 又{公羊傳・莊三十二年}君親無將, 將而誅焉. {師古註}將有其意也. 又抑然之辭. {楚辭・卜居}寧誅鋤草茆以力耕乎, 將遊大人以成名乎. 又且也. {詩・小雅}將安將樂. 又{廣韻}養也. {詩・小雅}不遑將父. 又助也. {史記・司馬相如傳}補過將美. 又送也. {詩・召南}百兩將之. {邶風}之子于歸, 遠于將之. 又大也. {詩・小雅}亦孔之將. {商頌}我受命溥將. 又承也, 奉也, 行也. {詩・商頌}湯孫

之將. {書・胤征}今予以爾有衆, 奉將天罰. {註}將, 行也. 又{增韻}賫也, 持也, 與偕也. {正韻}扶持也. {詩・小雅}無將大車. {左傳・莊二十一年}鄭伯將王, 自圉門入. 又進也. {詩・周頌}日就月將. 又從也, 隨也. {前漢・郊祀歌}九夷賓將. 又{詩・小雅}鮮我方將. {註}壯也. 又{楚辭・九辯}恐余壽之弗將. {註}長也. 又{詩・大雅}在渭之將. {註}側也. 又去也. {荀子・賦論篇}時幾將矣. {註}言時事已去, 不可復也. 又姓. 後趙常山太守將容. 又干將, 古劒工. {張揖曰}韓王劒師名, 今名劒曰干將. 又{集韻}{正韻}千羊切, {韻會}七羊切, 㙕音鏘. 請也, 幾願辭也. {詩・衛風}將子無怒. {小雅}將伯助予. 又聲也. {詩・鄭風}佩玉將將. 又嚴正貌. {詩・大雅}應門將將. 又集也. {詩・周頌}磬筦將將. 又{唐韻}卽諒切, {韻會}{正韻}子諒切, 㙕音醬. {廣韻}將帥也. {增韻}將之也. {禮・記註}方氏曰: 才足以將物而勝之之謂將, 智足以帥物而先之之謂帥. 又叶卽兩切, 音獎. {詩・大雅}天不我將. 叶下往. 說文 <寸部> 卽諒切. 帥也. 从寸, 牆省聲.

A0180 U-5C08

•專• 寸字部 總11劃. 훈글 [전] 오로지. 新典 [전] 젼일할, 오롯할. 오로지. 저대로 할. 類合 [전] 독젼. 英譯 monopolize, take sole possession. 漢典 會意兼形聲. 甲骨文字形, 右邊象紡塼形, 即"叀, 左邊是手, 合起來爲用手紡織." 叀"兼作聲符. 本義: 紡錘. 康熙 <寸部> 古文: 叀叀㞢. {唐韻}職緣切, {集韻}朱遄切, {正韻}朱緣切, 㙕音磚. {說文}六寸簿也. 从寸叀聲. {徐曰}簿, 文簿也. {廣韻}壹也, 誠也. {增韻}純篤也. {易・繫辭}夫乾, 其靜也專. {孟子}不專心致志, 則不得也. 又獨也. {書・說命}罔俾阿衡, 專美有商. 又{左傳・昭十二年}子革對曰是四國者, 專足畏也. 又擅也, 自是也. {中庸}賤而好自專. {禮・坊記}父母在, 饋獻不及車馬, 示不敢專也. 又{左傳・桓十五年}祭仲專, 鄭伯患之. 又姓. 吳人專諸. 又{集韻}徒官切, 音團. 聚也. {周禮・地官・大司徒}其民專而長. 又叶陟鄰切, 音珍. {古詩爲焦仲卿妻作}奉事循公姥, 進止敢自專. 晝夜勤作息, 伶俜縈苦辛. {韻會}通作顓剸. {正字通}專叀通. 說文 <寸部> 職緣切. 六寸簿也. 从寸叀聲. 一曰專, 紡專.

A1001 U-5C0A

•尊• 寸字部 總12劃. 훈글 [존] 높을. 新典 [존] 놉흘. 어른. 공경할. 訓蒙 [존] 존훌. 英譯 respect, revere, venerate. honor. 漢典 會意. 甲骨文字形, 象雙手捧著尊, 從酉, 從収. 小篆從酋, 從収. 或作寸. 本義: 酒器. 康熙 <寸部> {唐韻}{韻會}祖昆切, {集韻}{正韻}租昆切, 㙕音遵. {說文}高稱也. {廣韻}重也, 貴也, 君父之稱也. {易・繫辭}天尊地卑, 乾坤定矣. {孟子}天下有達尊三: 爵一, 齒一, 德一. {禮・表記}使民有父之尊, 有母之親, 而後可以爲民父母. 又敬也. {禮・曲禮}禮者, 自卑而尊人. 雖負販者, 必有尊也. 又{說文}註酒器. {周禮・春官}司尊彝, 掌六尊六彝之位. 六尊, 謂犧尊, 象尊, 著尊, 壺尊, 太尊, 山尊, 以待祭祀賓客. 又姓. {風俗通}尊盧氏之後. 與宗通. 又叶將鄰切, 音津. {前漢・班固敘傳}大祖元勳, 啓立輔臣. 支庶藩屛, 侯王㙕尊. 又叶此緣切, 音銓. {前漢・班固敘傳}割制廬井, 定爾土田. 什一供貢, 下富上尊. {說文}尊本酒器, 字从酋, 廾以奉之. 或从寸. 或从缶作罇. {集韻}亦作甎墫. {正字通}今俗以尊作尊甲之尊, 酒器之尊別作樽, 非. 樽, 林木茂盛也. 罇.

D0049 U-5C0B

•尋• 寸字部 總12劃. (훈글) [심] 찾을. (新典) [심] 차즐. 인할, 이을. 얼마 아니 잇을. 여덟자. (類合) [심] 심샹. (英譯) seek, search, look for. ancient. (康熙) <寸部> 古文: 㝷. {唐韻}徐林切, {集韻}{韻會}{正韻}徐心切, 𠀤音潯. {說文}繹理也, 本作㷛, 从工口, 从又寸. 工口, 亂也. 又寸, 分理之也. 彡聲. {增韻}求也. {前漢・黃霸傳}語次尋繹. {註}抽引而出也. 又度名. {周禮・地官・媒氏註}八尺曰尋, 倍尋曰常. {小爾雅}四尺謂之仞, 倍仞謂之尋. {孟子}枉尺而直尋, 宜若可爲也. 又仍也, 繼也. {左傳・昭元年}日尋干戈, 以相征討. {古語}毫末不扎, 將尋斧柯. 又俄也. {晉羊祜讓開府表}以身誤陛下辱高位, 傾覆亦尋而至. 又用也. {左傳・僖五年}將尋師焉. {註}尋, 用也. 又侵尋, 猶浸淫也. {前漢・武帝紀}巡郡縣, 侵尋太山矣. 又借作溫㷛. {左傳・哀十二年}吳使人請尋盟. 子貢曰: 若可尋也, 亦可寒也. {註}尋, 重也, 溫也, 前盟已寒, 更溫之使熱. 與㷛義同. 又長也. {揚子・方言}自關以西, 秦晉梁益閒, 凡物長謂之尋. 又俗謂庸常爲尋常. 又姓. 晉尋會, 唐劉黑闥將尋相. {韻會}毛氏曰: 从口. 俗从几作尋, 非. 㝷.

A0280 U-5C0C

•尌• 寸字部 總12劃. (훈글) [주] 세울. (英譯) standing (something) up. (康熙) <寸部> {唐韻}常具切, {集韻}殊遇切, 𠀤音澍. {說文}立也. 从壴, 从寸持之也. {乾坤鑿度}定風尌信. {註}聖人尌立卦也, 卦信風以能相應也. 又童僕曰尌子. {後漢・陳寔傳}耘夫牧尌. 又姓. {左傳}鄭大夫尌拊. 又{集韻}廚遇切, 音住. 義同. {集韻}或作侸侸. {總要}从寸, 諸豈聲. {小篆}作豎, 楷作豎. 亦通作樹. 徐鍇曰: 樹之言豎也. {正字通}按樹立, 樹藝皆借樹. 會植立意, 義通. 非樹專指木類, 樹立樹藝必用尌也. (說文) <壴部> 常句切. 立也. 从壴从寸, 持之也. 讀若駐.

A0129 U-5C0D

•對• 寸字部 總14劃. (훈글) [대] 대답할. (新典) [대, 듸] 마조볼, 대할. 대답할. 당할. 짝, 마조. (訓蒙) [듸] 빡. (英譯) correct, right. facing, opposed. (漢典) 會意. 從口, 從“丵”, 從寸. 寸, 法度也. 漢文帝以爲責對而僞, 言多非誠, 故去其口, 以從土. 本義: 應答. (康熙) <寸部> {唐韻}都隊切, {集韻}{韻會}{正韻}都內切, 𠀤音碓. {說文}應無方也. 本作對. {爾雅・釋言}對, 遂也. {疏}遂者, 因事之辭. {廣韻}答也. {增韻}揚也. {詩・大雅}以對于天下. {註}答天下仰望之心也. {書・說命}敢對揚天子之休命. 又{禮・曲禮}侍坐於先生, 先生問焉, 終, 則對. {又}君子問更端, 則起而對. {註}離席對也. 又次對, 轉對. {王球貽謀錄}唐百官入閤, 有待制次對官. 後唐天成中, 廢待制次對官, 五日一次, 內殿百官轉對. 又當也, 配也. {詩・大雅}帝作邦作對. {註}言擇其可當此國者而君之也. 又對簿. {史記・李將軍傳}廣年六十餘矣, 終不能復對刀筆之吏. 又敵也. {吳陸遜曰}劉備今在境界, 此疆對也. 又凡物𠀤峙曰對. {杜甫・萬丈潭詩}山危一徑盡, 岸絕兩壁對. (說文) <丵部> 都隊切. 譍無方也. 从丵从口从寸.

A0041 U-5C0F

•小• 小字部 總03劃. (훈글) [소] 작을. (新典) [쇼] 작을, 잘. 좁을. 적게 역일. 쳡. (類合) [쇼] 자골. (英譯) small, tiny, insignificant. (漢典) 象形. 據甲骨文, 象沙粒形. 小篆析爲會意. 從八,

從丨. 本義: 細, 微. 與"大"相對. 康熙 <小部> {唐韻}{集韻}{韻會}私兆切, {正韻}先了切, 𠀤蕭上聲. {說文}物之微也. 从八从亅. 見而分之. {徐曰}亅, 始見也. 八, 分也. 始可分別也. {玉篇}細也. {易・繫辭}其稱名也小, 其取類也大. {左傳・襄三十一年}君子務知大者遠者, 小人務知小者近者. 又{周禮・天官}有小卿, 副貳, 大卿, 卽小宰等也. 又狹隘也. {書・仲虺之誥}好問則裕, 自用則小. 又輕之也. {左傳・桓十三年}莫敖狃於蒲騷之役, 將自用也, 必小羅. 又{詩・邶風}慍于羣小. {註}小, 衆妾也. 又{韻輯}白小, 魚名. 又叶蘇計切, 音細. {白居易・懺悔偈}無始劫來, 所造諸罪. 若輕若重, 無大無小. 了不可得, 是名懺悔. 說文 <小部> 私兆切. 物之微也. 从八, 丨見而分之. 凡小之屬皆从小.

A0041 U-5C11

•少• 小字部 總04劃. 훈글 [소] 적을. 新典 [쇼] 적을, 좀. 작게 역일. 젊을. 버금. 類合 [쇼] 져글. 英譯 few, less, inadequate. 漢典 會意. 小篆從小, ノ聲. 本義: 不多. 康熙 <小部> {唐韻}書沼切, {韻會}始紹切, 𠀤燒上聲. {說文}不多也. 从小ノ聲. {徐曰}ノ音夭. {禮・禮器}禮有以少爲貴者, 謂天子一食, 諸侯再, 大夫士三, 食力無數是也. 食力, 庶人也. 又少頃, 有閒也. {孟子}少則洋洋焉. 又短也. 訾人曰少之, 猶稱人曰多之也. {史記・蘇秦傳}素習知蘇秦皆少之. 又{廣韻}式照切, {韻會}{正韻}失照切, 𠀤燒去聲. {玉篇}幼也. {增韻}老之對也. {易・本義}兩儀者始, 爲一畫, 以分陰陽. 四象者次, 爲二畫, 以分太少. 又少儀. {禮記}篇名. 少室, 山名. 又副貳也. {前漢・賈誼傳}於是爲置三少, 皆上大夫也. 曰少保, 少傅, 少師. {註}副三公者. 又姓. 漢下邽令少年唯. 又叶書久切, 音守. {歐陽修・杜祁公墓銘}君子豈弟, 民之父母. 公雖百齡, 人以爲少. 母音畝. 又{正字通}入有韻. {歐陽修・蔡君山墓銘}父不哭子, 老不哭少. 嗟夫君山, 而不得壽. ○ 按今文少作幼. {正字通}古小少同. 加ノ, 轉注. 說文 <小部> 書沼切. 不多也. 从小ノ聲.

A0958 U-5C19

•尙• 小字部 總08劃. 훈글 [상] 오히려. 新典 [샹] 주관할. 일즉. 거의. 놉힐. 숭상할, 위할. 더할. 귀히 역일. 쭘일. 짝지을. 자랑할, 공치사 할. 가상히 알. 오히려. 類合 [샹] 슝샹. 英譯 still, yet. even. fairly, rather. 康熙 <小部> {唐韻}{集韻}{韻會}時亮切, {正韻}時樣切, 𠀤音上. {說文}曾也, 庶幾也. 从八向聲. {爾雅註}邢昺曰: 尙, 謂心所希望也. {詩・小雅}不尙息焉. {書・大禹謨}爾尙一乃心力. 又{廣韻}加也, 飾也. {論語}好仁. 無以尙之. {詩・齊風}充耳以素乎而, 尙之以瓊華乎而. 又崇也, 貴也. {禮・檀弓}夏后氏尙黑, 殷人尙白, 周人尙赤. 又主也. 司進御之物者皆曰尙. {漢官儀}尙食, 尙醫, 尙方等是也. 又尙書, 主大計. 又{增韻}尊也. {詩・大雅}維師尙父. {註}太公望, 太師而尊爲尙父者也. 又猶也. {詩・大雅}雖無老成人, 尙有典刑. 又娶公主謂之尙. 言帝王之女尊, 而尙之, 不敢言娶. {前漢・王吉傳}娶天子女曰尙公主, 娶諸侯女曰承翁主, 尙承皆卑下之名. 一曰配也. {司馬相如傳}卓王孫自以使女得尙司馬長卿晚. {註}尙, 配也. 義與尙公主同. 又{易・泰卦}得尙乎中行. {註}謂合乎中行之道也. 又奉也. {司馬相如・長門賦}願賜問而自進兮, 得尙君之玉音. 又矜伐也. {禮・表記}君子不自尙其功. 又姓. 戰國尙靳, 唐尙衡. 又與上通. {詩・魏風}上愼旃哉, 猶來無止. {註}上猶尙也, 言愼之可以來歸, 無止於彼也. {尙書序}尙者, 上也. 言此上代以來書, 故曰尙書. 又叶辰羊切, 音常. {詩・大雅}肆皇天弗尙. 叶亡方.

A0638 U-5C1E

•尞• 小字部 總12劃. (훈글) [료] 횃불. (英譯) fuel used for sacrifices. (康熙) <小部> {正字通}與燎同. (說文) <火部> 力照切. 柴祭天也. 从火从昚. 昚, 古文愼字. 祭天所以愼也.

A0955 U-5C24

•尤• 尢字部 總04劃. (훈글) [우] 더욱. (新典) [우] 더욱, 가장. 허믈할, 탓할. (類合) [우] 더욱. (英譯) especially, particularly. (漢典) 形聲. 小篆字形, 從乙, 又聲. 乙象植物屈曲生長的樣子, 受到阻礙, 則顯示出它的優異. 本義: 最優異. (康熙) <尢部> 古文: 怣. {唐韻}{集韻}羽求切, {韻會}疑求切, {正韻}于求切, 𠀤音郵. {說文}尤, 異也. 从乙又聲. {徐曰}乙欲出而見閡, 則顯其尤異者也. {司馬相如·封禪文}未有殊尤絕迹可考於今者. {註}尤, 異也. 一曰甚也, 過也. 又{廣韻}怨也. {詩·鄘風}許人尤之, 衆稚且狂. {左傳·僖二十四年}尤而效之, 罪又甚焉. 又最也. {莊子·徐無鬼}夫子物之尤也. {註}言於人物之中稱之爲最. 又蚩尤, 黃帝臣. 帝與戰於涿鹿, 殺之. 今畫其形於旗上, 名蚩尤旗. 又彗星亦名蚩尤旗. 又姑尤, 齊東界二水名. {左傳·昭二十年}聊攝以東, 姑尤以西. 又姓. 見{姓苑}. 又{集韻}通作郵. {詩·小雅}不知其郵. {前漢·成帝詔}以顯其郵. 又叶戶恢切, 音回. {詩·小雅}廢爲殘賊, 莫知其尤. 叶上梅. 又叶與之切, 音怡. {詩·鄘風}大夫君子, 無我有尤. 叶下之. 又叶以諸切, 音余. {道藏歌}日月粲華暉, 如光照眞符. 億兆不同劫, 千載莫之尤.

A0629 U-5C28

•尨• 尢字部 總07劃. (훈글) [방] 삽살개. (新典) [망] 正音 [방] 삽살개. 알륵질. (英譯) shaggy haired dog. variegated. (漢典) 會意. 從犬, 從彡. "彡"表示毛飾. 本義: 多毛的狗. (康熙) <尢部> {唐韻}{集韻}{韻會}𠀤莫江切, 音茫. {說文}犬多毛者. 从犬彡. {徐曰}彡, 毛長也. {詩·召南}無使尨也吠. {周禮·地官}凡外祭毀事用尨. 又雜也. {左傳·閔二年}尨奇無常. 又衣之尨服, 遠其躬也. {註}尨, 雜色. 又高陽氏之子曰尨降, 八凱之一. 又{集韻}謨蓬切, 音蒙. {左傳·僖五年}狐裘尨茸. {註}尨茸, 亂貌. 又{韻會}通作厖, 引書不和政厖. {說文}尨. 在犬部, 从犬从彡. {毛氏曰}尨, 狗也. 已从犬, 又加犭作狵, 非. (說文) <犬部> 莫江切. 犬之多毛者. 从犬从彡. {詩}曰: "無使尨也吠."

A0524 U-5C38

•尸• 尸字部 總03劃. (훈글) [시] 주검. (新典) [시] 시동. 죽엄. 진칠. 주장할. 일 보살피지 아니할. (英譯) corpse. to impersonate the dead. to preside. KangXi radical 44. (漢典) 象形. 小篆字形, 屍像臥著的人形. 本義: 祭祀時代表死者受祭的人. (康熙) <尸部> {廣韻}式之切, {集韻}升脂切, {正韵}申之切, 𠀤音蓍. {說文}尸, 陳也. 象臥之形. {釋名}尸, 舒也. 骨節解舒. 不能復自勝斂也. {論語}寢不尸. {禮·喪大記}凡馮尸. 興必踊. 又神象也. 古者祭祀, 皆有尸以依神. {詩·小雅}皇尸載起. {大雅}公尸來燕來寧. {朱子曰}古人於祭祀, 必立之尸. 因祖考遺體, 以凝聚祖考之氣. 氣與質合, 則散者庶乎復聚. 此教之至也. 又主也. {詩·召南}誰其尸之, 有齊季女. {箋}主設羹之事. 又陳也. {左傳·莊四年}楚武王荆尸, 授師孑焉, 以伐隨.

{註}謂陳師於荆也. 又{禮・表記}事君, 近而不諫, 則尸利也. {前漢・鮑宣傳}以拱默尸祿爲智. {註}言不憂其職, 但知食祿而已. 又姓. {廣韻}秦尸佼爲商君師, 著書. 又三尸, 神名. {正字通}本作𡰣, 俗作尸. 說文 <尸部> 式脂切. 陳也. 象臥之形. 凡尸之屬皆从尸.

A0156 U-5C39

•尹• 尸字部 總04劃. 한글 [윤] 다스릴. 新典 [윤] 밋블. 포. 다스릴. 英譯 govern. oversee. director. 漢典 會意. 甲骨文字形. 左邊一豎表示筆, 右邊是"又", 象手拿筆, 以表示治事. 本義: 治理. 康熙 <尸部> 古文: 帬閷𠕁𢍗. {廣韻}于準切, {集韻}{韻會}庾準切, 𠀤音允. {說文}治也. 从又丿, 握事者也. {廣韻}進也, 又正也. {書・君陳}尹玆東郊. 又{多方}簡畀殷命, 尹爾多方. {註}言天畀付文武以殷命, 正爾多方也. 又官名. {書・益稷}庶尹允諧. {傳}尹, 正也. 衆正官之長也. {應劭曰}天子之相稱師尹. {薛瓚曰}諸侯之卿, 惟楚稱令尹, 餘國稱相. 他如周禮門尹除門, 月令奄尹申宮令, 周語關尹以告, 皆是也. 又誠也, 信也. {禮・聘義}孚尹旁達, 信也. {註}玉之爲物, 孚尹於中, 旁達於外, 所以爲信也. 應氏曰: 尹當作允. 允亦信也. 又{禮・曲禮}脯曰尹祭. {疏}脯必裁割方正, 而後祭也. 又姓. 周有尹吉甫. ○ 按{李氏詳校篇海}尹, 古音允. 今音引, 非. 說文 <又部> 余準切. 治也. 从又, 丿, 握事者也.

A0979 U-5C3B

•尻• 尸字部 總05劃. 한글 [고] 꽁무니. 新典 [고] 꽁문이, 미우슷. 訓蒙 [고] 오미뇌. 英譯 end of spine. buttocks, sacrum. 康熙 <尸部> {廣韻}{集韻}{韻會}𠀤丘刀切, 考平聲. {說文}脽也. 从尸九聲. {玉篇}髖也. {增韻}脊. 骨盡處. {禮・內則}兔去尻. {莊子・達生篇}加汝尻雕俎之上. {屈原・天問}崑崙縣圃, 其尻安在. {註}尻, 脊骨盡處. 以山至高, 其下必有托根之所也. {集韻}或作𡰯. 亦作䐧. {正字通}从尸从九, 與尻別. 改九从兀, 非. 說文 <尸部> 苦刀切. 脾也. 从尸九聲.

A0526 U-5C3E

•尾• 尸字部 總07劃. 한글 [미] 꼬리. 新典 [미] 꼬리, 꼬랑이. 끗, 가루. 訓蒙 [미] 꼬리. 英譯 tail, extremity. end, stern. 漢典 會意. 從倒毛在尸后. 尸, 指人. 象人長有尾巴. 本義: 人或動物的尾巴. 康熙 <尸部> 古文: 尾𡲌𡲍. {廣韻}{集韻}{正韻}無匪切, {韻會}武匪切, 𠀤音委. {說文}微也. 从倒毛在尸後. {玉篇}鳥獸魚蟲皆有之. 又末後稍也. {易・未濟}狐濡其尾. {書・君牙}若蹈虎尾. 又{詩・邶風}瑣兮尾兮, 流離之子. {註}瑣, 細. 尾, 末也. 又{戰國策}王若能爲此尾. {註}終也. 又東方星名, 十八度尾爲大辰. 又次名. {禮・月令}日月會於鶉尾, 斗建申之辰也. 又底也. {爾雅・釋水}瀵大出尾下. {註}尾猶底也. 言其源深出於底下者名瀵. 瀵猶灑散也. 又{書・堯典}仲春鳥獸孳尾. {註}乳化曰孳, 交接曰尾, 因物之生育, 驗其氣之和也. 又陪尾, 山名, 在江夏安陸縣. 一名橫尾. 一曰負尾. 又姓. {左傳}殷民六族有尾勺氏. 又漢劉虞吏尾敦. 說文 <尾部> 無斐切. 微也. 从到毛在尸後. 古人或飾系尾, 西南夷亦然. 凡尾之屬皆从尾. 今隷變作尾.

B0945 U-5C3F

•尿• 尸字部 總07劃. (훈글) [뇨] 오줌. (新典) [뇨] 오즘. (訓蒙) [뇨] 오좀. (英譯) urine. urinate. (漢典) 會意. 從尸, 從水. 尸代表人體. 本義: 小便. (康熙) <尸部> {廣韻}{集韻}𠀤奴弔切, 鳥去聲. {說文}人小便也. 今亦作溺. (說文) <尾部> 奴弔切. 人小便也. 从尾从水.

A0947 U-5C4B

•屋• 尸字部 總09劃. (훈글) [옥] 집. (新典) [옥] 집. 수레 둑경. 도마. (訓蒙) [옥] 집. (英譯) house. room. building, shelter. (漢典) 會意. 從尸, 從至. 尸, 與房屋有關, “至”表示來到. 人來到這里居住之意. (康熙) <尸部> 古文: 䀓. {廣韻}{集韻}{韻會}{正韻}𠀤烏谷切, 音沃. {說文}居也. 从尸, 尸所主也. 一曰尸象屋形, 从至, 至所至止也. {風俗通}止也. {集韻}具也. {玉篇}居也, 舍也. {詩・秦風}在其板屋. {周禮・地官}考夫屋. {註}夫三爲屋, 屋三爲井, 出地貢者, 三三相任. 又田不耕者, 出屋粟. 又車蓋也. {史記・項羽本紀}項羽圍漢王滎陽, 紀信誑楚, 乘黃屋車, 傅左纛. 又夏屋, 大俎也. {詩・秦風}於我乎, 夏屋渠渠. {註}夏, 大也. 渠渠, 俎深廣貌. 又{禮・雜記}諸侯素錦以爲屋, 士輤葦席以爲屋. {註}小帳覆棺者. 又地名. {春秋・隱八年}宋公齊侯衞侯盟于瓦屋. {註}周地. 又王屋, 山名, 在河東垣縣. 又{越南志}神屋, 龜甲也. 又屋廬, 複姓. (說文) <尸部> 烏谷切. 居也. 从尸. 尸, 所主也. 一曰尸, 象屋形. 从至. 至, 所至止. 室, 屋皆从至.

A0525 U-5C4D

•屍• 尸字部 總09劃. (훈글) [시] 주검. (新典) [시] 죽엄. (訓蒙) [시] 주검. (英譯) corpse, carcass. (漢典) 象形. 小篆字形, 屍像臥著的人形. 本義: 祭祀時代表死者受祭的人. (康熙) <尸部> {廣韻}{正韻}申之切, {集韻}{韻會}升脂切, 𠀤音施. {說文}終主也, 从尸死, 會意. {禮・曲禮}在牀曰屍, 在棺曰柩. {左傳・文三年}秦伯濟河焚舟, 封殽屍而還. {正字通}古尸作屍. {易・師卦}弟子輿屍, {石經}省作尸. 尸屍通用, 但祭祀之尸不可借用屍字. 互詳尸字註. 屍字从尸从歺作. (說文) <尸部> 式脂切. 終主. 从尸从死.

A0527 U-5C4E

•屎• 尸字部 總09劃. (훈글) [시] 똥. (新典) [히] 앓하 씽씽거릴. [시] 똥. (訓蒙) [시] 똥. (英譯) excrement, shit, dung. (康熙) <尸部> {廣韻}式視切, {集韻}{韻會}矧視切, 𠀤音豕. {說文}糞也. 本作菡, 从艸胃省. {集韻}作屎. {莊子・知北遊}道在屎溺. 又{前漢・天文志}有天屎星. 又通作矢. {史記・廉頗傳}頃之, 三遺矢矣. 又{玉篇}許夷切, {廣韻}喜夷切, {集韻}{類篇}馨夷切, 𠀤音犧. {說文}呻也. {詩・大雅}民之方殿屎. {註}呻吟也. {正字通}殿屎訓呻吟, 譌文. 別見口部唸字註.

A0063 U-5C55

•展• 尸字部 總10劃. (훈글) [전] 펼. (新典) [젼] 펼. 늘일. 맛가즐. 살필. 진실로. 적을. (類合)

[던] 펼. 英譯 open. unfold, stretch. extend. 漢典 形聲. 小篆字形假臥的人形. 從尸, 與人體動作有關. 本義: 轉動. 康熙 <尸部> 古文: 珏. {集韻}{韻會}{正韻}丛知輦切, 邅上聲. {說文}轉也. 本作展, 从尸, 襄省聲. 隸作展. {爾雅・釋言}展, 適也. {註}得自申展適意也. 一曰誠也. {詩・鄘風}展如之人兮. {小雅}展也大成. {揚子・方言}荆吳淮汭之閒, 謂信曰展. 又舒也, 開也. {儀禮・聘禮}有司展羣幣以告. {疏}展, 陳也. 又{周禮・天官}展其功緖. {註}展, 猶錄也. 又{書・旅獒}分寶玉于伯叔之國, 時庸展親. {註}使益厚其親也. 又{廣韻}整也, 審也, 視也. {周禮・春官・肆師}大祭祀, 展犧牲. {註}展, 省閱也. 又姓. 魯大夫展禽, 展喜. 又叶諸延切, 音旃. {詩・鄘風}瑳兮瑳兮, 其之展也. 叶下顔媛. {註}展與襢通. 又叶章忍切, 音軫. {張衡・西京賦}五都貨殖, 旣遷旣引. 商旅聯槅, 隱隱展展. 說文 <尸部> 知衍切. 轉也. 从尸, 襄省聲.

D0113 U-5C56

•屖• 尸字部 總10劃. 훈글 [서] 쉴. 康熙 <尸部> {廣韻}先稽切, {集韻}{韻會}{正韻}先齊切, 丛音西. {說文}屖, 遲也. 从尸辛. {徐曰}不進也. 或作遅. {揚雄・甘泉賦}靈遅迟兮. {註}音栖. 遲久也, 安也. 又通作犀, 堅也. {前漢・馮奉世傳}器不屖利. {晁錯傳}作犀. 義同. 說文 <尸部> 先稽切. 屖遲也. 从尸辛聲.

A0028 U-5C6E

•屮• 屮字部 總03劃. 훈글 [좌] 왼손. 英譯 sprout. KangXi radical 45. 康熙 <屮部> {廣韻}丑列切, {集韻}敕列切, 丛音徹. {說文}艸木初生也. 象丨出形, 有枝莖也. {徐鉉曰}屮, 上下通也. 象艸木萌芽, 通徹地上也. 又{集韻}采早切, 音艸. 尹彤曰: 古文或以爲艸字. {前漢・鼂錯傳}屮茅臣無識知. 說文 <屮部> 丑列切. 艸木初生也. 象丨出形, 有枝莖也. 古文或以爲艸字. 讀若徹. 凡屮之屬皆从屮. 尹彤說.

A0400 U-37A2

•㞢• 屮字部 總04劃. 훈글 [지] 갈. 英譯 (ancient form of 之) to arrive at. to go to. 康熙 <屮部> {玉篇}古文之字. {說文}出也. 象艸過屮, 枝莖益大, 有所之也. 一者, 地也. 亦姓. 隸作之.

A0029 U-5C6F

•屯• 屮字部 總04劃. 훈글 [둔] 진칠. 新典 [쥰] 어려울. 두터울. 앗길. 머뭇거릴. [둔] 모도일. 둔칠, 머멀. 둔뎐. 訓蒙 [둔] 군 모듣. 英譯 village, hamlet. camp. station. 漢典 會意. 從屮貫一. 屮, 草. 一, 土地. 象草木初生的艱難. 本義: 艱難. 引申義: 聚集. 康熙 <屮部> {集韻}{韻會}丛株倫切, 音肫. {說文}難也. 象艸木之初生, 屯然而難. 从屮貫一. 一, 地也, 尾曲. {玉篇}萬物始生也. 又{廣韻}厚也. {易・屯卦}屯, 剛柔始交而難生. 又屯邅, 難行不進貌. {易・屯卦}屯如邅如. 別作迍. 又{增韻}吝也. {易・屯卦}屯其膏. 又{廣韻}{集韻}徒渾切, {正韻}徒孫切, 丛音豚. 聚也, 勒兵而守曰屯. {前漢・趙充國傳}分屯要害. 又兵耕曰屯田.

{周禮・冬官}有屯部, 今曰屯田司. 又姓, 三國蜀漢法部尚書屯度. 又屯留, 縣名, 在上黨. 又{集韻}徒困切, 音頓. 亦姓. {風俗通}混屯, 太昊之良佐, 子孫因以爲氏. 又叶徒沿切, 音田. {馬融・廣成頌}校隊案部, 爲前後屯. 甲乙相伍, 戊己爲堅. 說文 <屮部> 陟倫切. 難也. 象艸木之初生. 屯然而難. 从屮貫一. 一, 地也. 尾曲. {易}曰: "屯, 剛柔始交而難生."

A0084 U-5C70

•屰• 屮字部 總06劃. 훈글 [역] 거스를. 英譯 disobedient. 康熙 <屮部> {唐韻}{廣韻}宜戟切, {集韻}{類篇}{韻會}{正韻}仡戟切, 𠀤凝入聲. 逆本字. {說文}不順也. 从干, 下凵, 逆之也. 又{集韻}匹陌切, 音魄. 月始生三日. 與魄通. 又{正字通}古戟字, 有枝兵也, 與干字同體. 雙枝爲屰, 單枝爲戈. 隸借爲逆順字, 作戟字以別之. 說文 <干部> 魚戟切. 不順也. 从干下屮. 屰之也.

A0580 U-5C71

•山• 山字部 總03劃. 훈글 [산] 뫼. 新典 [산] 뫼, 메. 訓蒙 [산] 묏. 英譯 mountain, hill, peak. 漢典 象形. 甲骨文和金文字形, 象山峰并立的形狀. "山"是漢字的一個部首. 本義: 地面上由土石構成的隆起部分. 康熙 <山部> {廣韻}所閒切, {集韻}{韻會}師閒切, {正韻}師姦切, 𠀤與刪音同. {說文}山宣也. 宣氣散生萬物, 有石而高也. {徐曰}象山峰𠀤起之形. {釋名}山, 產也. 產萬物者也. {易・說卦}天地定位, 山澤通氣. {書・禹貢}奠高山大川. {爾雅・釋山}河南華, 河西嶽, 河東岱, 河北恆, 江南衡, {周禮}謂之鎭. {鄭註}鎭名山安地德者也. 又{山海經}山分東西南北中五經. 南則自蜀中西南至吳越諸山界. 西則自華陰嶓冢以至崑崙積石諸山, 今隴西甘肅玉門外, 其地也. 北則自狐岐大行以至王屋孟門諸山, 是禹貢冀雍兩州之境也. 東則自泰岱姑射沿海諸境, 則禹貢靑州齊魯之地也. 見{讀山海經語}. 又連山, 古易名. {周禮・春官}掌三易之法. 一曰連山. {註}似山之出內氣也. 又姓. 古烈山氏之後. 又公山, 複姓. 又{集韻}{韻會}𠀤所旃切, 音仙{詩・小雅}幽幽南山. 叶上干, 干音堅. 又{孔子・丘陵歌}喟然迴慮, 題彼泰山. 鬱確其高, 梁甫迴連. ○ 按山在刪韻, 古轉聲寒刪先通, 則非止叶音矣. 又叶疏臻切, 音甡. {班固・東都賦}吐燄生風, 欱野歕山. 叶下振. {正字通}本部與土阜石三部通者, 𠀤互見. 說文 <山部> 所閒切. 宣也. 宣气散, 生萬物, 有石而高. 象形. 凡山之屬皆从山.

D0074 U-37A5

•㞥• 山字部 總05劃. 훈글 [잠] 산속 깊이 들어갈. 英譯 deep in the mountain. 康熙 <山部> {唐韻}鉏箴切, {集韻}鋤簪切, 𠀤音岑. {說文}入山之深也. 說文 <入部> 鉏箴切. 入山之深也. 从山从入. 闕.

A0356 U-5C80

•出• 山字部 總06劃. 훈글 [출] 날. 英譯 go out.

A0582 U-5CA9

•岩• 山字部 總08劃. 훈글 [암] 바위. 英譯 cliff. rocks. mountain. 漢典 形聲. 從山, 嚴聲. “巖”爲會意字. 從山, 從石. 本義: 高峻的山崖. 康熙 <山部> {正字通}俗嵒字. 巖俗省作岩. (巖) {唐韻}五銜切, {集韻}魚銜切, {韻會}疑銜切, {正韻}魚咸切, 𠀤音嵒. {說文}岸也. 从山嚴聲. {增韻}石窟曰巖, 深通曰洞. 一曰險也. {左傳・隱元年}制巖邑也. {公羊傳・僖三十三年}殽之嶔巖, 文王所避風雨也. 又嶃巖, 高峻貌. {司馬相如・上林賦}嶄巖嵾嵳. 又巖廊, 殿廡也. {漢武帝・策賢良制}虞舜之時, 遊於巖廊之上. 又地名. {書・說命}說築傅巖之野. {傳}傅巖, 在虞虢之閒. 又{集韻}魚杴切, {韻會}疑杴切, 𠀤音嚴. 巖巖, 高貌. {詩・魯頌}泰山巖巖, 魯邦所詹. 又{正字通}本作嚴. 亦作巗. 通作礹嵒碞. ○ 按巖與嵒同. {說文}嵒, 五咸切, 山巖也. 巖, 五緘切, 岸也. 同字分訓巖, 專訓岸, 𠀤非. 嚴巖礹𠀤从㕽作. (巖) 考證: 〈{公羊傳・僖三十二年}殽之嶔巖, 文王所避風雨處.〉 謹照原文三十二年改三十三年. 處改也.

A0581 U-5CB3

•岳• 山字部 總08劃. 훈글 [악] 큰 산. 英譯 mountain peak. surname. 漢典 會意. 從山, 從丘. 古文字形, 象兩座高大的山峰形, 表示高山大嶺. “嶽”字從山, 獄聲. 本義: 高大的山. 康熙 <山部> {集韻}嶽古作岳. {說文}嶽, 古篆作𡴳. {六書正譌}从丘, 山, 象形. 嶽, 岳經傳通用. ○ 按{字彙}引古文分爲二, 今依{正字通}𠀤入後嶽字註. 又姓. 宋岳飛, 明岳正.

A0582 U-5CB6

•岶• 山字部 總08劃. 훈글 [백] 조밀할. 康熙 <山部> {集韻}匹陌切, {字彙}普伯切, 𠀤音拍. 嵮岶, 密貌. {集韻}或作泊㴾.

A0582 U-5CF6

•島• 山字部 總10劃. 훈글 [도] 섬. 新典 [도] 셤. 訓蒙 [도] 셤. 英譯 island. 康熙 <山部> {唐韻}{廣韻}{正韻}都皓切, {集韻}{韻會}都老切, 𠀤刀上聲. {說文}海中往往有山可依止曰島. 从山鳥聲. {釋名}島, 到也. 人所奔到也. {書・禹貢}島夷皮服. 孔傳海曲謂之島. 居島之夷還服其皮. {木華・海賦}崇島巨鼇. 又{集韻}或作隯. {張衡・西京賦}長風激於別隯. 亦作𡻕. {集韻}古通鳥. , 从山鳥聲.

A0223 U-5D14

•崔• 山字部 總11劃. 훈글 [최] 높을. 新典 [최] 산 웃둑할. 英譯 high. lofty. towering, surname. 漢典 形聲. 從山, 隹聲. 本義: 高大. 康熙 <山部> {廣韻}昨回切, {集韻}{韻會}徂回切, {正韻}遵綏切, 𠀤音摧. {說文}高大也. {廣韻}崔嵬也. {詩・齊風}南山崔崔. {註}高大貌. {何晏・景福殿賦}高甍崔嵬. 又{廣韻}{集韻}{韻會}{正韻}𠀤倉回切, 音催. 齊邑名. 濟南東朝陽縣有崔城. 又姓. {廣韻}齊丁公之子, 食采於崔, 因以爲氏. {集韻}或作嵟磪崒陮隹. 說文 <山部> 胙回切. 大高也. 从山隹聲.

A0582 U-5D52

•嵒• 山字部 總12劃. (훈글) [암] 바위. (新典) [암] 바위. 산 웃둑할. (英譯) cliff. soar. (康熙) <山部> {廣韻}五咸切, {集韻}{正韻}魚咸切, {韻會}疑咸切, 𠀤音碞. {說文}山巖也. {徐鉉曰}从品, 象巖厓連屬形. {嵇康·琴賦}盤紆隱深, 崔嵬岑嵒. {郭璞·江賦}碕嶺爲之嵒崿. 又邑名. {春秋·哀十三年}鄭罕達帥師取宋師于嵒. 又通作巖. {書·說命}說築傅巖之野. {晉書·顧愷之傳}千巖競秀. {註}與嵒同, 俗又作岩. 又{集韻}逆及切, 音岌. 地名. {正字通}嵒與喦別. 別詳口部喦字註.

A0582 U-5D8B

•嶋• 山字部 總14劃. (훈글) [도] 섬. (英譯) island. (康熙) <山部> {字彙補}與島同. {史記·田橫傳}入居海嶋. 又{揚雄·蜀都賦}彭門嶋峴.

A0970 U-5DAD

•嶭• 山字部 總16劃. (훈글) [알] 높을. (新典) [알] 산 가파를. (英譯) elevated, lofty. (康熙) <山部> {唐韻}五割切, {集韻}{韻會}牙葛切, {正韻}牙入切, 𠀤音櫱. {說文}巀嶭, 山貌. {司馬相如·上林賦}九嵕巀嶭. {左思·魏都賦}抗旗亭之嶤嶭. {註}旗亭, 市樓也. 嶤嶭, 高也. {集韻}嵲或作嶭. 亦作巘.

A0581 U-5DBD

•嶽• 山字部 總17劃. (훈글) [악] 큰 산. (新典) [악] 큰 메. (訓蒙) [악] 묏부리. (英譯) mountain peak, summit. (康熙) <山部> 古文: 𡶳岳𡴳𡵉. {唐韻}五角切, {集韻}{韻會}{正韻}逆角切, 𠀤音鸑. {說文}東岱, 南霍, 西華, 北恒, 中泰室, 王者巡狩所至. 从山獄聲. {白虎通}嶽之爲言桷也. 桷, 考功德, 定黜陟也. {揚子·法言}川有瀆, 山有嶽. {詩·大雅}崧高維嶽. {詩詁}山高而尊者嶽. 唐虞四嶽, 至周始有五嶽. {爾雅·釋山}河南華, 河西嶽, 河東岱, 河北恒, 江南衡. {郭註}衡山, 南嶽. 又霍山爲南嶽, 卽天柱山, 潯水所出. 霍衡俱爲南嶽也. {正字通}按地理志, 衡山在長沙湘南縣, 故曰江南衡. 若天柱在廬江潯縣, 則江北矣. 亦曰南嶽者, 漢武帝以衡山遼曠, 移其祠於天柱, 亦名天柱爲霍山. 衡霍其實一山, 衡山名霍. 猶泰山一名岱也. 又嶽嶽, 長角貌. {前漢·朱雲傳}五鹿嶽嶽, 朱雲折其角. 又姓. {正字通}嶽敏. 見廣西志. 又通作岳{書·堯典}帝曰: 咨, 四岳. {傳}四岳, 官名. 一人而總四岳諸侯之事也. 又州名. 本巴州, 隋曰岳州, 以天岳山名, 山在洞庭湖. 又叶虞欲切, 音玉. {曹植·責躬詩}願蒙矢石, 建旗東嶽. 庶立毫釐, 微功自贖. {集韻}或作岀. {詩·崧高維嶽註}又作巒. 岀字原作艹下山. (說文) <山部> 五角切. 東, 岱 ; 南, 靃 ; 西, 華 ; 北, 恆 ; 中, 泰室. 王者之所以巡狩所至. 从山獄聲.

A0582 U-5DD6

•巖• 山字部 總23劃. (훈글) [암] 바위. (新典) [암] 바위. 험할. 산 가파를. 대궐 것채. [엄] 놉흘. (訓蒙) [암] 바회. (英譯) cliff, precipice. cave, grotto. (康熙) <山部> {唐韻}五銜切,

{集韻}魚銜切, {韻會}疑銜切, {正韻}魚咸切, 㕛音喦. {說文}岸也. 从山嚴聲. {增韻}石窟曰巖, 深通曰洞. 一曰險也. {左傳·隱元年}制巖邑也. {公羊傳·僖三十三年}殽之嶔巖, 文王所避風雨也. 又嶃巖, 高峻貌. {司馬相如·上林賦}嶄巖嵾嵳. 又巖廊, 殿廡也. {漢武帝·策賢良制}虞舜之時, 遊於巖廊之上. 又地名. {書·說命}說築傅巖之野. {傳}傅巖, 在虞虢之閒. 又{集韻}魚杴切, {韻會}疑杴切, 㕛音嚴. 巖巖, 高貌. {詩·魯頌}泰山巖巖, 魯邦所詹. 又{正字通}本作嚴. 亦作巗. 通作礹喦嵒. ○ 按巖與喦同. {說文}喦, 五咸切, 山巖也. 巖, 五緘切, 岸也. 同字分訓巖, 專訓岸, 㕛非. 嚴巗礹㕛从㕦作. (說文) <山部> 五緘切. 岸也. 从山嚴聲.

巛 A0747 U-5DDB

•巛• 巛字部 總03劃. (훈글) [천] 개미 허리 변. (新典) [쳔] 川古字. (英譯) river. KangXi radical 47. (康熙) <巛部> {唐韻}川本字. {說文}巛, 貫穿通流水也. 虞書曰: 濬く巜距巛. 言深く巜之水會爲巛也○ 按{書·舜典}今文く巜作畎澮, 巛作川. 文異義同. 又{字彙補}古文鬈字. 註詳髟部九畫.

川 A0747 U-5DDD

•川• 巛字部 總03劃. (훈글) [천] 내. (新典) [쳔] 내. (訓蒙) [쳔] 내. (英譯) stream, river. flow. boil. (漢典) 象形. 甲骨文字形, 左右是岸, 中間是流水, 正像河流形. 本義: 河流. (康熙) <巛部> {唐韻}{集韻}{韻會}{正韻}㕛昌緣切, 音穿. {釋名}穿也. 穿地而流也. {周禮·冬官考工記}凡天下之地埶, 兩山之閒, 必有川焉. {爾雅·釋水}湀闢流川. {註}通流. {疏}湀闢者, 通流大川之別名也. {又}過辨回川. {註}旋流. {疏}言川中之水有回旋而流者. 蔡邕{月令章句}衆流注海曰川. {書·益稷}予決九川, 距四海. {傳}決九州名川, 通之至海. 又{禹貢}奠高山大川. {傳}大川四瀆. {疏}川之大者, 莫大於瀆. 四瀆, 謂江, 河, 淮, 漢也. {呂氏春秋}何謂六川: 河水, 赤水, 遼水, 黑水, 江水, 淮水. {潘岳·關中記}涇, 渭, 灞, 滻, 酆, 鎬, 潦, 潏, 凡八川. {司馬相如·上林賦}蕩蕩乎八川. 又三川, 郡名. {史記·秦始皇紀}滅二周, 置三川郡. {前漢·高祖紀}斬三川守李由. {註}應劭曰: 今河南郡也. 韋昭曰: 有河洛伊, 故曰三川也. 又四川, 省名. {韻會}今成都府, 潼州, 利州, 夔州四路, 取岷江, 沱江, 黑水, 白水四大川以立名也. 又口川. {周語}防民之口, 甚於防川. {朱子詩}口川失自防. 又川衡, 官名. {周禮·地官}川衡掌巡川澤之禁令. 又竅也. {山海經}倫山有獸如麋, 其川在尾上. {註}川, 竅也. 又叶樞倫切, 音春. {詩·大雅}旱旣大甚, 滌滌山川. 旱魃爲虐, 如惔如焚. {前漢·敘傳}昔在上聖, 昭事百神. 類帝禋宗, 望秩山川. 考證: 〈{周禮·冬官考工記}凡天下之地勢.〉謹照原文勢改埶. (說文) <川部> 昌緣切. 貫穿通流水也. {虞書}曰: "濬く巜, 距川." 言深く巜之水會爲川也. 凡川之屬皆从川.

州 A0748 U-5DDE

•州• 巛字部 總06劃. (훈글) [주] 고을. (新典) [쥬] 골. (訓蒙) [쥬] 고을. (英譯) administrative division, state. (漢典) 會意. 甲骨文字形, 兩邊的曲折線象河流, 中間象水中的陸地. "州"是"洲"的本字. 小篆字形象兩個"川"字相重合. 本義: 水中的陸地. (康熙) <巛部> 古文: 𡿧𠙴𡿩𡿪. {唐韻}{正韻}職流切, {集韻}{韻會}之由切, 㕛音周. {說文}水中可居曰州.

周繞其旁, 从重川. 昔堯遭洪水, 民居水中高土, 故曰九州. 一曰州, 疇也, 各疇其土而主之. {廣雅}州, 殊也, 浮也. {春秋・題辭}州之爲言殊也. {釋名}州, 注也. 郡國所注仰也. {玉篇}九州也, 時也, 宮也, 居也. {書・舜典}肇十有二州. {傳}禹治水之後, 舜分冀州爲幽州并州. 分青州爲營州. {疏}禹貢治水之時猶爲九州, 今始爲十二州. 左傳云: 昔夏之方有德也, 貢金九牧, 則禹登王佐, 還置九州, 其名蓋如禹貢. {禹貢}冀, 兗, 靑, 徐, 荆, 揚, 豫, 梁, 雍. {周禮・夏官}九州: 揚, 荆, 豫, 靑, 兗, 雍, 幽, 冀, 并. {爾雅・釋地}冀, 豫, 雝, 荆, 揚, 兗, 徐, 幽, 營, 九州. {疏}禹貢有靑徐梁, 無幽并營, 是夏制. 周禮有靑并幽, 無徐梁營, 是周制. 此有幽徐營而無靑梁并, 疑是殷制也. {史記・孟子傳}騶衍言中國名赤縣神州. 赤縣神州內自有九州, 禹之序九州是也. 不得爲州數. 中國外如赤縣神州者九, 乃所謂九州也. 又{周禮・地官}五黨爲州. {註}州二千五百家. {論語}言不忠信, 行不篤敬, 雖州里行乎哉. 又國名. {春秋・桓五年}州公如曹. {傳}淳于公如曹. {註}淳于, 州國所都. 城陽淳于縣也. {括地志}密州, 安丘縣東三十里古州國, 周武王封爲淳于國. 又邑名. {左傳・昭三年}鄭伯如晉, 公孫段相晉侯, 曰: 子豐有勞於晉, 余聞而弗忘, 賜女州田. {註}州縣, 今屬河內郡. 又{春秋・成七年}吳入州來. {註}楚邑, 淮南下蔡縣. 又{史記・楚世家}考烈王元年, 納州於秦. {註}南郡有州陵縣. 又姓. {左傳・襄二十一年}州綽出奔齊. {註}晉大夫. 又{爾雅・釋畜}白州驠. {註}州, 竅. {疏}謂馬之白尻者也. 又與洲通. ○ 按{說文}引{詩・周南}在河之州, 今文作洲, 古通. 又叶專於切, 音朱. {易林}鶗鴂徙巢, 西至平州. 遭逢雷電, 霹我葺廬. 說文 <川部> 職流切. 水中可居曰州, 周遶其旁, 从重川. 昔堯遭洪水, 民居水中高土, 或曰九州. {詩}曰: "在河之州." 一曰州, 疇也. 各疇其土而生之.

D0028 U-5DE1

•巡• 巛字部 總07劃. 한글 [순] 돌. 新典 [순] 순돌, 순행할, 돌살필. 두루할. 굽신거릴. 正蒙 [슌] 슌행. 英譯 patrol, go on circuit, cruise. 漢典 形聲. 從辵, 川聲. 本義: 到各地視察, 巡行. 康熙 <巛部> {唐韻}詳遵切, {集韻}{韻會}松倫切, {正韻}詳倫切, 𠀤音旬. {廣雅}巡, 行也. {說文}巡, 視行貌. {玉篇}巡守也. {書・舜典}五載一巡守. 又{周官}六年, 五服一朝. 又六年, 王乃時巡. {左傳・昭五年}大有巡功. {註}天子巡守曰巡功. 巡所守之功. 又{玉篇}徧也. {左傳・桓十二年}伐絞之役, 楚師分涉于彭羅, 人欲伐之, 使伯嘉諜之, 三巡數之. {註}巡, 徧也. {疏}謂巡繞徧行之. 又逡巡, 郤退之貌. {莊子・田子方}登高山, 履危石, 臨百仞之淵. 背逡巡, 足二分垂在外. 又{集韻}余專切, 音沿. 相循也. {禮・祭義}陰陽長短, 終始相巡. {註}巡讀如沿漢之沿. 謂更相從道. 又叶松宣切, 音旋. {歐陽修・送吳生詩}我笑謂吳生, 爾其聽我言. 君子能自知, 改過不逡巡. 又{集韻}順古作巡. 註詳頁部三畫. 說文 <辵部> 詳遵切. 延行皃. 从辵川聲.

A0269 U-5DE5

•工• 工字部 總03劃. 한글 [공] 장인. 新典 [공] 바치, 장인. 공교할. 벼슬. 訓蒙 [공] 공장바치. 英譯 labor, work. worker, laborer. 漢典 象形. 甲骨文字形, 象工具形. "工", "巨"古同字, 有"規矩", 即持有工具. 本義: 工匠的曲尺. 康熙 <工部> 古文: 巨珍㓦. {唐韻}古紅切, {集韻}沽紅切, 𠀤音公. {說文}巧飾也, 象人有規榘也. {廣韻}巧也. {玉篇}善其事也. {詩・小雅}工祝致告. {傳}善其事曰工. {疏}工者巧於所能. 又{玉篇}官也. {書・堯典}允釐

百工. 又共工, 官名. {書・堯典}共工方鳩僝功. 又{韻會}匠也. {禮・曲禮}天子之六工, 曰土工, 金工, 石工, 木工, 獸工, 草工. {周禮・冬官考工記}審曲面埶, 以飭五材, 以辨民器, 謂之百工. 又{正韻}事任也. {書・皐陶謨}無曠庶官, 天工人其代之. {集傳}庶官所治, 無非天事. 又射工, 蟲名. {博物志}射工蟲口中有弩形, 氣射人影, 隨所著處發瘡. 又通作功. {魏志・管輅傳註}輅弟辰曰: 與輅辨人物, 析臧否, 說近義, 彈曲直, 拙而不功也. (說文) <工部> 古紅切. 巧飾也. 象人有規榘也. 與巫同意. 凡工之屬皆从工.

A0166 U-5DE6

•左• 工字部 總05劃. (훈글) [좌] 왼. (新典) [자] 俗音 [좌] 왼, 욀, 글흘. 증거할. 도울. (訓蒙) [좌] 욀. (英譯) left. east. unorthodox, improper. (漢典) 會意. 甲骨文字形, 象手的象形. 本義: 輔佐, 從旁幫助. 后作"佐". (康熙) <工部> {唐韻}{正韻}臧可切, {集韻}{韻會}子我切, 丛音㔎. {增韻}左右定位. 左, 右之對, 人道尚右, 以右爲尊. {禮・王制}男子由右, 婦人由左. {史記・文帝紀}左賢右戚. {註}韋昭曰: 左猶高, 右猶下也. 又{增韻}手足便右, 以左爲僻, 故凡幽猥, 皆曰僻左. {前漢・諸侯王表}作左官之律. {註}師古曰: 左官猶言左道. 僻左, 不正也. 漢時依古法, 朝廷之列以右爲尊, 故謂降秩爲左遷. 佐諸侯爲左官也. {韻會}策畫不適事宜曰左計. 又{正韻}左, 戾也. 又乘車尚左. {禮・曲禮}祥車曠左. {疏}曠, 空也. 車上貴左, 僕在右, 空左以擬神也. 又吉尚左. {禮・檀弓}孔子與門人立拱而尚右, 二三子亦皆尚右, 孔子曰: 我則有姊之喪故也, 二三子皆尚左. {註}喪尚右, 右, 陰也. 吉尚左, 左, 陽也. 又不助也. {左傳・襄十年}天子所右, 寡君亦右之, 所左, 亦左之. {疏}人有左右, 右便而左不便. 故以所助者爲右, 不助者爲左. 又證也. {前漢・楊惲傳}左驗明白. {註}左, 證左也. 言當時在其左右, 見此事者也. 又姓. {廣韻}齊之公族有左右公子, 後因氏焉. 又漢複姓二氏, 左傳公子目夷爲左師, 其後爲氏. 秦有左師觸讋. 晉先蔑爲左行, 其後爲氏. 漢有御史左行恢. 又{唐韻}則箇切, {集韻}{韻會}{正韻}子賀切, 丛音佐{說文}手相左助也. {爾雅・釋詁}詔亮, 左右相導也, 詔相導, 左右助勴也, 左右亮也. {疏}皆謂佐助, 反覆相訓, 以盡其義. {易・泰卦}以左右民. {疏}左右, 助也. {書・畢命}周公左右先王. 又叶總古切, 音祖. {王逸・九思}逢流星兮問路, 顧我指兮從左. 俓娵觜兮直馳, 御者迷兮失軌. 軌音矩. 又叶祖戈切, 挫平聲. {詩・小雅}左之左之, 君子宜之. 宜叶牛何反. (說文) <左部> 則箇切. 手相左助也. 从𠂇, 工. 凡左之屬皆从左.

A0274 U-5DE7

•巧• 工字部 總05劃. (훈글) [교] 공교할. (新典) [교] 교할, 다릇을. 재조. 잘할. 교할. 쏙쏙할. 어엿블. (類合) [교] 공교. (英譯) skillful, ingenious, clever. (漢典) 形聲. 從工, 丂聲. "工"有精密, 靈巧義. 本義: 技藝高明, 精巧. (康熙) <工部> 古文: 丂扐. {唐韻}{集韻}{韻會}{正韻}丛苦絞切, 敲上聲. {說文}技也. {廣韻}能也, 善也. {韻會}機巧也. {周禮・冬官考工記}天有時, 地有氣, 材有美, 工有巧. 合此四者, 然後可以爲良. {山海經}義均始爲巧, 倕始作下民百巧. 又{增韻}拙之反. {韻會}黠慧也. {老子・道德經}大巧若拙. {淮南子・主術訓}是故有大略者, 不可責以捷巧. 又{廣韻}好也. {詩・衞風}巧笑倩兮. 又{韻會}射者工于命中曰巧. {孟子}知譬則巧也. 又{廣韻}僞也. {詩・小雅}巧言如簧, 顏之厚矣. {傳}出言虛僞, 而不知慚於人. {禮・月令}毋或作淫巧. {註}淫巧, 謂僞飾不如法也. 又{廣韻}苦敎切. {集韻}{韻會}{正韻}口敎切, 丛敲去聲. 義同. 又叶去九切, 音糗. {前漢・司馬遷傳}聖人不巧, 時變是守. (說文)

<工部> 苦絞切. 技也. 从工丂聲.

A0271 U-5DEB

•巫• 工字部 總07劃. (훈글) [무] 무당. (新典) [무] 무당. (訓蒙) [무] 무당. (英譯) wizard, sorcerer, witch, shaman. (漢典) 象形. 據甲骨文, 象古代女巫所用的道具. 小篆象女巫兩袖舞形. 本義: 古代稱能以舞降神的人. (康熙) <工部> 古文: 㠻𢀩. {唐韻}武夫切, {集韻}{正韻}微夫切, {韻會}馮無切, 太音無. {說文}祝也. 女能事無形, 以舞降神者也. 象人兩褎舞形. {世本}巫咸始作巫. {楚語}古者民之精爽不攜二者, 而又能齊肅中正, 其知能上下比義, 其聖能光遠宣朗, 其明能光照之, 其聰能聽徹之, 如是則神明降之. 在男曰覡, 在女曰巫. {周禮・春官・神仕疏}男子陽有兩稱, 曰巫, 曰覡. 女子陰不變, 直名巫, 無覡稱. 又縣名. {前漢・地理志}南郡有巫縣. 又山名. {山海經}黑水之南有巫山. {左傳・襄十八年}齊侯登巫山, 以望晉師. {註}在盧縣東北. {前漢・地理志註}巫山在巫縣西南. 又官名. {周禮・春官}司巫, 掌羣巫之政令. 又{夏官}巫馬掌養疾馬而乘, 治之. 又巫咸, 國名. {山海經}巫咸國, 右手操青蛇, 左手操赤蛇, 在登葆山, 羣巫所從上下也. 亦山名. {郭璞・巫咸山序}巫咸者, 實以鴻術爲帝堯醫, 生爲上公, 死爲明神. 豈封斯山而因以名之乎. 又人名. {山海經}開明東有巫彭, 巫抵, 巫陽, 巫履, 巫凡, 巫相. {註}皆神醫也. 又神名. {前漢・郊祀志}晉巫祀巫社巫祠, 秦巫祀巫保, 荊巫祀巫先. {註}皆古巫之神也. 巫先, 巫之最先者. 又姓. {風俗通}氏于事者, 巫卜陶匠是也. {書・君奭}在祖乙時則有若巫賢. {廣韻}漢有冀州刺史巫捷. 又巫馬, 複姓. {論語}巫馬期. (說文) <巫部> 武扶切. 祝也. 女能事無形, 以舞降神者也. 象人兩褎舞形. 與工同意. 古者巫咸初作巫. 凡巫之屬皆从巫.

A0063 U-382D

•㠭• 工字部 總12劃. (훈글) [전] 펼. (英譯) to open. to stretch, to extend. to unfold, to dilate, to prolong. (康熙) <工部> {玉篇}古文展字. {六書正譌}四工有展布義, 會意. 隸作㞡, 中从㠭, 俗作展. (說文) <㠭部> 知衍切. 極巧視之也. 从四工. 凡㠭之屬皆从㠭.

A0964 U-5DF1

•己• 己字部 總03劃. (훈글) [기] 자기. (新典) [긔] 몸, 셔. 사사. 마련할. 여섯재 텬간. (類合) [긔] 몸. (英譯) self, oneself. personal, private. 6th heavenly stem. (漢典) 象形. 甲骨文字形, 象繩曲之形. "己"是古"紀"字, 假借作"自己"用. 本義: 絲的頭緒, 用以纏束絲. 自己. 自己, 本人 知己知彼, 百戰不殆. (康熙) <己部> 古文: 㠯. {唐韻}居擬切, {集韻}{韻會}苟起切, {正韻}居里切, 太音紀. {廣韻}身也. {韻會}對物而言曰彼己. {書・大禹謨}舍己從人. {禮・坊記}君子貴人而賤己, 先人而後己. 又{韻會}私也. {論語}克己復禮. 又{釋名}紀也. {詩・小雅}式夷式己. {箋}爲政當用平正之人, 用能紀理其事也. 又日名. {說文}己, 中宮也, 象萬物辟藏詘形也. 己承戊, 象人腹. {爾雅・釋天}太歲在己曰屠維, 月在己曰則. {禮・月令}季夏之月, 其日戊己. {註}己之爲言起也. 又官名. {後漢・西域傳}元帝置戊己校尉, 屯田於車師前王庭. {註}戊己中央, 鎭覆四方. 又開渠播種, 以爲厭勝, 故稱戊己焉. 又{集韻}口已切, 音起. 姓也. {詩・商頌}韋顧既伐, 昆吾夏桀. {箋}顧昆吾, 皆己姓也. (說文) <己部> 居擬切. 中宮也. 象萬

物辟藏詘形也. 己承戊, 象人腹. 凡己之屬皆从己.

A0987 U-5DF3

•巳• 己字部 總03劃. ᄒᆞᆫ글 [사] 여섯째 지지. 新典 [사, ᄉᆞ] 여섯재 디지. 英譯 the hours from 9 to 11. 6th terrestrial branch. 漢典 象形. 甲骨文字形, 像在胎包中生長的小兒. 本義: 在胎包中成長的小兒. 康熙 <己部> {唐韻}詳里切, {集韻}{韻會}象齒切, {正韻}詳子切, 太音似. {說文}巳也. 四月陽氣巳出, 陰氣巳藏, 萬物皆成文章, 故巳爲蛇, 象形. {史記・律書}巳者, 言陽氣之巳盡也. {前漢・律歷志}振美於辰, 巳盛於巳. {釋名}巳也, 如出有所爲, 畢巳復還而入也. {玉篇}嗣也, 起也. {爾雅・釋天}太歲在巳曰大荒落. 又{韻會}上巳, 節名. {韓詩章句}鄭國之俗, 三月上巳, 之溱洧兩水之上, 執蘭招魂續魄, 祓除不祥. {宋書・禮志}自魏以後, 但用三日, 不以巳也. 又{韻補}古巳午之巳, 亦讀如已矣之已. {增韻}陽氣生于子, 終于巳. 巳者, 終巳也, 象陽氣旣極回復之形, 故又爲終巳字. 今俗以有鉤挑者爲終已字, 無鉤挑者爲辰巳字, 是蓋未知其義也. 說文 <巳部> 詳里切. 巳也. 四月, 陽气巳出, 陰气巳藏, 萬物見, 成文章, 故巳爲蛇, 象形. 凡巳之屬皆从巳.

A0966 U-5DF4

•巴• 己字部 總04劃. ᄒᆞᆫ글 [파] 땅 이름. 新典 [파] ᄯᅡ 이름. 배암. ᄭᅩ리. 英譯 greatly desire, anxiously hope. 漢典 象形. 小篆象蛇形. 本義: 大蛇. 康熙 <己部> {廣韻}伯加切, {集韻}{正韻}邦加切, 太音芭. {廣韻}巴蜀. {書・牧誓疏}巴在蜀之東偏. {三巴記}閬苑白水東南流, 曲折三迴如巴字, 故名三巴. 又{玉篇}國名. {左傳・桓九年}巴子使韓服告于楚. {註}巴國, 在巴郡江州縣. 又郡名. {前漢・地理志}巴郡, 秦置, 屬益州. {譙周巴記}初平六年, 趙潁分巴爲二郡, 巴郡以墊江爲治, 安漢以下爲永寧郡. 建安六年, 劉璋分巴, 以永寧爲巴東郡, 墊江爲巴西郡. 又州名. {唐書・地理志}山南道有巴州. 又縣名. {唐書・地理志}歸州有巴東, 壁州有東巴, 通州有巴渠, 合州有巴川. 又{說文}蟲也. 或曰食象蛇. {山海經}巴蛇食象, 三歲而出其骨. 君子服之, 無心腹之疾. 其爲蛇, 青黃赤黑. 一曰黑蛇青首. {潯江記}羿屠巴蛇于洞庭, 其骨爲陵, 世稱巴陵. 又巴蕉, 草名. {司馬相如・子虛賦}諸柘巴且. {註}且草, 一名巴蕉. 又{正韻}尾也. 又姓. {後漢・黨錮傳}巴肅, 勃海高城人. 說文 <巴部> 伯加切. 蟲也. 或曰食象蛇. 象形. 凡巴之屬皆从巴.

A0989 U-382F

•㠯• 己字部 總05劃. ᄒᆞᆫ글 [이] 써. 英譯 according to. to use. with, for. 康熙 <己部> {廣韻}古文以字. 註詳人部三畫. 說文 <巳部> 羊止切. 用也. 从反巳. 賈侍中說: 巳, 意巳實也. 象形.

A0964 U-3831

•㠱• 己字部 總11劃. ᄒᆞᆫ글 [기] 책상다리하고 앉을. 英譯 to set with the legs clossed (standard form of 踞), (ancient form of 箕) a winnowing basket, a dust basket, (same as 杞) a state in ancient times. 康熙 <己部> {玉篇}奇己切, {集韻}巨几切, 𠀤忌上聲. {說文}𢀜, 長踞也. {玉篇}長跪也. 或作跽. 又{類篇}口已切, 音起. 古國名. 衛宏說與杞同. 說文 <己部> 曁己切. 長踞也. 从己其聲. 讀若杞.

巽 D0119 U-5DFD

•巽• 己字部 總12劃. 훈글 [손] 손괘. 新典 [손] 부드러울. 나즌 체할. 사양할. 類合 [손] 손슌. 英譯 5th of the 8 trigrams. south-east. mild, modest, obedient. 漢典 會意. 小篆. 從丌. 康熙 <己部> 古文: 巺. {唐韻}{集韻}{韻會}{正韻}𠀤蘇困切, 音遜. {說文}本作巺, 具也. 篆文作巽. {徐鉉曰}庶物皆具, 丌以薦之. 又{玉篇}卦名. {韻會}巽, 入也. 柔也, 卑也. {易・巽卦疏}巽者, 卑順之名. 說卦云: 巽, 入也. 蓋以巽是象風之卦, 風行無所不入, 故以入爲訓. 若施之於人事, 能自卑巽者, 亦無所不容. 然巽之爲義, 以卑順爲體, 以容入爲用, 故受巽名矣. 又與遜通. {書・堯典}汝能庸命巽朕位. {釋文}巽, 讓也. {集傳}巽遜古通用. 又{五音集韻}雛晥切, 音撰. 持也. 又{韻補}叶須閏切, 音濬. {易・蒙卦}童蒙之吉, 順以巽也. 叶下順. 又叶須絹切, 選去聲. {易・家人}六二之吉, 順以巽也. 叶上變. 說文 <丌部> 蘇困切. 具也. 从丌㔾聲.

巾 A0476 U-5DFE

•巾• 巾字部 總03劃. 훈글 [건] 수건. 新典 [근] 俗音 [건] 슈건. 머리건. 건. 덥흘. 訓蒙 [건] 곳갈. 英譯 kerchief. towel. turban. KangXi radical number 50. 漢典 象形. 甲骨文字形, 象布巾下垂之形. 本義: 佩巾, 拭布, 相當于現在的手巾. 康熙 <巾部> {集韻}{韻會}{正韻}𠀤居銀切, 音神. {說文}佩巾也. {禮・內則}盥卒授巾. {註}巾以帨手. 又{正韻}蒙首衣也. {玉篇}佩巾, 本以拭物, 後人著之於頭. {急就篇註}巾者, 一幅之巾, 所以裹頭也. {揚子・方言}覆結, 謂之幘巾. {釋名}巾, 謹也. 二十成人, 士冠庶人巾, 當自謹修於四教也. 又{正韻}冪也. {周語}静其巾冪. {註}巾冪, 所以覆尊彝. 又被巾. {揚子・方言}帍裱謂之被巾. {註}婦人領巾也. 又{類篇}衣也. {周禮・春官}巾車. {註}巾猶衣也. {疏}謂玉金象革衣飾其車, 故訓巾猶衣也. 又{正韻}帉也. {說文}楚謂大巾曰帉. 又{揚子・方言}蔽厀, 魏宋南楚之閒謂之巨巾. 又{急就篇註}巾, 一曰裹足之巾, 若今裒足布也. 又巾車, 官名. {周禮・春官・巾車註}巾車, 車官之長. 又{五音集韻}姜螼切, 音㩭, 飾也. 又{集韻}{類篇}𠀤香靳切, 音焮. 義同. 說文 <巾部> 居銀切. 佩巾也. 从冂, 丨象糸也. 凡巾之屬皆从巾.

帀 A0355 U-5E00

•帀• 巾字部 總04劃. 훈글 [잡] 두를. 新典 [잡] 둘릴. 英譯 to go round, to make a circuit, to make a revolution, to turn round. 康熙 <巾部> {廣韻}子答切, {集韻}{韻會}{正韻}作答切, 𠀤音浹. {說文}周也. 从反之而周也. {徐曰}日一日行一度, 一歲往反而周帀也. {廣雅}徧也. {周禮・春官・典瑞}繅藉五采五就以朝日. {註}五就, 五帀也. 一帀爲一就. {張衡・西都賦}列卒周帀. 又{韻會}通作匝. {前漢・高祖紀}圍宛城三匝. {廣韻}一作迊. 說文 <帀部> 子荅切. 周也. 从反之而帀也. 凡帀之屬皆从帀. 周盛說.

A0477 U-5E1A

•帚• 巾字部 總08劃. 한글 [추] 비. 新典 [츄] 비. 英譯 broom, broomstick. 漢典 象形. 甲骨文字形, 象掃帚形. 本義: 掃帚. 康熙 <巾部> {唐韻}支手切, {集韻}止酉切, {韻會}止酒切, 𠀤音晭. {說文}糞也. 从又持巾, 掃門內. 古者少康初作箕帚秫酒. 少康, 杜康也. {玉篇}掃除糞穢也. {禮・曲禮}凡爲長者糞之禮, 必加帚于箕上. {註}弟子職曰: 執箕膺揭, 厥中有帚. {揚雄・解嘲}或擁帚彗而先驅. 又草名. {爾雅・釋草}荓, 馬帚. {註}似蓍, 可以爲掃彗. {又}葥, 王彗. {註}王帚也. 似藜, 其樹可以爲彗. 江東呼之曰落帚. 說文 <巾部> 支手切. 糞也. 从又持巾埽冂内. 古者少康初作箕, 帚, 秫酒. 少康, 杜康也, 葬長垣.

A0479 U-5E1B

•帛• 巾字部 總08劃. 한글 [백] 비단. 新典 [백, 백] 비단. 패백. 訓蒙 [빅] 비단. 英譯 silks, fabrics. wealth, property. 漢典 形聲. 從巾, 白聲. 甲骨文字形, 上面是"白"字, 下面是"巾"字. 本義: 絲織品的總稱. 康熙 <巾部> {唐韻}旁陌切, {集韻}{韻會}薄陌切, 𠀤音白. {說文}繒也. {廣韻}幣帛. {易・賁卦}賁于丘園, 束帛戔戔. {書・堯典}五玉三帛. {傳}三帛, 諸侯世子執纁, 公之孤執元, 附庸之君執黃. {周禮・春官・典命註}帛, 如今璧色繒也. {左傳・閔二年}衞文公大帛之冠. {註}大帛, 厚繒. {後漢・鄧后紀}必書功於竹帛. {註}帛謂縑素. 又執帛, 官名{前漢・曹參傳}乃封參爲執帛. {註}張晏曰: 執帛, 孤卿也. 或曰楚官名. 又草名. {爾雅・釋草}帛似帛, 華山有之. {疏}華山有草, 葉似帛者, 因以名云. 又姓. {神仙傳}吳有帛和. {水經注}瀍水西有帛仲理墓. 又叶僕各切, 音薄. {禮・禮運}以烹以炙, 以爲醴酪. 治其絲麻, 以爲布帛. {又}疏布以冪, 衣其澣帛. 醴醆以獻, 薦其燔炙. 說文 <帛部> 旁陌切. 繒也. 从巾白聲. 凡帛之屬皆从帛.

A0007 U-5E1D

•帝• 巾字部 總09劃. 한글 [제] 임금. 新典 [데] 임금, 인군. 하나님. 訓蒙 [뎨] 님굼. 英譯 supreme ruler, emperor. god. 漢典 象形. 甲骨文字形, 象花蒂的全形. 上面象花的子房, 中間象花萼. 下面下垂的象雌雄花蕊. 本義: 花蒂. 康熙 <巾部> 古文: 帝㡦. {唐韻}都計切, {集韻}{韻會}{正韻}丁計切, 𠀤音諦. {說文}諦也. 王天下之號也. {爾雅・釋詁}君也. {白虎通}德合天者稱帝. {書・堯典序}昔在帝堯, 聰明文思, 光宅天下. {疏}帝者, 天之一名, 所以名帝. 帝者, 諦也. 言天蕩然無心, 忘于物我, 公平通遠, 舉事審諦, 故謂之帝也. 五帝道同于此, 亦能審諦, 故取其名. {呂氏春秋}帝者, 天下之所適. 王者, 天下之所往. {管子・兵法篇}察道者帝, 通德者王. {史記・高帝紀}乃卽皇帝位氾水之南. {註}蔡邕曰: 上古天子稱皇, 其次稱帝. 又謚法. {史記・正義}德象天地曰帝. 又上帝, 天也. {易・鼎卦}聖人亨, 以享上帝. {書・舜典}肆類于上帝. 又五帝, 神名. {周禮・春官・小宗伯}兆五帝于四郊. {註}蒼帝曰靈威仰, 赤帝曰赤熛怒, 黃帝曰含樞紐, 白帝曰白招拒, 黑帝曰汁光紀. {家語}季康子問五帝之名. 孔子曰: 天有五行, 金木水火土, 分時化育以成萬物. 其神謂之五帝. 又星名. {史記・天官書}中宮天極星, 其一明者, 太乙常居也. {註}文耀鉤云: 中宮大帝, 其精北極星. 春秋合誠圖云: 紫微大帝室, 太乙之精也. 正義曰: 太乙, 天帝之別名也. {又}大角者, 天王帝廷. {註}索隱曰: 援神契云: 大角爲坐候. 宋均云: 坐, 帝坐也. {又}太微三光之廷, 其內五星, 五帝座. 又地名. {左傳

・僖三十一年}衛遷于帝丘. {註}帝丘, 今東郡濮陽縣, 故帝顓頊之墟, 故曰帝丘. (說文) <丄部> 都計切. 諦也. 王天下之號也. 从丄朿聲.

A0471 U-3848

•帗• 巾字部 總10劃. (한글) [문] 통건. (新典) [문] 통건. 굴건. (英譯) the ropes attached to the bier and held by mourners, mourning garments, a ceremonial cap for high ministers in old China. (康熙) <巾部> {集韻}文運切, 音問. {玉篇}括髮也. 一作絻. {類篇}喪冠. 又{集韻}美辨切, 音免. 與冕同. {類篇}大夫以上冠. 又{類篇}謨奔切, 音門. 弔服也.

師 A0356 U-5E2B

•師• 巾字部 總10劃. (한글) [사] 스승. (新典) [사, ᄉᆞ] 스승, 션생임. 어룬. 본바들. 군사. (訓蒙) [ᄉᆞ] 스승. (英譯) teacher, master, specialist. multitude, troops. (康熙) <巾部> 古文: 㠯䢽㫃䢿. {唐韻}疏夷切, {集韻}{韻會}霜夷切, {正韻}申之切, 𠀤音獅. {爾雅・釋詁}衆也. {釋言}人也. {郭註}謂人衆也. 又天子所居曰京師. {詩・大雅}惠此京師. {公羊傳・桓九年}京師者, 大衆也. 又{說文}二千五百人爲師. {周禮・地官}五旅爲師. {註}二千五百人. {詩・大雅}周王于邁, 六師及之. {傳}天子六軍. {疏}春秋之時, 雖累萬之衆, 皆稱師. 詩之六師, 謂六軍之師. {易・師卦註}多以軍爲名, 次以師爲名, 少以旅爲名. 師者, 舉中之言. 又{玉篇}範也. 教人以道者之稱也. {書・泰誓}作之師. {禮・文王世子}出則有師. 師也者, 教之以事而喻諸德者也. 又{玉篇}象他人也. {增韻}法也, 效也. {書・臯陶謨}百僚師師. {傳}師師, 相師法. 又長也. {書・益稷}州十有二師. {註}師, 長也. 又神名. {周禮・春官}以槱燎祀風師雨師. {註}風師, 箕也. 雨師, 畢也. {屈原・離騷}雷師告余以未具. {註}雷師, 豐隆也. 又國名. {史記・大宛傳}樓蘭姑師. {註}二國名. 姑師, 卽車師也. 又縣名. {後漢・郡國志}河南尹有偃師. {註}帝嚳所都. 又官名. {左傳・昭十七年}黃帝氏以雲紀, 故爲雲師, 而雲名. 炎帝氏以火紀, 故爲火師, 而火名. 共工氏以水紀, 故爲水師, 而水名. 太皞氏以龍紀, 故爲龍師, 而龍名. 少皞摯之立也, 鳳鳥適至, 故紀於鳥, 爲鳥師, 而鳥名. {書・周官}立太師, 太傅, 太保, 茲惟三公. 少師, 少傅, 少保, 曰三孤. 又師得, 宮名. {前漢・揚雄傳}枝鵲露寒, 棠黎師得. {註}師古曰: 師得宮, 在櫟陽界. 又獸名. 與獅通. {前漢・西域傳}烏弋山出師子. 又姓. {前漢・師丹傳}丹, 琅琊東武人, 哀帝時爲大司空. 又右師, 左師, 俱複姓. (說文) <帀部> 疎夷切. 二千五百人爲師. 从帀从𠂤. 𠂤, 四帀, 眾意也.

席 A0116 U-5E2D

•席• 巾字部 總10劃. (한글) [석] 자리. (新典) [셕] 돗, 자리. 깔. 거들. 자뢰할. 인할. 베풀. (訓蒙) [셕] 돗. (英譯) seat. mat. take seat. banquet. (漢典) 會意. "蓆"的古字. 從巾, 庶省聲. 天子諸侯的席有刺繡鑲邊, 故從巾. 席用來待廣大賓客, 故從"庶"省. 本義: 供坐臥鋪墊的用具. 后又曾寫作"蓆". (康熙) <巾部> 古文: 㡫𥩑. {唐韻}祥易切, {集韻}{韻會}{正韻}祥亦切, 𠀤音夕. {說文}藉也. {玉篇}牀席也. {廣韻}薦席. {增韻}藁秸曰薦, 莞蒲曰席. {急就篇註}簟謂之席. 又重曰筵, 單曰席. {周禮・天官}玉府掌王之燕衣服衽席牀第. {註}衽席, 單席也. {釋名}席, 釋也. 可卷可釋. {詩・邶風}我心匪席, 不可卷也. {賈誼・過秦論}席卷天下. 又{韻會}

資也, 因也. {書・畢命}席寵惟舊. {前漢・劉向傳}呂產呂祿, 席太后之寵. {註}師古曰: 席猶因也. 言若人之坐於席也. 又{玉篇}安也. 又陳也. {禮・儒行}儒有席上之珍以待聘. {註}席, 陳也. 鋪陳往古堯舜之善道, 以待聘召. 又姓. {韻會}出安定, 其先司周之典籍, 因氏焉. 後避項羽名, 改爲席. 又叶祥龠切, 音灼. {易林}重茵厚席, 循皐采藿. 說文 <巾部> 祥易切. 籍也. {禮}: 天子, 諸侯席, 有黼繡純飾. 从巾, 庶省.

A0470 U-5E3D

•帽• 巾字部 總12劃. 훈글 [모] 모자. 訓蒙 [모] 갇. 英譯 hat, cap. cap-like tops. 漢典 形聲. 從巾, 冒聲. 巾是絲織品, 表示材料. 字本作“月”, 象帽形, 又作“冒”. 本義: 帽子. 康熙 <巾部> {唐韻}{集韻}{韻會}{正韻}太莫報切, 音耗. {釋名}冒也. {說文}本作冃. {徐鉉曰}今作帽. 帽名猶冠. 義取蒙覆其首, 本纚也. 古者冠無帽, 冠下有纚, 以繒爲之. 後人因之帽於冠, 或裁纚爲帽. 自乘輿宴居, 下至庶人無爵者, 皆服之. 江左時, 野人已著帽, 人士亦往往而見, 但無頂圈矣, 後乃高其屋云. {隋書・禮儀志}帽, 自天子下及庶人通冠之, 以白紗者名高頂帽. 又有繒皂雜紗爲之, 高屋下裙, 蓋無定準. {唐書・車服志}烏紗帽者, 視事及燕見賓客之服也. 又通作冒. {史記・絳侯世家}薄太后以冒絮提文帝. {註}應劭曰: 陌額絮也. 晉灼曰: 巴蜀異物志謂, 頭上巾爲冒絮.

A0468 U-5E4E

•幎• 巾字部 總13劃. 훈글 [멱] 덮을. 新典 [멱] 덥흘. 면모. 英譯 cover-cloth, cover with cloth. 康熙 <巾部> {唐韻}{集韻}太莫狄切, 音覓. {說文}幔也. {玉篇}簾也. 又{玉篇}覆也. {儀禮・士喪禮}幎目用緇. {註}幎目, 覆面者也. 又均致貌. {周禮・冬官考工記}輪人望而眡其輪, 欲其幎爾而下迆也. {註}幎, 均致貌. 又{集韻}{類篇}太民堅切, 音眠. 又{集韻}忙經切, 音冥. 又{集韻}眠見切, 音麪. 義太同. 說文 <巾部> 莫狄切. 幔也. 从巾冥聲. {周禮}有“幎人”.

D0104 U-5E55

•幕• 巾字部 總14劃. 훈글 [막] 막. 新典 [막] 쟝막, 앙쟝. 군막, 모락. 訓蒙 [막] 쟈실. 英譯 curtain, screen, tent. 漢典 形聲. 從巾, 莫聲. 本義: 覆布, 帳篷的頂布. 康熙 <巾部> {唐韻}慕各切, {集韻}{韻會}{正韻}末各切, 太音莫. {說文}帷在上曰幕. {廣雅}帳也. {釋名}幕, 絡也, 在表之稱也. {周禮・天官・幕人}掌帷幕幄帟綬之事. {左傳・成十六年}楚子登巢車, 以望晉軍, 伯州犂侍于王後, 王曰: 張幕矣. 曰: 虔卜于先君也, 徹幕矣. 曰: 將發命也. 又{韻會}幕府. 軍旅無常居, 故以帳幕言之. 通作莫. {史記・李牧傳}市租皆輸入莫府. {註}索隱曰: 古者出征爲將帥, 軍還則罷, 理無常處, 以幕帟爲府署, 故曰幕府. {李廣傳}莫府省約文書籍事. {註}索隱曰: 凡將軍謂之幕府者, 蓋兵門合施帷帳, 故稱幕府. 古字通用, 遂作莫耳. 又{周禮・天官・幕人註}幕或在地, 展陳於上也. {儀禮・聘禮}館人布幕于寢門外, 官陳幣. {註}布幕以承幣. {疏}館人布幕於地, 官陳幣於其上. 又臂脛衣也. {釋名}留幕, 冀州所名大褶至膝者也. 留, 牢也. 幕, 絡也. 言牢絡在衣表也. {史記・蘇秦傳}當戰, 則斬堅甲鐵幕. {註}謂以鐵爲臂脛之衣. 又{類篇}覆食案亦曰幕. 又{廣雅}粗幕庵也. 又{廣雅}幕, 覆也. {易・井卦}上六

井收勿幕. {註}幕猶覆也. {疏}不自掩覆, 與衆共之. 又{爾雅・釋言}幕, 暮也. {註}幕然暮夜也. 又六幕. {前漢・禮樂志}紛紜六幕浮大海. {註}猶言六合也. 又沙幕. {前漢・武帝紀}衞青將六將軍絕幕. {註}幕, 沙幕. 臣瓚曰: 沙土曰幕, 直度曰絕. 師古曰: 幕者, 今之突厥中磧耳. 又縣名. {前漢・地理志}淸河郡繹幕縣, 琅邪郡姑幕縣. 又{廣韻}姓也. {姓譜}舜祖幕之後. {史記・陳世家}自幕至於瞽瞍. {註}鄭衆曰: 幕, 舜之先也. 又{集韻}莫半切, 音縵. 平而無文曰幕. {前漢・西域傳}罽賓國錢爲騎馬, 幕爲人面. {註}韋昭曰: 幕, 錢背也. 又{韻補}蒙晡切, 音模. {李陵・別蘇武歌}經萬里兮度沙幕, 爲君將兮奮匈奴. 又{正韻}莫狄切, 音覓. {盧仝・思君吟}我心爲風兮淅淅, 君身爲雲兮幕幕. 說文 <巾部> 慕各切. 帷在上曰幕, 覆食案亦曰幕. 从巾莫聲.

A0115 U-5E72

•干• 干字部 總03劃. 훈글 [간] 방패. 新典 [간] 방패. 범할. 구할. 막을. 물가. 얼마. 텬간. 기울. 눈물 줄줄 흘릴. 란간. 모시. 訓蒙 [간] 방패. 英譯 oppose, offend. invade. dried. 漢典 象形. 甲骨文字形, 象叉子一類的獵具, 武器, 本是用于進攻的, 后來用于防御. 本義: 盾牌. 康熙 <干部> {唐韻}古寒切, {集韻}{韻會}居寒切, 𠀤音竿. {說文}干, 犯也. {左傳・文四年}其敢干大禮, 以自取戾. {晉書・衞玠傳}非意相干, 可以理遣. 又{爾雅・釋言}干, 求也. {書・大禹謨}罔違道以干百姓之譽. {論語}子張學干祿. 又盾也. {揚子・方言}盾, 自關而東或謂之〈盾支〉, 或謂之干, 關西謂之盾. {書・大禹謨}舞干羽于兩階. {詩・大雅}干戈戚揚. 又司干, 官名. {周禮・春官}司干掌舞器. 又{爾雅・釋言}干, 扞也. {註}相扞衞. {疏}孫炎曰: 干盾, 自蔽扞. {詩・周南}公侯干城. {疏}干城者, 言以武夫自固, 爲扞蔽如盾, 爲防守如誠然. 又澗也. {詩・小雅}秩秩斯干. {傳}干, 澗也. 又水涯也. {易・漸卦}鴻漸于干. {註}干謂大水之旁, 故停水處者. {詩・魏風}寘之河之干兮. {傳}干, 厓也. 又國郊曰干. {詩・邶風}出宿于干. {傳}干言國郊也. 又{韻會}若干, 數未定之辭, 猶言幾許也. {禮・曲禮}問天子之年. 對曰: 聞之始服衣若干尺矣. {前漢・食貨志}或用輕錢百加若干. {註}師古曰: 若干, 且設數之言也. 干猶箇也. 謂當如此箇數耳. 又自甲至癸爲天干. {皇極經世}十干, 天也. 十二支, 地也. 支干, 配天地之用也. {皇極內篇}十爲干, 十二爲支. 十干者. 五行有陰陽也. 十二支者, 六氣有剛柔也. 又闌干, 橫斜貌. {古樂府・善哉行}月沒參橫, 北斗闌干. 又{韻會}闌楯閒曰闌干. {李白・淸平調}沉香亭北倚闌干. 又{韻會}目眶謂之闌干. {正韻}闌干, 淚流貌. {談藪}王元景使梁, 劉孝綽送別, 泣下. 元景無淚謝曰: 別後當闌干. {白居易詩}玉容寂寞淚闌干. 又蘭干, 紵也. {後漢・哀牢國傳}蘭干細布, 織成文章如綾錦. {華陽國志}蘭干, 獠言紵也. 又干將, 劒名. {吳越春秋}干將者, 吳人也. 莫邪, 干將之妻也. 干將作劒, 莫邪斷髮翦爪投于爐中, 金鐵乃濡, 遂以成劒. 陽曰干將, 陰曰莫邪. 又干遮, 曲名. {司馬相如・子虛賦}淮南干遮. {註}干遮, 曲名也. 又射干, 木名. {荀子・勸學篇}西方有木, 名曰射干. 又草名. {本草圖經}射干, 花白莖長, 如射人之執干. {後漢・陳寵傳}陽氣始萌, 十一月有蘭, 射干, 芸荔之應. 又獸名. {司馬相如・子虛賦}騰遠射干. {註}射干, 似狐, 能緣木. 又野干, 亦獸名. {法華經}野干, 體瘦無目, 爲諸童子摘擲, 受諸苦痛. 又發干, 蘭干, 餘干, 𠀤縣名. {後漢・郡國志}東郡有發干縣, 漢陽郡有蘭干縣. {隋書・地理志}鄱陽郡有餘干縣. 又長干, 地名. {左思・吳都賦}長干延屬. {註}建業南五里有山岡, 其閒平地, 吏民雜居. 東長干中有大長干, 小長干, 皆相連. 地有長短, 故號大小長干. 韓詩曰考盤在干. 地下而黃曰干. 又姓. {左傳・昭二十一年}宋有干犨. {劉向・別錄}有干長, 著天下忠臣九篇. 又段干, 干己, 𠀤複姓. {史記・老子傳}老子之子名宗, 爲魏將, 封於段

干. {註}段干, 應是魏邑名, 而魏世家有段干木, 段干子. 田完世家有段干朋. 疑此三人是姓段干也, 本蓋因邑爲姓. {何氏姓苑}漢有干已衍, 爲京兆尹. 又{集韻}居案切, 音盰. 扞也. {詩・周南}公侯干城. 沈重讀. 又{篇韻}音寒. 國名. {淮南子・道應訓}荆有佽飛, 得寶劒於干隊. {註}干國, 在今臨淄, 出寶劒. 又{韻會}通作奸. {前漢・劉向傳}數奸死亡之誅. 又通作忓, 干預也. {唐書・萬壽公主傳}無忓時事. 又{韻會}通作竿. {後漢・董卓傳}乘金華青蓋, 瓜畫兩幡, 時人號竿摩車, 言其服飾近天子也. {註}竿摩, 謂相逼近也. 今俗以事干人者謂之相竿摩. 又與矸通. {集韻}矸, 石也. 或省作干. 又與豻通. {類篇}豻或作干. {儀禮・大射儀}量人量侯道干五十. {註}干讀豻. 豻侯者, 豻鵠豻飾也. 又古與乾通. {初月帖}淡悶干嘔. 楊愼曰: 淡, 古淡液之淡, 干, 古干溼之干. 今以談作痰, 干作乾, 非也. 又叶經天切, 音堅. {黃庭經}回紫抱黃入丹田, 漱𠻳靈液災不干. (說文) <干部> 古寒切. 犯也. 从反入, 从一. 凡干之屬皆从干.

A0506 U-5E77

•幷• 干字部 總08劃. (훈글) [병] 어우를. (新典) [병] 합할. 미칠. 갓흘. 아오를. 겸할. (類合) [병] 아올. (英譯) combine. (康熙) <干部> {唐韻}府盈切, {集韻}{韻會}卑盈切, {正韻}補明切, 𠀤餠平聲. {說文}本作幵. 从二人, 幵聲. 一曰从持二干爲幵. 隷作幷. 相从也. {周禮・冬官考工記}輿人爲車. 凡居材大與小無幷. {註}幷謂偏邪相就也. 又{廣韻}幷, 合也. {謝靈運・初去郡詩}廬園當巖栖, 卑位代躬耕. 顧己雖自許, 心跡猶未幷. 又{玉篇}幷, 兼也. 同也. 又州名. {書・舜典}肇十有二州. {註}舜分冀州爲幽州, 幷州. {廣韻}春秋時爲晉國, 後屬趙, 秦爲太原郡, 魏復置幷州. {韻會}唐爲太原府. 又姓. {廣韻}出{姓苑}. {萬姓統譜}幷韶有文藻, 吏部以幷姓無先賢, 下其選格. 又{廣韻}{集韻}{韻會}卑正切, {正韻}陂病切, 𠀤餠去聲. {廣韻}幷, 專也. {禮・檀弓}趙文子曰: 陽處父行幷植於國. {註}幷, 猶專也. 謂剛而專己. {釋文}幷, 必正反. 又與倂同. {集韻}倂, 或省作幷. {賈誼・過秦論}幷吞八荒. {謝靈運・擬鄴中詩序}天下良辰, 美景, 賞心, 樂事, 四者難幷. 又{韻會}與屛通. {莊子・天運篇}至貴國爵幷焉. {註}幷, 棄除也. 又叶卑陽切, 音旁. {張籍・祭韓愈詩}偶有賈秀士, 來兹亦同幷. 移船入南溪, 東西縱篙椴. 幵字原作从下幵. 又幷. (說文) <从部> 府盈切. 相從也. 从从幵聲. 一曰从持二爲幷.

㚔 A0679 U-5E78

•幸• 干字部 總08劃. (훈글) [행] 다행. (新典) [행, 힝] 고일. 바랄. 다행할. 요행할. 거동. (類合) [힝] 힝혀. (英譯) luck(ily), favor, fortunately. (康熙) <干部> 古文: 㚔𡴘. {唐韻}胡耿切, {集韻}{韻會}{正韻}下耿切, 𠀤音倖. {說文}本作㚔. 吉而免凶也. {前漢・高帝紀}願大王以幸天下. {註}晉灼曰: 臣民被其德, 以爲儌倖也. 師古曰: 幸者, 可慶倖也. 故福善之事皆稱爲幸. 又{小爾雅}非分而得曰幸. {增韻}非所當得而得, 與不可免而免曰幸. {論語}罔之生也, 幸而免. {中庸}小人行險以儌幸. {晉語}德不純, 而福祿𠀤至, 謂之幸. {荀子・富國篇}朝無幸位, 民無幸生. 又冀也. {禮・檀弓}幸而至於旦. {註}幸, 覬也. 又{玉篇}幸天子所至也. 蔡邕{獨斷}天子車駕所至, 見令長三老官屬, 親臨軒作樂, 賜以食帛, 民爵有級, 或賜田租, 故謂之幸. 又{玉篇}幸, 御所親愛也. {前漢・佞幸傳}但以媚貴幸. 又姓. {萬姓統譜}望出鴈門, 晉有幸靈. 唐有幸南容, 貞元中進士. 宋有幸元龍, 嘉泰初進士. 又{韻補}古叶散. {易林}疾貧望幸, 使伯行販. {韻會}或作𡴘. {篇海}或作㚔. 𡴘字原作夭下糸. (說文) <幸部> 尼輒切. 所以驚人也. 从大从羊. 一曰大聲也. 凡幸之屬皆从幸. 一曰讀若瓠. 一曰俗語以盜不止爲幸, 幸讀若籋.

A0240 U-5E7A

•幺• 幺字部 總03劃. (훈글) [요] 작을. (新典) [요] 작을. (英譯) one. tiny, small. (康熙) <幺部> {唐韻}{集韻}於堯切. {韻會}{正韻}伊堯切, 𠇍音邀. {說文}幺, 小也. 象子初生之形. {徐鉉曰}象纔有形質. {前漢・食貨志}徑七分重三銖曰幺錢. {註}師古曰: 幺, 小也. {陸機・文賦}猶弦幺而徽急. {註}幺, 小也. 又{通俗文}不長曰幺. 細小曰麼. {班彪・王命論}幺麼尚不及數子. 又{爾雅・釋獸}幺幼. {註}豕最後生者, 俗呼爲幺豚. 又幺鳳, 小鳥名. {蘇軾・梅花詞}倒掛綠毛幺鳳. 又六幺, 曲名. {琵琶錄}綠腰, 卽錄要也. 本自樂工進曲, 上令錄出要者, 乃以爲名. 後轉呼綠腰. 又訛爲六幺也. {樂譜}琵琶曲有六幺. 唐僧善本彈六幺曲, 下撥一聲如雷發, 妙絕入神. {白居易・琵琶引}先爲霓裳後六幺. 又姓. {萬姓統譜}弘治中有幺謙, 湯陰人, 爲通州訓導. 俗作么. (說文) <幺部> 於堯切. 小也. 象子初生之形. 凡幺之屬皆从幺.

A0241 U-5E7C

•幼• 幺字部 總05劃. (훈글) [유] 어릴. (新典) [유] 어릴. (訓蒙) [유] 져믈. (英譯) infant, young child. immature. (漢典) 會意. 從幺, 從力. 幺, 小. 年幼力小. 本義: 幼小. (康熙) <幺部> 古文: 㓜. {唐韻}{集韻}{韻會}{正韻}𠇍伊謬切, 憂去聲. {爾雅・釋言}幼, 稚也. {釋名}幼, 少也. 言生日少也. {禮・曲禮}人生十年曰幼學. {疏}幼者, 自始生至十九時. 故檀弓云: 幼名者, 三月爲名稱幼. 冠禮云: 棄爾幼志, 是十九以前爲幼. 喪服傳云: 子幼. 鄭康成云: 十五以下. 今云: 十年曰幼學, 是十歲而就業也. 又慈幼也. {孟子}幼吾幼, 以及人之幼. {註}幼, 猶愛也. 又王莽錢名. {前漢・食貨志}徑八分, 重五銖曰幼錢, 直二十. 又{集韻}乙六切, 音郁. 義同. 又{集韻}一笑切, 音要. 幼眇, 精微也. {前漢・元帝紀贊}窮極幼眇. {註}幼, 讀曰要. {司馬相如・長門賦}聲幼妙而復揚. 又與拗通. {集韻}𢲷或作幼. (說文) <幺部> 伊謬切. 少也. 从幺从力.

A0241 U-5E7D

•幽• 幺字部 總09劃. (훈글) [유] 그윽할. (新典) [유] 그윽할. 숨을. 적을. 어둘. 가둘. (類合) [유] 어두울. (英譯) quiet, secluded, tranquil. dark. (康熙) <幺部> {唐韻}{集韻}於虯切, {韻會}幺虯切, {正韻}於尤切, 𠇍音呦. {說文}幽隱也. {易・履卦}幽人貞吉. {疏}幽隱之人, 守道貞吉. {禮・儒行}幽居而不淫. {疏}君子雖復隱處, 常自修整不傾邪也. {後漢・章帝章和元年詔}光照六幽. {註}謂六合幽隱之處也. 又{爾雅・釋詁}幽, 微也. {疏}幽者, 深微也. {史記・樂書}極幽而不隱. 又{玉篇}幽, 深遠也. {易・繫辭}无有遠近幽深. {疏}言易之告人, 无問遠之與近, 及幽邃深遠之處, 皆告之也. {詩・小雅}幽幽南山. {註}幽幽, 深遠也. 又{玉篇}幽, 不明. {正韻}幽, 闇也. {書・舜典}黜陟幽明. {註}黜退其幽者, 升進其明者. {禮・檀弓}望反諸幽, 求諸鬼神之道也. {註}鬼神處幽闇. 又{正韻}幽, 囚也. {史記・太史公自序}幽於縲紲. {楊惲報孫會宗書}身幽北闕. 又州名. {書・舜典}肇十有二州. {傳}禹治水之後, 舜分冀州爲幽州幷州. {爾雅・釋地}燕曰幽州. {疏}燕其氣深要, 厥性剽疾, 故曰幽. 幽, 要也. 又地名. {左傳・莊十六年}同盟于幽. {註}幽, 宋地. 又國名. {山海經}大荒之中, 有思幽之國, 思士不妻, 思女不夫. {註}言其人直思感而氣通, 無配合而生子. 又姓. {廣韻}出{姓苑}. 又與黝通. {集韻}黝或作幽. {禮・玉藻}一命緼韍幽衡, 再命赤韍幽衡. {註}幽, 讀爲黝黑之黝. 又叶於交切, 音窔. {道藏歌}迴舞太空嶺, 六氣運重幽. 我際豈能窮, 使爾終不彫. 又{詩・小雅}隰桑有

阿, 其葉有幽. 旣見君子, 德音孔膠. {傳}幽, 黑色. 說文 <丝部> 於虯切. 隱也. 从山中丝, 丝亦聲.

E0044 U-5E7E

•幾• 幺字部 總12劃. 훈글 [기] 기미. 新典 [긔] 긔미. 빌미. 바드러울. 위태한. 긔약. 자못. 거의진. 갓가울. 살필. 얼마. 얼마 못 될. 類合 [긔] 긔미. 英譯 how many? how much? a few, some. 康熙 <幺部> 古文: 𢆻𢆶. {唐韻}居衣切, {集韻}{韻會}居希切, 𠀤音機. {說文}微也. {易·繫辭}幾者, 動之微吉之先見者也. {書·皐陶謨}兢兢業業, 一日二日萬幾. {傳}言當戒懼萬事之微. 又{說文}殆也, 从丝, 从戍. 戍, 兵守也. 丝而兵守者危也. {爾雅·釋詁}幾, 危也. {註}幾, 猶殆也. {詩·大雅}天之降罔, 維其幾矣. 又{玉篇}期也. {詩·小雅}卜爾百福, 如幾如式. {疏}所以與汝百種之福, 其來早晚, 如有期節矣, 其福多少, 如有法度矣. 又{爾雅·釋詁}庶幾, 尚也. {疏}尚, 謂心所希望. {孟子}王庶幾改之. 又察也. {禮·玉藻}御瞽幾聲之上下. {周禮·地官·司門}幾出入不物者. {註}不物, 與衆不同. 又{司關}無關門之征猶幾. {註}無租稅, 猶苛察不得令姦人出入. 又{韻會}將及也. {爾雅·釋詁}近也. {易·中孚}月幾望. {禮·樂記}知樂則幾於禮矣. {史記·留侯世家}幾敗乃公事. ○ 按{爾雅}{釋文}音機, {史記索隱}音祈, {禮記}{釋文}音譏. 又巨依反. {韻會}云: 𠀤機祈二音, 是也. 又{廣韻}{集韻}{韻會}𠀤渠希切, 音祈. {集韻}器之沂鄂也. {禮·郊特牲}丹漆雕幾之美. {註}幾, 謂漆飾沂鄂也. {疏}雕, 謂刻鏤. 幾, 謂沂鄂. 言以丹漆雕飾之, 以爲沂鄂. {釋文}幾, 巨依反. 又{廣韻}居狶切, {集韻}{韻會}舉豈切, 𠀤機上聲. {玉篇}幾幾, 多也. {廣韻}幾, 何也. {韻會}幾, 數問多少之辭. {左傳·僖二十七年}靖諸內而敗諸外, 所獲幾何. {史記·萬石君傳}少子慶爲太僕御, 出, 上問車中幾馬. 又{韻會}未多時曰無幾. 又物無多, 亦曰無幾. 又{廣韻}{集韻}{韻會}𠀤其旣切, 祈去聲. {廣韻}幾, 未已也. 又{集韻}與覬通. {左傳·哀十六年}國人望君, 如望歲焉, 日日以幾. {註}冀君來. {史記·晉世家}無幾爲君. {註}幾, 謂望也. 說文 <丝部> 居衣切. 微也. 殆也. 从丝从戍. 戍, 兵守也. 丝而兵守者, 危也.

A0878 U-386D

•㡭• 幺字部 總14劃. 훈글 [계] 이을. 英譯 (standard, ancient form of U+ 7E7C 繼) to continue. to carry on, to follow. to inherit. to succeed to. 康熙 <幺部> {說文}繼, 从糸, 从㡭. 一曰反㡭爲繼. {莊子·至樂篇}得水則爲㡭. {音義}萬物得水土氣, 乃相繼而生也.

A0967 U-5E9A

•庚• 广字部 總08劃. 훈글 [경] 일곱째 천간. 新典 [경] 일곱재 텬간. 갑흘 곡식. 나. 굿셀. 길. 英譯 7th heavenly stem. 康熙 <广部> {唐韻}古行切, {集韻}{韻會}居行切, {正韻}古衡切, 𠀤音賡. {集韻}庚, 十干名也. {說文}庚位西方, 象秋時萬物庚庚有實也. {爾雅·釋天}太歲在庚曰上章. {又}月在庚曰窒. {釋名}庚, 剛也, 堅强貌也. 又{玉篇}庚猶更也. {易·巽卦}先庚三日, 後庚三日吉. {本義}庚, 更也. 事之變也. 先庚三日, 丁也. 後庚三日, 癸也. 丁所以丁寧於其變之前, 癸所以揆度於其變之後. 又長庚, 星名. {詩·小雅}東有啓明, 西有長庚. {傳

}日出, 明星爲啓明. 日旣入, 謂明星爲長庚. 庚, 續也. {詩緝}夾漈鄭氏曰: 啓明金星, 長庚水星. 金在日西, 故日將出, 則東見. 水在日東, 故日將沒, 則西見. 實二星也. {後漢・馬融傳}曳長庚之飛髾. {註}長庚, 卽太白星. 又{左傳・哀十三年}若登首山以呼曰庚癸乎, 則諾. {註}軍中不得出糧, 故爲私隱. 庚, 西方, 主穀. 癸, 北方, 主水. 又年齒亦曰庚. {墨客揮犀}文彦博居洛日, 年七十八, 與和眴司馬旦席, 汝言爲同庚會, 各賦詩一首. 又{癸辛雜識}張神鑒瞽而慧, 每談一命, 則旁引同庚者數十, 皆歷歷可聽. 又{前漢・文帝紀}大橫庚庚. {註}師古曰: 庚庚, 橫貌也. 又{集韻}道也. {詩序}由庚萬物得由其道也. {左傳・成十八年}塞夷庚. {註}吳晉往來之要道. 又{廣韻}償也. {禮・檀弓}季子皐葬其妻犯人之禾, 申詳以告曰: 請庚之. 又{隋書・律曆志}夷則一部二十七律. 一曰和庚. 又姓. {唐韻}唐有太常博士庚季良. 又庚桑, 複姓. {莊子・庚桑楚註}楚名. 庚桑, 姓也. 又六庚, 天獸名. {太公・陰謀}六庚爲白獸, 在上爲客星, 在下爲害氣. 又倉庚, 鳥名. {爾雅・釋鳥}倉庚, 商庚. {註}卽鵹鳥也. {詩・豳風}倉庚于飛, 熠燿其羽. 又盜庚, 草名. {爾雅・釋草}蕧, 盜庚. {註}旋蕧似菊. {本草}旋蕧一名盜庚. 夏開黃花, 盜竊金氣也. 說文 <庚部> 古行切. 位西方, 象秋時萬物庚庚有實也. 庚承己, 象人齎. 凡庚之屬皆从庚.

A0343 U-5EA5

•庥• 广字部 總09劃. 훈글 [휴] 그늘. 新典 [휴] 덥흘. 의지할. 英譯 shade. shelter, protection. 康熙 <广部> {唐韻}許尤切, {集韻}{韻會}{正韻}虛尤切, 丛音休. {爾雅・釋言}庇, 庥蔭也. {註}今俗呼樹蔭爲庥. {疏}庥, 依止也. 又叶匈于切, 音虛. 韓愈{鄆州谿堂詩}公在中流, 右詩左書. 無我斁遺, 此邦是庥. {集韻}或作休.

A0583 U-5EAD

•庭• 广字部 總10劃. 훈글 [정] 뜰. 新典 [뎡] 뜰. 고듵. 당치 안을, 동안 뜰. 訓蒙 [뎡] 뜰. 英譯 courtyard. spacious hall or yard. 漢典 形聲. 從廣, 廷聲. 廣, 就山巖架成的屋. 本義: 廳堂. 康熙 <广部> {唐韻}特丁切, {集韻}{韻會}{正韻}唐丁切, 丛音亭. {說文}宮中也. {玉篇}庭, 堂階前也. {易・節卦}不出戶庭, 无咎. {周禮・天官・閽人}掌埽門庭. 又官名. {周禮・秋官}庭氏. {註}主射夭鳥, 令國中淸潔如庭者也. 又{爾雅・釋詁}直也. {疏}庭條, 直也. {詩・小雅}播厥百穀, 旣庭且碩. 又州名. {唐書・地理志}庭州, 貞觀十四年置, 長安二年, 爲北庭都護府, 有後庭縣. {廣韻}卽漢車師後王庭之地, 本烏孫國土, 其前王庭, 卽交河縣也. 又天庭, 星名. {石氏星傳}龍星左角曰天田, 右角曰天庭. 又洞庭, 湖名. {楚辭・九歌}洞庭波兮木葉下. 又山名. {前漢・地理志}太湖中有包山, 山下有洞庭穴道, 潛行水底去, 無所不通, 號爲地脉. 又山庭. {任昉王文憲集序}山庭異表. {註}論語摘輔像曰: 子貢山庭斗繞口, 謂面有山庭, 言山在中, 鼻高有異相也. 又{集韻}他定切, 音聽. {增韻}逕庭, 隔遠貌. {莊子・逍遙遊}大有逕庭. 又叶徒陽切, 音近長. 韓愈{此日足可惜詩}馳辭對我策, 章句何煒煌. 禮終樂亦闋, 相拜送於庭. 說文 <广部> 特丁切. 宮中也. 从广廷聲.

A0585 U-5EB6

•庶• 广字部 總11劃. 훈글 [서] 여러. 新典 [셔] 무리, 뭇, 여러. 바랄. 거의. 담아 들. 類合

[서] 뭇. 英譯 numerous, various. multitude. 康熙 <广部> 古文: 庻䃽庶㡿庻. {唐韻}{集韻}{韻會}商署切, {正韻}商豫切, 𠀤音恕. {易·乾卦}首出庶物, 萬國咸寧. {書·堯典}庶績咸熙. 又{爾雅·釋言}侈也. {註}衆多爲奢侈. 又{爾雅·釋言}幸也. {註}庶幾僥倖. 又近辭. {論語}回也其庶乎. {集註}庶, 近也. 又豚也. {詩·小雅}爲豆孔庶. {傳}庶, 豚也. {疏}謂於先爲豆實之時, 必取肉物肥豚美者. 又支庶. {左傳·宣三年}其庶子爲公行. {註}庶子, 妾子也. 又庶子, 周官名. {禮·燕義}古者周天子之官有庶子官. {註}庶子, 諸子也. 又庶長, 秦爵. {左傳·襄十一年}秦庶長鮑, 庶長武, 帥師伐晉, 以救鄭. 又姓. {急就篇}庶霸遂. {註}庶, 衞公族. 禮記, 子思母死於衞, 庶氏女也. 郲庶其來奔, 後亦爲庶氏. 又{集韻}賞呂切, 音署. {周禮·秋官}庶氏. {註}庶, 讀如藥煑之煑, 驅除毒蠱之言. {疏}取以藥煑, 去病去蠱毒. 又{韻補}之石切, 音隻. {釋名}摭也. 拾摭之也, 謂拾摭微陋以待遇之也. 又{集韻}章恕切, 音翥. 義同. {說文}本作庻. 屋下衆也. 从度从炗. 炗, 古文光字. {徐鉉曰}灮亦衆盛也. 說文 <广部> 商署切. 屋下眾也. 从广, 炗. 炗, 古文光字.

A0423 U-5EB7

•康• 广字部 總11劃. 훈글 [강] 편안할. 新典 [강] 편안, 편안할, 다늘. 질거울. 화할. 다섯거리. 풍년들. 類合 [강] 편안. 英譯 peaceful, quiet. happy, healthy. 漢典 會意. 康爲穅的本字. 從禾, 康聲. 本義: 谷皮, 米糠. 康熙 <广部> 古文: 𢉖. {唐韻}苦岡切, {集韻}{韻會}{正韻}丘岡切, 𠀤音穅. {爾雅·釋詁}樂也. {詩·唐風}無已大康. 又{周頌}迄用康年. 又{爾雅·釋詁}康, 安也. {書·益稷}庶事康哉. 又{洪範}五福, 三曰康寧. 又{爾雅·釋宮}五達謂之康, 六達謂之莊. {疏}孫炎曰: 康, 樂也, 交會樂道也. {釋名}五達曰康. 康, 昌也, 昌盛也, 車步併列並用之, 言充盛也. {列子·仲尼篇}堯遊於康衢. {史記·騶衍傳}爲列第康莊之衢. 又{易·晉卦}康侯用錫馬蕃庶. {註}康, 美之名也. 又{禮·祭統}康周公. {註}康, 猶褒大也. 又{謚法}淵源流通曰康, 溫柔好樂曰康, 令民安樂曰康. 又國名. {書·康誥疏}命康叔之誥. 管蔡郕霍皆國名, 則康亦國名, 在圻內. 又{前漢·西域傳}安息國王治番兜城, 北與康居接. 又州名. {唐書·地理志}康州, 析端州之端溪置. 又姓. {廣韻}衞康叔之後. 又{爾雅·釋器}康瓠謂之甈. {註}瓠, 壺也. {賈誼·弔屈原賦}寶康瓠. 又與穅通. {說文}穅或省作康. 又與漮通. {爾雅·釋詁}漮, 虛也. {詩·小雅}酌彼康爵. {箋}康, 空也. 漮康音義同. 又{集韻}苦浪切, 音抗. {禮·明堂位}崇坫康圭. {註}康讀爲亢. {疏}亢, 舉也.

A0195 U-5EB8

•庸• 广字部 總11劃. 훈글 [용] 쓸. 新典 [용] 쓸. 썻썻. 공. 수고로울. 화할. 어리석을. 엇지. 부용나라. 도랑. 類合 [용] 용상. 英譯 usual, common, ordinary, mediocre. 漢典 會意. 小篆字形. 從用, 從庚. "庚更"同音, 表更換. 先做某事, 然后更換做別的事. 本義: 用, 需要. 康熙 <广部> 古文: 𦿆. {唐韻}{廣韻}余封切, {集韻}{類篇}{韻會}餘封切, 𠀤音容. {說文}庸, 用也. {書·堯典}疇咨若時登庸. {傳}將登用之. {莊子·齊物論}爲是不用而寓諸庸. 庸也者, 用也. 用也者, 通也. 又{爾雅·釋詁}常也. {易·乾卦}庸言之信, 庸行之謹. {書·皐陶謨}自我五禮有庸哉. {傳}用我五等之禮接之, 使有常. 又{玉篇}功也. {書·舜典}有能奮庸熙帝之載, 使宅百揆. {傳}庸, 功也. {晉語}無功庸者, 不敢居高位. {註}國功曰功, 民功曰庸. {周禮·天官·大宰}以八統詔王馭萬民, 五曰保庸. {註}安有功者. 又{地官·大司徒}以庸制

祿, 則民興功. 又{爾雅・釋詁}勞也. {疏}謂勞苦. 又{釋訓}庸庸, 勞也. {疏}有功庸者皆勞也. {詩・王風}我生之初尚無庸. {箋}庸, 勞也. 又{廣韻}和也. {禮・中庸疏}以其記中和之爲用也. 又{集韻}愚也. {史記・周勃傳}才能不過凡庸. 又豈也. {左傳・莊十四年}庸非貳乎. {前漢・文帝紀賜尉佗書}雖王之國, 庸獨利乎. 又租庸賦法. {唐書・食貨志}用民之力, 歲二十日, 閏加二日, 不役者日爲絹三尺, 謂之庸. 又水庸. {禮・郊特牲}祭坊與水庸事也. {註}水庸, 溝也. {疏}坊者所以畜水, 亦以鄣水. 庸者所以受水, 亦以泄水. 又國名. {左傳・文十六年}楚滅庸. {註}庸, 今上庸縣, 屬楚之小國. 又庸浦, 地名. {左傳・襄十三年}戰于庸浦. 又姓. {姓譜}庸國子孫, 以姓爲氏. {前漢・儒林傳}膠東庸生. 又與鄘通. {前漢・地理志}遷邶庸之民於雒邑, 故邶庸衞三國之詩, 相與同風. ○ 按{毛詩}作鄘. 又與墉通. {詩・大雅}因是謝人, 以作爾庸. {註}庸, 城也. {禮・王制}附于諸侯曰附庸. {註}附庸, 小城也. 又與傭通. {前漢・欒布傳}窮困賣庸於齊. {註}師古曰: 謂庸作受顧也. {司馬相如傳}與庸保雜作. {註}師古曰庸即謂賃作者保謂庸之可信任者也. 又與鏞通. {詩・商頌}庸鼓有斁. {傳}大鐘曰庸. 又叶于方切, 音央. {陳琳・車渠椀賦}廉而不劌, 婉而成章. 德兼聖哲, 行應中庸. (說文) <用部> 余封切. 用也. 从用从庚. 庚, 更事也. {易}曰: "先庚三日."

A0616 U-5ECC

•廌• 广字部 總13劃. (훈글) [치] 법. (英譯) unicorn.

D0121 U-5ECF

•廏• 广字部 總14劃. (훈글) [구] 마구간. (訓蒙) [구] 오히양. (英譯) stable. barnyard. (康熙) <广部> 古文: 㲃. {唐韻}{集韻}{韻會}{正韻}𠀤居又切, 音救. {說文}馬舍也. {釋名}廏, 匃也. 匃, 聚也. 生馬之所聚也. {周禮・夏官・校人}三乘爲阜, 三阜爲繫, 六繫爲廏, 六廏成挍. {註}自乘至廏, 其數二百一十六匹. {詩・小雅}乘馬在廏. 又官名. {左傳・襄十五年}養由基爲宮廏尹. {昭二十七年}左尹與中廏尹. {唐書・百官志}典廏署令掌飼牛馬, 給養雜畜. 又姓. {姓考}楚令尹子文曾孫弃疾爲廏尹, 因氏. (說文) <广部> 居又切. 馬舍也. 从广𣪘聲. {周禮}曰: "馬有二百十四匹爲廏, 廏有僕夫."

A0947 U-5EE1

•廡• 广字部 總15劃. (훈글) [무] 집. (新典) [무] 월랑, 거느림채. 문간방. 더불욱할. (訓蒙) [무] 집. (英譯) corridor, hallway. luxuriant. (康熙) <广部> {唐韻}文甫切, {集韻}罔武切, {韻會}罔甫切, 𠀤無上聲. {說文}堂下周屋. {釋名}大屋曰廡. 廡, 幠也. 幠, 覆也. 并冀人謂之庌. {前漢・竇嬰傳}陳賜金廊廡下. {註}廡, 門屋也. 又{集韻}微夫切, 音無. 蕃廡, 草木盛貌. {書・洪範}庶草蕃廡. 又讀上聲. {晉語}詩曰黍不爲黍, 不能蕃廡. {註}廡音武. 又與甒通. {儀禮・士冠禮}側尊一甒. {註}古文甒作廡. (說文) <广部> 文甫切. 堂下周屋. 从广無聲.

A0455 U-5EE3

•廣• 广字部 總15劃. (훈글) [광] 넓을. (新典) [광] 너를, 넓을. 넓이. (類合) [광] 너블. (英譯)

broad, wide, extensive. 康熙 <广部> {唐韻}{集韻}{韻會}𠀤古晃切, 光上聲. {說文}殿之大屋也. 又{玉篇}廣, 大也. {廣韻}廣, 闊也. {易・繫辭}廣大配天地. {疏}大以配天, 廣以配地. 又州名. {唐書・地理志}嶺南道有廣州. 又姓. {姓譜}出丹陽, 廣成子之後, 宋有廣漢. 又{玉篇}古曠切, 光去聲. {周禮・地官・大司徒}周知九州之地域廣輪之數. {疏}馬融云: 東西爲廣, 南北爲輪. {釋文}廣, 古曠反. 又車名. {周禮・春官・車僕}廣車之萃. {註}廣車, 橫陳之車也. {釋文}廣, 古曠反. {左傳・僖二十八年}西廣東宮. {疏}楚有左右廣, 蓋兵車之名. {宣二年}分爲二廣. {註}十五乘爲一廣. 又{正字通}音曠. {荀子・王霸篇}人主胡不廣焉. {註}廣, 開泰貌. 又與曠通. {前漢・五行志}師出過時之謂廣. 又姑黃切, 音光. {爾雅・釋獸}回毛在背, 闋廣. {疏}伯樂相馬法, 旋毛在背者名闋廣. {音義}廣, 音光. 又{韻補}叶果五切, 音古. {禮・樂記}今夫古樂, 進旅退旅, 和正以廣, 弦匏笙簧, 會守拊鼓, 始奏以文, 復亂以武. 說文 <广部> 古晃切. 殿之大屋也. 从广黃聲.

A0322 U-5EE9

•廩• 广字部 總16劃. 훈글 [름] 곳집. 新典 [름] 쌀광. 줄. 訓蒙 [름] 고. 英譯 granary. stockpile, store. 康熙 <广部> 古文: 㐭. {唐韻}力甚切, {集韻}{韻會}{正韻}力錦切, 𠀤音凜. {說文}本作㐭. 穀所振入, 宗廟粢盛, 倉黃㐭而取之, 故謂之㐭. 从入, 回, 象屋形中有戸牖. 或从度从禾. {爾雅・釋言}廩, 廯也. {玉篇}倉廩也. {釋名}廩, 矜也. 實物可惜者, 投之其中也. {詩・周頌}亦有高廩, 萬億及秭. {禮・明堂位}米廩, 有虞氏之庠也. {註}庠序亦學也. 魯謂之米廩, 虞帝上孝, 令藏粢盛之委焉. {周語}廩於藉東南, 鍾而藏之. {註}廩, 御廩. 一名神倉, 東南生長之處. 鍾, 聚也. 爲廩以藏所藉田, 以奉粢盛. {荀子・富國篇}垣窌倉廩者, 財之末也. {註}穀藏曰倉, 米藏曰廩. 又給也. {後漢・章帝紀}恐人稍受廩, 往來煩劇. {註}廩, 給也. 又天廩, 星名. {隋書・天文志}天廩四星在昴南. {張衡・周天大象賦}天廩備稷以祈歆. 又官名. {周禮・地官}廩人掌九穀之數, 以待國之匪頒賙賜稍食. {後漢・和帝紀}復置廩犧官. {註}漢官儀曰: 廩犧令一人秩六百石. 又與懍通. {前漢・食貨志}可以爲富安天下, 而直爲此廩廩也. 又與壈通. {集韻}壈或作廩.

A0436 U-5EEC

•廬• 广字部 總19劃. 훈글 [려] 오두막집. 新典 [려] 농막. 풀집. 원집. 부칠. 訓蒙 [려] 집. 英譯 hut, cottage. name of a mountain. 康熙 <广部> {唐韻}力居切, {集韻}{韻會}{正韻}淩如切, 𠀤音閭. {說文}寄也. 秋冬去, 春夏居. {詩・小雅}中田有廬. {箋}中田, 田中也. 農人作廬焉, 以便田事. 又{玉篇}屋舍也. {集韻}粗屋總名. {易・剝卦}小人剝廬. {左傳・襄二十三年}則猶有先人之敝廬在, 君無所辱命. 又候舍也. {周禮・地官}十里有廬, 廬有飲食. {註}廬若今野候, 徙有庌也. 又直宿, 舍也. {前漢・金日磾傳}小疾臥廬. {註}殿中所止曰廬. {班固・西都賦}周廬千列. {註}直宿曰廬. 又國名. {周語}廬由荊嬀. {註}廬, 嬀姓之國, 荊嬀, 廬女爲荊夫人也. 又邑名. {楚語}以王如廬. {註}廬, 楚邑. 又州名. {隋書・地理志}廬江郡, 開皇初改爲廬州. 又山名. {廬山記}周威王時, 有匡俗廬君, 故山取其號. 又{正韻}龍都切, 音盧. {周禮・冬官考工記}秦無廬. {註}廬讀爲纑, 謂矛戟柄竹攢柲. 或曰摩鐧之器. 又與籚同. {集韻}籚或作廬. 說文 <广部> 力居切. 寄也. 秋冬去, 春夏居. 从广盧聲.

A0583 U-5EF3

•廳• 广字部 總25劃. (훈글) [청] 관청. (新典) [쳥] 대쳥, 마루. (訓蒙) [텽] 집. (英譯) hall, central room. (康熙) <广部> {廣韻}他丁切, {集韻}湯丁切, {正韻}他經切, 太音汀. {廣韻}廳, 屋也. {集韻}古者治官處, 謂之聽. 事後語省, 直曰聽, 故加广. {增韻}聽事, 言受事察訟於是. 漢晉皆作聽, 六朝以來, 乃始加广.

A0103 U-389F

•㢟• 廴字部 總07劃. (훈글) [지] 걸을. (英譯) to walk slowly. to stroll. to ramble. (康熙) <廴部> {唐韻}丑連切, {集韻}抽延切, 太音梴. {說文}安步㢟㢟也. 又{集韻}丑展切, 音韂. 義同. (說文) <㢟部> 丑連切. 安步㢟㢟也. 从廴从止. 凡㢟之屬皆从㢟.

D0048 U-38AD

•㢭• 廴字部 總07劃. (훈글) [도] 활전대. (英譯) (non-classical form of 弢) a bow-case. a scabbard, to sheathe, to conceal.

A0082 U-5EF6

•延• 廴字部 總07劃. (훈글) [연] 끌. (新典) [연] 미칠. 들일. 미적거릴. 버들. 서릴. (類合) [연] 너븨. (英譯) delay, postpone, defer. (康熙) <廴部> {唐韻}以然切, {集韻}{韻會}{正韻}夷然切, 太音綖. {說文}長行也. 又{廣韻}進也. {禮・射義}孔子使子路執弓矢出延射. {儀禮・覲禮}擯者延之曰升. {註}從後詔禮曰延. 延, 進也. 又{爾雅・釋詁}長也. {揚子・方言}延永, 長也. 凡施於年者謂之延, 施於衆長謂之永. {班固・西京賦}歷十二之延祚. 又{廣韻}遠也. {史記・蒙恬傳}延袤萬餘里. 又{爾雅・釋詁}陳也. {疏}鋪陳也. 又{正韻}納也. {前漢・公孫弘傳}弘起客館, 開東閣, 以延賢人. 又{集韻}及也. {書・大禹謨}賞延于世. 又{廣韻}稅也, 言也. 又{韻會}遷延也, 淹久貌. {左傳・襄十四年}晉人謂之遷延之役. {註}遷延, 却退也. {張衡・西京賦}遷延邪睨. {註}李善曰: 遷延, 引身也. 又盤屈曰宛延. {揚雄・甘泉賦}颺翠氣之宛延. {註}宛延, 長曲貌. 又{爾雅・釋詁}間也. {疏}謂間隙. 今墓道也. {左傳・隱元年隧而相見註}隧若今延道. 又{韻會}州名. 漢高奴縣, 後魏置延州. 又地名. {左傳・隱元年}至於廩延. {註}廩延, 鄭邑. 陳留酸棗縣北有延津. 又{昭二十七年}延州來季子聘於上國. {註}季子本封延陵, 後復封州來, 故曰延州來. 又{前漢・地理志}張掖郡有居延縣. {註}居延澤在東北, 古文以爲流沙. 又姓. {後漢・延篤傳}篤, 南陽人, 爲京兆尹. 又{集韻}以淺切, 音演. 冕上覆也. {禮・玉藻}天子玉藻十有二旒, 前後邃延. {集韻}或作綖. 又{廣韻}于線切, {集韻}{韻會}延面切, 太音羨. {集韻}延, 及也. {張衡・西京賦}重閨幽闥, 轉相踰延. 望窈窱以逕庭, 渺不知其所返. {註}延言互相周通. (說文) <㢟部> 以然切. 長行也. 从㢟丿聲.

A0103 U-5EF7

•廷• 廴字部 總07劃. (훈글) [정] 조정. (新典) [뎡] 죠뎡. 바를. 고들. (訓蒙) [뎡] 터. (英譯)

court. 漢典 形聲. 從廴, 壬聲. 廴, 建之旁. 有引長之義. 本義: 朝廷. 康熙 <廴部> {廣韻}特丁切, {集韻}{韻會}{正韻}唐丁切, 𠀤音亭. {說文}朝中也. {廣韻}朝廷也. {論語}其在宗廟朝廷. {疏}朝廷, 布政之所. {釋文}廷, 停也, 人所集之處. 又{廣韻}正也. {韻會}直也. 又{廣韻}廷者, 平也. 又廷尉, 官名. {前漢・百官表}廷尉, 秦官. {註}廷, 平也, 治獄貴平, 故以爲號. 又{廣韻}{韻會}{正韻}𠀤徒徑切, 亭去聲. 義同. 說文 <廴部> 特丁切. 朝中也. 从廴壬聲.

A0103 U-5EFA

•建• 廴字部 總09劃. 훈글 [건] 세울. 新典 [건] 세울, 서일. 둘. 심을. 類合 [건] 셸. 英譯 build, establish, erect, found. 漢典 會意. 從廴, 有引長的意思, 從聿. 本義: 立朝律. 康熙 <廴部> {唐韻}{集韻}{韻會}𠀤居萬切, 犍去聲. {說文}立朝律也. {書・洪範}建用皇極. 又{玉篇}豎立也. {韻會}置也. {易・比卦}先王以建萬國, 親諸侯. 又{廣韻}木名. 在弱水, 直上百仞, 無枝. 又星名. {禮・月令}仲春之月, 旦建星中. {註}建星在斗上. {史記・天官書}建星者, 旗也. {註}建六星在斗北, 臨黃道, 天之都關也. 又州名. {韻會}本吳建安郡, 唐立建州. 又姓. {廣韻}楚王子建之後. {前漢・元后傳}有建公. 又{集韻}{韻會}𠀤紀偃切, 犍上聲. {集韻}覆也. {史記・高帝紀}猶居高屋之上, 建瓴水也. {註}居高屋而翻瓴水, 言向下之勢易也. 又與鍵通. {禮・樂記}倒載干戈, 包之以虎皮, 名之曰建櫜. {註}建, 讀爲鍵. 說文 <廴部> 居萬切. 立朝律也. 从聿从廴.

A0130 U-5EFE

•廾• 廾字部 總03劃. 훈글 [공] 두 손으로 받들. 新典 [공] 팔장 낄. 英譯 two hands. KangXi radical 55. 康熙 <廾部> {唐韻}居悚切, 音拱. {說文}竦手也. 从𠂈从又. 今變作廾. 揚雄說, 廾, 从兩手. 又{廣韻}九容切, {集韻}居容切, 𠀤音恭. 又{集韻}渠容切, 音蛩. 義𠀤同. {集韻}或作𢪏. {說文}廾本字. 字頭从𠂇从十作. 又㕚, 竦手也. 从𠂇从又. 𠬞, 引也, 从反廾. 𢍏, 古攀字.

A0120 U-5EFF

•廿• 廾字部 總04劃. 훈글 [입] 스물. 新典 [입] 시물, 스물, 시무. 英譯 twenty, twentieth. 康熙 <廾部> {唐韻}人汁切, {集韻}{正韻}日執切, 𠀤音入. {玉篇}二十并也. 今直爲二十字. {顏之推・稽聖賦}中山何夥, 有子百廿. 魏嫗何多, 一孕四十. 說文 <十部> 人汁切. 二十并也. 古文省.

A0133 U-5F04

•弄• 廾字部 總07劃. 훈글 [롱] 희롱할. 新典 [롱] 구경할. 희롱할, 몬실. 업수이 역일. 곡조. 구렁. 類合 [롱] 놀일. 英譯 do, play or fiddle with. alley. 康熙 <廾部> {唐韻}{集韻}{韻會}{正韻}𠀤盧貢切, 籠去聲. {爾雅・釋言}玩也. {疏}謂玩好也. {詩・小雅}載弄之璋. {前漢・趙堯傳}高祖持御史大夫印弄之. 又戲也. {左傳・僖九年}夷吾弱不好弄. {註}弄, 戲也. {前漢・昭帝紀}上耕於鉤盾弄田. {註}師古曰: 弄田, 謂宴游之田. 又{韻會}侮也. {前漢・

東方朔傳}自公卿在位, 朔皆敖弄, 無所爲屈. 又樂曲曰弄. {晉書・桓伊傳}王徽之泊舟青溪側, 令人謂伊曰: 聞君善吹笛, 試爲我一奏. 伊便下車, 踞胡牀, 爲作三調. 弄畢. 便上車去. {南史・隱逸傳}宗少文善琴, 古有金石弄, 惟少文傳焉. {嵇康・琴賦}改韻易調, 奇弄乃發. 又{字彙}巷也. 說文 <収部> 盧貢切. 玩也. 从廾持玉.

A0847 U-5F0B

•弋• 弋字部 總03劃. 훈글 [익] 주살. 新典 [익] 쥬살. 취할. 홰. 검을. 訓蒙 [익] 주살. 英譯 catch, arrest. shoot with bow. 漢典 象形. 甲骨文字形. 本義: 小木樁. 今字作“杙”. 康熙 <弋部> {唐韻}與職切, {集韻}{韻會}逸職切, 𠀤音翊. {玉篇}繳射也. {韻會}弋, 繳射飛鳥也. {周禮・夏官・司弓矢}矰矢, 茀矢用諸弋射. {冬官・考工記}弓人爲弓, 往體多, 來體寡, 謂之夾庾之屬, 利射侯與弋. {詩・鄭風}弋鳧與鴈. {疏}弋謂以繩繫矢而射也. {列子・湯問篇}蒲且子之弋也. 弱弓纖繳, 乘風振之, 連雙鶬於青雲之際. {註}蒲且子, 古善弋射者. 又左弋, 官名. {前漢・百官表}少府屬有左弋. 太初元年, 更名爲佽飛, 掌弋射. 又{韻會}弋, 取也. {書・多士}非我小國, 敢弋殷命. {註}弋, 取也. {疏}弋, 射也. 射而取之, 故弋爲取也. 又{玉篇}橛也. 所以挂物也. {爾雅・釋宮}雞棲於弋爲榤. {疏}弋, 橜也. {玉篇}一作杙. 又{釋宮}樴謂之杙. {註}橜也. 又黑色. {前漢・文帝紀贊}身衣弋綈. {註}如淳曰: 弋, 皁也. 師古曰: 弋, 黑色也. 又水名. {隋書・地理志}鄱陽郡弋陽縣, 舊曰葛陽, 有弋水. 又縣名. {後漢・郡國志}北地郡弋居縣. 又國名. {前漢・陳湯傳}南排, 月氏, 山離, 烏弋. {註}山離, 烏弋, 去中國二萬里. {揚雄・長楊賦}登南山瞰烏弋. 又{後漢・西域傳}栗弋, 國屬康居, 出名馬蒲萄酒, 特有名焉. 又無弋, 羌部名. {後漢・西羌傳}羌無弋爰劒者, 秦厲公時爲秦所拘執, 以爲奴隸, 後得亡歸. 羌人以奴爲無弋, 以爰劒嘗爲奴隸, 故因名之. 又姓. {姓苑}出河東. 今蒲州有弋氏. {詩・鄘風}美孟弋矣. {註}弋, 姓也. 又與妐通. {韻會}妐, 婦官. 通作弋. 漢有鉤弋夫人. {前漢・外戚傳}孝武鉤弋趙倢伃. 武帝巡狩過河閒, 使使召之. 既至, 女兩手皆拳, 上自披之, 手卽時伸. 號曰拳夫人, 居鉤弋宮. 說文 <厂部> 與職切. 橜也. 象折木衺銳著形. 从厂, 象物挂之也.

A0872 U-5F13

•弓• 弓字部 總03劃. 훈글 [궁] 활. 新典 [궁] 활. 솔바탕. 訓蒙 [궁] 활. 英譯 bow. curved, arched. KangXi radical number 57. 漢典 象形. 甲骨文字形, 象弓形, 有弓背和弓弦, 后省去弓弦, 只剩下弓背, 隸變后變成現在的“弓”字. “弓”是漢字部首之一, 從“弓”的字多與“弓箭”有關系. 本義: 射箭或打彈的器械. 康熙 <弓部> {唐韻}居戎切, {集韻}{韻會}居雄切, {正韻}居中切, 𠀤音宮. {說文}弓, 以近窮遠. 象形. {釋名}弓, 穹也. 張之穹穹然也. {山海經}少皡生般, 是始爲弓. {荀子・解蔽篇}倕作弓, 浮游作矢, 而羿精於射. {周禮・冬官考工記}弓人爲弓, 取六材, 必以其時. 六材既聚, 巧者和之. 幹也者以爲遠也, 角也者以爲疾也, 筋也者以爲深也, 膠也者以爲和也, 絲也者以爲固也, 漆也者以爲受霜露也. 又車蓋橑. {周禮・冬官考工記・輪人}弓鑿廣四枚. {註}弓, 蓋橑也. {疏}漢世名弓蓋爲橑子也. 又射侯之數. {儀禮・鄉射禮}侯道五十弓. {疏}六尺爲步, 弓之古制六尺, 與步相應, 而云弓者, 侯之所取數, 宜於射器也. {周禮・天官・司裘註}凡侯道, 虎九十弓, 熊七十弓, 豹麋五十弓. 又量地之數. {度地論}二尺爲一肘, 四肘爲一弓, 三百弓爲一里. 三百六十步爲一里, 卽三百弓也. {西域記}鼓小者聞五百弓. {註}五百弓, 二里半也. 又縣名. {前漢・地理志}河閒國有弓高縣. {史記・韓王

信傳}漢封頽當爲弓高侯. 又水名. {史記・霍去病傳}濟弓閭. 又姓. {廣韻}魯大夫叔弓之後. {韻會}漢有光祿勳弓祉. 又與肱通. {公羊傳・昭三十一年}黑弓以濫來奔. {註}黑弓, 二傳作黑肱. 又與穹通. {史記・天官書}穹閭. {註}索隱曰: 一作弓閭. 弓音穹, 蓋謂以氈爲閭, 崇穹然. 說文 <弓部> 居戎切. 以近窮遠. 象形. 古者揮作弓. {周禮}六弓: 王弓, 弧弓以射甲革甚質 ; 夾弓, 庾弓以射干矦鳥獸 ; 唐弓, 大弓以授學射者. 凡弓之屬皆从弓.

A0493 U-5F14

•弔• 弓字部 總04劃. 한글 [조] 조상할. 新典 [됴] 됴샹. 셜어울. 불샹이 역일. [뎍] 이를. 英譯 condole, mourn, pity. hang. 康熙 <弓部> {唐韻}{集韻}{韻會}{正韻}夶多嘯切, 音釣. {說文}問終也. {禮・曲禮}知生者弔, 知死者傷. {玉篇}弔生曰唁, 弔死曰弔. {急就篇}喪弔悲哀面目腫. {註}於人持弓爲弔. 上古葬者, 衣之以薪, 無有棺槨, 常苦禽獸爲害, 故弔問持弓會之, 以助彈射也. 又傷也, 愍也. {詩・檜風}中心弔兮. {傳}弔, 傷也. 又{小雅}不弔昊天. {傳}弔, 愍也. 又龍種曰弔. {裵淵・廣州記}弔, 生嶺南, 蛇頭龜身, 水宿木棲. 其膏至輕利, 銅及瓦器盛之皆浸出, 置雞卵殼中則不漏. {蘇頌・本草圖經}吉弔脂, 龍所生也. 又{廣韻}都歷切, {集韻}{韻會}丁歷切, 夶音的. {爾雅・釋詁}弔, 至也. {書・盤庚}非廢厥謀, 弔由靈. {詩・小雅}神之弔矣. 裵淵{廣州記} 說文 <人部> 多嘯切. 問終也. 古之葬者, 厚衣之以薪. 从人持弓, 會敺禽.

A0873 U-5F15

•引• 弓字部 總04劃. 한글 [인] 끌. 新典 [인] 활 당길. 인도할. 긔운 드릐 마실. 열길. 노래 곡조. 訓蒙 [인] 혈. 英譯 to pull, draw out, attract. to stretch. 漢典 會意. 從弓丨. 丨表示箭. 箭在弦上, 即將射發. 本義: 拉開弓. 康熙 <弓部> 古文: 扚. {唐韻}余忍切, {集韻}{韻會}{正韻}以忍切, 夶音蚓. {說文}開弓也. {徐鉉曰}象引弓之形. {周禮・冬官考工記}維體防之, 引之中參. 又{廣雅}演也. {易・繫辭}引而伸之. 又{爾雅・釋詁}長也. {釋訓}子子孫孫引無極也. {書・梓材}引養引恬. 又相牽曰引. {禮・檀弓}喪服, 兄弟之子, 猶子也. 蓋引而進之也. {註}牽引進之, 同于己子. {史記・秦始皇紀}諸生轉相告引. 又{集韻}導也. {史記・韓長孺傳}奉引墮車, 蹇. {註}爲天子導引而墮車, 跛. 又卻也. {禮・玉藻}侍坐, 則必退席. 不退, 則必引而去君之黨. {註}引, 卻也. 又相薦達曰引. {史記・魏其侯傳}兩人相爲引重. {註}相薦達爲聲勢. {後漢・張皓王龔傳論}顯登者以貴塗易引. 又服氣法曰道引. {莊子・刻意篇}道引之士, 養形之人. {史記・留侯世家}道引不食穀. 又治疾法有撟引. {史記・扁鵲傳}鑱石撟引. {註}謂爲按摩之法, 夭撟引身, 如熊顧鳥伸也. 又十丈爲引. {前漢・律歷志}其法用竹爲引, 高一分, 廣六分, 長十丈. 引者, 信也. {註}信讀曰伸, 言其長. 又{廣韻}{正韻}羊晉切, {集韻}{韻會}羊進切, 夶蚓去聲. {集韻}牽牛紖也. {禮・檀弓}弔於葬者, 必執引. {疏}引, 柩車索也. 又{集韻}一曰曲引. 蔡邕{琴操}有思歸引. 又引古作扚. 說文 <弓部> 余忍切. 開弓也. 从弓, 丨.

A0847 U-5F17

•弗• 弓字部 總05劃. 한글 [불] 아닐. 新典 [불] 어길. 안이, 안일. 버릴. 英譯 not,

negative. 漢典 象形. 甲骨文字形, 中間象兩根不平直之物, 上以繩索束縛之, 使之平直. 本義: 矯枉. 康熙 <弓部> {唐韻}{集韻}{韻會}丛分勿切, 音紱. {說文}撟也. {玉篇}不正也. {韻會}違也. 又不也. {書・堯典}績用弗成. {春秋・僖二十六年}公追齊師至巂, 弗及. {公羊傳註}弗者, 不之深者也. 又{韻會}不可也, 不然也. {史記・孔子世家}弗乎弗乎. 又去也. {詩・大雅}以弗無子. {傳}弗, 去也. 去無子, 求有子. {箋}弗之爲言祓也. 又滭弗, 盛貌. {司馬相如・子虛賦}滭弗宓汩. 說文 <丿部> 分勿切. 撟也. 从丿从乀, 从韋省.

A0872 U-5F18

•弘• 弓字部 總05劃. 한글 [홍] 넓을. 新典 [횡] 클. 크게 할. 類合 [홍] 클. 英譯 enlarge, expand. liberal, great. 漢典 形聲. 從弓. 厶聲. 本義: 弓聲. 康熙 <弓部> {廣韻}{集韻}{韻會}丛胡肱切, 或平聲. {說文}弓聲也. 又{爾雅・釋詁}大也. {疏}弘者, 含容之大也. {易・坤彖}含弘光大. 又{正韻}大之也. {論語}人能弘道. 又叶胡公切, 音洪. {陸機・贈弟雲詩}懷襲瑰瑋, 播植清風. 非德莫動, 非道莫弘. 又叶胡光切, 音皇. {陸雲・陸常侍誄}於穆皇源, 時惟誕弘. 權輿有嬀, 爰帝暨王. 說文 <弓部> 胡肱切. 弓聲也. 从弓厶聲. 厶, 古文肱字.

A0875 U-5F1C

•弜• 弓字部 總06劃. 한글 [강] 강할. 康熙 <弓部> {唐韻}其兩切, 强上聲. {說文}彊也, 弓有力也. {集韻}弓彊貌. {華陽國志}秦昭襄王時白虎爲害, 於是夷作白竹弩, 射殺白虎, 世號白虎復夷. 一曰板楯蠻. 今所謂弜頭虎子者也. 又{廣韻}{集韻}丛渠良切, 音强. 又{集韻}翹移切, 音祁. 義丛同. 說文 <弜部> 其兩切. 彊也. 从二弓. 凡弜之屬皆从弜.

A0332 U-5F1F

•弟• 弓字部 總07劃. 한글 [제] 아우. 新典 [뎨] 아오, 동생. 슌할. 공경. 訓蒙 [뎨] 아ᄋᆞ. 英譯 young brother. junior. i, me. 漢典 象形. 甲骨文字形, 象有繩索圍繞于"弋", 象豎立有杈的短木樁. 繩索捆束木樁, 就出現了一圈一圈的"次第". 本義: 次第. 康熙 <弓部> 古文: 丰芖. {廣韻}徒禮切, {集韻}{韻會}{正韻}待禮切, 丛第上聲. {說文}束韋之次第也. {釋名}弟, 第也, 相次第而上也. {廣韻}今爲兄弟字. {爾雅・釋親}男子先生爲兄, 後生爲弟. {書・君陳}惟孝友于兄弟. 又與悌通. {廣雅}弟, 順也, 言順於兄. {禮・曲禮}僚友稱其弟也. 又易也. {廣韻}愷悌, 一作豈弟. {詩・齊風}齊子豈弟. {傳}豈, 樂也. 弟, 易也. 又{廣韻}特計切, {集韻}{韻會}{正韻}大計切, 丛音第. 義同. ○ 按{集韻}以兄弟, 豈弟之弟爲上聲, 孝弟之弟爲去聲, 據{廣韻}薺, 霽二韻, 弟俱訓兄弟, 霽韻悌訓孝悌, 又上聲. 宋禮部韻, 悌訓愷悌, 上去二聲通押. 則兄弟, 豈弟, 孝弟, 俱可通用上去二聲也. 說文 <弟部> 特計切. 韋束之次弟也. 从古字之象. 凡弟之屬皆从弟.

A0874 U-5F48

•彈• 弓字部 總15劃. 한글 [탄] 탄알. 新典 [탄] 탄알. 털. 탄핵할. 탄자. 訓蒙 [탄] 뽈. 英譯 pellet, bullet, shot, shell. 康熙 <弓部> 古文: 弖. {唐韻}{集韻}{韻會}徒案切, {正韻

}杜晏切, 太音憚. {玉篇}行丸也. {吳越春秋}彈生於古之孝子. 孝子不忍見父母爲禽獸所食, 故作彈以守之. {李尤・彈銘}昔之造彈, 起意弦木. 以彈爲矢, 合竹爲檏. 又彈丸, 喻小也. {史記・虞卿傳}此彈丸之地. 又鬼彈. {水經注}永昌郡北山水傍, 瘴氣特惡, 氣中有物, 不見其形, 其作有聲, 中木則折, 中人則害, 名曰鬼彈. 又{廣韻}徒干切, {集韻}{韻會}唐干切, {正韻}唐闌切, 太音檀. {廣韻}射也. {集韻}彈丸射也. {左傳・宣二年}晉靈公從臺上彈人, 而觀其避丸也. 又擊也. {史記・孟嘗君傳}馮驩彈其劍而歌. 又{韻會}鼓爪曰彈. {屈原・漁父}新沐者必彈冠. {史記・五帝紀}舜彈五絃之琴. 又{廣韻}糾也. {增韻}劾也. {周禮・地官・里宰註}街彈之室. {疏}漢時在街置室, 檢彈一里之民. {後漢・史弼傳}州司不敢彈糾. 又掉也. {周禮・冬官考工記}句兵欲無彈. {註}句兵, 戈戟屬. 彈謂掉也. 又彈棊. {西京雜記}成帝好蹴踘, 羣臣以爲勞. 帝曰: 可擇似而不勞者奏之. 家君作彈棊以獻. 又叶徒沿切, 音田. {陸機・文賦}抱景者咸叩, 懷響者必彈. 或因枝以振葉, 或沿波以討源. 又弓字. 說文 <弓部> 徒案切. 行丸也. 从弓單聲.

A0873 U-5F4A

•彊• 弓字部 總16劃. 훈글 [강] 굳셀. 新典 [강] 센활. 굿셀. 슷슷할. 사나울. 힘쓸. 강잉할. 쌔득쌔득할. 송장 쌧쌧할. [횡] 활살 소리. 휘쟝 바람에 부치는 소리. 正蒙 [강] 힘실. 英譯 stubborn, uncompromising. 康熙 <弓部> {唐韻}巨良切, {集韻}{韻會}{正韻}渠良切, 太音强. {說文}弓有力也. {史記・絳侯世家}材官引彊. {註}能引彊弓官, 如今挽彊司馬也. 又{玉篇}堅也. {書・皐陶謨}彊而義. {傳}彊無所屈撓也. 又{廣韻}健也. {易・乾卦}君子以自彊不息. 又{集韻}勝也. {爾雅・釋詁}當也. {註}彊者, 好與相當. {史記・商君傳}自勝之謂彊. 又{增韻}壯盛也. {書・洪範}身其康彊. 又力有餘也. {詩・周頌}侯彊侯以. {註}彊, 彊力也. {箋}彊力有餘者. 又勢盛也. {左傳・昭五年}羊舌四族皆彊家也. {孟子}天下固畏齊之彊也. 又{爾雅・釋言}暴也. {註}彊梁凌暴. {書・洪範}彊弗友剛克. {傳}彊禦不順, 以剛能治之. {詩・大雅}曾是彊禦. {傳}彊梁禦善也. {疏}彊梁者, 任威使氣之貌. 又禺彊, 彊良, 神名. {山海經}北方禺彊. {註}水神也. {又}北極天櫃有神, 名曰彊良. 又{廣韻}其兩切, {集韻}{正韻}巨兩切, 太强上聲. {類篇}勉也. {孟子}彊爲善而已矣. {前漢・董仲舒傳}彊勉學問則聞見, 博而知益明. 彊勉行道, 則德日起, 而大有功. 又抑之使然曰彊. {孟子}彊而後可. 又{正韻}牽彊, 假合也. 又{類篇}其亮切, 音弶. {史記・絳侯世家}勃爲人木彊敦厚. 又屈強. {史記・陸賈傳}迺欲以新集未造之越, 屈彊於此. {前漢書}作屈強. ○ 按彊與強, 平上去三聲經史太通用. 互見強字註. 又{廣韻}{集韻}{韻會}太居亮切, 音殭. {廣韻}彊屍勁硬. 又{類篇}居良切, 音薑. {詩・鄘風}鶉之彊彊. {箋}居有常匹, 飛則相隨之貌. 又與疆通. {集韻}疆或作彊. {賈誼・審微篇}昔衞侯朝於天子, 周行人問其名, 曰辟彊. 行人還之曰啓彊. 辟彊, 天子之號也, 諸侯弗敢用. 衞侯更名燬. 說文 <弓部> 巨良切. 弓有力也. 从弓畺聲.

A0713 U-5F4C

•彌• 弓字部 總17劃. 훈글 [미] 두루. 新典 [미] 활 부릴. 더할. 오랠. 마침. 기울, 꿰맬. 그칠. 類合 [미] 더옥. 英譯 extensive, full. fill. complete. 康熙 <弓部> 古文: 镾. {廣韻}武移切, {集韻}{韻會}民卑切, 太音迷. {說文}弛弓也. 又{玉篇}徧也. {周禮・春官・大祝}彌祀社稷禱. {註}彌猶徧也. 又{類篇}終也. {詩・大雅}誕彌厥月. {傳}彌, 終也. 又{廣韻}益也.

{論語}仰之彌高, 鑽之彌堅. 又{廣韻}長也, 久也. 又遠也. {左傳・哀二十三年}以肥之得備彌甥也. {註}彌遠也. 又祲也. {周禮・春官・眡祲}掌十煇之法, 七曰彌. {註}彌者, 白虹彌天也. 又彌縫, 補闕也. {易・繫辭}彌綸天地之道. {疏}彌, 謂彌逢補合. {左傳・僖二十六年}彌縫其闕. 又彌彌, 猶稍稍也. {前漢・韋賢傳}彌彌其失. 又彌龍, 車飾. {史記・禮書}彌龍所以養威也. {註}索隱曰: 謂金飾衡軛爲龍. 又扜彌, 國名. {前漢・西域傳}扜彌國, 今名寧彌. 又姓. {廣韻}三輔決錄有新豐彌升. 又羌複姓, 後秦將軍彌姐婆觸. 又{類篇}綿批切, 音迷. 嫛彌, 嬰兒也. {禮・雜記}中路嬰兒失其母焉. {註}嬰, 猶嫛彌也. 又{韻會}母婢切, 彌上聲. {類篇}止也. {韻會}息也. {周禮・春官・小祝}彌災兵. {前漢・李廣傳}彌節白檀. {註}彌節, 少安之意. {韻會}通作弭.

A0602 U-38C7

•㣇• 彐字部 總08劃. (한글) [이] 털긴 짐승. (英譯) a kind of beast with long hair, other name for pig, fox, wild cat, raccoon. (康熙) <彐部> 古文: 𢑍. {唐韻}{集韻}丛羊至切, 音肄. {說文}脩豪獸也. 一曰河內名豕也. 从彑, 下象毛足. {玉篇}狸子也. 又豬也. 又{廣韻}特計切, 音第. 又{集韻}田黎切, 第平聲. 義丛同. {說文長箋}籒文作𧰨. (說文) <㣇部> 羊至切. 脩豪獸. 一曰河內名豕也. 从彑, 下象毛足. 凡㣇之屬皆从㣇. 讀若弟.

A0418 U-5F54

•彔• 彐字部 總08劃. (한글) [록] 나무 깎을. (英譯) to carve wood. (說文) <彔部> 盧谷切. 刻木彔彔也. 象形. 凡彔之屬皆从彔.

A0161 U-5F57

•彗• 彐字部 總11劃. (한글) [혜] 비. (新典) [슈] 俗音 [혜] 비. [세] ᄉᆞ리별. (英譯) broomstick. comet. (漢典) 會意. 甲骨文象掃竹之形, 本是象形字. 小篆增加"又", 構成了會意字. 本義: 掃帚. (康熙) <彐部> {唐韻}祥歲切, 音篲. {說文}掃竹也. 从又持甡. {廣韻}帚也. {禮・曲禮}國中以策彗卹勿驅, 塵不出軌. 又草名. {爾雅・釋草}葥, 王彗. {註}王帚也. 似藜, 其樹可以爲掃篲. 又{廣韻}妖星. {爾雅・釋天}彗星爲欃槍. {註}亦謂之孛. 言其形孛孛如掃彗. {前漢・文帝紀有長星出于東方註}文穎曰: 孛彗長三星, 其形象小異, 孛星光芒短, 其光四出, 蓬蓬孛孛也. 彗星光芒長, 參參如埽篲. 長星光芒有一直指, 或竟天, 或十丈, 或三丈二丈, 無常也. 又{廣韻}{集韻}{正韻}丛徐醉切, 音遂. 又{集韻}雖遂切, 音祟. 義丛同. 又{類篇}須銳切, 音歲. 日中暴明也. {太公・兵法}日中不彗, 是謂失時. 又{廣韻}于劌切, 音衞. 義同. 又與慧通. {史記・淮南王安傳}淮南王有女陵, 彗有口辨. (說文) <又部> 祥歲切. 掃竹也. 从又持甡.

A0604 U-5F58

•彘• 彐字部 總12劃. (한글) [체] 돼지. (新典) [체] 도야지, 돗. (訓蒙) [톄] 돋. (英譯) swine. (漢典) 象形. 小篆字形. 矢聲, 其余象豬頭, 腳. 本義: 彘本指大豬, 后泛指一般的豬. (康熙) <彐

部> {唐韻}{集韻}{韻會}丛直例切, 音滯. {說文}豕也. 後蹄廢謂之彘. 从彑, 矢聲. 从二匕, 彘足與鹿足同. {玉篇}豬也. {禮·月令}孟夏之月, 天子乃以彘嘗麥. {註}彘, 水畜. {史記·貨殖傳}澤中千足彘, 其人與千戶侯等. 又草名. {本草}葝蘈, 一名彘顱. 又司彘, 國名. {山海經}流沙之東, 黑水之西, 有司彘之國. 又地名. {前漢·地理志}河東郡彘縣, 順帝改曰永安. 又姓. {廣韻}左傳有彘恭子. 又與殔通. {集韻}殔省作彘. (說文) <彑部> 直例切. 豕也. 後蹏發謂之彘. 从彑矢聲 ; 从二匕, 彘足與鹿足同.

㣈

A0603 U-38C8

•㣈• 彐字部 總16劃. (훈글) [시] 돼지. (英譯) a kind of animal, a kind of rat, (interchangeable 肆) extremely. excessively. reckless. without restraint, to exhaust. (康熙) <彐部> 古文: 𧰼. {唐韻}{集韻}丛息利切, 音四. {說文}希屬. 从二希. 又{玉篇}豕聲也. 又{廣韻}鼠名. {廣韻}俗作肆. (說文) <希部> 息利切. 希屬. 从二希.

彞

A0879 U-5F5E

•彞• 彐字部 總18劃. (훈글) [이] 떳떳할. (新典) [이] 썻썻할. 법. (英譯) yi. tripod, wine vessel. rule. (漢典) 形聲. 從糸, 攻持米, 彑聲. 爲雙手捧絲, 米奉獻神靈. 據甲骨文, 象雙手捧雞奉獻之意. 本義: 古代祭祀時常用的禮器的總稱. (康熙) <彐部> 古文: 𢑱𢆶𢑹. {唐韻}以脂切, {集韻}{韻會}{正韻}延知切, 丛音姨. {說文}宗廟常器也. 从糸. 糸, 綦也. 廾, 持米器, 中實也. 彑聲. {左傳·襄十九年}取其所得, 以作彝器. {註}謂鍾鼎爲宗廟之常器. 又{廣韻}酒尊也. {爾雅·釋器}彝卣罍, 器也. {註}皆盛酒尊, 彝其總名. {周禮·春官·小宗伯之職}辨六彝之名物, 以待祼將. {註}六彝, 雞彝, 鳥彝, 黃彝, 虎彝, 蜼彝, 斝彝. 又{廣韻}法也. {周禮·春官}司尊彝. {註}彝, 灋也. 言爲尊之灋也. 又{爾雅·釋詁}常也. {書·洪範}彝倫攸敘. {詩·大雅}民之秉彝. {玉篇}一作彜. (說文) <糸部> 以脂切. 宗廟常器也. 从糸 ; 糸, 綦也. 廾持米, 器中寶也. 彑聲. 此與爵相似. {周禮}: "六彝: 雞彝, 鳥彝, 黃彝, 虎彝, 蟲彝, 斝彝. 以待祼將之禮."

彡

A0563 U-5F61

•彡• 彡字部 總03劃. (훈글) [삼] 터럭. (新典) [삼] 털 그릴. 털 자랄. (英譯) hair. KangXi radical 59. (康熙) <彡部> {唐韻}{正韻}所銜切, {集韻}{韻會}師銜切, 丛音衫. {說文}彡, 毛飾畫文也. 象形. {徐鉉曰}毛髮繪飾之事. {集韻}髯飾謂之彡. 又{廣韻}毛長也. 又{廣韻}息廉切, {集韻}思廉切, 丛音暹. 義同. 又{集韻}纖琰切, 僉上聲. 羌姓. {後漢·西羌傳}元帝時, 彡姐等七種寇隴西. 又魚名. {閩中海錯疏}黃彡, 鱗細, 黃赤色. (說文) <彡部> 所銜切. 毛飾畫文也. 象形. 凡彡之屬皆从彡.

彤

A0528 U-5F64

•彤• 彡字部 總07劃. (훈글) [동] 붉을. (新典) [동] 붉은 칠할. (訓蒙) [동] 블글. (英譯) red, vermilion. name of ancient. (漢典) 會意. 從丹, 從彡. 丹, 丹砂. 彡, 毛飾. 本義: 彩色裝飾.

康熙 <彡部> {唐韻}{集韻}{韻會}𠀤徒冬切, 音佟. {說文}丹飾也. 从丹, 从彡. 彡, 其畫也. {玉篇}赤色. {詩·邶風}貽我彤管. {左傳·定九年}靜女之三章取彤管焉. {註}彤管, 赤管筆, 女史記事規誨之所執. {疏}必用赤者, 示其以赤心正人也. {書·文侯之命}彤弓一. {詩·小雅·彤弓傳}彤弓, 朱弓也. 又姓. {史記·夏本紀}禹爲姒姓, 其後分封, 用國爲姓, 有彤城氏. {註}索隱曰: 周有彤伯, 蓋彤城氏之後. {廣韻}彤伯爲成王宗枝. 說文 <丹部> 徒冬切. 丹飾也. 从丹从彡. 彡, 其畫也.

彩 A0342 U-5F69

•彩• 彡字部 總11劃. 훈글 [채] 무늬. 新典 [채, 치] 채색. 빗날. 類合 [치] 빗날. 英譯 hue, color. variegated colors. 漢典 形聲. 從彡, 采聲. 從"彡"表示與圖畫, 文飾相關. 本義: 文采, 文章才華. 康熙 <彡部> {唐韻}{正韻}倉宰切, {集韻}此宰切, 𠀤音采. {說文}文章也. 从彡, 采聲. {廣韻}光彩. {集韻}通作采. 說文 <彡部> 倉宰切. 文章也. 从彡采聲.

彭 A0279 U-5F6D

•彭• 彡字部 總12劃. 훈글 [팽] 성. 新典 [방] 갓가울. 장할. 웅긋중긋 갈. 英譯 name of ancient country. surname. 康熙 <彡部> {唐韻}{集韻}薄庚切, {韻會}{正韻}蒲庚切, 𠀤音棚. {說文}鼓聲也. 又軍器. {釋名}彭排, 軍器也. 彭, 旁也, 在旁排禦敵攻也. 又水名. {左傳·桓十二年}伐絞之役, 楚師分涉於彭. {註}彭水, 在新昌衞縣. 又國名. {書·牧誓}及庸蜀羌髳微盧彭濮人. {傳}盧彭, 在西北. 又地名. {詩·鄭風}淸人在彭. {傳}衞之河上, 鄭之郊也. {春秋·文二年}晉侯及秦師戰于彭衙. {註}馮翊郃陽縣西北有彭衙城. 又州名. {唐書·地理志}彭州, 垂拱二年, 析益州置. 又彭盛, 縣名. {史記·項羽本紀}項王都彭城. {正義}徐州縣. {後漢·郡國志}彭城國, 彭城縣, 古大彭邑. 又彭亡, 聚名. {後漢·郡國志}武陽有彭亡聚. 又{岑彭傳}彭至武陽, 所營地名彭亡. 又彭蠡, 湖名. {書·禹貢}彭蠡旣豬. {前漢·地理志}豫章郡彭澤縣, 彭蠡澤在西. 又彭門, 山名. {後漢·郡國志}蜀郡湔氐道縣前有兩石, 對如闕, 號曰彭門. 又姓. {史記·楚世家}陸終生六子, 三曰彭祖. {註}虞翻曰: 名翦, 爲彭姓, 封於大彭. {鄭語}彭姓豕韋諸稽, 則商滅之矣. {廣韻}左傳, 楚有彭仲爽, 漢有大司空彭宣. 又{韻會}逋旁切, {正韻}博旁切, 𠀤榜平聲. {玉篇}多貌. {詩·齊風}行人彭彭. {釋文}彭, 必旁反. 又{玉篇}盛也. {韻會}壯也. {詩·大雅}駟騵彭彭. {集韻}强盛貌. 又{廣韻}行也. {詩·小雅}四牡彭彭. {傳}彭彭, 不得息也. 又{廣韻}道也. 又{集韻}晡橫切, 音閍. 衆車聲也. 又{韻會}{正韻}𠀤蒲光切, 音旁. {韻會}近也. {正韻}旁也. {易·大有}九四匪其彭, 无咎. {疏}彭, 旁也. 又{類篇}彭亨, 驕滿貌. 韓愈{城南聯句}苦開腹彭亨. 又{詩·魯頌}有驪有黃, 以車彭彭. {劉歆·遂初賦}求仁得仁, 固其常兮. 守信保己, 比老彭兮. 又與魴通. {公羊傳·成十八年}晉侯使士彭來乞師. {註}二傳士彭作士魴. 說文 <壴部> 薄庚切. 鼓聲也. 从壴彡聲.

㣔 A0494 U-38D4

•㣔• 彳字部 總05劃. 훈글 [정] 홀로 걸을. 新典 [뎡] 타달타달 거름. 英譯 to walk alone, to insist on ones ways in doing things. 康熙 <彳部> {韻會}當經切, 音丁. 伶㣔, 獨行貌. {集韻}一作跉盯. {正字通}亦作伶仃.

D0029 U-38D5

•㣕• 彳字部 總06劃. (훈글) [대] (미등록).

A0097 U-5F75

•彵• 彳字部 總06劃. (훈글) [타] 편안하게 걸을. (康熙) <彳部> {玉篇}他可切, 音拸. 安行也.

A0158 U-5F76

•彶• 彳字部 總07劃. (훈글) [급] 급히갈. (康熙) <彳部> {廣韻}居立切, {集韻}訖立切, 㚌音急. {說文}急行也. {廣韻}遽也. (說文) <彳部> 居立切. 急行也. 从彳及聲.

A0935 U-5F77

•彷• 彳字部 總07劃. (훈글) [방] 거닐. (新典) [방] 어슷거릴. 비슷할. (英譯) like, resembling. resemble. (康熙) <彳部> {廣韻}步光切, {集韻}蒲光切, 㚌音旁. {玉篇}彷徨也. {莊子・逍遙遊}彷徨乎無爲其側. 又蟲名. {莊子・達生篇}野有彷徨. {音義}彷徨, 狀如蛇, 兩頭, 五采文. 又{集韻}彷徉, 徘徊也. {史記・吳王濞傳}彷徉天下. 又{廣韻}妃兩切, 音髣. 彷彿也. {說文}彷彿, 見不審也. {傅毅・舞賦}彷彿神動.

A0177 U-5F79

•役• 彳字部 總07劃. (훈글) [역] 부릴. (新典) [역] 부릴. 벌어설. 부림군. 골몰할. [숑] 눈휘둥굴할. (訓蒙) [역] 브릴. (英譯) service. a servant, laborer. to serve. (漢典) 會意. 古文作伇. 甲骨文字形, 象人持殳擊人. 本義: 服兵役, 戍守邊疆. (康熙) <彳部> 古文: 伇. {唐韻}{集韻}{韻會}㚌營隻切, 音疫. {說文}戍邊也. {詩・小雅・采薇序}遣戍役, 以守衞中國. 又{玉篇}使役也. {易・說卦}致役乎坤. {書・大誥}予造天役. {周禮・天官・大宰}田役以馭其衆. 又有所求而不止曰役役. {莊子・齊物論}終身役役而不見其成功. {註}得此不止, 復逐於彼, 疲役終身也. 又凡役使之人曰厮役. {前漢・張耳陳餘傳贊}其賔客厮役, 皆天下俊桀. 又列也. {詩・大雅}禾役穟穟. {傳}役, 列也. {疏}種禾, 則使有行列, 其苗穟穟然美好也. {韻會}或作伇. (說文) <殳部> 營隻切. 戍邊也. 从殳从彳.

A0100 U-38D9

•㣙• 彳字部 總08劃. (훈글) [적] 걷는 모양. (英譯) to walk in an easy and leisurely manner, (same as 宙) time-past, present and future, infinite time. time without beginning or end. eternity. (康熙) <彳部> {唐韻}徒歷切, {集韻}亭歷切, 㚌音笛. {說文}行㣙㣙也. 又{集韻}徒沃切, 音毒. 義同. (說文) <彳部> 徒歷切. 行㣙㣙也. 从彳由聲.

A0097 U-5F80

•往• 彳字部 總08劃. (ᄒᆞᆫ글) [왕] 갈. (新典) [왕] 갈. 옛. 잇다금. (類合) [왕] 갈. (英譯) go, depart. past, formerly. (漢典) 會意. 甲骨文字形, 從止, 從土. 意爲從這個地方走向目的地. 本義: 去, 到…去. (康熙) <彳部> 古文: 徃迬. {唐韻}于兩切, {集韻}雨兩切, {正韻}羽枉切, 𠀤王上聲. {說文}之也. {玉篇}行也, 去也. {易・履卦}素履往無咎. {書・舜典}帝曰: 兪, 汝往哉. {禮・曲禮}禮尚往來. 往而不來, 非禮也. 來而不往, 亦非禮也. 又{玉篇}古往也. {廣韻}往, 昔也. {易・繫辭}夫易彰往而察來. {前漢・武帝紀}稽諸往古, 制宜於今. 又約擧前事曰往往. {史記・五帝紀}至長老皆各往往稱黃帝堯舜之處, 風敎固殊焉. 又凡以物致人曰往. {曹植・與楊修書}今往僕少小所著辭賦一通, 相與刊定也. {王羲之帖}今往絲布單衣財一端, 示致意. 又{集韻}於放切, 王去聲. 歸嚮也. {史記・孔子世家贊}雖不能至, 然心鄕往之. 又叶尹竦切, 音勇. {東方朔・七諫}叩宮而宮應兮, 彈角而角動. 虎嘯而谷風生兮, 龍至而錦雲往. (說文) <彳部> 于兩切. 之也. 从彳㞷聲.

A0079 U-5F81

•征• 彳字部 總08劃. (ᄒᆞᆫ글) [정] 칠. (新典) [졍] 갈. 구실 바들. 차질. 칠. (類合) [졍] 졍역. (英譯) invade, attack, conquer. (漢典) 形聲. 從彳, 正聲. 從彳, 表示與行走有關. 甲骨文從彳, 從足. 本義: 到很遠的地方去, 遠行. (康熙) <彳部> 古文: 徰. {廣韻}{集韻}{韻會}諸盈切, {正韻}諸成切, 𠀤証平聲. {爾雅・釋言}行也. {易・泰卦}拔茅茹, 以其彙征吉. {詩・小雅}之子于征. 又{韻會}征, 伐也. {易・離卦}王用出征. {書・大禹謨}惟時有苗弗率, 汝徂征. {孟子}征者, 上伐下也. 又{正韻}征, 取也. {禮・王制}關譏而不征. 又姓. {前漢・司馬相如傳}厮征伯僑, 而役羨門兮. {註}仙人, 姓征, 名伯僑. 又{韻會}通政. {周禮・地官・小司徒}施其職, 而平其政. {註}音征, 稅也. 當作征. 又通正. {周禮・夏官}惟加田無國正. {註}音征, 稅也. 獨加賞之田無稅.

A0100 U-5F89

•徉• 彳字部 總09劃. (ᄒᆞᆫ글) [양] 노닐. (新典) [양] 노닐. (英譯) wonder, rove, stray. hesitating. (康熙) <彳部> {廣韻}與章切, {集韻}{韻會}余章切, 𠀤音羊. {玉篇}彷徉也. {廣韻}徜徉, 徙倚也. {廣雅}徜徉, 戲蕩也. {楚辭・招魂}彷徉無所倚, 廣大無所極.

A0100 U-5F8B

•律• 彳字部 總09劃. (ᄒᆞᆫ글) [률] 법. (新典) [률] 풍류. 법. 지을. 저울질 할. (類合) [률] 법률. (英譯) statute, principle, regulation. (漢典) 形聲. 從彳, 聿聲. 本義: 法律, 法令. (康熙) <彳部> {唐韻}呂戌切, {集韻}{韻會}{正韻}劣戌切, 𠀤音膟. {玉篇}六律也. {廣韻}律呂也. {說文}均布也. 十二律均布節氣, 故有六律, 六均. {爾雅・釋器}律謂之分. {註}律管, 所以分氣. {前漢・律歷志}律有十二, 陽六爲律, 陰六爲呂, 黃帝之所作也. 黃帝使泠綸自大夏之西, 昆侖之陰, 取竹之解谷生, 其竅厚均者, 斷兩節閒而吹之, 以爲黃鐘之宮, 制十二筩以聽鳳之鳴. 其雄鳴爲六, 雌鳴亦六, 比黃鐘之宮而皆可以生之, 是爲律本. {後漢・律曆志}殿中候用玉律十

二, 惟二至乃候, 靈臺用竹律六十候日如其曆. {史記・律書註}古律用竹, 又用玉. 漢末以銅爲之. {書・舜典}同律度量衡. {禮・王制}考時月, 定日同律. 又{爾雅・釋詁}法也. 又常也. {註}謂常法. {正韻}律呂萬法所出, 故法令謂之律. {管子・七臣七主篇}律者, 所以定分止爭也. {釋名}律, 累也. 累人心, 使不得放肆也. {左傳・桓二年}百官於是乎戒懼, 而不敢易紀律. 又軍法曰律. {易・師卦}師出以律. 又刑書曰律. {前漢・刑法志}蕭何攈摭秦法, 取其宜於時者, 作律九章. {晉書・刑法志}秦漢舊律起自李悝. 悝著網捕二篇, 雜律一篇. 又以其律具其加減, 是故所著六篇而已. 又爵命之等曰律. {禮・王制}有功德于民者, 加地進律. {疏}律卽上公九命, 繅藉九寸, 冕服九章, 建常九斿之等, 是也. 又{爾雅・釋言}述也. {禮・中庸}上律天時. 又{爾雅・釋言}銓也. 所以銓量輕重. 又理髮曰律. {荀子・禮論篇}不沐則濡櫛, 三律而止. {註}律, 理髮也. 又詩律. {杜甫・遣悶詩}晩節漸於詩律細. 又戒律. {佛國記}法顯慨律藏殘缺, 於是以弘始二年至天竺, 尋求戒律. 又{爾雅・釋器}不律謂之筆. {註}蜀人呼筆爲不律也. 又斛律, 耶律, 丛複姓. {姓譜}斛律, 代人, 世爲部落統軍, 號斛律部, 因氏焉. 耶律, 遼之後. 又{韻補}與嵂通. {詩・小雅}南山律律. {司馬相如・大人賦}徑入雷室之砰磷鬱律兮, 洞出鬼谷之堀礨崴魁. 說文 <彳部> 呂戌切. 均布也. 从彳聿聲.

A0099 U-5F8C

•後• 彳字部 總09劃. 훈글 [후] 뒤. 新典 [후] 뒤. 느질. 아들. 뒤질. 訓蒙 [후] 뒤. 英譯 behind, rear, after. descendents. 漢典 會意. 象人之形, 施令以告四方, 古之, 從一口, 發號者君后也. 按從坐人, 從口, 與君同意. 本義: 君主, 帝王. 康熙 <彳部> 古文: 逡𢓭. {唐韻}{正韻}胡口切, {集韻}{韻會}很口切, 丛音厚. {說文}遲也. 从彳幺夂者, 後也. {徐鍇曰}幺, 猶纙躓之也. {玉篇}前後也. {廣韻}先後也. {詩・小雅}不自我先, 不自我後. 又後嗣也. {禮・哀公問}子也者, 親之後也. {書・蔡仲之命}垂憲乃後. {左傳・桓二年}臧孫達其有後于魯乎. 又{集韻}亦姓. 又{韻會}然後, 語辭. 又{廣韻}胡遘切, {集韻}下遘切, {韻會}{正韻}胡茂切, 丛厚去聲. {增韻}此後於人, 不敢先而後之, 先此而後彼之後也. {老子・道德經}自後者, 人先之. {論語}事君敬其事, 而後其食. 又{詩・大雅}予曰有先後. {傳}相導前後曰先後. 又{廣雅}娣姒, 先後也. {前漢・郊祀志}神君者, 長陵女子, 以乳死, 見神於先後宛若. {註}兄弟妻相謂曰先後, 古謂之娣. 今關中俗呼爲先後, 吳楚呼爲妯娌. 又叶後五切, 胡上聲. {揚雄・趙充國圖畫頌}在漢中興, 充國作武. 赳赳桓桓, 亦紹厥後. 說文 <彳部> 胡口切. 遲也. 从彳, 幺, 夂者, 後也.

D0028 U-5F90

•徐• 彳字部 總10劃. 훈글 [서] 천천할. 新典 [셔] 천천할. 한가할. 찬찬할. 더듸. 類合 [셔] 날횔. 英譯 slowly, quietly, calmly. composed, dignified. 漢典 形聲. 從彳, 余聲. 雙人旁與行走有關. 本義: 慢步走. 康熙 <彳部> {唐韻}似魚切, {集韻}{韻會}祥余切, {正韻}祥於切, 丛序平聲. {說文}安行也. {玉篇}威儀也. {爾雅・釋訓}其虛其徐, 威儀容止也. {註}雍容都雅之貌. {莊子・應帝王}其臥徐徐, 其覺于于. {音義}徐徐, 安穩貌. 又通作邪. {詩・邶風}其虛其邪. {箋}邪, 讀如徐. {疏}虛徐者, 謙虛閑徐之義. 又{廣韻}緩也. {廣雅}遲也. {孟子}子謂之姑徐徐云爾. 又{廣韻}州名. {書・禹貢}海岱及淮惟徐州. {爾雅・釋地}濟東曰徐州. {疏}淮海閒其氣寬舒, 稟性安徐, 故曰徐. {釋名}徐舒也. 土氣舒緩也. 又國名. {左傳・昭元年

}周有徐奄. {註}二國皆嬴姓. 又縣名. {前漢·地理志}臨淮郡有徐縣. 又{爾雅·釋天}太歲在辰曰執徐. 又姓. {廣韻}自顓頊之後, 春秋時, 徐偃王假行仁義, 爲楚文王所滅, 其後氏焉, 出東海, 高平, 東莞, 琅邪, 濮陽五望. (說文) <彳部> 似魚切. 安行也. 从彳余聲.

A0081 U-5F92

•徒• 彳字部 總10劃. (훈글) [도] 무리. (新典) [도] 거러다닐. 무리. 다만. 종. (訓蒙) [도] 물. (英譯) disciple, follower. go on foot. (漢典) 形聲. 從辵, 土聲. 本義: 步行. (康熙) <彳部> 古文: 徒. {唐韻}{集韻}{韻會}{正韻}𠀤同都切, 音塗. {說文}本作辻. 步行也. {易·賁卦}舍車而徒. 又步卒也. {詩·魯頌}公徒三萬. 又{爾雅·釋訓}徒輦者也. {疏}會同田獵, 人挽輦以徒行也. {詩·小雅}徒御不驚. 又{玉篇}衆也. {書·仲虺之誥}實繁有徒. {前漢·東方朔傳}人至察, 則無徒. 又{廣韻}空也. {爾雅·釋訓}暴虎, 徒搏也. {註}空手執也. 又{廣雅}徒, 袒也. {史記·張儀傳}秦人捐甲, 徒裼以趨敵. 又{正韻}但也. {孟子}徒善不足以爲政. 又{廣韻}黨也. {張衡·思玄賦}朋精粹而爲徒. 又弟子曰徒. {論語}非吾徒也. {後漢·鄭康成傳}扶風馬融, 門徒四百餘人. 又{廣韻}徒隷也. {周禮·天官}冢宰胥十有二人, 徒百有二十人. {疏}胥有才智爲什長, 徒給使役, 故一胥十徒. 又司徒, 官名. {書·舜典}汝作司徒. {周禮·地官·司徒疏}司徒, 主衆徒也. 又丹徒, 縣名. {前漢·地理志}會稽郡有丹徒縣. {註}即春秋云朱方也. {地志}秦望氣者言其地有王氣, 始皇使赭衣徒三千鑿京峴山, 以敗其勢, 因名丹徒. 又罪名. {唐書·刑法志}用刑有五, 其三曰徒. 徒者, 奴也. 蓋奴辱之, 量其罪之輕重, 有年數而捨. 又申徒, 登徒, 司徒, 𠀤複姓. {風俗通}申屠氏, 隨音改爲申徒氏, 夏有申徒狄. {宋玉·好色賦序}大夫登徒子, 侍於楚王. {註}登徒, 姓也. {姓譜}舜嘗爲堯司徒, 支孫氏焉. 又叶唐何切, 音駝. {道藏歌}運役自然氣, 於是息三徒. 一暢萬劫感, 慶賀西王那.

A0100 U-5F97

•得• 彳字部 總11劃. (훈글) [득] 얻을. (新典) [득] 어들. 탐할. 샹득할. 쾌할. (類合) [득] 어들. (英譯) obtain, get, gain, acquire. (漢典) 會意. 金文字形, 右邊是""貝"加"手", 左邊是"彳", 表示行有所得. 手里拿著財貨, 自然是有所得. 本義: 得到, 獲得. (康熙) <彳部> 古文: 㝵𢔶. {唐韻}{正韻}多則切, {集韻}{韻會}的則切, 𠀤音德. {說文}行有所得也. {玉篇}獲也. {韻會}凡有求而獲皆曰得. 又賦受亦曰得. {易·乾卦}知得而不知喪. {禮·曲禮}臨財毋苟得. {左傳·定九年}凡獲器用曰得, 得用焉曰獲. {孟子}求則得之. 又貪也. {論語}戒之在得. 又{韻會}與人契合曰相得. {王褒·聖主得賢臣頌}聚精會神, 相得益章. 又得得, 唐人方言, 猶特地也. {全唐詩話}貫休入蜀, 以詩投王建曰: 一瓶一鉢垂垂老, 千水千山得得來. 又叶都木切, 音篤. {老子·道德經}罪莫大於可欲, 禍莫大於不知足, 咎莫大於欲得. {易林}入市求鹿, 不見頭足, 終日至夜, 竟無所得. {集韻}或作㝵. (說文) <彳部> 多則切. 行有所得也. 从彳㝵聲.

A0086 U-5F99

•徙• 彳字部 總11劃. (훈글) [사] 옮길. (新典) [사, ᄉᆞ] 옴길. 귀양갈. 의지할. (類合) [ᄉᆞ] 올믈. (英譯) move ones abode, shift, migrate. (漢典) 形聲. 從辵, 止聲. 本義: 遷移. (康熙) <彳部> 古文: 㞓𨒪屣. {唐韻}斯氏切, {集韻}{韻會}想氏切, {正韻}想里切, 𠀤音壐. {說文}本

作辵. 迻也. {玉篇}遷也, 避也. {爾雅・釋詁}遷運, 徙也. {註}今江東通言遷徙. {禮・經解}使人日徙善遠罪, 而不自知也. {史記・郭解傳}徙豪富茂陵. {潘岳・閑居賦}孟母所以三徙也. 又謫戍曰徙. {前漢・陳湯傳}廷尉增壽議免湯爲庶人, 徙邊. 又{廣雅}仿佯, 徙倚也. {嚴忌・哀時命}獨徙倚而彷徉. 又踰月曰徙. {禮・檀弓}祥而縞, 是月禫, 徙月樂. 又{集韻}相支切, 音斯. 縣名. {前漢・地理志}蜀郡有徙縣. 又{集韻}抵徙擬手期翹也.

A0096 U-5F9D

•徝• 彳字部 總11劃. ᄒᆞᆫ글 [치] 베풀. [지] 오를. 康熙 <彳部> {玉篇}竹志切, 音智. 施也. 又與陟同. {集韻}陟或作徝.

A0506 U-5F9E

•從• 彳字部 總11劃. ᄒᆞᆫ글 [종] 좇을. 新典 [죵] 말 들을. ᄲᅡ를, 조촐. 허락할. 나갈. 붓허. 슌할. [춍] 죵용할. 샹투 웃둑할. 일가. 類合 [죵] 조촐. 英譯 from, by, since, whence, through. 漢典 會意. 甲骨文字形, 象二人相從形. 本義: 隨行, 跟隨. 康熙 <彳部> {廣韻}疾容切, {集韻}{韻會}{正韻}牆容切, 𠀤俗平聲. {說文}本作从. 相聽也. {書・益稷}汝無面從. {說命}后從諫則聖. 又{廣韻}就也. {易・乾卦}雲從龍, 風從虎. {禮・曲禮}謀于長者, 必操几杖以從之. 又{爾雅・釋詁}自也. {詩・小雅}伊誰云從. {箋}言譖我者, 是言從誰生乎. {晉書・明帝紀}不聞人從日邊來. 又姓. {廣韻}漢有將軍從公. {何氏姓苑}今東莞人. 又{廣韻}{集韻}𠀤七恭切, 促平聲. {廣韻}從容也. {正韻}從容, 舒緩貌. {書・君陳}從容以和. {禮・中庸}從容中道. 又{集韻}書容切, 音舂. 從容, 久意. {禮・學記}待其從容, 然後盡其聲. 又{集韻}將容切, 音蹤. 東西曰衡, 南北曰從. {詩・齊風}衡從其畝. {史記・蘇秦傳}從合則楚王, 衡成則秦帝. 又與蹤通. {史記・聶政傳}重自刑以絕從. {前漢・張湯傳}從迹安起. 又{集韻}祖動切, 音總. 太高貌. {韻會}髻高也. {禮・檀弓}尔無從從爾. 又{集韻}鏓江切, 淙平聲. 義同. 又{唐韻}慈用切, {集韻}{類篇}{韻會}才用切, 𠀤俗去聲. {說文}本作𨑒. 隨行也. {詩・齊風}其從如雲. {論語}從我者, 其由與. 又{韻會}從天子曰法從, 侍從. {書・冏命}其侍御僕從. {前漢・揚雄傳}趙昭儀, 每上甘泉常法從. {註}師古曰: 以法言當從耳. 一曰從, 法駕也. {後漢・百官志}羽林郎掌宿衞侍從. 又{集韻}{類篇}𠀤似用切, 音頌. 同宗也. {爾雅・釋親}父之世父, 叔父爲從祖, 祖父. 父之世母, 叔母爲從祖, 祖母. {釋名}從祖父母, 言從己親祖別而下也, 亦言隨從己祖以爲名也. 又{集韻}子用切. 與縱同. {禮・曲禮}欲不可從. {論語}從之純如也. 說文 <从部> 慈用切. 隨行也. 从辵, 从, 从亦聲.

A0325 U-5FA0

•徠• 彳字部 總11劃. ᄒᆞᆫ글 [래] 올. 新典 [래, 릭] 산 이름. 위로할. 英譯 induce, encourage to come. 康熙 <彳部> {玉篇}古文來字. {楚辭・九章}后皇嘉樹, 橘徠服兮. {前漢・郊祀歌}天馬徠從西極. 又{韻會}徂徠, 山名. {詩・魯頌}徂來之松, 作徂來. 又與勑同. {說文}勑或作徠. 亦作來逨. 詳力部勑字註.

A0101 U-5FA1

•御• 彳字部 總11劃. (ᄒᆞᆫ글) [어] 어거할. (新典) [어] 모실. 거느릴. 나아갈. 쥬장할. 막을. 마부. [아] 마즐. (訓蒙) [어] 거느릴. (英譯) drive, ride. chariot. manage. (漢典) 會意. 甲骨文字形. 左爲"行"的省寫, 中爲繩索形, 右是"人"形. 意爲人握轡行于道中, 即駕馭車馬. 本義: 駕馭車馬. (康熙) <彳部> 古文: 䘚御. {唐韻}{集韻}{類篇}牛據切, {韻會}{正韻}魚據切, 丛音禦. {說文}使馬也. {徐鍇曰}卸解車馬也. 从彳从卸, 皆御者之職. {詩・小雅}徒御不驚. 又{正韻}統也. {賈誼・過秦論}振長策而御宇內. 又{韻會}凡天子所止曰御. 前曰御前, 書曰御書, 服曰御服, 皆取統御四海之內. 蔡邕{獨斷}御者, 進也. 凡衣服加於身, 飮食適於口, 妃妾接於寢皆曰御. {釋名}御, 語也. 尊者將有所欲, 先語之也. 亦言職卑, 尊者有所勸御, 如御牛馬然也. {禮・王制}千里之內以爲御. {註}御謂衣食. {疏}御是進御所須, 故爲衣食. 又{廣韻}侍也, 進也. {詩・小雅}飮御諸友. {傳}御, 進也. {箋}御, 侍也. 吉甫遠從鎬地來, 飮之酒, 使諸友侍之. 又{正韻}勸侑也. {禮・曲禮}御食于君. {註}勸侑曰御. 又主也. {禮・曲禮}問大夫之子, 長曰能御矣, 幼曰未能御也. {註}御猶主也. {疏}謂主事也. 又禦也. {詩・邶風}我有旨蓄, 亦以御冬. 又傳御, 日御, 御史, 丛官名. {詩・大雅}王命傳御, 遷其私人{箋}傳御貳王治事, 謂冢宰也. {左傳・桓十七年}天子有日官, 諸侯有日御. {註}日官, 日御, 典曆數者. {前漢・百官表}御史大夫秦官, 位上卿, 秩千石, 有繡衣直指. {後漢・百官志}侍御史掌察舉非法, 受公卿郡吏奏事, 有違失, 劾舉之. 凡郊廟朝會, 則二人監威儀, 有違失, 則劾奏. 又女官. {周禮・天官・女御}掌御敘于王之燕寢. {周語}內官不過九御. 又姓. {正字通}周有御鞅. 又{類篇}偶舉切, 馭上聲. 止也. {左傳・襄四年}季孫不御. {註}御, 止也. {釋文}御, 魚呂反. 又魯邑名. {左傳・襄二十二年}雨過御叔, 御叔在其邑. {註}御叔, 魯御邑大夫. {釋文}御, 魚呂反. 又御龍, 複姓. {史記・夏本紀}劉累學擾龍, 以事孔甲, 孔甲賜之姓, 曰御龍氏. 又{集韻}魚駕切, 牙去聲. 相迎也. {詩・召南}百兩御之. {箋}御, 迎也. {禮・曲禮}君命召, 雖賤人, 大夫士必自御之. {集韻}或作迓. (說文) <彳部> 牛據切. 使馬也. 从彳从卸.

A0096 U-5FA9

•復• 彳字部 總12劃. (ᄒᆞᆫ글) [부] 다시. [복] 돌아올. (新典) [부] 또, 다시. [복] 도라올. 대답할. 살올. 회복할. 심부름 갓다 올. 복 부를. 몸 구실 제 할. 갑흘. (類合) [부] 다시. (英譯) return. repeat. repeatedly. (漢典) 形聲. 小篆字形, 下面的意符"夊", 是甲骨文"止"字的變形, 表示與脚或行走有關. 上面是聲符"畐"的省形, 有"腹滿"義, 在字中亦兼有表義作用. 后來繁化, 加義符"彳", 表示行走, 現在又簡化爲"復". 本義: 返回, 回來. (康熙) <彳部> 古文: 復[illegible]. {唐韻}{集韻}{韻會}{正韻}丛房六切, 音伏. {說文}往來也. {廣韻}返也. {書・舜典}如五器卒乃復. {傳}復, 還也. {詩・小雅}言歸思復. 又{韻會}答也. {書・說命}說復于王. 又{韻會}白也. {禮・曲禮}願有復也. 又{韻會}反命也. {周禮・天官}諸臣之復. {註}復, 報也, 反也. {疏}謂羣臣受王命, 使臣行之訖, 反報於王也. 又招魂曰復. {禮・檀弓}復盡愛之道也. {註}復謂招魂, 庶幾其精氣之反. 又興復. {諸葛亮・出師表}興復漢室, 還於舊都. 又姓. {正字通}元有復見心. 又州名. {隋書・地理志}後周置復州, 大業初改曰沔州. 又復陶, 官名. {左傳・襄三十年}使爲君復陶. {註}復陶, 衣服之官也. 又衣名. {左傳・昭十二年}王皮冠秦復陶. {註}秦所遺羽衣也. 又{集韻}{韻會}{正韻}丛方六切, 音福. {集韻}重也. {正韻}反覆也. {易・復卦}反復其道. {詩・小雅}顧我復我. {註}謂迴轉反復之也. 又{正韻}復, 除也. {前漢・高帝紀}七

大夫以下, 皆復其身及戶勿事. {註}復其身, 及一戶之內, 皆不傜役也. 又與複通. {史記・秦始皇紀}爲復道, 自阿房渡渭屬之咸陽. {前漢・高帝紀}上從復道上, 望見諸將往往耦語. {註}上下有道, 故謂之復. 又與覆通. {詩・大雅}陶復陶穴. {音義}復, 累土於地上. {說文}作覆. 又{集韻}{韻會}{正韻}𠀤浮富切, 浮去聲. {集韻}又也. {增韻}再也. {詩・大雅・大明序}文王有明德, 故天復命武王也. 又叶房月切, 音伐. 韓愈{招揚之罘詩}禮稱獨學陋, 易貴不遠復. 作詩招之罘, 日夕抱饑渴. 渴, 巨列切. 又㣈复夏復. 說文 <彳部> 房六切. 往來也. 从彳复聲.

D0028 U-5FAC

•徬• 彳字部 總13劃. ᄒᆞᆫ글 [방] 시중들. 新典 [방] 어슷거릴. 붓조차 갈. 英譯 to wander about, walk along side of. to be next to. 康熙 <彳部> {唐韻}蒲浪切, 旁去聲. {說文}附行也. {廣韻}附也. {周禮・地官・牛人}凡會同軍旅行役, 共其兵車之牛與其牽徬, 以載公任器. {註}牽徬, 在轅外輓牛也. 人御之居其前曰牽, 居其旁曰徬. 又與傍通. {集韻}傍, 或書作徬. 又與彷通. {集韻}彷, 亦作徬. 說文 <彳部> 蒲浪切. 附行也. 从彳㫄聲.

A0098 U-5FAE

•微• 彳字部 總13劃. ᄒᆞᆫ글 [미] 작을. 新典 [미] 은미할. 적을, 가늘. 히미할. 쇠할. 언일. 괴찰할. 類合 [미] 쟈골. 英譯 small, prefix micro-, trifling. 漢典 會意. 從彳, 敚聲. 本義: 隱秘地行走. 康熙 <彳部> {唐韻}{集韻}{韻會}{正韻}𠀤無非切, 音薇. {爾雅・釋詁}幽微也. {易・繫辭}知微知彰. {書・大禹謨}道心惟微. 又{廣韻}微, 妙也. {禮・禮運}德產之致也精微. 又{說文}隱行也. {史記・秦始皇紀}微行咸陽. 又{廣韻}細也. {孟子}乃孔子, 則欲以微罪行. 又{玉篇}不明也. {詩・小雅}彼月而微, 此日而微. 又{韻會}衰也. {詩・小雅}式微式微. {箋}微乎微者也. {史記・杞世家}杞小微. 又{韻會}賤也. {尚書序}虞舜側微. 又{爾雅・釋詁}匿微也. {註}微謂逃藏也. {左傳・哀十六年}白公奔山而縊, 其徒微之. {註}微, 匿也. 又{爾雅・釋詁}蔽, 微也. {晉語}公子重耳過曹, 曹共公聞其駢脅, 諜其將浴, 設微薄而觀之. {註}微, 蔽也. 又殺也. {禮・檀弓}禮有微情者. {疏}微, 殺也, 言賢者喪親, 必致滅性, 故制使三日而食, 哭踊有數, 以殺其內情. 又伺察也. {前漢・郭解傳}使人微知賊處. {註}微, 伺問之也. 又{爾雅・釋訓}骭瘍爲微. {註}骭, 脚脛. 瘍, 瘡也. {詩・小雅}既微且尰. 又{韻會}非也. {詩・邶風}微我無酒. 又{韻會}無也. {禮・檀弓}齊餓者, 不食嗟來之食. 曾子曰: 微與. {註}微, 猶無也. 又國名. {書・牧誓}微盧彭濮. {傳}微在巴蜀. 又{爾雅・釋山}未及上翠微. {疏}未及頂上, 在旁陂陀之處, 山氣青縹色, 故曰翠微也. 又紫微, 太微, 少微, 𠀤星名. {晉書・天文志}紫微垣十五星在北斗. 北一曰紫微, 天帝之座也, 天子之常居也. 太微, 天子庭也. 五帝之座也, 十二諸侯府也. 少微, 在太微西, 士大夫之位也, 明大而黃, 則賢士舉也. 又三微. {後漢・章帝紀}春秋於春每月書王者, 重三正, 愼三微也. {註}三微者, 三正之始, 萬物皆微, 物色不同, 故王者取法焉. 十一月, 時陽氣始施於黃泉之下, 色皆赤, 赤者陽氣, 故周爲天正, 色尚赤. 十二月, 萬物始牙而色白, 白者陰氣, 故殷爲地正, 色尚白. 十三月, 萬物莩甲而出, 其色皆黑, 人得加功展業, 故夏爲人正, 色尚黑. 又姓. {左傳・哀八年}微虎. {註}魯大夫. 又微生, 複姓. {論語}微生高. 說文 <彳部> 無非切. 隱行也. 从彳敚聲. {春秋傳}曰: "白公其徒微之."

A0182 U-5FB9

◆徹◆ 彳字部 總15劃. ᄒᆞᆫ글 [철] 통할. 新典 [쳘] 통할. 사모칠. 다스릴. 버릴. 여러. 벗기여 갈. 類合 [텰] ᄉᆞᄆᆞ출. 英譯 penetrate, pervade. penetrating. 康熙 <彳部> 古文: 彻徹. ｛唐韻｝｛集韻｝｛韻會｝丛直列切, 音轍. ｛說文｝通也. ｛論語｝盍徹乎. ｛註｝周法, 什一而稅, 謂之徹. 徹, 通也, 爲天下之通法. 又｛廣韻｝徹, 達也. ｛左傳·成十六年｝養由基蹲甲而射之, 徹七札焉. ｛註｝發達七札也. 又｛集韻｝徹, 道也. 又剝取也. ｛詩·豳風｝徹彼桑土. 又治也. ｛詩·大雅｝徹田爲糧. ｛傳｝徹, 治也. 又去也. ｛儀禮·士冠禮｝徹筵席. ｛左傳·宣十二年｝軍衞不徹警也. ｛周禮·天官·膳夫｝卒食以樂, 徹于造. ｛疏｝天子食終徹器之時, 作樂以徹之. 又毀也. ｛詩·小雅｝徹我牆屋. ｛箋｝徹毀我牆屋也. 又｛揚子·方言｝徹, 列也. 蔡邕｛獨斷｝羣臣異姓有功封者, 稱曰徹侯, 避武帝諱, 改曰通侯, 或曰列侯也. 又｛唐韻｝丑列切, ｛集韻｝｛正韻｝敕列切, 丛闡入聲. 義同. ｛集韻｝或作〈足敵〉. 說文 <攴部> 丑列切. 通也. 从彳从攴从育.

A0689 U-5FC3

◆心◆ 心字部 總04劃. ᄒᆞᆫ글 [심] 마음. 新典 [심] 염통, 맘. 가온대. 가시슷. 訓蒙 [심] 념통. 英譯 heart. mind, intelligence. soul. 漢典 象形. 據甲骨文和小篆, 中間像心, 外面像心的包絡. 本義: 心臟. 康熙 <心部> ｛唐韻｝息林切, ｛集韻｝｛韻會｝｛正韻｝思林切. ｛說文｝人心, 土藏, 在身之中. 象形. 博士說以爲火藏. ｛徐曰｝心爲大火, 然則心屬火也. ｛玉篇｝｛廣韻｝丛訓火藏. 又｛荀子·解蔽篇｝心者, 形之君也, 而神明之主也. ｛禮·大學疏｝總包萬慮謂之心. 又｛釋名｝心, 纖也. 所識纖微無不貫也. 又本也. ｛易·復卦｝復其見天地之心乎. ｛註｝天地以本爲心者也. ｛正義曰｝言天地寂然不動, 是以本爲心者也. ｛禮·禮器｝如松柏之有心也. ｛註｝得氣之本也. ｛孔疏｝得氣之本, 故巡四時, 柯葉無凋改也, 心謂本也. 又中也. 心在身之中. ｛詩序｝情動于中. ｛正義曰｝中謂中心. 凡言中央曰心. ｛禮·少儀｝牛羊之肺, 離而不提心. ｛註｝不提心, 謂不絕中央也. ｛古歌｝日出當心, 謂日中也. ｛邵雍淸夜吟｝月到天心處, 言月當天中也. 又東方五度, 宿名. ｛史記·天官書｝心爲明堂. 又｛禮·明堂位｝夏后氏祭心. ｛註｝氣主盛也. 又｛月令｝季夏祭先心. ｛註｝五藏之次, 心次肺, 至此則心爲尊也. 又去聲. ｛吳棫·韻補｝息吝切. ｛外紀｝禹曰: 堯舜之民, 皆以堯舜之心爲心. 下心字去聲. 又叶思眞切, 音新. ｛前漢·安世房中歌｝我定歷數, 人告其心. 敕身齊戒, 施教申申. 又叶先容切, 音松. ｛詩·大雅｝吉甫作頌, 穆如淸風. 仲山甫永懷, 以慰其心. ｛前漢·禮樂志｝流星隕, 感惟風, 籋歸雲, 撫懷心. 又叶思征切, 音騂. ｛揚子·太玄經｝勤于心否貞. 又叶桑鳩切, 音修. ｛荀子·解蔽篇｝鳳凰秋秋, 其翼若干, 其聲若簫. 有鳳有凰, 樂帝之心. 簫叶疏鳩切. 又叶思敬切, 音性. ｛王微觀海詩｝善卽誰爲御, 我來無別心. 聊復寓玆興, 玆興將何詠. ｛說文｝長箋｝借華心形, 故惢字从心, 就今文言也. 若精藴同文諸書, 各以意闡古文, 與今文稍遠, 槪不泛引. ｛類篇｝偏旁作忄. 亦作⺗. ○ 按｛字彙｝｛正字通｝心俱音辛, 誤. 辛在眞韻, 齊齒音也. 心在侵韻, 閉口音也. 如心字去聲, 音近信, 然不得竟以信字音之者, 蓋信字爲眞韻內辛字之去聲, 乃齊齒音也. 若侵韻內心字之去聲, 乃閉口音, 有音而無字矣. 字有不可下直音者, 此類是也. 蓋齊齒之辛, 商之商也, 閉口之心, 商之羽也. 每一音中, 具有五音, 不可無別. 說文 <心部> 息林切. 人心, 土藏, 在身之中. 象形. 博士說以爲火藏. 凡心之屬皆从心.

E0060 U-5FC5

•必• 心字部 總05劃. 훈글 [필] 반드시. 新典 [필] 반드시, 반듯. 그럴. 오로지. 집고, 긔약고. 살필. 類合 [필] 반ᄃᆞᆺ. 英譯 surely, most certainly. must. 漢典 會意. 從八, 從弋. 弋亦兼表字音. "八"表示"分", "弋"即"杙", 小木樁, 合起來指用木桿做標記. 本義: 區分的標準. 康熙 <心部> {唐韻}甲吉切, {集韻}{韻會}{正韻}壁吉切, 𠀤音畢. {說文}分極也. 从八戈. 戈亦聲. {趙宧光箋}弋猶表識也, 分極猶畺界也, 故从八弋. 又定辭也. {詩・齊風}取妻如之何, 必告父母. 又專也. {揚子・太玄經}赤石不奪, 節士之必. {註}石不可奪堅, 丹不可奪赤, 猶節士之必專也. 又期必也. {論語}子絕四, 毋意, 毋必. 又審也. {後漢・劉陶傳}所與交友, 必也同志. 又果也. {後漢・宣帝紀贊}孝宣之治, 信賞必罰. 又必育, 人名. 燧人氏之佐也. {羣輔錄}必育受稅俗. {註}受賦稅及徭役, 所宜施爲也. 又{字彙補}赤芨必力. 山名. 河水所出也. 見僧宗泐記. 又{古今字考}幷列切, 音鞸. 組也. {周禮・冬官考工記}玉人之事, 天子圭中必. {註}謂以組約其中央, 以備失墜. ○ 按周禮考工釋文, 必卽組也, 讀如鞸者, 俗讀之也. 弓檠之柲从韋, 正譌欲舉以駁{說文}, 迂矣, 當以{說文}爲正. 又按必字不从心, {字彙}幷入心部. {正字通}因之, 取其形似, 便於檢閱爾. 說文 <八部> 卑吉切. 分極也. 从八, 弋, 弋亦聲.

A0828 U-38FD

•㣽• 心字部 總07劃. 훈글 [서] 너그러울. 英譯 (ancient form of 恕) to forgive. to pardon, (ancient form 怒) anger. wrath. indignation. rage. 康熙 <心部> {集韻}恕, 古作㣽. 註詳六書. {佩觿集}或作恚怒之怒字, 非.

A0693 U-5FE9

•忩• 心字部 總08劃. 훈글 [총] 바쁠. 新典 [총] 밧불. 英譯 same as 怱 U+6031, hastily, in haste, hurriedly. 康熙 <心部> 與悤同. {晉書・衞恆傳}下筆必爲楷, 則號忩忩不暇草書. {吳志・孫和傳}無事忩忩. 餘詳後匆字註.

A0693 U-6031

•怱• 心字部 總09劃. 훈글 [총] 바쁠. 英譯 hastily, in haste, hurriedly. 康熙 <心部> {正字通}與悤同. 詳悤字註.

A0692 U-6046

•恆• 心字部 總09劃. 훈글 [긍] 반달. 英譯 constant, regular, persistent. 漢典 會意. 金文, 從心, 從月, 從二. "二", 表示天地. 本義: 永久, 永恒. 康熙 <心部> 古文: 恆死. {廣韻}{集韻}{韻會}𠀤胡登切, 音峘. {說文}常也. 又卦名. {易・恆卦}恆, 久也. 又{禮・月令}文繡有恆. {疏}恆, 故也. 必因循故法也. 又{周禮・夏官・司弓矢}恆矢痺矢, 用諸散射. {註}恆矢. 安居之矢也. 痺矢象焉. 又山名. {爾雅・釋山}恆山爲北嶽. {史記・夏本紀註}恆山在定州恆陽縣. {風俗通}北方恆山. 恆者. 常也. 萬物伏藏于北方, 有常也. 又州名, 漢恆山郡, 周

武帝置恆州, 因山名. 又姓. 楚大夫恆惠公. 又去聲. {轉注古音}古鄧切, 音亙. {詩・小雅}如月之恆. {註}恆, 古鄧反. 弦也. 月上弦而就盈. 亦作緪. 又徧也. {詩・大雅}恆之秬秠. {註}恆, 古鄧反. 偏種之也. ○ 按此字體製不一, {說文}{集韻}{六書統}{說文}長箋}{精薀正譌}等書从月从舟, 辨駁更改, 或省或幷, 恐屬臆斷. 因去古已遠, 大篆, 小篆已多不合, 而況隸楷乎. 凡講字形處, 槩不贅引.

A0913 U-604A

•恊• 心字部 總09劃. 훈글 [협] 맞을. 英譯 be united. cooperate. 康熙 <心部> {正字通}同慴. 詳慴字註. ○ 按此字从心, 與協字从十者不同. 說文 <劦部> 胡頰切. 同心之和. 从劦从心.

A0692 U-6052

•恒• 心字部 總09劃. 훈글 [항] 항상. 類合 [ᄒᆡᆼ] 덛덛ᄒᆞᆯ. 英譯 constant, regular, persistent. 漢典 會意. 金文, 從心, 從月, 從二. "二", 表示天地. 本義: 永久, 永恒. 康熙 <心部> {字彙}俗恆字. 說文 <二部> 胡登切. 常也. 从心从舟, 在二之閒上下. 心以舟施, 恆也.

A0694 U-6054

•恔• 心字部 總09劃. 훈글 [교] 쾌할. 新典 [교] 俗音 [효] 쾌할. 英譯 cheerful. bright, sagacious. 康熙 <心部> {廣韻}古了切, {集韻}吉了切, 𠀤音皎. {說文}憭也. 又{集韻}吉巧切, 音姣. 慧也. 又下巧切, 音攪. {玉篇}黠也. 又{廣韻}胡教切, {集韻}後教切, {韻會}後學切, {正韻}胡孝切, 𠀤音效. {揚子・方言}快也. {孟子}於人心獨無恔乎. {朱註}快也. 又{說文}下交切. 義與上聲同. 或从爻. 說文 <心部> 下交切・古了切. 憭也. 从心交聲.

A0828 U-6055

•恕• 心字部 總10劃. 훈글 [서] 용서할. 新典 [셔] 어질. 혜아릴. 용서할. 訓蒙 [져] ᄆᆞᅀᆞᆷ. 英譯 forgive, excuse, show mercy. 漢典 形聲. 從心, 如聲. 本義: 恕道, 體諒. 康熙 <心部> 古文: 恣. {唐韻}{集韻}{韻會}商署切, {正韻}商豫切, 𠀤書去聲. {說文}仁也. {傳曰}仁者, 必恕而後行也. {禮・中庸疏}恕, 忖也, 忖度其義於人也. {論語}其恕乎. 己所不欲, 勿施於人. {程註}恕者, 仁之施也. {朱註}恕非寬假之謂. 又曰: 推己及物爲恕. {說文}長箋}如心爲恕, 會意. 說文 <心部> 商署切. 仁也. 从心如聲.

A0693 U-6059

•恙• 心字部 總10劃. 훈글 [양] 근심. 新典 [양] 근심할. 병. 類合 [양] 병ᄒᆞᆯ. 英譯 illness, sickness. indisposition. 漢典 形聲. 從心, 羊聲. 本義: 擔憂. 康熙 <心部> {唐韻}{韻會}{正韻}餘亮切, {集韻}弋亮切, 𠀤音漾. {爾雅・釋詁}恙, 憂也. {疏}恙者, 聘禮云: 公問

君, 賔對公再拜, 鄭註云: 拜其無恙. 郭云: 今人云無恙, 謂無憂也. {廣韻}憂也, 病也. 又噬蟲, 善食人心. {風俗通}噬蟲能食人心. 古者草居, 多被此毒, 故相問勞曰無恙. 如戰國策, 趙威后問齊使曰: 王亦無恙. 說苑, 魏文侯語倉庚曰: 擊無恙. 前漢, 武帝報公孫弘曰: 何恙不已. 晉書文苑, 顧愷之與殷仲堪箋, 布帆無恙. 隋書, 日本遣使致書皇帝無恙. 皆問勞之辭也. 又叶余章切, 音羊. {楚辭・九辯}計專專之不可犯兮, 願遂推而爲臧. 賴皇天之厚德兮, 還及君之無恙. ○ 按恙猛二義. 一爲蟲, 一爲獸. 廣韻玉篇分註甚明, 自神異經合而一之. 字書混引, 輟耕錄辨之詳矣. (說文) <心部> 余亮切. 憂也. 从心羊聲.

A0135 U-606D

•恭• 心字部 總10劃. (훈글) [공] 공손할. (新典) [공] 공슌할. 엄슉할. 공경할. 밧들. (訓蒙) [공] 온공. (英譯) respectful, polite, reverent. (漢典) 形聲. 從心, 共聲. 本義: 恭敬, 謙遜有禮. (康熙) <心部> {廣韻}九容切, {集韻}居容切, 𠀤音供. {說文}肅也. {書・洪範}貌曰恭. {禮・曲禮}君子恭敬, 撙節退讓以明禮. {疏}在貌爲恭, 在心爲敬. 貌多心少爲恭, 心多貌少爲敬. 又{禮・玉藻}手容恭. {註}高且正也. 又{論語}溫良恭儉讓. {疏}和從不逆謂之恭. 又{周語}夙夜恭也. {註}夙夜敬事曰恭. {釋名}恭, 拱也, 自拱持也. 亦言供給事人也. 又{書・太甲}接下思恭. {禮・少儀}賔客主恭. {註}以不驕慢爲恭. 又奉也. {書・甘誓}今予惟恭行天之罰. {傳}恭, 奉也. 又{謚法}正德美容, 敬順事上曰恭. 又州名. 梁州地, 唐置恭州. 又姓. 晉恭世子之後, 以謚爲姓. 又通作共. {詩・大雅}虔共爾位. {註}恭字古與共通. {左傳・僖二十七年}杞不共也. {註}本作恭. 亦通作龔. {書・泰誓}恭行天罰. 或作龔. 又叶區王切, 音匡. {道藏歌}太虛感靈會, 命我生成章. 天神普欣悅, 一切稽首恭. 本作㳟. 从心. 共聲. 今作恭. (說文) <心部> 俱容切. 肅也. 从心共聲.

A0538 U-6085

•悅• 心字部 總10劃. (훈글) [열] 기쁠. (新典) [열] 질거울. 깃거울. 복죵할. (類合) [열] 깃글. (英譯) pleased. (康熙) <心部> {廣韻}弋雪切, {集韻}{韻會}欲雪切, 𠀤音閱. {爾雅・釋詁}樂也. 又服也. {韻會}喜也. 又姓. {後燕錄}有悅綰. 又或作說. {易・益卦}民說無疆. {兌卦}說以先民. {論語}不亦說乎. {毛氏曰}古與論說字通用. 後人作悅字. 以別之. 亦作兌. {禮・學記}兌命曰: 念終始典于學.

A0694 U-6086

•悆• 心字部 總11劃. (훈글) [여] 잊을. (英譯) happy. (康熙) <心部> {廣韻}羊洳切, {集韻}{韻會}羊茹切, 𠀤音豫. 喜也. 又{五音集韻}商居切, 音余. 義同. (說文) <心部> 羊茹切. 忘也. 嘾也. 从心余聲. {周書}曰: "有疾不悆." 悆, 喜也.

A0693 U-60A4

•悤• 心字部 總11劃. (훈글) [총] 바쁠. (新典) [춍] 밧불, 춍춍할. (類合) [춍] 밧블. (英譯) agitated, restless, hurried. (康熙) <心部> {集韻}麤叢切, 音聰. 悤悤, 急遽也. {晉書・王彪

之傳}無故悤悤, 先自猖獗. 亦作忩. 俗作匆, 非. (說文) <囪部> 倉紅切. 多遽悤悤也. 从心, 囪, 囪亦聲.

A0215 U-60DF

•惟• 心字部 總11劃. (훈글) [유] 생각할. (新典) [유] 꾀, 꾀할. 생각. 오직, 한갓. 어조사. (類合) [유] 싱각. (英譯) but, however, nevertheless. only. (漢典) 形聲. 從心, 隹聲. 本義: 思考, 思念. (康熙) <心部> 古文: 恔. {唐韻}以追切, {集韻}{韻會}夷隹切, 𠀤音維. {說文}凡思也. 从心隹聲. {玉篇}有也, 爲也, 謀也, 伊也. 又語辭也. {毛晃曰}有是惟之惟, 書濟河惟兗州之類. 有思惟之惟, 書視遠惟明, 詩載謀載惟之類. 有惟獨之惟. 書惟王不邇聲色之類. 又姓. 又{正韻}無非切, 音微. 義同. ○ 按{說文}从心隹聲, 則梁韻弋隹切, 唐韻以追切, 宋韻夷隹切, 𠀤切喩母也. 獨正韻竟作無非切, 則切微母矣. (說文) <心部> 以追切. 凡思也. 从心隹聲.

A0862 U-60C4

•惄• 心字部 總12劃. (훈글) [녁] 허출할. (新典) [녁] 허츌할. 생각. (英譯) long for. hungry. (漢典) 形聲. 從心, 弱聲. 本義: 憂思, 傷痛. (康熙) <心部> 古文: 𢙢. {唐韻}奴歷切, {集韻}{韻會}乃歷切, 𠀤音溺. {說文}饑餓也. 从心叔聲. 一曰憂也. {詩・周南}惄如調飢. {毛傳}惄, 飢意也. 李巡曰: 宿不食之飢也. {箋}惄, 思也. {爾雅疏}恚而不得之思也. {正義}惄是饑之意, 非饑之狀, 故傳言饑意, 箋以爲思義, 相接成也. {詩・小雅}惄焉如擣. 無饑義, 故箋但訓爲思. 又{集韻}或作愵. {韓詩}作愵. {五音集韻}亦作𢜪. 又作南. {梁簡文帝詩}南音悲南弄. 上如字, 下音惄. 又{集韻}奴沃切, 音傉. 義同. (說文) <心部> 奴歷切. 飢餓也. 一曰憂也. 从心叔聲. {詩}曰: "惄如朝飢."

A0244 U-60E0

•惠• 心字部 總12劃. (훈글) [혜] 은혜. (新典) [혜] 어질. 슌할. 은혜, 덕분, 덕택. 줄. 세모창. (訓蒙) [혜] 은혯. (英譯) favor, benefit, confer kindness. (漢典) 會意. 從心, 從叀. 本義: 仁愛. (康熙) <心部> 古文: 𢡺𢟪𢛳①. {唐韻}{集韻}{正韻}胡桂切, {韻會}胡計切, 𠀤音慧. {說文}仁也. {書・皐陶謨}安民則惠. {蔡沈註}惠, 仁之愛也. 又恩也. {書・蔡仲之命}惟惠之懷. 又{爾雅・釋言}順也. {書・舜典}亮采惠疇. {詩・邶風}惠然肯來. {毛傳}時有順心也. 又{增韻}賜也. {禮・月令}行慶施惠. 又賚也. {書・無逸}惠鮮鰥寡. {註}惠鮮者, 賚予賙給之, 使有生意也. 又飾也. {山海經}祠用圭璧之五, 五采惠之. {註}惠猶飾也. 又三隅矛. {書・顧命}二人雀弁執惠. 又{謚法}柔質慈民曰惠. 又州名. 隋順州, 宋改惠州. 又姓. 出琅邪周惠王之後, 梁有惠施. 又通作慧. {後漢・孔融傳}將不早惠乎. {註}惠作慧. {說文}从心从叀. {徐鍇曰}爲惠者, 心專也. 會意. ①字从匚从自. (說文) <叀部> 胡桂切. 仁也. 从心从叀.

A0619 U-6176

•慶• 心字部 總15劃. (훈글) [경] 경사. (新典) [경] 복, 경사, 바담. 착할. 하례할. 발어사. [강] 복. 이에. (類合) [경] 경하. (英譯) congratulate, celebrate. (漢典) 會意. 甲骨文字形,

左邊是個"文"字, 中間有個心, 表示心情誠懇, 右邊是一張鹿皮. 合起來表示帶著鹿皮, 真誠地對人慶賀. 小篆字形上面是鹿字省略一部分, 中間是"心"字, 表心意, 下邊是"夊", 表示"往". 意思跟甲骨文相同. 本義: 祝賀, 慶賀. 康熙 <心部> 古文: 㷫悉. {唐韻}丘竟切, {集韻}{韻會}{正韻}丘正切, 丛卿去聲. {說文}行賀人也. {周禮・春官・宗伯}以賀慶之禮, 親異姓之國. {疏}謂侯國有喜可賀, 王使大夫以物慶賀之也. 又{秋官・大行人}賀慶以贊諸侯之喜是也. 又善也. {書・呂刑}一人有慶. {正義}天子有善事也. {詩・大雅}則篤其慶. {毛傳}善也. {正義}福慶爲善事, 故爲善也. 又休也. {禮・月令}行慶施惠. {註}慶謂休其善也. 休, 美也. 又福也. {易・履卦}大有慶也. {詩・小雅}孝孫有慶. 又賜也. {詩・小雅}是以有慶矣. {箋}謂有慶賜之榮也. 又發語詞. {揚雄・反離騷}慶天悴而喪榮. 又州名. 隋立慶州. 又姓. {左傳}齊慶封, 晉慶鄭. 又{集韻}{韻會}丛丘京切, 音卿. {易・大畜五上兩爻傳}有慶也, 道大行也. 慶與行叶. 又{睽卦四五兩爻傳}志行也, 往有慶也. 行與慶叶. {班固・白雉詩}容潔朗兮於淳精, 發皓羽兮奮翹英. 彰皇德兮侔周成, 永延長兮膺天慶. 慶與精英成叶, 皆庚韻也. 蓋慶乃卿字去聲, 轉平聲卽卿也. 故卿雲亦曰慶雲. 近昆山顧氏未達音韻, 乃曰易經慶字俱讀羌音, 行字俱讀杭音, 此偏論也, 不知易自有叶羌字者. 未可棄慶字本聲之卿音也. 又叶虛羊切, 音羌. 亦福也. {易・坤卦}積善之家, 必有餘慶. 叶下殃. {書・伊訓}萬邦惟慶. 叶上祥. {詩・大雅}則篤其慶. 叶下光又. {小雅}孝孫有慶. 叶下疆. 从心从久. 久者, 行也. 吉禮以鹿皮爲贄, 从鹿省, 會意. 說文 <心部> 丘竟切. 行賀人也. 从心从夊. 吉禮以鹿皮爲贄, 故从鹿省.

A0693 U-61C8

•懈• 心字部 總16劃. ᄒᆞᆫ글 [해] 게으를. 新典 [개, ᄀᆡ] 俗音 [해, ᄒᆡ] 게어를. 訓蒙 [ᄒᆡ] 게으를. 英譯 idle, relaxed, remiss. 漢典 形聲. 從心, 解聲. 本義: 松懈. 康熙 <心部> 古文: 懈. {唐韻}古隘切, {集韻}{韻會}居隘切, 丛音薢. {說文}怠也. 从心解聲. 又或作解. {詩・大雅}夙夜匪解. 又{正韻}居拜切. 義同. 又叶古縊切, 音記. {揚雄・元后誄}穆穆明明, 昭事上帝. 弘漢祖考, 夙夜匪懈. 俗讀匣母, 非. 說文 <心部> 古隘切. 怠也. 从心解聲.

A0902 U-61C7

•懇• 心字部 總17劃. ᄒᆞᆫ글 [간] 정성. 新典 [간, ᄀᆞᆫ] 정성. 밋블. 간칙할. 類合 [ᄀᆞᆫ] ᄀᆞᆫ졀. 英譯 sincere, earnest, cordial. 康熙 <心部> {唐韻}康很切, {集韻}{韻會}{正韻}口很切, 丛音墾. {說文}悃也. 从心貇聲. 本作懇, 今作懇. {集韻}誠也. {廣韻}懇惻, 至誠也. 又信也. 又或作貇. {前漢・劉向傳}貇貇數奸死亡之誅. {師古註}款誠之意. 亦作頎. {禮・檀弓}頎乎其至也. {註}頎音懇, 惻隱之貌. 又{周禮・冬官考工記}是故輈欲頎典. {註}頎典, 堅刃貌. {鄭司農云}頎, 讀爲懇. 典, 讀爲殄. 說文 <心部> 康恨切. 悃也. 从心貇聲.

A0219 U-61C9

•應• 心字部 總17劃. ᄒᆞᆫ글 [응] 응할. 類合 [응] ᄃᆡ답. 英譯 should, ought to, must. 康熙 <心部> {廣韻}{集韻}{韻會}{正韻}丛於陵切, 音膺. {說文}當也. 从心雁聲. {徐曰}雁, 鷹字也. 本作應, 今作應. 又料度辭也. {唐詩}應須, 祇應, 皆是也. 又{周語}其叔父實應且憎. {註}猶受也. 又國名. {括地志}故應城, 因應山爲名, 在汝州葉縣. 又姓. 出南頓, 本周武王後.

{左傳・僖二十四年}邘晉應韓, 武之穆也. 漢有應曜, 與四皓偕隱, 曜獨不出, 八代孫應劭, 集解漢書. 又通作膺. {書・武成}誕膺天命. {註}當也. 又{廣韻}{集韻}{韻會}{正韻}丛於證切, 音膺. {集韻}荅也. {廣韻}物相應也. {易・咸卦}二氣感應以相與. 又樂名. {周禮・春官・笙師應樂註}應長六尺五寸, 象柷, 有椎連底, 左右相擊, 以應柷也. {樂書}應樂, 猶鷹之應物, 其獲也小, 故小鼓小春謂之應, 所以應大也. 小鼙曰應鼓. {周禮・春官・小師}擊應鼓. {註}鼙也. 又天子之門曰應門. {詩・大雅}廼立應門. {註}正門也. 又州名. 鴈門地, 唐置應州. 又叶於容切, 音雍. {易・蒙卦}童蒙求我, 志應也. 初筮告, 以剛中也. {陸賈新語}事以類相從, 聲以音相應. ○ 按應字, 向來經史皆作平去二音. {正字通}止作去聲, 誤. 說文 <心部> 於陵切. 當也. 从心䧹聲.

A0691 U-61CB

•懋• 心字部 總17劃. 한글 [무] 힘쓸. 新典 [무] 힘쓸. 아름다울. 성대할. 英譯 splendid, grand, majestic. 漢典 形聲. 從心, 楙聲. 本義: 勉勵, 使人努力上進. 康熙 <心部> {唐韻}{集韻}{韻會}{正韻}丛莫候切, 音茂. {說文}勉也. 从心楙聲. {書・舜典}惟時懋哉. 又盛大之意. 與楙通. {書・大禹謨}予懋乃德. {註}禹有是德, 而我以爲盛大也. 又或作茂. {董仲舒・天人策}引書, 茂哉茂哉. 蓋古者懋與楙通, 而楙又與茂通也. 說文 <心部> 莫候切. 勉也. 从心楙聲. {虞書}曰: "時惟懋哉."

A0562 U-61F8

•懸• 心字部 總20劃. 한글 [현] 매달. 新典 [현] 달, 달릴. 類合 [현] 들. 英譯 hang, suspend, hoist. be hung. 康熙 <心部> {廣韻}{集韻}{韻會}{正韻}丛胡涓切, 音玹. 本作縣. {說文}繫也. 或从心. {孟子}猶解倒懸. 又叶熒絹切, 音院. {張衡・西京賦}後宮不移, 樂不徙懸. 門衞供帳, 官以物辯.

A0205 U-61FC

•懼• 心字部 總21劃. 한글 [구] 두려워할. 新典 [구] 두려울, 겁낼. 類合 [구] 두릴. 英譯 fear, be afraid of, dread. 康熙 <心部> 古文: 思愳. {唐韻}其遇切, {集韻}{韻會}衢遇切, 丛音具. {說文}恐也. 从心瞿聲. 或省作瞿. 又{集韻}俱遇切, {正韻}居遇切, 丛音屨. {集韻}無守貌. 又{集韻}懽俱切, 音劬. 亦恐也. {前漢・惠帝贊}聞叔孫通之諫, 則懼然. {東方朔傳}吳王懼然易容. 說文 <心部> 其遇切. 恐也. 从心瞿聲.

A0850 U-6208

•戈• 戈字部 總04劃. 한글 [과] 창. 新典 [과] 창. 訓蒙 [과] 창. 英譯 halberd, spear, lance. KangXi radical 62. 漢典 象形. 甲骨文字形, 象一種長柄兵器形. 本義: 一種兵器. 康熙 <戈部> {唐韻}{集韻}{韻會}{正韻}丛古禾切, 音鍋. {說文}平頭戟也. {徐鍇曰}戟小支上向則爲戟, 平之則爲戈. 一曰戟偏距爲戈. {禮・曲禮}進戈者前其鐏, 後其刃. {正義曰}戈, 鉤孑戟也. 如戟而橫安刃, 但頭不向上, 爲鉤也. 直刃長八寸, 橫刃長六寸, 刃下接柄處長四寸,

𠀤廣二寸, 用以鉤害人也. {周禮・冬官考工記}戈柲六尺有六寸. {又}戈廣二寸, 內倍之, 胡三之, 援四之. {註}內謂胡以內接柲者也, 胡, 其孑也, 援, 直刃也. {釋名}戈, 過也. 所刺擣則決, 所鉤引則制之, 弗得過也. {書・牧誓}稱爾戈. {註}戈, 短兵也. 人執以擧之, 故言稱也. 又{典略}周有孤父之戈. 又國名. 在宋鄭之閒, 寒浞子豷封于戈, 少康滅之. 又姓. {史記}夏後有戈氏, 宋戈彥, 明戈鎬. 又司戈, 武職, 從八品, 唐天授年閒置. 从弋, 一橫之. 象形. 說文 <戈部> 古禾切. 平頭戟也. 从弋, 一横之. 象形. 凡戈之屬皆从戈.

A0863 U-6209

•戉• 戈字部 總05劃. 훈글 [월] 도끼. 新典 [월] 독기, 도치. 英譯 a battle-axe, a halberd. 漢典 象形. 小篆字形. 象大斧之形. 本義: 大斧. 后作"鉞". 康熙 <戈部> {唐韻}{集韻}{韻會}𠀤王伐切, 音越. 威斧也. 杖而不用, 明神武不殺也. {司馬法}夏執玄戉, 殷執白戚, 周左杖黃戉, 右秉白旄. {周禮・夏官・大司馬}左執律, 右秉戉. {註}律, 所以聽軍聲也. 戉, 所以爲將威也. 又星名. {前漢・天文志}東井西曲星曰戉. {又}傷成戉. {註}賊傷之占, 先成形於戉也. 又{正韻}魚厥切, 音月. 義同. ○ 按{說文}等書切喻母. 而正韻獨切疑母. 蓋北音以疑爲喻也. 小篆从戈, 𠄌聲. 俗加金作鉞, 則專取乎飾, 其去古益遠矣. 此古今字書之變. 說文 <戉部> 王伐切. 斧也. 从戈𠄌聲. {司馬法}曰: "夏執玄戉, 殷執白戚, 周左杖黃戉, 右秉白髦." 凡戉之屬皆从戉."

A0962 U-620A

•戊• 戈字部 總05劃. 훈글 [무] 다섯째 천간. 新典 [무] 다섯재 텬간. 물건 무셩할. 英譯 5th heavenly stem. 康熙 <戈部> {唐韻}{集韻}{韻會}{正韻}𠀤莫候切, 音茂. 十幹之中也. 物皆茂盛也. {爾雅・釋天}歲在戊曰著雍, 月在戊曰厲. 又{集韻}莫後切, 音牡. 義同. {詩・小雅}吉日維戊. {朱傳}戊, 剛日也. 凡外事用剛日, 宣王田獵, 外事也, 故用剛日. ○ 按五代史梁開平元年, 改日辰戊字爲武, 避諱也. 後人讀戊音爲武音, 其譌由此. 說文 <戊部> 莫候切. 中宮也. 象六甲五龍相拘絞也. 戊承丁, 象人脅. 凡戊之屬皆从戊.

A1003 U-620C

•戌• 戈字部 總06劃. 훈글 [술] 개. 新典 [슐] 열한재 디지. 英譯 11th terrestrial branch. 漢典 指事. 從戊, 含一. 不詳. 戊武器. 本義: 地支的第十一位. 康熙 <戈部> {唐韻}辛聿切, {集韻}{韻會}{正韻}雪律切, 𠀤音恤. 九月辰名也. {說文}滅也. 九月陽氣微, 萬物畢成, 陽下入地也. 五行, 土生於戊, 盛於戌, 从戊含一. {前漢・律歷志}畢入於戌. {爾雅・釋天}歲在戌曰閹茂. 說文 <戌部> 辛聿切. 滅也. 九月, 陽气微, 萬物畢成, 陽下入地也. 五行, 土生於戊, 盛於戌. 从戊含一. 凡戌之屬皆从戌.

A0852 U-620D

•戍• 戈字部 總06劃. 훈글 [수] 지킬. 新典 [슈] 늡슬을, 슈자리. 막을. 집. 正蒙 [수] 수자리. 英譯 defend borders, guard frontiers. 漢典 會意. 從人持戈. 甲骨文字形, 象人負戈守衛邊疆. 本義: 防守邊疆. 康熙 <戈部> {廣韻}傷遇切, {集韻}{韻會}春遇切, 𠀤輸去聲.

{說文}守邊也. {爾雅・釋言}遏也. {註}戍守, 所以止寇賊. {廣韻}舍也. {詩・小雅}我戍未定. 又{正韻}殊遇切, 音樹. 義同. (說文) <戈部> 傷遇切. 守邊也. 从人持戈.

A0673 U-620E

•戎• 戈字部 總06劃. (훈글) [융] 되. (新典) [융] 병장긔. 싸홈수레. 클너. 도울. (訓蒙) [융] 되. (英譯) arms, armaments. military affair. (漢典) 會意. 從戈, 從十. "戈"是兵器, "十"是鎧甲的"甲". 本義: 古代兵器的總稱. 弓, 殳, 矛, 戈, 戟爲古代五戎. (康熙) <戈部> {唐韻}如融切, {集韻}{韻會}而融切, {正韻}而中切, 太音絨. {說文}兵也. {禮・月令}以習五戎. {註}五戎, 弓殳矛戈戟也. {周禮・秋官・掌交}九戎之威. {註}九戎, 九伐之戎也. 又兵車名. 大曰元戎, 小曰小戎. {詩・秦風}小戎俴收. 又{小雅}元戎十乘. 又{禮・王制}西方曰戎. 又大也. {詩・周頌}念玆戎功. {箋}戎功, 大功也. {書・盤庚}乃不畏戎毒于遠邇. {註}戎毒, 大毒也. {揚子・方言}宋魯陳衞謂大曰戎. 又汝也. {詩・大雅}戎有良翰. {又}戎雖小子. {註}汝也. 又相也. {詩・小雅}烝也無戎. {傳}戎, 相也. 又拔也. {揚子・方言}江淮南楚之閒謂拔曰戎. 又姓. 春秋戎律, 漢戎賜, 明戎廉. 又{集韻}如蒸切, 音仍. 與扔通. {前漢・古今人表}有扔君. 或作㦤. 亦省作戎. 又{韻補}叶而主切, 音汝. {詩・大雅}南仲太祖, 太師皇父, 整我六師, 以脩我戎. 本作䇏. 俗作 〈牛戎〉.

A0963 U-6210

•成• 戈字部 總07劃. (훈글) [성] 이룰. (新典) [셩] 일, 일울. 평할. 거듭. 마칠. 십리. (類合) [셩] 일울. (英譯) completed, finished, fixed. (漢典) 會意. 甲骨文字形, 從"丨". "斧", "杵"具備就可以做成事情. 本義: 完成, 成就. (康熙) <戈部> 古文: 戚. {唐韻}是征切, {集韻}{韻會}{正韻}時征切, 太音城. {說文}就也. {廣韻}畢也. 凡功卒業就謂之成. 又平也. {周禮・地官・調人}凡過而殺傷人者, 以民成之. {疏}成, 平也. 非故心殺傷人, 故共鄉里和解之也. {詩・大雅}虞芮質厥成. 又{左傳・隱六年}鄭人來輸平. {公羊傳}輸平猶墮成也. {文七年}惠伯成之. 又終也. 凡樂一終爲一成. {書・益稷}簫韶九成. {儀禮・燕禮}笙入三成. {註}三成謂三終也. 又善也. {禮・檀弓}竹不成用. {註}成, 猶善也. 又{周禮・天官・大宰}八灋五曰官成. 註官成, 謂官府之成事品式也. 又{秋官・士師}掌士之八成. {註}八成者, 行事有八篇, 若今時決事比也. {釋文}凡言成者, 皆舊有成事品式. 又必也. {吳語}勝未可成. {註}猶必也. 又併也. {儀禮・既夕}俎二以成. {註}成, 猶併也. 又{禮・王制}司會以歲之成質于天子. {註}計要也. {周禮・天官・司會}以參互攷日成, 以月要攷月成, 以歲會攷歲成. 又{司馬法}通十爲成. {周禮・冬官考工記}方十里爲成. {左傳・哀元年}有田一成. 又重也. {爾雅・釋地}丘一成爲敦丘. {註}成, 猶重也. 周禮曰: 爲壇三成. {疏}言丘上更有一丘, 相重累者. 又{釋名}成, 盛也. 又{諡法}安民立政曰成. 又州名. 古西戎白馬氐國, 西魏置成州, 唐同谷郡. 又姓. 周武王子成伯之後. 又盆成, 陽成, 皆複姓. 又{集韻}辰陵切, 音承. 本作郕. 或省作成. 地名. 又{韻補}叶陳羊切, 音常. {范蠡曰}得時不成, 反受其殃. 又{史記・龜筴傳}螟蠡歲生, 五穀不成. 叶上祥. (說文) <戊部> 氏征切. 就也. 从戊丁聲.

A0864 U-6211

•我• 戈字部 總07劃. (훈글) [아] 나. (新典) [아] 나. (訓蒙) [아] 나. (英譯) our, us, i, me, my, we. 漢典 會意. 從戈, 從矛. “我”表示兵器. 甲骨文字形象兵器形. 本義: 兵器. 基 康熙 <戈部> 古文: 𢦓成䂞. {唐韻}五可切, {集韻}{韻會}語可切, 𠀤俄上聲. {說文}施身自謂也. {廣韻}已稱也. 又稱父母國曰我, 親之之詞. {春秋・隱八年}我人祊. 又姓. 古賢人, 著書名我子. 又{說文}或說我, 頃頓也. ○ 按頃頓, 義與俄同. 然字書從無作俄音者, 存考. 又{韻補}叶與之切, 音台. {揚子・太玄經}出我入我, 吉凶之魁. {註}我音如台小子之台. 又叶阮古切, 音五. {張衡・鮑德誄}業業學徒, 童蒙求我. 濟濟京河, 實爲西魯. 𢦵, 篆文我. 說文 <我部> 五可切. 施身自謂也. 或說我, 頃頓也. 从戈从𠂹. 𠂹, 或說古垂字. 一曰古殺字. 凡我之屬皆从我.

A0134　U-6212

•戒• 戈字部 總07劃. 훈글 [계] 경계할. 新典 [계] 경계할, 마잇을. 이를. 고할. 방비할. 조심할. 직힐. 삼갈. 類合 [계] 경곗. 英譯 warn, caution, admonish. 漢典 會意. 小篆字形, 上面是“戈”, 下面象兩只手. 兩手持戈, 表示戒備森嚴. 本義: 警戒, 戒備. 康熙 <戈部> 古文: 㦸. {唐韻}古拜切, {集韻}{韻會}{正韻}居拜切, 𠀤音介. {說文}警也. {書・大禹謨}警戒無虞. 又諭也. {書・大禹謨}戒之用休. 又告也. {儀禮・士冠禮}主人戒賓. {註}告也. {聘禮}戒上介亦如之. {註}猶命也. 又{廣韻}愼也, 具也. 又備也. {易・萃卦}戒不虞. {註}備不虞也. 又{易・繫辭}聖人以此齊戒. {註}洗心曰齊, 防患曰戒. {朱子・本義}湛然純一之謂齊, 肅然警惕之謂戒. 又守也. {周禮・夏官・掌固}夜三鼜以號戒. {註}謂擊鼓行夜戒守也. 又{司馬法}鼓夜半三通, 號爲晨戒. 又通作誡. {易・繫辭}小懲而大誡. {前漢・賈誼傳}前車覆, 後車誡. 又與界同. {史記・天官書}星茀於河戒. 又{唐書・天文志}江河爲南北兩戒. 又{韻補}叶居吏切, 音記. {六韜}將不常戒, 則三軍失其備. 又叶紀力切, 音亟. {詩・小雅}豈不日戒, 玁狁孔棘. 說文 <収部> 居拜切. 警也. 从廾持戈, 以戒不虞.

A0852　U-6213

•戓• 戈字部 總07劃. 훈글 [가] 땅 이름. 康熙 <戈部> {佩觿集}各何切, 音歌. 地名.

A0854　U-39B0

•㦰• 戈字部 總08劃. 훈글 [첨] 다할. 英譯 to break off (relations). to sever, to exterminate. to annihilate. to wipe out, to pierce. to stabl. to irritate. to hurt, to hold weapons, agricultural implements. far tools, sharp will. eager intention. determination. 康熙 <戈部> {唐韻}子廉切, {集韻}將廉切, 𠀤音尖. {說文}絕也. {廣韻}刺也, 鋭意也. 又{集韻}田器也. 說文 <戈部> 子廉切. 絕也. 一曰田器. 从从持戈. 古文讀若咸. 讀若{詩}云“攕攕女手”.

A0856　U-6214

•戔• 戈字部 總08劃. 훈글 [전] 쌓일. [잔] 해칠. 新典 [잔] 해할. 상할. [견] 싸일. 英譯 small, narrow, tiny, little. 康熙 <戈部> {唐韻}昨干切, {集韻}{韻會}財干切, {正韻}財難切, 𠀤音奴. {說文}賊也. {廣韻}傷也. 二戈疊加, 有賊傷之象. 通作殘. 又{集韻}{韻會}𠀤將先

切, 音箋. 戔戔, 淺小之意. {易・賁卦}束帛戔戔. 又{字彙補}宗親切, 音津. {劉孟陽碑銘}有父子, 然後有君臣, 理財正辭, 束帛戔戔. 又{集韻}楚限切, 音剗. 擣傷也. 又揣綰切, 音憏. 義同. 又子淺切, 音翦. 少意. 又在演切, 音踐. 狹也. {周禮・冬官・鮑人}自急者先裂, 則是以博爲帴. {註}鄭云: 讀爲羊豬戔之戔. {說文}音踐. 又旨善切, 音膳. 賊也. 又匹見切, 音片. 狹少之意. 劉昌宗說. 叔原字从歹从又. 說文 <戈部> 昨千切. 賊也. 从二戈. {周書}曰: "戔戔巧言."

A0853 U-6215

•戕• 戈字部 總08劃. 훈글 [장] 죽일. 新典 [장] 찌를. 죽일. 샹할. 뭇찌를. 英譯 kill, slay. wound, injure, hurt. 漢典 會意. 從戈, 從爿. 戈, 古代用以橫擊, 鉤殺的重要武器. 爿, 劈開的竹木片. 本義: 殘殺, 殺害. 康熙 <戈部> {廣韻}在良切, {集韻}{韻會}{正韻}慈良切, 𠀤音牆. {說文}槍也. {春秋・宣十八年}邾人戕鄫子于鄫. {左傳・杜註}戕者, 卒暴之名. 又{集韻}財干切, 音殘. 義同. 又資良切, 音將. 戕戕, 橛也. 又{廣韻}則郎切, {集韻}玆郎切, 𠀤音臧. {博雅}戕䂃, 杙也. 又戕牁, 郡名. 亦作牂. 又{集韻}慈盈切, 音情. 殺也. 說文 <戈部> 士良切. 搶也. 他國臣來弑君曰戕. 从戈爿聲.

A0852 U-6216

•或• 戈字部 總08劃. 훈글 [혹] 혹. 新典 [혹] 의심 낼. 혹, 혹시. 괴이적을. 혹이. 英譯 or, either, else. perhaps, maybe. 漢典 會意. 甲骨文字形從口, 從戈. 表示以戈衛國. 本義: 國家. 用 康熙 <戈部> 古文: 㦽. {集韻}越逼切, 音閾. {說文}邦也. 从口从戈, 以守一. 一, 地也. 通作域. 又{廣韻}胡國切, {集韻}{韻會}{正韻}穫北切, 𠀤音惑. 疑也. 凡或人或曰皆闕疑之辭. {易・乾卦}或躍在淵. {朱子・本義}疑而未定之辭. 又與惑通. 怪也. {孟子}無或乎王之不智也. ○ 按六書有假借, 或本是邦或字, 借爲疑或字, 後人加土爲域, 加心爲惑. 而於或字, 止作或人或曰之用, 并其本義而忘之矣. 說文 <戈部> 于逼切. 邦也. 从口从戈, 以守一. 一, 地也.

A0863 U-621A

•戚• 戈字部 總11劃. 훈글 [척] 겨레. 新典 [쳑] 독기, 도치. 결에. 분낼. 슬플. 근심할. 訓蒙 [쳑] 아숌. 英譯 relative. be related to. sad. 漢典 形聲. 從戉, 尗聲. 戉: , 斧子. 本義: 古兵器名, 斧的一種. 康熙 <戈部> {廣韻}{集韻}{韻會}𠀤倉歷切, 音磩. {正字通}戉類. {六書精蘊}戉之白者, 爲之錫劑, 以文之不專用武也. {司馬法}殷執白戚. {詩・大雅}干戈戚揚. {註}戚, 斧也. {釋名}戚, 慼也. 斧以斬斷, 見者慼懼也. 又親也. {詩・大雅}戚戚兄弟. {傳}戚戚, 內相親也. 正義曰: 戚戚, 猶親親也. 又哀也. {論語}喪與其易也寧戚. {註}哀戚也. 又憂也. {論語}小人長戚戚. {註}戚戚, 憂貌. 又惱也. {書・金滕}未可以戚我先王. {蔡註}戚, 憂惱之意. 又憤也. {禮・檀弓}慍斯戚. {註}戚, 憤恚也. 又醜疾人曰戚施. {詩・邶風}得此戚施. {箋}戚施, 面柔下人以色, 不能仰者也. 又{小爾雅}戚, 近也. 又地名. {春秋・文元年}公孫敖會晉侯于戚. {註}戚, 衞邑. 又姓. 漢有臨轅侯戚鰓. 又{集韻}{韻會}𠀤趨玉切. 同促. {周禮・冬官考工記}不微至, 無以爲戚速也. 又{集韻}{韻會}𠀤昨木切, 音族. 縣名. 在東海. 又{韻補}叶子六切, 音蹙. {詩・小雅}歲聿云暮, 采蕭穫菽. 心之憂矣, 自詒伊戚. 說文 <戉部> 倉歷

切. 戉也. 从戉赤聲.

戟 D0156 U-621F

•戟• 戈字部 總12劃. [훈글] [극] 창. [新典] [극] 민눌창. [訓蒙] [극] 창. [英譯] halberd with crescent blade. [漢典] 會意. 從戈, 從榦省. 本義: 古代兵器. 青銅制, 將矛, 戈合成一體, 既能直刺, 又能橫擊. [康熙] <戈部> 古文: 㦸. {廣韻}几據切, {集韻}訖逆切, 𠀤音璩. 有枝兵也. {增韻}雙枝爲戟, 單枝爲戈. {釋名}戟, 格也, 傍有枝格也. {典略}周有雍狐之戟. {周禮・冬官考工記}戟廣寸有半寸, 內三之, 胡四之, 援五之. {註}戟, 今三鋒戟也. 內長四寸半, 胡長六寸, 援長七寸半. 又地名. {戰國策}秦舉安邑, 而塞女戟. {註}女戟在太行西. 又與棘通. {周禮・天官・掌舍棘門註}以戟爲門. {左傳・隱十一年}子都拔棘以逐之. {註}棘戟也. {禮・明堂位}越棘大弓. {註}棘戟同. 又{韻補}叶訖約切, 音腳. {詩・秦風}脩我矛戟, 與子偕作. {揚子・太玄經}比札爲甲, 冠矜爲戟. 被甲荷戟, 以威不恪. {說文}作戟.

戠 A0855 U-6220

•戠• 戈字部 總13劃. [훈글] [시] 찰진 흙. [英譯] a sword. potters clay. to gather. [康熙] <戈部> {廣韻}之翼切, {集韻}質力切, 𠀤音職. 義闕. 又{集韻}式吏切, 音試. 黏土也. 又昌志切, 音熾. 義同. 本作埴. 亦省作戠. [說文] <戈部> 之弋切. 闕. 从戈从音.

戣 D0156 U-6223

•戣• 戈字部 總13劃. [훈글] [규] 양지창. [新典] [규] 창. [英譯] lance. [康熙] <戈部> {廣韻}渠追切, {集韻}{韻會}渠龜切, 𠀤音逵. {廣韻}戟屬. {書・顧命}一人冕執戣. 又人名. 韓愈{孔公誌銘}孔子之後三十八世, 有孫曰戣, 字君嚴. 又{集韻}求位切, 音匱. {字林}兵也. 或从金. [說文] <戈部> 渠追切. {周禮}: 侍臣執戣, 立于東垂. 兵也. 从戈癸聲.

截 A0861 U-622A

•截• 戈字部 總14劃. [훈글] [절] 끊을. [新典] [절] 끈흘. 썰썰 말할. [類合] [절] 긋버힐. [英譯] cut off, stop, obstruct, intersect. [漢典] 形聲. 從戈, 雀聲. 本義: 斷絕, 切斷. [康熙] <戈部> {唐韻}{集韻}{韻會}{正韻}𠀤昨結切. 與㦰同. {說文}斷也. {宋太祖實錄}所過池苑, 多令衞士射雕截柳. 又截截, 辯給貌. {書・秦誓}惟截截善諞言.

戶 A0783 U-6236

•戶• 戶字部 總04劃. [훈글] [호] 지게. [新典] [호] 지게. 백셩의 집. [訓蒙] [호] 입. [英譯] door. family, household. [漢典] 象形. 甲骨文字形, 象門字的一半. 漢字部首之一. 從"戶"的多與門戶有關. 本義: 單扇門. [康熙] <户部> 古文: 戹𡯊. {唐韻}{正韻}侯古切, {集韻}{韻會}後五切, 𠀤音祜. {說文}護也. {釋名}所以謹護閉塞也. {六書精薀}室之口也. 凡室之口曰戶, 堂之口曰門. 內曰戶, 外曰門. 一扉曰戶, 兩扉曰門. {易・節卦}不出戶庭. {詩・豳風}塞向墐

戶. 又民居曰編戶. {唐六典}戶部掌天下戶口. 又止也. {左傳・宣十二年}屈蕩戶之. {註}止也. 又{前漢・王嘉傳}坐戶殿門失闌免. {註}掌守殿門, 止不當入者, 而失闌入之. 又{爾雅・釋地}觚竹北戶. {註}北戶, 南方之國. {疏}卽日南郡也. 師古曰: 言其在日之南, 所謂北戶以向日者. 又{禮・月令}蟄蟲咸動, 啓戶始出. {註}戶, 猶穴也. 又飮酒有大小戶. {吳志}孫皓每饗宴, 人以七升爲限, 小戶雖不入, 㕁澆灌取盡. {白居易詩}戶大嫌甜酒. 又姓. 漢有戶尊. 又與昈通. 文采貌. {揚雄・蜀都賦}戶豹能黃. 又與濩通. 湯樂名. {揚雄・蜀都賦}戶音六成. 又翁姑切, 音烏. {淮南子・時則訓}烏孫國, 作戶孫. 說文 <戶部> 矦古切. 護也. 半門曰戶. 象形. 凡戶之屬皆从戶.

A0783 U-39BF

•戹• 戶字部 總08劃. 훈글 [호] 창. 英譯 a window, a small door, (ancient form 戶) a door, a household. 康熙 <户部> {集韻}戶, 古作戹. 註詳部首. 又{廣韻}苦減切, 音愖. 小戶也.

B1098 U-623E

•戾• 戶字部 總08劃. 훈글 [려] 어그러질. 新典 [려] 어기어질. 허물. 이를. 그칠. 휘어댈. 사오나울. 類合 [려] 어길. 英譯 perverse, recalcitrant, rebellious. 漢典 會意. 從犬, 從戶. 犬從關著的門中擠出, 必曲其身. 本義: 彎曲. 康熙 <户部> 古文: 㡳盭. {廣韻}{集韻}{韻會}郞計切, {正韻}力霽切, 㕁音麗. {說文}曲也. 从犬出戶下. 戾者, 身曲戾也. 又至也. {詩・大雅}鳶飛戾天. {禮・祭義}桑于公桑, 風戾以食之. {註}風至則桑葉乾, 故以食蠶也. 又止也. {書・康誥}今惟民不靖, 未戾厥心. 又定也. {詩・大雅}民之未戾, 職盜爲寇. 又{集韻}力至切, 音利. 乖也, 罪也. {左傳・文四年}其敢干大禮, 以自取戾. 又{廣韻}練結切, {集韻}力結切, {正韻}良薛切, 㕁音㮚. 義同. {潘岳・西征賦}信此心也, 庶免于戾. 如其禮樂, 以俟來哲. 又{謚法}不悔前過曰戾. 又{韻補}叶律質切, 音力. {劉向・九歎}悲余心之悁悁兮, 目眇眇而遺泣. 風騷屑以搖木兮, 雲吸吸以湫戾. 又叶郞之切, 音離. {詩・小雅}樂只君子, 福祿膍之. 優哉游哉, 亦是戾矣. 說文 <犬部> 郞計切. 曲也. 从犬出戶下. 戾者, 身曲戾也.

A0786 U-6249

•扉• 戶字部 總12劃. 훈글 [비] 문짝. 新典 [비] 사리짝. 다들. 訓蒙 [비] 문짝. 英譯 door panel. 漢典 形聲. 從戶, 非聲. 從"戶"表示與門戶有關. 本義: 門扇. 康熙 <户部> {唐韻}{集韻}{韻會}甫微切, {正韻}方微切, 㕁音非. {說文}戶扇也. {爾雅・釋宮}闔謂之扉. {又}以木曰扉, 以葦曰扇. 說文 <戶部> 甫微切. 戶扇也. 从戶非聲.

A0353 U-624D

•才• 手字部 總03劃. 훈글 [재] 재주. 新典 [재, 직] 만, 시래, 재조. 능할. 바탕. 訓蒙 [직] 직죳. 英譯 talent, ability. just, only. 漢典 象形. 甲骨文字形, 上面一橫表示土地, 下面象草木的莖剛剛出土, 其枝葉尙未出土的樣子. 本義: 草木初生. 康熙 <手部> {唐韻}昨哉

切, {集韻}{韻會}{正韻}牆來切, 𠀤音裁. {說文}艸木之初也. 从丨, 上貫一, 將生枝葉. 一, 地也. {徐曰}上一, 初生岐枝. 下一, 地也. {六書正譌}才, 木質也. 在地爲木, 旣伐爲才, 象其枝根斬伐之餘. 从木省. 別作材, 非. 又天地人爲三才. {易・繫辭}有天道焉, 有人道焉, 有地道焉. 兼三才而兩之, 故六. 一曰能也. {禮・文王世子}必取賢斂才焉. {論語}才難, 不其然乎. {前漢・武帝紀}其令州縣擧茂才異等. {唐書・百官志}擇人以四才. {邵堯夫曰}臨大事然後見才之難. 才者, 天之良質也, 學者所以成其才也. 又質也, 力也. {詩・魯頌}思無期, 思馬斯才. {傳}多材也. {孟子}非天之降才爾殊也. {近思錄}性出於天, 才出於氣, 氣淸則才淸, 氣濁則才濁. 又姓. 明尙書才寬. 又{集韻}通作材. {說文}材, 水挺也. 从木, 才聲. {徐曰}木勁直可用, 故曰入山掄可爲材者. 人之有才, 義出於此. 又{正韻}與纔通. 古用才爲纔始字. {晉書・謝混傳}才小冨貴, 便豫人家事. 又與裁通. {戰國策}惟王才之. 又與財通. {前漢・揚雄傳}財足以奉宗廟. 又{集韻}將來切, 與哉同. 亦始也. {爾雅・釋詁疏}哉, 古文作才. 以聲近, 借爲哉始之哉. 又作代切, 音再. 義同. 又叶卽由切, 音遒. {焦氏・易林}季子多才, 使我不憂. 說文 <才部> 昨哉切. 艸木之初也. 从丨上貫一, 將生枝葉. 一, 地也. 凡才之屬皆从才.

A0145 U-624B

•手• 手字部 總04劃. 훈글 [수] 손. 新典 [슈] 손. 잡을. 칠. 訓蒙 [슈] 손. 英譯 hand. 漢典 象形. 小篆字形, 象伸出五指形. 本義: 人體上肢的總稱, 一般指腕以下的部分. 康熙 <手部> 古文: 𠂩. {唐韻}書九切, {集韻}{韻會}{正韻}始九切, 𠀤音首. {釋名}手須也, 事業所須也. {急就篇}捲捥節爪拇指手. {師古註}及掌謂之手. {易・說卦}艮爲手. {疏}艮旣爲止, 手亦能止持其物, 故爲手也. {禮・玉藻}手容恭. 又以手執器亦曰手. {禮・檀弓}王事也. 子手弓而可. {公羊傳・莊十三年}曹子手劒而從之. 又{司馬相如・上林賦}手熊羆. {註}言手擊之. 又叶尸周切, 音收. {焦氏・易林}邑姜叔子, 天文在手. 實沈參墟, 封爲晉侯. 又叶賞呂切, 音黍. {郭璞・神嘘贊}腳屬於頭, 人面無手. 厥號曰嘘, 重黎所處. 又叶矧視切, 音矢. {宋玉・笛賦}延長頸, 奮玉手, 摛朱脣, 曜皓齒. 又{說文}拳也. {正字通}握手謂之拳. 非手卽拳也. 說文 <手部> 書九切. 拳也. 象形. 凡手之屬皆从手.

A0797 U-6254

•扔• 手字部 總05劃. 훈글 [잉] 당길. 新典 [잉] 당길. 나아갈. 꺽글. 英譯 throw, hurl. throw away, cast. 漢典 形聲. 從手, 乃聲. 甲骨文字形, 象以手牽引或投擲東西的樣子. 本義: 牽引, 拉. 康熙 <手部> {唐韻}如乘切, {集韻}{韻會}如蒸切, 𠀤音仍. {說文}因也. {博雅}引也, 就也. 或作扨. 又姓. {前漢・古今人表}有扔君. 又{廣韻}{正韻}而證切, {集韻}{韻會}如證切, 𠀤音認. 强牽引也. 又摧也. {後漢・馬融・廣成頌}竄伏扔輪. {註}言爲輪所摧也. 說文 <手部> 如乘切. 因也. 从手乃聲.

D0149 U-625C

•扜• 手字部 總06劃. 훈글 [우] 당길. 新典 [우] 지휘할. 가질. 康熙 <手部> {唐韻}憶俱切, {集韻}邕俱切, 𠀤音紆. {說文}指麾也. 又持也. 又{廣韻}況于切, {集韻}匈于切, 𠀤音吁. 義同. 說文 <手部> 億俱切. 指麾也. 从手亏聲.

A0798 U-625E

•扞• 手字部 總06劃. 훈글 [한] 막을. 新典 [한] 막을. 호위할. 다닥칠. 팔지. 英譯 ward off, withstand, resist. 康熙 <手部> {唐韻}{集韻}{韻會}{正韻}丛侯幹切, 音翰. 以手扞也. 又衞也. {左傳・文六年}親帥扞之, 送致諸竟. {前漢・刑法志}手足之扞頭目. {註}扞, 禦難也. 又{說文}忮也. {增韻}抵也. {禮・學記}發然後禁, 則扞格而不勝. {註}扞, 堅不可入之貌. 又{史記・楚世家}蜀伐楚, 於是楚爲扞關以距之. {後漢・郡國志}巴郡魚復扞水, 有扞關. 又與䩐通. 臂衣也. {前漢・尹賞傳}被鎧扞, 持刀兵. 又與銲通. {戰國策}豫讓刃其扞. {註}矛鐏謂之銲, 施刃其端. 又{集韻}古旱切, 干上聲. 與擀同. {集韻}或作捍. 別作䩐. 說文 <手部> 侯旰切. 忮也. 从手干聲.

A0798 U-6261

•扡• 手字部 總06劃. 훈글 [타] 끌. 英譯 drag along. 康熙 <手部> {集韻}同拕. 詳拕字註. 又{集韻}待可切, 駝上聲. 引也. {音學五書}古音徒可切. 後人誤入紙韻. {詩・小雅}伐木掎矣. 析薪扡矣. 詳掎字註. 又{唐韻}移爾切, 迤上聲. 加也. 又離也. 又{集韻}{韻會}丛丑豸切, 褫上聲. 析也. 又落也. 與搋同. 或作拸. 又{集韻}{韻會}丛丈尒切, 音豸. 義同. 又{集韻}丈蟹切, 音廌. 亦析也. 又余支切, 音移. 遷徙也. 又是義切, 音豉. 牽也. {韻會}{說文}引{詩}漢五經本作杝, 今文{毛詩}陸德明所定作扡, 音異字異而義實同. ○ 按{詩・小雅・釋文}敕氏反. 又疏云: 扡者, 施也. 觀其裂而漸相施及也. 諸家音訓多从紙韻, 今依{類篇}以古音爲正, 而餘音附之.

A0874 U-6276

•扶• 手字部 總07劃. 훈글 [부] 도울. 新典 [부] 도을. 븟들. 호위할. 어리광부릴. 類合 [부] 븓들. 英譯 support, help. protect. hold on. 漢典 形聲. 從手, 夫聲. 從"手", 表示與手的動作有關. 本義: 攙扶. 康熙 <手部> 古文: 㚘㧝. {唐韻}防無切, {集韻}{韻會}馮無切, {正韻}逢夫切, 丛音符. {說文}佐也. 一曰相也. {揚子・方言}護也. {郭璞註}扶挾將護. {論語}顚而不扶. {前漢・高祖紀}不如更遣長者, 扶義而西. {註}以義自助也. 又緣也. {晉語}侏儒扶盧. 又州名. 扶州在隴右, 唐屬山南道. 又澤名. {前漢・地理志扶柳縣註}地有扶澤, 澤中多柳. 又姓. {前漢・藝文志}傳魯論語者, 魯扶卿. 又{集韻}與芙通. 扶蕖, 荷也. 又與颫通. 大風也. 又{唐韻}甫無切, {集韻}{韻會}風無切, 丛音夫. {禮・投壺}籌, 室中五扶, 堂上七扶, 庭中九扶. {註}鋪四指曰扶. 通作膚. {公羊傳・僖三十一年}觸石而出, 膚寸而合. {註}側手曰膚, 按指曰寸. 又幼小貌. {揚子・太玄經}赤子扶扶. 又{集韻}蓬逋切, 音蒲. 與匍同. 手行也. {左傳・昭二十一年}扶伏而擊之. {註}伏, 蒲北反. {禮・檀弓}詩云: 扶服救之. {陸氏音義}作匍匐, 音同. 又{前漢・天文志}晷長爲潦, 短爲旱, 奢爲扶. {註}鄭氏曰: 扶當爲蟠, 齊魯之閒聲如酺酺, 扶聲近蟠, 止不行也. 晉灼曰: 扶, 附也, 小臣附近君子之側也. 又叶房尤切, 音浮. {陸雲・答兄詩}昔我先公, 爰造斯猷. 今我六蔽, 匪崇克扶. 說文 <手部> 防無切. 左也. 从手夫聲.

A0854 U-627E

•找• 手字部 總07劃. 훈글 [조] 채울. 英譯 search, seek, look for. find. 漢典 會意.

從手, 從戈. 像用手拾戈. 本義: 覓取, 尋求. 康熙 <手部> {集韻}胡瓜切, 音華. 與划同. 舟進竿謂之划. {正韻}撥進船也. 又俗音爪. 補不足曰找.

A0165 U-6282

•抂• 手字部 總07劃. 훈글 [광] 어지러운모양. 康熙 <手部> {集韻}渠王切, 音狂. 抂攘, 亂貌.

A0572 U-6291

•抑• 手字部 總07劃. 훈글 [억] 누를. 新典 [억] 누를. 억울할. 핍박할. 더릴. 물러갈. 막을. 그칠. 또한. 문득. 삼갈. 類合 [억] 누를. 英譯 press down, repress. curb, hinder. 漢典 會意. 本寫作"𢑏". 小篆字形, 象用手抑人使跽. 本義: 按, 向下壓. 康熙 <手部> {唐韻}於力切, {集韻}{韻會}乙力切, 𠀤音億. {說文}按也. {史記・三王世家}緣恩寬忍, 抑案不揚. 又愼密也. {詩・小雅}威儀抑抑. 又治也, 塞也. 又屈也, 逼也. {禮・學記}君子之教喩也, 强而弗抑. {疏}但勸强其神識, 而不抑之令曉也. {楚辭・懷沙}俛屈以自抑. 又遏也, 止也. {史記・平準書}抑天下物, 名曰平準. {後漢・明帝紀}章奏若有過稱虛譽, 尙書宜抑而不省. 又美也. {詩・齊風}抑若揚兮. {疏}揚是顙之別名. 抑爲揚之貌. 又損也, 退也. {後漢・蔡邕傳}人自抑損, 以塞咎戒. 又{班固・傳論}固之序事, 不激詭, 不抑抗. {註}抑, 退也. 抗, 進也. 通作挹. 又轉語, 亦然之辭. {詩・鄭風}抑磬控忌. 又發語辭. {詩・小雅}抑此皇父. {王應麟・詩攷}韓詩, 抑, 意也. 又詩篇名. {楚語}衞武公作懿, 戒以自儆. {註}大雅抑之篇, 懿讀曰抑. {說文}从反印, 或从手作抑. 隸作抑. 今文省作抑. 抑字从扌从𢑏.

A0145 U-6293

•抓• 手字部 總07劃. 훈글 [조] 긁을. 英譯 scratch. clutch, seize, grab. 漢典 形聲. 從手, 爪聲. 本義: 搔. 康熙 <手部> {唐韻}側巧切, {集韻}{正韻}側絞切, 𠀤音蚤. {博雅}搔也. 又掐也. {莊子・徐無鬼}有一狙焉, 委蛇攫抓, 見巧乎王. {杜甫・詩註}玉搔頭, 今之抓頭也. 又{唐韻}{廣韻}側交切, {集韻}{類篇}莊交切, 𠀤音操. 義同. 又{唐韻}{韻會}{正韻}側教切, {集韻}阻教切, 𠀤音笊. 亦爪刺也.

A0176 U-6295

•投• 手字部 總07劃. 훈글 [투] 던질. 新典 [투] 더질, 던질. 버릴. 줄. 의탁할. 나아갈. 類合 [투] 더딜. 英譯 throw, cast, fling, pitch. jump. 漢典 會意. 從手, 從殳. 殳, 古兵器. 合起來表示手拿兵器投擲. 本義: 投擲. 康熙 <手部> 古文: 㧖. {唐韻}度侯切, {集韻}{韻會}{正韻}徒侯切, 𠀤音頭. {說文}擿也. ○ 按擿, 卽擲也. {廣韻}棄也. {禮・曲禮}無投與狗骨. {疏}投, 致也. 棄其骨與犬也. 又贈也. {詩・衞風}投我以木瓜. 又{增韻}納也. {禮・樂記}投殷之後於宋. {註}擧徙之詞也. 又適也, 託也. {後漢・張儉傳}儉得亡命, 望門投止. 又掩也. {詩・小雅}相彼投兔, 尙或先之. {箋}視彼人將掩兔, 尙有先驅走之者. 又姓. 周郇伯之後. 桓王伐鄭, 投先驅以策. 其後氏焉. 漢有光祿投調. 又{集韻}{韻會}{正韻}𠀤大透切, 音豆. 句讀之讀

通作投. {馬融・長笛賦}聆曲引者, 觀法於節奏, 察度於句投. 又與逗同. 止也. 又物相逗合也. {杜甫詩}遠投錦江波. 又酒再釀曰酘. 亦通作投. {字林}重醞也. {梁元帝・樂府}宜城投酒今行熟. (說文) <手部> 度矦切. 擿也. 从手从殳.

A0681 U-6297

•抗• 手字部 總07劃. (훈글) [항] 막을. (新典) [강] 俗音 [항] 막을. 들. 겨를. 막설. (類合) [항] 겯울. (英譯) resist, oppose, defy, reject. (漢典) 形聲. 從手, 亢聲. 本義: 抵抗, 抵御. (康熙) <手部> 古文: 亢. {唐韻}苦浪切, {集韻}{韻會}{正韻}口浪切, 𠀤音伉. {說文}扞也. {儀禮・旣夕}抗木橫三縮二. {註}抗, 禦也, 所以禦止土者. 又{廣韻}擧也. {禮・文王世子}周公抗世子法於伯禽. {註}擧以世子之法, 使與成王居而學之. 又{樂記}歌者上如抗, 下如隊. {疏}歌聲上響, 感動人意, 如似抗擧也. 又以手擧物也. {淮南子・說山訓}百人抗浮, 不若一人挈而趨. 又振也, 蔽也. 又{增韻}抵也, 敵也. {前漢・貨殖傳}子貢聘享諸侯, 所至國君, 無不分庭與之抗禮. 又{揚子・方言}縣也. 山之東西曰抗, 燕趙之郊縣物於臺之上謂之㑋. 又{集韻}居郎切, 音岡. 與㧏同. 亦擧也. {詩・小雅}大侯旣抗. {箋}擧鵠而棲之於侯也. {毛傳}苦浪反. {朱傳}居郎反. 又{唐韻}胡郎切, {集韻}寒剛切, 𠀤音杭. 義同. 蔡邕{釋誨}九河盈溢, 非一凷所防. 帶甲百萬, 非一勇所抗. {說文}抗或从木. {徐鉉曰}今俗作胡郎切. 別見木部. 亢字作亠下几. (說文) <手部> 苦浪切. 扞也. 从手亢聲.

A0038 U-6298

•折• 手字部 總07劃. (훈글) [절] 꺾을. (新典) [제] 천천할. [절] 썩글, 부지를. 결단할. 알마즐. 휘일. 굽힐. 윽박지를. 헐. 일즉 죽을. [설] 불어질. (類合) [절] 것글. (英譯) break off, snap. bend. (康熙) <手部> {唐韻}旨熱切, {集韻}{韻會}{正韻}之列切, 𠀤音浙. 拗折也. {詩・鄭風}無折我樹杞. {周語}體解節折而共飮食之, 於是乎有折俎. 又斷之也. {易・賁象}君子以明庶政, 無敢折獄. {疏}勿得直用果敢, 折斷訟獄. 又折中也. {前漢・貢禹傳}微孔子之言, 亡所折中. 又曲也. {禮・玉藻}折還中矩. {註}曲行宜方. 還亦作旋. {史記・灌夫傳}吾益知吳壁中曲折, 請復往. 又屈也. {前漢・伍被傳}折節下士. 又挫也. {史記・項羽紀}諸侯吏卒乘勝輕折辱秦吏卒. {前漢・蒯通傳}漢王一日數戰, 亡尺寸之功, 折北不救. 又止也. {詩・大雅}予曰有禦侮. {傳}武臣折衝曰禦侮. {疏}能折止敵人之衝突者. 又直指人過失也. {史記・呂后紀}面折廷諍. 又毀也. {易・說卦}兌爲毀折. {前漢・高帝紀}常從王媼武負貰酒, 兩家常折券棄責. {註}折毀之, 棄其所負. 又封土爲祭處曰折. {禮・祭法}瘞埋于泰折, 祭地也. {註}折, 昭晢也, 必爲昭明之名, 尊神也. 又{前漢・郊祀志註}言方澤之形四曲折也. 又短折, 不祿也. {書・洪範}六極. 一曰凶短折. {疏}未齓曰凶, 未冠曰短, 未婚曰折. {前漢・五行志}傷人曰凶, 禽獸曰短, 草木曰折. {又}兄喪弟曰短, 父喪子曰折. 又葬具也. {儀禮・旣夕}折橫覆之. {註}折猶庪也. 方鑿連木爲之, 如牀而無簀, 加之壙上, 以承抗席. 又地名. {春秋・桓十一年}柔會宋公, 陳侯, 蔡叔, 盟于折. 又姓. {後漢・方術傳}折象, 其先封折侯, 因氏焉. 又{唐韻}{集韻}{韻會}{正韻}𠀤食列切, 音舌. {說文}斷也. {廣韻}斷而猶連也. {易・鼎卦}鼎折足, 覆公餗. {禮・月令}孟秋命理, 瞻傷察創視折. {註}折損筋骨也. {前漢・賈誼傳}釋斤斧之用, 而欲嬰以芒刃不缺則折. 又{唐韻}{正韻}杜奚切, {集韻}{韻會}田黎切, 𠀤音題. {禮・檀弓}吉事欲其折折爾. {註}安舒貌. 又{集韻}{韻會}{正韻}𠀤征例切, 音制. 亦斷之也. {班固・西都賦}許少施巧, 秦

成力折. 掎僄佼, 搤猛噬. {註}許少, 古捷人. 秦成, 壯士也. 又{集韻}時制切, 音逝. 亦曲也. {禮・曲禮}立則磬折垂佩. {疏}身宜僂折如磬之背也. {陸德明・音義}折, 之列反, 一音逝. {屈原・離騷}何瓊佩之偃蹇兮, 衆薆然而蔽之. 惟此黨人之不亮兮, 恐嫉妒而折之. {註}沈重曰折. {說文}作斲, 从斤斷艸. 籒文作𣂚, 从艸在仌中, 冰寒故折. 隸从手从斤.

A0799 U-39D4

•抸• 手字部 總08劃. (훈글) [괴] 요란할. (英譯) to disturbe. to agitate. to harass, to quarrel. to wrangle. (康熙) <手部> {唐韻}{集韻}丛古壞切, 音怪. 擾也.

A0131 U-627F

•承• 手字部 總08劃. (훈글) [승] 받들. (新典) [승] 밧들. 바들. 이을, 잇을. 도을. (類合) [승] 니슬. (英譯) inherit, receive. succeed. (漢典) 會意. 甲骨文字形, 上面象跽跪著的人, 下面象兩只手. 合起來表示人被雙手捧著或接著. 本義: 捧著. (康熙) <手部> {唐韻}署陵切, {集韻}{韻會}辰陵切, 丛音丞. {說文}奉也. {書・說命}后克聖, 臣不命其承. {詩・小雅}承筐是將. 又受也. {禮・禮運}是謂承天之祜. {疏}受天之福也. 又{增韻}下載上也. {易・坤象}萬物資生, 乃順承天. {尚書・大傳}庶人有石承. {註}屋柱下石也. 又{廣韻}次也. {左傳・昭十三年}同盟于平丘, 子產爭承. {註}承貢賦之次也. 又繼也. {詩・小雅}如松柏之茂, 無不爾或承. {疏}新故相承, 無彫落也. 又止也. {詩・魯頌}則莫我敢承. {疏}無有於我敢禦止之者. 又通丞. {左傳・哀十八年}楚右司馬子國帥師而行, 請承. {註}承, 佐也. 又州名. 漢牂柯郡地, 宋置承州. 又姓. {後漢・承宮傳註}承姓, 衞大夫成叔承之後. 又{正韻}時征切, 音成. 義同. 又{集韻}諸仍切, 音蒸. 水名. {前漢・地理志}長沙國承陽縣. {註}承水, 出零陵永昌縣界, 東流注湘. 又{集韻}{韻會}丛持陵切, 音懲. {左傳・哀四年}蔡昭侯如吳, 諸大夫恐其又遷也, 承. {註}承, 蓋楚言. 又{集韻}{類篇}丛蒸上聲, 與抍通. {列子・黃帝篇}孔子觀於呂梁, 見一丈夫游之, 使弟子丛流而承之. {註}出溺爲承. 直作拯. 又{韻會}{正韻}丛昨亙切, 音贈. 猶送也. {禮・文王世子}賵賻承含, 皆有正焉. {註}承讀爲贈, 聲之誤也. 又{集韻}{韻會}丛諸應切, 音證. 縣名. {前漢・地理志}東海郡承縣. {註}應劭讀. 又叶辰羊切, 音常. {班固・高祖泗水亭碑}休勳顯祚, 永永無疆. 於皇舊亭, 苗嗣是承. {集韻}或作丞. 又作氶. (說文) <手部> 署陵切. 奉也. 受也. 从手从卪从収.

A0849 U-62B5

•抵• 手字部 總08劃. (훈글) [저] 거스를. (新典) [지] 칠. [져] 밀칠. 닥드릴. 당할. 막을. 다달올. 더질. 하우, 대컨. 쓰름할, 쓰름. (類合) [뎌] 더딜. (英譯) resist, oppose. deny. off-set. (漢典) 形聲. 從手, 氐聲. 本義: 擠, 推. (康熙) <手部> 古文: 氐. {唐韻}都禮切, {集韻}{韻會}{正韻}典禮切, 丛音邸. {說文}擠也. 又觸也. {前漢・禮樂志}習俗薄惡, 民人抵冒. {註}抵, 忤也, 冒犯也. 又當也. {史記・高祖紀}傷人及盜抵罪. {註}謂使各當其罪. {前漢・武帝紀}元封三年, 作角抵戲. {註}兩兩相當, 角力角技藝射御, 故名角抵. 又與觝通. {張騫傳}又作角氐. 又至也. {前漢・杜延年傳}或抵其罪法. {註}特致之於罪法. 又{禮・樂志}草木零落, 抵冬降霜. 又歸也. {前漢・項籍傳}抵櫟陽史司馬欣. {註}相歸抵也. 亦通作邸. 又拒也. {前漢・

梁平王傳}抵讕置辭. 又{田延年傳}延年抵曰: 無有是事. {註}抵, 拒諱也. 又擲也. {後漢・禰衡傳}劉表嘗與諸文人共草章奏, 衡見之, 毀以抵地. 又大抵, 猶言大凡. {史記・酷吏傳}大抵盡詆以不道. {漢書}作大氐. {註}大歸也. 又{集韻}或作扺. 又直皆切, 音㸙. 亦擠也. 又{韻會}掌氏切, {正韻}諸氏切, 丛音紙. 同抵. 擊也. {戰國策}蘇秦見說趙王於華屋之下, 抵掌而談. {前漢・朱博傳}奮髯抵几. 詳抵字註. 說文 <手部> 丁礼切. 擠也. 从手氐聲.

E0048 U-62D4

•拔• 手字部 總08劃. 훈글 [발] 뺄. 新典 [발] 쌜, 솁을. 도라을. 싸를. 온의. 덜어버릴. 쌔어날. 가릴. [패] 밋밋할. 휘어 썩글. 類合 [발] 쌔틸. 英譯 uproot, pull out. 漢典 形聲. 從手, 犮聲. 本義: 拔起, 拔出. 康熙 <手部> {唐韻}{集韻}{韻會}丛蒲八切, 辦入聲. {說文}擢也. {增韻}抽也. {易・乾・文言}確乎其不可拔. 又{泰卦}拔茅茹, 以其彙征吉. {後漢・蔡邕傳}連見拔擢, 位在上列. {晉書・胡母輔之傳}甄拔人物. 又{爾雅・釋詁}殲拔殄, 盡也. 又{增韻}攻而舉之也. {前漢・高帝紀}攻碭, 三日拔之. {註}破城邑而取之, 若拔樹木幷得其根本. 又{唐韻}{集韻}{韻會}{正韻}丛蒲撥切, 音跋. 回也. 又{增韻}疾也. {禮・少儀}毋拔來. {疏}拔, 速疾之意. {前漢・陳項傳贊}拔起隴畝之中. {註}疾起也. 又挺也. 特立貌. {杜甫詩}友于皆挺拔. 又括也. 矢末也. {詩・秦風}舍拔則獲. {疏}以鏃爲首, 故拔爲末. 又除也. {周禮・秋官・赤犮氏註}赤犮猶言捇拔. {疏}拔, 除去之也. 又與茇通. {前漢・禮樂志}拔蘭堂. {註}拔, 舍止也. 又{集韻}北末切, 音撥. 把也. 又{集韻}{韻會}丛蒲蓋切, 音旆. {詩・大雅}柞棫拔矣. {疏}拔然生柯葉也. 又{集韻}{韻會}蒲昧切, {正韻}步昧切, 丛音佩. {詩・大雅・朱傳}挺拔而上, 不拳曲蒙密也. 又拂取也. 又{唐韻}{集韻}丛房越切, 音伐, 草名. {爾雅・釋草}拔蘢葛. {註}似葛, 蔓赤, 葉多. 又{集韻}筆別切. 讀若分別之別. 晉俗謂平地除坌曰拔. 又{張華・鮑文泰誄}抱道冲虛, 執義貞厲. 栖遲無悶, 不營不拔. 厲音列. 說文 <手部> 蒲八切. 擢也. 从手犮聲.

A0798 U-62D5

•拕• 手字部 總08劃. 훈글 [타] 끌. 新典 [타] 쓸. 당길. 英譯 to drag after, to drag out, from which comes:to involve, to delay, to implicate. 康熙 <手部> {唐韻}託何切, {集韻}{韻會}{正韻}湯何切, 丛音佗. {說文}曳也. {前漢・嚴助傳}拕舟而入水. {揚雄・校獵賦}拕蒼豨. 又{集韻}他佐切, 佗去聲. 義同. 又{唐韻}徒可切, {集韻}{韻會}{正韻}待可切, 丛駝上聲. 引也. 又{韻會}{正韻}丛吐臥切, 音唾. 義同. 又{集韻}唐何切, 音駝. 亦引也. 又水拕, 猶堰也. {唐書・楊行密傳}作魯陽五堰拕, 輕舸饋糧. {集韻}或作拖. 又作扡. 說文 <手部> 託何切. 曳也. 从手它聲.

A0798 U-62D6

•拖• 手字部 總08劃. 훈글 [타] 끌. 新典 [타] 쓸. 당길. 類合 [타] 그을. 英譯 drag, tow, haul. delay, prolong. 漢典 形聲. 本作“拕”, 左形, 右聲. 本義: 曳引. 康熙 <手部> 同拕. {班固・西都賦}挾師豹, 拖熊螭. {註}拖, 曳也. 讀平聲. 又{禮・少儀}僕者負良綏, 申之面, 拖諸幦. {疏}拖, 猶擲也. 亦引也. 綏申於面前而引之, 可置車幦上也. {論語}加朝服拖紳. {司馬

相如・上林賦}宛虹拖於楯軒. {註}拖謂申加於上也. 讀上聲或去聲. 又{廣韻}{集韻}𠀋吐邏切. 牽車也.

A0587 U-39EA

•㧪• 手字部 總09劃. (한글) [궤] 헐어 버릴. [위] 매달. (新典) [궤] 헐어 버릴. 달. (英譯) to ruin. to destroy. to break down, to hang up. to suspend. (康熙) <手部> {集韻}古委切, 音詭. 毁撤也. 又魚鬼切, 巍上聲. 懸也.

A0681 U-62DC

•拜• 手字部 總09劃. (한글) [배] 절. (新典) [배, 븨] 절, 절할. 굴복할. 벼슬 줄. (訓蒙) [븨] 절. (英譯) do obeisance, bow, kowtow. (漢典) 會意. 從兩手, 從下. {說文}古文上象兩手, 丅爲"下"的古體. {說文}引 揚雄說: "拜從兩手下." 表示雙手作揖, 或下拜. 隸書將"丅"并入右邊的"手"之下而成爲"拜", 一直沿用至今. 本義: 古代表示敬意的一種禮節. 兩手合于胸前, 頭低到手. (康熙) <手部> 古文: 㧈𢷏𢸤𢹂𢹃. {唐韻}博怪切, {集韻}{韻會}{正韻}布怪切, 𠀋擺去聲. 𢷎字重文. {說文}楊雄說, 拜, 从兩手下也. {禮・郊特牲}拜, 服也, 稽首服之甚也. {疏}拜者, 是服順也. {周禮・春官・大祝辨九𢷎註}稽首, 頭至地也. 頓首, 頭叩地也. 空首, 頭至手, 所謂拜手也. 吉拜, 拜而后稽顙. 凶拜, 稽顙而后拜. 奇讀爲奇偶之奇, 謂一拜也. 褒讀爲報, 再拜是也. 肅拜但俯下手, 今時撎是也. 振動, 戰栗變動之拜也. {詩詁}一, 稽首, 謂下首至地稽留乃起. 二, 頓首, 謂下手置首於地卽起. 三, 空首, 謂下手首不至地. 四, 振動, 謂恐悚迫蹙而下手. 五, 吉拜, 謂雍容而下手. 七, 奇拜, 謂禮簡不再拜也. 八, 褒拜, 謂答拜也. 九, 肅拜, 謂直身肅容而微下手, 如今婦人拜也. 又膜拜, 舉兩手伏地而拜也. {穆天子傳}膜拜而受. 又{荀子・大略篇}平衡曰拜. {註}謂磬折, 頭與腰平. 又朝廷授官曰拜. {史記・淮陰侯傳}至拜大將, 乃信也. {後漢・左雄傳}拜除如流, 缺動百數. 又屈也. {詩・召南}蔽芾甘棠, 勿翦勿拜. {詩詁}攀下其枝, 如人之拜也. 又草名. {爾雅・釋草}拜蔏藋. {註}疑卽商陸. 本作𢷎. {六書正譌}又作𢪽.

A0799 U-62EA

•拪• 手字部 總09劃. (한글) [천] 옮길. (康熙) <手部> {集韻}遷古作拪. 又作㧥. 註詳辵部十二畫. {六書正譌}作𦥑. {說文}本作搊. 別作𦥑. 字異音同, 義亦相近. 又{集韻}余支切, 音移. 遷徙也. 與迻同. 古作拪. 或作扡, 又作敾. 通作移.

A0131 U-62EF

•拯• 手字部 總09劃. (한글) [증] 건질. (新典) [증] 구원할. 도을. 건질. (類合) [증] 건질. (英譯) help, save, aid. lift, raise. (漢典) 形聲. 從手, 丞聲. 本義: 向上舉. (康熙) <手部> {唐韻}{集韻}𠀋蒸上聲. {韻會}{正韻}𠀋之庱切, 讀與整同. 救也, 助也. {增韻}援也. {左傳・宣十二年}目于眢井而拯之. 又舉也. {易・艮卦}艮其腓, 不拯其隨. {註}隨謂趾也. {集韻}本作抍. 或作承. 又作氶. {韻會}或作撜. 詳抍字註.

拱 A0136 U-62F1

•拱• 手字部 總09劃. (훈글) [공] 두 손 맞잡을. (新典) [공] 팔장 찔. 손길 잡을. 아람. (訓蒙) [공] 고즐. (英譯) fold hands on breast. bow, salute. (漢典) 形聲. 從手, 共聲. 本義: 抱拳, 斂手. 兩手在胸前相合, 表示恭敬. (康熙) <手部> {唐韻}{正韻}居竦切, {集韻}{韻會}古勇切, 𠀤音鞏. {說文}斂手也. {徐曰}兩手大指相拄也. {書・武成}垂拱而天下治. {註}垂衣拱手也. {禮・玉藻}凡侍於君垂拱. {疏}沓手也. 身俯則宜手沓而下垂也. 又{爾雅・釋詁}執也. {註}兩手合持爲拱. {左傳・僖三十二年}爾墓之木拱矣. 又拱翊, 環衞也. 又與珙通. 大璧也. {左傳・襄二十八年}與我其拱璧. 又州名. 漢陳留郡, 宋置拱州. 又姓. 明景泰進士拱廷臣. 又{集韻}居容切, 音恭. 左傳, 拱璧. 徐邈讀. 又居用切, 供去聲. 亦斂手也. 又渠竹切, 音鞠. {廣雅}法也. ○ 按屋韻渠竹切, 與沃韻渠玉切相近, 讀者宜細分. 或省作共. (說文) <手部> 居竦切. 斂手也. 从手共聲.

挈 D0149 U-6308

•挈• 手字部 總10劃. (훈글) [설] 손에 들. (新典) [계] 이질어질. 거북겸 칠. [결] 俗音 [설] 끌. 달아 올릴. (類合) [혈] 자블. (英譯) assist, help, lead by hand. (康熙) <手部> {唐韻}苦結切, {集韻}{韻會}{正韻}詰結切, 𠀤契入聲. {說文}縣持也. {廣韻}提挈也. {禮・王制}班白者不提挈. {周禮・夏官}挈壷氏. {註}世主挈壷水以爲漏. {前漢・張耳陳餘傳}以兩賢王左提右挈. {註}相扶持也. 又修整也. {荀子・不苟篇}君子挈其辨. 而同焉者合矣. {註}謂不煩雜. 又{集韻}{韻會}詰計切, {正韻}去計切, 𠀤音契. 缺也, 又絕也. {司馬相如・封禪書}挈三神之歡. 又以板書之也. {前漢・張湯傳}上所是受而著讞法廷尉挈令. {註}在板挈也. 挈獄訟之要也. {史記}作絜. 又與契通. {前漢・溝洫志}內史稻田租挈重, 其議減. {註}租挈, 收田租之約令也. 又{班固・幽通賦}旦算祀於挈龜. {註}挈, 所以然火灼龜者也. {詩・大雅}爰契我龜. {釋文}亦作挈. 又{集韻}奚結切, 音頁. 亦縣持也. 通作絜. 又訖黠切, 音戛. {博雅}獨也. 又{集韻}{韻會}𠀤丘八切, 音劼. 與葜同. 菝葜, 草名. {禮・月令}王瓜生. {註}萆挈也. 卽菝葜. 萆字原从艸从卑. (說文) <手部> 苦結切. 縣持也. 从手㓞聲.

振 A0987 U-632F

•振• 手字部 總10劃. (훈글) [진] 떨칠. (新典) [진] 무던할. 성할. 썰칠. 움즈일. 건질. 구원할. 진동할. 정돈할. 발할. 거둘중. 그칠. 쎄 지어 날. (類合) [진] 들틸. (英譯) raise, excite, arouse action. (漢典) 形聲. 從手, 辰聲. 本義: 賑濟, 救濟. (康熙) <手部> {唐韻}章刃切, {集韻}{韻會}{正韻}之刃切, 𠀤音震. {說文}舉救也. {增韻}拯也. {易・蠱象}君子以振民育德. {註}濟民養德也. {禮・月令}振乏絕. {前漢・元帝紀}振業貧民. {註}振起之, 令有作業. 又{說文}一曰奮也. {廣韻}裂也, 又動也. {易・恆卦}振恆. {禮・月令}孟春蟄蟲始振. {周禮・春官・大祝}辨九祭, 五曰振祭. {註}至祭之末, 但擩肝鹽中振之, 謂將食者旣擩, 必振乃祭也. {爾雅・釋言}振, 訊也. {註}當作迅. 謂奮迅. 又同震. {戰國策}燕王振怖大王之威. {史記・五帝紀}振驚朕衆. 又整也. {禮・曲禮}振書端, 書於君前. {疏}振, 拂去塵也, 臣不豫愼, 將文書簿領於君前, 臨時乃拂整也. 又發也. {左傳・文十六年}振廩同食. {莊子・田子方}是必有以振我也. 又收也. {禮・中庸}振河海而不洩. {孟子}金聲而玉振之也. {周禮・夏官・大司馬}中春教振旅. {註}兵入收衆專於農也. ○ 按書傳云: 振旅言整衆. 又止也. {詩・小雅}振旅闐闐.

{箋}戰止將歸. 又振旅伐鼓. 振, 猶止也. 又{爾雅・釋言}振, 古也. {詩・周頌}振古如玆. {箋}振亦古也. 又鳥羣飛貌. {詩・周頌}振鷺于飛. 又州名. {寰宇記}瓊州府有崖州, 唐武德五年改振州. 又{唐韻}{集韻}{類篇}{韻會}丛之人切, 音眞. 厚也. {詩・周南}宜爾子孫振振兮. {傳}仁厚也. {又}振振公子. {傳}信厚也. 又盛貌. {左傳・僖五年}均服振振. 又上聲. {集韻}{正韻}丛止忍切, 音軫. 與袗通. 襌也. {禮・玉藻}振絺綌, 不入公門. 又叶諸延切, 音旃. {陳琳・柳賦}救斯民之絕命, 擠山岳之隕顚. 匪神武之勤恪, 幾踣斃之不振. 說文 <手部> 章刃切. 舉救也. 从手辰聲. 一曰奮也.

挺 A0512 U-633A

•挺• 手字部 總10劃. ᄒᆞᆫ글 [정] 뻴. 新典 [뎡] 쌔어날. 넉으러울. 당길. 곳곳할. 類合 [뎡] ᄆᆞᄅᆞ디롤. 英譯 to stand upright, straighten. rigid. 漢典 形聲. 從手, 廷聲. 本義: 拔出. 康熙 <手部> {唐韻}{正韻}徒鼎切, {集韻}{韻會}待鼎切, 丛音艇. 讀若庭上聲. {說文}拔也. {廣韻}挺出也. {吳語}挺鈹搢鐸. {前漢・師丹傳}挺力田. {註}特拔異力田之人, 優寵之也. {晉書・宣帝紀論}以天挺之資, 應期受命. 又直持也. 又寬也. {禮・月令}仲夏挺重, 囚益其食. 又引也. {前漢・劉屈氂傳}挺身逃亡其印綬. {註}獨引身而逃難也. 又縣名. {前漢・地理志}膠東國挺縣. 又{集韻}{韻會}丛他頂切, 音珽. 讀若聽上聲. 直也. {左傳・襄五年}周道挺挺, 我心扃扃. {前漢・蓋寬饒傳}君子直而不挺, 曲而不詘. 又茘挺, 香草名. {禮・月令}仲冬茘挺出. {註}馬薤也. 又與脡通. {儀禮・鄉飲酒禮}薦脯五挺. {註}挺猶膱也. 又{唐韻}特丁切, {集韻}{正韻}唐丁切, 丛音庭. 挺縣別音. 又{集韻}丈梗切, 棖上聲. 亦直也. 說文 <手部> 徒鼎切. 拔也. 从手廷聲.

挾 A0663 U-633E

•挾• 手字部 總10劃. ᄒᆞᆫ글 [협] 낄. 新典 [협] 씰. 가질. 도을. 감출. 품을. 씌. 類合 [협] 쁠. 英譯 clasp under arm. hold to bosom. 康熙 <手部> {唐韻}{正韻}胡頰切, {集韻}{韻會}檄頰切, 丛音協. {說文}俾持也. {增韻}帶也, 掖也. 一曰輔也. {詩・大雅}旣挾四鍭. {儀禮・鄉射禮}兼挾乘矢. {註}方持弦矢曰挾. 古文作接. {齊語}挾其槍刈耨鎛, 以旦莫從事於田野. {註}在掖曰挾. 又{爾雅・釋言}藏也. {前漢・惠帝紀}除挾書律. {註}秦律, 敢有挾書者族. 又{廣韻}懷也, 護也. {孟子}不挾長, 不挾貴. {朱註}挾者, 兼有而恃之之稱. 又會也. {晉語}遇兆挾以銜骨, 齒牙爲猾. 又{揚子・方言}挾斯, 敗也. 南楚凡人貧, 衣被醜弊, 或器物弊, 謂之挾斯. 又{集韻}尸牒切, 音婕. 亦持也. {左傳・宣十二年}三軍之士, 皆如挾纊. 又{集韻}訖洽切, {正韻}古洽切, 丛與夾同. 亦持也. 又{集韻}{韻會}丛子洽切, 音啑. 又{集韻}吉協切, 音頰. 又作荅切, 音匝. 義丛同. 或作扱. 又{集韻}{韻會}丛卽協切. 與浹通. {詩・大雅}使不挾四方. {傳}挾, 達也. {疏}挾者, 周匝之義, 故爲達. {周禮・天官・大宰}縣治象之灋于象魏, 挾日而斂之. {註}從甲至甲謂之挾日, 凡十日. {釋文}又作浹. {荀子・禮論篇}方皇周挾. {註}挾讀爲浹. 匝也. 又{正韻}卽涉切, 音接. 義同. 說文 <手部> 胡頰切. 俾持也. 从手夾聲.

捈 A0800 U-6348

•捈• 手字部 總10劃. ᄒᆞᆫ글 [도] 궁굴릴. 新典 [도] 궁굴릴. 당길. 康熙 <手部> {唐韻}{集

韻}{韻會}{正韻}丛同都切, 音徒. {說文}臥引也. {揚子・法言}捈中心之所欲, 通諸人之嚍嚍者, 莫如言. 又{唐韻}{正韻}他胡切, {集韻}通都切, 丛土平聲. {博雅}引也, 抒也. 又{集韻}余遮切, 音椰. 義同. 又抽居切, 音樗. 舒也. 與攄同. 又直加切, 音茶. 擲也. 說文 <手部> 同都切. 臥引也. 从手余聲.

A0853 U-634D

•捍• 手字部 總10劃. 훈글 [한] 막을. 新典 [한] 호위할. 막을. 팔지. 類合 [한] 번디롤. 英譯 ward off, guard against, defend. 漢典 形聲. 古字作"扞", 后作"捍". 從手, 旱聲. 本義: 抵御, 保衛. 康熙 <手部> {唐韻}{集韻}{韻會}{正韻}丛侯幹切, 同扞. {禮・祭法}能捍大患則祀之. 又{禮・內則}右佩玦捍. {註}捍謂拾也, 言可以捍弦也. 又{史記・貨殖傳}燕與趙代俗相類, 而民雕捍少慮. {註}言如雕性之捷捍也. 又{唐韻}{集韻}丛下赧切, 音僩. 捍撎, 搖動也. 又止也. 又{集韻}戸版切, 患上聲. 義同.

A0264 U-6354

•捔• 手字部 總10劃. 훈글 [각] 뿔 잡을. 新典 [각] 밧들, 써밀. 英譯 to gore, stab. 康熙 <手部> {唐韻}古岳切, {集韻}{韻會}{正韻}訖岳切, 丛音覺. {博雅}掎捔也. 通作角. {左傳・襄十四年}譬如捕鹿, 晉人角之, 諸戎掎之. {註}角者, 當其頭也. 掎者, 踣其足也. 又{唐韻}{集韻}丛仕角切, 音浞. 刺也. {張衡・西京賦}叉蔟之所攙捔. {註}攙捔, 貫刺之也. {廣韻}亦作觕. {集韻}或作擉. 又作籗. 又{集韻}測角切, 音齪. 與擉同. 亦刺取也.

A0901 U-6383

•掃• 手字部 總11劃. 훈글 [소] 쓸. 新典 [소] 쓸. 類合 [소] 쁠. 英譯 sweep, clear away. exterminate. 康熙 <手部> {唐韻}{集韻}{韻會}{正韻}丛蘇老切, 音嫂. 弃也, 拚除也. {詩・大雅}洒掃廷內. 又鬧掃, 髻名. {三夢記}鬧掃, 猶盤雅墮馬之類也. 唐詩云: 還梳鬧掃學宮妝. 又{唐韻}{廣韻}蘇到切, {集韻}{韻會}{正韻}先到切, 丛音譟. 義同. {論語}當洒掃應對進退, 則可矣. 本作埽. 又與騷通. 別詳土部, 馬部.

A0246 U-6388

•授• 手字部 總11劃. 훈글 [수] 줄. 新典 [슈] 줄. 부틸. 類合 [수] 줄. 英譯 give to. transmit, confer. 漢典 會意. 從手, 從受, 受聲. 本義: 給予, 交給. 康熙 <手部> {唐韻}殖酉切, {集韻}{韻會}{正韻}是酉切, 丛受上聲. {說文}予也. {廣韻}付也. 又{集韻}承呪切, 音壽. 義同. {詩・鄭風}還, 予授子之粲兮. {禮・曲禮}男女不親授. {史記・留侯世家}沛公殆天授. {前漢・翟方進傳}當大都授時. {註}總集諸生, 大講授也. 又姓. 漢有授異眾. {集韻}或作穐. 唐武后改作穐. 武后造授字, 以穐爲正, 穐, 穐, 穐丛譌. 說文 <手部> 殖酉切. 予也. 从手从受, 受亦聲.

A0342　U-63A1

•採• 手字部 總11劃. (한글) [채] 캘. (新典) [채, 치] 쌀, 캘. 취할. (類合) [치] 킬. (英譯) gather, collect. pick, select. (漢典) 會意. 從爪從木. 甲骨文, 上象手, 下象樹木及其果實. 表示以手在樹上采摘果實和葉子. 本義: 用手指或指尖輕輕摘取來. (康熙) <手部> {唐韻}倉宰切, {集韻}{韻會}{正韻}此宰切, 𠀤同采. 摘也, 取也, 擥也. {戰國策}芻牧薪採, 莫敢闚東門. {註}大者薪, 小者採. {晉書 · 劉琨傳}古語云: 山有猛獸, 藜藿爲之不採. {唐書 · 地理志}開元二十一年, 置十五採訪使檢察, 如漢刺史之職. ○ 按採本从爪从木, 爪即手也. 後人又加手作採.

A0611　U-63AB

•掫• 手字部 總11劃. (한글) [추] 지킬. (新典) [추] 목탁 칠. [츄] 칠. (英譯) be on night watch. grasp. (康熙) <手部> {唐韻}子侯切, {集韻}{韻會}{正韻}將侯切, 𠀤音陬. {說文}夜戒守, 有所擊也. {左傳 · 襄二十五年}陪臣干掫有淫者. {釋文}干音扞. 又{昭二十年}賓將掫, 主人辭. {註}掫, 行夜也, 卽今擊柝. 又地名. {後漢 · 更始傳}赤眉立劉盆子, 更始使李松軍掫以拒之. {註}續漢志曰: 新豐有掫城. 又{唐韻}{集韻}{韻會}{正韻}𠀤側九切, 芻上聲. 義同. 持物相著也. 又{唐韻}子于切, {集韻}遵須切, 𠀤音娵. 擊也. 又{集韻}初尤切, 音篘. 手取物也. 又甾尤切, 音鄒. 持也. 又此苟切, 陬上聲. 亦擊也. 又{前漢 · 五行志}民驚走持藁, 或掫一枚. {註}掫, 麻幹也. ○ 按木薪曰掫, 麻蒸曰菆. 或作黀. {韻會}謂黀通作掫, 沿俗本之譌也. {集韻}或作趣. (說文) <手部> 子矦切. 夜戒守, 有所擊. 从手取聲. {春秋傳}曰: "賓將掫."

A0797　U-6394

•掔• 手字部 總12劃. (한글) [견] 끌. (新典) [완] 당길. [견] 끌어갈. (英譯) sturdy. (康熙) <手部> {唐韻}苦閑切, {集韻}{正韻}丘閑切, 𠀤音慳. {說文}固也. {爾雅 · 釋詁}厚也. 又{唐韻}{正韻}苦堅切, {集韻}輕煙切, 𠀤音牽. 義同. 又牽去也. 與牽通. {史記 · 鄭世家}鄭襄公肉袒, 掔羊以迎. {莊子 · 徐無鬼}君將黜耆欲, 掔好惡, 則耳目病矣. 又持也. 擊也. 又{正韻}詰戰切, 遣去聲. 挽也, 引也. 俗作擰. {說文}讀若詩赤舄掔掔. {徐鉉曰}今別作慳, 非. ○ 按豳風作几几. {說文}或別有所考. 長箋云: 掔掔句似逸詩, 則鑿矣. (說文) <手部> 苦閑切. 固也. 从手臤聲. 讀若{詩}"赤舄掔掔".

A0596　U-63DA

•揚• 手字部 總12劃. (한글) [양] 오를. (新典) [양] 날릴. 필. 나타날. 들. 칭찬할. 까부를. 독기, 도치. (類合) [양] 페플. (英譯) scatter, spread. praise. (康熙) <手部> 古文: 敭敡. {唐韻}與章切, {集韻}余章切, {正韻}移章切, 𠀤音陽. 飛擧也. {詩 · 王風}揚之水, 不流束薪. {傳}揚, 激揚也. {疏}謂水急激而飛揚, 波流疾之意也. 又{豳風}以伐遠揚. {疏}謂長條揚起者. 又{增韻}發也, 顯也. {廣韻}擧也. {易 · 夬卦}揚于王庭. {疏}發揚決斷之事於王者之庭. {書 · 堯典}明明揚側陋. {禮 · 文王世子}或以言揚. {疏}能言語應對, 亦擧用之. 又稱說也. {禮 · 祭統}銘者, 自名以稱揚其先祖之美, 而明著之後世者也. {前漢 · 季布傳}使僕游揚足下, 名於天下,

顧不美乎. 又{爾雅·釋詁}賡揚, 續也. 又簸去糠粃也. {詩·小雅}維南有箕, 不可以簸揚. 又眉上下曰揚. {詩·鄘風}揚且之晳也. {傳}揚, 眉上廣. {又}子之淸揚. {疏}揚者, 眉上之美名. 旣名眉爲揚, 因謂眉之上, 眉之下皆曰揚. 又鉞也. {詩·大雅}干戈戚揚. 又州名. {書·禹貢}淮海惟揚州. {疏}江南之氣躁勁, 厥性輕揚, 故曰揚州. 亦曰: 州界多水, 水波揚也. 又姓. {揚雄·自序}揚別爲一族. 周宣王子尚父封揚侯, 因氏. 又宋揚避舉, 明揚光休. 通作颺. (說文) <手部> 與章切. 飛舉也. 从手昜聲.

A0246 U-63F4

•援• 手字部 總12劃. (훈글) [원] 당길. (新典) [원] 당길. 사다리. 싈어 잡을. 마들, 구원할. 졉할. (英譯) aid, assist. lead. cite. (漢典) 形聲. 從手, 爰聲. 本義: 拉, 引. (康熙) <手部> {唐韻}雨元切, {集韻}{韻會}于元切, 𠀤音袁. {說文}引也. {詩·大雅}無然畔援. {疏}畔是違道, 援是引取. {又}以爾鉤援. {傳}鉤, 鉤梯也. 所以鉤引上城者. {疏}援卽引也. {禮·儒行}舉賢援能. 又{廣雅}牽也. {增韻}拔也. {禮·中庸}在下位不援上. {註}援謂牽持之也. {孟子}子欲手援天下乎. 又刃之直而上達曰援. {周禮·冬官考工記}戈廣二寸, 援四之. {註}援長八寸, 直刃也. 又{唐韻}{集韻}{韻會}𠀤干眷切, 音院. 救助也, 接也. {魯語}爲四鄰之援, 結諸侯之信. {註}所攀援以爲助也. 又{集韻}于願切, 遠去聲. 引持也. {晉語}侏儒不可使援. {註}侏儒短者, 不可使抗援. 又{集韻}{韻會}{正韻}𠀤胡玩切, 音換. 與㬇同. 怑㬇, 不順也. 一曰拔扈. {詩·大雅·畔援箋}猶拔扈也. ○ 按與傳疏義別. (說文) <手部> 雨元切. 引也. 从手爰聲.

A0154 U-641C

•搜• 手字部 總13劃. (훈글) [수] 찾을. (訓蒙) [수] 더드믈. (英譯) search. seek, investigate. (康熙) <手部> {集韻}疎鳩切, 音蒐. 與挍同. 又先侯切, 潄平聲. 義𠀤詳挍字註. 又{集韻}先彫切, 音蕭. 搜搜, 動貌. 亦省作叟. 又蘇曹切, 音騷. 又蘇后切, 音叟. 義𠀤同. 又先奏切, 音潄. 人名. {莊子·讓王篇}王子搜援綏登車. 又{集韻}{韻會}𠀤山巧切, 音稍. 攪搜, 亂也. {韓愈詩}炎風日搜攪. {註}搜上聲.

A0157 U-6463

•摣• 手字部 總14劃. (훈글) [사] 잡을. (英譯) a handful. to pick up with the fingers. to seize.

A0796 U-6467

•摧• 手字部 總14劃. (훈글) [최] 꺾을. (新典) [최] 썩글. 썩거질. 억제할. (類合) [최] 것글. (英譯) destroy, break, injure. (漢典) 形聲. 從手, 崔聲. 本義: 折斷. (康熙) <手部> {唐韻}{集韻}𠀤昨回切, 音漼. 讀若罪平聲. {說文}擠也. 一曰挏也. 一曰折也. 又{集韻}{韻會}{正韻}𠀤徂回切, 音嗺. 義同. 又沮也. {詩·邶風}室人交徧摧我. {箋}摧者, 刺譏之言. 又{增韻}挫也, 抑也. {史記·季布傳}能摧剛爲柔. 又{爾雅·釋詁}摧詹, 至也. {揚子·方言}摧詹, 楚語. {詩·大雅}先祖于摧. {傳}至也. {疏}先祖之神, 於何所至. 又滅也. {詩·大雅·朱傳}先祖之祀,

將自此而滅也. 又{集韻}遵綏切, 醉平聲. 退也. {易・晉卦}晉如摧如. 鄭康成讀. 又催內切, 音啐. 滅也. 又{集韻}{正韻}𠀤寸臥切, 音剉. 與莝同. 斬芻也. {詩・小雅}乘馬在廐, 摧之秣之. {箋}摧, 今莝字也. (說文) <手部> 昨回切. 擠也. 从手崔聲. 一曰挏也, 一曰折也.

A0796 U-646F

•摯• 手字部 總15劃. (훈글) [지] 잡을. (新典) [지] 잡을. 지극할. 폐백. 나아갈. 극진할. (英譯) sincere, warm, cordial. surname. (康熙) <手部> {唐韻}{集韻}{韻會}𠀤脂利切, 音至. {說文}握持也. 一曰至也. {爾雅・釋詁}臻也. {註}摯, 執也, 所以表至也. {書・西伯戡黎}大命不摯. {註}言受大命者, 何不至也. {詩・周南・關雎傳}雎鳩摯而有別. {箋}摯之言至也, 謂情意至然而有別. 又執物以爲相見之禮也. 與贄質通. {禮・曲禮}凡摯, 天子鬯, 諸侯圭, 卿羔, 大夫鴈, 士雉, 庶人之摯匹. {周禮・春官・大宗伯}以禽作六摯. {註}所執以自致也. 又進也. {戰國策}近習之人, 其摯諂也固矣. 又極也. {周禮・冬官考工記函人}凡甲鍛不摯, 則不堅. {註}摯之言致. {疏}謂熟之至極. {前漢・韓安國傳贊}臨其摯而顚墜. 又傷折也. {禮・月令}孟春行冬令, 則水潦爲敗, 雪霜大摯. 又與鷙通. {禮・曲禮}前有摯獸, 則載貔貅. {疏}摯獸, 虎狼之屬. 又{儒行}鷙蟲攫搏. {疏}蟲是鳥獸通名, 但獸摯從執下手, 鳥鷙從執下鳥. 又國名. {詩・大雅}摯仲氏任. {周語}昔摯疇之國也, 由大任. {註}摯疇二國, 任姓, 奚仲仲虺之後, 太任之家也. 又人名. 蔡邕{釋誨}伊摯有負鼎之衒. {註}摯, 伊尹名也. 又{正韻}支義切, 音寘. 義同. 又{集韻}{韻會}𠀤陟利切, 音致. {廣雅}解也. 又與輊通. 低也. {周禮・冬官考工記・輈人}大車之轅摯, 其登又難. {註}摯, 輖也. {又}大車平地旣節軒摯之任. 或作蟄墊. 又作輖. 又職日切, 音質. 姓也. {前漢・貨殖傳}京師富人, 茂陵摯綱. {後漢・馬融傳}京兆摯恂. {晉書・摯虞傳}京兆, 長安人. 从執持之執, 本作𢫦. (說文) <手部> 脂利切. 握持也. 从手从執.

A0796 U-64A3

•撣• 手字部 總15劃. (훈글) [탄] 손에들. (新典) [탄] 찔릴. [선] 끌어당길. (英譯) to dust. a duster. (康熙) <手部> {唐韻}徒旱切, {集韻}蕩旱切, 𠀤但上聲. {說文}提持也. {揚子・太玄經}何福滿肩, 提禍撣撣. {註}撣撣, 敬也. 何福持禍而自儆戒也. 又{唐韻}徒干切, {集韻}{韻會}唐干切, {正韻}唐闌切, 𠀤音檀. 觸也. 又與彈通. 鼓絃也. 又國名. {後漢・西南夷傳}撣國, 西南通大秦. 又{唐韻}{集韻}{韻會}徒案切, {正韻}杜案切, 𠀤音憚. 亦觸也. 又{唐韻}市連切, {集韻}時連切, 𠀤音蟬. 撣援, 牽引也. 又{集韻}澄延切, 音纏. 相纏不去也. 又人名. {前漢・宣帝紀}日逐王先賢撣來降. 又亭年切, 音田. 陼名. {山海經}青要之山, 南望撣陼. 又他干切, 音灘. 持不堅也. 又旨善切, 饘上聲. 排急也. (說文) <手部> 徒旱切. 提持也. 从手單聲. 讀若行遲驒驒.

A0182 U-64A4

•撤• 手字部 總15劃. (훈글) [철] 거둘. (新典) [철] 거들, 치울. 피울. 빼낼. 긁을. (英譯) omit. remove. withdraw. (漢典) 形聲. 從手, 聲. 本義: 撤去. (康熙) <手部> {唐韻}{集韻}{韻會}{正韻}𠀤直列切, 音轍. 發也. 又除去也. {論語}不撤薑食. {唐書・高宗紀}以旱避正殿, 減膳撤樂. 又{唐韻}丑列切, {集韻}{韻會}{正韻}敕列切, 𠀤音徹. 讀與掣近. 亦發也. 又抽也, 剝也. 育本

从厷, 字書从厷, 故入十二畫. 厷, 倒子, 字作丄下厶.

A0798 U-64C0

•擀• 手字部 總16劃. 훈글 [간] 손으로 펼. 英譯 roll flat. 康熙 <手部> {集韻}古旱切, 干上聲. 以手伸物也. 或省作扞. (擀) {集韻}許偃切, 與攇同. {前漢・揚雄・長楊賦}麾城擀邑. {註}擀, 舉手擬之也. 音車幰之幰. 又{正字通}擀乃搟之譌. 長楊賦古本作搟邑. 互見搟字註. 一說欣軒聲近. 掀俗作擀, 與搟別.

A0237 U-64D2

•擒• 手字部 總16劃. 훈글 [금] 사로잡을. 新典 [금] 사로잡을. 움킬. 英譯 catch, capture, seize, arrest. 漢典 形聲. 從手, 禽聲. 本義: 捕捉. 古籍本作"禽". 康熙 <手部> {唐韻}巨今切, {集韻}{韻會}{正韻}渠金切, 夶音琴. 與捦同. 詳捦字註. {禮・曲禮・不離禽獸疏}禽者, 擒也. 言鳥力小, 可擒捉而取之. 通作禽. 又{集韻}巨禁切, 音噤. 與扲同. 見扲字註.

A0919 U-3A67

•㩧• 手字部 總18劃. 훈글 [박] 칠. 英譯 to strike. to beat. to knock. to stone (to throw stone and hit someone). sound of hitting something. 康熙 <手部> {唐韻}蒲角切, {集韻}{韻會}弼角切, 夶音雹. 擊也. 又擊聲. 又{唐韻}{集韻}夶匹角切, 音璞. 亦擊也. 或作撲扑. 又作技攴. 又{集韻}北角切, 音剝. 與𣪍同. 又普講切. 義同. 又博陌切, 音百. 亦擊聲. 本作㩧.

A0132 U-64E7

•擧• 手字部 總18劃. 훈글 [거] 들 新典 [거] 맛들. 英譯 raise. lift up, recommend. 康熙 <手部> {唐韻}居許切, {集韻}苟許切, 夶音莒. 舉本字. {說文}對舉也. 又{廣韻}以諸切, 音余. 與舁同. 共舉也. {集韻}作𢪏. 說文 <手部> 居許切. 對舉也. 从手與聲.

A0799 U-650F

•攏• 手字部 總19劃. 훈글 [롱] 누를. 新典 [롱] 가질. 차갈. 셈댈. 다스릴. 英譯 collect, bring together. 康熙 <手部> {唐韻}{正韻}力董切, {集韻}{韻會}魯孔切, 夶聾上聲. 持也, 掠也. 一曰拗攏, 籌也. 謂酒律. 又{集韻}{韻會}夶盧東切, 音聾. 理也. 鄭氏曰: 从攏轉註. {正字通}六書略攏攏分爲二, 非.

A0181 U-6534

•攴• 攴字部 總04劃. 훈글 [복] 칠. 英譯 rap, tap lightly. KangXi radical 66. 康熙 <攴部> {唐韻}{集韻}夶普木切, 音撲. {說文}小擊也. 又{廣韻}{集韻}夶匹角切, 音璞. 本作攴.

楚也. {五經文字}石經作攵. {集韻}或作撲扑. 說文 <攴部> 普木切. 小擊也. 从又卜聲. 凡攴之屬皆从攴.

A0181 U-6535

•攵• 攴字部 總04劃. ᄒᆞᆫ글 [복] 칠. 新典 [치] 뒤져 올. 英譯 rap, tap. radical number 66. 康熙 <攴部> {廣韻}凡从攴者, 作攵同. {正字通}九經字樣作攴, 今依石經作攵, 與文別. {郭忠恕・佩觿集}用攵代攴, 將无混旡, 若斯之流, 便成兩失.

A0187 U-6537

•攷• 攴字部 總06劃. ᄒᆞᆫ글 [고] 상고할. 新典 [고] 일울. 샹고할, 수릴. 英譯 examine, test. investigate. 康熙 <攴部> {集韻}考, 古作攷. {周禮・天官・小宰}攷乃灋. 餘詳考部. 說文 <攴部> 苦浩切. 敂也. 从攴丂聲.

A0185 U-6538

•攸• 攴字部 總07劃. ᄒᆞᆫ글 [유] 바. 英譯 distant, far. adverbial prefix. 漢典 會意. 從攴, 從人水省. 表示人扶杖走水路. 本義: 水流的樣子. 康熙 <攴部> {唐韻}以周切, {集韻}{韻會}{正韻}夷周切, 𠀤音由. {說文}作攸, 行水也. {註}攴, 入水所仗也. 秦刻石嶧山文, 攸字作汥. {孟子}攸然而逝. {趙註}攸然迅走, 趣水深處也. 又{爾雅・釋言}攸, 所也. {易・坤卦}君子攸行. {詩・大雅}爲韓姞相攸. {註}擇可嫁之所也. 又{左傳・哀三年}鬱攸從之. {註}鬱攸, 火氣也. 又{前漢・敘傳}攸攸外寓. {註}攸攸, 遠貌. 又語助詞. {書・洪範}彝倫攸敘. {詩・大雅}四方攸同. 又{集韻}以九切, 音酉. {左傳・昭十二年}湫乎攸乎. {註}攸, 懸危貌. 又姓. {急就篇}北燕有攸邁. 攸字从攴作. 說文 <攴部> 以周切. 行水也. 从攴从人, 水省.

A0184 U-6539

•改• 攴字部 總07劃. ᄒᆞᆫ글 [개] 고칠. 新典 [개, 기] 고칠. 지을. 박굴. 類合 [기] 고틸. 英譯 change, alter. improve, remodel. 漢典 會意. 甲骨文字形, 左邊是"己", 象一個跪著的小孩子, 右邊是"攴", 象以手持杖或執鞭. 表示教子改過歸正之意. 本義: 改變. 康熙 <攴部> {唐韻}古亥切, {集韻}{韻會}已亥切, {正韻}居亥切, 𠀤音輆. {說文}更也. {註}李陽冰曰: 已有過, 攴之卽改. {五經文字}攺从戊己之己. {易・益卦}有過則改. 又{井卦}改邑不改井. 又姓. {廣韻}秦有大夫攺產. 又{韻補}叶茍起切. {張衡・思玄賦}私湛憂而深懷兮, 思繽紛而不理. 願竭力以守誼兮, 雖貧窮而不改. {說文}从攴作攺. 攺, 攺. 說文 <攴部> 古亥切. 更也. 从攴, 己. 李陽冰曰: "已有過, 攴之卽改."

A0187 U-653B

•攻• 攴字部 總07劃. ᄒᆞᆫ글 [공] 칠. 新典 [공] 칠. 다스릴. 구들. 지을. 남의 허물 말할. 익일. 類合 [공] 틸. 英譯 attack, assault. criticize. 漢典 形聲. 從攴, 工聲. 本義: 進攻,

攻打. 康熙 <攴部> {唐韻}古洪切, {集韻}{韻會}沽紅切, {正韻}古紅切, 𠀤音公. {說文}擊也. {博雅}伐也. {易・同人}乘其墉弗克攻. {書・伊訓}造攻自鳴條. 又{類篇}一曰治也. {書・甘誓}左不攻于左. {傳}治也. {論語}攻乎異端. 又{詩・小雅}我車旣攻. {傳}攻, 善也. {朱傳}攻, 堅也. 又心爲物欲所侵曰攻. {唐書・太宗紀}一心攻之者衆. 又摘人過失亦曰攻. {蜀志・諸葛亮傳}勤攻吾闕, 則事可定. 又{詩・大雅}庶民攻之. {傳}攻, 猶作也. 又{博雅}攻, 堅也. 又姓. {何氏姓苑}漢有攻生單. 又{廣韻}古冬切, 音釭. 義同. 又{集韻}古送切, 音貢. {周禮・夏官・司弓矢}利攻守. {釋文}攻, 如字, 劉音貢. 又{韻補}叶姑黃切. {史記・龜筴傳}入於周地, 得太公望, 與卒聚兵, 與之相攻. {說文}从支作攻. 攻字原从攴作. 說文 <攴部> 古洪切. 擊也. 从攴工聲.

A0184 U-3A85

•㪅• 攴字部 總09劃. 훈글 [경] 고칠. [갱] 다시. 新典 [경] 고칠. 대신할. 지날. 경점. [갱, 깅] 다시. 英譯 (same as 更) to change, to alter. 康熙 <攴部> {廣韻}古行切, {集韻}居行切, 𠀤音庚. {說文}改也. {九經字樣}隸省作更. {禮・曲禮}君子問更端. 又{禮・月令}更皮幣. {註}更, 猶易也. 又{史記・曹相國世家}舉事無所變更. 又{禮・儒行}乃留, 更僕未可終也. {釋文}更, 代也. 又{史記・平準書}悉巴蜀租賦, 不足以更之. {註}韋昭曰: 更, 續也. 或曰更, 償也. 又{玉篇}更, 歷也, 復也. {類篇}迭也. 又{禮・文王世子}遂設三老五更. {註}年老更事致仕者也. {後漢・禮儀志註}五更老人, 知五行更代之事者. 又{前漢・昭帝紀}三年以前逋更賦未入者, 皆勿收. {註}更有三品, 有卒更, 有踐更, 有過更, 古者正卒無常, 人皆當迭爲之. 一月一更, 是爲卒更也. 貧者欲得顧更錢者, 次直者出錢顧之, 是爲踐更也. 天下人皆直戍邊三日, 亦名爲更, 律所謂繇戍也. 諸不行者, 出錢三百人官, 官以給戍者, 是爲過更也. 又因時變易刻漏曰更. {班固・西都賦}衞以嚴更之署. {註}督夜行鼓也. 又{豹隱紀談}楊萬里詩: 天上歸來有六更. {註}內樓五更後, 梆鼓徧作, 名蝦蟇更. 禁門初開, 百官隨入, 所謂六更也. 又官名. {前漢・百官公卿表}太子率更家令. {註}師古曰: 掌知刻漏, 故曰率更. 又{廣韻}{集韻}𠀤古孟切, 音亙. {增韻}再也. 又{韻補}叶居良切. {司馬相如・長門賦}望中庭之藹藹兮, 若季秋其降霜. 夜曼曼其若歲兮, 懷鬱鬱其不可再更.

A0119 U-6545

•故• 攴字部 總09劃. 훈글 [고] 옛. 新典 [고] 예. 연고, 일. 짐짓. 고로, 가닥. 죽을. 초상날. 글 뜻. 類合 [고] 무글. 英譯 ancient, old. reason, because. 漢典 形聲. 從攴, 古聲. 從"攴", 取役使之意. 本義: 緣故, 原因. 康熙 <攴部> {廣韻}{集韻}{韻會}{正韻}𠀤古暮切, 音顧. {說文}使爲之也. {註}徐鍇曰: 故使之也. 又{廣韻}事也. {易・繫辭}是故知幽明之故. {疏}故, 謂事也. 又{廣韻}舊也. {易・雜卦}革, 去故也. 鼎, 取新也. {周禮・天官・大宰}以八統詔王馭萬民, 二曰敬故. {註}不慢舊也. 又{書・大禹謨}刑故無小. {傳}故犯雖小, 必刑. 又{禮・曲禮・疏}故者, 承上起下之語. 又{禮・檀弓}非有大故, 不宿於外. {註}大故, 謂喪憂. 又{前漢・藝文志}魯故二十五卷. {註}師古曰: 故者, 通其指義也. 今流俗毛詩, 改故訓傳爲詁字, 失眞. 又{前漢・蘇武傳}前以降及物故, 凡隨武還者九人. {註}師古曰: 物故, 謂死也. 言其同於鬼物而故也. 又{荀子・王霸篇}不隆本行, 不敬舊法, 而好詐故. {註}故, 巧也. 又{韻補}叶攻乎切, 辜也. {賈誼・弔屈原文}般紛紛其離此尤兮, 亦夫子之故也. 歷九州而相其君兮, 何

必懷此都也. ○ 按{史記}故作辜. 又叶果五切. {東方朔・客難}悉力慕之, 困於衣食, 或失門戶, 使蘇秦, 張儀與僕𠀤生於今之世, 曾不得掌故. {說文}从攴作故. 故字原从攴作. 說文 <攴部> 古慕切. 使爲之也. 从攴古聲.

A0183 U-6548

•效• 攴字部 總10劃. ᄒᆞᆫ글 [효] 본받을. 新典 [효] 형상할. 의방할, 닮을. 배울. 법바들. 공. 효험, 미름. 힘쓸. 이를. 들일. 줄. 類合 [효] 효험. 英譯 result, effect. effectiveness. 漢典 形聲. 從攴, 交聲. "攴"有致力的意思. 本義: 獻出, 盡力. 康熙 <攴部> {廣韻}胡敎切, {集韻}後敎切, {韻會}後學切, 𠀤音校. {說文}象也. {玉篇}法效也. {廣韻}學也. {增韻}放也. {易・繫辭}效法之謂坤. {左傳・莊二十一年}鄭伯效尤. 又{禮・曲禮}效馬效羊者, 右牽之. {註}效, 猶呈也. 又{左傳・文八年}效節於府人而出. {註}效, 猶致也. 又{左傳・昭二十六年}宣王有志, 而後效官. {註}效, 授也. 又{廣韻}效驗也. {前漢・藝文志}儒者, 己試之效. 又{廣韻}效力也. {前漢・韓信傳}願效愚忠. 又{類篇}一曰功也. {前漢・尹賞傳}追思其功效. 又{增韻}勉也. {韻會}一曰具也. {九經字樣}作効者訛. {韻會}效, 亦作傚. 禮韻續降效力之效與倣傚之傚不同, 許雙押. 又{集韻}吉了切, 音皎. {揚子・方言}效烓, 明也. 又下巧切, 音佼. 事露也. {說文}从攴作效. 效字原从攴作. 說文 <攴部> 胡敎切. 象也. 从攴交聲.

A0798 U-3A8B

•㪋• 攴字部 總11劃. ᄒᆞᆫ글 [한] 막을. 新典 [한] 그칠. 英譯 (same as 扞, 捍) to resist. to oppose. to obstruct, to defend. to guard. to ward off, (same as 攲) to thump. to beat. to strike. to attack. 康熙 <攴部> {廣韻}{集韻}𠀤侯旰切, 音翰. {說文}止也. 周書曰: 㪋我于艱. ○ 按書文侯之命, 㪋今本作扞. {類篇}或作攼. 又{集韻}許我切. 與攲同.

A0188 U-654E

•敎• 攴字部 總11劃. ᄒᆞᆫ글 [교] 가르침. 新典 [교] 본바들. 하야금. 가르칠. 줄. 르침, 종교. 법령. 교서. 訓蒙 [교] ᄀᆞᄅᆞ칠. 英譯 teach. 康熙 <攴部> 古文: 效𧦝. {廣韻}古孝切, {集韻}{韻會}{正韻}居效切, 𠀤音較. {說文}作敎上所施, 下所效也. {釋名}敎, 效也, 下所法效也. {廣韻}敎訓也. {玉篇}敎令也. {易・觀卦}聖人以神道設敎. {書・舜典}敬敷五敎在寬. {傳}布五常之敎. 又{禮・王制}明七敎以興民德. {註}七敎, 父子, 兄弟, 夫婦, 君臣, 長幼, 賓客, 朋友也. {周禮・地官・司徒}使帥其屬, 而掌邦敎. {註}敎所以親百姓, 訓五品, 有虞氏五, 而周十有二焉. {禮・曲禮}敎訓正俗, 非禮不備. {荀子・脩身篇}以善先人謂之敎. 又蔡邕{獨斷}諸侯言曰敎. {正字通}諭告之詞, 其義與令同也. 又{廣韻}古肴切, {集韻}{韻會}{正韻}居肴切, 𠀤音交. 義同. 敎字从孝从攴.

A0183 U-654F

•敏• 攴字部 總11劃. ᄒᆞᆫ글 [민] 재빠를. 新典 [민] 싸를, 민쳡할. 총민할. 통달할. 공손할. 민망할. 엄지발가락. 正蒙 [민] 민쳡할. 英譯 fast, quick, clever, smart. 漢典 形聲. 從攴,

每聲. 甲骨文字形, 像用手整理頭發的樣子. 本義: 動作快. 康熙 <攴部> 古文: 勄. {唐韻}眉殞切, {集韻}美殞切, 𠀤音愍. {說文}疾也. {釋名}敏, 閔也. 進敘無否滯之言也, 故汝頴言敏曰閔. {書・大禹謨}黎民敏德. 又{說命}惟學遜志務時敏. {詩・大雅}殷士膚敏. 又{類篇}足大指名. {詩・大雅}履帝武敏歆. {箋}敏, 拇也. 又{爾雅・釋樂}商謂之敏. {註}五音之別名. 又{博雅}捷敏, 亟也. {謚法解}速也. {廣韻}聰也, 達也. {玉篇}敬也, 莊也. 又{韻補}叶母鄙切. {詩・小雅}農夫克敏. 與止喜叶. {前漢・敘傳}宣之四子淮陽聰敏, 舅氏籧篨, 幾陷大理. 勄字从毋作. 說文 <攴部> 眉殞切. 疾也. 从攴每聲.

A0186 U-6557

•敗• 攴字部 總11劃. 흔글 [패] 깨뜨릴. 新典 [패] 헐어질. 업들어질. 덜릴. 문어질. 깨어질. 訓蒙 [패] 히야딜. 英譯 be defeated, decline, fail. 漢典 會意. 從貝, 從攴. 攴, 甲骨文象以手持杖, 敲擊的意思, 漢字部首之一. 在現代漢字中, “攴”大多寫成“攵”, 只有極少數字保留著“攴”的寫法. 從“攴”的字多與打, 敲, 擊等手的動作有關. 敗, 甲骨文左邊是“鼎”字, 右邊是“攴”, 表示以手持棍擊鼎. 本義: 毀壞, 搞壞. 康熙 <攴部> 古文: 敳貝贁. {廣韻}{集韻}{韻會}{正韻}𠀤簿邁切, 音浿. {說文}毀也. {爾雅・釋言}覆也. {釋名}潰也. 又壞也. {玉篇}破也. {增韻}損也. 又頹也. {易・需卦}敬愼不敗也. {書・大禹謨}反道敗德. 又{左傳・文十年司敗註}陳楚名司寇爲司敗. {論語}陳司敗問, 昭公知禮乎. 又{爾雅・釋器}肉謂之敗. {註}臭壞. {論語}魚餒而肉敗. 又{廣韻}補邁切, {集韻}北邁切, {韻會}{正韻}布怪切, 𠀤音拜. 破他曰敗. {增韻}凡物不自敗而敗之, 則北邁切. 物自毀壞, 則薄邁切. {詩・召南}勿翦勿敗. {音義}敗, 必邁反. 又{左傳・莊十一年}凡師敵未陳曰敗, 大崩曰敗績. {顏氏家訓}江南學士讀左傳, 口相傳述, 自爲凡例. 軍自敗曰敗, 打破人軍曰敗, 讀補敗反, 諸記傳未見補敗反. 徐仙民讀左氏, 唯一處有此音. 又不言自敗敗人之別, 此爲穿鑿耳. 又{韻補}叶蒲昧切. {荀子・賦篇}功立而身廢, 事成而家敗. 棄其耆老, 收其後世. 說文 <攴部> 薄邁切. 毀也. 从攴, 貝. 敗, 賊皆从貝, 會意.

A0188 U-6559

•教• 攴字部 總11劃. 흔글 [교] 본받을. 英譯 teach, class. 說文 <教部> 古孝切. 上所施下所效也. 从攴从孝. 凡教之屬皆从教.

A0435 U-3A94

•㪔• 攴字部 總12劃. 흔글 [산] 갈라서 떼어 놓을. 英譯 (same as 散) to scatter. to disperse. to break up or separate for a time. to dismiss. 康熙 <攴部> {廣韻}蘇旱切, {集韻}顙旱切, 𠀤音傘. {說文}分離也. 从攴从𣏟. 分㪔之意也. {正字通}剝痲也, 卽分離之意. 說文 <𣏟部> 穌旰切. 分離也. 从攴从𣏟. 𣏟, 分㪔之意也.

D0049 U-3A99

•㪙• 攴字部 總12劃. 흔글 [과] 갈. 英譯 to go to the very source. to search into carefully. 說文 <支部> 苦果切. 研治也. 从支果聲. 舜女弟名敤首.

A0480 U-655D

•敝• 支字部 總12劃. 훈글 [폐] 해질. 新典 [폐] 문어질. 버릴. 해여질. 파리할. 죰통. 英譯 break, destroy. broken, tattered. 康熙 <支部> {廣韻}{集韻}{韻會}𠀤毘祭切, 音幣. {說文}帗也. 一曰敗衣也. {玉篇}與㡀同. {詩・鄭風}緇衣之宜兮, 敝予又改爲兮. 又{玉篇}壞也. {易・井卦}甕敝漏. 又{禮・郊特牲}冠而敝之, 可也. {釋文}棄也. 又{左傳・僖十年}敝於韓. {註}敝, 敗也. 又{左傳・襄九年}以敝楚人. {註}敝, 罷也. 又{周禮・冬官考工記・弓人}筋欲敝之敝. {疏}筋之椎打嚼齧, 欲得勞敝. 又姓. {廣韻}齊有敝無存. 又與蔽通. {周禮・冬官考工記・弓人}長其畏而薄其敝. {註}敝, 讀爲蔽塞之蔽, 謂弓人所握持者. {疏}畏, 謂柎之上下. 敝, 謂人所握持手蔽之處. 又{集韻}部弭切, 音埤. 敝跬, 用力貌. 又{集韻}蒲結切, 音蹩. {詩・國風}敝笱在梁. 徐邈讀. 又{正韻}必弊切, 音鷩. {前漢・東方朔傳}主自執宰敝膝. {註}師古曰: 敝膝, 賤者之服. 敝與蔽同. 又{韻補}叶筆別切. {老子・道德經}大成若缺, 其用不敝. {玉篇}或作獘. 俗作弊. 說文 <㡀部> 毗祭切. 帗也. 一曰敗衣. 从支从㡀, 㡀亦聲.

A0247 U-6562

•敢• 支字部 總12劃. 훈글 [감] 감히. 新典 [감] 구태어. 결단셩 잇을. 감히. 날낼, 용맹스러울. 범할. 類合 [감] 구틔여. 英譯 to dare, venture. bold, brave. 漢典 會意. 本義: 勇敢, 有膽量. 康熙 <支部> 古文: 叙敌設. {廣韻}{集韻}{韻會}{正韻}𠀤古覽切, 音笴. {說文}進取也. {九經字樣}叙从受. 受, 上下相付持也. 隸變作敢. {書・益稷}誰敢不讓, 敢不敬應. 又{盤庚}敢恭生生. {疏}有人果敢奉用進進於善言, 好善不倦也. 又{儀禮・士虞禮}敢用絜牲剛鬣. {註}敢, 冒昧之辭. {疏}凡言敢者, 皆是以卑觸尊, 不自明之意. 又{博雅}敢, 㓹也. {廣韻}勇也, 犯也. {增韻}忍爲也.

A0435 U-6563

•散• 支字部 總12劃. 훈글 [산] 흩을. 新典 [산] 헛칠, 펼. 허탄할. 헤어질. 술쥰. 가루약. 내칠즁. 어싯댈. 절둑거릴. 類合 [산] 흐틀. 英譯 scatter, disperse, break up. 康熙 <支部> 古文: 杈. {廣韻}{韻會}蘇旱切, {集韻}顙旱切, 𠀤音傘. 㪚, 通作散. {易・說卦}風以散之. {禮・曲禮}積而能散. 又{公羊傳・莊十二年}散舍諸宮中. {註}散, 放也. 又{博雅}布也. {廣韻}散, 誕也. {增韻}又冗散, 閒散. {韻會}不自檢束爲散. {莊子・養生主}散人又惡知散木. {註}不在可用之數. 又姓. {書・君奭}有若散宜生. {傳}散氏, 宜生名. 又酒尊名. {周禮・春官・鬯人}凡疈事用散. {註}漆尊也, 無飾曰散. {儀禮・燕禮}酌散西階上. {註}酌散者, 酌方壺酒也. {禮・禮器}賤者獻以散. {註}五升曰散. ○ 按{周禮}{儀禮}{禮記}{釋文}𠀤音素旱反. {韻會}獨引此條入去聲, 非是. 蓋上去二聲可通讀也. 又藥石屑曰散. {後漢・華陀傳}漆葉青黏散. 又琴曲名. {晉書・嵇康傳}有廣陵散. 又{廣韻}蘇旰切, {集韻}{韻會}先旰切, 𠀤音繖. 義同. 又{集韻}相干切. 與跚同. {史記・平原君傳}槃散行汲. {註}索隱曰: 先寒反, 亦作珊. 音同.

A0186 U-6566

•敦• 攴字部 總12劃. (훈글) [돈] 도타울. (新典) [퇴] 쪼을. 모들. 다스릴. 쓷을. 곱송거릴. 성낼. [대, 듸] 서직 담는 그릇. 쟁반. [돈] 성낼. 알소할. 누구. 도타울. 핍박할. 힘쓸. 클. 뒤석길. 세울. [단] 모들. 외 조롱조롱 달릴. [됴] 그림 그린 활. 아로삭일. (類合) [돈] 두터울. (英譯) esteem. honest, candid, sincere. (漢典) 形聲. 從"攴", 表示與以手持械的動作有關. 本義: 投擲. (康熙) <攴部> 古文: 敦章. {廣韻}{集韻}丛都昆切, 音墩. {說文}作敦. 怒也, 詆也. 一曰誰何也. 又{五經文字}敦, 厚也. {易・臨卦}敦臨吉. {疏}厚也. 又{詩・邶風}王事敦我. {釋文}韓詩云: 敦, 迫也. 鄭都回反, 猶投擲也. 又{爾雅・釋詁}敦, 勉也. {疏}敦者, 厚相勉也. {前漢・揚雄傳}敦衆神使式道兮. {註}師古曰: 敦, 勉也. 又{爾雅・釋天}太歲在午曰敦牂. {史記・歷書註}敦, 盛也. 又{揚子・方言}敦, 大也. 又姓. {廣韻}敦洽, 衞之醜人也. 又{廣韻}{集韻}{韻會}{正韻}丛都回切, 音堆. {詩・豳風}敦彼獨宿. {傳}敦敦然獨宿也. 又{詩・魯頌}敦商之旅. {箋}敦, 治也. 又{莊子・說劍篇}今日試使士敦劒. {註}敦, 斷也. 又{廣韻}度官切, {集韻}{韻會}{正韻}徒官切, 丛音團. {詩・豳風}有敦瓜苦. {傳}敦, 猶專專也. {疏}敦, 是瓜繫蔓之貌, 言瓜繫於蔓, 專專然也. {釋文}徒丹反. {朱傳}音堆. 又{詩・大雅}敦彼行葦. {傳}聚貌. {釋文}徒端反. 又{集韻}徒渾切, 音屯. {詩・大雅}鋪敦淮濆. {箋}當作屯. {揚雄・甘泉賦}敦萬騎於中營兮. {註}敦與屯同. 陳也. 又{類篇}敦煌, 郡名. 又{集韻}{韻會}丛丁聊切, 音雕. {詩・大雅}敦弓旣堅. {傳}敦弓, 畫弓也. 天子敦弓音彫. {疏}敦與彫, 古今之異. 又{詩・周頌}敦琢其旅. {疏}敦雕古今字. {朱傳}音堆. 又{集韻}都內切, 音對. {儀禮士昏禮}黍稷四敦皆蓋. {禮・明堂位}有虞氏之兩敦. {註}敦音對. 黍稷器. {疏}敦與瑚璉簠簋連方, 故云黍稷器也. 又{周禮・天官・玉府}若合諸侯, 則共珠槃玉敦. {註}敦, 槃類, 古者以槃盛血, 以敦盛食. 又{集韻}大到切, 音道. 幬, 或作敦. 覆也. {周禮・春官・司几筵}每敦一几. {註}敦讀曰燾. 覆也. 又{集韻}杜皓切, 音稻. 又陳留切, 音儔. 義丛同. 又{集韻}{正韻}丛杜本切, 音盾. {左傳・文十八年}天下之民. 謂之渾敦. {註}謂驩兜渾敦, 不開通之貌. {疏}混沌與渾敦, 字之異耳. 又{廣韻}{集韻}{韻會}{正韻}丛都困切. 通作頓. {爾雅・釋丘}丘一成爲敦丘. {疏}詩衞風氓篇, 至于頓丘, 是也. 又{爾雅・釋天}太歲在子曰困敦. {註}敦, 音頓. {史記・歷書註}困敦, 混沌也. 又{莊子・列禦寇}敦杖蹙之. {音義}敦, 音頓. 司馬云: 豎也. 又{集韻}主尹切, 音準. 淳, 或作敦. {周禮・天官・內宰}出其度量淳制. {註}故書淳爲敦. 杜子春讀敦爲純. 純者, 謂幅廣也. 又{集韻}他昆切. 憞, 或省作敦. 憞者, 恨心不明也. 又{韻補}叶都鈞切. {崔瑗・南陽文學頌}我國旣淳, 我俗旣敦. 又叶亭年切. {蘇軾・祭同安郡夫人文}嗣爲兄弟, 莫如君賢. 婦職旣備, 母儀甚敦. (說文) <攴部> 都昆切・丁回切. 怒也. 詆也. 一曰誰何也. 从攴𦎫聲.

A0575 U-656C

•敬• 攴字部 總13劃. (훈글) [경] 공경할. (新典) [경] 엄숙할. 경동할. 공경할. 삼갈. (訓蒙) [경] 공경. (英譯) respect, honor. respectfully. (漢典) 會意. 從攴, 以手執杖或執鞭, 表示敲打, 從苟, 有緊急, 急迫之義. 本義: 恭敬, 端肅. 恭在外表, 敬存內心. (康熙) <攴部> 古文: 敼 𢼊. {廣韻}{集韻}{韻會}丛居慶切, 音竟. {說文}肅也. {釋名}敬, 警也. 恆自肅警也. {玉篇}恭也, 愼也. {易・坤卦}君子敬以直內, 義以方外. {書・洪範}敬用五事. {周禮・天官・小宰}三日廉敬. {註}敬, 不解於位也. {禮・曲禮}毋不敬. {註}禮主於敬. {左傳・僖三十三年}敬德之

聚也. {論語}修己以敬. 又{後漢・周燮傳}安帝以玄纁羔幣聘燮, 燮因自載到潁川陽城, 遣生送敬, 遂辭疾而歸. {註}送敬, 猶致謝也. 又姓. {廣韻}陳敬仲之後, 漢有揚州刺史敬歆. 又{韻補}叶居卿切. {曹植・車渠椀賦}何神怪之巨偉, 信一覽而尤敬. 雖離朱之聰明, 猶炫耀而失精. 說文 <苟部> 居慶切. 肅也. 从攴, 苟.

D0049 U-3AA4

•斁• 攴字部 總15劃. 훈글 [필] 다할. 英譯 to finish. concluded. 康熙 <攴部> {廣韻}卑吉切, {集韻}壁吉切, 丛音必. {說文}戰盡也. {類篇}火貌. 又{集韻}必至切. 畫也. 一曰召使疾行也. 說文 <攴部> 卑吉切. 斁盡也. 从攴畢聲.

D0043 U-3AA5

•㪥• 攴字部 總15劃. 훈글 [자] 손가락으로 누를. 新典 [자] 손가락으로 누를. 취할. 英譯 to take. to receive. fetch. to obtain. to take hold of, to press with fingers, use the fingers to show the distance. 康熙 <攴部> {廣韻}側加切, {集韻}莊加切, 丛音樝. 以指按也. {玉篇}取也.

A0256 U-6580

•斀• 攴字部 總17劃. 훈글 [탁] 형벌. 新典 [탁] 불알 썩일. 康熙 <攴部> {唐韻}{廣韻}{集韻}{類篇}{韻會}丛竹角切, 音琢. {說文}去陰之刑. 書曰: 劓刵斀黥. ○ 按書呂刑, 今作劓刵椓黥. 又{集韻}都木切, 音啄. 義同. 又{類篇}朱欲切, 音燭. 擊也. 又{集韻}殊玉切, 音蜀. 義同. 說文 <攴部> 竹角切. 去陰之刑也. 从攴蜀聲. {周書}曰: "刖劓斀黥."

A0189 U-6586

•斆• 攴字部 總20劃. 훈글 [효] (미등록). 英譯 teach, instruct. be aroused. awake. intelligent. 說文 <教部> 胡覺切. 覺悟也. 从教从冂. 冂, 尚矇也. 臼聲.

A0564 U-6587

•文• 文字部 總04劃. 훈글 [문] 글월. 新典 [문] 글, 글월. 문채. 글자. 빗날. 아름다울. 착할. 법. 아롱질. 결. 꿈일. 訓蒙 [문] 글월. 英譯 literature, culture, writing. 漢典 象形. 甲骨文此字象紋理縱橫交錯形. "文"是漢字的一個部首. 本義: 花紋, 紋理. 康熙 <文部> {唐韻}{集韻}{韻會}{正韻}丛無分切, 音紋. {說文}錯畫也. {玉篇}文章也. {釋名}文者, 會集衆綵, 以成錦繡. 合集衆字, 以成辭義, 如文繡然也. {易・繫辭}物相雜, 故曰文. {周禮・天官・典絲}供其絲纊組文之物. {註}畫繪之事, 靑與赤謂之文. {禮・樂記}五色成文而不亂. 又{尚書序}古者伏犧氏之王天下也, 始畫八卦, 造書契, 以代結繩之政, 由是文籍生焉. {疏}文, 文字也. {說文}序}依類象形, 故謂之文. 其後形聲相益, 卽謂之字. {古今通論}倉頡造書, 形立謂之文, 聲具謂之字. 又{易・乾卦文言疏}文謂文飾. 又{易・坤卦}文在中也. {疏}通達文理. {史

記・禮書}貴本之謂文, 親用之謂理. 兩者合而成文, 以歸太一, 是謂太隆. 又{書・堯典}欽明文思安安. {疏}發擧則有文謀. 又{禮・禮器}先王之立禮也, 有本有文. 忠信, 禮之本也. 義理, 禮之文也. {史記・樂書}禮自外作, 故文. {註}文猶動, 禮肅人貌. 貌在外, 故云動. 又{禮・樂記}禮減而進, 以進爲文. 樂盈而反, 以反爲文. {註}文, 猶美也, 善也. 又{左傳・僖二十三年}吾不如衰之文也. {註}有文辭也. 又{前漢・酷吏傳}司馬安之文法. {註}以文法傷害人也. {又}按其獄皆文致不可得反. {註}言其文案整密也. 又姓. {前漢・循吏傳}文翁, 廬江舒人也. 又{史記・諡法}經緯天地曰文, 道德博聞曰文, 勤學好問曰文, 慈惠愛民曰文, 愍民惠禮曰文, 錫民爵位曰文. 又獸名. {山海經}放皐之山有獸焉, 其狀如蜂, 岐尾, 反舌, 善呼, 曰文文. 又{集韻}文運切, 音問. {論語}小人之過也, 必文. {朱傳}文, 飾之也, 去聲. 又眉貧切, 音珉. 飾也. {禮・玉藻}大夫以魚須文竹, 劉昌宗讀. 又{韻補}叶微勻切. {崔駰・達旨}摛以皇質, 雕以唐文. 六合怡怡, 比屋爲仁. {張衡・西京賦}都邑游俠, 張趙之倫. 齊志無忌, 擬跡田文. 又叶無沿切. {蔡洪棊賦}畫路表界, 白質朱文. 典直有正, 方而不圓. 說文 <文部> 無分切. 錯畫也. 象交文. 凡文之屬皆从文.

A0925 U-6597

•斗• 斗字部 總04劃. ᄒᆞᆫ글 [두] 말. 新典 [두] 말, 열 되들이. 국이. 글시. 訓蒙 [두] 말. 英譯 Chinese peck. liquid measure. 漢典 象形. 有柄. 說文敘, 俗謂人持十爲斗. 本義: 十升. 康熙 <斗部> 古文: 斗. {唐韻}{集韻}{韻會}{正韻}丛當口切, 音陡. {說文}大升也. {羣經音辨}升十之也. {史記・李斯傳}平斗斛度量. {前漢・律歷志}斗者, 聚升之量也. 又宿名. {春秋・運斗樞}第一至第四爲魁, 第五至第七爲杓, 合爲斗. 居陰播陽, 故稱北斗. {易・豐卦}日中見斗. {疏}日中盛明之時, 而斗星顯見. {詩・小雅}維北有斗. {疏}維此天上, 其北則有斗星. {史記・天官書}北斗七星, 所謂璇璣玉衡以齊七政也. {又}衡殷南斗. {註}南斗六星爲天廟, 丞相大宰之位. 又酒器. {詩・大雅}酌以大斗. {疏}大斗長三尺, 謂其柄也. 蓋從大器挹之於樽, 用此勺耳. {史記・滑稽傳}目眙不禁, 飮可七八斗. 又吳中市魚亦以斗計. {松陵倡和詩}一斗霜鱗換濁醪. 又{前漢・王莽傳}作威斗, 長二尺五寸. 又{周禮・地官・序官掌染革註}染革藍蒨象斗之屬. {疏}象斗, 染黑. 又{尙書序}皆科斗文字. {疏}科斗, 蟲名. 蝦蟆子也. 書形似之. 又{史記・封禪書}成山斗入海. {註}謂斗絕曲入海也. 又韓愈{答張十一詩}斗覺霜毛一半加. 又{集韻}{正韻}丛腫庾切, 音主. 枓, 或省作斗. 勺也. {周禮・春官・鬯人}大喪之大渳設斗. {註}所以沃尸也. {釋文}斗依注, 音主. 說文 <斗部> 當口切. 十升也. 象形, 有柄. 凡斗之屬皆从斗.

A0264 U-659B

•斛• 斗字部 總11劃. ᄒᆞᆫ글 [곡] 휘. 新典 [흑] 俗音 [곡] 휘, 열 말들이. 訓蒙 [곡] 고. 英譯 dry measure equal to some five or ten dou (U+ 6597 斜). 漢典 形聲. 從斗, 角聲. 本義: 古量器名, 也是容量單位, 十斗爲一斛. 康熙 <斗部> {唐韻}{集韻}{韻會}{正韻}丛胡谷切, 音穀. {說文}十斗也. {儀禮・聘禮}十斗曰斛. {前漢・律歷志}斛者, 角斗平多少之量也. {又}量者躍於龠, 合於合, 登於升, 聚於斗, 角於斛, 職在太倉, 大司農掌之. 又姓. {姓氏急就篇}北齊有斛子愼. 說文 <斗部> 胡谷切. 十斗也. 从斗角聲.

A0925 U-659D

•斝• 斗字部 總12劃. ᄒᆞᆫ글 [가] 술잔. 新典 [가] 옥잔. 訓蒙 [가] 잔. 英譯 small jade wine cup. 康熙 <斗部> {唐韻}古雅切, {集韻}{韻會}{正韻}擧下切, 𠀤音賈. {說文}玉爵也. 从吅从斗, 冂. 象形, 與爵同意. 或說斝受六升. {詩・大雅}洗爵奠斝. {周禮・春官・司尊彝}祼用斝彝黃彝. {禮・明堂位}爵夏后氏以琖, 殷以斝, 周以爵. {註}斝畫禾稼也. {正字通}兩柱交似禾稼, 故曰斝. 又{集韻}居迓切, {正韻}居亞切, 𠀤音駕. 義同. {說文}俗作斚, 非. 說文 <斗部> 古雅切. 玉爵也. 夏曰琖, 殷曰斝, 周曰爵. 从吅从斗, 冂象形. 與爵同意. 或說斝受六斗.

A0869 U-659E

•斞• 斗字部 總13劃. ᄒᆞᆫ글 [유] 용량의 단위. 新典 [유] 열 엿 말들이 휘. 英譯 a stack of grain. a measure of 16 dou3. 康熙 <斗部> {唐韻}以主切, {集韻}{韻會}勇主切, 𠀤音庾. {說文}量也. {周禮・冬官考工記工人}絲三邸, 漆三斞. {玉篇}今作庾. {小爾雅}四豆爲區, 四區曰釜, 二釜有半曰庾. {集韻}或作斔, 亦作𣂤匬. 說文 <斗部> 以主切. 量也. 从斗臾聲. {周禮}曰: "桼三斞."

A0921 U-65A4

•斤• 斤字部 總04劃. ᄒᆞᆫ글 [근] 도끼. 新典 [근] 열엿량즁, 근. 독기, 도치. 날. 밝게 살필. 訓蒙 [근] ᄂᆞᆯ. 英譯 a catty (approximately 500 g). an axe. keen, shrewd. KangXi radical number 69. 康熙 <斤部> {唐韻}{集韻}{韻會}𠀤擧欣切, 音筋. {說文}斫木也. {周禮・冬官考工記}宋之斤. {正字通}以鐵爲之, 曲木爲柄, 剞劂之總稱. {集韻}或作釿. 又{集韻}一曰權輕重之器. {前漢・律歷志}斤者, 明也. 三百八十四銖. 易二篇之爻, 陰陽變動之象, 十六兩成斤者, 四時乘四方之象也. {小爾雅}二鍰四兩謂之斤. {註}六兩爲鍰. 又姓. {廣韻}斤氏, 後改爲艾氏. 奇斤氏, 後改爲奇氏. 又{廣韻}{集韻}{韻會}𠀤居焮切, 音靳. {爾雅・釋訓}明明斤斤, 察也. {詩・周頌}斤斤其明. {傳}斤斤, 明察也. 又{集韻}許斤切, 音欣. 斤斤, 仁也. 說文 <斤部> 擧欣切. 斫木也. 象形. 凡斤之屬皆从斤.

A0921 U-65A7

•斧• 斤字部 總08劃. ᄒᆞᆫ글 [부] 도끼. 新典 [부] 독기, 도치, 도채. 언월도. 訓蒙 [부] 도ᄎᆡ. 英譯 axe, hatchet. chop, hew. 漢典 形聲. 從斤, 父聲. 本義: 斧子, 伐木工具. 康熙 <斤部> {唐韻}方矩切, {集韻}{韻會}匪父切, 𠀤音甫. {說文}斫也. {釋名}斧, 甫也. 甫, 始也. 凡將制器, 始用斧伐木, 已乃制之也. {廣韻}神農作斤斧陶冶. {易・旅卦}得其資斧. {註}斧, 所以斫除荆棘, 以安其舍者也. {孟子}斧斤以時入山林. {詩・豳風}既破我斧. {傳}隋銎曰斧. 又凡以斧斫物, 亦曰斧. {古詩・苦寒歌}擔囊行取薪, 斧氷持作糜. {註}天寒水凍, 故斫氷作粥也. 又仙名. {左思・蜀都賦}山圖采而得道, 赤斧服而不朽. {註}列仙服丹砂不死也. 又{儀禮・覲禮}天子設斧依于戶牖之閒. {註}依, 如今綈素屏風也. 有繡斧文, 所以示威也. 斧謂之黼. 又鉞斧, 今儀仗中亦有之, 其形圓如月然. {集韻}或作鈇. 說文 <斤部> 方矩切. 斫也. 从斤父聲.

A0924 U-65AB

•斫• 斤字部 總09劃. 훈글 [작] 벨. 新典 [쟉] 쏘길, 쏘갤, 찍을. 英譯 cut, chop, lop off. 漢典 形聲. 從斤, 石聲. 斤, 斧屬. 本義: 斧刃. 康熙 <斤部> {唐韻}之若切, {集韻}{韻會}職略切, 𠀤音灼. {說文}擊也. {玉篇}刀斫. {後漢・呂布傳}拔戟斫機. {枚乘・七發}使琴摯斫斬以爲琴. 又{揚子・方言}揚越之郊, 凡人相侮以爲無知, 謂之耼, 或謂之斫. {註}斫, 郗斫頑直之貌, 今關西語亦皆然. 又姓. {廣韻}漢複姓有斫胥氏, 何氏姓苑云: 今平陽人. 又{集韻}尺約切, 音婥. 碏斫, 不解悟貌. 說文 <斤部> 之若切. 擊也. 从斤石聲.

A0922 U-65B0

•新• 斤字部 總13劃. 훈글 [신] 새. 新典 [신] 첨, 새, 새로울. 고을. 새롭게 할. 類合 [신] 새. 英譯 new, recent, fresh, modern. 漢典 形聲. 從斤, 從木, 辛聲. 據甲骨文, 左邊是木, 右邊是斧子. 指用斧子砍伐木材. 本義: 用斧子砍伐木材. "新"是"薪"的本字. 康熙 <斤部> 古文: 𣂐. {唐韻}息鄰切, {集韻}{韻會}斯人切, {正韻}斯鄰切, 𠀤音辛. {說文}取木也. 又{博雅}初也. {易・大畜}日新其德. {書・胤征}咸與惟新. {詩・豳風}其新孔嘉. {禮・月令}孟秋, 農乃登穀, 天子嘗新, 先薦寢廟. 又{唐書・禮樂志}正旦羣臣上千秋萬歲壽, 制曰履新之慶. 又姓. {晉語}新穆子. 又複姓. {史記・魯仲連傳}新垣衍. {註}索隱曰: 新垣, 姓. 衍, 名也, 爲梁將. 又州名. 漢屬合浦郡, 梁立新州. 又{詩・小雅}薄言采芑, 于彼新田. {朱傳}田一歲曰菑, 二歲曰新田. 又{韻補}叶蘇前切. {道藏歌}終劫復始劫, 愈覺靈顏新. 道林蔚天京, 下光諸他仙. 說文 <斤部> 息鄰切. 取木也. 从斤新聲.

A0916 U-65B2

•斲• 斤字部 總14劃. 훈글 [착] 깎을. 新典 [착] 싹글. 쏘길. 類合 [탁] 갓골. 英譯 cut, chop, hack. 康熙 <斤部> {唐韻}{集韻}{韻會}{正韻}𠀤竹角切, 音琢. {說文}斫也. 从斤从㽗. {註}徐鉉曰: 㽗器也. 斤以斫之, 或从畫丮作斵. {書・梓材}既勤樸斲. {傳}已勞力撲治斲削. 又{韻補}叶株遇切. {何晏・景福殿賦}縱橫踰延, 各有攸注, 公輸荒其規矩, 匠石不知其所斲. 又叶竹鹿切. {漢淮南王屛風賦}大匠治之, 雕刻削斲. 等化器類, 庇廕尊屋. 說文 <斤部> 竹角切. 斫也. 从斤, 㽗.

A0534 U-65B9

•方• 方字部 總04劃. 훈글 [방] 모. 新典 [방] 모, 모질. 방위. 이제. 썻썻할. 견줄. 쏘한, 바야흐로. 잇을. 배 아울러 맬. 방법. 책중. 방셔. 類合 [방] 모날. 英譯 a square, rectangle. a region. local. 漢典 象形. 下從舟省, 而上有竝頭之象. 故知并船爲本義. 康熙 <方部> 古文: 㔊. {唐韻}府良切, {集韻}{韻會}分房切, 𠀤音芳. {說文}倂船也. 象兩舟省總頭形. 或从水作汸. {詩・周南}江之永矣, 不可方思. {傳}方, 泭也. {釋文}小筏曰泭. {爾雅・釋水}大夫方舟. {註}倂兩船. {史記・酈食其傳}方船而下. {註}謂𠀤船也. 又{易・坤卦}六二直方大. {註}地體安靜, 是其方也. {周禮・冬官考工記}圜者中規, 方者中矩. {淮南子・天文訓}天道曰圓, 地道曰方. 方者主幽, 圓者主明. 又{易・觀卦}君子以省方觀民設敎. {疏}省視萬

方. {詩・大雅}監觀四方. {周禮・天官・冢宰}辨方正位. {註}別四方. {釋文}視日景, 以別東西南北四方, 使有分別也. {禮・內則}敎之數與方名. {註}方名, 如東西也. 又{易・未濟}君子以愼辨物居方. {疏}各居其方, 皆得安其所. {詩・大雅}萬邦之方, 下民之王. {箋}方, 猶嚮也. {疏}諸言方者, 皆謂居在他所, 人嚮望之, 故云: 方, 猶嚮也. 又道也. {易・恆卦}君子以立不易方. {註}方, 猶道也. {禮・樂記}樂行而民鄉方. {註}方, 猶道也. 又{易・復卦}后不省方. {註}方, 猶事. {疏}不省視其方事也. 又術也, 法也. {易・繫辭}方以類聚. {疏}方謂法術性行. {左傳・昭二十九年}官修其方. {註}方, 法術. 又放也. {書・堯典}方命圮族. {釋文}方, 放也. 又有之也. {詩・召南}維鵲有巢, 維鳩方之. {傳}方, 有之也. 又今也. {詩・秦風}方何爲期. {箋}方今以何時爲還期. {莊子・天地篇}方且本身而異形. {註}凡言方且者, 言方將有所爲也. 又穀始生未實也. {詩・小雅}旣方旣皁. {箋}方, 房也. 謂孚甲始生而未合時也. 又倂也. {儀禮・鄕射禮}不方足. {註}方, 猶倂也. 又旁出也. {儀禮・大射禮}左右曰方. {註}方, 旁出也. 又板也. {儀禮・聘禮}不及百名, 書於方. {註}方, 板也. {禮・中庸}布在方策. {註}方, 板也. 策, 簡也. 又常也. {禮・檀弓}左右就養無方. {註}方, 猶常也. 又文也. {禮・樂記}變成方謂之音. {註}方, 猶文章也. 又義之宜也. {左傳・隱三年}臣聞愛子, 敎之以義方. 又{閔二年}授方任能. {註}方百事之宜也. 又比方也. {論語}子貢方人. {何晏註}比方人也. 又{博雅}方, 大也, 正也. 又祭名. {詩・小雅}以社以方. {傳}迎四方氣於郊也. 又地名. {詩・小雅}侵鎬及方. {註}鎬, 方, 皆北方地名. 又姓. {詩・小雅}方叔涖止. {傳}方叔, 卿士也. 又官名. {周禮・夏官・司馬}職方氏, 土方氏, 懷方氏, 合方氏, 訓方氏, 形方氏. {前漢・朱雲傳註}尙方, 少府之屬官也, 作供御器物. 又醫方. {史記・扁鵲傳}乃悉取其禁方書, 盡與扁鵲. {前漢・郊祀志}少君者, 故深澤侯人主方. {註}侯家人主方藥也. 又{廣韻}{集韻}𠀤符方切, 音房. 方與, 縣名. {前漢・高帝紀}沛公攻胡陵方與. {註}音房預, 屬山陽郡. 又{集韻}蒲光切, 音旁. 彷或作方. {前漢・揚雄傳}方皇於西淸. {註}方皇, 猶彷徨也. 又文紡切. 蛧或作方. {周禮・夏官・方相氏}毆方良. {註}方良, 罔兩也. 木石之怪夔罔兩. {張衡・東京賦}腦方良. {註}方良, 草澤之神也. ○ 按{說文}作蛧蜽. 又{集韻}甫兩切, 音倣. 效也. 又{韻補}叶膚容切, {道藏・左夫人歌}騰躍雲景轅, 浮觀霞上空. 霄軿縱橫舞, 紫蓋記靈方. (說文) <方部> 府良切. 倂船也. 象兩舟省, 總頭形. 凡方之屬皆从方.

㫃 A0391 U-3AC3

•㫃• 方字部 總06劃. (훈글) [언] 깃발이 나부끼는 모양. (英譯) flags flying, long bands or ribbons attached to flags, streamers, etc. (ancient form of 偃) to cease. to desist from. (康熙) <方部> {玉篇}{唐韻}{廣韻}{韻會}於幰切, {集韻}{類篇}隱幰切, 𠀤音匽. 與偃同. {說文}旌旗之遊㫃蹇之貌. 从屮. 曲而下垂, 㫃相出入也. 又人名. 字子游. {玉篇}舞歌. 今作偃. 又{廣韻}{集韻}𠀤於蹇切, 音鶠. 義同. (說文) <㫃部> 於幰切. 旌旗之游, 㫃蹇之皃. 从屮, 曲而下, 垂㫃相出入也. 讀若偃. 古人名㫃, 字子游. 凡㫃人之屬皆从㫃.

斻 A0534 U-65BB

•斻• 方字部 總08劃. (훈글) [항] 떼배. (康熙) <方部> {唐韻}胡郞切, {集韻}{韻會}寒剛切, {正韻}胡剛切, 𠀤音杭. {說文}方舟也. 禮, 天子造舟, 諸侯維舟, 大夫方舟, 士特舟. {註}徐鉉曰: 今俗別作航, 非是. {後漢・杜篤傳}造舟於渭, 北斻涇流. {註}斻, 自度也. {方言}自關而東

或謂舟爲航. ○ 按{說文}斻字在方部. 今流俗不解, 遂與杭字相亂者, 誤也.

A0277 U-65BC

•於• 方字部 總08劃. 훈글 [어] 어조사. 新典 [어] 어조사. 에. 거할, 살. 갈. 대신할. [오] 오홉다 할. 類合 [어] 늘. 英譯 in, at, on. interjection alas!. 漢典 象形. 甲骨文字形, 表示氣出受阻而仍越過. 本義: 超過. 康熙 <方部> 古文: 𤕾𣚕. {唐韻}哀都切, {集韻}{韻會}{正韻}汪胡切, 𠀤同烏. {韻會}隸變作於. 古文本象烏形, 今但以爲歎辭及語辭字, 遂無以爲鴉烏字者矣. 又{爾雅・釋詁註}於乎皆語之韻絕. {疏}歎辭也. {書・堯典}僉曰: 於, 鯀哉. {詩・周頌}於穆淸廟. 又{周頌}於乎不顯. ○ 按或作嗚烏, 音義皆同. 又{廣韻}央居切, {集韻}{韻會}{正韻}衣虛切, 𠀤音淤. 語辭也. {博雅}於, 于也. ○ 按{說文}于訓於也, 蓋于於古通用. 凡經典語辭皆作于. 又{廣韻}居也. 韓愈{示兒詩}前榮饌賓親, 冠昏之所於. {朱子・考異}所, 或作依. ○ 按所於作依於, 則是依之以居也. 孔融書, 擧杯相於. 曹植樂府, 心相於. 杜甫詩: 良友幸相於. 卽相依以居之意. 又{揚子・太玄經}白舌於於. {註}多難貌. 又{廣韻}代也. {集韻}往也. 又地名. {戰國策}商於之地六百里. 又姓. {姓氏急就篇}黃帝臣於則造履. {前漢・功臣表}涉安侯於單.

A0183 U-65BD

•施• 方字部 總09劃. 훈글 [시] 베풀. 新典 [시] 베풀. 쓸. 더할. 안밧 곱사둥. 벙글거릴. [이] 젠 체할. 옴길중. 벗을. 미칠. [시] 부릴. 줄. 펼. 은혜. 공로. 類合 [시] 베플. 英譯 grant, bestow. give. act. name. 漢典 形聲. 從, 也聲. 本指旗幟. 康熙 <方部> 古文: 㐅𠇮𠆣. {唐韻}式支切, {集韻}{韻會}商支切, {正韻}申支切, 𠀤音詩. {說文}旗貌. 齊欒施字子旗, 知施者旗也. {註}徐鍇曰: 旗之逶迤. 一曰設也. {書・益稷}以五采彰施于五色. 又{詩・邶風}得此戚施{傳}戚施, 不能仰者. {箋}戚施, 面柔下人以色, 故不能仰也. 又{詩・王風}將其來施施. {傳}施施, 難進之意. {箋}施施, 舒行伺閒, 獨來見己之貌. {釋文}施如字. {孟子}施施從外來. {趙岐註}施施, 猶扁扁, 喜悅之貌. {音義}丁如字, 張音怡. 又{周禮・天官・內宰}施其功事. {註}施, 猶賦也. 又{禮・祭統}施于蒸彝鼎. {註}施, 猶著也. 又{晉語}秦人殺冀芮而施之. {註}施, 陳其尸也. 又{玉篇}張也. {增韻}用也, 加也. 又姓. {左傳・桓九年}施父. {註}魯大夫. {禮・雜記}孔子曰: 吾食於少施氏而飽. {註}少施氏, 魯惠公子, 施父之後. 又{廣韻}{集韻}{韻會}𠀤施智切, 音翅. 惠也, 與也. {易・乾卦}德施普也. {又}雲行雨施. {禮・曲禮}太上貴德, 其次務施報. {左傳・僖二十四年}報者倦矣, 施者未厭. {註}施, 功勞也. {增韻}凡施設之施, 平聲. 施與之施, 𠀤平去通押. 又{集韻}{韻會}𠀤以豉切, 音易. {詩・周南}葛之覃兮, 施于中谷. {傳}施, 移也. 又{詩・大雅}施于孫子. {箋}施, 猶易也, 延也. 又{儀禮・喪服}絕族無施服. {註}在旁而及曰施. 又{集韻}{韻會}𠀤賞是切, 詩上聲. 捨也, 改易也. 通作弛. {周禮・天官・少宰}治其施舍. {註}施舍, 不給役者也. {論語}君子不施其親. {何晏註}施, 易也. 不以他人之親易己之親. {後漢・光武紀}將衆部施刑屯北邊. {註}施, 讀曰弛. 弛, 解也. 又{集韻}余支切, 音移. 㢮或作施. {史記・衞綰傳}劒人之所施易. {註}施, 讀曰移. 又{史記・賈生傳}庚子日施兮. {註}施, 矢遺反. 索隱曰: 施, 猶西斜也. 又{韻補}叶詩戈切. {漢・高祖戚夫人歌}横絕四海, 又可奈何. 雖有矰繳, 尚安所施. 說文 <㫃部> 式支切. 旗皃. 从㫃也聲. 亝欒施字子旗, 知施者旗也.

A0392 U-65BF

•斿• 方字部 總09劃. (훈글) [유] 깃발. (新典) [유] 긔발. (訓蒙) [유] 귓발. (英譯) to swim. to move or rove freely. (康熙) <方部> {唐韻}以周切, {集韻}{韻會}夷周切, 丛音由. {說文}作游. 旌旗之流也. {玉篇}斿, 旌旗之末垂. 或作游. {博雅}天子十二斿至地, 諸侯九斿至軫, 大夫七斿至軹, 士三斿至肩. {周禮・春官・巾車}建大常十有二斿. {註}大常, 九旗之畫日月者, 正幅爲縿, 斿則屬焉. 又{周禮・天官・大宰}以九貢致邦國之用, 八曰斿貢. {註}鄭司農云: 斿貢羽毛. 康成謂: 斿讀如囿游之游. 斿貢燕好珠璣琅玕. 又與游同. {前漢・禮樂志}泛泛滇滇從高斿. 又{集韻}{韻會}丛力求切, 音劉. 同旒. {周禮・夏官・弁師}諸侯之繅斿九就. {註}每繅九成, 則九旒也.

A0008 U-65C1

•旁• 方字部 總10劃. (훈글) [방] 두루. (新典) [방] 넓을. 클. 두갈애 길. 덩어리. 오락가락할. [팽, 핑] 휘몰아 갈. (英譯) side. by side, close by, near. (康熙) <方部> 古文: 旁㫄㫄. {廣韻}步光切, {集韻}{韻會}蒲光切, 丛音螃. 㫄隸作旁. {博雅}旁, 大也. 廣也. {釋名}在邊曰旁. {玉篇}猶側也. 非一方也. {易・乾卦}旁通情也. {書・太甲}旁求俊彥. {爾雅・釋宮}二達謂之岐旁. {註}岐旁, 岐道旁出. 又{集韻}晡橫切, 音繃. 騯騯, 馬盛貌. 或省作旁. {詩・鄭風}駟介旁旁. {疏}北山傳云: 旁旁然不得已, 則此言旁旁亦爲不得已之義. {朱傳}旁旁, 馳驅不息之貌. 音崩. 叶補岡反. 又{韻會}{正韻}丛蒲浪切, 音傍. {前漢・霍光傳}使者旁午. {註}如淳曰: 旁午, 分布也. 師古曰: 一縱一模爲旁午. 猶言交橫也. 又{莊子・齊物論}旁日月. {註}依也. 又{集韻}鋪郎切, 音滂. 旁礴, 混同也. 又{集韻}蒲庚切, 音彭. 旁勃, 白蒿也. 兎食之, 壽八百歲. (說文) <丄部> 步光切. 溥也. 从二, 闕; 方聲.

D0090 U-65C2

•旂• 方字部 總10劃. (훈글) [기] 기. (新典) [긔] 쌍룡 그린 긔. 방울 단 긔. (英譯) flag. (康熙) <方部> {唐韻}{集韻}{韻會}丛渠希切, 音祈. {說文}旗有衆鈴以令衆也. {爾雅・釋天}有鈴曰旂. {註}縣鈴于竿頭, 畫交龍於旒. {釋名}旂, 倚也. 畫作兩龍相依倚也. 通以赤色爲之, 無文彩. 諸侯所建也. {詩・小雅}旂旐央央. {周禮・春官・司常}交龍爲旂. {禮・明堂位}有虞氏之旂. 又{唐韻正}古音芹, {說文}旂从㫃, 斤聲. 徐鍇繫傳曰: 斤祈近似聲, 韻家所以言傍紐也. ○ 按{詩}魯頌, 薄采其芹, 言觀其旂. {小雅}夜鄉晨, 庭燎有煇, 言觀其旂. 以{說文}斤聲考之, 則旂本有斤音. 非旁紐也. (說文) <㫃部> 渠希切. 旗有衆鈴, 以令衆也. 从㫃斤聲.

D0090 U-65C3

•旃• 方字部 總10劃. (훈글) [전] 기. (新典) [젼] 긔. 말 그칠. (英譯) silk banner with bent pole. (漢典) 形聲, 本義: 赤色的曲柄旗. (康熙) <方部> {唐韻}{集韻}{韻會}丛諸延切, 音饘. {說文}旗曲柄也, 所以旃表士衆, 周禮曰: 通帛爲旃. ○ 按{周禮・春官}司常, 今作旜. {爾雅・釋天}因章曰旃. {註}以帛練爲旒, 因其文章, 不復畫之. {釋名}旃, 戰也. 戰戰恭己而已也. 三孤所建, 象無事也. {左傳・昭二十年}旃以招大夫. 又{博雅}旃, 之也. {詩・魏風}上愼旃哉. {左傳・桓

九年}虞公求旃. 又{小爾雅}旃, 焉也. {詩·唐風}舍旃舍旃. {箋}旃之言焉也. 又{爾雅·釋天}太歲在乙曰旃蒙. 又{史記·匈奴傳}被旃裘. {前漢·王褒傳}夫荷旃被毳者. 又{韻補}叶之人切. {陸雲·夏府君誄}廣命俊乂, 惟弓與旃. 震我聲敎, 遇響惟殷. (說文) <㫃部> 諸延切. 旗曲柄也. 所以旃表士衆. 从㫃丹聲. {周禮}曰: “通帛爲旃.”

A0393 U-65C5

•旅• 方字部 總10劃. (ᄒᆞᆫ글) [려] 군사. (新典) [려] 무리. 군사. 나그내, 손임. 베풂. (訓蒙) [려] 나ᄆᆞ내. (英譯) trip, journey. travel. traveler. (漢典) 會意. 甲骨文字形, 象眾人站在旗下. 旗, 指軍旗, 人, 指士兵. 小篆字形, 表示旌旗, 從“從”, 表示眾人, 即士兵. 本義: 古代軍隊五百人爲一旅. (康熙) <方部> 古文: 㫷㳥魯炭. {唐韻}力擧切, {集韻}{韻會}兩擧切, 𠀤音呂. {說文}軍之五百人爲旅. {書·大禹謨}班師振旅. {傳}師入曰振旅, 言整衆. {詩·小雅}我師我旅. {箋}五百人爲旅. {周禮·地官·小司徒}五卒爲旅. {註}旅, 五百人. 又{博雅}旅. 客也. {易·復卦}商旅不行. 又{旅卦疏}旅者, 客寄之名, 羈旅之稱, 失其本居而寄他方, 謂之爲旅. {詩·大雅}于時廬旅. {箋}廬舍其賓旅. {左傳·莊二十二年}羈旅之臣. {註}旅, 客也. 又{書·禹貢}蔡蒙旅平. {傳}祭山曰旅. {周禮·天官·掌次}王大旅上帝. {註}大旅上帝祭於圜丘. 國有故而祭, 亦曰旅. 又{書·牧誓}亞旅. {傳}亞, 次也. 旅, 衆也. 衆大夫其位次卿. {左傳·文十五年}請承命於亞旅. {註}亞旅, 上大夫也. 又{書·旅獒}西旅底貢厥獒. {傳}西戎之長. 又{詩·小雅}旅力方剛. {傳}旅, 衆也. {儀禮·士冠禮}旅占卒. {註}旅, 衆也. 又{詩·小雅}殽核惟旅. {傳}旅, 陳也. 又{詩·周頌}侯亞侯旅. {傳}旅, 子弟也. 又{周禮·天官·小宰}掌官府之徵令, 四曰旅, 掌官常以治數. {註}旅辟下士也. 又{周禮·地官·司徒}旅師. {註}旅, 猶處也. 又{周禮·冬官考工記函人}權其上旅, 與其下旅. {註}上旅謂要以上, 下旅謂要以下. {疏}謂札葉爲旅者, 以札衆多, 故言旅. 又{儀禮·鄉飮酒禮}司正升相旅, 曰: 某子受酬. {註}旅, 序也. 又{禮·郊特牲}臺門而旅樹. {註}旅, 道也. 又{禮·樂記}進旅退旅. {註}旅, 猶俱也. 又{後漢·光武紀}至是野穀旅生. {註}不因播種而生, 故曰旅. 今字作穭, 音呂. 古字通. 又姓. {前漢·功臣表}昌平侯旅卿. 又{集韻}淩如切, 音臚. 陳也. (說文) <㫃部> 力擧切. 軍之五百人爲旅. 从㫃从从. 从, 俱也.

A0395 U-3ACB

•㫋• 方字部 總11劃. (ᄒᆞᆫ글) [전] 기. (英譯) (non-classical form of 旃) a silken banner hanging from a staff bent over at the top.

A0393 U-65CB

•旋• 方字部 總11劃. (ᄒᆞᆫ글) [선] 돌. (新典) [션] 두리킬. 싸를. 오좀. 쇠북 꼭지. 쥬션할. 돌아다닐. 구를. 들릴. (訓蒙) [션] 두를. (英譯) revolve, move in orbit. return. (康熙) <方部> {唐韻}似宣切, {集韻}{韻會}旬宣切, {正韻}旬緣切, 𠀤音璿. {說文}周旋旌旗之指麾也. 从㫃从疋. 疋, 足也. {註}徐鍇曰: 人足隨旌旗以周旋也. {左傳·僖二十三年}以與君周旋. {註}相追逐也. 又{易·履卦}其旋元吉. {疏}旋, 反也. 又{周禮·冬官考工記鳧氏}鐘縣謂之旋. {註}旋屬鍾柄所以縣之也. {釋文}旋如字. 李音信犬反. 又{左傳·定三年}夷射姑旋焉. {註}旋, 小便也. 又{莊子·達生篇}工倕旋而蓋規矩, 指與物化, 而不以心稽. {註}旋, 圓也. 蓋, 過也. 又

與璇同. {前漢・律歷志}佐助旋璣. 又{廣韻}辭戀切, {集韻}{韻會}{正韻}隨戀切, 夶音淀. 遶也. 又通作還. {禮・玉藻}周還中規, 折還中矩. {釋文}還, 本亦作旋. 又{韻補}叶松倫切, {李尤德陽殿賦}上蝺蟠其無際兮, 狀行回以周旋. 開三階而參會兮, 錯金銀於兩楹. 說文 <㫃部> 似沿切. 周旋, 旌旗之指麾也. 从㫃从疋. 疋, 足也.

A0394 U-65CF

•族• 方字部 總11劃. ᄒᆞᆫ글 [족] 겨레. 新典 [족] 무리. 결에. 일가. 동류. [주] 풍류 가락. 訓蒙 [족] 아ᅀᆞᆷ. 英譯 a family clan, ethnic group, tribe. 漢典 會意. 本義: 箭頭. 康熙 <方部> 古文: 矦㑃㢟𢎘. {唐韻}{集韻}{韻會}{正韻}夶昨木切, 音鑿. {說文}矢鋒也. 束之族族也. {類篇}一曰从㫃, 㫃所以標衆矢之所集. 又聚也. {書・堯典}以親九族. {註}高祖至玄孫之親. {詩・周南}振振公族. {傳}公族, 公同祖也. {周禮・春官・小宗伯}掌三族之別, 以辨親疏. {註}三族, 謂父子孫, 人屬之正名. {左傳・隱八年}無駭卒, 羽父請謚與族. {疏}族者, 屬也. 與其子孫共相聯屬, 其傍支別屬, 則各自立氏. 又{書・堯典}方命圮族. {傳}族, 類也. 又{書・泰誓}罪人以族. {傳}一人有罪, 刑及父母妻子, 言刑濫. 又{周禮・地官・大司徒}四閭爲族. {註}閭二十五家, 族百家. 又{左傳・襄八年}謀之多族. {註}族, 家也. 又{爾雅・釋詁}木族生爲灌. {註}族, 叢生. {疏}木叢生者爲灌. 又{莊子・養生主}庖丁解牛, 每至於族, 吾見其難爲. {註}交錯聚結爲族. 又{集韻}作木切, 音鏃. 義同. 又千候切, 音湊. 與蔟同. {前漢・律歷志}一曰黃鐘, 二曰太族. {淮南子・泰族訓註}泰言古今之道, 萬物之指, 族於一理, 明其所謂也. 又{集韻}{正韻}夶則候切, 音奏. 樂變也. {前漢・嚴安傳}調五聲, 使有節族. {註}蘇林曰: 族音奏. 師古曰: 奏, 進也. 又{集韻}{類篇}夶先奏切, 音潄. 嗾, 或作族. 使犬聲. 說文 <㫃部> 昨木切. 矢鋒也. 束之族族也. 从㫃从矢.

A0392 U-65D7

•旗• 方字部 總14劃. ᄒᆞᆫ글 [기] 기. 新典 [긔] 긔, 대장긔. 訓蒙 [긔] 긧. 英譯 banner, flag, streamer. 康熙 <方部> {唐韻}{集韻}{韻會}渠之切, {正韻}渠宜切, 夶音奇. {說文}熊旗五游, 以象罰星, 士卒以爲期. {釋名}熊虎爲旗, 軍將所建, 象其猛如虎, 與衆期其下也. {周禮・春官・司常}熊虎爲旗. {又}師都建旗. {註}畫熊虎者, 鄕遂出軍賦, 象其守猛莫敢犯也. 又{左傳・閔二年}佩衷之旗也. {註}旗, 表也. 又星名. {史記・天官書}東北曲十二星曰旗. {註}兩旗者, 左旗九星, 在河鼓左也. 右旗九星, 在河鼓右也. 皆天之鼓旗, 所以爲旌表. 又姓. {廣韻}齊卿子旗之後, 漢有九江太守旗光. 又與箕同. {荀子・富國篇}則國安於盤石, 壽於旗翼. {註}旗, 讀爲箕. 箕翼, 二十八宿名. 又{韻補}叶渠尤切. {班固・西都賦}乘輚輅, 登龍舟, 張鳳蓋, 建華旗. ○ 按{說文}旗从㫃其聲, 訓熊旗五游, 以象罰星, 士卒以爲期也. 旂从㫃, 斤聲, 訓旗有衆鈴以令衆也. 分旗, 旂爲二. {正字通}云: 周禮九旗所畫異物, 所建異名, 各有等差. 雖旌旄之通稱, 而制度自別, 未可合爲一也. 說文 <㫃部> 渠之切. 熊旗五游, 以象罰星, 士卒以爲期. 从㫃其聲. {周禮}曰: "率都建旗."

A0558 U-65E1

•旡• 无字部 總04劃. ᄒᆞᆫ글 [기] 목멜. 英譯 choke on something eaten. 康熙 <无部>

古文: 兂. {廣韻}居豙切, {集韻}居氣切, 丛音寄. {說文}作旡, 飲食氣逆不得息曰旡, 从反①. {註}今隸變作旡. ①原字从彡下儿作. 說文 <旡部> 居未切. 㱃食气屰不得息曰旡. 从反欠. 凡旡之屬皆从旡. 今變隸作旡.

A0299 U-65E2

•既• 无字部 總09劃. 훈글 [기] 이미. 英譯 already. de facto. since. then. 漢典 會意. 甲骨文字形, 左邊是食器的形狀, 右邊象一人吃罷而掉轉身體將要離開的樣子. 本義: 吃罷, 吃過.

A0299 U-65E3

•旣• 无字部 總11劃. 훈글 [기] 이미. 新典 [긔] 이미. 다할. 작게 먹을. 類合 [긔] 이믜. 英譯 already. de facto. since. then. 康熙 <无部> {唐韻}居豙切, {集韻}{韻會}居氣切, 丛音曁. {說文}小食也. 从皀旡聲, 論語曰: 不使勝食旣. ○ 按今{論語}作氣. 又{玉篇}已也. {易・小畜}旣雨旣處. {詩・召南}亦旣見止, 亦旣覯止. 又{博雅}盡也. {易・旣濟疏}旣者, 皆盡之稱. {書・舜典}旣月. {左傳・桓元年}日有食之旣. 又{博雅}旣, 失也. 又與漑同. {史記・五帝紀}帝嚳旣執中而徧天下. {註}徐廣曰: 古旣字作水旁. 又{集韻}几利切, 音冀. 義同. 又許旣切, 音欷. 餼或作旣. 餽客芻米也. {禮・中庸}旣廩稱事. {註}旣讀爲餼. 餼廩, 稍食也. {正字通}俗旣字. 旣字中匕作丨二. 說文 <皀部> 居未切. 小食也. 从皀旡聲. {論語}曰: "不使勝食旣."

A0382 U-65E5

•日• 日字部 總04劃. 훈글 [일] 해. 新典 [일] 날, 해. 訓蒙 [실] 나. 英譯 sun. day. daytime. 漢典 象形. 甲骨文和小篆字形. 象太陽形. 輪廓象太陽的圓形, 一橫或一點表示太陽的光. 本義: 太陽. 康熙 <日部> 古文: 囸. {唐韻}{正韻}人質切, {集韻}{韻會}入質切, 丛音馹. {說文}實也. 太陽之精不虧. {博雅}君象也. {釋名}日, 實也, 光明盛實也. {易・乾卦}與日月合其明. 又{繫辭}縣象著明, 莫大乎日月. 又{說卦}離爲火爲日. {周禮・天官・九嬪註}日者天之明. {禮・祭義}日出於東. {史記・天官書註}日者, 陽精之宗. {前漢・律歷志}日合於天統. {後漢・荀爽傳}在地爲火, 在天爲日. {淮南子・天文訓}火氣之精者爲日. 又{書・舜典}協時月正日. {傳}合四時之氣節, 月之大小, 日之甲乙, 使齊一也. 又{洪範}五紀, 三曰日. {傳}紀一日. {疏}從夜半以至明日夜半, 周十二辰爲一日. 又{禮・曲禮}外事以剛日, 內事以柔日. {疏}十日有五奇五偶, 甲丙戊庚壬五奇爲剛, 乙丁己辛癸五偶爲柔也. 又{郊特牲}郊之祭也, 迎長日之至也. {註}迎長日者, 建卯而晝夜分, 分而日長也. 又{左傳・文七年}日衞不睦. {註}日, 往日也. 又{左傳・桓十七年}天子有日官, 諸侯有日御. {註}皆典歷數者. 又{史記・日者傳註}卜筮占候時日, 通名日者. 又{集韻}而力切, 音眲. 義同. 又{韻補}叶而至切. {李嵩・述志賦}審機動之至微, 思遺餐而忘寐. 表略韻於納素, 託精誠於白日. {類篇}唐武后作𡆠. 說文 <日部> 人質切. 實也. 太陽之精不虧. 从囗一. 象形. 凡日之屬皆从日.

A0390 U-65E6

•旦• 日字部 總05劃. 훈글 [단] 아침. 新典 [단] 아츰. 새벽. 일즉, 이를. 밝을. 간칙할. 밤새. 訓蒙 [단] 아츰. 英譯 dawn. morning. day. 漢典 指事. 甲骨文字形, 象太陽從地面剛剛升起的樣子. 本義: 天亮, 破曉, 夜剛盡日初出時. 康熙 <日部> {唐韻}{集韻}{韻會}得案切, {正韻}得爛切, 丛丹去聲. {說文}明也. 从日見一上. 一, 地也. {玉篇}朝也, 曉也. {爾雅・釋詁}旦, 早也. {書・大禹謨}正月朔旦. {詩・陳風}穀旦于差. 又{大雅}昊天曰旦. {淮南子・天文訓}日至于曲阿, 是謂旦明. 又{詩・衛風}信誓旦旦. {箋}言其懇惻款誠. {疏}旦旦猶怛怛. {釋文}旦旦, {說文}作悬悬. 又{詩・衛風・朱傳}旦旦, 明也. 又{前漢・惠帝紀}當爲城旦舂者. {註}城旦者, 旦起行治城. 舂者, 婦人不豫外徭但舂作米, 皆四歲刑也. 又震旦, 西域稱中國之名. {樓炭經}蔥河以東名震旦. 又盍旦. {禮・坊記}相彼盍旦. {註}盍旦, 夜鳴求旦之鳥. 又與神同. {禮・郊特牲}所以交於旦明之義也. {註}旦當爲神, 篆字之誤也. 又{韻補}叶都眷切. {庾敳・意賦}宗統竟初不別兮, 大德亡其情願. 天地短於朝生兮, 億代促於始旦. 說文 <旦部> 得案切. 明也. 从日見一上. 一, 地也. 凡旦之屬皆从旦.

A0278 U-65E8

•旨• 日字部 總06劃. 훈글 [지] 맛있을. 新典 [지] 뜻, 뜻할. 아름다울. 맛. 죠셔. 訓蒙 [지] 뜯. 英譯 purpose, aim. excellent. 漢典 會意. 甲骨文字形. 上象"匕"即匙形, 下面是口, 以匙人口, 表示味道好. ""口"隸變爲"日". {說文}:" 從甘, 匕聲. 本義: 味美. 康熙 <日部> 古文: 㫖𣅀舌眉. {廣韻}職雉切, {集韻}{韻會}軫視切, 丛音指. {說文}美也. {書・說命}王曰旨哉. {傳}旨, 美也. {詩・邶風}我有旨蓄. {傳}旨, 美也. 又{正字通}凡天子諭告臣民曰詔旨, 下承上曰奉旨. 又{玉篇}意也, 志也. {易・繫辭}其旨遠. {疏}旨意深遠. 又{韻補}叶脂利切. {左思・魏都賦}蓋比物以錯辭, 述淸都之閑麗. 雖選言以簡章, 徒九復而遺旨. 說文 <旨部> 職雉切. 美也. 从甘匕聲. 凡旨之屬皆从旨.

A0574 U-65EC

•旬• 日字部 總06劃. 훈글 [순] 열흘. 新典 [슌] 열흘, 열날. 두루할. 고를. 訓蒙 [슌] 열흘. 英譯 ten-day period. period of time. 漢典 會意. 從勹日. 甲骨文, 上爲交叉記號, 表示由此開始, 后來引長內曲, 表示回環周遍. 金文又加"日". 本義: 十日. 古代天干紀日, 每十日周而復始, 稱一旬. 康熙 <日部> 古文: 㫄㡅. {廣韻}詳遵切, {集韻}{韻會}松倫切, {正韻}詳倫切, 丛音紃. {說文}徧也. 十日爲旬. {書・堯典}朞三百有六旬有六日. 又{大禹謨}三旬. {傳}旬, 十日也. {禮・曲禮}凡卜筮日, 旬之外曰遠某日, 旬之內曰近某日. 又{詩・大雅}來旬來宣. {傳}旬, 徧也. 又{易・豐卦}雖旬无咎. {註}旬, 均也. 又{前漢・翟方進傳}旬歲閒, 免兩司隸. {註}師古曰: 旬, 滿也. 旬歲猶言滿歲也. 又旬始, 星名. {史記・天官書}旬始出於北斗旁, 狀如雄雞. 又{正韻}須倫切, 音荀. 義同. 又{集韻}規倫切. 本作均. {周禮}作旬. {周禮・地官・均人}豐年, 則公旬用三日焉. {註}旬, 均也. 讀如畇畇原隰之畇. {易・坤}爲均, 今書亦有作旬者. 又{韻補}叶松宣切. {柳宗元・祭從兄文}留連遊歡, 涉月彌旬. 夜爇膏炬, 晝凌風煙. 說文 <勹部> 詳遵切. 徧也. 十日爲旬. 从勹, 日.

A0320 U-3AD7

•㫗• 日字部 總07劃. 훈글 [후] 두터울. 英譯 (same as 厚) thick, deep friendship, to treat kindly. generous. 說文 <㫗部> 胡口切. 厚也. 从反亯. 凡㫗之屬皆从㫗.

A0641 U-65F1

•旱• 日字部 總07劃. 훈글 [한] 가물. 新典 [한] 가믈. 訓蒙 [한] ᄀᆞ믈. 英譯 drought. dry. dry land. 漢典 形聲. 從日, 干聲. 本義: 久不下雨. 康熙 <日部> {廣韻}乎旰切, {集韻}{韻會}侯旰切, 丛音翰. {說文}不雨也. {書・說命}若歲大旱, 用汝作霖雨. {詩・大雅}旱既太甚. 又山名. {詩・大雅}瞻彼旱麓. {傳}旱, 山名也. 又{廣韻}胡笴切, {集韻}下罕切, 丛音悍. 義同. 又{韻補}叶形甸切. {蘇轍・沂山祈雨詩}宿雪雖盈尺, 不救春夏旱. 吁嗟遍野天不聞, 歌舞通宵龍一戰. 說文 <日部> 乎旰切. 不雨也. 从日干聲.

A0036 U-65FD

•旽• 日字部 總08劃. 훈글 [돈] 밝을. 新典 [돈] 번동 틀. 英譯 morning sun, sunrise. 康熙 <日部> {集韻}他昆切, 音燉. 與暾同. {玉篇}日欲出. 又朱閏切, 音䀘. 旽旽, 懇誠也.

A0383 U-6603

•昃• 日字部 總08劃. 훈글 [측] 기울. 新典 [측] 해 기울어질. 訓蒙 [칙] 기울. 英譯 afternoon. the sun in the afternoon sky. to decline. 漢典 形聲. 從日, 仄聲. 本義: 太陽西斜. 康熙 <日部> {集韻}札色切, 音側. {易・離卦}日昃之離. 又{豐卦}日中則昃. {書・無逸}自朝至于日中昃. {周禮・地官・司市}大市, 日昃而市. {註}日昃, 昳中也. {左傳・定十五年}日昃, 乃克葬. {穀梁傳}作日稷. 又{淮南子・地形訓}東西方曰昃區. {集韻}本作厢. 又𣅡, 昗. 說文 <日部> 阻力切. 日在西方時. 側也. 从日仄聲. {易}曰: "日𣅡之離."

A0401 U-660E

•明• 日字部 總08劃. 훈글 [명] 밝을. 新典 [명] 비칠. 빗. 밝을. 나타날. 힐. 분변할. 통할. 살필. 가촐. 깨다를. 신령스러울. 訓蒙 [명] ᄇᆞᆯᄀᆞᆯ. 英譯 bright, light, brilliant. clear. 漢典 會意. 甲骨文以"日, 月"發光表示明亮. 小篆從月囧, 從月, 取月之光, 從囧, 取窗牖之明亮. 本義: 明亮, 清晰明亮. 康熙 <日部> 古文: 朙. {廣韻}武兵切, {集韻}{韻會}{正韻}眉兵切, 丛音鳴. {說文}照也. {易・繫辭}日月相推, 而明生焉. {又}縣象著明, 莫大乎日月. {疏}日月中時, 徧照天下, 無幽不燭, 故云明. {史記・歷書}日月成, 故明也. 明者, 孟也. 又{易・乾卦}大明終始. {疏}大明, 曉乎萬物終始. 又{易・乾卦}天下文明. {疏}有文章而光明. 又{書・堯典}欽明文思安安. {疏}照臨四方謂之明. 又{書・舜典}黜陟幽明. {傳}升進其明者. 又{書・太甲}視遠惟明. {疏}謂監察是非也. 又{洪範}視曰明. {傳}必清審. 又{詩・小雅}祀事孔明. {箋}明, 猶備也. 又{詩・大雅}明明在下. {傳}明明, 察也. {爾雅・釋詁疏}明明, 言甚明也. 又{禮・檀弓}其曰明器, 神明之也. 又{禮・禮運}故君者所明也. {疏}明, 猶尊也. 又{禮・樂記}作

者之謂聖, 述者之謂明. {疏}明者, 辨說是非也. 又{韓非子・難三篇}知微之謂明. 又{廣韻}昭也, 通也. 又星名. {詩・小雅}東有啓明. {傳}日旦出謂明星爲啓明. 又{小雅}明發不寐. {疏}言天將明, 光發動也. 又{正字通}凡厥明, 質明, 皆與昧爽義同. 又姓. {姓氏急就篇}{明氏・山公集}有平原明普, 晉荀晞從事明預. 又與盟同. {詩・小雅}不可與明. {箋}明, 當爲盟. 又與孟同. {周禮・夏官・職方氏註}望諸明都也. {釋文}明都, {禹貢}作孟豬. 今依{書}讀. 又{前漢・地理志}廣漢郡葭明. {註}師古曰: 明音萌. 又{韻補}叶謨郎切. {書・益稷}元首明哉. 股肱良哉. 庶事康哉. {楚辭・九歌}暾將出兮東方, 照吾檻兮扶桑. 撫余馬兮安驅, 夜皎皎兮旣明. 又叶彌延切. {道藏歌}觀見學仙客, 蹊路放炎烟. 陽光不復朗, 陰精不復明.

昏 A0384 U-660F

•昏• 日字部 總08劃. (호글) [혼] 어두울. (新典) [흔] 날저물. 어두을. 어지러울. 어리어서 죽을. (訓蒙) [혼] 어스름. (英譯) dusk, nightfall, twilight, dark. (漢典) 會意. 從日, 從氏省. “氐”是下的意思. 合起來表示日已下沉. 本義: 黃昏. (康熙) <日部> 古文: 昬旵. {唐韻}{集韻}{韻會}{正韻}太呼昆切, 音閽. {說文}日冥也. 从日, 氐省. 氐者, 下也. 一曰民聲. {爾雅・釋詁}昏, 代也. {註}代, 明也. {疏}日入後二刻半爲昏, 昏來則明往, 故云代明. {釋名}昏, 損也, 陽精損減也. {周禮・秋官・司寤氏註}日入三刻爲昏, 不盡三刻爲明. {淮南子・天文訓}日至虞淵, 是謂黃昏. 至於蒙谷, 是謂定昏. 又{詩・邶風}宴爾新昏. {儀禮・士昏禮註}士娶妻之禮, 以昏爲期, 因而名焉. 必以昏者, 陽往而陰來, 日入三商爲昏. 又{左傳・昭二十五年}昏媾, 姻亞. {註}妻父曰昏, 重昏爲媾, 婚父曰姻, 兩婿相謂曰亞. 又{書・益稷}下民昏墊. {傳}昏瞀墊溺. 又{書・盤庚}不昏作勞. {傳}昏, 彊也. 又{書・牧誓}昏棄厥肆祀弗答. {傳}昏, 亂也. {疏}昏闇於事必亂, 故昏爲亂也. 又{左傳・昭十九年}札瘥夭昏. {註}未名曰昏. {疏}子生三月父名之. 未名之曰昏, 謂未三月而死也. 又{集韻}呼困切, 音惛. 暗也. 亦姓. 又{韻補}叶許云切. {曹大家gū・東征賦}悵容與而久住兮, 忘日夕而將昏. 到長垣之境界, 察農野之居民. 又叶許懸切. {馬融・廣成頌}子野聽聳, 離朱目眩. 隷首策亂, 陳子籌昏. (說文) <日部> 呼昆切. 日冥也. 从日氐省. 氐者, 下也. 一曰民聲.

易 A0606 U-6613

•易• 日字部 總08劃. (호글) [역] 바꿀. (新典) [이] 다스릴. 홀하게 역일, 쉽게 역일. 쉬울. 게어를. [역] 변할, 박구일중. 형상할. (類合) [역] 밧골. (英譯) change. easy. (漢典) 象形. 本義: 蜥易. (康熙) <日部> {唐韻}羊益切, {集韻}{韻會}{正韻}夷益切, 太音亦. {說文}蜥易, 蝘蜓, 守宮也. 象形. 祕書說: 日月爲易, 象陰陽也. {易・繫辭}{易}者, 象也. {疏}{易}卦者, 爲萬物之形象. {又}生生之謂易. {註}陰陽轉易, 以成化生. {疏}陰陽變轉. {周禮・春官・大卜}掌三{易}之灋: 一曰{連山}, 二曰{歸藏}, 三曰{周易}. {註}易者, 揲蓍變易之數, 可占者也. {孔穎達・周易正義}夫易者, 變化之總名, 改換之殊稱. {朱子・周易本義}{易}, 書名也. 其卦本伏羲所畫, 有交易, 變易之義, 故謂之{易}. 又{易・乾卦}不易乎世. {註}不爲世所移易也. 又{易・繫辭}日中爲市, 致天下之民, 聚天下之貨, 交易而退. {公羊傳・宣十二年}交易爲言. {註}交易, 猶往來也. 又{書・堯典}平在朔易. {傳}謂歲改易. 又{禮・祭義}易抱龜南面. {疏}占易之官也. 又{史記・項羽紀}赤泉侯人馬俱驚, 辟易數里. {註}正義曰: 開張易舊處. 又姓. {姓氏急就篇}易氏, 易牙之後. 又水名. {水經}易水出涿郡故安縣閻鄉西山. 又州名. {廣韻

}趙分晉得中山, 秦爲上谷郡, 漢置涿郡, 隋爲易州, 因水名之. 又{廣韻}{集韻}{韻會}以豉切, {正韻}以智切, 𠀤音異. {易・繫辭}乾以易知. {疏}{易}謂{易略}. 又{易・繫辭}辭有險易. {註}之泰則其辭易, 之否則其辭險. {疏}易, 說易也. 又{禮・檀弓}易墓非古也. {註}易謂芟治草木. {孟子}易其田疇. {註}易, 治也. 又{禮・祭義}外貌斯須不莊不敬, 而慢易之心入之矣. 又{公羊傳・文十二年}俾君子易怠. {註}易怠, 猶輕惰也. 又{公羊傳・宣六年}是子之易也. {註}易, 猶省也. 又{論語}喪, 與其易也, 寧戚. {何晏註}和易也. {朱傳}易, 治也. 又{爾雅・釋詁}平, 均, 夷, 弟, 易也. {註}皆謂易直. {疏}易者, 不難也. 又{莊子・刻意篇}聖人休休焉, 則平易矣. 又{史記・禮書}能慮勿易. {註}易, 謂輕易也. 又{韻補}叶余支切. {詩・小雅}爾還而入, 我心易也. 還而不入, 否難知也. 說文 <易部> 羊益切. 蜥易, 蝘蜓, 守宮也. 象形. {祕書}說: 日月爲易, 象陰陽也. 一曰从勿. 凡易之屬皆从易.

 A0385 U-6614

•昔• 日字部 總08劃. ᄒᆞᆫ글 [석] 예. 新典 [석] 예, 가. 오랠. 밤. 옛적. 저즘게, 뎌째. 어제. 비롯을. [착] 쇠쏠 비틀릴. 訓蒙 [석] 녜. 英譯 formerly. ancient. in beginning. 漢典 象形. 象殘肉日以晞之, 與俎同意. 本義: 干肉. 康熙 <日部> {唐韻}{集韻}{韻會}{正韻}𠀤思積切, 音惜. {說文}作昝. 乾肉也. 从殘肉, 日以晞之. 與俎同意. {類篇}隸作昔. {五經文字}後人以爲古昔字. {易・說卦}昔者, 聖人之作{易}也. {疏}據今而稱上世, 謂之昔者也. {詩・商頌}自古在昔, 先民有作. {禮・曲禮}必則古昔稱先王. 又{詩・陳風}誰昔然矣. {傳}昔, 久也. {疏}昔是久遠之事. 又{禮・檀弓}予疇昔之夜. {註}猶前也. 又{博雅}昔, 夜也. {左傳・哀四年}爲一昔之期. {莊子・天運篇}則通昔不寐矣. 又姓. {廣韻}漢有烏傷令昔登. 又{集韻}倉各切, 音錯. 㸬也. {周禮・冬官考工記・弓人}老牛之角紾而昔. {註}昔讀爲交錯之錯, 謂牛角㸬理錯也. 又{韻補}叶息約切. {左思・詠史詩}當其未遇時, 憂在塡溝壑. 英雄有迍邅, 由來自古昔. 說文 <日部> 思積切. 乾肉也. 从殘肉, 日以晞之. 與俎同意.

 A0385 U-6615

•昕• 日字部 總08劃. ᄒᆞᆫ글 [흔] 아침. 新典 [흔] 해 도듣. 초하로날. 訓蒙 [흔] 아촘. 英譯 dawn. early morning. day. 漢典 形聲. 從日, 斤聲. 本義: 黎明. 康熙 <日部> {唐韻}{集韻}{韻會}{正韻}𠀤許斤切, 音欣. {說文}旦明, 日將出也. {儀禮・士昏禮}凡行事, 必用昏昕. {疏}昕卽明之始, 君子舉事尚早, 故用朝旦也. {禮・文王世子}天子視學, 大昕鼓徵. {註}早昧爽, 擊鼓以召衆也. {疏}昕, 猶明也. 又{集韻}虛其切, 音僖. 義同. 又{爾雅・釋天疏}四曰昕天. 昕讀曰軒, 言天北高南下, 若車之軒, 是吳時姚信所說. 說文 <日部> 許斤切. 旦明, 日將出也. 从日斤聲. 讀若希.

 A0596 U-661C

•昜• 日字部 總09劃. ᄒᆞᆫ글 [양] 볕. 新典 [양] 열릴. 빗날. 英譯 to open out, to expand. bright, glorious. 康熙 <日部> {唐韻}與章切, {集韻}余章切, {正韻}移章切, 𠀤音陽. {說文}開也. 从日一勿. 一曰飛揚. 一曰長也. 一曰彊者, 衆貌. 又{佩觿集}光也. 又{前漢・地理志}交趾郡曲昜縣. {師古註}昜, 古陽字. 說文 <勿部> 與章切. 開也. 从日, 一, 勿. 一曰飛揚. 一

曰長也. 一曰彊者眾皃.

A0397 U-661F

•星• 日字部 總09劃. (훈글) [성] 별. (新典) [셩] 별. 힛득힛득할. (訓蒙) [셩] 별. (英譯) a star, planet. any point of light. (漢典) 象形. 從晶, 生聲. 晶象形. 本義: 星星. (康熙) <日部> 古文: 曐曐𣊫曑. {唐韻}{集韻}{韻會}桑經切, {正韻}先青切, 𠀤音腥. {說文}萬物之精, 上爲列星. 从晶生聲. 一曰象形. 从口. 古口復注中, 故與日同. {釋名}星, 散也, 列位布散也. {書・堯典}曆象日月星辰. {傳}星, 四方中星. 又{洪範}五紀, 四曰星辰. {傳}二十八宿迭見, 以敘節氣. {又}庶民惟星, 星有好風, 星有好雨. {傳}星, 民象, 箕星好風, 畢星好雨. {史記・天官書}星者, 金之散氣. {註}五星五行之精, 衆星列布, 體生於地, 精成於天, 列居錯行, 各有所屬. 在野象物, 在朝象官, 在人象事. {前漢・天文志}經星常宿中外官, 凡百七十八名, 積數七百八十三星, 皆有州國官宮物類之象. {淮南子・天文訓}日月之淫氣精者爲星辰. 又星星, 猶點點也. {謝靈運詩}星星白髮垂. 又草名. 戴星, 文星, 流星, 皆穀精草別名. {本草綱目}此草生穀田中, 莖頭小白花, 點點如亂星. 又姓. {廣韻}{羊氏家傳}曰: 南陽太守羊續, 娶濟北星重女.

A0036 U-6625

•春• 日字部 總09劃. (훈글) [춘] 봄. (新典) [츈] 봄. (訓蒙) [츈] 봄. (英譯) spring. wanton. (漢典) 會意. 甲骨文字形, 從草, 草木春時生長, 中間是“屯”字, 似草木破土而出, 土上臃腫部分, 即剛破土的胚芽形, 表示春季萬木生長, “屯”亦兼作聲符. 小篆字形, 隸變以后, 除“日”之外, 其他部分都看不出來了. 本義: 春. 四季的第一季. (康熙) <日部> 古文: 萅萶旾曅. {廣韻}昌脣切, {集韻}{韻會}樞倫切, 𠀤蠢平聲. {爾雅・釋天}春爲青陽. {註}氣淸而溫陽. {周禮・春官・宗伯疏}春者出生萬物. {公羊傳・隱元年}春者何, 歲之始也. {註}春者, 天地開闢之端, 養生之首, 法象所出. 昏斗指東方曰春. {史記・天官書}東方木主春. {前漢・律歷志}陽氣動物, 於時爲春. 春, 蠢也. 物蠢生, 廼動運. 又姓. {何氏姓苑}春申君黃歇之後. 又酒名. {唐國史補}酒有郢之富水春, 烏程之若下春, 滎陽之上窟春, 富平之石東春, 劒南之燒春. 又花名. {花木考}罌粟別種名麗春. 又{集韻}尺尹切, 音蠢. {周禮・冬官考工記・梓人}張皮侯而棲鵠, 則春以功. {註}春讀爲蠢. 蠢, 作也, 出也.

A0712 U-6627

•昧• 日字部 總09劃. (훈글) [매] 새벽. (新典) [매, 믜] 어두을. 먼동 틀. 어두을. 무릅쓸. (類合) [믜] 어두을. (英譯) obscure, dark. darken. (漢典) 形聲. 從日, 未聲. 從日, 與光線有關. 本義: 昏暗不明. (康熙) <日部> 古文: 昒. {唐韻}{集韻}{韻會}{正韻}𠀤莫佩切, 音妹. {說文}爽旦明也. 一曰闇也. {博雅}冥也. {易・屯卦}天造草昧. {疏}昧謂冥昧. {書・堯典}宅西曰昧谷. {傳}昧, 冥也. 日入於谷而天下冥, 故曰昧谷. 又{書・太甲}先王昧爽丕顯. {疏}昧是晦冥, 爽是未明, 謂夜向晨也. {詩・鄭風}士曰昧旦. 又{書・仲虺之誥}兼弱攻昧. {傳}闇則攻之. 又{左傳・文二十六年}楚王是故昧於一來. {註}昧, 猶貪冒. 又{屈原・離騷}路幽昧以險隘. {註}幽昧, 不明也. 又樂名. {禮・明堂位}{昧}, 東夷之樂也. 又縣名. {類篇}在益州. 又與沬同. {易・豐卦}日中見沬. {釋文}沬, {字林}作昧, 云斗杓後星. 又{集韻}{韻會}𠀤莫貝切, 音眛.

義同. 又{韻補}叶莫結切. {鮑昭詩}年貌不可還, 身意會盈歇. 智哉衆多士, 服理辨明昧. (說文) <日部> 莫佩切. 爽, 旦明也. 从日未聲. 一曰闇也.

昱　A0214 U-6631

•昱• 日字部 總09劃. (한글) [욱] 빛날. (新典) [욱] 해빗 밝을. (英譯) bright light, sunlight. dazzling. (康熙) <日部> {唐韻}{集韻}{韻會}{正韻}太余六切, 音毓. {說文}明日也. 又{玉篇}日明也. {廣韻}日光也. {揚子・太玄經}日昱乎晝. (說文) <日部> 余六切. 明日也. 从日立聲.

A0699 U-6637

•昷• 日字部 總09劃. (한글) [온] 어질. (英譯) to feed a prisoner. (康熙) <日部> {廣韻}烏渾切, {集韻}烏昆切, 太音溫. 𥁕, 隸省作昷. {說文}𥁕, 仁也. 从皿, 以食囚也.

時　D0089 U-6642

•時• 日字部 總10劃. (한글) [시] 때. (新典) [시] 쌔, 씨니. 이. 엿볼. 긔약. (訓蒙) [시] 쁴니. (英譯) time, season. era, age, period. (康熙) <日部> 古文: 旹. {唐韻}{集韻}{韻會}市之切, {正韻}辰之切, 太音蒔. {說文}四時也. {釋名}四時, 四方各一時. 時, 期也, 物之生死各應節期而至也. {書・堯典}敬授人時. {傳}敬記天時以授人也. {又}朞三百有六旬有六日, 以閏月定四時成歲. {禮・孔子閒居}天有四時, 春秋冬夏. {淮南子・天文訓}陰陽之專精爲四時. {又}三月而爲一時. 又{韻會}辰也, 十二時也. 又{廣韻}是也. {書・堯典}黎民於變時雍. {傳}時, 是也. {詩・大雅}曰止曰時, 築室于玆. {朱傳}可以止于是, 而築室矣. 又{博雅}伺也. {論語}孔子時其亡也, 而往拜之. {疏}謂伺虎不在家時而往謝之. 又{博雅}善也. {廣韻}中也. 又地名. {左傳・莊九年}戰于乾時. {註}乾時, 齊地. 時水在樂安界, 岐流旱則竭涸, 故曰乾時. 又姓. {廣韻}良吏傳有時苗. {何氏姓苑}云: 今鉅鹿人. 又與塒同. {詩・王風}雞棲于塒. {釋文}塒, 本亦作時. 又{韻補}叶上紙切. {王粲・七釋}不以志易道, 不以身後時. 進德修業, 與世同理. 又叶側吏切. {屈原・離騷}忳鬱邑余侘傺兮, 吾獨窮苦乎此時也. 叶下態, 態音替. (說文) <日部> 市之切. 四時也. 从日寺聲.

晉　A0383 U-6649

•晉• 日字部 總10劃. (한글) [진] 나아갈. (新典) [진] 나아갈. 억제할. 꼬즐. (英譯) advance, increase. promote. (漢典) 會意. 小篆字形, 從日. 指追著太陽一直前進. 本義: 上進. (康熙) <日部> {唐韻}{集韻}{韻會}太卽刃切. {說文}作晉, 進也, 日出萬物進也. {類篇}隸省作晉. {易・晉卦}晉, 進也. {疏}以今釋古, 古之晉字, 卽以進長爲義. {又}明出地上晉. 又{周禮・春官・典瑞}王晉大圭. {疏}晉, 插也. 又{周禮・夏官・田僕}凡田, 王提馬而走, 諸侯晉大夫馳. {註}晉, 猶抑也. 又{周禮・地官・鼓人}以晉鼓鼓金奏. {註}晉鼓長六尺六寸. 又{周禮・冬官考工記・廬人}凡爲殳, 去一以爲晉圍. {註}鄭司農云: 晉謂矛戟下銅鐏也. {釋文}晉如字. 又國名. {詩・唐風譜}成王封母弟叔虞於堯之故墟, 曰唐侯. 南有晉水, 至子燮改爲晉侯. 又姓. {廣韻}本自唐叔虞之後, 以晉爲氏, 魏有晉鄙. 又{集韻}子賤切, 音箭. 水名. 又{周禮・冬官考

工記·廬人}晉圍. {釋文}又音箭. 又{陸雲·登臺賦}長發其祥, 天鑑在晉. 肅有命而龍飛兮, 跚重斯而肇建. 說文 <日部> 卽刃切. 進也. 日出萬物進. 从日从臸. {易}曰: "明出地上, 晉."

A0170 U-665D

•晝• 日字部 總11劃. ᄒᆞᆫ글 [주] 낮. 新典 [쥬] 낫. 중대낫, 한낫. 訓蒙 [듀] 낫. 英譯 daytime, daylight. 漢典 會意. 從日, 從晝省. 從日, 表示太陽. 從晝, 表示一種界限. 本義: 白天. 與"夜"相對. 康熙 <日部> {唐韻}{集韻}{韻會}𠀤陟救切, 音呪. {說文}日之出入, 與夜爲界. 从晝省, 从日. {易·晉卦}晝日三接. 又地名. {孟子}三宿, 而後出晝. 又姓. {風俗通}晝邑大夫之後, 因氏焉. 又{韻補}叶株遇切. {張衡·西京賦}衞尉八屯, 警夜巡晝. 植鎩懸瞂, 用戒不虞. 虞去聲. 說文 <晝部> 陟救切. 日之出入, 與夜爲界. 从晝省, 从日.

A0385 U-6666

•晦• 日字部 總11劃. ᄒᆞᆫ글 [회] 그믐. 新典 [회] 그믐. 느즐. 어두을. 안개. 얼마 못 될. 訓蒙 [회] 그믐. 英譯 dark, unclear, obscure. night. 漢典 形聲. 從日, 每聲. 本義: 陰歷每月的最后一天. 康熙 <日部> {唐韻}荒內切, {集韻}{韻會}呼內切, {正韻}呼對切, 𠀤音誨. {說文}月盡也. {釋名}晦, 灰也. 火死爲灰, 月光盡似之也. {左傳·成十六年}陳不違晦. {註}晦, 月終. 又{易·隨卦}君子以嚮晦入宴息. {註}晦, 晏也. 又{詩·陳風}風雨如晦. {傳}晦, 昏也. 又{詩·周頌}遵養時晦. {傳}晦, 昧也. 又{左傳·成十四年}{春秋}之稱, 微而顯, 志而晦. {註}晦亦微, 謂約言以紀事, 事敘而名微. 又{左傳·昭元年}六氣, 曰陰, 陽, 風, 雨, 晦, 明也. {註}晦, 夜也. 又{公羊傳·僖十五年}晦者何, 冥也. 又{爾雅·釋天}霧謂之晦. 又{班固·幽通賦}鮮生民之晦在. {註}晦, 亡幾也. 說文 <日部> 荒內切. 月盡也. 从日每聲.

D0091 U-6668

•晨• 日字部 總11劃. ᄒᆞᆫ글 [신] 새벽. 新典 [신] 새일녁, 새별. 訓蒙 [신] 새배. 英譯 early morning, daybreak. 漢典 會意. 從臼, 從辰, 辰時也. 辰亦聲. 本義: 星名. 即房星. 清晨 晨, 早昧爽也. 注: "早朝也." 而以昏晨犯山川. 康熙 <日部> 古文: 㫳. {唐韻}植鄰切, {集韻}{韻會}{正韻}丞眞切, 𠀤音辰. {說文}曟, 或省作晨. 房星爲民田時者. {周語}農祥晨正. {註}晨正謂立春之日, 晨中於午也. 又{廣韻}食鄰切, {集韻}乘人切, 𠀤音神. {說文}作晨, 早昧爽也. 从臼从辰. 辰, 時也. {九經字樣}晨, 隸省作晨. {爾雅·釋詁}晨, 早也. {釋名}晨, 伸也. 旦而日光復伸見也. {玉篇}明也. {周禮·秋官·司寤氏}禦晨行者. 又{集韻}慈鄰切, 音秦. 關中語也. 又{集韻}鷐通作晨. {爾雅·釋鳥}晨風, 鸇. {註}鷂屬. {詩·秦風}鴥彼晨風. 又{韻補}叶時連切. {陸機·挽歌}側聽陰溝涌, 臥觀天井懸. 廣宵何寥廓, 大暮安可晨.

A0387 U-3AF6

•㫶• 日字部 總12劃. ᄒᆞᆫ글 [주] 밝을. 英譯 light. bright. 康熙 <日部> {集韻}止酉切, 音帚. 明也. 或作晭.

A0236 U-3AFF

◆㫿◆ 日字部 總12劃. 훈글 [유] (미등록).

A0387 U-666D

◆晭◆ 日字部 總12劃. 훈글 [주] 햇빛. 康熙 <日部> {集韻}同[日+帚]. 又{玉篇}日光也.

A0181 U-6675

◆晵◆ 日字部 總12劃. 훈글 [계] 비갬. 康熙 <日部> {唐韻}康禮切, {集韻}遣禮切, 丛音啓. {說文}雨而晝姓也. 又{廣韻}去戰切, 音譴. 義同. 又{集韻}輕甸切, 音俔. 霽也. 又姓. {姓氏急就篇}後漢將軍晵倫. 說文 <日部> 康禮切. 雨而晝姓也. 从日, 啓省聲.

A0397 U-6676

◆晶◆ 日字部 總12劃. 훈글 [정] 밝을. 新典 [정] 맑을. 함나, 슈정. 빗날. 英譯 crystal. clear, bright. radiant. 漢典 會意. 甲骨文字形, 從三日, 表示光亮之意. 本義: 光亮, 明亮. 康熙 <日部> {唐韻}子盈切, {集韻}{韻會}咨盈切, 丛音精. {說文}精光也. 从三日. {宋之問詩}八月涼風天氣晶. 又晶晶, 光也. {歐陽詹・秋月賦}晶晶盈盈. 又{方岳詩}江樹曉晶晶. {集韻}或作晸. {通雅}古精, 晶通. {易林}陽晶隱伏, 卽陽精. {讀書通}水精, 卽水晶. 說文 <晶部> 子盈切. 精光也. 从三日. 凡晶之屬皆从晶.

D0055 U-667A

◆智◆ 日字部 總12劃. 훈글 [지] 슬기. 新典 [지] 슬기. 訓蒙 [디] 디혯. 英譯 wisdom, knowledge, intelligence. 漢典 會意兼形聲. 從日, 從知, 知亦聲. “知”的后起字. 本義: 聰明, 智力強. 康熙 <日部> 古文: 𥏼. {廣韻}{集韻}{韻會}{正韻}丛知義切, 音置. 同智. 或作智. {說文}識詞也. 从白从亏从知. ○ 按經典相承作智. {釋名}智, 知也. 無所不知也. {孟子}是非之心, 智之端也. {荀子・正名篇}知而有所合謂之智. ○ 按經典或通用知. 又姓. {廣韻}晉有智伯.

A0386 U-6688

◆暈◆ 日字部 總13劃. 훈글 [훈] 무리. 新典 [운] 무리. 英譯 halo in sky. fog. dizzy, faint. 康熙 <日部> {廣韻}{集韻}{韻會}王問切, {正韻}禹慍切, 丛音運. 日旁氣也. {釋名}暈, 捲也. 氣在外捲結之也, 日月俱然. {史記・天官書}兩軍相當, 日暈. 說文 <日部> 王問切. 日月气也. 从日軍聲.

A0387 U-668A

◆暊◆ 日字部 總13劃. 훈글 [부] 밝을. 康熙 <日部> {玉篇}孚武切, 音府. 明也.

暗 A0941 U-6697

•暗• 日字部 總13劃. (ᄒᆞᆫ글) [암] 어두울. (新典) [암] 어두을. 침침할. (訓蒙) [암] 아드흘. (英譯) dark. obscure. in secret, covert. (漢典) 形聲. 從日, 音聲. 本義: 昏暗. (康熙) <日部> {唐韻}{集韻}{韻會}𠀤烏紺切. 音闇. {說文}日無光也. {玉篇}不明也. 又{博雅}深也. {揚雄・甘泉賦}稍暗暗而覿深. {註}暗暗, 深空之貌. 又{集韻}鄔感切, 音黯. 義同. 又{韻補}叶伊甸切. {歐陽修・送胡學士詩}都門春漸動, 柳色綠將暗. 挂帆千里風, 水闊江灩灩. (說文) <日部> 烏紺切. 日無光也. 从日音聲.

暘 A0596 U-6698

•暘• 日字部 總13劃. (ᄒᆞᆫ글) [양] 해돋이. (新典) [양] 해도지. 밝을. 해발 쏘일. (英譯) rising sun. sunshine. (康熙) <日部> {唐韻}與章切, {集韻}{韻會}余章切, {正韻}移章切, 𠀤音陽. {說文}日出也. {玉篇}明也, 日乾物也. {書・堯典}宅嵎夷曰暘谷. {傳}暘, 明也. 日出於谷而天下明, 故曰暘谷. 又{洪範}曰雨曰暘. {傳}暘以乾物也. (說文) <日部> 與章切. 日出也. 从日易聲. {虞書}曰: "暘谷."

㬎 A0386 U-3B0E

•㬎• 日字部 總14劃. (ᄒᆞᆫ글) [현] 드러날. (英譯) (an ancient form of 顯) motes in a sunbeam, bright, fibrous, to manifest. to display, to be illustrious, evident, to seem. to appear, cocoons. chrysalis, will not have a pleasant conversation. (康熙) <日部> {廣韻}{集韻}𠀤呼典切, 音蜆. {說文}㬎, 衆微杪也. 从日中視絲, 古文以爲顯字. 或曰衆口貌. 讀若唫. 唫或以爲繭. 繭者, 絮中往往有小繭也. {廣韻}今作㬎. 衆明也, 微妙也. {類篇}頭明飾也. 一曰著也, 光也. 亦姓. 又{唐韻}五合切, {集韻}鄂合切, 𠀤音蛤. 又{集韻}渠飮切, 音噤. 義𠀤同. (說文) <日部> 五合切. 衆微杪也. 从日中視絲. 古文以爲顯字. 或曰衆口皃. 讀若唫唫. 或以爲繭；繭者, 絮中往往有小繭也.

暮 A0039 U-66AE

•暮• 日字部 總15劃. (ᄒᆞᆫ글) [모] 저물. (新典) [모] 저믈, 느질. 더틸. (訓蒙) [모] 져믈. (英譯) evening, dusk, sunset. ending. (漢典) 形聲. 從日, 莫聲. 古字作"莫", 像太陽落到草叢中, 表示天將晚. "暮"爲后起字. 本義: 日落時, 傍晚. (康熙) <日部> {廣韻}{集韻}{韻會}{正韻}𠀤莫故切, 音慕. 本作莫. {說文}莫, 日且冥也. 从日, 在茻中. {註}平野中望日將落, 如在草茻中也. {史記・伍子胥傳}吾日暮途遠. {屈原・離騷}恐美人之遲暮. ○ 按經典本皆作莫. 今或相承用暮字.

暴 D0090 U-66B4

•暴• 日字部 總15劃. (ᄒᆞᆫ글) [포] 사나울. [폭] 햇볕 쪼일. (新典) [포] 사오나울. 침로할. 가루차갈. 급할. 맨 손으로 칠. 불끈 일어날. 말을. [폭] 해빗 쪼일. 나타날. 들어낼. (類合)

[포] 모딜. (英譯) violent, brutal, tyrannical. (康熙) <日部> 古文: 𣋞. {唐韻}{集韻}{韻會}薄報切, {正韻}蒲報切, 丛音菢. {說文}晞也. {書·泰誓}敢行暴虐. {傳}敢行酷暴, 虐殺無辜. 又{禮·王制}田不以禮, 曰暴天物. {疏}是暴害天之所生之物. 又{周禮·秋官·禁暴氏疏}禁民不得相陵暴. 又{詩·邶風}終風且暴. {傳}暴, 疾也. {疏}大風暴起也. 又{詩·鄭風}襢裼暴虎. {傳}空手以搏之. 又{荀子·富國篇}暴暴如丘山. {註}暴暴, 卒起之貌. 又{史記·項羽紀}何興之暴也. {博雅}暴, 猝也. 又{管子·乘馬篇}方六里命之曰暴, 五暴命之曰部. {又}十家而連, 五連而暴. 又地名. {左傳·文八年}公子遂會雒戎, 盟于暴. {註}暴, 鄭地. 又姓. {前漢·雋不疑傳}暴勝之爲直指使者. 又{廣韻}蒲木切, {集韻}{韻會}{正韻}步木切, 丛音僕. 日乾也. 俗作曝. {小爾雅}暴, 曬也. {周禮·冬官考工記}{㡛氏}晝暴諸日. {孟子}一日暴之. {荀子·富國篇}聲名足以暴炙之. 又{孟子}暴之於民, 而民受之. {朱註}暴, 顯也. 又{後漢·竇融傳}皆近事暴著. {註}暴, 露也. 又{集韻}北角切, 音剝. {爾雅·釋詁}毗劉, 暴樂也. {疏}木枝葉稀疎不均爲暴樂. 又白各切, 音泊. 又備沃切, 音雹. 義丛同. 又弼角切, 音雹. 㬥暴, 乾槁也. 又皺或作暴, 墳起也. 又{韻補}叶蒲故切. {易林}仁政不暴, 鳳皇來戊. 四時順節, 民安其處. 㬥字原从𠀤从夊作.

暵 A0641 U-66B5

•暵• 日字部 總15劃. (훈글) [한] 말릴. (新典) [한] 말올. 말릴. 가믈중. 쪼일. (英譯) dry by exposing sun. (康熙) <日部> {唐韻}呼旱切, {集韻}{韻會}{正韻}許旱切, 丛音罕. {說文}乾也. {易}曰: 燥萬物者, 莫暵乎火. ○ 按{易·繫辭}今作熯. {博雅}曝也. {玉篇}熱氣也. {詩·王風}暵其乾矣. {傳}暵, 菸貌. {釋文}水濡而乾也. {朱傳}暵, 熯也. 又{廣韻}呼旰切, 音漢. 義同. (說文) <日部> 呼旰切. 乾也. 耕暴田曰暵. 从日堇聲. {易}曰: "燥萬物者莫暵于離."

暨 A0391 U-66C1

•暨• 日字部 總16劃. (훈글) [기] 및. (新典) [긔] 다뭇. 미칠. 굿셀. (英譯) and. attain.

曆 A0073 U-66C6

•曆• 日字部 總16劃. (훈글) [력] 책력. (新典) [력] 셀. 보로, 책력. (訓蒙) [력] 칙력. (英譯) calendar, era. (康熙) <日部> 古文: 𤯍厤. {唐韻}郎擊切, {集韻}{韻會}狼狄切, 丛音櫟. {說文}曆象也. {書·堯典}曆象日月星辰, 敬授人時. {傳}星四方中星, 辰日月所會, 曆象其分節, 敬記天時以授人也. 又{舜典}協時月正日. {疏}{世本}云: 容成作曆, 黃帝之臣. 又{洪範}五曰曆數. {傳}曆數, 節氣之數, 以爲曆. {疏}算日月行道所歷, 計氣朔早晚之數, 所以爲一歲之曆. {正字通}曆以日爲主, 故从日. 其从厤者, 推其所經二十八舍, 正日躔也. 曆法始, 中, 終皆舉之. 先求日至以定曆元, 履端於始也. 參以昏星, 舉正於中也. 察日與天會月與日會之盈虛, 齊以閏歸餘於終也. {史記}{漢書}通用歷. (說文) <日部> 郎擊切. 厤象也. 从日厤聲. {史記}通用歷.

曣 A0390 U-66E3

•曣• 日字部 總20劃. (훈글) [연] 청명할. (新典) [연] 더울. 청명할. (英譯) fair weather.

warm. 康熙 <日部> {正字通}同曫. {史記・封禪書}至中山曣㬈. {前漢・武帝紀}作晏㬈. 又{博雅}曣, 煗也.

A0271 U-66F0

•曰• 曰字部 總04劃. 훈글 [왈] 가로. 新典 [월] 正音 [왈] 가로, 가로대, 가라샤대. 이를. 일컬을. 에. 의. 말낼. 類合 [왈] 골. 英譯 say. KangXi radical 73. 漢典 指事. 甲骨文字形, 下象口形, 加上的短横表示聲氣. 本義: 說, 說道. 康熙 <曰部> {唐韻}{集韻}{韻會}丛王伐切, 音越. {說文}詞也. 从口乙聲. 亦象口气出也. {註}徐鍇曰: 今試言曰, 則口開而氣出也. {玉篇}語端也. {廣韻}於也, 之也. {增韻}謂也, 稱也. {書・堯典}曰若稽古帝堯曰放勳. ○ 按{古文尙書}曰若作粵若, 曰放勳作曰, 蓋訓爲語端者與粵通, 訓爲詞者則如字耳. 說文 <曰部> 王代切. 詞也. 从口乙聲. 亦象口气出也. 凡曰之屬皆从曰.

A0871 U-66F2

•曲• 曰字部 總06劃. 훈글 [곡] 굽을. 新典 [곡] 굽을. 곡졀즁. 누에발. 곡조, 가락. 訓蒙 [곡] 놀애. 英譯 crooked, bent. wrong, false. 康熙 <曰部> {廣韻}丘玉切, {集韻}{韻會}區玉切, 丛音麴. {說文}象器受物之形. {易・繫辭}曲成萬物而不遺. {疏}屈曲委細. {書・洪範}木曰曲直. {傳}木可以揉曲直. 又{詩・秦風}亂我心曲. {傳}心曲, 委曲也. {禮・曲禮・釋文}曲禮, 委曲說禮之事. 又{禮・中庸}其次致曲. {註}曲, 猶小小之事. {朱註}一偏也. 又{說文}或說蠶簿. {禮・月令}具曲植籧筐. {註}所以養蠶器也. 曲, 簿也. {前漢・周勃傳}以織簿曲爲生. {註}葦簿爲曲也. 又樂曲. {宋玉・對楚王問}是其曲彌高, 其和彌寡. 又姓. {史記・蒙恬傳}御史曲宮. 又{集韻}顆羽切, 音踽. 地名. {史記・曹相國世家}軍於曲遇. 又{陳丞相世家}更以陳平爲曲逆侯. 又{韻補}叶區聿切. {劉植・魯都賦}巖險迴隔, 峻巇隱曲. 猛獸深潛, 介禽竄匿. 說文 <曲部> 丘玉切. 象器曲受物之形. 或說曲, 蠶薄也. 凡曲之屬皆从曲.

A0184 U-66F4

•更• 曰字部 總07劃. 훈글 [경] 고칠. [갱] 다시. 類合 [깅] 고틸. 英譯 more, still further, much more. 漢典 形聲. 從攴, "更"的小篆形是個形聲字. 丙聲. 本義: 改變. 康熙 <曰部> {玉篇}㪅今作更. {集韻}隷作更. ○ 按更字, 諸韻書丛作㪅字重文. {正字通}云俗字, 非. 說文 <攴部> 古孟切・古行切. 改也. 从攴丙聲.

A0169 U-66F8

•書• 曰字部 總10劃. 훈글 [서] 쓸. 新典 [셔] 쓸, 적을, 긔록할. 글시. 글 지을. 글. 날미, 책. 편지. 訓蒙 [셔] 글월. 英譯 book, letter, document. writings. 漢典 形聲. 從聿, 者聲. 聿, 即筆. 隸書省"者"成"曰". {說文}: "書, 箸也." 箸即顯明. 合起來表示用筆使文字顯明, "者, 箸"音近, 故"者"有表意作用. 本義: 書寫, 記錄, 記載. 康熙 <曰部> {廣韻}傷魚切, {集韻}{韻會}{正韻}商居切, 丛音舒. {說文}作書, 著也. 从聿从者. 隸省作書. {易・繫辭}上古結繩而治, 後世聖人易之以書契. {註}書契, 所以決斷萬事也. {周禮・地官・大司徒}六藝: 禮,

樂, 射, 御, 書, 數. {註}書, 六書之品. 又{地官・保氏}乃敎之六藝, 五曰六書. {註}六書: 象形, 會意, 轉注, 處事, 假借, 諧聲. {許愼・說文序}黃帝之史倉頡初造書契, 依類象形, 故謂之文, 其後形聲相益, 卽謂之字. 著於竹帛謂之書. 書者, 如也. 又書有六體. {前漢・藝文志}六體者, 古文, 奇字, 篆書, 隸書, 繆篆, 蟲書. 又{說文}書有八體: 一曰大篆, 二曰小篆, 三曰刻符, 四曰蟲書, 五曰摹印, 六曰署書, 七曰殳書, 八曰隸書. 又{尙書序疏}諸經史因物立名, 物有本形, 形從事著, 聖賢闡敎, 事顯於言, 言愜羣心, 書而示法, 旣書有法, 因號曰書. 故百氏六經總曰書也. {史記・禮書註}書者, 五經六籍總名也. {釋名}書, 庶也. 紀庶物也. 又{詩・小雅}畏此簡書. {傳}簡書, 戒命也. {疏}古者無紙, 有事書之於簡, 故曰簡書. 又{周禮・天官・司書註}主計會之簿書. 又{左傳・昭六年}鄭人鑄刑書. {註}鑄刑書於鼎. 又{左傳・昭六年}叔向使詒子產書. ○ 按卽書牘也. 又{前漢・董仲舒傳}對亡應書者. {註}書, 謂詔書也. 又官名. {前漢・成帝紀}初置尙書, 員五人. 又{百官公卿表}中書謁者. (說文) <聿部> 商魚切. 箸也. 从聿者聲.

A0272 U-66F9

•曹• 曰字部 總11劃. (훈글) [조] 마을. (新典) [조] 마을. 무리. (訓蒙) [조] 마슬. (英譯) ministry officials. surname. (康熙) <曰部> {唐韻}昨牢切, {集韻}{韻會}財勞切, 𠀤音漕. {說文}作䜌. 獄之兩䜌也. 在廷東, 从棘. 治事者, 从曰. {註}徐鍇曰: 以言詞治獄也, 故从曰. {前漢・成帝紀註}尙書四人爲四曹, 成帝置五人, 有三公曹, 主斷獄事. {後漢・百官志}世祖分六曹. 又{詩・大雅}乃造其曹. {傳}曹, 羣也. {朱傳}羣牧之處也. 又{史記・平準書}分曹循行郡國. {註}曹, 輩也. 又{楚辭・招魂}分曹並進. {註}曹, 偶也. 又國名. {詩・曹風譜}周武王封弟叔振鐸於曹, 今濟陰定陶是也. 又姓. {姓氏急就篇}周武王封曹叔振鐸, 後以國爲氏. 又{韻補}叶徂侯切. {楚辭・招隱士}禽獸駭兮亡其曹, 王孫兮歸來, 山中不可以久留. 又叶木何切. {蘇轍・嚴顏詩}斫頭除死子無怒, 我豈畏死如兒曹. 匹夫受戮或不避, 所重壯氣吞黃河. {五經文字}䜌, 經典相承, 隸省作曹. {石經}作曺. (說文) <曰部> 昨牢切. 獄之兩曹也. 在廷東. 从棘, 治事者; 从曰.

A0043 U-66FE

•曾• 曰字部 總12劃. (훈글) [증] 일찍. (新典) [층] 正音 [증] 일즉. 지난번. 이에. 곳. 거듭. (正蒙) [증] 일족. (英譯) already. sign of past. (漢典) 形聲. 從八, 從曰. 本義未明. 副詞. 用來加強語氣. (康熙) <曰部> {唐韻}昨稜切, {集韻}{韻會}徂稜切, 𠀤音層. {說文}詞之舒也. 从八从曰𡆧聲. {九經字樣}曾从𡆧. 𡆧, 古文窻字. 下从曰, 上从八, 象氣之分散也. 經典相承, 隸省作曾. {詩・大雅}曾莫惠我師. {論語}曾是以爲孝乎. {孟子}爾何曾比予於是. 又{廣韻}經也. {增韻}嘗也. {韻會}乃也, 則也. 又與層通. {後漢・張衡傳}登閬風之曾城兮. {文選}作層城. 又{廣韻}作滕切, {集韻}{韻會}咨騰切, 𠀤音增. {書・武成}惟有道曾孫周王發. {爾雅・釋親}王父之考爲曾祖, 孫之子爲曾孫. {註}曾, 猶重也. 又{左傳・襄十八年}曾臣彪將率諸侯以討焉. {註}曾臣, 猶末臣. {疏}曾祖曾孫者, 曾爲重義. 諸侯之於天子, 無所可重. 曾臣猶末臣, 謙卑之意耳. 又{楚辭・九歌}翾飛兮翠曾. {註}曾, 擧也. 又與橧同. {禮・禮運}夏則居橧巢. {釋文}橧, 本又作曾. 又與增同. {孟子}曾益其所不能. {孫奭・音義}曾當讀作增. 又姓. {姓氏急就篇}曾氏出於鄫, 姒姓, 莒滅鄫, 子孫在魯者別爲曾氏. {孫奕・示兒編}曾字除人姓及曾孫外, 今學者皆作層字音讀. 然經史𠀤無音, 止當音增. {韻會}今詳曾字有音者, 合從本音. 餘無音者

從層音, 亦通. (說文) <八部> 昨稜切. 詞之舒也. 从八从曰, 囮聲.

A0306 U-6703

•會• 曰字部 總13劃. (훈글) [회] 모일. (新典) [회] 모도일. 모을, 모들. 마침. 맹셔할. 조회할. 고깔 혼솔. [괴] 그릴. (類合) [회] 모둘. (英譯) to assemble, meet together. a meeting. an organization. (漢典) 會意. 古文從合, 從彡. 按彡亦眾多意. 本義: 會合. (康熙) <曰部> 古文: 㑹岾㐽佮峕. {唐韻}{集韻}𠀤黃外切, 音繪. 合也. {易・乾卦}亨者, 嘉之會也. {疏}使物嘉美之會聚. {書・禹貢}灉沮會同. {疏}謂二水會合而同. 又{洪範}會其有極. {疏}會, 謂集會. {禮・樂記}竹聲濫, 濫以立會, 會以聚衆. 又{周禮・天官・大宰}大朝覲會同. 又{春官・大宗伯}時見曰會. 又{禮・檀弓}周人作會, 而民始疑. {註}會, 謂盟也. {左傳・昭三年}有事而會, 不協而盟. 又{左傳・宣七年}凡師出與謀曰及, 不與謀曰會. 又{集韻}{韻會}𠀤古外切, 音儈. 與繪通. {書・益稷}日月星辰, 山龍華蟲作會. {傳}會, 五采也. {釋文}馬, 鄭作繪. 又{詩・衛風}會弁如星. {箋}會, 謂弁中之縫也. {釋文}會, {說文}作䯤. {周禮・夏官・弁師}王之皮弁會五采. {註}會, 作䯤. 鄭司農云: 謂以五采束髮也. 士喪禮曰: 檜用組, 乃笄. 檜, 讀與䯤同, 書之異耳. 又{周禮・天官・小宰}聽出入以要會. {註}謂計最之簿書, 月計曰要, 歲計曰會. 又{天官・司會註}會, 大計也. 又{周禮・夏官・職方氏}東南曰揚州, 其山鎭曰會稽. {註}會稽, 在山陰. 又姓. {姓氏急就篇}漢武陽令會栩. 又{集韻}古活切, 音括. 會撮項椎也. 又{集韻}戶栝切, 音活. {莊子・人閒世}會撮指天. 向秀讀. 又{韻補}今聲濁, 叶泰. 古聲淸, 叶祭. {郤正・釋譏}三方鼎峙, 九有未乂. 聖賢拯救之秋, 列士樹功之會. (說文) <會部> 黃外切. 合也. 从亼, 从曾省. 曾, 益也. 凡會之屬皆从會.

A0398 U-6708

•月• 月字部 總04劃. (훈글) [월] 달. (新典) [월] 달. 한 달. (訓蒙) [월] 돌. (英譯) moon. month. KangXi radical 74. (漢典) 象形. 甲骨文字形. 象半月形. “月”是漢字部首之一. 本義: 月亮. (康熙) <月部> {唐韻}{集韻}{韻會}{正韻}𠀤魚厥切, 音軏. {說文}闕也. 太陰之精. {釋名}月, 缺也, 滿則缺也. {易・繫辭}陰陽之義配日月. {禮・祭義}月生於西. {公羊傳・莊二十五年註}月者, 土地之精. {史記・天官書註}月者, 陰精之宗. {淮南子・天文訓}水氣之精者爲月. 又{書・堯典}以閏月定四時成歲. {傳}一歲十二月, 月三十日, 三歲則置閏焉. 又{洪範}二曰月. {傳}所以紀一月. {疏}從朔至晦, 大月三十日, 小月二十九日. {禮・禮運}月以爲量. {註}天之運行, 每三十日爲一月. 又姓. 金月彥明首建孔子廟, 明洪武中有月輝, 月文憲. 又外國名. {前漢・霍去病傳}遂臻小月氏. 又{韻補}叶危睡切. {曹植・七啓}世有聖宰, 翼帝霸世. 同量乾坤, 等曜日月. 又叶魚橋切. {黃庭經}洞房靈象斗日月, 父曰泥丸母雌一, 三光煥照入子室. {類篇}唐武后作囝. {正字通}肉字偏旁之文本作肉. 石經改作月, 中二畫連左右, 與日月之月異. 今俗作月以別之. 月中从冫, 不从二作. (說文) <月部> 魚厥切. 闕也. 大陰之精. 象形. 凡月之屬皆从月.

A0400 U-6709

•有• 月字部 總06劃. (훈글) [유] 있을. (新典) [유] 잇을. 어들. 취할. 질정할. 과연. 또. (類合)

[유] 이실. 英譯 have, own, possess. exist. 漢典 會意. 金文字形, 從又持肉, 意思是手中有物. 本義: 具有, 與"無"相對. 康熙 <月部> 古文: 㕛. {唐韻}云久切, {集韻}{韻會}{正韻}云九切, 𠀤音友. {說文}不宜有也. {春秋傳}曰: 日月有食之. 从月又聲. {九經字樣}有, 从月. 从冃, 譌. 又{玉篇}不無也. {易·大有疏}能大所有. 又{繫辭}富有之謂大業. 又{詩·商頌}奄有九有. {傳}九有, 九州也. 又{左傳·桓三年}有年. {註}五穀皆熟書有年. 又{玉篇}果也, 得也, 取也, 質也, 寀也. 又姓. {論語}有子. {註}孔子弟子有若. 又{集韻}尤救切. 與又通. {書·堯典}朞三百有六旬有六日. {詩·邶風}不日有曀. {註}有, 又也. 又{韻補}叶羽軌切. {前漢·敘傳}文豔用寡, 子虛烏有. 寄言淫麗, 託風終始. 又叶演女切. {徐幹·齊都賦}主人盛饗, 期盡所有. 三酒旣醇, 五齊惟醹. 說文 <有部> 云九切. 不宜有也. {春秋傳}曰: "日月有食之." 从月又聲. 凡有之屬皆从有.

A0399 U-670B

•朋• 月字部 總08劃. 훈글 [붕] 벗. 新典 [붕] 벗, 친구. 무리. 패물. 두단지. 訓蒙 [붕] 벋. 英譯 friend, pal, acquaintance. 漢典 象形. 本義: 古代貨幣單位. 相傳五貝爲一朋. 或說五貝爲一系, 兩系爲一朋. 康熙 <月部> {唐韻}步崩切, {集韻}{韻會}蒲登切, 𠀤音鵬. {易·坤卦}西南得朋. {註}與坤同道者也. {疏}凡言朋者, 非惟人爲其黨, 性行相同, 亦爲其黨. {書·洛誥}孺子其朋. {傳}少子愼其朋黨. 又{易·兌卦}君子以朋友講習. {疏}同門曰朋. {周禮·地官·大司徒}聯朋友. {註}同師曰朋. 又{書·益稷}朋淫于家. {傳}朋, 羣也. 又{易·損卦}或益之十朋之龜. {詩·小雅}錫我百朋. {傳}五貝爲朋. {前漢·食貨志}元龜岠冉, 長尺二寸, 直二千一百六十, 爲大貝十朋. {註}蘇林曰: 兩貝爲朋, 朋直二百一十六, 元龜十朋, 故二千一百六十也. 又兩尊曰朋. {詩·豳風}朋酒斯饗. 又姓. {奇姓通}宋有朋水, 朋山. 又{韻補}叶蒲蒙切. {劉楨·魯都賦}時謝節移, 和族綏宗. 招歡合好, 肅戒友朋. 又叶蒲光切. {陳琳·大荒賦}王父皤焉白首兮, 坐淸零之爽堂. 塊獨處而無疇兮, 願揖子以爲朋. ○ 按{說文}古鳳字, 註: 𦾔, 古文鳳. 象形. 鳳飛, 羣鳥从以萬數, 故以爲朋黨字.

A0164 U-670D

•服• 月字部 總08劃. 훈글 [복] 옷. 新典 [복] 옷. 슈레 첫채 멍에. 즉분. 생각할. 다스릴. 익일. 행할. 조츨. 일. 갓. 졔후 나라. 동개. 訓蒙 [복] 옷. 英譯 clothes. wear, dress. 漢典 會意. 古文從舟, 兼做聲符. 本義: 舟兩旁的夾木. 康熙 <月部> 古文: 肰舩. {唐韻}{集韻}{韻會}{正韻}𠀤房六切, 音伏. {說文}作服. 用也. 一曰車右騎所以舟旋. 从舟𠬝聲. {五經文字}{石經}變舟作月. {易·繫辭}服牛乘馬. {疏}服用其牛. {詩·鄭風}兩服上襄. {箋}兩服, 中央夾轅者. {疏}馬在內兩服者, 馬之上駕也. 又{廣韻}衣服. {易·訟卦}以訟受服. {書·舜典}車服以庸. 又懾服也. {易·豫卦}刑罰淸而民服. {書·舜典}四罪而天下咸服. {疏}天下皆服從之. 又五服. {書·益稷}弼成五服. {傳}侯甸綏要荒服也, 服五百里. 又{周官}六服羣辟. {疏}周禮九服. 此惟言六服者, 夷, 鎭, 蕃三服在九州之外, 故惟擧六服. {周禮·夏官·職方氏}乃辨九服之邦國. ○ 按侯, 甸, 男, 采, 衞, 蠻, 夷, 鎭, 蕃, 九服也. 又行也. {書·說命}旨哉說乃言惟服. {傳}美其所言, 皆可服行. 又{管子·權修篇}上身服以先之. {註}服, 行也. 又職也. {書·旅獒}無替厥服. {傳}使無廢其職. 又思也. {詩·周南}寤寐思服. {傳}服, 思之也. {莊子·田子方}吾服女也甚忘. {註}服者, 思存之謂也. 又治也. {詩·周南}服之無斁. {箋}服, 整

也. 乃能整治之, 無厭倦. 又盛矢器也. {詩 · 小雅}象弭魚服. {箋}矢服也. ○ 按{周禮 · 夏官 · 司弓矢}作箙. 鄭註云: 盛矢器也. 又事也. {詩 · 大雅}昭哉嗣服. {傳}服, 事也. 又習也. {前漢 · 鼂錯傳}服其水土. {註}服, 習也. 又姓. {後漢 · 服虔傳}服虔, 字子愼, 河南滎陽人也. 又鳥名. {史記 · 賈誼傳}楚人命鴞曰服. {註}異物志有山鴞, 體有文色, 土俗因形命之曰服, 不能遠飛, 行不出域. 又{廣韻}蒲北切, {集韻}鼻墨切, {正韻}步墨切, 丛音僕. 匐, 或作服. {禮 · 檀弓}扶服救之. {釋文}又作匍匐. 又{儀禮 · 士冠禮}祝曰: 令月吉日, 始加元服, 棄爾幼志, 順爾成德. {韻補}服, 叶鼻墨切. 又{集韻}扶缶切, 音負. {周禮 · 冬官考工記 · 車人}牝服二柯. {註}牝服, 長八尺, 謂較也. 鄭司農云: 牝服, 謂車箱. 服讀曰負. 又{集韻}弼角切, 音雹. 啼呼也. 說文 <舟部> 房六切. 用也. 一曰車右騑, 所以舟旋. 从舟𠬝聲.

A0529 U-6715

•朕• 月字部 總10劃. ᄒᆞᆫ글 [짐] 나. 新典 [짐] 나. 됴짐, 빌미. 英譯 pronoun I. 康熙 <月部> 古文: 舠. {廣韻}{集韻}{韻會}直稔切, {正韻}呈稔切, 丛音朕. {說文}我也. {爾雅 · 釋詁}朕, 我也. {註}古者貴賤皆自稱朕. {疏}{大禹謨}云: 帝曰朕宅帝位, 禹曰朕德罔克. 屈原亦云: 朕皇考曰伯庸. 秦始皇二十六年定爲至尊之稱, 漢因不改, 以迄於今. 又{莊子 · 應帝王註}朕, 兆也. {淮南子 · 俶眞訓}欲與物, 接而未成兆朕. {註}兆朕, 形怪也. 又{韻會}丈忍切, 音紖. {周禮 · 冬官考工記函人}眡其朕, 欲其直也. {註}謂革制. 說文 <舟部> 直禁切. 我也. 闕.

A0399 U-6717

•朗• 月字部 總11劃. ᄒᆞᆫ글 [랑] 밝을. 類合 [랑] ᄇᆞᆯᄀᆞᆯ. 英譯 clear, bright. distinct. 漢典 形聲. 從月, 良聲. 本義: 明亮. 康熙 <月部> 古文: 朖脼. {集韻}同朖. {詩 · 大雅}高朗令終. {傳}朗, 明也. 又姓. {廣韻}出姓苑. 又{韻補}叶盧當切. {王逸 · 九思}昊天兮淸涼, 玄氣兮高朗. 北風兮潦洌, 草木兮蒼黃. 說文 <月部> 盧黨切. 明也. 从月良聲.

A0513 U-671B

•望• 月字部 總11劃. ᄒᆞᆫ글 [망] 바랄. 新典 [망] 볼. 원망할. 바라볼. 이름. 우럴어볼. 책망할. 보름달. 망제. 돌아보지 안코 갈. [랑] 밝을. 訓蒙 [망] 보롬. 英譯 to look at, look forward. to hope, expect. 漢典 會意. 甲骨文字形, 上面是“臣”象眼睛, 下面是“壬”. 象一個人站在土地上遠望. 小篆又加“月”字, 表望的對象. 本義: 遠望. 康熙 <月部> 古文: 朢. {唐韻}{正韻}巫放切, {集韻}{韻會}無放切, 丛音諒. {說文}出亡在外, 望其還也. 从亡, 朢省聲. {釋名}望, 惘也, 視遠惘惘也. {詩 · 邶風}瞻望弗及. 又{詩 · 大雅}令聞令望. {疏}爲人所觀望. 又{孟子}望望然去之. {趙岐註}慚愧之貌也. {朱傳}去而不顧之貌. 又{博雅}覗也. {韻會}爲人所仰曰望. 又責望. 又怨望. 又祭名. {書 · 舜典}望于山川. {傳}皆一時望祭之. {公羊傳 · 僖三十一年}望者何, 望祭也. 又{廣韻}{集韻}{韻會}武方切, {正韻}無方切, 丛音亡. 義同. {詩 · 小雅}萬夫所望. {釋文}協韻音亡. 又{釋名}月滿之名也. 月大十六日, 小十五日. 日在東, 月在西, 遙在望也. {易 · 小畜}月幾望. {左傳 · 桓三年疏}月體無光, 待日照而光生, 半照卽爲弦, 全照乃成望. {韻會}从壬, 譌从王. {說文}日月之望作朢, 瞻望之望作望. 今通作望, 而古文制字之義遂亡. 說文 <亡部> 巫放切. 出亡在外, 望其還也. 从亡, 朢省聲.

A0392 U-671D

•朝• 月字部 總12劃. 훈글 [조] 아침. 新典 [죠] 이를, 아츰. 보일. 조회 바들. 訓蒙 [됴] 아춤[됴] 됴횟. 英譯 dynasty. morning. 漢典 會意. 甲骨文字形, 從日在草中, 從月. 字象太陽已出草中而月亮尚未隱沒形. 本義: 早晨. 康熙 <月部> 古文: 晁. {唐韻}{廣韻}{集韻}{類篇}{韻會}丛陟遙切, 音昭. {說文}旦也. 从倝舟聲. {爾雅・釋詁}朝, 早也. {詩・鄘風}崇朝其雨. {傳}崇, 終也. 從旦至食時爲終朝. 又朝鮮, 國名. 又姓. {姓氏急就篇}朝氏, 蔡大夫朝吳聲子之後. 唐日本人朝衡. 漢鼂錯, 亦作朝. 又{廣韻}直遙切, {集韻}{韻會}{正韻}馳遙切, 丛音潮. {爾雅・釋言}陪朝也. {註}臣見君曰朝. {書・舜典}羣后四朝. {周禮・春官・大宗伯}春見曰朝. {註}朝, 猶早也. 欲其來之早. {禮・曲禮}天子當宁而立, 諸公東面, 諸侯西面, 曰朝. {疏}凡天子三朝: 其一在路門內, 謂之燕朝. 其二是路門外之朝, 謂之治朝. 其三是皐門之內, 庫門之外, 謂之外朝. 又{王制}天子無事, 與諸侯相見曰朝. 又同類往見亦曰朝. {史記・司馬相如傳}臨邛令謬爲恭敬, 日往朝相如. 又郡守聽事亦曰朝. {後漢・劉寵傳}山谷鄙生, 未嘗識郡朝. 又{集韻}追輸切, 音株. 朝那, 縣名. 又{韻補}叶陳如切. {急就章}向夷吾竺諫朝. {易林}赤帝懸車, 廢職不朝. 叔帶之災, 居於氾廬. 又叶蚩於切. {王逸・九思}望舊邦兮路逶隨, 憂心悄兮心勤渠. 魂煢煢兮不遑寐, 目眇眇兮寤終朝. 又叶張流切. 韓愈{祭穆員外文}罔有疑忌, 惟其嬉遊. 草木之春, 鳥鳴之朝. 又叶株遇切. {前漢・敘傳}賈生嬌嬌, 弱冠登朝. 遭文叡聖, 屢抗其疏. 又叶直照切. {陸雲・夏府君誄}旣穆其績, 英風彌邵. 天子有命, 曾是在朝. 頻繁帷幄, 祇承皇耀. 又叶直祐切. {韋孟・在鄒詩}微微小子, 旣耇且陋. 豈不牽位, 穢我王朝.

A0513 U-6722

•朢• 月字部 總14劃. 훈글 [망] 보름. 新典 [망] 보름. 英譯 look at, gaze at. hope, expect. 康熙 <月部> {廣韻}{正韻}巫放切, {集韻}{韻會}無放切, 丛音妄. {說文}月滿與日相朢, 以朝君也. 从月从臣从壬. ○ 按經典通作望. 詳望字註. 說文 <壬部> 無放切. 月滿與日相朢, 以朝君也. 从月从臣从壬. 壬, 朝廷也.

A0399 U-6724

•朤• 月字部 總16劃. 훈글 [랑] 밝을. 康熙 <月部> {字彙補}音義與朗同. 出{西江賦}. 又朙.

A0333 U-6728

•木• 木字部 總04劃. 훈글 [목] 나무. 新典 [목] 나무. 질박할. 셋셋할. 訓蒙 [목] 나모. 英譯 tree. wood, lumber. wooden. 漢典 象形. 甲骨文字形. 象樹木形. 上爲枝葉, 下爲樹根. "木"是漢字的一個部首. 從"木"的字表示樹木或木器的名稱. 本義: 樹木. 康熙 <木部> {唐韻}{集韻}{韻會}{正韻}丛莫卜切, 音沐. {說文}冒也. 冒地而生, 東方之行. 从屮, 下象其根. {徐鍇曰}屮者, 木始甲坼也, 萬物皆始於微, 故木从屮. {白虎通}木之爲言觸也. {玉篇}燧人氏鑽出火也. {書・洪範}五行: 一曰水, 二曰火, 三曰木, 四曰金, 五曰土. {易・說卦傳}巽爲木. {疏}木可以揉曲直, 卽巽順之謂也. {禮・月令}某日立春, 盛德在木. {疏}春則爲生, 天之

生育，盛德在於木位．又八音之一．｛周禮·春官·太師｝金石土革絲木匏竹．｛註｝木，柷敔也．又質樸．｛論語｝剛毅木訥近仁．又木彊，不和柔貌．｛前漢·周勃傳｝勃爲人木彊敦厚．又析木，星次．｛爾雅·釋天｝析木謂之津．又姓．｛統譜｝漢木仁，晉木華．又百濟八姓，一曰木氏．又複姓，端木．又叶末各切，音莫．｛馬融·廣成頌｝陰慝害作，百卉畢落．林衡戒田，焚林柞木．｛韻會｝从丨．丨，古本切．非从亅．亅，其月切．說文 <木部> 莫卜切．冒也．冒地而生．東方之行．从屮，下象其根．凡木之屬皆从木．

A0992 U-672A

•未• 木字部 總05劃．훈글 [미] 아닐．新典 [미] 안이，안일，못할．여덟재 디지．英譯 not yet. 8th terrestrial branch. 漢典 象形．基本義：沒有，不．"未"字否定過去，不否定將來，與"不"有別．但有時候也當"不"字講．康熙 <木部> ｛唐韻｝｛集韻｝｛類篇｝｛韻會｝｛正韻｝𠅤無沸切，音味．｛說文｝未，味也．六月，百果滋味已具，五行木老於未，象木重枝葉之形．｛爾雅·釋天｝太歲在未曰協洽．｛禮·月令註｝季夏者，斗建未之辰也．又｛前漢·律歷志｝昧薆於未．｛釋名｝未，昧也．日中則昃，向幽昧也．又｛玉篇｝未猶不也，未有不，卽有也．又未央，複姓．見｛李淳風·乙巳占｝．說文 <未部> 無沸切．味也．六月，滋味也．五行，木老於未．象木重枝葉也．凡未之屬皆从未．

A0336 U-6731

•朱• 木字部 總06劃．훈글 [주] 붉을．新典 [쥬] 붉을．訓蒙 [쥬] 블글．英譯 cinnabar, vermilion. surname. 漢典 指事．小篆字形，從木，一在其中指出這種木是紅心的．本義：赤心木．康熙 <木部> ｛唐韻｝章俱切，｛集韻｝｛韻會｝鐘輸切，｛正韻｝專於切，𠅤音珠．｛說文｝赤心木，松柏之屬．从木，一在其中．一者記其心．徐曰：木之爲物，含陽於內，南方之火所自藏也．又｛山海·西荒經｝蓋山之國有樹，赤皮，名朱木．又朱赤，深纁也．｛詩·豳風｝我朱孔陽．｛註｝謂朱色光明也，寄位於南方．又朱儒，短小之稱．｛左傳·襄四年｝臧武仲敗於邾．國人誦之曰：朱儒，朱儒，使我敗於邾．或作侏儒．又姓．｛統譜｝顓頊之後封邾，後爲楚滅，子孫去邑爲朱．又望出吳郡．又｛集韻｝慵朱切，音殊．朱提，縣名．｛前漢·地理志｝屬犍爲郡．考證：〈國人歌之曰，朱儒朱儒，使我敗於邾．〉謹照左傳原文 歌改誦．說文 <木部> 章俱切．赤心木．松柏屬．从木，一在其中．

A0413 U-673F

•朿• 木字部 總06劃．훈글 [자] 가시．英譯 stab. 康熙 <木部> ｛唐韻｝｛集韻｝｛韻會｝𠅤七賜切，音刺．｛說文｝木芒也．徐鍇曰：草木之朿．茦，莿二文，音義𠅤同．○ 按｛說文｝朿自爲部，棗，棘字从之，今誤入．說文 <朿部> 七賜切．木芒也．象形．凡朿之屬皆从朿．讀若刺．

A0345 U-6749

•杉• 木字部 總07劃．훈글 [삼] 삼나무．新典 [삼] 으루나무，삼나무．類合 [삼] 잇갈．英譯 various species of pine and fir. 康熙 <木部> ｛唐韻｝所銜切，｛廣韻｝｛集韻｝｛韻會｝｛

正韻｝師銜切, 𠀤音衫. ｛說文｝作檆. ｛爾雅・釋木｝作煔. ｛郭註｝煔似松, 生江南, 可以爲船.

A0344 U-674B

•杋• 木字部 總07劃. 훈글 [범] 수부나무. 新典 [범] 슈부나무, 얼무나무. 康熙 <木部> ｛集韻｝｛類篇｝符咸切, ｛玉篇｝扶嚴切, 𠀤音凡. 木名. 俗呼此木皮曰水桴木. 又｛類篇｝甫凡切. 義同.

A0334 U-674E

•李• 木字部 總07劃. 훈글 [리] 자두나무. 新典 [리] 오얏, 오야주. 션배 쳔거할. 역말. 행구, 보다리. 類合 [니] 오얏. 英譯 plum. judge. surname. 漢典 形聲. 從木, 子聲. 本義: 李樹. 康熙 <木部> 古文: 杍. ｛唐韻｝｛正韻｝良以切, ｛集韻｝兩耳切, ｛韻會｝良士切, 𠀤音里. ｛說文｝果名. ｛素問｝東方木也. ｛爾雅翼｝李, 木之多子者. ｛埤雅｝李性難老, 雖枝枯, 子亦不細, 其品處桃上. ｛詩・小雅｝投我以桃, 報之以李. 又｛韻會｝世薦士謂之桃李. ｛劉向・說苑｝樹桃李者, 夏得休息, 秋得其實焉. 樹蒺藜者, 夏不得休息, 秋得其莿焉. 世謂狄仁傑, 桃李皆在公門, 正用此事. 又｛博雅｝行李, 關驛也. 又與理通. ｛左傳・僖十三年｝行李之往來. ｛周語｝行李以節逆之. ｛泊宅編｝李理義通, 人將有行, 必先治裝, 如孟子之言治任. 理亦治也. 又星名. ｛史記・天官書｝熒惑爲李. ｛徐廣註｝內則理兵, 外則理政. 又司理, 刑官, 亦稱司李. ｛前漢・胡建傳｝黃帝李法. ｛管子・法法篇｝皐陶爲李. 又檇李, 春秋吳地. 又姓. ｛風俗通｝伯陽之後. 說文 <木部> 良止切. 果也. 从木子聲.

A0333 U-674F

•杏• 木字部 總07劃. 훈글 [행] 살구나무. 新典 [행, 힝] 살구. 은행. 訓蒙 [힝] 솔고. 英譯 apricot. almond. 康熙 <木部> ｛唐韻｝｛正韻｝何梗切, ｛集韻｝｛韻會｝下梗切, 𠀤音荇. ｛說文｝果名. ｛格物叢話｝杏實, 味香於梅, 而酸不及, 核與肉自相離. ｛盧諶・祭法｝夏祀用杏. ｛管子・地員篇｝五沃之土, 其木宜杏. ｛文獻通考｝杏多實不蟲, 來年秋禾善. 又｛周禮・司爟註｝夏取棗杏之火. 又｛左思・吳都賦・李善註｝平仲果, 其實如銀. 一名銀杏. 又北杏, 地名. ｛春秋・莊十三年｝齊侯會於北杏. 又｛神仙傳｝廬山有杏林, 董奉故里. 說文 <木部> 何梗切. 果也. 从木, 可省聲.

A0919 U-6753

•杓• 木字部 總07劃. 훈글 [표] 자루. 新典 [표] 북두자루. [쟉] 국이. 訓蒙 [쟉] 나므죽. 英譯 handle of cup, ladle, spoon. name of a constellation. 康熙 <木部> ｛唐韻｝｛正韻｝甫遙切, ｛集韻｝｛韻會｝卑遙切, 𠀤音標. ｛說文｝斗柄也. ｛前漢・天文志｝一至四爲魁, 五至七爲杓. ｛律志｝玉衡杓建天之綱也. 又引也. ｛淮南子・道應訓｝孔子勁杓國門之關而不以力聞. 又繫也. ｛淮南子・兵略訓｝凌人者勝, 待人者敗, 爲人杓者死. 又｛集韻｝丁歷切, 音嫡. 標的也. ｛莊子・庚桑楚｝我其杓之人耶. 又｛集韻｝多嘯切, 音弔. 義同. 又｛集韻｝皮招切, 音漂. 亦斗柄也. 又｛說文｝｛唐韻｝｛集韻｝市若切, ｛韻會｝是若切, 𠀤音勺. ｛徐鉉曰｝以爲桮杓之杓, 所以抒挹

也. {史記・項羽紀}沛公不勝桮杓. {正韻}作裳灼切, 誤. 又{唐韻}丁了切, 貂上聲. {史記・天官書}杓雲如繩. {索隱}時酌切. 又{篇海}職略切, 音勺. 橫木橋. (說文) <木部> 甫搖切. 枓柄也. 从木从勺.

A0338 U-6755

•杕• 木字部 總07劃. (ᄒᆞᆫ글) [체] 홀로 서 있을. (新典) [톄] 나무 옷둑할. 나무 더북할. [타] 키. (英譯) alone. (康熙) <木部> {唐韻}特計切, {集韻}{韻會}{正韻}大計切, 䓁音第. {說文}樹貌. {詩・唐風}有杕之杜. {毛傳}杕, 特也. {集韻}木獨生也. {玉篇}木盛也. 又{集韻}{類篇}䓁唐左切, 音舵. 船尾小梢也. {淮南子・說林訓}心所說, 毀舟爲杕. 心所欲, 毀鐘爲鐸. 字从木从大. 俗从犬, 非. 杕. (說文) <木部> 特計切. 樹皃. 从木大聲. {詩}曰: "有杕之杜."

A0339 U-6757

•杗• 木字部 總07劃. (ᄒᆞᆫ글) [망] 들보. (新典) [망] 대들보. [맹, 밍] 고동보. 동자 기동. (英譯) beam. (康熙) <木部> {唐韻}{集韻}{韻會}武方切, {正韻}無方切, 䓁音亡. {說文}杗, 棟也. {爾雅・釋宮}杗廇謂之梁. 又{唐韻}{集韻}{正韻}䓁謨郎切, 音茫. 大梁也. 韓愈{進學解}大木爲杗. 又{韻會}眉甍切, {正韻}眉庚切, 䓁音盲. 義同. (說文) <木部> 武方切. 棟也. 从木亡聲. {爾雅}曰: "杗廇謂之梁."

A0334 U-675C

•杜• 木字部 總07劃. (ᄒᆞᆫ글) [두] 팥배나무. (新典) [두] 아가위. 막을. (類合) [두] 마글. (英譯) stop, prevent. restrict. surname. (漢典) 形聲. 從木, 土聲. 本義: 杜梨, 棠梨, 一種木本植物. (康熙) <木部> {唐韻}{集韻}{韻會}{正韻}䓁動五切, 音廄. {說文}甘棠也. 牡曰棠, 牝曰杜. 樊光曰: 赤者爲杜, 白者爲棠. {陸璣・草木疏}赤棠, 子澀而酢, 無味. 木理韌, 可作弓幹. 與{說文}不同. 又塞也. {書・費誓}杜乃擭. {周禮・夏官・大司馬}犯令凌政則杜之. 又{爾雅・釋草}杜榮. {註}似茅, 皮可爲索. 又香草名. {屈原・九歌}采芳洲兮杜若. 又繚之兮杜蘅. 又{方言}東齊謂根爲杜. 又澀也. 又{本草}杜仲, 藥名. 又{博雅・釋蟲}杜伯, 蠍也. 又姓. {廣韻}本帝堯劉累之後. 出京兆, 濮陽, 襄陽三望. 又{集韻}董五切, 音睹. 姓也. 楚有杜敖. 又{類篇}同都切, 音徒. 亦姓也. 晉有杜蒯. (說文) <木部> 徒古切. 甘棠也. 从木土聲.

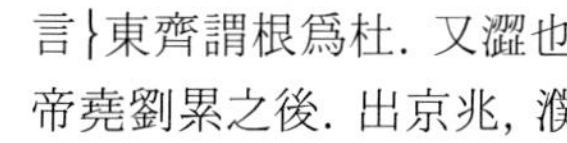

A0345 U-675E

•杞• 木字部 總07劃. (ᄒᆞᆫ글) [기] 나무 이름. (新典) [긔] 산버들. 개버들. 구긔자. (英譯) willow. medlar tree. a small feudal state (Qi). (漢典) 形聲. 從木, 己聲. 本義: 木名, 枸杞. (康熙) <木部> {唐韻}{韻會}{正韻}墟里切, {集韻}口已切, 䓁音起. {說文}枸杞也. {爾雅・釋木}杞, 枸檵. {廣韻}枸杞, 春名天精子, 夏名枸杞葉, 秋名却老枝, 冬名地骨根. {本草}一名仙人杖, 根名地骨皮. 又{嚴粲・詩緝}{詩}有三杞: {鄭風}無折我樹杞, 柳屬也. {小雅}南山有杞, 在彼杞棘, 山木也. 集于苞杞, 言采其杞, 隰有杞桋, 枸杞也. ○ 按嚴說, 則{易・姤卦}以杞包瓜, {孟子}杞柳, 此是柳屬. {左傳・襄二十七年}杞梓皮革, 自楚往也, {類篇}似豫章, 此是

山木. {陸璣・草木疏}苦杞, 秋熟, 正赤, 服之輕身益氣, 此是枸杞. {本草}沈存中云: 陝西枸杞最大, 高丈餘, 可作柱. 又枸杞之別種也. 又國名. 夏之後. {論語}杞不足徵. 又姓. 以國爲氏. {姓譜}望出齊郡. 又{集韻}象齒切. 同梠, 田器. 一曰徙土轝也. 又{類篇}下楷切, 音駭. 臿也. 說文 <木部> 墟里切. 枸杞也. 从木己聲.

A0364 U-675F

•束• 木字部 總07劃. 훈글 [속] 묶을. 新典 [속] 묵글, 동일, 얽을. 뭇, 뭇씀, 단나무. 약속할. 類合 [속] 뭇. 英譯 bind, control, restrain. bale. 漢典 會意. 從囗木. 在木上加圈, 象用繩索把木柴捆起來. 本義: 捆綁. 康熙 <木部> {唐韻}書玉切, {集韻}{韻會}輸玉切, {正韻}式竹切, 𠀤音倲. {說文}縛也. 徐曰: 束薪也. {詩・周南}白茅純束. 又五疋爲束. {禮・雜記}納幣一束. 又五十矢爲束. {詩・周頌}束矢其搜. 又脯十脡曰束. {穀梁傳・隱元年}束脩之肉, 不行境中. 又地名. {前漢・地理志}束州, 趙地. 又姓. {統譜}望出南陽, 漢疏廣後, 避難改爲束. 又{韻會}春遇切, {周禮・註疏}詩注切, 𠀤音戍. 約也. {周禮・司約註}言語之約束. 約音要. {史記・漢高紀}待諸侯至, 定要束耳. 又叶所律切, 音率. 蔡邕{筆賦}削文竹以爲管, 加漆絲之纏束. 形條搏以直端, 染元黃以定色. 从木从口, 與朿別. 說文 <束部> 書玉切. 縛也. 从囗, 木. 凡束之屬皆从束.

A0339 U-3B49

•㭉• 木字部 總08劃. 훈글 [화] 칼 이름. 英譯 farm tools. a spade or shovel. 康熙 <木部> {集韻}胡瓜切, 音華. {說文}兩刃臿也. 从木, 丫, 象形. 鏵本字, 宋魏曰㭉. 或作鋘, 或作釫, 𠀤同. 說文 <木部> 互瓜切. 兩刃臿也. 从木; 𠂇, 象形. 宋魏曰㭉也.

A0534 U-676D

•杭• 木字部 總08劃. 훈글 [항] 건널. 新典 [항] 거루. 英譯 cross stream. navigate. 漢典 形聲. 從木, 亢聲. 本義: 抵御. 康熙 <木部> {集韻}寒剛切, {韻會}{正韻}胡剛切, 𠀤音航. {玉篇}州名, {禹貢}揚州之域. 宋鼂無咎曰: 左浙江, 右具區, 北大海, 南天目. 又{唐韻}與航同. {說文}方舟也. {詩・衞風}誰謂河廣, 一葦杭之. 又天杭, 天漢也. {揚雄・太玄經}漢水羣飛, 蔽於天杭. 又姓. {姓苑}望出丹陽, 漢有長沙太守杭徐. 又{韻會}居郎切, 音剛. {禮記・註引・士喪禮・下篇}陳器曰杭木. 葬者, 杭木在上, 茵在下.

A0348 U-6771

•東• 木字部 總08劃. 훈글 [동] 동녁. 新典 [동] 시, 동녁, 오른쪽. 訓蒙 [동] 동녁. 英譯 east, eastern, eastward. 漢典 會意. 從木, 官溥說, 從日在木中. 本義: 東方, 日出的方向. 康熙 <木部> {唐韻}{正韻}德紅切, {集韻}{韻會}都籠切, 𠀤音蝀. {說文}動也. 陽氣動, 于時爲春. {書・堯典}平秩東作. {孔傳}歲起於東, 而始就耕也. {淮南子・天文訓}東方木也, 其帝太皞. 又{史記・曆書}日起於東, 月起於西. {鄭樵・通志}日在木中曰東, 在木上曰杲, 在木下曰杳. 木, 若木也, 日所升降. 又{詩・大雅}東有啓明. 又{爾雅・釋地}東至于泰遠. 又姓. {聖

賢羣輔錄}舜友東不訾. 又叶當經切, 音丁. {詩・小雅}念我土宇, 我生不辰. 逢天僤怒, 自西徂東. 又叶都郞切, 音當. {楊泉・蠶賦}粵召僕夫, 築室于旁. 于旁伊何, 在庭之東. ○ 按{說文}東自爲部, 今併入. [說文] <東部> 得紅切. 動也. 从木. 官溥說: 从日在木中. 凡東之屬皆从東.

A0338 U-6772

•杲• 木字部 總08劃. [훈글] [고] 밝을. [新典] [고] 밝을. 놉흘. [호] 義同. [英譯] bright sun. brilliant. high. [康熙] <木部> {唐韻}{集韻}{韻會}{正韻}丛古老切, 音縞. {說文}明也. {詩・衞風}杲杲出日. {淮南子・天文訓}日登於扶桑, 是謂朏明, 故杲字日在木上. 又{玉篇}高也. {管子・內業篇}杲乎如登乎天. 又{集韻}下老切, 音皓. 義同. [說文] <木部> 古老切. 明也. 从日在木上.

C0033 U-6773

•杳• 木字部 總08劃. [훈글] [묘] 어두울. [新典] [요] 俗音 [묘] 아득할. 깁흘. 넉으러울. 고요할. [英譯] obscure, dark, mysterious, deep. [漢典] 會意. 上爲“木”, 下爲“日”, 表示太陽落在樹木下, 天色已昏暗. 本義: 昏暗. [康熙] <木部> {唐韻}烏皎切, {集韻}{韻會}{正韻}伊鳥切, 丛音窅. {說文}冥也. {張衡・思玄賦}日杳杳而西匿. {淮南子・天文訓}日晡則反景上照於桑榆, 故杳字日在木下. 又{玉篇}深廣貌. {管子・內業篇}杳乎如入於淵. 又叶委羽切, 迂上聲. {王逸・九思}意逍遙兮欲歸, 衆穢盛兮杳杳. 思哽饐兮詰詘, 涕流瀾兮如雨. [說文] <木部> 烏皎切. 冥也. 从日在木下.

A0990 U-6775

•杵• 木字部 總08劃. [훈글] [저] 공이. [新典] [져] 공이. 방치, 방망이. [訓蒙] [져] 고. [英譯] pestle. baton used beat clothes. [漢典] 形聲. 從木, 午聲. 本義: 舂米的棒槌. [康熙] <木部> {唐韻}{韻會}昌與切, {集韻}{正韻}敞呂切, 丛音處. {說文}舂杵也. {易・繫辭}斷木爲杵, 掘地爲臼. 杵臼之利, 萬民以濟. {禮・雜記}杵以梧. {註}所以擣也. 又砧杵, 槌衣具. {儲光羲・田家雜興詩}秋山響砧杵. 又{前漢・天文志}彗星曰天杵. [說文] <木部> 昌與切. 舂杵也. 从木午聲.

A0176 U-6778

•杸• 木字部 總08劃. [훈글] [수] 팔모진 창. [新典] [슈] 대창. [英譯] to kill. a spear. [康熙] <木部> {唐韻}市朱切, {集韻}慵朱切, 丛音殊. {司馬法}執羽從杸. {說文}杸, 軍士所執殳也. {急就篇註}積竹八棱爲杸, 建於兵車. 殳, 杸音義同. 一曰古今字. 又{韻會}都外切, 音祋. 木名. [說文] <殳部> 市朱切. 軍中士所持殳也. 从木从殳. {司馬法}曰: “執羽从杸.”

A0690 U-677A

•杺• 木字部 總08劃. [훈글] [심] 심이 누런 나무. [康熙] <木部> {唐韻}息林切, {集韻}思林

切, 𠀤音心. 木名, 其心黃. 又車鉤心木.

A0343 U-6790

•析• 木字部 總08劃. (ᄒᆞᆫ글) [석] 가를. (新典) [셕] 길, 쌔길, 팰. 난을. (類合) [셕] 빠릴. (英譯) split wood. break apart. divide. (漢典) 會意. 從木, 從斤. 用斧子劈開木頭. 本義: 劈, 劈木頭. (康熙) <木部> 古文: 㭊. {唐韻}先擊切, {集韻}{韻會}先的切, {正韻}思積切, 𠀤音錫. {說文}破木也. {詩・齊風}析薪如之何, 非斧不克. 一曰折也. 又分也. {書・堯典}厥民析. {孔安國傳}丁壯就功, 老弱分析也. 又剖析. {晉・陶潛・移居詩}疑義相與析. 又{史記・律書}寅曰析木. 又國名. {書・禹貢}崐崘析支渠搜. 又地名. 析城, 屬冀州. 又邑名. {左傳・僖二十五年}秦取析矣. 又{尸子}虹蜺爲析翳. 又{類篇}相支切, 音斯. {周禮・天官・醢人}饋食之豆脾析. 又草名. 張揖曰: 析似燕麥. 又平聲. {唐韻}息黎切. {史記・五帝紀}析支, 渠庋. {索隱}作鮮支, 渠搜. 鮮析音相近, 古讀鮮爲斯. 又息例切, 音近賜. {後漢・西羌傳}濱于賜支. {註}賜支者, 禹貢所謂析支者也. (說文) <木部> 先激切. 破木也. 一曰折也. 从木从斤.

A0349 U-6797

•林• 木字部 總08劃. (ᄒᆞᆫ글) [림] 수풀. (新典) [림] 나슴풀, 숩. 더북더북 날. (訓蒙) [림] 수플. (英譯) forest, grove. surname. (漢典) 會意. 從二木. 表示樹木叢生. 本義: 叢聚的樹木或竹子. (康熙) <木部> {唐韻}力尋切, {集韻}{韻會}犂針切, {正韻}犂沈切, 𠀤音臨. {說文}平土有叢木曰林. 徐曰: 叢木, 故从二木. 平土, 故二木齊. {詩・小雅}依彼平林. 又野外謂之林. {詩・周南}施于中林. 又山木曰林. {穀梁傳・僖十四年}林屬于山爲麓. 又{周禮・地官・林衡註}竹木曰林, 水衡曰衡. 又{爾雅・釋詁}林, 君也. 又盛貌. {詩・小雅}有壬有林. 又林鐘, 律名. {禮・月令}季夏之月律中林鐘. {周禮}作函鐘. 又羽林, 星名. 應劭曰: 天有羽林, 大將軍之星也. 林喩若林木, 羽翼, 鷙擊之意, 故以名武官. {前漢・宣帝紀}取從軍死事者之子, 養爲羽林軍, 號羽林孤兒. 又綠林, 荊州山名. {後漢・劉元傳}諸亡命集于綠林. 又姓. {姓譜}殷比干後, 避難長林山, 因氏. 又平王世子林開之後, 望出南安. ○ 按{說文}林自爲部, 棼, 楚等字从之, 今倂入. (說文) <林部> 力尋切. 平土有叢木曰林. 从二木. 凡林之屬皆从林.

A0337 U-679A

•枚• 木字部 總08劃. (ᄒᆞᆫ글) [매] 줄기. (新典) [매, 믜] 줄기. 낫. 셀. 말채직. 함오. 조밀할. (英譯) stalk of shrub, trunk of tree. (漢典) 會意. 從木, 從攴. 本義: 樹干. (康熙) <木部> {廣韻}莫杯切, {集韻}{韻會}{正韻}謨杯切, 𠀤音梅. {說文}幹也, 可爲杖. 从木从攴. {詩・大雅}施于條枚. {徐曰}自條而出也, 枝曰條, 幹曰枚. 又个也. {書・大禹謨}枚卜功臣. {註}一一卜之也. {前漢・食貨志}二枚爲一朋. {五行志}拔宮中樹, 七圍以上十六枚. 又枚筮, 不指其事, 汎卜吉凶也. {左傳・昭十二年}南蒯枚筮之. 又馬箠曰枚. {左傳・襄十八年}以枚數闔. 又銜枚, 枚狀如箸, 口橫銜之, 繣結於項也. {周禮・秋官}銜枚氏掌司囂. 又鐘乳也. {周禮・冬官考工記}鐘帶謂之篆, 篆閒謂之枚. 又枚枚, 礱密也. {詩・魯頌}閟宮有侐, 實實枚枚. 又屋內重檐曰雙枚. {何晏・景福殿賦}雙枚旣修. 又姓. {統譜}周枚被, 漢枚乘. (說文) <木部> 莫桮切. 榦也. 可爲杖. 从木从攴. {詩}曰: "施于條枚."

A0337 U-679C

•果• 木字部 總08劃. (ᄒᆞᆫ글) [과] 실과. (新典) [과] 열음, 열매, 여름지, 실과. 득을, 감히할. 과연. 냅뜰. 결단할. 배 불눅할. 김승 이름. 칠. 되실. (類合) [과] 여름. (英譯) fruit. result. (漢典) 象形. 甲骨文字形, 田象樹上結的果實形, 在木之上. 本義: 果子, 果實. 這個意義后來曾寫作"菓". (康熙) <木部> {唐韻}{集韻}{韻會}{正韻}𠀤古火切, 音裹. {說文}木實也. 从木, 象果形在木之上. {易・說卦}乾爲天, 爲木果. {註}果實著木, 有似星之著天也. {周禮・地官}甸師共野果蓏之屬. {應劭曰}木曰果, 草曰蓏. {張晏曰}有核曰果, 無核曰蓏. 又勝也, 尅也. {左傳・宣二年}殺敵爲果, 致果爲毅. 又決也. {禮・內則}將爲善思, 貽父母令名必果. 又驗也. {宋書・后妃傳}今果然矣. 又釋氏因果. {隋書・經籍志}釋迦敎化弟子多有正果者. 又果然, 獸名. {宋國史補}揚州取一果然, 數十果然可得. 又{爾雅・釋蟲}果蠃, 蒲盧. {疏}細腰蠭也. 又與惈通. {左思・吳都賦}風俗以䰍果爲嫿. {方言}惈, 勇也, 古字通. 又{集韻}{韻會}𠀤苦果切. 音顆. 果然. 飽貌. {莊子・逍遙遊}三餐而反, 腹猶果然. 又{唐韻}{集韻}{韻會}𠀤同婐. 女侍也. {孟子}二女果. 又通祼. {廣韻}赤體也. 又{集韻}{韻會}𠀤與祼通. {周禮・春官・大宗伯}大賓客則攝而載果. {小宗伯}辨六彝之名物, 以待果將. 又魯火切, 音贏. {周禮・春官・宗伯}龜人掌六龜之屬, 東龜曰果屬. 字从田从木, 今趨便作果, 俗作菓, 非. (說文) <木部> 古火切. 木實也. 从木, 象果形在木之上.

D0079 U-679D

•枝• 木字部 總08劃. (ᄒᆞᆫ글) [지] 가지. (新典) [지] 가지. 헛허질중. 버틸. 손마디. (訓蒙) [지] 가짓. (英譯) branches, limbs. branch off. (漢典) 形聲. 從木, 支聲. 本義: 主干上分出的莖條. (康熙) <木部> {唐韻}{集韻}{韻會}章移切, {正韻}旨而切, 𠀤音支. {說文}木別生條也. {徐曰}自本而分, 故曰別生. {廣韻}枝柯也. {左傳・隱八年}疏枝布葉分. 又散也. {易・下繫}中心疑者其辭枝. 又與支通. {詩・大雅}本支百世. 左傳作本枝. 又支持也. {史記・項羽紀}諸將慴服, 莫敢枝梧. {瓚曰}小柱爲枝, 斜柱爲梧. 又干支亦作幹枝. {博雅}甲乙爲幹. 幹者, 日之神也. 寅卯爲枝. 枝者, 月之靈也. 又手節曰枝. {孟子}爲長者折枝. {趙岐註}折枝, 按摩手節也. 又{管子・度地篇}水別于他水, 入于大水及海者, 命曰枝水. 又枝江, 縣名. {前漢・地理志}屬南郡. 又姓. {姓苑}楚大夫枝如, 子躬之後爲枝氏. 又{集韻}翹移切, 音祇. 枝指, 多指也. {莊子・駢拇篇}駢拇枝指. 又{集韻}渠羈切, 音奇. {字林}橫首枝也. 又{集韻}居僞切, 音攱. 祭山名. 又與校通. {儀禮・士昏禮}主人拂几授校. {註}校, 几足, 古文爲枝. 與枝異. 枝卽枚也. (說文) <木部> 章移切. 木別生條也. 从木支聲.

A0345 U-3B52

•㭒• 木字部 總09劃. (ᄒᆞᆫ글) [사] 쟁기. (英譯) (same as non-classical form 耜) a farming instrument. a spade. a shovel. (康熙) <木部> {說文}詳里切. 臿也. 一曰徙土輂, 齊人語也. {徐曰}今俗作耜. 又{集韻}作梩. {博雅}盈之切. 湇斗謂之㭒. {類篇}所以抒水也. (說文) <木部> 詳里切. 臿也. 从木㠯聲. 一曰徙土纪, 齊人語也.

A0347 U-67C1

•柁• 木字部 總09劃. (훈글) [타] 키. (新典) [타] 키. (英譯) large tie-beams. (康熙) <木部> {唐韻}徒可切, {集韻}{韻會}待可切, 𠀤駄上聲. {玉篇}正船木也. 設於船尾, 與舵同. 一作柂. {釋名}舟尾曰柂. 柂, 拖也, 後見拖曳也, 且弼正船使順流不他戾也. {郭璞・江賦}淩波縱柂. 又{集韻}他可切, 音袉. 木堅貌. 又{集韻}唐何切, 音馱. 木葉落也.

A0340 U-67C4

•柄• 木字部 總09劃. (훈글) [병] 자루. (新典) [병] 자루. 권세. 잡을. (訓蒙) [병] ᄌᆞᄅᆞ. (英譯) handle, lever, knob. authority. (漢典) 形聲. 從木, 丙聲. 本義: 器物的把兒. (康熙) <木部> {唐韻}{集韻}{韻會}{正韻}𠀤陂病切, 兵去聲. 一作棅. {說文}柯也. {周禮・冬官考工記}秦無廬. {註}戈戟柄. 又爵豆之屬亦有柄. {禮・祭統}尸酢夫人執柄. {管子・弟子職}進柄尺. 又本也. {易・下繫}坤爲地爲柄. 又權也. {左傳・襄二十三年}旣有利權, 又執民柄. 又{韓非子・二柄篇}二柄刑德也. 又山名. {山海經}柄山, 其上多玉. 又通枋. 詳枋字註. 又通秉. 斗柄. {史記・天官書}作斗秉. 又{集韻}補永切, 音丙. 持也. 又{唐韻}{古音}必漾切. 義同. (說文) <木部> 陂病切. 柯也. 从木丙聲.

A0336 U-67CF

•柏• 木字部 總09劃. (훈글) [백] 나무 이름. (新典) [백, 빅] 칙백나무, 직나무. (英譯) cypress, cedar. (漢典) 形聲. 從木, 白聲. 本義: 木名, 柏樹, 也稱"椈". (康熙) <木部> {唐韻}{集韻}{韻會}{正韻}𠀤博陌切, 音百. {說文}椈也. {六書精蘊}柏, 陰木也. 木皆屬陽, 而柏向陰指西, 蓋木之有貞德者, 故字从白. 白, 西方正色也. 又{春秋緯}諸侯墓樹柏. {前漢・東方朔傳}柏者, 鬼之廷也. 又大也. 與伯通. {釋名}柏車, 大車也. 又逼也. 與廹同. {周禮・春官}其柏席用萑黼純. {鄭註}柏席, 廹地之席. {史記・漢高紀}柏人者, 廹于人也. {漢・武瓠子歌}魚弗鬱兮柏冬日. 又國名. 在河南西平縣. 又山名. {書・禹貢}導淮自桐柏. 又{前漢・武帝紀}起柏梁臺. 又姓. {姓譜}戰國柏直, 漢柏英. 又叶卜各切, 音搏. {楚辭・九歌}山中人兮芳杜若, 飮石泉兮蔭松柏. 又叶壁益切, 音必. {陶潛・經錢溪詩}園田日夢想, 安得久離析. 終懷在歸舟, 諒哉宜霜柏. 从木白聲. 俗作栢, 非. (說文) <木部> 博陌切. 鞠也. 从木白聲.

A0346 U-67D0

•某• 木字部 總09劃. (훈글) [모] 아무. (新典) [무] 俗音 [모] 아모. (訓蒙) [모] 아못. (英譯) certain thing or person. (漢典) 象形. 金文字形. 像木上結一個果實, 本是"梅"的象形. 本義: 梅. (說文) <木部> 莫厚切. 酸果也. 从木从甘. 闕.

E0048 U-67F0

•柰• 木字部 總09劃. (훈글) [내] 능금나무. (新典) [내] 사과. 엇지. (類合) [내] 먼. (英譯) crab-apple tree. endure, bear. (康熙) <木部> {唐韻}{集韻}乃帶切, {韻會}乃代切, {正韻}

尼帶切, 丛音嫁. {說文}果名. {廣韻}柰有青, 白, 赤三種. {潘岳・閑居賦}二柰曜丹白之色. 又徐鉉曰: 假借爲柰何字. {書・召誥}曷其柰何弗敬. 又{廣韻}那也. 柰, 那通. {王維・酬郭給事詩}强欲從君無那老. 那作柰. 韓愈{感春詩}已矣知何柰. 柰作那. ○ 按俗作㮈, 以別于柰何之柰. 又俗作奈, 以別于柰果之柰. 皆非. (說文) <木部> 奴帶切. 果也. 从木示聲.

A0351 U-67F2

•柲• 木字部 總09劃. (ᄒᆞᆫ글) [비] 자루. (新典) [비] 창자루. 도지게. (訓蒙) [필] ᄌᆞᄅᆞ. (英譯) handle. (康熙) <木部> {唐韻}{韻會}丛兵媚切, 音祕. 柲欑也. {廣韻}戟柄. {周禮・冬官考工記}戈柲六尺有六寸. {左傳・昭七年}君王命剝圭以爲鏚柲. 又縏也. {儀禮・旣夕記}有柲. 註弓縏也. {詩・秦風}竹閉緄縢. 作閉. 又{廣雅}丘上有木曰柲丘. 又{唐韻}毘吉切, 音必. 又{集韻}薄必切, {正韻}薄密切, 丛音弼. 義丛同. 或作鉍. 又毗必切, 音邲. 偶也. 又{廣韻}鄙密切, 音筆. 柄也. 又{廣韻}蒲結切, 音蹩. 支柄. (說文) <木部> 兵媚切. 欑也. 从木必聲.

A0335 U-67F3

•柳• 木字部 總09劃. (ᄒᆞᆫ글) [류] 버들. (新典) [류] 버들. (訓蒙) [류] 버들. (英譯) willow tree. pleasure. (漢典) 形聲. 從木, 丣聲. 本義: 木名. 枝條柔韌. 種類很多, 常見的有垂柳, 旱柳, 杞柳等. (康熙) <木部> 古文: 丣桺. {唐韻}{集韻}{韻會}{正韻}丛力九切, 留上聲. {說文}小楊也. 本作桺. 从木丣聲. {埤雅}柔脆易生, 與楊同類. 縱橫顚倒植之皆生. 又柳谷, 日入處. {書・堯典}宅西曰昧谷. 徐廣云: 柳谷. {宋祁筆記}古文丣本柳字, 後借爲辰卯之卯. 北本別字, 後借爲西北之北. 虞翻笑鄭元不識古文, 以丣爲昧, 訓北曰: 北, 猶別也. 又星名. {爾雅・釋天}咮謂之柳. 又車也. 服虔曰: 東郡謂廣轍車爲柳. 李奇曰: 大牛車爲柳. 鄧展曰: 喪車爲柳. 又{爾雅・釋樂}宮謂之重, 商謂之敏, 角謂之經, 徵謂之迭, 羽謂之柳. 又侯國名. {前漢・地理志}屬渤海郡. 又姓. {姓譜}魯子展之後, 食邑于柳, 遂以爲氏. ○ 按楊柳一物二種, {毛詩}分而言之者, {齊風}折柳樊圃, {陳風}東門之楊是也. 合而言之者, {小雅}楊柳依依是也. {本草}云: 楊枝硬而揚起, 故謂之楊. 柳枝弱而垂流, 故謂之柳. {正字通}據古詩南楊北有柳分爲二, 非.

A0017 U-67F4

•柴• 木字部 總09劃. (ᄒᆞᆫ글) [시] 섶. (新典) [재, ᄌᆡ] 俗音 [ᄉᆡ] 섭, 불 쌜나무. 시제 지낼. [채, ᄎᆡ] 울. (訓蒙) [ᄉᆡ] 섭. (英譯) firewood, faggots, fuel. (漢典) 形聲. 從木, 此聲. 本義: 捆束的細木小柴. (康熙) <木部> {唐韻}士佳切, {集韻}{韻會}鉏佳切, {正韻}牀皆切. 音近豺. {說文}小木散材. {禮・月令}收秩薪柴. {註}大者可析謂之薪, 小者合束謂之柴. 又燔柴曰柴. {書・舜典}至于岱宗柴. {傳}祭天告至也, 祭時積柴其上而燔之也. 又{說文}徐鍇曰: 師行野次, 竪散材爲區落, 名曰柴籬. 後人語譌轉入去聲. 又別作寨, 非是. 又塞也. {莊子・天地篇}趣舍聲色, 以柴其內. 又護也. {淮南子・道應訓}柴箕子之門. 又邑名. {前漢・地理志}高柴屬泰山郡, 柴桑屬豫章郡. 又姓. {姓譜}望出平陽, 齊文公子高之後. 又{集韻}鋤加切, 音查. 小木也. 又{類篇}杈宜切, 音差. 柴池, 參差也. {張揖・上林賦}作柴虒. {註}不齊也. 又{說文}作茈. {集韻}子智切, {正韻}資四切, 音恣. 積也, 謂積禽也. {詩・小雅}助我舉柴. 又{集韻}一曰掝, 頰勞也. 又仕懈切, 音砦. 柴藩落也. 又士邁切, 音寨. 義同. 又叶七何切, 音蹉. {劉向・九

歎}折芳枝與瓊華兮, 樹枳棘與薪柴. 掘荃蕙與射干兮, 耘藜藿與蘘荷. (說文) <木部> 士佳切. 小木散材. 从木此聲.

柵 A0339 U-67F5

•柵• 木字部 總09劃. (훈글) [책] 울짱. (新典) [책, 칙] 우리, 울, 목책. 사다리. (訓蒙) [칙] 세당. (英譯) fence. palisade. grid. (康熙) <木部> {唐韻}楚革切, {集韻}{韻會}測革切, {正韻}恥革切, 丛音策. {說文}作柵, 編樹木也. {廣韻}豎木以立柵也. {魏書・廣陽王傳}連營立柵. {莊子・天地篇}內支盈于柴柵. 又地名. {唐書・高崇文傳}戰于鹿頭柵. 又韓愈與孟郊有{沙柵聯句}詩. 又{博雅}柵, 棧也. 又{廣韻}測戟切, 音踖. 邨柵. 又{廣韻}{集韻}所晏切, 音訕. 籬柵. 又{集韻}數眷切, 音籑. 編竹木爲落也. 又叶昌谷切, 音尺. {歐陽脩・馴鹿詩}朝渴飲清池, 暮飽眠深柵. 慙愧主人恩, 殺身難報德. (說文) <木部> 楚革切. 編樹木也. 从木从冊, 冊亦聲.

栕 A0344 U-6815

•栕• 木字部 總10劃. (훈글) [정] 문설주. (康熙) <木部> {韻會}棖或作栕.

栗 A0410 U-6817

•栗• 木字部 總10劃. (훈글) [률] 밤나무. (新典) [률] 밤. 신쥬 재목. 단단할. 무서울. 공손할. 곱송거릴. 죽정이. 근널. (訓蒙) [률] 밤. (英譯) chestnut tree, chestnuts. surname. (漢典) 會意. 甲骨文象結了果實的栗樹形. 本義: 木名. 果實也稱栗, 可食. (康熙) <木部> 古文: 㮚䊪䔉. {唐韻}{集韻}{韻會}{正韻}丛力質切, 音慄. {說文}作㮚, 从木. 其實下垂, 故从卤. {周禮・天官・籩人}饋食之籩, 其實栗. 又堅木也. {公羊傳・文二年}虞主用桑, 練主用栗. 又謹敬也. {書・舜典}寬而栗. 又堅也. {禮・聘儀}縝密以栗. 又威嚴也. {司馬法}位欲嚴, 政欲栗. 又百穀實不秕謂之栗. {詩・大雅}實穎實栗. 又栗烈, 風寒也. {詩・豳風}二之日栗烈. 又蹙也, 謂越等. {儀禮・燕禮}栗階不過二等. 又表道樹曰行栗. {左傳・襄九年}魏絳斬行栗. 又觱栗. {明皇雜錄}本龜茲國樂, 亦曰悲栗. 又菱曰水栗. {武陵記}兩角曰菱, 三角, 四角曰芰, 通謂之水栗. 又{方言}秦俗以批髮爲栗. 又縣名. {前漢・地理志}栗縣屬沛郡. 又姓. {風俗通}燕將栗腹. 又{集韻}{正韻}丛力蘖切, 音裂. 破裂之意. {周禮・冬官考工記}工人居幹之道, 菑栗不迆, 則弓不發. 又叶力蘖切, 音勒. {蘇軾・中秋月詩}喚酒與婦飮, 念我問兒說. 豈知衰病後, 空盞對梨栗. ○ 按{說文}收卤部, 今併入.

校 A0342 U-6821

•校• 木字部 總10劃. (훈글) [교] 학교. (新典) [교] 틀. 교계할. 이를, 보할. 산양할. 쐰을. 교정할, 발일. 싸홈 어울어질. 장교. 마구간. [효] 학궁. (訓蒙) [교] 혹당. (英譯) school. military field officer. (康熙) <木部> 古文: 𣓀𣕬. {唐韻}{正韻}古孝切, {集韻}{韻會}居效切, 丛音教. {說文}木囚也. {徐曰}校者, 連木也. {易・噬嗑}屨校滅趾. {疏}謂梏其行, 卽械也. 又角也, 報也. {論語}犯而不校. 又考校. {禮・學記}比年入學, 中年考校. 又比校. {周禮

·天官}小宰比官府之具. {註}比校次之. {疏}使知善惡足否也. 又檢校. {前漢·食貨志}貫朽而不可校. 又遮木以闌禽獸曰校. {漢成帝紀}大校獵. 又訂書曰校. {前漢·劉向傳}詔向校中五經秘書. 又{小爾雅}戰交曰校. 又{唐韻}{韻會}胡教切, {集韻}後教切, {正韻}胡孝切, 𠀤音效. 學宮名. 夏曰校. 校者, 敎也, 鄕學爲校. {左傳·襄三十一年}鄭人游于鄕校, 以論執政. {前漢·平帝紀}郡國曰學, 侯國曰校. 又支木爲欄格以養馬曰校. {周禮·夏官·校人之職}六廏成校, 校有左右, 爲十二閑. 又軍部有闌格者亦曰校. {前漢·百官表}司隷校尉, 城門校尉. {刑法志}內增七校. {釋名}校, 號也. 將帥號令之所在也. 又姓. {統譜}唐校傑, 天寶中士曹. 又{集韻}吉巧切, {韻會}{正韻}古巧切, 𠀤音絞. 疾也. {周禮·冬官考工記}{弓人}: 引之則縱, 釋之則不校. 又{集韻}{類篇}𠀤何交切, 音肴. 枋也. 豆中央直者爲校. {禮·祭統}夫人薦豆執校. 又{集韻}下巧切, 音骹. 几足也. 俎几之下橫木爲足者. {禮·士昏禮}主人拂几授校. {註}胡飽切. 又{集韻}丘交切, 音敲. 義同. 說文 <木部> 古孝切. 木囚也. 从木交聲.

A0343 U-683A

•栺• 木字部 總10劃. 훈글 [지] 나무 이름. 康熙 <木部> {唐韻}五計切, {集韻}{韻會}研計切, {正韻}倪制切, 𠀤音詣. {玉篇}木名. 又{廣韻}殿名. 漢有枍栺宮. {班固·西都賦}洞枍栺與天梁. 又{集韻}軫視切, 音旨. 義同. 又{唐韻}旨夷切, 音脂. 栺栭, 亦木名. 又{集韻}蒸夷切, 音脂. 栺栭謂之柱.

A0061 U-683C

•格• 木字部 總10劃. 훈글 [격] 바로잡을. 新典 [격] 이를. 올. 바를. 오를. 대덕할. 감동할. 고칠. 격식. 궁구할. 시렁. 표준할. 자품. [핵, 힉] 막힐. [각] 휘츄리. 그칠. 막을. 씨름할. 類合 [격] 틸. 英譯 pattern, standard, form. style. 漢典 形聲. 從木, 各聲. 本義: 樹木的長枝條. 康熙 <木部> {唐韻}古柏切, {集韻}{韻會}{正韻}各額切, 𠀤音隔. {說文}木長貌. {徐曰}樹高長枝爲格. 又至也. {書·堯典}格于上下. 又來也. {書·舜典}帝曰: 格汝舜. 又感通. {書·說命}格于皇天. 又變革也. {書·益稷謨}格則承之庸之. 又格, 窮究也. 窮之而得亦曰格. {大學}致知在格物. 又物格而後知至. 又法式. {禮·緇衣}言有物而行有格也. 又正也. {書·冏命}繩愆糾謬, 格其非心. 又登也. {書·呂刑}皆聽朕言, 庶有格命. {疏}格命, 謂登壽考者. 又觝牾曰格. {周語}穀洛鬬. 韋昭云: 二水格. 又頑梗不服也. {荀子·議兵篇}服者不禽, 格者不赦. 又殺也. {詩·魯頌}在泮獻馘. {鄭箋}馘謂所格者之左耳. 又擧持物也. {爾雅·釋訓}格格, 擧也. 又庋格也. 凡書架, 肉架皆曰格. {周禮·牛人註}挂肉格. 又敵也. {史記·張儀傳}驅羣羊攻猛虎, 不格明矣. 又{爾雅·釋天}太歲在寅曰攝提格. 又{爾雅·釋詁}格, 陞也. {方言}齊, 魯曰隲, 梁, 益曰格. 又標準也. {後漢·博奕傳}朝廷重其方格. 又格例. {唐書·裴光庭傳}吏部求人不以資考爲限, 所獎拔惟其才, 光庭懲之, 乃爲循資格. 又{廣韻}度也, 量也. 又姓. {統譜}漢格班. 又{唐韻}古落切, {集韻}{韻會}{正韻}葛鶴切, 𠀤音各. 樹枝也. 又廢格, 阻格也. {前漢·梁孝王傳}袁盎有所關說, 大后議格. 又格五, 角戲也. {前漢·吾丘壽王傳}以善格五召待詔. 又杙也. 亦以杙格獸也. {莊子·胠篋篇}削格羅落罝罘之知多, 則獸亂于澤. {左思·吳都賦}峭格周施. 又扞格, 不相入也. {禮·學記}發然後禁, 則扞格而不勝. {註}格, 胡客反. 又{集韻}{韻會}歷各切, 音洛. 籬落也. {前漢·鼂錯傳}謂之虎落. {揚雄·羽獵賦}謂之虎路. 通作格. 又{類篇}曷各切, 音鶴. 格澤, 妖星也. 見{史記·天官書}. 說文 <木部> 古百切.

木長皃. 从木各聲.

A0860 U-683D

•栽• 木字部 總10劃. (훈글) [재] 심을. (新典) [재, 지] 심을. 담틀. (訓蒙) [지] 시믈. (英譯) to cultivate, plant. to care for plants. (漢典) 形聲本義: 筑墻立板. (康熙) <木部> {唐韻}祖才切, {集韻}{韻會}{正韻}將來切, 丛音哉. {說文}作栽, 草木之殖曰栽. {中庸}栽者培之. 又穉曰栽, 長曰樹. {廣韻}種也. 又{博雅}栽閣也. 又{唐韻}{集韻}{韻會}昨代切, {正韻}作代切, 丛音再. {說文}築牆長板. {左傳・桓五年}水昏正而栽. {註}設築板. 俗作栽, 非. (說文) <木部> 昨代切. 築牆長版也. 从木𢦏聲. {春秋傳}曰: "楚圍蔡, 里而栽."

A0354 U-6851

•桑• 木字部 總10劃. (훈글) [상] 뽕나무. (新典) [상] 뽕나무. (訓蒙) [상] 뽕나모. (英譯) mulberry tree. surname. (漢典) 會意. 從桑, 從木. 桑者. 神桑也. 本義: 植物名. (康熙) <木部> 古文: 桒桒. {唐韻}息郎切, {集韻}{韻會}{正韻}蘇郎切, 丛顙平聲. {說文}蠶食葉. {徐曰}叒音若. 日初出東方湯谷所登搏桑叒木也. 蠶所食神葉, 故加木叒下以別之. {典術}桑箕, 星之精. {詩・豳風・註疏}爰求柔桑, 穉桑也. 猗彼女桑, 荑桑也. 蠶月條桑, 枝落采其葉也. {禮・月令}季春之月, 命野虞毋伐桑柘. {註}愛蠶食也. {史記・貨殖傳}齊魯千畝桑麻, 其人與千戸侯等. 又{周禮・夏官・司爟}變國火以救時疾. {註}夏取桑柘之火. 又檿桑, 山桑也, 絲中琴瑟絃. {書・禹貢}厥篚檿絲. 又其材中弓幹. {周禮・冬官考工記}弓人: 取幹之道, 柘爲上, 檿桑次之. 又台桑, 地名. 啓所生處. {楚辭・天問}焉得嵞山氏女, 而通之于台桑. 又空桑, 山名. {呂氏春秋}伊尹生于空桑. 又桑林, 樂名. {左傳・襄十年}宋公享魯侯于楚丘, 請以桑林. 又桑扈, 鳥名. {左傳・昭十七年}九扈爲九農正. 註: 桑扈, 竊脂. 又姓. {姓苑}秦大夫子桑之後, 漢桑弘羊, 桑楚. 又複姓. 桑丘, 庚桑. 桒, 籀文桑. (說文) <叒部> 息郎切. 蠶所食葉木. 从叒, 木.

A0338 U-6877

•桷• 木字部 總11劃. (훈글) [각] 서까래. (新典) [각] 석가래. 가루 버든 가지. (訓蒙) [각] 셔. (英譯) rafter. malus toringo. (康熙) <木部> {唐韻}古岳切, {集韻}{韻會}{正韻}訖岳切, 丛音角. {說文}榱也. 椽方曰桷. {揚子・方言}周謂之榱, 齊魯謂之桷. {釋名}桷, 確堅而直也. {詩・魯頌}松桷有舄. {春秋・莊二十四年}刻桓宮桷. {穀梁傳}天子之桷, 斲之礱之, 加密石焉. 諸侯之桷, 斲之礱之, 大夫斲之. 又平柯也. {易・漸卦}鴻漸于木, 或得其桷. 又{博雅}槌也. 又木名. {南州記}都桷子生廣南山谷, 二月開花, 實大如雞卵. 又通嶽. {左傳・昭四年}四嶽三塗. {疏}引{風俗通}云: 嶽桷也, 桷考功德也. 又叶盧谷切, 音祿. {夏侯湛・元鳥賦}銜泥結巢, 營居傳桷. 積一喙而不已, 終築泥而成屋. (說文) <木部> 古岳切. 榱也. 椽方曰桷. 从木角聲. {春秋傳}曰: "刻桓宮之桷."

A0335 U-688C

•梌• 木字部 總11劃. (훈글) [도] 노나무. (新典) [도] 쥐엄나무. (康熙) <木部> {廣韻}{集韻}

𣏌同都切, 音徒. 木名. {類篇}楸也. 又{廣韻}他胡切, 土平聲. 鋭也. 又{集韻}直加切, 音茶. {揚子・方言}吳人謂刺木曰梌. 又{集韻}容朱切, 音俞. 義同.

  A0679 U-688F

•梏• 木字部 總11劃. ᄒᆞᆫ글 [곡] 쇠고랑. 新典 [곡] 슈갑, 조막손이. 어지러울. 訓蒙 [곡] 두드레. 英譯 handcuffs, manacles, fetters. 漢典 形聲. 從木, 告聲. 本義: 木手銬. 康熙 <木部> {唐韻}古沃切, {集韻}{類篇}姑沃切, 𣏌音鵠. {說文}手械也. {廣韻}紂所作. {易・蒙卦}用說桎梏. {疏}在手曰梏. {博雅・釋室}杻謂之梏, 械謂之桎. {周禮・秋官・掌囚}中罪桎梏, 下罪梏. 又貫頸也. {左傳・襄六年}子蕩以弓梏華弱于朝. 又{孟子}梏亡之矣. {趙岐註}亂也. 又{博雅}梛也. ○ 按{說文}梛, 角械也. 又{廣韻}古岳切, {韻會}吉岳切, {正韻}訖岳切, 𣏌音覺. {爾雅・釋詁}梏, 直也. {禮・緇衣}引{詩}: 有梏德行. {射義}棲皮曰鵠. {註}鵠之言梏. 梏, 直也, 言人正直乃得中也. 說文 <木部> 古沃切. 手械也. 从木告聲.

 A0378 U-6896

•梖• 木字部 總11劃. ᄒᆞᆫ글 [패] 패다. 新典 [패] 패나무. 英譯 a palm-tree. 康熙 <木部> {集韻}{類篇}𣏌博蓋切, 音貝. {酉陽雜俎}梖多木, 出摩伽佗國, 長六七丈, 經冬不彫, 取其皮書之. 本作貝. 俗作梖. {廣州記}嵩寺忽有思惟樹, 卽貝多也. 有人坐貝多樹下思惟, 因以名焉. {寰宇志}緬甸在滇南, 有樹頭椶, 高五六尺, 結實如椰子, 卽貝樹也, 俪人取其葉寫書. {唐・張喬・貝多樹詩}還應毫末長, 始見拂丹霄. 得子從西國, 成陰見昔朝. 餘詳貝字註.

  A0330 U-689D

•條• 木字部 總11劃. ᄒᆞᆫ글 [조] 가지. 新典 [됴] 겻가지. 귤. 됴리, 가닥. 노. 사모칠. 됴목. 요란할. 類合 [됴] 쇼됴. 英譯 clause, condition. string, stripe. 康熙 <木部> {廣韻}徒聊切, {集韻}{韻會}田聊切, 𣏌音迢. 或作樤. {說文}小枝也. {徐曰}自枝而出也. {詩・周南}伐其條枚. {傳}枝曰條, 榦曰枚. 又長也. {書・禹貢}厥木惟條. 又木名. 橘屬. {爾雅・釋木}柚條. {詩・秦風}有條有梅. {埤雅}柚似橙而大于橘. 一名條. 又條理也. {書・盤庚}若網在綱, 有條而不紊. 又條然, 嘯貌. {詩・王風}中谷有蓷, 條其歗矣. 又條達也. {前漢・郊祀歌}聲氣遠條. 又條鬯也. {前漢・律志}陰陽萬物, 靡不條鬯該成. 又教條. {史記・酷吏傳}以興化條. 又條奏. {前漢・元帝詔}條奏無有所諱. 又條例. {晉書・劉實傳}撰{春秋條例}二十卷. 顏師古曰: 凡言條者, 一一而疏舉之, 若木條焉. 又繩也. {禮・雜記}喪冠條屬. 又八風之一. {易緯通卦驗}東北曰條風. 又{博雅}條條, 擾亂也. 又鳴條, 地名, 在河東郡安邑縣. 又國名. 漢周勃封條侯. 又姓. {姓苑}晉有冉閔司空條枚. 又{集韻}他彫切, 音祧. 枝落也. {詩・豳風}蠶月條桑. 又癡宵切. 義同. 又與滌通. {周禮・秋官・之屬}條狼氏. {註}徒歷切, 音滌. 又叶徒流切, 讀若頭. {陸雲・夏府君誄}百行殊揆, 君望斯周. 栖儀初九, 戢翼洪條. 說文 <木部> 徒遼切. 小枝也. 从木攸聲.

  A0905 U-689F

•梟• 木字部 總11劃. ᄒᆞᆫ글 [효] 올빼미. 新典 [교] [효] 옷밤이. 머리 베어 달. 건장할.

영웅. 쥬사위. 訓蒙 [효] 온바미. 英譯 an owl. thus, something evil. 康熙 <木部> {唐韻}古堯切, {集韻}{韻會}堅堯切, 𠀤音驍. {說文}不孝鳥也. {詩・大雅}爲梟爲鴟. {陸璣疏}自關而西, 爲梟爲流離. 其子適長大, 還食其母. 故張奐云: 鶹鷅食母. 又其肉甚美, 可爲羹臛. {北戸錄}古人尚鴞羹, 意欲滅其族, 非以爲美也. 又縣首木上曰梟首. {前漢・高帝紀}梟故塞王欣頭櫟陽市. 又健也. {前漢・高帝紀}北貉燕人來致梟騎助漢. 又山巓曰梟. {管子・地員篇}其山之梟, 多桔符榆. 其山之末, 有箭與苑. 又雄也. {淮南子・原道訓}湫漻寂寞, 爲天下梟. 又梟瞯, 深目貌. {王褒・四子講德論}燋齒梟瞯, 文身裸袒之國, 靡不奔走貢獻. 又梟盧, 樗蒱采名. 幺爲梟, 六爲盧. 晉謝艾曰: 梟, 邀也. 六博得邀者勝. {楚辭}成梟而牟呼五白. 梟二爲珉采, 牟, 勝也. 勝梟必五白. 又{本草別錄}桃終冬不落者爲梟桃. 又姓. {姓譜}隋煬帝誅楊元感, 改其姓爲梟氏. 說文 <木部> 古堯切. 不孝鳥也. 日至, 捕梟磔之. 从鳥頭在木上.

A0238 U-68C4

•棄• 木字部 總12劃. 흔글 [기] 버릴. 新典 [기] 버릴. 이저 버릴. 일을. 類合 [기] ᄇᆞ릴. 英譯 reject, abandon, discard. 漢典 會意. 甲骨文字形, 上面是個頭向上的嬰孩, 三點表示羊水, 頭向上表示逆產. 中間是只簸箕 , 下面是兩只手. 合起來表示將不吉利的逆產兒倒掉之意. 小篆寫法大同小異. 本義: 扔掉, 拋棄. 康熙 <木部> 古文: 弃弃遊. {唐韻}詰利切, {韻會}磬致切, {正韻}去冀切, 𠀤音器. {說文}捐也. {爾雅・釋言}忘也. {詩・周南}不我遐棄. {禮・冠禮・祝辭}棄爾幼志, 順爾成德. 說文 <華部> 詰利切. 捐也. 从廾推華棄之, 从𠫓. 𠫓, 逆子也.

A0341 U-68CA

•棊• 木字部 總12劃. 흔글 [기] 바둑. 新典 [긔] 바둑. 訓蒙 [긔] 바독. 英譯 chess. any game similar to chess. 康熙 <木部> {唐韻}{集韻}{韻會}渠之切, {正韻}渠宜切, 𠀤音其. 或作碁, 櫀, 通作棋. {說文}博棊. {徐曰}棊者, 方正之名. 古通謂博奕之子爲棊. 又{楚辭・招魂}菎蔽象棊, 有六簙些. {註}樗蒱馬也. 又{博物志}堯造圍棊, 丹朱善之. 又{劉向・說苑}雍周謂孟嘗君曰: 足下燕居, 鬪象棋, 亦戰鬪之事乎. 說文 <木部> 渠之切. 博棊. 从木其聲.

A0341 U-68CB

•棋• 木字部 總12劃. 흔글 [기] 바둑. 新典 [긔] 棊同. ᄡᅮ리. 英譯 chess. any game similar to chess. 漢典 形聲. 從木, 其聲. 本義: 古時通稱博奕的子爲棋. 康熙 <木部> 同棊. 又{集韻}{韻會}𠀤居之切, 音基. {集韻}根柢也. 或作檱. {史記・律書}萬物根棋. (棊) {唐韻}{集韻}{韻會}渠之切, {正韻}渠宜切, 𠀤音其. 或作碁, 櫀, 通作棋. {說文}博棊. {徐曰}棊者, 方正之名. 古通謂博奕之子爲棊. 又{楚辭・招魂}菎蔽象棊, 有六簙些. {註}樗蒱馬也. 又{博物志}堯造圍棊, 丹朱善之. 又{劉向・說苑}雍周謂孟嘗君曰: 足下燕居, 鬪象棋, 亦戰鬪之事乎.

A0350 U-68EE

•森• 木字部 總12劃. 흔글 [삼] 나무 빽빽할. 新典 [삼, 숨] 나무 쌕 들어설. 심을. 類合

[숨] 벌. 英譯 forest. luxuriant vegetation. 漢典 會意. 從林從木. 本義: 樹木叢生繁密. 康熙 <木部> {廣韻}所令切, {集韻}{韻會}{正韻}疏簪切, 丛音參. 或作槮. {說文}木多貌. {潘岳・射雉賦}蕭森繁茂. 又盛也. {潘岳・籍田賦}森奉璋以階列. 又植也. {元包・坤辭}丞森囮若. 又{固陵文類}宋杜曾詩: 哀猿藏森聳, 渴鹿聽潺湲. {註}森去聲, 所禁切, 音滲. 說文 <林部> 所今切. 木多皃. 从林从木. 讀若曾參之參.

A0334 U-6903

•梎• 木字部 總12劃. 훈글 [호] 나무 이름. 康熙 <木部> {集韻}乎刀切, 音豪. 木名. {說文}作號. {類篇}或省作梎.

A0521 U-690A

•椊• 木字部 總12劃. 훈글 [졸] 도낏자루. 新典 [졸] 독긔자루. 휘추리. 英譯 to fit a handle into a socket. a plug or cork. 康熙 <木部> {廣韻}{集韻}丛昨沒切, 存入聲. {廣韻}椊杌, 以柄內孔也. {玉篇}柱頭枘也. 又{集韻}攢活切, 音蕞. 椊杌, 木短出貌. 又{集韻}秦醉切, 音萃. 木朽. {正字通}卽檕字. 同不.

植 A0904 U-690D

•植• 木字部 總12劃. 훈글 [식] 심을. 新典 [치] 방망이. 심을. 세울. 기댈. 달구대. 두목. [식] 자슈립 할. 둘. 심을. 訓蒙 [식] 시믈. 英譯 plant, trees, plants. grow. 漢典 形聲. 從木, 直聲. 本義: 關閉門戶用的直木. 康熙 <木部> {唐韻}常職切, {集韻}{韻會}{正韻}丞職切, 丛音殖. {說文}戶植也. {爾雅・釋宮}植謂之傳, 傳謂之突. {疏}植謂戶之維持鏁者也, 植木爲之. 又名傳. 亦名突. 又{玉篇}根生之屬曰植. {周禮・地官・大司徒}以土會之法, 辨五地之物生. 一山林, 其植物宜皁物. 二川澤, 其植物宜膏物. 三丘陵, 其植物宜覈物. 四墳衍, 其植物宜莢物. 五原隰, 其植物宜叢物. {註}謂櫟, 楊, 柳, 李, 梅, 王棘, 萑葦之屬. 又樹立也. {左傳・襄三十年}鄭子產曰: 陳亡國也, 其君弱植. {正義}草木爲植, 物植爲樹, 君志弱不樹立也. {周禮・地官}大田獵則萊山田之野, 植虞旗于中. 又{集韻}{類篇}丛逐力切, 音直. 立也. {詩・商頌}植我鞉鼓. 又{唐韻}{集韻}{韻會}丛直吏切, 音緻. {博雅}槌也. 又{韻會}種也. 又懸蠶薄柱. {禮・月令}季春具曲植. 又枝榦之屬曰植. {周禮・大司馬}大役與慮事, 屬其植. {註}植築城楨也. 又將領主帥監作者謂之植. {左傳・宣二年}宋華元爲植巡功. 又倚也. {論語}植其杖而芸. 又通置. {書・金縢}植璧秉珪. 又{集韻}時吏切, 音侍. {賈誼・弔屈原文}方正倒植. 又{正韻}直意切. 義同. 說文 <木部> 常職切. 戶植也. 从木直聲.

椎 A0340 U-690E

•椎• 木字部 總12劃. 훈글 [추] 몽치. 新典 [츄] 쇠몽둥이, 쇠몽치. 칠. 짓찔. 쌧쌧할. 訓蒙 [퇴] 마치. 英譯 hammer, mallet. vertebra. 漢典 形聲. 從木, 隹聲. 本義: 槌子, 敲擊的器具. 康熙 <木部> {唐韻}{正韻}直追切, {集韻}傳追切, 丛音追. 通作槌. 俗作椬. {說文}擊也. 又鐵椎也. {戰國策}秦遺連環, 君王后引椎椎破之. 謝秦使曰: 謹已解矣. {史記・信陵君傳}朱

亥袖四十斤鐵椎, 椎殺晉鄙. 又{揚子・方言}椎, 齊謂之終葵. 又椎鈍, 不曲橈也. {前漢・周勃傳}樸椎少文. 又{釋名}椎, 推也. 耒亦椎也. 又{集韻}朱惟切, 音隹. 木名, 似栗而小. 說文 <木部> 直追切. 擊也. 齊謂之終葵. 从木隹聲.

A0410 U-3B9A

•㮚• 木字部 總13劃. 훈글 [률] 밤나무. 英譯 (an ancient form of 栗) the chestnut tree, a kind of metalwork in ancient times. 康熙 <木部> {玉篇}古文栗字. 註見六畫. {周禮・冬官考工記}攻金之工六: 築冶鳧㮚段桃. 㮚氏爲量者. 說文 <卤部> 力質切. 木也. 从木, 其實下垂, 故从卤.

A0346 U-6953

•楓• 木字部 總13劃. 훈글 [풍] 단풍나무. 新典 [풍] 신나무, 단풍나무중. 訓蒙 [풍] 싣나모. 英譯 maple tree. 康熙 <木部> {唐韻}方戎切, {集韻}{韻會}方馮切, {正韻}方中切, 𠀤音風. {說文}木也. 厚葉弱枝善搖. 一名欇. {爾雅・釋木}楓, 欇欇. {郭註}樹似白楊, 葉圓岐, 有脂而香, 今之楓香是也. {埤雅}枝善搖, 故字从風, 葉作三脊, 霜後色丹, 謂之丹楓, 其材可以爲式. 又{說文解字}楓木, 漢宮殿中多植之, 故稱楓宸. 又{南方草木狀}楓香樹, 子大如鴨卵, 曝乾可燒, 惟九眞郡有之. 又{蜀本草}楓脂, 入地千年化爲虎魄. 又{本草圖經}引{述異記}: 南中楓木之老者爲人形, 亦呼爲靈楓, 蓋癭瘤也. {譚景升化書}老楓化爲羽人, 無情而之有情也. 又孫炎云: 欇欇生江上, 有寄生枝, 高三四尺, 生毛, 一名楓子, 天旱, 以泥泥之卽雨. 又{集韻}悲廉切, 音砭. 義同. 又{唐韻}方愔切, 音近分. {張衡・西京賦}木則樅栝椶楠, 梓棫楩楓. 嘉卉灌叢, 蔚若鄧林. 又{唐韻}符咸切, 音凡. {楚辭・招魂}朱明承夜兮時不可淹, 皐蘭被徑兮斯路漸, 湛湛江水兮上有楓. 又{集韻}甫凡切, 音芝. 與枫同. 說文 <木部> 方戎切. 木也. 厚葉弱枝, 善搖. 一名欇. 从木風聲.

A0691 U-6959

•楙• 木字部 總13劃. 훈글 [무] 무성할. 新典 [무] 모과나무. 셩할. 訓蒙 [무] 모쾃. 英譯 name of plant. lush. 康熙 <木部> {唐韻}莫候切, 音茂. {說文}木盛也. {前漢・律志}林鍾助蕤賓, 君主種物, 使長大楙盛. {師古曰}楙, 古茂字. 又{爾雅・釋木}楙, 木瓜. {詩・衞風}投我以木瓜. {毛傳}楙, 木也. 可食之木. {蘇頌・圖經}榠樝類, 蔕閒別有重蔕, 如乳. {埤雅}梨百損一益, 楙百益一損. 林鐘助蕤賓 說文 <林部> 莫候切. 木盛也. 从林矛聲.

A0349 U-695A

•楚• 木字部 總13劃. 훈글 [초] 모형. 新典 [초] 휘추리. 가시나무. 죵아리 칠. 고올. 씰아릴. 英譯 name of feudal state. clear. 漢典 形聲. 從林, 疋聲. 本義: 灌木名. 又名荊, 牡荊. 康熙 <木部> 古文: 楙. {唐韻}{正韻}創舉切, {集韻}創阻切, 𠀤粗上聲. 或作楚. {說文}叢木也. 一曰荊. {詩・小雅}楚楚者茨, 言抽其棘. {註}楚楚, 茨棘貌. 又{詩・召南}翹翹錯薪, 言刈其楚. {疏}荊屬. 薪雖皆高, 楚尤翹翹而高也. 又{禮・學記}夏楚二物, 收其威也. {註}楚, 荊

也. 扑撻犯禮者. 又萇楚, 草名. 羊桃也. {詩・檜風}隰有萇楚, 猗儺其枝. 又楚楚, 鮮明貌. {詩・檜風}蜉蝣之羽, 衣裳楚楚. 又辛楚, 痛也, 別作憷. {陸機・與弟士衡詩}慷慨含辛楚. 又國名. {書・禹貢}荊州之域, 周熊繹始封. 又三楚, 地名. {史記・貨殖傳}淮北郡, 陳汝南郡, 西楚也. 彭城以東, 東海, 吳廣陵, 東楚也. 衡山, 九江, 江南, 豫章, 長沙, 南楚也. 又南方曰楚. {後漢・史岑出師頌}朔風變楚. {李善註}朔, 北方也, 楚, 南方也. 又姓. {左傳}晉龜卜楚丘, 趙襄子家臣楚隆. 又{唐韻}{韻會}𠀤瘡據切, 粗去聲. 楚利也. 又木名. 出歷山. 又{類篇}山於切, 音疏. {杜甫・送孟十二詩}秋風楚竹冷, 夜雪鞏梅春. 又叶弨沼切, 音杪. {前漢・楚元王傳}太上四子, 伯兮早夭. 仲氏王代, 斿宅是楚. (說文) <林部> 創舉切. 叢木. 一名荊也. 从林疋聲.

A0336 U-6961

•楰• 木字部 總13劃. (훈글) [유] 느릅나무. (新典) [유] 느릅나무. 서편쪽. (訓蒙) [유] 느릅나모. (英譯) elm tree. (康熙) <木部> {唐韻}羊朱切, {集韻}容朱切, {正韻}雲俱切, 𠀤普兪. {說文}楰, 白枌. {陸璣・草木疏}楰有十種, 葉皆相似, 皮及木理異. {爾雅}釋楰者三: 一曰蘦莖. 郭註: 今之刺楰. 疏: {詩・唐風}山有樞是也. 一曰無姑, 其實夷. 郭註: 無姑, 姑楰也, 生山中, 葉圓而厚, 所謂蕪荑是也. 一曰楰白枌. 疏: {詩・陳風}東門之枌是也. 又{禮・內則}堇荁枌楰, 免薧滫瀡以滑之. 又{禮・檀弓}諸侯爲楰沈設撥. {註}以水澆楰白皮之汁, 有急播地, 引輴車使滑. 又{嵇康・養生論}楰令人瞑. {博物志}啖楰則眠不欲覺. 又{周禮・夏官・司爟註}鄹子春取楰柳之火. 又{本草集解}大楰二月生莢, 榔楰八月生莢. 又桑楰, 晩景也. {後漢・馮異傳}失之東隅, 收之桑楰. 又地楰, 草名. {博雅}菗蒢也. 又白楰, 星名. {古樂府}天上何所有, 歷歷種白楰. 又枌楰, 鄕名. 漢高立社于此. {前漢・郊祀志}高祖禱枌楰社. 又楰林, 塞名. {水經注}諸次水東逕楰林塞, 世謂之楰林山. 又姓. {後漢}將軍楰棘.

A0898 U-6975

•極• 木字部 總13劃. (훈글) [극] 다할. (新典) [극] 대마루, 한마루. 덩어리. 중한가온대. 별중. 한끗. 지극할. 다할. 멀. 궁진할. 맛칠. (訓蒙) [극] 마재. (英譯) extreme, utmost, furthest, final. (康熙) <木部> {唐韻}渠力切, {集韻}{韻會}竭憶切, {正韻}竭戟切, 𠀤禁入聲. {說文}棟也. {徐曰}極者屋脊之棟, 今人謂高及甚爲極, 義出於此. 又天地未分以前曰太極. {易・繫辭}易有太極, 是生兩儀. {註}無稱之稱, 不可得而名也. 又皇極, 大中也. {書・洪範}皇建其有極. {疏}人君爲民之主, 大自立其有中之道. 又北辰曰北極, 老人星曰南極. {書・舜典・正義}引{王蕃・渾天說}曰: 北極出地三十六度, 南極入地三十六度, 而嵩高正當天之中極. 又三極, 三才也. {易・繫辭}三極之道. {疏}謂天, 地, 人三才, 至極之道也. 又{爾雅・釋地}東至于泰遠, 西至于邠國, 南至于濮鈆, 北至于祝栗, 謂之四極. 又五極, 五常之中正也. {書・呂刑}屬于五極, 咸中有慶. 又六極, 窮極惡事也. {書・洪範}威用六極: 一曰凶短折, 二曰疾, 三曰憂, 四曰貧, 五曰惡, 六曰弱. 又四方上下, 亦謂之六極. {莊子・天運篇}天有六極. 又八極. {韻會}四極, 方隅之極也. {淮南子・本經訓}紀綱八極, 經緯六合. 又至也. {詩・周頌}立我烝民, 莫非爾極. 又取止也. {詩・大雅}匪疚匪棘, 王國來極. 又盡也. {易・繫辭}極其數, 遂定天下之象. 又放也. {儀禮・大射儀}贊設決, 朱極三. {註}極, 放也. 以朱韋爲之, 所以韜指利放弦也. 又{爾雅・釋天}月在癸曰極. 又國名. {春秋・隱二年}無駭帥師入極. 又疲也. {世說}顧和謁王導, 導小極對之疲睡. 又{正韻}訖逆切, 音戟. 與亟同. {荀子・箴賦}反覆甚極. 又{集韻}

訖力切, 音棘. 殊也. 又｛唐韻｝渠綺切, 音技. ｛淮南子・精神訓｝賤之而弗憎, 貴之而弗喜, 隨其天資, 而安之不極. 又｛廣韻｝渠記切, 音暨. ｛楚辭・天問｝厥萌在初, 何所意焉. 璜臺十成, 何所極焉. 說文 <木部> 渠力切. 棟也. 从木亟聲.

A0347 U-69C1

•槁• 木字部 總14劃. 훈글 [고] 마를. 訓蒙 [고] 이울. 英譯 wither. withered, rotten, dead. 漢典 形聲. 從木, 高聲. 本義: 草木枯干. 康熙 <木部> ｛正字通｝同槀.

A0530 U-69C3

•槃• 木字部 總14劃. 훈글 [반] 쟁반. 新典 [반] 장반. 질거울. 머뭇거릴. 英譯 tray. turn, rotate. search. 漢典 形聲. 從木, 般聲. 本義: 承盤, 亦特指承水盤. 康熙 <木部> ｛唐韻｝薄官切, ｛集韻｝｛韻會｝｛正韻｝蒲官切, 𠀤音盤. ｛說文｝承盤也. 或从金. 或从皿. 亦作柈. ｛禮・內則｝適父母舅姑之所, 少者奉槃, 長者奉水, 請沃盥. ｛周禮・天官・玉府｝若合諸侯, 則共珠槃玉敦. ｛註｝古者以槃盛血, 以敦盛食. 又槃樂也. ｛詩・衞風｝考槃在澗. ｛鄭箋｝考, 成也. 槃, 樂也. 又槃停, 不進也. ｛宋書・吳喜傳｝西难旣殄, 便應還朝而解, 故槃停, 托云捍蜀. 又叶蒲沿切, 便平聲. ｛魏・劉邵・趙都賦｝牛首湡溟, 波池潺湲. 經落疇邑, 詰曲縈槃. 說文 <木部> 薄官切. 承槃也. 从木般聲.

A0373 U-6A02

•樂• 木字部 總15劃. 훈글 [악] 풍류. 新典 [요] 조흘. 하고자 할. [악] 풍류. [락] 즐길. 訓蒙 [악] 음악. 英譯 happy, glad. enjoyable. music. 康熙 <木部> ｛唐韻｝五角切, ｛集韻｝｛韻會｝｛正韻｝逆角切, 𠀤音岳. ｛說文｝五聲八音之總名. ｛書・舜典｝夔, 命女典樂, 教胄子. 詩言志, 歌永言, 聲依永, 律和聲. ｛易・豫卦｝先王作樂崇德, 殷薦之上帝, 以配祖考. ｛禮・樂記｝大樂與天地同和. 又鐘鼓, 羽籥, 干戚, 樂之器也. 屈伸, 俯仰, 綴兆, 舒疾, 樂之文也. ｛孝經｝移風易俗, 莫善于樂. 又姓. ｛左傳｝晉大夫樂王鮒, ｛戰國策｝燕樂毅. 複姓. ｛孟子｝樂正裘. 又｛唐韻｝盧各切, ｛集韻｝｛韻會｝｛正韻｝歷各切, 𠀤音洛. 喜樂也. ｛通論｝喜者主於心, 樂者無所不被. ｛易・繫辭｝樂天知命. ｛孟子｝與民同樂. 又｛集韻｝力照切, ｛正韻｝力召切, 𠀤音療. ｛詩・陳風｝可以樂飢. 毛音洛, 鄭音療. 又｛集韻｝｛韻會｝｛正韻｝𠀤魚敎切. ｛論語｝仁者樂山. 又益者三樂. 又｛韻補｝盧谷切, 音祿. ｛太公・下略｝四民用虛, 國乃無儲. 四民用足, 國乃安樂. ｛班固・東都賦｝食舉雍徹, 太師奏樂, 陳金石, 布絲竹. 又｛唐韻｝魯刀切, 音勞. ｛廣韻｝伯樂相馬. 一作博勞. 說文 <木部> 玉角切. 五聲八音總名. 象鼓鞞. 木, 虡也.

A0350 U-3BDF

•㯟• 木字部 總16劃. 훈글 [록] 산기슭. 英譯 (ancient form of 麓) foot of a hill or mountain. 康熙 <木部> ｛玉篇｝古文麓字. 註見鹿部八畫. ○ 按｛說文｝麓, 㯟二文𠀤收林部. 今从林者皆歸木部, 麓字別見鹿部, 非.

A0348 U-3BE5

•𣯥• 木字部 總16劃. 한글 [조] 밤샐. 英譯 (same as 曹) a Chinese family name, surrounded, a whole day. a revolution of the sun. 康熙 <木部> {字彙補}則刀切, 音遭. {說文}一周天也. 今作遭. 贅. 說文 <東部> 闕. 二東, 曹从此.

A0280 U-6A39

•樹• 木字部 總16劃. 한글 [수] 나무. 新典 [슈] 세울. 심을. 나무. 막을. 訓蒙 [슈] 나모. 英譯 tree. plant. set up, establish. 康熙 <木部> 古文: 尌𣏂𣒫. {唐韻}常句切, {集韻}{韻會}{正韻}殊遇切, 𠀤殊去聲. {說文}生植之總名. {左傳·昭二年}季氏有嘉樹, 宣子譽之. {禮·祭義}樹木以時伐焉. {淮南子·原道訓}萍樹根于水, 木樹根于土. 又{爾雅·釋宮}屛謂之樹. {論語}邦君樹塞門. 又{揚子·方言}牀謂之杠. 北燕, 朝鮮閒謂之樹. 又獸名. {儀禮·鄉射禮}君國中射則皮樹中. {註}皮樹, 獸名. 謂皮作樹形以射之. 又姓也. {後魏·官氏志}樹洛于氏. 後改爲樹氏. 又{唐韻}{廣韻}{集韻}{韻會}{正韻}𠀤臣庾切, 音豎. 扶樹也. {徐鍇曰}樹之言豎也. 種樹曰樹. {易·繫辭}古之葬者, 不封不樹. {詩·小雅}荏染柔木, 君子樹之. 往來行人, 心焉數之. 又立也. {書·說命}樹后王君公, 承以大夫師長. {泰誓}樹德務滋, 除惡務本. {畢命}彰善癉惡, 樹之風聲. 又諸侯之適子, 天子命爲之嗣者, 曰樹子. {穀梁傳·僖九年}無易樹子. 俗作樹, 非. 說文 <木部> 常句切. 生植之總名. 从木尌聲.

A0365 U-6A50

•橐• 木字部 總16劃. 한글 [탁] 전대. 新典 [탁] 젼대. 도관이. 공이소리. 訓蒙 [탁] 주머니. 英譯 a sack, a bag opening at both ends. 漢典 形聲. 從㯻省, 石聲. 康熙 <木部> 古文: 囥. {唐韻}{集韻}𠀤他各切, 音拓. {說文}囊也. {唐韻}囊無底. {詩·大雅}于橐于囊. {毛傳}小曰橐, 大曰囊. {左傳·宣二年}趙盾見靈輒, 爲簞食與肉, 置諸橐而與之. 又冶器也. {老子·道德經}天地之閒, 其猶橐籥乎. {註}橐者外之櫝, 所以受籥也. 籥者內之管, 所以鼓橐也. {淮南子·本經訓}鼓橐吹埵, 以消銅鐵. 又盛衣食之器者曰橐柖. {莊子·天下篇}禹親自操橐耜, 而九雜天下之川. 又橐橐, 杵聲也. {詩·小雅}椓之橐橐. 又橐駝, 獸名. 言其負囊橐而駝物也. {揚雄·長楊賦}敺橐駝, 燒熐蠡. 又橐皐, 吳地. {春秋·哀十二年}公會吳于橐皐. {漢書}屬九江郡. 又{唐韻}章夜切, 音柘. 義同. 又{集韻}都故切, 音妬. 木名. ○ 按{說文}別立橐部, 今併入. 說文 <㯻部> 他各切. 囊也. 从㯻省, 石聲.

A0347 U-3BFD

•𣯽• 木字部 總18劃. 한글 [빈] 빈랑나무. 英譯 (a variant of U+6AB3 檳) the areca-nut. the betel-nut.

A0412 U-6AC5

•櫅• 木字部 總18劃. 한글 [제] 나무 이름. 新典 [자, ᄌᆞ] 대초나무. [제] 토막나무. 英譯

a kind of tree suitable for use to make axles for large carts. (康熙) <木部> {唐韻}相稽切, {集韻}牋西切, {類篇}淺西切, 丛音齎. {說文}木可爲大車輪. {唐韻}櫅楡, 堪作轂. 又{爾雅·釋木}櫅, 白棗. 又{集韻}前西切, 音齊. 義同. 又{類篇}才詣切, 音劑. 斷木也. (說文) <木部> 祖雞切. 木也. 可以爲大車軸. 从木齊聲.

櫑 A0293 U-6AD1

•櫑• 木字部 總19劃. (훈글) [뢰] 바위. (新典) [뤼] 正音 [뢰] 술준에 뢰문 놀. 칼자루 색임 놀. (康熙) <木部> {唐韻}魯回切, {集韻}{韻會}{正韻}盧回切, 丛音雷. {說文}龜目酒尊, 刻木作雲雷象, 象施不窮也. 或从缶, 或从皿. {徐曰}圜轉之義, 故曰不窮. {韓詩·國風·金罍傳}天子玉飾, 諸侯大夫黃金飾, 士以梓, 故字从木. 又{唐韻}落猥切, {集韻}{正韻}魯猥切, 丛音磊. 櫑劒, 古木劒也. {類篇}櫑具, 劒上鹿盧飾. {前漢·雋不疑傳}帶櫑具劒. {註}晉灼曰: 長劒首, 以玉作, 井鹿盧形, 上刻木作山形, 如蓮花初生未敷時. 又{集韻}盧對切, 音擂. 義同. (說文) <木部> 魯回切. 龜目酒尊, 刻木作雲雷象. 象施不窮也. 从木畾聲.

櫛 D0079 U-6ADB

•櫛• 木字部 總19劃. (훈글) [즐] 빗. (新典) [즐] 빗. 빗질할. (訓蒙) [즐] 얼에빗. (英譯) comb out. weed out, eliminate. (康熙) <木部> {唐韻}阻瑟切, {集韻}{韻會}{正韻}側瑟切, 丛音節. {說文}梳枇之總名也. {左傳·僖二十二年}懷嬴曰: 寡君使婢子侍執巾櫛. 又{說文·繫傳曰}櫛之言積也. {詩·周頌}其比如櫛. {疏}言積之比密也. 又理髮也. {禮·內則}櫛縰笄總. 又剔除也. 韓愈{王適墓志}櫛垢爬痒, 民獲蘇醒. 又{唐韻}阻四切. 義同. {集韻}與楖同. (說文) <木部> 阻瑟切. 梳比之總名也. 从木節聲.

櫟 A0342 U-6ADF

•櫟• 木字部 總19劃. (훈글) [력] 상수리나무. (新典) [격] 가죽나무. 로략질 할. (訓蒙) [륵] 덥갈나모. (英譯) chestnut-leaved oak. oak. (康熙) <木部> {唐韻}{集韻}{韻會}{正韻}丛郎狄切, 音歷. {說文}木也. {邢昺曰}似樗之木. {詩·秦風}山有苞櫟. {疏}引{爾雅}云: 櫟, 其實梂, 橡也. {陸璣疏}秦人謂柞櫟爲櫟, 其子房生爲梂. 河內人謂木蓼爲櫟, 椒樧之屬也. 其子亦房生, 此秦詩宜從其方土之言柞櫟是也. 又不材之木也. {莊子·人閒世}匠石見櫟社樹, 其大蔽牛, 觀者如市, 匠石不顧. 又不生火之木也. {淮南子·時則訓}十二月, 其樹櫟. {高誘註}木不生火, 惟櫟爲然. 又地名. {春秋·桓十五年}鄭伯突入于櫟. 又鳥名. {山海經}天帝之山有鳥, 黑文而赤翁, 名曰櫟. 又與擽通. {詩·周頌}鞉磬柷圉. {疏}圉狀如伏虎, 背上有二十七鉏鋙, 刻以木長尺櫟之. 又{唐韻}以灼切, 音鑰. 櫟陽, 縣名. {前漢·地理志}屬左馮翊. 又{集韻}式灼切, 音爍. 地名. 在晉. 又{集韻}歷各切, 音洛. {詩·秦風}山有苞櫟, 隰有六駁. {唐韻}櫟駁通叶, 無二音. 又{唐韻}魯刀切, 音勞. {史記·楚元王世家}嫂詳爲羹盡櫟釜. {漢書}作轑釜. (說文) <木部> 郎擊切. 木也. 从木樂聲.

  A0554 U-6B20

•欠• 欠字部 總04劃. (훈글) [흠] 하품. (新典) [검] 俗音 [흠] 합흠. 기지개 켤. 아즐이질. (訓蒙) [흠] 하외욤. (英譯) owe, lack, be deficient. KangXi radical number 76. (漢典) 象形. 甲骨文字形, 象人張著口打呵欠. 小篆字形下面是人, 上面象人呼出的氣. 本義: 打呵欠. (康熙) <欠部> 古文: 炃. {唐韻}{集韻}{韻會}{正韻}丛去劒切, 謙去聲. {說文}作欠, 張口气悟也. 象氣从儿上出形. {徐曰}人欠去也, 悟解也. 氣壅滯, 欠去而解也. 韓愈{讀東方朔雜事詩}噫欠爲飄風. 又欠伸, 疲乏之貌. 人氣乏則欠, 體疲則伸. {禮・曲禮}侍坐于君子, 君子欠伸, 侍坐者請出. 亦作欠申. {前漢・翼奉傳}體病則欠申動於貌. 又不足也. 韓愈{贈張籍詩}今者誠自幸, 所懷無一欠. 又水名, 在汝南. {水經注}沙水東分爲二水, 一水東注, 卽注水也. 俗謂之欠水. 欠字作彡下儿. (說文) <欠部> 去劒切. 張口气悟也. 象气从人上出之形. 凡欠之屬皆从欠.

   A0930 U-6B21

•次• 欠字部 總06劃. (훈글) [차] 버금. (新典) [차, 츠] 버금, 다음, 둘재 번. 미눌, 차례. 군사 머믈을. 사쳐중. 이를 장막. 가슴 가온대. 잠간. 머리 쉼일. (類合) [츠] 츠레. (英譯) order, sequence. next. (漢典) 形聲. 從欠, 二聲. 本義: 臨時駐扎和住宿. (康熙) <欠部> 古文: 𠕀𠌴𦧡. {唐韻}{集韻}{韻會}{正韻}丛七四切, 音佽. {說文}不前不精也. {徐曰}不前是次於上也, 不精是其次也. {周禮・冬官考工記}畫繢之事, 青與白相次也, 赤與黑相次也. {左傳・襄二十四年}太上有立德, 其次有立功, 其次有立言. 又師止曰次. {左傳・莊三年}凡師一宿爲舍, 再宿爲信, 過信爲次. {書・泰誓}戊午, 王次于河朔. 又位次. {周禮・春官}大史祭之日, 執書以次位常. {疏}謂執行祭祀之書, 各居所掌位次也. {左傳・襄二十三年}敬共朝夕, 恪居官次. 又次舍. {周禮・天官}宮正, 以時比宮中之官府, 次舍之衆寡. {鄭註}次諸吏直宿, 若今之部署諸廬者, 舍其所居寺. {又}宮伯, 授八次八舍之職事. {註}鄭司農云: 庶子衞王宮, 在內爲次, 在外爲舍. 又凡舍皆曰次. {左傳・襄二十六年}師陳焚次. {杜註}次, 舍也. 焚舍, 示必死. 又安行旅之處爲旅次. {易・旅二爻}旅卽次. 又處也. {魯語}五刑三次. {註}次, 處也. 三次, 謂朝, 野, 市. 又張幄於所止之處亦曰次. {周禮・天官}掌次, 朝日祀五帝, 則張大次小次. {鄭註}次謂幄也. 大幄, 初往所止居也. 小幄, 謂接祭退俟之處. 又{儀禮・士冠禮}賔就次. {鄭註}次, 門外更衣處. 必帷幕簟席爲之. 又市亭也. {周禮・地官}司市, 于思次以令市, 而聽大治大訟. 涖于介次, 而聽小治小訟. {註}思次, 若今市亭也. 介次, 市亭之屬. 別小者也. 鄭司農云: 次, 市中候樓. 又星之躔舍爲次. {禮・月令}日窮于次. {註}次, 舍也. 正義曰: 謂去年季冬, 日次於玄枵, 從此以來, 每引移次他辰, 至此月窮盡, 還次玄枵, 故云日窮於次. 又天有十二次, 地有十二辰. 次之與辰, 上下相值. 如星紀在丑, 斗牛之次. 玄枵在子, 虛危之次. 又胷中曰胷次. {莊子・田子方}喜怒哀樂, 不入於胷次. {註}次, 中也. 又席閒曰席次. {孔稚圭・北山移文}眉軒席次. 又至也. {史記・酷吏杜周傳}內深次骨. {註}李奇曰: 其用罪, 深刻至骨. 又造次, 猶言草次. 急遽貌. {論語}造次必於是. {前漢・河閒獻王傳}造次必於儒者. 又編髮爲首飾之名. {儀禮・士昏禮}女次純衣纁衻. {註}次, 首飾, 今時髮也. {疏}{周禮}追師掌后之首服副編次. 言次第髮長短爲之, 如髲鬄也. 別作髮. 又雞次, 楚典名. {戰國策}蒙轂獻雞次之典而百官治. 又水名, 在高平. {水經注}若水與石門水合, 水有五原, 東水導源高平縣西八十里, 西北流, 次水注之. 又諸次, 山名. 亦水名. {山海經}有大次山, 小次山. 又諸次之山, 諸次之水出焉, 東流注于河, 是山多木無草. 又居次, 匈奴女號, 若漢公主. {前漢・常惠傳}獲單于父行及嫂居次. {匈奴傳}王昭

君長女爲須卜居次, 小女爲當于居次. 又姓. {呂氏春秋}荆有勇士次非, 亦作佽. 又{集韻}資四切, 音恣. 楡次, 地名. {廣輿記}楡次, 縣屬太原府. 又{集韻}{正韻}丛津私切, 音咨. 次且, 欲前不前也. {易・夬卦}其行次且. {易經考異}作趑趄, 王, 鄭, 馬皆作趑趄. 又涓次, 漢縣名, 在武威郡. {孟康曰}次音咨. 又{集韻}才資切, 音慈. 具次, 山名, 通作茨. 又{楚辭・九歎}今余邦之横陷兮, 宗鬼神之無次. 閔先嗣之中絶兮, 心惶惑而息悲. 次亦叶慈. 說文 <欠部> 七四切. 不前, 不精也. 从欠二聲.

A0924 U-6B23

•欣• 欠字部 總08劃. 훈글 [흔] 기뻐할. 新典 [흔] 깃블, 조하할. 類合 [흔] 깃글. 英譯 happy, joyous, delighted. 漢典 形聲. 從欠, 斤聲. 實與忻同字. 本義: 喜悅. 康熙 <欠部> {唐韻}{集韻}{韻會}{正韻}丛許斤切, 音訢. {說文}笑喜也. {禮・月令}慶賜遂行, 無不欣說. {周語}事神保民, 莫不欣喜. 又欣欣, 亦喜貌. {楚辭・九歌}君欣欣兮樂康. {陶潛・歸去來辭}木欣欣以向榮. 亦作訢. {前漢・賈山傳}天下訢訢, 將興堯舜之道. 又作忻. {史記・管晏傳贊}爲之執鞭, 所忻慕焉. 又獸有力之名. {爾雅・釋獸}兎絶有力, 欣. 牛絶有力, 欣犌. 又州名. {廣韻}本漢陽曲縣地, 隋置欣州, 因欣口爲名. 又姓. 見{奇姓通}. 又叶虛言切, 音軒. {陸雲・贈顧尚書詩}華英已曜, 餘光難延. 會淺別速, 哀以紹欣. {集韻}或作俽, 忻. 說文 <欠部> 許斤切. 笑喜也. 从欠斤聲.

D0117 U-6B2C

•欬• 欠字部 總10劃. 훈글 [해] 기침. 新典 [ᄀᆡ, 긔] 俗音 [해, ᄒᆡ] 기침할. 크게 부를. 일켈. 英譯 cough. sound of laughter. 康熙 <欠部> {唐韻}苦漑切, {集韻}{韻會}口漑切, 丛音慨. {說文}逆氣也. {玉篇}上欶也. {類篇}今俗謂嗽爲欬. {禮・月令}季夏行春令, 則穀實鮮落, 國多風欬. {註}因風致欬疾也. 又大呼曰廣欬. {禮・曲禮}車上不廣欬. {疏}廣, 弘大也. 欬, 聲欬也. 在上而聲大欬, 似自矜, 又驚衆也. 又謦欬, 言笑也. {列子・黃帝篇}宋康王蹀足謦欬疾言. {莊子・徐無鬼}況乎昆弟親戚之謦欬其側. {註}欬, 苦愛反. 又{集韻}去冀切, 音器. 義同. 又{集韻}乙界切, 音餲. 與噫同. {說文}飽食息也. 通作餩. 說文 <欠部> 苦蓋切. 屰气也. 从欠亥聲.

D0117 U-6B4C

•歌• 欠字部 總14劃. 훈글 [가] 노래. 新典 [가] 노래. 읍조릴. 장단 마칠. 訓蒙 [가] 놀애. 英譯 song, lyrics. sing, chant. praise. 漢典 形聲. 從欠, 哥聲. 從“欠”, 表示與口有關系. 本義: 唱. 康熙 <欠部> 古文: 可哥. {唐韻}古俄切, {集韻}{韻會}{正韻}居何切, 丛音柯. {說文}詠也. {徐曰}長引其聲以詠也. {釋名}人聲曰歌. 歌者, 柯也. 以聲吟詠上下, 如草木有柯葉也. {揚子・方言}兗冀言歌, 聲如柯. {書・舜典}詩言志, 歌永言. {正義曰}直言不足以申意, 故令歌詠其詩之義以長其言. {禮・樂記}詩言其志也, 歌詠其聲也. {又}歌之爲言也, 長言之也. 言之不足, 故長言之. 又曲合樂也. {詩・魏風}我歌且謠. {傳}曲合樂曰歌, 徒歌曰謠. {疏}正義曰: 謠既徒歌, 則歌不徒矣, 故曰曲合樂曰歌. 歌謠對文如此, 散則歌爲總名, 未必合樂也. 又{韓詩・章句}有章曲曰歌, 無曰謠. 又{古樂府註}齊歌曰謳, 吳歌曰歈, 楚歌曰豔. 奏樂曰登

歌, 曰升歌. 又鐘名. {左傳・襄十一年}鄭人賂晉侯歌鐘二肆, 晉侯以樂之半賜魏絳. 又山名. {廣輿記}歌山, 在廣西平樂府富川縣. 又朝歌, 地名, 紂所都也. 漢爲縣, 屬河內郡. 見{前漢・地理志}. 又叶古賀切, 音過. {左貴嬪・晉元后誄}內敷陰敎, 外毗陽化. 綢繆庶政, 密勿夙夜. 恩從風翔, 澤隨雨播. 中外禔福, 遐邇詠歌. 說見{顏氏・刊謬正俗}. 又叶居之切, 音姬. {屈原・遠遊}張樂咸池奏承雲兮, 二女御九韶, 歌, 使湘靈鼓瑟兮, 令海若舞馮夷. 又叶斤於切, 音居. {柳宗元・饒娥碑辭}鄱民哀號, 或以頌歌. 齊女色憂, 傷槐罷誅. {說文}或作謌. {集韻}或作哥. 說文 <欠部> 古俄切. 詠也. 从欠哥聲.

A0556 U-3C43

◆㱃◆ 欠字部 總15劃. 훈글 [음] 마실. 英譯 (ancient form of 飲) to drink. to swallow. 康熙 <欠部> {廣韻}{集韻}{玉篇}竝古文飮字. 註詳食部四畫. 亦作飲. 說文 <㱃部> 於錦切. 歠也. 从欠酓聲. 凡㱃之屬皆从㱃.

A0072 U-6B62

◆止◆ 止字部 總04劃. 훈글 [지] 발. 新典 [지] 말. 그칠, 머믈을. 고요할. 쉴. 살. 맘. 머물을. 례졀. 거동. 어조사. 類合 [지] 그칠. 英譯 stop, halt, desist. detain. 康熙 <止部> {唐韻}{集韻}{韻會}竝諸市切, 音芷. {說文}下基也. 象艸木出有址, 故以止爲足. {徐曰}初生根幹也. 又{廣韻}停也, 足也. {易・艮卦}艮, 止也. 時止則止, 時行則行. {老子・道德經}知足不辱, 知止不殆. 又靜也. {禮・玉藻}口容止. {註}不妄動也. {莊子・德充符}人莫鑒於流水, 而鑒於止水, 唯止能止衆止. 又已也, 息也. {論語}止吾止也. {史記・酷吏傳}寇盜不爲衰止. 又居也. {詩・大雅}乃慰乃止. 又{商頌}邦畿千里, 惟民所止. 又心之所安爲止. {書・益稷}安汝止. {孔傳}言當先安好惡所止. {正義}曰: 止謂心之所止. {大學}云: 爲人君止於仁, 爲人臣止於敬, 好惡所止, 謂此類也. 又朱子曰: 止者, 必至於是而不遷之謂. 又留也. {論語}止子路宿. {孟子}可以止而止. 又行師營曰止, 暫待曰次. 又凡戰而被獲曰止. {左傳・隱十一年}公與鄭人戰於狐壤, 止焉. {杜註}內諱獲, 故言止. 又{僖十五年}輅秦伯將止之. 又容止. {詩・鄘風}人而無止. {箋}止, 容止. 無止則無禮節也. {孝經・聖治章}容止可觀. 又擧止. {齊書・張欣泰傳}欣泰著鹿皮冠衲衣. 世祖曰: 將家兒何敢作此擧止. 又俗謂德行曰行止. {外史檮杌}鄭奕敎子{文選}. 其兄曰: 莫學沈, 謝嘲風弄月, 汙人行止. 又樂器. {爾雅・釋樂}所以鼓柷謂之止. {註}止者, 其椎名也. {書・益稷}合止柷敔. {鄭註}柷, 狀如漆桶, 中有椎, 合之者, 投椎於其中而撞之. 又鳥集亦曰止. {詩・小雅}載飛載止. 又三止, 三禮也. {班固・幽通賦}嬴取威於百儀兮, 姜本支乎三止. {註}謂齊之先伯夷典三禮也. 又語辭. {詩・周頌}百室盈止, 婦子寧止. 又首止, 衞地名. 在陳留襄邑. {春秋・僖五年}齊侯會王世子于首止. 又與趾同. {儀禮・士昏禮}皆有枕北止. {鄭註}止, 足也. 古文止作趾. {山海經}韓流麟身, 渠股豚止. {郭註}止, 足也. {前漢・郊祀歌}獲白麟, 爰五止. {師古註}止, 足也. 時白麟足有五蹄. 說文 <止部> 諸市切. 下基也. 象艸木出有址, 故以止爲足. 凡止之屬皆从止.

A0079 U-6B63

◆正◆ 止字部 總05劃. 훈글 [정] 바를. 新典 [정] 첫. 관역. 남쪽 창. 바를. 평할. 맛당할.

덩할. 어른. 썻썻할. 분변할. 질덩할. 미리 작덩할. (類合) [정] 정홀. (英譯) right, proper, correct. (康熙) <止部> 古文: 正𤴓𤴔𤴕. {唐韻}{韻會}{正韻}太之盛切, 音政. {說文}是也. 从止一以止. {註}守一以止也. {新書・道術篇}方直不曲謂之正. {易・乾卦}剛健中正. {公羊傳・隱三年}君子大居正. 又備也, 足也. {易・乾・文言}各正性命. {書・君牙}咸以正罔缺. 又{爾雅・釋詁}正, 長也. {郭註}謂官長. {左傳・隱六年}翼九宗五正. {杜註}五正, 五官之長. 又{昭二十九年}木正曰句芒, 火正曰祝融, 金正曰蓐收, 水正曰玄冥, 土正曰后土. 又官名. {禮・王制}史以獄成告於正. {鄭註}正, 於周鄉師之屬, 今漢有正平丞, 秦所置. 又杋載也. {周禮・夏官}諸子大祭祀, 正六牲之體. {註}正謂杋載之. 杋, 亦作匕. 又常也. 朱子云: 物以正爲常. 又正人, 尋常之人也. {書・洪範}凡厥正人. {朱子・語錄}是平平底人. 又定也. {周禮・天官}宰夫令羣吏, 正歲會, 正月要. {註}正, 猶定. 又決也. {詩・大雅}維龜正之. 又治其罪亦曰正. {周禮・夏官}大司馬九伐之法, 賊殺其親則正之. {註}正之者, 執而治其罪. {王霸記}曰: 正, 殺之也. 又直也. {易・坤・文言}直其正也. {爾雅・釋泉}濫泉正出. 正出, 直出也. 又平質也. {論語}就有道而正焉. {屈原・離騷}指九天以爲正. {註}謂質正其是非也. 又以物爲憑曰正. {儀禮・士昏禮}父戒女, 必有正焉, 若衣若笄. {註}有正者, 以託戒使不忘. 又釐辨也. {論語}必也正名乎. 又四月亦曰正月. {詩・小雅}正月繁霜. {箋}夏之四月, 建巳之月. {疏}謂之正月者, 以乾用事, 正純陽之月. 又{杜預・左傳・昭十七年註}謂建巳正陽之月也. 正, 音政. 又預期也. {孟子}必有事焉而勿正. {公羊傳・僖二十六年}師不正反, 戰不正勝. 又三正. {史記・歷書}夏正以正月, 殷正以十二月, 周正以十一月, 蓋三王之正若循環然. {後漢・章帝紀}王者重三正, 愼三微. {註}三正, 天地人之正. 又人臣之義有六正, 謂聖臣, 良臣, 忠臣, 智臣, 貞臣, 直臣也. 見{說苑}. 又七正, 日月五星也. {書・舜典}作七政. {史記・律書}作七正. 又八正, 謂八節之氣, 以應八方之風. {史記・律書}律歷, 天所以通五行八正之氣. 又{大品經說}八正, 曰正見, 正思惟, 正語, 正業, 正命, 正精進, 正念, 正定. {王中・頭陀寺碑文}憑五衍之軾, 拯溺逝川. 開八正之門, 大庇交喪. 又先正, 先賢也. {書・說命}昔先正保衡. 又諡法. {汲冢周書}內外賓服曰正. 又與政通. {詩・小雅}今玆之正. {禮・月令}仲春班馬正. 皆與政同. 又朝覲曰朝正. {左傳・文三年}昔諸侯朝正於王. {杜註}朝而受其政敎也. 亦讀平聲. {杜甫詩}不見朝正使. 又姓. {廣韻}宋上卿正考父之後. 漢有正錦, {後魏志}有正帛. 又複姓, 漢有正令官. 又宗正, 星名. {甘氏星經}在帝座東南, 主宗正卿大夫. 又{廣韻}之盈切. {集韻}{韻會}諸盈切, {正韻}諸成切, 太音征. 歲之首月也. {春秋}春王正月. {公羊・穀梁傳註}音征. 或如字. 今多讀征. 又室之向明處曰正. {詩・小雅}噲噲其正. 又射侯中曰正. {周禮・夏官}射人以射法治射儀, 王以六耦射, 三侯五正. 諸侯以四耦射, 二侯三正. 孤卿大夫以三耦射, 一侯二正. 士以三耦射, 豻侯二正. {詩・齊風}終日射侯, 不出正兮. {毛傳}二尺曰正. {疏}正大於鵠, 三分侯廣, 而正居一焉, 其內皆方二尺. 又{儀禮・大射儀鄭註}正者, 正也. 亦鳥名. 齊魯之閒名題肩爲正. 正, 鳥之捷黠者, 射之難中, 以中爲雋, 故射取名焉. 又與征通. {周禮・夏官}諸子有兵甲之事, 則授之車馬, 以軍法治之, 弗正. {疏}正, 音征. 謂賦稅也. 唐武后作𠙺. (說文) <正部> 之盛切. 是也. 从止, 一以止. 凡正之屬皆从正.

A0079 U-6B64

•此• 止字部 總06劃. (훈글) [차] 이. (新典) [차, ᄎᆞ] 그칠. 이. (類合) [ᄎᆞ] 이. (英譯) this, these. in this case, then. (漢典) 會意. 從止, 從人. 甲骨文字形, 左邊是一只腳, 右邊是"人", 意思是一只腳踩在別人身上, 是"跐"的本字. 本義: 踩, 踏. 指示代詞, 這. (康熙) <止部> {唐韻

}{正韻}雌氏切, {集韻}{韻會}淺氏切, 𠀤音佌. {說文}止也. 从止从匕. 匕, 相比次也. {徐曰}匕, 近也. 近在此也. {爾雅・釋詁疏}此者, 彼之對. {詩・周頌}在彼無惡, 在此無斁. {老子・道德經}去彼取此. 又{六書故}此猶玆也, 斯也. {大學}此謂知本. (說文) <此部> 雌氏切. 止也. 从止从匕. 匕, 相比次也. 凡此之屬皆从此.

A0077 U-6B65

•步• 止字部 總07劃. (훈글) [보] 걸음. (新典) [보] 걸음, 걸을, 다닐. 두자최. 한아, 독보. 운슈. 나루. (訓蒙) [보] 거름. (英譯) step, pace. walk, stroll. (漢典) 會意. 甲骨文字形, 由兩只腳的象形符號重迭而成, 表示兩腳一前一后走路. 本義: 行走. (康熙) <止部> {唐韻}{正韻}薄故切, {集韻}{韻會}蒲故切, 𠀤音捕. {說文}行也. {書・武成}王朝步自周. {傳}步, 行也. {正義}曰: {爾雅・釋宮}云: 堂上謂之行, 堂下謂之步. 彼相對爲名耳, 散則可以通, 故步爲行也. {楚辭・招魂}步騎羅些. {註}乘馬爲騎, 徒行爲步. 又{小爾雅}跬, 一舉足也. 倍跬謂之步. {白虎通}人踐三尺法天地人, 再舉足步備陰陽也. {周禮・夏官}射人以貍步張三侯. {註}鄭司農云: 貍步, 謂一舉足爲步, 於今爲半步. 又{司馬法}六尺爲步, 步百爲畝. {禮・王制}古者以周尺八尺爲步, 今以周尺六尺四寸爲步. {正義曰}古者八寸爲尺, 周尺八尺爲步, 則一步六尺四寸. {史記・秦始皇紀}數以六爲紀, 六尺爲步. {註}索隱曰: {管子}{司馬法}皆云六尺爲步, 非獨秦制. 又王制八尺爲步, 今以六尺四寸爲步, 步之尺數亦不同. 又輦行曰步. {韻會}世稱輦車曰步輦, 謂人荷而行, 不駕馬也. 又徐行曰步. {屈原・離騷}步余馬於蘭皐兮. {說苑・建本篇}走者之速, 步者之遲. 又促行曰趨, 闊行曰步. {莊子・田子方}步亦步, 趨亦趨. 又{任昉・述異記}水際謂之步. 上虞縣有石駞步, 吳中有瓜步, 吳江中有魚步, 龜步, 湘中有靈妃步. 按吳楚閒謂浦爲步, 語之訛耳. {水經注}贛水逕豫章郡北爲津步, 步卽水渚也. {靑箱雜記}嶺南謂村市爲墟, 水津爲步. 又{柳宗元・鐵爐步志}江之滸, 凡舟可縻而上下者曰步. 韓愈{孔戣墓誌}蕃舶至泊步, 有下碇之稅. 通作埠. 今人呼船儈曰埠頭. 埠音如步. 又{爾雅・釋樂}徒擊鼓謂之步. {疏}凡八音備作曰樂. 一音獨作不得以樂名也. 又人才特出謂之獨步. {晉書・王坦之傳}江東獨步王文度. 又馬步, 謂神爲災害馬者. 一曰行神. {周禮・夏官・校人}冬祭馬步. 又人物烖害之神皆曰步. {周禮・夏官・校人疏}玄冥之步, 人鬼之步是也. 又{地官・族師・祭酺註}酺者, 爲人物烖害之神. 故書酺爲步, 蓋步與酺字異而音義同也. 又習馬曰步馬. {左傳・襄二十六年}左師見夫人之步馬者. 又牽行也. {禮・曲禮}步路馬必中道. 又行師曰步師. {左傳・僖三十三年}寡君聞吾子將步師出于敝邑. 又行爵曰步爵. {禮・少儀}未步爵, 不嘗羞. 又推歷曰步歷. {左傳・文元年疏}日月轉運於天, 猶如人之行步, 故推歷謂之步歷. {後漢・楊厚傳}就同郡鄭伯山, 受河洛書及天文推步之術. {陸機・演連珠}儀天步晷, 而修短可量. 又{律歷}, 書名, 五星爲五步. 見{漢制考}. 又運也, 國運曰國步, 天運曰天步. {詩・小雅}國步蔑資. {又}天步艱難. 又陟大位曰改步. {周語}改玉改步. 又步驟. {後漢・曹褒傳}三五步驟, 優劣殊軌. {註}{孝經鉤命決}曰: 三皇步, 五帝驟, 三王馳. 宋均註云: 步謂德隆道用, 日月爲步, 時事彌順, 日月亦驟, 勤思不已, 日月乃馳, 是優劣也. 又姓. {廣韻}晉有步揚, 食采於步, 後因氏焉. 孔子弟子有步叔乘, 三國吳丞相步騭. 又三字姓. {後魏書}有步六孤氏, 後改爲陸氏. 又西方步鹿根氏, 後改爲步氏. 又{北齊書}有步大汗氏. 又百步, 溪名. {廣輿記}在台州臨海縣, 一呼惡溪. 又千步, 香名. {任昉・述異記}南海山出千步香, 佩之香聞千步. 今海嵎有千步草, 是其種也. {雜貢籍}曰: 南郡貢千步香. 又步光, 劒名, 見{越絕書}. 又步搖, 婦人首飾名. 見{採蘭雜志}. {俗書正訛}从少, 反止也. 从少, 非. 少字仅在步字中使用, 日人将步简化为歩, 便利步字

的使用. 說文 <步部> 薄故切. 行也. 从止少相背. 凡步之屬皆从步.

A0855 U-6B66

•武• 止字部 總08劃. 훈글 [무] 굳셀. 新典 [무] 건장할, 호반. 위엄스러울. 무단할. 날낼. 강할. 자최. 이을. 訓蒙 [무] 믹올. 英譯 military. martial, warlike. 漢典 會意. 從止, 從戈. 據甲骨文, 人持戈行進, 表示要動武. 本義: 勇猛, 猛烈. 康熙 <止部> ｛唐韻｝文甫切, ｛集韻｝｛韻會｝罔甫切, 䫄音舞. ｛玉篇｝健也. 一曰威也, 斷也. ｛書・大禹謨｝乃武乃文. 又｛伊訓｝布昭聖武. 又｛左傳・宣十二年｝楚子曰: 止戈爲武. ｛又｝夫武, 禁暴戢兵, 保大定功, 安民和衆, 豐財者也. 武有七德. 又諡法之一. ｛汲冢周書｝剛彊理直曰武, 威彊叡德曰武, 克定禍亂曰武, 刑民克服曰武, 夸志多窮曰武. 又周樂名. ｛前漢・禮樂志｝武王作武. 武, 言以功定天下也. 又｛禮・樂記｝始奏以文, 復亂以武. ｛鄭註｝文謂鼓, 武謂金. ｛疏｝金屬西方, 可以爲兵刃, 故爲武. 鼓主發動衆音, 無兵器之用, 故爲文. 又迹也. ｛詩・大雅｝履帝武敏歆. ｛禮・曲禮｝堂上接武, 堂下布武. 又｛禮・曲禮｝牛曰一元大武. ｛疏｝牛肥則迹大. 又｛爾雅・釋詁｝武, 繼也. ｛詩・大雅｝下武惟周. ｛箋｝言後人能繼先祖者, 惟有周也. 又冠卷曰武. ｛禮・玉藻｝縞冠玄武, 居冠屬武. 又｛雜記｝委武. ｛註｝秦人曰委, 齊東曰武. 又冠名. 蔡邕｛獨斷｝武冠, 或曰繁冠, 今謂之大冠, 武官服之. 又水名. ｛前漢・地理志｝東郡有東武陽縣. ｛應劭曰｝武水之陽也. 又: 泰山郡南武陽縣, 武水所出, 南人泗. 又關名. ｛地理通釋｝｛左傳・哀四年｝: 楚人謀北, 方將通於少習, 以聽命. ｛杜註｝少習, 商縣武關也. ｛輿地廣記｝: 商洛縣東有少習, 秦謂之武關. ｛賈誼・新書｝所謂建武關函谷臨晉關者, 大抵爲備山東諸侯也. 又武都, 州名. ｛廣韻｝本自白馬氐地, 魏文徙武都郡於美陽, 今好畤縣界, 武都古城是也. 後漢平仇池山築城, 置武都鎭, 卽今州是也. 又｛地理通釋｝唐大中五年, 以原州之蕭關置武州. 又廣武, 山名. 在滎陽. ｛前漢・項籍傳｝羽與漢王臨廣武, 閒而語. 又縣名, 屬太原郡. 又修武, 陽武, 原武, 皆屬河內郡. 又靈武, 今陝西環縣, 唐肅宗卽位於此. 又湖名. ｛廣輿記｝在黃州府黃陂縣, 相傳黃祖習射處. 又溪名. 亦山名. ｛廣輿記｝在辰州府盧溪縣. 馬援門生善吹笛, 援作歌和之曰滔滔武溪一何深, 卽此. 又武山, 亦在盧溪縣. 又眞武, 湖名. ｛六朝事迹｝吳後主寶鼎元年, 開城北渠, 引後湖水流入新宮. 今城北十三里有古池, 俗呼爲後湖是也. 又星名. ｛夢溪筆談｝北方眞武七宿, 起於東井, 終於角. 又玄武, 北方七宿也. ｛禮・曲禮｝前朱雀而後玄武. 又姓. ｛廣韻｝｛風俗通｝云: 宋武功之後, 漢有武臣. 又漢複姓, 六氏. 漢有乘黃令武安恭, 出自武安君白起之後. ｛風俗通｝云: 漢武强侯王梁, 其後因封爲氏. 世本云: 夏時有武羅國, 其後氏焉. ｛何氏姓苑｝有廣武氏, 武成氏, 武仲氏, 又｛西秦錄｝有武都氏. 又與珷通. 石似玉者. ｛史記・司馬相如傳｝瑌石武夫. 又｛正韻｝微夫切. 與無通. ｛禮・禮器｝周坐尸, 詔侑武方. ｛鄭註｝武, 讀爲無. 說文 <戈部> 文甫切. 楚莊王曰: "夫武, 定功戢兵. 故止戈爲武."

A0077 U-6B68

•歨• 止字部 總08劃. 훈글 [보] 걸음. 康熙 <止部> ｛字彙補｝同步.

A0077 U-6B69

•步• 止字部 總08劃. 훈글 [보] 걸음. 英譯 step.

D0023 U-6B6C

•歬• 止字部 總10劃. (한글) [전] 앞. (康熙) <止部> {廣韻}古文前字. {說文}从止在舟上. 註詳刀部七畫.

D0023 U-6B6E

•歮• 止字部 總12劃. (한글) [색] 웃을. (康熙) <止部> {字彙補}與澀同. {漢・犍爲楊君頌}蓬路歮難.

A0078 U-6B72

•歲• 止字部 總13劃. (한글) [세] 해. (新典) [셰] 해. 곡식 익을. (訓蒙) [셰] 힛. (英譯) year. age. harvest. (漢典) 形聲. 小篆字形. 從步, 戌聲. "步"有經歷的意思. 古音"歲, 戌"迭韻. 本義: 歲星. 即木星. (康熙) <止部> 古文: 𡻮𡿪. {唐韻}相銳切, {集韻}須銳切, 𠀤音帨. {釋名}歲, 越也, 越故限也. {白虎通}歲者, 遂也. {易・繫辭}寒暑相推而歲成. {書・洪範}五紀, 一曰歲. {傳}所以紀四時. {又}王省惟歲. {傳}王所省職, 兼總羣吏, 如歲兼四時. 又星名. {爾雅・釋天}唐虞曰載, 夏曰歲, 商曰祀, 周曰年. {郭註}歲, 取歲星行一次也. {疏}按{律曆志}分二十八宿爲十二次, 歲星十二歲而周天, 是年行一次也. {周禮・春官}馮相氏掌十有二歲. {又}保章氏以十有二歲之相, 觀天下之妖祥. {疏}此太歲在地, 與天上歲星相應而行. 歲星右行於天, 一歲移一辰, 十二歲一小周, 千七百二十八年一大周. 太歲左行於地, 一與歲星跳辰, 年數同. 歲星爲陽人之所見, 太歲爲陰人所不覩, 故舉歲星以表太歲. 歲星與日同次之月, 一年之中惟於一辰之上爲法. 若元年甲子朔旦冬至, 日月五星俱赴於牽牛之初, 是歲星與日同次之月. 十一月斗建子, 子有太歲, 至後年, 歲星移向子上, 十二月日月會於玄枵. 十二月斗建丑, 丑有太歲. 推此已後皆然. 又歲星木會在東方, 爲青龍之象, 天之貴神福德之星, 所在之國必昌. 又{史記・天官書}歲星, 一曰攝提, 曰重華, 曰應星, 曰紀星, 營室爲淸廟, 歲星廟也. {孝經・鉤命決}歲星守心年穀豐. {左傳・昭三十二年}史墨曰: 越得歲而吳伐之, 必受其凶. 又{岳珂・桯史}今星家以太歲爲凶星. {王充・論衡}抵太歲凶, 負太歲亦凶. 抵太歲名曰歲下, 負太歲名曰歲破. 又年穀之成曰歲. {左傳・哀十六年}國人望君, 如望歲焉. {杜註}歲, 年穀也. {前漢・武帝詔}爲歲事曲加禮. 又周制有歲計, 歲會. {周禮・春官}職歲. {註}主歲計者. {又}歲終, 則令百官各正其治, 受其會. 三歲則大計羣吏之治, 而誅賞之. {又}司會以參互攷日成, 以月要攷月成, 以歲會攷歲成. 又{史記・天官書}臘之明日曰初歲. {四民月令}亦曰小歲. 又始歲曰獻歲. {楚辭・招魂}獻歲發春. {註}獻, 進也. 歲始來進, 春氣奮揚也. 又{東京夢華錄}除夕夜, 士庶之家圍爐團坐, 達旦不寐, 謂之守歲. 又{風土記}除夜祭先, 竣事, 長幼聚飮, 祝頌而散, 謂之分歲. 又{蘇軾・饋歲詩序}蜀中値歲晚閒遺, 謂之饋歲. 酒食相邀爲別歲. 又萬歲, 山名. 在桂陽. {水經注}萬歲山生靈壽木, 溪下卽千秋水. 水側居民號萬歲村. 又水名. {伏琛・三齊略記}曲城, 齊城東有萬歲水, 水北有萬歲亭. 又湖名. {廣輿記}萬歲湖, 在建昌府南豐縣. 又宮名. {三輔黃圖}汾陽有萬歲宮. 又木名. {爾雅・釋木疏}杻一名檍, 今宮園種之, 名萬歲木, 取名於億萬也. 又{集韻}相絕切, 音雪. 義同嵗. {曹植・平原公主誄}城闕之詩, 以日喩歲. 況我愛子, 神光長滅. 歲亦讀雪. 又{集韻}蘇臥切, 音膹. 䭾歲, 穀名. {說文}从步戌聲. 律歷書名五行爲五步. 一說从步者, 躔度之行, 可推步也. 从戌者, 木星之精, 生於亥, 自亥至戌而周天. 戌與歲亦諧聲,

別作歲, 歲, 𠀤非. 說文 <步部> 相銳切. 木星也. 越歷二十八宿, 宣徧陰陽, 十二月一次. 从步戌聲. 律歷書名五星爲五步.

A0073 U-6B77

•歷• 止字部 總16劃. 한글 [력] 지낼. 新典 [력] 격글, 지나칠. 젼할. 다닐. 지날. 다할. 넘을. 가마. 고요할. 문채 날. 줄로 설. 類合 [력] 디날. 英譯 take place, past, history. 康熙 <止部> 古文: 䘑. {唐韻}郎擊切, {集韻}{韻會}狼狄切, 𠀤音靂. {說文}過也. 一曰經歷. {書・梓材}殺人歷人. {註}歷人者, 罪人所過. {前漢・天文志}合散犯守, 陵歷鬭食. {韋昭註}自下往觸之曰犯, 居其宿曰守, 經之爲歷, 突掩爲陵, 星相擊爲鬭. 又次也. {禮・月令}季冬, 命宰歷卿大夫至於庶民. {註}歷, 猶次也. 又盡也. 謂徧及之也. {書・盤庚}歷告爾百姓于朕志. {前漢・劉向傳}歷周唐之所進以爲法. {師古註}歷謂歷觀之. 又踰也, 越也. {孟子}不歷位而相與言. {大戴記}竊盜歷法妄行. 又疎也. {宋玉・登徒子好色賦}䶗脣歷齒. {註}歷, 猶疎也. {後漢・列女傳}蓬髮歷齒, 未知禮則. 又錯也. {莊子・天地篇}交臂歷指. 又亂也. {大戴記}歷者, 獄之所由生. {註}歷, 歷亂也. {鮑照詩}黃絲歷亂不可治. 又歷歷, 行列貌. {古樂府}歷歷種白榆. 又釜鬲謂之歷. {史記・滑稽傳}銅歷爲棺. {索隱曰}歷卽釜鬲也. 又歷錄, 文章之貌. 見{詩疏}. 又寂歷, 猶寂寞也. {張說詩}空山寂歷道心生. 又山名. {括地志}蒲州河東縣雷首山, 一名中條, 一名歷山, 舜耕處. {廣輿記}蒲州今屬平陽府. 又濟南有歷山, {漢志}充縣亦有歷山. 又縣名. {前漢・地理志}信都國有歷縣. 又歷城縣, 屬濟南, 卽齊州縣也. {地理通釋}田廣罷歷下兵, 卽其地. 後漢安帝建光三年, 黃龍見歷城. 又湖名. {廣輿記}歷湖, 在和州城西, 周七十里, 爲郡之巨浸. 又{爰歷}, 書名. {說文序}趙高作{爰歷篇}, 所謂小篆. 又與曆日之曆同. {前漢・律歷志}黃帝造歷. 又{世本}曰容成造歷. {尸子}曰羲和造歷. 或作曆. 又與霹靂之靂同. {前漢・天文志}辟歷夜明. {後漢・蔡邕傳}辟歷數發. 又與馬櫪之櫪同. {前漢・梅福傳}伏歷千駟. 又同壢. 坑也. 說文 <止部> 郎擊切. 過也. 从止厤聲.

A0073 U-6B78

•歸• 止字部 總18劃. 한글 [귀] 돌아갈. 新典 [귀] 돌아갈, 돌아올. 돌려보낼. 더질. 붓조츨. 허락할. 시집갈. [궤] 먹일. 類合 [귀] 도라갈. 英譯 return. return to, revert to. 漢典 會意. 從止, 從婦省. 本義: 女子出嫁. 康熙 <止部> 古文: 㱕. {唐韻}舉韋切, {集韻}居韋切, 𠀤音騩. 還也, 入也. {詩・小雅}薄音旋歸. 又還所取之物亦曰歸. {春秋・定十年}齊人來歸鄆, 讙, 龜陰田. 又{禮・祭義}父母全而生之, 子全而歸之. {孟子}久假而不歸. 皆還復之義. 又{春秋・隱元年}歸惠公仲子之賵. {杜註}歸者, 不反之辭. {桓七年}突歸于鄭. {穀梁傳}歸, 易辭也. 又依歸也. {詩・曹風}于我歸處. {毛傳}歸, 依歸也. 又歸附也. {穀梁傳・莊二年}王者, 民之所歸往也. {詩・大雅}豈弟君子, 民之攸歸. 又{說文}女嫁也. {詩・周南}之子于歸. {禮・禮運}男有分, 女有歸. 又{穀梁傳・隱二年}婦人謂嫁曰歸, 反曰來歸. {註}嫁而曰歸, 明外屬也. 反曰來歸, 明從外至也. {左傳・莊二十七年}凡諸侯之女歸寧曰來, 出曰來歸. 夫人歸寧曰如某, 出曰歸于某. 又投也, 委也. {左傳・襄三年}請歸死于司敗. 又{前漢・申屠嘉傳}鼂錯恐自歸景帝. {註}師古曰: 自首于天子. 又與也, 許也. {論語}天下歸仁焉. 又合也. {禮・緇衣}私惠不歸德. {註}謂不合於德義. 又終也. {左傳・宣十一年}以討召諸侯, 而以貪歸之. 又歸妹, 卦名. 又三歸, 臺名. {史記註}三歸, 取三姓女也. 又指趣曰歸. {易・繫辭}殊途而同歸. {

史記・李斯傳}覩指而識歸. 又道家有八歸. {參同契}九還, 七返, 八歸, 六居. {註}八歸者, 天三生木, 地八成汞, 戊己一合, 木汞之眞, 歸煉鼎中, 故曰八歸. 又{謝察微・算經}有歸法, 歸已入之數也. 又歸藏, 黃帝{易}名. 一曰殷{易}. {周禮・春官}大卜掌三{易}之灋, 二曰歸藏. {註}歸藏者, 萬物莫不歸而藏之于中. 此{易}以純坤爲首, 故名. 又{爾雅・釋親}女子謂晜弟之子爲姪, 謂姪之子爲歸孫. 又饋也. {論語}歸孔子豚. {晉語}不腆敝邑之禮, 敢歸諸下執政. 又山名. {山海經}太行之山, 其首曰歸山, 其上有金玉, 其下有碧. 又州名. {廣韻}本春秋夔子國, 武德初, 割夔州之秭歸巴東二縣, 置州, 取歸國爲名也. {廣輿記}今屬荊州府. 又姓. 又歸邪, 星氣名. {前漢・天文志}如星非星, 如雲非雲, 名曰歸邪. 歸邪出, 必有歸國者, 邪音虵. 又忘歸, 矢名, 見{公孫子}. 又姊歸, 鳥名. 當歸, 藥名. 又{集韻}求位切, 音匱. 同饋. {說文}餉也. 亦讀如字. 義見上. 籒省作𠭁. 漢碑作歸. (說文) <止部> 擧韋切. 女嫁也. 从止, 从婦省, 自聲.

歺 A0249 U-6B79

•歹• 歹字部 總04劃. (훈글) [알] 부서진 뼈. (新典) [알] 쌔 앙상할. (訓蒙) [대] 사오나올. (英譯) bad, vicious, depraved, wicked. (漢典) 象形. 本作"歺", 音 è. 甲骨文字形, 象有裂縫的殘骨. 隷變作"歹". "歹"是漢字部首之一, 從"歹"的字多與死, 壞或不吉祥等義有關. 本義: 殘骨. (康熙) <歹部> 古文: 𣦵. 同歺, 俗省. 本作歺, 隷作歺. {俗書正誤}歹, 音遏. {長箋}今誤讀等在切, 爲好字之反. 歺字原从卜从冂作.

歺 A0249 U-6B7A

•歺• 歹字部 總05劃. (훈글) [알] 부서진 뼈. (新典) [알] 歹同. (英譯) vicious, depraved, bad. (康熙) <歹部> 同歺. 𣦵, 古文歺. (說文) <歺部> 五割切. 𠟭骨之殘也. 从半冎. 凡歺之屬皆从歺. 讀若櫱岸之櫱.

死 A0250 U-6B7B

•死• 歹字部 總06劃. (훈글) [사] 죽을. (新典) [사, ᄉᆞ] 죽을, 상사 날, 돌아갈. 끈칠. (訓蒙) [ᄉᆞ] 주글. (英譯) die. dead. death. (漢典) 會意. 小篆字形. 右邊是人, 左邊是"歺", 殘骨, 指人的形體與魂魄分離. 本義: 生命終止. (康熙) <歹部> 古文: 𠒁𣦸. {廣韻}息姊切, {集韻}{韻會}{正韻}想姊切, 𠀤斯上聲. {白虎通}死之言澌, 精氣窮也. {釋名}死者, 澌也, 若冰釋澌然盡也. {莊子・知北遊}人之生, 氣之聚也. 聚則爲生, 散則爲死. {關尹子・四符篇}生死者, 一氣聚散耳. {禮・曲禮}庶人曰死. {禮・檀弓}君子曰終, 小人曰死. 又{周禮・天官・疾醫註}少曰死, 老曰終. 又{山海經}有不死國, 在南海大荒中. {郭璞贊}赤泉駐年, 神木養命. 稟此遐齡, 悠悠無竟. 又圓丘山有不死樹. {郭璞贊}萬物暫見, 人生如寄. 不死之樹, 壽蔽天地. 又{山海經}流沙之東, 黑水之閒, 有不死山. 又{劉孟會云}祖州海島產不死草, 一株可活一人. 又姓. 自, 死, 獨, 膊, 代北四姓也. 見{氏族略}. 又叶息利切, 音四. {宋玉・九辯}願徼幸而有待兮, 泊莽莽與埜艸同死. 叶上至. {說文}从人作𣦸. 又𣧩, 同. (說文) <死部> 息姊切. 澌也, 人所離也. 从歺从人. 凡死之屬皆从死.

A0856 U-6B98

•殘• 歹字部 總12劃. (훈글) [잔] 해칠. (新典) [잔] 쇠잔할. 해할. 턱찍기. (類合) [잔] 잔상. (英譯) injure, spoil. oppress. broken. (康熙) <歹部> {廣韻}昨干切, {集韻}{韻會}財干切, 𠀤音賤. {說文}賊也. {詩·小雅}廢爲殘賊. {孟子}賊義者謂之殘. 又{釋名}殘, 踐也. 踐使殘壞也. {書·泰誓}殘害于爾萬姓. 又{史記·樊噲傳}殘東垣. {註}謂多所殺傷也. 又惡也. {書·泰誓}取彼凶殘. {史記·陳餘傳}爲天下除殘. 又放逐也, 殺也. {周禮·夏官}{大司馬}九伐之法, 放弒其君, 則殘之. {揚子·方言}䑜殺也. 晉魏河內之北, 謂䑜爲殘. 䑜音廩. 或洛感反. 又食餘也. {杜甫詩}殘杯與冷炙. 又煑肉之名. {張協·七命}鷰髀猩脣, 髦殘象白. {註}髦, 髦牛也. 殘白, 蓋煑肉之異名. {崔駰·博徒論}鷰臛羊殘. 又殘缺也. {劉歆·移太常博士書}專已守殘. {註}師古曰: 專執已所偏見, 苟守殘缺之文. 又穿鑿傅會謂之蕞殘. {王充·論衡}蕞殘滿車, 不成爲道. 玉屑滿篋, 不成爲寶. 又惡罵曰殘罵. {揚子·方言}南楚凡人殘罵謂之鉗. 又貪暴吏曰殘吏. {後漢·明帝紀}殘吏放手. 又五殘, 星名. {史記·天官書}五殘星, 出正東東方之野, 其星狀類辰星. {正義曰}五殘, 一名五鋒. {前漢·藝文志}有{五殘雜變星}二十一卷. 又與戔通. {易·賁卦}束帛戔戔. {註}引子夏{易}束帛殘殘. 又{魏志}辰韓名樂浪人爲阿殘. 東方人名我爲阿, 謂樂浪人本其殘餘之人也. 又膾殘, 魚名. {皮日休詩}分明數得膾殘魚. 又{高僧傳}明瓚禪師, 性懶而食殘, 號懶殘. 又{韻補}叶財先切, 音前. {班彪·北征賦}首身分而不寤兮, 猶數功而辭諐. 何夫子之妄說兮, 孰云地脈而生殘. 又{夢溪筆談}王聖美治字學, 演其義以爲右文. 凡字其類在左, 其義在右. 如木類, 其左皆从木. 所謂右文者, 如戔, 少也, 水之少者曰淺, 金之小者曰錢, 歹而小者曰殘, 貝之小者曰賤, 如此類皆以戔爲義. ○ 按殘義本兼大小而言, 姑附記於此. (說文) <歺部> 昨干切. 賊也. 从歺戔聲.

A0854 U-6BB1

•殱• 歹字部 總19劃. (훈글) [섬] 다죽일. (英譯) annihilate, wipe out, kill off.

A0855 U-6BB2

•殲• 歹字部 總21劃. (훈글) [섬] 다죽일. (新典) [점] 正音 [섬] 다할. 멸할. (英譯) annihilate, wipe out, kill off. (康熙) <歹部> 古文: 㦰. {唐韻}{廣韻}子廉切, {集韻}{類篇}思廉切, {韻會}將廉切, 𠀤音纖{爾雅·釋詁}殲, 盡也. {邢疏}舍人曰: 殲, 衆之盡也. {春秋·莊十七年}齊人殲于遂. {穀梁傳}殲者, 盡也. 杜預曰: 戍遂翫而無備, 遂人討而盡殺之, 故時史以自盡爲文. {書·胤征}殲厥渠魁. {詩·秦風}殲我良人. 又{左傳·襄二十八年}其將聚而殲旃. 義𠀤同. (說文) <歺部> 子廉切. 微盡也. 从歺韱聲. {春秋傳}曰: “齊人殲于遂.”

A0174 U-6BB3

•殳• 殳字部 總04劃. (훈글) [수] 창. (新典) [슈] 칠. 날 업는 창. (英譯) name of old weapon. kill. KangXi radical 79. (漢典) 象形, 甲骨文字形, 象手持一種長柄勾頭似的器具, 可以取物, 可以打擊樂器, 后成爲兵器. 本義: 一種用竹或木制成的, 起撞擊或前導作用的古代兵器. (康熙) <殳部> 古文: 杸. {唐韻}市朱切, {集韻}{韻會}慵朱切, {正韻}尚朱切, 𠀤音殊. {說文}以杸殊

人也. 又兵器. {周禮・夏官・司兵・掌五兵註}五兵者, 戈, 殳, 戟, 酋矛, 夷矛. {釋名}殳, 殊也. 長一丈二尺, 無刃, 有所撞挃於車上, 使殊離也. 正義曰: {考工記}殳長尋有四尺. 八尺曰尋, 是丈二也. 冶氏爲戈戟之屬, 不言殳刃, 是無刃也. {詩・衞風}伯也執殳, 爲王前驅. 又戟柄之別名. {揚子・方言}三刃枝, 南楚宛, 郢謂之匽戟. 其柄, 自關而西謂之柲, 或謂之殳. 又書法名. {前漢・藝文志}八體六板. 韋昭曰: 八體, 六曰殳書. {歐陽詢・書法}殳書者, 伯氏所職. 文記笏, 武記殳, 因而制之. {說文序}七曰殳書. {徐鍇註}殳體八觚, 隨其勢而書之, 故八體有殳書. 又姓. 又打穀之架曰攝殳. {揚子・方言}僉, 宋衞之閒謂之攝殳. {註}僉, 今連架, 所以打穀者. 从几. 几音殊, 鳥短羽也. 與几案之几別. 又與殳別. {佩觿集}殳, 示朱翻, 戈殳也. 殳, 莫勿翻, 沈也. (說文) <殳部> 市朱切. 以杸殊人也. {禮}: "殳以積竹, 八觚, 長丈二尺, 建於兵車, 車旅賁以先驅." 从又几聲. 凡殳之屬皆从殳.

㱿 㱿 A0175 U-3C7F

•㱿• 殳字部 總10劃. (훈글) [각] 내려칠. [학] 구역질하는 모양. (英譯) (same as 殼) the husk, skin or shell of fruits. the shell of snakes, insects, etc., the shells of molluscas, a bag or case made of leather for weapons, (interchangeable 慤) prudent. cautious, (same as 㱿) to vomit. to throw up, strong. durable. solid. firm. stable. (康熙) <殳部> {唐韻}苦角切, {集韻}{韻會}克角切, 丛音確. {說文}从上擊下也. 一曰素也. 又{玉篇}物皮空也. {列子・黃帝篇}木葉幹㱿. 又卵甲亦曰㱿. {仲長統・述志詩}飛鳥遺蹟, 蟬蛻亡㱿. 或作殼. 又{集韻}空谷切, 音哭{正韻}乞約切, 音却. 義丛同. 又{集韻}黑角切, 與㱿同. 歐貌. {左傳・哀二十五年}臣有足疾, 若見之, 君將㱿之. 或省作㱿. 又叶丘候切, 音寇. {張載・七命}析龍眼之房, 剖椰子之㱿. 芳旨萬選, 承意代奏. {韻會}作㱿. (說文) <殳部> 苦角切. 从上擊下也. 一曰素也. 从殳青聲. 青, 苦江切.

殷 殷 殷 A0180 U-6BB7

•殷• 殳字部 總10劃. (훈글) [은] 성할. (新典) [은] 만을. 클. 중가온대중. (類合) [은] 만홀. (英譯) many, great. abundant, flourishing. (康熙) <殳部> {唐韻}於身切, {集韻}{韻會}於巾切, 丛音咽. {說文}作樂之盛稱殷. {易・豫卦}先王以作樂崇德, 殷薦之上帝. 又凡盛皆曰殷. {書・洛誥}肇稱殷禮, 祀于新邑. 又{呂刑}三后成功, 惟殷于民. 又{爾雅・釋言}殷, 中也, 正也. {書・堯典}日中星鳥, 以殷仲春, 宵中星虛, 以殷仲秋. {傳}殷, 正也, 以正春秋之氣節. 鄭玄曰: 殷, 中也. 春分, 陽之中. 秋分, 陰之中. 又{禹貢}九江孔殷. {正義曰}言甚得地勢之中也. 又衆也. {詩・鄭風}殷其盈矣. {周禮・天官}陳其殷, 置其輔. 又{春官・大宗伯}殷見曰同, 殷覜曰視. {傳}{註}俱訓衆. 又大也. {禮・曾子問}服除而後殷祭. {疏}殷, 大也. 大祭謂之殷祭. {莊子・山木篇}翼殷不逝, 目大不覩. {註}翼大逝難, 目大視希, 故不見人. 又當也. {史記・天官書}衡殷中州河, 濟之閒. {正義曰}衡, 北斗衡也. 殷, 當也. 言斗衡當黃河, 濟水之閒地. 又國號. {史記}契始封商, 後盤庚遷都殷墟, 改號曰殷. {書傳}殷, 亳之別名, 在河南. 又姓. {史記・殷本紀}其後分封, 以國爲姓, 有殷氏, 北殷氏. 又齊人言殷聲如衣. 今姓有衣者, 殷之冑. 見{禮記註疏}. 又{爾雅・釋訓}殷殷, 憂也. {詩・邶風}憂心殷殷. {釋文}殷, 於巾切, 又音隱. 又俗謂周致爲殷勤, 別作慇. 又{集韻}倚謹切, {正韻}於謹切, 丛音隱. 雷發聲也. {詩・召南}殷其雷, 在南山之陽. 或从石作磤. 又殷殷, 盛貌. {史記・蘇秦傳}輷輷殷殷, 若有三軍之衆. {

揚雄・羽獵賦}殷殷軫軫. 又{集韻}{韻會}𠀤於斬切. 音偃. {莊子・外物篇}其不殷非天之罪. {註}殷, 當也, 中也. ○ 按當與中皆去聲讀. 又{廣韻}{正韻}烏閑切, {集韻}於閑切, {韻會}幺閑切, 𠀤音黫. 赤黑色也. {左傳・成二年}左輪朱殷. {杜註}血色久則殷. 殷, 音近煙. 今人以赤黑爲殷色. {杜甫詩}曾閃朱旗北斗殷. {白居易詩}白珠垂露凝, 赤珠滴血殷. 俱讀黫yān. 說文 <㐆部> 於身切. 作樂之盛稱殷. 从㐆从殳. {易}曰: "殷薦之上帝."

A0179 U-6BB8

•殸• 殳字部 總11劃. 한글 [성] 소리. 英譯 stone chimes. 康熙 <殳部> {唐韻}苦定切, {集韻}詰定切, 𠀤音罄. {說文}磬, 籀文省作殸. 又{玉篇}口耕切, {廣韻}口莖切, 𠀤音鏗. 敵也. 又{集韻}聲古作殸. 註詳耳部十一畫.

A0179 U-6BBA

•殺• 殳字部 總11劃. 한글 [살] 죽일. 訓蒙 [살] 주길. 英譯 kill, slaughter, murder. hurt. to pare off, reduce, clip. 康熙 <殳部> 古文: 布𣪐㡼𢿡𣏂𣪘𣫞. {唐韻}所八切, {集韻}{韻會}{正韻}山戛切, 𠀤音煞. {說文}戮也. {周禮・春官}內史掌王之八柄之法, 以詔王治. 五曰殺. {疏}太宰有誅無殺. 此有殺無誅者, 誅與殺相因, 見爲過不止, 則殺之也. 又{秋官}掌戮, 掌斬殺賊諜而搏之. {註}斬以鈇鉞, 殺以刀刃. 又{爾雅・釋詁}殺, 克也. {郭註}隱元年公羊傳曰: 克之者何, 殺之也. 又獲也. {禮・王制}天子殺, 則下大綏. 諸侯殺, 則下小綏. 大夫殺, 則止佐車. {註}殺, 獲也. 又同死. {孟子}凶年不能殺. 又忘也. {莊子・大宗師}殺生者不死. {註}李軌云: 殺, 猶亡也. 亡生者不死也. 崔云: 除其營生爲殺生. 又薙草曰殺. {禮・月令}利以殺草. 又霜殺物曰殺. {春秋・僖三十三年}隕霜不殺草. {左傳・桓五年}始殺而嘗. 又以火炙簡爲殺青. {後漢・吳佑傳}欲殺青簡, 以寫經書. {註}殺青者, 以火炙簡令汗, 取其青, 易書, 復不蠹, 謂之殺青. 亦爲汗青, 義見{劉向・別錄}. 又矢名. {周禮・夏官・司弓矢}殺矢, 鍭矢, 用諸近射田獵. {註}殺矢, 言中則死. 又{考工記}冶氏爲殺矢, 刃長寸, 圍寸, 鋌十之. 又刷也. {釋名}摩挲猶抹殺. 又{集韻}{韻會}𠀤桑葛切, 音薩. 散貌. {史記・倉公傳}望之殺然黃. {註}徐廣曰: 殺, 蘇葛反. 正義曰: 蘇亥反. 又掃滅之也. {前漢・谷永傳}末殺災異. 又騷殺, 下垂貌. {張衡・東京賦}飛流蘇之騷殺. 又{集韻}私列切, 音薛. 與躠同. 蹩躠, 旋行貌. {莊子・馬蹄篇}蹩躠爲仁. 向崔本作弊殺. 又{廣韻}{集韻}{韻會}𠀤所界切, 音鎩. 降也, 減削也. {周禮・秋官・象胥}國新殺禮, 凶荒殺禮. {禮・大傳}五世而緦殺同姓也. 又{禮器}禮不同, 不豐不殺. 又{正韻}所賣切, 音曬. 義同. 又毛羽敝曰殺. {詩・豳風・予羽譙譙傳}譙譙, 殺也. 又{周禮・天官・瘍醫}劀殺之齊. {註}殺謂以藥食其惡肉. 又噍殺, 音也. {禮・樂記}其哀心感者, 其聲噍以殺. {註}噍則竭而無澤, 殺則減而不隆. 又剪縫也. {論語}非帷裳, 必殺之. 亦作褩. 又韜屍之具, 上曰質, 下曰殺. {儀禮・士喪禮}絰殺, 掩足. 又疾也. {白居易・半開花詩}西日憑輕照, 東風莫殺吹. {自註}殺, 去聲. {正字通}今樂府家有元殺, 旁殺之別, 元人傳奇{白鶴子}一殺, 二殺卽其遺聲也. 俗讀生殺之殺, 非. {集韻}或作閷煞. 又{集韻}{韻會}𠀤所例切, 音𢥍. 亦降也. 又{集韻}式吏切, 音試. 同弒. {前漢・高帝紀}項羽放殺其主. {註}殺, 當作弒. 又{班固・西都賦}掎僄狡, 扼猛噬, 脫角挫脰, 徒搏獨殺. {註}殺, 亦叶式吏切. 又叶色櫛切, 音瑟. {梁肅・兵箴}傳美干戈, 易載以律. 古之睿知, 神武不殺. 又叶式列切, 音設. {束皙・近遊賦}繫複襦以御冬, 脅汗衫以當熱. 帽引四角之縫, 裙爲數條之殺. 殺, 一作褩. 說文 <殺部> 所八切. 戮

也. 从殳杀聲. 凡殺之屬皆从殺.

A0176 U-3C83

•㲃• 殳字部 總12劃. ᄒᆞᆫ글 [구] 구부릴. 英譯 smooth and curved, to strike or beat heavily. 康熙 <殳部> {唐韻}{集韻}丛居又切, 音救. {說文}揉屈也. 从殳从皀. 皀, 古文叀字. {徐鉉曰}叀, 小謹也. 亦屈服之意. 又{廣韻}强擊也. 又{廣韻}去秋切, {集韻}尼猷切, 丛音惆. 又{集韻}祛尤切, 音丘. 義丛同. 說文 <殳部> 居又切. 揉屈也. 从殳从皀. 皀, 古文叀字. 廏字从此.

A0175 U-6BBC

•殼• 殳字部 總12劃. ᄒᆞᆫ글 [각] 껍질. 訓蒙 [뉴] 겻머길. 英譯 casing, shell, husk, hull, skin. 康熙 <殳部> 與㱿同.

A0026 U-3C84

•㲄• 殳字部 總13劃. ᄒᆞᆫ글 [구] 굽지 않은 그릇. 英譯 unburnt bricks or tiles.

A0407 U-6BCB

•毋• 毋字部 總04劃. ᄒᆞᆫ글 [무] 말. 新典 [무] 말. 업슬. 말게 할. 英譯 do not. not. surname. KangXi radical 80. 漢典 形聲. "母"省聲. 毋, 母古本爲一字, 后分化禁止之詞, 乃加一畫以別之. 本義: 表示禁止的詞. 相當于莫, 勿, 不要. 康熙 <毋部> {唐韻}武扶切, {集韻}{韻會}{正韻}微夫切, 丛音無. {說文}止之也. 其字从女, 內有一畫, 象姦之形. 禁止之, 勿令姦. {禮・曲禮}毋不敬. {註}毋, 止之辭. 古人云: 毋, 猶今人言莫也. 又{儀禮・士相見禮}毋上于面, 毋下于帶. {鄭註}古文毋爲無. {賈公彥疏}今不从者. {說文}云毋, 禁辭, 故不从有無之無也. 又將毋, 毋乃, 皆發問之辭, 與無通. {韓詩外傳}客有見周公者, 曰: 入乎將毋. 公曰: 請入. 坐乎將毋. 公曰: 請坐. 言乎將毋. 公唯唯. 又姓. {廣韻}毋丘或爲毋氏. 又漢複姓, 八氏. {漢書・貨殖傳}有毋鹽氏, 巨富, 齊毋鹽邑大夫之後. 漢有執金吾東海毋將隆, 將作, 大匠毋丘興. {風俗通}有樂安毋車伯奇, 爲下邳相, 有主簿步邵南, 時人稱毋車府君步主簿. {何氏姓苑}云有毋終氏, {左傳}魯大夫玆毋還, 晉大夫綦毋張, {漢書}有巨毋霸, 王莽改爲巨毋氏. 又甯毋, 地名. {穀梁傳}作寗毋. 毋音無. 又茂后反. {公羊傳}音同. 又{集韻}{韻會}丛迷浮切, 音謀. 毋追, 夏后氏緇布冠名. {禮・郊特牲}毋追, 夏后氏之道也. 又{集韻}罔甫切, 音武. 與鵡, 䳇同. 鸚鵡, 鳥名. 或从武, 亦省作毋. 與父母之母不同. 說文 <毋部> 武扶切. 止之也. 从女, 有奸之者. 凡毋之屬皆从毋.

A0407 U-6BCC

•毌• 毋字部 總04劃. ᄒᆞᆫ글 [관] 꿰뚫을. 新典 [관] 㭉일. 英譯 (unknown: wu2? variant guan1?) 康熙 <毋部> {唐韻}{集韻}丛古丸切, 音冠. {說文}穿物持之也. 从一橫貫, 象寶貨

之形. 又{廣韻}{集韻}丛古玩切, 音貫. 義同. 通作貫. 又毌丘, 地名. {史記・田完世家}宣公伐衞, 取毌丘. {註}索隱曰: 毌, 音貫. 毌丘, 古國名. 衞之邑. 今作毌者, 字殘缺耳. 正義曰: {括地志}云: 故貫城卽古貫國, 今名濛澤城, 在曹州濟陰縣南. 又{字彙補}按{古音畧}貫高之貫音冠, 本毌丘, 複姓, 後去丘爲毌氏. 又作貫氏. 魏有毌丘儉, 今多呼爲父母之母, 非也. 據此, 則毌丘氏當从沽歡切之毌字, 不當从微夫切之毋字矣. 其誤已久, 不可不辨. 與毋, 母俱別. (說文) <毌部> 古丸切. 穿物持之也. 从一橫貫, 象寶貨之形. 凡毌之屬皆从毌. 讀若冠.

A0806 U-6BCD

•母• 毋字部 總05劃. (훈글) [모] 어미. (新典) [무] 어미, 어머니. 장모. (訓蒙) [모] 어미. (英譯) mother. female elders. female. (漢典) 象形. 甲骨文字形, 象母親有乳之形. 本義: 母親. (康熙) <毋部> {唐韻}{廣韻}{正韻}莫厚切, {集韻}{韻會}莫後切, 丛音某. {廣雅}母, 牧也. 言育養子也. {釋名}冒也, 含已生也. {增韻}慕也. 嬰兒所慕也. {說文}从女, 象懷子形. 一曰象乳形. {蒼頡篇}其中有兩點, 象人乳形. 豎通者卽爲毋. {詩・小雅}母兮鞠我. 又天地爲大父母. {書・泰誓}惟天地萬物父母. {易・說卦}乾, 天也, 故稱乎父. 坤, 地也, 故稱乎母. 蔡邕{獨斷}天子父事天, 母事地, 兄事日, 姊事月. 又{老子・道德經}有名萬物之母. 又日爲陽德之精, 故稱日母. {枚乘・七發}流攬無窮. 歸神日母. 又元氣之本曰氣母. {莊子・大宗師篇}伏羲得之, 以襲氣母. 又父母, 尊親之詞. {詩・小雅}豈弟君子, 民之父母. {禮・表記}使民有父之尊, 有母之親. 又{揚子・方言}南楚瀑洭之閒, 母謂之媓. {淮南子・說山訓}西家子謂其母曰社. {說文}蜀人謂母曰姐, 齊人謂母曰嬭, 又曰嫛, 吳人曰媒. {眞臘風土記}呼父爲巴駞, 呼母爲米. 方音不同, 皆自母而變. 又乳母亦曰母. {越語}生三人, 公與之母. 又禽獸之牝皆曰母. {孟子}五母雞, 二母彘. {前漢・昭帝紀}罷天下亭母馬. {張華・禽經}鷇將生, 子呼母應. 雛旣生, 母呼子應. {蘇軾・仇池筆記}眉州縣有一小佛屋, 俗謂之猪母佛. 又十母, 謂甲乙之屬, 十干也. 十二支爲十二子. 見{史記・律書}. 又西王母, 神名. 見{山海經}. {大戴禮}云: 舜時, 西王母獻白玉琯. 又寶母, 所以集寶者. {祥異記}魏生常得一美石, 後有胡人見之, 曰: 此寶母. 每月望, 設壇海邊上, 可以集珠寶. 又嶺南有瘴母. {鄭熊・番禺雜記}五羊嶺表見有物自空而下, 始如彈丸, 漸如車輪, 遂四散. 人中之卽病, 謂之瘴母. 又鬼母, 神名. {括異記}南海小虞山有鬼母, 一產千鬼. 朝產之, 暮食之. 今蒼梧有鬼姑神是也. 又凡物之有大小者皆曰子母. {詩・鄭風・盧重環・毛傳}重環, 子母環也. {疏}謂大環貫一小環. 又錢有子母錢. {周語註}重曰母, 輕曰子. 子母相通, 民乃得所欲. 又牛有子母牛. {易・說卦}坤爲子母牛. 正義曰: 取其多蕃畜而順. 又子母竹, 今之慈竹也. 見{任昉・述異記}. 又子母瓜, 取收瓜子, 故名. 見{齊民要術}. 又甯母, 地名. {春秋・僖七年}公會齊侯, 盟于甯母. {後漢・郡國志}山陽郡方與縣有泥母亭, 或曰古甯母. 又慈母, 雨母, 皆山名. {丹陽記}江寧縣南三十里有慈母山, 生簫管竹. {荆州記}湘東有雨母山. 又雲母, 扇名. 又屛名. {西京雜記}昭陽殿有雲母扇, 雲母屛風. 又雲母竹, 竹之大者. 見{郭義恭・廣志}. 又{贊寧・筍譜}有雲母筍. 又葐母, 貝母, 知母, 俱藥草名. 鸁母, 鴾母, 俱鳥名. 喜母, 蟲名. 俱見{爾雅・註疏}. 又酒滓謂之酪母, 見{本草}. 又胡母, 複姓. {後漢・獻帝紀}有胡母班. {風俗通}云: 胡母, 姓, 本陳胡公之後, 齊宣王母弟, 別封母鄕. 遠本胡公, 近取母邑, 故曰胡母氏. 又{集韻}蒙晡切, {正韻}莫胡切, 丛音模. 熬餌也. {禮・內則}煎醢加黍上, 沃以膏, 曰淳母. {鄭註}母, 讀曰模. 模, 象也. 作此象淳熬. 又叶母婢切. 音敉. {詩・鄘風}豈敢愛之, 畏我父母. 叶上杞里. {魯頌}魯侯燕喜, 令妻壽母. 蔡邕{崔夫人誄}昔在共姜, 陪臣之母. 勞謙紡績, 仲尼是紀. (說文) <女部> 莫后切. 牧也. 从女, 象褱子形. 一曰象乳子也.

A0030 U-6BCF

•每• *毋*字部 總07劃. (훈글) [매] 매양. (新典) [매] 매양, 늘, 각금. 각각. 무릇. 비록. 탐할. 여러 번. 셈. 조흔 밧. 풀 더북할. (訓蒙) [미] 물. (英譯) every, each. (康熙) <*毋部*> {唐韻}武罪切, {集韻}{韻會}母罪切, {正韻}莫賄切, 𠀤音浼. {增韻}常也, 各也, 凡也. {三蒼}曰: 每, 非一定之辭. {詩・小雅}每懷靡及. {莊子・外物篇}聖人躊躇以興事, 以每成功. {郭象註}事不遠本, 故其功每成. 又雖也. {爾雅・釋訓}每有, 雖也. {詩・小雅}每有良朋. {箋}言雖有良朋也. 又貪也. {前漢・賈誼傳}衆庶每生. {註}孟康曰: 每, 貪也. {敘傳}致死爲福, 每生作戚. 又姓. 每當時, 漢人. 見{印藪}. 又{廣韻}{集韻}{韻會}{正韻}𠀤莫佩切, 音妹. 數也. 一曰田美也. {左傳・僖二十八年}原田每每. {註}每有枚, 味二音, 義同. 又{集韻}{正韻}謨杯切, {韻會}謀杯切, 𠀤音枚. 義同. {正字通}{古尚書}昧昧, 與梅梅, 媒媒, 每每通聲. 古人以聲狀義類如此. {說文}作苺, 草盛上出也. 从屮母聲. {徐鉉曰}屮則象上出也. 隸省作苺, 今書作每. {毛氏曰}今俗作苺, 非. (說文) <屮部> 武罪切. 艸盛上出也. 从屮母聲.

A0981 U-6BD3

•毓• 毋字部 總14劃. (훈글) [육] 기를. (新典) [육] 기를. 어릴. 만을. (訓蒙) [육] 도읠. (英譯) give birth to. bring up, educate. (康熙) <*毋部*> {廣韻}{集韻}𠀤余六切, 音育. 與育同. {說文}養子使作善也. 一曰稚也. {周禮・天官・大宰}以九職任萬民, 二曰田園毓草木. 又{地官}以蕃鳥獸, 以毓草木. {註}毓, 古育字. {班固・東都賦}豐圃草以毓獸. {註}毓, 同育. 又郁毓, 盛多也. {左思・蜀都賦}密房郁毓被其阜.

A0507 U-6BD4

•比• 比字部 總04劃. (훈글) [비] 견줄. (新典) [비] 고를. 아오를. 차례. 범의 가족. 혁대 갈구리. 비교할. 무리. 의방할. 견줄. 빽빽할. 미칠. 기다릴. 무리. 편벽될. 갓가울. 가지런할. 조츨. 온외. 자조. 빗. [필] 미눌. (類合) [비] 견훌. (英譯) to compare, liken. comparison. than. (漢典) 會意. 從二匕, 匕亦聲. 甲骨文字形, 象兩人步調一致, 比肩而行. 它與“從”字同形, 只是方向相反. {說文}: “二人爲從, 反從爲比.” 本義: 并列, 并排. (康熙) <比部> 古文: 夶毞. {廣韻}卑履切, {集韻}{韻會}補履切, {正韻}補委切, 𠀤音匕. 校也, 𠀤也. {周禮・天官}凡禮事, 贊小宰, 比官府之具. {註}比, 校次之, 使知善惡足否也. {儀禮・大射儀}遂比三耦. {註}比, 校也. {齊語}比校民之有道者. 又類也, 方也. {禮・學記}比物醜類. {疏}謂以同類之事相比方, 則學乃易成. {韓詩外傳}高比, 所以廣德也. 下比, 所以挾行也. 比於善, 自進之階. 比於惡, 自退之原. 又{詩}有比體. {毛詩序}詩有六義: 一曰風, 二曰賦, 三曰比, 四曰興, 五曰雅, 六曰頌. 鄭司農云: 比者, 比方於物, 諸言如者, 皆比詞也. 比之與興, 同附託外物, 比顯而興隱. 又比例. {禮・王制}必察小大之比以成之. {鄭註}已行故事曰比. 比, 例也. {後漢・陳忠傳}父寵在廷尉, 上除漢法溢於甫刑者. 未施行, 寵免, 後忠略依寵意, 奏上二十三條, 爲決事比. {註}比, 例也. 又綴輯書史曰比. {前漢・儒林傳}公孫弘比輯其義. {唐藝文志}玄宗命馬懷素爲修圖書使, 與褚無量整比. 又謚法之一. {左傳・昭二十八年}擇善而從之曰比. {詩・大雅}王此大邦, 克順克比. {註}比, 必里反. 正義引服虔云: 比方損益古今之宜而從之也. 又比部, 官名.

取校勘亭平之義. 卽今刑部. {正韻}音皮, 誤. 又水名. {前漢・地理志}南陽郡有比陽縣. 應劭曰: 比水所出, 東入蔡. 又{集韻}{正韻}𠀤普弭切, 音諀. 與庀同. 治也, 具也. {周禮・春官}大胥比樂官. {註}錄具樂官也. 與庀通. 又{廣韻}{韻會}毗至切, {集韻}毗義切, {正韻}毗意切, 𠀤音避. {爾雅・釋詁}比, 俌也. {郭註}俌, 猶輔. {易・比卦・彖辭}比, 輔也, 下順從也. {卜氏傳}地得水而柔, 故曰比. 又親也, 近也. {周禮・夏官}形方氏使小國事大國, 大國比小國. {註}比, 猶親也. 又和也. {周禮・春官}簭人辨九簭之名, 六曰巫比. {註}巫讀爲筮, 比謂筮與民和比也. 又近鄰之稱. {周禮・地官}五家爲比, 使之相保. 五比爲閭, 使之相受. 又案比. {周禮・地官}小司徒掌九比之數, 乃頒比法於六鄕之大夫, 及三年, 則大比. {又}鄕大夫大比考其德行道藝, 而興賢者能者. {疏}三年一閏, 天道有成, 故每至三年則大案比. 又及也. {詩・大雅}比于文王, 其德靡悔. {註}比于, 至于也. {前漢・高帝紀}自度比至皆亡之. 又頻也. {禮・王制}比年一小聘. {漢志}比年, 猶頻年也. 又比比, 猶言頻頻. {前漢・成帝紀}郡國比比地動. 又𠀤也. {書・牧誓}比爾干. {正義}楯則𠀤以扞敵, 故言比. {史記・蘇秦傳}騎不得比行. 又齊也. {詩・小雅}比物四驪. {註}比物, 齊其力也. 又偏也, 黨也. {書・洪範}人無有比德. {正義}人無阿比之德, 言天下衆民盡得中也. {論語}君子周而不比. {鄭註}忠信爲周, 阿黨爲比. 又從也. {論語}義之與比. {朱註}比, 從也. {晉語}事君者比而不黨. {註}比謂比義. 又合也. {禮・射儀}其容體比於禮, 其節比於樂. {註}比, 親合也. {漢・劉歆・移太常博士書}比意同力, 冀得廢遺. {師古註}訓合. 又密也. {詩・周頌}其比如櫛. 又比余, 櫛髮具. {史記・匈奴傳}漢文帝遺單于比余. {漢書}作比疎. {廣雅}比, 櫛也. {蒼頡篇}靡者爲比, 麤者爲疏. 今亦謂之梳. {顏師古・急就篇註}櫛之大而麤, 所以理鬢者, 謂之疏, 言其齒稀疏也. 小而細, 所以去蟣蝨者, 謂之比, 言其齒密比也. 皆因其體以立名. 又矢括曰比. {周禮・考工記}矢人爲矢, 夾其陰陽以設其比, 夾其比以設其羽. {鄭司農註}比, 謂括也. 又{揚子・方言}比. 代也. 又{廣韻}{集韻}{韻會}𠀤必至切, 音畀. 近也. 併也, 密也. 義同. 又{正韻}兵媚切, 音祕. 先也. {禮・祭義}比時具物, 不可以不備. {鄭註}比時, 猶先時也. 比, 必利反, 又甫至反. 又{廣韻}房脂切, {集韻}{韻會}頻脂切, {正韻}蒲糜切, 𠀤音毗. 和也. 一曰次也, 𠀤也. 比鄰, 猶𠀤鄰. {杜甫詩}不敎鵝鴨惱比鄰. 又比蒲, 地名. {春秋・昭十一年}大蒐于比蒲. 又皐比, 虎皮也. {左傳・莊十年}蒙皐比而先犯之, 後人以爲講席. {戴叔倫詩}皐比喜接連. {朱子・張載銘}勇撤皐比. 又師比, 胡革帶鉤也. {戰國策}胡服黃金師比. 通作毗紕. 又{唐韻}毗必切, {集韻}{韻會}簿必切, {正韻}簿密切, 𠀤音邲. 比次也. {增韻}比比, 猶總總也. {張九齡荔枝賦}皮龍鱗而騈比. {顧況・持斧章}榱之斯密, 如鱗櫛比. 皆讀如邲. 又{莊子・齊物論}人籟則比竹是矣. 李軌讀. {說文}二人爲从, 反从爲比.
說文 <比部> 毗至切. 密也. 二人爲从, 反从爲比. 凡比之屬皆从比.

A0625 U-3C8B

•㲋• 比字部 總09劃. 훈글 [착] 짐승 이름. 英譯 a kind of animals (like rabbit, it is blue colored and much bigger). 康熙 <比部> {唐韻}丑略切, {集韻}敕略切, 𠀤音逴. {說文}獸也. 似兔, 青色而大. 又{玉篇}{廣韻}𠀤同㚟. 說文 <㲋部> 丑略切. 獸也. 似兔, 青色而大. 象形. 頭與兔同, 足與鹿同. 凡㲋之屬皆从㲋.

A0848 U-6C0F

•氏• 氏字部 總04劃. 훈글 [씨] 각시. 新典 [시] 셩. 씨. 訓蒙 [시] 각시. 英譯 clan,

family. mister. 漢典 象形. 甲骨文字形, 象物體欲傾倒而將其支撐住的形象. 是"支"的本字. 本義: 古代貴族標志宗族系統的稱號. 康熙 <氏部> {唐韻}承旨切, {集韻}{韻會}{正韻}上紙切, 𠀤音是. 氏族也. {白虎通}有氏者何, 貴功德, 下伎力, 所以勉人爲善也. {左傳·隱八年}天子建德, 因生以賜姓, 胙之土而命之氏. 諸侯以字爲謚, 因以爲族. 官有世功, 則有官族, 邑亦如之. {疏}釋例曰: 別而稱之謂之氏, 合而言之則爲族. {趙彥衞·雲麓漫抄}姓, 氏後世不復別, 但曰姓某氏, 雖史筆亦然. 按姓者, 所以統系百世, 使不別也. 氏者, 所以別子孫所自出. 如周姓姬氏, 所以別子孫, 如魯衞毛聃邘晉應韓之分, 若夫{易}云: 黃帝堯舜氏作. 堯舜雖非姓氏, 旣是天子當一代, 稱曰堯舜氏, 義亦通. 此又不拘姓氏之例. {柳芳·論氏族}氏於國則齊魯秦吳, 氏於謚則文武成宣, 氏於官則司馬司徒, 氏於爵則王孫公孫, 氏於字則孟孫叔孫, 氏於居則東門北郭, 氏於志則三馬五鹿, 氏於事則巫乙匠陶. 又古者貴有氏, 賤無氏, 故其詛辭有曰: 墜命亡氏, 言奪爵失國也. 詛辭見{左傳·襄十一年}. 又婦人例稱氏. {儀禮·士昏禮}祝告婦之姓, 曰某氏來歸. 又樂氏, 津名, 在鄭. {左傳·襄二十六年}涉於樂氏. 又元氏, 猗氏, 盧氏, 尉氏, 皆縣名. {廣輿記}元氏屬常山, 今屬眞定府. 猗氏屬河東, 今屬平陽府. 盧氏本漢縣, 今屬河南府. 尉氏本秦縣, 今屬眞定府. {師古·漢書註}凡地名稱某氏者, 皆謂因之而立名. 如尉氏, 左氏, 緱氏, 禺氏之類. 又以氏名其物. {大戴記}蘭氏之根, 櫰氏之苞. 又姓. {吳志}有氏儀, 後改姓是. 又猛氏, 獸名. {司馬相如·上林賦}鋋猛氏. {郭璞曰}今蜀中有獸, 狀似熊而小, 毛淺有光澤, 名猛氏. 又{說文}巴蜀山名岸脅之旁著欲落墮者曰氏. 氏崩, 聞數百里. {揚雄·解嘲}響若氏隤. ○ 按今{揚雄傳}作阺. {玉篇}亦云: 巴蜀謂山岸欲墮曰氏, 崩聲也. 承紙切. 又{元包經}剝𢊁氏. 傳曰: 山崩於地也. 註: 𢊁音蔡, 氏音支. 與{說文}{玉篇}義同而音異. 又{集韻}掌是切, 音紙. 姓也. 義同甊. 又{廣韻}{集韻}{韻會}章移切, {正韻}旨而切, 𠀤音支. 月氏, 西域國名, 在大宛西. {史記·大宛傳}有大月氏, 小月氏. 亦作月支. 又閼氏, 單于后名. {史記·韓王信傳}上乃使人厚遺閼氏. {註}閼音燕, 氏音支. 又烏氏, 縣名. {史記·酈商傳}破雍將軍烏氏. {註}烏音於然反, 氏音支, 縣名. 屬安定. {前漢·地理志}作閼氏. 又{史記·貨殖傳}烏氏倮. {註}韋昭曰: 烏氏, 縣名, 倮, 名也. 索隱以烏氏爲姓, 非是. 又{廣韻}子盈切, {集韻}咨盈切, 𠀤音精. 狋氏, 縣名. {前漢·地理志}代郡有狋氏縣. {註}孟康曰: 狋音拳, 氏音精. 亦作𦙶. {古今印史}𦙶, 承旨切, 族下所分也. 古者姓統族, 族統𦙶. 適出繼位之餘, 凡側出者皆曰𦙶. 故爲文從側出以見意. 說文 <氏部> 承旨切. 巴蜀山名岸脅之㫄箸欲落墮者曰氏, 氏崩, 聞數百里. 象形, 乁聲. 凡氏之屬皆从氏. 楊雄賦: 響若氏隤.

A0849 U-6C10

•氐• 氏字部 總05劃. 훈글 [저] 근본. 新典 [뎌] 이를. 근본. 뎌별. 나즐. 英譯 name of an ancient tribe. 康熙 <氏部> 古文: 𡏳. {唐韻}丁禮切, {集韻}典禮切, 𠀤音邸. {說文}氐, 至也. 从氏, 下著一. 一, 地也. 又本也. {詩·小雅}尹氏大師, 維周之氐. {毛傳}氐, 本也. 正義曰: 氐, 讀從邸. 若四圭爲邸, 故爲本, 言是根本之臣也. 又{鄭箋}氐, 當作桎鎋之桎. {孝經鉤命決}云: 孝道者, 萬世之桎鎋. {說文}云桎車鎋也. 則桎是鎋之別名, 以鎋能制車, 喻大臣能制國也. 桎, 之寔反, 又丁履反. 鎋又作轄, 胡瞎反. ○ 按今{詩}從毛傳, 讀若邸. 又與抵同. 歸也. {前漢·食貨志}天下大氐無慮皆鑄金錢. {又}大氐皆遇告. {註}師古曰: 氐, 讀曰抵, 歸也. 大氐, 猶言大凡也. 又{左思·三都賦}作者大氐舉爲憲章. {註}氐, 音旨. 義同. 今俗書作抵. 又氐人, 外國名, 在建木西, 人面魚身, 無足. 見{山海經}. 氐, 音觸抵之抵. 舊註附入都奚切, 今訂正. 又木之根氐也. 亦作柢. 義詳木部. 又人所托宿亦曰氐. 通作邸. 又{集韻}軫視切, 音旨. 氐

道, 地名, 在廣漢. 又{廣韻}丁尼切, {集韻}張尼切, 𠀤音胝. 氐池, 縣名. 或作旨而切, 音支, 非是. 又{廣韻}都奚切, {集韻}{韻會}{正韻}都黎切, 𠀤音低. 氐羌也. {詩・商頌}自彼氐羌, 莫敢不來享, 莫敢不來王. {正義曰}氐羌之種, 漢世仍存. 其居在秦隴之西. {路史}氐羌數十, 白馬最大. {前漢・地理志}隴西郡有氐道, 羌道二縣. {魚豢・魏略}漢置武都郡, 排其種人, 分竄山谷, 或號靑氐, 或號白氐. 又星名. {爾雅・釋天}天根, 氐也. 孫炎曰: 角亢下繫于氐, 若木之有根. {史記・天官書}氐四星, 東方之宿. 氐者, 言萬物皆至也. {甘氏星經}氐四星爲天宿宮, 一名天根, 二名天符. {禮・月令}季冬之月旦氐中. 又{前漢・地理志}韓地, 角, 亢, 氐之分野. 又同低. 俛也. {前漢・食貨志}封君皆氐首仰給. {註}師古曰: 氐首, 猶俯首. 又賤也. {前漢・食貨志}其賈氐賤減平. 又墨神曰回氐. 見{致虛閣雜俎}. 又{集韻}{韻會}{正韻}𠀤丁計切, 音帝. 東方宿也. 義見上. (說文) <氐部> 丁礼切. 至也. 从氐下箸一. 一, 地也. 凡氐之屬皆从氐.

A0846 U-6C11

•民• 氏字部 總05劃. (훈글) [민] 백성. (新典) [민] 백셩. (訓蒙) [민] 빅셩. (英譯) people, subjects, citizens. (漢典) 指事. 從古文之象. 古文從母, 取蕃育意. 古代指黎民百姓, 平民. 與君, 官對稱. (康熙) <氏部> 古文: 𣱱. {唐韻}{集韻}{韻會}{正韻}𠀤彌鄰切, 音泯. {說文}衆萌也. 言萌而無識也. {易・師卦}君子以容民畜衆. {書・咸有一德}后非民罔使, 民非后罔治. {禮・緇衣}民以君爲心, 君以民爲體. 又四民. {穀梁傳・成元年}古者四民: 有士民, 有商民, 有農民, 有工民. {註}德能居位曰士, 辟土植穀曰農, 巧心勞手成器物曰工, 通財貨曰商. 又司民, 星名. {周禮・秋官・司民}及孟冬祀司民之日, 獻其數于王. {註}司民, 軒轅角也. {釋文}軒轅十七星, 如龍形, 有兩角, 角有大民, 小民. 又官名. {周禮・秋官・司民}掌登萬民之數, 自生齒以上, 皆書於版. 又民曹, 漢官名. {後漢・百官志}民曹尙書主凡吏上書事. {註}{蔡質・漢舊儀}曰: 典膳治功作, 監池, 苑囿, 盜賊事. 又民部, 今戸部也. {文獻通考}漢置尙書郎四人, 其一人主財帛委輸. 至魏文帝, 置度支尙書寺, 專掌軍國支計. 吳有戸部, 晉有度支, 皆主筭也. 後周置大司徒卿一人, 如{周禮}之制, 隋初有度支尙書, 則幷後周民部之職. 開皇二年, 改度支爲民部. 永徽初, 改民部爲戸部. 又北方有比肩民, 見{爾雅・釋地}. 南方有裸民, 見{呂氏春秋}. 又白民國, 白身, 背有角, 乘之壽二千歲. 羽民國, 其民皆生羽毛. 卵民國, 其民皆生卵. 毛民國, 其民皆生毛. 又有勞民, 搖民, 壎民, 盈民, 载民, 蜮民諸國, 𠀤見{山海經}. 又鶴民國, 人長三寸, 日行千里, 見{窮神祕苑}. 又姓, 見{姓苑}. 又叶鄰知切, 音離. {夏禹襄陵操}洪水滔天, 下民愁悲. 上帝愈咨, 三過吾門不入. 父子道衰, 嗟嗟不欲煩下民. 又叶彌延切, 音眠. {楊方・合歡詩}齊彼蛩蛩獸, 舉動不相捐. 生有同穴好, 死成倂棺民. {六書略}民, 象俯首力作之形. ○按民字之義非一. 有總言人者, {詩}天生蒸民, 厥初生民. 是也. 有對君而言者, {書}民惟邦本. 是也. 有別於在位而言者, {詩}宜民宜人. 註: 人謂臣, 民謂衆庶. 是也. 有對幽而言者, {論語}務民之義, {左傳}先成民而後致力于神. 是也. 有對已而言者, {詩}民莫不穀, 我獨于罹. 是也. 有對農而言者, {漢・食貨志}粟甚貴傷民, 甚賤傷農. 是也. 況四民兼士農工商, 豈力田始稱民乎. {六書略}之說穿鑿, 不可從. (說文) <民部> 彌鄰切. 眾萌也. 从古文之象. 凡民之屬皆从民.

A0849 U-6C12

•氒• 氏字部 總06劃. (훈글) [궐] 그. (康熙) <氏部> {唐韻}居月切, 音厥. {說文}木本, 从氏,

大於末. 又{廣韻}古文厥字. 註詳厂部十畫. (說文) <氏部> 居月切. 木本. 从氏. 大於末. 讀若厥.

A0846 U-6C13

•氓• 氏字部 總08劃. (훈글) [맹] 백성. (新典) [맹, 밍] 어리석은 백셩. (訓蒙) [밍] 빅셩. (英譯) people. subjects. vassals. (漢典) 會意. 從民, 亡聲. "亡"亦有表意作用, 指自彼來此之民. 本義: 外來的百姓. (康熙) <氏部> {唐韻}武庚切, {正韻}眉庚切, 𠀤音盲. {說文}民也. {詩·衞風}氓之蚩蚩, 抱布貿絲. {石經註疏}作甿. 甿與氓通. {周禮·地官·遂人}凡治野以下劑致甿, 以田里安甿, 以樂昏擾甿, 以土宜教甿稼穡, 以興耡利甿, 以時器勸甿, 以彊予任甿. {鄭註}變民言甿, 異外內也. 甿猶懵. 懵, 無知貌也. 又{旅師}凡新甿之治, 皆聽之, 使無征役. {註}新甿, 謂新徙來者也. ○ 按此則氓本同甿, {長箋}以氓爲民, 甿爲民田, 分爲二, 非是. 又{集韻}謨耕切, {韻會}謨盲切, 𠀤音萌. 義同. 又通作萌. {前漢·劉向傳}民萌何以戒勉. {註}萌, 與甿同. 又{楊愼·經說}氓从亡从民. 流亡之民也. 引{周禮}新甿之治, 註: 新徙來者. ○ 按氓與民音別義同. 从亡者, 言民易散難聚, 非專屬新徙之民而言. {周禮}註: 新徙來者, 釋新義, 非釋甿義. 遂人之安氓, 教氓, 氓猶民也, 非皆他國新徙之民謂之氓也. {孟子}受廛爲氓, 猶受廛爲民, 天下之民皆願爲氓, 猶皆願爲民也. 楊說迂泥. (說文) <民部> 武庚切. 民也. 从民亡聲. 讀若盲.

A0696 U-6C34

•水• 水字部 總04劃. (훈글) [수] 물. (新典) [슈] 물. (訓蒙) [슈] 믈. (英譯) water, liquid, lotion, juice. (漢典) 象形. 甲骨文字形. 中間像水脈, 兩旁似流水. "水"是漢字的一個部首. 從水的字, 或表示江河或水利名稱, 或表示水的流動, 或水的性質狀態. 本義: 以雨的形式從雲端降下的液體, 無色無味且透明, 形成河流, 湖泊和海洋, 分子式爲 H 2 O, 是一切生物體的主要成分. (康熙) <水部> {唐韻}{正韻}式軌切, {集韻}{韻會}數軌切, 𠀤稅上聲. {說文}準也. 北方之行, 象衆水𠀤流, 中有微陽之氣也. {徐鉉曰}衆屈爲水, 至柔, 能攻堅, 故一其內也. {釋名}水, 準也, 準平物也. {白虎通}水位在北方. 北方者, 陰氣, 在黃泉之下, 任養萬物. 水之爲言濡也. {書·洪範}五行, 一曰水. {又}水曰潤下. {正義曰}天一生水, 地六成之. 五行之體, 水最微, 爲一. 火漸著, 爲二. 木形實, 爲三. 金體固, 爲四. 土質大, 爲五. {易·乾卦}水流濕. {說卦}坎爲水. {管子·水地篇}水者, 地之血氣, 如筋脉之通流者也. {淮南子·天文訓}積陰之寒氣爲水. 又六飮之一. {周禮·天官}漿人掌共王之六飮, 水漿醴涼醫酏. 又{禮·玉藻}五飮: 上水, 漿, 酒, 醴, 酏. {註}上水, 水爲上, 餘次之. 又{禮·曲禮}凡祭宗廟之禮, 水曰淸滌. 又明水, 所以共祭祀. {周禮·秋官}司烜氏掌以夫遂取明火於日, 以鑒取明水於月, 以共祭祀之明齍明燭共明水. {註}鑒, 鏡屬, 取水者. 世謂之方諸. 又官名. {左傳·昭十七年}共工氏以水紀, 故爲水師而水名. 又{前漢·律歷志}五聲, 羽爲水. 又天水, 郡名, 漢武帝所置. 又中水, 縣名, 屬涿郡. 應劭曰: 易滱二水之中. 𠀤見{前漢·地理志}. 又黑水, 國名, 卽靺鞨. 又露爲上池水. {史記·扁鵲傳}飮是以上池之水. {註}上池水, 謂水未至地, 蓋承取露及竹木上水以和藥. 又姓. 又{韻補}叶式類切, 音墜. {劉楨·魯都賦}蘋藻漂於陽侯, 芙蓉出於渚際. 奮紅葩之熩熩, 逸景燭於崖水. 又叶呼委切, 音毁. {李白·游高淳丹陽湖詩}龜游蓮葉上, 鳥宿蘆花裏. 少女棹輕舟, 歌聲逐流水. 又{韻補}音準. 引{白虎通}水之爲言準也. ○ 按準乃水之義, 非水之音. 蓋沿{周禮·考工記}鄭註, 準讀爲水而誤. 今不從. (說文) <水部> 式軌切. 準也. 北方之行. 象眾水並流, 中有微陽之气也. 凡水之屬皆从水.

A0737 U-3CBA

•㲺• 水字部 總05劃. 한글 [질] 뿌릴. 英譯 to wash. to rinse. to clean. to spurt. to blow out. 康熙 <水部> {廣韻}資悉切, 音喞. 水出也. {集韻}灑也.

A0753 U-6C37

•氷• 水字部 總05劃. 한글 [빙] 얼음. 新典 [빙] 冰俗字. 訓蒙 [빙] 어름. 英譯 ice, frost, icicles. cold. 康熙 <水部> 俗冰字.

A0751 U-6C38

•永• 水字部 總05劃. 한글 [영] 길. 新典 [영] 길. 멀. 類合 [영] 기리. 英譯 long, perpetual, eternal, forever. 漢典 象形. 小篆字形, 象水流曲曲折折的樣子. 本義: 水流長. 康熙 <水部> {唐韻}{集韻}{正韻}丛于憬切, 音栐. {說文}水長也. 象水巠理之長. {詩・周南}江之永矣. 又{爾雅・釋詁}遠也, 遐也. {揚子・方言}凡施于衆長謂之永. {書・大禹謨}萬世永賴. {詩・周頌}永觀厥成. 又州名. {韻會}唐置以二水名. 又姓. {列仙傳}有永石公. 又{集韻}{正韻}丛與詠同. {書・舜典}詩言志, 歌永言. {傳}謂歌詠其義, 以長其言也. 音詠. 又如字. 說文 <永部> 于憬切. 長也. 象水巠理之長. {詩}曰: "江之永矣." 凡永之屬皆从永.

A0725 U-6C43

•汃• 水字部 總05劃. 한글 [팔] 물결 치는 소리. 新典 [팔] 물결 치는 소리. 康熙 <水部> {玉篇}彼銀切, {唐韻}府巾切, {集韻}悲巾切, 丛音邠. {說文}西極之水也. 引爾雅: 東至於泰遠, 西至於汃國. ○ 按今{爾雅・釋地}本作邠國. 又{廣韻}{集韻}{韻會}丛普八切, 攀入聲. 義同. 又水貌. {張衡・南都賦}砏汃輣軋. {註}波相激聲. 韓愈{征蜀聯句}獠江息澎汃. {註}與澎湃同. ○ 按{五音篇海}書作朳, 譌. 說文 <水部> 府巾切. 西極之水也. 从水八聲. {爾雅}曰: "西至汃國, 謂四極."

A0714 U-3CBB

•㲻• 水字部 總06劃. 한글 [닉] 빠질. 英譯 (ancient form of U+6EBA 溺) sunk. perished, drawned. infatuated. 康熙 <水部> {玉篇}古文溺字. {元包經}大過舟㲻于水. ○ 按{說文}溺字註與弱水之弱同, 而灼切. 㲻字註沒也, 奴歷切, 音義迥別. 今{禹貢}弱水通作弱, 無水旁, 似宜从{禹貢}爲正. 而沉㲻之㲻則槩作溺. 今依{玉篇}作古文溺字, 二字遂爲古今文, 存以備考. 說文 <水部> 奴歷切. 没也. 从水从人.

A0714 U-6C3C

•氼• 水字部 總06劃. 한글 [닉] 빠질. 新典 [닉] 헤엄칠. 英譯 to sink. to drown to be given over to. 康熙 <水部> {正字通}同㲻.

汎 A0706 U-6C4E

•汎• 水字部 總06劃. 훈글 [범] 뜰. 新典 [봉] 뜰] 범] 써나갈. 둥둥 뜰. 가벼엽을. 英譯 float, drift. afloat. careless. 康熙 <水部> {唐韻}{集韻}丛孚梵切, 音氾. {說文}浮貌. 一曰任風波自縱也. {詩・邶風}亦汎其流. {傳}汎汎其流, 不以濟渡也. {左傳・僖十三年}秦輸粟於晉, 命之曰汎舟之役. 又汎灑也. {班固・東都賦}雨師汎灑. 又{揚子・方言}汎剽, 輕也. {左思・魏都賦}過以汎剽之單慧, 歷執古之醇聽. 又水名. {水經注}水出梁州閬陽縣, 魏遣夏侯淵與張部下巴西, 進軍宕渠, 劉備軍汎口, 卽是水所出也. 汎水又東逕汎陽縣故城南, 東流注於沔, 謂之汎口. 又{山海經}發爽之山, 汎水出焉, 南流注于渤海. 又鄕名, 在琅邪郡不其縣, 後漢卓茂封汎鄕侯. 又{廣韻}房戎切, {集韻}{韻會}符風切, {正韻}扶中切, 丛音馮. 亦浮也. {司馬相如・上林賦}汎淫泛監. 又{集韻}扶法切, 音乏. 汎湕, 聲微小貌. 一曰波急聲. {王褒・洞簫賦}又似流波, 泡溲汎湕. {玉篇}同渢, 今爲汎濫字, 通作泛. 說文 <水部> 孚梵切. 浮皃. 从水凡聲.

汏 A0669 U-6C4F

•汏• 水字部 總06劃. 훈글 [대] 일. 新典 [대, 듸] 사태날. 벌 씻김 할. 康熙 <水部> 古文: 垈. {唐韻}{集韻}{韻會}徒葢切, {正韻}度奈切, 丛音大. {說文}淅灡也. {徐鉉曰}水激過也. {玉篇}洗也. 又{廣韻}濤汏也. {楚辭・九章}齊吳榜而擊汏. 又{唐韻}{集韻}{韻會}{正韻}丛他達切, 音闥. 過也. 又{唐韻}代何切, {集韻}唐何切, 丛音駝. 亦淅也. {集韻}或从太作汰. {郭忠恕・佩觿集}汏與汰別. 汰音太, 沙汰也. 汏音大, 濤也. 說文 <水部> 代何切・徒葢切. 淅灡也. 从水大聲.

汒 A0730 U-6C52

•汒• 水字部 總06劃. 훈글 [망] 황급할. 新典 [망] 밧블. 康熙 <水部> {廣韻}莫郎切, {集韻}{韻會}{正韻}謨郎切, 丛音茫. 谷名, 在京兆. 又悤遽貌. {莊子・天地篇}汒若於夫子之言. 又{集韻}母朗切, 音莽. 又{唐韻}{集韻}丛巫放切, 音望. 義丛同. 又{集韻}莫浪切, 峔去聲. 同漭. 漭浪, 大水貌. 或作汇. 亦作芒. 通作茫.

 A0713 U-6C53

•汓• 水字部 總06劃. 훈글 [수] 헤엄칠. 新典 [슈] 헤엄칠. 康熙 <水部> {唐韻}似由切, {集韻}徐由切, 丛音囚. {說文}浮行水上也. 古或以汓爲沒. 或作泅. {集韻}亦作湭. 又{集韻}夷周切, 音由. 游斿旒汓音義丛同, 旌旗之旒也, 古作汓. 旒字原从氵, 不从方作. 說文 <水部> 似由切. 浮行水上也. 从水从子. 古或以汓爲沒.

汜 A0711 U-6C5C

•汜• 水字部 總06劃. 훈글 [사] 지류. 英譯 a stream which leaves the main branch then later returns. 康熙 <水部> {唐韻}詳里切, {集韻}{韻會}象齒切, {正韻}詳子切, 丛音

似. {說文}水別復入水也. {爾雅・釋水}水決復入爲汜. {疏}凡水之岐流復還本水者. {釋名}汜, 止也. 如出有所爲畢已復還而入也. 又{說文}一曰汜, 窮瀆也. {爾雅・釋丘}窮瀆, 汜. {疏}謂困窮不通之水瀆名汜也. 亦得名谿. {詩・召南}江有汜. {木華・海賦}枝岐潭淪, 渤蕩成汜. 又水名. 在河南成皐縣. {山海經}浮戲之山, 汜水出焉, 北流注于河. {前漢・高帝紀}漢數挑成皐戰, 楚軍不出, 使人辱之. 大司馬咎怒, 渡兵汜水. 半渡, 漢擊之, 大破楚軍. {註}臣瓚曰: 今成皐東汜水是也. 師古曰: 此水舊讀音凡, 今彼鄉人呼之爲祀. 又縣名. {廣輿記}汜水縣屬開封府, 古東虢地, 漢成皐, 隋汜水. 又洲名. {水經注}龍陽縣汜洲長二十里, 吳丹陽太守李衡植柑於其上. 又濛汜, 日入處也. {楚辭・天問}出自湯谷, 次于濛汜. 又{韻會}養里切, 音以. 義同. 說文 <水部> 詳里切. 水別復入水也. 一曰汜, 窮瀆也. 从水巳聲. {詩}曰: "江有汜."

A0701 U-6C5D

•汝• 水字部 總06劃. 훈글 [여] 너. 新典 [여] 너. 訓蒙 [셔] 너. 英譯 you. 漢典 形聲. 從水, 女聲. 本義: 汝水. 康熙 <水部> {唐韻}人渚切, {集韻}{韻會}{正韻}忍與切, 𠀤音茹. 水名. {說文}水出弘農盧氏, 還歸山東入淮. {水經}汝水出河南梁縣勉鄉西天息山. {酈道元注}今汝水出魯陽縣之大盂山黃柏谷, 至原鹿縣, 南入於淮, 謂之汝口. 側有汝口戍, 淮汝之交會也. {春秋釋例}汝水至汝陰褒信縣入淮. {詩・周南}遵彼汝墳. 又州名. {廣韻}春秋時爲王畿及鄭楚之地. 左傳, 楚襲梁, 及霍, 漢爲梁縣, 後魏屬汝北郡, 隋移于陸渾縣北, 遂改爲汝州. {廣輿記}今屬河南州, 西有臨汝城古蹟. 又汝寧, 郡名. {廣輿記}秦屬潁川, 漢曰汝南, 元曰汝寧郡, 有汝陽縣. 又姓. {書・亡篇}有汝鳩, 汝方, 湯之賢臣. {左傳}有汝寬. 又{韻會}通作女. {前漢・地理志}女陽, 女陰, 𠀤與汝同. 又爾女亦作爾汝. {書・益稷}子欲左右, 有民汝翼. 子欲宣力, 四方汝爲. 說文 <水部> 人渚切. 水. 出弘農盧氏還歸山, 東入淮. 从水女聲.

A0556 U-3CC4

•㳄• 水字部 總07劃. 훈글 [연] 침. 英譯 (a variant of 涎) spittle, saliva. 康熙 <水部> {集韻}涎本字. 說文 <㳄部> 敘連切. 慕欲口液也. 从欠从水. 凡㳄之屬皆从㳄.

A0519 U-6C42

•求• 水字部 總07劃. 훈글 [구] 구할. 新典 [구] 구할. 구걸할. 차질. 짝. 類合 [구] 구홀. 英譯 seek. demand, request. beseech. 漢典 象形. {說文}以"求"爲"裘"之古文. 省衣, 象形. 金文與戰國古文作"求". 本是"裘衣"的"裘". 古人皮衣一般毛朝外, 所以甲骨文在"衣"字外加毛. 表示裘衣. 本義: 皮衣. 康熙 <水部> {唐韻}巨鳩切, {集韻}{韻會}渠尤切, 𠀤音裘. {說文}索也. {增韻}覓也, 乞也. {易・乾卦}同氣相求. {詩・大雅}世德作求. 又招來也. {禮・學記}發慮憲, 求善良. 又等也. {書・康誥}用康乂民作求. {傳}求, 等也. 言爲等匹於商先王也. 又山水名. {山海經}歷石山東南一百里曰求山. 求水出于其上, 潛于其下. 又姓. {三輔決錄}漢有求仲. 又與裘通. {說文}裘字, 古省作求. 又與球通. {柳宗元・饗軍堂記}琉球作流求. 又{集韻}恭于切, 音拘. 與蛷同. 肌蛷, 蟲名. 或省作求. 又{韻補}叶渠之切, 音奇. {班昭・東征賦}貴賤貧富不可求兮, 正身履道以俟時兮. 又叶彊於切, 音渠. {陳琳・大荒賦}雖遊目於西極兮, 大道卷而未舒. 仍皇靈之攸暢兮, 爰稽余之所求. 又叶巨九切, 音臼. {易林}春栗夏梨, 少鮮

希有. 斗阡石萬, 貴不可求.

𣲧 A0721 U-6C6B

•汫• 水字部 總07劃. 훈글 [정] 물모양. 英譯 a pit, trap. the appearance of a small, meandering stream. 康熙 <水部> {集韻}棄挺切, 音謦. {玉篇}汫涏, 小水貌也. 又徂醒切. 汫濴, 水貌. 又疾正切, 音淨. 義同.

汭 A0744 U-6C6D

•汭• 水字部 總07劃. 훈글 [예] 물굽이. 新典 [예] 예슈. 물북편. 물구비. 英譯 confluence of two streams. bend. 康熙 <水部> {唐韻}而銳切, {集韻}{韻會}{正韻}儒稅切, 𠀤音芮. 水名. {周禮・夏官・職方氏}雝州, 其川涇汭. {註}汭在豳地. 又{說文}水相入貌. 一曰小水入大水也. 又水內也. {書・堯典}釐降二女于嬀汭. {傳}汭, 水之內也. 通作芮. {詩・大雅}芮鞫之卽. {箋}水內曰芮, 水外曰鞫. 又水北也. {書・禹貢}涇屬渭汭. {傳}水北曰汭. {疏}涇水南入渭, 而名爲渭汭, 知水北曰汭. 又{五子之歌}徯于洛之汭. {正義}待于洛水之北. 又水之隈曲爲汭. {左傳}稱淮水之曲曰淮汭, 漢水之曲曰夏汭, 滑水之曲曰滑汭. 又沙邊曰沙汭. {木華・海賦}雲錦散文, 於沙汭之際. 又{集韻}如劣切, 音爇. 水北也. 義同. {江淹・擬古詩}昨發赤亭渚, 今宿浦陽汭. 方作雲峰異, 豈伊千里別. 又他昆切, 音暾. 與涒通. 詳七畫涒字註. 說文 <水部> 而銳切. 水相入也. 从水从內, 內亦聲.

沁 A0701 U-6C81

•沁• 水字部 總07劃. 훈글 [심] 스며들. 英譯 soak into, seep in, percolate. 漢典 形聲. 從水, 心聲. 本義: 沁水. 康熙 <水部> {唐韻}{集韻}{韻會}{正韻}𠀤七鴆切, 音鈊. 水名. {說文}水出上黨羊頭山. {水經}沁水出上黨沮縣謁戾山, 南過穀遠縣, 東至滎陽縣北, 東入于河. {注}卽洎水. {郡縣釋名}沁河源出沁源縣, 有二, 一自縣西北綿山東谷南流, 一自縣東北馬圈溝南流, 俱至交口村合流入黃河. 又州名. {廣韻}本漢穀遠縣, 後魏置沁源縣, 武德初置州, 因沁水以名. {廣輿記}沁源縣屬沁州, 沁水縣屬澤州. 又{集韻}所錦切, 音瘁. 又斯荏切, 音襂. 又所禁切, 音滲. 義𠀤同. 又以物探水也. {韓愈詩}義泉雖至近, 盜索不敢沁. {註}北人以物探水爲沁. 又思林切, 音心. 水名. 說文 <水部> 七鴆切. 水. 出上黨羊頭山, 東南入河. 从水心聲.

沇 A0542 U-6C87

•沇• 水字部 總07劃. 훈글 [연] 강 이름. 英譯 flowing and engulfing. brimming. 康熙 <水部> 古文: 沿. {唐韻}{集韻}{韻會}𠀤以轉切, 音兗. 水名. {說文}水出河東東垣王屋山. {書・禹貢}道沇水東流爲濟. {山海經}聯水西北流, 注于秦澤. {註}聯衍聲相近, 卽沇水也. {水經注}濟水逕原城南, 東合北水, 亂流東南注, 分爲二水. 一水東南流, 俗謂之衍水, 卽沇水也. 又沇沇, 流行貌. {前漢・郊祀歌}沇沇四塞. 又與兗通. {甘氏星經}兗州作沇州. {前漢・天文志}角亢氐, 沇州. 又{集韻}庾準切, 音尹. 義同. 又兪水切, 唯上聲. 沇溶, 水流澗谷中也. {司馬相如・上林賦}沇溶淫鬻. {集韻}或从兖作渷. 說文 <水部> 以轉切. 水. 出河東東垣王屋

山, 東爲洗. 从水允聲.

A0716 U-6C88

•沈• 水字部 總07劃. (훈글) [침] 가라앉을. (類合) [팀] 둠길. (英譯) sink, submerge. addicted to. surname. (康熙) <水部> {唐韻}直深切, {集韻}{韻會}{正韻}持林切, 丛音霃. {說文}陵上滈水也. 一曰濁黕也. {風俗通・山澤篇}沈者, 莽也. 言其平望, 莽莽無涯際也. 沈澤之無水斥鹵之類也. {前漢・刑法志}山川沈斥. {註}斥卽斥鹵, 沈卽川澤. {莊子・達生篇}沈有履. {註}沈水, 汚泥也. 又齊人謂湖曰沈. {郭緣生逑征記}有鳥當沈. 又沒也. {詩・小雅}載沈載浮. {戰國策}智伯攻趙, 圍晉陽而水之, 城之不沈者三板. {又}常民溺於習俗, 學者沈於所聞. 又以毒沈水也. {周禮・秋官}雍氏禁山之爲苑, 澤之沈者. {註}謂毒魚及水蟲之屬. 又五齊之一. {周禮・天官・酒正}五齊, 三曰沈齊. {註}沈者, 成而滓沈, 如今造淸酒. 又九天之一. {揚子・太玄經}九天, 八爲沈天. 又水名. {後漢・光武紀}輔威將軍臧宮, 與公孫逑將延岑戰於沈水. {註}沈水出廣漢縣. 又實沈, 星次也. 屬晉分. {左傳・昭元年}參爲晉星, 實沈, 參神也. 又綠沈, 畫工設色之名. {鄴中記}石虎造象牙桃枝扇, 或綠沈色. {王羲之・筆記}有人以綠沈漆管見遺. {野客叢書}物色之深者皆爲綠沈. 又{廣韻}{集韻}{韻會}丛直禁切, 音鴆. 亦沒也. 一曰投物水中也. 或作湛. {周禮・春官}以貍沈祭山林川澤. {註}沈如字, 劉註直蔭反. 又{廣韻}{集韻}{韻會}{正韻}丛式荏切, 音審. 古國名. {左傳・昭元年}沈姒蓐黃, 實守其祀. {註}四國臺駘之後. 又姓. {廣韻}出吳興. 本周文王第十子聃季, 食采於沈, 子孫以國爲氏. 又沈丘, 縣名. {廣輿記}屬開封府, 古沈子國, 隋沈州, 唐沈丘. 又{集韻}{正韻}丛昌枕切, 音瞫. 與瀋同. 汁也. {禮・檀弓}爲榆沈故設撥. {註}以水澆榆白皮之汁, 有急以播地, 於引輴車滑也. 又{集韻}{韻會}徒南切, {正韻}徒含切, 丛音覃. 沈沈, 宮室深邃貌. {史記・陳涉世家}顆頤, 涉之爲王沈沈者. {註}應劭曰: 沈, 長含反. 通作潭. 亦作戡. (說文) <水部> 直深切・尸甚切. 陵上滈水也. 从水冘聲. 一曰濁黕也.

A0740 U-6C8C

•沌• 水字部 總07劃. (훈글) [돈] 어두울. (新典) [돈] 긔운 덩얼이. 뭉킬. (訓蒙) [돈] 얼읠. (英譯) chaotic, confused. turbid, murky. (康熙) <水部> {廣韻}徒損切, {集韻}杜本切, {正韻}徒本切, 丛音囤. 混沌, 元氣未判也. 亦作渾沌. {揚子・太玄經}渾沌無端, 莫見其根. 又不開通之貌. {莊子・應帝王}中央之帝爲渾沌. {註}渾沌, 無孔竅也. 又渾沌, 四兇之一. 卽讙兜也. 本獸名. {神異經}崑崙有惡獸, 名曰渾沌. 又{廣韻}{集韻}丛徒渾切, 音屯. 水勢也. {枚乘・七發}沌沌混混, 狀如奔馬. {註}波相隨貌. 又{博雅}混混沌沌, 轉也. {孫子・兵勢篇}渾渾沌沌, 形圓而不可敗. 又{集韻}殊倫切, 音淳. 與純同. 粹也. 又都困切, 音頓. 與忳同. 愚貌. {老子・道德經}忳忳兮. 或作沌. 又柱兗切, 音篆. 水名. 在江夏. {水經注}涉水, 又逕沌水, 口水, 南通縣之太白湖, 湖水東南通江, 又謂之沌口. 又有沌陽縣, 處沌水之陽, 故名.

A0735 U-6C8E

•沎• 水字部 總07劃. (훈글) [화] 물 이름. (康熙) <水部> {集韻}呼臥切, 音貨. 水名也.

A0743 U-6C90

•沐• 水字部 總07劃. 훈글 [목] 머리 감을. 訓蒙 [목] 머리ᄀᆞᄆᆞᆯ. 英譯 bathe, cleanse, wash, shampoo. 漢典 形聲. 從水, 木聲. 本義: 洗頭發. 康熙 <水部> {唐韻}{集韻}{韻會}{正韻}丛莫卜切, 音木. {說文}濯髮也. {詩・衛風}豈無膏沐. {周禮・天官}宮人共王之沐浴. {疏}沐用潘, 浴用湯. 又{漢官儀}五日一假, 洗沐, 亦曰休沐. 又潤澤之意. {後漢・明帝紀}冬無宿雪, 春不燠沐. {註}沐, 潤澤也. 言無暄潤之氣. 又治也. {禮・檀弓}夫子助之沐椁. 又溟沐, 細密之雨也. {揚子・太玄經}密雨溟沐. 又姓. 漢有陳郡太守沐寵. 說文 <水部> 莫卜切. 濯髮也. 从水木聲.

A0718 U-6C91

•沑• 水字部 總07劃. 훈글 [뉴] 물결. [육] 진흙. 康熙 <水部> {唐韻}人九切, {集韻}忍九切, 丛音蹂. {說文}水利也. 一曰溫也. 又{集韻}女九切, 音紐. 濕也. 又{廣韻}{集韻}丛女六切, 音恧. 縮沑, 水文蹙聚. {木華・海賦}葩華踧沑. 說文 <水部> 人九切. 水吏也. 又, 溫也. 从水丑聲.

A0706 U-6C96

•沖• 水字部 總07劃. 훈글 [충] 빌. 新典 [츙] 빌. 화할. 깁흘. 흔들릴. 자부록히 뜰. 어얼. 들임. 얼음 씃는 소리. 英譯 pour, infuse, steep. wash away. 康熙 <水部> {唐韻}直弓切, {集韻}{韻會}持中切, 丛音蟲. {說文}涌搖也. 又{玉篇}虛也. {老子・道德經}大盈若沖. 又{廣韻}和也, 深也. {蕭慤詩}重明豈凝滯, 無累在淵沖. 又飛也. {史記・滑稽傳}一飛沖天. 又幼小也. {書・盤庚}肆予沖人. {傳}沖, 童也. 又垂飾貌. {詩・小雅}鞗革沖沖. 又聲也. {詩・豳風}鑿冰沖沖. 又姓. 明洪武中香山縣丞沖敬. 又{集韻}杜孔切, 音動. 涌也. 又{韻補}叶仲良切, 音長. {道藏歌}鬱鬱對啓明, 圓華煥三沖. 飈粲麗九天, 天綠繞丹房. 說文 <水部> 直弓切. 涌搖也. 从水, 中. 讀若動.

A0711 U-6C9A

•沚• 水字部 總07劃. 훈글 [지] 물가. 新典 [지] 물가. 訓蒙 [지] 믓ᄀᆞᆺ. 英譯 islet in stream. small sandbar. 康熙 <水部> {唐韻}{集韻}{韻會}丛諸市切, 音止. {爾雅・釋水}小渚曰沚. {詩・召南}于沼于沚. 又{釋名}止息也, 可以止息其上. 又{集韻}職吏切, 音志. {正韻}諸氏切, 音紙. 義丛同. 又{韻補}叶諸池切. {楚辭・九懷}淹低徊兮京沚. 與師彝爲韻. {玉篇}或作洔. 說文 <水部> 諸市切. 小渚曰沚. 从水止聲. {詩}曰: "于沼于沚."

A0731 U-3CCF

•㳏• 水字部 總08劃. 훈글 [시] 물 이름. 英譯 a river in ancient times. in Henan Province. 康熙 <水部> {集韻}疏吏切, 使去聲. 水名, 在河南. 或从吏作浭.

A0728 U-3CD1

•氵皿• 水字部 總08劃. 훈글 [일] 넘칠. 英譯 (abbreviaded form of 溢) to flow over. to brim over, excessive. 康熙 <水部> {集韻}溢字省文.

A0721 U-6C93

•沓• 水字部 總08劃. 훈글 [답] 유창할. 新典 [답] 물 괄어 넘칠. 말 줄줄 할. 거듭. 합할. 무릅쓸. 탐할. 놀일. 英譯 connected, joined. repeated. 康熙 <水部> {廣韻}{集韻}{韻會}{正韻}丛達合切, 音䜚. {說文}語多沓沓, 若水之流. 又水沸溢也. 今河朔方言謂沸溢爲沓. 又重也. {詩・小雅}噂沓背憎. 又合也. {揚雄・羽獵賦}出入日月, 天與地沓. {註}言若天地相連合也. 又冒也, 貪也. {唐書・王琳傳}酉領沓墨. 又弛緩意. {孟子}泄泄猶沓沓也. 又水名. 遼東有沓水, 沓縣因以名. 又姓. {北史・孝義傳}沓龍超. 又{集韻}{韻會}{正韻}丛託合切, 音錔. 義同. 一曰行擊鼓也. 說文 <曰部> 徒合切. 語多沓沓也. 从水从曰. 遼東有沓縣.

A0746 U-6C9D

•沝• 水字部 總08劃. 훈글 [추] 두 갈래 강. 康熙 <水部> {唐韻}{集韻}丛之壘切, 音捶. {說文}二水也. {類篇}閩人謂水曰沝. ○ 按鄺氏易坎爲水, 水作沝. 郭忠恕佩觿集, 音義一而體別, 水爲沝, 火爲焜. 是水與沝音義丛同, 與{說文}小異. 至楊愼轉注古音, 沝音委, 義如禮記或原或委之委. {說文}字原, 沝, 古流字. 皆曲說, 今不從. 說文 <沝部> 之壘切. 二水也. 闕. 凡沝之屬皆从沝.

A0648 U-6CAC

•沬• 水字部 總08劃. 훈글 [매] 땅 이름. 英譯 dusk. Mei river. Zhou dynasty place-name. (Cant.) to go underwater, to dive. 康熙 <水部> 古文: 湏. {廣韻}{集韻}莫貝切, {韻會}{正韻}莫佩切, 丛音妹. 衞邑名. {詩・鄘風}沬之鄉矣. 亦作妹. {書・酒誥}明大命于妹邦. 又{易・豐卦}日中見沬. {註}王氏曰: 微昧之明也. 薛氏曰: 斗之輔星. 又{廣韻}{集韻}丛無沸切, 音未. 水名. 又{唐韻}荒內切, {集韻}呼內切, {正韻}呼對切, 丛音誨. {說文}灑面也. 通頮. 又作靧. {禮・內則}面垢燂潘請靧, 足垢燂湯請洗. 說文 <水部> 荒內切. 洒面也. 从水未聲.

A0699 U-6CAE

•沮• 水字部 總08劃. 훈글 [저] 막을. 新典 [저] 져슈. 그칠. 막을. 문어질. 으를, 공갈할. 샐. 물저즐, 번칠. 訓蒙 [져] 즌퍼리. 英譯 stop, prevent. defeated, dejected. 漢典 形聲. 從水, 且聲. 本義: 古水名. 在今陜西省. 阻止. 康熙 <水部> {唐韻}{集韻}{韻會}{正韻}丛子余切, 音苴. 水名. {說文}水出漢中房陵, 東入江. {水經}沮水出東汶陽郡沮陽縣. 又{前漢・地理志}武都郡沮縣沮水, 出東狼谷. {水經注}沔水一名沮水. 又漆沮, 二水名. {書・禹貢}漆沮旣從. {詩・大雅}自土沮漆. {水經}漆水出扶風杜陽縣兪山, 東北入于渭. 沮水出北地直路縣

北, 東入于洛. {十三州志}漆沮, 卽洛水也. {詩・地理攷}段氏曰: 漆沮有二, 皆出雍州, 東入于渭, 特有上流下流之別. 詩漆沮入于渭之上流. 書漆沮入于渭之下流. 又{水經注}肥如縣, 故肥子國, 有大沮水, 小沮水. 又沮中, 地名. 亦作柤. {吳志}赤烏四年, 諸葛瑾取柤中. 又{廣韻}側魚切, {集韻}臻魚切, 𠀤音葅. 姓也. 黃帝史官沮誦, 三國沮授. 又{廣韻}慈呂切, {集韻}{韻會}在呂切, {正韻}再呂切, 𠀤音咀. 止也, 過也, 壞也. {詩・小雅}謀猶回遹, 何日斯沮. 又{禮・儒行}沮之以兵. {註}沮, 謂恐怖之也. 又敗也. {晉語}衆孰沮之. 又沮泄, 謂泄漏也. {禮・月令}地氣沮泄, 是謂發天地之房. 又丘名. {爾雅・釋丘}水出其後曰沮丘. {註}沮, 辭與切. 又{廣韻}疾與切, {集韻}象呂切, 𠀤音敘. 義同. 又{集韻}壯所切, 音阻. {漢志}沮陽, 縣名. 在上谷郡. 又{廣韻}{集韻}{正韻}𠀤將預切, 音怚. 沮洳, 漸濕也. {詩・魏風}彼汾沮洳. {註}沮洳, 水浸處, 下濕之地. {禮・王制}山川沮澤. {註}沮謂萊沛也. 又{集韻}將先切, 音箋. 涓沮, 小流. 說文 <水部> 子余切. 水. 出漢中房陵, 東入江. 从水且聲.

D0138 U-6CB1

•沱• 水字部 總08劃. 한글 [타] 물 이름. 英譯 rivers, streams, waterways. flow. 漢典 形聲. 從水, 它聲. 本義: 江水支流的通名. 康熙 <水部> {唐韻}徒何切, {集韻}{韻會}唐何切, {正韻}湯何切, 𠀤音駝. {說文}江別流也. 出嶓山. {書・禹貢}岷山導江東別爲沱. {註}引爾雅釋水, 水自江出爲沱, 漢爲潛. {詩・地理攷}蔡氏曰: 南郡枝江縣有沱水, 其流入江, 而非出於江也. 華容縣有夏水, 首出於江, 尾入於沔, 亦謂之沱. 此荆州之沱, 蜀郡郫縣江沱在東, 西入大江. 汶江縣江沱在西南, 東入江, 此梁州之沱. 戴侗曰: 沱名不一, 梁州之沱, 特其大者耳. 又滹沱, 河名. 在定州. 又涕垂貌. {易・離卦}出涕沱若. 又大雨貌. {詩・小雅}俾滂沱矣. 又{廣韻}徒可切, {集韻}{韻會}{正韻}待可切, 𠀤音柁. 與沲同. 潰沲, 沙土往來貌. {郭璞・江賦}碧沙潰沲而往來. 又與沲同. 潭沲, 隨波貌. {郭璞・江賦}隨風猗萎, 與波潭沲. {杜甫詩}春光潭沲秦東亭. 今作淡沱. 又{集韻}陳知切, 音馳. 與池同. 說文 <水部> 徒何切. 江別流也. 出嶓山東, 別爲沱. 从水它聲.

A0697 U-6CB3

•河• 水字部 總08劃. 한글 [하] 강 이름. 訓蒙 [하] ᄀᆞᄅᆞᆷ. 英譯 river. stream. yellow river. 漢典 形聲. 從水, 可聲. 本義: 黃河. 康熙 <水部> {唐韻}乎哥切, {集韻}{韻會}{正韻}寒歌切, 𠀤音何. 水名. {說文}水出敦煌塞外崑崙山, 發源注海. {春秋・說題辭}河之爲言荷也. 荷精分佈, 懷陰引度也. {釋名}河, 下也. 隨地下處而通流也. {前漢・西域傳}河有兩源, 一出蔥嶺, 一出于闐. 于闐在南山下, 其河北流, 與蔥嶺河合, 東注蒲昌海, 潛行地下. 南出於積石, 爲中國河云. {書・禹貢}導河積石, 至于龍門. {爾雅・釋水}河出崑崙, 色白, 所渠幷千七百一川, 色黃, 百里一小曲, 千里一曲一直. 又九河. {書・禹貢}九河既道. {傳}九河, 徒駭一, 太史二, 馬頰三, 覆釜四, 胡蘇五, 簡六, 絜七, 鉤盤八, 鬲津九. 又三河, 謂河南, 河北, 河東也. {後漢・光武紀}三河未澄, 四關重擾. 又{小學紺珠}以黃河, 析支河, 湟中河爲三河. 又兩河, 謂東河, 西河也. {爾雅・釋地}兩河閒曰冀州. 又州名. {廣輿記}古西羌地, 秦漢屬隴西, 唐曰河州, 明置河州衞. 又梗河. 星名. {甘氏星經}梗河三星, 在大角帝座北. 又銀河, 天河也. 又{趙崇絢雞肋}道家以目爲銀河. 又酒器也. {乾臊子}裴鈞大宴有銀河, 受一斗. 又淘河, 鳥名. 見{爾雅・釋鳥註}. 又姓, 明河淸, 長沙人. 臊字从月从咢作. 說文 <水部> 乎哥切. 水. 出焞煌塞

外昆侖山, 發原注海. 从水可聲.

A0733 U-6CCA

•泊• 水字部 總08劃. 훈글 [박] 배댈. 新典 [박] 그칠. 배댈. 말숙할, 담박할. 써돌아당길. 類合 [박] 믈 골. 英譯 anchor vessel. lie at anchor. 漢典 形聲. 從水, 白聲. 本義: 停船. 康熙 <水部> {廣韻}傍各切, {集韻}{韻會}白各切, 𠀤音薄. 止也. 舟附岸曰泊. {杜甫詩}漾舟千山內, 日入泊枉渚. 又水貌. {前漢・郊祀歌}泊如四海之池. 又澹泊, 恬靜無爲貌. {老子・道德經}泊乎其未兆. 又紛泊, 飛走衆多之貌. {張衡・西京賦}霍繹紛泊. 又漂泊, 流寓也. {庾信・哀江南賦}下亭漂泊, 高橋羈旅. 又與薄同. {王充・論衡・率性篇}氣有厚泊, 故性有善惡. 又{集韻}匹陌切, 音拍. 嶕峭, 竹密貌. 或作漠泊. {王褒・洞簫賦}密漠泊以獭猭. 又小波也. {木華・海賦}潤泊柏以迆颺. {註}泊, 匹帛切.

A0730 U-6CD6

•泖• 水字部 總08劃. 훈글 [묘] 호수 이름. 英譯 still waters. river in Jiangsu. 康熙 <水部> {廣韻}{集韻}𠀤莫飽切, 音卯. 水名. 在吳華亭縣有圓泖, 大泖, 長泖, 共三泖. 亦作茆. {春渚記聞}陸魯望賦吳中事云: 三泖涼波魚蕝動. 註稱江左人目水之渟滀不湍者爲泖. 又{集韻}力九切, 音柳. 水貌.

A0751 U-6CF3

•泳• 水字部 總08劃. 훈글 [영] 헤엄칠. 訓蒙 [영] 므ᄌᆞ미. 英譯 dive. swim. 漢典 形聲. 從水, 永聲. 本義: 潛行水中, 游泳. 康熙 <水部> {唐韻}{集韻}{韻會}{正韻}𠀤爲命切, 音詠. {說文}潛行水中也. {爾雅・釋言}泳, 游也. {詩・邶風}泳之游之. 又{韻補}叶虛誑切, 音旺. {詩・周南}漢之廣矣, 不可泳思. 江之永矣, 不可方思. 方去聲. 說文 <水部> 爲命切. 潛行水中也. 从水永聲.

A0739 U-3CDA

•㳚• 水字部 總09劃. 훈글 [휼] 물 흐르는 모양. 英譯 flowing of the water. 康熙 <水部> {集韻}休必切, 音獝. 水流貌.

A0749 U-6CC9

•泉• 水字部 總09劃. 훈글 [천] 샘. 訓蒙 [천] 심. 英譯 spring, fountain. wealth, money. 漢典 象形. 甲骨文字形. 象水從山崖泉穴中流出的樣子. 本義: 泉水. 康熙 <水部> 古文: 洤. {唐韻}疾緣切, {集韻}{韻會}從緣切, {正韻}才緣切, 𠀤音全. {說文}水原也. 象水流成川形. {易・蒙象}山下出泉. 又{爾雅・釋水}濫泉正出. 正出, 涌出也. 沃泉縣出. 縣出, 下出也. 氿泉穴出. 穴出, 仄出也. 又同出異歸曰肥泉. {詩・衛風}我思肥泉, 玆之永歎. 又醴泉. {禮・禮運}天降膏露, 地出醴泉. 又泉有光華曰榮泉. {前漢・郊祀歌}食甘露, 飲榮泉. 又瀑布曰立泉. {班

固・終南山賦}立泉落落. 又州名. {廣輿記}周時爲七閩地, 隋曰溫陵, 唐曰泉州. 又天泉, 星名. {甘氏星經}天泉十星, 在鼈東. 一曰大海, 主灌漑溝渠之事. 又龍泉, 劒名. 卽龍淵也. {杜甫詩}三尺獻龍泉. 又姓. 南史有泉企. 又貨泉, 卽錢也. {周禮・天官}外府掌布之出入. {註}布, 泉也. 其藏曰泉, 其行曰布, 取名于水泉, 其流行無不徧也. 又{地官・泉府註}泉, 或作錢. 又{集韻}疾眷切, 全去聲. 義同. 又{韻補}叶才勻切, 音秦. {李尤・東觀銘}房闥內布, 疏綺外陳. 是謂東觀, 書籍林泉. {集韻}或作灥. 又泉, 灥, 驫. (說文) <泉部> 疾緣切. 水原也. 象水流出成川形. 凡泉之屬皆从泉.

A0706 U-6D00

•洀• 水字部 總09劃. (훈글) [주] 파문. (康熙) <水部> {集韻}之由切, 音周. 水文也. 又{字彙}蒲官切. 與盤同. {管子・小問篇}桓公問: 今寡人乘馬, 虎望見寡人不敢行, 何也. 對曰: 意者君乘駮馬而洀桓, 迎日而馳乎. 駮食虎豹, 故虎疑焉. {註}洀, 古盤字.

洋 D0138 U-6D0B

•洋• 水字部 總09劃. (훈글) [양] 바다. (訓蒙) [양] 바다. (英譯) ocean, sea. foreign. western. (漢典) 形聲. 從水, 羊聲. 本義: 古水名. (康熙) <水部> {唐韻}似羊切, {集韻}徐羊切, 𠀤音詳. 水名. {說文}水出齊臨朐高山, 東北入鉅定. 又{玉篇}水出昆侖山北. {山海經}昆侖之丘, 洋水出焉. 又藉水, 卽洋水也. 出上邽縣西北. {山海經}邽山, 濛水出焉, 南流注于洋水. 又蜀水名. {水經}漢水東會洋水. 又州名. {廣韻}本漢成固縣, 秦爲漢中郡, 魏置洋州. 又{廣韻}與章切, {集韻}{韻會}余章切, {正韻}移章切, 𠀤音陽. {爾雅・釋詁}洋, 多也. {詩・魯頌}萬舞洋洋. 又廣也. {詩・大雅}牧野洋洋. {中庸}洋溢乎中國. 又瀾也. {莊子・秋水篇}望洋向若而歎. 又海名. {徐兢使高麗錄}洋中有白水洋, 其源出靺鞨, 故作白色. 黃水洋卽沙尾也, 其水渾濁且淺. 又洋洋, 水盛貌. {詩・衞風}河水洋洋. 又與徉同. {史記・吳王濞傳}方徉天下. {註}方徉猶翺翔也. 又與養同. {爾雅・釋訓}洋洋, 思也. {疏}詩邶風中心養養. 洋養音義同. (說文) <水部> 似羊切. 水. 出齊臨朐高山, 東北入鉅定. 从水羊聲.

A0740 U-6D0C

•洌• 水字部 總09劃. (훈글) [렬] 맑을. (類合) [렬] 출. (英譯) clear. (康熙) <水部> {唐韻}{正韻}良薛切, {集韻}{韻會}力薛切, 𠀤音列. {說文}水淸也. {易・井卦}井洌寒泉食. 又酒淸亦曰洌. {歐陽修・醉翁亭記}泉香而酒洌. 又{字林}洌, 寒風也. {宋玉・高唐賦}洌風過而增悲哀. 又水名, 在朝鮮. {揚子・方言}朝鮮洌水之閒. 又{廣韻}{集韻}𠀤力制切, 音例. {司馬相如・上林賦}轉騰潎洌. {註}潎洌, 相撇也. 又同冽. {佩觿集}冽冽𠀤良薛翻, 冽水淸也, 冽水寒也. {集韻}同瀏. (說文) <水部> 良辥切. 水淸也. 从水列聲. {易}曰: “井洌, 寒泉, 食.”

A0719 U-6D0E

•洎• 水字部 總09劃. (훈글) [계] 물 부을. (新典) [긔] 正音 [계] 미칠. 윤택할. 가마부실. 고기집 낼. (英譯) until. till. soup. to soak. (漢典) 形聲. 從水, 自聲. 本義: 往鍋里添水. (康熙)

<水部> {唐韻}具冀切, {集韻}{韻會}巨至切, 丛音暨. {說文}灌釜也, 與溉通. {周禮・秋官・士師}祀五帝, 則沃尸及王盥洎鑊水. {註}謂增其沃汁. 又潤也. {管子・水地篇}越之水重濁而洎. 又及也. {張衡・東京賦}百僚師師, 於斯胥洎. {註}言百官於此相連及, 而來朝賀也. 又水名. {水經注}沁水, 卽洎水. 又{廣韻}{集韻}{韻會}几利切, {正韻}吉器切, 丛音冀. 肉汁也. {左傳・襄二十八年}去其肉, 而以其洎饋. {佩觿集}作臮, 俗作臮. (說文) <水部> 其冀切. 灌釜也. 从水自聲.

A0722 U-6D17

•洗• 水字部 總09劃. (훈글) [세] 씻을. [선] 깨끗할. (訓蒙) [세] 시슬. (英譯) wash, rinse. clean, purify. (漢典) 形聲. 從水, 先聲. 據甲骨文, 上爲足形, 下爲水形. 本義: 用水洗腳. (康熙) <水部> {唐韻}{集韻}{韻會}{正韻}丛蘇典切, 音銑. {說文}洒足也. {史記・高祖紀}使兩女子洗足. 又潔也. {書・酒誥}自洗腆致用酒. 又姑洗, 律名. {周語}姑洗所以修百物, 考神納賓. {白虎通・五行論}洗者, 鮮也. 又姑洗, 鐘名. 見{左傳・定四年}. 又洗馬, 官名. 又姓. 又{廣韻}{集韻}{韻會}先禮切, {正韻}想禮切, 丛音銑. 與洒同. 滌也. {易・繫辭}聖人以此洗心, 退藏于密. 又承水器也. {儀禮・士冠禮}設洗于東榮. 又石名. {山海經}華山之首曰錢來之山, 其下多洗石. 又洗手, 花名. {楓窻小牘}雞冠花, 汴人謂之洗手花. (說文) <水部> 穌典切. 洒足也. 从水先聲.

A0700 U-6D1B

•洛• 水字部 總09劃. (훈글) [락] 강 이름. (正蒙) [락] 락슈. (英譯) river in Shanxi province. city. (漢典) 形聲. 從水, 各聲. 本義: 水名. 指洛水. (康熙) <水部> 古文: 彔. {唐韻}盧各切, {集韻}{韻會}{正韻}力各切, 丛音落. {春秋・說題辭}洛之爲言繹也. 言水繹繹光耀也. 又水名. {書・禹貢}伊洛瀍澗. {前漢・地理志}洛水, 出弘農上洛縣冢嶺山, 東北至鞏縣入河. {山海經}讙舉之山, 洛水出焉. 又雍州之浸. {詩・小雅}瞻彼洛矣, 維水泱泱. {周禮・夏官・職方氏}正西曰雍州, 其浸渭洛. {註}洛出懷德. 又蜀有洛水. {山海經}岷山之首曰女几之山, 洛水出焉. {水經注}洛水, 出廣漢郡洛縣漳山. 又東海郡有洛水. {水經注}水出太山南武陽縣之冠石山. 又洛陽, 地名. {一統志}洛陽, 成周之地. 漢爲郡. 宋初洛陽, 河南二縣丛置. 明屬河南府. 又洛南縣, 屬西安府, 本漢上洛. 洛川縣, 屬延安府, 本漢鄜延. 俱見{廣輿記}. 又洛洛, 水溜下之貌. {山海經}爰有淫水, 其淸洛洛. {註}淫與瑤同. 又與絡同. {莊子・大宗師}洛誦之孫聞之瞻明. {註}誦, 通也. 苞絡無所不通也. 又{韻補}叶盧谷切, 音祿. {馬融・廣成頌}面據衡陰, 箕背王屋. 浸以波溠, 演以滎洛. {類篇}通作雒. ○ 按{周禮註}, 漢以火德, 王忌水, 改爲雒. 魏復改雒爲洛. (說文) <水部> 盧各切. 水. 出左馮翊歸德北夷界中, 東南入渭. 从水各聲.

A0703 U-6D27

•洧• 水字部 總09劃. (훈글) [유] 강 이름. (新典) [유] 유슈. (英譯) name of a river in honan. (康熙) <水部> {唐韻}榮美切, {集韻}{韻會}羽軌切, 丛音鮪. 水名. {說文}水出潁川陽城山, 東南入潁. 又水名, 出上郡高奴縣. {水經注}淸水東逕高奴縣, 合豐林水. {前漢・地理志}謂之洧水. 又洧槃, 水名, 出崦嵫. {屈原・離騷}朝濯髮乎洧槃. 又曲洧, 鄭地, 見{左傳註}. (說文) <水

部> 榮美切. 水. 出潁川陽城山, 東南入潁. 从水有聲.

A0730 U-6D31

•洱• 水字部 總09劃. 한글 [이] 강 이름. 英譯 a lake in Yunnan. 康熙 <水部> {廣韻}而止切, {集韻}忍止切, 𠀤音耳. 水名. {水經注}洱水, 出弘農郡盧氏縣之熊耳山. 又{集韻}母婢切, 音弭. 義同. 又{廣韻}{集韻}𠀤仍吏切, 音餌. 水名. {楊愼·雲南山川志}西洱海, 在府城東, 古葉楡河也. 一名珥海. 又名西洱河.

A0749 U-6D32

•洲• 水字部 總09劃. 한글 [주] 섬. 訓蒙 [쥬] 믓ᄌᆞ. 英譯 continent. island. islet. 漢典 形聲. 從水, 州聲. "洲"本作"州", 后人加水以别州縣之字. 本義: 水中的陸地. 康熙 <水部> {廣韻}{正韻}職流切, {集韻}{韻會}之由切, 𠀤音周. {說文}水渚也. {爾雅·釋水}水中可居曰洲. 又{釋名}聚也. 人及鳥物所聚息之處也. {詩·周南}在河之洲. 又靈洲, 漢縣名, 屬北地郡. 又{韻補}叶專於切, 音朱. {劉楨·魯都賦}素秋二七, 天漢指隅. 緹帷彌津, 丹帳覆洲. {說文}本作州, 後人加水以別州縣字.

A0704 U-6D39

•洹• 水字部 總09劃. 한글 [원] 강 이름. 英譯 river in Henan province. 康熙 <水部> {唐韻}羽元切, {集韻}{韻會}于元切, 𠀤音袁. 水名. {水經}洹水, 出上黨泫民縣. {註}音桓. 一音怛. 今土俗音袁. 又縣名. {輿地廣記}相州臨漳縣本鄴縣, 後周分東北界, 置洹水縣. 又{廣韻}{集韻}{韻會}{正韻}𠀤胡官切, 音桓. 義同. 又{博雅}洹洹, 流也. 又泥洹, 卽涅槃也. 說文 <水部> 羽元切. 水. 在齊魯閒. 从水亘聲.

D0139 U-6D3E

•派• 水字部 總09劃. 한글 [파] 물 갈래. 訓蒙 [패] 믈 가ᄅᆞ. 英譯 school of thought, sect, branch. 康熙 <水部> {廣韻}匹卦切, {集韻}{韻會}普卦切, 𠀤音𠂢. {說文}別水也. 一曰水分流也. {左思·吳都賦}百川派別, 歸海而會. 又{博雅}水自汾出爲派. 又{集韻}卜卦切, 音𥿋. 谷名, 在安邑. 又莫獲切, 音麥. 泉潛通也. 又{韻補}叶滂佩切, 音配. {歐陽修·病暑賦}覽星辰之浮沒, 視日月之陰蔽. 披閶闔之淸風, 飮黃流之巨派. 又叶普駕切, 音怕. {呂溫勳臣贊}河出昆侖, 來潤中夏. 連山合沓, 橫擁其派. 或作泒, 非. 泒音孤, 水名. 說文 <水部> 匹賣切. 別水也. 从水从𠂢, 𠂢亦聲.

D0143 U-6D41

•流• 水字部 總09劃. 한글 [류] 흐를. 訓蒙 [류] 흐를. 英譯 flow, circulate, drift. class. 漢典 會意. 本義: 水流動. 康熙 <水部> 古文: 汓. {唐韻}{集韻}{韻會}{正韻}𠀤力求切, 音留. {說文}水行也. {爾雅·釋言}流, 覃也. {疏}謂水之流, 必相延及. {詩·大雅}如川之流. 又

{爾雅・釋詁}流, 擇也, 求也. {詩・周南}左右流之. 又下也. {詩・豳風}七月流火. 又流漫無節制也. {禮・樂記}樂勝則流. 又{書・禹貢}二百里流. {禮・王制}千里之外曰采, 曰流. 又放也. {書・舜典}流宥五刑. 又視不端諦曰流. {左傳・成六年}鄭伯視流而行速. 又走也. {戰國策}楚襄王流淹于城陽. {註}謂走而自匿. 又{周禮・冬官・玉人註}鼻勺曰流, 凡流皆爲龍口. 又{前漢・食貨志}朱提銀重八兩爲一流. 又{前漢・藝文志}儒家流, 道家流, 陰陽家流, 法家流, 墨家流, 縱橫家流, 雜家流, 農家流, 小說家流, 各有所從出, 分九家. 又流布也. {易・謙卦}地道變盈而流謙. 又流轉也. {禮・仲尼燕居}周流無不徧. 又{張協・七命}傾罍一朝, 流湎千日. {註}齊顏色, 均衆寡謂之流. 又長流, 官名. {顏之推・家訓}名治獄參軍爲長流. 又黃流, 酒名. {詩・大雅}黃流在中. 又雙流, 縣名. {廣輿記}屬成都府. 又{韻補}叶淩如切, 音閭. {陸雲詩}樂奏聲哀, 言發涕流. 唯願君子, 德與福俱. 又叶力救切, 音溜. {博玄詩}悠悠建平, 皇澤未流. 朝選于衆, 乃子之授.

A0731 U-3CEF

•浫• 水字部 總10劃. 훈글 [신] 벼루 귀신. 英譯 goddess of an ink-slab. 康熙 <水部> {字彙補}音義未詳. {談薈}硯神曰浫妃.

A0729 U-6D5B

•浛• 水字部 總10劃. 훈글 [함] 잠길. 康熙 <水部> {廣韻}{集韻}𠀤胡紺切, 音憾. {玉篇}水和泥也. 又{集韻}姑南切, 音弇. 與淦同. 詳淦字註. 又{集韻}胡南切, 音含. {揚子・方言}沈也. 或作涵澮浛淦浛. {六書故}涵別作浛澮. {王子年・拾遺記}浛天蕩蕩望蒼蒼. 又地名. {正字通}浛洸, 古英州屬縣. 今連州江口之上有浛洸口, 屬韶州英德縣.

A0722 U-6D65

•浥• 水字部 總10劃. 훈글 [읍] 젖을. 訓蒙 [읍] 달쁠. 英譯 moist, wet, dampen. 漢典 形聲. 從水, 邑聲. 本義: 濕潤. 康熙 <水部> {唐韻}於及切, {集韻}{韻會}乙及切, {正韻}乙入切, 𠀤音邑. {說文}濕也. 又漬潤也. {詩・召南}厭浥行露. 又{廣韻}於業切, {集韻}乙業切, 𠀤音裛. 義同. 又{集韻}乙俠切, 音腌. 窊陷也. {前漢・司馬相如傳}踰波趨浥. {註}趨浥, 輸于淵也. 又乙甲切, 音押. 水流下貌. {郭璞・江賦}乍浥乍堆. 說文 <水部> 於及切. 溼也. 从水邑聲.

A0732 U-6D71

•浱• 水字部 總10劃. 훈글 [순] 물가. 康熙 <水部> {集韻}與漘同.

A0723 U-6D74

•浴• 水字部 總10劃. 훈글 [욕] 목욕할. 訓蒙 [욕] 모욕. 英譯 bathe, wash. bath. 漢典 形聲. 從水, 谷聲. 本義: 洗澡. 康熙 <水部> {唐韻}余蜀切, {集韻}{韻會}俞玉切, 𠀤音欲. {說文}洒身也. {周禮・天官}宮人共王之沐浴. {註}浴用湯. 又借爲潔治意. {禮・儒行}儒有

澡身而浴德. 又{夏小正}十月黑鳥浴. 黑鳥, 烏也. 浴謂乍上乍下也. 又水名. {山海經}泰冒之山, 浴水出焉. 又陰山, 濁浴水出焉. 又幽都之山, 浴水出焉. 又{韻補}叶欲屑切, 音悅. {蘇軾·月硯銘}其受水者哉生明, 而運墨者旁死魄. 忽玄雲之霮䨴, 觀玉兔之沐浴. {集韻}或作㳅. 說文 <水部> 余蜀切. 洒身也. 从水谷聲.

A0701 U-6D78

•浸• 水字部 總10劃. ᄒᆞᆫ글 [침] 담글. 新典 [침] 침슈. 英譯 soak, immerse, dip, percolate. 漢典 形聲. 從水, 籒文寑聲. 本義: 古水名. 浸水. 康熙 <水部> 古文: 𡫸. {唐韻}{集韻}{正韻}𠀤子鴆切, 音祲. 漬也. {詩·曹風}浸彼苞稂. 又潤也. {詩·小雅}浸彼稻田. 又漸也. {易·臨卦}剛浸而長. 又沒也. {史記·趙世家}城不浸者三版. 又涵也, 沈也, 澤之總名也. {莊子·逍遙遊}大浸稽天. {周禮·夏官·職方氏}揚州其浸五湖. 又通作湛. {禮·內則}湛諸美酒. 又{廣韻}七林切, {集韻}千尋切, 𠀤音侵. 浸淫, 漸漬也. {王褒·洞簫賦}浸淫叔子遠其類. 或作濅寖.

D0138 U-6D7F

•浿• 水字部 總10劃. ᄒᆞᆫ글 [패] 강 이름. 新典 [패] 패슈. 康熙 <水部> {唐韻}{集韻}{韻會}𠀤普蓋切, 音霈. 水名. {說文}水出樂浪鏤方, 東入海. {前漢·地理志}浿水, 出遼東塞外, 西南至樂浪縣, 西入海. 又縣名. {十三州志}浿水縣, 在樂浪東北. 又丘名. {括地志}浿丘, 在青州臨淄縣西北. {史記·楚世家}朝發浿丘. 又{廣韻}普拜切, {集韻}{韻會}佈拜切, 𠀤音湃. 又{集韻}博蓋切, 音貝. 又薄邁切, 音敗. 義𠀤同. 說文 <水部> 普拜切. 水. 出樂浪鏤方, 東入海. 从水貝聲. 一曰出浿水縣.

A0746 U-6D89

•涉• 水字部 總10劃. ᄒᆞᆫ글 [섭] 건널. 類合 [셥] 건널. 英譯 ford stream, wade across. 漢典 會意. 從水步. 甲骨文字形. 中間是水, 兩邊兩只腳, 象涉水之形. 本義: 趟水過河. 康熙 <水部> 古文: 𣥷𣵀. {唐韻}時攝切, {集韻}{韻會}實攝切, 𠀤音絏. {說文}徒行厲水也. {爾雅·釋水}繇膝以上爲涉. 又經也. {枚乘·七發}於是背秋涉冬. 又{前漢·賈山傳}涉獵書記, 不能爲醇儒. {註}言若涉水獵獸, 不專精也. 又大涉, 水名. {前漢·地理志}犍爲郡南廣縣有大涉水. 又縣名. {廣輿記}屬彰德府, 古涉侯國地, 漢涉縣. 又姓. {左傳}有涉佗. 又{廣韻}丁愜切, {集韻}的協切, 𠀤音跕. 與喋同. 血流貌.

A0742 U-6D91

•涑• 水字部 總10劃. ᄒᆞᆫ글 [속] 헹굴. 英譯 river in Shansi province. 康熙 <水部> {唐韻}速侯切, {集韻}{韻會}先侯切, 𠀤音鎪. {說文}澣也. 一說以手曰涑, 以足曰澣. 又{玉篇}濯生練也. 又{集韻}所救切, {正韻}先奏切, 𠀤音瘦. 盪口也, 與漱同. 一曰水有所敗也. 又{廣韻}桑谷切, {集韻}{正韻}蘇谷切, {韻會}蘇木切, 𠀤音速. 水名. {左傳·成十三年}伐我涑川. {註}涑水, 出河東聞喜縣. 又{集韻}{韻會}𠀤須玉切, 音粟. 義同. 說文 <水部> 速侯切. 瀚也. 从水

束聲. 河東有涑水.

A0717 U-6DB5

•涵• 水字部 總11劃. (훈글) [함] 젖을. (正蒙) [함] 물 젖을. (英譯) soak, wet. tolerate, be lenient. (漢典) 形聲. 從水, 函聲. 本義: 水澤眾多. (康熙) <水部> {廣韻}{集韻}{韻會}{正韻}𠀤胡南切, 音含. {說文}水澤多也. {揚子·方言}涵, 沉也. 楚郢以南曰涵, 或曰潛. 又容也. {詩·小雅}僭始旣涵. 又{集韻}胡纔切, 音咸. 詩小雅鄭康成讀. 又{廣韻}胡感切, 音頷. {玉篇}沒也. 一曰水入船. {集韻}或从函作涵, 从岑作涔.

A0732 U-6DB7

•涷• 水字部 總11劃. (훈글) [동] 소나기. (訓蒙) [동] 쇠나기. (英譯) rainstorm. (康熙) <水部> {唐韻}{正韻}德紅切, {集韻}{韻會}都籠切, 𠀤音東. 水名. {說文}涷水, 出發鳩山, 入于河. 又{爾雅·釋天}暴雨謂之涷. {註}江東呼夏月暴雨爲涷雨. 又{玉篇}瀧涷, 露貌. 一曰沾漬貌. 又顆涷, 草名. {本草}款冬一名顆涷. 又{廣韻}{集韻}{韻會}{正韻}𠀤多貢切, 音涷. 義同. (說文) <水部> 德紅切. 水. 出發鳩山, 入於河. 从水東聲.

A0715 U-6DBF

•涿• 水字部 總11劃. (훈글) [탁] 들을. (英譯) drip, dribble, trickle. (康熙) <水部> {唐韻}{集韻}{韻會}{正韻}𠀤竹角切, 音斲. {說文}流下滴也. {揚子·方言}瀧涿謂之霑漬. 又擊也. {周禮·秋官}壺涿氏, 掌除水蟲. {註}壺, 瓦鼓, 涿, 擊之也. 又水名, 出上谷涿鹿縣. {水經注}涞水, 東逕涿縣故城, 下與涿水合. 又州名. {地理通釋}涿州, 本漢涿郡. 又涿鹿, 山名. {廣輿記}北直保安州, 秦屬上谷郡, 漢曰涿鹿城. 西南有涿鹿山. 又{集韻}徒谷切, 音牘. 義同. 又直角切, 音濁. 地名. 一曰澤名. 亦作濁. {玉篇}亦作㲅. {集韻}或作𣸈. (說文) <水部> 竹角切. 流下滴也. 从水豕聲. 上谷有涿縣.

A0712 U-6DC4

•淄• 水字部 總11劃. (훈글) [치] 검은 빛. (新典) [츼] 치슈. (英譯) river in Shandong province. (康熙) <水部> {廣韻}側持切, {集韻}{韻會}{正韻}莊持切, 𠀤音菑. 水名. {水經}淄水, 出泰山萊蕪縣原山. 又州名. {廣韻}春秋時屬齊, 漢爲濟南郡, 宋文帝改淸和郡, 隋置淄州. 因水以名焉. 又縣名. {廣輿記}淄川, 屬濟寧府. 臨淄, 屬靑州. 又通作菑. {周禮·夏官·職方氏}幽州, 其浸菑時. 又黑色曰淄. {後漢·皇后紀}恩隆好合, 遂忘淄蠹. {集韻}俗作湽, 非.

A0720 U-6DE0

•淠• 水字部 總11劃. (훈글) [비] 강 이름. (新典) [비] 만을. 더북더북할. 배 둥둥 써나갈. (康熙) <水部> {唐韻}{集韻}{韻會}𠀤匹備切, 音濞. 水名. {說文}水出汝南弋陽垂山, 東入淮. 亦作渒. {水經}淮水又南北渒水注之. 又{玉篇}水聲也. 又{集韻}匹計切, 音媲. 義同. 又{博雅

｛淠淠, 茂也, 衆也. ｛詩・小雅｝萑葦淠淠. 又舟行貌. ｛詩・大雅｝淠彼涇舟. 又普蓋切, 音霈. 動也. ｛詩・小雅｝其旂淠淠. ｛註｝匹弊反, 又孚蓋反. 說文 <水部> 匹備切・匹制切. 水. 出汝南弋陽垂山, 東入淮. 从水畀聲.

D0139 U-6DE1

•淡• 水字部 總11劃. 한글 [담] 묽을. 訓蒙 [담] 슴거울. 英譯 weak, watery. insipid, tasteless. 漢典 形聲. 從水, 炎聲. 本義: 味淡, 味道不濃, 不咸. 康熙 <水部> ｛廣韻｝｛正韻｝徒覽切, ｛集韻｝｛韻會｝杜覽切, 𠀤音啖. ｛說文｝薄味也. ｛急就篇註｝平薄謂之淡. ｛史記・叔孫通傳｝呂后與陛下攻苦食啖. ｛註｝啖, 亦作淡. ｛如淳曰｝食無菜茹爲淡. 又甘之反也. ｛禮・表記｝君子淡以成, 小人甘以壞. 又｛廣韻｝徒敢切, 音噉. 淊淡, 水滿貌. ｛前漢・揚雄傳｝秬鬯泔淡. 又｛廣韻｝｛集韻｝｛正韻｝𠀤以冉切, 音琰. 澹淡, 水播蕩貌. ｛枚乘・七發｝湍流遡波, 又澹淡之. 又隨風貌. ｛司馬相如・上林賦｝隨風澹淡. 又淡淡, 安流平滿貌. ｛宋玉・高唐賦｝濆淡淡而𠀤入. 又｛廣韻｝｛集韻｝𠀤徒甘切, 音談. 水貌也. 或作澹. 又與痰通. ｛王羲之・初月帖｝淡悶千嘔. ｛黃伯思云｝淡, 古痰字. 又｛廣韻｝｛集韻｝｛韻會｝｛正韻｝𠀤徒濫切, 音餤. 水味也. ｛中庸｝淡而不厭. 又｛集韻｝以贍切, 音豔. 水貌. ｛列子・湯問篇｝淡淡焉若有物存. 張湛讀. 說文 <水部> 徒敢切. 薄味也. 从水炎聲.

A0702 U-6DEE

•淮• 水字部 總11劃. 한글 [회] 강 이름. 新典 [회] 회슈. 英譯 river in Anhui province. 漢典 形聲. 從水, 隹聲. 本義: 水名. 也稱淮河. 康熙 <水部> ｛唐韻｝戶乖切, ｛集韻｝｛韻會｝乎乖切, 𠀤音懷. 水名. ｛說文｝水出南陽平氏桐柏大復山, 東南入海. ｛風俗通・山澤篇｝淮, 均也. 均其務也. ｛春秋・說題辭｝淮者, 均其勢也. ｛釋名｝淮, 圍也. 圍繞揚州分界, 東至於海也. ｛周禮・夏官・職方氏｝青州, 其川淮泗. ｛書・禹貢｝導淮自桐柏. 又水出漢中. ｛前漢・地理志｝漢中郡房陵縣淮山, 淮水所出. 又淮安, 郡名. ｛廣輿記｝秦屬九江郡, 曰淮陰. 漢曰臨淮, 晉曰山陽, 隋唐曰楚州, 宋曰淮安. 又｛韻補｝叶胡隈切, 音回. ｛左傳・昭十二年｝有酒如淮, 有肉如坻. 寡君中此, 爲諸侯師. 一說淮讀爲濰叶韻. 又叶虛欺切, 音熙. ｛顏延之詩｝惜無爵雉化, 何用充江淮. 去國還故里, 迷門樹蓬藜. 說文 <水部> 戶乖切. 水. 出南陽平氏桐柏大復山, 東南入海. 从水隹聲.

A0700 U-6DF2

•滮• 水字部 總11劃. 한글 [표] 물 흐르는 모양. 康熙 <水部> ｛廣韻｝皮彪切, ｛集韻｝皮虬切, 𠀤音瀌. ｛說文｝水流貌. 引｛詩｝滮池北流. ○ 按今｛詩｝本作淲. 又｛集韻｝荒胡切, 音呼. 與滹同. 說文 <水部> 皮彪切. 水流皃. 从水, 彪省聲. ｛詩｝曰: "滮沱北流."

A0708 U-6DF5

•淵• 水字部 總11劃. 한글 [연] 못. 新典 [연] 못. 깁흘. 북소리 둥둥 할. 訓蒙 [연] 못. 英譯 gulf, abyss, deep. 康熙 <水部> 古文: 𣶒囦渆. ｛唐韻｝烏圓切, ｛集韻｝｛正韻｝縈圓切,

{韻會}幺圓切, 𠀤音淵. {說文}回水也. 从水, 象形. 左右岸也, 中象水貌. {管子・度地篇}水出地而不流者, 命曰淵. 又深也. {詩・衛風}秉心塞淵. 又潭名. {水經注}伊水東爲淵潭. 又淵淵, 鼓聲. {詩・小雅}伐鼓淵淵. 又姓. 世本有齊大夫淵敂. 又{集韻}一均切, 音蜵. 亦深也. 說文 <水部> 烏玄切. 回水也. 从水, 象形. 左右, 岸也. 中象水皃.

A0742 U-6DF6

•淶• 水字部 總11劃. 훈글 [래] 강 이름. 英譯 river in Hebei province. creek. 康熙 <水部> {唐韻}洛哀切, {集韻}{韻會}郎才切, 𠀤音來. 水名. {說文}水起北地廣昌, 東入河. {周禮・夏官・職方氏}幷州其浸淶易. 說文 <水部> 洛哀切. 水. 起北地廣昌, 東入河. 从水來聲. 幷州浸.

A0542 U-6E37

•渷• 水字部 總12劃. 훈글 [연] 물 이름. 新典 [연] 연슈. 康熙 <水部> {廣韻}{集韻}以轉切, {正韻}以淺切, 𠀤音兗. 水名. 與沇同. 濟水別名.

A0392 U-6E38

•游• 水字部 總12劃. 훈글 [유] 헤엄칠. 新典 [유] 헤엄칠. 써나려 갈. 노닐. 긔발. 訓蒙 [유] 헤욤. 英譯 to swim. float, drift. wander, roam. 漢典 形聲. 康熙 <水部> 古文: 汓. {唐韻}以周切, {集韻}{韻會}夷周切, 𠀤音猷. 水名. {水經注}淮水於淮浦縣枝分, 北爲游水. 又浮行也. {爾雅・釋水}順流而下曰遡游. {詩・秦風}遡游從之. 又{周禮・天官}閽人, 王宮每門四人, 囿游亦如之. {註}游, 離宮也. 又{管子・首憲篇}分理以爲十游, 游爲之宗. 又{尚書・考靈曜}地有四游, 常動而人不知. 又玩物適情之意. {禮・少儀}士依於德, 游於藝. 又閒曠也. {禮・王制}無游民. 又自適貌. {詩・小雅}愼爾優游. 又枝葉扶疏貌. {詩・鄭風}隰有游龍. {傳}龍紅草也. {箋}游, 猶放縱也. 言紅草放縱枝葉于隰中. 又{集韻}徐由切, 音囚. 義同. 又{集韻}{正韻}𠀤力求切, 音留. 旌旗之旒也. 本作斿. 亦作旒. {左傳・桓二年}鞶厲游纓. 又九游, 星也. {史記・天官書}九游九星, 在玉井西南. 又{韻補}叶延知切, 音移. {司馬相如・上林賦}拖蜺旌, 靡雲旗. 前皮軒, 後道游. 又叶衣虛切, 音於. {萬震南州異物志贊}合浦之人, 習水善游. 上視層潭, 如猿仰株. 說文 <㫃部> 以周切. 旌旗之流也. 从㫃汓聲.

A0712 U-6E44

•湄• 水字部 總12劃. 훈글 [미] 물가. 新典 [미] 물가. 訓蒙 [미] 믓ㄱ. 英譯 waters edge, shore, bank. 康熙 <水部> {唐韻}武悲切, {集韻}{韻會}旻悲切, 𠀤音眉. {爾雅・釋水}水草交爲湄. {釋名}湄, 眉也. 臨水如眉也. {詩・秦風}在水之湄. {傳}水隒也. 正義曰: 隒是山岸湄是水岸, 故曰水隒. 亦與麋通. {詩・小雅}居河之麋. {箋}麋, 本又作湄. 又湖名. {水經注}淮水左迤爲湄湖. 又{集韻}乃管切, 音煖. 與渜同. 湯也. {集韻}或作溦溦瀿瀿. 說文 <水部> 武悲切. 水艸交爲湄. 从水眉聲.

A0732 U-6E48

•渫• 水字部 總12劃. 훈글 [매] 깨뜨릴. 康熙 <水部> {集韻}謨悲切, 音枚. 壞也. 或作殜.

A0707 U-6E4C

•湌• 水字部 總12劃. 훈글 [찬] 먹을. 新典 [손] 밥. [천] 먹을. 康熙 <水部> {唐韻}七安切, {集韻}千安切, 𠀤音餐. 與餐同. {說文}呑也. 或从水.

A0698 U-6E54

•湔• 水字部 總12劃. 훈글 [전] 씻을. 新典 [젼] 빨. 씻을. 물 번질. 類合 [젼] 시슬. 英譯 wash, cleanse. purge. 漢典 形聲. 從水, 前聲. 本義: 水名. 湔水, 在四川. 康熙 <水部> {廣韻}{集韻}子仙切, {韻會}將先切, 𠀤音煎. 水名. {前漢·地理志}蜀郡綿虒縣玉壘山, 湔水所出. 又手瀚也, 灑也, 傍沾也. {戰國策}汗明見春申君曰: 君獨無意湔祓僕也. 又{廣韻}{正韻}𠀤側前切, 音箋. 又{廣韻}{集韻}𠀤子賤切, 音箭. 義𠀤同. 又{集韻}則旰切, 音贊. 與濽同. 汗灑也. 又{廣韻}昨先切, 音前. 湔胡, 藥名. 說文 <水部> 子仙切. 水. 出蜀郡緜虒玉壘山, 東南入江. 从水前聲. 一曰手瀚之.

A0743 U-6E57

•湗• 水字部 總12劃. 훈글 [봉] 수렁. 康熙 <水部> {集韻}芳用切, 音葑. 深泥也. {篇海}本作葑.

A0716 U-6E5B

•湛• 水字部 總12劃. 훈글 [담] 즐길. 新典 [담] 질거울. [침] 싸질. 잠길. [잠] 편안할. 맑을. 이슬 흠치르 할. 類合 [담] 안정훈 믈. 英譯 deep. profound. clear. tranquil, placid. 漢典 形聲. 從水, 甚聲. 本義: 清澈透明. 康熙 <水部> 古文: 湴. {唐韻}宅減切, {集韻}{韻會}{正韻}丈減切, 𠀤音偡. {說文}沒也. 一曰湛水, 豫章浸. {周禮·夏官·職方氏}荆州, 其浸潁湛. {水經注}湛水, 出犨縣魚齒山西北. 又水名. {水經}湛水, 出河南軹縣. 又露盛貌. {詩·小雅}湛湛露斯. 又重厚貌. {楚辭·九章}忠湛湛而願進兮. 又深貌. {楚辭·招魂}湛湛江水兮. 又{增韻}澄也, 澹也. {謝混詩}水木湛淸華. 又{揚子·方言}湛, 安也. 又{集韻}{韻會}{正韻}𠀤丈陷切, 偡去聲. 姓也. 晉湛方生. 又{廣韻}丁含切, {集韻}{韻會}都含切. 𠀤與耽同. {說文}作媅, 樂也. {詩·小雅}子孫其湛. {傳}湛樂之久也. 又{廣韻}直深切, {集韻}{韻會}{正韻}持林切, 𠀤音霃. 與沈同. {史記·司馬相如傳}湛恩汪濊. 又{集韻}夷針切, 音淫. 與霪同. 久雨也. {王充·論衡}變復之象, 以久雨爲湛. 又{集韻}{正韻}𠀤子鴆切, 音祲. 與浸同. 漬也. {字林}投物水中也. {禮·內則}湛諸美酒. 又{集韻}{韻會}{正韻}𠀤將廉切, 音尖. 亦漬也. 與漸瀸同. 又{集韻}丑甚切, 音踸. 湛潭, 水貌. 又以荏切, 與潭同, 水動也. 又{集韻}{正韻}𠀤直禁切, 音鴆. 沒也. 又{韻補}叶羊戎切, 音容. {楚辭·九辯}乘精氣之摶摶兮, 騖諸神之湛湛. 驂白霓之習習兮, 歷郡靈之豐豐. 說文 <水部> 宅減切. 没也. 从水甚聲. 一曰湛水, 豫章浸.

A0709 U-6E61

•湡• 水字部 總12劃. ᄒᆞᆫ글 [우] 강 이름. 康熙 <水部> {廣韻}遇俱切, {集韻}元俱切, 太音虞. 水名. {說文}水出趙國襄國之西山. 又{集韻}語口切, 音偶. 又吾翁切, 嵎上聲. 義太同. 說文 <水部> 噳俱切. 水. 出趙國襄國之西山, 東北入寖. 从水禺聲.

A0735 U-6E62

•湢• 水字部 總12劃. ᄒᆞᆫ글 [벽] 목욕간. 新典 [벽] 목욕간. 물 용솟음 할. 英譯 bathroom. neat. orderly. 康熙 <水部> {廣韻}彼側切, {集韻}筆力切, 太音逼. {玉篇}湢泒, 水驚涌貌. 又浴室謂之湢. {禮・內則}外內不共湢浴. {註}本又作偪. 又整肅貌. {賈誼・新書容經篇}軍旅之容, 湢然肅然, 固以猛.

A0711 U-6ECB

•滋• 水字部 總12劃. ᄒᆞᆫ글 [자] 불을. 新典 [자, ᄌᆞ] 맛. 만흠. 번셩할. 진. 잠길. 더할. 訓蒙 [ᄌᆞ] 부를. 英譯 grow, multiply, increase. thrive. 康熙 <水部> 古文: 滋茲. {唐韻}子之切, {集韻}{韻會}津之切, {正韻}津私切, 太音玆. 水名. {說文}水出牛飮山白陘谷. 又霸水之別名. {水經注}霸陵縣霸水, 古曰滋水. 又蒔也, 長也, 益也. {書・泰誓}樹德務滋. 又液也. {禮・檀弓}必有草木之滋焉. 又多也, 蕃也. {左傳・僖十五年}物生而後有象, 象而後有滋. 又滋味也. {禮・月令}薄滋味, 無致和. 又濁也. {左傳・哀八年}武城人拘鄫人之漚菅者曰: 何故使我水滋. 又與孶孜通. 又通作玆. {前漢・五行志}賦斂玆重. 又{廣韻}疾之切, 音慈. 水名, 出高麗山. {山海經}高是之山, 滋水出焉. 說文 <水部> 子之切. 益也. 从水玆聲. 一曰滋水, 出牛飮山白陘谷, 東入呼沱.

A0719 U-3D2A

•㴪• 水字部 總13劃. ᄒᆞᆫ글 [얼] 물 이름. 英譯 name of a river. 康熙 <水部> {集韻}倪結切, 音齧. 水名.

A0291 U-6EA2

•溢• 水字部 總13劃. ᄒᆞᆫ글 [일] 넘칠. 新典 [일] 넘칠. 찰. 치렴치렴 할. 訓蒙 [일] 너믈. 英譯 overflow, brim over. full. 漢典 形聲. 從水, 益聲. 本作"益". 象水從器皿中漫出. 本義: 水漫出來. 康熙 <水部> {唐韻}夷質切, {集韻}{韻會}{正韻}弋質切, 太音逸. {說文}器滿也. {爾雅・釋詁}溢, 盈也. {孝經・諸侯章}滿而不溢. 又{爾雅・釋詁}溢, 靜也. {疏}盈溢者宜靜. 又愼也. 舍人曰: 溢行之愼. 又洋溢也. {中庸}洋溢乎中國. 又匹溢, 聲四散也. {王褒・洞簫賦}紛紛離其匹溢. 又{儀禮・喪服}朝一溢米. {註}二十四兩曰溢, 爲米一升, 二十四分升之一. 又{孔叢子・雜訓}兩手曰掬, 一手曰溢. 又同鎰. {荀子・儒效篇}藏千溢之寶. 又通佾. {前漢・郊祀歌}千童羅舞成八溢. {註}溢, 與佾同. 列也. 又{集韻}食質切, 音實. {儀禮}一溢米, 劉昌宗讀. 又神至切, 音示. {詩・周頌}假以溢我. 徐邈讀. 又{韻補}叶於旣切, 音意. {左

思・魏都賦}沐浴福應, 宅心醰粹, 餘糧栖畝而勿收, 頌聲載路而洋溢. (說文) <水部> 夷質切. 器滿也. 从水益聲.

A0698 U-6EAB

•溫• 水字部 總13劃. (ᄒᆞᆫ글) [온] 따뜻할. (類合) [온] ᄃᆞᄉᆞᆯ. (英譯) lukewarm, warm. tepid, mild. (漢典) 形聲. 從水, 昷聲. 本義: 水名. (康熙) <水部> {說文}溫本字. (說文) <水部> 烏魂切. 水. 出犍爲涪, 南入黔水. 从水𥁕聲.

A0714 U-6EBA

•溺• 水字部 總13劃. (ᄒᆞᆫ글) [닉] 빠질. (新典) [뇨] 오좀. [닉] 싸질. 약할. 헤어나지 못할. (訓蒙) [닉] ᄌᆞᄆᆞᆯ. (英譯) drown. submerge in water. indulge. (康熙) <水部> 古文: 休. {廣韻}奴歷切, {集韻}{韻會}乃歷切, 𠀤音惄. 沒也. {釋名}死于水曰溺. 溺, 弱也, 不能自勝也. {詩・小雅}載胥及溺. 又凡人情沈湎不反亦曰溺. {禮・樂記}姦聲以濫溺而不止. 又{集韻}昵角切, 音搦. 亦沒也. 又{唐韻}而灼切, {集韻}{韻會}日灼切, {正韻}如灼切, 𠀤音若. 水名. {說文}水自張掖刪丹, 西至酒泉, 合黎餘波入于流沙. {書・禹貢}作弱水. 又{集韻}奴弔切. 與尿同, 小便也. {史記・范睢傳}賓客飮者, 醉便溺睢. (說文) <水部> 而灼切. 水. 自張掖刪丹西, 至酒泉合黎, 餘波入于流沙. 从水弱聲. 桑欽所說.

A0717 U-6EBC

•溼• 水字部 總13劃. (ᄒᆞᆫ글) [습] 축축할. (新典) [습] 저즐. 진펄. 단속할. 물 노리칠. (英譯) damp, moist. dampness, moisture. (康熙) <水部> {唐韻}{集韻}{韻會}𠀤失入切, 音濕. {說文}幽溼也. 从水, 一所以覆也. 覆土而有水, 故溼也. {爾雅・釋地}下者曰溼. {易・乾卦}水流溼. 又吏治太急曰束溼. {前漢・酷吏傳}急如束溼. {註}言其急之甚也. 溼物則易束. 又溼溼, 水光開合之貌. {木華・海賦}瀼瀼溼溼. 又{揚子・方言}溼, 憂也. 宋衞謂之慎, 或曰𥈤. 陳楚或曰溼, 或曰濟. 自關而西, 秦晉之閒, 凡志而不得, 欲而不獲, 高而有墜, 得而中亡, 謂之溼. 或謂之惄. {註}溼者, 失意潛沮之名. 俗作濕. {徐鉉曰}今人不知, 以濕爲此字. 濕乃水名, 非此也. {毛氏曰}濕, 本合韻, 託合切, 水名. 後誤以爲乾溼字. (說文) <水部> 失入切. 幽溼也. 从水；一, 所以覆也, 覆而有土, 故溼也. 㬎省聲.

A0657 U-6EC5

•滅• 水字部 總13劃. (ᄒᆞᆫ글) [멸] 멸망할. (新典) [멸] 다할, 멸할, 하슴할. 싄흘. 싸트릴. 불쓸, 사월. (訓蒙) [멸] ᄢᅥ딜. (英譯) extinguish. wipe out, exterminate. (康熙) <水部> 古文: 𡽜威. {唐韻}亡列切, {集韻}莫列切, 𠀤音搣. {說文}盡也. {周禮・夏官}大司馬九代之, 灢外內亂, 鳥獸行, 則滅之. {註}毀其宗廟社稷曰滅. 又沒也. {易・大過}過涉滅頂. 又火熄也. {書・盤庚}若火之燎于原, 不可嚮邇, 其猶可撲滅. 又{韻補}叶明祕切, 音媚. {曹植・夏啓讚}大戰于甘, 有扈以滅. 威振諸侯, 元功克乂. (說文) <水部> 亡列切. 盡也. 从水烕聲.

A0732 U-6EE3

•漘• 水字部 總13劃. (훈글) [순] 입술.

A0738 U-6EF3

•滳• 水字部 總14劃. (훈글) [상] 강 이름. (康熙) <水部> ｛集韻｝尸羊切, 音商. 水名. 又｛列子·力命篇｝鬱鬱芊芊, 若何滳滳. ｛註｝滳, 讀如商. 一作滂, 與汸通.

A0700 U-6EF9

•滹• 水字部 總14劃. (훈글) [호] 강 이름. (新典) [호] 호타슈. (英譯) the bank of a steam. (康熙) <水部> ｛廣韻｝｛集韻｝｛韻會｝｛正韻｝丛荒胡切, 音呼. 滹沱, 水名, 在信都, 北入海. 或作滹淴惡滮浮. ｛周禮｝作虖池. 又姓. 前漢下摩侯滹毒泥. 又｛集韻｝火五切, 音虎. 與滸同. 詳滸字註.

A0771 U-6F01

•漁• 水字部 總14劃. (훈글) [어] 고기 잡을. (新典) [어] 물고기 잡을. 낙가 쌔앗을. (訓蒙) [어] 고기 자블. (英譯) to fish. seize. pursue. surname. (漢典) 會意. 從水, 從魚. 小篆從二魚. 本義: 捕魚. (康熙) <水部> ｛唐韻｝語居切, ｛集韻｝｛韻會｝｛正韻｝牛居切, 丛音魚. ｛說文｝捕魚也. ｛易·繫辭｝以佃以漁. 又侵取無擇曰漁. ｛禮·坊記｝諸侯不下漁色. ｛註｝漁色, 取象捕魚, 然中網取之, 是無所擇. 又或作䱷. ｛周禮·天官｝䱷人掌以時䱷. 又水名, 在漁陽. ｛水經注｝漁水, 出縣東南. 又姓, 宋漁仲脩. 又｛集韻｝｛正韻｝丛牛據切, 音御. 義同. ｛韻會｝本作瀏. ｛徐曰｝从二魚, 魚多也. 篆文从省.

A0727 U-6F05

•漅• 水字部 總14劃. (훈글) [소] 호수 이름. (新典) [쵸] 正音 [쇼] 쇼호슈. (康熙) <水部> ｛廣韻｝｛集韻｝｛韻會｝丛子小切, 音勦. 湖名. ｛後漢·明帝紀｝漅湖, 出黃金. ｛註｝在今盧州合肥縣. 亦作巢. 又｛集韻｝｛韻會｝｛正韻｝丛鋤交切, 音巢. 義同. 又｛集韻｝損果切, 音鎖. 與溑同. 水也.

A0705 U-6F14

•演• 水字部 總14劃. (훈글) [연] 멀리 흐를. (新典) [연] 긴 물기슭. 통할. 윤택할. 당길. 넓힐. 습여 흐를. (英譯) perform, put on. exercise. (漢典) 形聲. 從水, 寅聲. 本義: 水長流. (康熙) <水部> ｛唐韻｝｛集韻｝｛韻會｝｛正韻｝丛以淺切, 音衍. ｛說文｝長流也. ｛木華·海賦｝東演析木. 又通也, 潤也. ｛周語｝夫水土演而民用. 又引也. ｛班固·西都賦｝留侯演成. 又廣也, 延也. ｛前漢·外戚傳｝推演聖德. 又水潛行也. ｛左思·蜀都賦｝演以潛沫. 又與衍同. ｛易·繫辭大衍註｝王弼曰: 演天地之數. 又涴演, 水迴曲貌. ｛郭璞·江賦｝洪瀾涴演而雲迴. 又｛集韻｝以忍切, 音

引. 水名. {唐韻}亦作以淺切. 又{集韻}延面切, 衍去聲. 淺流也. (說文) <水部> 以淺切. 長流也. 一曰水名. 从水寅聲.

A0732 U-6F18

•漘• 水字部 總14劃. (ᄒᆞᆫ글) [순] 물가. (新典) [ᄉᆞᆫ] 물가. (英譯) bank. (康熙) <水部> {廣韻}食倫切, {集韻}{韻會}船倫切, 丛音脣. {說文}水厓也. {詩・王風}在河之漘. {傳}漘, 水隒也. {疏}引爾雅云: 夷上洒下不漘. 郭云: 涯上平坦而下水深爲漘. {集韻}或省作浱. (說文) <水部> 常倫切. 水厓也. 从水脣聲. {詩}曰: "寘河之漘."

A0736 U-6F10

•漐• 水字部 總15劃. (ᄒᆞᆫ글) [칩] 땀날. (新典) [칩] 짬 철철 흐를. 비지 점거릴. (康熙) <水部> {集韻}直立切, 音蟄. 汗出貌. 一曰漐漐, 小雨不輟也.

A0733 U-6F50

•潐• 水字部 總15劃. (ᄒᆞᆫ글) [초] 잦을. (新典) [쵸] 자즐. 술 걸을. 퍼낼. (康熙) <水部> {唐韻}{集韻}丛子肖切, 音醮. {說文}盡也. 又{集韻}子小切, 音勦. 與灂同. {說文}釃酒也. 一曰浚也, 湿也, 盡也. 詳灂字註. 又慈焦切, 音樵. 水名. {山海經}常烝之山, 潐水出焉. (說文) <水部> 子肖切. 盡也. 从水焦聲.

A0712 U-6F62

•潢• 水字部 總15劃. (ᄒᆞᆫ글) [황] 웅덩이. (新典) [황] 융덩이. 길바닥 물. 물 충충할. 은하슈. (訓蒙) [황] 웅덩이. (英譯) expanse of water, lake, pond. (漢典) 形聲. 從水, 黃色. 本義: 積水池. (康熙) <水部> {唐韻}{集韻}{韻會}{正韻}丛胡光切, 音黃. {說文}積水池. {木華・海賦}決陂潢而相波. 又水名. {後漢・東夷傳}偃王處潢池東. 又河名. {廣輿記}潢河, 出南陽分水嶺. 又星名. {史記・天官書}旁有八星, 絕漢曰天潢. 又西宮咸池曰天五潢. 又德成衡觀, 成潢. 又{集韻}姑黃切, 音光. 與洸同. 水涌光也. 又{集韻}{正韻}丛戶廣切, 音幌. 與滉同. 水深廣貌. {司馬相如・上林賦}灝溔潢漾. 又{廣韻}{集韻}丛胡曠切, 音暀. {釋名}染紙也. {齊民要術}有裝潢紙法. {唐六典}崇文館有裝潢匠五人. (說文) <水部> 乎光切. 積水池. 从水黃聲.

A0714 U-6F66

•潦• 水字部 總15劃. (ᄒᆞᆫ글) [료] 큰비. (新典) [로] 큰비. 길바닥 물. 장마물. 장마비. 헛늙을. (訓蒙) [료] 빗믈. (英譯) to flood. a puddle. without care. (康熙) <水部> {唐韻}盧皓切, {集韻}{韻會}{正韻}魯皓切, 丛音老. {說文}雨大貌. {禮・曲禮}水潦降. 又路上流水也. {詩・大雅}泂酌彼行潦. 又{廣韻}{集韻}{韻會}{正韻}丛郎到切, 勞去聲. 與澇同. 淹也. 一曰積水. 又{集韻}{正韻}丛郎刀切, 音勞. 水名. {司馬相如・上林賦}酆鎬潦潏. {註}水出鄠縣西南潦谷. 又潦倒, 蘊藉貌. {嵇康・絕交書}潦倒麤疎. 又{集韻}憐蕭切, 音聊. 水名. {山海經}潦水, 出衛

皐東. (說文) <水部> 盧皓切. 雨水大皃. 从水尞聲.

A0729 U-6F7E

•潾• 水字部 總15劃. (훈글) [린] 맑을. (新典) [린] 물 맑알. 석간슈, 돌샘. (英譯) clear water. (康熙) <水部> {廣韻}力珍切, {集韻}{韻會}{正韻}離珍切, 𠀤音鄰. {玉篇}水淸貌. 通作粼. {詩·唐風}揚之水, 白石粼粼. 又{廣韻}水名. 又金潾, 交趾地名. {張籍詩}行人幾日到金潾. 又{廣韻}力閑切, {集韻}{韻會}{正韻}離閑切, 𠀤爛音. 水貌. 又{玉篇}力刃切, {正韻}良刃切, 𠀤音吝. {初學記}水出山石閒曰潾. 又{韻補}叶陵延切, 音連. {郭璞·江賦}泓汯泂澋, 涒粼圖潾. 混瀚灝渙, 流映揚焆.

A0740 U-6F85

•澅• 水字部 總15劃. (훈글) [홰] 물 끌어 올릴. (康熙) <水部> {廣韻}{集韻}𠀤胡卦切, 音畫. 水名. {水經注}臨淄惟有澅水, 西北入沛. 又{集韻}胡麥切, 音劃. {前漢·功臣表}澅淸侯參. {顏註}澅, 音獲, 又戸卦反.

A0735 U-6F8E

•澎• 水字部 總15劃. (훈글) [팽] 물결 부딪는 기세. (新典) [팽, 핑] 물소리. (英譯) splatter. (漢典) 形聲. 從水, 彭聲. 本義: 波濤發出沖擊聲. (康熙) <水部> {廣韻}撫庚切, {集韻}{韻會}披庚切, 𠀤音磅. 澎濞, 水貌. 一曰水聲. 又{廣韻}薄庚切, {集韻}蒲庚切, 𠀤音彭. 縣名, 在東海. 一曰擊水聲.

A0739 U-3D62

•㵢• 水字部 總16劃. (훈글) [뢰] 못 이름. (英譯) a marsh in ancient times. in todays Shandong Province. betweem Heze and Yun Cheng. (康熙) <水部> {玉篇}力堆切, {集韻}盧回切, 𠀤音靁. 澤名. 通作雷. ○ 按雷澤, 地在城陽.

A0710 U-6FAB

•澫• 水字部 總16劃. (훈글) [만] 땅 이름. (康熙) <水部> {周宣王·石鼓文}澫澫又鯊. {註}澫, 卽漫字.

A0702 U-6FAD

•澭• 水字部 總16劃. (훈글) [옹] 내 이름. (康熙) <水部> {廣韻}{集韻}𠀤於容切, 音邕. 水名. {呂氏春秋·察今篇}荊人欲襲宋, 使人先表澭水. 又{集韻}{正韻}𠀤於用切, 雍去聲. 與灉同. 水自河出爲灉.

A0726 U-6FAE

•澮• 水字部 總16劃. ᄒᆞᆫ글 [회] 봇도랑. 英譯 irrigation ditch, trench. river. 漢典 形聲. 從水, 會聲. 本義: 水名. 也稱澮河. 源出河南省, 流入安徽省. 田的排水溝 以澮寫水. 注: "田尾去水大溝." 而深山卡谷之水, 四面而出, 溝渠澮川, 十百相通. 康熙 <水部> 古文: 巜沛[illegible]. {唐韻}{集韻}{韻會}{正韻}𠀤古外切, 音儈. 水名. {說文}水出霍山, 西南入汾. {水經注}澮水, 出詳高山. 又涓澮, 小流也. {郭璞・江賦}商推涓澮. 又{爾雅・釋水}水注溝曰澮. {周禮・地官・遂人}千夫有澮. {疏}澮, 廣二尋, 深二仞. 又{廣韻}{集韻}𠀤古邁切, 音夬. 義同. 又{集韻}烏外切, 音薈. 與濊同. 深廣也. 又戶八切, 音滑. 兩水合也. 說文 <水部> 古外切. 水. 出霍山, 西南入汾. 从水會聲.

A0717 U-6FD5

•濕• 水字部 總17劃. ᄒᆞᆫ글 [습] 축축할. 新典 [습] 저즐, 축축할. 쇠귀 벌죽거릴. 類合 [습] 저즐. 英譯 wet, moist, humid, damp. an illness. 康熙 <水部> 古文: [illegible]. {唐韻}他合切, {集韻}{正韻}託合切, 𠀤音沓. 水名. {說文}水出東郡東武陽, 入海. {水經注}濕水, 出累頭山. 一曰治水. 又{廣韻}{集韻}{韻會}失入切, {正韻}實執切, 𠀤音隰與溼同. {說文}幽溼也. 或作濕. 又{集韻}叱入切, 音蟄. 濕濕, 牛呞動耳貌. {詩・小雅}其耳濕濕. 又鄂合切, 音噁. 濕陰, 漢侯國名. 又席入切, 音習. 與隰同. 坂下溼也. 或作濕. {通雅}濕溼漯顯顯以形相借. {集韻}漯灅濕三字同. 水出鴈門. ○ 按{說文}濕水, 卽禹貢孟子濟漯之漯. 蓋濕乃漯本字也. 後以漯爲濕, 又轉以濕爲乾溼之溼. 顯字原从糸作, 不从亚. 說文 <水部> 他合切. 水. 出東郡東武陽, 入海. 从水㬎聲. 桑欽云: 出平原高唐.

A0712 U-6FD8

•濘• 水字部 總17劃. ᄒᆞᆫ글 [녕] 진창. 新典 [녕] 진창, 진슈렁. 英譯 mud. miry, muddy, stagnant. 康熙 <水部> {唐韻}{集韻}{韻會}{正韻}𠀤乃定切, 音甯. 淖也. {左思・吳都賦}流汗霢霂, 而中逵泥濘. 又{集韻}一曰淸也. 又{唐韻}{集韻}{正韻}乃挺切, {韻會}乃頃切, 𠀤寧上聲. 義同. 又濵濘, 水沸貌. 又汀濘, 小水. {張協・七命}何異促鱗之游汀濘. 又{集韻}囊丁切, 音寧. 亦小水也. 又乃計切, 泥去聲. 涵也. 說文 <水部> 乃定切. 滎濘也. 从水寧聲.

A0720 U-6FDE

•濞• 水字部 總17劃. ᄒᆞᆫ글 [비] 물소리. 康熙 <水部> {唐韻}{集韻}{韻會}𠀤匹備切, 音淠. {說文}水暴至聲. {左思・吳都賦}濞焉洶洶. 又滂濞, 水聲. {司馬相如・上林賦}滂濞沆漑. 又彭濞, 蘊積貌. {淮南子・俶眞訓}譬若周雲之蘢蓯, 遼巢彭濞而爲雨. 又懿濞, 深邃貌. {王延壽・魯靈光殿賦}屑黶翳以懿濞. 又{集韻}平祕切, 音贔. 又{廣韻}{韻會}匹詣切, {集韻}匹計切, 𠀤音媲. 義𠀤同. 又水名. {通典}吐蕃有西洱海, 東南流入西洱河, 合流而東, 號曰漾濞水. {六書故}濞, 與淠通. {集韻}濞, 通作[illegible]. 說文 <水部> 匹備切. 水暴至聲. 从水鼻聲.

A0724 U-6FE4

•濤• 水字部 總17劃. ᄒᆞᆫ글 [도] 큰 물결. 新典 [도] 물결, 놀. 訓蒙 [도] 믓결. 英譯 large waves. 康熙 <水部> {唐韻}{集韻}{韻會}{正韻}丛徒刀切, 音陶. {說文}大波也. {郭璞・江賦}激逸勢以前驅, 乃鼓怒而作濤. 又{集韻}陳留切, 音儔. 義同. 又是酉切, 音受. 與鄯同. 水名, 在蜀. 或作濤. 又大到切, 音導. 與燾同. {說文}溥覆照也. 又{韻補}叶陳如切, 音除. {柳宗元詩}蒸蒸在家, 其父世漁. 飮酒不節, 死於風濤. 說文 <水部> 徒刀切. 大波也. 从水壽聲.

A0714 U-6FE9

•濩• 水字部 總17劃. ᄒᆞᆫ글 [호] 퍼질. [확] 낙숫물 떨어질. 新典 [호] 퍼질. [확] 기슭 물 썰어질. 지질. 더러울. 으슥할. 英譯 pour down, cascade down. look. 康熙 <水部> {唐韻}胡郭切, {集韻}{韻會}黃郭切, 丛音穫. {說文}雨流霤下貌. 又{玉篇}煑也. {詩・周南}是刈是濩. 又潰濩. 水勢相激貌. {郭璞・江賦}潰濩泧漷. 又蠖濩, 宮室深邃貌. {揚雄・甘泉賦}蛐蜎蠖濩之中. 又水名. {山海經}松果之山, 濩水出焉. 又濩濩, 水名. {山海經}泰戲山北三百里曰石山, 濩濩之水出焉. {註}濩, 音如尺蠖之蠖. 又鳥名. {山海經}青丘之山有鳥, 名灌灌. {註}灌灌, 或作濩濩. 又{廣韻}一虢切, {集韻}{韻會}屋郭切, 丛音擭. 濩澤, 縣名. {前漢・地理志}屬河東郡. 又{集韻}胡陌切, 音獲. 義同. 又{廣韻}胡誤切, {集韻}{韻會}{正韻}胡故切, 丛音護. 布濩, 流散也. {張衡・東京賦}聲敎布濩. 又大濩, 湯樂名. {周禮・春官・大司樂疏}濩, 卽救護也. 救護使天下得所也. 一作頀, 亦音獲. {左傳・襄二十九年}見舞大濩者, 徐邈讀. 說文 <水部> 胡郭切. 雨流霤下. 从水蒦聲.

A0703 U-6FFC

•濼• 水字部 總18劃. ᄒᆞᆫ글 [락] 강 이름. 新典 [록] 록슈. [락] 義同. [박] 방죽. 訓蒙 [박] 즌퍼리. 英譯 river in Shandong province. 康熙 <水部> {唐韻}{集韻}丛盧谷切, 音祿. {說文}齊魯閒水也. {玉篇}水在濟南. {水經注}濼水, 出歷縣故城西南泉源上. 又{集韻}{韻會}丛盧督切, 音磟. 又{廣韻}{集韻}丛普木切, 音朴. 又{廣韻}盧各切, {集韻}{韻會}{正韻}歷各切, 丛音洛. 義丛同. 又{廣韻}{集韻}{韻會}{正韻}丛匹各切, 音粕. {玉篇}陂濼也. 一曰大池, 山東名濼, 幽州名淀, 俗作泊. 又{廣韻}郞擊切, {集韻}郞狄切, 丛音歷. 藥草名. {爾雅・釋草}濼, 貫衆. 又{集韻}弋灼切, 音藥. 又式灼切, 音爍. 義丛同. 或从艸作藻. {集韻}或作濼. 亦省作泺. 說文 <水部> 盧谷切. 齊魯閒水也. 从水樂聲. {春秋傳}曰: "公會齊侯于濼."

A0589 U-6FFF

•濿• 水字部 總18劃. ᄒᆞᆫ글 [례] 징검다리 건너갈. 新典 [례] 짐검다리 건늘. 英譯 cross on stepping-stones. 康熙 <水部> {正字通}與砅同. {說文}力制切, 音例. 履石渡水也. {集韻}通作厲.

A0706 U-700A

•瀊• 水字部 總18劃. ᄒᆞᆫ글 [반] 물돌. 新典 [반] 물 ᄣᅵᆼ 돌아나갈. 康熙 <水部> {集韻}{韻會}{正韻}<u>太</u>蒲官切, 音盤. 洄也. 又{韻會}通作盤. {韓愈詩}流水盤迴三百轉. 亦作潘. {列子・黃帝篇}鯢旋之潘爲淵. {註}潘音盤. 水之盤迴.

A0715 U-7027

•瀧• 水字部 總19劃. ᄒᆞᆫ글 [롱] 비 올. 新典 [롱] 저즐. 비 부슬부슬 dhf. [랑] 昭州水名. [상] 여울. 訓蒙 [상] 뉘누리. 英譯 raining. wet. soaked. a river in Guangdong. 康熙 <水部> {廣韻}盧紅切, {集韻}{韻會}盧東切, <u>太</u>音籠. {說文}雨瀧瀧貌. 又瀧涷, 沾漬也. {揚子・方言}瀧涿, 謂之霑漬. 又水名, 在梁鄒縣. {水經注}瀧水, 卽古袁水也. 又{集韻}力鍾切, {正韻}盧容切, <u>太</u>音龍. 義同. 又{廣韻}所江切, {集韻}{韻會}疎江切, <u>太</u>音雙. 水名. {水經注}桂陽藍豪山, 廣圓五百里, 悉曲江縣界, 巖嶺干天, 交柯雲蔚, 霾天晦景, 謂之瀧中. 又州名. {廣輿記}廣東羅定州, 梁曰瀧州, 隋曰瀧水, 今州有瀧水縣. 又{廣韻}呂江切, {集韻}{韻會}閭江切, <u>太</u>音驡. 奔湍也. 南人名湍曰瀧. 又{集韻}盧貢切, 音弄. 瀧涷, 溼也. 義同. 說文 <水部> 力公切. 雨瀧瀧皃. 从水龍聲.

A0724 U-703C

•瀼• 水字部 總20劃. ᄒᆞᆫ글 [양] 이슬 많을. 新典 [양] 이슬 흠치를 할. [낭] 수렁. 물 절절 흐를. 英譯 river in Henan province. flowing. 康熙 <水部> {唐韻}汝羊切, {集韻}{韻會}{正韻}如陽切, <u>太</u>音穰. 露濃貌. {詩・小雅}零露瀼瀼. 通作䉴. 又{集韻}奴當切, 音囊. 義同. 又{集韻}汝兩切, 音壤. 水淤也. {前漢・溝恤志}杜欽曰: 來春必羨溢, 有塡淤反瀼之害. 或从土作壤. 又{集韻}{韻會}乃朗切, {正韻}乃黨切, <u>太</u>音曩. 水流貌. {木華・海賦}涓流泱瀼. 又水名. {寰宇記}夔州大昌縣西有千頃池, 水分三道, 一道南流, 爲奉節縣西瀼水. 又溪名. {廣輿記}唐元結僦居瑞昌之瀼溪上. 又{集韻}思將切, 音襄. 水貌. 通作蘘. 又人搓切, 音讓. 義同. 又{木華・海賦}瀼瀼溼溼. {註}瀼瀼, 水光開合之貌. 音傷. ○ 按字書<u>太</u>無傷音. 說文 <水部> 汝羊切. 露濃皃. 从水襄聲.

A0707 U-7042

•灂• 水字部 總21劃. ᄒᆞᆫ글 [작] 옻칠 할. [착] 물소리. 新典 [쟢] 수레채에 옷칠 할. [착] 물속 돌 잠겻다 들어낫다 할. 물결 치는 소리. 康熙 <水部> {廣韻}{集韻}{韻會}{正韻}<u>太</u>仕角切, 音浞. {說文}水小聲. 又瀺灂, 石在水出沒之貌. {宋玉・高唐賦}巨石溺溺之瀺灂. 又遊魚出沒貌. {潘岳・閑居賦}遊鱗瀺灂. 又渠灂, 波相激聲. {郭璞・江賦}㶁溰渠灂. 又{集韻}實窄切, 音齰. 與溠同. 瀺溠, 水落貌. 或作灂. 又{集韻}{韻會}{正韻}<u>太</u>子肖切, 音醮. 車轂漆也. {周禮・冬官考工記}良輈環灂. 又與瞬通. {山海經}鴣鸐食之不灂. {註}不瞧目也. 或作瞬. 本作灂, 亦作瀎. 說文 <水部> 士角切. 水小聲. 从水爵聲.

A0702 U-7049

•灉• 水字部 總21劃. 한글 [옹] 강 이름. 新典 [옹] 옹슈. 英譯 a river in Shandong province. a sluice. 康熙 <水部> {唐韻}{集韻}{韻會}{正韻}丛於容切, 音邕. {說文}河灉水, 在宋. {爾雅・釋水}灉反入. 又水自河出爲灉. {註}卽河水決出復還入者, 河之有灉, 猶江之有汜. {書・禹貢}灉沮會同. 又或作澭㴩, 亦通作雍. 又通作維. {周禮・夏官・職方氏}兗州, 其浸盧維. {註}維, 於恭切. 又湖名. {范致明岳陽風土記}灉湖, 在州南. 又{廣韻}{集韻}{韻會}{正韻}丛於用切, 雍去聲. 義同. 說文 <水部> 於容切. 河灉水. 在宋. 从水雝聲.

A0722 U-7051

•灑• 水字部 總22劃. 한글 [쇄] 뿌릴. 新典 [새] 뿌릴. 깜짝 놀날. [쇄] 義同. [사] 섁긋할. 英譯 sprinkle, splash. scatter, throw. 漢典 形聲. 從水, 西聲. 本義: 把水散布在地上. 康熙 <水部> 古文: 洒. {廣韻}{集韻}{韻會}{正韻}丛所蟹切, 音洒. {說文}汛也. {詩・大雅}灑埽庭內. {註}言以水灑地而埽, 令塵不起也. 又分也. {張衡・南都賦}開竇灑流. 又風汛物也. {陸機・演連珠}時風夕灑. 又灑釣. {潘岳・西征賦}灑釣投網. {註}灑, 亦投也. 又灑然, 驚貌. {莊子・庚桑楚}庚桑子之始來, 吾灑然異之. 通作洒. 又{爾雅・釋樂}大瑟謂之灑. 又{廣韻}{正韻}沙下切, {集韻}{韻會}所下切, 丛沙上聲. 落也, 汛也. 又{廣韻}{集韻}{韻會}丛所綺切, 音躧. 義同. 又與洗通. {謝朓詩}輕生諒昭灑. 又{廣韻}{集韻}{韻會}丛所寄切, 音曬. 又{集韻}{韻會}{正韻}丛所賣切, 音曬. 義丛同. 又{韻補}叶山宜切, 音詩. {楚辭・九歎}曾哀悽欷心離離兮, 還顧高丘泣如灑兮. 說文 <水部> 山豉切. 汛也. 从水麗聲.

A0637 U-706B

•火• 火字部 總04劃. 한글 [화] 불. 新典 [화] 불. 訓蒙 [화] 블. 英譯 fire, flame. burn. anger, rage. 漢典 象形. 甲骨文字形象火焰. 漢字部首之一. 本義: 物體燃燒所發的光, 焰和熱. 康熙 <火部> 古文: 炏. {唐韻}{集韻}呼果切, {韻會}{正韻}虎果切, 丛貨上聲. {說文}火, 燬也. 南方之行炎而上. 象形. {釋名}火化也, 消化物也. 亦言毁也, 物入中皆毀壞也. {玉篇}炏者, 化也, 隨也, 陽氣用事萬物變隨也. {古史考}燧人氏初作火. {書・洪範}五行, 一曰水, 二曰火. 又星名. {書・堯典}日永星火. {傳}火, 蒼龍之中星. 又大火, 鶉火, 辰次之名. 又{禮・王制}昆蟲未蟄, 不以火田. {前漢・成帝紀}火耕水耨. 又{周禮・夏官・司爟}變國火以救時疾. {註}春取楡柳之火, 夏取棗杏之火, 季夏取桑柘之火, 秋取柞楢之火, 冬取槐檀之火. {論語}鑽燧改火. 又盛陽曰炎火. {詩・小雅}田祖有神, 秉畀炎火. {傳}炎火, 盛陽也. {箋}螟螣之屬, 盛陽氣嬴則生之. 明君爲政, 田祖之神不受此害, 持之付與炎火, 使自消亡. 又官名. {左傳・昭十七年}炎帝氏以火紀, 故爲火師, 而火名. {疏}春官爲大火. 夏官爲鶉火, 秋官爲西火, 冬官爲北火, 中官爲中火. 又{春秋・宣十六年}成周宣榭火. {左傳}人火也. 凡火, 人火曰火, 天火曰災. 又{南史・齊武帝紀}魏地謠言, 赤火南流, 有沙門從北齎此火至, 色赤而微, 云以療疾貴賤爭取之, 多得其驗, 咸云聖火. 又{唐書・兵志}府兵, 十人爲火, 火有長. 彍騎, 十人爲火, 五火爲團. {通典・兵制}五人爲烈, 烈有頭目, 二烈爲火, 立火子, 五火爲隊. 又{司馬法}人人正正, 辭辭火火. {註}言一火與一火猶人人殊之人人也. 卽俗謂火伴. {古木蘭詩}出門看火伴. 又人身有火. {本草綱目}心藏神爲君火. 包絡爲相火. 又陰火, 海中鹽氣所生. 凡海水遇陰晦, 波如然

火, 有月卽不復見. {木華・海賦}陰火潛然. 又山名. {山海經}崑崙之丘, 其下有弱水之, 淵環之其外有炎火之山, 投物輒然. 又{正字通}陸游曰: 火山軍, 其地鋤深, 則有烈燄, 不妨耕種. 又井名. {左思・蜀都賦}火井沈熒於幽泉. {註}火井, 在臨邛縣. 欲出其火, 先以家火投之, 須臾隆隆如雷聲, 焰出通天, 光輝十里, 以筒盛接, 有光無灰. 又寒火. {抱朴子・地眞篇}南海蕭丘, 火春生秋滅. 生木小, 焦黑. 又火傳. {莊子・養生主}指窮於爲薪, 火傳也. 不知其盡也. 又南方有食火之國, 其人能食火炭. 又{爾雅・釋魚}十龜, 一曰火龜. {疏}龜生火中者. 又火鼠. {山海經}火山國, 其山雖霖, 雨火常燃, 火中白鼠, 時出山邊求食, 人捕得之, 以毛作布, 名火澣布. 又姓. {明紀事本末}火濟, 從諸葛亮南征孟獲有功, 封羅甸國王. {正字通}洪武時, 翰林火原潔. 又{廣東通志}古人一年四時改火. 今瓊州西鄉音謂一年爲一火, 火音微. 東鄉人謂一年爲喜, 或爲之化, 乃喜之變音. 又叶虎洧切, {詩・豳風}七月流火, 八月萑葦. ○ 按唐韻正: 火, 古音毁, 轉聲則爲喜, 故灰字从火得聲. 而左傳襄三十年: 或叫于宋太廟, 曰: 譆譆出出, 鳥鳴于亳社. 如曰譆譆, 則爲火之徵也. 是直以爲火當讀作毁, 非止叶音矣. 又叶後五切. 韓愈{元和聖德詩}施令酬功, 急疾如火. 天地中閒, 莫不順序. 又叶虎何切. {莊子・外物篇}利害相摩生火寔多, 衆人焚和, 月固不勝火. {韻會小補}今人謂兎岐脣曰火. 蓋古音也. {集韻}或作灬.
說文 <火部> 呼果切. 燬也. 南方之行, 炎而上. 象形. 凡火之屬皆从火.

A0433 U-7077

•弅• 火字部 總07劃. 훈글 [선] 불씨. 康熙 <火部> {五音集韻}士戀切, 音饌. 火種也. {正字通}同燙. {管子・弟子職註}折, 卽作折弅. 今作弅. ○ 按弟子職, 櫛之遠近, 乃承厥火. 房註但云: 櫛謂燭盡, 不註音切, 亦並無折卽作折弅字. 惟韻會小補幐註云: 弟子職左手正櫛. 譚苑曰: 櫛假借字, 正作弅, 从火从収, 音燼. 或古本管子, 櫛作弅, 有燼字一音也. 然說文幐, 本作侫从人, 弅聲. 徐鉉曰: 弅不成字, 當从勝省, 則弅字似可刪. 廣韻諸書俱不載, 今以玉篇所收特存之. 弅字原作火下収. 从勝省卽从朕省.

A0644 U-707D

•災• 火字部 總07劃. 훈글 [재] 재앙. 新典 [재, 지] 재앙, 텬벌. 횡액. 類合 [지] 지화. 英譯 calamity, disaster, catastrophe. 漢典 會意. 甲骨文字形, 象火焚屋的形狀. 小篆從川, 表水, 從火. 水火都是災禍之源. 本義: 火災. 康熙 <火部> 古文: 扻菑. {唐韻}祖才切, {集韻}{韻會}{正韻}將來切, 並音哉. {說文}天火也. {春秋・桓十四年}御廩災. 又{玉篇}害也. {書・舜典}眚災肆赦. {傳}過而有害當緩赦之. {左傳・僖十三年}天災流行國家代有救災恤鄰道也. 又作菑. {詩・大雅}無菑無害. 亦作甾. {史記・秦始皇紀}甾害絕息. 又叶子之切. {史記・龜筴傳}十有二月日至爲期, 聖人徹焉, 身乃無災. 又叶將侯切. {班固・幽通賦}震鱗漦于夏庭兮, 帀三正而滅周. 巽羽化于宣宮兮, 彌五辟而成災. {說文}本作烖. 或作灾. 籒文作災. {說文}籒文災字.

A0646 U-3DAA

•㶪• 火字部 總08劃. 훈글 [배] 불.

D0131 U-7086

•炆• 火字部 總08劃. 【ᄒᆞᆫ글】 [문] 따뜻할. 【新典】 [문] 내 날, 연긔 날. 【英譯】 (Cant.) to simmer, cook over a slow fire. 【康熙】 <火部> {集韻}無分切, 音文. 熅也.

D0130 U-7088

•炈• 火字部 總08劃. 【ᄒᆞᆫ글】 [역] 옹기가마 굴뚝. 【新典】 [역] 질그릇 가마 창. 【康熙】 <火部> {廣韻}{集韻}𠀤營隻切, 音役. {玉篇}陶竈窻也. {廣韻}喪家塊竈. 與坄垼同.

A0646 U-708B

•炋• 火字部 總08劃. 【ᄒᆞᆫ글】 [배] 불. 【康熙】 <火部> {篇海}音丕. 火也.

A0657 U-708E

•炎• 火字部 總08劃. 【ᄒᆞᆫ글】 [염] 불탈. 【新典】 [염] 불ᄭᅩᆺ. 불붓힐. 더울. 불ᄭᅩᆺ셩할. 훗훗할, 더울. 【訓蒙】 [염] 더울. 【英譯】 flame, blaze. hot. 【漢典】 會意. 從二火. 本義: 火苗升騰. 【康熙】 <火部> {唐韻}{集韻}于廉切, {韻會}疑廉切, {正韻}移廉切, 𠀤音鹽. {說文}火光上也. {玉篇}熱也, 焚也. {書・胤征}火炎崑岡, 玉石俱焚. 又{洪範}火曰炎上. 又{爾雅・釋訓}爞爞炎炎, 熏也. {詩・大雅}赫赫炎炎. 又{吳語}日長炎炎. {註}進貌. 又{正韻}熾也. 又{禮・月令}其帝炎帝. {註}此赤精之君, 炎帝大庭也. 又{呂氏春秋}南方曰炎天, 東北曰炎風. 又{集韻}{類篇}𠀤于凡切, 㮃平聲. 義同. 又{類篇}徒甘切, 音談. 美辨也. {莊子・齊物論}大言炎炎. {註}美盛貌. 又{集韻}以贍切, 音豔. {史記・司馬相如傳}獲耀日月之末光絕炎, 以展采錯事. {註}覩日月末光殊絕之用, 以展其官職. 又通焰. {前漢・五行志}人之所忌, 其氣炎以取之. 蔡邕{釋誨}懼煙炎之毁熸. 又{列子・湯問篇}楚之南有炎人之國. {註}炎去聲. {集韻}本作燗. 亦同燄爓. ○ 按說文, 玉篇, 類篇, 炎字俱自爲部. 【說文】 <炎部> 于廉切. 火光上也. 从重火. 凡炎之屬皆从炎.

A0640 U-7091

•炑• 火字部 總08劃. 【ᄒᆞᆫ글】 [목] 불활활붙을. 【康熙】 <火部> {玉篇}莫卜切, 音木. {五音集韻}火熾也.

A0647 U-7092

•炒• 火字部 總08劃. 【ᄒᆞᆫ글】 [초] 볶을. 【新典】 [쵸] 복글. 【訓蒙】 [쵸] 봇글. 【英譯】 fry, saute, roast, boil, cook. 【漢典】 形聲. 從火, 少聲. 本義: 煎炒, 火干. 【康熙】 <火部> {廣韻}初爪切, {集韻}{韻會}{正韻}楚絞切, 𠀤音吵. {集韻}熬也. {說文}本作鬻. {徐鉉曰}今俗作煼. 別作炒. 非是. {玉篇}本作㷅. {廣韻}本作㶤. 互詳㷅㶤二字註. 煼字原从函作.

炕 A0656 U-7095

•炕• 火字部 總08劃. ᄒᆞᆫ글 [항] 말릴. 新典 [강] 俗音 [항] 마를. 구을. 슨을. 들. 訓蒙 [강] 구들. 英譯 the brick-bed in northern China. 漢典 形聲. 從火, 亢聲. 本義: 干, 烘干. 康熙 <火部> {唐韻}苦浪切, {集韻}{韻會}{正韻}口浪切, 丛音抗. {說文}乾也. {玉篇}乾極也. {韻會}愆陽曰炕旱. {前漢・五行志}炕陽暴虐. {註}炕陽者, 枯涸之意. {韻會}炕陽, 張皇自大貌. 又{玉篇}炙也. {廣韻}火炕. {詩・小雅}燔之炙之. {傳}炕火曰炙. {疏}炕, 舉也. 謂以物貫之而舉於火上以炙之. 又絕也. {揚雄・解嘲}炕其氣. {註}師古曰: 炕, 絕也. 又{正字通}北地煖牀曰炕. 又{韻會}通作亢. {前漢・王莽傳}皆炕龍絕氣. {註}易亢龍有悔. 又同抗. {揚雄・甘泉賦}炕浮柱之飛榱. {註}師古曰: 炕, 與抗同. 舉也, 言舉立浮柱而駕飛榱. 又{廣韻}呼郎切, {集韻}虛郎切, 丛音𣢒. {廣韻}胬肱. {集韻}張也. {爾雅・釋木}守宮, 槐晝聶宵炕. {註}槐葉晝日聶合, 而夜炕布者, 名守宮槐. {疏}炕張也. 又{集韻}{類篇}丛丘岡切, 音康. 灼也. 又苦朗切, 音慷. {爾雅・宵炕釋文}炕, 吁朗切. ○ 按五音集韻二唐炕字註云, 又苦朗切, 而二蕩失載. 今从爾雅, 釋文及五音集韻註增. 𣢒字原誤从亢从攵作. 說文 <火部> 苦浪切. 乾也. 从火亢聲.

 A0646 U-7098

•炘• 火字部 總08劃. ᄒᆞᆫ글 [흔] 화끈거릴. 新典 [흔] 화끈거릴, 익을익을할. 불 활활 일어날. 英譯 brilliant, shining, bright. 康熙 <火部> {廣韻}{集韻}{韻會}{正韻}丛許斤切, 音欣. {玉篇}本作焮. 詳焮字註. 又{揚雄・甘泉賦}乘景炎之炘炘. {註}師古曰: 光盛貌. 又{集韻}{類篇}丛許謹切, 音𧏮. {博雅}爇也.

 A0656 U-3DB3

•㶳• 火字部 總10劃. ᄒᆞᆫ글 [신] 타고 난 나머지. 英譯 (same as 燼) ashes. ember. 康熙 <火部> {唐韻}{集韻}丛徐刃切, 音藎. {說文}火餘也. {玉篇}火餘木. 又{說文}薪也. 又{玉篇}炧也. {廣韻}燭餘也. 又{廣韻}同燼. {說文徐註}俗別作燼. 非. 說文 <火部> 徐刃切. 火餘也. 从火聿聲. 一曰薪也.

 A0650 U-3DB7

•㶷• 火字部 總10劃. ᄒᆞᆫ글 [순] (미등록).

 烄 A0642 U-70C4

•烄• 火字部 總10劃. ᄒᆞᆫ글 [교] 태울. [요] 지질. 康熙 <火部> {唐韻}{集韻}丛古巧切, 音狡. {說文}交木然也. {玉篇}交木然之以燎祭天也. 同烄敫. 又{集韻}{類篇}丛居号切, 音誥. 義同. 又{集韻}魚敎切, 音樂. 煎也. 說文 <火部> 古巧切. 交木然也. 从火交聲.

A0249 U-70C8

•烈• 火字部 總10劃. (훈글) [렬] 세찰. (新典) [렬] 불 활활 붓흘. 빗날. 공. 아름다울. 위엄스러울. 독할. 사오나울. 충직할. 썰릴, 매울. (正蒙) [렬] 매울. (英譯) fiery, violent, vehement, ardent. (漢典) 形聲. 從火, 列聲. "火"字在下面一般寫作四點. 本義: 火勢猛. (康熙) <火部> 古文: 烮. {唐韻}{正韻}良辥切, {集韻}{韻會}力櫱切, 𠀤音列. {說文}火猛也. {玉篇}熱也. {書・胤征}天吏逸德, 烈于猛火. 又{詩・鄭風}火烈具擧. {傳}烈, 列也. {箋}列人持火具擧, 言衆同心. 又{爾雅・釋詁}烈, 業也. {書・伊訓}伊尹乃明言烈祖之成德. {傳}湯有功烈之祖, 故稱焉. 又{詩・小雅}烝衎烈祖. {箋}烈, 美也. 又{爾雅・釋詁}烈, 光也. {詩・周頌}休有烈光. 又{爾雅・釋訓}烈烈, 威也. {詩・小雅}烈烈征師. {箋}烈烈, 威武貌. 又{詩・小雅}憂心烈烈. {箋}烈烈, 憂貌. 又{詩・小雅}南山烈烈. {傳}烈烈然至難也. {疏}値時寒甚, 視南山則烈烈然, 愴其至役之勞苦, 而情以爲至難也. 又{爾雅・釋詁}烈, 餘也. {註}陳鄭之閒曰烈. {揚子・方言}晉衞之閒曰烈. 又{詩・大雅・雲漢序}宣王承厲王之烈. {箋}烈, 餘也. 又{孟子}於今爲烈, 如之何其受之. {註}於今爲烈烈明法, 如之何受其餽也. 又{韻會}毒也. {前漢・公孫弘傳}若湯之旱, 則桀之餘烈也. 又{戰國策}聞弦者, 音烈而高飛. {註}烈, 猛也. 又{揚子・方言}烈, 暴也. {史記・酷吏傳}皆以酷烈爲聲. 又{謚法}有功安民曰烈. 秉德遵業曰烈. 又{集韻}忠烈也. {韻會}剛正曰烈. {史記・伯夷傳}烈士徇名. 又{聶政傳}乃其姊亦烈女也. 又{爾雅・釋草疏}本草, 石芸味甘. 一名螫烈. 又{通典・兵制}五人爲烈, 烈有頭目. 詳火字註. 又姓. {拾遺記}烈裔工畫. 又與裂通. {前漢・王莽傳}軍人分烈莽身支節. 又{唐韻正}古音例. {詩・豳風}一之日觱發, 二之日栗烈. 無衣無褐, 何以卒歲. {傳}栗烈, 寒氣也. 又{大雅}載燔載烈, 以興嗣歲. {傳}貫之加于火曰烈. {楊戲楊季休贊}征南厚重, 征西忠克, 統時選士, 猛將之烈. {註}克, 苦代反. ○ 按字彙引此云: 叶力質切. 非. 朱子於詩七月生民烈字, 俱云: 叶力制反. 唐韻正直以爲古音例. 所引經傳子集甚詳, 皆確有明據, 應从之. 又與厲通. {詩・大雅}烈假不瑕. {釋文}烈, 鄭作厲. 力世反. 又{禮・祭法}厲山氏之有天下也. {註}厲山氏炎帝也. 起于厲山, 或曰烈山氏. 魯語作列山. 左傳作烈山. {水經注}賜水西逕厲鄉南, 水南有重山, 卽烈山也. 山下一穴, 相傳神農所生處, 故禮謂之烈山氏. {唐韻正}莊子齊物論, 厲風濟, 則衆竅爲虛. 厲卽烈字. 又音賴. 見{詩・大雅・烈假註}鄭虔讀. 又與冽通. {詩・小雅}有冽氿泉. {疏}七月云: 二之日栗冽, 是冽爲寒氣也. {說文}本作烮. 列烈二字原从歺作. (說文) <火部> 良辥切. 火猛也. 从火𠛱聲.

A0656 U-70D5

•烕• 火字部 總10劃. (훈글) [혈] 없앨. [멸] 불꺼질. (新典) [혈] 멸할, 업시 할. (英譯) to destroy. to exterminate to extinguish. (康熙) <火部> {唐韻}許劣切, {集韻}{韻會}翾劣切, 𠀤音旻. {說文}烕滅也. 从火戌. 火死于戌. 陽氣至戌而盡. {詩・小雅}褒姒烕之. 又{集韻}莫列切, 音滅. 火滅也. {唐詩古音考}滅, 與烕義同而字異. 烕字原作戌下火.

A0644 U-70D6

•烖• 火字部 總10劃. (훈글) [재] 재앙. (新典) [재, 치] 재앙, 텬벌. (英譯) calamities from Heaven, as floods, famines, pestilence, etc.. misery. (康熙) <火部> {集韻}災本字. 詳災

字註. {禮・中庸}烖及其身者也. 又{詩・大雅}不烖我躬. {箋}烖, 謂見誅伐. 又{爾雅・釋詁}烖, 危也. {說文}本作裁. 从火𢦏. 說文 <火部> 祖才切. 天火曰烖. 从火𢦏聲.

D0130 U-70DD

•烝• 火字部 總10劃. 훈글 [증] 김 오를. 新典 [증] 김 오를. 찔. 불김. 임금. 무리. 두터울. 나아갈. 치붓흘. 말냅뜰. 訓蒙 [증] 찔. 英譯 rise, steam. many, numerous. 漢典 形聲. 從火, 丞聲. 本義: 火氣上行. 康熙 <火部> {唐韻}煑仍切, {集韻}{韻會}諸仍切, 𠀤音蒸{說文}火气上行也. {詩・大雅}烝之浮浮. {疏}炊之于甑, 爨而烝之. 又{爾雅・釋詁}君也. {詩・大雅}文王烝哉. 又{爾雅・釋詁}進也. {書・堯典}烝烝. 乂{詩・周頌}烝畀祖妣. 又{爾雅・釋詁}衆也. {書・益稷}烝民乃粒. 又{書・立政}夷微盧烝. {蔡傳}烝, 或以爲衆, 或以爲夷名. 又{爾雅・釋言}塵也. {註}人衆所以生塵埃. 又{詩・豳風}烝在桑野. {傳}烝寘也. 又{小雅}烝然罩罩. {箋}烝, 塵也. 塵然猶言久如也. {朱傳}烝, 發語辭. 又{詩・魯頌}烝烝皇皇. {傳}烝烝厚也. 又{爾雅・釋訓}烝烝作也. {註}物興作之貌. 又{爾雅・釋天}冬祭曰烝. {註}進品物也. {書・洛誥}烝祭歲. 又{禮・月令}大飮烝. {疏}烝, 升也. 升此牲體子俎之上. {周語}禘郊之事, 則有全烝, 王公立飫, 則有房烝, 親戚宴饗, 則有殽烝. 又{儀禮・特牲饋食禮}棗烝栗擇. {註}果實之物多皮核, 優尊者可烝裹之也. 又{揚子・方言}烝, 婬也. {左傳・桓十六年}衞宣公烝于夷姜. {註}上淫曰烝. 又{韻會}通作蒸. 又{五音集韻}支庱切, 蒸上聲. 氣上遠貌. 又{廣韻}{集韻}𠀤諸應切, 音證. {廣韻}熱也. {正韻}鬱熱. 又{集韻}氣之上達也. 或作蒸. 又叶居良切, 音姜. {漢校官碑辭}翼翼皇慈, 惠我黎烝, 貽我潘君, 平玆溧陽. 說文 <火部> 煑仍切. 火气上行也. 从火丞聲.

A0318 U-70F9

•烹• 火字部 總11劃. 훈글 [팽] 삶을. 新典 [팽, 핑] 삶을, 지질. 訓蒙 [핑] 솔믈. 英譯 boil, cook. quick fry, stir fry. 漢典 形聲. 從火, 亨聲. 本義: 燒煮. 康熙 <火部> 古文: 亯䈑鬺. {唐韻}{正韻}普庚切, {集韻}{韻會}披庚切, 𠀤音磅. {說文}本作亯. {廣韻}俗亨字. 詳亠部亨字註. {左傳・昭二十年}以烹魚肉. 又{唐韻正}古音普郞反. {詩・小雅}或剝或烹, 或肆將蹌. {墨子・耕柱篇}鼎成三足而方, 不炊而自烹, 不擧而自臧, 不遷而自行. {史記・越世家}蜚鳥盡, 良弓藏, 狡兔死, 走狗烹. ○ 按說文, 玉篇, 類篇, 亯字俱自爲部. 說文玉篇無烹字. 類篇火部內始收烹字. 經傳本作亨, 今俗用皆作烹矣.

A0651 U-70FC

•烼• 火字部 總11劃. 훈글 [훌] 구울. 新典 [훌] 구을. 쪼일. 康熙 <火部> {廣韻}{集韻}𠀤許勿切, 音欻. {玉篇}{廣韻}火煨起貌. {博雅}曝也, 煨也. {集韻}或作𤆢.

A0639 U-711A

•焚• 火字部 總12劃. 훈글 [분] 불사를. 新典 [분] 불살을, 불 쌜. 訓蒙 [분] 브틀. 英譯 burn. 漢典 會意. 從火, 從林. 甲骨文字形, 象火燒叢木. 古人田獵, 爲了把野獸從樹林里趕出

來, 就采用焚林的辦法. 本義: 燒山. (康熙) <火部> 古文: 燔. {廣韻}{集韻}{韻會}{正韻}𠀤符分切, 音汾. {玉篇}燒也. {集韻}火灼物也. {書・胤征}玉石俱焚. {易・離卦}焚如. {春秋・桓七年}焚咸丘. {註}焚, 火田也. {禮・月令}仲春毋焚山林. 又{集韻}方問切, 音奮. {左傳・襄二十四年}象有齒, 以焚其身. {註}杜預曰: 焚, 斃也. 服虔曰: 焚, 讀曰僨僵也. {集韻}本亦作僨. 又叶汾沿切. {郭璞・炎山贊}木含陽精, 氣結則焚, 理其微乎, 其妙在傳. 又叶符筠切. {曹植文}季嗣不維, 網漏于秦, 崩樂滅學, 儒坑禮焚. {說文}本作焚. {集韻}或作炃燌.

A0642 U-711B

•焛• 火字部 總12劃. (한글) [린] 불꽃. (康熙) <火部> {唐韻}{集韻}𠀤良刃切, 音吝. {說文}火貌. 从火, 㒼省聲, 讀若粦. {集韻}或不省作㸊. 互見㸊字註. (說文) <火部> 良刃切. 火皃. 从火, 㒼省聲. 讀若粦.

A0349 U-7121

•無• 火字部 總12劃. (한글) [무] 없을. (新典) [무] 업슬. 아닐. (類合) [무] 업슬. (英譯) negative, no, not. lack, have no. (康熙) <火部> 古文: 𣞣𣚨兂. {唐韻}武扶切, {廣韻}武夫切, {集韻}{韻會}{正韻}微夫切, 𠀤音巫. {說文}亡也. {玉篇}不有也. {書・舜典}剛而無虐, 簡而無傲. 又{益稷}懋遷有無化居. 又{爾雅・釋詁}虛無之閒也. {註}虛無皆有閒隙. {老子・道德經}萬物生于有, 有生于無. {周子・太極圖說}無極而太極. 又{禮・三年問}無易之道也. {註}無, 猶不也. 又縣名. {前漢・地理志}越巂郡會無縣. 又姓. {正字通}漢無且明, 無能. 又{廣韻}漢複姓無庸無鉤, 俱出自楚. 又文無, 藥名. {古今注}相別贈之以文無. 文無, 一名當歸. 又{說文奇字}作无. {玉篇}虛无也. 周易無字俱作无. 又{集韻}或作亡. {詩・衞風}何有何亡. 又通作毋. 書, 無逸. {史記・魯世家}作毋逸. 又通作毛. {後漢・馮衍傳}飢者毛食. {註}衍集: 毛作無. 今俗語猶然. 或古亦通乎. {佩觿集}河朔謂無曰毛. {通雅}江楚廣東呼無曰毛. 又{集韻}或作武. ○ 按禮器: 詔侑武方. 註: 武當爲無, 聲之誤也. 鄭註: 明言其誤. 集韻合無, 武爲一. 非. {集韻}無或作橆. 韻會, 橆本古文蕃橆字. 篆借爲有無字. 李斯變隸變林爲四點. ○ 按說文𣠮, 从亡無聲, 在亡部. 至蕃橆之橆, 在林部. 音義各別, 不云相通. 且有無與蕃橆義尤相反, 不應借用. 玉篇集韻韻會俱非. 韻會蕃橆作蕃無, 尤非. 又按讀書通云: 通作勿莫末沒蔑微不曼瞀等字, 或止義通, 或止音近, 實非一字也. 讀書通誤. 又梵言, 南無呼那謨. 那如拏之上聲, 謨音如摩, 猶云歸依也. (說文) <亡部> 武扶切. 亡也. 从亡無聲.

C0029 U-7126

•焦• 火字部 總12劃. (한글) [초] 그을릴. (新典) [쵸] 델, 거슬일. 복글. 구울. 불내 날. (訓蒙) [쵸] 누를. (英譯) burned, scorched. anxious, vexed. (漢典) 會意. 金文字形, 上面是"隹", 短尾鳥, 下面是"火". 把鳥放在火上烤. 本義: 物經火燒而變黃或成炭. (康熙) <火部> {唐韻}即消切, {集韻}{韻會}{正韻}玆消切, 𠀤音蕉. {說文}本作𤓰. 火所傷也. {玉篇}火燒黑也. 又炙也. {禮・月令}其味苦, 其臭焦. {註}火之臭味也. 凡苦焦者皆屬焉. {左傳・哀二年}卜戰龜焦. {禮・問喪}傷腎乾肝焦肺. {史記・越世家}苦身焦思. 又{史記・扁鵲傳}別下于三焦膀胱. {註}正義曰: 八十一難云: 三焦者, 水穀之道路也, 氣之所終始也. 上焦在心下, 下鬲在胃上也.

中焦在胃中, 脘不上不下也. 下焦在臍下, 當膀胱上口也. {廣韻}別作膲. 又國名. {左傳・僖二十九年}虞虢焦滑霍揚韓魏皆姬姓也. {註}焦在陝縣. {史記・周本紀}褒封神農之後于焦. {註}地理志, 弘農陝縣有焦城, 故焦國也. 又{秦本紀}圍焦降之. {註}括地志云: 焦城在陜州城內東北百步, 因焦水爲名. 周同姓所封. ○ 按左傳之焦姬姓, 神農之後乃姜姓, 其所封當別是一焦. 周本紀註亦云: 在陝縣. 誤. 又姓. {廣韻}神農後, 以國爲氏, 出南安. 又晉邑名. {左傳・僖三十一年}許君焦瑕. {註}晉河外五城之二邑. 又{詩・小雅}整居焦穫. {爾雅・釋地}十藪, 周有焦穫. {註}今扶風瓠中是也. 又{晏子・外篇}東海有蟲, 巢于蟁睫, 命曰焦冥. 又焦明, 鳥名. {司馬相如・上林賦}掩焦明. {註}焦明似鳳. 通作鷦. 又{韻會}通作燋. 詳燋字註. {集韻}或作㸈. 又{集韻}慈焦切, {正韻}慈消切, 𠀤音樵. {集韻}焦夷, 楚地名. {左傳・僖二十三年}楚伐陳取焦夷. {註}焦, 譙縣也. 夷一名城父. 皆陳邑. 又與憔通. {班固・答賓戲}朝爲榮華, 夕而焦瘁. 又{集韻}將由切, 音啾. 灸屬.

A0646 U-712E

•焮• 火字部 總12劃. 훈글 [흔] 불사를. 新典 [흔] 구을. 불김. 불살을. 英譯 heat, radiate heat. broil. cauterize. 康熙 <火部> {廣韻}{集韻}{韻會}𠀤香靳切, 音憖. {玉篇}炙也. {廣韻}火氣. {左傳・昭十八年}司馬司寇列居火道, 行火所焮. {註}焮, 炙也. {小爾雅}暴映, 晒也, 焮也. {杜甫・火詩}光彌焮宇宙. 又{集韻}一曰爇也. {玉篇}同炘. 又{玉篇}許勤切, 音欣. 義同. 亦同炘.

A0660 U-7131

•焱• 火字部 總12劃. 훈글 [염] 불꽃. 新典 [혁] 불꼿. 英譯 flames. 康熙 <火部> {唐韻}{集韻}𠀤以冉切, 音琰. {說文}火華也. 从三火. 又{廣韻}{集韻}{韻會}{正韻}𠀤以贍切, 音豔. 義同. 又{班固・東都賦}焱焱炎炎, 楊光飛文, 吐燄生風, 欱野歕山. {註}𠀤戈矛車馬之光. 又{廣韻}{韻會}{正韻}呼臭切, {集韻}呼役切, 𠀤音砉. {玉篇}火華. {廣韻}又火焰也. 又{集韻}夷益切, 音繹. 本作焲. 亦同煬. 詳焲字註. 又營隻切, 音役. 火貌. 又馨激切, 音閴. 亦火華也. 琰字原誤从焱作. 說文 <焱部> 以冄切. 火華也. 从三火. 凡焱之屬皆从焱.

A0648 U-7164

•煤• 火字部 總13劃. 훈글 [매] 그을음. 新典 [매, 믜] 그름, 싈. 돌숫, 셕탄. 訓蒙 [믜] 돌숫. 英譯 coal, coke, charcoal, carbon. 漢典 形聲. 從火, 某聲. 本義: 煙塵. 康熙 <火部> {廣韻}莫杯切, {集韻}{韻會}{正韻}謨杯切, 𠀤音枚. {玉篇}炱煤. {廣韻}炱煤, 灰集屋也. {呂氏春秋}嚮者煤室入甑中, 棄食不詳, 回攫而飯之. 又{正韻}煙墨. 又石炭曰煤. 詳炭字註.

A0646 U-7172

•煲• 火字部 總13劃. 훈글 [보] 깊은솥. 英譯 to heat. to boil a saucepan.

D0129 U-718A

◆熊◆ 火字部 總14劃. (훈글) [웅] 곰. (訓蒙) [웅] 곰. (英譯) a bear. brilliant. bright. surname. (漢典) 形聲. 從能, 炎省聲. 能, "熊". 本義: 動物名. (康熙) <火部> 古文: 䨺. {集韻}{韻會}太胡弓切, 音雄. {說文}熊獸似豕, 山居冬蟄, 从能炎省. {爾雅・釋獸}熊, 虎醜. {疏}醜類也. {書・禹貢}熊羆狐狸織皮. {詩・小雅}維熊維羆, 男子之祥. 又赤熊. {爾雅・釋獸}魋如小熊. {註}今建平山中有此獸. 俗呼爲赤熊. 又{史記・天官書}熊熊青色有光. {山海經}槐江之山, 南望崑崙. 其光熊熊, 其氣魂魂. 又山名. {書・禹貢}熊耳外方桐柏. {史記・黃帝紀}南至于江登熊湘. {註}二山名. 熊卽熊耳山. 又{封禪書}南伐至于召陵, 登熊山. 又{山海經}熊山有穴焉, 熊之穴, 恆出神人, 夏啓而冬閉. 又西熊, 侯國. 見{史記・建元以來王子侯者年表}又人名. {書・舜典}益拜稽首讓于朱虎熊羆. 又{史記・五帝紀}黃帝爲有熊. {韻會}有熊, 國名. 黃帝所都. 又{廣韻}亦姓. {左傳}賢者熊宜僚. 又複姓. {左傳}楚大夫熊率且比. 又{集韻}矣殊切. 義同. {唐韻正}熊音羽陵反. 春秋宣八年, 葬我小君敬嬴. 公羊穀梁傳太作頃熊. 頃音近敬, 熊音近嬴. 正義不得其解, 乃云: 一人有兩號. 非矣. 左傳昭七年, 正義曰: 張叔皮論云: 賔爵下革, 田鼠上騰, 牛哀虎變, 鯀化爲熊, 久血爲燐, 積灰生蠅王劭曰: 古人讀熊于陵反. 張叔用舊音也. 熊當改入蒸韻. 又{集韻}囊來切. 同能. {左傳・昭七年}晉侯夢黃能入于寢門. {釋文}熊亦作能. 如字, 一音奴來反. 三足鼈也. 詳肉部能字註. {集韻}或作𤞓能䏍. (說文) <熊部> 羽弓切. 獸似豕. 山居, 冬蟄. 从能, 炎省聲. 凡熊之屬皆从熊.

A0640 U-719F

◆熟◆ 火字部 總15劃. (훈글) [숙] 익을. (新典) [슉] 익힐. 무루익을. 일울. 한참, 익히, 푹. (訓蒙) [슉] 니글. (英譯) well- cooked. ripe. familiar with. (漢典) 形聲. 從火, 孰聲. 本作"孰". "熟"是后起字. 本義: 煮熟, 食物烹煮到可吃的程度. (康熙) <火部> 古文: 𨫡. {玉篇}市六切, {廣韻}殊六切, 太音淑. {說文}本作䰞. 食飪也. {玉篇}爛也. {禮・祭義}亨熟羶薌. 又{廣韻}成也. {書・金縢}歲則大熟. 又{戰國策}願王熟慮之. 又{史記・齊悼惠王世家}灌將軍熟視笑曰: 人謂魏勃勇, 妄庸人耳. 又{史記・大宛傳}率多進熟于天子. {註}漢書音義曰: 進熟, 美語如成熟者也. 又{釋名}荆豫人謂長婦曰熟. 熟, 祝也. 祝, 始也. {韻會}熟, 本作孰. 後人加火, 而孰但爲誰孰字矣.

A0641 U-71AF

◆熯◆ 火字部 總15劃. (훈글) [한] 말릴. [연] 공경할. [선] 사를. (新典) [한] 마를. 구을. [션] 불 익을익을할. 공경스러울. (英譯) by fire. (康熙) <火部> {唐韻}人善切, {集韻}{韻會}忍善切, 太音橪. {說文}乾貌. 从火, 漢省聲. {玉篇}火盛貌. {管子・伯形篇}楚人攻宋鄭, 燒焫熯焚鄭地. {王充・論衡}熯一炬火, 爨一鑊水. 又{爾雅・釋詁}敬也. {詩・小雅}我孔熯矣, 式禮莫愆. 又{廣韻}{韻會}呼旱切, {集韻}{正韻}許旱切, 太音罕. {廣韻}本作㒖. 詳前焊字註. 又{韻會}{正韻}乾也. 又炙也. 又{廣韻}{韻會}呼旰切, {集韻}虛旰切, {正韻}虛汗切, 太音漢. {廣韻}火乾. {易・說卦}燥萬物者, 莫熯乎火. {集韻}本作暵. (說文) <火部> 人善切. 乾皃. 从火, 漢省聲. {詩}曰: "我孔熯矣."

A0640 U-71B1

•熱• 火字部 總15劃. 훈글 [열] 더울. 新典 [열] 쓰거울, 더울. 더울. 불김. 類合 [열] 더울. 英譯 hot. heat. fever. restless. zeal. 康熙 <火部> {唐韻}如列切, {集韻}{韻會}{正韻}而列切, 太音茶. {說文}溫也. {釋名}爇也. 如火所燒爇. {增韻}炎氣. {詩・大雅}誰能執熱, 逝不以濯. {禮・月令}大雨時行, 燒薙行水, 利以殺草, 如以熱湯. 又{唐韻正}如例反. {東晳・近遊賦}繫複襦以御冬. 脅汗衫以當熱. 帽引四角之縫. 裙爲數條之殺. {餠賦}三春之初, 陰陽交際, 寒氣旣除, 溫不至熱. {正字通}說文本作㷈, 十二畫. 省作熱. 非. 說文 <火部> 如列切. 溫也. 从火埶聲.

A0645 U-3DF6

•㷶• 火字部 總16劃. 훈글 [벽] 볶을. 英譯 to dry or warm (grains) near a fire. 康熙 <火部> {集韻}弼力切, 音愎. {揚子・方言}火乾也. 關西隴冀以往謂之㷶. 又{集韻}鼻墨切, 音菔. 趙魏謂熬曰㷶. 又{集韻}平祕切, 音備. 火乾也. {玉篇}本作煏. {集韻}本作䵗, 亦書作㷶㷩. {類篇}亦書作㷩. ○ 按類篇㷶㷩二字分見, 非.

A0643 U-71B9

•熹• 火字部 總16劃. 훈글 [희] 성할. 新典 [희] 셩할. 빗날. 넓을. 희미할. 찔. 英譯 dim light, glimmer. warm, bright. 康熙 <火部> {唐韻}許其切, {集韻}{韻會}虛其切, 太音僖. {說文}炙也. {玉篇}熱也, 烝也. 又{玉篇}熾也. {廣韻}盛也, 博也. {後漢・桓帝紀}改元延熹. 又{靈帝紀}改元光熹. 又{謚法}有功安人曰熹. 又人名. {宋史・朱熹傳}字元晦, 號仲晦. 又{正字通}微陽也. {陶潛・歸去來辭}恨晨光之熹微. 又通作訢. {禮・樂記}天地訢合. {註}訢讀爲熹. 熹, 猶烝也. {疏}言天地之氣烝動, 猶若人之熹也. {說文}本作𤇽. {玉篇}同熺. 或作嘻, 熙. 說文 <火部> 許其切. 炙也. 从火喜聲.

A0643 U-71BA

•熺• 火字部 總16劃. 훈글 [희] 성할. 英譯 dim light, glimmer. warm. 康熙 <火部> {廣韻}{集韻}太同熹. {管子・侈靡篇}古之祭有時而星熺. {註}熺, 星之明. 或有祭明星者. 又同熾. 炊也. {禮・月令}湛熾必潔. {淮南子・時則訓}作湛熺必潔.

A0643 U-71C0

•燀• 火字部 總16劃. 훈글 [천] 밥 지을. 新典 [쳔] 불땔. 환할. 셩할. 英譯 to make a fire. blaze. 康熙 <火部> {唐韻}充善切, {集韻}{韻會}{正韻}蜀善切, 太音闡. {說文}炊也. {左傳・昭二十年}燀之以薪. {周語}火無炎燀. {註}燀, 焱起貌. 又{史記・秦始皇紀}威燀旁達. {前漢・敘傳}燀耀威靈. {註}師古曰: 燀, 熾也. 又{廣韻}然也. 又{韻會}光明貌. 又{廣韻}{集韻}太旨善切, 音膳. 義同. 又{集韻}黨旱切, 音亶. 厚熯也. {呂氏春秋}衣不燀熱. 又{廣韻}尺延切, {集韻}{韻會}稱延切, 太音嘽. {廣韻}火起貌. {何晏・景福殿賦}冬不凄寒, 夏無炎

燀, 鈞調中適, 可以永年. (說文) <火部> 充善切. 炊也. 从火單聲. {春秋傳}曰: "燀之以薪."

燎 A0638 U-71CE

•燎• 火字部 總16劃. (훈글) [료] 화톳불. (新典) [료] 홰불. 불놀. 밝을. 빗칠. (訓蒙) [료] 블 브틀. (英譯) to burn, set afire. to illuminate. a signal lamp. (康熙) <火部> {玉篇}{正韻}丛力弔切, 音料. {玉篇}庭燎國之大事, 樹以照衆也. {詩・小雅}庭燎之光. {釋文}鄭云: 在地曰燎, 執之曰燭, 樹之門外曰大燭, 於內曰庭燎, 皆是照衆爲明. {禮・月令}以共郊廟及百祀之薪燎. {周禮・天官・閽人}設門燎. {註}地燭也. 又{玉篇}放火也. 又{詩・陳風}佼人燎兮. {朱傳}燎明也. 又{詩・小雅}燎之方揚. {箋}火田曰燎. 又{廣韻}{集韻}{韻會}{正韻}丛力照切, 音療. {廣韻}照也. 又{廣韻}一曰宵田. 又{廣韻}放火也. {詩・大雅}瑟彼柞棫, 民所燎矣. 又{集韻}本作尞. {前漢・郊祀志}尞禋有常用. {註}師古曰: 尞與燎同. 又{唐韻}力小切, {集韻}{韻會}朗鳥切, {正韻}盧絞切, 丛音繚. {說文}本作燎, 亦放火也. {書・盤庚}若火之燎于原. {註}燎, 力召反. 又力鳥反. 又{集韻}或作尞. 亦作轑. {前漢・杜欽傳}欲以熏轑天下. {註}師古曰: 轑, 讀曰燎. 假借用字. 又{集韻}憐蕭切, 音聊. 縱火焚也. 又離昭切, 音撩. 火在地曰燎. {詩・小雅・庭燎釋文}徐邈音力燒反. (說文) <火部> 力小切. 放火也. 从火尞聲.

燐 A0658 U-71D0

•燐• 火字部 總16劃. (훈글) [린] 도깨비불. (新典) [린] 독갑이불. 반디불. (英譯) phosphorus. (康熙) <火部> {廣韻}{集韻}{韻會}{正韻}丛良刃切, 音吝. {說文}本作粦. 詳粦字註. {淮南子・氾論訓}老槐生火, 久血爲燐. 又{詩・豳風・熠燿宵行傳}熠燿, 燐也. 燐, 螢火也. 又{廣韻}力珍切, {集韻}{韻會}離珍切, 丛音鄰. 又{集韻}里忍切, 音嶙. 義丛同.

燓 A0639 U-71D3

•燓• 火字部 總16劃. (훈글) [분] 불땔. (康熙) <火部> {唐韻}附袁切, {集韻}符袁切, 丛音煩. {說文}燒切田也. 又{集韻}符分, 音汾. 本作焚. 詳焚字註. (說文) <火部> 附袁切. 燒田也. 从火, 楙, 楙亦聲.

燔 A0639 U-71D4

•燔• 火字部 總16劃. (훈글) [번] 구울. (新典) [번] 살을. 구을. (訓蒙) [번] 구을. (英譯) to roast. to burn. (漢典) 形聲. 從火, 番聲. 本義: 焚燒. (康熙) <火部> {唐韻}附袁切, {集韻}{韻會}符袁切, 丛音煩. {說文}爇也. {玉篇}燒也. {廣韻}炙也. {詩・小雅}或燔或炙. {箋}燔, 燔肉也. 炙, 炙肝也. 又{大雅}載燔載烈. {傳}傳火曰燔. 又與膰通. {左傳・襄二十二年}與執燔焉. {釋文}燔, 又作膰. 祭肉也. 又{定十四年}腥曰脤. 熟曰燔. {孟子}燔肉不至. 又{集韻}焚, 古作燔. 註詳八畫. 又叶汾沿切. {左思・魏都賦}琴高沈水而不濡, 時乘赤鯉而周旋. 師門使火以驗術, 故將去而焚燔. (說文) <火部> 附袁切. 爇也. 从火番聲.

A0771 U-71D5

•燕• 火字部 總16劃. 훈글 [연] 제비. 新典 [연] 연나라. 제비. 편할. 쉴. 類合 [연] 져비. 英譯 swallow (bird). comfort, enjoy. 康熙 <火部> {唐韻}於甸切, {集韻}{韻會}{正韻}伊甸切, 𠀤音宴. {說文}玄鳥也. 籋口布翄枝尾, 象形. {爾雅・釋鳥}燕燕, 鳦. {疏}燕燕, 又名鳦. 古人重言之. {詩・邶風}燕燕于飛. {玉篇}俗作鷰. {集韻}亦作鷰. 又{禮・學記}燕朋逆其師, 燕辟廢其學. {註}燕, 猶褻也. 又與醼通. {廣韻}醼飮, 古無酉, 今通用. {詩・小雅}我有旨酒, 嘉賓式燕以敖. {儀禮}燕禮第六. 又{集韻}與宴通. 安也, 息也. {易・中孚}初九虞吉, 有他不燕. {疏}燕, 安也. {詩・小雅}悉率左右, 以燕天子. {傳}以安待天子. {又}或燕燕居息. {傳}燕燕, 安息貌. {齊語}昔聖王之處士也, 使就閒燕. {註}閒燕, 猶淸淨也. 又{廣韻}烏前切, {集韻}{韻會}因蓮切, {正韻}因肩切, 𠀤音煙. {玉篇}國名. {爾雅・釋地}燕曰幽州. {詩・大雅}溥彼韓城, 燕師所完. {朱傳}燕召公之國. ○ 按鄭箋云: 燕, 安也. 讀去聲. 今从朱傳. 又{左傳・隱五年}衞人以燕師伐鄭. {註}南燕國今東郡燕縣. {疏}燕有二國, 一稱北燕, 故此註言南燕, 以別之. 世本燕國姞姓. 地理志: 東郡燕縣南燕國姞姓, 黃帝之後也. 又姓. {廣韻}邵公奭封燕, 爲秦所滅, 子孫以國爲氏. 漢有燕倉. ○ 按史記仲尼弟子傳: 燕伋字思. 是春秋時, 卽有燕姓也. 又{集韻}於殄切, 音蝘. 本作宴. 引爾雅宴宴, 居息也. ○ 按爾雅疏引小雅北山, 或燕燕居息. 考爾雅釋文及北山釋文, 俱無作上聲讀者, 惟大雅韓奕: 韓姞燕譽. 釋文云: 燕, 于遍反. 又於顯反. 可証燕之有上聲也. 說文 <燕部> 於甸切. 玄鳥也. 籋口, 布翄, 枝尾. 象形. 凡燕之屬皆从燕.

A0154 U-71EE

•燮• 火字部 總17劃. 훈글 [섭] 불꽃. 新典 [셥] 불에 익힐. 화할. 英譯 harmonize, blend. adjust. 漢典 會意. 從言, 從又炎. 表示用言語調和. 本義: 協和, 調和. 康熙 <火部> {唐韻}蘇叶切, {集韻}{韻會}{正韻}悉協切, 𠀤音婕. {說文}从言, 从又炎. {爾雅・釋詁}燮, 和也. {書・洪範}燮友柔克. {周官}燮理陰陽. {詩・大雅}燮伐大商. 又姓. {正字通}宋御史燮玄圖. 又{玉篇}火熟也. {說文}籒文作燮. 从羊. 羊音飪. 讀若溼. {註}徐鉉曰: 燮燮二字義相出入. ○ 按說文玉篇合燮燮爲一. 集韻燮專訓和. 燮本作燮, 專訓大熟. 說文 <又部> 穌叶切. 和也. 从言从又, 炎. 籒文燮从羊. 羊, 音飪. 讀若溼.

A0640 U-7207

•爇• 火字部 總19劃. 훈글 [설] 불사를. [열] 사를. 新典 [셜] 살울. 訓蒙 [셜] 블 브틀. 英譯 burn. 漢典 會意. 本義: 燒. 康熙 <火部> {唐韻}{集韻}{韻會}如劣切, {正韻}儒劣切, 𠀤音焫. {說文}本作爇. 燒也. 从火蓺聲. {註}徐鉉曰: 說文無蓺字, 當从火从艸, 熱省聲. {左傳・僖二十八年}爇僖負羈氏. {周禮・春官・菙氏}凡卜以明火爇燋. {史記・秦始皇紀}入火不爇. {廣韻}與焫同. 又{唐韻正}如銳反, 義同. 說文 <火部> 如劣切. 燒也. 从火蓺聲. {春秋傳}曰: "爇僖負羈."

A0290 U-7210

•爐• 火字部 總20劃. 훈글 [로] 화로. 新典 [로] 불담이, 화로. 쏘약볏. 訓蒙 [로] 화롯.

(英譯) fireplace, stove, oven, furnace. (康熙) <火部> {玉篇}洛乎切, 音盧. 火爐也. {范致能詩}何如田舍火爐頭.

爪 A0145 U-722A

•爪• 爪字部 總04劃. (훈글) [조] 손톱. (新典) [조] 돕. 긁어다릴, 할퀼. (訓蒙) [조] 솑돕. (英譯) claw, nail, talon. animal feet. (漢典) 象形. 按甲骨文和小篆字形, "又"是手, 兩點表手爪甲形. 本義: 人的指甲, 趾甲. (康熙) <爪部> 古文: 叉. {唐韻}{集韻}丛側絞切, 音抓. {說文}覆手曰爪. {詩・小雅}祈父予王之爪牙. {周禮・冬官考工記・梓人}凡攫綱援簭之類, 必深其爪, 出其目, 作其鱗之而. {廣韻}手足甲也. {集韻}本作叉. 或作蚤搔. ○ 按韻會云: 說文爪本爲抓爪之爪, 非手足甲也. 亦太迂泥, 不可从. 又{集韻}{類篇}丛阻教切, 音笊. {集韻}覆手取物. 一曰抓也. (說文) <爪部> 側狡切. 丮也. 覆手曰爪. 象形. 凡爪之屬皆从爪.

爭 A0247 U-722D

•爭• 爪字部 總08劃. (훈글) [쟁] 다툴. (新典) [쟁, 정] 다톨. 다스릴. 분변할. 올타 그르다할. 간할. (類合) [징] ᄃᆞ톨. (英譯) to dispute, fight, contend, strive. (漢典) 會意. 金文字形, 上爲"爪", 下爲"又", 中間表示某一物體, 象兩人爭一樣東西. 從又, 義同. 本義: 爭奪. (康熙) <爪部> 古文: 𠂔事. {唐韻}側莖切, {集韻}甾耕切, 丛音箏. {說文}引也. 从受𠃌. {徐鉉曰}𠃌音曳. 受二手而曳之, 爭之道也. {廣韻}競也. {書・大禹謨}汝惟不矜, 天下莫與汝爭能. 汝惟不伐, 天下莫與汝爭功. 又{玉篇}諫也. 又訟也. {增韻}理也, 辨也. {禮・曲禮}分爭辨訟, 非禮不決. 又姓. {正字通}印藪有爭不識, 爭同. 又{集韻}側迸切, 箏去聲. 義同. 又{廣韻}本作諍, 諫諍也, 止也. {孝經・諫諍章}天子有爭臣七人. {韻會}俗作争, 非. (說文) <受部> 側莖切. 引也. 从受, 厂.

爯 A0239 U-722F

•爯• 爪字部 總09劃. (훈글) [칭] 둘을 한꺼번에 들을. (康熙) <爪部> 古文: 𠏺. {唐韻}處陵切, {集韻}蚩承切, 丛音稱. {說文}幷舉也. 从爪, 冓省. 又{集韻}昌孕切, 音偁. 大也, 舉也. (說文) <冓部> 處陵切. 幷舉也. 从爪, 冓省.

爰 A0246 U-7230

•爰• 爪字部 總09劃. (훈글) [원] 이에. (新典) [원] 당길. 이에. 갈올. 박굴. 느지러질. (英譯) lead on to. therefore, then. (漢典) 會意. 甲骨文字形. 象兩手相援引, 中間一畫表示瑗玉. 本義: 引, 援引. (康熙) <爪部> {唐韻}羽元切, {集韻}{韻會}于元切, 丛音袁. {說文}引也. 从受从于. {集韻}謂引詞也. {爾雅・釋詁}粵于爰日也. 爰粵于也. {註}轉相訓. {書・咸有一德}爰革夏正. {傳}爰, 於也. {詩・小雅}爰及矜人. {箋}爰, 日也. 又{爾雅・釋訓}爰爰, 緩也. {詩・王風}有兔爰爰. {傳}爰爰, 緩意. 又{揚子・方言}爰, 恚也. 楚曰爰. 又{廣韻}哀也. 又{左傳・僖十五年}晉於是乎作爰田. {註}分公田之稅舊入公者, 爰之於所賞之衆. {疏}爰, 易也. 謂舊入公者, 乃改易於所賞之衆. 又{史記・張湯傳}劾鼠掠治, 傳爰書. {註}爰, 換也. 古

者重刑嫌有愛惡, 故換獄書, 使他官考實之. 又{爾雅・釋鳥}爰居, 雜縣. {疏}爰居, 大如馬駒. 一名雜縣. {魯語}海鳥曰爰居奮. 又{說文}籀文爲車轅字. 又姓. {廣韻}袁或作爰. 出濮陽舜裔胡公之後. 說文 <受部> 羽元切. 引也. 从受从于. 籀文以爲車轅字.

A0146 U-7232

•爲• 爪字部 總12劃. 훈글 [위] 할. 新典 [위] 할, 하. 다스릴. 하야금. 어조사. 어미 원숭이. 위할. 인연할. 호위할. 더불. 써. 類合 [위] ᄒᆞ. 英譯 do, handle, govern, act. be. 漢典 象形. 按字, 從爪, 古文下象兩母猴相對形. 本義: 母猴. 康熙 <爪部> 古文: 爫爲. {唐韻}薳支切, {集韻}于嬀切, 𠀤音溈. {說文}母猴也. 其爲禽好爪. 爪母猴象也. 下腹爲母猴形. 王育曰: 爪象形也. 又{爾雅・釋言}作, 造, 爲也. {書・益稷}予欲宣力四方汝爲. {洪範}有猷有爲有守. 又治也. {晉語}疾不可爲也. {註}爲, 治也. 又使也. {魯語}其爲後世昭前之令聞也. {註}爲, 猶使也. 又語詞. {前漢・武帝紀}何但亡匿幕北寒苦之地爲. 又姓. {廣韻}風俗通云: 漢有南郡太守爲昆. {韻會}魯昭公子公爲之後. 又{廣韻}{集韻}{韻會}𠀤于僞切, 音隔. {廣韻}助也. {增韻}所以也, 緣也, 被也, 護也, 與也. {書・咸有一德}臣爲上爲德, 爲下爲民. {釋文}爲上爲下之爲, 于僞反. 徐云: 四爲字皆于僞反. 又{多士}惟我下民秉爲. {詩・大雅}福祿來爲. {箋}爲, 猶助也. {釋文}于僞反, 協句如字. 又叶吾何切, 音莪. {詩・王風}有兎爰爰, 雉離于羅. 我生之初, 尙無爲. 我生之後, 逢此百罹, 尙寐無吪. 說文 <爪部> 薳支切. 母猴也. 其爲禽好爪. 爪, 母猴象也. 下腹爲母猴形. 王育曰: "爪, 象形也."

A0300 U-7235

•爵• 爪字部 總18劃. 훈글 [작] 잔. 新典 [작] 벼슬. 봉할. 잔. 類合 [작] 벼슬. 英譯 feudal title or rank. 漢典 象形. 甲骨文字形, 象古代飮酒器. 本義: 古代酒器. 青銅制. 康熙 <爪部> 古文: 爵𧆑爵䨽. {唐韻}卽略切, {集韻}{韻會}{正韻}卽約切, 𠀤音雀. {說文}禮器也. 象爵之形. 中有鬯酒. 又持之也. 所以飮器. 象爵者取其鳴節. 節足, 足也. {字彙}取其能飛而不溺於酒, 以示儆焉. {埤雅}一升曰爵. 亦取其鳴節, 以戒荒淫. {詩・小雅}發彼有的, 以祈爾爵, 又酌彼康爵. 鄭箋康虛也. 又{禮記・投壺}正爵旣行, 請立馬. 又{儀禮・鄕飮酒禮}揖讓如初, 升乃羞無算爵. 又{玉篇}竹器, 所以酌酒也. 又{集韻}爵位也. {廣韻}封也. 殷爵三等. 周爵五等. 三等法三光也. 五等法五行也. {周禮・天官・大宰}以八柄馭羣臣, 一曰爵. {註}爵謂公侯伯子男卿大夫士也. {疏}以德詔爵以賢乃受爵也. 又{埤雅}大夫以上與燕賞. 然後賜爵, 以章有德, 故謂命秩爲爵祿爵位. {書・武成}列爵惟五. {傳}公侯伯子男也. 又{廣韻}爵, 量也. 量其職, 盡其才也. 又官名. {前漢・汲黯傳}爲主爵都尉. 又鳥名. {孟子}爲叢敺爵者鸇也. {疏}鸇能食鳥雀. 又叶資昔切, 音卽. {陸機・贈顧驃騎詩}淸塵旣彰, 朝虛好爵, 敬子侯度, 愼徽百辟. 又叶子結切, 音節. {蘇軾・補龍山文}宰夫揚觶, 兕觥擧罰, 請歌相鼠, 以侑此爵. {註}罰, 房穴反. {玉篇}本作䨽. 說文 <鬯部> 卽畧切. 禮器也. 象爵之形, 中有鬯酒, 又持之也. 所以飮. 器象爵者, 取其鳴節節足足也.

A0153 U-7236

•父• 父字部 總04劃. 훈글 [부] 아비. 新典 [부] 아비, 아바지, 아바임. 늙으신. [보] 甫通.

訓蒙 [부] 아비. 英譯 father. KangXi radical 88. 康熙 <父部> {唐韻}扶雨切, {集韻}{韻會}奉甫切, 𠀤音輔. {說文}矩也. 家長率教者. 从又, 擧杖. {釋名}父, 甫也. 始生已者. {書·泰誓}惟天地萬物父母. {爾雅·釋親}父爲考. 父之考爲王父. 王父之考爲曾祖王父. 曾祖王父之考爲高祖王父. 父之世父. 叔父爲從祖祖父父. 之晜弟先生爲世父. 後生爲叔父. 父之從父晜弟爲從祖父. 父之從晜弟爲族父. 又{詩·小雅}以速諸父. {傳}天子謂同姓諸侯, 諸侯謂同姓大夫, 皆曰諸父. 又老叟之稱. {史記·馮唐傳}文帝輦過問唐曰: 父老何自爲郎. 又{廣韻}方矩切, {集韻}{韻會}匪父切, 𠀤音府. {集韻}同甫. {廣韻}男子之美稱. {詩·大雅}維師尙父. {箋}尙父, 呂望也. 尊稱焉. ○ 按管仲稱仲父. 孔子稱尼父. 范增稱亞父. 皆倣此. 又野老通稱. {戰國策}田父見之. 又{詩·小雅}祈父. {傳}司馬也. 又{春秋·桓十三年}盟于武父. {註}武父, 鄭地. {釋文}音甫, 有父字者, 皆同甫音. 又{廣韻}漢複姓. 三氏孔子弟子宰父黑, 漢主父偃, 左傳宋之公族皇父充石. 漢初皇父鸞, 改父爲甫. 又{正韻}防父切, 音附. 父母. ○ 按父字古無去聲. 正韻始收入五暮. 俗音从之. 防父切, 父字誤. 又叶扶缶切, {蘇轍·釀酒詩}誰來共佳節, 但約鄕人父, 生理正艱難, 一醉陶衰朽. 說文 <又部> 扶雨切. 矩也. 家長率教者. 从又擧杖.

A0197 U-723B

•爻• 爻字部 總04劃. 훈글 [효] 효. 新典 [효] 사귈. 변할, 박구일. 본밧을, 닮을. 형상할. 英譯 diagrams for divination. 漢典 象形. 本義: 組成八卦的長短橫道. 卦的變化取決于爻的變化, 故爻表示交錯和變動的意義. 康熙 <爻部> {唐韻}胡茅切, {集韻}{韻會}{正韻}何交切, 𠀤音肴. {說文}交也. 象易六爻頭交也. {易·繫辭}爻者, 言乎變者也. 又爻也者. 效此者也. 又爻也者. 效天下之動者也. 又{集韻}後教切, 音斆. 本作效. 象也. 一曰功也. 或作傚効. 通作詨. {正韻}易, 爻法之謂坤. 陸音胡孝切, 按易繫辭今文作效. 說文 <爻部> 胡茅切. 交也. 象{易}六爻頭交也. 凡爻之屬皆从爻.

A0198 U-723D

•爽• 爻字部 總11劃. 훈글 [상] 시원할. 新典 [상] 밝을. 어기어질, 어길. 지나칠. 새벽. 시언할. 이러버릴. 매울. 類合 [상] 그릇. 英譯 happy, cheerful. refreshing. 漢典 會意. 甲骨文字形, 像人左右腋下有火, 表示明亮. 本義: 明亮, 亮. 康熙 <爻部> 古文: 𤕤. {唐韻}疏兩切, {集韻}所兩切, 𠀤音塽. {說文}明也. 从㸚从大. {註}徐鍇曰: 大, 其中隙縫光也. {書·仲虺之誥}用爽厥師. {傳}爽, 明也. 又{盤庚}故有爽德自上. {傳}湯有明德在天. ○ 按蔡傳: 故有爽德爲句. 自上二字連下, 其罰汝三字爲句, 爽訓失也. 與孔傳異. 又康誥: 爽惟民迪吉康. 又大誥: 爽邦由哲. 左傳昭四年: 二惠競爽. 又昭七年: 是以有精爽, 至于神明. 又{書·太甲}先王昧爽丕顯. 又{牧誓}時甲子昧爽. {傳}昧爽, 早旦. 又{左傳·昭三年}請更諸爽塏者. {註}爽, 明也. ○ 按增韻云: 又淸快也. 卽爽塏之義. 又史記屈原賈誼傳: 爽然自失矣. 又{爾雅·釋言}爽, 差也, 忒也. {揚子·方言}爽, 過也. {書·洛誥}惟事其爽侮. {周語}晉侯爽二. {列子·黃帝篇}昏然五情爽惑. 又{揚子·方言}爽猛也. 齊晉曰爽. 又{廣韻}烈也. 又貴也. 又星名. 細爽, 免星七之一. 見{史記·天官書}又{左傳·昭十七年}爽鳩氏司寇也. {註}爽鳩, 鷹也. 又人名, 左爽見{戰國策}. 又{類篇}師莊切, 音霜. 義同. {詩·衞風}淇水湯湯, 漸車帷裳, 女也不爽, 士貳其行. 又{小雅}其德不爽, 壽考不忘. ○ 按朱子詩傳, 爽叶師莊反. 集韻, 爽本載十陽韻中. 古有此音, 不必叶也. 又{老子·道德經}五味令人口爽. 馳騁田獵令人心發狂. 又{楚辭

・招魂}露雞臛蠵厲而不爽些. {註}敗也. 楚人謂羹敗曰爽. 又{左傳・定二年}唐成公如楚, 有兩肅爽馬. {釋文}爽, 音霜. 馬無肅爽之名. 爽, 或作霜. 賈逵云: 色如霜紈. 馬融說肅爽, 鴈也. 馬似之. ○ 按廣韻十陽韻中作驦. 同騻. 不載爽字. 惟集韻驦註云: 通作爽. 又叶音生. {後漢・馬融傳}豐彤薱蔚, 崟䧢槮爽, 翕習春風, 含津吐榮. {註}槮爽, 林木貌. 爽協音生. 考證: 〈{周語}晉君爽二.〉 謹照原文晉君改晉侯. 〈{老子・道德經}五味令人口爽. 馳獵田騁令人心發狂.〉 謹照原文馳獵田騁改馳騁田獵. (說文) <㸚部> 疏兩切. 明也. 从㸚从大.

A0197 U-723E

・爾・ 爻字部 總14劃. (훈글) [이] 너. (新典) [이] 너. 갓가울. 어조사. (訓蒙) [ᄉᆞᆼ] 너. (英譯) you. that, those. final particle. (康熙) <爻部> {唐韻}兒氏切, {集韻}{韻會}忍氏切, 夶音邇. {說文}麗爾, 猶靡麗也. 本作㣇. 从冂从㸚, 其孔㸚, 尒聲. 此與爽同意. 又{玉篇}爾, 汝也. {書・大禹謨}肆予以爾衆士奉辭伐罪. 又{禮・檀弓}爾毋從從爾. 爾毋扈扈爾. {註}爾, 語助. {廣韻}尒義與爾同. 詞之必然也. 又譍詞. {古詩}爲焦仲卿妻作: 諾諾復爾爾. {世說}聊復爾耳. 又同邇. {詩・大雅}戚戚兄弟, 莫遠具爾. {箋}爾, 謂進之也. {疏}邇是近義, 謂揖而進之. {儀禮・少牢饋食禮}上佐食爾上敦黍于筵上右之. {註}爾, 近也. 或曰移也. 右之, 便尸食也. {周禮・地官・肆長}實相近者, 相爾也. {註}爾, 亦近也. 又{前漢・藝文志}爾雅三卷二十篇. {註}張晏曰: 爾, 近也. 雅, 正也. 又{集韻}乃禮切, 音禰. {集韻}本作濔. 滿也. 又一曰爾爾, 衆也. 又{詩・小雅}彼爾維何, 維常之華. {註}爾華, 盛貌. {釋文}爾, 乃禮反. 又{爾雅・釋草}綦, 月爾. {疏}綦, 一名月爾, 可食之菜也. (說文) <㸚部> 兒氏切. 麗爾, 猶靡麗也. 从冂从㸚, 其孔㸚, 尒聲. 此與爽同意.

A0339 U-723F

・爿・ 爿字部 總04劃. (훈글) [장] 나뭇조각. (新典) [장] 조각 널. (英譯) half of tree trunk. KangXi radical 90. (康熙) <爿部> 古文: 㽵. {篇海}疾羊切. 見龍龕. 義闕. {說文}牀从木爿聲. {註}徐鍇曰: 爿則牀之省. 象人衺身有所倚著. 至於牆壯戕狀之屬, 夶當从牀省聲. 李陽冰言木右爲片, 左爲爿. {說文}無爿字, 故知其妄. {鄭樵・六書略}爿, 殳也. 亦判木也. 音牆. 隸作爿. {周伯琦正譌}爿, 疾羊切, 判木也. 从半木. 左半爲爿, 右半爲片. {正字通}唐本說文有爿部. 張參五經文字亦有之. 周鄭二家皆以李說爲然. 與徐說相反. 然鄭謂殳卽爿, 誤也. 判木之說近是. ○ 按徐鍇素稱博洽. 果唐本{說文}有爿部, 鍇卽唐宋閒人, 不應云無. 且玉篇亦無爿部, 類篇爿字偏旁歸幷片部, 篇海止有牀部, 亦俱無爿部. 司馬光曰: 傳寫之譌, 片或作爿. 此皆祖述說文. 若據周鄭二家, 而廢徐氏之說, 亦未爲當, 存以俟考. 又字彙, 蒲閑切, 音瓣. 爿片未知所據, 然爿片二字, 今俗音有之.

A0339 U-7240

・牀・ 爿字部 總08劃. (훈글) [상] 평상. (新典) [장] [상] 평상. 우물 란간. (訓蒙) [상] 평상. (英譯) bed, couch. bench. chassis. (康熙) <爿部> {唐韻}{集韻}仕莊切, {正韻}助莊切, 夶狀平聲. {說文}安身之坐者. {廣韻}簀也. {釋名}人所坐臥曰牀. 牀, 裝也. 所以自裝載也. {廣雅}棲謂之牀. {通俗文}八尺曰牀. {易・剝卦}剝牀以足. {註}牀者, 人所以安也. 又井榦曰牀. {樂

府・淮南王篇}後園鑿井銀作牀. 又{爾雅・釋草}盱虺牀. {註}蛇牀也. 一名馬牀. {廣韻}俗作床. 說文 <木部> 仕莊切. 安身之坐者. 从木爿聲.

A0414 U-7241

•牁• 爿字部 總09劃. 훈글 [가] 배말뚝. 新典 [가] 배말둑. 英譯 mooring stake. painter, mooring. 康熙 <爿部> {廣韻}古俄切, {集韻}{正韻}居何切, 𠀤音歌. {廣韻}所以繫舟. 又牂牁, 郡名. 亦江名. {前漢・南越傳}下牂牁江. {集韻}本作戨. 同戓. 通作柯. ○ 按廣韻云: 同戕. 疑戕爲戓字之譌. 戕本應作[爿弋], 从弋, 不从戈. 在十一唐韻中, 與牂牁之牂通用, 不應再與牁同也. 類篇書作〈片可〉.

A0324 U-7246

•牆• 爿字部 總17劃. 훈글 [장] 담. 新典 [쟝] 담. 차면담. 옥. 사모할. 英譯 wall. 康熙 <爿部> 古文: 牆. {唐韻}才良切, {廣韻}在良切, {集韻}{韻會}{正韻}慈良切, 𠀤音嬙. {說文}本作牆. 垣蔽也. 从嗇爿聲. {爾雅・釋宮}牆謂之墉. {書・五子之歌}峻宇雕牆. {詩・鄘風}牆有茨. {傳}牆, 所以防非常. 又{禮・檀弓}周人牆置翣. {註}柳衣也. {儀禮・既夕}巾奠乃牆. {註}牆, 設柩也. 又{論語}蕭牆之內. {註}鄭曰: 蕭肅也. 牆屛也. 君臣相見之禮, 至屛而加肅敬焉, 是以謂之蕭牆. 又{前漢・司馬遷傳}幽于圜牆之中. {師古註}圜牆, 獄也. 又複姓. {左傳・襄二十六年}寺人惠牆伊戾. {註}惠牆, 氏. 伊戾名. {釋文}牆或作嗇, 音檣. 又{廣韻}同廧. {穀梁傳・成三年}晉却克, 衞孫良夫伐牆咎如. 又{左傳}作廧. 又通作嬙. {前漢・匈奴傳}元帝, 以後宮良家子王牆, 字昭君, 賜單于. {說文}籒文作牆. {廣韻}俗作墻. 說文 <嗇部> 才良切. 垣蔽也. 从嗇爿聲.

A0847 U-7247

•片• 片字部 總04劃. 훈글 [편] 조각. 新典 [편] 조각. 쪼길. 화관. 類合 [편] 이작. 英譯 slice, splinter, strip. KangXi radical 91. 康熙 <片部> {唐韻}{集韻}{韻會}{正韻}𠀤匹見切, 偏去聲. {說文}判木也. 从半木. {廣韻}析木也. {玉篇}半也, 判也, 開坼也. {論語}片言可以折獄者, 其由也與. {註}孔曰: 片, 猶偏也. 聽獄必須兩辭, 以定是非. 偏信一言以折獄者, 惟子路可. {朱註}片言, 半言也. 又{增韻}瓣也. 又茶亦以片計. {白居易詩}綠芽十片火前春. {蘇軾詩}建茶三十片. 又{集韻}{類篇}𠀤普半切, 音泮. {集韻}本作牉. {莊子・則陽篇}雌雄片合. 詳牉字註. 說文 <片部> 匹見切. 判木也. 从半木. 凡片之屬皆从片.

A0046 U-725B

•牛• 牛字部 總04劃. 훈글 [우] 소. 新典 [우] 소. 訓蒙 [우] 쇼. 英譯 cow, ox, bull. KangXi radical93. 漢典 象形. 甲骨文字形作"牛". 中間一豎表示牛面, 上面兩豎加彎表牛角, 下面兩小撇表示牛耳. 康熙 <牛部> {唐韻}語求切, {集韻}魚尤切, {韻會}疑尤切, 𠀤䶬平聲. {說文}大牲也. 牛, 件也. 件, 事理也. 象角頭三封尾之形. {註}徐鍇曰: 件, 若言物一件二件也. 封, 高起也. {玉篇}黃帝服牛乘馬. {易・无妄}或繫之牛. 又{說卦}坤爲子母牛. {禮・曲

禮}凡祭宗廟之禮, 牛曰一元大武. 又{月令}出土牛, 以送寒氣. {疏}月建丑, 土能克水, 故作土牛, 以畢送寒氣也. 又樹化牛. {玄中記}千年樹精, 化爲青牛. 始皇伐大樹, 有青牛躍出入水. 又官名. {周禮・地官}牛人, 掌養國之公牛, 以待國之政令. 又牽牛, 宿名. {爾雅・釋天}星紀, 斗牽牛也. {註}牽牛斗者, 日月五星之所終始, 故謂之星紀. 又天牛, 蟲名. 一曰天水牛. {爾雅・釋蟲}蠰齧桑註似天牛. 又紫金牛, 藥名. 見{本草綱目}. 又姓. {廣韻}微子裔, 司寇牛父, 子孫以王父字爲氏. {風俗通}漢有牛崇. 又人名. {史記・虞舜紀}瞽瞍父曰橋牛. 又叶音疑. {詩・小雅}我任我輦, 我車我牛. 叶下哉. 哉讀將黎反. 〔說文〕 <牛部> 語求切. 大牲也. 牛, 件也; 件, 事理也. 象角頭三, 封尾之形. 凡牛之屬皆从牛.

牝 A0047 U-725D

•牝• 牛字部 總06劃. 〔훈글〕 [빈] 암컷. 〔新典〕 [빈] 암짐승. 골. 〔訓蒙〕 [빙] 암. 〔英譯〕 female of species. deep gorge. 〔漢典〕 形聲. 從牛, 匕聲. 依甲骨文, "匕"爲雌性動物的標志. 本義: 雌性的禽獸. 〔康熙〕 <牛部> 古文: 匕. {唐韻}毗忍切, {集韻}{韻會}{正韻}婢忍切, 𠀤音髕. {說文}畜母也. 从牛, 匕聲. {玉篇}牝牡也. {易・坤卦}利牝馬之貞. {書・牧誓}牝雞無晨. {詩・鄘風}騋牝三千. {禮・月令}遊牝於牧. 又{古詩}哀壑叩虛牝. 韓愈{贈崔立之詩}有似黃金擲虛牝. {註}牝, 谿谷也. 又{集韻}補履切, 音匕. 義同. 又{集韻}{類篇}𠀤婢善切, 音楩. 亦畜母也. {書・牧誓釋文}徐音扶忍反. 又{廣韻}扶履切, {集韻}並履切, 𠀤音𤘽. 義同. 〔說文〕 <牛部> 毗忍切. 畜母也. 从牛匕聲. {易}曰: "畜牝牛, 吉."

牟 A0053 U-725F

•牟• 牛字部 總06劃. 〔훈글〕 [모] 소 우는 소리. 〔新典〕 [무] [모] 소울. 클. 침로할. 취. 쌔앗을. 골. 깃보리. 복도. 졔긔. 〔英譯〕 make. seek, get. barley. low. 〔漢典〕 會意. 小篆字形. 從牛, 從厶. 厶象氣從口出. 本義: 牛叫聲. 〔康熙〕 <牛部> 古文: [illegible]. {唐韻}莫浮切, {集韻}{韻會}迷浮切, 𠀤音謀. {說文}牛鳴也. 从牛, 象其聲气从口出. {柳宗元・牛賦}牟然而鳴, 黃鍾滿脰. 又{玉篇}取也, 奪也, 過也. {戰國策}上干主心, 下牟百姓. {註}牟, 取也. {韓非子・七反篇}牟食之民. {史記・平準書}富商大賈, 無所牟大利. {前漢・景帝紀}侵牟萬民. {註}李奇曰: 牟, 食苗根蟲也. 侵牟食民, 比之蛑賊也. 又{玉篇}倍也. {楚辭・招魂}成梟而牟, 呼五白些. {註}倍勝爲牟. 又{玉篇}大也. {淮南子・要略篇}原道者盧牟六合, 混沌萬象. 又{揚子・方言}愛也. 宋魯之閒曰牟. 又{後漢・禮儀志}仲夏, 以朱索連葷菜, 彌牟樸蠱. {正字通}郝敬曰: 彌牟禦止, 塗抹之義. 又{玉篇}進也. 又{前漢・霍光傳}輦道牟首. {註}孟康曰: 牟首, 地名. 如淳曰: 牟首, 屏面. 以屏面自隔也. 瓚曰: 牟首, 池名. 師古曰: 瓚說是. {左思・吳都賦}長塗牟首. {註}劉逵曰: 牟首, 閣道有室屋也. 又國名. {春秋・桓十五年}邾人, 牟人, 葛人來朝. {前漢・地理志}泰山郡牟. {註}故國. {晉語}成王盟諸侯於岐陽, 楚爲荆蠻, 置茅蕝, 設望表, 與鮮牟守燎, 故不與盟. {註}鮮牟, 東夷國. 又地名. {春秋・隱四年}莒人伐杞, 取牟婁. 又{左傳・宣九年}取根牟. 又{論語}佛肸以中牟畔. {前漢・地理志}河南郡中牟. {又}東萊郡東牟. 又{釋名}牟追. 牟, 冒也, 言其形冒髮追追然也. 又姓. {風俗通}牟子國, 祝融之後, 後因氏焉. {史記・田敬仲完世家}大夫牟辛. {後漢・牟融傳}牟融, 北海安丘人. 又{廣韻}複姓. 三氏, 禮記, 有賔牟賈. {東萊先賢傳}有曹牟君卿. {何氏姓苑}有彌牟氏. 又麥也. {詩・周頌}貽我來牟. {傳}牟, 麥也. {釋文}牟, 字書作麰, 或作䴹. 又器也. {禮・內則}敦牟巵匜. {註}牟, 讀曰

蝥. 敦牟, 黍稷器也. {釋文}齊人呼土釜爲牟. {後漢·禮儀志}巵八, 牟八. 又{後漢·禰衡傳}著岑牟單絞之服. {註}通史志曰: 岑牟, 鼓角士胄也. {韻會}鍪, 通作牟. 又與眸通. {荀子·非相篇}堯舜參牟子. {註}牟與眸同. 參眸子, 謂有二瞳之相參也. 又{集韻}莫後切, 音母. 中牟, 地名. ○ 按中牟地名多讀平聲. {集韻}又收上聲, 未知何據. 又{集韻}莫候切, 音茂. 本作務. 昏也. 又與務同. {荀子·成相篇}天乙湯, 論舉當. 身讓卞隨, 舉牟光. {註}牟, 與務同. 說文 <牛部> 莫浮切. 牛鳴也. 从牛, 象其聲气从口出.

A0047 U-7261

•牡• 牛字部 總07劃. 훈글 [모] 수컷. 新典 [무] 수것, 수짐승. 빗장. 열쇠. 訓蒙 [모] 수. 英譯 male of animals. bolt of door. 漢典 會意. 從牛, 土聲. 甲骨文字形, 左爲陽性生殖器. 本義: 雄性的鳥獸. 康熙 <牛部> {唐韻}{集韻}{韻會}{正韻}𠀤莫后切, 音母. {說文}畜父也. 从牛土聲. {詩·邶風}雉鳴求其牡. {傳}飛曰雌雄, 走曰牝牡. {箋}喻人所求非所求. {疏}雌雉鳴也. 乃鳴求其走獸之牡, 非其道. 又{禮·檀弓}牡麻絰. {儀禮·喪服傳}牡麻者, 枲麻也. 又{前漢·郊祀志}以牡荆畫幡, 日月北斗登龍. {註}李奇曰: 以牡荆作幡柄也. 如淳曰: 牡荆, 荆之無子者. 晉灼曰: 牡, 節間不相當也. 月暈刻之爲券, 以畏病者. 又{前漢·天文志}長安章城門, 門牡自亡. {註}師古曰: 牡, 所以下閉者也. 以鐵爲之. 又牡丘, 地名. {春秋·僖十五年}盟于牡丘. 又山名. {山海經}牡山, 多文石. 又{集韻}滿補切, 音姥. 禽雄曰牡. {集韻}或作犃. 說文 <牛部> 莫厚切. 畜父也. 从牛土聲.

A0050 U-7262

•牢• 牛字部 總07劃. 훈글 [뢰] 우리. 新典 [로] 구들. 애오라지. 우리. 옥. 訓蒙 [뢰] 옥. 英譯 prison. stable, pen. secure. 漢典 象形指事. 據甲骨文, 里面是個"牛"字, 外面象養牛的圈. 泛指一般養性畜的欄圈. 本義: 關養牛馬等牲畜的圈. 康熙 <牛部> 古文: 㸚. {唐韻}魯刀切, {集韻}{韻會}{正韻}郎刀切, 𠀤音勞. {說文}閑養牛馬圈也. 从牛, 冬省, 取其四周帀也. {玉篇}牲備也. {詩·大雅}執豕于牢. {周禮·地官}充人掌繫祭祀之牲牷, 祀五帝, 則繫於牢. {註}牢, 閑也. 必有閑者, 防禽獸觸齧. {管子·輕重戊篇}殷人之王, 立帛牢, 服牛馬. 又牛曰太牢, 羊曰少牢. {禮·王制}天子社稷皆太牢, 諸侯社稷皆少牢. 又{周禮·天官·小宰}牢禮之灋. {註}三牲牛羊豕, 具爲一牢. {齊語}環山於有牢. {註}牢, 牛羊豕也. 言雖山險, 皆有牢牧. 又{玉篇}廩食也. {史記·平準書}願募民自給費, 因官器作煑鹽, 官與牢盆. {註}如淳曰: 牢, 廩食也. 古人名廩爲牢也. 盆者, 煑鹽盆蘇. 林云: 牢, 價直也. 今世人言雇手牢盆. 樂彥云: 牢乃盆名. {後漢·西羌傳}諸將多盜牢稟. {註}牢, 價直也. {應劭傳}多其牢賞. 又{唐韻}堅也, 固也. {史記·外戚世家}欲連固根本牢甚. 又{前漢·揚雄傳}惜誦以下至懷沙一卷, 名曰畔牢愁. {註}李奇曰: 畔, 離也. 牢, 聊也. 又{司馬相如·上林賦}牢落陸離. 又{馬融·廣成頌}皐牢陵山. {註}皐牢, 猶牢籠也. 孫卿子曰: 皐牢天下而制之, 若制子孫也. 諸本有作牢柵者, 非也. 又{晉書·姚萇載紀}陛下將牢太過耳. {註}將牢, 猶俗言把穩. 又{韻會}狴犴曰牢. {史記·天官書}赤帝行德, 天牢爲之空. 又地名. {左傳·莊二十一年}自虎牢以東. {註}虎牢, 河南成皐縣. 又{成五年}同盟于蟲牢. {後漢·郡國志}陳留郡封丘有桐牢亭. 或曰古蟲牢. 又{史記·秦本紀}伐趙皮牢, 拔之. 又山名. {後漢·南蠻哀牢夷傳}其先有婦人, 名沙壹, 居於牢山. 又姓. {廣韻}孔子弟子, 琴牢之後. {後漢·佞幸傳}僕射牢梁. 又{廣韻}蒲牢, 海獸名. 又{廣韻}

同窂. 詳穴部窂字註. 又{廣韻}{類篇}𠌶郎侯切, 音樓. {儀禮 · 士喪禮}握手用玄纁, 裏長尺二寸, 廣五寸, 牢中旁寸. {註}牢, 讀爲樓. 樓爲削約, 握之中央, 以安手也. {疏}讀從樓者, 義取縷斂狹少之意. 云削約者, 謂削之使約少也. 又{易林}失志懷憂, 如坐狴牢. 又音潦. {後漢 · 董卓傳}卓縱放兵士, 突其廬舍, 淫略婦女, 剽虜資物, 謂之搜牢. {註}言牢周者, 皆搜索取之也. 一曰牢漉也. 二字皆從去聲. 今俗有此言. 又{淮南子 · 本經訓}牢籠天地. {註}牢讀屋霤之霤. 楚人謂牢曰霤. (說文) <牛部> 魯刀切. 閑, 養牛馬圈也. 从牛, 冬省. 取其四周帀也.

A0188 U-7267

•牧• 牛字部 總08劃. (훈글) [목] 칠. (新典) [목] 기를, 칠. 다스릴. 림할. 마틀. 살필. 들밧. 쟝관. 권농. (訓蒙) [목] 모실. (英譯) tend cattle, shepherd. (漢典) 會意. 甲骨文字形. 從牛, 從攴, 表示手拿棍棒牧牛. 本義: 放牧牲畜. (康熙) <牛部> {廣韻}{集韻}{韻會}𠌶莫六切, 音目. {說文}本作牧, 養牛人也. 从攴牛. {玉篇}畜養也. {廣韻}放也, 食也. {揚子 · 方言}牧, 飤也. {註}謂放飤牛馬也. {書 · 禹貢}萊夷作牧. {傳}萊夷, 地名, 可以放牧. {詩 · 小雅}爾牧來思. {周禮 · 地官 · 牧人}掌牧六牲而阜蕃其物, 以供祭祀之牲牷. 又{夏官 · 校人}夏祭先牧. {註}始養馬者. 又牧師掌牧地. {左傳 · 僖二十八年}不有行者, 誰扞牧圉. {註}牛曰牧, 馬曰圉. 又{哀元年}少康爲仍牧正. 又{爾雅 · 釋地}郊外謂之牧. {疏}言可放牧也. 書牧誓云: 王朝至于商郊牧野乃誓, 是也. {書傳}紂近郊三十里地名牧. 又{易 · 謙卦}謙謙君子, 卑以自牧也. {註}牧, 養也. 又{小爾雅}牧, 臨也. {揚子 · 方言}牧, 司也, 察也. {韻會}治也. {書 · 舜典}旣月, 乃日覲四岳羣牧. {傳}九州牧監. 又{呂刑}非爾惟作天牧. {禮 · 曲禮}九州之長, 入天子之國曰牧. {周禮 · 天官 · 大宰}九兩, 一曰牧. 以地得民. {註}牧, 州長也. {前漢 · 成帝紀}罷部刺史官, 更置州牧. 又{詩 · 邶風}自牧歸荑. {傳}牧, 田官也. 又{禮 · 月令}舟牧覆舟. {註}主舟之官也. 又{周禮 · 地官 · 小司徒}乃經土地, 而井牧其田野. {註}隰皐之地, 九夫爲牧, 二牧而當一井. 今造都鄙, 授民田, 有不易, 有一易, 有再易, 通率二而當一, 是之謂井牧. 又{周禮 · 地官 · 遂師}經牧其田野. {註}經牧, 制田界與井也. 又{廣韻}使也. 又{爾雅 · 釋畜}黑腹, 牧. {疏}牛黑腹者名牧. 又{左傳 · 隱五年}鄭人侵衞牧. {註}牧, 衞邑. 又廣牧, 縣名. 屬朔方郡. 見{前漢 · 地理志}. 又人名. {史記 · 黃帝紀}擧風后力牧. {註}班固曰: 力牧, 黃帝相也. 又姓. {風俗通}漢有越巂太守牧稂. 又{集韻}莫候切, 音茂. 地名. {尙書 · 大傳}牧之野. 劉昌宗讀. 又一曰畜牧. {書 · 禹貢}爲萊夷及牧. {釋文}徐音目, 一音茂. 又叶莫狄切. {詩 · 小雅}我出我車, 于彼牧矣. 自天子所, 謂我來矣. 召彼僕夫, 謂之載矣. 王事多難, 維其棘矣. 來叶六直切, 載叶節力切. (說文) <攴部> 莫卜切. 養牛人也. 从攴从牛. {詩}曰: "牧人乃夢."

A0052 U-7269

•物• 牛字部 總08劃. (훈글) [물] 만물. (新典) [물] 것, 만물, 물건. 일. 무리. 재물. 헤아릴. (訓蒙) [믈] 갓. (英譯) thing, substance, creature. (漢典) 形聲, 從牛, 勿聲. "勿"是一種雜色旗, 表示雜色. 本義: 萬物. (康熙) <牛部> {唐韻}文弗切, {集韻}{韻會}{正韻}文拂切, 𠌶音勿. {說文}萬物也. 牛爲大物. 天地之數, 起於牽牛, 故从牛. 勿聲. {玉篇}凡生天地之閒, 皆謂物也. {易 · 乾卦}品物流形. 又{无妄}先王以茂對時, 育萬物. {周禮 · 天官 · 大宰}九貢, 九曰物貢. {註}物貢, 雜物, 魚鹽橘柚. 又{玉篇}事也. {易 · 家人}君子以言有物, 而行有恆. {疏}物,

事也. {禮・哀公問}敢問何謂成身, 孔子對曰: 不過乎物. {註}物, 猶事也. {周禮・地官・大司徒}以鄕三物敎萬民, 而賔興之. 又{詩・小雅}比物四驪. {傳}物, 毛物也. {又}三十維物, 爾牲則具. {周禮・春官・雞人}掌共雞牲, 辨其物. {註}謂毛色也. 又{夏官・校人}凡軍事, 物馬而頒之. {疏}物卽是色. {楚語}毛以示物. 又{周禮・地官・卝人}若以時取之, 則物其地, 圖而授之. {註}物地, 占其形色, 知鹹淡也. 草人, 以物地相其宜而爲之種. {左傳・昭三十二年}物土方. {註}物, 相也, 相取土之方面. 又{玉篇}類也. {左傳・桓六年}丁卯, 子同生. 公曰: 是其生也, 與吾同物. {註}物, 類也. 謂同日. 又{周禮・天官・酒正}辨三酒之物. {疏}物者, 財也. 以三酒所成有時, 故豫給財, 令作之也. 又{周禮・地官・司門}幾出入不物者. {註}不物, 衣服視占不與衆同, 及所操物不如品式者. 又{周語}神之見也, 不過其物. {註}物, 物數也. 又{廣韻}旗名. {周禮・春官・司常}雜帛爲物. 又叶去聲. {唐韻正}符沸反. {揚子・太玄經}人人物物, 各由厥彙. {阮籍・東平賦}及至分之國邑, 樹之表物, 四時儀其象, 陰陽暢其氣. 又叶微律切. {班固・東都賦}指顧倏忽, 獲車已實. 樂不極盤, 殺不盡物. 又叶微月切. {蘇軾・四達齋銘}孰如此閒, 空洞無物. 戶牖盍開, 廓焉四達. 達, 陀悅切. (說文) <牛部> 文弗切. 萬物也. 牛爲大物; 天地之數, 起於牽牛, 故从牛. 勿聲.

牽 A0797 U-727D

•牽• 牛字部 總11劃. (훈글) [견] 끌. (新典) [견] 잇슬, 당길. 런할. 속할, 싸를. 거릭길. 희생. 당길. 배줄. [갱, 깅] 正音 [경] 쇠 정강이쌔. (類合) [견] 잇글. (英譯) drag, pull, lead by hand. (康熙) <牛部> 古文: 撁摼. {唐韻}苦堅切, {集韻}{韻會}輕煙切, 𠀤音岍. {說文}引前也. 从牛, 象引牛之縻也. {易・夬卦}牽羊悔亡. {書・酒誥}肇牽車牛. {禮・曲禮}效馬效羊者, 右牽之. 效犬者, 左牽之. 又{周禮・天官・小宰}掌其牢禮, 委積膳獻飮食賔賜之飧牽. {註}飧, 夕食也. 牽, 牲牢可牽而行者. {左傳・僖三十三年}惟是脯資餼牽竭矣. {註}牽, 謂牛羊豕. 又{玉篇}挽也. {左傳・襄十年}牽帥老夫, 以至於此. 又{玉篇}連也. {易・小畜}九二牽復吉. {疏}牽謂牽連. 又{玉篇}速也. {禮・學記}君子之敎喩也, 道而勿牽. {疏}牽謂牽逼人. 苟不曉知, 亦不偪急, 牽令速曉也. 又{管子・法法篇}令出而不行, 謂之牽. 又拘也. {史記・六國表}學者牽於所聞. 又牽牛, 星名. {禮・月令}旦牽牛中. 又地名. {春秋・定十四年}公會齊侯衞侯于牽. {註}魏郡黎陽縣東北有牽城. 又人名. {左傳・成十七年}鮑牽見之. 又姓. {後漢・皇甫規傳}實賴兗州刺史牽顥之淸猛. 又{廣韻}苦甸切, {集韻}輕甸切, 𠀤音俔. {廣韻}牽挽也. 又{增韻}挽舟索, 一名百丈牽. 又叶詳均切. {急就章}盜賊繫囚搒笞臀朋, 黨謀敗相引牽, 欺誣詰狀還反眞. {韻會}亦作掔. (說文) <牛部> 苦堅切. 引前也. 从牛, 象引牛之縻也. 玄聲.

犀 A0051 U-7280

•犀• 牛字部 總12劃. (훈글) [서] 무소. (新典) [셔] 코에 뿔난 소. 구들. 박씨. (訓蒙) [셔] 므쇼. (英譯) rhinoceros. sharp, well-tempered. (康熙) <牛部> {五音篇海}與犀同. {唐韻}先稽切, {集韻}{韻會}{正韻}先齊切, 𠀤音西. {說文}南徼外牛, 一角在鼻, 一角在頂似豕. 从牛尾聲. {爾雅・釋獸}犀, 似豕. {註}犀似水牛, 豬頭大腹庳脚, 脚有三蹄, 黑色. 三角, 一在頂上, 一在額上, 一在鼻上. 鼻上者卽食角也. 小而不橢, 好食棘. 亦有一角者. {疏}交州記曰: 犀, 出九德, 毛如豕, 蹄甲, 頭似馬. {埤雅}異物志: 犀兼五種, 肉舌有棘, 常食草木棘刺, 不啖莖葉. 舊說犀之通天者, 惡影常飮濁水, 佳霧厚露之夜不濡, 其裏白星

徹端. 世云: 犀望星而入角, 可以破水駭雞. 南人呼犀角爲黑暗, 言難識也. 三角者, 水犀也. 二角者, 山犀也. 在頂者, 謂之頂犀. 在鼻者, 謂之鼻犀. 犀有四輩. {前漢・平帝紀}黃支國獻犀牛. {山海經}琹鼓之山多白犀. {註}此與辟寒, 蠲忿, 辟塵, 辟暑諸犀, 皆異種也. 又{山海經}釐山有獸, 狀如牛, 食人, 其名犀渠. 又{集韻}兵器堅也. {前漢・馮奉世傳}器不犀利. {註}晉灼曰: 犀, 堅也. 又{集韻}一曰瓠中. {詩・衛風}齒如瓠犀. {傳}瓠犀, 瓠瓣也. {疏}正義曰: 釋草云: 瓠, 棲瓣也. 孫炎曰: 棲, 瓠中瓣也. 棲與犀字異音同. ○ 按廣韻瓠犀, 說文遲也. 別作犀从尸辛. 集韻犀專訓遲, 犀兼訓瓠中. 又{玉篇}棲遲或作犀.
說文 <牛部> 先稽切. 南徼外牛. 一角在鼻, 一角在頂, 似豕. 从牛尾聲.

A0048 U-7285

•犅• 牛字部 總12劃. 훈글 [강] 수소. 新典 [강] 수소아지. 붉은 소. 康熙 <牛部> {唐韻}古郎切, {集韻}{韻會}{正韻}居郎切, 丛音岡. {說文}特牛也. {玉篇}特牛赤色也. {公羊傳・文十三年}魯公用騂犅. {集韻}通作剛. {集韻}或作犺. ○ 按廣韻犺另訓水牛, 集韻合爲一, 非.
說文 <牛部> 古郎切. 特牛也. 从牛岡聲.

A0628 U-72AC

•犬• 犬字部 總04劃. 훈글 [견] 개. 新典 [견] 개. 訓蒙 [견] 가히. 英譯 dog. radical number 94. 漢典 象形. "犬"是漢字部首之一. 本義: 狗. 康熙 <犬部> {唐韻}{集韻}{韻會}{正韻}丛苦縣切, 圈上聲. {說文}狗之有縣蹏者也. 象形. 孔子曰: 視犬之字, 如畫狗也. {埤雅}傳曰: 犬有三種, 一者田犬, 二者吠犬, 三者食犬. 食犬若今菜牛也. {書・旅獒}犬馬非其土性不畜. {禮・曲禮}效犬者, 左牽之. {疏}狗, 犬通名. 若分而言之, 則大者爲犬, 小者爲狗. 故月令皆爲犬, 而周禮有犬人職, 無狗人職也. 但燕禮亨狗, 或是小者, 或通語耳. 又{禮・曲禮}犬曰羹獻. {周禮・秋官・司寇・犬人疏}犬是金屬, 故連類在此. 犬有二義, 以能吠止人則屬艮, 以能言則屬兌. 又{史記・司馬相如傳}其親名之曰犬子. 又{左傳・隱八年}遇於犬丘. {註}犬丘, 垂也. 地有兩名. 說文 <犬部> 苦泫切. 狗之有縣蹏者也. 象形. 孔子曰: "視犬之字如畫狗也." 凡犬之屬皆从犬.

A0630 U-72AF

•犯• 犬字部 總05劃. 훈글 [범] 범할. 新典 [범] 다닥칠. 범할. 침로할. 참람할. 類合 [범] 범홀. 英譯 commit crime, violate. criminal. 康熙 <犬部> 古文: 犯卪. {廣韻}防錽切, {集韻}{韻會}父錽切, 丛凡上聲. {玉篇}抵觸也. {廣韻}干也, 侵也, 僭也, 勝也. {爾雅・釋詁}犯, 勝也. {註}陵犯, 得勝也. {書・大禹謨}玆用不犯于有司. {禮・曲禮}介冑則有不可犯之色. 又{檀弓}事親, 有隱而無犯. {周禮・夏官}大馭掌馭玉路, 以祀及犯軷. {註}行山曰軷. 犯之者, 封土爲山象, 以菩芻棘柏爲神主. 旣祭之, 則以車轢之而去, 喻無險難也. 又{字彙補}叶符店切. {歐陽修・新孀詩}蘭枯蕙死誰復弔, 殘菊籬根爭豔豔. 靑松守節見臨危, 正色凜凜不可犯.
說文 <犬部> 防險切. 侵也. 从犬巳 (段註改為㔾) 聲.

A0241 U-7384

•玄• 犬字部 總05劃. (ᄒᆞᆫ글) [현] 검을. (新典) [현] 검붉을. 하날. 아득할. 고요할. 현묘할. (訓蒙) [현] 가ᄆᆞᆯ. (英譯) deep, profound, abstruse. KangXi radical 95. (漢典) 象形. 小篆字, 下端象單絞的絲, 上端是絲絞上的系帶, 表示作染絲用的絲結. 本義: 赤黑色, 黑中帶紅. (說文) <玄部> 胡涓切. 幽遠也. 黑而有赤色者爲玄. 象幽而入覆之也. 凡玄之屬皆从玄.

A0630 U-3E5E

•犷• 犬字部 總07劃. (ᄒᆞᆫ글) [은] 개 짖는 소리. (新典) [은] 개 지질. 개 싸울. (英譯) (same as 狺) to bark (said of a dog), (same as 齗) gums (of the teeth), (same as 啀) dogs to fight with gnashing and grinning. looks very angry. (康熙) <犬部> {唐韻}語斤切, {集韻}魚斤切, 丛音齗. {說文}犬吠聲. 从犬, 斤聲. {玉篇}同狺. 又{廣韻}語巾切, {集韻}魚巾切, 丛音銀. 又{玉篇}牛佳切, {集韻}宜佳切, 丛音崖. 義丛同. 又犬欲齧也. {集韻}本作啀. 或作嘊. 又{集韻}擬引切, 音听. 本作齗. 犬争也. (說文) <犬部> 語斤切. 犬吠聲. 从犬斤聲.

A0636 U-72BE

•犾• 犬字部 總07劃. (ᄒᆞᆫ글) [은] 개가 서로 물을. (康熙) <犬部> {集韻}同犾.

A0636 U-72C4

•狄• 犬字部 總07劃. (ᄒᆞᆫ글) [적] 오랑캐. (新典) [뎍] 북방 오랑캐. 알에 벼슬. 악공. 쐥 그린 옷. 멀. (訓蒙) [뎍] 되. (英譯) tribe from northern china. surnam. (漢典) 形聲. 從犬, 亦聲. 本義: 我國古代北部的一個民族. (康熙) <犬部> {唐韻}徒歷切, {集韻}{韻會}亭歷切, 丛音敵. {爾雅・釋地}八狄. {禮・王制}北方曰狄. {明堂位}五狄. {周禮・職方氏}六狄. {書・仲虺之誥}南面而征, 北狄怨. {春秋・莊三十二年}狄伐邢. {穀梁傳・莊十年}荆者, 楚也. 何爲謂之荆, 狄之也. 又下士. {書・顧命}狄設黼扆綴衣. {傳}狄, 下士. {禮・祭統}狄者, 樂吏之賤者也. 又鹿名. {爾雅・釋獸}絕有力, 狄. {疏}絕異壯大有力者名狄也. 又地名. {史記・陳涉世家}周市北徇地, 至狄. {註}徐廣曰: 今之臨濟. 又人名. {史記・殷本紀}殷契母曰簡狄. 又姓. {左傳・襄十年}狄虒彌建大車之輪. {註}狄虒彌, 魯人. {史記・張湯傳}博士狄山. {廣韻}春秋時狄國之後. 又與翟通. {禮・玉藻}夫人揄狄. {疏}揄, 讀如搖. 狄, 讀如翟. 謂畫搖翟之雉于衣. 又{樂記}干戚旄狄以舞之. {疏}狄, 羽也. {前漢・地理志}羽畎夏狄. 又泉名. 在洛陽. {公羊傳・僖二十九年}盟於狄泉. ○ 按二傳作翟. 又{集韻}{正韻}丛他歷切, 音惕. {集韻}本作逖. 遠也. {詩・大雅}舍爾介狄, 維子胥忌. {傳}狄, 遠也. 又{詩・魯頌}桓桓于征, 狄彼東南. {箋}狄, 當爲剔. 剔, 治也. {釋文}韓詩云: 鬄除也. 又{禮・樂記}流辟邪散, 狄成滌濫之音作. {註}狄滌, 往來疾貌. 又與易通. {王充・論衡}狄牙之調味也. 經史俱作易牙. (說文) <犬部> 徒歷切. 赤狄, 本犬種. 狄之爲言淫辟也. 从犬, 亦省聲.

A0646 U-3E5C

•犾• 犬字部 總08劃. 【훈글】 [은] 개가 싸울. 【新典】 [은] 개 서루 물. 【英譯】 (same as 狺) two dogs barking at each other, rude spoken language. rude talk. unpolished. rustic and coarse. 【康熙】 <犬部> ｛唐韻｝語斤切, ｛集韻｝魚斤切, 太音齗. ｛說文｝兩犬相齧也. 从二犬. ｛廣韻｝犬相吠也. ｛集韻｝亦書作狺. 【說文】 <犾部> 語斤切. 兩犬相齧也. 从二犬. 凡犾之屬皆从犾.

A0633 U-72D0

•狐• 犬字部 總08劃. 【훈글】 [호] 여우. 【新典】 [호] 여우, 여위, 여호, 여오. 의심 낼. 【訓蒙】 [호] 여으. 【英譯】 species of fox. 【漢典】 形聲. 從犬, 瓜聲. 本義: 狐貍. 【康熙】 <犬部> ｛唐韻｝戸吳切, ｛集韻｝｛韻會｝｛正韻｝洪孤切, 太音胡. ｛說文｝妖獸也, 鬼所乘之. 有三德, 其色中和, 小前豐後. ｛爾雅・釋獸｝貍狐貒貈醜. ｛埤雅｝狐性疑, 疑則不可以合類, 故从孤省. 又曰: 狼狐搏物, 皆以虛擊孤, 狐从孤省. 又或以此故也, 音胡, 疑詞也. ｛易・解卦｝田獲三狐. 又｛未濟｝小狐汔濟, 濡其尾. ｛詩・邶風｝狐裘蒙戎. 又｛北風｝莫赤匪狐. ｛周禮・地官・草人｝凡糞種勃壤用狐. ｛山海經｝青丘國, 其狐四足九尾. 又｛爾雅・釋獸｝貔, 白狐. ｛註｝一名執移, 虎豹之屬. ｛疏｝貔, 一名白狐. 或曰似熊. 又鵂鶹一名訓狐. 因其聲以名之. 見｛唐書・五行志｝. 韓愈有射訓狐詩. 又地名. ｛左傳・僖二十三年｝濟河圍令狐. ｛晉語｝使令狐文子佐之. ｛註｝令狐, 邑名. 又｛史記・趙世家｝秦伐我, 至陽狐. 又｛孝文帝紀｝軍飛狐. ｛註｝如淳曰: 在代郡. 蘇林曰: 在上黨. 又姓. ｛廣韻｝晉有狐氏, 代爲卿大夫. ｛晉語｝狐氏出自唐叔. 又令狐, 複姓. 【說文】 <犬部> 戸吳切. 祅獸也. 鬼所乘之. 有三德: 其色中和, 小前大後, 死則丘首. 从犬瓜聲.

A0631 U-72E9

•狩• 犬字部 總09劃. 【훈글】 [수] 사냥. 【新典】 [슈] 겨을 산양. 순행할, 돌. 【訓蒙】 [슈] 산힝. 【英譯】 winter hunting. imperial tour. 【漢典】 形聲. 從犬, 守聲. "犬"是狩獵的助手, 故從犬. 本義: 冬季打獵. 【康熙】 <犬部> ｛唐韻｝書救切, ｛集韻｝｛韻會｝｛正韻｝舒救切, 太音獸. ｛說文｝犬田也. 从犬, 守聲. ｛爾雅・釋天｝冬獵爲狩. ｛左傳・隱九年｝冬狩. ｛註｝狩, 圍守也. 冬物畢成, 獲則取之, 無所擇也. ｛白虎通義｝冬謂之狩何, 守地而取之也. 又｛爾雅・釋天｝火田爲狩. ｛註｝放火燒草獵亦爲狩. 又或作守. ｛孟子｝天子適諸侯曰巡狩. 巡狩者, 巡所守也. ｛禮・王制｝天子五年一巡守. ｛註｝狩或作守. 又｛集韻｝｛韻會｝｛正韻｝太始九切, 音手. ｛集韻｝冬獵. ｛詩・鄭風｝叔于狩, 巷無飮酒. 又｛小雅｝田車既好, 四牡孔阜. 東有甫草, 駕言行狩. 又叶書几切, 音始. ｛易林｝尅身潔己, 逢禹巡狩. 錫我玄圭, 拜受福祉. 又叶賞呂切, 音暑. ｛易林｝駕龍巡狩, 王得安所. 【說文】 <犬部> 書究切. 犬田也. 从犬守聲. ｛易｝曰: "明夷于南狩."

A0630 U-72FA

•狺• 犬字部 總10劃. 【훈글】 [은] 으르렁거릴. 【新典】 [은] 뭇개 지즐. 【英譯】 the snarling of dogs. 【康熙】 <犬部> ｛廣韻｝語斤切, ｛集韻｝｛正韻｝魚斤切, ｛韻會｝疑巾切, 太音銀. ｛廣韻｝犬爭也. 本作犾. 詳犾字註. ｛楚辭・九辯｝猛犬狺狺以迎吠. ｛正韻｝亦作㹞. 又｛集韻｝擬引切,

音釿. 本作齗, 詳齒部齗字註.

狼 A0633 U-72FC

•狼• 犬字部 總10劃. (훈글) [랑] 이리. (新典) [랑] 이리. 어수선할, 랑자할. (類合) [랑] 일히. (英譯) wolf. (漢典) 形聲. 從犬, 良聲. 本義: 狼. (康熙) <犬部> {唐韻}魯當切, {集韻}{韻會}盧當切, {正韻}魯堂切, 𠀤音郎. {說文}似犬, 銳頭白頰, 高前廣後. 从犬, 良聲. {埤雅}狼大如狗, 青色, 作聲諸竅皆沸, 善逐獸. 里語曰: 狼卜食. 狼將遠逐食, 必先倒立以卜所向, 故獵師遇狼輒喜. 狼之所嚮, 獸之所在也, 其靈智如此. 古之烽火用狼糞, 取其煙直而聚, 雖風吹之不斜. {爾雅・釋獸}狼, 牡貛, 牝狼. {註}牡名貛, 牝名狼, 辨狼之種類也. {詩・齊風}竝驅從兩狼兮. {周禮・天官・獸人}冬獻狼. {註}狼膏聚, 聚則溫. 又狼藉. {孟子}樂歲粒米狼戾. {註}狼戾, 猶狼藉也. 又{周禮・秋官}條狼氏. {註}條, 當爲滌器之滌. 狼狼扈道上. {疏}狼狼扈道上者, 謂不蠲之物在道, 猶今言狼藉也. 又星名. {史記・天官書}東有大星曰狼. 狼角變色, 多盜賊. 又{律書}西至於狼. 狼者, 言萬物可度量. 斷萬物故曰狼. 又{杜篤・論都賦}㝈狼邛莋. {註}㝈狼, 猶摮擾也. 又地名. {左傳・文九年}楚子師於狼淵, 以伐鄭. {史記・秦本紀}白起攻趙, 取代光狼城. 又白狼縣, 屬右北平郡. 皐狼縣, 屬西河郡. 皆見{前漢・地理志}. 又{後漢・明帝紀}西南夷白狼動黏諸種, 前後慕義貢獻. 又草名. {爾雅・釋草}孟狼尾. {註}似茅, 今人亦以覆屋. 又姓. {左傳・文二年}狼瞫取戈以斬囚. 又{集韻}里黨切. 音朗. 狼犺, 獸名. 似猴. 又郁狼, 漢侯國. {韋昭曰}屬魯. 狼音盧黨反. 見{史記・建元以來王子侯者年表}. 又{集韻}{韻會}𠀤郎宕切, 音浪. 博狼, 地名. 在陽武. {前漢・張良傳}秦皇帝東遊, 至博狼沙中{註}師古曰: 狼音浪. ○ 按史記本作浪. (說文) <犬部> 魯當切. 似犬, 銳頭, 白頰, 高前, 廣後. 从犬良聲.

狽 A0634 U-72FD

•狽• 犬字部 總10劃. (훈글) [패] 이리. (新典) [패] 이리. 랑패. (英譯) a legendary animal with short forelegs which rode a wolf. (康熙) <犬部> {廣韻}{集韻}𠀤博蓋切, 音貝. {玉篇}狼狽也. {集韻}獸名. 狼屬也. 生子或欠一足, 二足者, 相附而行, 離則顚, 故猝遽謂之狼狽. {後漢・儒林傳}狼狽折札之命.

猱 A0633 U-7331

•猱• 犬字部 總12劃. (훈글) [노] 원숭이. (新典) [노] 원숭이. (英譯) a monkey with yellow hair. (康熙) <犬部> {廣韻}{集韻}{韻會}{正韻}𠀤奴刀切, 音猺. {玉篇}獸也. {廣韻}猴也. {詩・小雅}毋敎猱升木. {傳}猱, 猨屬. {箋}猱之性善登木. {疏}猱則猿之輩屬, 非猨也. 陸璣云: 猱, 獼猴也. 楚人謂之沐猴, 老者爲玃, 長臂者爲猿, 猿之白腰者爲獑胡, 獑胡猨駿捷於獼猴, 然則猱猨其類大同也. {埤雅}狨, 一名猱. 顏氏以爲其尾柔長可藉, 制字从柔, 以此故也. {爾雅・釋獸}猱猨善援. {疏}猱, 一名蝯. 善攀援樹枝. 又{爾雅・釋獸}蒙頌, 猱狀. {疏}蒙頌, 一名蒙貴. 狀似猨, 故曰猱狀. {集韻}本作夒, 或作獿獶蝚. 又{集韻}而由切, 音柔. 或作夒, 通作蝚. 又{廣韻}{集韻}𠀤女救切, 音糅. 義𠀤同. 又{集韻}乃豆切, 音槈. 義同. {詩・小雅}猱升木. 沈重讀.

A0599 U-7333

•猳• 犬字部 總12劃. 훈글 [가] 수퇘지. 康熙 <犬部> {廣韻}古牙切, {集韻}居牙切, 丛音嘉. {廣韻}俗豭字. {管子・戒篇}東郭有狗嘊嘊, 旦暮欲齧我猳而不使也.

A0633 U-7334

•猴• 犬字部 總12劃. 훈글 [후] 원숭이. 新典 [후] 원숭이, 잔나비. 訓蒙 [후] 납. 英譯 monkey, ape. monkey-like. 康熙 <犬部> {唐韻}{集韻}{韻會}{正韻}丛呼溝切, 音侯. {說文}本作猴, 夒也. 从犬, 矦聲. {廣韻}獼猴, 猱也. {埤雅}猴善候, 其字从侯. 白虎通曰: 侯, 候也. 楚人謂之沐猴. 舊說此獸無脾, 以行消食. 猨之德靜以緩, 猴之德躁以囂. {史記・項羽紀}人言楚人沐猴而冠耳, 果然. 又果名. {西京雜記}上林苑初修, 羣臣各獻名果. 查有三種, 內有猴查. 梅有七種, 內有猴梅. 說文 <犬部> 乎溝切. 夒也. 从犬矦聲.

A0633 U-7336

•猶• 犬字部 總12劃. 훈글 [유] 오히려. 新典 [유] 어미 원숭이. 갓흘. 오히려. 가히. 천천할. 머뭇거릴. 類合 [유] 그려도. 英譯 like, similar to, just like, as. 漢典 形聲. 從犬, 酋聲. 本義: 一種猿類動物. 康熙 <犬部> {唐韻}以周切, {集韻}{韻會}夷周切, 丛音由. {說文}玃屬. 从犬, 酋聲. {集韻}居山中, 聞人聲豫登木, 無人乃下. 世謂不決曰猶豫. 或作貁. {爾雅・釋獸}猶如麂, 善登木. {註}健上樹. {禮・曲禮}所以使民決嫌疑, 定猶與也. {疏}猶與, 二獸, 皆進退多疑. 人多疑惑者似之, 故謂之猶與. {淮南子・兵略訓}擊其猶猶, 湊其與與. 又{說文}隴西謂犬子爲猶. 又{廣韻}似也. {詩・召南}寔命不猶. {傳}猶, 若也. 又{小雅}淑人君子, 其德不猶. {禮・喪服}兄弟之子猶子也. 又{集韻}可止之辭也. {詩・魏風}上愼旃哉, 猶來無止. {傳}猶, 可也. 又本作猷. {詩・小雅}克壯其猶. {傳}猶, 道也. {箋}猶, 謀也, 兵謀也. {疏}能光大其運謀之道. {又}謀猶回遹. {箋}謀爲政之道. 又{大雅}王猶允塞. {箋}猶, 謀也. 又{廣韻}尚也. {禮・檀弓}仲子亦猶行古之道也. 又{詩・周頌}嶞山喬嶽, 允猶翕河. {箋}猶, 圖也. 小山及高嶽, 皆信按山川之圖而次序祭之. 又夷猶. {禮・檀弓}君子蓋猶猶爾. {註}疾舒之中. {楚辭・九歌}君不行兮夷猶. 又{管子・地員篇}下土曰五猶. 五猶之狀如糞. 又{前漢・地理志}厹猶縣, 屬臨淮郡. 又姓. {正字通}宋猶道明. 又{集韻}{正韻}丛餘招切, 音遙. {集韻}本作䚻. 徒歌也. 或作謠. 又與搖通. {禮・檀弓}咏斯猶, 猶斯舞. {註}猶當爲搖, 謂身動搖也. 秦人猶搖聲相近. {釋文}猶依註作搖, 音遙. 又{廣韻}{集韻}丛居祐切, 音究. {爾雅・釋獸音義}弋又反. 又{廣韻}{集韻}{韻會}丛余救切, 音柚. {爾雅・釋獸音義}羊救反. 又叶余久切, 音酉. {詩・小雅}式相好矣, 無相猶矣. 好叶許厚反. 說文 <犬部> 以周切. 玃屬. 从犬酋聲. 一曰隴西謂犬子爲猷.

A0632 U-7337

•猷• 犬字部 總13劃. 훈글 [유] 꾀할. 新典 [유] 싀. 그릴. 가히. 갓흘. 英譯 plan, scheme. plan, plot. way. 康熙 <犬部> {廣韻}以周切, {集韻}{韻會}夷周切, 丛音由. {爾雅・釋詁}猷, 謀也. {疏}猷者, 以道而謀也. 大雅文王云: 厥猶翼翼. 猷猶音義同. {書・盤庚}汝猷黜乃

心, 無傲從康. {又}聽余一人之作猷. 又{君陳}爾有嘉謀嘉猷, 則入告爾后于內. 又{爾雅・釋詁}猷, 言也. {註}猷者道, 道亦言也. 又{爾雅・釋言}猷, 圖也. {周禮・春官}以猷鬼神祇. {註}猷謂圖畫. 又{爾雅・釋宮}猷, 道也. {註}道路之異名. 又{爾雅・釋言}猷, 可也. {詩・魏風}猷來無止. {箋}猷, 可也. 又{爾雅・釋言}猷, 若也. 引{詩}: 寔命不猷. ○ 按今{詩・召南}作猶. {傳}猶, 若也. 又{書・大誥}猷大誥爾多邦. {傳}猷, 道也. 順大道, 以誥天下衆國. {疏}鄭本猷在誥字下, 此本在大字上, 言以道誥衆國, 於文爲順. 又{周官}若昔大猷. {傳}言當順古大道. 又{爾雅・釋詁}猷, 已也. {註}義未詳. 又{揚子・方言}猷, 詐也. {註}猶者, 言故爲詐. 又叶音移. {魏・卞蘭賦}超古人之遐跡, 崇先聖之弘基. 耽八素之祕奧, 遵二儀之大猷.

A0636 U-3E87

•獗• 犬字部 總14劃. (훈글) [시] 옥관. (英譯) a warden. (in ancient China) minister of public works, to observe. to watch. (康熙) <犬部> {唐韻}息兹切, {集韻}新兹切, 𠀤音思. {說文}司空也. 从㹜, 𦣝聲. 復說獄司空. {玉篇}辨獄官也. 察也. {廣韻}辨獄相察. 又{玉篇}息利切, {集韻}相吏切, 𠀤音笥. 義同. {玉篇}今作伺覗. {篇海}或作獄. (說文) <㹜部> 息兹切. 司空也. 从㹜𦣝聲. 復說獄司空.

D0129 U-7358

•獘• 犬字部 總16劃. (훈글) [폐] 넘어질. (新典) [폐] 곤할. 폐단. 죽을. 해여질. 엎더질. (英譯) collapse. (康熙) <犬部> {唐韻}{集韻}𠀤毗祭切, 音幣. {說文}頓仆也. 从犬, 敝聲. 引春秋傳: 與犬, 犬獘. ○ 按今{左傳・僖四年}本作斃. {爾雅・釋木}木自獘神. {註}獘, 踣也. 又{廣韻}困也, 惡也. 又{集韻}蒲結切, 音蹩. 仆也. 或作斃. 又便滅切, 音嫳. 義同. {說文}或从死, 作斃. (說文) <犬部> 毗祭切. 頓仆也. 从犬敝聲. {春秋傳}曰: "與犬, 犬獘."

A0216 U-7372

•獲• 犬字部 總17劃. (훈글) [을] 얻. (新典) [획] 어들. 종. [확] 실심할. (類合) [획] 어들. (英譯) obtain, get, receive. seize. (康熙) <犬部> {唐韻}胡伯切, {集韻}{韻會}胡陌切, 𠀤音韄. {說文}獵所獲也. {周禮・夏官・射人}三獲. {釋文}劉音胡伯反. 又{集韻}獸名. 又{集韻}亦姓. 又{廣韻}胡麥切, 音畫. 得也. {書・太甲}弗慮胡獲. {詩・小雅}笑語卒獲. {傳}獲, 得時也. 又{爾雅・釋詁}馘, 穧, 獲也. {註}獲賊耳爲馘, 獲禾爲穧. {詩・秦風}舍拔則獲. 又{小雅}執訊獲醜. 又{廣韻}臧獲. {方言}云: 荆淮海岱雜齊之閒, 罵奴曰臧, 罵婢曰獲. 又門名. {左傳・昭二十年}公孟有事于蓋獲之門外. {註}蓋獲, 衞郭門. 又回獲, 縣名. 屬北地郡. 見{前漢・地理志}. 又{廣韻}亦姓. 宋大夫尹獲之後. 又{集韻}黃郭切, 音鑊. 隕獲, 困迫失志貌. {禮・儒行}不隕獲于貧賤, 通作穫. 又{集韻}{類篇}𠀤忽郭切, 音霍. 恢廓貌. 又{集韻}胡故切, 音護. {禮・曲禮}毋固獲. 又{集韻}胡化切, 音話. 爭取也. {周禮・春官・司常}凡射, 共其獲旌. {註}獲旌, 獲者所持旌. {釋文}李音胡霸反. (說文) <犬部> 胡伯切. 獵所獲也. 从犬蒦聲.

A0631 U-7378

•獸• 犬字部 總19劃. 훈글 [수] 짐승. 新典 [슈] 뭇짐승. 訓蒙 [슈] 즘싕. 英譯 beast, animal. bestial. 康熙 <犬部> {唐韻}{集韻}{韻會}{正韻}𠀤舒救切, 音狩. {說文}守備者. 从嘼从犬. {爾雅・釋鳥}四足而毛謂之獸. {書・益稷}百獸率舞, 庶尹允諧. {周禮・天官}獸人掌罟田獸, 辨其名物. 又{天官・庖人}六獸. {註}鄭司農云: 六獸: 麋, 鹿, 熊, 麕, 野豕, 兔也. 又{儀禮・特牲饋食禮}棜在其南, 南順. 實獸于其上, 東首. {註}獸, 腊也. 說文 <嘼部> 舒救切. 守備者. 从嘼从犬.

A0142 U-737B

•獻• 犬字部 總20劃. 훈글 [헌] 바칠. 新典 [헌] 바릴. 들일. 음식. 개. 이지니. [사] 술준. 訓蒙 [헌] 받즈올. 英譯 offer, present. show, display. 漢典 會意. 從犬, 鬳聲. "犬"代表進獻之物. 本義: 獻祭. 康熙 <犬部> {唐韻}{集韻}{韻會}{正韻}𠀤許建切, 音憲. {說文}宗廟犬名羹獻, 犬肥者以獻之. 从犬, 鬳聲. {禮・曲禮}犬曰羹獻. 又{廣韻}進也. {爾雅・釋詁}享獻也. {疏}致物於尊者曰獻. {周禮・天官・小宰}膳獻. {註}膳獻, 禽羞俶獻也. 又{膳夫}王燕飲酒, 則爲獻主. 又{書・益稷}萬邦黎獻. {傳}獻, 賢也. {論語}文獻不足故也. 又{爾雅・釋言}獻, 聖也. {謚法}聰明叡哲曰獻. 知質有聖曰獻. 又{爾雅・釋天}太歲在亥曰大淵獻. 又姓. {風俗通}秦大夫獻則. 又{集韻}桑何切, 音娑. 酒尊名, 飾以翡翠, 鄭司農說. 本作犧, 或作戲. 詳牛部犧字註. 又{禮・明堂位}周獻豆. {註}獻, 疏刻之. {疏}正義曰: 獻, 音娑. 娑是希疏之義, 故爲疏刻之. {釋文}素何反. 又{集韻}魚羈切, 音宜. 儀也. {周禮・春官・司尊彝}鬱齊獻酌. {註}鄭司農云: 獻, 讀爲儀. 儀酌有威儀多也. 又{正韻}虛宜切, 音羲. {前漢・王莽傳}建華蓋, 立斗獻. {註}師古曰: 獻音犧, 謂斗魁及杓末如勺之形也. 又叶虛言切, 音軒. {詩・小雅}有兔斯首, 炮之燔之. 君子有酒, 酌言獻之. 說文 <犬部> 許建切. 宗廟犬名羹獻. 犬肥者以獻之. 从犬鬳聲.

A0242 U-7386

•玆• 玄字部 總10劃. 훈글 [자] 이. 新典 [자, ᄌᆞ] 이. 흐릴. [현] 검을. 類合 [ᄌᆞ] 이. 英譯 now, here. this. time, year. 康熙 <玄部> 古文: 丝. {廣韻}子之切, {集韻}{韻會}津之切, {正韻}津私切, 𠀤音孜. {說文}黑也. {玉篇}濁也, 黑也. 或作黳滋. {左傳・哀八年}何故使吾水滋. {註}滋, 本又作玆. 子絲反. 字林云: 黑也. 又姓. {左傳・定十年}孔子使玆無還揖對. 又{說文徐鍇註}借爲玆此字. {爾雅・釋詁}此也. {書・大禹謨}念玆, 在玆. ○ 按{爾雅}{尚書}本作玆. {正字通}仍{韻會}之譌, 改入玆字註, 反駁从玄之非, 誤. 又引孫氏說, 今年亦曰今玆, 从艸木玆生紀也, 尤鑿. 又神名. {山海經}西海陼中有神, 人面鳥身, 珥兩青蛇, 踐兩赤蛇, 名曰弇玆. 又{廣韻}{集韻}𠀤瑚涓切, 音懸. 黑也. {左傳・哀八年釋文}玆, 音玄. ○ 按玆, 玆二字, 音同義別. 从玄者, 子之, 瑚涓二切, 訓黑也, 此也, 姓也. 从艸者, 子之, 牆之二切, 訓艸木多益也, 蓐也, 國名. 今各韻書互相蒙混, 如{廣韻}{韻會}玆字訓國名, {集韻}玆字訓蓐也, {韻會}{字彙}{正字通}玆字訓此也, 非當時編輯之譌, 卽後人刊刻之誤. {正韻}有玆無玆, 合玆, 玆二字訓義爲一, 尤爲疎漏. 今从{說文}幷各書, 重爲訂正. 說文 <玄部> 子之切. 黑也. 从二玄. {春秋傳}曰: "何故使吾水玆?"

率 A0885 U-7387

•率• 玄字部 總11劃. (훈글) [솔] 거느릴. (新典) [슈] 새그물. 장슈. [숄] 正音 [솔] 거늘일. 조츨. 다. 쓸. 행할. 대강. 탈할. 경솔할. [률] 셈 이름. 관역. 활 한것 다릴. 공구를. (類合) [솔] ᄃᆞ릴. (英譯) to lead. ratio. rate. limit. (康熙) <玄部> 古文: 䢦. {廣韻}所律切, {集韻}{韻會}{正韻}朔律切, 𠀤音蟀. {說文}捕鳥畢也. 象絲罔, 上下其竿柄也. 又{玉篇}遵也. {廣韻}循也. {書·太甲}率乃祖攸行. {詩·大雅}率西水滸. {註}循也. 又{廣韻}領也, 將也. {左傳·宣十二年}率師以來, 惟敵是求. 又{襄十年}牽率老夫, 以至於此. 又{廣韻}用也, 行也. 又{集韻}從也, 自也. 又{增韻}皆也, 大略也. {前漢·宣帝紀}率常在下杜. {註}總計之說也. 下杜, 地名. {梁書·王僧儒傳}齊學士刻燭爲詩, 四韻則刻一寸. 以此爲率. 又{增韻}募也. 又率先也. {晉書·顧榮傳}榮身當士卒, 爲衆率先. 又{通韻}表的也. {後漢·何武傳}刺史古之方伯. 方伯, 一方表率也. 又{正字通}差等也. {前漢·李廣傳}諸將率爲侯者, 而廣軍無功. {註}率謂軍功封賞之科, 著在法令者也. 又高率. {世說新語}晉劉驎之好遊山澤, 高率善史傳. 又率略. {盧氏雜記}宋五坦率. {聞見錄}司馬溫公與洛中諸公作眞率會. 又輕率. {論語}子路率爾而對. {註}輕遽貌. 又{前漢·東方朔傳}率然高擧, 遠集吳地. {註}率然, 猶颯然. 又{孫子·九地篇}善用兵者, 辟如率然. 率然者, 常山之蛇也. 擊其首則尾至, 擊其尾則首至, 擊其中則首尾俱至. 又姓. {正字通}明有率慶. 又兜率天. {太平廣記}心在兜率天彌勒宮中聽法. 又{唐韻}{集韻}{正韻}𠀤所類切, 音帥. {廣韻}鳥網也. 又{正韻}同帥. {詩·邶風·旄丘序}方伯連率之職. {註}率, 所類反. {史記·建元以來侯者年表}渠率. {註}與帥同. 又{集韻}{韻會}{正韻}𠀤力遂切, 音類. {集韻}計數之名. {周禮·天官·大宰賦貢以馭其用註}賦口率出泉也. {疏}采地之民, 口率出泉爲賦. {釋文}率, 徐劉音類, 戚音律. 一音所律反. 又{正韻}總率也. {易·王弼略例}率相比而無應. 率, 音類, 又如字. 又{集韻}{韻會}{正韻}𠀤劣戌切, 音律. 約數也. 又官名. {前漢·百官公卿表}詹事屬官, 有太子率更. {師古註}掌知刻漏, 故曰率更. 又{算經少廣章}宋祖冲之有密率乘除法. 又彀率, 彎弓之限也. {孟子}羿不爲拙射, 變其彀率. 又與繂同. 綆緝也. {禮·玉藻}凡帶有率無箴功. {註}率, 繂也. 言帶用單帛密緝, 兩邊不見用箴之功也. {釋文}率, 音律. 又{左傳·桓二年}藻率鞞鞛. {註}藻率, 用韋爲之, 所以藉玉也. 率, 音律. 又{五音集韻}所滑切, 音刷. 量名. 與鋝同. {史記·周本紀}其罰百率. {註}率, 卽鍰也. 音刷. 孔安國曰: 六兩曰鍰. 率, 舊本亦作選. (說文) <率部> 所律切. 捕鳥畢也. 象絲罔, 上下其竿柄也. 凡率之屬皆从率.

王 A0024 U-738B

•王• 玉字部 總04劃. (훈글) [왕] 임금. (新典) [왕] 임금, 임군, 인군. 한아바지. 왕 노릇 할. 어른. 왕성할. 갈. (訓蒙) [왕] 님굼. (英譯) king, ruler. royal. surname. (漢典) 象形字. 王字的甲骨文爲斧鉞之形, 斧鉞爲禮器, 象征王者之權威. 本義: 天子, 君主. (康熙) <玉部> {廣韻}{集韻}{韻會}𠀤雨方切, 音徨. {廣韻}大也, 君也, 天下所法. {正韻}主也, 天下歸往謂之王. {易·坤卦}或從王事. 又{隨卦}王用享于西山. {書·洪範}無偏無黨, 王道蕩蕩. {詩·小雅}宜君宜王. {註}君, 諸侯也. 王, 天子也. ○ 按秦漢以下, 凡諸侯皆稱王, 天子伯叔兄弟分封于外者亦曰王. 又諸侯世見曰王. {詩·商頌}莫敢不來王. {箋}世見曰王. 又凡尊稱亦曰王. {爾雅·釋親}父之考爲王父, 父之妣爲王母. 又法王, 象王, 皆佛號. {華嚴偈}象王行處落花紅. {岑參詩}况値廬山遠, 抽簪禮法王. {註}法王, 佛尊號也. 又姓. 又{諡法}仁義所往曰王. 又王屋, 山

名. {書・禹貢}至于王屋. {疏}正義曰: 王屋在河東垣縣東北. 又弓名. {周禮・冬官考工記}弓人, 往體寡, 來體多, 謂之王弓之屬. 又王連, 遠志也. 見{博雅}夫王, 芏草也. 見{爾雅・釋草疏}. 又王鴡, 鳥名. {爾雅・釋鳥}鴡鳩, 王鴡. {註}鵰類, 今江東呼之爲鶚. 又王鮪, 魚名. {周禮・天官・歔人}春獻王鮪. {註}王鮪, 鮪之大者. 又蛇名. {爾雅・釋魚}蟒, 王蛇. {註}蟒, 蛇最大者, 故曰王蛇. 又蟲名. {爾雅・釋蟲}王蚨蜴. 註: 卽螲蟷, 似鼅鼄, 在穴中, 有蓋. 今河北人呼蚨蜴. {博雅}虎, 王蛸也. 又{廣韻}{集韻}{韻會}{正韻}丛于放切, 音旺霸王也. {正韻}凡有天下者, 人稱之曰王, 則平聲. 據其身臨天下而言曰王, 則去聲. {詩・大雅}王此大邦. {箋}王, 君也. {釋文}王, 于況反. {前漢・高帝紀}項羽背約而王君王於南鄭. {師古註}上王字, 于放反. 又{廣韻}盛也. {莊子・養生主}神雖王, 不善也. {註}謂心神長王. {釋文}王, 于況反. 又音往. {詩・大雅}昊天曰明, 及爾出王. {傳}王, 往也. {朱註}音往. ○ 按王本古文玉字. 註詳部首. (說文) <王部> 雨方切. 天下所歸往也. 董仲舒曰: "古之造文者, 三畫而連其中謂之王. 三者, 天, 地, 人也, 而參通之者王也." 孔子曰: "一貫三爲王." 凡王之屬皆从王. 李陽冰曰: "中畫近上. 王者, 則天之義."

A0025 U-7389

•玉• 玉字部 總05劃. (한글) [옥] 옥. (新典) [옥] 옥. 사랑할. 일을. (訓蒙) [옥] 옥. (英譯) jade, precious stone, gem. (漢典) 象形. 甲骨文字形. 象一根繩子, 串著一些玉石. "玉"是漢字的一個部首. 本義: 溫潤而有光澤的美石. (康熙) <玉部> 古文: 丟. {唐韻}{正韻}魚欲切, {集韻}{韻會}虞欲切, 丛音獄. {說文}石之美者. 玉有五德, 潤澤以溫, 仁之方也. 䚡理自外, 可以知中, 義之方也. 其聲舒楊, 專以遠聞, 智之方也. 不撓而折, 勇之方也. 銳廉而不技, 絜之方也. {五音集韻}烈火燒之不熱者, 眞玉也. {易・鼎卦}鼎玉鉉. {疏}正義曰: 玉者, 堅剛而有潤者也. 又{說卦}乾爲玉爲金. {疏}爲玉爲金, 取其剛之淸明也. {詩・大雅}金玉其相. {禮・聘義}君子比德於玉焉. 溫潤而澤, 仁也. 縝密以栗, 知也. 廉而不劌, 義也. 垂之如隊, 禮也. 叩之其聲淸越以長, 其終詘然, 樂也. 瑕不掩瑜, 瑜不掩瑕, 忠也. 孚尹旁達, 信也. 氣如白虹, 天也. 精神見于山川, 地也. 圭璋特達, 德也. 天下莫不貴者, 道也. {管子・侈靡篇}玉者, 陰之陰也. {白虎通}玉者, 象君子之德, 燥不輕, 溫不重, 是以君子寶之. 又水玉, 水精也. {史記・司馬相如傳}水玉磊砢. {註}水玉, 水精也. 又美貌也. {公羊傳・宣十二年}是以使寡人得見君之玉面, 而微至乎此. {疏}言玉面者, 亦美言之也. {史記・陳丞相世家}如冠玉耳. 又珍食曰玉食. {書・洪範}惟辟玉食. {釋文}漢書云: 玉食, 珍食也. 又時和曰玉燭. {爾雅・釋天}四時和謂之玉燭. {疏}言四時和氣, 溫潤明照, 故曰玉燭. 又地名. {左傳・哀十二年}宋鄭之閒有隙地焉, 曰: 彌作, 頃丘, 玉暢, 嵒, 戈, 錫. {註}凡六邑. 又河名. {正字通}後晉天福中, 鴻臚卿張匡鄴使于闐, 著行程記. 言玉河在于闐城外, 其源出昆山, 西流一千三百里, 至于闐界, 疏爲三河, 一白玉河, 二綠玉河, 三黑玉河. 五六月水漲, 玉隨流而至, 多寡視水小大. 七八月水退可取, 彼人謂之撈玉. 又關名. {前漢・張騫傳}酒泉列亭鄣至玉門矣. {註}玉門關在龍勒界. 又星名. {後漢・郎顗傳}從西方天苑趨, 左足入玉井. {註}參星下四小星爲玉井. 又木名. {山海經}開明北有文玉樹. {註}五采玉樹. 又草名. {爾雅・釋草}蒙, 玉女. {註}女蘿別名. 又{正字通}寒玉, 竹別名. 亦曰綠玉. 又鳥名. {前漢・司馬相如傳}駕鵞屬玉. {郭註}屬玉似鴨而大, 長頸, 赤目, 紫紺色. 又觀名. {前漢・宣帝紀}行幸萯陽宮屬玉觀. {註}晉灼曰: 屬玉, 水鳥, 以名觀也. 又蚌名. {爾雅・釋魚・蜃小者珧註}珧, 玉珧, 卽小蚌. 又姓. {史記・封禪書}濟南人公玉帶. {註}公玉, 姓. 帶, 名. {風俗通}齊濬王臣有公玉冉. 又愛也, 成也. {詩・大雅}王欲玉女, 是作大諫. {註}

玉, 寶愛之意. {張載・西銘}貧賤憂戚, 庸玉女于成也. 又{廣韻}息逐切. {集韻}息六切, 𠀤音肅. {廣韻}朽玉. 又琢玉工. {集韻}或作壂璛. 又姓. {史記・封禪書公玉帶註}索隱曰: 玉又音肅. {後漢・光武紀}陳留太守玉況爲大司徒. {註}玉, 音肅, 京兆人. 又{廣韻}相玉切, {集韻}須玉切, 𠀤音粟. 西戎國名. 亦姓. 又{五音集韻}許救切, 音齅. 篆玉工也. 又{韻補}叶音域. {漢費鳳碑}體履柔和, 溫其如玉, 修孝友于閨門, 執忠謇于王室. {易林}鈆刀攻玉, 堅不可得. 盡我筋力, 胝繭爲疾. 又叶音龠. {易林}桑華腐蠹, 衣敝如絡. 女工不成, 絲帛爲玉. 又叶音迂. {洞玄頌}韞產寶玉, 叶含耀明珠. {說文}王象三王之連, 丨其貫也. {註}徐曰: 王中畫近上, 王三畫均. 李陽冰曰: 三畫正均, 如貫王也. {類篇}隸始加點, 以別帝王字. {六書精蘊}帝王之王, 一貫三爲義. 三者, 天, 地, 人也. 中畫近上, 王者法天也. 珠王之王, 三畫相均, 象連貫形. 俗書不知帝王字中畫近上之義, 加點于旁以別之. 說文 <玉部> 魚欲切. 石之美. 有五德: 潤澤以溫, 仁之方也；䚡理自外, 可以知中, 義之方也；其聲舒揚, 尃以遠聞, 智之方也；不橈而折, 勇之方也；銳廉而不技, 絜之方也. 象三玉之連. 丨, 其貫也. 凡玉之屬皆从玉. 陽冰曰: "三畫正均如貫玉也."

D0009 U-739F

•玟• 玉字部 總08劃. ᄒᆞᆫ글 [민] 옥돌. 英譯 streaks in jade. gem. 康熙 <玉部> {集韻}眉貧切, {正韻}彌鄰切. 𠀤與珉同. 瑞玟, 石次玉. {禮・玉藻}士佩瑞玟而縕組綬. {孔融詩}玟璇隱曜, 美玉韜光. 又{集韻}無分切, 音文. 玉文. 或从㦤.

A0026 U-73A8

•玨• 玉字部 總08劃. ᄒᆞᆫ글 [각] 쌍옥. 新典 [곡] 쌍옥. 英譯 two pieces of jade joined together. 康熙 <玉部> {唐韻}古岳切, {集韻}{韻會}{正韻}訖岳切, 𠀤音覺. {說文}二玉相合爲一玨. {徐鍇曰}雙玉曰玨. {集韻}或作瑴. 又{類篇}古祿切, 音穀. 義同. 說文 <玨部> 古岳切. 二玉相合爲一珏. 凡珏之屬皆从珏.

A0026 U-73CF

•珏• 玉字部 總09劃. ᄒᆞᆫ글 [각] 쌍옥. 英譯 two pieces of jade joined together. 康熙 <玉部> {唐韻}古岳切, {集韻}{韻會}{正韻}訖岳切, 𠀤音覺. {說文}二玉相合爲一玨. {徐鍇曰}雙玉曰玨. {集韻}或作瑴. 又{類篇}古祿切, 音穀. 義同.

A0551 U-73FE

•現• 玉字部 總11劃. ᄒᆞᆫ글 [현] 나타날. 新典 [현] 옥빗. 나타날. 英譯 appear, manifest, become visible. 康熙 <玉部> {集韻}{正韻}𠀤形甸切, 音見. {集韻}玉光. 又{正韻}顯也, 露也. {抱朴子至理卷}或形現往來. 又{集韻}胡典切, 音峴. 石之次玉者.

A0043 U-7511

•甑• 瓦字部 總17劃. ᄒᆞᆫ글 [증] 시루. 新典 [증] 시루. 고리. 訓蒙 [증] 시르. 英譯 boiler for steaming rice. pot. 漢典 形聲. 從瓦, 曾聲. 從瓦, 表示是陶制品. 本義: 古代炊具, 底部有許多透蒸汽的小孔, 放在鬲上蒸煮 . 康熙 <瓦部> {唐韻}{集韻}{韻會}{正韻}丛子孕切, 增去聲. {說文}甗也. {廣韻}古史考曰: 黃帝始作甑. {韻會}鬵屬也. 甗無底曰鬷. {周禮・冬官考工記・陶人}甑實二鬴, 厚半寸. {註}量六斗四升曰鬴. {史記・項羽紀}皆沈船, 破釜甑, 燒廬舍. 又攀倒甑, 草名. {本草綱目}生郊野, 葉如薄荷, 治風熱. 遇煩渴狂躁諸症, 擣汁服, 效. 又{集韻}慈陵切, 音繒. 炊器. 說文 <瓦部> 子孕切. 甗也. 从瓦曾聲.

A0142 U-7517

•甗• 瓦字部 總21劃. 훈글 [언] 시루. 新典 [언] 질고리. 英譯 earthenware vessel in two parts. 漢典 形聲. 從瓦, 本義: 古代炊器. 下部是鬲, 上部是透底的甑, 上下部之間隔一層有孔的箅. 康熙 <瓦部> {唐韻}魚蹇切, {集韻}{韻會}{正韻}語蹇切, 丛音巘. {說文}甑也. 一曰穿也. {韻會}無底甑也. {揚子・方言}甑, 自關而東謂之甗. {左傳・成二年}齊侯使賓媚人賂以紀甗玉磬與地. {周禮・冬官考工記・陶人}甗實二鬴, 厚半寸, 脣寸. {註}甗, 無底甑. {正字通}博古圖, 甗之爲器, 上若甑, 可以炊物, 下若鬲, 可以飪物, 蓋兼二器而有之. 或三足而圜, 或四足而方, 考工甗註: 鄭玄謂無底甑. 王安石則曰: 从鬳从瓦. 鬲獻其氣, 甗能受之, 然後知甑無底者, 所以言其上, 鬲獻氣者, 所以言其下也. 說文止訓爲甑, 蓋擧其具. 體言之耳. 商有父己甗二, 父乙甗, 祖已甗, 鬲甗二, 饕餮甗. 周有垂花雷紋甗盤, 雲饕餮甗, 純素甗二. 漢有偃耳甗, 皆銅爲之. 方言: 梁謂甗爲鉹. 鉹字从金, 旣从金, 則甗未必皆如考工爲陶器也. 又{爾雅・釋山}重甗隒. {註}謂山形如累兩甗. {疏}山基有重岸也. 又地名. {春秋・僖十八年}宋師及齊師戰于甗. {註}甗, 齊地. 又{前漢・司馬相如・上林賦}巖陁甗錡, 摧崣崛崎. {註}甗錡, 隆屈窊折貌. {文選註}甗, 甑也. 錡, 敧也. 上大下小, 有似敧甑也. 又{廣韻}語軒切, {集韻}{韻會}魚軒切, 丛音言. 又{廣韻}語戰切, {集韻}魚戰切, {韻會}疑戰切, 丛音彥. 又{廣韻}魚變切, 音獻. 又{集韻}{韻會}丛語偃切, 音險. 又{集韻}牛堰切, 音撚. 義丛同. 說文 <瓦部> 魚蹇切. 甑也. 一曰穿也. 从瓦鬳聲. 讀若言.

A0271 U-7518

•甘• 甘字部 總05劃. 훈글 [감] 달. 新典 [감] 달. 달게 역일. 맛. 시릴. 쾌할. [심] 심할, 매우. 더욱. 무엇. 訓蒙 [감] 돌. 英譯 sweetness. sweet, tasty. 漢典 會意兼指事. 小篆從口, 中間的一橫象口中含的食物, 能含在口中的食物往往是甜的, 美的. 漢字部首之一, 從“甘”的字往往與“甜”, “美味”有關. 本義: 味美. 康熙 <甘部> 古文: 凵𠙵. {唐韻}古三切, {集韻}{韻會}{正韻}沽三切, 丛感平聲. {說文}美也. {徐曰}物之甘美者也. {韻會}五味之一. {正韻}甜也. {書・洪範}稼穡作甘. {傳}甘味生于百穀. {詩・衞風}誰謂荼苦, 其甘如薺. {禮・月令}中央土, 其味甘. 又言之悅耳. 亦曰甘. {左傳・昭十一年}幣重而言甘. 又{詩・衞風}願言思伯, 甘心首疾. {傳}甘, 厭也. {疏}謂思之不已, 乃厭足於心, 用是生首疾也. 凡人飮食口, 甘遂至于厭足, 故云: 甘, 厭也. 又{左傳・莊九年}管召, 讎也. 請受而甘心焉. {註}甘心, 言欲快意戮殺之. 又{易・臨卦}六三甘臨, 无攸利. {註}甘者, 佞邪說. 媚不正之名也. 又{玉篇}樂也. {淮南子・繆稱訓}故人之甘甘非正爲蹠也. {註}人之甘甘, 猶樂樂而爲之. 又{淮南子・道應訓}大疾則苦而不入, 大徐則甘而不固. {註}甘, 緩意也. 又姓. {書・說命}台小子舊學于甘盤. {註}甘盤, 殷賢臣. 又甘茂甘羅, 丛秦人. 又{抱朴子辯問卷}子章甘均, 占候之聖也. 又漢複姓

有甘莊甘土甘先三氏. 又地名. {書・甘誓}大戰于甘. {傳}甘, 有扈郊地名. {左傳・僖二十四年}初, 甘昭公有寵於惠后. {註}甘昭公, 王子帶也, 食邑於甘. 又{昭十七年}陸渾子奔楚, 其衆奔甘鹿. {註}甘鹿, 周地. 又山名. {山海經}中山經, 薄山之首曰甘棗之山. 又水名. {山海經}鹿蹄之山, 甘水出焉. {註}按水經: 甘水出南山甘谷. 又州名. {五音集韻}元魏西涼州改甘州. 又{前漢・郊祀志}武帝作甘泉宮. 又木名. {詩・召南}蔽芾甘棠. {傳}甘棠, 杜也. {疏}郭璞曰: 今之杜梨. {山海經}有不死之國, 阿姓, 甘木是食. {註}甘木卽不死樹. 又{正韻}果名, 俗作柑. {風土記}甘橘之屬, 滋味甘美. 又{古今注}甘實形如石榴者, 謂之壷甘. 又草名. {博雅}陵澤, 甘遂也. {又}美丹, 甘草也. 又{集韻}古暗切, 音紺. 土之味也. 又{集韻}{韻會}{正韻}太胡甘切, 音酣. {書・五子之歌}甘酒嗜音. 又熟也. {莊子・徐無鬼}甘寢. ○ 按{正韻}別作戸甘切, 胡, 戸同母. 不宜分列. (說文) <甘部> 古三切. 美也. 从口含一. 一, 道也. 凡甘之屬皆从甘.

A0359 U-751F

•生• 生字部 總05劃. (한글) [생] 날. (新典) [생, 싱] 나흘, 해산할. 날. 설, 날, 생될. 어조사. 살. 무궁할. 저째, 아으레. 닭의 알. (訓蒙) [싱] 날. (英譯) life, living, lifetime. birth. (漢典) 會意. 甲骨文字形, 上面是初生的草木, 下面是地面或土壤. “生”是漢字部首之一. 本義: 草木從土里生長出來, 滋長. (康熙) <生部> 古文: 㞢. {唐韻}所庚切, {集韻}{韻會}{正韻}師庚切, 太音甥. {說文}進也. {玉篇}起也. {莊子・外物篇}凡道不欲壅, 壅則哽, 哽而不止則跈, 跈則衆害生. {註}生, 起也. 又{玉篇}產也. {博雅}人十月而生. {穀梁傳・莊二年}獨陰不生, 獨陽不生, 獨天不生, 三合然後生. 又出也. {易・觀卦}上九觀其生, 君子無咎. {註}生, 猶動出也. 又養也. {周禮・天官・大宰}五曰生以馭其福. {註}生, 猶養也. 賢臣之老者, 王有以養之. {左傳・哀元年}越十年生聚, 而十年敎訓. 又{韻會}死之對也. {孟子}生, 亦我所欲也. {前漢・文帝紀}世咸嘉生而惡死. 又造也. {公羊傳・桓八年}遂者何, 生事也. {註}生, 猶造也. 專事之詞. 又性也. {書・君陳}惟民生厚, 因物有遷. {傳}言人自然之性敦厚, 因所見所習之物, 有遷變之道. 又{左傳・僖二十七年}於是乎出定襄王, 入務利民, 民懷生矣. {疏}懷生者, 謂有懷之心. 又{詩・衞風}旣生旣育, 比予于毒. {箋}生, 謂財業也. {前漢・高帝紀}不事家人, 生產作業. 又{周禮・冬官考工記・矢人}凡相笴, 欲生而摶. {註}相猶擇也, 生謂無瑕蠹也. 摶謂圜也. 又不熟也. {史記・項羽紀}與一生彘肩. 又語辭. {李白・戲杜甫詩}借問別來太瘦生. {歐陽修詩}問向靑州作麼生. 又平生, 疇昔也. {阮籍詩}平生少年時, 趙李相經過. {杜甫詩}平生爲幽興, 未惜馬蹄遙. 又{正字通}凡事所從來曰生. 宋高宗朝, 孫楙入覲, 嘗論公生明. 上問何以生公. 曰: 廉生公. 問何以生廉. 曰: 儉生廉. 上稱善. 又所生, 祖父也. {詩・小雅}夙興夜寐, 毋忝爾所生. {疏}當早起夜臥, 行之無辱汝所生之父祖也. 又友生, 朋友也. {詩・小雅}矧伊人矣, 不求友生. 又先生, 師之稱. 諸生, 弟子之稱. 韓愈{進學解}國子先生晨入太學招諸生. {史記・酈生傳}高祖謂酈食其, 以萬戸封生. {註}師古曰: 生猶言先生. 文穎曰: 諸生也. 又先生, 父兄也. {論語}有酒食, 先生饌. 又{儀禮・士冠禮}遂以摯見於鄕大夫鄕先生. {註}鄕先生, 鄕中老人爲卿大夫致仕者. {史記・五帝紀}薦紳先生難言之. 又{詩・商頌}以保我後生. {朱註}我後生, 謂後嗣子孫也. 又門生. {裴皥詩}三主禮闈年八十, 門生門下見門生. 又蒼生, 民也. {晉書・謝安傳}安石不出, 其如蒼生何. {張協雜詩}冲氣扇九垠, 蒼生衍四垂. 又{前漢・郊祀志}故神降之嘉生. {註}師古曰: 嘉生謂衆瑞. 又{楚語}滯則不震, 生乃不殖. {註}生, 人物也. 又水名. {山海經}北二百二十里曰盂山. 生水出焉, 而東流注于河. {註}卽耆延水也. 水

西出奢延縣西南赤沙阜, 東北流. 又姓. {正字通}漢生臨, 明生甫申. 又微生, 浩生, 俱複姓. 又與牲同. {前漢・昭帝紀}令破烏桓. 斬虜獲生有功. {註}獲生口也. 又與狌同. {汲冢周書}郭都生生. 又{廣韻}{正韻}所敬切, {集韻}{韻會}所慶切, 㒳音貹. 產也. {字彙}俗謂雞生卵. 又{集韻}{韻會}㒳所景切, 音眚. 育也. {論語註}四乳生八子. {陸德明・音義}生, 所幸反. 又如字. 又{正韻}息正切, 音性. {周禮・地官・司徒}以土會之灋, 辨五土之物生. {註}杜子春讀爲性. 又{韻補}叶師莊切, 音商. {傅毅・舞賦}在山峨峨, 在水湯湯, 與志遷化, 容不虛生. 又叶桑經切, 音星. {詩・小雅}雖有兄弟, 不如友生. 叶寧平. {東方朔・七諫}觀天火之炎煬兮, 聽大壑之波聲. 引八維以自道兮, 含沆瀣以長生. 又叶尸連切, 音羶. {黃庭經}內養三神可長生, 魂欲上天魄入淵, 還魂反魄道自然. (說文) <生部> 所庚切. 進也. 象艸木生出土上. 凡生之屬皆从生.

A0194 U-7528

•用• 用字部 總05劃. (호글) [용] 쓸. (新典) [용] 씰. 쓰일. 써. 재물. 그릇. 맷길. 통할. (類合) [용] 쁘. (英譯) use, employ, apply, operate. use. (漢典) 象形. 甲骨文字形, 象桶形. 桶可用, 故引申爲用. 本義: 使用, 采用. (康熙) <用部> 古文: 𤰃𠁡. {唐韻}{集韻}{韻會}{正韻}㒳余頌切, 容去聲. {說文}可施行也. {易・乾卦}初九, 潛龍勿用. {疏}唯宜潛藏, 勿可施用. {書・皐陶謨}天討有罪, 五刑五用哉. 又{廣韻}使也. {左傳・襄二十六年}惟楚有材, 晉實用之. {杜甫詩}古來才大難爲用. 又功用. {易・繫辭}顯諸仁, 藏諸用. {疏}謂潛藏功用, 不使物知, 是藏諸用也. {論語}禮之用, 和爲貴. 又貨也. {書・大禹謨}正德利用厚生. {疏}謂在上節儉, 不爲糜費, 以利而用, 使財物殷阜. {禮・王制}冢宰制國用, 必於歲之杪, 五穀皆入, 然後制國用. 又以也. {詩・小雅}謀夫孔多, 是用不集. {古樂府}何用識夫壻, 白馬從驪駒. 又庸也. {論語}則四方之民, 襁負其子而至矣, 焉用稼. 又{增韻}器用也. {書・微子}今殷民乃攘竊神祇之犧牷牲用以容. {傳}器實曰用. {左傳・襄二十五年}我先王賴其利器用也. 又{廣韻}通也. 又姓. 漢有用蚪, 爲高唐令. 又{韻補}叶餘封切, 音容. {詩・小雅}謀臧不從, 不臧覆用. {陸賈新語}大化絕而不通, 道德施而不用. {又}立則爲太山衆本之宗, 仆則爲萬世之用. 又{六書正譌}周伯琦曰: 用, 古鏞字, 鐘也. 古欵識, 商鐘寅簋鐘字皆作用, 後人借爲施用字. (說文) <用部> 余訟切. 可施行也. 从卜从中. 衞宏說. 凡用之屬皆从用.

A0195 U-752B

•甫• 用字部 總07劃. (호글) [보] 클. (新典) [보] 아모씨. 클. 만을. 나. 쏘. (英譯) begin. man, father. great. a distance of ten li. (漢典) 象形. 甲骨文字形, 象田中有菜苗之形. 金文字形, 變爲從田父聲的形聲字. 本義: 苗. (康熙) <用部> {唐韻}方矩切, {集韻}{韻會}匪父切, {正韻}斐古切, 㒳音斧. {說文}男子美稱也. {禮・檀弓}臨諸侯畛於鬼神曰: 有天王某甫. {疏}某是天子之字, 甫是男子美稱也. {儀禮・士冠禮}永受保之, 曰伯某甫仲叔季, 唯其所當. {註}甫是丈夫之美稱. 孔子爲尼甫, 周大夫有嘉甫, 宋大夫有孔甫. {雜記疏}甫, 且也. 五十以伯仲, 是正字. 二十之時曰某甫, 是且字. 言且爲之立字也. 又{爾雅・釋詁}甫, 大也. {詩・小雅}倬彼甫田. 傳甫田謂天下田. {箋}甫之言丈夫也. 明乎彼太古之時, 以丈夫稅田也. 又{玉篇}始也. 又{廣韻}衆也. {博雅}甫甫, 衆也. {詩・大雅}魴鱮甫甫. 又{爾雅・釋詁}甫, 我也. 又國名. {詩・大雅}維申及甫, 維周之翰. {箋}甫甫, 侯也. 又地名. {詩・小雅}東有甫草, 駕言行狩. {箋}甫

草者, 甫田之草也. 鄭有圃田, 今開封府中牟縣西圃田澤是也. {春秋·定十年}冬, 齊侯衞侯鄭游速, 會于安甫. {穀梁傳·昭二十三年}吳敗頓胡沈蔡陳許之師于雞甫. {註}雞甫, 楚地. 又山名. {詩·魯頌}徂來之松, 新甫之栢. {傳}新甫, 山也. 又章甫, 冠名. {禮·郊特牲}章甫, 殷道也. 又姓. {風俗通}甫侯之後, 周甫瑕, 明甫轍, 甫軽. 又皇甫, 複姓. 宋戴公之子曰皇父, 因命族曰皇父. 至秦改爲皇甫. 又{集韻}彼五切, 音補. 種菜曰圃, 或省作甫. (說文) <用部> 方矩切. 男子美稱也. 从用, 父, 父亦聲.

A0275 U-752F

•甯• 用字部 總12劃. (훈글) [녕] 차라리. (新典) [녕] 차라리. (英譯) peaceful. (康熙) <用部> {唐韻}{集韻}{韻會}{正韻}丛乃定切, 音佞. {說文}所願也. {徐曰}甯, 猶寧也. 今俗言寧可如此爲甯可如此. 又姓. 又邑名. {春秋·僖七年}公會齊侯, 宋公, 陳世子款, 鄭世子華, 盟于甯母. {註}高平方與縣東有泥母亭. {左傳·文五年}晉陽處父聘于衞, 反過甯, 甯嬴從之. {註}甯, 晉邑, 汲郡修武縣也. {水經注}武王伐紂, 勒兵于甯, 更名甯曰修武. 又{集韻}{韻會}囊丁切, {正韻}奴經切, 丛與寧同. {前漢·郊祀歌}周流常羊思所并, 穰穰復正直往甯. {註}言獲福既多, 歸於正道, 克當往日所願. 又{王莽傳}永以康甯. (說文) <用部> 乃定切. 所願也. 从用, 寍省聲.

A0906 U-7530

•田• 田字部 總05劃. (훈글) [전] 밭. (新典) [뎐] 밧. 산양할. 뎐북. 뎐챠. 뎐입 둥긋둥긋 할. (訓蒙) [뎐] 받. (英譯) field, arable land, cultivated. (漢典) 象形. 小篆認爲象阡陌縱橫或溝澮四通的一塊塊農田. "田"是漢字的一個部首, 從"田"的字多與田獵耕種有關. 本義: 種田. (康熙) <田部> {唐韻}待年切, {集韻}{韻會}{正韻}亭年切, 丛音闐. {說文}陳也. 樹穀曰田, 象四口. 十, 阡陌之制也. {玉篇}土也, 地也. {正韻}土已耕曰田. {釋名}塡也. 五稼塡滿其中也. {易·乾卦}見龍在田. {詩·小雅}雨我公田. {通典}古有井田, 畫九區如井字形, 八家耕之, 中爲公田, 乃公家所藉. 圭田者, 祿外之田, 以供祭祀. 加田者旣賞之, 又重賜之田也. 又爰田, 卽轅田. {左傳·僖十五年}晉於是乎作爰田. {註}分公田之稅, 應入公者, 爰之於所賞之衆. {晉語}作轅田. {前漢·食貨志}歲耕種者爲不易上田, 休一歲者爲一易中田, 休二歲者爲再易下田, 三歲更耕之, 自爰其處. 農民戸人已受田, 其家衆男爲餘夫, 以口受田如比. {註}師古曰: 爰, 更互也, 比例也. 又名田. {前漢·董仲舒傳}古井田法, 雖難卒行, 宜少近古. 限民名田, 以贍不足. {通典}名田, 占田也. 各爲立限, 不使富者過制, 則貧弱之. 家可足也. 又代田. {通典}漢武征和三年, 以趙過爲搜粟都尉. 過能爲代田, 一晦三甽, 歲代其處, 每耨必附根, 根深能水旱. 一歲之收常過縵田, 一斛以上, 用力少而得穀多. 又屯田. {正字通}漢晉率兵屯, 領以帥, 唐率民屯, 領以官. 宋率營田, 以民. 漢趙充國於金城, 留步士萬人屯田, 擊先零, 條上屯田十二事, 宣帝從之. 明初兼行官屯, 民屯, 兵屯, 商屯, 腹屯, 邊屯諸法. 永樂時著令, 每一都司另撥旗軍十一, 名耕種, 號樣田. 據所收子粒多寡, 以辨別歲之豐凶, 軍之勤惰. 雖養軍百萬, 不費民閒一粒. 兵法所謂屯田一石, 可當轉輸二十石也. 又營田. {通典}宇文融括隱田曰: 浮戸十共作一坊, 官立廬舍, 謂之營田戸. 言爲官營田, 非屯田戸也. 又職田, 職分田也. {文獻通考}隋開皇中, 始給職田, 又給公廨田. 唐貞觀, 以職田給逃還貧戸, 每畝給粟二斗, 謂之地子. 十八年復給職田. 永泰元年, 百官請納職田, 充軍糧. 宋眞宗興復職田. 慶曆均公田, 復限職田. 紹興復職

田. 金元志官皆有職田. 又方田, 卽均田. {通典}宋熙寧五年重修方田法, 元豐罷之. 郭諮攝肥鄕令, 以千步方田法. 四出量括, 遂得其數, 收逋賦八十萬. 又區田. {氾勝之書}湯有七年之旱, 伊尹作爲區田法, 敎民糞種, 負水澆稼. 賈思勰曰: 區田, 以糞氣爲美, 不必皆良田. 又不耕旁地, 庶盡地力. 又籍田, 天子親耕之田也. {禮・月令}孟春, 天子帥三公九卿, 躬耕帝籍. 又弄田. {前漢・昭帝紀}上耕於鉤盾弄田. {師古註}謂宴游之田, 天子所戲弄. 又一井爲田. {魯語}季康子欲以田賦. {註}田, 一井也. {管子・乘馬篇}五制爲一田, 二田爲一夫. 又{書・無逸}文王卑服, 卽康功田功. {註}康者, 安民之功. 田者, 養民之功. 言文王不侈服飾, 專安養斯民也. 又獵也, 與畋佃通. 俗作畋. {易・恆卦}田无禽. {疏}田者, 田獵也. {詩・鄭風}叔于田. {傳}田, 取禽也. 又姓. {五音集韻}出北平, 敬仲自陳適齊, 後改田氏. {史記・田敬仲完世家註}敬仲奔齊, 以陳田二字聲相近, 遂爲田氏. 又{黃庭經}尺宅寸田可治生. {註}尺宅, 面也. 寸田, 兩眉閒爲上丹田, 心爲絳宮田, 臍下三寸爲下丹田. 又官名. {詩・豳風}田畯至喜. {傳}田畯, 田大夫也. {左傳・昭二十九年}稷, 田正也. {疏}稷爲田官之長. {周禮・夏官}田僕上士十有二人. 又星名. 蒼龍之宿. {石氏星傳}龍左角曰天田. 又神名. {詩・小雅}以御田祖. {傳}田祖, 先嗇也. {周禮・地官・大司徒}設其社稷之壝, 而樹之田主. {註}田主, 田神, 后土田正之所依也. 又鼓名. {詩・周頌}應田縣鼓. {傳}田, 大鼓也. {釋文}田如字, 鄭作朄, 音胤. 又車名. {周禮・夏官}田僕掌馭田路. {註}田路, 木路也. 又地名. {爾雅・釋地}鄭有圃田. {左傳・隱八年}鄭伯請釋泰山之祀而祀, 周公以泰山之祊易許田. {疏}許田, 魯國朝宿之邑. 又{僖二年}虢公敗戎于桑田. {註}桑田, 虢地, 在弘農陝縣東北. 又{成六年}晉遷于新田. {註}今平陽絳邑縣是也. {後漢・郡國志}京兆藍田出美玉. 又州名. {韻會}廣南化外, 唐開蠻洞置. 又草名. {爾雅・釋草}皇守田. {註}似燕麥, 子如彫胡米, 可食, 生廢田中, 一名守氣. 又{何晏・景福殿賦}駢田胥附. {註}駢田胥附, 羅列相著也. 又{禮・奔喪}殷殷田田, 如壞牆然. {疏}言將欲倒也. 又蓮葉貌. {江南曲}江南可採蓮, 蓮葉何田田. 又{集韻}地因切, 樹穀曰田. 又{正韻}蕩練切, 音電. {詩・齊風}無田甫田. {朱註}田, 謂耕治之也. {釋文}無田, 音佃. 又{字彙補}池鄰切, 音陳. {晉語}佞之見佞, 果喪其田. {釋文}田音, 與陳同. 又轉音亭. 韓愈{越裳操}孰荒于門, 孰治于田, 四海旣均, 越裳是臣. 又{法苑珠林頌}賢人慕高節, 志願菩提音. 御鶴翔伊水, 策馬出王田. 又{易林}邪徑賊田, 惡政傷民. 夫婦呪詛, 太山覆顚. 顚, 音丁. 說文 <田部> 待秊切. 陳也. 樹穀曰田. 象四囗. 十, 阡陌之制也. 凡田之屬皆从田.

由 A0065 U-7531

•由• 田字部 總05劃. 훈글 [유] 말미암을. 新典 [유] 말미암을. 행할. 씰. 맘에 든든할. 類合 [유] 말믹. 英譯 cause, reason. from. 康熙 <田部> {廣韻}以周切, {集韻}{韻會}夷周切, {正韻}于求切, 𠀤音猷. {廣韻}从也. {韻會}因也. {爾雅・釋詁}自也. {註}猶从也. {論語}觀其所由. {註}經也, 言所經從. {禮・內則}由衣服飮食, 由執事. {註}由, 自也. {儀禮・士相見禮}願見無由達. {註}言久無因緣, 以自達也. 又{博雅}由, 行也. {書・微子之命}率由典常, 以蕃王室. {禮・經解}是故隆禮由禮, 謂之有方之士. {疏}由, 行也. 又於也. {詩・大雅}無易由言. {箋}由, 於也. 又{博雅}由, 用也. {書・盤庚}冲人非廢厥謀, 弔由靈. {註}弔, 至, 由, 用, 靈, 善也. 言我非廢衆謀, 乃至用爾衆謀之善者, 指臣民以爲當遷者言也. {詩・小雅}君子無易由言. {箋}由, 用也. {左傳・襄三十年}以晉國之多虞, 不能由吾子. {註}由, 用也. 又{博雅}式也. 又{揚子・方言}胥由, 正輔也. 燕之北鄙曰由. {註}胥, 相也. 由, 正皆謂輔持也. 又{揚子・方言}由迪, 正也. 東齊靑徐之閒相正謂之由迪. 又所由, 州郡官也. {唐書・崔成傳}擧

觴罰裴度曰: 丞相不宜與所由呫囁耳語, 度笑受之. 又{孟子}由由然與之偕, 而不自失焉. {註}由由, 自得之貌. {管子·小問篇}至其成也, 由由玆免. {註}由由, 悅懌實貌. 玆免, 謂益有謹厲. 又由庚, 由儀, 㕘笙詩也. 見{束晳·補亡詩}. 又國名. {戰國策}昔智伯欲伐厹由, 遺之大鐘. {註}厹由, 國名. {釋文}漢志由作猶. 又縣名. {後漢·郡國志}吳郡由拳. {搜神記}秦始皇東巡, 望氣者云: 五百年後, 江東有天子氣. 始皇至, 令囚徒十萬人掘汙其地, 表以惡名, 曰由拳縣. 又姓. {史記·秦本紀}戎王使由余於秦. 又由吾, 複姓. 又由胡, 草名. {爾雅·釋草}蘩, 由胡. 又夷由, 鳥名. {爾雅·釋鳥}鼯鼠夷由. 又䲡由, 蟲名. {爾雅·釋蟲}䲡由樗繭. {註}食樗葉. 又與猶通. 尚可之辭. {孟子}王由足用爲善. 又通作繇. {董仲舒·賢良策}道者所繇, 適於治之路. {註}與由同. 又許由. {前漢·古今人表}作許繇. 又通作繇. {前漢·宣帝紀}上亦無繇知. 又{楊愼·丹鉛錄}由與農通. 韓詩外傳, 東西耕曰橫, 南北耕曰由. 呂氏春秋, 管子曆紀皆云: 堯使后稷爲大由. 註大由, 大農也. 錢譜, 神農幣文, 農作由. 又借作甹. {類篇}按說文徐曰: 說文無由字, 惟甹字註: 木生條也, 古文省弓, 而後人因省之, 通用爲因由等字. {書·盤庚}若顚木之有由蘖. {註}古作甹, 顚仆也. 甹木生條也. ○ 按{說文}註: 古文省弓, 則甹係正字, 由乃古省. 據{尚書註}則甹屬古文, 似誤. 又{韻補}叶延知切, 音夷. {馮衍·顯志賦}往者不可攀援兮, 來者不可與期. 病歿世之不稱兮, 願橫逝而無由. 又叶羊諸切, 音余. {古詩·爲焦仲卿妻作}阿母謂府吏, 何乃太區區, 此婦無禮節, 舉動自專由. 又{正字通}音妖. 冶由, 女子笑貌.

A0953 U-7532

•甲• 田字部 總05劃. (훈글) [갑] 첫째 천간. (新典) [갑] 첫재 텬간. 비릇을. 싹틀. 령갑. 갑옷. 과거. 첫재. 겹질. 대궐. (訓蒙) [갑] 갑. (英譯) armor, shell. fingernails. 1st heavenly stem. (漢典) 象形. 小篆字形, 像草木生芽后所戴的種皮裂開的形象. 本義: 種籽萌芽后所戴的種殼. (康熙) <田部> 古文: 命命. {唐韻}{集韻}{韻會}古狎切, {正韻}古洽切, 㕘音夾. 草木初生之莩子也. {易·解卦}雷雨作而百果草木皆甲坼. {疏}百果草木皆莩甲開坼, 莫不解散也. {後漢·章帝紀}方春生養, 萬物孚甲. {註}葉裏白皮也. 又十干之首. {爾雅·釋天}歲在甲曰閼逢, 月在甲曰畢. {易·蠱卦}先甲三日, 後甲三日. {疏}甲者, 造作新令之日. {書·益稷}娶于塗山, 辛壬癸甲. {禮·郊特牲}社日用甲, 用日之始也. 又凡物首出羣類曰甲. {戰國策}臣萬乘之魏, 而甲秦楚. {釋文}甲, 一作申, 言居二國之上也. {張衡·西京賦}北闕甲第. {註}第, 館也. 甲, 言第一也. {蘇軾·表忠觀碑}吳越地方千里, 象犀珠玉之富甲於天下. 又始也. {書·多方}因甲于內亂. {註}甲, 始也. 又科甲. {正字通}漢有甲乙丙科, 平帝時歲課甲科四十人爲郎, 乙科二十人爲太子舍人, 丙科四十人補文學掌故. 順帝陽嘉元年, 增甲乙科員. 又{爾雅·釋言}甲, 狎也. {註}謂習狎. {詩·衞風}雖則佩韘, 能不我甲. {毛傳}甲, 狎也. {朱註}甲, 長也. 言才能不足以長於我也. 又兵甲. {易·說卦}離爲甲胄. {疏}爲甲胄, 取其剛在外也. {左傳·襄三年}組甲三百. {註}組甲, 漆甲成組文. {禮·王制}命大司徒敎士以車甲. {周禮·冬官考工記}函人爲甲, 犀甲七屬, 兕甲六屬, 合甲五屬. 又{揚子·方言}汗襦, 自關而東謂之甲襦. {正字通}衣亦曰甲, 元世祖制一衣, 前有裳無衽, 後長倍於前, 亦無領袖, 綴以兩襻, 名比甲, 以便弓馬. 又爪甲. {管子·四時篇}陰生金與甲. {註}陰氣凝結堅實, 故生金爲爪甲也. 又甲帳, 殿也. 又甲庫. {正字通}唐制, 甲庫, 藏奏鈔之地也. 程大昌曰: 唐中書門下吏部, 各有甲曆, 凡三庫以若干人爲一甲, 在選部則名團甲. 貞元四年, 吏部奏三庫敕甲, 又經失墜, 乃至制敕旨甲皆被改毀. 據此則甲非甲乙之甲. 麗元英文昌雜錄謂甲庫如令甲令丙, 誤也. 宋時有敕甲旨甲之稱, 猶今言底言案也. 遼史有架閣庫管句, 元有左右部架閣庫, 卽唐之甲庫也. 又{淮南子·覽冥訓}質壯輕足者爲甲卒. {

註}甲鍏也. 又令甲, 法令首章也. 亦曰甲令. {戰國策}臣敬循衣服以待令甲. {史記・惠景閒侯年表}長沙王者至令甲, 稱其忠焉. {註}瓚曰: 漢以芮忠故特王之. 以非制, 故特著令. 漢時決事, 集爲令甲三百餘篇. 如淳曰: 令有先後, 故有令甲, 令乙, 令丙. 師古曰: 若今第一, 第二篇. {後漢・皇后紀}向使因設外戚之禁, 編著甲令. 又官名. {周禮・夏官}司甲. {疏}司甲, 兵戈盾官之長者. 又保甲. {正字通}編籍民戸, 彼此詰察, 防容隱姦宄也. 又宋元豐, 以諸路義勇改爲保甲. 紹興閒詔淮漢閒, 取主戸之雙丁, 十戸爲甲, 五甲爲團, 團有長. 乾道閒, 漕臣馮忠嘉言敎閱保甲, 皆義勇民兵也. 又國名. {春秋・宣十六年}晉人滅赤狄甲氏及留吁. {註}甲氏留吁, 赤狄別種. {傳・昭十六年}徐子及郯人莒人會齊侯盟于蒲隧, 賂以甲父之鼎. {註}甲父, 古國名. 高平昌邑縣東南有甲父亭. 又姓. {莊子・庚桑楚}昭景也, 甲氏也. {釋文}一說昭景甲三者, 皆楚同宗也. 昭景甲, 三姓雖異, 論本則同也. 又赤甲, 山名. {杜甫詩}卜居赤甲遷居新. {註}白鹽, 赤甲, 皆峽口大山. 赤甲山高, 不生草木, 上皆赤色, 望之如人袒胛, 在夔州. 又蟲介曰甲. 又鳥名. {博雅}定甲鳴也. 又{韻補}叶訖立切, 音急. {揚雄・長楊賦}今樂遠出以露威靈, 數動搖以疲車甲. 叶上德. 又叶吉協切, 音頰. {楚辭・九歌}操吳戈兮被犀甲, 車錯轂兮短兵接. 說文 <甲部> 古狎切. 東方之孟, 陽气萌動, 从木戴孚甲之象. 一曰人頭宐爲甲, 甲象人頭. 凡甲之屬皆从甲.

A0993 U-7533

•申• 田字部 總05劃. 훈글 [신] 아홉째 지지. 新典 [신] 펼. 기지개 켤. 거듭. 낫살 펼. 아홉재 디지. 類合 [신] 거듧. 英譯 to state to a superior, report. extend. 9th terrestrial branch. 漢典 指事. 從臼, 自持. 從丨. 身體. 與寅同意. 本義: 束身. 康熙 <田部> 古文: 𤰈𡰤. {唐韻}{集韻}失人切, {韻會}{正韻}升人切, 丛音身. 十二支之一. {爾雅・釋天}太歲在申, 曰涒灘. {釋名}申, 身也. 物皆成, 其身體各申束之, 使備成也. {史記・律書}七月也. 律中夷則, 其於十二子爲申. 申者, 言陰用事, 申賊萬物. 又重也. {易・巽卦}重巽以申命. {書・堯典}申命羲叔. {傳}申, 重也. {後漢・朱暉傳}願將軍少察愚言, 申納諸儒. 又致也. {禮・郊特牲}大夫執圭, 而使所以申信也. 又舒也. {武王弓銘}屈申之義, 廢興之行, 無忘自過. {班彪・北征賦}行止屈申, 與時息兮. 又欠伸也. {莊子・刻意篇}熊經鳥申. 又{博雅}申申, 容也. {論語}子之燕居, 申申如也. {朱註}申申, 其容舒也. 又姓. {史記・三皇本紀}神農五百三十年, 而軒轅氏興焉, 其後有州甫申呂, 皆姜姓之後, 丛爲諸侯. 又申屠, 複姓. 又國名. {詩・王風}彼其之子, 不與我戍申. {傳}申, 姜姓之國. {左傳・隱元年}鄭武公娶於申. {註}申國, 今南陽宛縣. 又州名. {韻會}春秋時屬楚, 秦南陽郡, 後魏爲郢州, 周爲申州. 又山名. {山海經}申山, 其上多穀柞, 其下多杻橿. 又北二十里曰上申之山. 又池名. {左傳・文十八年}夏五月公遊于申池. {註}齊南城西門名申門, 左右有池. 又矢名. {晉語}乾時之役, 申孫之矢集於桓鉤. {註}申孫, 矢名. 又草名. {淮南子・人閒訓}申茮, 杜茝, 美人之所懷服也. {註}申茮, 杜茝, 皆香草也. 又{集韻}{韻會}{正韻}丛思晉切, 音信, 伸也. 又{集韻}試刃切, 音眒. 引也. 說文 <申部> 失人切. 神也. 七月, 陰气成, 體自申束. 从臼, 自持也. 吏臣餔時聽事, 申旦政也. 凡申之屬皆从申.

A0578 U-7536

•由• 田字部 總06劃. 훈글 [불] 귀신머리. 康熙 <田部> {唐韻}分勿切, {集韻}敷勿切, 丛音拂. {說文}鬼頭也. 又{集韻}方未切, 音沸. 義同. 說文 <由部> 敷勿切. 鬼頭也. 象形. 凡由之屬皆从由.

A0911 U-7537

•男• 田字部 總07劃. 훈글 [남] 사내. 新典 [남] 산아이, 산애. 남작. 訓蒙 [남] 아ᄃᆞ. 英譯 male, man. son. baron. surname. 漢典 會意. 從田, 從力. 表示用力在田間耕作. 本義: 男人, 與"女"相對. 康熙 <田部> {集韻}{韻會}{正韻}太那含切, 音南. {說文}丈夫也. 从田从力, 言用力於田也. {白虎通}男, 任也. 任, 功業也. {易・繫辭}乾道成男. 又爵名. {禮・王制}公侯伯子男, 凡五等. 又姓. {史記・夏本紀}其後有男氏. 又{韻補}叶尼心切, 音寧. {詩・大雅}太姒嗣徽音, 則百斯男. 說文 <男部> 那含切. 丈夫也. 从田从力. 言男用力於田也. 凡男之屬皆从男.

A0274 U-7539

•甹• 田字部 總07劃. 훈글 [병] 말이 잴. 新典 [유] 넘어진 나무에 슌 날. 康熙 <田部> {唐韻}普丁切, {集韻}傍丁切, {韻會}滂丁切, {正韻}彼耕切, 太音娦. {說文}亟詞也. {徐曰}甹者, 任俠也. 由用也, 便捷任氣自由也. {爾雅・釋訓}甹, 曳也. {註}謂相掣曳入于惡也. 三輔謂輕財者爲甹. 說文 <丂部> 普丁切. 亟詞也. 从丂从由. 或曰甹, 俠也. 三輔謂輕財者爲甹.

A0871 U-753E

•甾• 田字部 總08劃. 훈글 [치] 찡. 新典 [츼] 씽. 英譯 ground that has been under cultivation for one year. evil, calamity. 康熙 <田部> {集韻}同菑. 又與淄同. {前漢・地理志}惟甾其道. 又與鶅同. {周禮・天官・染人註}翟類有六, 曰翬, 曰搖, 曰鷂, 曰甾, 曰希, 曰蹲. {玉篇}側飢切, 與菑同. 說文 <甾部> 側詞切. 東楚名缶曰甾. 象形. 凡甾之屬皆从甾.

A0132 U-7540

•畀• 田字部 總08劃. 훈글 [비] 줄. 新典 [비] 줄. 英譯 to give. 康熙 <田部> 古文: 畁. {集韻}必至切, {正韻}溥至切, 太音比. {爾雅・釋詁}畀, 賜也. {書・洪範}不畀洪範九疇. {傳}畀, 與也. {詩・衞風}彼姝者子, 何以畀之. {傳}畀, 予也. 又人名. 楚昭王妹季芊, 字畀我. 見{左傳・定四年}. {正韻}从田从丌, 或从廾, 誤. 說文 <丌部> 必至切. 相付與之. 約在閣上也. 从丌由聲.

A0187 U-754B

•畋• 田字部 總09劃. 훈글 [전] 밭갈. 新典 [뎐] 산양할. 평밧. 訓蒙 [뎐] 산힝. 英譯 till land, cultivate. hunt. 漢典 會意. 從攴田. "攴"表示手的動作. 本義: 打獵. 康熙 <田部> {廣韻}徒年切, {集韻}{韻會}{正韻}亭年切, 太音田. {說文}平田也. {書・多方}今爾尚宅爾宅, 畋爾田. {疏}治田謂之畋. 今人以營田求食謂之畋食. 又{廣韻}取禽獸也. {書・五子之歌}畋于有洛之表. {張衡・西京賦}盤于游畋, 其樂只且. 或作佃. 亦作狿獻. 通作田佃. 又{廣韻}{集韻}{韻會}太堂練切, 音電. 義同. 獻字原从夂作. 說文 <攴部> 待年切. 平田也. 从攴, 田. {周書}曰: "畋尒田."

D0129 U-754E

•甽• 田字部 總09劃. (훈글) [견] 밭도랑. (新典) [견] 밧돌앙. 산골 돌앙. (訓蒙) [견] 고랑. (英譯) a drain between fields, irrigation. to flow. (漢典) 象形. 從田, 犬聲. 本義: 田間水溝. (康熙) <田部> 古文: 㽂. {唐韻}姑泫切, {集韻}{韻會}{正韻}古泫切, 𠀤音狷. {說文}本作く, 水小流也. {書・益稷}予決九川, 距四海, 濬甽澮距川. {傳}一畝之閒, 廣尺深尺曰甽. 又疏通流注皆曰甽. {乾坤鑿度}聖人甽流大道, 萬彙滋溢. 又山谷通水處. {書・禹貢}羽甽夏翟. {註}羽山之谷. 又{集韻}甽迥切, 音熲. 義同. 書岱甽絲枲. 劉昌宗讀. 又苦泫切, 音犬. {字彙補}西方地名. {史記・匈奴傳}周西伯昌伐甽夷氏. {集韻}亦作𤰝.

A0579 U-754F

•畏• 田字部 總09劃. (훈글) [외] 두려워할. (新典) [위] 俗音 [외] 겁낼명. 두려울. 놀날. 스릴. (類合) [외] 저흘. (英譯) fear, dread, awe, reverence. (漢典) 會意. 據甲骨文意思是鬼手拿杖打人, 使人害怕. 本義: 害怕. (康熙) <田部> 古文: 㙷𤰞. {唐韻}於胃切, {集韻}紆胃切, 𠀤音尉. 惡也. {廣韻}畏懼. {增韻}忌也. 又心服也. 怯也. {易・震卦}雖凶无咎, 畏鄰戒也. {書・呂刑}永畏惟罰. {傳}當長畏懼, 惟爲天所罰. 又{集韻}於非切, 音威. {書・皐陶謨}天明畏, 自我民明威. {傳}天明可畏, 亦用民成其威. {釋文}畏如字. 徐音威. ○ 按{古文尚書}威畏同, 天威棐忱, 今文作畏. {禮・表記}引書: 德威惟威. 註: 讀作畏. 又{周禮・冬官考工記・弓人}夫角之中, 恆當弓之畏, 畏也者必橈. 杜子春云畏當作威. 威謂弓淵, 角之中央與淵相當. 鄭謂畏讀如秦師入隈之隈. {釋文}畏, 烏回反. 又{集韻}鄔賄切, 音猥. 同嵔. 嵔壘, 山名. 或省. (說文) <甶部> 於胃切. 惡也. 从甶, 虎省. 鬼頭而虎爪, 可畏也.

A0014 U-7550

•畐• 田字部 總09劃. (훈글) [복] 가득할. (英譯) to fill. a foll of cloth. (康熙) <田部> {廣韻}{集韻}𠀤房六切, 音伏. {說文}滿也. 从高省, 象高厚之形. 又{集韻}芳六切, 音蝮. 又{廣韻}芳逼切, {集韻}拍逼切, 𠀤音堛. 義𠀤同. 又{集韻}方六切, 音福. 與幅同. 布帛廣也.

A0910 U-7555

•畕• 田字部 總10劃. (훈글) [강] 나란히 있는 밭. (康熙) <田部> {唐韻}{集韻}𠀤居良切, 音薑. {說文}比田也. 从二田. (說文) <畕部> 居良切. 比田也. 从二田. 凡畕之屬皆从畕.

A0321 U-7557

•畗• 田字部 總10劃. (훈글) [복] 복. (康熙) <田部> {集韻}荅, 古作畗. 註詳竹部六畫. 又{五音集韻}古文福字. 註詳示部九畫. (說文) <畗部> 芳逼切. 滿也. 从高省, 象高厚之形. 凡畗之屬皆从畗. 讀若伏.

畜 A0908 U-755C

•畜• 田字部 總10劃. 훈글 [축] 쌓을. 新典 [츄] 집짐승. [휴] 기를. [쵹] 륙축. 싸을. 그칠. [훅] 기를. 용납할. 類合 [튝] 칠. 英譯 livestock, domestic animals. 漢典 會意. 甲骨文字形. (2. 康熙 <田部> 古文: 畕. ｛唐韻｝丑六切, ｛集韻｝敕六切, ｛正韻｝昌六切, 𠀤音觸. ｛說文｝田畜也. 引｛淮南子｝註言: 田之汙下黑土者, 可畜牧也. ○ 按｛淮南｝無此語. 又積也. ｛禮・月令｝仲秋之月, 乃命有司, 趣民收斂, 務畜菜. ｛註｝始爲禦冬之備. ｛釋文｝畜, 丑六反. 又｛內則｝子婦無私貨, 無私畜. 又止也. ｛孟子｝畜君何尤. ｛註｝畜, 止也. 敕六反. 又大畜, 小畜, 𠀤易卦名. 又｛廣韻｝｛集韻｝｛韻會｝｛正韻｝𠀤許六切, 音旭. 養也. ｛易・師卦｝地中有水師, 君子以容民畜衆. ｛論語｝君賜生, 必畜之. ｛史記・樂毅傳｝臣恐侍御者不察先王之所以畜幸臣之理. 又容也. ｛左傳・襄二十六年｝天下誰畜之. ｛註｝畜, 猶容也. 許六反. 又六畜. ｛左傳・桓六年｝奉牲以告曰: 博碩肥腯, 謂民力之普存也. 謂其畜之碩大蕃滋也. ｛釋文｝畜, 許六反. ｛註｝六畜旣大而滋也. ｛禮・曲禮｝問庶人之富, 數畜以對. ｛疏｝謂雞豚之屬. ｛釋文｝許六反, 鄭註: 周禮云始養曰畜. ○ 按六畜之畜, 古俱許六反, 今人𠀤讀作昌六反. 又起也. ｛詩・小雅｝拊我畜我. ｛箋｝畜, 起也. ｛釋文｝喜郁反. 又順也. ｛禮・祭統｝孝者, 畜也. 順于道, 不逆于倫, 是之謂畜. ｛註｝畜謂順於德教. ｛釋文｝許六反. 又孝也. ｛禮・孔子閒居｝無服之喪, 以畜萬邦. ｛註｝畜, 孝也. 使萬邦之民競爲孝也. 又｛莊子・徐無鬼｝許由曰: 堯畜畜然仁, 吾恐其爲天下笑. 又留也. ｛禮・儒行｝易祿而難畜也. ｛註｝難畜, 難以非義久留也. 又姓. 漢畜客, 畜意, 天水有畜氏. 又｛廣韻｝｛集韻｝｛正韻｝𠀤許救切, 音齅. ｛左傳・僖十九年｝古者六畜不相爲用. ｛疏｝養之曰畜, 用之曰牲. ｛釋文｝畜, 許又反. ｛周禮・天官・庖人｝掌共六畜. ｛註｝六畜, 六牲也. ｛釋文｝畜, 許又反. 又｛集韻｝丑救切, 慉去聲. ｛周禮・天官・獸醫疏｝在野曰獸, 在家曰畜. ｛前漢・尹翁歸傳｝掌畜官, 音義. 𠀤與獸同. 說文 <田部> 丑六切. 田畜也. ｛淮南子｝曰: "玄田爲畜."

畢 A0237 U-7562

•畢• 田字部 總11劃. 훈글 [필] 마칠. 新典 [필] 마칠. 다할. 톡기 그물. 책. 희생 쎄는 나무. 類合 [필] ᄆᆞ촐. 英譯 end, finish, conclude. completed. 康熙 <田部> ｛廣韻｝甲吉切, ｛集韻｝｛韻會｝｛正韻｝壁吉切, 𠀤音必. ｛博雅｝畢, 竟也. ｛書・大誥｝予曷敢不于前, 寧人攸受休畢. ｛左傳・莊二十九年｝日至而畢. ｛註｝日南至, 微陽始動, 故土功畢. 又皆也. 盡也. ｛詩・小雅｝畢來旣升. ｛禮・月令｝仲春之月, 乃修闔扇, 寢廟畢備. ｛註｝畢, 猶皆也. 又｛郊特牲｝唯爲社田, 國人畢作. ｛疏｝畢, 盡也. 又月名. ｛爾雅・釋天｝月在甲曰畢. 又星名. ｛詩・小雅｝有捄天畢. ｛朱註｝天畢, 畢星也. 狀如掩兔之畢. ｛禮・月令｝孟夏之月, 日在畢. 又小網也. ｛詩・小雅｝鴛鴦于飛, 畢之羅之. ｛疏｝罔小而柄長謂之畢. ｛禮・月令｝田獵罝罘, 羅網畢翳. ｛揚雄・校獵賦｝荷垂天之畢. 又簡也. ｛爾雅・釋器｝簡謂之畢. ｛註｝今簡札也. ｛禮・學記｝今之教者, 呻其佔畢. ｛疏｝佔, 視也. 畢, 簡也. 不曉經義, 但諷吟長咏, 以視篇簡而已. 又貫牲. 體木也. ｛禮・雜記｝畢用桑. ｛註｝主人擧肉時, 以畢助之. 喪祭用桑, 吉用棘. 畢狀如乂, 博三寸, 長八寸, 柄長二尺四寸, 丹漆兩頭. ｛儀禮・特牲饋食禮｝宗人執畢先入. ｛註｝畢狀如叉, 蓋爲其似畢星, 取名焉. 又｛儀禮・大射儀｝司馬正東面, 以弓爲畢. ｛註｝畢, 所以助教執事者. ｛疏｝畢是助載鼎實之物, 故司馬執弓爲畢以指授. 又｛揚子・方言｝車下鐵, 陳宋淮楚之閒謂之畢. 又｛字彙補｝畢門, 路門也. 又地名. ｛爾雅・釋地｝畢, 堂牆. ｛註｝今終南山道名, 畢其邊, 若堂室之牆. ｛詩・秦風・終南何有有紀有堂箋｝畢, 終南山之道名, 邊如堂之牆然. 又國名. ｛左傳・僖二十四

年}畢原酆郇, 文之昭也. {史記・建元以來王子侯年表}畢梁侯劉嬰. 又姓. {左傳・閔元年}畢萬爲右. {晉語}得畢陽. {註}畢陽, 晉士. 又神名. {博雅}木神謂之畢方. {張衡・東京賦}況魃蜮與畢方. {註}畢方, 老父神, 如鳥兩足一翼者, 常銜火在人家作怪災. 又鳥名. {山海經}章莪之山有鳥焉, 其狀如鶴, 一足, 赤文青質而白喙, 名曰畢方. 又與彈同. {歸藏鄭母經}昔者羿善射, 畢十日果畢之. 又與縪同. {儀禮・覲禮}冠六升外畢. {註}外畢者, 冠前後屈而出縫於武也. {疏}外畢者, 前後兩畢之末而向外攝之也. ○ 按既夕畢作縪. 又與韠同. {荀子・正論篇}共艾畢. (說文) <華部> 卑吉切. 田罔也. 从華, 象畢形. 微也. 或曰: 由聲.

畫 A0169 U-756B

•畫• 田字部 總12劃. (훈글) [화] 그림. (新典) [홰] 그림. [획] 그을, 난을. 한정할. 쐬. 그칠. 지휘할. 글시. (英譯) delineate, painting, picture, drawing. draw. (康熙) <田部> 古文: 畵畫. {唐韻}{集韻}{韻會}{正韻}𠀤胡麥切, 橫入聲. 卦畫也. 又分畫也. 界限也. {左傳・襄四年}芒芒禹迹, 畫爲九州. {註}畫分也. {禮・檀弓}哀公使人弔蕢尚, 遇諸道, 辟於路, 畫宮而受弔焉. {註}畫地爲宮象. 又計策也. {鄒陽・上吳王書}故願大王審畫而已. {史記・荊燕世家}齊人田生游, 乏資, 以畫干營陵侯澤. {註}服虔曰: 以計畫干之也. 又截止也. {論語}今女畫. 又丘名. {爾雅・釋地}途出其右, 而還之畫丘. {註}言爲道所規畫. {釋名}道出其右曰畫. 丘人尚右, 凡有指畫, 皆用右也. 又地名. {史記・田單傳}燕之初入齊, 聞畫邑人王蠋賢. {註}正義曰: 括地志云: 戟里城在臨淄西北三十里, 春秋時棘邑. 又云澅邑, 蠋所居卽此邑, 因澅水爲名也. 又{廣韻}{集韻}{韻會}{正韻}𠀤胡卦切, 音話. {爾雅・釋言}畫形也. {註}畫者爲形像. {釋名}畫, 挂也. 以五色挂物象也. 俗作畵. {周禮・天官・典絲}凡祭祀共黼畫組就之物. {疏}凡祭服皆畫衣繡裳. {儀禮・鄕射禮}大夫布侯, 畫以虎豹. 士布侯, 畫以鹿豖. 又官名. {後漢・百官志}畫室署長一人, 四百石, 黃綬. 又{韻補}叶胡對切, 音惠. {秦瑯琊刻石}方伯分職, 諸治經易. 擧錯必當, 莫不如畫. 易音異. (說文) <畫部> 胡麥切. 界也. 象田四界. 聿, 所以畫之. 凡畫之屬皆从畫.

畯 A0908 U-756F

•畯• 田字部 總12劃. (훈글) [준] 농부. (新典) [쥰] 농부. 권농관. (英譯) rustic. crude. (康熙) <田部> {唐韻}子俊切, {集韻}{韻會}{正韻}祖峻切, 𠀤音俊. {說文}農夫也. 一曰典田官. {詩・豳風}田畯至喜. {傳}田畯, 田大夫也. {箋}司嗇, 今之嗇夫. {詩詁}周禮無田畯之職, 蓋六遂中, 鄰里酇鄙縣遂之長. 高者爲大夫, 卑者爲士, 通稱爲田畯, 蓋農田之俊也. 一曰農神. {周禮・春官}籥章龡豳雅擊土鼓, 以樂田畯. {註}鄭司農云: 古之先敎田者. {禮・郊特牲註}司嗇, 后稷是也. 又{正字通}野人曰寒畯. 唐鄭光祿勳擧引寒畯士類多之. 俗讀寒酸. (說文) <田部> 子峻切. 農夫也. 从田夋聲.

異 A0137 U-7570

•異• 田字部 總12劃. (훈글) [이] 다를. (新典) [이] 다를. 괴이할. 난을. 긔이할. (類合) [이] 다룰. (英譯) different, unusual, strange. (漢典) 會意. "異", 甲骨文字形, 象個有手, 腳, 頭的人形. 從廾從畀. 畀, 予也. 本義: 奇特, 奇異, 奇怪. (康熙) <田部> 古文: 𢌿. {唐韻}{集韻}{韻會}羊吏切, {正韻}以智切, 𠀤移去聲. {說文}分也, 从廾从畀. 畀予也. {博雅}異分也. {史記・

商君傳}民有二男以上, 不分異者, 倍其賦. 又不同也. {書・旅獒}王乃昭德之, 致于異姓之邦. {禮・儒行}同弗與異弗非也. {疏}謂彼人與己之疏異, 所爲是善, 則不非毁之也. 又怪也. {釋名}異者, 異於常也. {左傳・昭二十六年}據有異焉. {註}異猶怪也. {史記・屈賈傳}化爲異物兮, 又何足患. 又奇也. {周禮・地官・質人}掌成市之貨賄, 人民, 牛馬, 兵器, 珍異. {註}珍異, 四時食物. {史記・仲尼弟子傳}受業身通者七十有七人, 皆異能之士也. 又違也. 又姓. 唐異牟尋歸唐, 冊封南詔王, 今白水蠻有此姓. 又異, 翹草名. {爾雅・釋草}連異翹. 又無名異藥名, 主治金創折傷. 又{韻補}叶延知切, 音怡. {詩・邶風}洵美且異. 叶下貽. 又叶弋質切, 音逸. {詩・小雅}亦祇以異. {朱註}逸織反. {無名氏樂德歌}所見奇異, 叶甘美酒食. 說文 <異部> 羊吏切. 分也. 从廾从畀. 畀, 予也. 凡異之屬皆从異.

A0169 U-7575

•畵• 田字部 總13劃. 한글 [화] 그림. 新典 [화] 俗繪畫字. 訓蒙 [화] 그릴. 英譯 delineate, painting, picture, drawing. draw. 康熙 <田部> {正字通}俗畫字.

A0911 U-757A

•畺• 田字部 總13劃. 한글 [강] 지경. 新典 [강] 디경. 英譯 boundary, border. 康熙 <田部> {唐韻}{集韻}{正韻}丛居良切, 音薑. {說文}界也. 从畕, 三, 其界畫也. {博雅}畺, 竟也. {周禮・地官・載師}以大都之田任畺地. {註}畺五百里, 王畿界也. {周語}畺有寓望. {註}畺, 境也. 又{集韻}丘亮切, 音唴. 死不朽也. 或从弓. 說文 <畕部> 居良切. 界也. 从畕; 三, 其界畫也.

A0873 U-7586

•疆• 田字部 總19劃. 한글 [강] 지경. 新典 [강] 갈피, 어름, 설미, 디경. 변방. 訓蒙 [강] 터. 英譯 boundary, border, frontier. 漢典 指事. 從土, 從弓, 從畺, 田界. 從"弓", 表示以弓記步, 即以弓來丈量土地. 本義: 田界. 康熙 <田部> {唐韻}{集韻}{韻會}{正韻}丛居良切, 音薑. {說文}本作畺, 界也. {易・坤卦}坤厚載物, 德合无疆. {書・泰誓}我武惟揚, 侵于之疆. {詩・小雅}萬壽無疆. {箋}疆, 竟界也. {左傳・桓十七年}夏, 及齊師戰於奚, 疆事也. {註}爭疆界也. 又{詩・大雅}迺疆迺理. {朱註}疆謂畫其大界. {左傳・宣八年}楚伐舒蓼滅之, 楚子疆之. {註}正其界也. 又官名. {周禮・夏官}掌疆. {疏}掌守疆界, 亦是禁戒之事. 又{集韻}或作彊. {賈誼・新書}衞侯名辟彊. 辟彊, 天子之事也. 諸侯弗得用, 衞侯更名燬. 又或作壃. {史記・晉世家}出壃乃免. 又{正韻}鼉白也. 又{集韻}{正韻}丛巨兩切, 强上聲. {周禮・地官・草人}疆檃用蕡. {註}疆檃, 疆堅者. {釋文}疆, 其兩反. 又{字彙補}北方謂土焦曰疆. 見轉注古音.

A0907 U-7587

•疇• 田字部 總19劃. 한글 [주] 밭두둑. 新典 [쥬] 삼밧. 누구. 갓흘. 무리. 저즘게. 짝. 訓蒙 [듀] 이랑. 英譯 farmland, arable land. category. 康熙 <田部> 古文: 𠃬𠷎. {唐韻}直由切, {集韻}陳留切, {正韻}徐留切, 丛音酬. 耕治之也. 又{禮・月令}季夏之月, 可以糞田

疇. {疏}穀田曰田, 麻田曰疇. {齊語}陸阜陵墐, 井田疇均, 則民不憾. {註}麻地曰疇. 又{左傳・襄三十年}取我田疇而伍之. {註}𠀤畔爲疇. {史記・秦始皇紀}男樂其疇, 女修其業. 又{爾雅・釋詁}疇, 誰也. {書・堯典}帝曰: 疇咨若時登庸. {傳}疇, 誰也. 又{韻會}曩也. {左傳・宣二年}羊斟曰: 疇昔之羊子爲政. {註}疇昔, 猶前日也. {左思・蜀都賦}嗟見偉於疇昔. 又{史記・歷書}故疇人子弟分散. {如淳註}家業世世相傳爲疇. 又類也. {書・洪範}帝乃震怒, 不畀洪範九疇. {傳}疇, 類也. {戰國策}今髡賢者之疇也. {註}疇, 類也. 又匹也. {易・否卦}九四, 有命无咎, 疇離祉. {疏}疇謂疇匹. {嵇康・贈秀才入軍詩}咬咬黃鳥, 顧疇弄音. {註}疇, 匹也. 又{五音集韻}雍也. {淮南子・俶眞訓}今夫樹木者, 灌以瀿水, 疇以肥壤. {註}疇, 雍也. 又等也. {前漢・宣帝紀}疇其爵邑. {註}漢律, 非始封十減二. 疇者, 等也, 言不復減也. {後漢・祭遵傳}疇, 等也. 言功臣子孫, 襲封與先人等. 又澤名. {淮南子・本經訓}堯乃使羿誅鑿齒於疇華之野. {註}疇華, 南方澤名也. 又國名. {周語}摯疇之國也, 由太任. {註}摯, 疇, 二國名. 又姓. 摯疇之後. {左傳・哀十三年}疇無餘, 謳陽, 自南方. {註}二子, 越大夫. 又{韻補}叶陳如切, 音除. 韓愈{王弘中銘}方乎所部, 禁絕浮屠. 風雨順易, 秔稻盈疇. (說文) <田部> 直由切. 耕治之田也. 从田, 象耕屈之形.

A0108 U-758B

•疋• 疋字部 總05劃. (훈글) [필] 필. [소] 발. (新典) [소] 발. [필] 疋, 필. (英譯) roll, bolt of cloth. foot. (康熙) <疋部> {唐韻}所菹切, {集韻}{韻會}山於切, {正韻}山徂切, 𠀤音蔬. {說文}足也. 弟子職, 問疋何止. 又{集韻}寫與切, 音胥. 又所據切, 音絮. 義𠀤同. 又{廣韻}踈舉切, {集韻}爽阻切, 𠀤音所. 記也. 又{廣韻}五下切, {集韻}{韻會}{正韻}語下切, 𠀤音雅. 正也. 古文爲詩大雅字. {晉書・南陽王模傳}安定太守賈疋. 又{五音集韻}譬吉切, 音匹. {小爾雅}倍兩謂之疋. 二丈爲兩, 倍兩四丈也. {韻會}按古文大小雅, 爾雅, 字本作疋, 今文皆作雅, 而疋字但音匹矣. 又{集韻}足, 古作疋. 註詳部首. (說文) <疋部> 所菹切. 足也. 上象腓腸, 下从止. {弟子職}曰: "問疋何止." 古文以爲{詩•大疋}字. 亦以爲足字. 或曰胥字. 一曰疋, 記也. 凡疋之屬皆从疋.

A0244 U-7590

•疐• 疋字部 總14劃. (훈글) [체] 꼭지. [치] 발끝 채일. (新典) [치] 업들어질. 미끌어질. 거릿길. [톄] 꼭지. (英譯) fall, stumble, falter. hindered. (康熙) <疋部> {唐韻}{集韻}{韻會}陟利切, {正韻}支義切, 𠀤音至. 頓也. {說文}礙不行也. 人欲去而止之也. 又頓也, 跲也. {爾雅・釋言}疐, 仆也. {詩・豳風}狼跋其胡, 載疐其尾. {傳}疐, 跲也. 老狼有胡, 進則躐其胡, 退則跲其尾. {疏}退則跲其尾, 謂卻頓而倒于尾上也. 又{廣韻}都計切, {集韻}{韻會}{正韻}丁計切, 𠀤與蒂同. {爾雅・釋木}棗李曰疐之. {疏}謂治棗李, 皆去其疐. 疐者, 柢也. {禮・曲禮}爲天子削瓜者. 副之, 巾以絺. 爲國君者華之, 巾以綌, 爲大夫累之, 士疐之. {疏}疐謂脫華處. (說文) <叀部> 陟利切. 礙不行也. 从叀, 引而止之也. 叀者, 如叀馬之鼻. 从此與牽同意.

A0504 U-7591

•疑• 疋字部 總14劃. (훈글) [의] 의심할. (新典) [의] 머뭇거릴, 의심. 두려워할. 혐의할. 그럴

듯할. [응] 덩할. [을] 바루설. [類合] [의] 의심. [英譯] doubt, question, suspect. [漢典] 形聲. 小篆字形. 從子止匕, 矢聲. 止, 不通. 子, 幼子. 幼子多惑. 本義: 懷疑. [康熙] <疋部> 古文: 㱔. {唐韻}語其切, {集韻}魚其切, {韻會}凝其切, 𠀤音宜. 惑也. {廣韻}不定也. {易・乾卦}或之者, 疑之也. {禮・坊記}夫禮者所以章疑別微. 以爲民坊者也. {疏}疑謂是非不決, 當用禮以章明之. 又度也. {儀禮・士相見禮}凡燕見于君, 必辨君之南面, 若不得, 則正方不疑君. {註}疑, 度也, 不可預度君之面位, 邪立嚮之. 又{廣韻}恐也. 又{增韻}似也, 嫌也. 又{爾雅・釋言}戾也. 又山名. {淮南子・原道訓}九疑之南, 陸事寡而水事衆. {註}九疑, 山名也. 在蒼梧. 又神名. {山海經}符惕之山, 其上多椶枏, 下多金玉, 神江疑居之. 又官名. {禮・文王世子}虞夏商周有師保, 有疑丞. {疏}古者天子必有四鄰, 前曰疑, 後曰丞, 左曰輔, 右曰弼. 又{韻會}疑陵切, {正韻}魚陵切, 𠀤音凝, 定也. {詩・大雅}靡所止疑, 云徂何往. {傳}疑, 定也. {疏}正義曰: 疑, 音凝. 疑者, 安靜之義, 故爲定也. {莊子・達生篇}用志不分, 乃疑于神. 又{集韻}魚乙切, {韻會}{正韻}魚乞切, 𠀤銀入聲. {儀禮・鄉射禮}賓升西階, 上疑立. {註}疑, 止也. 有矜莊之色. {釋文}疑, 魚乙切. 又{士昏禮}婦疑立于席西. {註}疑, 正立自定之貌. 又{集韻}{韻會}𠀤偶起切, 同擬. {易・文言}陰疑于陽. {禮・射義}不以公卿爲賓, 而以大夫爲賓, 爲疑也. {註}疑, 自下上至之辭也. {疏}疑, 擬也. 是在下比擬於上, 故云自下上至之辭也. 又{韻補}叶魚記切, 音義. {易・升卦}升虛邑無所疑也. 又叶魚求切, 音牛. {賈誼・鵩賦}德人無累, 知命不憂. 細故芥蔕, 何足以疑. [說文] <子部> 語其切. 惑也. 从子, 止, 匕, 矢聲.

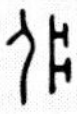 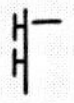 A0465 U-7592

•疒• 疒字部 總05劃. [훈글] [녁] 병들어 기댈. [新典] [녁] 병들어 기댈. [英譯] sick. KangXi radical 104. [康熙] <疒部> {唐韻}女戹切, {集韻}尼戹切, 𠀤音昵. 疾也. {說文}倚也. 人有疾病, 象倚著之形. {集韻}籀作疒. 又{廣韻}士莊切, {集韻}仕莊切, 𠀤音牀. 義同. [說文] <疒部> 女戹切. 倚也. 人有疾病, 象倚箸之形. 凡疒之屬皆从疒.

  A0466 U-759B

•疛• 疒字部 總08劃. [훈글] [주] 살살 아픈 뱃병. [新典] [쥬] 은결병. [康熙] <疒部> {唐韻}{集韻}𠀤陟柳切, 音肘. {說文}小腹痛. {玉篇}心腹疾也. {呂氏春秋}身盡疛腫. 又{廣韻}{集韻}𠀤直祐切, 音胄. 又{集韻}陟救切, 音晝. 又佇六切, 音逐. 義𠀤同. {類篇}或作痔. [說文] <疒部> 陟柳切. 小腹病. 从疒, 肘省聲.

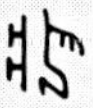  A0467 U-75A4

•疤• 疒字部 總09劃. [훈글] [파] 흉. [新典] [파] 슝질, 험질. [訓蒙] [파] 허믈. [英譯] scar, cicatrix. birthmark. [漢典] 形聲. 從疒, 巴聲. 從"疒"表示與疾病有關. 本義: 瘡疤. [康熙] <疒部> {集韻}邦加切, 音巴. 筋節病. 又{正字通}瘡痕曰疤, 本作瘢.

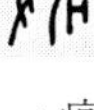 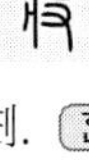 C0067 U-75AB

•疫• 疒字部 總09劃. [훈글] [역] 염병. [新典] [역] 시환, 염병. [訓蒙] [역] 장석. [英譯]

epidemic, plague, pestilence. 漢典 形聲. 從疒, 役省聲. 本義: 瘟役. 康熙 <疒部> {唐韻}{集韻}{韻會}營隻切, {正韻}越逼切, 㐅音役. {說文}民皆疾也. {釋名}疫, 役也. 言有鬼行役也. {周禮・春官・占夢}遂令始難毆疫. {注}疫, 癘鬼也. {史記・歷書}茂氣至民無夭疫. 又{集韻}以醉切, 遺去聲. 義同. 說文 <疒部> 營隻切. 民皆疾也. 从疒, 役省聲.

A0564 U-75B9

•疹• 疒字部 總10劃. 훈글 [진] 홍역. 新典 [진] 마다, 손임, 역질. 두두럭이. 홍역. 화병. 英譯 measles. rash. fever. 康熙 <疒部> {集韻}{韻會}{正韻}㐅止忍切, 音軫. {說文}脣瘍也. 又{釋名}疹, 診也. 有結氣可得診見也. {玉篇}癮疹, 皮外小起也. {正字通}俗呼痘瘡曰疹. 又{集韻}丑刃切, 同疢. 熱病. {越語}令孤子寡婦疾疹貧病者納宦其子. {張衡・思玄賦}思百憂以自疹. {注}疹, 疾也. 又{五音集韻}奴結切, 音涅. 義同. 又{集韻}頸忍切, 音緊. 脣瘍也.

A0465 U-75BE

•疾• 疒字部 總10劃. 훈글 [질] 병. 新典 [질] 병. 근심할. 투긔할. 급할. 몹슬. 원망할. 쌔를. 訓蒙 [질] 병홀. 英譯 illness, disease, sickness. to hate. 漢典 會意. 甲骨文字形, 從大, 從矢, 字形象人腋下中箭. 段玉裁{說文解字注}: "矢能傷人, 矢之去甚速, 故從矢會意." 本義: 受兵傷. 泛指疾病. 康熙 <疒部> 古文: 㽽𤸃𢘅廿疾. {唐韻}秦悉切, {集韻}{韻會}昨悉切, 㐅音嫉. {說文}病也. 一曰急也. {徐曰}病來急, 故从矢. 矢, 急疾也. {易・復卦}復亨出入無疾. {書・說命}若藥弗瞑眩, 厥疾弗瘳. 又{玉篇}患也. {左傳・桓六年}謂其不疾𤸃蠡也. {疏}不疾者, 猶言不患此病也. 又{玉篇}速也. {廣韻}急也. {易・繫辭}帷神也, 故不疾而速. {詩・大雅}旻天疾威. {傳}疾猶急也. {禮・月令}季冬之月, 征鳥厲疾. {疏}疾, 捷速也. {張衡・南都賦}總括趣歙, 箭馳風疾. 又{增韻}惡也. {左傳・昭九年}辰在子卯, 謂之疾日. {注}疾, 惡也. 又{爾雅・釋言}疾, 齊壯也. {疏}急速齊整, 皆于事敏速强壯也. 又虐也. {詩・大雅}疾威上帝. {朱注}疾威, 猶暴虐也. 又怨也. {管子・君臣篇}有過者不宿其罰, 故民不疾其威. {注}疾, 怨也. 又毒害也. {左傳・宣十五年}山藪藏疾. {註}山之有林藪, 毒害者居之. 又姓. {姓譜}元魏疾陸眷. 又車轅前之下垂在地者曰前疾. {周禮・秋官}大行人立當前疾. 又劉疾, 鳥名. {爾雅・釋鳥}鶹, 劉疾. 又與嫉通. {書・君陳}爾無忿疾于頑. 又{秦誓}人之有技, 冒疾以惡之. {傳}見人之有技藝, 蔽冒疾害以惡之. {史記・孫臏傳}龐涓恐其賢於已, 疾之. 又與蒺同. {前漢・揚雄傳}及至獲夷之徒蹶, 松柏掌疾黎. 又{韻補}叶才詣切, 音劑. {易・無妄}无妄之疾, 勿藥有喜. 喜, 音戲. {詩・大雅}庶人之愚, 亦職維疾. 叶下戾. {司馬相如・上林賦}潏潏淈淈, 湁潗鼎沸. 馳波跳沫, 汩隱漂疾. 說文 <疒部> 秦悉切. 病也. 从疒矢聲.

A0467 U-7622

•瘢• 疒字部 總15劃. 훈글 [반] 흉터. 新典 [반] 헌데자리. 흉질. 訓蒙 [반] 허믈. 英譯 scar, mole. 康熙 <疒部> {唐韻}薄官切, {集韻}{韻會}{正韻}蒲官切, 㐅音槃. {說文}痍也. {徐曰}痍處已愈, 有痕曰瘢. {玉篇}瘡痕也. {釋名}瘢, 漫也. 生漫故皮也. {後漢・馬援傳}吳王好劒客, 百姓多瘡瘢. 又馬脊瘡瘢曰瘢耆. {揚雄・長楊賦}哓鋋瘢耆, 金鏃淫夷. {註}瘢耆, 馬脊創瘢處也. 哓字原从口从尧作. 說文 <疒部> 薄官切. 痍也. 从疒般聲.

A0973 U-7678

•癸• 癶字部 總09劃. (훈글) [계] 열째 천간. (新典) [규] 俗音 [계] 열재 텬간. 물. 몸쌔. (正蒙) [계] 계방. (英譯) 10th heavenly stem. (康熙) <癶部> 古文: 癸. {唐韻}居誄切, {集韻}{韻會}頸誄切, {正韻}古委切, 𠀤規上聲. 十幹之末. {說文}冬時水土平, 可揆度也. {正韻}癸者, 歸也. 於時爲冬, 方在北, 五行屬水, 五運屬火. {史記・律書}癸之爲言, 揆也. 言萬物可揆度也. {前漢・律歷志}陳揆于癸. 又歲月日名. {爾雅・釋天}太歲在癸曰昭陽. 月在癸曰極. {禮・月令}孟冬之月, 其日壬癸. {註}日之行, 東北從黑道, 閉藏萬物, 月爲之佐, 時萬物懷任于下, 揆然萌芽, 又因以爲日名焉. 又呼庚癸, 軍中隱語也. {左傳・哀十三年}吳申叔儀乞糧于公孫有山氏, 對曰: 若登首山以呼曰庚癸乎, 則諾. {註}庚, 西方主穀. 癸, 北方主水. {疏}軍中不得出糧與人, 故作隱語爲私期也. 又天癸, 天乙所生之癸水. {黃帝素問}女子二七, 而天癸至. {方書}男之精, 女之血, 先天得之以成形, 後天得之以有生, 故曰天癸. 又姓. {姓苑}出齊癸公, 後宋癸仲知嚴州軍. {說文}本作癸, 象水从四方流入地中之形. 癸承壬, 象人足. {六書正譌}交錯二木, 度地以取平也. 義同準. 篆从二木, 象形. 因聲借爲壬癸字. 隸別作癸揆楑, 𠀤通. (說文) <癸部> 居誄切. 冬時, 水土平, 可揆度也. 象水從四方流入地中之形. 癸承壬, 象人足. 凡癸之屬皆从癸.

A0077 U-7679

•癹• 癶字部 總09劃. (훈글) [발] 짓밟을. (康熙) <癶部> {唐韻}{集韻}𠀤普活切, 音潑. {說文}以足蹋夷艸也. {左傳・隱六年}癹夷蘊崇之. 今本作芟. {韻會}芟, 亦作癹. {集韻}或作蹳撥. 又{廣韻}{集韻}𠀤蒲撥切, 音跋. 除艸也. {史記・司馬相如・上林賦}崔錯癹骫. {師古註}崔錯, 交雜也. 癹骫, 蟠戾也. {集韻}或作茇. (說文) <癶部> 普活切. 以足蹋夷艸. 从癶从殳. {春秋傳}曰: "癹夷蘊崇之."

A0076 U-767B

•登• 癶字部 總12劃. (훈글) [등] 오를. (新典) [두] 오를. 나갈. 일울. 익을. 놉힐. 담 쌋는 소리. 만을. (類合) [등] 오를. (英譯) rise, mount, board, climb. (漢典) 象形. 本義: 上車. (康熙) <癶部> 古文: 𤼷𤼸. {唐韻}{集韻}{韻會}{正韻}𠀤都騰切, 等平聲. {爾雅・釋詁}陞也. {玉篇}上也. 進也. {易・明夷}初登于天. {書・堯典}疇咨若時登庸. {左傳・僖九年}王使宰孔賜齊侯胙, 下拜登受. {禮・月令}農乃登麥. {周禮・秋官}司民, 掌登萬民之數. {前漢・食貨志}進業曰登. {註}進上百工之業也. 又{爾雅・釋詁}成也. {增韻}熟也. {書・泰誓}以登乃辟. {詩・大雅}誕先登于岸. {周禮・地官・小司徒}頒比法于六鄉之大夫, 使各登其鄉之衆寡六畜車輦. {註}登, 成也. 成猶定也. {孟子}五穀不登. {註}登, 成熟也. 又尊之曰登. {禮・月令}登龜. {註}龜言登者, 尊之也. 又{博雅}登登, 衆也. 又築牆用力相應聲. {詩・大雅}築之登登. 又登聞鼓院. {宋史・職官志}隸司諫正言, 掌受文武官及士民章奏表疏. 又榻登. {釋名}施于大牀之前, 小榻之上, 所以登牀也. {說文}作毾㲪. 又星名. {晉書・天文志}歲星之精流, 爲及登. 又鳳皇朝鳴曰登晨. 見{軒轅黃帝記}. 又州名. 古萊子國, 隋牟州, 唐改登州, 取文登山而名. 又姓. 出南陽, 蜀有關中流人, 始平登定. 又{集韻}丁鄧切, 等去聲. 履也. 或作蹬. 又{字彙補}東職切, 等入聲. {公羊傳・隱五年}公曷爲遠而觀魚, 登來之也. {註}登讀言得. 齊人名求得爲得

來. 作登來者, 其言大而急, 由口授也. 又叶都籠切, 音東. {前漢・宣元敘傳}元之二王, 孫後大宗. 昭而不穆, 大命更登. 又叶都郎切, 音當. {易林}南山高岡, 回隤難登. 道里遼遠, 行者無糧. {說文}上車也. 从癶豆, 象登車形. {集韻}或作僜. {字彙}登與豆登之登, 从月从又者別. (說文) <癶部> 都滕切. 上車也. 从癶, 豆. 象登車形.

A0077 U-767C

•發• 癶字部 總12劃. (훈글) [발] 쏠. (新典) [발] 일어날. 일우킬. 펼. 열. 쏫을. 밝힐. 들날릴. 써날. 활쏠. 싸를. (類合) [발] 베플. (英譯) issue, dispatch, send out, emit. (康熙) <癶部> {唐韻}{集韻}{韻會}{正韻}𠀤方伐切, 音髮. {說文}䠶發也. {詩・召南}壹發五豝. {傳}發, 矢也. {前漢・匈奴傳}矢四發. {註}射禮三而止, 每射四矢, 故以十二矢爲一發. 師古曰: 發, 猶今言箭一放兩放也. 又{廣韻}起也. {孟子}舜發於畎畝之中. 又舒也, 揚也. {易・乾卦}六爻發揮. {疏}發, 越也. 又{坤卦}發於事業. {疏}宣發也. {左傳・桓二年}聲名以發之. {註}發揚此德也. 又{博雅}開也. {書・武成}發鉅橋之粟. {疏}謂開出也. {詩・小雅}明發不寐. {註}謂將旦而光明開發也. 又{玉篇}進也, 行也. {博雅}去也. {詩・齊風}履我發兮. {疏}行必發足而去, 故以發爲行也. {禮・玉藻}疾趨則欲發, 而手足無移. {註}謂起屨也. 又{釋名}撥也. 撥使開也. {禮・王制}有發, 則命大司徒, 教士以車甲. {疏}謂有軍旅以發士卒也. 又{廣韻}明也. {論語}亦足以發. {註}謂發明大體也. 又{廣韻}舉也. {增韻}興也. {前漢・王吉傳}愼毋有所發. {註}謂興舉衆事也. 又亂也. {詩・邶風}毋發我笱. 又伐也. {詩・周頌}駿發爾私. {疏}以耜擊伐其私田, 使之發起也. 又遣也. {禮・檀弓}晉獻文子成室, 晉大夫發焉. {註}發禮往賀也. 又見也. {禮・禮器}君子樂其發也. {註}樂多其外見也. 又動也. {老子・道德經}地無以寧, 將恐發. 又洩也. {楚辭・大招}春氣奮發. 又{曆法}春夏曰發, 秋冬曰斂. 又發發, 疾貌. {詩・小雅}飄風發發. {箋}寒且疾也. 又{詩傳}長發, 大禘也. {疏}大禘之樂歌也. {唐書・禮樂志}懿祖曰: 長發之舞. 又昏禮曰發齊. {荀子・禮論}大昏之未發齊也. {註}謂未有威儀節文. 象太古時也. {史記・禮書}作廢齊. 又{玉篇}發, 駕車也. {揚子・方言}發, 稅, 舍車也. 東齊海岱之閒謂之發, 宋趙陳魏之閒謂之稅. {註}舍宜音寫, 今通發, 寫也. 稅猶脫也. 又{後漢・五行志}東方神鳥曰發明. {博雅}鳳皇晨鳴曰發明. 又{汲冢周書}發人鹿鹿者, 若鹿迅走. {註}發, 東夷也. 又淸發, 水名. 見{左傳}. 又縣名. {前漢・地理志}餘發縣, 屬九眞郡. 發干縣, 屬東郡. 又姓. {史記・封禪書}游水發根. {註}游水, 縣名. 發根, 人姓名. 又{集韻}{正韻}𠀤北末切, 音撥. {詩・衞風}鱣鮪發發. {傳}盛貌. 馬融曰: 魚尾著網發發然. {韓詩}作鱍. {說文}作鮁. 又叶方吠切, 音廢. {詩・豳風}一之日觱發. {傳}風寒也, 叶下烈烈. 音例. 又叶非律切, 廢入聲. {揚雄・長楊賦}紛紜沸渭, 雲合電發. 猋騰波流, 機駭蠭軼. 軼音亦. 一說本賦發軼, 與上文爰整其旅, 乃命驃衞, 衞字爲韻. 發, 音費. 軼, 音替. 古霽寘二韻通, 非發讀廢入聲, 與軼音亦叶也. (說文) <弓部> 方伐切. 䠶發也. 从弓癹聲.

A0479 U-767D

•白• 白字部 總05劃. (훈글) [백] 흰. (新典) [백, 빅] 깨끗할. 흰. 살을. 알욀. (訓蒙) [빅] 흰. (英譯) white. pure, unblemished. bright. (漢典) 象形. 甲骨文字形, 象日光上下射之形, 太陽之明爲白, 從“白”的字多與光亮, 白色有關. 本義: 白顏色. (康熙) <白部> 古文: 阜帛. {唐韻}旁陌切, {集韻}{韻會}{正韻}薄陌切, 𠀤音帛. {說文}西方色也. 陰用事, 物色白. 从入合二, 二

陰數也. {釋名}啓也. 如水啓時色也. {爾雅・釋天}秋爲白藏. {疏}秋之氣和, 則色白而收藏也. {周禮・冬官考工記}書繪之事, 西方謂之白. {書・禹貢}冀州, 厥土惟白壤. 青州, 厥土白墳. 又{禮・檀弓}殷人尚白. 又{增韻}素也. 潔也. {易・賁卦}白賁无咎. {註}其質素, 不勞文飾也. 又{說卦}巽爲白. {疏}風吹去塵, 故潔白也. 又明也. {禮・曾子問}當室之白. {註}謂西北隅得戶明者也. {荀子・正名篇}說不行, 則白道而冥窮. {註}白道, 謂明道也. {前漢・谷永傳}反除白罪. {註}罪之明白者, 皆反而除之. 又白屋, 以茅覆屋也. {前漢・蕭望之傳}恐非周公相成王致白屋之意. 又白衣, 給官府趨走者. {前漢・兩龔傳}聞之白衣, 戒君勿言也. 又白徒, 猶白身. {管子・乘馬篇}白徒三十人奉車兩. 又白丁. {北史・李敏傳}周宣帝謂樂平公主曰: 敏何官. 對曰: 一白丁耳. 又白民. {魏書・食貨志}莊帝班入粟之制, 白民輸五百石, 聽依第出身. 又白著. {唐書・劉晏傳}稅外橫取謂之白著. {春明退朝錄}世人謂酒酣爲白著. 言刻薄之後人必顚沛, 酩酊如飮者之著也. 又{禮・玉藻}君衣狐白裘. {陳註}以狐之白毛皮爲裘也. 又{爾雅・釋器}白金謂之銀. 又{唐書・食貨志}隋末行五銖白錢. 又{前漢・刑法志}罪人爲白粲. {註}坐擇米使正白, 三歲刑也. 又{古今注}白筆, 古珥筆, 示君子有文武之備焉. 又{字學淵源}飛白書, 蔡邕見施堊帚而作. 又星名. {博雅}太白謂之長庚. 又旗名. {禮・明堂位}殷之大白. 又罰爵名. {說苑}魏文侯與大夫飮, 使公乘不仁爲觴政, 曰: 飮不釂者, 浮以大白. 又酒名. {禮・內則}酒淸白. {註}白事酒, 昔酒也. 色皆白, 故以白名之. 又稻曰白, 黍曰黑. {周禮・天官・籩人}其實麷蕡白黑. 又馬名. {詩・秦風}有馬白顚. {疏}額有白毛, 今之戴星馬也. 又猛獸名. {汲冢周書}義渠以玆白. {註}玆白, 一名駮, 能食虎豹. 又蟲名. {爾雅・釋蟲}蟫白魚. {註}衣書中蟲也. 又{大戴禮}白鳥者, 謂蚊蚋也. 又草名. {前漢・西域傳}鄯善國多白草. 又三白, 正月雪也. {西北農諺}要宜麥, 見三白. 又五白, 簙簺五木也. {宋玉・招魂}成梟而牟, 呼五白些. 又梵言一年爲一白. {傳燈錄}我止林間, 已經九白. 又山名. {後漢・耿恭傳}竇固前擊白山, 功冠三軍. {註}冬夏有雪, 故名白山. {金史・禮志}有司言, 長白山在興王之地, 禮合尊崇. 又水名. {桑欽水經}白水出朝陽縣西. 又州名. {唐書・地理志}武德四年置白州, 因博白溪而名. 又海外有白民國. 見{山海經}. 又白狄, 狄別名. 見{春秋・成九年}. 又戎類有六, 一曰老白. 見{風俗通}. 又姓. 黃帝後. {左傳}秦大夫白乙丙. 又複姓. {史記・秦本紀}白冥氏, 秦族. {潛夫論}吉白氏, 莘姓後. 又白楊提, 代北三字姓. 又{諡法}外內貞復曰白. 又{玉篇}告語也. {正字通}下告上曰稟白. 同輩述事陳義亦曰白. {前漢・高帝紀}上令周昌選趙壯士可令將者, 白見四人. {後漢・鍾皓傳}鍾瑾常以李膺言白皓. 又{唐書・宦者傳}宣宗時, 諸道歲進閹兒, 號私白. ○ 按{說文}入聲有白部, 去聲自部內亦載白字. 在自部內者讀疾二切, 曰此亦自字也. 省自者, 詞言之氣从鼻出, 與口相助也. 是告語之白讀自, 西方之白讀帛, 音義各別. 許氏分爲二部. {玉篇}合而爲一, 今从之. 又{集韻}步化切, 音杷. 亦西方色也. 又博陌切. 與伯同. 長也. 一曰爵名. 亦姓. {印藪}有白鸞氏. {註}卽伯字. 又叶旁各切, 音薄. {詩・小雅}裳裳者華, 或黃或白. 我覯之子, 乘其四駱. 又叶房密切, 音弼. {蘇軾・寒食雨詩}暗中偸負去, 夜半眞有力. 何殊病少年, 病起頭已白. 𦣹, 古文自. 疾二切. 說文 <白部> 疾二切. 此亦自字也. 省自者, 詞言之气, 从鼻出, 與口相助也. 凡白之屬皆从白.

A0211 U-767E

•百• 白字部 總06劃. 훈글 [백] 일백. 新典 [백, ᄇᆡᆨ] 온, 일백. [맥, ᄆᆡᆨ] 힘쓸. 길나장이. 訓蒙 [ᄇᆡᆨ] 온. 英譯 one hundred. numerous, many. 漢典 會意. 從一, 從白. “白”假借爲“百”. 本義: 數詞. 康熙 <白部> 古文: 百. {唐韻}{集韻}{韻會}{正韻}𠀤博陌切, 音伯. {說文

}十十也. 从一白. 數十十爲一百. 百, 白也. 十百爲一貫. 貫, 章也. {徐曰}章, 以詩言之一章也. 百亦成數. 會意字. {前漢·律歷志}紀于一, 協于十, 長于百, 大于千, 衍于萬. 又眾多也. {易·繫辭}百官以治. {書·堯典}平章百姓. {後漢·明帝紀}百蠻貢職. 又百里, 劒名. 百鍊, 刀名. 見{古今注}. 又百鷯. 鳥名. 見{大戴禮}. 又百足, 蟲名. {博物志}百足, 一名馬蚿. 又百合, 草名. {譚子化書}山蚯化爲百合. 又地名. 隋百泉縣, 唐百文縣. 又國名. {北史·百濟傳}百濟國, 馬韓之屬, 在遼東之東. 又姓. 百豐, 列子弟子. 又複姓. {風俗通}秦百里奚之後, 其先虞人, 家于百里, 因氏焉. 又{韻會}{正韻}𠀤莫白切, 音陌. 勵也. {左傳·僖二十八年}距躍三百, 曲踴三百. {註}言每跳皆勉力爲之. 又唐謂行杖人曰五百. {後漢·曹節傳註}五百字, 本爲伍佰. 伍, 當也. 佰, 道也. 使之導引, 當道陌中, 以驅除也. {續志}五百赤幘絳褠, 卽今行鞭杖者, 亦作伍佰. 又叶伯各切, 音博. {前漢·季布傳}得黃金百, 不如得季布諾. {易林}營城洛邑, 周公所作. 世建三十, 歷年八百. 又叶畢吉切, 音必. {歐陽修·潭園詩}一華聊一醉, 盡醉猶須百. 而我病不歈, 對花空嘆息. (說文) <白部> 博陌切. 十十也. 从一, 白. 數, 十百爲一貫. 相章也.

皀 皀 A0298 U-7680

•皀• 白字部 總07劃. (훈글) [급] 고소할. (英譯) kernel, seed. enjoy, feast. (康熙) <白部> {唐韻}皮及切, 音近弼. {說文}穀之馨香也. 象嘉穀在裹中之形. 匕所以扱之. 或說, 皀, 一粒也. 又{集韻}北及切, 音鵖. 又{廣韻}居立切, {集韻}訖立切, 𠀤音急. 又{廣韻}彼側切, {集韻}筆力切, 𠀤音逼. 義𠀤同. 又{廣韻}許良切. {集韻}虛良切, 𠀤音香. 穀香也. {正字通}本作皀. 卽古香字. {字彙補}別作皂, 非. (說文) <皀部> 皮及切. 穀之馨香也. 象嘉穀在裹中之形. 匕, 所以扱之. 或說皀, 一粒也. 凡皀之屬皆从皀. 又讀若香.

皃 皃 A0549 U-7683

•皃• 白字部 總07劃. (훈글) [모] 얼굴. (新典) [모] 모양. (英譯) countenance, appearance. (康熙) <白部> {唐韻}莫敎切, {集韻}眘敎切, 𠀤茅去聲. {說文}頌儀也. 从人, 白, 象人面形. {徐曰}頌, 古容字. 又{唐韻}莫角切, {集韻}墨角切, 𠀤尨入聲. 容也. {廣韻}人類狀. {集韻}籒作貌. 或作頟. (貌) (古文: 貇) {廣韻}莫敎切, {集韻}{韻會}{正韻}眉敎切, 𠀤音皃. {說文}皃, 頌儀也. 从人, 白面, 象人面形. 籒文从豹, 省作貌. {書·洪範}五事, 一曰貌. {疏}貌是容儀, 舉身之大名也. 又{禮·郊特牲}委貌, 周道也. {註}或謂委貌爲玄冠. {後漢·輿服志}委貌以皁絹爲之. 又{史記·游俠傳贊}諺曰: 人貌榮名, 豈有旣乎. {註}榮名飾表稱譽無極也. 又姓. {正字通}{戰國策}: 齊有貌辨. 又{五音集韻}莫角切, 音眥. {正韻}描畫人物類其狀曰貌. {唐書·后妃傳}命工貌妃於別殿. 又與邈同. 遠也. 韓愈{月蝕詩}完完上天東. {考異}完完, 諸本作貌貌. {集韻}或作頟. (說文) <皃部> 莫敎切. 頌儀也. 从人, 白象人面形. 凡皃之屬皆从皃.

皆 皆 皆 A0209 U-7686

•皆• 白字部 總09劃. (훈글) [개] 다. (新典) [개, 기] 다. 한가지. (類合) [기] 다. (英譯) all, every, everybody. (漢典) 會意. 從比, 從白. 從"比", 有"并"的意思. 本義: 都, 全. (康熙) <白部> {唐韻}古諧切, {集韻}{韻會}{正韻}居諧切, 𠀤音街. {說文}俱詞也. {小爾雅}同也. {易·解卦}雷雨作, 而百果草木皆甲坼. 鄭康成讀皆如解, 非. 又{字彙補}居之切, 音箕. {前漢·

孟喜傳}箕子者, 萬物方荄玆也. {師古註}荄, 音皆. 古皆荄與箕音同. 又叶擧里切, 音几. {詩・周頌}以洽百禮, 降福孔皆. {傳}皆, 遍也. 與偕通. {荀勗東西廂歌}降福孔偕. {說文}白字兩見, 一在自部, 自部之白, 疾二切, 卽自字. 皆字載自部中, 則應从白. {集韻}或作皆, 非. (說文) <白部> 古諧切. 俱詞也. 从比从白.

A0289 U-76BF

•皿• 皿字部 總05劃. (한글) [명] 그릇. (新典) [명] 그릇. (訓蒙) [명] 그릇. (英譯) shallow container. KangXi radical 108. (漢典) 象形. 小篆字形, 象碗, 盆之類的食器. 本義: 器皿. (康熙) <皿部> {唐韻}武永切, {集韻}{韻會}{正韻}眉丙切, 㐲明上聲. {說文}飯食之器也. {增韻}盤盂之屬. {左傳・昭元年}於文皿蟲爲蠱. {註}皿, 器也. {孟子}牲殺器皿. {註}皿, 所以覆器者. 又{集韻}母梗切, 音猛. 義同. {說文}象形. 與豆同意. 讀若猛. {佩觿集}說文但音猛. 今更立一音者, 非. (說文) <皿部> 武永切. 飯食之用器也. 象形. 與豆同意. 凡皿之屬皆从皿. 讀若猛.

A0289 U-76C2

•盂• 皿字部 總08劃. (한글) [우] 바리. (新典) [우] 바리. 산양하는 진. (訓蒙) [우] 다야. (英譯) basin. cup. (漢典) 形聲. 從皿, 于聲. 皿表示器皿. 本義: 盛飮食或其他液體的圓口器皿. (康熙) <皿部> {唐韻}羽俱切, {集韻}{韻會}{正韻}雲俱切, 㐲音于. {說文}飯器也. {揚子・方言}宋楚魏之閒, 盌謂之盂. {史記・滑稽傳}酒一盂. {韓非子・外儲篇}君猶盂也, 民猶水也. 盂方水方, 盂圜水圜. {文中子・禮樂篇}刻于盤盂. 又書名. {史記・武安君傳}田蚡學盤盂諸書. {註}黃帝使孔甲所作銘也. 孟康曰: 儒墨名法雜家書也. 又田獵陳名. {左傳・文十年}宋公爲右盂, 鄭伯爲左盂. 又草名. {爾雅・釋草疏}盂, 草似茅者. 一名狼尾. 一作盂. 又山名. {山海經}盂山, 其陰多鐵, 其陽多銅. 又宋地名. {左傳・僖二十一年}諸侯會宋公于盂. 又縣名. {前漢・地理志}秦置盂縣, 屬太原郡. 又姓. {左傳}衞有盂黶. 又與杅通. {後漢・崔駰傳}刻諸盤杅. {註}杅亦盂也. (說文) <皿部> 羽俱切. 飯器也. 从皿亏聲.

A0291 U-76CA

•益• 皿字部 總10劃. (한글) [익] 더할. (新典) [익] 더할. 나아갈. 넉넉할. 많을. 넘칠. (類合) [익] 더을. (英譯) profit, benefit. advantage. (漢典) 會意. 小篆字形. 象器皿中有水漫出. 從皿, 從水. "水"已隸變. 本義: "溢"的本字. 水漫出. (康熙) <皿部> 古文: 㦻. {唐韻}{集韻}㐲伊昔切, 嬰入聲. 饒也, 加也. {廣韻}增也, 進也. {書・大禹謨}滿招損, 謙受益. {詩・邶風}政事一埤益我. {左傳・昭七年}三命玆益共. {禮・曲禮}請益則起. {論語}益者與. {註}疑童子學有進益也. {春秋・繁露}有益者謂之公, 無益者謂之私. 又多也. {史記・酷吏傳}上問張湯曰: 吾所謂, 賈人輒先知之, 益居其物. 又盈溢也. {莊子・列禦寇}有貌愿而益. 又易卦名. {釋文}益, 增長之名. 又以弘裕爲義. 又{金史・國語解}益都, 次第之通稱. 又{六書正譌}二十四兩爲益, 假借別作鎰溢. 又草名. {詩・王風疏}蓷卽茺蔚. 一名益母. 又{爾雅・釋草疏}蛇牀, 一名思益. 又果名. {博雅}益智, 龍眼也. 又州名. 古蜀國, 漢武帝置益州. {釋名}益, 阨也. 所在之地險阨也. 又姓. {印藪}漢有益强, 益壽. 宋有益暢, 紹興進士. {六書正譌}益, 器滿也. 故从水从皿. 會意. (說文) <皿部> 伊昔切. 饒也. 从水, 皿. 皿, 益之意也.

A0289 U-76DB

•盛• 皿字部 總12劃. (훈글) [성] 담을. (新典) [셩] 담을. 셩할. 만을. 길. 클. (訓蒙) [셩] 다뭘. (英譯) abundant, flourishing. contain. fill. (康熙) <皿部> ｛唐韻｝氏征切, ｛集韻｝｛韻會｝｛正韻｝時征切, 𠀤音成. ｛說文｝黍稷在器中, 以祀者也. ｛書・泰誓｝犧牲粢盛. ｛傳｝黍稷曰粢, 在器曰盛. ｛周禮・天官｝甸師掌帥其屬, 耕耨王藉, 以共齍盛. ｛註｝謂黍稷稻粱之屬, 可盛簠簋者. 又器名. ｛左傳・哀十三年｝旨酒一盛. ｛註｝一器也. ｛禮・喪大記｝食粥於盛不盥. ｛註｝謂今時杯杅也. 又｛廣韻｝受也. ｛詩・召南｝于以盛之, 維筐及筥. ｛古今注｝城者, 盛也, 所以盛受民物也. 又成也. ｛周禮・冬官考工記｝白盛. ｛註｝盛之言成也. 以蜃灰堊牆, 所以飾成宮室. 又盛服, 嚴飾也. ｛左傳・宣二年｝宣子盛服將朝. ｛註｝盛, 音成. 本或作成. 又防隄也. ｛爾雅・釋山｝山如防者盛. ｛疏｝盛, 讀如粢盛之盛, 形隋而高峻, 若黍稷之在器也. 又山名. ｛前漢・郊祀志｝日主祠盛山. ｛註｝在東萊不夜縣. ｛註｝盛, 音成. 又國名. ｛公羊傳・隱五年｝秋衞師入盛. ｛註｝盛, 音成. ｛左傳｝作郕. 又｛唐韻｝丞政切, ｛集韻｝｛韻會｝｛正韻｝時正切, 𠀤成去聲. ｛博雅｝多也. ｛廣韻｝長也. ｛增韻｝大也. 茂也. ｛易・繫辭｝日新之謂盛德. ｛禮・月令｝生氣方盛, 陽氣發泄. ｛中庸｝官盛任使. ｛史記・循吏傳｝世俗盛美. ｛呂氏春秋｝樹木盛則飛鳥歸之. 又極也. ｛莊子・德充符｝平者水停之盛也. 又猶嘉也. ｛張衡・東京賦｝盛夏后之致美, 爰敬恭於神明. 又受物曰盛. ｛前漢・東方朔傳｝壺者, 所以盛也. ｛師古註｝叶音去聲. 又地名. ｛前漢・武帝紀｝南巡狩至於盛唐. ｛魏書・神元帝紀｝魏始祖遷於定襄之盛樂. 又姓. ｛後漢・西羌傳｝北海太守盛苞, 其先姓奭, 避元帝諱, 改姓盛. 一曰周穆王時盛國之後. ｛穆天子傳｝姬姓也. 盛柏之子也. 天子賜之. 上姬之長, 是曰盛門. ｛註｝盛, 國名, 盛姬, 王同姓也. (說文) <皿部> 氏征切. 黍稷在器中以祀者也. 从皿成聲.

A0557 U-76DC

•盜• 皿字部 總12劃. (훈글) [도] 훔칠. (新典) [도] 도적, 훔칠. (訓蒙) [도] 도즉. (英譯) rob, steal. thief, bandit. (漢典) 會意. 甲骨文字形, 意思是: 看到人家的器皿就會貪婪地流口涎, 存心不善. 本義: 盜竊, 偷東西. (康熙) <皿部> 古文: 𠥬㸚㓹䬻. ｛唐韻｝徒到切, ｛集韻｝｛韻會｝大到切, ｛正韻｝杜到切, 𠀤音導. ｛說文｝私利物也. ｛易・說卦｝坎爲盜. ｛疏｝取水行潛, 竊如盜賊也. ｛左傳・文十八年｝竊賄爲盜, 盜器爲姦. ｛周禮・秋官｝司隸帥其民而搏盜賊. ｛詩・小雅｝君子信盜, 亂是用暴. ｛傳｝盜, 逃也. ｛風俗通｝言其晝伏夜奔, 逃避人也. 又｛正字通｝凡陰私自利者皆謂之盜. ｛穀梁傳・哀四年｝春秋有三盜, 微殺大夫, 謂之盜. 非所取而取之, 謂之盜. 辟中國之正道以襲利, 謂之盜. 又泉名. ｛後漢・郡國志｝徐州有盜泉. ｛說苑｝水名盜泉, 孔子不飮, 醜其名也. 又星名. ｛宋史・天文志｝客星東南, 曰盜星. 主大盜. 又千里馬名. ｛穆天子傳｝右服盜驪. ｛爾雅・釋畜疏｝駿馬小頸, 名曰盜驪. 又草名. ｛爾雅・釋草疏｝蕧一名盜庚. ｛六書正譌｝次卽涎字, 欲也, 欲皿爲盜, 會意. 从次. 俗从次, 誤. (說文) <次部> 徒到切. 私利物也. 从次, 次欲皿者.

A0402 U-76DF

•盟• 皿字部 總13劃. (훈글) [맹] 맹세할. (新典) [명] 正音 [맹, 밍] 맹셔. 밋불. (訓蒙) [밍] 밍셧. (英譯) swear. oath, covenant, alliance. (漢典) 會意. 甲骨文字形, 下面象個盤盂, 中間

放著牛耳. 古代盟會要割牲歃血, 主盟人手執牛耳, 掘穴埋牲. 本義: 在神前發誓結盟. 康熙 <皿部> 古文: 㿻. {唐韻}武兵切, {集韻}{韻會}{正韻}眉兵切, 𠀤音明. {釋名}明也. 告其事於神明也. {類篇}誓約也. 又信也. {書·呂刑}罔中于信, 以覆詛盟. {周禮·春官·盟祝}註: 盟詛主於要誓. 大事曰盟, 小事曰詛. {疏}盟者, 盟將來. 詛者, 詛往過. {春秋·正義}凡盟禮, 殺牲歃血, 告誓神明, 若有背違, 欲令神加殃咎, 使如此牲也. {禮·曲禮}涖牲曰盟. {疏}割牲左耳, 盛以珠盤. 又取血, 盛以玉敦, 用血爲盟書. 書成, 乃歃血讀書. 又盟府, 司盟之官也. {左傳·僖五年}藏於盟府. 又{集韻}武永切, 明上聲. 義同. 又{集韻}眉病切, 明去聲. {莊子·齊物論}其留如詛盟. 郭象讀. 又{字彙補}謨耕切, 音萌. 義同甿. 徐邈讀. 又{廣韻}{集韻}{韻會}{正韻}𠀤莫更切. 與孟通. 地名. {左傳·隱十一年註}盟, 今盟津. 河內邑名. {史記·周本紀}武王東觀兵於盟津. {書·禹貢}作孟津. 又澤名. {前漢·地理志}道荷澤, 被盟豬. {註}今南京虞城縣西北孟諸澤是也. {書·禹貢}作孟豬. 又叶莫郎切, 音茫. {詩·小雅}君子屢盟, 亂是用長. {史記·序傳}殺鮮放度, 周公爲盟. 大任十子, 周以宗疆. 又叶莫浪切, 茫去聲. {黃庭經}十讀四拜朝太上, 先謁太帝後北向. 黃庭內經玉書暢, 授者曰師受者盟. {說文}本作𥁰, 从血. 篆作盟. {字彙}俗通从皿, 故附皿部.

A0291 U-76E1

•盡• 皿字部 總14劃. ᄒᆞᆫ글 [진] 다될. 新典 [진] 다할. 마칠. 다, 모다. 비록. 극진할. 다하게 할. 類合 [진] 다. 英譯 exhaust, use up. deplete. 康熙 <皿部> {唐韻}{正韻}慈忍切, {集韻}{韻會}在忍切, 𠀤秦上聲. {說文}器中空也. {小爾雅}止也. {玉篇}終也. {廣韻}竭也. {集韻}悉也. {易·繫辭}書不盡言, 言不盡意. {左傳·哀元年}去惡莫如盡. {穀梁傳·定十年}孔子歷階而上, 不盡一等. {禮·曲禮}君子不盡人之歡. {中庸}天地之道, 可一言而盡也. {史記·禮書}明者, 禮之盡也. {荀子·正名篇}欲雖不可盡, 可以近盡也. {註}適可而止也. 又{韓鄂歲華紀麗}大酺小盡. {註}月三十日爲大盡, 二十九日爲小盡. 又姓. 見{萬姓統譜}. 又{唐韻}{正韻}卽忍切, {集韻}{韻會}子忍切, 𠀤津上聲. {類篇}極也. {正韻}盡之也. {書·康誥}往盡乃心. {詩·小雅}孔惠孔時, 維其盡之. {左傳·閔二年}晉侯使太子申生伐東山皐落氏, 曰: 盡敵而反. {禮·樂記}殷周之樂盡矣. 又{韻會}皆也. {左傳·昭二年}韓宣子曰: 周禮盡在魯矣. 又{類篇}任也. {增韻}縱令也. {左傳·文十四年}公子商人, 盡其家貸於公. {禮·曲禮}虛坐盡後, 食坐盡前. 俗作儘. 又盡盡, 極視盡物之貌. {荀子·非十二子篇}學者之嵬盡盡然, 盱盱然. 又{韻會}徐刃切, {正韻}齊進切, 𠀤秦去聲. 亦竭也. {周語}齊國佐其語盡. {註}盡其心意, 善惡褒貶, 無所諱也. {世說新語}可以累心處都盡. {註}盡, 猶空也. 說文 <皿部> 慈刃切. 器中空也. 从皿㶳聲.

A0514 U-76E3

•監• 皿字部 總14劃. ᄒᆞᆫ글 [감] 볼. 新典 [감] 거느릴. 살필. 감독할. 볼. 벼슬. 림할. 類合 [감] 볼. 英譯 supervise, control, direct. 漢典 會意. 甲骨文字形, 左邊是一個人睜大眼睛在往下看, 右邊是個器皿. 金文又在器皿上加一小橫, 表示器中有水. 古人以水爲鏡, "監"就是一個人彎著腰, 睜大眼睛, 從器皿的水中照看自己的面影. 本義: 監督, 察看督促. 康熙 <皿部> 古文: 𧈧𧈫𧈪. {唐韻}{正韻}古銜切, {集韻}{韻會}居銜切, 𠀤減平聲. {說文}臨下也. {徐曰}安居以臨下, 監之也. {揚子·方言}察也. {廣韻}領也. {詩·小雅}何用不監. {箋}女何用

爲職, 不監察之. {禮・王制}天子使其大夫爲三監. 監於方伯之國. {註}使佐方伯, 領諸侯, 監臨而督察之也. 上監去聲, 下監平聲. {周禮・天官・大宰之職}邦國立其監. {註}謂公侯伯子男, 各監一國. {莊子・天運篇}監臨下土, 天下戴之, 此謂上皇. 又{韻府}攝也. {左傳・閔二年}君行則守, 守曰監國. 又{韻會小補}觀也. {魯語}長監于世. 又監寐, 猶寤寐也. {後漢・桓帝紀}監寐寤嘆. {註}言雖寢而不寐也. 又雲氣臨日也. {周禮・春官}眡祲掌十煇之灋, 四曰監. {疏}謂有赤雲氣在日旁, 如冠珥. 珥, 卽耳也. 又星名. {史記・天官書}歲陰在寅, 歲星居丑, 正月晨出東方, 名曰監德. 又{唐韻}格懺切, {集韻}{韻會}居懺切, {正韻}古陷切, 𠀤減去聲. 義同. 又{爾雅・釋詁}視也. {書・太甲}天監厥德, 用集大命. {詩・大雅}監觀四方, 求民之莫. 又官名. {史記・五帝紀}黃帝置左右監. 又{唐書・百官志}官寺之別曰寺, 曰監. 又{韻會}牧苑及鹽鐵官所治皆曰監. 又宦寺亦曰監. {史記・秦本紀}衛鞅因景監求見孝公. {註}監, 奄人也. 又姓. {風俗通}衛康叔爲連屬之監, 其後氏焉. {史記・田齊世家}監止爲齊簡公相. {註}監, 一作闞. 又{韻會}通作鑑鑒. {書・酒誥}人無于水監, 當于民監. {班倢伃・自傷賦}陳女圖以鏡監. 又監監, 如金之監而明察也. {靈樞經}陽明之上監監然. 又{集韻}苦濫切, 音闞. 地名, 在東平郡. {史記・封禪書}蚩尤在東平陸監鄉, 齊之西境也. {註}監, 音闞. 又{前漢・韋孟諫詩}我王如何, 曾不斯覽. 黃髮不近, 胡不時監. 監叶覽, 覽音濫. 又叶古嫌切, 音蒹. 韓愈{子產頌}在周之興, 養老乞言. 及其已衰, 謗者使監. {六書正譌}从臨省聲, 兼意. 从血者, 與盟同義. 古者歃血爲盟, 書其辭曰: 明神監之. 故盟與監皆从血, 會意. 說文 <臥部> 古銜切. 臨下也. 从臥, 䘓省聲.

A0530 U-76E4

•盤• 皿字部 總15劃. 훈글 [반] 소반. 新典 [반] 소반. 더람. 질길. 어성거릴. 목욕통. 서릴. 편안할. 訓蒙 [쌴] 반. 英譯 tray, plate, dish. examine. 康熙 <皿部> 古文: 鎜. {唐韻}薄官切, {集韻}{韻會}{正韻}蒲官切, 𠀤胖平聲. {說文}承槃也. {正字通}盛物器. 或木, 或錫銅爲之. {左傳・僖二十三年}乃饋盤飧置璧焉. {史記・滑稽傳}杯盤狼籍. {呂氏春秋}功名著于盤盂. 又浴器亦曰盤. {禮・喪大記}沐以瓦盤. {大學}湯之盤銘. {註}沐浴之盤也. 又國名. {南史・梁武帝紀}盤盤國遣使朝貢. 又首出御世曰盤古氏. {任昉・述異記}盤古氏, 夫婦陰陽之始也, 天地萬物之祖也. 今南海中盤古國人, 皆以盤古爲姓. 又犬名. {干寶搜神記}高辛帝有犬, 其文五色, 名盤瓠. 又姓. 明隆慶中有盤銘. 又{博雅}盤桓, 不進也. {後漢・張楷傳}前此徵命, 盤桓未至. 又與般通. {爾雅・釋詁}樂也. {書・五子之歌}乃盤遊無度. {孟子}般樂怠傲. 又與蟠通. {集韻}曲也. {史記・司馬相如子虛賦}其山則盤紆岪鬱. {諸葛亮贊}初九龍盤. 又盤庚, 殷王名. {前漢・古今人表}作般庚. 又鉤盤, 九河之一. {爾雅・釋水註}水曲如鉤, 流盤桓也. 又門名. {陸廣微吳地志}盤門, 古作蟠門. 嘗刻木作蟠龍, 以此鎭越. 又通作磐. {前漢・文帝紀}盤石之宗. {成公綏・嘯賦}坐盤石. {註}盤, 大石也. 又與蟠通. {春秋・隱元年疏}郭璞云: 蜚卽負盤, 臭蟲. {集韻}作負蟠. 又叶蒲延切, 便平聲. {古詩}上枝似松柏, 下根據銅盤. 雕文各異類, 離婁自相聯. 又叶似宣切, 音旋. {張衡・南都賦}翹遙遷延, 蹩躠蹁躚, 結九秋之增傷, 怨西荊之折盤. {註}西荊卽楚舞也. 折盤, 舞貌. 又蜀江三峽中水波圓折不定者, 名曰盤. 亦作旋. {張蠙過黃牛峽詩}盤渦逆入嵌空地, 斷壁高分繚繞雲. {袁桷詩}敎民風揜草, 化俗水旋渦. 又叶符兵切, 音平. {崔瑗・竇大將軍鼎銘}禹鏤其鼎, 湯刻其盤. 紀功申戒, 貽則後人. {韻補}庚通眞. {說文}本作槃. {廣韻}俗作柈.

A0292 U-76E5

•盥• 皿字部 總16劃. (흔글) [관] 대야. (新典) [관] 낫 씻을. 손 씻을. (訓蒙) [관] 놋 시슬. (英譯) wash. (漢典) 會意. 小篆字形, 從臼, 舂米用的器具, 從水, 從皿. 合起來表示: 以手承水沖洗而下流于盤. 本義: 洗手. (康熙) <皿部> {唐韻}{集韻}{韻會}{正韻}丛古玩切, 音貫. {說文}澡手也. {增韻}以盤水沃洗曰盥. {易・觀卦}盥而不薦. {註}盥, 將祭而潔手也. {左傳・僖二十三年}奉匜沃盥. {禮・鄉飮}{酒義}盥洗揚觶. {魏書・武帝紀}臨祭就洗, 以手擬水而不盥. 又{集韻}灌祭也. 或作灌. {正韻}通作祼果. 又{廣韻}古滿切, {集韻}{韻會}{正韻}古緩切, 丛貫上聲. 義同. {說文}从臼水臨皿. {正字通}澡滌者兩手掬水. 象形. (說文) <皿部> 古玩切. 澡手也. 从臼水臨皿. {春秋傳}曰: "奉匜沃盥."

A0290 U-76E7

•盧• 皿字部 總16劃. (흔글) [로] 밥그릇. (新典) [로] 술봉로. 검은 빗. 산양개. 주사위. 창. 둥굴. 깔깔 웃을. 나난이벌. 말 머리 꾸미개. (英譯) cottage, hut. surname. black. (漢典) 形聲. 甲骨文字形, 從皿, 虍聲. 本義: 飯器. (康熙) <皿部> {唐韻}洛乎切, {集韻}{正韻}龍都切, {韻會}籠都切, 丛路平聲. {說文}飯器也. {字彙}盛火器也. {六書正譌}別作鑪爐, 非. 又與鑪罏壚丛通. {類篇}賣酒區也. {前漢・食貨志}令官作酒, 率開盧以賣. 又{司馬相如傳}文君當盧. {註}累土爲盧, 以居酒瓮, 四邊隆起, 其一面高, 形如鍛盧. {史記}作當鑪. {晉書・阮籍傳}作當罏. {王戎傳}作酒壚. 又借爲黑色之稱. {集韻}黑弓也. 通作旅. 或作黸. {書・文侯之命}盧弓一, 盧矢百. {左傳・僖二十八年}作旅弓矢. {揚子・法言}作黸. 又{釋名}土黑曰盧. 盧然解散也. 又{水經注}奴盧縣有黑水, 故池水黑曰盧, 不流曰奴, 因以爲名. 又{韻會}湛盧, 越劒名, 歐冶子所鑄. 言湛然如水黑也. 又勃盧, 矛屬. {集韻}長殺謂之勃盧. 又呼盧, 摴蒱戲, 五子皆黑曰盧, 最勝采也. {晉書・劉毅傳}挼喝五木成盧. 又與矑通. 目中黑子也. {前漢・揚雄甘泉賦}玉女無所, 眺其淸盧. {註}盧, 目童子也. {文選}作矑. 本作〈目盧〉. 又與獹通. 良犬名. {詩・齊風}盧令令. {傳}盧, 田犬. {張華・博物志}韓國有黑犬, 名盧. {博雅}作韓獹. 又與顱通. 頭盧, 首骨也. {前漢・武五子贊}頭盧相屬於道. {史記}作頭顱. 俗作髗. 又當盧, 馬首飾. {詩・大雅・鉤膺鏤錫箋}眉上曰錫, 刻金飾之, 今當盧也. {正義}當馬之額盧. 又的盧, 馬名. {埤雅}顙有白毛, 謂之的盧. 俗云的顱, 非也. 又與鸕通. 水鳥名. {前漢・司馬相如・上林賦}箴疵鵁盧. {註}鸕鷀也. {史記}作鸕. 又與蘆通. 觚盧, 草名. {前漢・司馬相如子虛賦}蓮藕觚盧. {註}扈魯也. {史記}作菰蘆. 又{廣韻}葦未秀者曰蘆. {禮・中庸}夫政也者, 蒲盧也. {朱註}蒲, 葦也. {鄭註}蒲盧, 蜾蠃, 謂土蜂也. {爾雅・釋蟲}果蠃, 蒲盧. {註}卽細腰蜂也. {解頤新語}瓠細腰者曰蒲盧. 蜂細腰者一曰蒲盧. 又與瓐通. 胡盧, 匏面圜者. 本作瓠瓐. 又水名. {宋史・河渠志}有胡盧河. {五代史・突厥傳}牛蹄突厥, 其水曰瓠瓐河. 又與櫨通. 柱上柎, 卽今之斗也. {釋名}盧在柱端, 都盧負屋之重也. {爾雅・釋宮}作櫨. {疏}斗栱也. 又與籚廬通. 都盧, 國名. 一曰戲伎名. {前漢・地理志}南入海有都盧國. {註}其國人勁捷, 善緣高, 故張衡西京賦云: 都盧尋橦. {程大昌・演繁露}唐人以緣橦爲都盧緣. ○ 按{晉語}侏儒扶盧, 韋氏謂扶緣也. 盧矛戟之柲, 緣之以爲戲. {說文}作扶籚. {周禮・冬官考工記}作廬器. 註: 廬, 力吾反, 戈戟殳矛之柄也. 是盧與籚廬古字通. 又與轤通. 鹿盧圜轉木也. {禮・喪大記註}以紼繞碑閒之鹿盧, 輓棺而下之. 又鹿盧, 劒名. {宋書・禮志}劒不得鹿盧形. {註}古劒首以玉作鹿盧, 謂之鹿盧劒. 又果名. {爾雅・釋木・邊腰棗註}今謂之鹿盧棗. 又若盧, 官名. 主弩射. {前漢・百

官公卿表}少府屬官有若盧令丞. 又獄名. 主鞫將相大臣. {禮・月令・疏}囹圄, 漢曰若盧. 又盧牟, 猶規矩也. {淮南子・要略篇}盧牟六合. 又盧胡, 笑也. 一作胡盧. {後漢・應劭傳}掩口盧胡而笑. {孔叢子・抗志篇}衞君胡盧大笑. 又地名. {左傳隱三年}尋盧之盟也. {註}齊地, 今濟北盧縣故城. 又山名. {前漢・揚雄・校獵賦}後陳盧山. {註}單于南庭山也. 又姓. {廣韻}姜氏封於盧, 以國爲氏. 又複姓. {列子}有長盧子, 古有尊盧氏, 後氏焉. 又有盧胥, 善弋. {左傳}有盧蒲嫳, 漢有索盧恢. {姓苑}有盧妃氏, 湛盧氏. {五代周書}有豆盧寧. {魏書}有叱盧, 沓盧等氏. 又三字姓. {魏書}有吐伏盧, 奚斗盧. {北史}有莫胡盧. 又{字彙}盧回切, 音雷. {周禮・夏官・職方氏}兖州其浸盧維. 鄭康成讀. ○ 按{水經注}: 漢封劉豨爲盧縣侯国. {前漢・王子侯表}作雷侯豨. 是盧雷古字通. 又{正韻}凌如切, 音閭. 與臚同. {唐書・和逢堯傳}檣鴻盧卿. {前漢・百官公卿表}作鴻臚, 秦名典客, 漢武帝更名大鴻臚. 又與閭同. {前漢・霍去病傳}濟弓盧. {註}水名. {史記}作弓閭. {說文}本从虍从甾. 俗从田作盧, 非. 說文 <皿部> 洛乎切. 飯器也. 从皿盧聲.

盨 A0723 U-76E8

•盨• 皿字部 總17劃. 훈글 [수] 그릇. 康熙 <皿部> {唐韻}相庾切, 音醑. {說文}檳盨, 負戴器也. 又{廣韻}疎舉切, {集韻}爽阻切, 太音所. 義同. {字彙補}譌作盨, 非. 說文 <皿部> 相庾切. 檳盨, 負戴器也. 从皿須聲.

目 A0199 U-76EE

•目• 目字部 總05劃. 훈글 [목] 눈. 新典 [목] 눈동자. 눈역여 볼. 조목. 제목. 그물고. 訓蒙 [목] 눈. 英譯 eye. look, see. division, topic. 漢典 象形. 甲骨文和小篆字形. 象眼睛形, 外邊輪廓象眼眶, 里面象瞳孔. 小篆處理爲線條. 先秦時期多用"目", 兩漢以后, 用眼逐漸多起來. "目"具有書面語色彩. 本義: 眼睛. 康熙 <目部> 古文: 囼䀠䀡. {唐韻}{集韻}{韻會}太莫六切, 音牧. {說文}人眼, 象形, 重童子也. {春秋元命苞}肝之使也. {韓詩外傳}心之符也. {禮・郊特牲}氣之清明者也. 易說卦離爲目. {註}南方之卦, 主視. 故爲目. {書・舜典}明四目. {註}廣四方之視, 以決天下壅蔽. 又{博雅}視也. 凡注視曰目之. {史記・陳丞相世家}陳平去楚, 渡河, 船人疑其有金, 目之. 又動目以諭也. {前漢・高帝紀}范增數目羽擊沛公. 又含怒側視也. {周語}國人莫敢言, 道路以目. 又{小爾雅}要也. {周禮・春官}簭人掌三易, 以辨九簭之名, 四曰巫目. {疏}是要目之事. 又見也. {公羊傳・桓二年}內大惡諱, 此其目言之何遠也. {註}目, 見也, 斥見其惡也. 又稱也. {穀梁傳・隱元年}段, 鄭伯弟也. 以其目君, 知其爲弟也. {註}謂稱鄭伯. 又條目. {論語}請問其目. {註}條件也. {前漢・劉向傳}校中祕書, 各有條目. 又節目. {禮・學記}善問者如攻堅木, 先其易者, 後其節目. 方氏曰: 節則木理之剛, 目則木理之精. 又題目. {後漢・許劭傳}曹操微時, 常求劭爲己目. {註}命品藻爲題目. {晉書・山濤傳}甄拔人物, 各有題目, 時稱山公啓事. 又凡目. {周禮・天官・小宰}師掌官成, 以治凡. 司掌官法, 以治目. {公羊傳・僖五年}一事而再見者, 前目而後凡也. {春秋・繁露}目者, 偏辨其事也. 凡者, 獨舉其事也. 又科目. {舊唐書・懿宗紀}以宋震胡德融, 考科目舉人. {宋史・選舉志}宋之科目有進士, 有諸科, 有武舉, 常選外又有制科, 有童子舉, 而進士得人爲盛. 又黃目, 周彝名. {禮・明堂位}鬱尊用黃目. 又暉目, 鴆鳥也. {淮南子・繆稱訓}暉目知晏. {註}晏, 無雲也. 天將晏靜, 暉目先鳴. 又比目, 魚名. 不比不行. 亦謂之鰈. 見{爾雅・釋地}. 又橫目, 傳草

別名. 鬼目, 苻草別名. 俱見{爾雅・釋草}. 又海外有一目國, 一目中其面而居. 見{山海經}. 又天目, 山名. {元和地志}上有兩峰, 峰頂各一池, 若天左右目. 又縣名. {前漢・地理志}河目縣, 屬并州. 又州名. {唐書・地理志}目州隸隴右道. 又姓. {潛夫論}目夷氏, 子姓, 宋微子後. 又目宿, 草名. 通作苜. {前漢・西域傳}馬耆目宿. {史記・大宛傳}作苜蓿. 又叶莫筆切, 音密. {夏侯湛抵疑}心有窮志, 貌有飢色. 吝江河之流, 不以躍舟船之檝. 惜東壁之光, 不以寓貧婦之目. (說文) <目部> 莫六切. 人眼. 象形. 重童子也. 凡目之屬皆从目.

町 A0204 U-76EF

•町• 目字部 總07劃. (훈글) [정] 똑바로 볼. (新典) [정] 눈 쏙바루 쓰고 볼. (英譯) rivet gaze upon, keep eyes on. (漢典) 形聲. 從目, 丁聲. 本義: 注視. (康熙) <目部> {廣韻}直庚切, {集韻}除庚切, 𠀤音棖. {玉篇}䁝町, 視貌. {廣韻}直視也. {孟郊・城南聯句}眼瞟强町䁝. 又{集韻}{韻會}𠀤抽庚切, 音撐. 又{廣韻}{集韻}𠀤張梗切, 朾上聲. 又{集韻}豬孟切, 朾去聲. 義𠀤同. {類篇}或作眝. {集韻}與瞠同. 或作瞪.

盲 A0846 U-76F2

•盲• 目字部 總08劃. (훈글) [맹] 소경. (新典) [맹, 밍] 텅맹관이. (訓蒙) [밍] 쇼경. (英譯) blind. unperceptive, shortsighted. (漢典) 形聲. 從目, 亡聲. 本義: 眼睛失明. (康熙) <目部> {唐韻}武庚切, {集韻}{正韻}眉庚切, {韻會}眉𤼵切, 𠀤音甿. {說文}目無牟子. {釋名}盲, 茫也, 茫茫無所見也. {淮南子・泰族訓}盲者, 目形存, 而無能見也. 又盲風, 疾風也. {禮・月令}仲秋盲風至. 又{正韻}巫放切. 與望同. {周禮・天官內饔}豕盲眂而交睫腥. {註}盲, 當爲望. {禮・內則}作望視. 又叶謨郎切, 莽平聲. {荀况佹詩}天地易位, 四時易鄉. 列星隕墜, 旦暮晦盲. 又叶謨蓬切, 音蒙. {老子・道德經}五色令人目盲, 五音令人耳聾. {越絕書}內視者盲, 反聽者聾. {集韻}或作瞢𥄕𥆟. (說文) <目部> 武庚切. 目無牟子. 从目亡聲.

直 A0866 U-76F4

•直• 目字部 總08劃. (훈글) [직] 곧을. (新典) [직] 바를. 곳을. 당할. 다만. 펼. 곳게 할. [치] 갑. (訓蒙) [딕] 고들. (英譯) straight, erect, vertical. (漢典) 會意. 小篆字形, 從L, 從十, 從目. 徐鍇: "L, 隱也, 今十目所見是直也." 本義: 不彎曲, 與"枉", "曲"相對. (康熙) <目部> 古文: 㮚𣓌. {唐韻}除力切, {集韻}逐力切, 𠀤音値. {說文}正見也. {博雅}正也. {玉篇}不曲也. {易・坤卦}直其正也. {書・洪範}王道正直. 又準當也. {禮・投壺}馬各直其算. {史記・平準書}以白鹿皮爲皮幣, 直四十萬. 又{增韻}當也. {儀禮・士冠禮}主人立于阼階下, 直東序西面. {疏}謂當堂上東序牆也. 又伸也. {孟子}枉尺而直尋. 又{玉篇}侍也. {晉書・羊祜傳}悉統宿衞, 入直殿中. 又順也. {詩・鄭風}洵直且侯. 又猶宜也. {詩・魏風}爰得我直. 又猶但也. {孟子}直不百步耳. 又猶故也. {史記・留侯世家}張良嘗遊下邳, 圯上有一老父至良所, 直墮其履圯下. 又埋枉曰直. 韓愈{王仲舒墓誌}公知制誥友人得罪公, 獨爲直其冤. 又直來, 無事而來也. {公羊傳・莊二十七年}直來曰來. 又{禮・月令}田事既畢, 先定準直, 農乃不惑. {疏}準謂輕重平均, 直謂繩墨得中也. 又骨直, 謂强毅也. {周禮・冬官考工記工人}骨直以立. 又語發聲. {史記・龜筴傳}神龜知吉凶, 而骨直空枯. {正義曰}直, 語發聲也. 又柄也. {禮・明堂位}玉豆

雕篹. {註}篹, 籩屬, 雕刻飾其直者也. {疏}雕鏤其柄. 又殖也. {揚子・太玄經}直, 東方也, 春也. 質而未有文也. {註}直之言殖也. 萬物甲始出殖立, 未有枝葉也. 又{揚子・方言}袒飾謂之直衿. {註}婦人初嫁所著上衣, 直衿也. 又{韻會小補}器直, 曲尺也. 梓人用之. 又官名. {鄧析子轉辭篇}湯有司直之人. 又{通典}漢時繡衣直指, 卽秦時御史大夫. 又直人, 邑名. {左傳・昭二十三年}劉子取直人. 又泉名. {公羊傳・昭五年}直泉者何, 涌泉也. 又門名. {三輔黃圖}長安城西出第二門曰直城門. 又姓. 漢有直不疑. 又{諡法}肇敏行成曰直. 又{集韻}{韻會}直吏切, {正韻}直意切, 𠀤音治. 與値通. {史記・項羽紀}直夜潰圍. {註}直, 讀曰値. 當也. {索隱曰}古字例以直爲値. {前漢・酷吏傳}無直甯成之怒. {史記}作値. 又物價曰直. {北史・齊景思王傳}食雞羹, 何不還他價直也. 又傭作得錢亦曰直. {柳宗元・送薛存義序}向使傭一夫於家, 受若直, 怠若事, 則必甚怒而黜罰之矣. 又叶直略切, 音著. {樂府・焦仲卿妻詩}命如南山石, 四體康且直. 阿母得聞之, 零淚應聲落. 又叶直六切, 音逐. {楚辭・九章}令五帝以折中兮, 戒六神與嚮服. 俾山川以備御兮, 命咎繇使聽直. {六書正譌}从乚从十目. 乚, 古隱字. 十目所視, 雖隱亦直. 會意. 俗作直, 非. (說文) <乚部> 除力切. 正見也. 从乚从十从目.

眏 A0203 U-4017

•眏• 目字部 總09劃. (ᄒᆞᆫ글) [결] 눈병. [혈] 놀라서 볼. (新典) [결] 안질 날. [혈] 눈 휘둥그런이 볼. 흘깃흘깃 볼. (英譯) to look askance at, to dislike, a kind of eye disease (tears all the times), pretty eyes, (same as 瞲) to look at in surprise. (康熙) <目部> {唐韻}{集韻}𠀤古穴切, 音玦. {說文}涓目也. {廣韻}目患也. 又{集韻}呼決切, 音血. 驚視也. 又顧盼不定貌. {王延壽・王孫賦}眎瞲睫以眏睳. {集韻}與瞲眓同. {泝原}通作旻. {說文}本作眏, 从目夬聲. {徐鉉曰}當从決省. 眏字从目从叏. (說文) <目部> 古穴切. 涓目也. 从目夬聲.

相 A0200 U-76F8

•相• 目字部 總09劃. (ᄒᆞᆫ글) [상] 서로. (新典) [샹] 서로. 밧탕. 볼. 도을. 손임 맛는 사신. 인도할. 붓들. 정승. 상볼. (訓蒙) [샹] 직샹. (英譯) mutual, reciprocal, each other. (康熙) <目部> {唐韻}{正韻}息良切, {集韻}{韻會}思將切, 𠀤音襄. {說文}省視也. 又{廣韻}共也. {正韻}交相也. {易・咸卦}二氣感應以相與. {公羊傳・桓三年}胥命者何, 相命也. {註}胥, 相也. 相與胥音別義通. 又質也. {詩・大雅}追琢其章, 金玉其相. 又相思, 木名. {左思・吳都賦}相思之樹. {註}大樹也. 東冶有之. 又{唐韻}{正韻}𠀤息亮切, 襄去聲. {爾雅・釋詁}視也. {左傳・隱十一年}相時而動. 又{集韻}助也. {易・泰卦}輔相天地之宜. {書・立政}用勱相我國家. 又{爾雅・釋詁}導也. 又勴也. {註}謂贊勉. {疏}鄕飮酒云: 相者, 一人敎導, 卽贊勉也. 又{增韻}擯也. {周禮・春官・大宗伯}朝覲會同, 則爲上相. {註}相, 詔王禮也. 出接賓曰擯, 入詔禮曰相. 相者, 五人卿爲上擯. 又{廣韻}扶也. {禮・禮器}樂有相步. {註}扶工也. 又{小爾雅}治也. {左傳・昭九年}陳水屬也, 火水妃也, 而楚所相也. {註}楚之先祝融, 主治火事. 又選擇也. {周禮・春官・簭人}上春相簭. {註}謂更選擇其蓍也. 又送杵聲. {禮・曲禮}鄰有喪, 舂不相. {註}相者, 聲以相助, 歌以助舂, 猶引重者呼邪許也. 又相術. {左傳・文元年}內史叔服能相人. 又月名. {爾雅・釋天}七月爲相. 又官名. {呂覽}相者, 百官之長也. {古三墳}伏犧氏上相共工, 下相皇桓. {前漢・百官公卿表}相國, 丞相, 皆秦官. 又計相. {史記・張丞相傳}張蒼遷爲計相. {註}專主計籍. 又內相. {唐書・陸贄傳}贄爲翰林時, 號內相. 又家相. {禮・曲禮}

士不名家相. {註}主知家務者. 又{周禮・春官}有馮相氏. {夏官}有方相氏. 又樂器. {禮・樂記}治亂以相. {註}相卽拊也. 亦以節樂, 以韋爲表, 裝之以穅. 穅, 一名相, 因以名焉. 又星名. {石申星經}相星在北極斗南. 又江神, 名奇相. 見{博雅}. 又太史候部有相風竿. {傳休奕相風賦}表以靈鳥, 鎭以金虎. 以候祥風, 以占吉凶. {古今注}作伺風鳥, 夏禹所作也. 又藥名. {本草綱目}早相, 麻黃別名. 相鳥, 馬蘭別名. 又地名. {商書序}河亶甲居相. {註}在河北. 今魏郡有相縣. 又州名. 後魏置相州, 唐曰鄴都. 又姓. {後漢・南蠻傳}武落鐘離山出四姓, 一曰相氏. {後秦}相雲. {北齊}相願. 又相里, 務相, 空相, 熊相, 倚相, 京相, 沂相, 俱複姓. 又{字彙補}音禳. {禮・祭法}相近於坎壇, 祭寒暑也. {註}相近當爲禳祈, 王肅又作祖迎. 又叶思必切, 音悉. {杜甫・漫興絕句}恰似春風相欺得, 夜來吹折數枝花. {陸游詩話}白樂天用相字, 多作思必切, 如爲問長安月, 如何不相離是也. 此詩相欺, 亦當讀入聲. {說文}易緯文曰: 地可觀者, 莫可觀於木, 故从目从木. {正字通}相, 俗作眛, 轉注. 相, 思將切, 省視也. 眛, 莫卜切, 目不明也. 分相眛爲二, 非. 說文 <目部> 息良切. 省視也. 从目从木. {易}曰: "地可觀者, 莫可觀於木." {詩}曰: "相鼠有皮."

A0400 U-7700

•明• 目字部 總09劃. 훈글 [명] 밝게 볼. 新典 [명] 눈 밝을. 康熙 <目部> {集韻}{正韻}丛眉兵切, 音鳴. 視瞭也. ○ 按{正字通}云: {莊子・外物篇}目徹爲明. 不借用明, 从日月, 會明意. 目明意, 目明與明暗之明義同. 田藝衡曰: 古皆从日月作明. 漢乃从目作明. {廣韻}禮部韻略俱不收明字. {正韻}沿{玉篇}{集韻}之誤, 分明, 明爲二, 非.

A0206 U-7701

•省• 目字部 總09劃. 훈글 [성] 살필. 新典 [셩] 볼. 살필. [생, 싱] 덜. 대궐 안 마을. 액길. 類合 [셩] 슬필. 英譯 province. save, economize. 漢典 會意. 從眉省, 從屮. 甲骨文和小篆字形, 象眼睛觀察草. 本義: 察看. 康熙 <目部> 古文: [illegible]. {唐韻}{集韻}{韻會}{正韻}丛息幷切, 騂上聲. {說文}視也. {爾雅・釋詁}察也. {易・觀卦}先王以省方觀民設敎. {論語}吾日三省吾身. 又{廣韻}審也. {正字通}明也. {列子・楊朱篇}實僞之辨, 如此其省也. 又孟孫陽曰: 一毛微於肌膚, 肌膚微於一節, 省矣. 又{爾雅・釋詁}善也. {詩・大雅}帝省其山. {箋}省, 善也. {禮・大傳}省于其君. {註}善于其君, 謂免于大難也. 又{小爾雅}過也. {史記・秦始皇紀}飾省宣義. {註}飾, 文飾也. 省, 過也. 又{博雅}省省, 不安也. {揚子・方言}秦晉之閒謂不安爲省省. 又{唐韻}{集韻}{韻會}{正韻}丛所景切, 生上聲. 禁署也. {前漢・昭帝紀}帝姊長公主共養省中. {蔡邕云}本爲禁中, 避元后父名改曰省中. {師古曰}省, 察也. 言入此中者當察視, 不可妄也. 又{唐書・百官志}官司之別曰省, 曰臺, 如尚書, 黃門, 中書, 祕書, 殿中, 內侍六省是也. {韻會}本作㝜. 或作閤. 又{集韻}簡也. {韻會}少也. {左傳・僖二十一年}貶食省用. {禮・鄕飮・酒義}拜至獻酬, 辭讓之節繁, 及介省矣. {註}小減曰省. {史記・李將軍傳}莫府省約文書籍事. {註}省, 少也. 又{釋名}省, 嗇也. 曜嗇約少之言也. 又藕名. {淸異錄}北戎藕止三孔, 漢語轉譯其名曰省事三. 又姓. {左傳}宋大夫省臧. 又與眚通. {書・洪範}王省惟歲. {史記・宋世家}作眚. {公羊傳・莊二十二年}春王正月, 肆大省. {左傳}{穀梁}作眚. 又{集韻}息淺切, 音蘚. 同獮. 秋田也. {禮・玉藻}惟君有黼裘, 以誓省. {註}省, 當爲獮. {說文}本作㝵. 从眉省, 从屮. {徐鉉曰}屮, 通識也. {同文擧要}舊从目从屮, 徹於目者, 能省視. 又从

少从目. 凡物少經目則省事. 眇同意. {字彙補}又作①. ①字原作中下省. (說文) <眉部> 所景切. 視也. 从眉省, 从中.

A0205 U-7709

•眉• 目字部 總09劃. (ᄒᆞᆫ글) [미] 눈썹. (新典) [미] 눈섭. (訓蒙) [미] 눈섭. (英譯) eyebrows. upper margin of book. (漢典) 象形. 甲骨文, 小篆字形. 象目上毛形. 本義: 眉毛. (康熙) <目部> 古文: 睂. {唐韻}武悲切, {集韻}{韻會}旻悲切, 𠀤音糜. {說文}目上毛也. {釋名}媚也. 有嫵媚也. {春秋・元命包}天有攝提, 人有兩眉, 爲人表候, 陽立于二, 故眉長二寸. {註}攝提二星頗曲, 人眉似之. 又{揚子・方言}東齊謂老曰眉. {郭璞註}言秀眉也. {詩・豳風}爲此春酒, 以介眉壽. {註}豪眉也. 又渠眉, 玉飾之溝瑑也. {周禮・春官・典瑞}駔圭璋, 璧琮, 琥璜之渠眉. 又井邊地曰眉. {前漢・游俠傳}揚雄酒箴曰: 觀瓶之居, 居井之眉. {註}若人目上之有眉也. 又姓. 宋眉壽, 明眉旭. 又{韻會}通作麋. {大戴禮・主言篇}孔子愀然揚麋. {荀子・非相篇}伊尹之狀, 面無須麋. 又通作嵋. 峨嵋山, 在蜀嘉定府峨眉縣南百里, 兩山相對如蛾眉. 又州名. 魏置眉州, 因峨眉山爲名. ○ 按{說文}本作睂, 从目, 象睂之形. 上象頟理也. 徐曰: 仌, 頟理也. 指事. 隸作眉, {字彙補}又作𥃩䁋, 非. (說文) <眉部> 武悲切. 目上毛也. 从目, 象眉之形, 上象頟理也. 凡眉之屬皆从眉.

A0205 U-4020

•䀠• 目字部 總10劃. (ᄒᆞᆫ글) [구] 두리번거릴. (英譯) a Chinese family name, the timid look of a bird. (of birds) to look around, nervous (same as 瞿) shocked or scared. (康熙) <目部> {唐韻}九遇切, {集韻}俱遇切, 𠀤音句. {說文}左右視也. {元包經}大有䀠鑾于頁. 傳曰: 目之覽也. {註}䀠, 目. 頁, 首也. 又彥䀠, 人名. 見{宋史・宗室表}. 又{廣韻}舉朱切, {集韻}恭于切, 𠀤句平聲. 義同. {玉篇}與瞿同. {集韻}或作䁔眗. {六書故}通作界. (說文) <䀠部> 九遇切. 左右視也. 从二目. 凡䀠之屬皆从䀠. 讀若拘. 又若良士瞿瞿.

A0201 U-4022

•䀢• 目字部 總10劃. (ᄒᆞᆫ글) [순] 눈짓할. (新典) [슌] 눈짓할. (英譯) (same as 瞬) to glance. to blink. wink, (interchangeable 眴 瞚), to indicate ones wish or intention by expressions of the eyes. (康熙) <目部> {廣韻}舒閏切, {集韻}{正韻}輸閏切, 𠀤音舜. 與瞚瞬眴𠀤通. {玉篇}目動也. 以目通指也. {公羊傳・文七年}䀢晉大夫使與公盟. {疏}言其用目眂之, 而幷使向魯, 若今時瞬眼矣. 本又作眣, 譌作眣, 非. 又{廣韻}{集韻}𠀤式荏切, 音審. {廣韻}瞚也. {類篇}視也. 又{廣韻}書之切, 音詩. 䀢的也. 見{聲韻}.

A0199 U-7714

•眔• 目字部 總10劃. (ᄒᆞᆫ글) [답] 눈으로 뒤따를. (說文) <目部> 徒合切. 目相及也. 从目, 从隶省.

A0206 U-771A

•眚• 目字部 總10劃. (훈글) [생] 눈에 백태 낄. (新典) [생, 싱] 백태 낄. 재앙. 모로고 지은 죄. 어질병. 조곰 상할. (類合) [싱] 익. (英譯) disease of the eyes. crime, fault. (漢典) 形聲. 從目, 生聲. 本義: 眼睛生翳長膜. (康熙) <目部> {唐韻}{集韻}{韻會}{正韻}𠀤所景切, 生上聲. {說文}目病生翳也. 又{廣韻}過也, 災也. {易・訟卦}无眚. {釋文}子夏傳云: 妖祥曰眚. 馬云: 災也. 鄭云: 過也. {書・舜典}眚災肆赦. {傳}眚謂過誤. {左傳・僖三十三年}不以一眚掩大德. {註}眚謂微傷. {後漢・郎顗傳}景雲降集, 眚沴息矣. {註}眚沴, 謂災氣. 又妖病也. {前漢・外戚傳}中山小王未滿歲有眚病. {孟康註}妖病也. 蘇林曰: 名爲肝厥, 發時唇口手足指甲皆青. 又裁省也. {周禮・地官・大司徒}荒政十二, 七曰眚禮. {註}荒政, 殺禮也. 又通作瘠, 瘦謂之瘠. {周禮・夏官・大司馬}馮弱犯寡則眚之. {註}眚, 損也. 四面削其地, 猶人眚瘦也. 又通作省. 詳省字註. 又{集韻}息井切, 騂上聲. 義同. (說文) <目部> 所景切. 目病生翳也. 从目生聲.

A0200 U-7722

•眢• 目字部 總10劃. (훈글) [완] 소경. (新典) [원] 눈동자 업슬. 건샘우물. (英譯) eyes without brightness. (康熙) <目部> {唐韻}一丸切, {集韻}{韻會}烏丸切, {正韻}烏歡切, 𠀤音剜. {說文}目無明也. {六書故}眸子枯陷也. 又井枯無水亦謂之眢. {左傳・宣十二年}目於眢井而拯之. {註}廢井也. 又{廣韻}{集韻}{韻會}𠀤於袁切, 音宛. 義同. 又{廣韻}目空貌. 又{集韻}邕危切, 音逶. 義同. (說文) <目部> 一丸切. 目無明也. 从目夗聲.

A0201 U-7734

•眴• 目字部 總11劃. (훈글) [현] 눈 깜작일. (新典) [순] 눈짓할. [현] 현란할. 눈 씀적일. (英譯) dazzled. (康熙) <目部> {唐韻}黃絢切, {集韻}熒絹切, 𠀤音縣. 與旬同. {說文}目搖也. {廣韻}目動也. {史記・項羽紀}項梁眴籍曰: 可行矣. {註}謂動目私視之也. 又眩也. {楚辭・九章}眴兮窈窕. 又眴轉, 視不明也. {班固・西都賦}目眴轉而意迷. 又冥眴, 視不諦也. {揚雄・甘泉賦}目冥眴而亡. 見{文選註}. 昏亂之貌. 又眴眴, 目搖動不明也. {素問}腎瘧者目眴眴然. 又柔順貌. {管子・小問篇}苗始其少也, 眴眴乎何其孺子也. {註}穀苗始則柔順, 故似孺子也. 又鮮明貌. {宋玉・風賦}眴煥粲爛. 又人名. 熊眴. 見{史記・楚世家}. 又與眩通. {揚雄・劇秦美新文}臣嘗有顚眴病. {註}眩惑也. 眴與眩古字通. 又{廣韻}許縣切, {集韻}{韻會}翾縣切, {正韻}翾眩切, 𠀤音絢. 義同. 又{廣韻}舒閏切, {集韻}{韻會}{正韻}輸閏切, 𠀤音舜. 目自動也. 與瞚瞬眣瞤𠀤通. 又{廣韻}如匀切, 音犉. 亦同瞤. 又{廣韻}相倫切, {集韻}須倫切, 𠀤音荀. 亦同旬, 目眩也. 又鱗眴, 無涯也. {張衡・西京賦}坻崿鱗眴. 又{集韻}松倫切, 音旬. {前漢・地理志}眴卷, 縣名, 屬安定郡.

A0204 U-775E

•睞• 目字部 總13劃. (훈글) [래] 한눈 팔. (新典) [래, 릭] 흘금흘금 볼. 견눈질할. 돌볼. (英譯) squint at. sidelong glance. (康熙) <目部> {唐韻}{集韻}{韻會}{正韻}𠀤洛代切, 音賚. {說

文}目童子不正也. {六書故}遊眺也. {廣韻}傍視也. {陳思王・洛神賦}明眸善睞. {南史・梁簡文帝紀}眄睞則目光燭人. 又{正字通}盼睞眷顧貌. 又{集韻}郎才切, 賫平聲. 目偏也. 又{梵書}譌作睞, 非. (說文) <目部> 洛代切. 目童子不正也. 从目來聲.

督 A0389 U-7763

•督• 目字部 總13劃. (훈글) [독] 살펴볼. (新典) [독] 감독할. 거느릴. 살필. 권할. 재촉할. 수지줄. 신칙할. 가온대. 맛아들. 대장. (類合) [독] 죄촉. (英譯) supervise, oversee, direct. (漢典) 形聲. 從目, 叔聲. 本義: 察看督促, 監督. (康熙) <目部> {唐韻}冬毒切, {集韻}{韻會}{正韻}都毒切, 𠀤音篤. {說文}察也. {廣韻}率也, 勸也. {增韻}催趨也. {正韻}董也. 又敕戒也. {前漢・車千秋傳}宜有以教督. {唐書裴度傳}請身督戰. 又{說文}目痛也. 又{爾雅・釋詁}正也. {左傳・僖十二年}謂督不忘. {疏}謂管仲功德正而不忘也. 又{增韻}責也. {史記・項羽紀}聞大王有意督過之. {註}督, 責也. 又考也. {韓非子・揚權篇}督參鞠之. {註}考驗盡之也. 又中也. {周禮・冬官考工記・匠人註}督旁之脩. {疏}中央爲督, 所以督率兩旁. {莊子・養生主}緣督以爲經. {註}督, 中也. 謂中兩閒而立, 俗所謂騎縫也. {六書故}人身督脈當身之中, 貫徹上下, 故衣縫當背之中, 達上下者, 亦謂之督. 別作裻. 又{奇經攷}督者, 都也, 督脈爲陽脈之都綱. 又家督, 長子也. {史記・越世家}朱公長男曰: 家有長子曰家督. 又大將曰督. {後漢・郭躬傳}軍征校尉, 一統於督. 又督郵, 督護, 都督, 皆官名. 又地名. {左傳・成十六年}我師次于督揚. {註}卽祝柯縣, 今屬濟南郡. 又{史記・燕世家}荊軻獻督亢地圖於秦. {註}督亢, 燕地. 徐廣曰: 涿有督亢亭. 又姓. 望出巴郡, 晉有督戎. 又通作篤毒竺. {書・微子之命}曰篤不忘. {孔傳}篤, 厚也. 本又作竺. 左傳謂: 督不忘. 林註謂: 督厚不可忘也. {前漢・張騫傳}身毒在大夏東南. {李奇曰}一名天篤. {師古曰}今之天竺, 蓋身毒, 聲轉爲天篤, 篤省文作竺, 又轉爲竹音. {後漢・杜篤論都賦}摧天督. {註}卽天竺國. 按此是督與篤竺毒古𠀤通. (說文) <目部> 冬毒切. 察也. 一曰目痛也. 从目叔聲.

 A0204 U-404E

•䁎• 目字部 總14劃. (훈글) [정] 자세히 보는 모양. (英譯) to make a close inspection, secretion of the eye, (same as 瞠) to look straight at. to stare at. (康熙) <目部> {廣韻}宅耕切, {集韻}除耕切, 𠀤音橙. 安審視貌. 又人名. 希䁎. 見{宋史・宗室表}. 又{集韻}唐丁切, 音庭. 目眵也. 又{集韻}抽庚切, 音撐. 直視也. 同瞠. {類篇}通作盯.

瞂 D0055 U-7782

•瞂• 目字部 總14劃. (훈글) [벌] 방패. (新典) [벌] 방패. (訓蒙) [벌] 방패. (康熙) <目部> {唐韻}扶發切, 音伐. {說文}盾也. {揚子・方言}自關而東謂之干, 或謂之瞂. 關西謂之盾. {汲冢周書}請令以鮫瞂利劒爲獻. {張衡・西京賦}植鎩懸瞂, 用戒不虞. 又通作伐. {詩・秦風}蒙伐有苑. {註}伐, 中干也. 盾之別名. {玉篇}引{詩}作瞂. {說文}从盾犮聲. 俗作〈盾犮〉, 非. (說文) <盾部> 扶發切. 盾也. 从盾犮聲.

瞚 A0201 U-779A

•瞚• 目字部 總16劃. (한글) [순] 눈 깜작일. (新典) [슌] 눈 씀적거릴. (康熙) <目部> ｛唐韻｝舒閏切, ｛集韻｝｛韻會｝｛正韻｝輸閏切, 夶音舜. ｛說文｝開闔目數搖也. ｛史記・扁鵲傳｝目眩然而不瞚. ｛莊子・庚桑楚｝終日視而目不瞚. ｛註｝目動曰瞚. ｛集韻｝或作瞬眴眣瞤. (說文) <目部> 舒問切. 開闔目數搖也. 从目寅聲.

瞪 A0204 U-77AA

•瞪• 目字部 總17劃. (한글) [징] 바로볼. (新典) [징] 눈 쏙바로 쓰고 볼. (英譯) stare at. (康熙) <目部> ｛廣韻｝直庚切, ｛集韻｝｛韻會｝｛正韻｝除庚切, 夶音棖. 直視也. ｛晉書・郭文傳｝瞪眸不轉, 跨躡華堂, 如行林野. ｛唐書・杜甫傳｝甫嘗醉登嚴武牀, 瞪視曰: 嚴挺之乃有此兒. ｛宋史・盛度傳｝度體肥, 艱於拜起, 賔客有拜之者, 則瞪視而詬詈之. 又｛廣韻｝宅耕切, 音橙. 又｛廣韻｝直陵切, ｛集韻｝持陵切, 夶音澄. 又｛廣韻｝丈證切, ｛集韻｝｛韻會｝澄應切, 夶澄去聲. 義夶同. ｛集韻｝與町眙同. ｛正字通｝通作瞠.

瞬 A0201 U-77AC

•瞬• 目字部 總17劃. (한글) [순] 눈 깜작일. (新典) [슌] 눈 깜작일. 잠간. (訓蒙) [슌] 눈 금즈길. (英譯) wink, blink. in a wink, a flash. (漢典) 形聲. 從目, 舜聲. 本義: 眨眼. (康熙) <目部> ｛廣韻｝舒閏切, ｛集韻｝｛韻會｝｛正韻｝輸閏切, 夶音舜. 目自動也. ｛列子・湯問篇｝紀昌學射於飛衞, 衞曰: 爾先學不瞬, 而後可言射矣. ｛宋史・韓世忠傳｝目瞬如電. 又｛埤雅｝木槿朝生夕隕, 一名舜. 蓋瞬之義取諸此. ｛陸機・文賦｝觀古今之須臾, 撫四海於一瞬. ｛司馬法嚴位篇｝一人之禁, 無過瞬息. ｛玉篇｝與瞚同. ｛集韻｝亦作眴眣瞤.

瞲 A0203 U-77B2

•瞲• 目字部 總17劃. (한글) [휼] 눈 움푹할. (新典) [율] 正音 [휼] 눈 오목할. 놀나볼. (康熙) <目部> ｛玉篇｝呼聿切, ｛五音集韻｝況必切, 夶音獝. ｛類篇｝目深貌. 或作晸眓. 又｛廣韻｝｛集韻｝夶呼決切, 音血. 驚視貌. ｛荀子・榮辱篇｝瞲然視之. ｛集韻｝或作眖眏. ｛滸原｝亦作旻.

瞿 A0205 U-77BF

•瞿• 目字部 總18劃. (한글) [구] 볼. (新典) [구] 눈 휘둥그럴. 가슴 두근거릴. 두려울. (英譯) surname. (康熙) <目部> ｛唐韻｝九遇切, ｛集韻｝｛韻會｝俱遇切, 夶音句. ｛說文｝鷹隼之視也. ｛徐曰｝驚視貌, 會意. 又｛禽經｝雀以猜瞿視也. ｛埤雅｝雀俯而啄, 仰而四顧, 所謂瞿也. 又｛廣韻｝視貌. ｛集韻｝心驚貌. ｛禮・檀弓｝曾子聞之瞿然. 又｛雜記｝見似目瞿, 聞名心瞿. ｛註｝瞿然驚變也. 又瞿瞿, 驚遽不審貌. ｛禮・玉藻｝視容瞿瞿. 又瞪視貌. ｛荀子・非十二子篇｝學者之嵬瞿瞿然. 又無守貌. ｛詩・齊風｝狂夫瞿瞿. ｛註｝謂精神不立, 志無所守. 又｛爾雅・釋訓｝儉也. ｛詩・唐風｝良士瞿瞿. ｛疏｝李巡曰: 良士顧禮節之儉也. 又｛唐韻｝其俱切, ｛集韻｝｛韻會｝權俱切, 夶音衢. 義同. 又駿瞿, 走貌. ｛張衡・西京賦｝百禽㥄遽, 駿瞿奔觸. 又句瞿, 斗也. ｛山海經｝陽山

有獸, 其頸腎狀如句瞿, 名曰領胡. {註}言頸上有肉腎如斗也. 又鳥名. {山海經}禱過山, 鳥名瞿, 如其鳴自號也. 又山名. {山海經}瞿父之山, 無草木, 多金玉. 又灘名. {寰宇記}瞿塘在夔州東一里, 古西陵峽也. 又人名. {竹書紀年}殷武乙, 名瞿. 又姓. 漢有漢南太守瞿茂. 又複姓. {前漢・儒林傳}魯商瞿子木, 受易孔子. {註}商瞿, 姓也. {遼史・禮志}西域淨梵王子姓瞿曇氏. 又與戵通. {書・顧命}一人冕執瞿. {註}戟屬. 又與衢通. {韓詩外傳}直曰車前, 瞿曰芣苢, 蓋生於兩旁謂之瞿. {丹鉛錄}楚辭天問, 靡萍九衢. 衢, 本作瞿. 又與蘧通. {爾雅・釋草}大菊, 蘧麥. {註}卽瞿麥, 藥草也. {集韻}亦作蘧. 又{集韻}衢遇切, {正韻}忌遇切, 丛衢去聲. 與懼通. 恐也. {禮・檀弓}瞿然失席. {註}瞿, 本又作懼. {前漢・東方朔傳}吳王懼然易容. 又{集韻}訖力切, 音亟. 瞿瞿, 居喪視不審貌. {禮・檀弓}瞿瞿如有求而弗得. 徐邈讀. (說文) <瞿部> 九遇切. 鷹隼之視也. 从隹从䀠, 䀠亦聲. 凡瞿之屬皆从瞿. 讀若章句之句.

D0170 U-77DB

•矛• 矛字部 總05劃. (훈글) [모] 창. (新典) [무] 俗音 [모] 세모진 창. (訓蒙) [모] 창. (英譯) spear, lance. KangXi radical 110. (漢典) 象形. 金文字形, 是古代用來刺殺敵人的進攻性武器. 本義: 長矛. (康熙) <矛部> 古文: 舒戎鉾𢦏. {唐韻}莫浮切, {集韻}{韻會}迷浮切, 丛音謀. {說文}酋矛也. 建於兵車, 長二丈, 象形. {徐曰}鉤兵也. {書・牧誓}立爾矛. {傳}矛長, 故立之於地. {詩・秦風}厹矛鋈錞. {傳}三隅矛也. {禮・曲禮}進矛戟者前其鐓. {疏}矛如鋋而三廉也. {周禮・冬官考工記・廬人}酋矛常有四尺, 夷矛三尋. {註}八尺曰尋, 倍尋爲常. 酋夷, 長短名. {史記・仲尼弟子傳}越使大夫種以屈盧之矛賀吳王. {尉繚子制談篇}殺人於五十步之內者, 矛戟也. {揚子・方言}矛, 吳揚江淮南楚五湖之閒謂之鍦, 或謂之鋋, 或謂之鏦. 又言不相副曰矛盾. {韓非子・難一篇}楚人譽其盾之堅曰: 物莫能陷也. 又譽其矛之利曰: 物無不陷也. 或曰以子之矛, 陷子之盾, 何如. 其人弗能應. 此矛盾之說也. 又星名. {史記・天官書}杓端有兩星, 一內爲矛招搖, 一外爲盾天鋒. {註}招搖爲天矛, 近北斗者也. 又藥名. {本草綱目}衞矛, 一名鬼箭. {李時珍曰}齊人謂箭羽爲衞, 此物幹有直羽如箭羽, 矛刃自衞之狀, 故名. (說文) <矛部> 莫浮切. 酋矛也. 建於兵車, 長二丈. 象形. 凡矛之屬皆从矛.

A0309 U-77E2

•矢• 矢字部 總05劃. (훈글) [시] 화살. (新典) [시] 살. 소리 살. 곳을. 베풀. 맹시. 쫑, 씨. (訓蒙) [시] 살. (英譯) arrow, dart. vow, swear. (漢典) 象形. 甲骨文字形. 象鏑括羽之形. 本義: 箭. (康熙) <矢部> 古文: 矦夨. {唐韻}{廣韻}式視切, {集韻}{類篇}{韻會}矧視切, 丛尸上聲. {說文}弓弩矢也. 从入, 象鏑括羽之形. 古者夷牟初作矢. {宋衷云}黃帝臣也. {荀子・解蔽篇}浮游作矢. {山海經}少皞生般, 始爲弓矢. {爾雅・釋詁}矢, 弛也. {疏}以弓釋弦曰弛. {釋名}指也, 言其有所指向, 迅疾也. {揚子・方言}箭, 自關而東謂之矢. {易・繫辭}剡木爲矢. {書・顧命}垂之竹矢. {周禮・夏官}司弓矢, 掌八矢之灋. 枉矢, 絜矢, 利火射, 用諸守城車戰. 殺矢, 鍭矢, 用諸近射田獵. 矰矢, 茀矢, 用諸弋射. 恆矢, 痺矢, 用諸散射. {史記・孔子世家}肅愼貢楛矢石砮, 長尺有咫. 又嚆矢, 響箭也. {莊子・在宥篇}焉知曾史之不爲桀紂嚆史也. 一作嗃矢. 黃庭堅曰: 安能爲人作嗃矢. {註}射者必先以嗃矢定其遠近也. 又{爾雅・釋詁}陳也. {虞書序}皐陶矢厥謨. {春秋・隱五年}公矢魚于棠. {詩・大雅}無矢我陵. {傳}矢, 陳也. {箋}猶當也. {正義}矢實陳義, 欲言威武之盛, 敵不敢當, 以其當侵而陳, 故言矢猶當也. 又{爾雅・

釋言}誓也. {書・盤庚}出矢言. {詩・衞風}永矢勿諼. 又{博雅}正也. 直也. {易・解卦}得黃矢貞吉. {詩・小雅}其直如矢. 又施也. {詩・大雅}矢其文德. 又投壺之籌曰矢. {禮・投壺}主人奉矢. 又星名. {史記・天官書}枉矢, 類大流星, 蛇行而蒼黑, 望之如有毛羽然. 又{釋名}齊魯謂光景爲枉矢, 言其光行若射矢之所至也. 又鉗矢, 蓬矢, 諸羌州名. 見{唐書・地理志}. 又{廣韻}屎本作矢. {左傳・文十八年}埋之馬矢之中. {史記・廉頗傳}一飯三遺矢. 又複姓. {前漢・馬宮傳}本姓馬矢, 宮仕學, 稱馬氏云. {集韻}或作笶. (說文) <矢部> 式視切. 弓弩矢也. 从入, 象鏑栝羽之形. 古者夷牟初作矢. 凡矢之屬皆从矢.

A0310 U-77E6

•矦• 矢字部 總09劃. (훈글) [후] 임금. (新典) [후] 과녁. (康熙) <矢部> {唐韻}乎溝切, {集韻}{韻會}胡溝切. 𠀤同侯. {說文}春饗所䠶侯也. 从人从厂, 象張布, 矢在其下. 天子射熊虎豹, 服猛也. 諸侯射熊豕虎. 大夫射麋, 麋惑也. 士射鹿豕, 爲田除害也. 其祝曰: 毋若不寧侯, 不朝于王所, 故伉而射汝也. 餘詳人部七畫. {集韻}或作帿. 帿字从巾从矦. (說文) <矢部> 乎溝切. 春饗所䠶矦也. 从人; 从厂, 象張布; 矢在其下. 天子䠶熊虎豹, 服猛也; 諸矦䠶熊豕虎; 大夫射麋, 麋, 惑也; 士射鹿豕, 爲田除害也. 其祝曰: "毋若不寧矦, 不朝于王所, 故伉而䠶汝也."

A0310 U-4836

•䠶• 矢字部 總12劃. (훈글) [사] 쏠. (新典) [사] 射本字. (英譯) (same as 射) to project. to shoot out, to aim at. (康熙) <矢部> {說文}射本字. 弓弩發於身而中於遠也. 从矢从身. {徐曰}䠶者, 身平體正, 然後能中也. 篆文作射, 从寸, 亦法度也. 詳射字註. (說文) <矢部> 食夜切. 弓弩發於身而中於遠也. 从矢从身.

A0587 U-77F3

•石• 石字部 總05劃. (훈글) [석] 돌. (新典) [셕] 돌, 돍. 셤. 저울. 경쇠. (訓蒙) [셕] 돌. (英譯) stone, rock, mineral. KangXi radical 112. (漢典) 象形. 甲骨文字形. 右象巖角, 左象石塊. "石"是漢字的一個部首. 本義: 山石. (康熙) <石部> 古文: 𥐘. {唐韻}{集韻}{正韻}常隻切, {韻會}常亦切, 𠀤音碩. {增韻}山骨也. {釋名}山體曰石. {易・說卦傳}艮爲山, 爲小石. {楊泉物理論}土精爲石, 石氣之核也. 氣之生石, 猶人筋絡之生爪牙也. {春秋・說題詞}石, 陰中之陽, 陽中之陰, 陰精補陽, 故山含石. 又樂器, 八音之一. {書・益稷}擊石拊石. {註}石, 磬也. 又樂聲不發揚亦曰石. {周禮・春官・典同}厚聲石. {註}鐘太厚則如石, 叩之無聲. 又堅也. {前漢・揚雄傳}石畫之臣. {師古註}言堅固如石. 亦作碩. 又星亦稱石. {左傳・僖十六年}隕石于宋五, 隕星也. 又量名. 十斗曰石. {前漢・食貨志}夫治田百畮, 歲收畮一石半, 爲粟百五十石. 又官祿秩數稱石. {師古曰}漢制, 三公號稱萬石, 以下遞減至百石. 又粗布皮革之數亦稱爲石. {唐書・張弘靖傳}汝輩挽兩石弓, 不如識一丁字. 又水亦稱石. {水經注}河水濁, 淸澄一石水六斗泥. 又酒亦稱石. {史記・滑稽傳}臣飮一斗亦醉, 一石亦醉. 又衡名. 百二十斤爲石. {書・五子之歌}關石和鈞. {註}三十斤爲鈞, 四鈞爲石. {禮・月令}仲春鈞衡石. {前漢・律歷志}石者, 大也, 權之大者. 又州名. {廣韻}秦伐趙取離石, 周因邑以名州. 又姓. {左傳}衞大夫石碏. 又複姓. 孔子弟子有石作蜀. 又叶常義切, 音嗜. {宋玉・高唐賦}勢薄岸而相擊兮, 隘交引而却會.

崒中怒而特高兮, 若浮海而望碣石. 又叶石若切, 音杓. {楚辭・惜誓}方世俗之幽昏兮, 眩白黑之美惡. 放山淵之龜玉兮, 相與貴夫礫石. 又{招魂}長人千仞, 惟魂是索些. 十日代出, 流金礫石些. 又叶七各切, 音錯. {郭璞・爾雅贊}鰒似蛤, 有鱗無殼. 一面附石, 細孔雜雜, 或七或八. [說文] <石部> 常隻切. 山石也. 在厂之下; 口, 象形. 凡石之屬皆从石.

A0361 U-77FA

•矺• 石字部 總08劃. [한글] [탁] 돌로칠. [책] 돌던질. [英譯] (Cant.) to press steadily. [康熙] <石部> {廣韻}{集韻}丛陟格切, 音舴. 同磔省. 詳磔字註. 又{廣韻}磓也. 又{廣韻}他各切, 音託. 矺鼠, 木名. 一曰王棘. {儀禮・士喪禮註}王棘, 矺鼠. 又{廣韻}都盍切, 音褡. 擲地聲. 又{五音集韻}竹亞切, 音吒. 義同. 亦作砓.

A0589 U-7805

•砅• 石字部 總09劃. [한글] [례] 징검다리. [新典] [례] 쒸엄다리, 징검다리. [康熙] <石部> {唐韻}{集韻}丛力制切, 音例. {說文}履石渡水也. 从水从石. {爾雅・釋宮}以衣涉水, 繇帶以上爲厲. {論語}深則厲. {說文}作砅. 又{集韻}鄰知切, 音離. 義同. ○ 按{字彙}於此字, 音聘平聲, 註: 水激山崖. 引{郭璞・江賦}: 砅崖鼓作. 李白詩: 砅衝萬壑會. 於五畫砯字, 亦音砰, 訓水擊石聲, 音義相近, 似混爲一字, 不知郭賦, 李詩, 砅字當从氷作砯. 其从水作砅者, 後人傳寫之譌耳. {正字通}特正其謬, 定从水者音例, 與厲通. 與{說文}合. 从氷者爲水擊石聲, 是也. [說文] <水部> 力制切. 履石渡水也. 从水从石. {詩}曰: "深則砅."

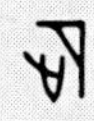

A0593 U-780B

•砋• 石字部 總09劃. [한글] [지] 다듬잇돌. [新典] [지] 방치돌. 숫돌. [康熙] <石部> {集韻}渚市切, 音止. 擣繒石. {揚子・太玄經}軫於砋石. 一曰礪石.

A0590 U-7813

•砓• 石字部 總09劃. [한글] [철] 돌산. [康熙] <石部> {字彙補}之烈切, 音哲. 砓砠貌.

A0588 U-786A

•硪• 石字部 總12劃. [한글] [아] 바위. [新典] [아] 산 웃둑할. 바위. [康熙] <石部> {廣韻}五何切, {集韻}牛何切, 丛同峩. {說文}石巖也. 又{集韻}五可切, 音我. 破硪, 詳破字註. [說文] <石部> 五何切. 石巖也. 从石我聲.

A0592 U-78BA

•確• 石字部 總15劃. [한글] [확] 굳을. [新典] [각] 俗音 [확] 구들. [類合] [확] 구들. [英譯] sure, certain. real, true. [康熙] <石部> {廣韻}苦角切, {集韻}{韻會}克角切, 丛音殼. 堅也,

斬固也. {易・乾卦}確乎其不可拔. {莊子・應帝王}確乎能其事. {註}堅貌. 又剛也. {易・繫辭}夫乾確然示人易矣. 亦作塙碻.

A0592 U-78BB

•碻• 石字部 總15劃. (훈글) [확] 굳을. (英譯) solid. (康熙) <石部> {正字通}同確. 又地名. {魏書・孝文紀}行幸碻磝. ○ 按碻又作鄗. {左傳・宣十二年}晉師在敖, 鄗之閒. 註: 鄗, 苦交反. 敖, 鄗二山在滎陽縣西北.

A0589 U-78EC

•磬• 石字部 總16劃. (훈글) [경] 경쇠. (新典) [경] 경쇠. 말 달릴. 몸 굽을일. 목 맬. 일 충동일. (訓蒙) [경] 셕경. (英譯) musical instrument. musical stone. (漢典) 象形. 甲骨文字形. 手又持小槌像擊磬的形象. 本義: 古代樂器. 用石或玉雕成. 懸掛于架上, 擊之而鳴. (康熙) <石部> 古文: 硜声殸. {唐韻}苦定切, {集韻}{韻會}詰定切, 𠀤音罄. {說文}樂石也. 籀文作殸, 象縣虡之形, 殳擊之也. {五經要義}磬立秋之樂. {白虎通}磬者, 夷則之氣, 象萬物之成. {禮・明堂位}叔之離磬. {註}叔之離磬者, 叔之所作編離之磬. 又{周禮・冬官考工記}磬氏爲磬, 倨句一矩有半. {註}先度一矩爲句, 一矩爲股, 而求其弦. 旣而以一矩有半觸其弦, 則磬之倨句也. 又編磬, 特磬. {陳用之曰}叔之離磬, 特懸之磬也. {三禮圖}股廣三寸, 長尺三寸半, 十六枚同一筍虡, 謂之編磬. 又笙磬, 頌磬. {周禮・春官・眡瞭}掌凡樂擊頌磬笙磬. {註}磬在東方曰笙. 笙, 生也. 在西方曰頌. 或作庸. 庸, 功也. 又玉磬, 石磬. {書・益稷}戛擊鳴球. {禮・明堂位}拊搏玉磬. {左傳・成二年}齊侯使賔媚人, 賂以紀甗玉磬. {魯語}臧文仲以玉磬如齊告糴. {禮・樂記}石聲磬磬以立辨. {書・禹貢}泗濵浮磬. {傳}泗水中見石, 可以爲磬. 陳澔曰: 玉磬, 天子樂器. 諸侯當擊石磬, 故郊特牲以擊玉磬爲諸侯之僭禮. 又磬控. {詩・鄭風}抑磬控忌. {註}騁馬曰磬, 謂使之曲折如磬. 止馬曰控, 謂有所控制不逸. 又磬折. {禮・曲禮}立則磬折垂佩. {疏}帶佩於兩邊, 臣則身宜僂折如磬之背, 故云磬折. {周禮・冬官考工記}韗人倨句磬折. {註}磬折, 中曲之不參正也. 又{禮・文王世子}磬于甸人. {註}縊之如縣樂器之磬也. 又掉磬. {韻會}齊人相絞訐爲掉磬, 北海人以激事爲掉磬. 又與罄通, 垂盡也. {魯語}室如縣磬. {左傳}作縣罄. 又{集韻}棄挺切, 音謦. 擊石聲. 又叶苦丁切, 音卿. {董京・答孫楚詩}鸚䳇能言, 泗濵浮磬. 衆人所翫, 豈合物情. 考證: 〈{周禮・春官・眡瞭}掌凡樂擊笙磬頌磬.〉謹照原文笙磬頌磬改頌磬笙磬. 〈{禮・明堂位}搏拊玉磬.〉謹按明堂位拊搏是樂器, 與虞書搏拊不同, 今照原文搏拊改拊搏. (說文) <石部> 苦定切. 樂石也. 从石, 殸. 象縣虡之形. 殳, 擊之也. 古者毋句氏作磬.

A0593 U-7919

•礙• 石字部 總19劃. (훈글) [애] 거리낄. (新典) [애] 그칠. 거릿길. 말을. 해롭게 할. 한정할. (類合) [애] マ리올. (英譯) obstruct, hinder, block, deter. (漢典) 形聲. 從石, 疑聲. 本義: 妨礙, 阻擋. (康熙) <石部> {唐韻}五漑切, {集韻}{韻會}牛代切, 𠀤音硋. 或作硋. 通作閡. 南史引浮屠書作㝵. {說文}止也. 又距也, 妨也, 阻也, 限也. {揚子・法言}聖人之治天下, 礙諸以禮樂. 又{集韻}魚其切, 音疑. 礙礭, 青石. 又叶魚記切, 音諳. {蘇轍・嶽下詩}山林無不容, 疲茶

坐自礙, 自知俗緣深, 畢老收闠闠. 闠, 求位切. (說文) <石部> 五漑切. 止也. 从石疑聲.

示 A0008 U-793A

•示• 示字部 總05劃. (훈글) [시] 보일. (新典) [기] 싸귀신. [시] 보일. 밧칠. (類合) [시] 뵐. (英譯) show, manifest. demonstrate. (漢典) 會意. 小篆字形, "二"是古文"上"字, 三豎代表日月星. 甲骨文本作"T", 象祭臺形. "示"是漢字的一個部首, 其義多與祭祀, 禮儀有關. 本讀. 本義: 地神. 引申義: 讓人看, 顯示. (康熙) <示部> 古文: 朮. {廣韻}巨支切, {集韻}翹移切, {正韻}渠宜切, 𠀤音岐. 同祇. {周禮・春官}大宗伯掌天神人鬼地示之禮. {釋文}示或作祇. 又姓. {史記・晉世家}示眯明. {左傳}作提彌明. 又地名. {前漢・地理志}越嶲郡有蘇示縣. 又{唐韻}{集韻}{韻會}𠀤神至切, 音侍. 垂示也. {說文}天垂象, 見吉凶, 所以示人也. 从二, 三垂, 日月星也. 觀乎天文, 以察時變. 示神事也. {徐曰}二, 古上字. 左畫爲日, 右爲月, 中爲星. 畫縱者取其光下垂也. 示, 神事也. 故凡宗廟社神祇皆从示. {玉篇}示者, 語也. 以事告人曰示也. {易・繫辭}夫乾確然示人易矣, 夫坤隤然示人簡矣. {禮・檀弓}國奢則示之以儉, 國儉則示之以禮. {書・武成}示天下弗服. 又與視通. {詩・小雅}視民不恌. {箋}以目視物, 以物示人, 同作視字. {禮・曲禮}幼子常視毋誑. {疏}示視古字通. {前漢・高帝紀}視項羽無東意. {師古註}漢書多以視爲示. 又姓. 明宣德中賢良示容. (說文) <示部> 神至切. 天垂象, 見吉凶, 所以示人也. 从二. (二, 古文上字.)三垂, 日月星也. 觀乎天文, 以察時變. 示, 神事也. 凡示之屬皆从示.

社 A0900 U-793E

•社• 示字部 總08劃. (훈글) [사] 토지의 신. (新典) [샤] 싸귀신. 샤일. 두레. (類合) [샤] 샤직. (英譯) god of the soil and altars to him. group of families. company, society. (漢典) 會意. 從示從土. 土亦聲. 社土同字. 本義: 土地神. (康熙) <示部> 古文: 袿禾+示社. {唐韻}{集韻}{韻會}{正韻}𠀤常者切, 闍上聲. 土地神主也. {禮・祭義}建國之神位, 右社稷而左宗廟. {詩・小雅}以社以方. {疏}社, 五土之神, 能生萬物者, 以古之有大功者配之. 共工氏有子句龍爲后土, 能平九州, 故祀以爲社. 后土, 土官之名, 故世人謂社爲后土. 杜預曰: 在家則主中霤, 在野則爲社. {白虎通}人非土不立, 封土立社, 示有土也. {禮・祭法}王爲羣姓立社曰大社, 王自爲立社曰王社, 諸侯爲百姓立社曰國社, 諸侯自爲立社曰侯社, 大夫以下成羣立社曰置社. 又{郊特牲}社祭土, 而主陰氣也. 天子大社, 必受霜露風雨, 以達天地之氣也. ○ 按: 社爲地祭, 但祭有二祭法, 大社卽{郊特牲}所云受霜露風雨, 以達天地之氣者, 曰方丘, 亦曰太折. 夏日至, 地示之祭, 於此行焉, 此北郊之社與郊對擧者也. 又王社, {載芟}詩序所謂春籍田而祈社稷, {良耜}詩序所謂秋報社稷者, 於此行焉, 祭土穀之神, 而以句龍后稷配, 此庫門內右之社, 不與郊𠀤稱者也. 蓋大社以祭率土之地示, 王社以祭畿內之土穀, 均名爲社, 而大小則不同耳. 又私社. {前漢・五行志}建昭五年, 兗州刺吏浩賞, 禁民私所自立社. {臣瓚註}舊制二十五家爲一社, 而民或十家五家共爲田社, 是私社也. 又書社. {史記・孔子世家}楚昭王將以書社地封孔子. {註}二十五家爲里, 里各立社. 書社者, 書其社之人名於籍. 又社日. {月令廣義}立春後五戊爲春社, 立秋後五戊爲秋社. 又後世賓朋會聚曰結社. {事文類聚}遠公結白蓮社, 以書招淵明. 又謝靈運求入淨社, 遠師以心雜止之. 又江淮謂母爲社. {淮南子・說山訓}社何愛速死, 吾必悲哭社. 又複姓. {風俗通}齊昌徙居社南, 因以爲氏. {何氏姓苑}有社北氏. 又叶他魯切, 音土. {前漢・敘傳}布歷燕齊, 叔亦相魯. 民思其故, 或金或社. (說文) <示部> 常者切. 地主也.

从示, 土. {春秋傳}曰: "共工之子句龍爲社神." {周禮}: "二十五家爲社, 各樹其土所宜之木."

A0919 U-793F

•礿• 示字部 總08劃. ᄒᆞᆫ글 [약] 봄제사. 新典 [약] 봄제사. 英譯 sacrifice. 康熙 <示部> {唐韻}以灼切, {集韻}{正韻}弋灼切, {韻會}弋約切, 𠀤音藥. 亦作禴. 祭名. {禮・王制}天子四時之祭, 春曰礿, 夏曰禘, 秋曰嘗, 冬曰烝. {疏}礿, 薄也, 春物未成, 祭品鮮薄. ○ 按礿禘嘗烝爲四時之祭, 乃三代通禮. 鄭康成泥{天保}詩及{周官}有禴, 祠, 烝, 嘗語, 遂指此爲夏殷之禮. 周則春曰祠, 夏曰禴, 不知{天保}詩作於武王時, 而禴, 祠, 烝, 嘗實諸侯之禮. 武王未受命, 典禮未定, 故止春禴, 夏禘, 秋嘗, 冬烝, 未遑追王上祀, 至周公相成王而後定, 不必執彼疑此也. 若{周官}所言, 先儒多謂爲周公未成之書, 更不必泥耳. 餘詳禘字註. 又{集韻}弋笑切, 音耀. 義同. 說文 <示部> 以灼切. 夏祭也. 从示勺聲.

A0014 U-7940

•祀• 示字部 總08劃. ᄒᆞᆫ글 [사] 제사. 新典 [사, ᄉᆞ] 제사. 해. 訓蒙 [ᄉᆞ] 제ᄒᆞᆯ. 英譯 to sacrifice, worship. 漢典 形聲. 從示, 巳聲. "示"常與祭祀有關. 本義: 祭祀天神. 康熙 <示部> 古文: 禩. {唐韻}詳里切, {集韻}{韻會}象齒切, {正韻}詳子切, 𠀤音似. 祭也. {書・洪範}八政, 三曰祀. {禮・祭法}聖王制祭祀, 法施於民則祀之, 以死勤事則祀之, 以勞定國則祀之, 能禦大菑則祀之, 能捍大患則祀之. 又{月令}春祀戶, 夏祀竈, 秋祀門, 冬祀行, 中央土, 祀中霤. 又{祭法}王爲羣姓立七祀, 諸侯爲國立五祀, 大夫立三祀, 適士二祀, 庶士庶人一祀. 又年也. {書・伊訓}惟元祀. {傳}取四時祭祀一訖也. {釋名}殷曰祀. 祀, 巳也. 新氣升, 故氣巳也. 又{孝經・士章疏}祀者, 似也. 似將見先人也. 又叶夷益切, 音亦. {詩・小雅}以爲酒食, 以享以祀. 叶上翼下福, 福音壁. 又叶養里切, 音以. {詩・大雅}克禋克祀, 以弗無子. {司馬相如・封禪頌}孟冬十月, 君徂郊祀, 馳我君輿, 帝用享祉. 又叶詳茲切, 音祠. {參同契}粲土立壇宇, 朝暮敬祭祀. 鬼物見形象, 夢寐感慨之. {集韻}或作禩. 說文 <示部> 詳里切. 祭無巳也. 从示巳聲.

A0020 U-7948

•祈• 示字部 總09劃. ᄒᆞᆫ글 [기] 빌. 新典 [긔] 빌. 고할. 갑흘. 천천할. 訓蒙 [긔] 빌. 英譯 pray. entreat, beseech. 漢典 形聲. 從示, 斤聲. 本義: 向上天或神明求福. 康熙 <示部> {廣韻}{集韻}{韻會}{正韻}𠀤渠希切, 音旂. {說文}求福也. {書・召誥}祈天永命. {詩・小雅}以祈甘雨. 又{爾雅・釋言}叫也. {周禮・春官}大祝掌六祈, 以同鬼神示. {註}祈, 嘄也, 謂有災變, 號呼告於神, 以求福. 嘄, 音叫. 又報也, 告也. {詩・大雅}以祈黃耇. {疏}報養黃耇之老人, 酌大斗而嘗之, 以告黃耇將養之也. 亦作蘄. {荀子・儒效篇}跨天下而無蘄. 又通圻. {書・酒誥}圻父薄違. {詩・小雅}作祈父. {毛萇曰}祈折畿𠀤同. 又同祁. {書・君牙}冬祁寒. {禮・緇衣}作祈寒. 又{集韻}古委切, 音詭. 同�, 祭山名. {周禮・冬官考工記・玉人註}其祈沈以馬. 說文 <示部> 渠稀切. 求福也. 从示斤聲.

祉 A0013 U-7949

•祉• 示字部 總09劃. (한글) [지] 복. (新典) [지] 복. (類合) [지] 복. (英譯) happiness, blessings, good luck. (漢典) 形聲. 從示, 止聲. 本義: 福. (康熙) <示部> {唐韻}{正韻}敕里切, {集韻}{韻會}丑里切, 𠀤音恥. {說文}福也. {徐曰}祉之言止也, 福所止不移也. {易・泰卦}以祉元吉. {詩・小雅}既受多祉. (說文) <示部> 敕里切. 福也. 从示止聲.

祋 A0176 U-794B

•祋• 示字部 總09劃. (한글) [대] 창. (新典) [개, 딕] 장. (康熙) <示部> {廣韻}丁外切, {集韻}{韻會}都外切, 𠀤音毲. {說文}殳也. 或說, 城郭市里高縣羊皮, 有不當入而欲入者, 暫下以驚牛馬曰祋. 故从示殳. 詩曰: 何戈與祋. 又祋祤, 縣名. 在馮翊. {前漢・郊祀志}鳳皇集祋栩. 又{廣韻}丁活切, 音掇. 義同. 前漢郊祀志, 顏師古讀. 又姓. 漢光祿勳祋諷. (說文) <殳部> 丁外切. 殳也. 从殳示聲. 或說城郭市里, 高縣羊皮, 有不當入而欲入者, 暫下以驚牛馬曰祋. 故从示, 殳. {詩}曰: "何戈與祋."

祏 A0016 U-794F

•祏• 示字部 總10劃. (한글) [석] 위패. (新典) [셕] 돌 감실. (英譯) shrine. (康熙) <示部> {唐韻}{集韻}{正韻}常隻切, {韻會}常亦切, 𠀤音石. 宗廟中藏主石室也. {左傳・莊十四年}命我先人, 典司宗祏. {疏}慮有非常火災, 於廟之北壁內爲石室, 以藏木主, 有事則出而祭之, 既祭納於石室. 祏字从示, 神之也. {說文}周禮有郊宗石室. 一曰大夫以石爲主. (說文) <示部> 常隻切. 宗廟主也. {周禮}有郊, 宗, 石室. 一曰大夫以石爲主. 从示从石, 石亦聲.

祐 A0016 U-7950

•祐• 示字部 總10劃. (한글) [우] 도울. (新典) [우] 도을. (訓蒙) [우] 복. (英譯) divine intervention, protection. (漢典) 形聲. 從示, 右聲. 本義: 保祐, 舊指天, 神等的佑助. (康熙) <示部> 古文: 閐. {集韻}{類篇}{韻會}𠀤尤救切, 音又. 神助也. {易・大有}自天祐之. {繫辭}祐者, 助也. 又通作右. {詩・周頌}維天其有之. {箋}神享其德而助之. {書・太甲}皇天眷佑有商. 又叶于貴切, 音位. {楚辭・天問}驚女采薇鹿何祐, 北至回水萃何喜. 喜, 音戲. (說文) <示部> 于救切. 助也. 从示右聲.

祓 E0048 U-7953

•祓• 示字部 總10劃. (한글) [불] 푸닥거리할. (新典) [불] 불제사. 조촐할. 덜. (英譯) exorcise, remove evil. clean. (漢典) 形聲. 從"示", 表示與祭神有關. 本義: 古代爲除災求福而舉行的一種儀式. (康熙) <示部> {唐韻}{集韻}{韻會}{正韻}𠀤敷勿切, 音拂. 除災求福也. 又潔也, 除也. {周禮・春官}女巫掌歲時祓除釁浴. {註}祓除, 如今三月上巳如水上之類. {左傳・襄二十五年}祝祓社. 又{司馬相如・封禪書}祓飾厥文. {師古註}祓飾者, 除去舊事, 更飾新文. 又{五音集韻}方肺切, 音廢. 義同. 又縣名. 在琅邪郡. 又通作茀. {爾雅・釋詁}祓, 福也.

{註}詩: 祓祿爾康矣. 今詩本作茀. 又通作弗. {詩・大雅}以弗無子. {註}弗之言祓也. 祓除其無子之疾. 說文 <示部> 敷勿切. 除惡祭也. 从示犮聲.

祖 A0018 U-7956

•祖• 示字部 總10劃. ᄒᆞᆫ글 [조] 조상. 新典 [조] 한배, 한아바지, 한아비, 할아비. 비롯을. 근본. 길제사. 訓蒙 [조] 하나비. 英譯 ancestor, forefather. grandfather. 漢典 形聲. 從示, 且. 從"示"與祭祀, 宗廟有關. 本義: 祖廟. 康熙 <示部> 古文: 祖. {唐韻}則古切, {集韻}{韻會}總古切, {正韻}總五切, 𠀤音組. {玉篇}父之父也. 又先祖, 始祖, 通謂之祖. {詩・小雅}似續妣祖. {禮・喪服小記}別子爲祖. 又{說文}始廟也. {周禮・冬官考工記・匠人}左祖右社. 又{廣韻}始也, 上也, 本也. {禮・中庸}祖述堯舜. {仲尼燕居}如此則無以祖洽於衆. {前漢・食貨志}舜命后稷, 以黎民祖饑. {孟康註}謂黎民始饑也. 又法也. {禮・鄉飮酒義}亨狗於東方, 祖陽氣之發於東方也. 又習也. {魯語}祖識地德. 又祭道神曰祖. 共工之子曰修, 好遠遊, 舟車所至, 靡不窮覽, 故祀以爲祖神. 祖者, 徂也. {詩・大雅}仲山甫出祖. {註}祖, 將行犯軷之祭也. {左傳・昭七年}公將往, 夢襄公祖. 又姓. 祖已之後, 出范陽. 又{集韻}咨邪切, 音罝. {前漢・地理志}安定郡有祖厲縣. 又神名. {山海經}祖狀之尸. {註}音如柤梨之柤. 又叶阻渚切, 音樹. {張衡・東京賦}毆以就役, 惟力是視. 百姓弗能忍, 是用息肩於大漢, 而欣戴高祖. 說文 <示部> 則古切. 始廟也. 从示且聲.

祜 D0005 U-795C

•祜• 示字部 總10劃. ᄒᆞᆫ글 [호] 복. 新典 [호] 복. 英譯 blessing, happiness, prosperity. 康熙 <示部> {唐韻}{正韻}侯古切, {集韻}{韻會}後五切, 𠀤音戸. {說文}福也. {爾雅・釋詁}厚也. {疏}祜者, 福厚也. {詩・小雅}受天之祜. {禮・禮運}是謂承天之祜. 說文 <示部> 侯古切. 上諱.

祝 A0019 U-795D

•祝• 示字部 總10劃. ᄒᆞᆫ글 [축] 빌. 新典 [주] 야축문. [축] 빌. 짤. 끈을. 비롯을. 類合 [츅] 빌. 英譯 pray for happiness or blessings. 漢典 會意. 甲骨文字形, 象一個人跪在神前拜神, 開口祈禱. 從示, 從兒口. "兒"是古文"人"字. 本義: 男巫, 祭祀時主持祝告的人, 即廟祝. 康熙 <示部> 古文: 柷. {唐韻}{集韻}{韻會}{正韻}𠀤之六切, 音粥. 贊主人饗神者. {說文}祝, 祭主贊詞者, 从人口, 从示. 一曰从兌省. 易曰: 兌爲口, 爲巫. {徐曰}按易, 兌, 悅也, 巫所以悅神也. {詩・小雅}工祝致告. {周禮・春官}大祝掌六祝之辭. 又屬也. {詩・鄘風}素絲祝之. {箋}祝, 當作屬. 屬, 著也. {毛傳}訓織也. 又祝融, 神名. {虞翻曰}祝, 大. 融, 明也. {韋昭曰}祝, 始也. 又斷也. {公羊傳・哀十四年}子路死, 子曰噫: 天祝予. {穀梁傳・哀十三年}祝髮文身. 又丁寧也, 請求之辭. 又國名. {禮・樂記}封帝堯之後於祝. 又姓. {左傳}鄭大夫祝聃, 後漢司徒祝恬. 又{集韻}{類篇}𠀤職救切, 音晝. {詩・大雅}侯作侯祝. {傳}祝, 詛也. {疏}祝. 無用牲之文, 口告而祝詛之也. {書・無逸}否則厥口詛祝. {疏}以言告神謂之祝, 請神加殃謂之詛. 又陟慮切, 音註. {周禮・天官}瘍醫掌祝藥. {註}祝, 讀如注病之注, 謂附著藥也. {集韻}或作呪. 亦作詋詶. 說文 <示部> 之六切. 祭主贊詞者. 从示从人口. 一曰从兌省. {易}曰: "兌爲

口爲巫.".

祟 A0603 U-795F

•祟• 示字部 總10劃. (훈글) [수] 빌미. (新典) [슈] 빌미. (英譯) evil spirit. evil influence. (漢典) 會意. 從示, 從出. 示, 與鬼神有關. 表示鬼魅出來作怪. 本義: 鬼神制造的災禍. (康熙) <示部> {唐韻}{集韻}{韻會}太雖遂切, 音粹. {說文}神禍也. {徐曰}禍者, 人之所召, 神因而附之. 祟者, 神自出之以警人. {左傳・昭元年}實沈臺駘爲祟. 又{哀六年}河爲祟. {前漢・江充傳}祟在巫蠱. {師古註}禍咎之徵, 鬼神所以示人也. 故从出从示. 又{集韻}雪律切, 音卹. 義同. (說文) <示部> 雖遂切. 神禍也. 从示从出.

祠 A0019 U-7960

•祠• 示字部 總10劃. (훈글) [사] 사당. (新典) [사, 亽] 봄제사. 사당. (訓蒙) [亽] 亽당. (英譯) ancestral temple. offer sacrifice. (漢典) 形聲. 從示, 司聲. 本義: 春祭. (康熙) <示部> {唐韻}似兹切, {集韻}{韻會}{正韻}詳兹切, 太音詞. 祭也. {詩・小雅}禴祠烝嘗. {公羊傳・桓八年}春曰祠. {註}祠, 猶食也, 猶繼嗣也. 春物始生, 孝子思親, 繼嗣而食之, 故曰祠, 因以別死生. 又報賽也. {周禮・春官}小宗伯禱祠於上下神示. {註}求福曰禱, 得求曰祠. 又神祠. {史記・封禪書}立畤郊上帝, 諸神祠皆聚云. 又廟也. {朱子・家禮}君子將營宮室, 先立祠堂於正寢之東. {司馬光・文潞公家廟碑}先王之制, 天子至官師皆有廟. 秦尊君卑臣, 無敢營宗廟者. 漢世多建祠堂於墓所. 又生祠. {史記・萬石君傳}慶爲齊相, 大治, 爲立石相祠. 又祠官. {朱子・語錄}王介甫更新法, 慮天下議論不合, 於是瓶爲宮觀祠祿, 以待異議之人. 又叶祥吏切, 音劑. {張衡・東京賦}春秋改節, 四時迭代. 蒸蒸之心, 感物增思. 躬追養於廟祧, 奉烝嘗與禴祠. 代叶地, 思叶四. (說文) <示部> 似兹切. 春祭曰祠. 品物少, 多文詞也. 从示司聲. 仲春之月, 祠不用犧牲, 用圭璧及皮幣.

祡 A0017 U-7961

•祡• 示字部 總10劃. (훈글) [시] 시료. (新典) [재, 지] 俗音 [싀] 싀제사. (康熙) <示部> 古文: 禬. {廣韻}士佳切, {集韻}{韻會}鉏佳切, {正韻}牀皆切, 太音柴. {說文}燒柴燓燎, 以祭天神. {揚雄・甘泉賦}欽祡宗祈. 又同柴. {書・舜典}至于岱宗柴. {說文}引書作祡. {正字通}按祡本作柴, 後人因祭天, 改从示. 別詳木部柴字註. (說文) <示部> 仕皆切. 燒柴燓燎以祭天神. 从示此聲. {虞書}曰: "至于岱宗, 祡."

祥 A0331 U-7965

•祥• 示字部 總11劃. (훈글) [상] 상서로울. (新典) [샹] 복. 착할. 상셔. 재앙. 샹제사. (類合) [샹] 샹셔. (英譯) good luck, good omen. happiness. (漢典) 形聲. 從示, 羊聲. 本義: 凶吉的預兆, 預先顯露出來的跡象. (康熙) <示部> {唐韻}似羊切, {集韻}{韻會}{正韻}徐羊切, 太音詳. {說文}福也. 一云善也. {禮・禮運}是謂大祥. {書・泰誓}襲于休祥. 又凡吉凶之兆皆曰祥. {徐鉉曰}祥, 詳也. 天欲降以禍福, 先以吉凶之兆詳審告悟之也. {前漢・五行志}妖孽自外

來謂之祥. {左傳・昭十八年}鄭之未災也, 里析曰: 將有大祥. {註}祥, 變異之氣. {疏}祥者, 善惡之徵. 中庸必有禎祥, 吉祥也. 必有妖孽, 凶祥也. 則祥是善事, 而析以災爲祥者, 對文言耳. 書序: 亳有祥桑. 五行傳: 時有青眚青祥, 白眚白祥之類, 皆以惡徵爲祥. 是祥有善有惡, 故杜云變異之氣. 又祭名. {禮・閒傳}父母之喪期而小祥, 又期而大祥. {疏}大祥二十五月. 又通詳. {史記・自序}陰陽之術大祥. {漢書}作詳. 說文 <示部> 似羊切. 福也. 从示羊聲. 一云善.

A0013 U-796D

•祭• 示字部 總11劃. ᄒᆞᆫ글 [제] 제사. 新典 [제] 제사, 긔고. 訓蒙 [제] 제홀. 英譯 sacrifice to, worship. 漢典 會意. 甲骨文字形, 左邊是牲肉, 左邊是"又", 中間象祭桌. 表示以手持肉祭祀神靈. 古人殺牲, 一是爲自己吃, 再就是常把牲肉放在祭臺上, "祭"字就是有酒肉的祭祀, 即牲祭. 本義: 祭祀. 康熙 <示部> {唐韻}{集韻}{韻會}𠀤子例切, 音霽. {說文}祭祀也. 从示, 右手持肉. 又{尚書・大傳}祭之言察也. 察者, 至也, 言人事至於神也. 又{孝經・士章疏}祭者, 際也, 人神相接, 故曰際也. 詳見{禮・記祭法祭統祭義}諸篇. 又{廣韻}{集韻}側界切, {韻會}{正韻}側賣切, 𠀤音債. 周大夫邑名. 又姓, 周公子祭伯, 其後爲氏. 說文 <示部> 子例切. 祭祀也. 从示, 以手持肉.

D0006 U-797C

•祼• 示字部 總13劃. ᄒᆞᆫ글 [관] 강신제. 新典 [관] 강신제. 英譯 libation. 康熙 <示部> 古文: 祼. {唐韻}{集韻}{韻會}{正韻}𠀤古玩切, 音貫. 祭酌鬯以灌地. {詩・大雅}祼將于京. {周禮・春官・大宗伯}以肆獻祼享先王. {註}祼之言灌, 灌以鬱鬯, 謂始獻尸求神時也. {書・洛誥}王入大室祼. {疏}以圭瓚酌鬱鬯之酒以獻尸, 尸受祭而灌於地, 因奠不飮謂之祼. 又{周禮・春官・典瑞}祼圭有瓚, 以肆先王, 以祼賓客. {疏}祼皆據祭而言, 至於生人飮酒, 亦曰祼, 故禮記投壺云: 奉觴賜灌, 是生人飮酒爵行亦曰祼也. 按此則祼與灌通. 說文 <示部> 古玩切. 灌祭也. 从示果聲.

D0005 U-797F

•祿• 示字部 總13劃. ᄒᆞᆫ글 [록] 복. 新典 [록] 복. 록, 료. 착할. 불귀신. 죽을. 類合 [록] 록. 英譯 blessing, happiness, prosperity. 康熙 <示部> {唐韻}{集韻}{韻會}{正韻}𠀤盧谷切, 音鹿. {說文}福也. {廣韻}善也. {詩・商頌}百祿是何. {箋}當擔負天之多福. 又俸也. 居官所給廩. {禮・王制}位定然後祿之. {周禮・天官・大宰}以八柄詔王馭羣臣, 二曰祿. {疏}以功詔祿. 祿, 所以富臣下, 故云. {禮・曲禮}士曰不祿. {疏}士祿以代耕. 不祿, 不終其祿也. 又司祿, 星名. {史記・天官書}文昌宮六曰司祿. 又回祿, 火神. {左傳・昭十八年}鄭禳火於回祿. 又姓. 紂子祿父後. 又州名. 廣南化外有福祿州, 唐總章二年置. 又天祿, 獸名. {前漢・西域傳註}似鹿, 長尾, 一角者爲天祿, 兩角者爲辟邪. 漢有天祿閣, 因獸立名, 藏祕書. 又{廣韻}龍玉切, 音錄. 祿祿, 形貌爲禮也. 陸德明說. 又叶錄直切, 音力. {漢昭帝冠詞}摛顯先帝之光耀, 以承皇天之嘉祿. 欽奉仲春之吉辰, 普遵大道之郊域. 又叶歷各切, 音落. {前漢・敘傳}位過厥任, 鮮終其祿. 博之翰音, 鼓妖先作. 說文 <示部> 盧谷切. 福也. 从示彔聲.

禍 A0021 U-798D

•禍• 示字部 總14劃. 훈글 [화] 재화. 新典 [화] 앙화. 재앙. 類合 [화] 지화. 英譯 misfortune, calamity, disaster. 康熙 <示部> 古文: 旤祻𡝩禍. {唐韻}{正韻}胡果切, {集韻}戸果切, {韻會}合果切, 𠀤和上聲. {說文}害也, 神不福也. {釋名}毀也, 言毀滅也. {增韻}殃也, 災也. {詩・小雅}二人從行, 誰爲此禍. {禮・表記}君子愼以避禍. 又作旤. {前漢・五行志}六畜謂之旤, 言其著也. 又作禍. {晉書・文帝紀}禍同發機. 又叶後五切, 戸上聲. {馮衍・顯志賦}昔三后之純粹兮, 每季世而窮禍. 弔夏桀於南巢兮, 哭殷紂於牧野. 野, 音竪. 又叶紙韻, 虎委切. {荀子・成相篇}世之禍, 惡賢士, 子胥見殺百里徙. 又叶支韻, 許規切. {荀子・成相篇}論臣過, 反其施, 尊主安國尚賢義, 距諫飾非, 愚而上同, 國必禍. 義叶宜. 說文 <示部> 胡果切. 害也, 神不福也. 从示咼聲.

福 A0014 U-798F

•福• 示字部 總14劃. 훈글 [복] 복. 新典 [복] 복. 아름다울. 착할. 샹셔. 음복할. 訓蒙 [복] 복. 英譯 happiness, good fortune, blessing. 漢典 形聲. 從示, "畐"聲. 聲符亦兼表字義. "畐", 本象形, 是"腹"字的初文, 上象人首, "田"象腹部之形. 腹中的"十"符, 表示充滿之義, 則"畐"有腹滿義. "福""富"互訓, 以明家富則有福. 本義: 福氣, 福運. 與"禍"相對. 康熙 <示部> 古文: 畗. {唐韻}{集韻}{韻會}𠀤方六切, 膚入聲. 祐也, 休也, 善也, 祥也. {禮・祭統}福者, 備也. {易・謙卦}鬼神害盈而福謙. {書・洪範}嚮用五福. 又{釋名}福, 富也. 其中多品如富者也. 又祭祀胙肉曰福. {周禮・天官・膳夫}祭祀之致福者, 受而膳之. {穀梁傳・僖十年}祠致福於君. 又福猶同也. {張衡・西京賦}仰福帝居, 陽曜陰藏. {薛註}言今長安宮, 上與五帝所居之太微宮, 陽時則見, 陰時則藏, 同法也. 又州名. 秦閩中郡, 陳立閩州, 唐改福州. 又姓. 元忠臣福壽. 又{集韻}{韻會}𠀤敷救切, 音副. 藏也. {史記・龜筴傳}邦福重龜. {註}徐廣讀. 又叶筆力切, 音偪. {詩・大雅}自求多福. {儀禮・士冠禮}介爾景福. 俱叶上德字. {正字通}福本有偪音. 說文从示畐聲. 賈誼治安策, 疏者或制大權, 以福天子. 乃偪譌爲福, 非福與偪通也. 諸韻書誤以爲福, 偪同音共義, 合爲一, 蓋未詳毛詩, 儀禮及安世房中歌, 班固明堂詩, 福皆讀偪, 與偪義不相通也. 韻會職韻逼字註云, 通作福. 字彙福與逼同, 尤非. 說文 <示部> 方六切. 祐也. 从示畐聲.

禘 A0007 U-7998

•禘• 示字部 總14劃. 훈글 [체] 종묘제사이름. 新典 [톄] 톄제. 英譯 imperial ancestor worship. 漢典 形聲. 從示, 帝聲. 本義: 古代帝王, 諸侯舉行各種大祭的總名. 康熙 <示部> {唐韻}特計切, {集韻}{韻會}{正韻}大計切, 𠀤音第. 王者大祭名. {禮・大傳}禮, 不王不禘, 王者禘其祖之所自出, 以其祖配之. ○ 按: 禘祫之說, 千古聚訟. 鄭康成據{禮緯}三年一祫, 五年一禘, 謂祫大禘小. 王肅張融孔晁輩, 謂祫小禘大, 確分禘祫爲兩祭. 通考{禮}經, 禘祫實一事, 而禘卽時祭中之一也, 夫祫从示从合, 是凡合祭皆爲祫. 禘从示从帝, 蓋帝祭之稱, 其制始帝舜, 夏, 商, 周, 因之, 其義取審諦昭穆, 上追祖所自出, 下及毁廟未毁廟之主, 天子四時之祭, 春礿, 夏禘, 秋嘗, 冬烝, {祭統}{王制}每𠀤舉之, 而要莫大於禘, 故{春秋}獨書大事, {公羊}亦以禘之祫爲特大而著之曰大祫也. 先儒以{春秋}{公羊}於此俱不言禘, 遂謂別有祫祭, 獨杜預

以{左傳}無祫祭之文, 因以禘釋大事. 孔穎達疏曰: 祫卽禘也, 取其序昭穆, 謂之禘, 取其合羣祖, 謂之祫, 誠不易之解矣. 趙匡又泥以祖配之之文, 謂不及羣祖, 夫始祖下皆曰祖, 以祖配之, 獨不包諸祖乎. 且{爾雅}釋祭云禘, 大祭也. 若止禘祖所自出, 非大合昭穆, 得爲大祭乎. 元儒黃楚望曰: 始祖率有廟無廟之主, 以共享於所自出, 所以使子孫皆得見其祖, 又以世次久遠, 見始祖之功德爲尤盛也, 斯深得制禘之旨矣. (說文) <示部> 特計切. 諦祭也. 从示帝聲. {周禮}曰: "五歲一禘."

A0021 U-79A6

•禦• 示字部 總16劃. (ᄒᆞᆫ글) [어] 막을. (新典) [어] 막을. 그칠. (類合) [어] 마글. (英譯) defend, resist, hold out against. (漢典) 會意. 甲骨文字形. 左爲"行"的省寫, 中爲繩索形, 右是"人"形. 意爲人握轡行于道中, 即駕馭車馬. 本義: 駕馭車馬. (康熙) <示部> {集韻}牛據切, {韻會}{正韻}魚據切, 𠀤音禦. 扞也, 拒也. {易・蒙卦}利禦寇. {註}爲之扞禦, 則物咸附之. {左傳・隱九年}北戎侵鄭, 鄭伯禦之. 又止也. {易・繫辭}以言乎遠, 則不禦. {疏}謂無所止息也. {左傳・昭十六年}孔張後至, 立於客閒, 執政禦之. {註}禦, 止也. 又{廣韻}魚巨切, {集韻}偶擧切, {韻會}魚許切, {正韻}偶許切, 𠀤音語. 義同. 又{說文}祀也. 又古通御. {詩・邶風}亦以御冬. {毛傳}御, 禦也. 亦通語. {史記・東越傳}禦兒侯. {正義}禦, 今作語. 又{韻會}禦亦作圉, 守之也. 亦作圄. {前漢・王莽傳}不畏强圉. 又{莊子・繕性篇}其來不可圉. ○ 按{說文}圉, 守也. 圄, 令圄也. 禦, 祀也. 今文圉爲囹圄字, 圄爲牧圉字, 禦爲守禦字, 相承久矣, 而禦祀義不復見. (說文) <示部> 魚擧切. 祀也. 从示御聲.

A0015 U-79A9

•禩• 示字部 總16劃. (ᄒᆞᆫ글) [사] 제사. (新典) [사, ᄉᆞ] 해. (康熙) <示部> {集韻}同祀.

A0019 U-79AE

•禮• 示字部 總18劃. (ᄒᆞᆫ글) [례] 예도. (新典) [례] 례도. (訓蒙) [례] 례수. (英譯) social custom. manners. courtesy. rites. (康熙) <示部> 古文: 礼𥘯𠪞. {廣韻}盧啓切, {集韻}{韻會}里弟切, {正韻}良以切, 𠀤音蠡. {說文}禮, 履也, 所以事神致福也. {釋名}禮, 體也. 得其事體也. {韻會}孟子言禮之實節文斯二者, 蓋因人心之仁義而爲之品秩, 使各得其敘之謂禮. 又姓. {左傳}衞大夫禮孔. {徐鉉曰}五禮莫重於祭, 故从示. 豊者, 其器也. (說文) <示部> 靈啓切. 履也. 所以事神致福也. 从示从豊, 豊亦聲.

A0092 U-79B1

•禱• 示字部 總19劃. (ᄒᆞᆫ글) [도] 빌. (新典) [도] 빌. (訓蒙) [도] 빌. (英譯) pray. entreat, beg, plead. prayer. (康熙) <示部> 古文: 𥛛𥜄. {唐韻}{正韻}都皓切, {集韻}{韻會}覩老切, 𠀤音倒. {說文}告事求福也. {周禮・春官}大祝作六辭, 以通上下親疏遠近, 五曰禱. {註}如趙文子成室, 張老曰: 歌於斯, 哭於斯, 聚國族於斯, 君子謂之善頌善禱. 又{廣韻}{正韻}都導切, {集韻}{韻會}刀號切, 𠀤音到. 義同. 又叶丁口切, 音斗. {詩・小雅}吉日維戊, 旣伯旣禱. 叶下

阜醜, 戊讀牡. 又{易林}白茅醴酒, 神巫拜禱. 說文 <示部> 都浩切. 告事求福也. 从示壽聲.

A0237 U-79BD

•禽• 内字部 總13劃. 한글 [금] 날짐승. 新典 [금] 야새. 사로잡을. 訓蒙 [금] 새. 英譯 birds, fowl. surname;. capture. 漢典 象形. 本義: 走獸總名. 康熙 <内部> 古文: 禽. {唐韻}{集韻}巨今切, {韻會}{正韻}渠今切, 𠀤音琴. {爾雅・釋鳥}二足而羽謂之禽, 四足而毛謂之獸. {白虎通}禽, 鳥獸總名, 言爲人禽制也. {孔穎達云}王用三驅失前禽, 則驅走者亦曰禽. {于越志}臨川吳澄問東隅吳正道禽獸二字, 正道曰: 禽卽獸也. 曰: 兩翼爲禽, 四足爲獸, 何以言. 曰: 禮不云乎, 猩猩能言, 不離禽獸. 又{韻會}鳥獸未孕曰禽. 又戰勝執獲曰禽. {左傳・僖三十三年}外僕髡屯禽之以獻. 通作擒. 又姓. {左傳}魯大夫禽鄭. {高士傳}禽慶. 又叶渠容切, 音窮. {易林}吉日車攻, 田弋獲禽. 宣王飮酒, 以告嘉功. 又{字彙補}龍支切, 音離. {魏志・和洽傳}謚簡侯子禽. 說文 <内部> 巨今切. 走獸總名. 从厹, 象形, 今聲. 禽, 离, 兕頭相似.

A0420 U-79BE

•禾• 禾字部 總05劃. 한글 [화] 벼. 新典 [하] 벼. 訓蒙 [화] 쉬. 英譯 grain still on stalk. rice plant. 漢典 象形. 金文字形, 象垂穗的禾本科農作物. 漢字部首之一. 從"禾"的字多與農作物有關. 本義: 谷類作物的總稱. 康熙 <禾部> {唐韻}{正韻}戶戈切, {集韻}{韻會}胡戈切, 𠀤音和. {說文}嘉穀也. 二月始生, 八月而孰, 得時之中, 故謂之禾. 禾, 木也. 木王而生, 从木从𠂹省, 𠂹象其穗. {春秋・莊二十八年}大無麥禾. {疏}麥熟於夏, 禾成在秋. 又凡穀皆曰禾. {詩・豳風}十月納禾稼, 黍稷重穋, 禾麻菽麥. {疏}苗生旣秀謂之禾. 禾是大名, 非徒黍稷重穋四種, 其餘稻秫苽粱皆名禾, 惟麻與菽麥無禾稱, 故再言禾以總之. 又{山海經}玉山, 王母所居. 昆侖之墟, 其上有木禾, 長五尋, 大五圍, 二月生, 八月熟. {註}木禾穀類可食. {鮑照詩}遠食玉山禾. 又禾, 和也. {尚書序}唐叔得禾, 異畝同穎, 王命歸周公於東, 作歸禾, 周公得命禾, 旅天子命作嘉禾. {孔傳}異畝同穎, 天下和同之象. {疏}後世同穎之禾, 遂名嘉禾, 由此. 又姓. 說文 <禾部> 戶戈切. 嘉穀也. 二月始生, 八月而孰, 得時之中, 故謂之禾. 禾, 木也. 木王而生, 金王而死. 从木, 从𠂹省. 𠂹象其穗. 凡禾之屬皆从禾.

A0423 U-5E74

•年• 禾字部 總06劃. 한글 [년] 해. 新典 [년] 해. 나. 나갈. [견] 평할. 類合 [년] 힉. 英譯 year. new-years. persons age. 漢典 形聲. 甲骨文字形, 上面是"禾", 下面是"人", 禾谷成熟, 人在負禾. 小篆字形, 從禾, 千聲. 本義: 年成, 五谷成熟. 康熙 <禾部> 古文: 秊. {唐韻}{廣韻}奴顚切, {集韻}{類篇}{韻會}寧顚切, {正韻}寧田切, 𠀤撚平聲. {說文}本作秊. 穀熟也. 从禾千聲. {春秋・桓三年}有年. {穀梁傳}五穀皆熟爲有年. {宣十六年}大有年. {穀梁傳}五穀大熟爲大有年. 又歲也. {爾雅・釋天}夏曰歲, 商曰祀, 周日年, 唐虞曰載. {註}歲取星行一次, 祀取四時一終, 年取禾一熟, 載取物終更始. {疏}年者, 禾熟之名. 每歲一熟, 故以爲歲名. {周禮・春官}正歲年以序事. {註}中數曰歲, 朔數曰年. {疏}一年之內, 有二十四氣. 節氣在前, 中氣在後. 節氣一名朔氣. 中氣帀則爲歲, 朔氣帀則爲年. {左傳・宣三年}卜年七百. 又齒也. {釋名}年, 進也. 進而前也. {禮・王制}凡三王養老, 皆引年. {註}引年, 挍年也. {左

傳・定四年}武王之母弟八人, 周公爲太宰, 康叔爲司寇, 聃季爲司空, 五叔無官, 豈尙年哉. {註}言以德爲輕重, 而不以齒爲先後也. 又姓. {萬姓統譜}永樂中有年當, 懷遠人, 歷官戶部尙書. 又叶禰因切, 音紉. {前漢・敘傳}封禪郊祀, 登秩百神. 協律改正, 享玆永年. {崔駰・襪銘}長履景福, 至於億年. 皇靈旣佑, 祉祿來臻. 又{集韻}乃定切, 音佞. 人名. {公羊傳・襄三十年}年夫. {釋文}年音佞. 二傳作佞夫. {集韻}亦書作秊. 唐武后作埊.

A0159 U-79C9

•秉• 禾字部 總08劃. 훈글 [병] 잡을. 新典 [병] 잡올, 움큼. 類合 [병] 자불. 英譯 grasp, hold. bundle. authority. 漢典 會意. 從又, 從禾, 表示以手持禾. “又”篆體象一只手. 本義: 禾把, 禾束. 康熙 <禾部> {唐韻}兵永切, {集韻}{韻會}{正韻}補永切, 丛音丙. 禾盈把也. {詩・小雅}彼有遺秉. {疏}秉, 把也. {禮・聘禮}四秉曰筥. {註}此秉謂刈禾盈手之秉, 筥穧名, 今萊易閒刈稻聚把有名爲筥者. 又米數. {禮・聘禮}十斗曰斛, 十六斗曰籔, 十籔曰秉. 又{小爾雅}鐘二謂之秉, 秉十六斛. ○ 按{儀禮}禾米之秉, 字同數異. 惟徐氏{韻譜}二石爲秉, 又是一說. 蓋石卽斛也. 冉子與粟五秉. 據{儀禮}爲八十石, 據徐氏止十石, 多寡迥別, 俟考正. 又執持也. {禮・禮運}天秉陽垂日, 星地秉陰竅於山川. {詩・大雅}民之秉彝. {書・君奭}秉德明恤. 又去聲, 陂病切. 與柄同. {史記・天官書}二十八舍主十二州, 斗秉兼之. {絳侯世家}許負相周亞夫曰: 君後三歲而侯, 侯八歲爲將相, 持國秉. 又姓. ○ 按{說文}秉, 从又持禾, {正字通}秉載鐘鼎文秉字重出. 數字原从婁从殳. 說文 <又部> 兵永切. 禾束也. 从又持禾.

A0424 U-79CB

•秋• 禾字部 總09劃. 훈글 [추] 가을. 新典 [츄] 가을. 말 쉬놀. 訓蒙 [츄] ᄀᆞᄋᆞᆯ. 英譯 autumn, fall. year. 漢典 象形. 甲骨文字形爲蟋蟀形, 蟲以鳴秋, 借以表達“秋天”的槪念. 另一寫法, 是蟋蟀形下加“火”字, 表示秋天禾谷熟, 似火灼. 籒文又添加“禾”旁. 本義: 收成, 成熟的莊稼. 康熙 <禾部> 古文: 穮龝穐龝. {唐韻}七由切, {集韻}{韻會}雌由切, {正韻}此由切, 丛音鰌. 金行之時. {爾雅・釋天}秋爲白藏. {註}氣白而收藏也. {釋名}秋, 就也, 言萬物就成也. 又緧也, 緧迫品物使時成也. 又{說文}禾穀熟也. {禮・月令}孟夏麥秋至. {陳澔曰}秋者, 百穀成熟之期, 此於時雖夏, 於麥則秋, 故云麥秋. {書・盤庚}乃亦有秋. 又{禮・鄕飮酒義}西方者秋. 秋, 愁也. 愁之以時, 察守義者也. {註}愁讀爲揫, 斂也. 察嚴殺之貌. {春秋・繁露}秋之言猶湫也. 湫者, 憂悲狀也. 又九月爲三秋. {詩・王風}一日不見, 如三秋兮. 又四秋. {管子・輕重乙篇}歲有四秋, 而分有四時. 故曰: 農事且作, 請以什伍農夫賦耜鐵. 此謂春之秋. 大夏且至, 絲纊之所作, 此謂夏之秋. 大秋成, 五穀之所會, 此謂秋之秋. 大冬營室中, 女事紡績緝縷之所作, 此謂冬之秋. 又{廣韻藻}竹秋, 三月也. 蘭秋, 七月也. 又秋秋, 馬騰驤貌. {前漢・禮樂志}飛龍秋游上天. 又{揚雄・羽獵賦}秋秋蹌蹌入西園. {荀子・解蔽篇}鳳凰秋秋. {註}秋秋, 猶蹌蹌. 謂舞也. 又春秋, 魯史名. 又大長秋, 皇后官名. {前漢・百官表}景帝更將行爲大長秋. {師古註}將行, 秦官名. 秋者, 收成之時, 長者, 恆久之義. 又姓. 又七遙切, 音鍫. {揚雄賦}秋秋蹌蹌. 蕭該讀. 又{荀子・解蔽篇}鳳凰秋秋, 其翼若干, 其音若簫. 秋與簫爲韻. 又楚俱切, 音蒭. {水南翰記}北方老嫗八九十歲, 齒落更生者, 能於夜出, 食人嬰兒, 名秋姑. 秋讀如蒭酒之蒭. 說文 <禾部> 七由切. 禾穀孰也. 从禾, 𪚲省聲.

A0422 U-79DC

•秜• 禾字部 總10劃. 훈글 [니] 돌벼. 新典 [리] 돌벼. 康熙 <禾部> {集韻}{韻會}𠀤女夷切, 音尼. {說文}稻今年落, 來年自生, 謂之秜. {長箋}尼訓从後至, 故从尼. 又{玉篇}小麥也. 又{廣韻}力脂切, {集韻}良脂切, 𠀤音棃. 義同. 又{集韻}尼質切, 音暱. 稻先熟者. 說文 <禾部> 里之切. 稻今秊落, 來秊自生, 謂之秜. 从禾尼聲.

A0429 U-79DD

•秝• 禾字部 總10劃. 훈글 [력] 나무 성글. 英譯 (Cant.) excessively thin. 康熙 <禾部> {唐韻}{集韻}𠀤郎擊切, 讀若歷. {說文}稀疏適也. 凡歷曆等字從此. 或作䅇. 說文 <秝部> 郎擊切. 稀疏適也. 从二禾. 凡秝之屬皆从秝. 讀若歷.

A0425 U-79E6

•秦• 禾字部 總10劃. 훈글 [진] 벼 이름. 新典 [진] 진벼. 英譯 feudal state of Qin. the Qin dynasty (from which the name China comes). 漢典 會意. 從禾, 從舂省. 本義: 禾名. 假借爲專名用字. 康熙 <禾部> 古文: 𥢈. {唐韻}{廣韻}匠隣切, {集韻}{類篇}{韻會}{正韻}慈隣切, 𠀤音螓. 國名. {說文}伯益之後所封國. 地宜禾. {詩・秦風・車鄰註}秦, 隴西谷名. 在雍州鳥鼠山之東北. {疏}今秦亭, 秦谷也. {韻會}春秋秦國, 漢置天水郡, 後魏改秦州. {釋名}秦, 津也. 其地沃衍有津潤也. 又三秦. {史記・項羽紀}三分關中, 王秦降將, 章邯雍王, 司馬欣塞王, 董翳翟王, 爲三秦. 又大秦國. {後漢・西域傳}大秦在海西, 亦云海西國. 其人民長大平正, 有類中國, 故謂之大秦. 又姓. 秦自顓頊後, 子嬰旣滅, 支庶以爲秦氏. 又{說文}一曰秦, 禾名. 又叶慈良切, 音牆. {易林}玉璧琮璋, 執贄是王. 百里寧越, 應聘齊秦. 說文 <禾部> 匠鄰切. 伯益之後所封國. 地宜禾. 从禾, 舂省. 一曰秦, 禾名.

A0322 U-7A1F

•稟• 禾字部 總13劃. 훈글 [품] 줄. 新典 [픔] 줄. 바들. 엿줄, 살욀. 類合 [품] 톨. 英譯 report to, petition. 康熙 <禾部> {唐韻}{集韻}{韻會}𠀤力錦切, 音懍. {說文}賜穀也. 从㐭从禾. {徐曰}公稟賜之也. {廣韻}與也. {增韻}供也, 給也, 受也. {禮・中庸}旣稟稱事. {歐陽氏曰}古者給人以食, 取之倉廩, 故因稱稟給, 稟食. {前漢・孝文紀}吏稟當受鬻者. {師古註}稟, 給也. 又{唐韻}{集韻}{韻會}𠀤筆錦切, 賓上聲. 受命曰稟. {書・說命}臣下罔攸稟令. {傳}稟, 受也. 毛氏曰: 今俗以白事爲稟, 古無此義. 又水名. {水經注}長社北界有稟水. 又{集韻}逋鴆切, 賓去聲. 受也. {韻會}俗作禀, 非. 說文 <㐭部> 筆錦切. 賜穀也. 从㐭从禾.

A0427 U-7A20

•稠• 禾字部 總13劃. 훈글 [조] 빽빽할. 英譯 dense, crowded, packed. soupy. 漢典 形聲. 從禾, 周聲. 本義: 禾多而密. 康熙 <禾部> {唐韻}直由切, {集韻}{韻會}陳留切, {正韻}除留切, 𠀤音儔. {說文}多也. {廣韻}概也. {增韻}密也. 又穊也. {戰國策}書策稠濁. {束晳・

補華黍詩}黍發稠華. 又地名. {北史・魏本紀}永熙三年二月, 帝至稠桑. 又姓. {前漢・功臣表}常樂侯稠雕. 又{增韻}通作綢. {詩・小雅}綢直如髮. {箋}綢, 密也. 又{集韻}田聊切, 音迢. {莊子・天下篇}可謂稠適而上遂矣. {註}音調. 本亦作調. 又{集韻}徒弔切, 音耀. 動搖貌. {前漢・揚雄傳}天下稠嶽. {註}稠, 徒弔反. (說文) <禾部> 直由切. 多也. 从禾周聲.

稱 A0243 U-7A31

•稱• 禾字部 總14劃. (훈글) [칭] 일컬을. (新典) [칭] 저울질할. 날날. 인카를. 들. 이름할. 저울. 헤아릴. 마즐. 맛가즐. 갓흘. 벌. (類合) [칭] 일ㅋ롤. (英譯) call. name, brand. address. say. (康熙) <禾部> {唐韻}處陵切, 音偁. 知輕重也. {說文}銓也. 春分而禾生, 夏至晷景可度, 禾有秒, 秋分而秒定, 律數十二秒當一分, 十分爲寸, 其重以十二粟爲一分, 十二分爲銖. 故諸程品皆从禾. {禮・月令}蠶事旣登, 分繭稱絲效功, 以共郊廟之服. 又揚也, 謂也. {禮・表記}君子稱人之善則爵之. {前漢・賈誼傳}以能誦詩書屬文, 稱於郡中. 又言也. {禮・檀弓}言在不稱徵. {射義}好學不倦, 好禮不變, 旄期稱道不亂. 又舉也. {書・牧誓}稱爾戈. {疏}戈短, 人執以舉之, 故言稱. 又名號謂之稱. {孟子・題詞}子者, 男子之通稱. 又姓. {前漢・功臣表}新山侯稱忠. 又{廣韻}昌證切, {集韻}{韻會}昌孕切, 丛音秤. 權衡正斤兩者. 俗作秤. 見前. 又度也, 量也. {易・謙卦}君子以稱物平施. 又適物之宜也. {易・繫辭}巽稱而隱. {禮・禮器}禮不同, 不豐, 不殺, 蓋言稱也. 又愜意. {爾雅・釋詁}稱, 好也. {註}物稱人意亦爲好. 又相等也. {周禮・冬官考工記輿人}爲車輪崇車廣衡長, 參如一謂之參稱. {註}稱, 猶等也. 又衣單複具曰稱. {禮・喪大記}袍必有表, 不禪. 衣必有裳, 謂之一稱. {註}袍, 褻衣, 必有以表之, 乃成稱也. 又副也. {前漢・孔光傳}無以報稱. 又舉也. {前漢・食貨志}當其有者, 半賈而賣, 亡者取倍稱之息. {註}稱, 舉也. 今俗謂之舉錢. (說文) <禾部> 處陵切. 銓也. 从禾爯聲. 春分而禾生. 日夏至, 晷景可度. 禾有秒, 秋分而秒定. 律數: 十二秒而當一分, 十分而寸. 其以爲重: 十二粟爲一分, 十二分爲一銖. 故諸程品皆从禾.

稷 A0421 U-7A37

•稷• 禾字部 總15劃. (훈글) [직] 기장. (新典) [직] 피. (訓蒙) [직] 피. (英譯) god of cereals. minister of agriculture. (漢典) 形聲. 從禾, 畟聲. 表示與農作物有關. 本義: 稷谷. (康熙) <禾部> 古文: 稅. {唐韻}子力切, {集韻}{韻會}{正韻}節力切, 丛音卽. {說文}齋也. 五穀之長. {徐曰}案本草, 稷卽穄, 一名粢. 楚人謂之稷, 關中謂之糜, 其米爲黃米. {通志}稷苗穗似蘆, 而米可食. {月令章句}稷, 秋種夏熟, 歷四時, 備陰陽, 穀之貴者. {詩・王風}彼稷之苗. {禮・曲禮}稷曰明粢. 又神名. {風俗通義}稷, 五穀之長. 五穀衆多, 不可徧祭, 故立稷而祭之. 又農官名曰后稷. {書・舜典}汝后稷播時百穀. {左傳・昭二十九年}蔡墨曰: 稷, 田正也. 有烈山氏之子曰柱, 爲稷, 自夏以上祀之. 周棄亦爲稷, 自商以來祀之. 又疾也. {詩・小雅}旣齊旣稷. {註}齊整稷疾. 言祭祀禮容莊敬也. ○ 按{毛傳}訓稷爲疾. 鄭箋仍訓黍稷之稷. 朱註本{毛傳}, 宜从毛訓爲是. 又姓. 漢上津令稷嗣. 又地名. {左傳・宣十五年}晉侯治兵于稷. {註}稷, 晉地. 河東聞喜縣西有稷山. {前漢・地理志}西河郡美稷縣. 又與昃通. {穀梁傳・定十五年}戊午日下稷, 乃克葬. {註}稷, 昃也. 下稷謂脯時. ○ 按{隸釋・郙閣碑}言劬勞曰稷, 用{穀梁}日下稷之文, 與{堯母碑}日不稷, {費鳳碑}乾乾日稷同. {集韻}或作䅊. (說文) <禾部> 子力切. 齋也. 五穀之長. 从禾畟聲.

A0422 U-7A3B

•稻• 禾字部 總15劃. 훈글 [도] 벼. 新典 [도] 벼. 訓蒙 [도] 벼. 英譯 rice growing in field, rice plant. 漢典 形聲. 從禾, 舀聲. 本義: 水稻. 康熙 <禾部> {唐韻}徒皓切, {集韻}{韻會}杜皓切, 𠀤音道. {說文}稌也. {韻會}有芒穀, 卽今南方所食之米, 水生而色白者. {禮・曲禮}凡祭宗廟之禮, 稻曰嘉蔬. {詩・豳風}十月穫稻. {周禮・地官・稻人}掌稼下地. {疏}以下田種稻, 故云稼下地. {史記・夏本紀}禹令益予衆庶, 稻可種卑濕. {爾雅翼}稻, 米粒如霜, 性尤宜水, 一名稌. 然有黏, 有不黏, 今人以黏爲稬, 不黏爲秔. 又有一種曰秈, 比於秔小, 而尤不黏, 其種甚早, 今人號秈爲早稻, 秔爲晚稻. {六書故}稻性宜水, 亦有同類而陸種者, 謂之陸稻. 記曰: 煎醢加於陸稻上, 今謂之旱稜. 南方自六月至九月穫, 北方地寒, 十月乃穫. 又姓. {何氏姓苑}今晉陵人. 又地名. {前漢・地理志}琅琊郡有稻縣. 又{集韻}土皓切, 音討. 秔也. 關西語. 又叶徒苟切. {詩・豳風}十月穫稻, 爲此春酒, 以介眉壽. 又叶徒故切, 音度. {易林}蝗齧我稻, 驅不可去. 實穗無有, 但見空藁. 說文 <禾部> 徒皓切. 稌也. 从禾舀聲.

D0098 U-7A45

•穅• 禾字部 總16劃. 훈글 [강] 겨. 新典 [강] 겨. 訓蒙 [강] 겨. 英譯 chaff, bran, husks of grain, from which comes: poor, remiss. 康熙 <禾部> 古文: 康. {唐韻}苦岡切, {集韻}丘岡切, {正韻}丘剛切, 𠀤音康. {說文}穀皮也. 从禾从米, 庚聲. {前漢・貢禹傳}妻子穅豆不贍. {莊子・天運篇}播穅眯目, 則天地四方易位矣. 又{謚法}好樂怠政曰穅. {前漢・諸侯王表}有中山穅王. 又樂器名. {禮・樂記}治亂以相. {註}相卽拊也, 亦以節樂. 拊以韋爲表, 裝之以穅. 穅一名相, 因以名焉. 或省作康. {爾雅・釋器}康謂之蠱. {註}康, 米皮. {集韻}或作粇, 亦作糠. 說文 <禾部> 苦岡切. 穀皮也. 从禾从米, 庚聲.

A0420 U-7A46

•穆• 禾字部 總16劃. 훈글 [목] 화목할. 英譯 majestic, solemn, reverent. calm. 漢典 形聲. 本義: 禾名. 康熙 <禾部> 古文: 敹敹㲾穋. {廣韻}{集韻}{韻會}莫六切, {正韻}莫卜切, 𠀤音目. {說文}禾也. 又{廣韻}美也. {詩・大雅}穆穆文王. {爾雅・釋詁}穆穆, 美也. {疏}語言容止之美盛. 又{釋訓}穆穆, 敬也. {註}容儀敬謹也. 又多也. {禮・曲禮}天子穆穆. {疏}穆穆, 威議多貌. 又{廣韻}和也. {詩・大雅}穆如淸風. {箋}和也. 又{廣韻}厚也, 淸也. 又悅也. {管子・君臣篇}穆君之色. 又昭穆, 廟序也. 一世昭, 二世穆. {禮・祭義}祭之日, 君牽牲, 穆答君. {註}穆, 子姓也. {疏}父昭, 子穆. 姓, 生也. 是昭穆所生謂子孫. 又{謚法}布德執義, 中情見貌𠀤曰穆. 又姓. 漢有穆生. 又與睦同. {趙岐・孟子註}君臣集穆. 又通作繆. {禮・大傳}序以昭繆. {註}與穆同. 又{前漢・東方朔傳}於是吳王穆然. {註}張晏曰: 穆音默. 師古曰: 穆然, 靜思貌. 又叶莫筆切. {荀子賦論篇}湣湣淑淑, 皇皇穆穆. 周流四海, 曾不崇日. 說文 <禾部> 莫卜切. 禾也. 从禾㣎聲.

A0324 U-7A61

•穡• 禾字部 總18劃. 훈글 [색] 거둘. 新典 [색, 식] 것을. 앗길. 訓蒙 [식] 거둘. 英譯

farm, harvest grain. stingy. (康熙) <禾部> {唐韻}所力切, {集韻}{韻會}殺測切, 𠀤音色. {說文}穀可收曰穡. {書・盤庚}若農服田力穡, 乃亦有秋. {疏}種之曰稼, 斂之曰穡, 穡是秋收之名. 又{洪範疏}穡, 惜也. 言聚蓄之可惜也. 亦通作嗇. {禮・郊特牲}主先嗇而祭司嗇. {註}先嗇若神農, 司嗇后稷是也. 又愛吝也. {左傳・僖二十一年}臧文仲曰: 務穡勸分. {註}穡, 儉也. {疏}穡是愛惜之義, 故爲儉. 又{昭元年}穆叔曰: 大國省穡而用之. {註}穡, 愛也.

A0421 U-7A67

•穧• 禾字部 總19劃. (호글) [재] 볏단. (新典) [제] 곡식 것을. 벼 빈 움큼 수. (英譯) sheaf. (康熙) <禾部> {唐韻}在詣切, {集韻}{韻會}{正韻}才詣切, 𠀤音劑. {說文}穫刈也. 一曰撮也. {廣韻}刈禾把數. {詩・小雅}此有不斂穧. {疏}穧, 禾之鋪而未束者. 又{廣韻}{集韻}𠀤子例切, 音祭. 又{集韻}疾二切, 音自. 又在禮切, 音薺. 又疾智切, 音漬. 義𠀤同. 又{集韻}同稽. 積禾也. (說文) <禾部> 在詣切. 穫刈也. 一曰撮也. 从禾齊聲.

D0102 U-7A81

•突• 穴字部 總09劃. (호글) [돌] 갑자기. (新典) [돌] 웃독할. 다닥칠. 속일. (英譯) suddenly, abruptly, unexpectedly. (漢典) 會意. 從穴, 從犬. 本義: 犬從洞穴中突然竄出. (康熙) <穴部> 古文: 宊. {廣韻}{韻會}陀骨切, {集韻}他骨切, 𠀤音葖. {揚子・方言}江湘謂卒相見曰突. 一曰出貌. {詩・齊風}突而弁兮. 又觸也, 欺也. {任昉・致大司馬簫衍記室箋}府朝初建, 俊賢翹首, 維此魚目, 唐突璵璠. 又穿也. {左傳・襄二十五年}鄭子展子產伐陳, 宵突陳城. {註}突, 穿也. 又禿也. {荀子・非相篇}孫叔敖突禿長左. {註}謂短髮可凌突人者. 又{爾雅・釋宮}植謂之傳, 傳謂之突. {疏}植謂戶之維持鎖者也, 植木爲之, 又名傳. 又名突也. 又惡馬曰突. {前漢・刑法志}以鞿而御駻突. {註}突, 惡馬. 又竈突. {前漢・霍光傳}其竈直突. {集韻}作堗. 又守城之門. {後漢・竇融傳}公孫述令守突門. {註}突門, 守城之門. 又屈突, 吐突, 𠀤外國姓. 又{說略}雀自塞北來者, 或名曰突厥. 又{集韻}他括切, 音捝. 義同. 又{集韻}徒結切, 音垤. 犬從穴中暫出也. 又滑也. {易・離卦}突如其來如. 王肅讀. 又{集韻}陁沒切, 音揬. 義同. 又{字彙補}都木切, 音督. {山東志}濟南府有趵突泉, 在白雪樓之前. 又叶杜外切, 音兌. {馬融・長笛賦}波瀾鱗淪, 窊隆詭戾. 瀺瀑噴味, 犇遯碭突. (說文) <穴部> 徒骨切. 犬从穴中暫出也. 从犬在穴中. 一曰滑也.

A0678 U-7ACB

•立• 立字部 總05劃. (호글) [립] 설. (新典) [립] 설. 세울. 일울. 구들. 곳. (訓蒙) [립] 셜. (英譯) stand. let stand. establish, set. (漢典) 會意. 甲骨文象一人正面立地之形. 本義: 筆直的站立. (康熙) <立部> {廣韻}{集韻}{韻會}{正韻}𠀤力入切, 音力. {說文}立, 住也. {釋名}立, 林也. 如林木森然, 各駐其所也. {廣韻}立, 行立. {禮・曲禮}立必正方. 又成也. {禮・冠義}而後禮義立. 又堅也. {易・大過}君子以獨立不懼. {論語}三十而立. 又樹立也. {易・說卦傳}立天之道, 曰陰與陽. 立地之道, 曰柔與剛. 立人之道曰仁與義. {書・伊訓}立愛惟親, 立敬惟長. {左傳・襄二十四年}穆叔曰: 太上立德, 其次立功, 其次立言. 又置也, 建也. {書・牧誓}立爾矛. {周禮・天官}建其牧, 立其監. {左傳・桓二年}師服曰: 天子建國, 諸侯立家. 又存立

也. ｛論語｝己欲立而立人. 又速意也. ｛史記・平原君傳｝錐之處囊中, 其末立見. 又直起也. ｛前漢・五行志｝上林苑中, 大柳樹斷仆地, 一朝起立. 又｛杜甫・朝獻太淸宮賦｝四海之水皆立. ｛張翥詩｝蝃蝀下飮湖水立. 又｛趙孟頫詩｝驥聞秋風雙耳立. 又赤立. ｛宋史・喬行簡傳｝百姓多垂罄之竇, 州縣多赤立之帑. 又闕立. ｛張衡・週天大象賦｝闕立擬乎兩觀, 水府司乎百川. 又立政, 尙書篇名, 周公作. 又車名. ｛後漢・輿服志｝有立車. 又與粒通. ｛詩・周頌｝立我烝民. ｛箋｝立, 當作粒. 又姓. 漢有賢人立如子, 唐有長輿令立迷. 又于貴切. 同位. ｛石經春秋｝公卽位, 作公卽立. ｛周禮・春官｝小宗伯掌神位. ｛註｝故書位作立. 鄭司農云: 古者立位同字. (說文) <立部> 力入切. 住也. 从大立一之上. 凡立之屬皆从立.

A0126 U-41C2

•䇂• 立字部 總06劃. (훈글) [건] 허물. (英譯) (ancient form) fault. sin. (康熙) <立部> ｛玉篇｝綺虔切, ｛集韻｝｛類篇｝丘閑切, 𠀤音愆. 罪也. 亦作愆. 又作僁. (說文) <䇂部> 去虔切. 辠也. 从干, 二. 二, 古文上字. 凡䇂之屬皆从䇂. 讀若愆. 張林說.

A0688 U-7ADD

•竝• 立字部 總10劃. (훈글) [병] 아우를. (新典) [반] 짝할. [방] 련할. [병] 견줄. 다. 아오를. 븟들. 함게. (英譯) to combine, annex. also, whats more. (康熙) <立部> ｛廣韻｝蒲迥切, ｛集韻｝｛正韻｝部迥切, 𠀤音倂. ｛類篇｝倂也, 比也, 皆也, 偕也. ｛書・立政｝以竝受此丕丕基. ｛詩・齊風｝竝驅從兩肩兮. ｛禮・禮運｝聖人參於天地, 竝於鬼神. 又｛類篇｝蒲浪切, 傍去聲. 近也. ｛晉書・百官志｝侍中中常侍得入禁中, 散騎竝乘輿車. 又連也. ｛史記・大宛傳｝竝南山. ｛前漢・郊祀志｝北竝勃海. 又｛類篇｝部滿切, 讀如伴. ｛前漢・地理志｝牂柯郡屬縣. ｛註｝竝, 音伴. 亦作並. (說文) <竝部> 蒲迥切. 併也. 从二立. 凡竝之屬皆从竝.

A0128 U-7ADF

•竟• 立字部 總11劃. (훈글) [경] 다할. (新典) [경] 궁진할. 마치. (類合) [경] 므츰. (英譯) finally, after all, at last. (漢典) 會意. 從音, 從人. 本義: 奏樂完畢. (康熙) <立部> ｛廣韻｝｛韻會｝｛正韻｝𠀤居慶切, 音敬. 窮也, 終也. ｛史記・項羽紀｝籍大喜, 略知其意, 又不肯竟學. ｛高祖紀｝歲竟, 兩家常折劵棄責. ｛前漢・元帝紀｝竟寧元年. ｛師古註｝竟者, 終極之言, 言永安寧也. ｛霍光傳｝縣官重太后, 故不竟. ｛師古註｝竟, 窮竟其事也. 又｛說文｝樂曲盡爲竟. 又地名. ｛史記・白起傳｝遂東至竟陵. ｛註｝在郢州長壽縣南百五十里. 又姓. 出｛何氏姓苑｝. 又｛集韻｝舉影切, 音景. 與境同, 界也. ｛禮・曲禮｝入竟而問禁. ｛疏｝竟, 界首也. ｛左傳・莊二十七年｝卿非君命不越竟. ｛字彙補｝按竟界之竟, 宜从上聲. 徐師曾禮註: 字彙附於去聲, 非. 又｛韻補｝叶居亮切, ｛郭璞・不死圖讚｝有人爰處, 員丘之上. 稟此遐齡, 悠悠無竟. (說文) <音部> 居慶切. 樂曲盡爲竟. 从音从人.

A0127 U-7AE5

•童• 立字部 總12劃. (훈글) [동] 아이. (新典) [동] 아이. 웃둑웃둑할. 민동산. (訓蒙) [동]

아히. (英譯) child, boy, servant boy. virgin. (漢典) 形聲. 重省聲. , 罪. 本義: 男奴仆. (康熙) <立部> {廣韻}{正韻}徒紅切, {集韻}{韻會}徒東切, 太音同. 獨也. 言童子未有室家者也. {增韻}十五以下謂之童子. {易・蒙卦}匪我求童蒙. {詩・衞風}童子佩觿. {穀梁傳・昭十九年}羈貫成童. {註}成童, 八歲以上. 又{增韻}女亦稱童子. {禮・記註}女子子在室, 亦童子也. 又邦君妻自稱之謙辭. {論語}夫人自稱曰小童. 又牛羊之無角者曰童. {易・大畜}童牛之牿. {詩・大雅}俾出童羖. 又{釋名}山無草木曰童, 若童子未冠然. {莊子・徐無鬼}堯聞舜之賢, 舉之童土之地. {註}童土, 無草木地. 又地名. {前漢・功臣表}童鄕侯鐘祖. 又草名. {爾雅疏}寓木, 一名宛童. 又稂, 一名童粱. 又童童, 盛貌. {蜀志}先主舍東南角桑樹童童, 如小車蓋. 又{篇海}男有罪爲奴曰童使. {易・旅卦}得童僕貞. {前漢・貨殖傳}童手指千. {註}童, 奴婢也. {韻會補}童, 奴也, 幼也. 今文僮幼字作童, 童僕字作僮, 相承失也. 又姓. {急就篇註}顓頊子號老童, 其後爲姓. {廣韻}漢有琅邪內史童仲玉. 又{集韻}諸容切, 音鐘. {公羊傳・桓十一年}公會宋公于夫童. {註}童, 音鐘. 左氏穀梁皆作鐘. 又借作同. {列子・黃帝篇}狀與我童者, 近而愛之. 狀與我異者, 疏而畏之. {註}童, 同也. 聲之譌也. 又叶徒黃切. 韓愈{此日足可惜詩}驚波暗合沓, 星宿爭翻芒. 馬乏復悲鳴, 左右泣僕童. (說文) <辛部> 徒紅切. 男有辠曰奴, 奴曰童, 女曰妾. 从辛, 重省聲.

A0435 U-7AEF

•端• 立字部 總14劃. (훈글) [단] 바를. (新典) [단] 바를. 머리. 싹. 비롯을. 실 마듸. 오로지. 살필. (類合) [단] 단정. (英譯) end, extreme. head. beginning. (漢典) 形聲. 從立, 耑聲. 本義: 站得直. (康熙) <立部> 古文: 耑. {廣韻}{集韻}{韻會}{正韻}太多官切, 音偳. {說文}直也, 正也. {禮・曲禮}振書端書于君前. {註}端, 正也. {玉藻}目容端. {前漢・賈誼傳}選天下之端士, 孝悌博聞, 有道術者, 以衞翼之. 又{篇海}萌也, 始也, 首也. {禮・禮運}人者, 天地之心, 五行之端也. {公羊傳・隱元年註}上係天端. {疏}天端, 卽春也. 春秋說云: 以元之深, 正天之端. 以天之端, 正王者之政也. {左傳・文元年}先王之正, 時也, 履端于始. {疏}履, 步也, 謂推步曆之初始, 以爲術曆之端首. {孟子}惻隱之心, 仁之端也. {註}端者, 首也. 人皆有仁義禮智之首, 可引用之. 又{廣韻}緖也, 等也. {揚子・方言}緖, 南楚或曰端. 又{增韻}審也. {戰國策}郤疵對智伯曰: 韓魏之君, 視疵端而趨疾. 又專也. {戰國策}敢端其願. {註}端, 猶專也. 又布帛曰端. {禮・記疏}束帛, 十端也. 丈八尺爲端. {小爾雅}倍丈謂之端, 倍端謂之兩, 倍兩謂之疋. 又{周禮・春官}其齊服有玄端, 素端. {鄭司農註}衣有襦裳者爲端. {穀梁傳・僖三年}桓公委端搢笏, 而朝諸侯. {註}端, 玄端之服. {疏}其色玄, 而制正幅無殺, 故謂之玄端. 又地名. {山海經}虢山, 端水出焉, 東流注于河. 又國在流沙中者, 埻端璽喚. {史記・趙世家}與韓魏分晉, 封晉君以端氏. {註}端氏, 澤州縣也. {前漢・地理志}蒼梧郡有端溪. 又姓. 孔子弟子端木賜. 又宮門名. {後漢・黃瓊傳}擧吏, 先試之于公府, 又覆之于端門. {註}端門, 太微宮南門也. 又獸名. {後漢・鮮卑傳}禽獸異于中國者, 野馬, 原羊, 角端牛, 以角爲弓, 俗謂之角端弓. 又{正韻}尺兗切. 與喘同. {荀子・勸學篇}端而言. {註}端, 讀爲喘. 喘, 微言也. 又{韻會小補}美辨切. 同冕. 大夫以上冠也. {禮・玉藻}諸侯玄端以祭, 天子玄端以朝, 日于東門之外. {註}端, 皆音冕. 又{韻補}叶都元切. {陸機・文賦}罄澄心以凝思, 眇衆慮而爲言. 籠天地于形內, 挫萬物于筆端. 又叶多汪切. {楊戲贊秦子敕}正方受遣, 豫聞後綱. 不陳不僉, 造此異端. (說文) <立部> 多官切. 直也. 从立耑聲.

A0126 U-7AF6

•競• 立字部 總20劃. (훈글) [경] 겨룰. (新典) [경] 셩할. 굿셀. 다톨. 쏘츨. 놉흘. 급할. (類合) [경] 결울. (英譯) contend, vie, compete. (漢典) 會意. 甲骨文字形, 象二人競逐. 本義: 爭競, 角逐, 比賽. (康熙) <立部> {廣韻}渠敬切, {集韻}{韻會}渠映切, {正韻}具映切, 太音倞. 彊也. {書・立政}乃有室大競. {爾雅・釋詁}競, 彊也. {左傳・僖七年}心則不競, 何憚于病. 又爭也, 逐也, 高也, 遽也. {詩・商頌}不競不絿. {註}競, 逐也. {左傳・襄十年}鄭其有災乎, 師競已甚. {註}爭競也. {哀二十三年}: 敝邑有社稷之事, 使肥與有職競焉. {註}競, 遽也. 又{增韻}盛也. {左傳・昭三年}二惠競爽. 又{集韻}或作誩. 亦作倞. {周禮・春官・鐘師註}繁遏執倞也. {韻會補}又作傹. {開元五經文字}毛詩: 秉心無傹. 又借作境. {秦詛楚文}奮兵盛師, 以偪俉邊競. 又叶居良切. {黃庭經}魂魄內守不爭競, 神生腹中銜玉鐺. 又叶其兩切. {詩・大雅}靡所止疑, 云徂何往. 君子實維, 秉心無競. 俗作竸. (說文) <誩部> 渠慶切. 彊語也. 一曰逐也. 从誩, 从二人.

A0543 U-7AF8

•競• 立字部 總22劃. (훈글) [경] 겨룰. (新典) [경] 競同. (英譯) contend, vie, compete. (康熙) <立部> {篇海}與竸同.

A0265 U-7AF9

•竹• 竹字部 總06劃. (훈글) [죽] 대. (新典) [죽] 대. (訓蒙) [듁] 대. (英譯) bamboo. flute. KangXi radical 118. (漢典) 象形. 小篆字形, 象竹莖與下垂的葉片. “竹”是漢字的一個部首. 從“竹”的字大部分是樂器, 竹器和記載文字的東西. 本義: 竹子. (康熙) <竹部> {廣韻}{集韻}{韻會}張六切, {正韻}之六切, 太音竺. {說文}冬生靑艸, 象形. 下垂箁箬也. {竹譜}植類之中, 有物曰竹. 不剛不柔, 非草非木. 小異空實, 大同節目. {又}竹雖冬蒨, 性忌殊寒. 九河鮮育, 五嶺實繁. {詩・衛風}綠竹猗猗. {禮・月令}日短至, 則伐木取竹箭. {周禮・夏官}東南曰揚州, 其利金, 錫, 竹箭. {史記・貨殖傳}渭川千畝竹, 其人與千戸侯等. {釋名}竹曰个. {淮南子・俶眞訓}竹以水生. 又八音之一. {周禮・春官}播之以八音: 金石土革絲木匏竹. {禮・樂記}竹聲濫, 濫以立會, 會以聚衆. {史記・律書註}古律用竹. {前漢・律歷志}黃帝使泠綸, 自大夏之西, 崑崙之陰, 取竹之解谷生, 其竅厚均者, 斷兩節閒而吹之, 以爲黃鐘之宮. {釋名}竹曰吹. 吹, 推也, 以氣推發其聲也. 又竹簡. {左傳註}造刑書于竹簡. 又竹帛. {史記・孝文紀}請著之竹帛, 宣布天下. {說文}著之竹帛謂之書. 又竹花, 竹實. {謝靈運・晉書}元康二年, 巴西界竹生花, 紫色, 結實. {本草}竹花一名草華. {莊子・秋水篇}鵷雛非練實不食. {註}練實, 竹實也. 又竹醉日. {岳陽風土記}五月十三日謂之龍生日, 可種竹, {齊民要術}所謂竹醉日也. 又地名. {爾雅・釋地}觚竹, 北戸, 西王母, 日下, 謂之四荒. {史記}伯夷, 叔齊, 孤竹君之二子. {前漢・地理志}孤竹在遼西令支縣. {又}沛郡有竹縣. {註}今竹邑. {又}廣漢郡屬縣有綿竹. {又}零陵郡竹山縣. {水經注}藉水東南流, 與竹嶺水合. {穆天子傳}我徂黃竹. {零陵記}桂竹之野. {楊愼集}桂竹, 後稱貴竹, 今貴州. {福建志}南安縣有苦竹山. 又官名. {唐書・百官志}司竹監掌植竹葦, 供宮中百司簾篚之屬. 又書名: {竹書紀年}{戴凱之・竹譜}{劉美之・續竹譜}. 又姓. {廣韻}伯夷, 叔齊之後, 以竹爲氏. 後漢有下邳相竹曾. 又草名. {永嘉郡志}靑田縣有草, 葉

似竹, 可染碧, 名爲竹青. ｛宛陵詩註｝錦竹, 草名, 似竹而斑. 又木名. ｛益部方物略｝竹柏, 生峨嵋山, 葉繁長而籜似竹. 又花藥名. ｛本草｝石竹, 瞿麥也. 鹿竹, 菟竹, 黃精也. 玉竹, 葳蕤也. 又菜名. ｛齊民要術｝竹菜, 生竹林下, 似芹科而莖葉細, 可食. ｛羣芳譜｝淡竹葉, 一名竹葉菜, 嫩時可食. 又果名. ｛桂海虞衡志｝木竹, 子, 皮色, 形狀全似大枇杷, 肉甘美, 秋冬閒實. 又鼠名. ｛贊寧・筍志｝竹根有鼠, 大如貓, 其色類竹, 名竹豚, 亦名稚子, 杜詩所謂筍根稚子也. 又魚名. ｛桂海虞衡志｝竹魚出灕水, 狀如青魚, 味似鱖. 又酒名. ｛張協・七命｝豫北竹葉. ｛張華詩｝蒼梧竹葉淸. 又｛集韻｝敕六切, 音畜. 萹竹, 草名. 又與屬玉之屬通, 鴨也. ｛揚雄・蜀都賦｝獨竹孤鶬. 又叶職律切. ｛謝惠連・雪賦｝雪宮建于東國, 雪山峙于西域. 岐昌發詠于來思, 姬滿申歌于黃竹. 曹風以麻衣比色, 楚謠以幽蘭儷曲. ｛註｝曲, 區聿切. 竹, 職律切. (說文) <竹部> 陟玉切. 冬生艸也. 象形. 下垂者, 箁箬也. 凡竹之屬皆从竹.

A0332 U-7B2C

•第• 竹字部 總11劃. (훈글) [제] 차례. (新典) [뎨] 차례. 다만. 집. 또. 과가. (訓蒙) [뎨] ᄎ례. (英譯) sequence, number. grade, degree. (漢典) 形聲. 從竹, 弟聲. 本寫作"弟". 本義: 次第, 次序. (康熙) <竹部> ｛廣韻｝特計切, ｛集韻｝｛韻會｝｛正韻｝大計切, 𠀤音弟. 次第也. ｛左傳・哀十六年｝子西曰: 楚國第我死, 令尹, 司馬非勝而誰. ｛註｝用士之次第. 又但也. ｛史記・陳丞相世家｝陛下第出僞遊雲夢. ｛註｝第, 且也, 但也. 又第宅. ｛前漢・高帝紀｝爲列侯者賜大第. ｛註｝孟康曰: 有甲乙次第, 故曰第也. ｛司馬相如・喻巴蜀檄｝位爲通侯, 居列東第. 又複姓. ｛後漢・第五倫傳｝齊諸田徙園陵者多, 故以次第爲氏, 有第五, 第八等氏. 又同弟. ｛說文｝第本作弟, 韋束之次第也. 今爲兄弟字. 又｛集韻｝一曰順也. 又｛韻會｝舊註作苐, 非. 苐, 草也.

D0066 U-7B30

•笰• 竹字部 總11劃. (훈글) [불] 우거질. (英譯) curtain. (康熙) <竹部> ｛廣韻｝分勿切, ｛集韻｝｛正韻｝敷勿切, 𠀤音拂. ｛廣韻｝輿後笰也. ｛詩・小雅｝簟笰魚服. ｛爾雅・釋器｝輿革前謂之艱, 後謂之笰. ｛疏｝笰, 車後戶名也. 又｛集韻｝分物切, 音弗. 箭也. 一曰弆謂之笰. 又｛集韻｝方未切, 音沸. 削矢令漸細.

A0266 U-7B95

•箕• 竹字部 總14劃. (훈글) [기] 키. (新典) [긔] 긔별. 키. 걸어 안줄. (訓蒙) [긔] 키. (英譯) sieve. dust pan, garbage bag. (漢典) 形聲. 從竹, 其聲. 本義: 簸箕, 揚米去糠的器具. (康熙) <竹部> 古文: 𠀠𠁡𥫗𠔱笄𠯑𠈉竹𠔷𠁢. ｛廣韻｝｛集韻｝｛韻會｝居之切, ｛正韻｝堅溪切, 𠀤音姬. 宿名. ｛詩・小雅｝成是南箕. ｛傳｝南箕, 箕星也. 正義曰: 箕, 四星, 二爲踵, 二爲舌, 踵在上, 舌在下, 踵狹而舌廣. ｛韻會｝箕者, 萬物根基, 東方之宿, 考星者多驗於南方, 故曰南箕. ｛爾雅・釋天｝析木之津, 箕斗之閒, 漢津也. ｛疏｝天漢在箕斗二星之閒, 箕在東方木位, 斗在北方水位. 分析水木, 以箕星爲隔. 隔河須津梁以渡, 故此次爲析木之津. ｛史記・天官書｝箕爲敖客, 曰口舌. ｛註｝敖, 調弄也. 箕以簸揚調弄爲象. 又受物有去來. 去來, 客之象. 箕爲天口, 主出氣, 是箕有舌, 象讒言. ｛石氏星經｝箕四宿, 主後宮別府二十七世婦八十一御妻, 爲相天子后也. ｛書・洪範註｝好風者箕星, 好雨者畢星. ｛春秋緯｝月麗于畢, 雨滂沱. 月麗于箕, 風揚沙.

{天官書}箕, 燕之分野. 又{篇海}箕, 簸箕, 揚米去糠之具. 又{廣韻}箕, 箕帚. {禮·曲禮}凡爲長者糞之禮必加帚於箕上. {世本}古者少康作箕帚. 又國名. {書·洪範}王訪于箕子. {註}箕, 國名. 子爵也. 又地名. {山海經}鳖山西二百里曰箕尾之山. {春秋·僖三十三年}晉人敗狄于箕. {註}太原陽邑縣南有箕城. {孟子}益避禹之子於箕山之陰. {疏}箕山, 嵩高之北是也. {前漢·地理志}琅琊有箕縣. {水經注}濰水出箕屋山. 又姓, 晉有大夫箕鄭. 又斯螽別名. {周禮·考工記疏}幽州人謂斯螽爲春箕. 又木名. {鄭語}檿弧箕服. {韋註}箕, 木名. 服, 矢房也. 又{張衡·思玄賦}屬箕伯以函風兮. {註}箕伯, 風師. (說文) <箕部> 居之切. 簸也. 从竹; 𠀠, 象形; 下其丌也. 凡箕之屬皆从箕.

𥳑 箙 A0265 U-7B99

•箙• 竹字部 總14劃. (훈글) [복] 전동. (新典) [복] 젼동. (英譯) quiver. (康熙) <竹部> {廣韻}{集韻}{韻會}{正韻}𠓜房六切, 音服. 盛弓矢器. {周禮·夏官}仲秋獻矢箙. {註}箙, 盛矢器也. {又}田弋充籠箙矢. {註}籠, 竹箙也. {後漢·輿服志}耕車, 置轔耒耜之箙, 上親耕所乘也. 通作服. {詩·小雅}象弭魚服. {鄭語}檿弧箕服. {註}服, 矢房也. {集韻}或作箙韛鞴. (說文) <竹部> 房六切. 弩矢箙也. 从竹服聲. {周禮}: "仲秋獻矢箙."

簋 A0176 U-7C0B

•簋• 竹字部 總17劃. (훈글) [궤] 제기 이름. (新典) [궤] 보궤. (英譯) a square basket of bamboo for holding grain used at sacrifices, feast. (漢典) 會意, 從竹, 從皿, 從皀. 本義: 古代青銅或陶制盛食物的容器, 圓口, 兩耳或四耳. (康熙) <竹部> 古文: 匭朹. {廣韻}居洧切, {集韻}{韻會}矩鮪切, {正韻}古委切, 𠓜音晷. {說文}黍稷方器也. {廣韻}簠簋, 祭器, 受斗二升, 內圓外方曰簋. {周禮·冬官考工記}旊人爲簋, 實一觳, 崇尺. {疏}祭宗廟用木簋, 今此用瓦簋, 祭天地及外神, 尚質, 器用陶瓠之意也. {易·損卦}二簋可用享. {註}離爲日, 日體圓. 巽爲木, 木器圓. 簋象, 則簋亦以木爲之也. {詩·秦風}於我乎每食四簋. {傳}四簋: 黍稷稻粱. {周禮·地官}舍人凡祭祀共簠簋. {儀禮·公食大夫禮}宰夫東面坐啓簋會, 各郤于其西. {史記·太史公自序}墨者尚堯舜, 言道其德行, 曰食土簋. {註}用土作簋. 𣪕. (說文) <竹部> 居洧切. 黍稷方器也. 从竹从皿从皀.

簪 A0266 U-7C2A

•簪• 竹字部 總18劃. (훈글) [잠] 비녀. (新典) [잠, 즘] 비녀. 모들. (訓蒙) [즘] 빈혀. (英譯) hairpin, clasp. wear in hair. (漢典) 形聲. 從竹, 朁聲. 古文字形, 象針形頭飾形. 本義: 簪子. 古人用來插定發髻或連冠于發的一種長針. (康熙) <竹部> 古文: 先簪. {廣韻}側吟切, {集韻}{韻會}緇岑切, {正韻}緇深切, 𠓜音瑨. 首笄也. {釋名}簪, 兟也, 連冠于髮也. 又枝也, 因形名之也. 又{廣韻}作含切, {集韻}{韻會}{正韻}祖含切, 𠓜音鐕. 義同. 又疾也. {易·豫卦}由豫, 大有得, 勿疑, 朋盍簪. {疏}簪, 疾也. 以信待之, 則羣朋合聚, 而疾來也. 又{前漢·百官表}爵一級曰公士, 二上造, 三簪嫋褭. {註}師古曰: 以組帶馬曰褭. 簪褭者, 言飾此馬也. 又{集韻}子感切, 音昝. {易}朋盍簪. 王肅讀. 又徂官切. {易}朋盍簪. 李鼎祚曰: 簪舊讀作攢. {集韻}或作鐕, 簮.

A0432 U-7C73

•米• 米字部 總06劃. (훈글) [미] 쌀. (新典) [미] 쌀, 낫알. (訓蒙) [미] ᄡᆞᆯ. (英譯) hulled or husked uncooked rice. (漢典) 象形, 甲骨文字形. 象米粒瑣碎縱橫之狀. “米”是漢字的一個部首, 從“米”的字與米, 糧有關. 本義: 谷物和其他植物子實去殼后的子實. (康熙) <米部> {廣韻}{正韻}莫禮切, {集韻}{韻會}母禮切, 𠀤瀰上聲. {說文}粟實也. 象禾實之形. {註}穬顆粒也. 十, 其稃彙開而米見也. 八八, 米之形. {鄭康成・詩箋}米之率, 糲十, 粺九, 糳八, 侍御七. {周禮・地官}舍人掌米粟之出入. {註}九穀六米. {疏}九穀六米者, 九穀之中, 黍, 稷, 稻, 粱, 苽, 大豆六者皆有米, 麻與小豆, 小麥三者無米, 故云九穀六米. 又姓. 唐有米嘉榮. 又學名. {禮・明堂位}米廩, 有虞氏之庠也. 又{本草}蛇牀, 一名蛇米. {廣東新語}薏苡, 一名簳米, 亦曰薏珠子. 又{日本土風記}倭國十二支之巳曰米. (說文) <米部> 莫禮切. 粟實也. 象禾實之形. 凡米之屬皆从米.

A0817 U-7C79

•粹• 米字部 總09劃. (훈글) [여] 중배끼. (新典) [여] 즁백기. (英譯) Cake. (康熙) <米部> {集韻}{韻會}{正韻}𠀤忍與切, 音汝. {篇海}粔籹蜜餌, 江南謂之膏糫. 亦作粔. {楚辭・招魂}粔籹蜜餌, 有餦餭些. {註}以蜜和米麪煎熬作粔籹也. 又{廣韻}尼呂切. 音女. 義同. (說文) <米部> 人渚切. 粔籹也. 从米女聲.

D0094 U-7C9F

•粟• 米字部 總12劃. (훈글) [속] 조. (新典) [속] 조. (訓蒙) [속] 조. (英譯) unhusked millet. grain. (漢典) 會意, 象草木果實下垂的樣子. 后隸變爲“西”. 本義: 粟子, 谷子. (康熙) <米部> 古文: 𥻆𠘮𠧚𠧛𣡥. {廣韻}相玉切, {集韻}{韻會}須玉切, {正韻}蘇玉切, 𠀤音涑. {說文}嘉穀實也. {韻會小補}粟爲陸種之首, 米之有甲者. {書・禹貢}四百里粟. {周禮・地官}旅師掌聚野之耡粟, 屋粟, 閒粟. {註}耡粟, 民相助作, 一井之中所出, 九夫之稅粟也. 屋粟, 民有田不耕, 所罰三夫之稅粟. 閒粟, 閒民無職事者所出, 一夫之征粟. {爾雅・釋草註}秫謂黏粟, 與穀相似, 米黏. 北人用之釀酒, 其莖稈似禾而粗大. 又地名. {穀梁傳・文十年}及蘇子盟于女粟. {前漢・地理志}左馮翊屬縣粟邑. {註}莽曰粟城. {水經注}睢水, 又東逕粟縣. 又水名. {水經注}居庸縣故城, 魏上谷郡治, 有粟水在焉. 又官名. {史記・孝景紀}更命治粟內史爲大農. 又國名. {北史・魏明帝紀}大延元年八月, 粟特國遣使朝貢. 又姓. 袁紹魏郡太守粟舉. 又沙謂之粟. {山海經}柜山有英水, 中多丹粟. {註}細丹沙如粟也. 又{廣東新語}連山有八排猺, 自稱猺丁, 曰八百粟. 又叶思積切. 韓愈{進學解}月費俸錢, 歲靡廩粟. 子不知耕, 婦不知織. 本作㮚.

A0658 U-7CA6

•粦• 米字部 總12劃. (훈글) [린] 도깨비불. (英譯) phosphorus. (康熙) <米部> 注解: {廣韻}力刃切, {韻會}良忍切, 𠀤音吝. {說文}鬼火也. 兵死及馬牛之血爲粦. {博物志}戰鬬死亡之處有人馬血, 積年爲粦, 著地入草木, 如霜露不可見. 有觸者, 著人體便有光, 拂拭卽散無數. 又{韻會}或作燐. {淮南子・氾論訓}久血爲燐. 又{陳思王・螢火論}或謂之燐. {詩・豳風・熠燿

宵行・傳}燐也. 燐, 螢火也. {陸佃云}燐火之微名, 故此兩者通謂之燐. {集韻}或作蟒. 又{韻會小補}離眞切, 音鄰. 又里忍切, 音嶙. 義𠀤同. {說文}本作粦. (說文) <炎部> 良刃切. 兵死及牛馬之血爲粦. 粦, 鬼火也. 从炎, 舛.

A0747 U-7CBC

•粼• 米字部 總14劃. (훈글) [린] 물 맑을. (新典) [린] 물 맑을. 셋간슈. (康熙) <米部> {海篇}離珍切, 音璘. 水在石閒粼粼也. {詩・唐風}揚之水, 白石粼粼. {傳}粼粼, 淸澈貌. 亦作磷. 又{韻會補}良忍切, 音嶙. 隱粼川刑. {篇海}同簻. (說文) <巛部> 力珍切. 水生厓石閒粼粼也. 从巛粦聲.

A0527 U-7CDE

•糞• 米字部 總17劃. (훈글) [분] 똥. (新典) [분] 걸음 줄. 쓸. (訓蒙) [분] 쏭. (英譯) manure, dung, night soil. (康熙) <米部> 古文: 𡊄𡋟. {廣韻}{集韻}{韻會}{正韻}𠀤方問切, 音奮. 穢也. {左傳・僖二十八年}榮季曰: 是糞土也. {史記・貨殖傳}貴出如糞土. 又治也, 培也. {禮・月令}可以糞田疇. {疏}壅苗之根也. {荀子・致仕篇}樹落糞本. 又掃除也. {禮・曲禮}凡爲長者糞之禮, 必加帚于箕上. {左傳・昭三年}張趯使謂太叔曰: 糞除先人之敝廬. {荀子・經國篇}堂上不糞, 則郊草不瞻曠芸. {註}糞, 除也. 又非問切, 音分. 掃棄之也. {韓愈文}糞除天下山川. {集韻}又作叁𡊄𡋟坋墳㪟㙗. {韻會}本作粪, 隸作糞. 或作撰. 亦作拚, 又作坌. {玉篇}作粪. {海篇}作糞. {字彙補}作糞. 糞字原作米下黑, 或糞字.

A0432 U-42A4

•䊤• 米字部 總18劃. (훈글) [담] 나물국. (英譯) vegetable mixed with thick soup (broth), congee. gruel. (康熙) <米部> {廣韻}{集韻}𠀤徒感切, 音萏. {說文}糜和也. 又{廣韻}徒含切, 音譚. 義同. 又{集韻}徒紺切, 音啖. 䊤糂, 滓也. 一曰淖糜. (說文) <米部> 徒感切. 糜和也. 从米覃聲. 讀若鄲.

A0877 U-7CF8

•糸• 糸字部 總06劃. (훈글) [사] 가는 실. (新典) [멱] 가는 실. (英譯) silk. KangXi radical 120. (康熙) <糸部> 古文: 糹. {廣韻}莫狄切, 音覓. {說文}細絲也. {徐鍇曰}一蠶所吐爲忽, 十忽爲絲. 糸, 五忽也. 又{博雅}微也. {玉篇}幺也. 又{集韻}新玆切. 絲或省作糸. (說文) <糸部> 莫狄切. 細絲也. 象束絲之形. 凡糸之屬皆从糸. 讀若覛.

A0876 U-7CFB

•系• 糸字部 總07劃. (훈글) [계] 이을. (新典) [혜] 俗音 [계] 맬. 야실 마듸. 이을. 맛아들. (訓蒙) [계] 간. (英譯) system. line, link, connection. (康熙) <糸部> {廣韻}{集韻}{韻會}{正韻}𠀤胡計切, 音繫. {說文}繫也. {博雅}相連繫也. {前漢・敘傳}系高項之玄胄兮. {註}應劭

曰: 連也. {後漢・張衡傳}系曰. {註}系, 繫也. {文選註}言繫賦之前意也. 又{張衡・東京賦}雖系以隤牆塡塹. {註}系, 繼也. 又{左思・魏都賦}本前修以作系. {註}系者, 胤也. 又{廣韻}緒也. {增韻}聯屬也. 又姓. {廣韻}楚有系益. ○ 按{說文}系自爲部, 今倂入. (說文) <糸部> 胡計切. 繫也. 从糸丿聲. 凡系之屬皆从系.

A0881 U-7CFF

•紉• 糸字部 總08劃. (훈글) [공] (미등록). (康熙) <糸部> {海篇}音紡. 出{釋典}. ○ 按卽紡字之譌.

A0880 U-42BC

•紕• 糸字部 總10劃. (훈글) [치] 길삼 모시 끌. (英譯) measuring unit. end of spoilted silk. (康熙) <糸部> {集韻}{韻會}丛醜止切, 音齒. {類篇}績苧一端謂之紕.

A0878 U-7D0A

•紊• 糸字部 總10劃. (훈글) [문] 어지러울. (新典) [문] 얽힐. (類合) [문] 헛글. (英譯) confused, disorder. (漢典) 形聲. 從糸, 文聲. 本義: 亂. (康熙) <糸部> {廣韻}亡運切, {集韻}{韻會}文運切, 丛音問. {說文}亂也. {書・盤庚}若網在綱, 有條而不紊. 又{集韻}無分切, 音文. 義同. (說文) <糸部> 亡運切. 亂也. 从糸文聲. {商書}曰: "有條而不紊."

A0308 U-7D0D

•納• 糸字部 總10劃. (훈글) [납] 바칠. (新典) [납] 드릴. 바들. 밧칠. 너그러울. (訓蒙) [납] 드릴. (英譯) admit, take, receive, accept. (康熙) <糸部> {廣韻}奴答切, {集韻}諾答切, 丛音衲. {說文}絲濕納納也. 又{博雅}入也. {釋名}納, 弭也. 弭之兩致之言也. {書・堯典}寅餞納日. {傳}餞, 送也. 日入言送. 又{舜典}納于百揆. 又夙夜出納, 朕命惟允. 又{禹貢}百里賦納總, 二百里納銍, 三百里納秸. 又{儀禮・旣夕禮}屨外納. {註}納, 收餘也. 又{禮・曲禮}納女于天子. {註}納女, 猶致女也. 又{禮・雜記}納幣一束. {註}納, 徵也. 又姓. {廣韻}出{何氏姓苑}. 又與內同. {周禮・春官・鐘師}納夏. {註}故書納爲內. 又{玉篇}或作衲, 軜. {篇海}補綴也. 又與軜同. {荀子・正論篇}三公奉軛持納. (說文) <糸部> 奴荅切. 絲溼納納也. 从糸內聲.

A0939 U-7D1A

•級• 糸字部 總10劃. (훈글) [급] 등급. (新典) [급] 실 갈피. 층, 두름. (訓蒙) [급] 서흐레. (英譯) level. rank. class, grade. (康熙) <糸部> {廣韻}{正韻}居立切, {集韻}訖立切, 丛音急. {說文}絲次第也. 又{玉篇}階級也. {廣韻}等級. 俗作阪. {禮・曲禮}拾級聚足. {註}級, 等也. 又{月令}貴賤之等級. {史記・秦始皇本紀}拜爵一級. 又{史記・樊噲傳}斬首十五級. (說文) <糸部> 居立切. 絲次弟也. 从糸及聲.

D0161 U-7D1F

•紟• 糸字部 總10劃. 한글 [금] 옷고름. 新典 [금] 옷고름. 단초. 홋니불. 英譯 a sash. to tie. 康熙 <糸部> {集韻}{韻會}𠀤居吟切, 音今. {說文}衣系也. 籒文從金作䋮. {玉篇}結衣也. 亦作衿. {廣韻}紟帶. 或作襟. 又{廣韻}{集韻}{韻會}{正韻}𠀤巨禁切, 音噤. {儀禮·士喪禮}緇絞紟. {註}紟, 單被也. {禮·喪大記}布紟二衾. 又絞紟, 如朝服. {疏}言絞之與紟二者皆以布, 精麤皆如朝服, 俱十五升也. 又{集韻}居蔭切, 音禁. 義同. 又{集韻}渠金切, 音琴. {類篇}布帛名. 又{集韻}其淹切, 音箝. 說文 <糸部> 居音切. 衣系也. 从糸今聲.

A0884 U-7D20

•素• 糸字部 總10劃. 한글 [소] 흴. 新典 [소] 힐. 생초. 빌. 질박할. 바탕. 訓蒙 [소] 힐. 英譯 white (silk). plain. vegetarian. formerly. normally. 康熙 <糸部> {廣韻}桑故切, {集韻}{韻會}{正韻}蘇故切, 𠀤音訴. {說文}作𥿮, 白緻繒也. 从糸𠂹, 取其澤也. {九經字㨾}隷省作素. {小爾雅}縞之麤者曰素. {釋名}素, 朴素也. 已織則供用, 不復加巧飾也. {急就篇註}素謂絹之精白者. {禮·雜記}純以素. {註}素, 生帛也. 又{易·履卦}素履往无咎. {疏}處履之始而用質素. 又{詩·齊風}充耳以素乎而. {傳}素, 象瑱. 又{詩·魏風}不素餐兮. {傳}素, 空也. 又{禮·檀弓}有哀素之心也. {註}凡物無飾曰素. 又{禮器}或素或青. {註}素, 尙白. 又{左傳·僖二十八年}其衆素飽. {疏}素訓爲直. 又{楚語}夫謀必素. {註}素, 猶豫也. 又{博雅}素, 本也. 又姓. {姓氏急就篇}後魏有幷州刺史素延. 又{禮·中庸}素隱行怪. {註}素讀爲傃, 猶鄉也. ○ 按{朱子·中庸章句}, 素, 按{漢書}當作索, 蓋字之誤也. 又與傃通. {戰國策}竭智能, 示情素. {註}素, 傃通, 誠也. 又與嗉通. {史記·天官書}張素爲廚, 主觴客. {註}索隱曰: 素, 嗉也. 又{韻補}叶孫租切. {古詩}新人工織縑, 故人工織素. 織縑日一匹, 織素五丈餘. ○ 按{說文}𥿮自爲部, 今倂入. 縈, 同. 又䋤. 說文 <素部> 桑故切. 白緻繒也. 从糸, 𠂹, 取其澤也. 凡素之屬皆从素.

A0357 U-7D22

•索• 糸字部 總10劃. 한글 [색] 찾을. [삭] 동아줄. 新典 [삭] 노, 삭기. 다할. 헤여질. 두려울. 소삭할. 얽힐. [색, 식] 차즐. 더듬울. 법야. 訓蒙 [삭] 노. 英譯 large rope, cable. rules, laws. to demand, to exact. to search, inquire. isolated. 漢典 會意. 意爲用繩子把木頭束起. 于省吾認爲是繩索. 本義: 大繩子. 康熙 <糸部> {廣韻}蘇各切, {集韻}{韻會}昔各切, 𠀤音𧞤. {說文}作𣺍, 草有莖葉可作繩索. 从宋糸. {韻會}隷作索. {小爾雅}大者謂之索, 小者謂之繩. {急就篇註}索, 總謂切撚之令緊者也. {書·五子之歌}若朽索之馭六馬. {詩·豳風}宵爾索綯. 又{易·震卦}震索索. {疏}心不安之貌. {釋文}懼也. 又{書·牧誓}惟家之索. {傳}索. 盡也. 又{周禮·夏官·方相氏}以索室毆疫. {註}索, 廋也. 又{禮·檀弓}吾離羣而索居. {註}索, 散也. 又{左傳·昭十二年}八索九丘. {書序}八卦之說, 謂之八索. 又地名. {前漢·地理志}武都郡有索縣. 又姓. {左傳·定四年}殷民七族, 有索氏. 又{廣韻}山戟切, {集韻}色窄切, 𠀤音色. 同索, 求也. {禮·曲禮}大夫以索牛. {註}索, 求得而用之. 又{集韻}蘇故切, 音素. {釋名}索, 素也. 八索, 著素王之法也. {屈原·離騷}衆皆競進以貪婪兮, 憑不厭乎求索. 羌內恕以量人兮, 各興心而嫉妒. {註}索, 音素. ○ 按{說文}在木部, 今倂附入. 索从宋, {說文}在宋

部. 說文 <朩部> 蘇各切. 艸有莖葉, 可作繩索. 从朩, 糸. 杜林說: 朩亦朱木字.

A0882 U-7D24

•紤• 糸字部 總10劃. 흔글 [규] 거울. 康熙 <糸部> {字彙補}居有切, 音糺. 鏡也.

A0883 U-7D37

•紷• 糸字部 總11劃. 흔글 [령] 설핏하고 가는 베. 康熙 <糸部> {廣韻}{集韻}竝郎丁切, 音靈. {玉篇}紕絲繐. {廣韻}紕絲一百升. 又絮名. {類篇}緋絮. 一曰絲細湅爲紷, 布細湅爲繐也.

B1411 U-7D39

•紹• 糸字部 總11劃. 흔글 [소] 이을. 新典 [쇼] 이을. 얽을. 쇼개할. 類合 [쇼] 니슬. 英譯 continue, carry on. hand down. to join. 康熙 <糸部> 古文: 綤. {廣韻}{集韻}{韻會}竝市沼切, 音佋. {說文}繼也. 一曰紹, 緊糾也. {書·盤庚}紹復先王之大業. {詩·大雅}弗念厥紹. {禮·樂記}韶繼也. {註}舜樂名也. 言舜能繼紹堯之德. 又{禮·聘儀}介紹而傳命. 又士爲紹擯. {疏}謂繼續承擯. {戰國策}請爲紹介. {註}相佐助也. 又姓. {廣韻}出{姓苑}. 又{集韻}蚩招切, 音弨. 緩也. 引{詩}: 匪紹匪游. 鄭康成讀. 說文 <糸部> 市沼切. 繼也. 从糸召聲. 一曰紹, 緊糾也.

A0879 U-7D42

•終• 糸字部 總11劃. 흔글 [종] 끝날. 新典 [즁] 마지막. 마침, 마칠. 죽을. 訓蒙 [즁] ᄆᆞᄎᆞᆷ. 英譯 end. finally, in the end. 康熙 <糸部> 古文: 冬舁歿冄宍弫冬㚇夂. {廣韻}職戎切, {集韻}{韻會}之戎切, 竝音螽. {說文}絿絲也. 又{玉篇}極也, 窮也. {集韻}一曰盡也. {易·繫辭}{易}之爲書也, 原始要終. {書·仲虺之誥}愼厥終, 惟其始. {詩·大雅}高朗令終. 又{禮·檀弓}君子曰終, 小人曰死. 又{左傳·文元年}先王之正, 時也. 履端于始, 舉正于中, 歸餘于終. {疏}歸其餘, 分置于終末. 言於終末乃置閏也. 又{左傳·襄九年}十二年矣, 是謂一終, 一星終也. 又{爾雅·釋天}月在壬曰終. 又{前漢·刑法志}地方一里爲井, 井十爲通, 通十爲成, 成方十里, 成十爲終. 又姓. {左傳·定四年}殷民七族, 有終葵氏. {史記·秦本紀}秦之先爲嬴姓, 其後分封, 以國爲姓, 有終黎氏. {前漢·終軍傳}終軍, 字子雲, 濟南人也. 又{韻補}叶諸仍切. {周易·坤·文言}以終叶成. 又{韻補}叶諸良切. {陳琳·迷迭香賦}竭歡慶於夙夜兮, 雖幽翳而彌彰. 事罔隆而不殺兮, 亦無始而不終. 說文 <糸部> 職戎切. 絿絲也. 从糸冬聲.

A0885 U-7D72

•絲• 糸字部 總12劃. 흔글 [사] 실. 新典 [사, ᄉᆞ] 실. 사수. 訓蒙 [ᄉᆞ] 실. 英譯 silk. fine thread. wire. strings. 漢典 會意. 從二糸. 糸, 細絲. 本義: 蠶絲. 康熙 <糸部> {廣韻}息玆切, {集韻}{韻會}新玆切, 竝音思. {說文}蠶所吐也. {急就篇註}抽引精繭出緖曰絲. {書

・禹貢}厥貢漆絲. {詩・召南}素絲五紽. {周禮・天官・大宰}嬪婦化治絲枲. 又{典絲}掌絲入而辨其物. {左傳・隱四年}猶治絲而棼之也. 又{周禮・春官・大師}皆播之以八音: 金石土革絲木匏竹. {註}絲, 琴瑟也. 又{禮・緇衣}王言如絲. {疏}微細如絲. {五經文字}絲作絲, 譌. {韻會}俗作〈纟系〉, 誤. ○ 按{說文}絲自爲部, 今併入. 說文 <絲部> 息茲切. 蠶所吐也. 从二糸. 凡絲之屬皆从絲.

A0878 U-7D76

•絶• 糸字部 總12劃. ᄒᆞᆫ글 [절] 끊을. 新典 [절] ᄭᅳᆫ을, ᄭᅳᆫ어질. 멸할. 긔이할. 웃듬. ᄶᅦᆯ. 지날. 그칠. 아득할. 類合 [절] 그츨. 英譯 cut.

絻 A0471 U-7D7B

•絻• 糸字部 總13劃. ᄒᆞᆫ글 [문] 상복. 英譯 mourning. 康熙 <糸部> {廣韻}亾運切. {集韻}{韻會}{正韻}文運切, 𠀤音問. {玉篇}喪服. 或作免. {儀禮・士喪禮}衆主人免于房. {註}今文免皆作絻. {左傳・哀二年}使大子絻. {註}絻, 始發喪之服. 又弔所執紼也. {公羊傳・昭二十五年・齊侯唁公于野井註}弔所執紼曰絻. 又{集韻}美辨切, 音免. 冕或作絻. {史記・禮書}郊之麻絻. {註}絻, 亦作冕. {荀子・正名篇}乘軒戴冕. {註}絻, 與冕同. 又{集韻}無販切, 音萬. 䋎, 省作絻. 引舟繂. 又{廣韻}母官切, {集韻}謨官切, 𠀤音瞞. 連也.

綏 A0820 U-7D8F

•綏• 糸字部 總13劃. ᄒᆞᆫ글 [수] 편안할. 新典 [유] 긔드림. [슈] 편안할. 수레 곳비. 물러갈. 홀여호 암내 낼. 類合 [슈] 인ᄭᅵᆫ. 英譯 soothe, appease, pacify. carriage harness. 康熙 <糸部> 古文: 夊. {廣韻}息遺切, {集韻}{韻會}宣隹切, {正韻}蘇回切, 𠀤音雖. {說文}車中把也. {註}徐鍇曰: 禮升車必正立執綏, 所以安也. {儀禮・士冠禮}壻御婦車授綏. {註}綏, 所以引車者. {禮・曲禮}僕人之禮, 必授人綏. 又{書・禹貢}五百里綏服. {傳}綏, 安也. 安服王者之政敎. {詩・周南}福履綏之. {傳}安也. 又{左傳・文十二年}乃皆出戰交綏. {註}古名退軍爲綏. {疏}{司馬法}將軍死綏. 舊說綏, 却也. 又{荀子・儒效篇}綏綏兮其有文章. {註}安泰之貌. 或爲葳蕤之貌. 又州名. {廣韻}春秋時白翟所居, 秦幷天下爲上郡, 後魏廢郡置州, 取綏德縣爲名. 又{集韻}雙隹切, 音榱. 毵毸, 毛長貌. 一曰狐貌. 毸, 或作綏. {詩・衞風}有狐綏綏. {傳}匹行貌. 又{集韻}儒佳切, 音蕤. 緌, 或作綏. {詩・大雅}淑旂綏章. {傳}大綏也. {疏}綏者, 卽交龍旂竿所建. {禮・王制}諸侯殺則下小綏, 大夫殺則止佐車. {註}綏當爲緌. 緌, 有虞氏之旌旗也. 又{明堂位}夏后氏之綏. {註}綏, 讀爲冠蕤之蕤. 又{集韻}思累切, 音瀡. 隋, 或作墮. 亦作綏. 尸所祭肝脊黍稷之屬. {儀禮・士虞禮}不綏祭. {註}事尸之禮, 始於綏祭. 綏, 當爲墮. 又{集韻}呼恚切, 音毀. 義同. 又{集韻}吐火切, 音妥. {禮・曲禮}執天子之器則上衡, 國君則平衡, 大夫則綏之. {註}綏, 讀曰妥. 妥之謂下於心. {又}國君綏視. {註}視國君彌高. 妥視, 謂視止於袷. 又{集韻}通回切, 音推. 妥, 或作綏, 安坐也. 說文 <糸部> 息遺切. 車中把也. 从糸从妥.

A0880 U-7D95

•綕• 糸字部 總13劃. (훈글) [지] 짤. (新典) [지] 실가릴, 다듬을. (康熙) <糸部> ｛集韻｝職吏切, 音志. ｛玉篇｝綕, 古文織字. 註見十二畫.

A0879 U-7DA0

•綠• 糸字部 總14劃. (훈글) [록] 초록빛. (新典) [록] 류록빗. (訓蒙) [록] 프를. (英譯) green. chlorine. (康熙) <糸部> ｛廣韻｝力玉切, ｛集韻｝｛韻會｝龍玉切, 𠀤音錄. ｛說文｝帛靑黃色也. ｛釋名｝綠, 瀏也. 荆泉之水於上視之, 瀏然綠色, 此似之也. ｛詩・邶風｝綠兮衣兮. ｛傳｝綠, 閒色. 又｛詩・衞風｝綠竹猗猗. ｛傳｝綠, 王芻也. ｛釋文｝爾雅作菉.

A0215 U-7DAD

•維• 糸字部 總14劃. (훈글) [유] 바. (新典) [유] 맬. 벼리. 매질. 모퉁이. 오즉. (類合) [유] 얼글. (英譯) maintain, preserve, safeguard. (康熙) <糸部> ｛廣韻｝以追切, ｛集韻｝｛韻會｝夷佳切, 𠀤音惟. ｛說文｝車蓋維也. 又｛博雅｝係也. ｛詩・小雅｝縶之維之. ｛傳｝維, 繫也. ｛公羊傳・昭二十四年｝且夫牛馬維婁. ｛註｝繫馬曰維, 繫牛曰婁. 又｛詩・小雅｝四方是維. ｛周禮・夏官・大司馬｝以維邦國. ｛註｝維, 猶連結也. 又｛儀禮・太射禮｝中離維綱. ｛註｝侯有上下綱, 其邪制射舌之角爲維. 又｛爾雅・釋天｝太歲在巳曰屠維. 又｛前漢・賈誼傳｝是猶度江河亡維楫. ｛註｝維, 所以繫船. 又｛管子・牧民篇｝國有四維, 一曰禮, 二曰義, 三曰廉, 四曰恥. 又｛淮南子・天文訓｝帝張四維, 運之以斗. 又｛楚辭・天問｝斡維焉繫. ｛註｝維, 綱也. 又｛爾雅・釋詁｝伊維侯也. ｛註｝發語辭. ｛韻會｝案六經惟維唯三字皆通作語辭, 又訓獨, 尚書助辭皆用惟字, 詩助辭多用維字, 左傳助辭用唯字, 論語助辭用惟字. 新安朱氏曰: 惟从心, 思也. 維糸, 繫也. 唯从口, 專辭也, 應辭也. 然皆語辭, 古書皆通用之. 又地名. ｛史記・管晏列傳｝晏平仲嬰者, 萊之夷維人也. ｛註｝應劭曰: 故萊夷維邑. 又姓. ｛姓氏急就篇｝漢維汜, 妖巫, 卷縣人. 又於恭切, 音雍. ｛周禮・夏官・職方氏｝其浸盧維. ｛釋文｝盧音雷. 維, 於恭反. (說文) <糸部> 以追切. 車蓋維也. 从糸隹聲.

D0161 U-7DE8

•編• 糸字部 總15劃. (훈글) [편] 엮을. (新典) [편] 책편. 적을. 쳡지. 역글. 벌일. [변] 싸흘. (類合) [편] 엿글. (英譯) knit, weave. arrange. compile. (康熙) <糸部> ｛廣韻｝布懸切, ｛集韻｝｛韻會｝｛正韻｝卑眠切, 𠀤音邊. ｛說文｝次簡也. ｛史記・孔子世家｝讀易, 韋編三絕. ｛前漢・儒林傳註｝編, 所以聯次簡也. 又首服也. ｛周禮・天官｝追師掌王后之首服, 爲副編次, 追衡筓. ｛註｝編, 編列髮爲之, 若今之假紒矣. 又編鐘. ｛周禮・春官・磬師｝擊編鐘. ｛註｝編, 讀爲編書之編. 又結也. ｛楚辭・九章｝編愁苦以爲膺. 又｛字林｝以繩次物曰編. 又｛玉篇｝編, 織也, 連也. 又｛廣韻｝方典切, ｛集韻｝｛韻會｝補典切, 𠀤音匾. 編, 絹也. 又絞也. 又｛集韻｝婢典切, ｛正韻｝婢免切, 𠀤音辮. ｛史記・西南夷傳｝皆編髮, 隨畜遷徙. ｛前漢・終軍傳｝殆將有解編髮, 削左衽而蒙化者. ｛註｝編, 讀辮. 又｛集韻｝蒲眠切, 音蹁. 緶, 或作編. 交枲也. ｛博雅｝編, 條也. (說文) <糸部> 布玄切. 次簡也. 从糸扁聲.

A0883 U-7E0F

•縏• 糸字部 總16劃. 훈글 [반] 주머니. 新典 [반] 주머니. 英譯 purse. 康熙 <糸部> {廣韻}薄官切, {集韻}{韻會}{正韻}蒲官切, 𠀤音盤. {類篇}小囊也. {禮・內則}施縏袠. {疏}袠, 刺也, 以針刺袠而爲縏囊也.

A0562 U-7E23

•縣• 糸字部 總16劃. 훈글 [현] 매달. 新典 [현] 달, 맬. 끈어질. 골. 訓蒙 [현] 고을. 英譯 county, district, subdivision. 康熙 <糸部> {廣韻}{集韻}{韻會}{正韻}𠀤胡涓切, 音懸. {說文}繫也. {註}徐鉉曰: 此本是縣挂之縣, 借爲州縣之縣. 今俗加心, 別作懸, 義無所取. {易・繫辭}縣象著明, 莫大乎日月. {詩・周頌}應田縣鼓. {周禮・春官・小胥}正樂縣之位. {儀禮・燕禮}樂人縣. {左傳・成二年}曲縣繁纓以朝. {前漢・高帝紀}縣隔千里. 又{廣韻}黃練切, {集韻}熒絹切, 𠀤音炫. {正韻}形甸切, 音現. {釋名}縣, 懸也, 懸係于郡也. {廣韻}古作寰. 楚莊王滅陳爲縣, 縣名自此始. {周禮・天官・大宰}邦縣之賦. {註}邦縣四百里. 又{地官・小司徒}四甸爲縣. 又{遂人}五鄙爲縣. {魯語}三鄉爲縣. {史記・秦始皇本紀}大矣哉, 宇縣之中. {註}縣, 赤縣. {前漢・地理志}分天下爲郡縣. 又{史記・絳侯世家註}縣官, 謂天子也. 王者官天下, 故曰縣官也. 又姓. {禮・曲禮}縣賁父. {史記・仲尼弟子列傳}縣單父. ○ 按{說文}在県部, 今倂入. 說文 <県部> 胡涓切. 繫也. 从系持県.

A0884 U-7E2F

•縯• 糸字部 總17劃. 훈글 [연] 길. 新典 [인] 縯同. 英譯 long. 康熙 <糸部> {廣韻}{集韻}{韻會}{正韻}𠀤以淺切, 音演. 長也. 又{集韻}延面切, 音衍. 義同. 又{集韻}以忍切, 音引. 引也.

A0505 U-7E31

•縱• 糸字部 總17劃. 훈글 [종] 늘어질. 新典 [총] 밧불. [종] 세로. 세울. 늘어질. 노을. 비록. 어질어울. 類合 [죵] 노흘. 英譯 indulge in, give free reign to. 康熙 <糸部> 古文: 緃. {廣韻}子用切, {集韻}{韻會}{正韻}足用切, 𠀤蹤去聲. {說文}緩也. 一曰舍也. {博雅}置也. {玉篇}恣也, 放也. {書・太甲}縱敗禮. {詩・大雅}無縱詭隨. 又{詩・鄭風}抑縱送忌. {註}發矢曰縱. 又{禮・仲尼燕居}縱言至于禮. {註}縱言, 汎說事. 又{左傳・襄二十六年}敢有二心乎. 縱有, 共其內, 莫共其外. 又{爾雅・釋詁}縱, 亂也. 又省作從. {論語}從之純如也. {前漢・王吉傳}放從自若. 又{集韻}{韻會}祖動切, {正韻}作孔切, 𠀤音總. {禮・檀弓}喪事欲其縱縱爾. {註}讀如總領之總. 急遽趨事貌. 又{集韻}足勇切, 音縱. 慫或作縱. {前漢・衡山王傳}日夜縱臾. {註}師古曰: 縱臾, 謂獎勸也. 又{廣韻}卽容切, {集韻}{韻會}{正韻}將容切, 𠀤音蹤. {廣韻}縱橫也. {韻會}或作從. {詩・齊風}衡從其畝. {類篇}東西曰衡, 南北曰從. {賈誼・過秦論}合從締交. {註}從, 與縱同. 又與蹤通. {前漢・蕭何傳}發縱指示獸處者, 人也. {註}師古曰: 讀者乃爲蹤蹟之蹤, 非也. ○ 按隷釋袁良碑: 往者王尊發縱于平陽. 楊著碑: 追縱魯參. 魯峻碑: 比縱豹產. 皆以縱爲蹤. 師古之說非是. 又{集韻}徂聰切, 音叢. 髻高大貌. 說文 <糸

部> 足用切. 緩也. 一曰舍也. 从糸從聲.

A0880 U-7E54

•織• 糸字部 總18劃. 훈글 [직] 짤. 新典 [지] 실 다듬을. [치] 긔. 訓蒙 [직] 뿔. 英譯 weave, knit. organize, unite. 康熙 <糸部> 古文: 絨紱戠䋿. {廣韻}之翼切, {集韻}{韻會}質力切, 𠀤音職. {說文}作布帛之總名. {小爾雅}治絲曰織. 織, 繒也. {廣韻}組織. {書・禹貢}厥篚織文. {傳}織文, 錦綺之屬. 又{廣韻}{集韻}{韻會}𠀤職利切, 音志. {正韻}支義切, 音寘. {禮・玉藻}士不衣織. {註}織, 染絲織之, 士衣染繒也. 又{集韻}昌志切, 音熾. 幟或作織. {詩・小雅}織文鳥章. {箋}織, 徽也. {疏}幟與織, 字雖異, 音實同也. {前漢・食貨志}旗織加其上. {註}師古曰: 織, 讀曰幟. {類篇}或作紩. 說文 <糸部> 之弋切. 作布帛之總名也. 从糸戠聲.

A0502 U-7E6B

•繫• 糸字部 總19劃. 훈글 [계] 맬. 新典 [계] 얽을. 매질. 맬. 뭇글. 머무를. [혜] 俗音 [계] 이을. 類合 [계] 밀. 英譯 attach, connect, unite, fasten. 康熙 <糸部> {廣韻}古詣切, {集韻}{韻會}{正韻}吉詣切, 𠀤音計. {說文}繫, 繫也. 一曰惡絮. {玉篇}約束也, 留滯也. {類篇}一曰維也. 又{集韻}牽奚切, 音溪. 義同. 又{廣韻}{集韻}{韻會}𠀤胡計切, 音系. {易・繫辭疏}繫辭者, 聖人繫屬此辭于卦爻之下. 又云: 系辭者, 取綱系之義也. {釋文}繫, 本系也. 又續也. {周禮・天官・大宰}以九兩繫邦國之民. {註}繫, 聯綴也. {干祿字書}繫通繫. {集韻}系或作繫. {類篇}或作毄. 說文 <糸部> 古詣切. 繫繫也. 一曰惡絮. 从糸毄聲.

A0878 U-7E7C

•繼• 糸字部 總20劃. 훈글 [계] 이을. 新典 [계] 이을. 類合 [계] 니읠. 英譯 continue, maintain, carry on. 康熙 <糸部> {廣韻}{集韻}{韻會}{正韻}𠀤古詣切, 音計. {說文}續也. {玉篇}紹繼也. {易・繫辭}繼之者, 善也. {中庸}善繼人之志. {孟子}爲可繼也. {五經文字}繼从㡭, 反㡭爲㡭. 俗作継, 非. 又{集韻}吉棄切, 音繫. 縛也. {後漢・李固傳}羣下繼望. {註}劉攽曰: 繼是繼續之義, 不可施於此. 蓋本是繫字, 繫綴天下之望也. ○ 按繼又音繫, 訓縛, 卽繫之義. 劉欲改繼爲繫, 非是. 說文 <糸部> 古詣切. 續也. 从糸, 㡭. 一曰反㡭爲繼.

A0358 U-7E86

•纆• 糸字部 總21劃. 훈글 [묵] 노. 新典 [믁] 두겹 노. 英譯 cord. 康熙 <糸部> {廣韻}莫北切, {集韻}{韻會}{正韻}密北切, 𠀤音墨. {博雅}繩索也. {玉篇}亦作纆. {易・坎卦}係用徽纆. {說文}三股曰徽, 兩股曰纆. 皆索名. {字林}三合繩. {戰國策}子纆牽長. {註}索也. {史記・賈誼傳}夫禍之與福兮, 何異糾纆. {註}如繩索糾纆, 相附會也.

D0161 U-7E8C

•續• 糸字部 總21劃. 훈글 [속] 이을. 新典 [속] 이을. 類合 [속] 니읠. 英譯 continue,

carry on. succeed. 康熙 <糸部> 古文: 賡. {廣韻}似足切, {集韻}{韻會}{正韻}松玉切, 㕛音俗. {說文}連也. {爾雅・釋詁}繼也. {書・盤庚}予迓續乃命于天. {詩・小雅}似續妣祖. {禮・深衣}續衽鉤邊. {註}續, 猶屬也. 又姓. {廣韻}舜七友, 有續牙. {急就篇註}續氏, 晉大夫續簡伯之後. 又與績同. {穀梁傳・成五年}伯尊其無績乎. {註}績, 或作續. 又{集韻}辭屢切. 詩陰靷沃續. 徐邈說. 說文 <糸部> 似足切. 連也. 从糸賣聲.

A0308 U-7F36

•缶• 缶字部 總06劃. 훈글 [부] 장군. 新典 [부] 양병, 장군. 질장고. 訓蒙 [부] 딜. 英譯 earthen crock or jar. KangXi radical 121. 漢典 象形. 甲骨文字形, 上面是“午”字, 即“杵”. 下面是“缶”的本體. “杵”是棒子, 可用來制坯. “缶”又是秦樂器, “杵”可以敲擊成曲. 本義: 瓦器, 圓腹小口, 用以盛酒漿等. 康熙 <缶部> {廣韻}方久切, {集韻}{韻會}{正韻}俯九切, 㕛音否. {說文}瓦器, 所以盛酒漿, 秦人鼓之以節歌. {爾雅・釋器}盎謂之缶. {註}盆也. {疏}缶是瓦器, 可以節樂, 如今擊甌, 又可以盛水盛酒, 即今之瓦盆也. {急就篇註}缶卽盎也, 大腹而斂口. {易・比卦}有孚盈缶. {釋文}鄭云: 缶, 汲器也. 又{坎卦}樽酒簋貳用缶. {註}瓦缶之器. 又{離卦}不鼓缶而歌. {前漢・楊惲傳}仰天撫缶. {註}缶, 瓦器也. 又{小爾雅}釜二有半謂之藪, 藪二有半謂之缶, 缶二謂之鍾. {註}缶, 四斛也. {魯語}其歲收田一井, 出稯禾, 秉芻, 缶米. {註}缶, 庾也. 又{前漢・高帝紀}上破布軍於會缶. {註}蘇林曰: 音垂. 師古曰: 此字本作缻, 而轉寫誤爲缶字耳. 黥布傳則正作垂字. 又{正字通}宥韻, 讀若覆, 義同. ○ 按諸韻書無去聲. 說文 <缶部> 方九切. 瓦器. 所以盛酒漿. 秦人鼓之以節謌. 象形. 凡缶之屬皆从缶.

A0293 U-7F4D

•罍• 缶字部 總21劃. 훈글 [뢰] 술독. 新典 [뢰] 뢰문 노흔 술잔. 세수 그릇. 訓蒙 [뢰] 준. 英譯 large earthenware wine jar. 康熙 <缶部> 古文: 櫑. {廣韻}魯回切, {集韻}{韻會}{正韻}盧回切, 㕛音雷. {說文}櫑或从缶作罍. 龜目酒尊, 刻木作雲雷象, 象施不窮也. {詩・周南}我姑酌彼金罍. {釋文}罍, 酒尊也. 韓詩云: 天子以玉飾, 諸侯大夫皆以黃金飾, 士以梓. {周禮・春官・司尊彝}皆有罍, 諸臣之所酢也. {疏}尸酢賓長, 卽用罍尊. {爾雅・釋器}彝卣罍器也. 小罍謂之坎. {註}罍, 形似壺, 大者受一斛. {疏}罍者, 尊之大者也. 雖尊卑飾異, 皆得畫雲雷之形, 以其云罍取于云雷故也. 又{周禮・春官・鬯人}凡祭祀社壝, 用大罍. {註}大罍, 瓦罍. 又{禮・明堂位}山罍, 夏后氏之尊. {註}山罍, 亦刻而畫之, 爲山雲之形. 又{集韻}倫追切, 音纍. 義同.

D0104 U-4356

•罦• 网字部 總10劃. 훈글 [포] 새그물. 英譯 (same as 罦) a kind of net equipted with tricky machine used to catch birds and beasts, a covering for a cart. 康熙 <网部> {廣韻}縛謀切, {集韻}房尤切, 㕛音浮. {說文}覆車也. 从網包車. 詩曰: 雉離于罦. 或从孚. {類篇}罦或作罦. 詳罦字註. 又{廣韻}匹交切, {集韻}班交切, 㕛音胞. 義同. 又{集韻}芳無切, 音敷. 方副切, 音富. 義㕛同. 說文 <网部> 縛牟切. 覆車也. 从网包聲. {詩}曰: “雉離于罦.”

罝 D0104 U-7F5D

•罝• 网字部 總10劃. (훈글) [저] 짐승 그물. (新典) [차] 俗音 [져] 짐승 그물. (訓蒙) [져] 그믈. (英譯) net for catching rabbits. (康熙) <网部> {廣韻}子邪切, {集韻}{韻會}{正韻}咨邪切, 𠀤音嗟. {說文}兎罟也. {爾雅・釋器}兎罟謂之罝. {註}罝猶遮也. {詩・周南}肅肅兎罝. {禮・月令}田獵罝罘羅網畢翳. {註}獸罟曰罝. 又{集韻}子余切, 音苴. 義同. (說文) <网部> 子邪切. 兎网也. 从网且聲.

䍜 A0221 U-435C

•䍜• 网字部 總13劃. (훈글) [조] 어리. (新典) [조] 새 덥치기. (英譯) a basket or a cage used to keep wild and domestic fowls. (康熙) <网部> {廣韻}都敎切, {集韻}陟敎切, 𠀤音罩. {說文}覆鳥, 令不得飛走也. (說文) <隹部> 都校切. 覆鳥令不飛走也. 从网, 隹. 讀若到.

冖 A0468 U-7F83

•羃• 网字部 總19劃. (훈글) [멱] 덮을. (新典) [멱] 밥보자. 내 자욱히 덥힐. 족도리. (英譯) cover-cloth, cover with cloth. (康熙) <网部> {廣韻}{集韻}{韻會}{正韻}𠀤莫狄切, 音覓. 羃或作冪. 覆也. {玉篇}葢食巾. 又羃䍦, 婦人所戴. 又{類篇}羃䍥, 煙貌.

羅 A0472 U-7F85

•羅• 网字部 總19劃. (훈글) [라] 새 그물. (新典) [라] 새그물. 깁. 벌. (訓蒙) [라] 놋. (英譯) net for catching birds. gauze. (康熙) <网部> {廣韻}魯何切, {集韻}{韻會}良何切, {正韻}朗何切, 𠀤音蘿. {說文}以絲罟鳥. 古者芒氏初作羅. {爾雅・釋器}鳥罟謂之羅. {註}謂羅絡之. {詩・王風}雉離於羅. {周禮・夏官・羅氏}掌羅烏鳥. 又{類篇}帛也. {釋名}羅文, 疎羅也. {戰國策}下宮糅羅紈, 曳綺縠. 又{廣雅}羅, 列也. {楚辭・九歌}羅生兮堂下. {註}羅列而生. 又國名. {左傳・桓十二年}羅人欲伐之. {註}羅, 熊姓國, 在宜城縣西山中, 後徙. 又水名. {史記・屈原傳}遂自投汨羅. {註}汨水在羅, 故曰汨羅. 又新羅, 東夷國名. {唐書・東夷傳}新羅, 弁韓苗裔也, 居漢樂浪地. 又姓. {姓氏急就篇}羅氏, 顓頊後, 封于羅, 今房州也. 子孫以爲氏. 又羅羅, 獸名. {山海經}北海有獸, 狀如虎, 名曰羅羅. {駢雅}靑虎謂之羅羅. 又菴羅, 果名. {本草}梨之類, 色黃, 如鵝梨. 又{集韻}鄰知切, 音離. 義同. 又{集韻}郎佐切, 音囉. 邏或省作羅. 巡也. (說文) <网部> 魯何切. 以絲罟鳥也. 从网从維. 古者芒氏初作羅.

D0104 U-7F89

•羉• 网字部 總24劃. (훈글) [란] 산돼지 그물. (康熙) <网部> {廣韻}落官切, {集韻}{韻會}盧丸切, {正韻}盧官切, 𠀤音鸞. {爾雅・釋器}彘罟謂之羉. {註}羉, 冪也. {後漢・馬融傳}罦罝羅羉. {註}羉彘, 罔也. 又{集韻}謨官切, 音瞞. 義同.

A0228 U-7F8A

•羊• 羊字部 總06劃. 훈글 [양] 양. 新典 [양] 양. 노닐. 상양새. 訓蒙 [양] 양. 英譯 sheep, goat. KangXi radical 123. 漢典 象形. 甲骨文字形, 像羊頭形. "羊"是漢字的一個部首. 本義: 一種哺乳動物. 康熙 <羊部> {廣韻}與章切, {集韻}{韻會}余章切, {正韻}移章切, 𠀤音陽. {說文}羊, 祥也. 从𦍌, 象頭角尾之形. 孔子曰: 牛羊之字, 以形舉也. {玉篇}豕屬也. {易・說卦}兌爲羊. {註}其質好剛鹵. {詩・召南}羔羊之皮. {傳}小曰羔, 大曰羊. {禮・曲禮}羊曰柔毛. {月令}食麥與羊. {註}羊, 火畜也. 時尚寒, 食之以安性也. 又麢羊. {爾雅・釋獸}麢, 大羊. {註}似羊而大, 角圓銳, 好在山崖閒. 又鳥名. {家語}齊有一足之鳥, 飛集于公朝. 齊侯使使問孔子, 孔子曰: 此鳥名商羊, 水祥也. 又姓. {左傳・閔二年}羊舌大夫. {註}羊舌, 氏也. {公羊傳疏}子夏傳與公羊高. {史記・梁孝王世家}齊人羊勝. 又官名. {周禮・夏官・羊人註}羊屬南方火, 司馬火官, 故在此. 又白羊, 匈奴國名. {史記・匈奴傳}幷樓煩, 白羊, 河南. 又{前漢・禮樂志}雙飛常羊. {註}猶逍遙也. {屈原・離騷}聊逍遙以相羊. {註}逍遙, 相羊, 皆遊也. 說文 <羊部> 與章切. 祥也. 从𦍌, 象頭角足尾之形. 孔子曰: "牛羊之字以形舉也." 凡羊之屬皆从羊.

A0228 U-7F8B

•羋• 羊字部 總08劃. 훈글 [미] 양울. 英譯 bleat of sheep. surname. 康熙 <羊部> {廣韻}綿婢切, {集韻}母婢切, 𠀤音弭. {說文}羊鳴. 又姓. 楚之先也. {鄭語}融之興者, 其羋姓乎. {史記・楚世家}陸終生子六人, 六曰季連, 羋姓, 楚其後也. {註}羋姓, 諸楚所出. 羋, 羊聲也. {集韻}或作哶. 說文 <羊部> 緜婢切. 羊鳴也. 从羊, 象聲气上出. 與牟同意.

A0230 U-7F8C

•羌• 羊字部 總08劃. 훈글 [강] 종족 이름. 新典 [강] 되. 오랑캐. 말 슷넬. 英譯 Qiang nationality. surname. 漢典 會意兼形聲. 從人, 從羊, 羊亦聲. 本義: 羌族, 古代西部民族之一. 康熙 <羊部> 古文: [illegible]. {廣韻}去羊切, {集韻}墟羊切, 𠀤音蜣. {說文}西戎牧羊人也. 西方羌, 从羊. {書・牧誓}及庸, 蜀, 羌, 髳, 微, 盧, 彭, 濮人. {註}八國, 皆蠻夷戎狄. 羌在西蜀叟. {史記・五帝紀}西戎析枝, 渠廋氐羌. {匈奴傳}西接月氏氐羌. {註}羌, 三苗, 薑姓之別. 舜徙于三危, 今阿關之西南羌是也. 又{屈原・離騷}羌內恕己以量人兮. {註}羌, 楚人語辭也. 又{玉篇}卿也, 反也, 章也, 强也. 又姓. {史記・秦始皇紀}羌瘣伐趙. 又{集韻}許亮切, 音向. 羌量, 烏雛饑困貌. {篇海}俗作羗. 說文 <羊部> 去羊切. 西戎牧羊人也. 从人从羊, 羊亦聲. 南方蠻閩从虫, 北方狄从犬, 東方貉从豸, 西方羌从羊: 此六種也. 西南僰人, 僬僥, 从人; 蓋在坤地, 頗有順理之性. 唯東夷从大. 大, 人也. 夷俗仁, 仁者壽, 有君子不死之國. 孔子曰: "道不行, 欲之九夷, 乘桴浮於海." 有以也.

A0230 U-7F8E

•美• 羊字部 總09劃. 훈글 [미] 아름다울. 新典 [미] 아롬다울. 이엽블. 類合 [미] 됴흘. 英譯 beautiful, pretty. pleasing. 漢典 會意. 金文字形, 從羊, 從大, 古人以羊爲主要副食品, 肥壯的羊吃起來味很美. 本義: 味美. 康熙 <羊部> {廣韻}{集韻}{韻會}𠀤無鄙切, 音眯.

{說文}甘也. 从羊从大. 羊在六畜, 主給膳也. 美與善同意. {註}羊大則美, 故从大. {五經文字}从犬从火者, 譌. {詩・召南・甘棠序}美召伯也. {疏}善者言美, 惡者言刺. 又{廣韻}好色. {詩・邶風}匪女之爲美. {傳}非爲其徒說美色而已. 又{正韻}嘉也, 好也. 又{韻補}叶明祕切. {劉向・九歎}揚精華以眩耀兮, 芬郁渥而成美. 結桂樹之旖旎兮, 紉荃蕙與辛夷. 夷音異. {玉篇}或作媺. (說文) <羊部> 無鄙切. 甘也. 从羊从大. 羊在六畜主給膳也. 美與善同意.

D0058 U-4367

•牂• 羊字部 總10劃. (훈글) [장] 암양. (新典) [장] 암양. (英譯) (same as 牂) a ewe or she-goat. (康熙) <羊部> 同牂. {史記・李斯傳}泰山之高百仞, 而疲牂牧其上.

A0301 U-4369

•羧• 羊字部 總10劃. (훈글) [양] 기를. (英譯) (ancient form of 養) to offer provision (esp. to ones elders). to feed ones children. (康熙) <羊部> {字彙補}古文養字. 註詳食部六畫.

A0982 U-7F9E

•羞• 羊字部 總11劃. (훈글) [수] 바칠. (新典) [슈] 붓그러울. 음식. (類合) [슈] 븟그릴. (英譯) disgrace, shame. ashamed. shy. (漢典) 會意兼形聲. 據甲骨文, 以手持羊, 表示進獻. 小篆從羊, 從丑, 丑亦聲. "丑"是手的訛變. 本義: 進獻. (康熙) <羊部> {廣韻}息流切, {集韻}思留切, 𠀤音脩. {說文}進獻也. 从羊. 羊, 所進也. 从丑, 丑亦聲. 又{廣韻}致滋味爲羞. {周禮・天官・膳夫}掌王之食飮膳羞. {註}羞, 有滋味者. {又}羞用百有二十品. {註}羞出于牲及禽獸, 以備滋味, 謂之庶羞. 又{禮・月令}群鳥養羞. {註}羞謂所食也. 又{廣韻}進也. {書・盤庚}今我旣羞, 告爾于朕志. {傳}已進告汝之後. 又{廣韻}恥也. {書・說命}惟口起羞. {疏}惟口出令, 不善以起羞辱. 又{韻補}叶息救切. {張載・七命}繁肴旣闋, 亦有寒羞. 商山之果, 漢皐之楱. 楱音凑. {正字通}俗作羞. ○ 按說文在丑部, 今从正字通併入. (說文) <丑部> 息流切. 進獻也. 从羊, 羊, 所進也; 从丑, 丑亦聲.

A0556 U-7FA8

•羨• 羊字部 總13劃. (훈글) [선] 부러워할. (新典) [션] 부러워할. 넉넉할. 넘칠. 길연. 광즁길. (類合) [션] 블울. (英譯) envy, admire. praise. covet. (康熙) <羊部> {廣韻}{集韻}{正韻}𠀤似面切, 音㳄. {說文}貪欲也. 从㳄, 从羑省. {詩・大雅}無然歆羨. {註}無是貪羨. 又{廣韻}餘也. {詩・小雅}四方有羨. {傳}羨, 餘也. {箋}四方之人, 盡有饒餘. {史記・貨殖傳}時有奇羨. {註}奇羨, 謂時有餘衍也. 又{周禮・春官・典瑞} 璧羨以起度. {註}鄭司農云: 羨, 長也. 又{史記・司馬相如傳}功羨於五帝. {註}羨, 溢也. 又{廣韻}人姓. {史記・秦始皇紀}入海求羨門高誓. {註}羨門, 古仙人. 又{集韻}{類篇}{韻會}𠀤延面切, 音衍. {韻會}以淺切, 音演. 義𠀤同. 又{集韻}夷然切, 音延. 埏或作羨. 墓道也. {史記・衞世家}共伯入, 釐侯羨自殺. {註}索隱日, 羨音延, 墓道. {集韻}俗作㳄, 非是. (說文) <㳄部> 似面切. 貪欲也. 从㳄, 从羑省. 羑呼之羑, 文王所拘羑里.

A0865 U-7FA9

•義• 羊字部 總13劃. (훈글) [의] 옳을. (新典) [의] 올을. (訓蒙) [의] 마즐. (英譯) right conduct, righteousness. (康熙) <羊部> {廣韻}{集韻}{韻會}丛宜寄切, 音議. {說文}己之威儀也. 从我羊. {註}臣鉉等曰: 與善同意, 故从羊. {釋名}義, 宜也. 裁制事物, 使各宜也. {易・乾卦}利物足以和義. 又{說卦傳}立人之道, 曰仁與義. 又{容齋隨筆}人物以義爲名, 其別最多. 仗正道曰義, 義師, 義戰是也. 衆所尊戴曰義, 義帝是也. 與衆共之曰義, 義倉, 義社, 義田, 義學, 義役, 義井之類是也. 至行過人曰義, 義士, 義俠, 義姑, 義夫, 義婦之類是也. 自外入而非正者曰義, 義父, 義兒, 義兄弟, 義服之類是也. 衣裳器物亦然. 在首曰義髻, 在衣曰義襴, 義領之類是也. 合衆物爲之, 則有義漿, 義墨, 義酒. 禽畜之賢者, 則有義犬, 義烏, 義鷹, 義鶻. 又義渠, 戎國地. {史記・秦本紀}伐義渠, 虜其主. {註}寧慶二州, 春秋及戰國時爲義渠, 戎國之地也. 又姓. {前漢・酷吏傳}義縱, 何東人. 又與誼同. {前漢・董仲舒傳}漸民以仁, 摩民以誼. 又與儀通. {前漢・鄒陽傳}使東牟朱虛東褒義父之後. {註}應劭曰: 邾儀父也. 師古曰: 義讀曰儀. 又與宜同. {韻補}周官凡殺人而義者, 史記君義嗣, 丛魚羈切. 又{韻補}叶牛何切. 周官註: 儀作義, 古皆音俄. 古文尚書: 無偏無陂, 遵王之義. 陂音坡. ○ 按說文在我部. 今從正字通併入. (說文) <我部> 宜寄切. 己之威儀也. 從我, 羊.

A0232 U-7FB4

•羴• 羊字部 總18劃. (훈글) [전] 양의 노린내. (英譯) rank odour of sheep or goats. (康熙) <羊部> {廣韻}式連切, {集韻}尸連切, 丛音膻. {說文}羊臭也. 又{廣韻}許閑切, {集韻}虛閑切, 義丛同. 又{廣韻}失然切. 義同. 亦作羶羶羴. ○ 按說文羴字自爲部. 今从正字通併入. (說文) <羴部> 式連切. 羊臭也. 从三羊. 凡羴之屬皆从羴.

A0232 U-7FB6

•羶• 羊字部 總19劃. (훈글) [전] 누린내. (新典) [선] 俗音 [전] 노릴. (訓蒙) [전] 노릴. (英譯) rank odor. (康熙) <羊部> {廣韻}式連切, {集韻}{韻會}尸連切, 丛音膻. {說文}羴, 或从亶. 羊臭也. {玉篇}羊脂也, 羊氣也. {周禮・天官・內饔}辨腥臊羶香之不可食者. {註}羶謂羊也. 又{禮・月令}其臭羶. {疏}凡草木所生, 其氣羶也. 又{呂氏春秋}草食者羶. {註}草食者, 食草木, 謂麞鹿之屬, 故其臭羶也.

A0213 U-7FBD

•羽• 羽字部 總06劃. (훈글) [우] 깃. (新典) [우] 깃. 우성 펼. 모듈. (訓蒙) [우] 짓. (英譯) feather, plume. wings. KangXi radical 124. (漢典) 象形. 甲骨文字形, 象羽毛形, 即鳥的長翎形. "羽"是漢字的一個部首, 從"羽"的字多與羽毛有關. 本義: 鳥毛, 特指鳥的長毛. (康熙) <羽部> {廣韻}{集韻}{韻會}丛王矩切, 音禹. {說文}鳥長毛也. {廣韻}鳥翅也. {易・漸卦}其羽可用爲儀. {書・禹貢}齒革羽毛. {傳}羽, 鳥羽. {周禮・天官・庖人}冬行鱻羽. {註}羽, 鴈也. 又{地官・司徒}宜羽物. {註}翟雉之屬. {禮・月令}其蟲羽. {註}象物从風鼓葉, 飛鳥之

屬. 又五聲之一. ｛周禮・春官・大師｝皆文之以五聲, 宮商角徵羽. 又｛大司樂｝凡樂, 圜鐘爲宮, 黃鐘爲角, 大簇爲徵, 姑洗爲羽. ｛註｝凡五聲, 宮之所生, 濁者爲角, 淸者爲徵羽. ｛禮・月令｝其音羽. ｛註｝羽數四十八, 屬水者, 以爲最淸物之象也. 又｛樂記｝宮爲君, 商爲臣, 角爲民, 徵爲事, 羽爲物. ｛前漢・律歷志｝羽, 宇也, 物聚臧宇覆之也. 又舞者所執也. ｛書・大禹謨｝舞幹羽於兩階. ｛傳｝羽, 翳也, 舞者所執. ｛周禮・地官・舞師｝敎羽舞. ｛註｝羽, 析白羽爲之, 形如帗也. ｛左傳・隱五年｝初獻六羽. 公問羽數于衆, 仲對曰: 天子用八, 諸侯六, 大夫四. 又山名. ｛書・舜典｝殛鯀於羽山. ｛傳｝羽山, 東裔在海中. 又｛禹貢｝蒙羽其藝. ｛疏｝羽山, 在東海祝其縣南. ｛史記・五帝紀註｝羽山, 在沂州臨沂縣界. 又星名. ｛史記・天官書｝其南有衆星, 曰羽林天軍. ｛註｝羽林三十五星, 三三而聚散, 在壘辟南, 天軍也. 又官名. ｛前漢・百官志｝期門羽林. ｛註｝師古曰: 羽林, 亦宿衛之官, 言其如羽之疾, 如林之多也. 一說羽, 所以爲王者羽翼也. 又姓. ｛左傳・襄三十年｝羽頡出奔晉. 又｛山海經｝羽民國, 其人長項, 身生羽. 又｛廣韻｝｛集韻｝｛韻會｝丛王遇切, 音雩. 義同. 又｛集韻｝｛類篇｝丛後五切, 音戶. 緩也. ｛周禮・冬官考工記・矢人｝五分其長, 而羽其一. (說文) <羽部> 王矩切. 鳥長毛也. 象形. 凡羽之屬皆从羽.

翊 A0214 U-7FCA

•翊• 羽字部 總11劃. (한글) [익] 도울. (新典) [익] 도읗. 공경할. 날. (英譯) flying. assist, help. respect. (漢典) 形聲. 從羽, 立聲. 本義: 飛的樣子. (康熙) <羽部> ｛廣韻｝與職切, ｛集韻｝｛韻會｝逸職切, 丛音弋. ｛說文｝飛貌. 又｛前漢・禮樂志｝共翊翊合所思. ｛註｝師古曰: 翊翊, 敬也. 又｛類篇｝馮翊, 郡名. ｛前漢・地理志｝左馮翊. 又｛類篇｝輔也. 又｛韻會｝弋入切, 音熠. 義同. (說文) <羽部> 與職切. 飛皃. 从羽立聲.

翌 A0214 U-7FCC

•翌• 羽字部 總11劃. (한글) [익] 다음날. (新典) [익] 담날, 이튼날, 밝는날. (訓蒙) [익] ᄂᆡ일. (英譯) bright. daybreak, dawn. the next day. (漢典) 形聲. 從羽, 立聲. 本義: 明. (康熙) <羽部> ｛廣韻｝與職切. ｛集韻｝｛韻會｝逸職切, 丛音弋. 明日也. ｛前漢・武帝紀｝翌日親登嵩高. ｛註｝應劭曰: 翌, 明也. 又｛集韻｝余六切, 音毓. 書翌日乙丑. 劉昌宗讀. ○ 按書今文作翼日. 翌卽翊字, 翊又與翼同.

習 A0213 U-7FD2

•習• 羽字部 總11劃. (한글) [습] 익힐. (新典) [습] 날기 익힐. 거듭 익을. 갓가이 할. 슬슬 불. (訓蒙) [습] 비홀. (英譯) practice. flapping wings. (漢典) 會意. 從羽 . 從羽, 與鳥飛有關. 本義: 小鳥反復地試飛. (康熙) <羽部> ｛廣韻｝似入切, ｛集韻｝｛韻會｝｛正韻｝席入切, 丛音襲. ｛說文｝數飛也. ｛禮・月令｝鷹乃學習. 又｛易・坤卦｝不習, 无不利. ｛註｝不假修爲, 而功自成. ｛論語｝學而時習之. ｛何晏註｝學者以時湧習之. 又｛易・坎卦｝習坎. ｛註｝習謂便習之. ｛釋文｝習, 重也. 又｛書・大禹謨｝士不習吉. ｛傳｝習, 因也. 又｛詩・邶風｝習習谷風. ｛傳｝習習, 和舒貌. 又姓. ｛廣韻｝出襄陽. 晉有習鑿齒. ○ 按說文習自爲部. 今從正字通併入. 字从羽从白. 俗作習, 非. (說文) <習部> 似入切. 數飛也. 从羽从白. 凡習之屬皆从習.

A0224 U-7FDF

•翟• 羽字部 總14劃. 훈글 [적] 꿩. 新典 [뎍] 꿩. 正蒙 [적] 꿩. 英譯 surname. a kind of pheasant. plumes. 康熙 <羽部> ｛廣韻｝徒歷切, ｛集韻｝｛韻會｝亭歷切, ｛正韻｝杜歷切, 𠀤音狄. ｛說文｝山雉尾長者. ｛書・禹貢｝羽畎夏翟. 又｛詩・鄘風｝其之翟也. ｛傳｝翟, 羽飾衣. 又｛詩・衞風｝翟茀以朝. ｛傳｝翟, 翟車也. 夫人以翟羽飾車. ｛周禮・春官・巾車｝王后之五路, 重翟鍚面朱總, 厭翟勒面繢總. ｛註｝重翟, 厭翟, 謂蔽也. 又｛詩・邶風｝右手秉翟. ｛傳｝翟, 羽也. ｛疏｝謂雉之羽也. ｛禮・祭義｝夫祭有畀煇胞翟閽者. ｛註｝翟謂教羽舞者也. ｛疏｝四者皆是賤官. 又國名. ｛周語｝將以翟伐鄭. ｛註｝翟, 隗姓之國也. 又戎翟. ｛周語｝自竄于戎翟之閒. ｛註｝翟, 或作狄. 又姓. ｛急就篇註｝翟氏, 本齊翟僂新之後也. 魏有翟璜, 翟翦, 漢有翟公, 翟方進. 又｛廣韻｝場伯切, ｛集韻｝｛韻會｝｛正韻｝直格切, 𠀤音宅. 陽翟, 縣名. ｛史記・項羽紀｝韓王成因故都, 都陽翟. ｛註｝陽翟, 河陽翟縣也. 又｛廣韻｝亦姓. 唐有陝州刺史翟璋. ｛姓纂｝姓苑, 本音翟, 後改音宅. 又｛集韻｝直角切, 音濁. 鸐或作翟. 說文 <羽部> 徒歷切. 山雉尾長者. 从羽从隹.

A0775 U-7FFC

•翼• 羽字部 總17劃. 훈글 [익] 날개. 新典 [익] 날개, 날애. 공경할. 공손할. 도을. 붓들. 호위할. 訓蒙 [익] 놀개. 英譯 wings. fins on fish. shelter. 漢典 形聲. 從羽, 異聲. ｛說文｝小篆從飛, 異聲. 本義: 翅膀. 康熙 <羽部> 古文: 翍. ｛廣韻｝與職切, ｛集韻｝｛韻會｝逸職切, 𠀤音弋. ｛說文｝作𩙺. 翄也. 篆文从羽. ｛廣韻｝羽翼. ｛易・明夷｝明夷于飛, 垂其翼. 又｛書・皐陶謨｝庶明勵翼. ｛傳｝翼戴上命. ｛疏｝言如鳥之羽翼, 而戴奉之. 鄭云: 以衆賢明, 作輔翼之臣. 又｛書・益稷｝予欲左右有民汝翼. ｛傳｝汝翼成我. ｛疏｝汝當翼贊我也. 又｛書・武成｝越翼曰. ｛傳｝翼, 明也. 又｛詩・小雅｝四牡翼翼. ｛傳｝閑也. 又｛詩・小雅｝有嚴有翼. ｛傳｝翼, 敬也. 又｛詩・小雅｝四騏翼翼. ｛傳｝壯健貌. 又｛詩・小雅｝我稷翼翼. ｛箋｝蕃廡貌. 又｛詩・小雅｝疆埸翼翼. ｛傳｝讓畔也. ｛箋｝閒暇之意. 又｛詩・大雅｝小心翼翼. ｛傳｝恭也. 又星名. ｛禮・月令｝昏翼中. 又國名. ｛左傳・隱五年｝伐翼. ｛註｝晉舊都, 在平陽絳邑縣東. 又姓. ｛前漢・藝文志｝孝經有翼氏說一篇. ｛姓氏急就篇｝晉翼侯之後, 漢有諫議大夫翼奉. 又｛廣雅｝飛也, 美也, 和也, 盛也, 元氣也. ｛玉篇｝翹也, 助也.

A0523 U-8001

•老• 老字部 總06劃. 훈글 [로] 늙은이. 新典 [로] 늙을. 늙은이, 늙으신네. 類合 [로] 늘글. 英譯 old, aged. experienced. 漢典 會意. 甲骨文字形, 象一個手里拿著拐杖的老人形. 本義: 年老, 衰老. 康熙 <老部> 古文: 𦒳. ｛廣韻｝盧皓切, ｛集韻｝｛韻會｝｛正韻｝魯皓切, 𠀤音栳. ｛說文｝考也. 七十曰老. 从人毛匕, 言須髮變白也. ｛禮・曲禮｝七十曰老而傳. ｛公羊傳・宣十一年｝使帥一二耋老而綏焉. ｛註｝六十稱耋, 七十稱老. 又｛詩・鄭風｝與子偕老. ｛疏｝沒身不衰也. ｛禮・祭義｝貴老. 爲其近于親也. 又｛周禮・地官・鄉老註｝老, 尊稱也. 又｛儀禮・聘禮｝授老幣. ｛註｝老賔之臣. ｛疏｝大夫家臣稱老. 又｛禮・曲禮｝國君不名卿老. ｛註｝卿老亦卿也. 又｛禮・王制｝天子之老. ｛註｝老謂上公. 又｛禮・禮運｝三老在學. ｛註｝乞言, 則受之三老. ｛左傳・昭三年｝三老凍餒. ｛註｝三老, 謂上壽, 中壽, 下壽, 皆八十已上. 又｛左傳・隱三年｝桓公立, 乃老. ｛註｝老, 致仕也. 又｛列子・天瑞篇｝老, 耄也. 又姓. ｛廣韻｝宋有老佐. 又｛韻補｝叶

朗口切. ｛釋名｝老, 朽也. ｛史記・律書｝酉者, 萬物之老也. 又｛韻補｝叶滿補切, 姥當以此得聲. ｛班固・西都賦｝若臣者, 徒觀迹於舊墟, 聞之乎故老. 十分未得其一端, 故不能徧擧也. 說文 <老部> 盧皓切. 考也. 七十曰老. 从人, 毛, 匕. 言須髮變白也. 凡老之屬皆从老.

A0524 U-8003

•考• 老字部 總06劃. 훈글 [고] 상고할. 新典 [고] 오래 살. 죽은 아비. 상고할. 일울. 칠. 訓蒙 [고] 아비. 英譯 examine, test. investigate. 漢典 形聲. 從老省, 丂聲. 按甲骨文, 金文均象僂背老人扶杖而行之狀, 與老同義. 本義: 老, 年紀大. 康熙 <老部> 古文: 攷. ｛唐韻｝｛廣韻｝｛集韻｝｛類篇｝｛韻會｝｛正韻｝丛苦浩切, 音栲. ｛說文｝老也. 从老省, 丂聲. ｛說文序｝轉注者, 建類一首, 同意相受, 考老是也. ｛佩觿｝考从丂. 丂, 苦杲反. 老从匕. 匕, 火霸反. 裴務齊切韻序云: 左回右轉, 非也. ｛毛晃增韻｝老字下从匕, 考字下从丂, 各自成文, 非反匕爲丂也. ｛書・洪範｝五曰考終命. ｛詩・大雅｝周王壽考. 又｛爾雅・釋親｝父爲考. ｛釋名｝父死曰考. 考, 成也. 亦言槁也, 槁于義爲成, 凡五材, 膠漆陶冶皮革, 乾槁乃成也. ｛易・蠱卦｝有子考無咎. ｛禮・曲禮｝死曰考. 又｛廣雅｝考, 問也. ｛易・復卦｝敦復無悔, 中以自考也. ｛詩・大雅｝考卜維王. ｛傳｝考, 猶稽也. 又｛書・周官｝考制度于四岳. ｛註｝考正制度. 又｛詩・衞風｝考槃在澗. ｛傳｝考, 成也. ｛左傳・隱五年｝考仲子之宮. ｛註｝成仲子之宮. 又｛詩・唐風｝子有鐘鼓, 弗鼓弗考. ｛傳｝考, 擊也. 又｛淮南子・氾論訓｝夏后氏之璜, 不能無考. ｛註｝考, 瑕釁. 又｛楚辭・九歎｝身憔悴而考旦兮. ｛註｝考, 猶終也. 又姓. ｛廣韻｝出何氏姓苑. 又｛韻補｝叶去九切. ｛邊讓・章華賦｝衆變已盡, 羣樂旣考. 攜西子之弱腕兮, 援毛嬙之素肘. 又｛韻補｝叶口擧切. ｛易林｝周旋步驟, 行中規矩. 正恩有節, 延命壽考. 說文 <老部> 苦浩切. 老也. 从老省, 丂聲.

A0524 U-800A

•耊• 老字部 總10劃. 훈글 [질] 팔십 늙은이. 新典 [뎔] 俗音 [딜] 늙은이. 康熙 <老部> ｛廣韻｝｛集韻｝｛韻會｝徒結切, ｛正韻｝杜結切, 丛音絰. ｛說文｝年八十曰耊. ｛爾雅・釋言｝耊, 老也. ｛疏｝耊, 鐵也, 老人面如鐵色. 耊有七十八十, 無正文也. ｛易・離卦｝則大耊之嗟. ｛釋文｝馬云: 七十曰耊. ｛詩・秦風｝逝者其耊. ｛傳｝耊, 老也. 八十曰耊. ｛左傳・僖九年｝以伯舅耊老. ｛註｝七十曰耊. 又｛集韻｝他結切, 音鐵. 義同. ｛類篇｝亦作䥫. 說文 <老部> 徒結切. 年八十曰耊. 从老省, 从至.

A0524 U-800B

•耋• 老字部 總12劃. 훈글 [질] 늙은이. 新典 [딜] 耊同. 類合 [딜] 늘글. 英譯 aged. in ones eighties. 漢典 形聲. 從老, 至聲. 本義: 年老. 古指七, 八十歲的年紀, 泛指老年. 康熙 <老部> ｛集韻｝耊, 或作耋.

A0597 U-800C

•而• 而字部 總06劃. 훈글 [이] 말이을. 新典 [이] 어조사. 너. 말이을, 또. 英譯 and. and then. and yet. but. 康熙 <而部> ｛廣韻｝如之切, ｛集韻｝｛韻會｝人之切, 丛音栭. ｛正韻｝

如支切, 音兒. {說文}頰毛也. {註}臣鉉等曰: 今俗別作髵, 非是. {周禮・冬官考工記・梓人}作其鱗之而. {註}之而, 頰頌也. 又{玉篇}語助也. {詩・齊風}俟我於著乎而. 又{書・洪範}而康而色. {傳}汝當安汝顏色. 又{詩・小雅}垂帶而厲. {箋}而亦如也. 又{詩・大雅}子豈不知而作. {箋}而, 猶與也. 又{禮・檀弓}而曰然. {註}而, 猶乃也. 又{韻會}因辭, 因是之謂也. {論語}學而時習之. 又{韻會}抑辭, 抑又之辭也. {論語}不好犯上而好作亂者. 又{韻會}發端之辭也. 又{集韻}奴登切, 音能. {易・屯卦}宜建侯而不寧. {釋文}鄭讀而曰能, 能猶安也. (說文) <而部> 如之切. 頰毛也. 象毛之形. {周禮}曰: "作其鱗之而." 凡而之屬皆从而.

A0435 U-8011

•耑• 而字部 總09劃. (훈글) [단] 시초. (新典) [단] 슷. (英譯) specialized. concentrated. (康熙) <而部> {廣韻}{集韻}太多官切, 音端. {說文}物初生之題也. 上象生形, 下象其根也. {註}臣鉉等曰: 中一地也. {增韻}物之首也. {周禮・冬官考工記・磬氏}已下則摩其耑. {釋文}耑, 本或作端. {集韻}端, 通作耑. 又{集韻}昌緣切, 音穿. 罄穿也. {周禮・冬官考工記・釋文}耑, 劉又音穿. ○ 按說文耑自爲部, 今从正字通併入. 玉篇古文端字. 註見立部九畫. (說文) <耑部> 多官切. 物初生之題也. 上象生形, 下象其根也. 凡耑之屬皆从耑.

A0345 U-43A3

•耜• 耒字部 總11劃. (훈글) [사] 보습. (英譯) (same as 耜) a plough. a ploughshare. (康熙) <耒部> {集韻}同耜.

A0354 U-801C

•耜• 耒字部 總11劃. (훈글) [사] 보습. (新典) [사, ᄉᆞ] 보습. (訓蒙) [ᄉᆞ] ᄯᅡ보. (英譯) spade-shaped tool. plow. (漢典) 形聲. 從耒, 以聲. 耒, 翻土的工具. 本義: 古代農具名, 耒耜的主要部件, 似鍬. 耒下端鏟土的部分, 裝在犁上, 用以翻土 字亦作耜. 耜, 耒下剌臿也. 古以木爲之, 后世以金. (康熙) <耒部> {廣韻}詳里切, {集韻}象齒切, {韻會}序姊切, 太音似. {說文}臿也. 本作梠, 今文作耜. {玉篇}耒端木. {廣韻}耒耜, 世本曰: 倕作耜. 古史考曰: 神農作耜. {易・繫辭}斲木爲耜. {詩・小雅}以我覃耜, 俶載南畝. {禮・月令}季冬之月, 命農計耦耕事, 修耒耜. {註}耜者, 耒之金也. 廣五寸. {周禮・冬官考工記・匠人}耜廣五寸, 二耜爲耦. {疏}耜謂耒頭金, 金廣五寸. {釋名}耜, 似也, 似齒之斷物也. {說文}或作梩. {集韻}亦或作耙, 枱, 耜, 又作枱, 鈶.

A0262 U-8024

•耤• 耒字部 總14劃. (훈글) [적] 적전. (新典) [적] 젹젼. 빌릴. (英譯) plough. (康熙) <耒部> {唐韻}{集韻}{韻會}太秦昔切, 音籍. {說文}帝耤千畝也. 古者使民如借, 故謂之耤. 又通作藉. {周禮・天官・甸師}掌帥其屬, 而耕耨王藉. {前漢・文帝紀}開耤田. {註}臣瓚曰: 親耕以躬親爲義, 不得以假借爲稱. 藉謂蹈藉也. 又借也. {前漢・郭解傳}以驅耤友仇. {字彙補}按耤卽古藉字, 不特藉田, 可相通也. 又{集韻}慈夜切, 音謝. 祭耤也. 與藉同. (說文) <耒部> 秦昔切. 帝耤千畝也. 古者使民如借, 故謂之耤. 从耒昔聲.

A0788 U-8033

•耳• 耳字部 總06劃. 〔훈글〕 [이] 귀. 〔新典〕 [이] 귀. 조자리. 말 그칠. 훌부들 할. 〔訓蒙〕 [시] 귀. 〔英譯〕 ear. merely, only. handle. 〔漢典〕 象形. 甲骨文字形, 象耳朵形. 漢字部首之一. 本義: 耳朵. 〔康熙〕 <耳部> {唐韻}而止切, {集韻}{韻會}{正韻}忍止切, 𠀤音洱. {說文}主聽也. {易・說卦}坎爲耳. {管子・水地篇}腎發爲耳. {淮南子・精神訓}肝主耳. {白虎通}耳者, 腎之候也. 又俗以塗巷語爲信曰耳食. {史記・六國表}此與以耳食何異. {註}耳食, 不能知味也. 又凡物象耳形者, 皆曰耳. {史記・封禪書}有雉登鼎耳. {後漢・五行志}延熹中, 京都幘顔短耳長. 又{韻會}助語辭. {論語}女得人焉耳乎. {禮・祭統}夫銘者, 壹稱而上下皆得焉耳矣. 又{正韻}語決辭. {史記・高祖紀}與父老約法三章耳. 又{詩・魯頌}六轡耳耳. {傳}耳耳然至盛也. {朱註}耳耳, 柔從也. 又爵名. {左傳・昭七年}燕人歸燕姬, 賂以瑤罋玉櫝斝耳. {註}斝耳, 玉爵. {疏}斝, 爵名, 以玉爲之, 旁有耳, 若今之杯, 故名耳. 又姓. {正字通}明洪熙中有耳元明. 又人名. 老子名李耳. 又地名. {前漢・武帝紀}罷儋耳眞番郡. {註}師古曰: 儋耳, 本南越地, 眞番, 本朝鮮地, 皆武帝所置也. {後漢・明帝紀}西南哀牢, 儋耳, 僬僥諸種, 前後貢獻. {註}楊孚異物志曰: 儋耳, 南方夷, 生則鏤其頰皮, 連耳匡分爲數枝, 狀如雞腸, 纍纍下垂至肩. 又山名. {書・禹貢}熊耳外方桐柏. {疏}熊耳山, 在弘農盧氏縣東, 伊水所出. {荆州記}順陽益陽二縣, 東北有熊耳山, 東西各一峯, 如熊耳狀, 因以爲名. {齊語}踰大行與辟耳之谿. {註}辟耳, 山名. {史記・封禪書}束馬懸車, 上卑耳之山. {註}卑耳, 山名在河南太陽. 又草名. {詩・周南}采采卷耳. {傳}卷耳, 苓耳也. 廣雅云: 枲耳也. {疏}生子如婦人耳中璫, 或謂之耳璫, 幽州人謂之爵耳. {博雅}𦫶耳, 馬莧也. 又獸名. {博雅}李耳, 虎也. 又綠耳, 周穆王駿馬名, 俗作騄駬. 魏時西卑獻千里馬, 色白, 兩耳黃, 名黃耳. {山海經}丹熏之山, 有獸焉, 其狀如鼠, 而兔首麋身, 其音如獋犬, 以其尾飛, 名曰耳鼠{註}卽鼯鼠, 飛生鳥也. {崔豹・古今注}狗, 一名黃耳. 又蟲名. {爾雅・釋蟲}螾衘入耳. {疏}今蚰蜒, 喜入耳者. {揚子・方言}蚰蜒, 自關而東謂之螾蜒, 或謂之入耳. 又曾孫之孫曰耳孫. {前漢・惠帝紀}內外公孫耳孫. {註}應劭曰: 耳孫者, 玄孫之孫也. 去曾高遠, 但耳聞之. 又{集韻}{韻會}𠀤如蒸切, 音仍. {前漢・惠帝紀}耳孫. {註}晉灼曰: 耳孫, 玄孫之曾孫也. 師古曰: 爾雅, 仍孫從己而數, 是爲八葉. 與晉說相同. 仍耳聲相近, 蓋一號也. 又{諸侯王表}玄孫之子耳孫. {註}耳音仍. 又{集韻}仍拯切, 仍上聲. 關中河東讀耳作此音. 〔說文〕 <耳部> 而止切. 主聽也. 象形. 凡耳之屬皆从耳.

A0792 U-8051

•聑• 耳字部 總12劃. 〔훈글〕 [접] 편안할. 〔康熙〕 <耳部> {唐韻}丁協切, {集韻}的協切, 𠀤音㖒. {說文}安也. {馬融・長笛賦}瓠巴聑柱, 磬襄弛懸. {註}聑, 安也. 又{揚子・方言}揚越之郊, 凡人相侮, 以爲無知, 謂之聑. 聑, 耳目不相信也. 又{廣韻}耳垂貌. 又{集韻}陟革切, 音摘. 耳豎貌. 〔說文〕 <耳部> 丁帖切. 安也. 从二耳.

A0795 U-8058

•聘• 耳字部 總13劃. 〔훈글〕 [빙] 찾아갈. 〔新典〕 [빙] 사신 보낼. 장가들. 부를. 〔類合〕 [빙] 빙폐. 〔英譯〕 engage, employ. betroth. 〔漢典〕 形聲. 從耳, 甹聲. 探問消息要靠耳朵, 故從"耳". 本義: 訪問, 探問. 〔康熙〕 <耳部> {唐韻}{集韻}{韻會}{正韻}𠀤匹正切, 音娉. {說文}訪

也. {徐曰}聘, 訪問之以耳也. {廣韻}問也. {禮・曲禮}諸侯使大夫問於諸侯曰聘. {公羊傳・隱十一年}大夫來曰聘. {穀梁傳・隱九年}聘, 問也. {周禮・秋官}時聘, 以結諸侯之好. {儀禮・聘禮}大問曰聘, 小聘曰問. 又昏禮娶問亦曰聘. {禮・內則}聘則爲妻. 又{正字通}以幣帛召隱逸賢者, 升進之, 曰徵聘. 應召登仕者稱聘君. 又{五音集韻}匹名切, 娉平聲. 訪也. (說文) <耳部> 匹正切. 訪也. 从耳甹聲.

A0791 U-43BD

•䎽• 耳字部 總14劃. (훈글) [문] 들을. [성] 울릴. (英譯) (ancient form of 聞) to hear, to learn, to convey, to smell, to hear of. (康熙) <耳部> {唐韻}古文聞字. 註詳本畫. 又{集韻}書盈切, 音聲. 無形而響.

A0469 U-805A

•聚• 耳字部 總14劃. (훈글) [취] 모일. (新典) [츄] 모들. 골. 거들. 싸흘. 만흘. (類合) [취] 모돌. (英譯) assemble, meet together, collect. (漢典) 形聲. 小篆, 下面是三個人, 表示人多, 上面的"取", 作聲符. 本義: 村落. (康熙) <耳部> {唐韻}{正韻}慈庾切, {集韻}{韻會}在庾切, 太徐上聲. {說文}會也. {易・乾卦}君子學以聚之. {禮・檀弓}聚國族於斯. {前漢・高帝紀}五星聚于東井. {管子・君臣篇}是以明君順人心, 安情性而發於衆心之所聚. {註}聚謂所同歸湊也. 又{玉篇}斂也. {禮・樂記}君子聽竽笙簫管之聲, 則思畜聚之臣. {周禮・地官・稍人}凡其余聚以待頒賜. {疏}聚是縣四百里, 都五百里中畜聚之物. 又居也, 邑落也. {史記・五帝紀}一年而所居成聚. {註}聚謂村落也. 又{秦本紀}并諸小鄉聚, 集爲大縣. {註}萬二千五百家爲鄉聚. {前漢・平帝紀}鄉曰庠, 聚曰序. {註}張晏曰: 聚, 邑落名也. 師古曰: 聚, 小于鄉. 又積也. {禮・月令}孟冬之月, 命有司循行積聚, 無有不斂. 又{管子・正篇}會民所聚曰道. {註}聚謂衆所宜. 又{周禮・冬官考工記・弓人}六材旣聚, 巧者和之. {註}聚, 具也. 又{左傳・莊二十五年}城聚. {註}晉邑. 又{唐韻}才句切, {集韻}從遇切, {正韻}族遇切, 太音堅. 義同. 又音娵. {史記・歷書}月名畢聚. 日得甲子. 索隱讀. 又與驟同. {周禮・天官・獸醫註}趨聚之節. {釋文}聚, 本一作驟. 又{韻補}叶組救切, 音僦. {班固・西都賦}毛羣內闐, 飛羽上覆. 接翼側足, 集禁林而屯聚. (說文) <㐺部> 才句切. 會也. 从乑取聲. 邑落云聚.

A0792 U-805D

•聝• 耳字部 總14劃. (훈글) [괵] 귀벨. (英譯) to cut the left ears of the slain. (康熙) <耳部> {唐韻}{集韻}太古獲切, 音幗. 軍戰斷耳也. {左傳・成三年}以爲俘聝. 通作馘. {字林}截耳則作耳傍, 獻首則作首傍. (說文) <耳部> 古獲切. 軍戰斷耳也. {春秋傳}曰: "以爲俘聝." 从耳或聲.

A0790 U-805E

•聞• 耳字部 總14劃. (훈글) [문] 들을. (新典) [문] 들을. 들릴. 이름날. (訓蒙) [문] 드를. (英譯) hear. smell. make known. news. (漢典) 形聲. 從耳, 門聲. 本義: 聽到. (康熙) <耳部>

古文: 䎽聁䎹䎾耸. {唐韻}{集韻}𠫔無分切, 音文. {說文}知聞也. {書・堯典}帝曰: 兪, 予聞如何. {禮・少儀}聞始見君子者. {疏}謂作記之人, 不敢自專制其儀, 而傳聞舊說, 故云. 又{禮・玉藻}凡於尊者, 有獻而弗敢以聞. {前漢・武帝紀}舉吏民能假貸貧民者以聞. 又姓. {正字通}宋咸平進士聞見. 明尚書聞淵. 又聞人, 複姓. {後漢・靈帝紀}太僕沛國聞人襲爲太尉. {註}姓聞人, 名襲, 風俗通曰: 少正卯, 魯之聞人, 其後氏焉. 又獸名. {山海經}杳山有獸焉, 其狀如彘, 黃身白頭白尾, 名曰聞𤠞, 見則天下大風. 又{廣韻}亡運切, {集韻}{韻會}{正韻}文運切, 𠫔音問. {韻會}聲所至也. {詩・小雅}聲聞于天. {書・呂刑}刑發聞惟腥. {釋文}聞, 音問, 又如字. 又{廣韻}名達. {書・微子之命}爾惟踐修厥猷, 舊有令聞. {詩・大雅}令聞令望. {朱註}令聞, 善譽也. 又通作問. {前漢・匡衡傳}淑問揚乎疆外. 又{韻補}叶無沿切, 音近眠. {楚辭・九章}孤臣唫而抆淚兮, 放子出而不還. 孰能思而不隱兮, 昭彭咸之所聞. 還音旋. (說文) <耳部> 無分切. 知聞也. 从耳門聲.

聯　　A0792　U-806F

•聯• 耳字部 總17劃. (ᄒᆞᆫ글) [련] 잇달. (新典) [련] 련이을, 잇달. (類合) [련] ᄀᆞᆲ니을. (英譯) connect, join. associate, ally. (漢典) 會意. 從耳, 從絲. 戰國文字, 中間是耳, 兩邊是絲相聯. 本義: 連結. (康熙) <耳部> {唐韻}力延切, {韻會}陵延切, {正韻}靈年切, 𠫔音連. {說文}連也. 从耳, 耳連於頰. 从絲, 絲連不絕也. {張衡・思玄賦}繽聯翩兮紛暗曖. {陸機・文賦}浮藻聯翩, 若翰鳥纓繳, 而墜曾雲之峻. 又官聯. {周禮・天官・大宰}以八法治官府, 三曰官聯, 以會官治. {註}聯, 讀爲連. 謂連事通職相佐助也. 又合也. {周禮・地官・大司徒}以本俗六安萬民, 三曰聯兄弟. {註}聯, 猶合也. 又{周禮・地官・族師}五家爲比, 十家爲聯. 五人爲伍, 十人爲聯. 四閭爲族, 八閭爲聯. 又{集韻}連彥切, 音㦁. 不絕也. (說文) <耳部> 力延切. 連也. 从耳, 耳連於頰也；从絲, 絲連不絕也.

聲　　A0790　U-8072

•聲• 耳字部 總17劃. (ᄒᆞᆫ글) [성] 소리. (新典) [셩] 소ᄅᆡ. 풍류. 소ᄅᆡ 들릴. 기릴. (訓蒙) [셩] 소ᄅᆡ. (英譯) sound, voice, noise. tone. music. (漢典) 形聲. 從耳, 殸聲. “殸”是古樂器“磬”的本字, “耳”表示聽. 本義: 聲音, 聲響. (康熙) <耳部> 古文: 殸. {唐韻}{集韻}{韻會}書盈切, {正韻}書征切, 𠫔聖平聲. {說文}音也. {書・舜典}詩言志, 歌永言, 聲依永, 律和聲. {傳}聲謂五聲, 宮商角徵羽也. {禮・月令}仲夏之月, 止聲色. {註}聲謂樂也. 又凡響曰聲. {張載・正蒙}聲者, 形氣相軋而成. 兩氣者, 谷響雷聲之類. 兩形者, 桴鼓叩擊之類. 形軋氣, 羽扇敲矢之類. 氣軋形, 人聲笙簧之類. 皆物感之良能, 人習而不察耳. {韻會}韻書平上去入爲四聲. 又聲敎. {書・禹貢}東漸于海, 西被于流沙, 朔南暨聲敎, 訖于四海. {左傳・文六年}樹之風聲. {註}因土地風俗, 爲立聲敎之法. 又聲譽. {孟子}故聲聞過情, 君子恥之. {註}聲聞, 名譽也. 又宣也. {孟子}金聲而玉振之也. {註}聲, 宣也. 又{謚法}不生其國曰聲. {註}生于外家. {春秋・經傳集解}繼室以聲子, 生隱公. {註}聲, 謚也. 又姓. 又{韻補}叶尸羊切, 音商. 韓愈{贈張籍詩}嬌兒未絕乳, 念之不能忘. 忽如在其側, 耳若聞啼聲. (說文) <耳部> 書盈切. 音也. 从耳殸聲. 殸, 籒文磬.

A0789 U-807D

•聽• 耳字部 總22劃. 훈글 [청] 들을. 新典 [텽] 드를. 바들. 조츨. 결단할. 야드를. 기다릴. 쐬할. 訓蒙 [텽] 드를. 英譯 hear, listen. understand. obey. 康熙 <耳部> 古文: 聼. ｛廣韻｝｛集韻｝｛韻會｝｛正韻｝丛他定切, 音侹. ｛說文｝聆也. ｛釋名｝聽, 靜也. 靜, 然後所聞審也. ｛書·太甲｝聽德惟聰. ｛儀禮·士昏禮｝命之曰: 敬恭聽, 宗爾父母之言. 又｛廣韻｝待也. 又受也. ｛左傳·成十一年｝鄭伯如晉聽成. ｛註｝聽, 猶受也. 又從也. ｛易·艮卦｝不拯其隨未退聽也. ｛疏｝聽, 從也. ｛左傳·昭二十六年｝姑慈婦聽. 又斷也. ｛禮·王制｝司寇正刑明辟, 以聽獄訟. ｛周禮·天官·大宰｝凡邦之小治, 則冢宰聽之. ｛前漢·刑法志｝一曰辭聽, 二曰色聽, 三曰氣聽, 四曰耳聽, 五曰目聽. 又任也. ｛前漢·景帝紀｝其議民欲徙寬大地者, 聽之. 又候也. ｛戰國策｝請爲王聽東方之處. ｛註｝聽, 偵候之. 又｛唐韻｝他丁切, ｛集韻｝｛韻會｝湯丁切, ｛正韻｝他經切, 丛音廳. ｛集韻｝聆也, 聽受也. 中庭曰聽事, 言受事察訟於是. 俗作廳. 毛氏曰: 漢晉皆作聽, 六朝以來始加广. 又｛韻補｝叶儻陽切, 音堂. ｛蘇轍·讀道藏詩｝昔者惠子死, 莊子笑自傷. 微言不復知, 言之使誰聽. 說文 <耳部> 他定切. 聆也. 从耳, 悳, 壬聲.

A0791 U-807E

•聾• 耳字部 總22劃. 훈글 [롱] 귀머거리. 新典 [롱] 귀 막힐. 訓蒙 [롱] 귀 머글. 英譯 deaf. 康熙 <耳部> ｛唐韻｝盧紅切, ｛集韻｝｛正韻｝盧東切, 丛音籠. ｛說文｝無聞也. ｛釋名｝籠也. 如在蒙籠之內, 不可察也. ｛左傳·僖二十六年｝耳不聽五聲之和爲聾. 又｛宣十四年｝鄭昭宋聾. ｛註｝聾, 闇也. ｛禮·王制｝瘖聾跛躃斷者. ｛疏｝聾謂耳不聞聲. 又葱聾, 獸名. ｛山海經｝符禺之山, 其獸多葱聾, 其狀如羊而赤鬣. ｛註｝葱聾, 如羊, 黑首赤鬣. 又｛韻補｝叶盧黃切, 音郎. ｛易林｝遠視無光, 不知靑黃. 黈纊塞耳, 使君闇聾. 說文 <耳部> 虛紅切. 無聞也. 从耳龍聲.

A0168 U-807F

•聿• 聿字部 總06劃. 훈글 [율] 붓. 新典 [율] 듸딀. 지을. 스스로. 오직조즐. 英譯 writing brush, pencil. thereupon. 漢典 指事. 從聿一一者, 牘也. 秦以后皆作筆. 本義: 毛筆. 筆的本字, 秦以后始加竹作筆. 康熙 <聿部> ｛唐韻｝余律切, ｛集韻｝允律切, ｛韻會｝｛正韻｝以律切, 丛音遹. ｛說文｝所以書之器也. 楚謂之聿, 吳謂之不律, 燕謂之弗, 秦謂之筆. 又｛玉篇｝遂也, 述也, 循也. ｛正韻｝惟也. ｛書·湯誥｝聿求元聖, 與之戮力. ｛傳｝聿, 遂也. ｛釋文｝聿, 允橘切, 述也. ｛疏｝正義曰: 聿訓述也. 述前所以申遂, 故聿爲遂也. ｛詩·唐風｝蟋蟀在堂, 歲聿其莫. ｛傳｝聿, 遂也. ｛疏｝從始至末之言. ｛詩·大雅｝無念爾祖, 聿修厥德. ｛傳｝聿, 述也. ｛詩詁｝助語. ｛左傳註｝惟也. 又自也. ｛詩·大雅｝爰及姜女, 聿來胥宇. ｛箋｝聿, 自也. 於是與其妃大姜, 自來相可居者. 又｛揚雄·羽獵賦｝及至罕車飛揚, 武騎聿皇. ｛註｝聿皇, 輕疾貌. 又｛左思·吳都賦｝陵絕嶛嶕, 聿越巉險. ｛註｝聿越, 豹走貌. 又與曰通. ｛詩·豳風｝曰爲改歲, 入此室處. ｛前漢·食貨志｝引｛詩｝作聿. ｛師古註｝聿, 卽曰也. 亦與遹通. ｛詩·大雅｝遹求厥寧. ｛傳｝遹與聿同. 發語辭. 亦與欥通. ｛前漢·班固敘傳｝欥中和爲庶幾. ｛師古註｝欥聿, 通由也. ○ 按說文聿, 所以書之器也. 欥, 詮詞也. 徐註, 一曰發聲. 引｛詩｝: 欥求厥寧. 今文作聿, 後世束豪爲聿. 加竹作筆, 而聿字音以律切, 專爲發語詞矣. 柳宗元文作聿牘, 則唐人尚以此爲筆字. 說文 <聿部> 余律切. 所以書也. 楚謂之聿, 吳謂之不律, 燕謂之弗. 从聿一聲. 凡聿之屬皆从聿.

肁 A0850 U-8081

•肁• 聿字部 總10劃. (훈글) [조] 비소로. (康熙) <聿部> {廣韻}治小切, {集韻}直紹切, 㚘音趙. {玉篇}始也, 謀也, 開也. 又姓. {正字通}趙有大夫肁賈. ○ 按經史皆作肇. (說文) <戶部> 治矯切. 始開也. 从戶从聿.

肆 D0122 U-8086

•肆• 聿字部 總13劃. (훈글) [사] 방자할. (新典) [사ᄉᆞ] 방자할. 베풂. 느치어 줄. 저자. 말솟고칠. (類合) [ᄉᆞ] 드듸여. (英譯) indulge. excess. numeral four. particle meaning now, therefore. shop. (漢典) 形聲. 從長, 聿聲. 本義: 擺設, 陳列. (康熙) <聿部> 古文: 䦉𨽸. {玉篇}{廣韻}{集韻}{類篇}{韻會}息利切, {正韻}悉漬切, 㚘音四. {說文}極陳也. {爾雅・釋言}肆, 力也. {疏}極力也. {左傳・昭十二年}昔穆王欲肆其心, 周行天下. {註}肆, 極也. {周語}藪澤肆既. {註}肆, 極也. 既, 盡也. 又{玉篇}放也, 恣也. {易・繫辭}其事肆而隱. {疏}其辭放肆顯露, 而所論義理深而幽隱也. {左傳・昭三十二年}伯父若肆大惠, 復二文之業, 弛周室之憂. {註}肆, 展放也. {禮・表記}君子莊敬日强, 安肆日偸. {註}肆, 猶放恣也. 又遂也. {書・舜典}肆類于上帝. {傳}肆, 遂也. 又次也. {詩・小雅・跂彼織女終日七襄箋}襄, 駕也. 駕謂更其肆也. {疏}謂止舍處也. 天有十二次, 日月所止舍也. 舍卽肆也. 在天爲次, 在地爲辰, 每辰爲肆, 是歷其肆舍有七也. 又陳也, 列也. {書・牧誓}昏棄厥肆祀弗答. {傳}昏, 亂也. 肆, 陳也. {詩・大雅}肆筵設席. {註}肆者, 陳設之意. 又{古今註}肆, 所以陳貨鬻之物也. {周禮・地官・司市}掌以陳肆辨物而平市. {註}肆, 謂陳物處. {前漢・刑法志}開市肆以通之. {註}師古曰: 肆, 列也. 又{韻會}既刑, 陳尸曰肆. {禮・月令}仲春之月, 命有司省囹圄, 去桎梏, 毋肆掠. {註}肆, 謂死刑暴尸也. {周禮・秋官・掌囚}凡殺人者, 踣諸市, 肆之三日. 又{爾雅・釋詁}肆, 故也. {疏}肆之爲故, 語更端辭也. {又}肆, 今也. {註}肆既爲故, 又爲今, 此義相反而兼通者. {書・大禹謨}肆予以爾衆士, 奉辭代罪. {傳}肆, 故也. {詩・大雅}肆不殄厥愠, 亦不隕厥問. {傳}肆, 故今也. 又{博雅}伸也. {左傳・僖三十年}既東封鄭, 又欲肆其西封. {註}肆, 申也. 又{小爾雅}餘也. 又緩也. {書・舜典}眚災肆赦. {傳}肆, 緩也, 過而有害, 當緩赦之. {左傳・莊二十二年}肆大眚. {疏}肆, 緩也. ○ 按公羊傳註: 肆, 跌也, 過度也. 穀梁傳註: 肆, 失也. 三傳異義. 又{玉篇}量也. 又大也. {書・梓材}越厥疆土, 于先王肆. {傳}能遠拓其界壤, 則于先王之道遂大. 又長也. {詩・大雅}其詩孔碩, 其風肆好. {傳}肆, 長也. 又弃也. {揚雄・長楊賦}故平不肆險. 安不忘危也. {註}服虔曰: 肆, 弃也. 又{小爾雅}突也. {詩・大雅}是伐是肆. {傳}肆, 疾也. {箋}肆犯突也. {疏}肆爲犯突, 言犯師而衝突之. {左傳・文十二年}若使輕者, 肆焉其可. {註}肆, 暫往而退也. 又{周禮・春官・小胥}凡縣鍾磬, 半爲堵, 全爲肆. {註}編縣之, 二十六枚在一虡, 謂之堵. 鍾一堵, 磬一堵, 謂之肆. {左傳・襄十一年}歌鍾二肆. {註}肆, 列也. 縣鍾十六爲一肆. 二肆, 三十六枚. 又官名. {周禮・地官}肆長各掌其肆之政令. 又姓. {何氏姓苑}有漁陽太守肆敏. 又祭名. {史記・周本紀}肆祀不答. 又{集韻}息七切, 音悉. 放也. 又{韻會}羊至切. 與肄同. {五音集韻}習也, 嫩條也. {禮・玉藻}肆束及帶, 勤者有事則收之, 走則擁之. {註}肆, 讀爲肄. 肄, 餘也. {釋文}肆, 音肄. 又音陔. {禮・禮器}其出也, 肆夏而送之, 蓋重禮也. {註}肆夏, 當爲陔夏. {釋文}肆, 依註作陔, 古來切. 又{集韻}他歷切, 音逖. 解也. {禮・郊特牲}腥肆爓腍祭. {註}治肉曰肆. {疏}肆, 剔也. {釋文}肆, 敕歷切. {周禮・地官・大司徒}祀五帝, 奉牛牲, 羞其肆. {註}鄭司農雲, 肆, 陳骨體也. 士喪禮曰: 肆解去蹄. {賈疏}羞, 進也.

肆, 解也. 謂於俎上進所解牲體於神座前. {釋文}肆, 他歷切.

A0182 U-8087

•肇• 聿字部 總14劃. 훈글 [조] 칠. 新典 [죠] 비롯. 민첩할. 類合 [됴] 비르슬. 英譯 begin, commence, originate. 漢典 形聲. 從攴, 肇省聲. 從攴, 與打擊有關. 本義: 擊. 康熙 <聿部> {廣韻}治小切, {集韻}{韻會}{正韻}直紹切, 太音趙. {說文}擊也. 又{廣韻}始也. {書・舜典}肇十有二州. {傳}肇, 始也. 又{仲虺之誥}肇我邦于有夏. {傳}始我商家國于夏世. 又正也. {齊語}竱本肇末. {註}竱, 等也. 肇, 正也. 謂先等其本, 以正其末也. 又敏也. {爾雅・釋言}肇, 敏也. {書・酒誥}肇牽車牛, 遠服賈. 又長也. {爾雅・釋詁}肇, 謀也. {詩・大雅}肇敏戎公, 用錫爾祉. {傳}肇, 謀也. {釋文}韓詩云: 長也. 又山名. {山海經}華山青水之東有山, 名曰肇山. 又與兆同. {詩・大雅}以歸肇祀. {傳}肇, 始也. 始歸郊祀也. {箋}肇, 郊之神位也. {疏}肇, 宜作兆. 春官小宗伯云: 兆五帝于四郊是也. 又{商頌}肇域彼四海. {箋}肇, 當作兆. {疏}言正天下之經界, 以四海爲兆域. 又{集韻}杜皓切, 音道. 擊也. 說文 <攴部> 治小切. 擊也. 从攴, 肇省聲.

A0182 U-8088

•肈• 聿字部 總14劃. 훈글 [조] 창. 英譯 to commence. to found. to devise. at first. to originate. to strike. 康熙 <聿部> {集韻}同肇. 又{韻會}戟屬. 說文 <戈部> 直小切. 上諱.

A0252 U-8089

•肉• 肉字部 總06劃. 훈글 [육] 고기. 新典 [육] 살, 고기. [유] 둘레. 저울추. 訓蒙 [슉] 고기. 英譯 flesh. meat. KangXi radical 130. 漢典 象形. 甲骨文 字形, 小篆, 象動物肉形. "肉"是漢字的一個部首. 本義: 動物的肌肉. 康熙 <肉部> 古文: 宍. {唐韻}如六切, {集韻}{韻會}{正韻}而六切, 太音衄. {說文}胾肉, 象形. 本書作肉. {易・噬嗑}噬乾肉. {禮・孔子閒居}觴酒豆肉. {左傳・莊十年}肉食者鄙. {管子・水地篇}五藏已具, 而後生肉. {又}心生肉. 五肉已具, 而後發爲九竅. 又{正字通}禽鳥謂之飛肉. {揚子・太玄經}明珠彈于飛肉, 其得不復. 又肉刑. {史記・孝文帝紀}法有肉刑三. {註}黥劓二, 左右趾合一, 凡三. 又芝草名. {抱朴子・僊藥卷}五芝者, 有石芝, 有木芝, 有草芝, 有肉芝. 又視肉, 獸名. 見{山海經・郭璞註}視肉, 形如牛肝, 有兩目, 食之無盡, 尋復更生如故. 又土肉, 生海中. 色黑, 長五寸, 大如小兒臂, 有腹, 無口耳, 多足, 可炙食. {本草}李時珍曰: 此蟲魚之屬, 與土精名封同類. {郭璞・江賦}土肉石華. 又{本草}人頂生瘡, 五色, 如櫻桃, 破則自頂分裂, 連皮剝脫至足, 名曰肉人. 夏子益奇疾方, 常飮牛乳, 卽消. 又{釋名}肉, 柔也. 又{集韻}{韻會}{正韻}太如又切, 音輮. 錢璧之體. {爾雅・釋器}肉倍好謂之璧. {註}肉, 邊也. 好, 孔也. {釋文}肉, 如字. 又如授反. 又錘體爲肉. {前漢・律歷志}圜而環之, 令之肉倍好者. {註}錘之形如環, 體爲肉, 孔爲好. 又肥滿也. {禮・樂記}使其曲直繁瘠, 廉肉節奏, 足以感動人之善心而已矣. {疏}肉謂肥滿. {又}寬裕肉好, 順成和動之音作, 而民慈愛. {註}肥也. {釋文}太而救反. 又{史記・樂書}寬裕肉好. {註}肉好, 言音之洪美. 又{集韻}儒遇切, 音孺. 肌肉也. 又{韻會}{正韻}太而由切, 音柔. 邊也. 又{正字

通}音腴. {周禮・地官・大司徒}其民豐肉而庳. 劉昌宗讀. (說文) <肉部> 如六切. 胾肉. 象形. 凡肉之屬皆从肉.

A0949 U-8098

•肘• 肉字部 總07劃. (훈글) [주] 팔꿈치. (新典) [쥬] 팔굼치. 팔둑. (訓蒙) [듀] 풀구브렁. (英譯) the elbow. help a person shoulder a load. (漢典) 會意. 從肉從寸, 寸, 腕下"寸口"部位. 點明肘所在的范圍. 本義: 上下臂相接處可以彎曲的部位. (康熙) <肉部> {唐韻}{集韻}陟柳切, {韻會}陟肘切, {正韻}止酉切, 𠀤音帚. {說文}臂節也. 从肉从寸. 寸, 手寸口也. {徐曰}寸口, 手腕動脈處也. {詩・小雅・如矢斯棘箋}如人挾弓矢, 戟其肘. {禮・玉藻}袂可以回肘. 又{深衣}袼之高下, 可以運肘. {左傳・成二年}張侯曰: 自始合, 而矢貫余手及肘. 又{釋名}肘, 注也. 可隱注也. 又{正字通}爲人捉其肘而留之, 亦曰肘. {後漢・孔融傳}欲命駕, 數數被肘. {杜甫・遭田家泥飮美嚴中丞詩}久客惜人情, 如何拒鄰叟. 高聲索果栗, 欲起時被肘. 又書名. {前漢・藝文志}彊弩將軍王圍肘法五卷. {抱朴子・地眞卷}崔文子肘後經. 又{韻會}一曰一肘二尺, 一曰一尺五寸爲一肘, 四肘爲一弓, 三百弓爲一里. {集韻}或作肚. 通作膌. (說文) <肉部> 陟柳切. 臂節也. 从肉从寸. 寸, 手寸口也.

A0528 U-809C

•肜• 肉字部 總07劃. (훈글) [융] 융제사. (新典) [융] 俗音 [룽] 룽제사. (英譯) to sacrifice on two successive days. (康熙) <肉部> {廣韻}以戎切, {集韻}{韻會}余中切, {正韻}以中切, 𠀤音融. {廣韻}祭名. {爾雅・釋天}繹又祭也. 商曰肜. {疏}肜者, 相尋不絕之意. {書・高宗肜日傳}祭之明日又祭也. 又姓. {前漢・古今人表}肜魚氏. {註}黃帝妃. 又{韻會}癡林切, {正韻}丑林切, 𠀤音琛. {正韻}船行貌.

A0526 U-80A9

•肩• 肉字部 總08劃. (훈글) [견] 어깨. (新典) [견] 엇개. 어깔. 맛길. 멜. (訓蒙) [견] 엇개. (英譯) shoulders. to shoulder. bear. (漢典) 象形. 從戶, 從肉. 本義: 肩膀. (康熙) <肉部> {唐韻}古賢切, {集韻}{韻會}{正韻}經天切, 𠀤音堅. {說文}髆也. 从肉, 象形. {徐曰}象肩形, 指事也. {廣韻}項下. {正韻}膊上. {六書故}臂本曰肩. 又{爾雅・釋詁}肩, 克也. {詩・周頌}佛時仔肩. {傳}仔肩, 克也. {箋}仔肩, 任也. {書・盤庚}朕不肩好貨. {傳}肩, 任也. 我不任好貨之人. 又{韻會}勝也. 肩强能勝重, 堪任義. {爾雅・釋詁}肩, 勝也. 又{釋名}肩, 堅也. 甲闓也. 與胸脇皆相會闓也. 又息肩. {左傳・襄二年}鄭子駟請息肩於晉. {註}欲辟楚役, 以負擔喻. 又比肩. {爾雅・釋地}北方有比肩民焉, 迭食而迭望. {又}西方有比肩獸焉, 與邛邛岠虛比, 爲邛邛岠虛齧甘草, 卽有難, 邛邛岠虛負而走, 其名謂之蟨. 又獸三歲曰肩. {詩・齊風}𠀤驅從兩肩兮. {傳}獸三歲曰肩. 又鳥名. {禮・月令・季冬之月征鳥厲疾註}征鳥, 題肩也. 齊人謂之擊征. 又{集韻}作也, 膢也. 又姓. {正字通}肩龍明, 金人. 肩固, 洪武中貢士泰和人. 又人名. {禮・檀弓}公肩假. {左傳・桓五年}周公黑肩, 將左軍. {註}黑肩, 周桓公也. 又{集韻}丘閑切, 音掔. 膊也. 又胡恩切, 音痕. 肩肩, 羸小貌. {莊子・德充符}闉跂支離無脤, 說衞靈公. 靈公說之, 而視全人, 其脰肩肩. {音義}胡恩反. 羸小貌. 又直貌. 又{五音集韻}胡田切, 音賢. 義同. {莊

子·德充符肩肩音義}又胡咽反.

A0153 U-80B1

•肱• 肉字部 總08劃. (훈글) [굉] 팔뚝. (新典) [굉] 팔둑. (訓蒙) [굉] 폴. (英譯) forearm. (漢典) 形聲. 從肉, 厷聲. 本義: 上臂, 手臂由肘到肩的部分. (康熙) <肉部> 古文: 𠃋厷厶. {廣韻}古弘切, {集韻}姑弘切, 𠀤音觥. 臂上也. {正韻}臂幹. {書·皐陶謨}帝曰: 臣作朕股肱耳目. {詩·小雅}麾之以肱{傳}肱, 臂也. 又國名. {山海經}奇肱之國, 其人一臂三目, 有陰有陽, 乘文馬. 又人名. {左傳·襄二十二年}鄭公孫黑肱. {史記·魯周公世家}子成公黑肱立.

A0981 U-80B2

•育• 肉字部 總08劃. (훈글) [육] 기를. (新典) [육] 기를. 날. (訓蒙) [육] 칠. (英譯) produce, give birth to. educate. (漢典) 會意. 甲骨文字形, 象婦女生孩子. 上爲"母"及頭上的裝飾, 下爲倒著的"子". (康熙) <肉部> {集韻}{韻會}{正韻}𠀤余六切, 音昱. {說文}養子使作善也. {廣韻}養也. {易·蒙卦}君子以果行育德. {註}育德者, 養正之功也. {疏}育養其德. 又{爾雅·釋詁}育, 長也. {詩·衞風}旣生旣育. {箋}育謂長老也. {書·盤庚}我乃劓殄滅之, 無遺育. {傳}育, 長也. {晉語}正名育類. {註}育, 長也. 又生也. {禮·中庸}發育萬物. {註}育, 生也. 又覆育也. {詩·小雅}長我育我. {箋}育, 覆育也. 又幼稚也. {詩·衞風}昔育恐育鞠. {箋}昔育, 昔幼稚之時也. 又地名. {前漢·地理志}育陽. {註}屬南陽郡. 又{集韻}亦姓. 又{集韻}直祐切, 音冑. 胤也. 又{韻會}通作鬻. {詩·豳風}鬻子之閔斯. {禮·樂記}毛者孕鬻. {註}鬻, 生也. 又{集韻}或作毓. {前漢·五行志}孕毓根荄. 又{韻補}叶音亦. {詩·大雅}載生載育. 叶上夙下稷. 夙音夕. 又叶音乙. {黃伯仁龍馬頌}稟神祇之化靈, 乃大宛而再育. 資玄螭之表象, 似靈虯之注則. (說文) <𠫓部> 余六切. 養子使作善也. 从𠫓肉聲. {虞書}曰: "教育子."

A0923 U-80B5

•肵• 肉字部 總08劃. (훈글) [근] 공경할. [기] 적대. (新典) [긔] 시동이 먹는 도마. 공경할. (英譯) table. (康熙) <肉部> {集韻}居焮切, 音靳. 敬也. {禮·郊特牲}肵之爲言敬也. 又{集韻}{韻會}𠀤渠希切, 音祈, 盛心舌之俎. {儀禮·特牲饋食禮}佐食升肵俎. {註}肵, 音祈, 謂心舌之俎也. {禮·曾子問}祭殤不擧肺, 無肵俎. {註}肵俎, 利成禮之施於尸者. {疏}肵是尸之所食, 歸餘之俎, 以其無尸, 故無肵俎. {釋文}肵, 音祈.

A0508 U-80CC

•背• 肉字部 總09劃. (훈글) [배] 등. (新典) [배, 븨] 등. 해무리. 집 북편. 등에 태문 생길. [패] 버릴. 배반할. (訓蒙) [븨] 등. (英譯) back. back side. behind. betray. (康熙) <肉部> {唐韻}{韻會}補妹切, {正韻}邦昧切, 𠀤音輩. {說文}脊也. 从肉北聲. {韻會}身北曰背. {玉篇}背脊. {正字通}身之陰也. {釋名}背, 倍也, 在後稱也. {易·艮卦}艮其背. {註}背者, 無見之物也. 又手背. {周禮·冬官考工記·弓人}合灂若背手文. 又壽也. {爾雅·釋詁}背, 壽也. {詩·大雅}黃耇台背. 又{魯頌}黃髮台背. {傳}台背, 皆壽徵也. 又日旁氣也. {前漢·天文志}暈

適背穴.｛註｝孟康曰: 皆日旁氣也. 背形如背字也. 如淳曰: 凡氣向日爲抱, 向外爲背. 又｛玉篇｝堂北曰背.｛詩・衞風｝焉得諼草, 言樹之背.｛傳｝背, 北堂也, 又人名.｛穀梁傳・成十年｝衞侯之弟黑背, 帥師侵鄭. 又｛廣韻｝｛集韻｝蒲昧切,｛正韻｝步昧切, 㠯音旆.｛廣韻｝弃背.｛集韻｝違也.｛正韻｝棄也, 孤負也, 反面也.｛詩・小雅｝噂沓背憎.｛書・太甲｝旣往背師保之訓.｛前漢・高帝紀｝君爲秦吏, 今欲背之. 又｛五音集韻｝奴對切, 音內. 義同. 又｛韻補｝叶音必.｛詩・大雅｝民之罔極, 職涼善背. 叶下克力.｛正韻｝亦作偝倍. (說文) <肉部> 補妹切. 脊也. 从肉北聲.

𦙶 䎷　A0597　U-80F9

•胹• 肉字部 總10劃. (훈글) [이] 삶을. (英譯) cooked. well-done. (康熙) <肉部>｛唐韻｝如之切,｛集韻｝人之切, 㠯音而.｛說文｝爛也.｛玉篇｝煮熟也.｛揚子・方言｝胹, 熟也.｛左傳・宣二年｝宰夫胹熊蹯不熟.｛疏｝過熟曰胹, 自關而西, 秦晉之郊曰胹. 又｛類篇｝或作腝.｛楚辭・招魂｝胹鼈炮羔, 有柘漿些.｛註｝胹, 一作腝.｛集韻｝或作腝䏙𦟟. (說文) <肉部> 如之切. 爛也. 从肉而聲.

胾　A0254　U-80FE

•胾• 肉字部 總12劃. (훈글) [자] 고깃점. (新典) [자, ㅈ] 산적 점. (英譯) minced meat. to cut meat into pieces. (康熙) <肉部>｛唐韻｝｛集韻｝｛韻會｝側吏切,｛正韻｝資四切, 㠯音䐈.｛說文｝大臠也.｛正字通｝切肉曰胾.｛博雅｝胾, 臠也.｛詩・魯頌｝毛炰胾羹.｛傳｝胾, 肉也.｛儀禮・士虞禮｝胾四豆, 設于左.｛註｝胾, 切肉也.｛前漢・周勃傳｝獨置大胾.｛註｝師古曰: 胾, 大臠也. (說文) <肉部> 側吏切. 大臠也. 从肉𢦏聲.

腋　A0676　U-814B

•腋• 肉字部 總12劃. (훈글) [액] 겨드랑이. (新典) [액, 익] 겨드랑이, 겻. (訓蒙) [익] 쟈개얌. (英譯) armpit. (漢典) 形聲. 從肉, 夜聲. 本作"亦", "大"下兩點表示腋的部位. 本義: 胳肢窩. (康熙) <肉部>｛集韻｝｛韻會｝｛正韻｝㠯夷益切, 音睪.｛廣韻｝肘腋, 胳也, 在肘後.｛增韻｝左右脅之閒曰腋.｛博雅｝胳謂之腋.｛史記・商君傳｝千羊之皮, 不如一狐之腋.｛盧湛答魏子悌詩｝珍裘非一腋.｛註｝埤蒼曰: 腋在肘後. 又｛釋名｝繹也. 言可張翕尋繹也. 又｛集韻｝之石切, 音隻. 又｛韻會｝伊昔切, 音益. 義㠯同.

腰　A0139　U-8170

•腰• 肉字部 總13劃. (훈글) [요] 허리. (新典) [요] 허리. (訓蒙) [요] 허리. (英譯) waist. kidney. (漢典) 形聲. 從肉, 要聲. 本作"要". 本義: 緊接肋或胸以下的部分, 胸和髖之間的身體的一部分. (康熙) <肉部>｛集韻｝｛韻會｝伊消切,｛正韻｝伊堯切, 㠯音要.｛說文｝身中也. 象人要自臼之形.｛徐曰｝要爲中關, 所以自臼持也.｛玉篇｝骻也.｛釋名｝腰, 約也, 在體之中, 約結而小也. 又馬名.｛古今注｝古駿馬有飛兔腰褭. 又天下形勢亦稱腰.｛戰國策｝梁者, 山東之腰也.｛玉篇｝本作要.｛廣韻｝或作䙅.

A0263 U-8179

•腹• 肉字部 總13劃. (훈글) [복] 배. (新典) [복] 배. 두터울. (訓蒙) [복] 빅. (英譯) stomach, belly, abdomen. inside. (漢典) 形聲. 從肉, 复聲. 此爲后起形聲字, 初文應即"畐"字, 象人腹部之形. 本義: 肚子. (康熙) <肉部> {唐韻}{集韻}{韻會}{正韻}𠀤方六切, 音福. {說文}本作腹, 厚也. 一曰身中. {爾雅・釋詁}腹, 厚也. {詩・小雅}出入腹我. {傳}厚也. {箋}腹, 懷抱也. {禮・月令}孟冬之月, 水澤腹堅. {註}腹, 厚也. 又{增韻}肚也. {釋名}腹, 複也, 富也, 腸胃之屬, 以自裹盛復於外複之, 其中多品, 似富者也. {易・說卦}坤爲腹. {疏}坤能包藏含容, 故爲腹也. 又凡借以喻物. {詩・周南}赳赳武夫, 公侯腹心. {河圖引蜀謠}汶阜之山, 江出其腹. 又遺腹. {前漢・昭帝紀}泗水戴王有遺腹子煖. 又腹疾. {左傳・宣十六年}叔展曰: 河魚腹疾柰何. 又衣名. {釋名}抱腹, 上下有帶, 抱裹其腹, 上無襠者也. 又姓. {戰國策}腹擊爲室而鉅. {註}趙臣. 又人名. {史記・燕世家}燕王命相栗腹約歡趙. 又{韻補}叶音必. {易林}陰寒主疾, 水離其室. 民飢于食, 不病心腹. (說文) <肉部> 方六切. 厚也. 从肉复聲.

A0253 U-818F

•膏• 肉字部 總14劃. (훈글) [고] 살찔. (新典) [고] 기름. 기름질. 명치 씃. 기름지게 할. (訓蒙) [고] 곱. (英譯) grease, fat. paste, ointment. (漢典) 形聲. 從肉, 高聲. 從肉, 表示與肉體有關. 本義: 溶化的油脂, 無角動物的油脂. (康熙) <肉部> {唐韻}古勞切, {集韻}{韻會}居勞切, {正韻}姑勞切, 𠀤音高. {說文}肥也. {韻會}凝者曰脂, 澤者曰膏. 一曰戴角者脂, 無角者膏. {元命包}膏者, 神之液也. {易・鼎卦}雉膏不食. {晉語}不能爲膏, 而祇離咎也. {註}膏, 肥也. {又}夫膏粱之性, 難正也. {註}膏, 肉之肥者. {史記・田敬仲完世家}狶膏棘軸. {註}狶膏, 豬脂也. 又{博雅}人一月而膏. {左傳・成十年}居肓之上, 膏之下. {註}心下爲膏. 又{正韻}澤也. {博雅}膏, 滑澤也. {易・屯卦}屯其膏. {疏}正義曰: 膏謂膏澤也. 又脣脂, 以膏和丹作之, 亦曰膏. {詩・衞風}豈無膏沐, 誰適爲容. 又甘也. {禮・禮運}天降膏露. {註}膏, 猶甘也. 又凡樹理之白者皆曰膏. {周禮・地官・大司徒}其植物宜膏物. {註}鄭司農曰: 膏物, 謂楊柳之屬, 理致且白如膏. 又五穀之滑者皆曰膏. {山海經}西南黑水之閒, 有廣都之野, 爰有膏菽, 膏稻膏黍, 膏稷. {註}郭曰: 言味好, 皆滑如膏. 又{唐韻}古到切, {集韻}{韻會}{正韻}居號切, 𠀤音誥. 潤也. {詩・曹風}芃芃黍苗, 陰雨膏之. {釋文}膏, 古報反. {禮・內則}脂膏以膏之. {釋文}膏之, 古報反. ○ 按劉鑑經史動靜字音, 凡脂膏之膏則讀平聲, 用以潤物曰膏, 則讀去聲. (說文) <肉部> 古勞切. 肥也. 从肉高聲.

A0290 U-819A

•膚• 肉字部 總15劃. (훈글) [부] 살갗. (新典) [부] 살. 아름다울. 클. (訓蒙) [부] 솔. (英譯) skin. superficial, shallow. (康熙) <肉部> {廣韻}甫無切, {集韻}{韻會}風無切, {正韻}方無切, 𠀤音跗. {說文}籀文作臚. {玉篇}皮也. {廣韻}皮膚. {釋名}膚, 布也, 布在表也. {詩・衞風}膚如凝脂. {易・噬嗑}六二噬膚. {註}膚者, 柔脆之物也. 又豕肉爲膚. {儀禮・聘禮}膚鮮魚鮮腊. {註}膚, 豕肉也. 又切肉爲膚. {禮・內則}脯羹, 兔醢, 糜膚. {註}膚, 切肉也. 又{博雅}美也. {詩・豳風}公孫碩膚. {傳}膚, 美也. 又{博雅}傳也. {又}離也. {又}剝也. 又大也. {詩・小雅}以奏膚公. {傳}膚, 大也. 又{韻會}膚淺, 喻在皮膚, 不深也. 又{正韻}四指爲膚. {公羊

傳・僖三十一年}膚寸而合. {註}側手爲膚. 又膚受. {論語}膚受之愬. {書・盤庚}今汝聒聒起信險膚. {傳}起信險僞膚受之言也. 又地名. {前漢・郊祀志}凡四祠于膚施. {註}膚施, 上郡之縣也. 又人名. {前漢・古今人表}陽膚. 又{集韻}凌如切, 音臚. 義同. 又{韻補}叶音浮. {易林}范子妙材, 戮辱傷膚. 後相秦國, 封爲應侯.

A0855 U-81B1

•膱• 肉字部 總16劃. 한글 [직] 늘인 포. 新典 [직] 자두치포. 고기 석을. 英譯 (Cant.) the smell of oily food thats gone bad. 康熙 <肉部> {集韻}{韻會}丛質力切, 音職. {集韻}脯脡也. 長尺有二寸. {儀禮・鄉射禮}膱長尺二寸. {註}膱, 猶脡也. 又{韻會}一曰肉敗也. {博雅}膱, 臭也.

A0219 U-81BA

•膺• 肉字部 總17劃. 한글 [응] 가슴. 新典 [응] 가슴. 친할. 바들. 당할. 북두. 칠. 訓蒙 [응] 가合. 英譯 breast, chest. undertake, bear. 漢典 形聲. 從肉. 本義: 胸腔, 胸. 康熙 <肉部> 古文: 鷹. {唐韻}{集韻}{韻會}丛於陵切, 音應. {說文}胷也. {史記・趙世家}大膺, 大胷, 修下而馮. 又{爾雅・釋言}親也. {禮・少儀}執箕膺擖. {註}膺, 親也. 又{正韻}當也. {書・武成}誕膺天命, 以撫方夏. {傳}膺, 當也. 又受也. {楚辭・天問}撰體協脅. 鹿何膺之. {註}膺, 受也. 又{韻會}馬帶也. {詩・秦風}虎韔鏤膺. {傳}膺, 馬帶也. 又{大雅}鉤膺濯濯. {傳}鉤膺, 樊纓也. 又{增韻}擊也. 又{集韻}於證切, 英去聲. 胷也. {禮・中庸}得一善, 則拳拳服膺, 而弗失之矣. {釋文}徐邈讀. 又{釋名}膺, 壅也. 氣所壅塞也. {正字通}黃庭經, 舌下玄膺生死岸. 陶弘景讀壅. 說文 <肉部> 於陵切. 胷也. 从肉瘫聲.

A0232 U-81BB

•膻• 肉字部 總17劃. 한글 [단] 어깨 벗을. 新典 [단] 엇개 벗어 멜. [젼] 젓가슴. 노린내. 英譯 a rank odor. a technical term from Chinese medicine for the center of the chest. 漢典 形聲. 從肉, 亶聲. 本義: 羊膻氣. 康熙 <肉部> {唐韻}徒旱切, {集韻}蕩旱切, 丛音袒. {說文}肉膻也. 从肉亶聲. 詩膻裼暴虎. ○ 按詩鄭風, 今作襢. {集韻}或省作胆. 又{集韻}{正韻}丛尸連切, 音羶. {說文}羊臭也. 本作羴. 或作羶羶. {列子・周穆王篇}王之嬪御, 膻惡而不可親. 又{正字通}音誕. 素問, 膻中者臣使之官, 喜樂出焉. 王冰曰: 在胷中兩乳間. 朱肱曰: 心之下有鬲膜, 與脊脅周回相著, 遮蔽濁氣, 所謂膻中也. 說文 <肉部> 徒旱切. 肉膻也. 从肉亶聲. {詩}曰: "膻裼暴虎."

A0525 U-81C0

•臀• 肉字部 總17劃. 한글 [둔] 볼기. 新典 [둔] 볼기. 訓蒙 [둔] 믿. 英譯 buttocks. 康熙 <肉部> {廣韻}{集韻}{韻會}徒渾切, {正韻}徒孫切, 丛音屯. {說文}髀也. 本作屍. {字彙}腿臀. {博雅}臀謂之脽. {易・夬卦}臀無膚. {周語}其母夢神, 規其臀以墨. {註}尻也. 又{韻會}底也. {易・困卦}臀困於株木. {註}最處底下. {周禮・冬官考工記}㮚氏爲量, 其臀一寸.

{註}底深一寸也. 又人名. {左傳・宣二年}公子黑臀. {註}晉文公子. 又勝臀, 齊人, 見戰國策.

A0253 U-4444

•膞• 肉字部 總18劃. 훈글 [비] 장대할. 新典 [비] 살 뚱뚱이 질. 英譯 rich. abundant. big and strong. vigorous, husky, (same as 㾦) (nasal) polypus. 康熙 <肉部> {廣韻}{集韻}𠀤匹備切, 音濞. {集韻}肥壯也. {揚子・方言}膞, 盛也. 自關以西秦晉之閒語也. 又{廣韻}{集韻}𠀤平祕切, 音備. 又{廣韻}{集韻}𠀤毗至切, 音鼻. 義𠀤同. 又{集韻}魚器切, 音劓. 膇肉. {揚子・方言}膞, 膇也. {註}謂息肉也.

A0597 U-81D1

•臑• 肉字部 總18劃. 훈글 [노] 동물의 앞다리. 新典 [노] 팔굽치. 訓蒙 [뇨] 엇게. 英譯 soft. 康熙 <肉部> {唐韻}那到切, {集韻}{韻會}乃到切, {正韻}奴報切, 𠀤音䛵. {說文}臂羊矢也. {徐曰}按史記, 龜前臑骨, 帶之入山林不迷. 蓋骨形象羊矢, 因名之. {廣韻}臂節. {韻會}肩腳也. {儀禮・鄉射禮}折脊脅肺臑. {禮・少儀}大牢, 則以牛左肩臂臑折九箇. {疏}臂臑謂肩腳也. {史記・龜筴傳}取前足臑骨, 穿佩之. {註}臑臂. 又{說文長箋}黃蹢躅, 一名臑羊華. 又{集韻}奴刀切, 音夒. 義同. 又{集韻}人之切, 音而. 與胹同. 爛也. 秦晉之郊謂熟曰胹. {枚乘・七發}熊蹯之臑. {註}臑, 音而, 熟也. {宋玉・招魂}肥牛之腱, 臑若芳些. {註}臑若, 熟爛也. 又{集韻}五管切, 音輐. 體㬇也. 又{集韻}昏困切, 音顐. 肉醢. 又{集韻}汝朱切, {正韻}如朱切, 𠀤音儒. {廣韻}㨎耎貌. {集韻}肱骨也. 一曰衣名. 襦者, 本取臑義. 說文 <肉部> 那到切. 臂羊矢也. 从肉需聲. 讀若襦.

A0290 U-81DA

•臚• 肉字部 總20劃. 훈글 [려] 살갗. 新典 [려] 아래배. 배 불룩할. 베풀. 英譯 arrange in order. display. 康熙 <肉部> {唐韻}力居切, {集韻}{正韻}淩如切, 𠀤音閭. {說文}皮也. {抱朴子・至理卷}淳于能解臚以理腦. 又{廣韻}腹前曰臚. {通雅}臚脹, 腹彭脹也. 又{玉篇}臚, 陳也. {廣韻}陳, 序也. {爾雅・釋言}臚, 敘也. {疏}以禮陳敘於賔客也. {史記・六國表}臚於郊祀. {前漢・郊祀歌}殷勤此路臚所求. 又{正韻}傳也. {晉語}聽臚言於市. {註}臚, 傳也. {史記・叔孫通傳}臚句傳. {註}上傳語告下爲臚. 又官名. {後漢・百官志}大鴻臚一人, 中二千石. 又{韻會}兩擧切, 音膂. 與旅同. {前漢・敘傳}大夫臚岱. {註}鄭氏曰: 臚岱, 季氏旅於泰山是也. 師古曰: 旅, 陳也, 臚亦陳也. 臚旅聲相近, 其義一耳. 又{正字通}亦作盧. {唐書・和逢堯傳}鴻臚作鴻盧. {正字通}說文: 臚, 从肉盧聲. 孫氏力居切, 籒文作膚, 義同音別, 二文宜𠀤存. 臚音盧, 膚音趺, 皮膚通作皮臚, 臚傳必不可言膚傳, 鴻臚必不可稱鴻膚, 各從其類, 則言義兩無殽互. 說文 <肉部> 力居切. 皮也. 从肉盧聲.

A0173 U-81DF

•臟• 肉字部 總22劃. 훈글 [장] 오장. 新典 [장] 오장. 類合 [장] 오장. 英譯 internal organs, viscera. 康熙 <肉部> {集韻}才浪切, 音藏. 腑也. {正字通}五臟也. {字彙}臟者, 藏

也. 精藏於腎, 神藏於心, 魂獲於肺, 志藏於脾. {抱朴子·至理卷}破積聚於腑臟. 又{正字通}亦作倉. {通雅}五倉, 卽五藏也. 又或作臧. {前漢·藝文志}五臧六府. ○ 按臧, 藏, 臟一字. 後人加艸, 又加肉.

A0171 U-81E3

•臣• 臣字部 總06劃. 훈글 [신] 신하. 新典 [신] 종, 신하. 두려울. 訓蒙 [신] 신핫. 英譯 minister, statesman, official. 康熙 <臣部> 古文: 恵. {唐韻}植鄰切, {集韻}{韻會}丞眞切, 𠀤音辰. 事人之稱. {說文}臣, 牽也, 事君也. 象屈服之形. {白虎通}臣者, 纏也, 勵志自堅固也. {廣韻}伏也. 仕於公曰臣, 仕於家曰僕. {易·序卦}有父子, 然後有君臣, 有君臣, 然後有上下. {詩·小雅}率土之濱, 莫非王臣. 又{前漢·王陵傳}陳平謝曰: 主臣. {註}文穎曰: 惶恐之辭, 猶今言死罪. 晉灼曰: 主, 擊也. 臣, 服也. 言其擊服. 惶恐之辭. {通雅}發語敬謝之辭, 猶主在上, 臣在下, 自然敬恐也. 又姓. {奇姓通}唐臣悅, 著平陳紀. 又{韻補}叶音禪. {道藏歌}躋景西那東, 肆覲善因緣. 常融無地官, 皆是聖皇臣. 說文 <臣部> 植鄰切. 牽也. 事君也. 象屈服之形. 凡臣之屬皆从臣.

A0170 U-81E4

•臤• 臣字部 總08劃. 훈글 [현] 어질. [간] 굳을. 英譯 hard. wise. 康熙 <臣部> {集韻}賢, 古作臤. 註詳貝部八畫. 又{廣韻}苦閑切, {集韻}丘閑切, 𠀤音慳. 堅也. 又{集韻}丘耕切, 音鏗. 又輕煙切, 音牽. 又丘寒切, 音看. 義𠀤同. 說文 <臤部> 苦閑切. 堅也. 从又臣聲. 凡臤之屬皆从臤. 讀若鏗鏘之鏗. 古文以爲賢字.

A0172 U-81E7

•臧• 臣字部 總14劃. 훈글 [장] 착할. 新典 [장] 착할. 두터울. 산아회종. 類合 [장] 어딜. 英譯 good, right, generous. command. 漢典 形聲. 從臣, 戕聲. 臣, 奴隸. 本義: 男奴隸. 康熙 <臣部> {唐韻}則郎切, {集韻}{韻會}{正韻}兹郎切, 𠀤音贓. {爾雅·釋詁}臧, 善也. {易·師卦}初六, 師出以律, 否臧凶. {詩·衞風}不忮不求, 何用不臧. {傳}臧, 善也. 又{廣韻}厚也. 又{揚子·方言}荆淮海岱雜齊之閒罵奴曰臧, 罵婢曰獲. 又姓. {姓苑}出東莞魯孝公子臧僖伯之後. 又與贓通. 吏受賕也. {前漢·尹賞傳}貪汚坐臧. 又{集韻}昨郎切. 與藏同. {管子·侈靡篇}天子藏珠玉, 諸侯藏金石. {前漢·食貨志}輕微易臧. 又{韻會}{正韻}𠀤才浪切. 與庫藏之藏同. {前漢·食貨志}出御府之臧以贍之. 又與臟同. {前漢·王吉傳}吸新吐故, 以練五臧. 又{藝文志}有客疾五臧狂顚病方. 又臧善之臧, 亦叶音臟. {詩·小雅}未見君子, 憂心柄柄. 旣見君子, 庶幾有臧. 怲音謗. 說文 <臣部> 則郎切. 善也. 从臣戕聲.

A0207 U-81EA

•自• 自字部 總06劃. 훈글 [자] 스스로. 新典 [자, 조] 붓흘. 몸, 몸소. 스스로. 저절로. 訓蒙 [조] 스스로. 英譯 self, private, personal. from. 漢典 象形. 小篆字形. 象鼻形. "自"是漢字的一個部首. 本義: 鼻子. 康熙 <自部> 古文: 𦣹. {唐韻}{集韻}{韻會}{正韻}𠀤疾二

切, 音字. ｛玉篇｝由也. ｛集韻｝從也. ｛易・需卦｝自我致寇, 敬愼不敗也. ｛疏｝自, 由也. ｛書・湯誥｝王歸自克夏, 至于亳. ｛詩・召南｝退食自公, 委蛇委蛇. ｛傳｝自, 從也. 又｛玉篇｝率也. 又｛廣韻｝用也. ｛書・臯陶謨｝天秩有禮, 自我五禮, 有庸哉. ｛傳｝自, 用也. ｛詩・周頌｝自彼成康, 奄有四方, 斤斤其明. ｛傳｝自彼成康, 用彼成安之道也. ｛古義｝自彼者, 近數昔日之辭. 又自然, 無勉强也. ｛世說新語｝絲不如竹, 竹不如肉, 漸近自然. 又｛集韻｝己也. ｛正韻｝躬親也. ｛易・乾卦｝天行健, 君子以自彊不息. 又｛五音集韻｝古文鼻字. 註詳部首. ○ 按說文作鼻本字. (說文) <自部> 疾二切. 鼻也. 象鼻形. 凡自之屬皆从自.

臬 A0341 U-81EC

•臬• 自字部 總10劃. (훈글) [얼] 말뚝. (新典) [얼] 법. 문지방. 관역. 극진할. (英譯) law, rule. door post. (康熙) <自部> ｛廣韻｝五結切, ｛集韻｝｛正韻｝魚列切, ｛韻會｝倪結切, 𠀤音孽. ｛說文｝射的. 从木, 自聲. ｛徐曰｝射之高下準的. 又｛廣韻｝門橜也. ｛爾雅・釋宮｝樴謂之杙, 在地者謂之臬. ｛註｝卽門橜也. ｛韻會｝或作槷. 亦作闑. 又｛博雅｝臬, 灋也. ｛書・康誥｝王曰: 外事汝陳時臬. ｛傳｝臬, 法也. 又｛多方｝爾罔不克臬. ｛傳｝汝無不能用法, 欲其皆用法. 又｛小爾雅｝臬, 極也. 又｛集韻｝九芮切, 音劂. 射的也. 又｛韻補｝叶牛例切, 音刈. ｛張衡・東京賦｝桃弧棘矢, 所發無臬. 飛礫雨散, 剛彈必斃. ｛註｝臬, 射墩的也. ｛釋文｝牛例切. (說文) <木部> 五結切. 射準的也. 从木从自.

臭 A0632 U-81ED

•臭• 自字部 總10劃. (훈글) [취] 냄새. (新典) [츄] 냄새. 향긔. 썩을. (訓蒙) [취] 내. (英譯) smell, stink, emit foul odor. (康熙) <自部> ｛廣韻｝｛集韻｝｛韻會｝𠀤尺救切, 抽去聲. ｛說文｝禽走, 臭而知其迹者, 犬也. 故从犬. ｛徐鍇曰｝以鼻知臭, 故从自. ｛廣韻｝凡氣之總名. ｛易・說卦｝巽爲臭. ｛疏｝爲臭, 取其風所發也. ｛詩・大雅｝上天之載, 無聲無臭. ｛禮・月令｝其臭羶. ｛疏｝通於鼻者謂之臭. 又香也. ｛易・繫辭｝其臭如蘭. ｛詩・大雅｝胡臭亶時. ｛禮・內則｝衿纓佩容臭. ｛註｝容臭, 香物也. ｛疏｝庾氏曰: 以臭物可以修飾形容, 故謂之容臭. 又惡氣. 與香臭別. ｛書・盤庚｝無起穢以自臭. ｛莊子・知北遊｝是其所美者爲神奇, 所惡者爲臭腐. ｛正韻｝對香而言, 則爲惡氣, 海濱逐臭之夫之類是也. 又｛左傳・襄八年｝寡君在君, 君之臭味也. ｛註｝言同類. 又敗也. ｛書・盤庚｝若乘舟, 汝弗濟, 臭厥載. ｛傳｝如舟在水, 中流不渡, 臭敗其所載物. 又｛揚子・太玄經｝赤臭播關. ｛註｝赤臭, 惡人也. 又｛韻會｝｛正韻｝𠀤許救切, 音齅. 與齅嗅𠀤通. ｛荀子・榮辱篇｝臭之而無嗛于鼻. ｛又｝三臭之不食. ｛註｝謂歆其氣也. 又｛韻補｝叶初尤切, 音篘. ｛詩・大雅｝上天之載, 無聲無臭. 叶下孚. 孚音浮. 又叶丑鳩切, 音抽. ｛左傳・僖四年｝卜繇曰: 一薰一蕕, 十年尙猶有臭. (說文) <犬部> 尺救切. 禽走, 臭而知其迹者, 犬也. 从犬从自.

臱 A0207 U-81F1

•臱• 自字部 總15劃. (훈글) [면] 보이지않을. (康熙) <自部> ｛玉篇｝眉然切, 音眠. 不見也.

A0779 U-81F3

•至• 至字部 總06劃. (훈글) [지] 이를. (新典) [지] 이르, 이를. 지극할. (類合) [지] 리를. (英譯) reach, arrive. extremely, very. (漢典) 象形. 從一, 一猶地, 指事, 不去而下來. 古文從土, 上亦象飛下之形. 尾上首下. 本義: 到來, 到達. (康熙) <至部> 古文: 至坣𡉀𡍮. {唐韻}{集韻}{韻會}脂利切, {正韻}支義切, 𠀤音摯. {說文}飛鳥从高下至地也. 从一, 一猶地也. 象形. 不上去而至下來也. {玉篇}來也. {詩・小雅}如川之方至, 以莫不增. {禮・樂記}物至知知, 然後好惡形焉. {註}至, 來也. 又{玉篇}達也, 由此達彼也. {書・無逸}自朝至于日中昃. {詩・小雅}我征徂西, 至于艽野. 又極也. {易・坤卦}至哉坤元. {註}至謂至極也. 又{繫辭}易其至矣乎. {莊子・逍遙遊}故曰: 至人無己. {註}至極之人. 又善也. {禮・坊記}以此坊民婦猶有不至者. {周禮・冬官考工記}弓人覆之而角至. {註}至, 猶善也. 又大也. 又{易・復卦}先王以至日閉關, 商旅不行, 后不省方. {註}冬至, 陰之復也. 夏至, 陽之復也. {正字通}夏至曰日長至, 是日晝漏刻五十九, 夜四十一, 先此漏刻尚五十八. 日之長于是而極, 故曰日長至, 至取極至之義. 呂覽十二紀: 仲夏月, 日長至是也. 冬至亦曰日長至, 是日晝漏刻四十一, 夜五十九, 過此晝漏卽四十二刻. 日之長, 於是而始, 故亦曰日長至. 至取來至之義. 禮郊特牲曰: 郊之祭, 迎長日之至是也. 然呂覽於仲冬則又曰日短至. 黃震曰: 世俗多誤冬至爲長至, 不知乃短至也. 據此說, 短至宜爲冬至, 亦謂之日長至者, 陽之始長也, 扶陽抑陰之義也. 又至掌, 蟲名. {爾雅・釋蟲}蛭蝚至掌. {亢倉子・臣道篇}至人忘情. 又{集韻}{韻會}𠀤徒結切, 音咥. 單至, 輕發貌. {列子・力命篇}墨尿單至. 又{韻補}叶職日切, 音窒. {詩・豳風}鸛鳴于垤, 婦歎于室. 灑埽穹窒, 我征聿至. 又叶章移切, 音支. {梁武帝擬古詩}日期久不歸, 鄉國曠音輝. 音輝空結遲, 半寢覺如至. 叶上期絲. (說文) <至部> 脂利切. 鳥飛从高下至地也. 从一, 一猶地也. 象形. 不, 上去; 而至, 下來也. 凡至之屬皆从至.

A0151 U-81F4

•致• 至字部 總10劃. (훈글) [치] 보낼. (新典) [치] 이를. 극진할. 버릴. 불러올. 지츄. 들일. (類合) [티] 닐윌. (英譯) send. deliver. present, cause. (康熙) <至部> {廣韻}{集韻}𠀤陟利切, 音躓. {說文}送詣也. {春秋・成九年}夏, 季孫行父如宋致女. {註}女嫁三月, 又使大夫隨加聘問, 謂之致女. {禮・曲禮}獻田宅者操書致. {註}詳書其多寡之數, 致之于人也. 又招致也. {楊升庵外集}致有取意. {易・繫辭}備物致用. {疏}謂備天下之物, 招致天下所用. {周禮・地官・遂人}凡治野, 以下劑致甿. {註}致, 猶會也. 民雖受上田中田下田, 及會之. 以下劑爲率. 又納也. {禮・曲禮}大夫七十而致事. {註}致其所掌之事於君, 而告老. {疏}不云置, 而云致者, 置是廢絕, 致是與人, 明朝廷必有賢代己也. 又傳致也. {詩・小雅}工祝致告. {箋}祝於是致孝孫之意, 告尸以利成. 又極也. {書・盤庚}凡爾衆, 其惟致告. {傳}致我誠, 告汝衆. {禮・禮器}有放而不致也. {疏}致, 極也. 又{禮・樂記}致樂以治心. {註}致, 猶深審也. 又委也. {易・困卦}君子以致命遂志. {論語}事君能致其身. {朱註}致, 猶委也. 又誠也. {老子・道德經}其致之. {註}致, 誠也. 又挑戰曰致師. {左傳・宣十二年}楚許伯御樂伯, 攝叔爲右, 以致晉師. {疏}致師, 致其必戰之志. 又態也. {水經注}茂竹便娟, 致可翫也. {六帖}崔遠風致整峻. {王縉詩}自然成高致. 又至也. {周禮・春官・大卜}掌三夢之灋. 一曰致夢. {疏}訓致爲至, 夢之所至也. 又制也. {管子・白心篇}以致爲儀. {註}致者, 所以節制其事, 故爲儀. 又{易・繫辭}一致而百慮. {疏}所致雖一, 慮必有百, 言慮雖百種, 必歸於一致也. 又就也. {老子・道德經}

故致數車無車. {註}致, 就也. 言人就車數之, 爲輻, 爲輪, 爲轂, 爲衡, 爲轝, 無有各爲車者. 又{詩・大雅}是致是附. {傳}致, 致其社稷羣神. {疏}致者, 運轉之詞. 又密也. {禮・禮器}德產之致也精微. {註}致, 致密也. {前漢・嚴延年傳}文致不可得反. {註}言其文案整齊. 又與緻通. {禮・月令}孟冬, 命工師效功, 陳祭器, 按度程, 必功致爲上. {註}謂功力密緻也. 緻至同. 說文 <夂部> 陟利切. 送詣也. 从夂从至.

C0021 U-81FC

•臼• 臼字部 總06劃. 훈글 [구] 절구. 新典 [구] 절구, 방아확. 訓蒙 [구] 호왁. 英譯 mortar. bone joint socket. 漢典 象形. 小篆字形, 象舂米器具形, 中間的四點表示有米. 本義: 中部下凹的舂米器具. 康熙 <臼部> {廣韻}其九切, {集韻}{韻會}{正韻}巨久切, 𠀤音咎. {說文}舂也. 本作臼, 隸省作臼. 古者掘地爲臼, 其後穿木石. 象形, 中象米. {徐曰}臼字中四注, 與函字下, 鼠字上, 及古文齒字, 皆偶相似而非也. {世本}雍父作臼. {呂氏春秋}赤冀作臼. {易・繫辭}斷木爲杵, 掘地爲臼. 臼杵之利, 萬民以濟. {沈約・捉搦歌}粟穀難舂付石臼. {柳宗元詩}日午夢覺無餘聲, 山童隔竹敲茶臼. 又星名. {史記・天官書}杵臼四星, 在危南. {註}杵臼三星, 在丈人星旁, 主軍糧. 又地名. {左傳・僖二十四年}濟河圍令狐, 入桑泉, 取臼衰. {註}解縣東南有臼城. 又水名. {左傳・定五年}將涉于成臼. {註}江夏竟陵縣有臼水, 出聊屈山, 西南入漢. {後漢・章帝紀}罷常山, 呼沱石臼河漕. {註}石臼, 河名也, 在今定州唐縣東北. 又山名. {山海經}踵臼之山, 無草木. 又鳥名. {讀曲歌}打殺長鳴雞, 彈去烏臼鳥. 又樹名. {古西洲曲}日暮伯勞飛, 風吹烏臼樹. 又姓. {左傳}華謳家臣臼任. 又{韻補}叶敞呂切, 音處. 韓愈{元和聖德詩}遂自顚倒, 若杵投臼. 叶下渚. 說文 <臼部> 其九切. 舂也. 古者掘地爲臼, 其後穿木石. 象形. 中, 米也. 凡臼之屬皆从臼.

A0434 U-81FD

•臽• 臼字部 總08劃. 훈글 [함] 함정. 新典 [함] 함정. 英譯 a pit, a hole. 康熙 <臼部> {唐韻}戶猪切, {集韻}乎韽切, 𠀤音陷. {說文}小阱也. 从人在臼上, 舂地坎可臽人. {徐曰}若今人作穴, 以臽虎也. 會意. {玉篇}坑也. {同文備考}失足入坑坎也. 从側人, 从杵臼之臼, 象人在臼中. 又{廣韻}{集韻}𠀤苦感切, 音坎. 義同. 或作欿. 說文 <臼部> 戶猪切. 小阱也. 从人在臼上.

A0432 U-8202

•舂• 臼字部 總11劃. 훈글 [용] 찧을. 新典 [숑] 俗音 [용] 방아 씨을. 쇠북소리. 訓蒙 [숑] 디흘. 英譯 grind in mortar. 康熙 <臼部> {唐韻}{集韻}{韻會}{正韻}𠀤書容切, 音摏. {說文}擣粟也. 黃帝臣雍父作舂. {詩・大雅}誕我祀如何, 或舂或揄. {莊子・逍遙遊}適百里塡宿舂糧. {百里奚・妻扊扅歌}舂黃藜, 搤伏雞. 又官名. {周禮・地官}舂人掌共米物. 又樂器. {周禮・春官・笙師註}舂牘以竹, 大五六寸, 長七尺, 短者一二尺. 其端有兩空髤畫, 以兩手築地. {釋名}舂, 撞也. 牘, 筑也. 以舂築地爲節也. 又縣名. {前漢・地理志}南陽郡舂陵縣. {後漢・光武紀}舂陵節侯買. {註}舂陵, 鄉名, 本屬零陵, 在今永州唐興縣北. 又山名. {淮南子・天文訓}日至虞淵, 是謂高舂. 至于連石, 是謂下舂. 又鳥名. {爾雅・釋鳥}鷺, 舂鉏. {疏}齊

魯之閒, 謂之春鉏. 又{博雅}獨春, 鶪鴡也. 又春容. {禮・樂記}善待問者如撞鐘, 待其春容, 然後盡其聲. 韓愈{送權秀才序}寂寥乎短章, 春容乎大篇. 又與衝通. {史記・魯世家}獲長狄, 富父終生春其喉以戈殺之. {後漢・西羌傳}水春河漕. 又{正字通}音窻. 八蠻之類. 一曰旁春. 見墨子. 又{集韻}諸容切, {韻會}職容切, 𠀤音鍾. 荊山別名. {張正見・白頭吟}彈珠金市側, 抵玉春山東. (說文) <臼部> 書容切. 擣粟也. 从廾持杵臨臼上. 午, 杵省也. 古者雝父初作春.

與　A0277　U-8207

•與• 臼字部 總14劃. (훈글) [여] 줄. (新典) [여] 너울너울 할. 어조사. 더불. 조하할. 허락할. 밋칠, 다뭇. 갓흘. 기다릴. 화할. 셀. 무리. 줄. 한적할. 참예할. (類合) [여] 다뭇. (英譯) and, with, to, for, give. grant. (康熙) <臼部> 古文: 舁舆舁. {廣韻}弋諸切, {正韻}弋渚切, {集韻}{韻會}演女切, 𠀤音予. {說文}黨與也. {戰國策}是君以合齊與强楚. {註}與, 黨與也. {管子・八觀篇}請謁得于上, 則黨與成于下. 又{廣韻}善也. {禮・禮運}諸侯以禮相與. 又{增韻}及也. {易・說卦}是以立天之道, 曰陰與陽. 立地之道, 曰柔與剛. 立人之道, 曰仁與義. 又許也, 從也. {論語}吾與點也. {管子・形勢解}鬼神助之, 天地與之. 又待也. {論語}歲不我與. 又{博雅}如也. {前漢・韓信傳}大王自料, 勇悍仁彊孰與項王. {註}師古曰: 與, 如也. {司馬相如・子虛賦}楚王之獵, 孰與寡人. 又施予也. {禮・曲禮}與人者, 不問其所欲. {周禮・春官・大卜}以邦事作龜之八命, 一曰征, 二曰象, 三曰與. {註}與, 謂予人物也. 又助也. {戰國策}吾將深入吳軍, 若扑一人, 若捽一人, 以與大心者也. {註}與, 猶助也. 又類也. {周語}夫禮之立, 成者爲飫, 昭明大節而已, 少曲與焉. {註}與, 類也, 威儀少比類也. 又以也. {詩・召南}之子歸, 不我與. {朱註}與, 猶以也, 以謂挾己而偕行也. 又和也. {戰國策}內寇不與, 外敵不可拒. {註}寇猶亂, 與猶和也. 又用也. {詩・唐風}人之爲言, 苟亦無與. {傳}無與, 弗用也. 又數也. {禮・曲禮}生與來日. {註}與, 猶數也. 又語辭. {禮・表記}君子與其有諸責也, 寧有已怨. 又容與, 閑適貌. {莊子・人閒世}因案人之所感, 以求容與其心. {註}以求從容自放, 而遂其侈心也. {史記・司馬相如傳}楚王乃弭節, 裴回翶翔容與. {註}索隱曰: 言自得. 又{正字通}大與, 官名, 主爵祿之官. 又不與, 國名. {山海經}有不與之國, 烈姓黍食. 又姓. 又{廣韻}羊洳切, {集韻}{韻會}{正韻}羊茹切, 𠀤音豫. 參與也. {正韻}干也. {中庸}夫婦之愚, 可以與知焉. {周禮・冬官考工記}國有六職, 百工與居一焉. 又縣名. {史記・曹相國世家}參以中涓從, 將擊胡陵方與. {註}索隱曰: 地理志, 二縣皆屬山陽. 正義曰: 與, 音預. 又{正字通}疑慮未決也. 通作豫. {前漢・昌邑王傳}楊敞猶與無決. 又{陳湯傳}士卒猶與. 通作豫. 又{集韻}{韻會}羊諸切, {正韻}雲俱切, 𠀤音余. 語辭. {論語}其爲仁之本與. {禮・檀弓}曾子曰: 微與. 其嗟也可去, 其謝也可食. {疏}微, 無也. 與, 語助. 又{詩・小雅}我黍與與, 我稷翼翼. {箋}與與, 翼翼, 蕃廡貌. 又{論語}與與如也. {註}威儀中適貌. 又舒也. {前漢・禮樂志}朱明盛長, 旉與萬物. {註}師古曰: 敷與, 言開舒也. 與, 弋於反. 又人名. {書・舜典}垂拜稽首, 讓于殳斨暨伯與. {傳}殳斨, 伯與, 二臣名. {釋文}與, 音餘. 又山名. 同輿. {山海經}敎與之山. {註}按名勝志作敎輿山. {又}苦山之首, 曰休與之山. {註}與或作輿. 又{集韻}倚亥切, 音欸. 与也. ○ 按說文与訓賜予也, 一勺爲与. 與訓黨與也. 今俗與字通作与. (說文) <舁部> 余呂切. 黨與也. 从舁从与.

興　A0138　U-8208

•興• 臼字部 總16劃. (훈글) [흥] 일. (新典) [흥] 일, 일어날. 지을. 셩할. 일으킬. 거두어

모를. 깃블. 감동할. 흥치. 형상할. 類合 [흥] 닐. 英譯 thrive, prosper, flourish. 漢典 會意. 從舁, 從同. 舁, 共擧, 同, 同力. 本義: 興起, 起來. 康熙 <臼部> {唐韻}{韻會}{正韻}丛虛陵切, 音䡖. {爾雅・釋言}興, 起也. {詩・小雅}夙興夜寐. {禮・中庸}國有道, 其言足以興. {註}興, 謂起在位也. 又{廣韻}盛也. {詩・小雅}天保定爾, 以莫不興. {箋}興, 盛也. 又{五音集韻}擧也. {周禮・夏官・大司馬}進賢興功, 以作邦國. {註}興, 猶擧也. 又動也. {周禮・冬官考工記・弓人}下柎之功, 末應將興. {註}興, 猶動也. 又{詩・大雅}興迷亂于政. {箋}興, 猶尊尚也. 又{周禮・地官・旅師}頒其興積. {註}縣官徵聚物曰興. 今云軍興是也. 又{司稼}平其興. {註}所徵賦. 又州名. {五音集韻}漢置武都郡, 魏立東西州. 梁爲興州, 因武興山而名. 又縣名. {李頎・涉湖詩}旋經義興境. 又殿名. {張衡・西京賦}龍興含章. {註}龍興, 殿名. 又姓. {姓譜}漢濟陰王, 謁者興渠. 又{廣韻}{集韻}{韻會}{正韻}丛許應切, 音嬹. {集韻}象也. 又{韻會}比興. {增韻}興, 況意思也. {周禮・春官・大師}教六詩, 曰風曰賦曰比曰興曰雅曰頌. {詩詁}興者, 感物而發, 如倉庚于飛, 熠燿其羽, 昔我往矣, 楊柳依依之類. 又{正韻}悅也. {禮・學記}不興其藝, 不能樂學. {註}興之言喜也. {殷仲文詩}獨有淸秋日, 能使高興盡. 又{正韻}許刃切, 音釁. {禮・文王世子}既興器用幣. {釋文}音同釁. 又{韻補}叶火宮切, 音凶. {馬融・長笛賦}曲終闋盡, 餘弦更興. 繁手累發, 密櫛疊重. 重平聲. 又叶虛良切, 音香. {徐幹・雜詩}沈陰增憂愁, 憂愁爲誰興. 念與君相別, 乃在天一方. {潘乾碑}實天生德, 有漢將興. 子子孫孫, 俾爾熾昌. 又叶丘侵切, 音欽. {詩・大雅}殷商之旅, 其會如林. 矢于牧野, 維予侯興. 說文 <舁部> 虛陵切. 起也. 从舁从同. 同力也.

A0227 U-820A

•舊• 臼字部 總18劃. 훈글 [구] 예. 新典 [구] 예, 예적. 오랠. 늙은이. 친구. 類合 [구] 무글. 英譯 old, ancient. former, past. 漢典 形聲. 甲骨文字形, 上面是"萑", 鴟鳥類, 下面是"臼", 作聲符. 本義: 鳥名. 康熙 <臼部> {唐韻}{集韻}{韻會}巨救切, {正韻}巨又切, 丛音柩. {說文}鴟舊, 舊留也. {徐曰}即怪鴟也. 又{廣韻}故也. {增韻}對新之稱. {詩・豳風}其新孔嘉, 其舊如之何. {左傳・僖二十八年}輿人誦, 原田每每, 舍其舊, 而新是謀. {公羊傳・莊二十九年}新延廐者何. 修舊也. 又久也. {詩・大雅}於乎小子, 告爾舊止. {箋}舊, 久也. 又{韻會}昔也, 老宿也. 又姓. 漢上黨太守舊彊. 又與柩同. {金史・蔡珪傳}燕靈王舊. 舊, 古柩字通用. 又{韻會}{正韻}丛巨九切, 音臼. 義同. 又{集韻}許尤切, 音休. 與鵂同. 又{韻補}叶巨己切, 音技. {詩・大雅}匪上帝不時, 殷不用舊. 時音氏. {又}維今之人, 不尚有舊. 叶上里. 又叶巨寄切, 音忌. {韋玄成詩}天子我監, 登我三事. 顧我傷墜, 爵復我舊. 又{管子・牧民篇}不恭祖舊, 則孝弟不備. ○ 按唐韻正, 舊音忌, 則忌亦正音, 非叶音. 又叶去九切, 音糗. {前漢・敘傳}三枿之起, 本根既朽. 枯楊生華, 曷惟其舊. 說文 <萑部> 巨救切. 雖舊, 舊畱也. 从萑臼聲.

A0115 U-820C

•舌• 舌字部 總06劃. 훈글 [설] 혀. 新典 [셜] 혀. 訓蒙 [셜] 혀. 英譯 tongue. clapper of bell. KangXi radical 135. 漢典 會意. 從干, 從口. 本義: 舌頭. 康熙 <舌部> {唐韻}{集韻}{韻會}{正韻}丛食列切, 然入聲. {說文}舌在口, 所以言也, 别味者也. {徐曰}凡物入口, 必于於舌. {六書精薀}舌以卷舒爲用, 口以開闔爲用, 各一其陰陽也. {釋名}舌, 卷也, 可以卷制食物, 使不落也. {又}舌, 泄也, 舒泄所當言也. {易・說卦}兌爲口舌. {疏}口舌, 爲言語之具

也.｛詩・大雅｝莫捫朕舌, 言不可逝矣. 又射侯上下个曰舌.｛儀禮・鄉射禮｝倍中以爲躬, 倍躬以爲左右舌.｛註｝居兩旁謂之个, 左右出謂之舌. 又言也.｛揚子・太玄經｝吐黃酋舌.｛註｝舌, 言也. 又姓.｛姓纂｝越大夫舌庸. 又羊舌, 複姓.｛左傳・閔二年｝狐突欲行. 羊舌大夫曰: 不可.｛疏｝羊舌, 氏也. 爵爲大夫. 又官名.｛周語｝坐諸門外, 而使舌人體委與之.｛註｝舌人, 能達異方之志, 象胥之官也. 又國名.｛淮南子・地形訓｝穿胷民, 反舌民.｛註｝反舌民, 不可知而自相曉. 一說舌本在前, 不向喉, 故曰反舌也. 南方之國名也.｛山海經｝歧舌國在其東. 一曰在不死民東.｛註｝其人舌皆岐. 或云: 支舌也. 又草名.｛爾雅・釋草｝菩, 糜舌.｛註｝今糜舌草春生葉, 有似於舌. 又｛博雅｝燕薁, 蘡舌也. 又｛正字通｝牛舌, 芣苢. 別名江東呼蝦蟇衣, 山東名牛舌. 又鳥名.｛禮・月令｝仲夏之月, 反舌無聲.｛註｝反舌, 百舌鳥.｛淮南子・說山訓｝人有多言者, 猶百舌之聲.｛註｝百舌, 鳥名. 能易其舌, 效百鳥之聲, 故曰百舌也. 又無舌, 蟲名.｛本草註｝一名益符, 主閉. 又長舌, 獸名.｛山海經｝長舌山有獸, 名長舌, 狀如禺, 四耳, 出則郡多水. 又｛韻補｝叶商刮切, 音殺.｛詩・大雅｝出納王命, 王之喉舌. 賦政于外, 四方爰發. 又叶食僞切, 音逝.｛部正釋譏｝家挾殊議, 人懷異計. 縱橫者欲披其胷, 徂詐者暫吐其舌. 說文 <口部> 古活切. 塞口也. 从口, 氒省聲. (氒, 音厥.)

舘 A0929 U-8218

•舘• 舌字部 總16劃. 훈글 [관] 객사. 新典 [관] 손의 집, 객샤. 訓蒙 [관] 집. 英譯 a mansion. a building. 康熙 <舌部> ｛字彙｝俗館字.

舞 A0330 U-821E

•舞• 舛字部 總14劃. 훈글 [무] 춤출. 新典 [무] 춤. 춤출. 환롱할. 訓蒙 [무] 춤. 英譯 dance, posture, prance. brandish. 漢典 形聲. 從舛, 兩足相背. 古舞字象人執牛尾而舞之形. 本義: 舞蹈. 康熙 <舛部> 古文: 翌.｛唐韻｝文甫切,｛集韻｝｛韻會｝罔甫切,｛正韻｝罔古切, 太音武.｛說文｝舞樂也.｛玉篇｝足相背也.｛周禮・春官・樂師｝凡舞, 有帗舞, 有羽舞, 有皇舞, 有旄舞, 有干舞, 有人舞.｛左傳・隱五年｝夫舞, 所以節八音而行八風.｛前漢・高帝紀｝軍中無以爲樂, 請以劒舞. 又鍾體也.｛周禮・冬官考工記・鳧氏｝銑閒謂之于, 于上謂之鼓, 鼓上謂之鉦, 鉦上謂之舞.｛註｝此四名者, 鍾體也. 又變弄也.｛前漢・張湯傳｝舞文巧詆.｛又｝舞知以御人. 又官名.｛周禮・地官｝有舞師. 又地名.｛戰國策｝秦繞舞陽之北, 以東臨許, 則南國必危矣.｛前漢・地理志｝舞陰, 縣名. 又姓. 說文 <舛部> 文撫切. 樂也. 用足相背, 从舛; 無聲.

舟 A0527 U-821F

•舟• 舟字部 總06劃. 훈글 [주] 배. 新典 [쥬] 베. 잔대. 식. 訓蒙 [쥬] 빅. 英譯 boat, ship. KangXi radical 137. 漢典 象形. 甲骨文字形, 象船形. 兩邊象船幫, 中間三條線代表船頭, 船艙和船尾. 先秦多用"舟", 漢以后用"船"漸多起來. 本義: 船. 康熙 <舟部> ｛唐韻｝｛集韻｝｛正韻｝職流切,｛韻會｝之由切, 太音周.｛說文｝船也.｛釋名｝舟言周流也.｛易・繫辭｝刳木爲舟, 剡木爲楫. 舟楫之利, 以濟不通.｛書・說命｝若濟巨川, 用汝作舟楫.｛爾雅・釋水｝天子造舟.｛註｝比船爲橋.｛又｝諸侯維舟.｛註｝維連四船.｛又｝大夫方舟.｛註｝併兩船.｛又｝士特舟.｛註｝單船.｛揚子・方言｝關西謂之船, 關東謂之舟. 今吳越皆謂之船.｛世本｝黃帝臣共鼓貨狄,

刳木爲舟. {呂氏春秋}虞姁作舟. {山海經}淫梁生番禺, 是始爲舟. {物理論}化〈彳瓜〉作舟. {束晳・發蒙記}伯益作舟. 又{正韻}載也. 又{韻會}帶也. {詩・大雅}何以舟之, 惟玉及瑤, 鞞琫容刀. {傳}舟, 帶也. 又尊下臺, 若今時承槃. {周禮・春官・司尊}春祠夏禴, 祼用雞彝鳥彝, 皆有舟. {正字通}一說古彝有舟, 設而陳之, 爲禮神之器. 以酌以祼, 皆挹諸其中而注之. 舟與彝二器相須, 猶尊之與壼, 缾之與罍. 先儒謂舟形如盤, 若舟之載物, 彝居其上, 非也. 今考漢敦足舟, 烝花舟, 舟之用在于容, 非虛設以承彝也. 形制詳博古圖. 又地名. {左傳・襄十四年}子囊師于棠, 以伐吳. 吳人自皐舟之隘要而擊之. {註}皐舟, 吳險阨之道. 又{昭十三年}克息舟城而居之. {註}息舟, 楚邑. 又{哀二十一年}請除館于舟道. {註}舟道, 齊地. 又覆舟, 山名. {淮南子・地形訓}維出覆舟. 又官名. {禮・月令}季春之月, 令舟牧覆舟, 五覆五反. {註}舟牧, 主舟之官也. 又姓. {左傳}晉有大夫舟之僑. 又與周通. {周禮・冬官考工記}作舟以行水. {註}故書舟作周. 鄭司農云: 周當爲舟. 又{韻補}叶陟魚切, 音朱. {道藏歌}玉龜七寶林, 唱贊願同舟. 丹景曜目精, 令我心踟躇. 又{詩・大雅}何以舟之. {朱註}之遙反. 與下刀叶. 說文 <舟部> 職流切. 船也. 古者, 共鼓, 貨狄, 刳木爲舟, 剡木爲楫, 以濟不通. 象形. 凡舟之屬皆从舟.

A0528 U-4463

•彤• 舟字部 總09劃. ᄒᆞᆫ글 [침] 배다닐. 英譯 a sailing boat. 康熙 <舟部> {唐韻}丑林切, {集韻}癡林切, 丛音琛. {說文}船行也. {正字通}舟行相續也. 又{集韻}丑禁切, 音覘. 義同. {正字通}商書彤日之彤从月, 讀若融. 丹部彤弓之彤从丹, 讀若同. 丛與彤別. 俗溷用, 非. 互見彡部彤字註. 說文 <舟部> 丑林切. 船行也. 从舟彡聲.

D0114 U-8228

•舨• 舟字部 總10劃. ᄒᆞᆫ글 [판] 배. 英譯 a sampan. 康熙 <舟部> {集韻}補綰切, 音版. 艟舨, 舟也.

A0533 U-822A

•航• 舟字部 總10劃. ᄒᆞᆫ글 [항] 배. 新典 [항] 쌍배. 訓蒙 [항] 비ᄃᆞ리. 英譯 sail. navigate. ship, boat. 康熙 <舟部> {廣韻}胡郎切, {集韻}寒剛切, 丛音斻. {廣韻}船也. {集韻}方舟也. {淮南子・主術訓}賢主之用人也, 猶巧工之制木也, 大者以爲舟航柱梁. {註}方兩小船, 丛與共濟爲航也. {張衡・思玄賦}譬臨河而無航. 又{字彙補}禹航, 地名. 今餘杭也. 又通作杭. {詩・衞風}誰渭河廣, 一葦杭之. {註}杭, 度也.

A0530 U-822C

•般• 舟字部 總10劃. ᄒᆞᆫ글 [반] 돌. 新典 [반] 도리킬. 질길. 만흘. 야옴길. 셈. 야도로올. 펼. 類合 [반] 가지. 英譯 sort, manner, kind, category. 康熙 <舟部> 古文: 般. {唐韻}北潘切, {集韻}{韻會}{正韻}逋潘切, 丛音播. {說文}辟也. 象舟之旋, 从舟从殳. 殳, 所以旋也. 又{廣韻}般運. {集韻}移也. 又{集韻}數別之名. 又{廣韻}布還切, {集韻}{韻會}{正韻}逋還切. 丛與班同. {爾雅・釋言}般, 還也. {疏}般, 還反也. {前漢・趙充國傳}明主般師罷兵. {註}

鄧展曰: 般, 音班. 班, 還也. 又｛賈誼傳｝般紛紛其離此郷兮. ｛註｝般, 音班. 般, 反也. 又分也, 賜也. ｛揚子・太玄經｝建侯開國, 渙爵般秩. 又布也. ｛前漢・郊祀歌｝先以雨般裔裔. ｛註｝般與班同. 布也. 又人名. ｛前漢・古今人表｝公輸般. ｛張衡・西京賦｝命般爾之巧匠. ｛註｝般, 魯般. 魯哀公時巧人. 又與班同. ｛禮・內則｝馬黑脊而般臂漏. ｛註｝般臂, 前脛般般然也. ｛周禮・天官・內饔註｝般臂, 臂毛有文. 又獸名. ｛揚雄・羽獵賦｝屨般首. ｛註｝屨, 謂以足蹈之也. 又｛史記・司馬相如傳｝般般之獸, 樂我君囿. ｛註｝謂騶虞也. 又｛廣韻｝薄官切, ｛集韻｝｛韻會｝｛正韻｝蒲官切, 𠀤音盤. ｛玉篇｝大船也. 又與盤同. 盤庚. ｛周語｝作般庚. 又｛博雅｝般桓, 不進也. 又般還. ｛禮・投壺｝主人般還曰辟. ｛疏｝主人見賓之拜, 乃般曲折還, 謂賓曰: 今辟而不敢受. 亦作般旋. ｛抱朴子・廣譬卷｝般旋之儀, 見憎於裸踞之郷. 又｛爾雅・釋詁｝般, 樂也. ｛疏｝般者, 遊樂也. ｛揚子・太玄經｝大樂無閒, 民神禽鳥之般. ｛註｝般, 樂也. ｛張衡・思玄賦｝惟般逸之無斁兮. 又｛博雅｝般, 行也. ｛又｝任也. 又與槃同. ｛莊子・田子方｝公使人視之, 則解衣般礴. ｛註｝般, 字又作槃. 般礴, 謂其坐也. 又｛詩・周頌｝篇名. 又地名. ｛前漢・地理志｝濟南郡般陽縣. 又水名. ｛山海經｝沂山, 般水出焉, 而東流注于河. 又與鞶同. ｛穀梁傳・桓三年｝諸母般申之曰: 謹愼從爾父母之言. ｛註｝般, 囊也. 所以盛朝夕所須, 以備舅姑之用. ｛疏｝男子般革, 婦人般絲, 所以盛帨巾之屬, 爲謹敬也. 又與磐同. ｛前漢・郊祀志｝乾稱飛龍, 鴻漸于般. ｛註｝孟康曰: 般, 水涯堆也. 師古曰: 般, 山石之安者. 又｛集韻｝｛韻會｝𠀤補滿切, 音粄. 漢縣名. 今在齊州地. ｛前漢・地理志｝平原般縣. ｛註｝韋音逋坦反. 師古曰: 爾雅, 九河一曰鉤般. 郭璞云: 水曲如鉤, 流般桓也. 然今其土俗如韋音. 又｛集韻｝一曰面平貌. 又｛正字通｝音缽. 梵言般若, 華言智慧. 若, 音惹. 又蒲先切, 音駢. ｛張衡・西京賦｝蚩尤秉鉞, 奮鬣被般. 禁禦不若, 以知神姦. 魑魅罔兩, 莫能逢旃. (說文) <舟部> 北潘切. 辟也. 象舟之旋, 从舟. 从殳, 殳, 所以旋也.

A0347 U-8235

•舵• 舟字部 總11劃. (ᄒᆞᆫ글) [타] 키. (新典) [타] 키. (訓蒙) [타] 밋. (英譯) rudder, helm. (康熙) <舟部> ｛廣韻｝徒可切, ｛集韻｝待可切, 𠀤音拕. ｛玉篇｝正船木. 一作柂.

A0531 U-8245

•艅• 舟字部 總13劃. (ᄒᆞᆫ글) [여] 배이름. (新典) [여] 여황배. (英譯) a despatch boat. (康熙) <舟部> ｛唐韻｝以諸切, ｛集韻｝羊諸切, 𠀤音余. ｛說文｝艅艎, 舟名. ｛郭璞・江賦｝漂飛雲, 運艅艎. ｛抱朴子・博喩卷｝艅艎鷁首, 涉川之良器也. ｛說文長箋｝吳闔廬舟名兪皇, 猶言皇舟. 改作艅艎. 又人名. ｛博古圖｝有周師艅尊. (說文) <舟部> 以諸切. 艅艎, 舟名. 从舟余聲. 經典通用餘皇.

A0321 U-826F

•良• 艮字部 總07劃. (ᄒᆞᆫ글) [량] 좋을. (新典) [량] 착할, 어질. 자못. 남편. 장인. 깁흘. 머리. 재문. (類合) [량] 어딜. (英譯) good, virtuous, respectable. (漢典) 形聲. 本義: 善良. (康熙) <艮部> 古文: [illegible]. ｛廣韻｝｛集韻｝｛韻會｝呂張切, ｛正韻｝龍張切, 𠀤音梁. ｛說文｝善也. ｛廣韻｝賢也. ｛釋名｝良, 量也. 量力而動, 不敢越限也. ｛書・益稷｝元首明哉, 股肱良哉. 又｛太甲｝一人元良, 萬邦以貞. ｛註｝元, 大. 良, 善也. 又｛論語｝夫子溫良恭儉讓以得之. ｛朱註｝良, 易直

也. 又{爾雅・釋詁}良, 首也. 又{博雅}良, 長也. 又{正韻}器工曰良. {禮・月令}陶器必良. {周禮・天官・王府}掌凡良貨賄之藏. 又{內府}掌良兵良器, 以待邦之大用. 又{春官・巾車}凡良車散車不在等者, 其用無常. {註}作之有功有沽. {疏}精作爲功則曰良. 麤作爲沽, 則曰散也. 又{博雅}良, 牢, 堅也. 又深也. {後漢・祭遵傳}良夜乃罷. {註}良, 猶深也. 又良人, 夫也. {儀禮・士昏禮}御衽于奧, 媵衽良席在東. {註}婦人稱夫曰良. {孟子}良人者, 所仰望而終身也. 又夫稱婦亦曰良人. {詩・唐風}今夕何夕, 見此良人. {毛傳}良人, 美室也. ○ 按朱註云: 良人, 夫稱也. 與毛傳異. 又良久, 頗久也. {列子・仲尼篇}公子牟默然良久, 告退. {正韻}或以爲良久, 少久也. 一曰良, 略也. 聲輕, 故轉略爲良. 又病愈曰良愈. 又能也. {左傳・昭十八年}弗良及也. {疏}正義曰: 良是語詞. 服虔云: 弗良及者, 不能及也. 良, 能也. 又{左傳・莊十六年}良月. {註}十月也. 又{禮・少儀}僕者右帶劒, 負良綏, 申之面. {註}良綏, 君綏也. 又{莊子・危言篇}嘗視其良. {註}墓也. 又{謚法}溫良好善曰良. 又姓. 鄭大夫良霄, 漢長秋良賀. 又王良, 星名. 又大良造, 秦官名. 又地名. {左傳・昭十三年}秋, 晉侯會吳子于良. {註}下邳有良城縣. 又山名. {山海經}良餘之山, 其上多穀柞, 無石. 又草名. {博雅}黃良, 大黃也. 又彊良, 獸名. 見{山海經}. 又吉良, 良馬名. 見{唐書・兵志}. 又{古今注}螢火, 一名丹良. 又{韻會}里養切, 音兩. {周禮・夏官・方相氏}以戈擊四隅, 毆方良. {註}方良, 罔兩也. {釋文}方言: 罔良, 音兩. 又{正字通}音亮. {古詩}良無盤石固. {李白・宴桃李園序}良有以也. (說文) <富部> 呂張切. 善也. 从富省, 亡聲.

A0840 U-8271

•艱• 艮字部 總17劃. (훈글) [간] 어려울. (新典) [간] 애욱살림, 어려울. 근심. (類合) [간] 어려울. (英譯) difficult, hard. distressing. (漢典) 形聲. 表示與土有關, 艮聲. 本義: 土難治理. (康熙) <艮部> 古文: 囏囏. {唐韻}古閑切, {集韻}{韻會}居閑切, {正韻}居顏切, 丛音閒. {說文}土難治也. {爾雅・釋詁}阻艱, 難也. {書・大禹謨}后克艱厥后, 臣克艱厥臣. 又{周官}惟克果斷, 乃罔後艱. 又{釋名}艱, 根也, 如物根也. 又險也. {詩・小雅}彼何人斯, 其心孔艱. {朱註}艱, 險也. 又{王儉褚淵碑文}以居母艱去官, 雖事緣義感, 而情均天屬. 又{韻補}叶居眞切, 音巾. {崔駰・大理箴}昔在仲尼, 哀矜我人. 子罕禮刑, 衞人釋艱. 又叶經先切, 音堅. {班彪・北征賦}嗟西伯於羑里兮, 傷明夷之逢艱. 演九六之變化兮, 永幽隘以以歷年. (說文) <堇部> 古閑切. 土難治也. 从堇艮聲.

A0573 U-8272

•色• 色字部 總06劃. (훈글) [색] 빛. (新典) [색, 싁] 낫. 어엽븐 계집. 빗. 화상. 피째 올릴. 모양. (類合) [싁] 빗. (英譯) color, tint, hue, shade. form, body. beauty, desire for beauty. (漢典) 會意. 甲骨文中象一個人駛另一個人, 仰承其臉色. 本義: 臉色. (康熙) <色部> 古文: 㥶. {廣韻}所力切, {集韻}{韻會}殺測切, 丛音嗇. {說文}顏氣也. 人之憂喜, 皆著於顏, 故謂色爲顏氣. {禮・玉藻}色容莊. {汲冢周書}喜色油然以出, 怒色厲然以侮, 欲色嫗然以愉, 懼色薄然以下, 憂悲之色瞿然以靜. {後漢・嚴光傳}帝思其賢, 乃令以物色訪之. {註}以形貌求之也. 又采色. {書・皐陶謨}以五采彰施于五色. {註}五色, 靑黃赤白黑也. {左傳・桓二年}五色比象, 昭其物也. 又色慾. {書・五子之歌}內作色荒. {傳}色, 女色. {禮・坊記}諸侯不下漁色, 故君子遠色, 以爲民紀. 又物景亦曰色. {莊子・盜跖篇}車馬有行色. {潘岳・關中詩}重

圍克解, 危城載色. 豈曰無過, 功亦不測. {註}載色, 猶言有生氣起色也. 又{公羊傳・哀六年}色然而駭. {註}驚貌. 又{詩・魯頌}載色載笑. {傳}色, 溫潤也. 又{戰國策}怒於室者色於市. {註}色, 作色也. 又祕色. {高齋漫錄}世言祕色, 磁器. 錢氏有國時, 越州燒進爲供奉之物, 臣庶不得用, 故云祕色. 又{博雅}色, 縫也. (說文) <色部> 所力切. 顔气也. 从人从卪. 凡色之屬皆从色.

A0028 U-8278

•艸• 艸字部 總06劃. (훈글) [초] 풀. (新典) [초] 새, 풀. (英譯) grass. KangXi radical 140. (康熙) <艸部> {唐韻}采老切, {正韻}采早切, 𠀤音草. 百卉也. {儀禮・士相見禮}在野則曰艸茅之臣. {說文}从二屮. 凡艸之屬皆从艸. {廣韻}艸, 篆文. 隸變作艹. {集韻}直列切, 音徹. 草初生貌. (說文) <艸部> 倉老切. 百芔也. 从二屮. 凡艸之屬皆从艸.

A0035 U-827F

•艿• 艸字部 總06劃. (훈글) [잉] 풀 이름. (新典) [잉] 묵은 섀리 싹. (康熙) <艸部> {唐韻}如乘切, {集韻}{韻會}如蒸切, {正韻}如陵切, 𠀤音仍. 謂陳根草不芟, 新草又生, 相因仍也. 所謂燒火艿者也. {唐書・裴延齡傳}延齡妄言: 長安咸陽閒, 得陂艿數百頃. {正字通}芿, 艿同. ○按{唐韻}分爲兩字, 艿平聲, 芿去聲. {集韻}二字雖通, 然平聲則以艿爲主, 去聲則以艿爲附, 其意微有差別, 古人必有所據. 且考{唐書}, 亦兩字分見, 不宜倂合, 今从{唐韻}. (說文) <艸部> 如乘切. 艸也. 从艸乃聲.

A0363 U-82B1

•花• 艸字部 總08劃. (훈글) [화] 꽃. (新典) [화] 쏫, 곳. (訓蒙) [화] 곳. (英譯) flower. blossoms. (康熙) <艸部> 古文: 蘤. {唐韻}{集韻}{正韻}𠀤呼瓜切, 音譁. {正字通}草木之葩也. {歐陽修・花品序}洛陽人稱花曰某花某花, 稱牡丹則直曰花. 又地名. {廣州志}南海縣有花田. 又姓. 唐有花驚定. {杜甫詩}成都猛將有花卿. {通志・氏族略}宋有尚書郎花尹. 又{韻補}音訶. {棗據詩}延首觀神州, 廻晴盻曲阿. 芳林挺修榦, 一歲再三花. {說文}本作華. 榮也. 从艸𠌶, 鄭氏曰: 𠌶, 象華葉垂敷之形, 亏象蔕萼也. {唐韻古音}按花字, 自南北朝以上不見于書, 晉以下書中閒用花字, 或是後人攺易. 唯{後漢書・李諧・述身賦}曰: 樹先春而動色, 草迎歲而發花. 又云: 肆雕章之腴旨, 咀文藝之英華. 花字與華𠀤用. 而五經, 諸子, 楚辭, 先秦, 兩漢之書, 皆古文相傳, 凡華字未有攺爲花者. 考太武帝始光二年三月初造新字千餘, 頒之遠近, 以爲楷式, 如花字之比, 得非造于魏晉以下之新字乎.

D0010 U-82BD

•芽• 艸字部 總08劃. (훈글) [아] 싹. (新典) [아] 싹. 비롯을. (訓蒙) [아] 엄. (英譯) bud, sprout, shoot. (漢典) 形聲. 從艸, 牙聲. 本義: 尚未發育成長的枝, 葉或花的雛體. (康熙) <艸部> {唐韻}五加切, {集韻}{韻會}{正韻}牛加切, 𠀤音衙. {說文}萌芽也. {禮・月令}是月也, 安萌芽. {呂氏春秋}萌芽始震, 凝寒不形. {關尹子・四符篇}核芽相生. 又{博雅}始也. {參同

契}陰陽之始, 玄合黃芽. 又{韻補}牛何切, 音俄. {白居易・種桃歌}食桃種桃核, 一年核生芽. 去春已稀少, 今春漸無多. 又訛乎切, 音吾. {揚雄・徐州箴}禍如丘山, 本在萌芽. 牧臣司徐, 敢告僕夫. {唐韻古音}按{月令}{參同契}等書古音俱讀如吾, 至{晉書}童謠, 草木萌芽殺長沙, 則轉爲今音矣. 說文 <艸部> 五加切. 萌芽也. 从艸牙聲.

A0575 U-82DF

•苟• 艸字部 總09劃. 훈글 [구] 진실로. 新典 [구] 풀. 다만. 구차할. 진실로. 겨우. 만일. 類合 [구] 얼허니. 英譯 careless, frivolous. illicit. grammatical particle: if, but, if only. surname. grass name. distinguish DKW 30853 (ji4). 康熙 <艸部> 古文: 茍. {唐韻}{廣韻}古厚切, {集韻}{類篇}{正韻}舉后切, 𠀤音垢. {說文}草也. 又誠也. {魯語}夫苟中心圖民, 知雖不及, 必將至焉. 又且也. {晏子・雜上篇}行廉不爲苟得, 道義不爲苟合. 又但也. {揚子・法言}非苟知之. 又{韓詩外傳}指緣謬辭謂之苟. 又磯名. {水經注}苟磯, 亦曰南陽磯. 又姓. {廣韻}漢有苟參. {急就篇}苟貞夫. {註}苟, 草名也. 所居饒之, 因以爲氏. 又{集韻}居侯切, 音鉤. 苟吻, 草名. 又{類篇}果羽切. {唐韻古音}讀矩. 蔡邕{述行賦}登高斯賦, 義有取兮. 則善戒惡, 豈云苟兮. 翩翩獨征, 無疇與兮. (茍) {廣韻}紀力切, {篇海}訖逆切, 𠀤音殛. 急也. 通亟. 與苟異. 說文 <艸部> 古厚切. 艸也. 从艸句聲.

A0031 U-82E5

•若• 艸字部 總09劃. 훈글 [약] 같을. 新典 [야] 반야. 란야. 인슨 술 늘어질. [약] 갓흘. 너. 슌할. 밋. 무약풀. 더북할. 類合 [약] ㄱ틀. 英譯 if, supposing, assuming. similar. 漢典 象形. 甲骨文字形, 象一個女人跪著, 上面中間象頭發, 兩邊兩只手在梳發, 表示"順從". 本義: 順從. 康熙 <艸部> 古文: 𦱤𦲺𦾨. {唐韻}而灼切, {集韻}{韻會}{正韻}日灼切, 𠀤音弱. {說文}若, 擇菜也. 又{玉篇}杜若, 香草. {楚辭・九歌}采芳洲兮杜若. {夢溪筆談}杜若, 卽今之高良薑. 又順也. {書・堯典}欽若昊天. {傳}敬順也. {詩・小雅}曾孫是若. 又汝也. {儀禮・士昏禮}勗帥以敬先妣之嗣, 若則有常. {晉語}晉文公謂勃鞮曰: 爾爲惠公從余于渭濱, 命曰三日, 若宿而至. 又如也. {書・盤庚}若網在綱. 又乃也. {周語}必有忍也, 若能有濟也. 又語辭. {儀禮・士相見禮}君若降送之, 則不敢顧. {疏}若者, 不定之辭也. 又{前漢・武帝紀}民年九十以上, 爲復子若孫. {註}若者, 豫及之辭也. 又若若, 垂貌. {前漢・石顯傳}印何纍纍綬若若耶. 又{莊子・秋水篇}向若而歎. {註}若, 海神. 又歲名. {爾雅・釋天}太歲在丑曰赤奮若. 又若木. {淮南子・地形訓}若木在建木西. {楚辭・天問}若華何光. {註}若木何能有明赤之光華乎. 又水名. {水經注}若水東南流, 鮮水注之. 又姓. {正字通}漢下邳相若章. 又{廣韻}人者切, 音惹. 乾草也. 又般若, 梵語謂智慧也. {晉書・曇霍傳}霍持一錫杖, 令人跪, 曰: 此是波若眼. 又{韻會}浮屠所居, 西域謂之蘭若. {柳宗元文}蘭若眞公. {註}官賜額者爲寺, 私造者爲招提, 蘭若. 又人賒切, 音婼. 蜀地名. {前漢・地理志}若屬南郡, 春秋傳作鄀. {唐韻古音}讀汝三略, 尊卑相若, 强弱相虜. 古人讀若字爲汝, 故傳記之文, 多有以若爲汝者. {史記・項羽本紀}云: 吾翁卽若翁, {漢書}云吾翁卽汝翁, 此可據也. 說文 <艸部> 而灼切. 擇菜也. 从艸, 右. 右, 手也. 一曰杜若, 香艸.

D0010 U-82F4

•苴• 艸字部 總09劃. (훈글) [저] 신 바닥창. (新典) [져] 암삼. 수렴이. 대집팡이. 신바닥. [차] 마름풀. [자] 두엄풀. (類合) [져] 수세. (英譯) sackcloth. female hemp plant. (漢典) 形聲. 從艸, 且聲. 本義: 鞋底的草墊, 用以墊鞋底. (康熙) <艸部> {集韻}千余切, 音蛆. {玉篇}麻也. {詩・豳風}九月叔苴. {傳}苴, 麻子也. {莊子・讓王篇}顏闔守陋閭, 苴布之衣, 而自飯牛. {註}苴, 有子麻也. 又{禮・喪服小記}苴, 杖竹也. {註}苴者, 黯也, 心如斬斫, 貌若蒼苴, 所以縗裳, 絰杖, 俱備苴色. {儀禮・喪服傳}斬衰裳, 苴絰, 杖, 絞帶. {疏}以一苴目此三事, 謂苴麻爲首絰, 要絰, 又以苴竹爲杖, 苴麻爲絞帶. 又{廣韻}子余切, 音沮. 履中草. 又{禮・曲禮}凡以弓劍, 苞苴, 簞笥問人者. {註}苴, 藉也. {管子・霸言篇}上夾而下苴. {註}苴, 包裹也. 又木名. {山海經}服山, 其木多苴. 又{司馬相如・子虛賦}諸柘巴苴. {註}巴苴, 草名. 又地名. {史記・索隱註}狄苴, 在渤海. 又姓. {前漢・貨殖傳}有平陵苴氏. 又鋤加切, 音槎. 水中浮草也. {詩・大雅}如彼棲苴. {疏}苴是草木之枯槁者, 故在樹未落及已落爲水漂皆稱苴也. {楚辭・悲回風}草苴比而不芳. {註}枯曰苴. 又{正韻}宗蘇切, 音租. 茅藉祭也. {前漢・郊祀志}掃地而祠, 席用苴稭. {註}讀如租. 又{類篇}徐嗟切, 音斜. 苴咩城, 在雲南. 又{集韻}側下切, 音鮓. {莊子・讓王篇}其土苴以治天下. {註}土苴, 和糞草. {韓愈文}補苴罅漏. 又{正韻}將豫切, 音怚. {前漢・終軍傳}苴白茅于江, 淮. {註}苴, 于豫切. 又讀作巴. {史記・張儀傳}苴蜀相攻擊. {索隱註}苴, 音巴. 又讀苞. {後漢・徐廣傳註}譙周曰: 益州天苴, 讀爲苞黎之苞. 又{五音集韻}子與切, 音咀. {羣經音辨}亦音咀. 又{正韻}才野切, 音灺. 慢也. 又伺也. (說文) <艸部> 子余切. 履中艸. 从艸且聲.

A0032 U-82BB

•芻• 艸字部 總10劃. (훈글) [추] 꼴. (新典) [츄] 짐승먹이. (類合) [츠] 꼴. (英譯) mow, cut grass. hay, fodder. (漢典) 象形兼會意. 甲骨文字形, 從又從草, 表示以手取草. 俗作芻. 本義: 割草. (康熙) <艸部> {唐韻}側愚切, {正韻}楚徂切, 𠀤音初. {說文}刈草也. {詩・大雅}詢于芻蕘. {疏}芻者飼牛馬之草. {孟子}猶芻豢之悅我口. {趙註}草食曰芻. {韻會}羊曰芻, 犬曰豢, 皆以所食得名. 又{禮・祭統}士執芻. {註}藁也. {詩・小雅}生芻一束. {箋}苽草刈取以用曰芻, 故曰生芻. 又草名. {小雅}終朝采綠. {箋}綠, 王芻也. 又梵語謂僧曰苾芻. 又芻尼. {許彥周詩話}嘗作七夕詩, 押潘尼字, 難于屬和, 後讀{藏經}, 有呼喜鵲爲芻尼. 又姓. 見{何氏姓苑}. 又{集韻}菑尤切, 音鄒. 韓愈{駑驥詩}力小若易制, 價微良易酬. 渴飮一斗水, 饑食一束芻. {六書正譌}芻象包束草之形, 俗作蒭, 非. {干祿字書}通作蒭, 蒭. 蒭字原从艸从口从丑作. (說文) <艸部> 叉愚切. 刈艸也. 象包束艸之形.

A0242 U-8332

•茲• 艸字部 總10劃. (훈글) [자] 무성할. (新典) [자, ᄌᆞ] 돗. 거듭. 이. 초목 욱어질. (英譯) now, here. this. time, year. (漢典) 形聲. 據{說文}, 從艸, 滋省聲. 本義: 草木茂盛. (康熙) <艸部> 古文: 𦭝茈. {唐韻}子之切, {集韻}津之切, 𠀤音孜. {說文}草木多益也. 又{爾雅・釋詁}此也. {書・大禹謨}念茲在茲. 又蓐席也. {爾雅・釋器}蓐謂之茲. {公羊傳・桓十六年}屬負茲舍不卽罪爾. {註}諸侯有疾稱負茲. 又{史記・周本紀}康叔封布茲. {徐廣曰}茲, 藉草之

名. 又{通志・氏族略}宋兹成, 塾江人. 又通滋. {前漢・五行志}賦歛兹重. {揚子・太玄經}天不之兹. 又{荀子・正論篇}琅玕龍兹. {註}與髭同. 又{篇海}音慈. 龜兹, 國名. (說文) <艸部> 子之切. 艸木多益. 从艸, 兹省聲.

A0363 U-8342

•荂• 艸字部 總10劃. (ᄒᆞᆫ글) [과] 꽃. (新典) [과] 꾯. (康熙) <艸部> {唐韻}芳無切, 音敷. {韻會}榮也, 華也. {爾雅・釋草}華, 荂. {揚子・方言}華, 荂, 盛也. 齊, 楚之閒或謂之華, 或謂之荂. {左思・吳都賦}異荂蓲蘛. 又人名. {晉書・劉琨傳}趙王倫子荂. 又{集韻}{正韻}丛枯瓜切, 音誇. 義同. 又况于切, 音吁. {爾雅・釋草}芺, 薊, 其實荂. {註}芺與薊頭, 皆有蓊臺名荂, 荂卽其實也. 又況華切, 音花. {莊子・天地篇}大聲不入于里耳, {折揚}{皇荂}, 則嗑然而笑. {註}{折揚}{皇荂}, 皆古歌曲也.

A0028 U-8349

•草• 艸字部 總10劃. (ᄒᆞᆫ글) [초] 풀. (新典) [초] 새, 풀. 추할. 초초할. 글시씰. (訓蒙) [초] 플. (英譯) grass, straw, thatch, herbs. (漢典) 形聲. 從艸, 早聲. 小篆艸, 象兩棵草形, 是草的本字. 今"草"字系假借字, 原是"皂"的本字. {說文}: "草, 草斗, 櫟實也". 借爲"草木"之"草"以后, 則另造"皂"字來代替. 本義: 櫟實. (康熙) <艸部> 古文: 屮. {唐韻}采老切, {集韻}在早切, {韻會}{正韻}采早切, 丛音慅. {說文}作艸, 百卉也. 經典相承作草. {書・禹貢}厥草惟繇. {詩・小雅}在彼豐草. {禮・祭統}草艾則墨, 未發秋政, 則民弗敢草也. {註}草艾, 謂艾取草也. {論衡}地性生草, 山性生木. {大戴禮・易本命}食草者善走而愚. 又{史記・陳丞相世家}惡草具進. {註}草, 粗也. 又{篇海}苟簡曰草草. {春秋・隱四年}公及宋公遇于淸. {註}遇者草次之期, 二國各簡其禮也. {疏}草次, 猶造次也. 又{詩・小雅}勞人草草. {傳}草草, 勞心也. 又{易・屯卦}天造草昧. {疏}言天造萬物于草創之始. 又{前漢・淮南王傳}常召司馬相如等視草廼遣. {註}謂爲文之草藁. {百官志註}一曹有六人, 主作文書起草. {後漢・陳寵傳}蕭何草律. 又{魏志・衞覬傳}覬好古文, 隸, 草無所不善. 又姓. {正字通}草中. 又{韻補}䟿五切, 徂上聲. {徐幹・齊都賦}焚梗林, 燎圃草. 又此苟切, 凑上聲. {邊讓・章華賦}攜西子之弱腕兮, 援毛嬙之素肘. 形便纖以嬋娟兮, 若流風之靡草. 又{說文}自保切, 音皁. 草斗, 櫟實也, 一曰橡斗子. {徐鉉曰}今俗以此爲艸木之艸, 別作皁字, 爲黑色之皁. 案櫟實可染白爲黑, 故曰草, 通用. 今俗書或从白从十, 或从白从七, 皆無意義. (說文) <艸部> 自保切. 草斗, 櫟實也. 一曰象斗子. 从艸早聲.

A0040 U-8377

•荷• 艸字部 總11劃. (ᄒᆞᆫ글) [하] 연. (新典) [하] 련꼿. 원망할. 멜. 질. (訓蒙) [하] 련. (英譯) lotus, water lily, holland. (漢典) 形聲. 從艸, 何聲. 本義: 植物名. 也稱蓮, 別稱芙蕖, 芙蓉. 地下莖稱藕, 子實稱蓮, 花葉供觀賞. (康熙) <艸部> {唐韻}胡歌切, {集韻}{韻會}{正韻}寒歌切, 丛音何. {爾雅・釋草}荷, 芙渠. {註}別名芙蓉, 江東人呼荷. {詩・鄭風}隰有荷華. {傳}荷華, 扶渠也. 又{陳風}有蒲與荷. {箋}芙渠之莖也. {埤雅}荷, 總名也, 華葉等名具衆義, 故以不知爲問, 謂之荷也. 又{本草}薄荷, 莖, 葉似荏而長. 又地名. {吳志・裴松之傳}吳圍成陽都尉

張喬于揚荷橋. 又{集韻}居何切, 音歌. 水名, 與菏同. 註詳菏字. 又{廣韻}胡可切. {左傳・昭七年}其子弗克負荷. {註}荷, 擔也. {論語}有荷蕢而過孔氏之門者. {疏}荷, 擔揭也. {晉書・輿服志}八座尚書荷紫, 以生紫爲袷囊, 綴之服外. 又通何. {詩・小雅}何蓑何笠. {傳}揭也. {釋文}河可反. 又{國語補音}負荷之荷亦音河. {嵇康詩}昔蒙父兄祚, 少得離負荷. 因疏遂成嬾, 寢跡此山阿. {潘岳・詩}位同單父邑, 愧無子賤歌, 豈能陋微官, 但恐忝所荷. 又通苛. {前漢・酈食其傳}握齱好荷禮. {師古註}荷與苛同, 苛細也. 又怨怒聲. {通鑑}梁武帝口苦, 索蜜不得, 再曰荷荷. (說文) <艸部> 胡哥切. 芙蕖葉. 从艸何聲.

A0687 U-8385

•莅• 艸字部 總11劃. (훈글) [리] 다다를. (新典) [리] 다흘, 림할. 자리. (英譯) attend, be present. arrive at. (漢典) 形聲. 從艸, 位聲. 從立, 隷聲. 本義: 走到近處察看. (康熙) <艸部> {唐韻}力至切, {正韻}力地切, 圡音利. {韻會}臨也. {易・明夷}君子以莅衆. {書・周官}不學牆面, 莅事惟煩. 又{穀梁傳・僖三年}莅者, 位也. 又{集韻}力質切, 音栗. {司馬相如・上林賦}藰莅卉歙. {師古註}林木鼓動之聲. {韻補}曹植{禹贊}避隱商山, 示不敢莅. 諸侯向己, 乃奉天秩. (蒞) {集韻}同莅.

D0181 U-83A4

•莤• 艸字部 總11劃. (훈글) [숙] 술 거를. (新典) [슉] 모사. 거를. (康熙) <艸部> {唐韻}{韻會}{正韻}圡同縮. {周禮・天官}甸師: 祭祀共蕭茅. {註}蕭字或爲莤, 莤字讀爲縮. 又{詩・小雅}有酒湑我. {傳}湑, 莤之也. {箋註}謂以茅泲之而去其糟也. 又{類篇}莤, 榼上塞也. 又{唐韻古音}莤茅之莤, 亦作蕭音讀. 又{集韻}夷周切, 音由. 水草. {爾雅・釋草}莤, 蔓于. {註}生水中. 一名軒于, 江東呼爲莤. 又以九切, 音酉. 草名. (說文) <酉部> 所六切. 禮祭, 束茅, 加于祼圭, 而灌鬯酒, 是爲莤. 象神歆之也. 一曰莤, 榼上塞也. 从酉从艸. {春秋傳}曰: "尔貢包茅不入, 王祭不供, 無以莤酒."

D0116 U-83A7

•莧• 艸字部 總11劃. (훈글) [현] 비름. [한] 패모. (新典) [한] 패모. [현] 비름, 자리공. (訓蒙) [현] 비름. (英譯) edible greens. amaranth. (康熙) <艸部> {唐韻}{集韻}圡侯襉切, 莧去聲. {說文}莧, 菜也. {博雅}莧, 莔也. {管子・地員篇}蘩下于莧, 莧下于蒲. {爾雅・釋草}蕢, 赤莧. {註}今莧菜之有赤莖者. 又{韻會}{正韻}圡形甸切, 音現. {易・夬卦}莧陸夬夬. {註}莧陸, 草之柔脃者. 馬, 鄭, 王皆云莧陸, 一名商陸. 又{集韻}戶版切, 音浣. 與莞同, 莞爾, 笑貌. ○ 按{集韻}又胡官切, 音桓. 山羊細角也.

A0039 U-83AB

•莫• 艸字部 總11劃. (훈글) [막] 없을. [모] 저물. [맥] 고요할. (新典) [모] 나물. 저물. [막] 업슬. 말. 덩할. 휘들어질. 쇠. 클. 엷을. [맥, 믹] 고요할. (英譯) do not, is not, can not. negative. (康熙) <艸部> 古文: 𦱤茻䒬. {唐韻}慕各切, {集韻}{正韻}末各切, 圡音寞. {韻會}

無也, 勿也, 不可也. {易・繫辭}莫之與, 則傷之者至矣. 又定也. {詩・大雅}監觀四方, 求民之莫. 又謀也. {詩・小雅}秩秩大猷, 聖人莫之. 又{博雅}强也. {論語}文莫吾猶人也. {晉書・欒肇・論語駁曰}燕齊謂勉强爲文莫. {揚子・方言}侔莫, 强也, 凡勞而相勉謂之侔莫. {淮南子・謬稱訓}猶未之莫與. {註}莫, 勉之也. 又削也. {管子・制分篇}屠牛垣, 朝解九牛而刀可莫鐵. 又{博雅}莫莫, 茂也. {詩・周南}維葉莫莫. {註}莫莫, 茂密之貌. 又{莊子・逍遙遊}廣莫之野. {註}莫, 大也. 又姓. {通志・氏族略}卽幕氏省文. 漢有富人莫氏, 見{游俠傳}. 唐有比部員外郎莫藏用. 又{史記・夏本紀註}五湖之一有莫湖. 又與瘼通. {詩・小雅}莫此下民. 又與幕通. {史記・李廣傳}莫府省約文書籍事. 又{說文}莫故切. 同暮. {易・夬卦}莫夜有戎. 又菜也. {詩・魏風}彼汾沮洳, 言采其莫. {註}音暮. {陸璣疏}莫, 莖大如箸, 赤節, 節一葉, 似柳葉, 厚而長, 有毛刺, 今人繅以取繭緖. 其味酢而滑, 始生可以爲羹, 又可生食. 五方通謂之酸迷, 冀州人謂之乾絳, 河, 汾之閒謂之莫. 又通膜. {禮・內則}去其皽. {註}皽謂皮肉之上魄莫也. 又{韻會}莫白切, 音陌. 靜也. {詩・小雅}君婦莫莫. {註}言淸靜而敬至也. {左傳・昭二十八年}德正應和曰莫. 又{唐韻古音}平聲, 音謨. {漢書}註引{詩}聖人莫之作謨. {直音}作莫. (說文) <茻部> 莫故切・慕各切. 日且冥也. 从日在茻中.

A0037 U-83BD

•莽• 艸字部 總12劃. (훈글) [망] 우거질. (新典) [모] 묵은 풀. [망] 엽귀풀명. 풀 욱어질. 추솔할. (英譯) thicket, underbrush. poisonous. (漢典) 會意. 從犬, 從茻. 原意是犬跑到草叢中逐兔, 假借爲茻, 草叢. (康熙) <艸部> {玉篇}{唐韻}{廣韻}莫朗切, {集韻}{類篇}模朗切, 𠀤音蟒. {說文}南昌謂犬善逐兔草中爲莽. 又{揚子・方言}草, 南楚之閒謂之莽. {孟子}在野曰草莽之臣. {趙岐註}莽亦草也. {屈原・離騷}夕攬洲之宿莽. {註}草冬生不死者. 又{周禮・秋官・剪氏}掌除蠹物, 以莽草薰之. {山海經}朝歌之山有草, 名曰莽草, 可以毒魚. 又{拾遺記}有草名莽煌, 炙人衣則焦, 刈之爲席, 方冬彌溫, 以枝相摩則火出. 又{爾雅・釋草}莽, 數節. {疏}凡竹節閒促數者名莽. 又{小爾雅}大也. 又草深貌. {楚辭・天問}草木莽莽. 又{莊子・則陽篇}君爲政焉勿鹵莽. {註}猶粗率也. 又莽蒼, 見蒼字註. 又國名. {列子・周穆王篇}西極之南隅, 名古莽之國. 又姓. {前漢書武帝紀莽何羅註}孟康曰: 本姓馬, 明德皇后惡其先人有反者, 易姓莽. 又{廣韻}莫厚切, 音某. 義同. 又{唐韻古音}莫補切, 音媽. {楚辭・九章}陶陶孟夏兮, 草木莽莽. 傷懷永哀兮, 汨徂南土. 又{集韻}謨郎切, 音茫. 莽蒼, 亦讀平聲. 俗作莾, 莽. (說文) <茻部> 謀朗切. 南昌謂犬善逐菟茻中爲莽. 从犬从茻, 茻亦聲.

A0363 U-83EF

•華• 艸字部 總12劃. (훈글) [화] 꽃. (新典) [화] 빗날. 쏘길. 즁하. (訓蒙) [화] 빗날. (英譯) flowery. illustrious. Chinese. (康熙) <艸部> 古文: 䔢. {唐韻}戶花切, {集韻}胡瓜切, 𠀤音划. {書・舜典}重華協于帝. {傳}華謂文德. 又{禮・檀弓}華而睆. {疏}凡繪畫, 五色必有光華, 故曰華畫也. 又{廣韻}草盛也. 又粉也. {曹植・洛神賦}鉛華弗御. 又髮白也. {後漢・陳蕃傳}蹇諤之操, 華首彌固. 又華林, 園名. {魏志}芳林園卽今華林園. 又地名. {戰國策}說趙王于華屋之下. {史記・秦本紀註}華陽, 地名. {吳志・孫皓傳}皓擧大衆出華里. 又{水經注}河水東南徑華池. 又華表. {古今註}堯設誹謗木, 今之華表. 又星名. {晉書・天文志}大帝九星曰華蓋. 又{韻會}胡化切, 音話. {書・禹貢}至于太華. {爾雅・釋山}華山, 爲西嶽. 又姓. {潛夫論}

華氏子, 姓也. {通志・氏族略}宋戴公子者, 食采于華, 因氏焉. 又{司馬相如・上林賦}華楓枰櫨. {註}華皮可以爲索. 又{集韻}呼瓜切, 音譁. {禮・曲禮}爲國君者華之. {註}華, 中裂之, 不四拆也. {爾雅・釋木}瓜曰華之. 又與花同. {爾雅・釋草}華, 荂也. {揚子・方言}齊楚之閒或謂之華, 或謂之荂. {佩觿集}華有戸瓜, 呼瓜二翻, 俗別爲花. 又{韻補}呼戈切. {邊讓・章華賦}體迅輕鴻, 榮曜春華. 進如浮雲, 退如激波. 又胡戈切. {徐鍇・說文繫傳}華, 本音和, 故今人謂華表爲和表. {棗據詩}矯足登雲閣, 相伴步九華. 徙倚憑高山, 仰攀桂樹柯. 又{詩・本音}灼灼其華. {註}音敷. {考}{詩}如常棣之華, 顏如舜華, 維常之華, 𠀤叶車韻. 隰有荷華, 叶下都韻. 黍稷方華, 叶下途韻, 凡七見, 皆讀敷. 又{唐韻古音}亦音敷. 郭璞曰: 江東謂華爲敷. 陸德明曰: 古讀華如敷, 不獨江東也. 漢光武曰: 仕宦當作執金吾, 娶妻必得陰麗華. 又{韻會}苦蛙切, {正韻}枯瓜切, 𠀤音誇. 不正也. 或作摦. 詳蒆字註. 蒆又作蕐. (說文) <華部> 戶瓜切. 榮也. 从艸从𠌶. 凡華之屬皆从華.

D0010 U-840C

•萌• 艸字部 總12劃. (한글) [맹] 싹. (新典) [맹, 밍] 풀싹. 맹동할, 비롯을. 밧갈. (訓蒙) [밍] 움. (英譯) bud, sprout. (漢典) 形聲. 從艸, 明聲. 本義: 草木的芽. (康熙) <艸部> 古文: 𦵽. {唐韻}莫耕切, {正韻}眉庚切, 𠀤音氓. {說文}草芽也. 又{韻會}菜始生也. {博雅}始也. 又不動貌. {莊子・應帝王}鄕吾示之以地文, 萌乎不震不正. 又耕亦曰萌. {周禮・秋官}薙氏掌殺草, 春始生而萌之. {註}謂耕反其萌芽. 又姓. {正字通}五代蜀裨將萌慮. 又葭萌, 地名. {史記・貨殖傳註}屬廣漢, 今利州縣. 又通氓. {管子・山國軌}謂高田之萌曰: 吾所寄幣于子者若干. {註}萌, 民也. {戰國策}施及萌隷. 又同藒. {爾雅・釋訓}存存, 萌萌, 在也. 又{唐韻古音}讀芒. {揚雄・幽州牧箴}義兵涉漠, 偃我邊萌. 叶下康韻. 又義與芒通. {禮・月令}句者畢出, 萌者盡達. {管子・五行篇}艸木區萌. 區萌卽句芒也. 又{集韻}彌登切, 音瞢. 義同. 又眉兵切, 音明. 蕨萌, 草名. (說文) <艸部> 武庚切. 艸芽也. 从艸明聲.

A0037 U-8411

•萑• 艸字部 總12劃. (한글) [추] 풀 많을. (新典) [츄] 풀 욱어질. 익모초. [환] 달. (訓蒙) [츄] 눈비얏. [환] 달. (英譯) grass used for making mats. Huanpu, place famous for robbers. (康熙) <艸部> {唐韻}職追切, 音騅. {說文}草多貌. 又草名. 芜蔚也. {爾雅・釋草}萑蓷. {註}茺蔚, 又名益母. 又{集韻}枲未漚者. 又{韻會}胡官切, 音桓. {說文}薍也. {詩・豳風}八月萑葦. {疏}初生者爲菼, 長大爲薍, 成則爲萑. {周禮・春官}其柏席用萑黼純. {註}萑, 如葦而紉. 又{前漢・息夫躬傳}涕泣流兮萑蘭. {註}涕泣闌干也. 又鳥名, 鴟屬. 字从丫. 詳隹部. (說文) <艸部> 職追切. 艸多皃. 从艸隹聲.

A0950 U-842C

•萬• 艸字部 總13劃. (한글) [만] 일만. (新典) [만] 벌. 만춤. 골, 만. (訓蒙) [만] 일만. (英譯) ten thousand. innumerable. (康熙) <艸部> 古文: 𤓰𠦬𥝌. {唐韻}無販切, 音蔓. {說文}蟲也. {埤雅}蜂一名萬. 蓋蜂類衆多, 動以萬計. 又數名. {易・乾象}萬國咸寧. {前漢・律歷志}紀于一, 協于十, 長于百, 大于千, 衍于萬. 又舞名. {詩・邶風}方將萬舞. {疏}萬者, 舞之總名. {大

戴禮・夏小正}萬也者, 干戚舞也. {韻會}湯武以萬人得天下, 故干舞稱萬舞. 又州名. {寰宇記}漢巴東郡, 後唐貞觀曰萬州. 又姓. {通志・氏族略}萬氏, 孟子門人萬章. 又{韻補}入銑韻. {白居易・寄元九詩}憐君爲謫吏, 窮薄家貧褊. 三寄衣食資, 數盈二十萬. {六書正譌}或省作万, 非. 說文 <内部> 無販切. 蟲也. 从厹, 象形.

A0370 U-846C

•葬• 艸字部 總13劃. 훈글 [장] 장사 지낼. 新典 [장] 무듬, 영장. 訓蒙 [장] 무듬. 英譯 bury, inter. 漢典 會意. 小篆字形. 從"死", 在"茻"中, "一"其中, 所以薦之. 指人死后蓋上草席埋藏在叢草中. 薦, 草席覆蓋. 本義: 人死用草覆蓋埋葬, 后用棺木埋入土中. 康熙 <艸部> 古文: 塟莚𦳊𦶵. {唐韻}{集韻}{正韻}丛則浪切, 音髒. {說文}从死在茻中, 一其中, 所以薦之. {禮・檀弓}國子高曰: 葬者, 藏也. 又{集韻}才浪切, 音臟. 義與藏同. 又{正韻}玆郎切, 音臧. {周禮・地官}族師, 以相葬埋. 劉昌宗引{漢書・尹賞傳}枯骨後何葬, 協乎聲讀. {韻學集成}或作塟, 見{三輔黃圖}. 說文 <茻部> 則浪切. 藏也. 从死在茻中; 一其中, 所以薦之. {易}曰: "古之葬者, 厚衣之以薪."

A0034 U-8499

•蒙• 艸字部 總14劃. 훈글 [몽] 입을. 新典 [몽] 어릴. 속일. 새삼 넌출. 덥흘. 입을. 무릅쓸. 날릴. 類合 [몽] 니블. 英譯 cover. ignorant. suffer. mongolia. 康熙 <艸部> {唐韻}莫紅切, {集韻}謨蓬切, 丛音濛. {爾雅・釋草}蒙, 王女也. {註}女蘿別名. 又{詩傳}唐蒙, 菜名. 又大蒙, 藥名. {管子・地員篇}羣藥安生, 小辛大蒙. 又{易疏}蒙者, 微昧闇弱之名. {書・洪範傳}蒙, 陰闇也. 又{左傳・昭元年}又使圍蒙其先君. {註}欺也. 又{左傳・昭十三年}晉人執季孫意如, 以幕蒙之. {註}裹也. 又{前漢・宣帝紀}雖有患禍, 猶蒙死而存之. {註}冒也. 又{書・伊訓}具訓于蒙士. {疏}謂蒙稚, 卑小之稱. 又{詩・秦風}蒙伐有苑. {傳}蒙, 討羽也. {箋}畫雜羽之文于伐. 又縣名. {史記・老莊列傳}莊子者, 蒙人也. {註}地理志, 蒙縣屬梁國. 又山名. {書・禹貢}蒙羽其藝. {疏}蒙山在泰山蒙陰縣西南. {又}蔡蒙旅平. {註}蒙山在蜀郡青衣縣. 又水名. {楚辭・天問}出自湯谷, 次于蒙汜. {註}暮入西極蒙水之涯也. 又門名. {左傳・襄二十七年}宋公及諸侯之大夫盟于蒙門之外. {註}宋城門. 又姓. {風俗通}東蒙主以蒙山爲氏, 秦有將軍蒙驁. 又{韻會}母總切, 音懵. {柳宗元文}鴟夷蒙鴻. {註}二字俱上聲. 又{韻補}叶莫江切, 音尨. {詩}狐裘蒙茸. 徐邈讀爲厖. {陳琳・大荒賦}帝告我以至順兮, 重訊我以童蒙. 義混合于宣尼兮, 理齊歸于文王. 又莫鳳切, 音孟. 與雺同. {漢書}引{易}傳: 有蜺蒙霧, 上下合也. 說文 <艸部> 莫紅切. 王女也. 从艸冡聲.

A0283 U-84B8

•蒸• 艸字部 總14劃. 훈글 [증] 찔. 新典 [증] 삼대, 겨릅대. 무리. 類合 [증] 찔. 英譯 steam. evaporate. 漢典 形聲. 烝聲. 本義: 麻稈. 康熙 <艸部> {唐韻}煑仍切, 音烝. {說文}折麻中榦也. {詩・小雅}以薪以蒸. {箋}麤曰薪, 細曰蒸. {周禮・天官・甸師}帥其徒以薪蒸, 役外內饔之事. {疏}自然小者曰蒸也. 又衆也. {詩・大雅}天生蒸民. 又地名. {吳越春秋}吳王召公孫聖, 使門人提之蒸丘. 又通烝. {爾雅・釋天}冬祭曰蒸. {註}進品物也. 又{類篇}諸應

切, 音證. 氣之上達也. {列子註}溫蒸同乎炎火, 音去聲. {潘尼・苦雨賦}氣觸石而結蒸, 雲膚合而仰浮. {羣經音辨}蒸, 經典蒸祭之蒸多去草, 以此爲薪蒸. 說文 <艸部> 煑仍切. 折麻中榦也. 从艸烝聲.

A0035 U-84BF

•蒿• 艸字部 總14劃. 훈글 [호] 쑥. 新典 [호] 다북쑥. 눈에 틔 들. 김 오를. 訓蒙 [호] 다복뽁. 英譯 mugwort, artemisia. give off. 漢典 形聲. 從艸, 高聲. 本義: 草名. 有白蒿, 青蒿, 牡蒿, 臭蒿等多種. 特指青蒿. 康熙 <艸部> {唐韻}{集韻}{韻會}{正韻}太呼高切, 好平聲. {說文}菣也. {詩・小雅}食野之蒿. {傳}蒿, 菣也. {禮・月令註}蒿亦蓬蕭之屬. {爾雅・釋草}蘩之醜, 秋爲蒿. {註}春時各有種名, 至秋老成, 通呼爲蒿. {陸佃・詩疏}蒿, 草之高者. 又焄蒿, 氣蒸出貌. {禮・祭義}其氣發揚于上, 爲昭明焄蒿悽愴, 此百物之精也. 又耗也. {楚語}使民蒿焉. 又{莊子・駢拇篇}今之君子蒿目而憂世之患. {註}蒿易棲塵, 喩君子眯眼塵中也. 又地名. {穀梁傳・桓十五年}公會齊侯于蒿. 又姓. {通志・氏族略}蒿氏. {註}見{姓苑}. 又{韻會}呼侯切, 讀齁. {易林}堅冰黃鳥, 常哀悲愁. 不見白粒, 但見藜蒿. 又{篇海}與藁同. ○ 按蒿名類甚多, {正字通}載蔞蒿, 薌蒿等, 今皆删去. 詳蔞, 薌等本字註. 說文 <艸部> 呼毛切. 菣也. 从艸高聲.

A0030 U-84C6

•蓆• 艸字部 總14劃. 훈글 [석] 자리. 新典 [석] 석구풀. 클. 英譯 straw mat, mat. 康熙 <艸部> {唐韻}祥易切, {韻會}{正韻}祥亦切, 太音夕. {說文}廣多也. {爾雅・釋詁}蓆, 大也. {詩・鄭風}緇衣之蓆兮. 又{王應麟・詩攷}蓆, 儲也. 又蓆具草. {述異記}一名塞路, 生北方. 古詩云: 千里蓆具草. 又與薦席之席通. 又{毛詩・古音考}音芍, 叶敝予. 又改作兮韻. 說文 <艸部> 祥易切. 廣多也. 从艸席聲.

A0227 U-8511

•蔑• 艸字部 總15劃. 훈글 [멸] 업신여길. 新典 [멸] 업슬. 짝을. 짝글. 업수이 역일. 訓蒙 [멸] 대뽁. 英譯 disdain, disregard. slight. 漢典 會意. 從苜, 從戍. "苜"是眼睛歪斜無神, "戍"是戍守人. 合而表示人過于勞倦眼睛歪斜無神. 本義: 眼睛紅腫看不清. 康熙 <艸部> {唐韻}莫結切, {正韻}彌列切, 太音篾. {說文}勞目無精也, 人勞則蔑然. {晉書・衞瓘傳}權女與國臣書曰: 先公名諡未顯, 無異凡人, 每怪一國蔑然無言. 又削也. {易・剝卦}剝牀以足蔑貞, 凶. 又{書・君奭}玆迪彝敎文王蔑德. {傳}以此道法, 敎文王以精微之德. {疏}蔑, 小也. {揚子・法言}視日月而知衆星之蔑也. 又{小爾雅}無也, 末也. {詩・大雅}喪亂蔑資. 又{周語}不蔑民功. {註}蔑, 棄也. 又地名. {春秋・隱元年}公及邾儀父盟于蔑. 又與滅通. {晉書・張駿傳}江吳寂蔑, 餘波莫及. 又{唐韻古音}莫計切, 同眛. {荀子・議兵篇}楚人兵殆于垂沙, 唐蔑死. {註}卽楚將唐眛. 眛與蔑同. {宋書・武帝紀}臨朐有巨蔑水. {水經注}袁宏謂之巨眛水. {干祿字書}俗作蔑. 蔑字原从弦, 不从伐. 說文 <苜部> 莫結切. 勞目無精也. 从苜, 人勞則蔑然；从戍.

A0157 U-8516

•蒫• 艸字部 總15劃. (훈글) [차] 풀 이름. (新典) [차] 지령풀. [사] 미나리. (康熙) <艸部> {集韻}才何切, 音醝. 蔖蒫, 草名. 可苴履. {爾雅・釋草}蔖, 蒫. {疏}蔖一名蒫, 卽蒯類也. 又莊加切, 音查. 楚葵也. 或作䕢. 又{廣韻}采古切, 音䕭. 草死.

A0030 U-8521

•蔡• 艸字部 總15劃. (훈글) [채] 거북. (新典) [채] 채나라. 법바들. 거북. [살] 내칠. (類合) [채] 거붑. (英譯) surname. species of tortoise. (漢典) 形聲, 祭聲. 本義: 野草. (康熙) <艸部> 古文: 䕩. {唐韻}倉大切, {集韻}{類篇}七蓋切, 𠫤音縩. {說文}草也. {玉篇}草芥也. 草際也. 又{論語}臧文仲居蔡. {何晏註}蔡, 國君之守龜, 出蔡地, 因以爲名焉. 又山名. {書・禹貢}蔡蒙旅平. {疏}蔡, 山名. 又{禹貢}二百里蔡. {傳}蔡, 法也. 法三百里而差簡. 又國名. {書・蔡仲之命疏}成王命蔡叔之子踐諸侯之位, 作蔡仲之命. 又姓. {史記}蔡澤, 古作祭, {左傳}祭仲, {國語}祭公謀父, {後漢書}祭遵俱作蔡. 又{集韻}七曷切, 音擦. {前漢・李廣利傳}昧蔡爲宛王. 又桑割切, 音薩. 放也. {左傳・昭元年}周公殺管叔而蔡蔡叔. {韻會}本作𥻦, 言放之若散米. 今作蔡. 又{韻補}叶子例切, 音祭. {王褒・九懷}水躍兮余旌, 繼以兮微蔡. 雲旗兮電騖, 倏忽兮容裔. (說文) <艸部> 蒼大切. 艸也. 从艸祭聲.

A0733 U-8584

•薄• 艸字部 總17劃. (훈글) [박] 엷을. (新典) [박] 얇을, 엷을. 적을. 가비어울. 애오라지. 모둘. 입힐. 풀서리. 협의할. 발. 쌜리 달릴. 핍박할. 쌍걸이. (類合) [박] 열울. (英譯) thin, slight, weak. poor, stingy. (康熙) <艸部> {唐韻}傍各切, 音泊. 林薄也. {楚辭註}林草不交錯曰薄. {揚雄・甘泉賦}列新雉于林薄. {註}草叢生曰薄. 又簾也. {禮・曲禮}帷薄之外不趨. {史記・周勃世家}勃以織薄曲爲生. {索隱曰}織蠶薄也. 又厚薄. 又少也. {詩・周南}薄澣我衣. 又聊也. {詩・周南}薄言采之. 又輕也. {前漢・董仲舒傳}愍世俗之靡薄. 又嫌也. {前漢・張安世傳}薄朕忘故. 又{揚子・方言}勉也. 秦晉曰釗, 或曰薄. 故其鄙語曰薄努, 猶勉努也. 又{博雅}蘙也. 又集也. {司馬相如・上林賦}奄薄水渚. 又{史記・蘇秦傳}心搖搖如懸旌, 而無所終薄. 又被也. {書・益稷}外薄四海. 又水名. {山海經}蟲尾之山, 薄水出焉. 又姓. {史記・外戚世家}薄太后父, 吳人, 姓薄氏. 又亭名. {後漢・郡國志}滎陽有薄亭. 又草名. 薄荷, 見荷字註. 又通亳. {禮・郊特牲}薄社北牖. {註}殷社. {荀子・議兵篇}湯以薄, 武以鎬. 又迫各切, 音博. 迫也. {易・說卦傳}雷風相薄. {左傳・僖二十四年}薄而觀之. 又迫晚曰薄暮. 又侵也. {荀子・天論篇}寒暑未薄而疾. 又匹各切, 音粕. {詩・齊風}載驅薄薄. {傳}疾驅聲也. 又薄革切, 同欂. 壁柱也. {爾雅・釋宮}屋上薄謂之筄. 又{唐韻古音}讀蒲. {書}序: 成王旣踐奄, 將遷其君於蒲姑. {左傳}{史記}作薄姑. (說文) <艸部> 旁各切. 林薄也. 一曰蠶薄. 从艸溥聲.

A0970 U-859B

•薛• 艸字部 總17劃. (훈글) [설] 맑은 대쑥. (新典) [설] 설풀. 설나라. (訓蒙) [벽] 담장이. (英譯) kind of marsh grass. feudal state. (康熙) <艸部> {唐韻}{正韻}𠫤私列切, 音洩. {玉

篇}莎也. {司馬相如・子虛賦}薛莎靑薠. {註}薛, 藾蒿也. 又國名. {潛夫論}夏之興, 有仕奚爲夏車正, 以封於薛. {春秋・隱十一年}滕侯, 薛侯來朝. 又姓. {通志・氏族略}薛氏有三: 奚仲之後, 以國爲氏. 又叱干氏改爲薛, 又有遼西薛氏. 說文 <艸部> 私列切. 艸也. 从艸辥聲.

D0126 U-85A6

•薦• 艸字部 總17劃. 훈글 [천] 천거할. 新典 [쳔] 쑥. 들일. 쳔거할명. 쳔신할. 집자리. 풀 모도록할. 訓蒙 [쳔] 지슳. 英譯 offer, present. recommend. 康熙 <艸部> 古文: 虆. {唐韻}{集韻}太作甸切, 音虆. {爾雅・釋草}薦, 黍蓬. {疏}蒿也. {唐書・契苾何力傳}逐薦草美水以爲生. {說文}獸之所食草也. {莊子・齊物論}麋鹿食薦. {郭註}六畜所食曰薦. 又{韻會}進也. {易・豫卦}殷薦之上帝. {周禮・籩人}薦羞之實. {註}未食未飮曰薦, 旣食旣飮曰羞. {穀梁傳註}無牲而祭曰薦. 又{集韻}才甸切. 通荐. {前漢・終軍傳}隨畜薦居. {師古註}薦讀曰荐. 又與縉通. {史記・五帝本紀}薦紳先生難言之. 又{揚子・方言}江淮家居篺中謂之薦. {註}薦音荐. 又{字彙補}卽略切, 音爵. {詩・大雅}醓醢以薦. 與臄, 咢爲韻. {集韻}或作薵, 虆. 篺字原从稗作. 說文 <廌部> 作甸切. 獸之所食艸. 从廌从艸. 古者神人以廌遺黃帝. 帝曰: "何食? 何處?" 曰: "食薦; 夏處水澤, 冬處松柏."

A0063 U-85B6

•薶• 艸字部 總18劃. 훈글 [매] 메울. 新典 [매, 미] 무듼. 英譯 to bury, to stop up. dirty, filthy. 康熙 <艸部> {唐韻}與埋同. {博雅}藏也. {爾雅・釋天}祭地曰瘞薶. {註}旣祭薶藏之. {淮南子・時則訓}掩骼薶骴. 又{類篇}暮拜切, 音韎. 義同. 又{集韻}陵之切, 音釐. {爾雅・釋言}窒薶, 塞也. 又{直音}音懷. 草名. 又{字彙補}烏魁切, 音威. 汚也. {淮南子・俶眞訓}鑒明者, 塵垢弗能薶. 說文 <艸部> 莫皆切. 瘞也. 从艸貍聲.

A0173 U-85CF

•藏• 艸字部 總18劃. 훈글 [장] 감출. 新典 [장] 장풀. 감출. 광, 고집. 類合 [장] 갈믈. 英譯 hide, conceal. hoard, store up. 漢典 形聲, 臧聲. 本義: 把谷物保藏起來. 康熙 <艸部> 古文: 匨. {唐韻}昨郎切, {正韻}徂郎切, 太音鑶. {說文}匿也. {易・乾・文言}潛龍勿用, 陽氣潛藏. 又蓄也. {易・繫辭}君子藏器于身, 待時而動. 又玆郎切, 音臧. 草名. {司馬相如・子虛賦}其埤濕, 則生藏莨, 蒹葭. {註}藏莨, 草中牛馬芻. 又才浪切, 音臟. {禮・月令}謹蓋藏. {晉語}文公之出也, 豎頭須, 守藏者也, 不從. 又與臟通. {周禮・天官・疾醫}參之以九藏之動. {註}正藏五, 又有胃, 膀胱, 大腸, 小腸. {疏}正藏五者, 謂心, 肝, 脾, 肺, 腎, 太氣之所藏. {白虎通}人有五藏六府, 何法, 法五行六合也. {說文}{漢書}通用臧. 說文 <艸部> 昨郎切. 匿也.

A0148 U-85DD

•藝• 艸字部 總19劃. 훈글 [예] 심을. 新典 [예] 재조. 글. 대중할. 극진할. 심을명. 법. 訓蒙 [예] 직조. 英譯 art. talent, ability. craft. 康熙 <艸部> 古文: 秇. {唐韻}魚祭切,

{韻會}倪祭切, 㕦音蓺. 才能也. {禮・禮運}月以爲量, 故功有藝也. {註}藝猶才也. 又{周禮・天官・宮正}會其什伍, 而敎之道藝. {註}藝謂禮, 樂, 射, 御, 書, 數. 又{書・舜典}歸, 格于藝祖. {傳}告至文祖之廟. 藝, 文也. 又{王延壽・魯靈光殿賦}觀藝於魯. {註}六經也. 又{左傳・文六年}陳之藝極. {註}藝, 準也. {司馬相如・上林賦}藝殪仆. {註}所射準的爲藝. 又{家語}合諸侯而藝貢事禮也. {註}藝, 分別貢獻之事也. 又{晉語}貪欲無藝. {註}藝, 極也. 又姓. {通志・氏族略}有藝氏. 又與蓺通. {韻會}種也. {書・禹貢}蒙羽其藝. {傳}兩山巳可種藝. {孟子}樹藝五穀. 又{韻補}五結切, 叶音臬. {丘遲・思賢賦}備百行之高致, 談九流之洪藝. 諒可雜而非染, 跡每同而常別.

A0285 U-864D

•虍• 虍字部 總06劃. 훈글 [호] 호피 무늬. 新典 [호] 범의 문제. 英譯 tiger. KangXi radical 141. 康熙 <虍部> 古文: 虝. {唐韻}荒烏切, 音呼. {字林}虎文也. {六書正譌}象其文章屈曲也. 又{通志・六書略}象虎而剝其肉其皮之形. {類篇}凡虍之類皆从虍. ○ 按{說文}{玉篇}{類篇}等書, 虍虎虤分作三部, 今从{字彙}{正字通}倂入. 說文 <虍部> 荒烏切. 虎文也. 象形. 凡虍之屬皆从虍.

A0285 U-4588

•虐• 虍字部 總08劃. 훈글 [학] 혹독할. 英譯 (same as U+8650 虐) cruel. ferocious. atrocious. 康熙 <虍部> {篇海}同虐.

A0286 U-864E

•虎• 虍字部 總08劃. 훈글 [호] 범. 新典 [호] 범. 호랑이. 訓蒙 [호] 갈웜. 英譯 tiger. brave, fierce. surname. 漢典 象形. 金文字形象以虎牙, 虎紋爲特征的虎形. 本義: 老虎. 康熙 <虍部> 古文: 虝虒虓. {唐韻}火古切, {集韻}{韻會}火五切, 㕦音滸. {玉篇}惡獸也. {說文}山獸之君, 从虍从儿, 虎足象人也. {徐鉉註}象形. {易・乾卦}風從虎. {詩・小雅}匪兕匪虎, 率彼曠野. {大戴禮}三九二十七主星, 星主虎, 故虎七月而生. {述異記}虎千年, 則牙蛻而角生. 又姓. {廣韻}漢有合浦太守虎旗, 其先八元伯虎之後. 又州名, 唐有虎州, 後避太祖諱改武州. 又灘名. {水經注}夷水又東逕虎灘. 又山名. {吳越春秋}吳王葬閶門外, 金玉精上浮爲白虎, 名虎丘. 又便器名. {西京雜記}漢朝以玉爲虎子, 以爲便器. 又與琥通. {吳志・裴松之註}虞翻曰: 僕聞虎魄不取腐芥. {六書正譌}象虎踞而回顧之形. {篇海}儿rén, 古人字, 虎足象人, 故从人. 从几, 誤. {干祿字書}通作虗. 說文 <虎部> 呼古切. 山獸之君. 从虍, 虎足象人足. 象形. 凡虎之屬皆从虎.

A0285 U-8650

•虐• 虍字部 總09劃. 훈글 [학] 사나울. 新典 [약] 正音 [학] 사나을. 해롭게 할. 類合 [학] 모딜. 英譯 cruel, harsh, oppressive. 漢典 會意. 小篆字形. 從虍, 爪人. 即虎足反爪傷人. 隸變后省略"人"字. 本義: 兇惡, 殘暴. 康熙 <虍部> 古文: 虐䖈. {唐韻}魚約切, {集韻}

{韻會}逆約切, 丛音瘧. {增韻}苛也. {書・湯誥}以敷虐于爾萬方百姓. 又災也. {書・盤庚}殷降大虐. {傳}我殷家于天降大災. 又{說文}殘也. {左傳・襄十八年}陵虐神主. {註}數伐魯, 殘民人. 又{韻補}宜照切, 叶去聲. {毛詩}匪用爲敎, 覆用爲虐. 借曰未知, 亦聿既耄. 又宜戟切, 音逆. {史記・敘傳}子羽暴虐, 漢行功德. {類篇}本作䖈, 亦作虐, 虖. (說文) <虍部> 魚約切. 殘也. 从虍, 虎足反爪人也.

A0285 U-458B

•䖋• 虍字部 總10劃. (훈글) [학] 혹독할. (英譯) (same as U+ 8650 虐) cruel. ferocious. atrocious. (康熙) <虍部> {直音}與虐同. 詳虐字註.

F中64a U-8655

•處• 虍字部 總11劃. (훈글) [처] 살. (新典) [쳐] 살. 그칠. 쳐치할. 쳐자. 쳐녀, 지악지. 쳐사. 곳. (訓蒙) [쳐] 살. (英譯) place, locale. department. (康熙) <虍部> {唐韻}昌與切, {集韻}{正韻}敞呂切, 丛音杵. {玉篇}居也. {詩・王風}莫或遑處. 又止也. {詩・召南}其後也處. {廣韻}留也, 息也, 定也. 又居室也. {詩・大雅}于時處處. 又歸也. {左傳・襄四年}民有寢廟, 獸有茂草, 各有攸處. 又分別也. {晉書・杜預傳}處分既定, 乃啓請伐吳之期. 又制也. {晉書・食貨志}人閒巧僞滋多, 雖處以嚴刑, 而不能禁也. 又姓. {前漢・藝文志}{處子}九篇. {師古註}{史記}云: 趙有處子. {廣韻}{風俗通}云: 漢有北海太守處興. 又州名. {一統志}晉屬永嘉郡, 隋置處州. 又{廣韻}讀去聲, 昌據切. 所也. {詩・邶風}爰居爰處, 爰喪其馬. {魯語}五刑三次. {註}次, 處也. 三處, 野, 朝, 市也. 又{集韻}居御切. 通據. 人名, 齊有梁丘處. 又通杵. {公羊傳・僖十二年}陳侯處臼卒. {註}{左傳}作杵臼. {說文}作処. {廣韻}俗作䖏. 考證: 〈{詩・王風}其後也處.〉 謹照原書王風改召南.

A0285 U-8656

•虖• 虍字部 總11劃. (훈글) [호] 울부짖을. (新典) [호] 오홉다 할. (英譯) to cry. to shout. to howl. (康熙) <虍部> {唐韻}荒烏切, {韻會}荒胡切, 丛音呼. {玉篇}哮虖也. 又歎辭也. {前漢・武帝紀}嗚虖, 何施而臻此歟. {師古註}虖讀曰呼. 又水名. {山海經}木馬之水, 東北流注于虖沱. 又{類篇}後五切, 音戶. 人名. {莊子・山木篇}孔子問子桑虖. 又{廣韻}況于切, 音吁. 虎吼也. 又{集韻}乎, 古作虖. {前漢・刑法志}引{論語}攝乎大國之閒作虖. {汲黯傳}寧令從諛承意陷主于不義虖. {宣帝紀}{書}不云虖: 鳳皇來儀, 庶尹允諧. 又{集韻}醢經切, 音馨. {周禮・夏官・職方氏}其川虖池嘔夷. {註}虖, 香刑切. 池, 徒多切. {說文}作䖒. (說文) <虍部> 荒烏切. 哮虖也. 从虍亏聲.

A0157 U-8658

•虘• 虍字部 總11劃. (훈글) [차] 모질. (康熙) <虍部> {集韻}才何切, 音醝. {玉篇}同䖓. (說文) <虍部> 昨何切. 虎不柔不信也. 从虍且聲. 讀若鄌縣.

D0068 U-865E

•虞• 虍字部 總13劃. (훈글) [우] 헤아릴. (新典) [우] 추우 짐승. 념려할. 질거울. 갓출. 그릇할. 편안할. 우졔 지낼. 우벼슬. 우나라. (英譯) concerned about, anxious, worried. (漢典) 形聲. 從虍, 吳聲. 虍, 虎頭. 本義: 神話傳說中的獸名. 即"騶虞". (康熙) <虍部> 古文: 𠸄吳. {唐韻}遇俱切, {集韻}{韻會}元俱切, 𠀤音愚. {說文}騶虞也. 白虎黑文, 尾長于身, 仁獸, 食自死之肉. {詩・周南}吁嗟乎騶虞. 又度也. {書・大禹謨}儆戒無虞. {左傳・桓十七年}疆埸之事, 愼守其一, 而備其不虞. 又安也. {儀禮・士虞禮註}士旣葬其父母, 迎精而返, 日中而祭之于殯宮以安之. 又誤也. {詩・魯頌}無貳無虞, 上帝臨女. {疏}言天下歸周, 無有貳心, 無有疑誤. 又備也. {晉語}衞文公有邢翟之虞. 又樂也. {孟子}霸者之民, 驩虞如也. {趙岐註}霸者行善邺民, 恩澤暴見易知, 故民驩虞樂之也. 又{博雅}助也, 望也, 擇也. 又{玉篇}有也, 專也. 又{正韻}慮也, 測也. 又官名. {易・屯卦}卽鹿無虞. {註}謂虞官. {周禮・天官・大宰}虞衡, 作山澤之材. {疏}掌山 (澤者謂之虞) 又國名. {詩・大雅}虞芮質厥成. {左傳註}虞國, 在河東大陽縣. 又縣名. {晉書・地理志}虞縣屬梁國. 又姓. {潛夫論}帝舜姓虞. {左傳・昭三年}箕伯, 直柄, 虞遂, 伯戲. {註}四人皆舜後. {通志・氏族略}禹封商均之子于虞城爲諸侯, 後以國爲氏. 又虞淵, 地名. {淮南子・天文訓}日至于虞淵, 是爲高春. 又{韻會}元具切, 音遇. {揚雄・長楊賦}奉太尊之烈, 遵文武之度, 復三王之田, 反五帝之虞. 又與吳同. {史記・孝武帝紀}不虞不驁. 索隱讀話. 又通吾. 吾丘壽王. {水經注}作虞丘壽王. {王應麟・詩攷}鄒虞, 或作騶吾. 見{劉芳・詩義疏}. {直音}俗作虞. (說文) <虍部> 五俱切. 騶虞也. 白虎黑文, 尾長於身. 仁獸, 食自死之肉. 从虍吳聲. {詩}曰: "于嗟乎, 騶虞."

A0287 U-8662

•虢• 虍字部 總15劃. (훈글) [괵] 범 발톱 자국. (新典) [괵] 괵나라. (英譯) name of ancient feudal State in Shenxi and Hunan. (漢典) 形聲. 從虎, 寽聲. 本義: 虎所抓畫之跡. (康熙) <虍部> {唐韻}{正韻}古伯切, {集韻}郭獲切, 𠀤音虢. {說文}虎所攫畫明文也. 又國名. {廣韻}周封虢仲于西虢, 秦屬三川郡, 唐武德中爲虢州. {左傳・隱元年}虢叔. {註}虢國, 今滎陽縣. 應劭曰: 今虢亭是也. 又{昭七年}齊侯次于虢. {註}虢, 燕境. 又姓. {左傳}晉大夫虢射. {高誘・戰國策註}虢卽古郭氏. {六書正譌}俗作虢, 非. 虢字原从虎作. (說文) <虎部> 古伯切. 虎所攫畫明文也. 从虎寽聲.

A0287 U-8663

•虣• 虍字部 總15劃. (훈글) [포] 사나울. (新典) [포] 나울. 급할. (英譯) cruel, violent, passionate. (康熙) <虍部> {唐韻}{集韻}𠀤薄報切, 音暴. {六書正譌}强侵也, 虐也, 猛也. {周禮・地官・胥師}司虣. {疏}司虣主在市虣亂. {地官・司市}以刑罰禁虣而去盜. {前漢・五行志}作威虣害. {鮑昭・蕪城賦}伏虣藏虎. {集韻}通作暴.

A0288 U-8664

•虤• 虍字部 總16劃. (훈글) [현] 범 성낼. (新典) [현] 범 성낼. (康熙) <虍部> {唐韻}五閑切,

{集韻}牛閑切, 𠀤音訮. {說文}虎怒也. 又{集韻}胡犬切, 音泫. 義同. 說文 <虤部> 五閑切. 虎怒也. 从二虎. 凡虤之屬皆从虤.

A0890 U-866B

•虫• 虫字部 總06劃. 훈글 [충] 벌레. 新典 [훼] 버레, 비러지. 正蒙 [훼] 벌래. 英譯 insects, worms. KangXi radical 142. 漢典 會意. 漢字部首之一, 從"蟲"的字多與昆蟲, 蛇等有關. 按: "蟲"甲骨文字形象蛇形, 本讀 huǐ, 即虺, 是一種毒蛇. 后爲"蟲"的簡體. 本義: 昆蟲的通稱. 康熙 <虫部> {唐韻}許偉切, {集韻}詡鬼切, 𠀤音卉. {廣韻}鱗介總名. {說文}一名蝮, 博三寸, 首大如擘指, 象其臥形, 物之微細, 或行, 或毛, 或蠃, 或介, 或鱗, 以虫爲象. 凡虫之屬皆从虫. {玉篇}古文虺字. 註見三畫. {佩觿集}蛇虫之虫爲蟲豸, 非是. ○ 按{說文}{玉篇}{類篇}等書, 虫䖵蟲皆分作三部, 虫吁鬼切, 䖵古魂切, 蟲持中切, 截然三音, 義亦各別. {字彙}{正字通}合䖵蟲二部併入虫部, 雖失古人分部之意, 而披覽者易于查考, 故姑仍其舊. 若{六書正譌}以爲虫卽蟲省文, 則大謬也. (蟲) {唐韻}直弓切, {集韻}{韻會}{正韻}持中切, 𠀤音种. {說文}从三虫, 象形. 凡蟲之屬皆从蟲. {大戴禮}有羽之蟲三百六十, 而鳳凰爲之長. 有毛之蟲三百六十, 而麒麟爲之長. 有甲之蟲三百六十, 而神龜爲之長. 有鱗之蟲三百六十, 而蛟龍爲之長. 有倮之蟲三百六十, 而聖人爲之長. {爾雅・釋蟲}有足謂之蟲, 無足謂之豸. {周禮・冬官考工記・梓人}外骨內骨, 郤行仄行, 連行紆行, 以脰鳴者, 以注鳴者, 以旁鳴者, 以翼鳴者, 以股鳴者, 以胷鳴者, 謂之小蟲之屬, 以爲雕琢. {大戴禮}二九十八, 八主風, 風主蟲. 故蟲八月化也. {荀子・勸學篇}肉腐出蟲. 又{詩・大雅}蘊隆蟲蟲. {傳}蟲蟲而熱也. 又桃蟲, 鳥名. {詩・周頌}肇允彼桃蟲. {傳}桃蟲, 鷦也, 鳥之始小終大者. 又{書・益稷}華蟲作繪. {孔註}雉也. 又地名. {左傳・昭十九年}宋公伐邾, 圍蟲三月. {註}蟲, 邾邑. 又書名. {魏志・裴松之註}邯鄲淳善蒼雅蟲篆. 又姓. {前漢・功臣表}曲成侯蟲達. 又直衆切, 音仲. 與蚛同, 蟲食物也. 又{集韻}徒冬切, 音彤. {爾雅・釋訓}爞爞, 薰也. 爞或作蟲. {羣經音辨}蘊隆蟲蟲, 蟲字又音徒冬切. {韻會}俗作虫, 非. (蟲) 考證: 〈{大戴禮}八主蟲, 故蟲八月.〉 謹照原文八主蟲改八主風, 風主蟲. 〈{爾雅・釋訓}爞爞董也.〉 謹照原文改爞爞薰也. 說文 <虫部> 許偉切. 一名蝮, 博三寸, 首大如擘指. 象其臥形. 物之微細, 或行, 或毛, 或蠃, 或介, 或鱗, 以虫爲象. 凡虫之屬皆从虫.

A0887 U-8679

•虹• 虫字部 總09劃. 훈글 [홍] 무지개. 新典 [홍] 무지개명. [공] 泗州縣名. [강] 義同. [항] 이지러울. 訓蒙 [홍] 므지게. 英譯 rainbow. 漢典 形聲. 從蟲, 工聲. 甲骨文"虹"與杠梁, 古玉璜之形相似. 本義: 雨后天空出現的弧形彩暈. 主虹稱虹, 副虹稱霓. 康熙 <虫部> {唐韻}戸公切, {集韻}{韻會}{正韻}胡公切, 𠀤音洪. {說文}螮蝀也. {禮・月令}季春, 虹始見. 孟冬, 虹藏不見. {淮南子・說山訓}天二氣則成虹. {後漢・郎顗傳}凡日旁氣色白而純者, 名爲虹. 又{字彙補}宛虹, 龍也. 又草名. {拾遺記}背明國有虹草, 花似朝虹之色. 又劒名. {魏文帝序}造百辟寶劒三, 其一曰流彩虹. 又{集韻}{正韻}𠀤胡江切, 音降. 與訌同. 潰亂. 一曰爭訟相陷入之言也. {爾雅・釋言}虹, 潰也. {詩・大雅}彼童而角, 實虹小子. 又{廣韻}古巷切, 音絳. {元稹・送客遊嶺南詩}山頭虹似巾. 又縣名, 在泗州. {後漢・郡國志}沛國虹. 又{集韻}古送切, 音貢. 義同. 又胡貢切, 音鬨. 虹洞, 相連也. {枚乘・七發}虹洞兮蒼天. {馬融・廣成頌}天

地虹洞. 又{韻補}戸孔切, 音汞. {郭璞・鯨魚贊}壯士挺劒, 氣激白虹. 鯨魚潛淵, 出而色悚. {玉篇}籀文作蜡. (說文) <虫部> 戶工切. 螮蝀也. 狀似蟲. 从虫工聲. {明堂月令}曰: "虹始見."

A0887 U-86A9

•蚩• 虫字部 總10劃. (훈글) [치] 어리석을. (新典) [치] 치버레. 어리석을. (訓蒙) [치] 구즐. (英譯) worm. ignorant, rustic. laugh. (漢典) 形聲. 從蟲, 之聲. 本義: 蚩蟲. (康熙) <虫部> {唐韻}赤之切, {韻會}充之切, 丛音嗤. 蟲名. {六書正譌}凡無知者, 皆以蚩名之. 又蚩尤, 人名. {書・呂刑}蚩尤惟始作亂. {註}九黎之君, 號曰蚩尤. 又星名. {晉書・天文志}蚩尤旗, 類彗而後曲, 象旗主所見之方下有兵. 又侮也. {張衡・西京賦}蚩眩邊鄙. 又騃也. {陸機・文賦}妍蚩好惡, 可得而言. 又蚩蚩, 敦厚貌. {詩・衞風}氓之蚩蚩. 又姓. {通志・氏族略}蚩氏, 蚩尤之後也. 又{集韻}敕豸切, 音弛. 蟲伸行. {廣韻}从虫. {六書正譌}別作嗤, 嗤, 非. {集韻}同蚩. 詳蚩字註. 蚩字右下从⺀不从丶. (說文) <虫部> 赤之切. 蟲也. 从虫之聲.

A0890 U-86C7

•蛇• 虫字部 總11劃. (훈글) [사] 뱀. (新典) [이] 든든할. [타] 이슬. [샤] 배암. (訓蒙) [샤] 비얌. (英譯) snake. (漢典) 形聲. 從蟲, 它聲. 本寫作"它". 甲骨文字形, 是象形字. 本義: 一種爬行動物. (康熙) <虫部> {唐韻}食遮切, 音茶. {集韻}{韻會}丛時遮切, 音闍. 毒蟲也. {左傳・莊十四年}內蛇與外蛇鬭. {疏}蛇, 北方水物. {酉陽雜俎}蛇, 有水, 草, 木, 土四種. {爾雅翼}蛇, 草居, 常飢, 每得食稍飽, 輒復蛻殼, 冬輒含土入蟄, 及春出蟄則吐之. {埤雅}牛以鼻聽, 蛇以眼聽. 又{莊子・達生篇}以鳥養養鳥者宜棲之深林, 浮之江湖, 食之以委蛇. {註}委蛇, 泥鰌. 又星名. {左傳・襄二十八年}蛇乘龍. {註}蛇, 玄武之宿, 虛, 危之星. {晉書・天文志}騰蛇二十二星, 在營室北, 天蛇也. 又地名. {後漢・郡國志}南陽郡隨西有斷蛇丘. {註}卽銜珠之蛇. 又姓. {通志・氏族略}姚萇, 蛇后, 南安人. 又有建武將軍蛇元, 望出鴈門. 又{廣韻}弋支切, 音移. {詩・召南}委蛇委蛇. {箋}委蛇, 委曲自得之貌. {莊子・庚桑楚}與物委蛇, 而同其波. {焦氏・易林}委蛇循河, 至北海涯. 又{韻補}龍蛇之蛇, 亦讀爲移. {詩・小雅}維熊維羆, 維虺維蛇, 大人占之. 蛇字叶上羆字, 下之字韻. 又徒河切, 音駝. {張衡・西京賦}感河馮, 懷湘娥, 驚蝄蜽, 憚蛟蛇. 又委蛇之蛇, 亦叶音駝. {古音攷}{陸機・答賈謐詩}: 我求明德, 濟同以和. 魯公戾止, 兗服委蛇. 又{集韻}陳知切, 音馳. 地名. {春秋傳}盟于毆蛇, {公羊傳}作毆蚰, 與曲池同. 又{字彙補}以遮切, 音耶. {集韻}關中謂毒蟲曰蛇. {韻會}本作它, 湯河切. {說文}它, 从虫而長, 象冤曲垂尾形. 上古草居患它, 故相問無它乎. 凡它之屬皆从它. 託何切. 臣鉉等曰: 今俗作食遮切. {佩觿}蛇字從也, 誤.

A0888 U-45B5

•䖵• 虫字部 總12劃. (훈글) [곤] 벌레. (英譯) insects. (康熙) <虫部> {唐韻}古渾切, {韻會}公渾切, 丛音昆. {說文}蟲之總名也, 从二虫, 凡䖵之類皆从䖵. {長箋}二虫與林, 屾, 所, 詰同義, 有昆弟之象. 古人造字有取于象形者, 則從二虫同體作䖵. 虫䖵蟲三部, 若無可分體者. 詳略爾. 又{韻會}通昆, {詩}草木昆蟲. 師古曰: 衆也. 又鄭玄曰: 昆蟲, 明蟲也, 明蟲得陽則生, 得陰則藏. {禮・祭統}昆蟲之異. {註}溫生寒死之蟲也. {集韻}亦作蜫. @林字原从二泉. 又蟲蠱

䗪. (說文) <䖵部> 古魂切. 蟲之總名也. 从二虫. 凡䖵之屬皆从䖵. 讀若昆.

A0895 U-86D9

•蛙• 虫字部 總12劃. (ᄒᆞᆫ글) [와] 개구리. (新典) [왜] 개굴이. 음란한 소리와. (訓蒙) [와] 머구리. (英譯) frog. (漢典) 形聲. 從蟲, 圭聲. 本義: 田雞類動物. 青蛙. (康熙) <虫部> 古文: 䵷. {唐韻}{集韻}{韻會}{正韻}丛烏瓜切, 音哇. {說文}蝦蟆屬. {本草}今處處有之, 似蝦蟆而背青綠色, 尖觜細腹, 俗謂之青蛙. 亦有背作黃路者, 謂之金線蛙. {尹文子・大道上篇}路逢怒蛙而軾之. {前漢・五行志}武帝元鼎五年秋, 蛙與蝦蟆羣鬬. 又{韻會}淫也. {前漢・王莽傳}紫色蛙聲. {註}淫蛙之聲. 又烏蝸切, 音哇. 義同. 本作圭. 或書作鼃. 別詳黽部.

A0896 U-86DB

•蛛• 虫字部 總12劃. (ᄒᆞᆫ글) [주] 거미. (新典) [쥬] 머미. (訓蒙) [듀] 거믜. (英譯) spider. (康熙) <虫部> {唐韻}陟輸切, {集韻}{韻會}追輸切, 丛音誅. {說文}蜘蛛也. 本作鼄. {唐韻}鼅鼄, 網蟲. {字說}云: 設一面之網, 物觸而後誅之, 知誅義者也. 今文作蛛. {爾雅疏}䵹, 卽鼅鼄別名也, 又名鼄蝥. 今江東呼蝃蝥. {說文}謂之鼄蝥, 作網鼄蝥也. {揚子・方言}自關而西, 秦, 晉之閒謂之鼄蝥. 自關而東, 趙, 魏之郊謂之鼅鼄, 或謂之蠾蝓. 北燕, 朝鮮冽水之閒謂之蝳蜍. 郭璞云: 齊人又呼社公, 亦言網公. 其在地中布網者, 名土鼅鼄. 其作網絡幕草上者, 名草鼅鼄也. {關尹子・三極篇}聖人師蜘蛛立網罟. {西京雜記}蜘蛛集而百事喜. {埤雅}蜘蛛布網如罾, 其絲右繞. 今磨旋蔓生皆循右而轉, 亦自然之理. {爾雅翼}春月游絲有長數丈許者, 皆蜘蛛所爲也. 蝥字从敄从黽作.

A0886 U-8700

•蜀• 虫字部 總13劃. (ᄒᆞᆫ글) [촉] 나라 이름. (新典) [쇽] 正音 [쵹] 쵹규화 버레. 댓닭. (英譯) name of an ancient state. (漢典) 象形. 從蟲. 上目象蜀頭形, 中象其身蜎蜎. 本義: 蛾蝶類的幼蟲. 后作"蠋". (康熙) <虫部> {唐韻}市玉切, {集韻}殊玉切, 丛音屬. {說文}葵中蠶也. {淮南子・說林訓}蠶與蜀狀相類, 而愛憎異也. {詩・豳風}蜎蜎者蠋. 本作蜀. 詳蠋字註. 又獸名. {山海經}杻陽之山有獸焉, 其狀如馬, 其文如虎, 名曰鹿蜀. 佩其皮尾, 宜子孫. 又{韻會}雞大者謂之蜀雞. 又巴蜀, 地名. 秦置蜀郡, 卽益州地. 又{爾雅・釋山}獨者, 蜀. {疏}山之孤獨者名蜀. 又{字彙補}祠器也. {管子・形勢篇}抱蜀不言而廟堂旣脩. 又同睽, 見{歸藏易}. {楊愼曰}钃字從蜀爲聲, 音圭, 則蜀固有圭音矣. (說文) <虫部> 市玉切. 葵中蠶也. 从虫, 上目象蜀頭形, 中象其身蜎蜎. {詩}曰: "蜎蜎者蜀."

A0755 U-8704

•蜄• 虫字部 總13劃. (ᄒᆞᆫ글) [진] 움직일. (新典) [신] 움즉일. (康熙) <虫部> {正韻}之刃切, 音震. {玉篇}動也. {史記・律書}辰者, 言萬物之蜄也. 又{正韻}時軫切, 音腎. 同蜃, 大蛤也. 詳上蜃字註. 之刃切zhèn.

D0162 U-8729

•蜩• 虫字部 總14劃. (ᄒᆞᆫ글) [조] 매미. (新典) [됴] 말매암이. (訓蒙) [됴] ᄆᆡ야미. (英譯) cicada, broad locust. (漢典) 形聲. 從蟲, 周聲. 本義: 蟬. (康熙) <虫部> {唐韻}徒聊切, {集韻}{韻會}{正韻}田聊切, 𠀤音迢. {玉篇}蟬也. {詩・豳風}五月鳴蜩. {大雅}如蜩如螗. {傳}蜩, 蟬也. 螗, 蝘也. {疏}{釋蟲}云: 蜩, 蜋, 蜩, 螗, 舍人曰: 皆蟬也. 方語不同, 三輔以西爲蜩, 梁宋以西謂蜩爲蝘, 楚地謂之蟪蛄. {楚辭}云: 蟪蛄鳴兮啾啾是也. 陸璣疏云: 螗一名蝘虭, {字林}虭或作蟟也. 靑, 徐人謂之螇螰. 然則螗蝘亦蟬之別名耳. {爾雅・釋蟲}蜩, 蜋蜩. {註}夏小正傳曰: 蜋蜩者五彩具. {又}螗蜩. {註}夏小正傳曰: 螗蜩者, 蝘. 俗呼爲胡蟬, 江南謂之螗蛦. {又}蠽, 茅蜩. {註}江東呼爲茅截, 似蟬而小, 靑色. {又}蝒, 馬蜩. {註}蜩中最大爲馬蟬. {又}蜺, 寒蜩. {註}寒螿也. 似蟬而小, 靑色. {酉陽雜俎}蜩屬, 旁鳴. 又蜩甲, 蟬蛻也. {莊子・寓言篇}予蜩甲也. 又徒弔切, 音掉. 蜩蟉, 龍首動貌. {前漢・司馬相如傳}蜩蟉偃蹇怵㚇以梁倚. 又{韻補}陳留切, 音儔. {王褒・九懷}林不容兮鳴啁, 余何留兮中州. 陶嘉月以總轡, 搴玉英兮自修. {玉篇}一作蛁. (說文) <虫部> 徒聊切. 蟬也. 从虫周聲. {詩}曰: "五月鳴蜩."

D0162 U-8760

•蝠• 虫字部 總15劃. (ᄒᆞᆫ글) [복] 박쥐. (新典) [복] 박쥐. (訓蒙) [복] ᄇᆞᆰ지. (英譯) kind of bat. (康熙) <虫部> {唐韻}{集韻}{韻會}{正韻}𠀤方六切, 音福. {爾雅・釋鳥}蝙蝠, 服翼. 詳蝙字註. 又與蝮通. {後漢・崔琦傳・外戚箴}蝠蛇其心, 縱毒不辜. {註}卽蝎蝠也. 又{唐韻古音}方墨切. {陳思王・蝙蝠賦}吁何姦氣, 生玆蝙蝠. 形殊性詭, 每變常式. 行不由足, 飛不假翼. (說文) <虫部> 方六切. 蝙蝠, 服翼也. 从虫畐聲.

A0950 U-87EC 單

•蟬• 虫字部 總18劃. (ᄒᆞᆫ글) [선] 매미. (新典) [션] 맴이. 션됴. 굼실거릴. (訓蒙) [션] ᄆᆡ야미. (英譯) cicada, continuous. (康熙) <虫部> {唐韻}市連切, {集韻}{韻會}時連切, 𠀤音禪. {揚子・方言}蟬, 楚謂之蜩. {古今注}齊王后忿死, 尸變爲蟬. 登庭時嘒唳而鳴, 王悔恨, 故世名蟬曰齊女也. {大戴禮}蟬飮而不食. {酉陽雜俎}蟬未蛻時名復育. {蠡海集}蟬近陽, 依于木, 以陰而爲聲. 又{後漢・輿服志}侍中中常侍黃金璫, 附蟬爲文, 貂尾爲飾. {古今注}貂者, 取其有文采而不炳煥. 蟬, 取其淸虛識變也. 又蟬嫣, 連也. {前漢・揚雄傳}有周氏之蟬嫣兮, 或鼻祖于汾隅. 又{揚子・方言}蟬, 毒也. 又車名. {鹽鐵論}推車之蟬攫, 負子之敎也. {註}許愼曰: 蟬攫, 車類也. 又人名. {大戴禮}顓頊產窮蟬. 又與嬋通. {成公綏・嘯賦}蔭脩竹之蟬蜎. 又{集韻}財仙切, 音錢. 同䗺, 蟲名. 又田黎切, 音提. 地名. {前漢・地理志}樂浪郡黏蟬. 又{正韻}上演切, 音善. 蜿蟬, 舞盤曲貌. {王逸・九思}乘六蛟兮蜿蟬. {註}羣蛟之形也. 或作蟺. (說文) <虫部> 市連切. 以旁鳴者. 从虫單聲.

A0889 U-8831

•蠱• 虫字部 總23劃. (ᄒᆞᆫ글) [고] 독. (新典) [고] 놀. 일. 고혹할. (訓蒙) [고] 좀. (英譯) poison. venom. harm. bewitch. (漢典) 會意. 從蟲, 從皿. 本義: 人肚子里的寄生蟲. (康熙) <虫部>

{唐韻}公戶切, {集韻}{韻會}果五切, {正韻}公五切, 𠀤音古. {說文}腹中蟲也. {通志・六書略}造蠱之法, 以百蟲置皿中, 俾相啖食, 其存者爲蠱. {左傳・昭元年}於文皿蟲爲蠱. {註}皿, 器也, 器受蟲害者爲蠱. {周禮・秋官・庶氏}掌除毒蠱. {史記・秦本紀}德公二年初伏, 以狗禦蠱. 又{左傳・昭元年}穀之飛亦爲蠱. {述異記}晉末, 荊州久雨, 粟化爲蠱蟲. 又{說文}梟桀死之鬼亦爲蠱. 又蠱雕, 獸名. {山海經}鹿吳之山有獸名蠱雕, 其狀如雕而有角, 其音如嬰兒之音. 又{爾雅・釋詁}蠱, 疑也. {左傳註}蠱, 惑疾, 心志惑亂之疾也. 又卦名. {易}巽下艮上, 蠱. {序卦傳}蠱者, 事也. 又{集韻}古慕切, 音顧. 義同. 又{正韻}以者切, 音冶. 媚也. 又{集韻}音義𠀤與冶同. {後漢・馬融傳・廣成頌}田開古蠱. {註}蠱與冶通. 說文 <蟲部> 公戶切. 腹中蟲也. {春秋傳}曰: "皿蟲爲蠱." "晦淫之所生也." 梟桀死之鬼亦爲蠱. 从蟲从皿. 皿, 物之用也.

D0162 U-8836

•蠶• 虫字部 總24劃. 한글 [잠] 누에. 新典 [잠] 누에. 類合 [즘] 누에. 英譯 silkworms. 康熙 <虫部> {唐韻}昨含切, {集韻}{韻會}{正韻}徂含切, 𠀤音蠶. 絲蟲也. {說文}任絲也. {詩・豳風}蠶月條桑. {書・禹貢}桑土旣蠶. {淮南子・天文訓}蠶珥絲而商絃絕. {博物志}蠶三化, 先孕而後交, 不交者亦產子. {爾雅翼}蠶之狀, 喙呥呥類馬, 色斑斑似虎. 初拂謂之蚝, 以毛掃之, 蠶尚小, 不欲見露氣. 桑葉著懷中令暖, 然後切之得氣, 則衆惡除也. {酉陽雜俎}食而不飮者蠶. 又原蠶. {埤雅}再蠶謂之原蠶, 一名魏蠶, 今以晩葉養之. 又紅蠶. 蠶足於葉三俯三起, 二十七日而蠶已老, 則紅, 故謂之紅蠶. 又野蠶. {後漢・光武紀}野蠶成繭, 被于山阜. 又華蠶. {述異記}園客種五色香草, 啖華蠶, 得繭一百二十枚, 大如甕. 又{本草}石蠶, 一名沙蝨, 乃東澗水中細蟲. 又雪蠶, 生陰山及峨嵋山, 北人謂之雪蛆. 又金蠶, 屈如指環, 食故緋帛錦, 如蠶之食葉也. 又蠶室. {晉書・禮志}皇后親乘車東郊苑中蠶室祭蠶神. 又蠶神. {爾雅翼}今蠶神曰苑窳婦人, 寓氏公主, 凡二神. 又人名. {成都記}蠶叢氏, 蜀君也. 又地名. {前漢・地理志}蜀郡蠶陵. {國名記}彭之遵縣有蠶厓. 又蠶繭, 草名. {本草}治腫脹. 說文 <䖵部> 昨含切. 任絲也. 从䖵朁聲.

A0296 U-8840

•血• 血字部 總06劃. 한글 [혈] 피. 新典 [혈] 픠. 訓蒙 [혈] 피. 英譯 blood. radical number 143. 康熙 <血部> {唐韻}{集韻}{韻會}𠀤呼決切, 音泬. {類篇}祭所薦牲血. 从皿, 一, 象血形. {釋名}血, 濊也, 出于肉, 流而濊濊也. {關尹子・四符篇}一爲父, 故受氣于父, 氣爲水. 二爲母, 故受血于母, 血爲火. {易・說卦傳}坎爲血卦. {疏}取其人之有血, 猶地有水也. {禮・中庸}凡有血氣者, 莫不尊親. 又{大戴禮}血者猶血. {註}血, 憂色也. 又{山海經}侖者之山有木曰白咎, 可以血玉. {註}謂染玉可以作光彩. 又{詩・鄭風・茹藘疏}陸璣云: 茹藘, 一名地血. 又{韻補}胡桂切, 叶音惠. {劉向・九歎}晉申生之離讒兮, 荊和氏之泣血, 吳子胥之抉眼兮, 王子比干之橫廢. 又{毛詩古音攷}音緖, 鼠思泣血, 無言不疾. {宋玉・高唐賦}弭節奄忽, 蹄足灑血. 舉功先得, 獲車已實. 說文 <血部> 呼決切. 祭所薦牲血也. 从皿, 一象血形. 凡血之屬皆从血.

A0511 U-8846

•衆• 血字部 總12劃. 훈글 [중] 무리. 新典 [즁] 희초미, 코비싀리. 무리. 類合 [즁] 뭀. 英譯 multitude, crowd. masses, public. 漢典 會意. "眾"從三人. "三"表示眾多. "眾"表示眾人站立. "衆", 甲骨文字形. 象許多人在烈日下勞動. 本義: 眾人, 大家. 康熙 <血部> ｛字彙｝同眾. ｛正字通｝眾字之譌. 別詳目部.

A0103 U-884C

•行• 行字部 總06劃. 훈글 [행] 갈. 新典 [항] 항오. 장감관. 항렬. 굿셀. [행, 힝] 단일, 댕길, 거름. 갈. 길귀신. 오행. 그릇 얄깃거릴. 길. 행셔. 쓸. 슌행할. 슌행할. 행실. 訓蒙 [항] 져제. [힝] 녈. [힝] 힝뎍. 英譯 go. walk. move, travel. circulate. 漢典 象形. 本義: 道路. 康熙 <行部> ｛唐韻｝戶庚切, ｛集韻｝｛韻會｝｛正韻｝何庚切, 𠀤音衡. ｛說文｝人之步趨也. ｛類篇｝从彳从亍. ｛韻會｝从彳, 左步. 从亍, 右步也. 左右步俱舉, 而後爲行者也. ｛爾雅・釋宮｝堂上謂之行, 堂下謂之步. ｛釋名｝行, 伉也, 伉足而前也. 又｛廣韻｝適也, 往也, 去也. 又｛增韻｝路也. ｛禮・月令｝孟冬, 其祀行. ｛註｝行, 在廟門外之西, 爲軷壤, 高二寸, 廣五寸, 輪四尺, 設主軷上. 又道也. ｛晉語｝下有直言, 臣之行也. 又五行. ｛書・洪範｝我聞在昔, 鯀陻洪水, 汨陳其五行. ｛韻會｝五行, 運于天地閒, 未嘗停息, 故名. 又行人, 官名. ｛廣韻｝周有大行之官. ｛論語｝行人子羽修飾之. 又語也. ｛爾雅・釋詁｝行, 言也. ｛註｝今江東通謂語爲行. 又歌行. ｛前漢・司馬相如傳｝爲鼓一再行. ｛師古曰｝行謂引, 古樂府長歌行, 短歌行, 此其義也. 又｛唐書・韓琬傳｝器不行窳. ｛音義｝不牢曰行, 苦惡曰窳. 又｛廣韻｝下孟切, 胻去聲. ｛玉篇｝行, 迹也. ｛周禮・地官・師氏｝敏德以爲行本. ｛註｝德行內外, 在心爲德, 施之爲行. 又姓. ｛後漢・光武紀｝隗囂遣將行巡寇扶風. ｛註｝行, 姓. 巡, 名. 漢行祐爲趙相. 又｛集韻｝寒岡切, 音杭. ｛類篇｝列也. ｛左傳・隱十一年｝鄭伯使卒出豭, 行出犬雞. ｛註｝百人爲卒, 二十五人爲行. 行亦卒之行列. ｛吳語｝吳王陳士卒百人以爲徹行百行. ｛註｝以百人通爲一行, 百行爲萬人, 謂之方陳. 又中行, 複姓. ｛通志・氏族略｝中行氏, 晉公族隰叔之後也, 漢文時有宦者中行說. 又太行, 山名. ｛書・禹貢｝太行, 恆山, 至于碣石. ｛註｝太行在河內山陽縣西. 又｛廣韻｝戶浪切, 音笐. 次第也. 又輩行也. ｛杜甫詩｝豈如吾甥不流宕, 丞相中郎丈人行. 又｛韻會｝行行, 剛健貌. ｛論語｝子路行行如也. 又｛類篇｝下朗切, 音沆. 義同. 又｛韻補｝叶先韻. ｛焦氏・易林｝缺破不完, 殘祭側偏. 公孫幽遏, 跛踦後行. 又｛集韻｝乎監切, 音嗛. 與銜同. 說文 <行部> 戶庚切. 人之步趨也. 从彳从亍. 凡行之屬皆从行.

D0138 U-884D

•衍• 行字部 總09劃. 훈글 [연] 넘칠. 新典 [연] 셩할. 넒을. 물 넘칠. 벗을. 상자. 놀. 걸찬 쌍. 類合 [연] 부러날. 英譯 overflow, spill over, spread out. 漢典 會意. 從水, 從行. 本義: 水流入海. 康熙 <行部> ｛唐韻｝｛集韻｝｛韻會｝𠀤以淺切, 音演. 水溢也. ｛說文｝水朝宗于海也. 又｛小爾雅｝澤之廣者謂之衍. 又美也. ｛詩・小雅｝釃酒有衍. 又布也. ｛前漢・司馬相如傳｝離靡廣衍. 又游衍. 自恣之意. ｛詩・大雅｝昊天曰旦, 及爾游衍. 又衍沃, 平美之地. ｛左傳・襄二十五年｝井衍沃. 又曼衍, 無極也. ｛莊子・齊物論｝和之以天倪, 因之以曼衍. 又沙衍, 水中有沙者. ｛穆天子傳｝天子乃遂東征, 南絕沙衍. 又箟衍, 笥也. ｛莊子・天運篇｝芻狗之未陳也,

盛以篋衍, 巾以文繡. 又{博雅}衍衍, 行也. {謝脁詩}衍衍淸風爛. 又水名. {史記・荆軻傳}丹匿衍水中. {索隱曰}在遼東. 又朐衍, 地名. {前漢・地理志}屬北地郡. 又姓. {通志・氏族略}衍, 子姓, 宋微仲衍之後. 又{廣韻}于線切, 延去聲. 義同. 又{集韻}夷然切, 音延. 進也. {周禮・春官}望祀望衍. {鄭註}讀爲延. {疏}衍, 衍祭也. {劉歆・甘泉賦}高巒峻阻, 臨眺曠衍. 叶泉字韻. {直音}或作衍. 衍字从彡, 不从氵作. (說文) <水部> 以淺切. 水朝宗于海也. 从水从行.

A0105 U-885B

•衛• 行字部 總16劃. (훈글) [위] 지킬. (新典) [위] 막을. 호위할. 피 긔운. (訓蒙) [위] 찓릴. (英譯) guard, protect, defend. (康熙) <行部> {正字通}俗衞字.

A0516 U-8863

•衣• 衣字部 總06劃. (훈글) [의] 옷. (新典) [의] 옷, 우틔. 입을. (訓蒙) [의] 옷. (英譯) clothes, clothing. cover, skin. (漢典) 象形. 甲骨文字形. 上面象領口, 兩旁象袖筒, 底下象兩襟左右相覆, 爲上衣形. "衣"是漢字的一個部首. 從"衣"的字與衣服有關. 本義: 上衣. (康熙) <衣部> {唐韻}{集韻}{韻會}圡於希切, 音依. {說文}上曰衣, 下曰裳. {世本}胡曹作衣. 黃帝時人. {白虎通}衣者, 隱也. {釋名}衣, 依也. 人所以依以庇寒暑也. {玉篇}所以形軀依也. {類篇}象覆二人之形. {易・繫辭}黃帝, 堯, 舜垂衣裳, 而天下治, 蓋取諸乾坤. {禮・玉藻}衣, 正色. 裳, 閒色. {傅玄・衣銘}衣服從其儀, 君子德也. 衣以飾外, 德以飾內. 又絲衣, 祭服也. {詩・周頌}絲衣其紑. 又{博雅}寢衣, 衾, 韇服也. 又{釋名}中衣, 言在外小衣之外, 大衣之中也. 又心衣, 抱腹而施鉤肩, 鉤肩之閒施一襠, 以養心也. 又面衣. {晉書・惠帝紀}尙書高光進面衣. 又耳衣. {唐・邊塞曲}金縫耳衣寒. 又綴衣, 掌衣服官名. {書・立政}王左右常伯, 常任, 準人, 綴衣, 虎賁. 又白衣, 未仕之稱. {後漢・崔駰傳}憲諫以爲不宜與白衣會. 又牛衣, 編亂麻爲之. 卽今俗呼爲龍具者. {前漢・王章傳}章疾病, 無被, 臥牛衣中. 又垣衣, 苔也. {王融詩}垣衣不可裳. 又姓. {通志・氏族略}見{姓苑}. {正字通}明有衣勉仁, 衣祐. 又人名. {高士傳}被衣, 堯時人. 蒲衣, 舜時人. 又靑衣, 地名. {史記・彭越傳}處蜀靑衣. {註}今爲臨卭. 又借服膺意. {書・康誥}紹聞衣德言. 又{唐韻}於旣切, 讀去聲. 服之也. {玉篇}以衣被人也. {增韻}著衣也. {晏子・雜下篇}衣十升之布. {前漢・東方朔傳}身衣弋綈. 又{韻補}於斤切. 齊人言衣聲如殷, 今姓有衣者, 殷之謂歟. 一作㐆. {通志・六書略}卽衣字, 从向, 身. (說文) <衣部> 於稀切. 依也. 上曰衣, 下曰裳. 象覆二人之形. 凡衣之屬皆从衣.

A0518 U-461A

•卒• 衣字部 總08劃. (훈글) [졸] 병졸. (英譯) (same as U+5352 卒) a servant. an underling, a pawn in chess, abrupt. hurried. (康熙) <衣部> {唐韻}{集韻}圡臧沒切, 音稡. {說文}隸人給事者. {韻會}古以染衣題識, 故从衣, 十. {揚子・方言}南楚東海之閒謂卒爲褚. {郭璞註}言其衣赤. {玉篇}行鞭也. {周禮・地官・小司徒}五伍爲兩, 四兩爲卒, 五卒爲旅. {齊語}四里爲連, 故二百人爲卒, 連長帥之. {左思・吳都賦}雕題之士, 鏤身之卒. 又積卒, 星名. {晉書・天文志}積卒十二星, 在房星南, 主爲衞也. 又{廣韻}子聿切, 音崒. 盡也. {晉語}史蘇卒爵, 再拜稽首. 又終也. {詩・邶風}父兮母兮, 畜我不卒. {史記・淮陰侯傳}公, 小人也, 爲

德不卒. 又沒也. {禮·曲禮}大夫曰卒, 士曰不祿, 庶人曰死. 又{唐韻}倉沒切, 音猝. 急也. {史記·秦本紀}不可以應卒. {晉書·禮志}于時內外卒聞杜預異議, 多怪之. 又{集韻}昨律切, 音崪. {詩疏}與崒通, 崔嵬也. {詩·小雅}漸漸之石, 惟其卒矣. 又{類篇}取內切. 與倅同, 副貳也. {禮·燕義}諸侯, 卿, 大夫, 士之庶子之卒. 又{韻補}叶昌說切, 音歠. {蘇轍詩}流傳後世人, 談笑資口舌. 是非亦已矣, 興廢何倉卒. {六書正譌}以衣而荷之, 會意. 別作卆, 猝, 𠂇非.

A0522 U-8881

•袁• 衣字部 總10劃. 훈글 [원] 옷길. 新典 [원] 옷 치렁거릴. 英譯 robe. surname. 康熙 <衣部> {唐韻}雨元切, {集韻}羽元切, {韻會}于元切, 𠀤音園. {說文}衣長貌. 从衣, 叀省聲. 又州名. {篇海}漢宜春縣, 隋置袁州. 又姓. {通志·氏族略}袁氏, 嬀姓, 舜後. 陳胡公之後裔. 胡公生申公, 申公生請伯, 十八世孫莊伯生諸字伯爰, 陳濤塗以王父字爲氏, 世爲陳上卿. 亦作轅. 又作爰, {史記}袁盎, {漢書}作爰. {韻會}袁从口. 俗省作表, 又作袁, 非是. 說文 <衣部> 羽元切. 長衣皃. 从衣, 叀省聲.

A0521 U-4628

•䘨• 衣字部 總12劃. 훈글 [교] 잠방이. 英譯 short leggings drawn over the trousers, clothes for fisherman. 康熙 <衣部> {唐韻}古了切, {集韻}吉了切, 𠀤音皎. {玉篇}䘨衤, 小袴也. 詳衤字註. 又{類篇}下巧切, 音㶀. 吉弔切, 音叫. 義𠀤同.

A0519 U-88D8

•裘• 衣字部 總13劃. 훈글 [구] 갖옷. 新典 [구] 갖옷. 대물릴. 訓蒙 [구] 갖옷. 英譯 fur garments. surname. 漢典 形聲. 從衣, 求聲. 本義: 皮衣. 古代"求", "裘"同字. 康熙 <衣部> 古文: 求. {唐韻}巨鳩切, {集韻}{韻會}{正韻}渠尤切, 𠀤音求. {玉篇}皮衣也. {詩·小雅}舟人之子, 熊羆是裘. {又}彼都人士, 狐裘黃黃. {周禮·天官·司裘}掌爲大裘, 以供王祀天之服. 中秋獻良裘, 季秋獻功裘. {中論}救寒莫如重裘. 又披裘公, 人名. {高士傳}披裘公曰: 五月被裘負薪, 豈取金者哉. 又菟裘, 地名. {左傳·隱十一年}使營菟裘, 吾將老焉. {註}在梁父縣南. 又裘氏, 亭名. {水經注}沙水又東南逕裘氏鄉裘氏亭西. 又姓. {通志·氏族略}裘氏, 衞大夫食采于裘, 因氏焉. 又{集韻}渠竹切, 音鞠. 義同. 又{韻補}渠之切, 叶音其. {詩·豳風}取彼狐狸, 爲公子裘. {說文}作裘. 說文 <裘部> 巨鳩切. 皮衣也. 从衣求聲. 一曰象形, 與衰同意. 凡裘之屬皆从裘.

A0518 U-4639

•䘹• 衣字部 總14劃. 훈글 [쉬] 홑옷. 英譯 clothes that have no lining (usually for summer wear). 康熙 <衣部> {集韻}祖對切, 音晬. 單衣. {揚子·方言}覆䘹謂之禪衣. 又蘇對切, 音碎. 義同. 又{類篇}取內切, 音倅. 副衣也.

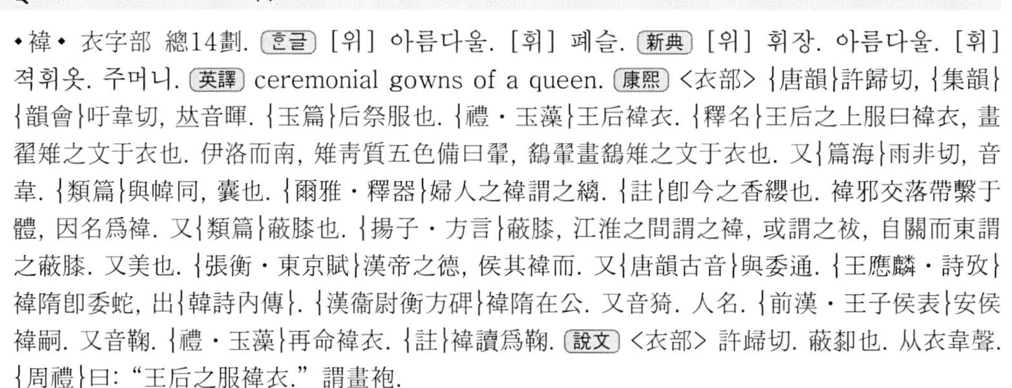

A0517 U-8918

•褘• 衣字部 總14劃. (훈글) [위] 아름다울. [휘] 폐슬. (新典) [위] 휘장. 아름다울. [휘] 적휘옷. 주머니. (英譯) ceremonial gowns of a queen. (康熙) <衣部> {唐韻}許歸切, {集韻}{韻會}吁韋切, 𠀤音暉. {玉篇}后祭服也. {禮・玉藻}王后褘衣. {釋名}王后之上服曰褘衣, 畫翟雉之文于衣也. 伊洛而南, 雉青質五色備曰翬, 鷂翬畫鷂雉之文于衣也. 又{篇海}雨非切, 音韋. {類篇}與幃同, 囊也. {爾雅・釋器}婦人之褘謂之縭. {註}卽今之香纓也. 褘邪交落帶繫于體, 因名爲褘. 又{類篇}蔽膝也. {揚子・方言}蔽膝, 江淮之間謂之褘, 或謂之袚, 自關而東謂之蔽膝. 又美也. {張衡・東京賦}漢帝之德, 侯其褘而. 又{唐韻古音}與委通. {王應麟・詩攷}褘隋卽委蛇, 出{韓詩內傳}. {漢衞尉衡方碑}褘隋在公. 又音猗. 人名. {前漢・王子侯表}安侯褘嗣. 又音鞠. {禮・玉藻}再命褘衣. {註}褘讀爲鞠. (說文) <衣部> 許歸切. 蔽厀也. 从衣韋聲. {周禮}曰: "王后之服褘衣." 謂畫袍.

A0517 U-8944

•襄• 衣字部 總17劃. (훈글) [양] 도울. (新典) [샹] 俗音 [양] 도을. 오를. 쎱아버릴. 멍에. 일울. 평할. (英譯) aid, help, assist. undress. (漢典) 會意. 據金文, "襄"是手拿農具在地里挖一個個小洞, 放進種子, 再蓋土. {說文}稱"解衣耕". 本義: 解衣耕地. (康熙) <衣部> 古文: 㐮𧞻䑋. {唐韻}{正韻}息良切, {集韻}{韻會}思將切, 𠀤音湘. {說文}漢令: 解衣而耕謂之襄. 又上也. {書・堯典}懷山襄陵. {註}包山上陵也. 又{皐陶謨}思曰: 贊贊襄哉. {疏}謂贊奏上古行事而言之也. 又除也. {詩・鄘風}牆有茨, 不可襄也. 又成也. {左傳・定十五年}葬定公, 雨, 不克襄事, 禮也. 又駕也. {詩・鄭風}兩服上襄. {註}上駕, 馬之最良者也. 又{小雅}跂彼織女, 終日七襄. {箋}駕, 謂更其肆也. 從旦至暮七辰, 辰一移, 謂之七襄. 又{史記・謚法解}辟地有德曰襄, 甲胄有勞曰襄. 又地名. {史記・高祖功臣侯表}襄平. {索隱曰}屬臨淮. {後漢・郡國志}上黨郡襄垣. 又{廣韻}州名, 本楚之西津, 魏置襄陽郡, 西魏改襄州, 因水立名. {韻會}宋升襄陽府. 又姓. {後漢・襄楷傳註}{風俗通}曰: 襄姓, 楚大夫襄老之後. {說文}作𧟟. 又㐮, 𨞼. (說文) <衣部> 息良切. 漢令: 解衣耕謂之襄. 从衣𧶛聲.

D0113 U-8972

•襲• 衣字部 總22劃. (훈글) [습] 엄습할. (新典) [습] 옷 덧입을. 합할. 인할. 렴습할. 음습할. 벼슬 대물릴. (類合) [습] 인홀. (英譯) raid, attack. inherit. (康熙) <衣部> 古文: 戳𧞤褶. {唐韻}{正韻}似入切, {集韻}{韻會}席入切, 𠀤音習. {玉篇}重衣也. {禮・玉藻}裘之裼也, 見美也. 服之襲也, 充美也. 又{樂記}周還裼襲, 禮之文也. 又{通鑑}趙烈侯賜公仲連衣二襲. {註}上下皆具曰襲. 又{說文}左衽袍也. 又服也. {司馬相如・上林賦}襲朝服. 又合也. {周語}朕夢協于朕卜, 襲于休祥, 戎商必克. 又因也. {禮・曲禮}卜筮不相襲. 又重也. {左傳・哀十年}卜不襲吉. 又入也. {晉語}大國道小國襲焉曰服, 小國敖大國襲焉曰誅. 又受也. {左傳・昭二十八年}故襲天祿, 子孫受之. 又掩其不備也. {左傳・莊二十九年}凡師有鐘鼓曰伐, 無曰侵, 輕曰襲. 又雜襲, 雜沓也. {前漢・蒯通傳}魚鱗雜襲, 飄至風起. 又姓. {通志・氏族略}晉有隱士襲元之. {南史}有襲蔿. {玉篇}籀文作𧟌. {篇海}又作𧞤. (說文) <衣部> 似入切. 左衽袍. 从衣, 𩇔省聲.

A0781 U-897F

•西• 襾字部 總06劃. 훈글 [서] 서녘. 新典 [서] 하쪽. 셔녁. 訓蒙 [셔] 셧녁. 英譯 west(ern). westward, occident. 康熙 <襾部> 古文: 卤㢴. {唐韻}先稽切, {集韻}{韻會}{正韻}先齊切, 𠀤音棲. {類篇}金方也. {說文}鳥在巢上也. 日在西方而鳥栖, 故因以爲東西之西篆. 文作㢴, 象形也. {前漢・律歷志}少陰者西方, 西遷也. 陰氣遷落物, 於時爲秋. {尚書・大傳}西方者何, 鮮方也. 或曰鮮方, 訊訊之方也. 訊者, 訊人之貌. 又地名. {晉書・地理志}西郡. {韻會}唐置西州. 又姓. {通志・氏族略}西氏. {姓苑}西門豹之後, 改爲西. 又{集韻}相咨切, 音私. 義同. 又{篇海}蘇前切, 音先. {前漢・郊祀歌}象載瑜, 白集西, 食甘露, 飮榮泉. {後漢・趙壹傳・窮鳥賦}幸賴大賢, 我矜我憐. 昔濟我南, 今振我西. 又{韻補}斯人切, 叶音辛. {王延壽・魯靈光殿賦}玄醴騰湧於陰溝, 甘露被宇而下臻. 朱桂黝儵於南北, 芝蘭阿那於東西. 又{類篇}乙却切, 音約. 平量也. 又{廣韻}籀文作卤. ○ 按{玉篇}等書西字另一部. 今从{字彙}{正字通}附入襾部. 說文 <西部> 先稽切. 鳥在巢上. 象形. 日在西方而鳥棲, 故因以爲東西之西. 凡西之屬皆从西.

A0139 U-8981

•要• 襾字部 總09劃. 훈글 [요] 구할. 新典 [요] 구할명. 살필. 모될. 겁박할. 억지로 할. 기다릴. 불을. 시골. 언약할. 종요로울. 하고자 할. 類合 [요] 종요. 英譯 necessary, essential. necessity. 漢典 象形. 小篆字形. 中間象人形, 兩旁爲兩手形. 表示兩手叉腰. 本義: 人腰. 康熙 <襾部> 古文: 㝪㫐䙅. {唐韻}於霄切, {集韻}{韻會}伊消切, 𠀤音邀. {博雅}約也. {論語}久要不忘平生之言. {註}久要, 舊約也. {左傳・哀十四年}使季路要我, 吾無盟矣. 又求也. {孟子}脩其天爵, 以要人爵. 又䙅也. {詩・魏風}要之襋之, 好人服之. 又會也. {禮・樂記}要其節奏. {註}要, 猶會也. {釋文}要, 一遙反. 又{廣韻}勒也. 又刧也. {前漢・文帝紀}上自欲征匈奴, 羣臣諫不聽, 皇太后固要, 上乃止. 又劾也, 察也. {周禮・秋官・鄉士}異其死刑之罪而要之. {疏}要, 劾實也. {書・康誥要囚傳}要察囚情, 得其辭以斷獄. 又甸圻之外, 謂之要服. {書・禹貢}五百里要服. 又姓. {通志・氏族略}吳人要離之後, 漢有河南令要兢, 唐建中朔方大將軍要珍. 又水名. {水經注}濡水, 又東南流與要水合. 又靑要, 山名. {山海經}靑要之山, 寔惟帝之密都. 又高要, 縣名. {一統志}屬廣州府. 又與腰通. {說文}身中也, 象人要自臼之形. 今作腰. 別詳肉部. 又{廣韻}於笑切. 讀去聲. {篇海}凡要也, 要會也. {孝經}先王有至德要道. {晉書・宣帝紀}軍事大要有五. 又{論語}久要, 亦讀去聲. {王安石・老人行}古來人事已如此, 今日何須論久要. 叶入誚韻. 又{集韻}伊鳥切, 音杳. 與騕同. 騕褭, 良馬名. 或作要. 又以紹切, 音𠈃. 與偠同. 偠紹或作要紹. 舒緩貌也. 說文 <臼部> 於消切・於笑切. 身中也. 象人要自臼之形. 从臼, 交省聲.

A0245 U-8983

•覃• 襾字部 總12劃. 훈글 [담] 미칠. 新典 [담] 버들. 웅심 깁흘. 펼. 길. 類合 [담] 머리 갈. 英譯 reach to, spread to. extensive. 康熙 <襾部> 古文: 𠅦䡄𠙾. {唐韻}徒含切, {集韻}{韻會}徒南切, 𠀤音潭. {廣韻}及也, 延也. {詩・周南}葛之覃兮. 又{大雅}內奰于中國, 覃

及鬼方. 又深廣也. {晉書·夏侯湛傳}揚雄覃思于太玄. 又地名. {書·禹貢}覃懷底績. {傳}覃懷, 近河地名. 又黃覃子, 曲名. {晉書·樂志}李延年造. 又姓. {通志·氏族略}本譚, 或去言爲覃. 梁有東南寧州刺史覃無克. 又{集韻}余廉切, 音鹽. 利也. 又上聲, 以冉切. 與棪同. {詩·小雅}以我覃耜, 俶載南畝. 又式荏切, 音審. 義同. 又{正字通}入感韻, 音倓. ○ 按韻書無倓音. 說文 <旱部> 徒含切. 長味也. 从旱, 鹹省聲. {詩}曰: "實覃實吁."

A0398 U-8987

•覇• 襾字部 總19劃. 훈글 [패] 으뜸. 英譯 rule by might rather than right. 康熙 <襾部> {廣韻}俗霸字.

A0551 U-898B

•見• 見字部 總07劃. 훈글 [견] 볼. 新典 [견] 볼. 나타날. 드러날. 잇슬. 뵈일. 訓蒙 [견] 볼. 英譯 see, observe, behold. perceive. 漢典 會意. 甲骨文字形, 上面是"目", 下面是"人". 在人的頭上加只眼睛, 就是爲了突出眼睛的作用. 本義: 看見, 看到. 康熙 <見部> {唐韻}{廣韻}古甸切, {集韻}{類篇}{韻會}{正韻}經電切, 𠀤堅去聲. {說文}視也. 从目从儿. {易·乾卦}飛龍在天, 利見大人. {疏}德被天下, 爲萬物所瞻覩. {書·立政}灼見三有俊心. {禮·王制}問百年者就見之. {周禮·春官}大宗伯以賓禮親邦國, 春見曰朝, 夏見曰宗, 秋見曰覲, 冬見曰遇, 時見曰會, 殷見曰同. {註}此六禮者, 以諸侯見王爲義. {史記·五帝紀}舜擇吉月日, 見四嶽, 諸牧, 班瑞. {前漢·東方朔傳}未得省見. {註}言不爲所拔識也. 又{通鑑}漢武帝元光五年, 張湯, 趙禹定律令, 務在深文, 作見知法. 詳矢部知字註. 又姓. 出{姓苑}. 又{唐韻}胡甸切, {集韻}{韻會}{正韻}形甸切, 𠀤賢去聲. {廣韻}露也. {易·乾卦}見龍在田. {疏}陽氣發見, 故曰見龍. {儀禮·士相見禮}某也, 願見無由達. {註}凡卑于尊曰見, 敵而曰見, 謙敬之辭也. {史記·淮陰侯傳}情見勢屈. {師古曰}見, 顯露也. 又薦達也. {左傳·昭二十年}齊豹見宗魯於公孟. {註}見, 薦達也. 謂爲之紹介, 猶論語云: 從者見之也. 又見在也. {史記·項羽紀}軍無見糧. {註}無見在之糧. {前漢·高五王傳}文帝封悼惠王子列侯見在者六人爲王. {集韻}俗作現. 又{集韻}日朝也. {詩·小雅}見晛曰消. {箋}韓詩作曣, 云: 見, 日出也. 又{集韻}居莧切, 音襉. 棺衣也. {禮·雜記}實見閒, 而後折入. {疏}一解云: 鄭合見閒二字共爲覵, 苦辯反. {集韻}或作梘. 又雜也. {禮·祭義}建設朝事, 燔燎羶薌, 見以蕭光. {註}見當爲覵, 音閒厠之閒. 孔穎達云: 覵, 謂雜也. 說文 <見部> 古甸切. 視也. 从儿从目. 凡見之屬皆从見.

A0205 U-8996

•視• 見字部 總12劃. 훈글 [시] 볼. 新典 [시] 볼. 견줄. 본바들. 대접할. 訓蒙 [시] 볼. 英譯 look at, inspect, observe, see. 康熙 <見部> 古文: 眎眡眂眎睹眡眎. {集韻}時利切, {韻會}是義切, {正韻}時吏切, 𠀤音嗜. {說文}瞻也. {博雅}明也. {易·履卦}視履考祥. {書·大甲}視遠惟明. 又{字彙}看待也. {左傳·成三年}鄭賈人如晉, 荀罃善視之. 又{博雅}效也. {書·大甲}視乃厥祖. {疏}言當法視其祖而行之. 又{小爾雅}比也. {左傳·襄二十七年}季武子使謂叔孫以公命, 曰: 視邾滕. {註}欲比小國. {禮·檀弓}公室視豐碑. {疏}言視者不正, 相當比擬之辭也. 又猶納也. {禮·坊記}君子於有饋者弗能見, 則不視其饋. {註}不視, 猶不納

也. 又猶敎也. ｛儀禮・鄕射禮｝命釋獲者設中, 遂視之. ｛註｝視之, 當敎之. 又｛釋名｝視, 是也, 察是非也. 又｛禮・曲禮｝兔曰明視. ｛疏｝兔肥, 則目開而視明也. 又｛儀禮・士虞禮｝明齊溲酒. ｛鄭註｝明齊, 當爲明視, 兔腊也. 又｛山海經｝狄山有視肉. ｛註｝聚肉, 形如牛肝, 有兩目也. 食之無盡, 尋復更生如故. 又山水名. ｛山海經｝帝囷山東南五十里曰視山. ｛又｝葴山, 視水出焉. ｛註｝或曰視宜爲濕. 濕水今在南陽. 又人名. ｛陶潛・羣輔錄｝伏羲六佐, 其一曰視默, 主災惡. 又姓, 見｛姓苑｝. 又通作示. ｛詩・小雅｝視民不恌. ｛箋｝視, 古示字. ｛前漢・高帝紀｝視項羽無東意. ｛史記｝作示. ｛師古註｝漢書多以視爲示, 古字通用. 又｛廣韻｝承矢切, ｛集韻｝｛韻會｝善旨切, ｛正韻｝善指切, 𠀤嗜上聲. 義同. 又｛玉篇｝看也. ｛書・洪範｝五事, 二曰視. ｛疏｝視, 常止反. 又｛詩・小雅｝小人所視. 叶上矢履. 說文 <見部> 神至切. 瞻也. 从見, 示.

A0205 U-8997

•覗• 見字部 總12劃. 훈글 [사] 엿볼. 新典 [사, ᄉᆞ] 엿볼. 기다려 볼. 英譯 peek. 康熙 <見部> ｛唐韻｝息兹切, ｛集韻｝｛韻會｝新兹切, ｛正韻｝相咨切, 𠀤音思. ｛廣韻｝覰也. ｛揚子・方言｝凡相竊視, 自江而北謂之覗. 又｛唐韻｝｛集韻｝𠀤相吏切, 思去聲. 義同. 又｛類篇｝奄闚也. 一曰候也. ｛集韻｝本作伺. 或作䚕.

觀 A0226 U-89C0

•觀• 見字部 總25劃. 훈글 [관] 볼. 新典 [관] 볼. 뵈일. 대궐. 집. 태자의궁. 무덤. 모양. 놀. 구경. 訓蒙 [관] 볼. [관] 집. 英譯 see, observe, view. appearance. 康熙 <見部> 古文: [illegible][illegible][illegible]. ｛唐韻｝｛集韻｝｛韻會｝｛正韻｝𠀤古玩切, 官去聲. ｛說文｝諦視也. ｛韻會｝所觀也, 示也. ｛易・觀卦｝大觀在上, 順而巽, 中正以觀天下. ｛朱註｝觀者, 有以中正示人而爲人所仰也. ｛書・益稷｝予欲觀古人之象. ｛傳｝欲觀示法象之服制. 觀, 舊音官, 陸音工喚切. ｛周禮・冬官考工記｝㮚氏爲量. 嘉量旣成, 以觀四國. ｛註｝以觀示四方, 使放象之. ｛前漢・宣帝紀｝觀以珍寶. ｛師古曰｝觀, 示也. 又容觀, 容貌儀觀也. ｛禮・玉藻｝旣服習容觀玉聲乃出. 又｛爾雅・釋詁｝多也. ｛詩・周頌｝奄觀銍艾. ｛箋｝奄, 久. 觀, 多也. 一音官. 又｛爾雅・釋宮｝觀謂之闕. ｛註｝宮門雙闕. ｛疏｝雉門之旁名觀. 又名闕. ｛白虎通｝上懸法象, 其狀巍巍然高大, 謂之象魏. 使人觀之, 謂之觀也. ｛三輔黃圖｝周置兩觀, 以表宮門. 登之可以遠觀, 故謂之觀. ｛左傳・僖五年｝公旣視朔, 遂登觀臺, 以望而書, 禮也. ｛註｝臺上構屋, 可以遠觀者也. 又｛廣韻｝樓觀. ｛韻會｝道宮謂之觀. ｛史記・封禪書｝仙人好樓居, 上令長安作蜚廉桂觀, 甘泉作益延壽觀. 又太子宮有甲觀. ｛前漢・成帝紀｝元帝在太子宮, 生甲觀畫堂. 又東觀, 漢祕書監. ｛後漢・安帝紀｝詔五經博士, 校定東觀五經傳記. ｛註｝洛陽南宮有東觀. 一名蓬觀. 又京觀, 積尸封土其上也. ｛左傳・宣十二年｝潘黨曰: 君盍築武軍而收晉尸, 以爲京觀. 又｛韻會｝壯觀, 奇觀, 謂景趣壯麗, 事端奇偉有可觀者. 又｛字彙補｝熱也. ｛周禮・夏官・司爟註｝今燕俗名湯熱爲觀. 又人名, 國名. ｛竹書紀年｝帝啓十年, 放季子武觀于西河. ｛註｝武觀, 卽楚語五觀也. 觀國, 今頓丘衞縣. 又縣名, 水名. ｛前漢・地理志｝東郡有畔觀縣, 膠東國有觀陽縣. ｛應劭曰｝在觀水之陽. 又姓. ｛楚語｝楚之所寶者, 曰觀射父. 又通作館. ｛文選・司馬相如・上林賦｝靈圄燕於閒館. ｛又｝虛宮館而勿仞. ｛史記｝｛漢書｝俱作觀. 又與鸛通. ｛莊子・寓言篇｝如觀雀, 蚊虻相過乎前也. 又｛廣韻｝｛集韻｝古丸切, ｛韻會｝｛正韻｝沽歡切, 𠀤音官. ｛博雅｝視也. ｛正字通｝遠視, 上視曰觀, 近視, 下視曰臨. ｛易・觀卦｝初六童觀. ｛朱子曰｝卦以觀示爲義, 爻以觀瞻爲義. ｛書・盤庚｝予若觀火. ｛

傳}我視汝情, 如視火. 鄭康成讀去聲. {穀梁傳・隱五年}公觀魚于棠. {傳}常事曰視, 非常曰觀. {關尹子・二柱篇}愛者我之精, 觀者我之神. 愛爲水, 觀爲火. 愛執而觀, 因之爲木. 觀存而愛, 攝之爲金. 又遊也. {孟子}吾何修而可以比於先王觀也. 又占也. {史記・天官書}觀成潢. {晉灼曰}觀, 占也, 潢, 五帝車舍. 又猶顯也. {前漢・嚴安傳}以觀欲天下. {師古曰}顯示之, 使其慕欲也. 又{韻會小補}區願切, 音勸. {禮・緇衣}在昔上帝, 周田觀文王之德. {註}周田觀, 古文爲割申勸. {陸德明・釋文}觀. 依註讀爲勸. 又叶古黃切, 音光. {汲冢周書}師曠歌無射曰: 國誠寧矣, 遠人來觀. 修義經矣, 好樂無荒. 又叶規倫切, 音均. {前漢・高彪詩}枉道依合, 復無所觀. 先公高節, 越可永遵. 又叶居員切, 音涓. {傅毅・七激}推深窮類, 靡不博觀. 光潤嘉美, 世宗其言. 又叶扃縣切, 涓去聲. {揚雄・甘泉賦}大厦雲譎波詭, 摧嗺而成觀. 仰橋首以高視兮, 目冥眴而無見. 又{詩・小雅}維魴及鱮薄言觀者. {箋}觀, 多也. {韓詩}作覩. (說文) <見部> 古玩切. 諦視也. 从見雚聲.

A0263 U-89D2

•角• 角字部 總07劃. (한글) [각] 뿔. (新典) [각] 쁠. 씨름. 다톰. 비교할. 모퉁이. 대평소. 쌍상투. 宿名. (訓蒙) [각] 쁠. (英譯) horn. angle, corner. point. (漢典) 象形. 甲骨文字形, 象獸角形. 本義: 動物的角. (康熙) <角部> {唐韻}古岳切, {集韻}{韻會}{正韻}訖岳切, 䰟音覺. {說文}角, 獸角也. 本作甪, 从力从肉. {易・大壯}羝羊觸藩, 羸其角. {春秋・成七年}鼷鼠食郊牛角. {禮・月令}仲夏鹿角解, 仲冬麋角解. {大戴禮・易本命}四足者無羽翼, 戴角者無上齒. {列子・黃帝篇}傅翼戴角, 謂之禽獸. 又犀有食角. {爾雅・釋獸}犀似豕. {註}犀三角, 一在頂, 一在額, 一在鼻. 鼻上者, 食角也. {蘇頌曰}一名奴角. 又龍角. {埤雅}有角曰虯龍. 又角弓, 以角飾弓也. {詩・小雅}騂騂角弓. {周禮・冬官考工記}弓人爲弓角者, 以爲疾也. {魏志・鮮卑傳}端牛角爲弓, 世謂之角端者也. ○ 按角端卽角觬, 謂一角正立不斜, 故名角端. 角, 古音祿, 字林, 正韻譌作甪, 非. 又額角. {逸雅}角者, 生於額角也. {後漢・光武紀}隆準日角. {註}謂庭中骨起, 狀如日. {論語・撰考讖}顏回有角額, 似月. 又隅也. {易・晉卦}晉其角. {疏}西南隅也. {後漢・郞顗傳}顗父宗善風角星算. {註}角, 隅也. 候四隅之風以占吉凶. 又{唐書・裴坦傳}舍人初詣省視事, 四丞相送之, 施一榻堂上, 壓角而坐. {宋敏求・春明退朝錄}舍人院每知制誥上事, 必設紫褥于庭, 北面拜, 廳閣長立褥東北隅, 謂之壓角. 又男, 女未冠, 笄曰總角. {詩・衞風}總角之宴. {朱傳}結髮爲飾也. {禮・內則}剪髮爲鬌, 男角女羈. {註}夾囟曰角, 兩髻也. 午達曰羈, 三髻也. 又校也. {禮・月令}仲春, 角斗甬. {註}較其同異也. {管子・七法篇}春秋角試. 又{廣韻}競也. {戰國策}駕犀首而驂馬服, 以與秦角逐. {前漢・谷永傳}角無用之虛文. 又{增韻}通作确. {前漢・李廣傳}數與鹵确. {註}謂競勝負也. 又{韻會}角抵, 戲名. 六國時所造, 使兩兩相當, 角力相抵觸. {史記・李斯傳}作觳抵. {前漢・武帝紀}作角抵. 又{張騫傳}作角氐. 角與觳通. 又掎角, 駐兵以制敵也. {正韻}絏其後曰掎, 絓其前曰角. {左傳・襄十四年}譬如捕鹿, 晉人角之, 諸戎掎之. {魏志・少帝紀}吳寇屯逼永安, 遣荆, 豫諸軍, 掎角赴救. {韻會}亦作捔. 又東方之音也. {禮・月令}孟春之月, 其音角. {前漢・律歷志}角, 觸也. 物觸地而出, 戴芒角也. {爾雅・釋樂}角謂之經. {韻會}通作龣. {魏書・江式傳}宮商龣徵羽. {註}龣卽角字. 又大角, 軍器. {演繁露}蚩尤率魑魅與黃帝戰, 帝命吹角爲龍鳴禦之. {唐書・百官志}節度使入境, 州縣築節樓, 迎以鼓角. 今鼓角樓始此. 又星名. {韻會}東方七宿之首, 蒼龍之角十二度. {爾雅・釋天}壽星, 角亢也. {註}列宿之長. 又{博雅}大角謂之楝星. {史記・天官書}大角者, 天王帝廷. 又羊角, 旋風也. {莊子・逍遙遊}摶扶搖羊角而上者九萬里. 又

酒器. ｛禮・禮器｝卑者擧角. ｛疏｝四升曰角. 角, 觸也. 不能自適, 觸罪過也. 又量器. ｛管子・七法篇｝斗斛也, 角量也. ｛呂覽・八月紀｝正鈞石, 齊升角. 又木角, 㪺水斗名. ｛禮・喪大記｝虞人出木角. 又角人, 官名. ｛周禮・地官｝角人掌以時徵齒角, 凡骨物于山澤之農. 又履名. ｛釋名｝仰角, 屐上施履之名也. ｛揚子・方言｝徐土邳圻之閒, 大麤謂之靮角. ｛註｝今漆履有齒者. 又艸名. ｛博雅｝茦明, 羊角也. ｛埤雅｝莪, 一名角蒿. 又果名. ｛淸異錄｝新羅國松子有數等, 惟玉角香最奇. ｛本草綱目｝芰實, 一名沙角. 又鳥名. ｛本草綱目｝鷹, 一名角鷹. ｛李時珍曰｝頂有毛角, 故名. 又小魚名鹿角. ｛歐陽修・達頭魚詩｝毛魚與鹿角, 一龠數千百. 又地名. 韓愈｛祭張員外文｝避風太湖, 七日鹿角. ｛註｝地在洞庭湖. 又城名. ｛左傳・襄二十六年｝襲衞羊角, 取之. ｛註｝今廩丘縣所治羊角城是. 又縣名. ｛南齊書・州郡志｝角陵縣, 屬南新陽左郡. 又姓. ｛後漢・馮異傳｝角閎據汧駱. 又｛唐韻｝｛集韻｝丛盧谷切, 音祿. ｛類篇｝獸不童也. 又｛廣韻｝漢四皓有角里先生. ○ 按通雅: 角, 古音祿. 詩召南: 誰謂雀無角, 何以穿我屋. 史記刺客傳: 天雨粟, 馬生角. 前漢東方朔傳: 臣以爲龍又無角, 謂之爲蛇又有足. 揚子太玄經: 嘖以牙者童其角, 揮以翼者兩其足. 崔駰｛杖頌｝: 用以爲杖, 飾以犀角, 王母扶持, 永保百祿. 俱叶音祿. 李因篤曰: 杜甫赤霄行, 孔雀未知牛有角, 渴飮寒泉逢觝觸. 唐人亦作祿, 音用. 又李濟翁資暇錄云: 漢四皓, 其一號角里先生. 角音祿, 今多以覺音呼, 誤也. 至於讀角爲覺, 而角里之音祿者, 輒改作甪, 則益謬矣. 又東都事略, 崔偓佺云: 刀下用音榷, 兩點下用音鹿, 一點一撇不成字, 未詳. 唐韻角音祿, 又音覺, 其實字無二形. 說文角訓象獸角形, 亦無刀用兩點之說. 偓佺臆說, 不可从. 佩觿集, 字林, 韻會, 正韻分角甪爲二, 丛誤. 又｛字彙補｝古祿切, 音谷. 韓愈｛贈張籍詩｝角角雄雉鳴. ｛方崧卿云｝角音谷. 又｛音學五書｝叶良拒切, 音慮. ｛尉繚子・兵談篇｝兵如總木, 弩如羊角, 人人無不騰陵張膽絕乎疑慮, 堂堂決而去. ｛集韻｝通作捔. (說文) <角部> 古岳切. 獸角也. 象形, 角與刀, 魚相似. 凡角之屬皆从角.

解 A0263 U-89E3

•解• 角字部 總13劃. (훈글) [해] 풀. (新典) [해, 히] 쏘길, 싸길. 풀릴. 깨우쳐 줄. [개, ᄀᆡ] 버슬. 풀. 헤칠. 발신할. [해, 히] 허터질. (類合) [히] 그를. (英譯) loosen, unfasten, untie. explain. (漢典) 會意. 從刀, 從牛, 從角. 表示用刀把牛角剖開. 本義: 分解牛, 后泛指剖開. (康熙) <角部> ｛唐韻｝｛正韻｝佳買切, ｛集韻｝｛韻會｝擧嶰切, 丛皆上聲. ｛說文｝判也. 从刀判牛角. ｛莊子・養生主｝庖丁解牛. ｛左傳・宣四年｝宰夫解黿. ｛前漢・陳湯傳｝支解人民. ｛註｝謂解截其四支也. 又｛博雅｝散也. ｛玉篇｝緩也. ｛易・解卦註｝解, 難之散也. ｛正義｝解有兩音, 一古買反, 謂解難之初. 一諧買反, 謂旣解之後. 故序卦云: 解者, 緩也. 險難解釋, 物情舒緩, 故爲解也. ｛前漢・張耳陳餘傳｝今獨王陳, 恐天下解也. ｛註｝謂離散其心也. 又｛玉篇｝釋也. ｛儀禮・大射禮・解綱註｝解, 猶釋也. ｛文心雕龍｝百官詢事, 則有關刺解諜. 解者, 釋也. 解釋結滯, 徵事以對也. 又｛廣韻｝脫也. ｛禮・曲禮｝解屨不敢當階. 又｛博雅｝說也. ｛史記・封禪書｝船交海中, 皆以風爲解. ｛註｝皆自解說, 遇風不至也. 又｛廣韻｝講也. 一曰釋詁也. ｛禮・經解疏｝解者, 分析之名. 又樂曲解. ｛古今樂錄｝傖歌以一句爲一解, 中國以一章爲一解. 王僧虔啓云: 古曰章, 今曰解. 解有多少, 當是先詩而後聲也. 又｛字彙補｝削也. ｛魯語｝晉文公解曹地, 以分諸侯. 又止也. ｛前漢・五行志｝歸獄不解, 玆謂追非. 又開也. ｛後漢・耿純傳贊｝嚴城解扉. 又達也. ｛莊子・秋水篇｝無南無北, 奭然四解. 又解構, 猶閒構也. ｛後漢・隗囂傳｝勿用傍人解構之言. 又猶會合煩辱也. ｛淮南子・俶眞訓｝孰肯解構人閒之事, 以物煩其性命乎. 又道家有尸解術. ｛史記・封禪書｝爲方僊道, 形解銷化. ｛集解｝尸解也. ｛問奇集｝｛金壺字考｝改音假, 非.

又梵言目帝羅, 此雲解脫. 荆溪淨名記, 若正用功, 解可作古買切. 功成日, 解應作戸買切. 强分二音, 亦非. 又解解, 戟多之貌. ｛揚子・太玄經｝次七: 何戟解解遘. 又｛集韻｝｛韻會｝下買切, ｛正韻｝胡買切, 丛音蟹. 義同. 又｛增韻｝物自解散也. ｛孔安國・尚書序｝逃難解散. ｛註｝解音蟹. 又｛廣韻｝曉也. ｛禮・學記｝相說以解. ｛註｝解物爲解, 自解釋爲解, 是相證而曉解也. ｛魏志・賈詡傳｝太祖與韓遂, 馬超戰渭南, 問計於詡. 對曰: 離之而已. 太祖曰: 解. ｛註｝謂曉悟也. 又｛博雅｝跡也. ｛爾雅・釋獸｝麕, 其跡解. ｛註｝其跡名解. 又地名. ｛左傳・昭二十二年｝王師軍於解. ｛註｝洛陽西南有大解, 小解. 又｛史記・甘茂傳｝今公與楚解口地. ｛索隱｝秦地名. ｛正義｝解口, 猶開口也. 又州縣名. ｛一統志｝春秋爲晉之解梁城, 戰國屬魏, 漢爲解縣, 屬河東郡, 五代漢始置解州, 治解縣, 元屬平陽路, 明因之. 又姓. ｛廣韻｝自唐叔虞食邑于解, 後因氏. 又複姓. ｛姓苑｝北魏有解枇氏, 後改爲解氏. 又｛說文｝解廌, 獸也. ｛史記・司馬相如傳｝弄解豸. ｛註｝解豸, 似鹿, 一角, 一名神羊. 古者決訟, 令觸不直者. 唐御史法冠, 一名解廌冠, 取其能觸邪也. ｛晉書・輿服志｝作獬豸. ｛王充・論衡｝作觟觥. 又與嶰通. 嶰谷, 谷名. ｛前漢・律歷志｝取竹之解谷. ｛孟康曰｝解, 脫也. 一說昆侖之北谷名也. 又與澥通. ｛前漢・揚雄傳｝江湖之雀, 勃解之鳥. 又與蟹同. ｛呂覽・恃君篇｝大解, 陵魚, 大人之居. ｛山海經｝作大蟹. 又｛唐韻｝戸賣切, ｛集韻｝｛韻會｝下解切, 丛蟹去聲. 亦判也, 散也, 曉也, 獸也, 地名也. 又｛玉篇｝接中也. ｛周禮・冬官考工記｝弓人爲弓, 茭解中有變焉, 故挍. ｛註｝茭, 弓檠也. 茭解, 謂接中也. 又支節也. ｛前漢・賈誼傳｝所排擊剝割, 皆衆理解也. ｛師古註｝解, 支節也. 又與懈同. ｛詩・大雅｝不解于位. ｛註｝解, 怠惰也. ｛禮・月令｝民氣解惰. 又與邂同. ｛正字通｝解后, 卽邂逅, 言彼此不期而遇也. ｛六書正譌｝別作邂, 非. 又｛廣韻｝古隘切, ｛集韻｝｛韻會｝居隘切, ｛正韻｝居拜切, 丛皆去聲. ｛類篇｝除也. 一曰聞上也. ｛韻會｝發也. ｛唐制｝進士由鄉而貢曰解額. 又｛國史補｝外府不試而貢者, 謂之拔解. ｛宋史・選擧志｝天下之士, 屛處山林, 令監司守臣解送. 又｛職官志｝入額人一任實滿四年, 與解發赴銓. ｛正字通｝凡官司解報, 枑解, 皆此音. ｛韻會｝讀若懈, 非. 又與廨同. ｛玉篇｝署也. ｛商子・墾令篇｝高其解舍. ｛左思・吳都賦｝解署棊布. ｛註｝言非一也. 又｛集韻｝口賣切, 楷去聲. 解垢, 詭曲之辭. ｛莊子・胠篋篇｝解垢同異. ｛音義｝又音楷. 又叶擧履切, 音几. ｛古詩｝著以長相思, 緣以結不解. 以膠投漆中, 誰能別離此. 又叶居縊切, 音記. ｛楚辭・九章｝愁鬱鬱之無快兮, 居戚戚而不解. 心鞿羈而不開兮, 氣繚轉而自締. 又叶訖力切, 音棘. ｛詩・魯頌｝春秋匪解, 享祀不忒. 皇皇后帝, 皇祖后稷. 又叶擧下切, 嘉上聲. ｛僧皎然・題毗沙天王像｝憶昔胡兵圍未解, 感得此神天之下. ｛俗書正誤｝解从刀, 牛. 俗从羊作觧, 非. 廨字原从厂作.
(說文) <角部> 佳買切・戸賣切. 判也. 从刀判牛角. 一曰解廌, 獸也.

A0263 U-89E5

•觵• 角字部 總13劃. (훈글) [굉] 뿔잔. (新典) [굉] 클. 잔. 쑛쑛할. (訓蒙) [굉] 가탁. (英譯) a cup made of horn obstinate. (漢典) 形聲. 從角, 黃聲. 俗從光聲. 本義: 中國古代用獸角制的酒器, 后也有用木或銅制的. (康熙) <角部> ｛唐韻｝古橫切, ｛集韻｝｛韻會｝｛正韻｝姑橫切, 丛噣平聲. ｛說文｝本作觵, 兕牛角可以飮者也, 其狀觵觵, 故謂之觵. ｛徐曰｝觵, 曲起之貌. ｛詩・周南｝我姑酌彼兕觥. ｛傳｝角爵也. ｛疏｝禮圖云: 觥大七升, 以兕角爲之. 一說刻木爲之, 形似兕角, 蓋無兕者用木也. 韓詩云: 觥受五升, 所以罰不敬. 觥, 廓也. 君子有過, 廓然著明也. ｛周禮・春官・小胥｝觵其不敬者. ｛註｝觵, 罰爵也. 本或作觥. ○ 按詩詁曰: 兕觥, 角爵. 言其體. 註: 觥, 罰爵, 解其用. 然詩卷耳, 七月稱兕觥者, 皆非所以罰, 則是觥爵之大者, 或用以罰, 非專爲罰也. 又大也. ｛揚子・太玄經｝觥羊之毅. ｛註｝觥羊, 大羊也. 又玉鐘聲. 韓愈｛記夢詩｝杖撞玉

版聲彭觥. 又觥觥, 剛直貌. {後漢・郭憲傳}關東觥觥郭子橫. 又叶姑黃切, 音光. {詩・豳風}躋彼公堂, 稱彼兕觥, 萬壽無疆. {劉楨・魯都賦}承彝執羃, 納觶授觴. 引滿輒釂, 滴瀝受觥. {音學五書}古本音光.

A0264 U-89F3

•觳• 角字部 總17劃. 훈글 [곡] 뿔잔. 新典 [혹] 俗音 [곡] 다할. 곱송거릴. 엷을. [각] 파리할. 비교할. 다틀. 英譯 an ancient measure. a goblet. mean. frightened. 康熙 <角部> {唐韻}{集韻}{韻會}{正韻}丛胡谷切, 音斛. {說文}盛觵卮也. 一曰射具. {類篇}觳簏, 器名. 又{玉篇}盡也, 族也. 又薄也. {管子・地員篇}五粟之狀, 剛而不觳. {註}觳, 薄也. {唐書・薛苹傳}治身觳薄. {音義}觳又音確. 又觳觫, 懼貌. 詳前觫字註. 又{韻會}通作斛. {周禮・冬官考工記}鬲實五觳, 庾實二觳. {註}觳讀爲斛, 受三斗. 鄭康成謂豆實三而成觳, 則觳受斗二升. 又{集韻}古祿切, 音穀. 器名. 受三斗. 又{集韻}{韻會}{正韻}丛轄覺切, 音學. {類篇}射具, 所以盛隹. 又{爾雅・釋詁}觳, 盡也. {註}觳音學. {史記・秦始皇紀}堯, 舜飯土塯, 啜土鉶, 雖監門之養, 不觳於此. {索隱}言監門下人飯猶不盡此. {徐廣曰}觳音礐, 推也. 又足跗也. {儀禮・士喪禮}明衣不辟長及觳. {註}長及足尖. 又獸蹄也. {儀禮・特牲饋食禮}主婦俎觳折. {註}折牲蹄爲俎也. {鄭氏曰}觳, 後足也. 又音確. 又{廣韻}苦角切, {類篇}{正韻}克角切, 丛音確. {廣韻}盛脂器也. 又{正韻}無潤也. {莊子・天下篇}其道大觳, 使人憂, 使人悲. {郭註}義與瘠同. {韻會}又音覺. 又{集韻}{韻會}{正韻}丛訖岳切, 音覺. 與角同. 校也, 競也, 觸也. {韓非子・用人篇}强弱不觳力. {史記・大宛傳}大觳抵出奇戲. 互詳角字註. 說文 <角部> 胡谷切. 盛觵卮也. 一曰射具. 从角𣪊聲. 讀若斛.

A0263 U-89F5

•觵• 角字部 總19劃. 훈글 [굉] 뿔잔. 新典 [굉] 觥本字. 英譯 a cup made of rhinoceros horn. 康熙 <角部> {說文}觥本字. 說文 <角部> 古橫切. 兕牛角可以飲者也. 从角黃聲. 其狀觵觵, 故謂之觵.

A0121 U-8A00

•言• 言字部 總07劃. 훈글 [언] 말씀. 新典 [언] 말할. 말삼. 어조사. 웃둑할. 訓蒙 [언] 말숨. 英譯 words, speech. speak, say. 漢典 指事. 甲骨文字形, 下面是“舌”字, 下面一橫表示言從舌出. “言”是張口伸舌講話的象形. 從“言”的字與說話或道德有關. 本義: 說, 說話. 康熙 <言部> 古文: 𧥤𧦝. {唐韻}語軒切, {集韻}{韻會}魚軒切, 丛鸁平聲. {說文}直言曰言, 論難曰語. {周禮・大司樂註}發端曰言, 答述曰語. {釋名}言, 宣也. 宣彼此之意也. {易・乾卦}庸言之信. {書・湯誓}朕不食言. {傳}言已出而反吞之也. {周禮・地官・大司徒}以鄕八刑糾萬民, 七曰造言之刑. {註}譌言惑衆也. {論語}寢不言. {註}自言曰言. {史記・商君傳}貌言華也, 至言實也, 苦言藥也, 甘言疾也. {唐書・徐伯彥傳}言者, 德之柄也, 行之主也, 身之文也. 又辭章也. {書・洪範}五事, 一曰貌, 二曰言. {疏}言者, 道其語有辭章也. {禮・曲禮}士載言. {註}言, 謂會同要盟之辭. 又一句爲一言. {左傳・定四年}趙簡子曰: 夫子語我九言. {論語}一言以蔽之. 又一字爲一言. {戰國策}臣請三言而已矣, 曰海大魚. {前漢・東方朔傳}凡臣朔

固已誦四十四萬言. 又猶議也. {屈原・離騷}初既與余成言兮, 後悔遁而有他. 又號令也. {周語}有不祀則修言. 又助語辭. {易・師卦}田有禽利執言. {註}語辭也. 又{爾雅・釋詁}言, 我也. {詩・周南}言告師氏. {傳}言, 我也. 師, 女師也. 又{博雅}問也. {周禮・春官}冢人: 及葬, 言鸞車象人. {註}言問其不如法度者. 又{廣雅}從也. 又{釋名}委也. 又言言, 高大貌. {詩・大雅}崇墉言言. {註}高大也. 又簫名. {爾雅・釋樂}大簫謂之言. {註}編二十三管, 長尺四寸. {韻會}或作管. 又官名. {書・舜典}命汝作納言, 夙夜出納朕命, 惟允. {傳}納言, 喉舌之官. {唐書・高祖紀}改納言爲侍中. 又幘名. {後漢・輿服志}幘者, 賾也. 尚書賾收, 方三寸, 名曰納言, 示以忠正, 顯近職也. 又地名. {詩・國風}出宿于干, 飲餞于言. {傳}適衛所經之地也. 又山名. {隋書・地理志}邢州內丘縣有千言山. 又{山海經}大荒之中有山, 名曰大言, 日月所出. 又州, 縣名. {宋史・劉翊傳}有言州. {魏書・地形志}有萬言縣. 又人言, 砒石別名. {本草綱目}砒出信州, 故隱信字爲人言. 又姓. {潛夫論}桓叔之後有言氏, 韓後姬姓也. 又複姓. {潛夫論}魯之公族有子言氏. 又{正韻}夷然切, 音延. 義同. 又{集韻}牛堰切, 音甗. 訟也. 又{集韻}{正韻}丛魚巾切, 音銀. 和敬貌. {禮・玉藻}二爵而言言斯. {註}言言, 與誾誾同, 意氣和悅貌. {集韻}亦作訢. 又叶眞韻. 韓愈{孔戣墓銘}白而長身, 寡笑與言, 其尚類也, 莫之與倫. 又叶五剛切, 音昂. {詩・商頌}鬷假無言. 叶上羹平, 下爭彊. 羹音郎, 平音旁, 爭音章. 又叶五姦切, 音顏. {古詩}四座且莫諠, 願聽歌一言. 請說銅爐器, 崔嵬象南山. 又叶魚戰切, 音彥. {楊修・節遊賦}迴旋詳觀, 目周意倦. 御子方舟, 載笑載言. {說文}本作䇂. 从口, 辛聲. 辛, 辠也, 犯法也. {釋名}言之爲辛也, 寓戒也. 鄭樵曰: 言从舌从二. 二, 古上字, 言出於舌上也. 說文 <言部> 語軒切. 直言曰言, 論難曰語. 从口辛聲. 凡言之屬皆从言.

訊 A0122 U-8A0A

•訊• 言字部 總10劃. 훈글 [신] 물을. 新典 [신] 무를. 다시릴. 죄 무를. 訓蒙 [신] 무를. 英譯 inquire. ask. examine. reproach. 康熙 <言部> 古文: 𧦝䛨譤䜉㗑. {唐韻}{集韻}{韻會}丛思晉切, 音信. 問也. {詩・小雅}召彼故老, 訊之占夢. {傳}訊, 問也. {公羊傳・僖十年}荀息曰: 君嘗訊臣矣. {註}上問下曰訊. 又{玉篇}辭也. {爾雅・釋言}言也. {邢疏}訊, 問以言也. {詩・小雅}執訊獲醜. {傳}訊, 辭也. {箋}言也. {疏}謂其有所知識, 可與之爲言辭. 又{爾雅・釋詁}告也. {疏}訊者, 告問也. {詩・陳風}夫也不良, 歌以訊之. {傳}訊, 告也. 韓詩曰: 諫也. 又讓也. {吳語}乃訊申胥. {註}告讓也. 又書問. {左傳・文十七年}鄭子家使執訊而與之書, 以告趙宣子. {註}執訊, 通訊問之官. {荀卿・雲賦}行遠疾速, 而不可託訊者與. {註}訊, 書問也. 又鞫罪. {周禮・秋官・小司寇}以三刺斷庶民獄訟之中, 一曰訊羣臣, 二曰訊羣吏, 三曰訊萬民. {禮・王制}出征執有罪, 反釋奠于學, 以訊馘告. 又治也. {禮・樂記}訊疾以雅. {註}訊, 亦治也. 雅, 樂器, 奏此以治舞者之疾. 又{博雅}動也. {韻會小補}振訊, 整理之義, 見{左傳・隱四年孔疏}. 又通作誶. {詩・大雅}執訊連連. {箋}訊, 言也. 亦作誶. 又{史記・賈誼傳}訊曰已矣. {註}李奇曰: 訊, 告也. 張晏曰: {離騷}丁寧亂辭也. 索隱曰: 重宣其意也. {漢書}作誶. 又通作迅. {禮・樂記}訊疾以雅. {註}奮訊也. {釋文}訊, 本又作迅. 又{前漢・揚雄傳}猋駭雲訊. {師古註}訊, 亦奮訊也. {文選}作迅. 又{集韻}須閏切, 音濬. {說文}義同. 又{集韻}雖遂切, 音隧. 與誶同. 問也, 告也, 讓也, 諫也. 亦通作誶. 又{詩・小雅}凡百君子, 莫肯用訊. {朱傳}訊, 音息悴切. 叶上瘁下退. 又叶息七切, 音悉. {左思・魏都賦}翩翩黃鳥, 銜書來訊. 人謀所尊, 鬼謀所秩. 李善讀. 說文 <言部> 思晉切. 問也. 从言卂聲.

A0027 U-8A16

•訖• 言字部 總10劃. 훈글 [흘] 이를. 新典 [흘] 이를. [글] 마칠. 類合 [흘] ᄆᆞᆺ출. 英譯 finish. conclude, stop. exhaust. 康熙 <言部> ｛唐韻｝居迄切, ｛集韻｝｛韻會｝居乙切, 𠀤音鳦. ｛說文｝止也. ｛徐曰｝言所止也. ｛玉篇｝畢也. ｛增韻｝終也, 了也. ｛字彙｝盡也. ｛書・呂刑｝典獄非訖于威, 惟訖于富. ｛疏｝訖是盡也, 故傳以訖爲絕. ｛穀梁傳・僖九年｝毋訖糴. ｛註｝訖, 止也. 謂貯粟. 又竟也. ｛前漢・王莽傳｝劉歆訖不告. ｛師古註｝訖, 竟也. 又｛史記・司馬貞・三皇紀｝｛春秋緯｝稱, 自開闢至獲麟, 分爲十紀, 十曰流訖紀. 又｛集韻｝許訖切, 音肸. 與迄同. ｛爾雅・釋詁｝至也. ｛尚書・孔序｝自唐虞以下訖于周. ｛前漢・成帝詔｝訖今不改. ｛說文｝本作訖. 說文 <言部> 居迄切. 止也. 从言气聲.

A0924 U-8A22

•訢• 言字部 總11劃. 훈글 [흔] 기뻐할. 新典 [흔] 깃거울. [은] 공손할. 英譯 pleased, delighted. happy. 漢典 形聲. 從言, 斤聲. 本義: 欣喜. 康熙 <言部> ｛唐韻｝｛集韻｝𠀤許斤切, 音欣. ｛說文｝喜也. ｛玉篇｝樂也. 與欣通. ｛孟子｝終身訢然, 樂而忘天下. ｛註｝訢, 同欣. ｛前漢・賈山至言｝天下訢訢焉, 曰將興堯舜之道, 三王之功矣. 又人名. 皇訢, 見｛史記｝. 王訢, 見｛漢書｝. 又姓. 訢梵, 漢章帝時人, 治歷數. 又｛集韻｝｛正韻｝魚巾切, ｛韻會｝疑巾切, 𠀤音銀. 和敬貌. ｛前漢・石奮傳｝僮僕訢訢如也. ｛註｝訢訢, 與誾誾同. ｛集韻｝亦作言言. 又｛集韻｝虛其切, 音僖. 蒸也. ｛禮・樂記｝天地訢合, 陰陽相得. ｛註｝訢讀爲熹, 猶蒸也. ｛疏｝言樂感動天地, 使二氣蒸動也. 又｛集韻｝許已切, 僖上聲. 亦喜也. 說文 <言部> 許斤切. 喜也. 从言斤聲.

A0122 U-8A25

•訥• 言字部 總11劃. 훈글 [눌] 말 더듬을. 新典 [눌] 말 더듬거릴. 訓蒙 [눌] 말 구디홀. 英譯 slow of speech. mumble. stammer. 康熙 <言部> ｛唐韻｝內骨切, ｛集韻｝｛韻會｝｛正韻｝奴骨切, 𠀤嫩入聲. ｛說文｝言難也. ｛玉篇｝遲鈍也. ｛廣韻｝謇訥也. ｛論語｝君子欲訥於言而敏於行. ｛關尹子・九藥篇｝窮天下之辯者, 不在辯而在訥. 又木名. ｛本草釋名｝盧會, 一名訥會. 又｛集韻｝或作吶. ｛史記・李將軍傳｝廣訥口少言. ｛漢書｝作吶. 師古曰: 吶亦訥字. 又｛集韻｝亦作詘. ｛前漢・曹參傳｝訥於文辭. ｛史記｝作詘. 又｛集韻｝張滑切, 音鵽. 言不辯也. 又｛韻會小補｝叶諾悅切, 音涅. ｛老子・道德經｝大巧若拙, 大辯若訥. ｛正字通｝通作㕯. ｛字彙補｝籀文作𧧽. 說文 <言部> 內骨切. 言難也. 从言从內.

A0124 U-8A2D

•設• 言字部 總11劃. 훈글 [설] 베풀. 新典 [셜] 베풀. 가령, 셜령. 類合 [셜] 베플. 英譯 build. establish. display. particle of hypothesis, supposing. 漢典 會意. 從言, 從殳. 本義: 擺設, 陳列. 康熙 <言部> ｛唐韻｝識列切, ｛集韻｝｛韻會｝｛正韻｝式列切, 𠀤扇入聲. ｛說文｝施陳也. 从言从殳. 殳, 使人也. ｛徐曰｝殳, 所以驅遣使人也. 會意. ｛博雅｝合也. ｛玉篇｝置也. ｛易・繫辭｝聖人設卦以觀象. ｛疏｝是施設其卦, 有此諸象也. ｛詩・小雅｝設此旐矣. ｛註｝陳也. ｛禮・經解｝規矩誠設, 不可欺以方圜. ｛註｝謂彈畫也. ｛疏｝謂置設. 又｛韻會｝立也. ｛前漢・文

帝紀｝高帝設之, 以撫四海. ｛註｝置立也. 謂立此法也. 又大也. ｛周禮・冬官考工記｝桃氏爲劒, 中其莖, 設其後. ｛疏｝設, 大也. 謂從中以却稍大之後, 大則于把易制也. 又假借之辭. ｛戰國策｝今先生設爲不宦. ｛註｝設者, 虛假之辭. ｛前漢・趙廣漢傳｝鉤距者, 設欲知馬賈, 則先問狗. 又突厥別部典兵者曰設. ｛唐書・李子和傳｝突厥署子和爲屋利設. ｛註｝屋利者, 一設之號也. 又｛韻會｝唐制, 諸郡燕犒將吏謂之旬設, 今廳事謂設廳, 公厨曰設厨. 又姓, 見｛姓苑｝. 又叶書質切, 音失. ｛詩・小雅｝鐘鼓旣設, 擧酬逸逸. 設叶逸. 又叶式吏切, 音試. ｛王讚・荀夫人誄｝喪庭靡託, 几筵虛設. 躬當昏迷, 事無荒滯. ｛六書故｝亦作〈言旻〉. 鋪陳詞說也. (說文) <言部> 識列切. 施陳也. 从言从殳. 殳, 使人也.

A0991 U-8A31

•許• 言字部 總11劃. (한글) [허] 허락할. (新典) [허] 허락할. 나갈. 긔약할. 어조사. [호] 여럿이 힘 쓰는 소리. (類合) [허] 허홀. (英譯) allow, permit. promise. betroth. (康熙) <言部> ｛唐韻｝｛正韻｝虛呂切, ｛集韻｝｛韻會｝喜語切, 𠀤虛上聲. ｛說文｝聽也. ｛廣雅｝與也. ｛玉篇｝從也. ｛廣韻｝可也. ｛增韻｝約與之也. ｛書・金滕｝爾之許我, 我其以璧與珪歸俟爾命. 爾不許我, 我乃屛璧與珪. ｛史記・高祖本紀｝呂媼怒. 呂公曰: 始常欲奇此女與貴人, 何自妄許與劉季. 又｛博雅｝進也. ｛詩・大雅｝昭玆來許. ｛傳｝許, 進也. ｛疏｝禮法旣許, 而後得進, 故以許爲進也. 又信也. ｛孟子｝則王許之乎. 又猶興也, 期也. ｛孟子｝管仲, 晏子之功, 可復許乎. 又邑名. ｛詩・魯頌｝居常與許. ｛箋｝許, 田也, 魯朝宿之邑. 又國名, 縣名, 州名. ｛春秋・隱十一年｝公及齊侯鄭伯伐許. ｛疏｝地理志云: 潁川郡許縣, 故許國, 漢名許縣, 魏武改曰許昌, 後周又改爲許州. 又姓. ｛廣韻｝出高陽汝南, 本自姜姓, 炎帝之後, 太嶽之裔, 其後因封爲氏. 又與鄦通. ｛史記・鄭世家｝鄦公惡鄭于楚. ｛註｝鄦同許, 許靈公也. 又｛集韻｝｛韻會｝｛正韻｝𠀤火五切, 音虎. ｛詩・小雅｝伐木許許. ｛傳｝許許, 柹貌. ｛朱傳｝衆人共力之聲. ｛淮南子・道應訓｝今夫擧大木者, 前呼邪許, 後亦應之, 此擧重勸力之歌也. ｛註｝許, 音虎. ｛字彙補｝音虛. 又｛類篇｝滸, 一作許. (說文) <言部> 虛呂切. 聽也. 从言午聲.

A0547 U-8A4B

•詋• 言字部 總12劃. (한글) [주] 빌. (英譯) to curse. to swear an oath incantations. (康熙) <言部> ｛玉篇｝｛集韻｝𠀤職救切, 州去聲. 詛也. 與呪同. ｛集韻｝亦作詶.

A0972 U-8A5E

•詞• 言字部 總12劃. (한글) [사] 말씀. (新典) [사, ᄉᆞ] 달. 글. 고할. (訓蒙) [ᄉᆞ] 말솜. (英譯) words. phrase, expression. (康熙) <言部> 古文: 𧥝. ｛唐韻｝似玆切, ｛集韻｝｛韻會｝｛正韻｝詳玆切, 𠀤音祠. ｛說文｝意內而言外也. ｛釋名｝嗣也. 令撰善言, 相嗣續也. ｛廣韻｝說也. ｛正韻｝言也. ｛字彙｝文也. ｛公羊傳・昭十一年｝春秋之信史也. 其詞則丘有罪焉爾. ｛史記・儒林傳｝是時天子方好文詞. ｛晉書・郭璞傳｝璞詞賦爲中興之冠. ｛舊唐書・張九齡傳｝張說常謂人曰: 後來詞人稱首也. 又｛陸贄傳｝贄以博學宏詞登科. ｛韓非子・問田篇｝驅於聲詞, 眩乎辯說. 又｛博雅｝已也. 又｛廣韻｝請也, 告也. ○ 按｛說文｝本作意內言外. 韻會引作音內言外. 又引徐曰: 惟也, 思也, 曰也, 兮也, 斯也. 若此之類, 皆詞也, 語之助也. 聲成文謂之音, 此詞直音內之助,

聲不出於音, 故曰音之內. 直言曰言, 一字曰言, 此詞皆在句之外爲助, 故曰言之外. 楚辭宋玉招魂: 魂兮歸來, 東方不可以託些. 些, 亦詞也. 未詳音發爲言, 言之成文爲詞, 未可以內外岐之, 且詞與兮些各別, 非語助例也. 字彙勦用韻會舊註, 非是. 又按說文辭, 訟也. 辤, 不受也. 與言詞, 文詞之詞各別. 今經史以辭爲言詞之詞, 如{禮・曲禮}, 不辭費是也, 以辭爲辤受之辤, 如{論語}與之粟九百辭是也. 以辤爲文詞之詞, 如{楊修傳}絕妙好辤是也. 循用已久, 不能更正, 然究心六書者, 不可不辨. 說文 <司部> 似茲切. 意內而言外也. 从司从言.

A0125 U-8A60

•詠• 言字部 總12劃. 훈글 [영] 읊을. 新典 [영] 읇흘. 類合 [영] 읍플. 英譯 sing, hum, chant. 漢典 形聲. 從口, 永聲. 又作"詠". 本義: 曼聲長吟, 歌唱. 康熙 <言部> {唐韻}{集韻}{韻會}{正韻}𠀤爲命切, 音泳. {說文}歌也. {玉篇}長言也. {增韻}詠歌謳吟也. {書・益稷}戛擊鳴球, 搏拊琴瑟以詠. {傳}以合詠歌之聲也. {爾雅序}敘詩人之興詠. {疏}詠者, 永言也. {前漢・藝文志}詠其聲謂之歌. 又鳥鳴亦曰詠. {陸機・悲哉行}耳悲詠時禽. {註}禽聲應時而變也. 又通作咏. {史記・樂書}歌詠其聲也. {禮・樂記}作歌咏. 又{說文長箋}省作永. {書・舜典}詩言志, 歌永言. 說文 <言部> 爲命切. 歌也. 从言永聲.

A0547 U-8A76

•詶• 言字部 總13劃. 훈글 [수] 대답할. 新典 [슈] 슈작할. 康熙 <言部> {唐韻}市流切, {集韻}{韻會}時流切, 𠀤音讎. {說文}譸也. {玉篇}詶答也. {廣韻}以言答之也. {後漢・崔駰傳}亦號呲以詶吝. {南史・謝瀹傳}彼上人者, 難爲詶對. {北史・劉芳傳}詶答論難. {元包經}酷之詶, 後言以答也. {註}詶, 與酬同. 又{廣韻}{集韻}𠀤承呪切, 讎去聲. 義同. 又{集韻}{正韻}𠀤職救切, 周去聲. 詛也. 與祝, 呪𠀤通. 說文 <言部> 市流切. 譸也. 从言州聲.

A0123 U-8A87

•誇• 言字部 總13劃. 훈글 [과] 자랑할. 新典 [과] 자랑할. 類合 [과] 쟈랑. 英譯 exaggerate. brag, boast. flaunt. 漢典 形聲. 從大, 于聲. 本義: 奢侈. 康熙 <言部> 古文: 夸. {唐韻}苦瓜切, {集韻}{韻會}{正韻}枯瓜切, 𠀤音夸. {說文}譀也. {玉篇}逞也. {廣韻}大言也. {史記・日者傳}多言誇, 嚴莫大於此矣. {前漢・揚雄傳}誇詡衆庶. {晉書・成公綏傳}大而不誇. 又大也. {前漢・外戚傳}妾誇布服糲食. {孟康註}誇, 大也. 大布之衣也. 又{廣雅}誇誇, 切切也. 又{集韻}通作夸. {前漢・楊僕傳}懷銀黃, 夸鄉里. 又{韻會}或作侉. {書・畢命}驕淫矜侉. 又{集韻}區遇切, 驅去聲. 歌也. 又叶苦禾切, 音科. 韓愈{讀東方朔雜事詩}頷頭可其奏, 送以紫玉珂. 方朔不懲創, 挾恩更矜誇. {干祿字書}一作誇. {字彙補}譌作誇. {韻會}當从夸. 俗作夸, 非是. 誇字的夸原从大从亏 (于) 作. 說文 <言部> 苦瓜切. 譀也. 从言夸聲.

A0274 U-46E3

•䛣• 言字部 總14劃. 훈글 [빙] 말할. [추] 결단하지 못할. 英譯 speech. words, to say. to talk, negative, hesitate. 康熙 <言部> {玉篇}匹丁切, {集韻}滂丁切, 𠀤音俜. 言也. 又人

名. 崇謅, 見{宋史・宗室表}. 又{集韻}丑鳩切, 丑平聲. {類篇}謅讀, 不決.

說 A0538 U-8AAA

◆說◆ 言字部 總14劃. (훈글) [설] 말씀. (新典) [세] 달낼. 쉴. [셜] 고할. 말삼. 글. [열] 깃거울. (訓蒙) [셜] 니롤. (英譯) speak, say, talk. scold, upbraid. (康熙) <言部> 〈{易・益卦}民說無疆.〉 謹照原文無彊改爲無疆. (說文) <言部> 失爇切・弋雪切. 說, 釋也. 从言, 兌. 一曰談說.

論 A0305 U-8AD6

◆論◆ 言字部 總15劃. (훈글) [론] 말할. (新典) [륜] 차례. [론] 의론. 글뜻 풀. 의론할. 변론할. (類合) [론] 의론. (英譯) debate. discuss. discourse. (康熙) <言部> {唐韻}{集韻}{韻會}{正韻}𠀤盧昆切, 音崙. {說文}議也. {廣韻}說也. {周禮・春官・大司樂・賈疏}直言曰論, 答難曰語. 論者, 語中之別, 與言不同. 又{論語・序解正義}論者, 綸也, 輪也, 理也, 次也, 撰也. 以此書可經綸世務, 故曰綸, 圓轉無窮故曰輪, 蘊含萬理故曰理, 篇章有序故曰次, 羣賢集定故曰撰. {文心雕龍}昔仲尼微言, 門人追述, 故仰其經目, 稱爲論語, 蓋羣論立名, 始于玆矣. 又{釋名}倫也, 有倫理也. {玉篇}思理也. {詩・大雅}於論鼓鐘. {傳}思也. {鄭箋}論之言倫也. {朱傳}言得其倫理也. 又{增韻}紬繹討論也. {孔安國・尚書序}討論典墳. 又{正韻}決罪曰論. 又官名. {金史・百官志}其官長皆稱曰勃極烈, 次曰國論, 忽魯, 勃極烈. 國論, 言貴. 忽魯, 猶總帥也. 又諸羌州名. {唐書・地理志}劒南道有論川州, 開元後置. 又姓. {唐書}論弓仁, 本吐蕃族也. 又三字姓. {金史・國語解・姓氏}烏古論曰商. 又{廣韻}力迍切, {集韻}{韻會}{正韻}龍春切, 𠀤音倫. 言有理也. 又{禮・王制}凡制五刑, 必卽天論. {註}天論, 天理也. 與倫同. 又{玉篇}力困切, {廣韻}{集韻}{韻會}{正韻}盧困切, 𠀤崙去聲. 義同. 又{正韻}辨論也. {書・周官}論道經邦. {傳}論者, 講明之謂. {禮・王制}凡官民材, 必先論之. {註}謂考評其行藝之詳也. {史記・蕭相國世家}論功行封. 又叶盧健切, 音練. {前漢・敘傳}兵家之策, 惟在不戰. 營平皤皤, 立功立論. 又叶聖閏切, 音舜. {馮衍・顯志賦}澄德化之陵遲兮, 烈刑罰之峭峻. 燔商鞅之法術兮, 燒韓非之說論. 又叶閭員切, 音攣. {曹植・文帝誄}考諸先紀, 尋之哲言. 生若浮寄, 惟德可論. {字彙補}譌作僐, 非. (說文) <言部> 盧昆切. 議也. 从言侖聲.

諾 A0031 U-8AFE

◆諾◆ 言字部 總16劃. (훈글) [낙] 대답할. (新典) [낙] 대답할. 허락할. (類合) [락] 허락. (英譯) promise. assent, approve. (康熙) <言部> 古文: 喏. {唐韻}{正韻}奴各切, {集韻}{韻會}匿各切, 𠀤囊入聲. {說文}譍也. {玉篇}答也. {正韻}應聲. {詩・魯頌}莫敢不諾. {箋}應辭也. {禮・玉藻}父命呼唯而不諾. {註}唯速而恭, 諾緩而慢. 又{投壷}大師曰諾. {疏}承領之辭也. {吳志・顧雍傳}顧悌每得父書, 拜跪讀之, 每句應諾. 又{韻會}以言許人曰諾. {左傳・襄十八年}獻子許諾. {論語}子路無宿諾. {史記・季布傳}楚諺: 得黃金百斤, 不如得季布一諾. {老子・道德經}輕諾必寡信. {荀子・王霸篇}刑賞已諾, 信乎天下矣. {註}諾許也. 已不許也. 又自轜語. {公羊傳・僖元年}慶父曰: 此奚斯之聲也, 諾已. {註}諾已, 皆自轜語. 又{南史・江夏王鋒傳}鋒五歲, 齊高帝使學鳳尾諾, 一學卽工. {潘遠・紀聞談}諸侯箋奏皆批曰諾, 諾字有尾若

風也. 又｛字彙補｝諸皐, 神名. ｛酉陽雜俎｝有｛諸皐記｝. 又水名. ｛前漢·匈奴傳｝韓昌, 張猛與單于及大臣, 俱登匈奴諸水東山. ｛師古註｝今突厥地, 諸眞水也. 又州名. ｛唐書·地理志｝諸州, 屬靜邊郡, 貞觀五年置. 又姓, 見｛姓苑｝. [說文] <言部> 奴各切. 䧄也. 从言若聲.

  A0290 U-8B10

•謐• 言字部 總17劃. [훈글] [밀] 고요할. [新典] [밀] 고요할. 편안할. [類合] [밀] 편안. [英譯] calm, quiet, still. cautious. [康熙] <言部> ｛唐韻｝彌必切, ｛集韻｝｛韻會｝｛正韻｝覓轄切, 𠀤音蜜. ｛說文｝靜語也. 一曰無聲也. ｛爾雅·釋詁｝靜也. ｛廣韻｝愼也, 安也. ｛班固·漢武帝內傳｝內外寂謐. ｛魏志·東夷傳｝海表謐然. ｛宋書·樂志｝謝莊｛明堂歌｝云: 地紐謐, 乾樞回. [說文] <言部> 彌必切. 靜語也. 从言盜聲. 一曰無聲也.

  A0110 U-8B5F

•譟• 言字部 總20劃. [훈글] [조] 시끄러울. [新典] [소] 俗音 [조] 들넬, 짓거릴. [英譯] clamor, noise, din. slander. [康熙] <言部> ｛唐韻｝蘇到切, ｛集韻｝｛韻會｝｛正韻｝先到切, 𠀤掃去聲. ｛說文｝擾也. ｛玉篇｝羣呼煩擾也. ｛增韻｝聒也. ｛左傳·文十三年｝魏人譟而還. ｛穀梁傳·定十年｝齊人鼓譟而起. ｛註｝羣呼曰譟. ｛周禮·夏官·大司馬｝車徒皆譟. ｛鄭註｝讙也. 亦謂喜也. 又｛集韻｝｛類篇｝𠀤倉刀切, 音操. 聲也. 又｛揚子·方言｝譟, 諻音也. ｛字彙｝同噪. [說文] <言部> 蘇到切. 擾也. 从言喿聲.

  A0575 U-8B66

•警• 言字部 總20劃. [훈글] [경] 경계할. [新典] [경] 경계할. 경동할. 계엄할. 깨다를. [類合] [경] 경계. [英譯] guard, watch. alert, alarm. [漢典] 會意. 從言, 從敬, 敬亦聲. 本義: 戒敕. [康熙] <言部> ｛唐韻｝｛正韻｝居影切, ｛集韻｝｛韻會｝舉影切, 𠀤音景. ｛說文｝戒也. ｛玉篇｝敕也. ｛左傳·宣十二年｝且雖諸侯相見, 軍衞不徹警也. ｛疏｝戒之至也. ｛周禮·天官·小宰｝正歲則以灋警戒羣吏, 令修宮中之職事. ｛註｝敕戒之言. 又猶起也. ｛禮·文王世子｝天子視學, 大昕鼓徵, 所以警衆也. ｛疏｝警動衆人, 令早起也. 又｛廣韻｝寤也. 又｛廣雅｝警警, 不安也. 又曲名. ｛唐書·儀衞志｝鼓吹九曲, 三曰警鼓. 又通作儆. ｛古今注｝警蹕, 所以戒行徒也. ｛前漢·梁孝王傳｝出稱警, 入言趯. ｛師古註｝警者, 戒肅也, 趯, 止行人也. ｛周禮·夏官·鄭註｝作儆蹕. 又州名. ｛唐書·地理志｝警州, 本定遠城. 亦通作驚. ｛史記·司馬相如傳｝祝融驚而蹕御. ｛漢書｝作警. ｛說文｝本作警. 警字从攴作. [說文] <言部> 居影切. 戒也. 从言从敬, 敬亦聲.

   A0752 U-8C37

•谷• 谷字部 總07劃. [훈글] [곡] 골. [新典] [곡] 실, 골. 궁진할. 기블. [訓蒙] [곡] 골. [英譯] valley, gorge, ravine. [漢典] 會意. 甲骨文字形, 上面的部分象水形而不全, 表示剛從山中出洞而尚未成流的泉脈, 下面象谷口. "谷"是漢字部首之一. 本義: 兩山之間狹長而有出口的低地, 往往包含一個流域. [康熙] <谷部> ｛唐韻｝｛集韻｝｛韻會｝｛正韻｝𠀤古祿切, 音穀. ｛說文｝泉出通川爲谷. 从水半見, 出於口. ｛韻會｝兩山閒流水之道也. ｛爾雅·釋水｝水注谿曰谷. ｛疏｝謂

山谷中水註入澗谿也. {易・井卦}井谷射鮒. {註}谿谷出水, 從上注下. {公羊傳・僖三年}桓公曰: 無障谷. {註}水注川曰谿, 注谿曰谷. {禮・祭法}山林, 川谷, 丘陵, 民所取財用也. {老子・道德經}江海所以能爲百谷王者, 以其善下之. 又谷水. {管子・度地篇}山之溝一有水一無水者, 命曰谷水. 又暘谷, 日所出處. 昧谷. 日所入處. {書・堯典}分命羲仲宅嵎夷, 曰暘谷. 分命和仲宅西, 曰昧谷. 又{集韻}窮也. {詩・大雅}進退維谷. {疏}谷謂山谷, 墜谷, 是窮困之義. 又{廣韻}養也. {老子・道德經}谷神不死. 又{爾雅・釋天}東風謂之谷風. {詩・邶風}習習谷風. {詩詁}風出谷中也. {疏}谷之言穀. 穀, 生也. 生長之風也. {前漢・王莽傳}其夕穀風迅疾. {師古曰}卽谷風. 又{韻會}竹溝曰谷. {前漢・律歷志}黃帝使伶倫取竹之解谷. {註}解, 脫也. 谷, 溝也. 取竹之無谷節者, 一說解谷, 昆侖之北谷名也. 又壑谷, 窟室也. {左傳・襄三十年}鄭伯有爲窟室夜飮, 朝者曰: 公焉在, 其人曰: 吾公在壑谷. {註}地室也. 又人足內踝前後一寸陷中, 曰然谷穴. {奇經考}陰蹻之脈, 起于跟中足少陽然谷穴之後. 又地名. {春秋・定十年}公會齊侯于夾谷. {杜註}卽祝其也. 又郡縣名. {前漢・地理志}上谷郡, 秦置. {魏書・地形志}谷陽縣, 屬陳留郡. 又山名. {山海經}波谷山者, 有大人之國. 又姓. 漢有谷永. 又複姓. 金有夾谷謝奴. {金・國語姓氏解}夾谷曰仝. 又{廣韻}余蜀切, {集韻}{韻會}俞玉切, 𠀤音欲. 義與{說文}{爾雅}同. 又姓. 北魏有谷渾氏. 又吐谷渾氏. {金壺字考}音突浴魂. 又{廣韻}{集韻}{韻會}𠀤盧谷切, 音鹿. {史記・匈奴傳}置左右谷蠡王. {註}谷蠡, 音鹿離. 又叶乞約切, 音却. {史記・龜筴傳}有介之蟲, 置之谿谷. 收牧人民, 爲之城郭. 又叶魚律切, 音聿. {易林}鹿畏人匿, 俱入深谷. 命短不長, 爲虎所得. {音學五書}山谷之谷, 雖有穀, 欲二音, 其實欲乃正音. {易}井谷, 陸德明一音浴, {書}暘谷, 一音欲, {左傳}南谷中, 一音欲, {史記・樊噲傳}橫谷, {正義}音欲, {貨殖・傳}谷量牛馬, 索隱音欲, 苦縣{老子銘}書谷神作浴神是也. 轉平聲則音臾, 上聲則音與, 去聲則音裕. 今人讀谷爲穀而加山作峪, 乃音裕, 非. 考證: 〈{公羊傳・僖三年}桓公曰, 無障谷. {註}水注川曰溪, 注溪曰谷.〉謹照原文溪改谿. 〈{左傳・襄三十年}鄭伯爲窟室夜飮, 朝者曰, 公安在, 其人曰, 吾公在壑谷. {註}地室也.〉謹照原文鄭伯下增有字. 安在改焉在. 說文 <谷部> 古祿切. 泉出通川爲谷. 从水半見, 出於口. 凡谷之屬皆从谷.

A0282 U-8C46

•豆• 豆字部 總07劃. 훈글 [두] 콩. 新典 [두] 나무 제긔. 례그릇. 말. 콩. 類合 [두] 콩. 英譯 beans, peas. bean-shaped. 漢典 象形. 甲骨文字形, 形似高脚盤, 或有蓋. 漢字部首之一, 從"豆"的字或與食器有關. 或與豆類有關. 本義: 古代一種盛食物的器皿. 康熙 <豆部> 古文: 豆䇺昰. {唐韻}徒候切, {集韻}{韻會}{正韻}大透切, 𠀤音竇. {說文}古食肉器也. {爾雅・釋器}木豆謂之豆. {書・武成}執豆籩. {詩・小雅}爲豆孔庶. {公羊傳・桓四年}諸侯曷爲必田狩. 一曰乾豆. {註}豆, 祭器, 狀如鐙. {禮・明堂位}夏后氏以楬豆, 殷玉豆, 周獻豆. {註}楬, 無異物之飾也. 獻音娑, 疏刻之也. 又{禮器}天子之豆二十有六, 諸公十有六, 諸侯十有二, 上大夫八, 下大夫六. 又{鄕飮酒義}六十者三豆, 七十者四豆, 八十者五豆, 九十者六豆, 所以明養老也. {周禮・冬官考工記}旊人爲豆, 實三而成觳, 崇尺. {註}崇, 高也. 豆實四升. {史記・樂書}簠簋俎豆, 禮之器也. 又{揚子・方言}陳, 楚, 宋, 衞謂桮落爲豆籠. {註}盛桮器籠也. {集韻}或作梪, 豋. 又{韻略}穀也. {博雅}大豆, 菽也. 小豆, 荅也. {周禮・天官・大宰・三農生九穀註}黍, 稷, 秫, 稻, 麻, 大小豆, 大小麥爲九穀. {禮・投壺}壺中實小豆焉, 爲其矢之躍而出也. {干寶・晉書}駑馬戀棧豆. 又{博雅}天豆, 雲實也. 又巴豆, 海紅豆, 皆藥名, 出巴蜀. 又相思子一名紅豆. 又土芋一名土豆. 皆菽豆別一種也. 俗作荳, 非. 又{說苑・辨物篇}十六黍

爲一豆, 六豆爲一銖, 二十四銖爲一兩. 又官名. {南齊書・魏虜傳}北魏置九豆和官. 又地名. {北史・周文帝紀}文帝伐魏, 至盤豆, 拔之. 又州名. {唐書・地理志}隴右道有白豆州. 又姓. 漢光武時, 關內侯豆如意, 後魏長廣王豆代田. 又複姓. 北周豆盧寧, 本姓慕容氏, 歸魏, 賜姓豆盧氏. 又三字姓. 北魏次南有紇豆陵氏. 又{正韻}當口切, 音斗. {玉篇}量名. {周禮・冬官考工記・梓人}食一豆肉, 飮一豆酒. {註}豆, 當爲斗. 毛居正曰: 豆, 古斗字. 如{左傳・昭三年}豆, 區, 釜, 鍾之類, 當音斗. 後人誤讀爲俎豆之豆. 斗斛之斗又作枓, 蓋譌併耳. 又{字彙補}思留切, 讀作羞. {周禮・天官・腊人}凡祭祀共豆脯. {註}脯非豆實, 豆當爲羞, 聲之誤也. {釋文}豆, 音羞. 又{韻補}叶動五切, 音杜. {柳宗元・牛賦}皮角見用, 肩尻莫保. 或穿緘縢, 或實俎豆. 豆叶保, 保音補. 又叶田故切, 讀作渡. {詩・小雅}儐爾籩豆, 飮酒之飫. 兄弟旣具, 和樂且孺. {音學五書}豆叶孺. 又山名. {後漢・郡國志}唐縣有都山. 一名豆山. 今關中人讀豆爲渡. {說文}豎, 侸, 梪皆以豆得聲. 樹字从壴, 亦以豆得聲. (說文) <豆部> 徒候切. 古食肉器也. 从口, 象形. 凡豆之屬皆从豆.

C0018 U-4734

•豉• 豆字部 總11劃. (훈글) [추] 날쌜. (英譯) brave. courageous. bold, for the good of, to manage. to handle, (same as 豉) fermented beans. (康熙) <豆部> {廣韻}芻注切, {集韻}芻數切, 丛音菆. {博雅}勇也. {玉篇}爲也.

豉 A0176 U-8C49

•豉• 豆字部 總11劃. (훈글) [시] 메주. (新典) [시] 콩자반. (訓蒙) [시] 젼국. (英譯) fermented beans. (康熙) <豆部> {唐韻}{集韻}{韻會}是義切, {正韻}時吏切, 丛音褆. 與敊同. {說文}配鹽幽尗也. {徐曰}尗, 豆也. 幽, 謂造之幽暗也. {釋名}豉, 嗜也. 五味調和, 須之而成, 乃可甘嗜也. {史記・貨殖傳}鹽豉千合. {前漢・食貨志}長安樊少翁賣豉, 號豉樊. 又草豉. {本草綱目}生巴西諸國, 草似韭狀, 豉出花中. 彼人食之. 又豉蟲. {葛洪・肘後方}此蟲正黑如大豆, 浮遊水上, 治射工毒成瘡, 口不能語. 用豉母蟲一枚含口中, 卽瘥. {類篇}或作䜴.

豊 A0284 U-8C4A

•豊• 豆字部 總13劃. (훈글) [풍] 풍성할. [례] 굽 놉은 그릇. (訓蒙) [풍] 녀름 됴흘. (英譯) abundant, lush, bountiful, plenty. (康熙) <豆部> {唐韻}盧啓切, {集韻}里弟切, 丛音禮. {說文}行禮之器也. {六書正譌}卽古禮字. 後人以其疑於豐字, 禮重於祭, 故加示以別之. 凡澧, 醴等字从此. {說文}本作豊. 从豆, 象形. (說文) <豊部> 盧啓切. 行禮之器也. 从豆, 象形. 凡豊之屬皆从豊. 讀與禮同.

豎 A0280 U-8C4E

•豎• 豆字部 總15劃. (훈글) [수] 더벅머리. (類合) [슈] 셰울. (英譯) vertical. perpendicular. upright. (康熙) <豆部> {唐韻}臣庾切, {集韻}{韻會}上主切, 丛音裋. {說文}豎立也. {徐曰}豆器, 故爲豎立. {後漢・靈帝紀}槐樹自拔倒豎. {魏志・鍾繇傳}起偃爲豎. 又{韻會}貞也. {

字彙}直也. 又{廣韻}童僕之未冠者. {列子・說符篇}鄰人亡羊, 請楊子之豎追之. {宋書・周朗傳}婢豎無定科. 又內廷之小臣也. {周禮・天官}內豎掌內外之通令, 凡小事. {註}豎, 未冠者之官名. {左傳・僖二十四年}晉侯之豎頭須, 守藏者也. {註}豎, 左右小吏. 又凡單鄙者皆曰豎. {史記・留侯世家}豎儒幾敗乃公事. {晉書・阮籍傳}時無英雄, 使豎子成名. 又姓. {左傳・昭十六年}鄭大夫豎柎. 又{韻會}通作裋. {史記・秦始皇紀}寒者利裋褐. {註}一作短, 一作豎. 謂褐衣豎裁爲勞役之衣, 短而且狹, 故謂之短褐, 亦曰豎褐. {荀子・大略篇}衣則豎褐不完. {註}僮豎之褐, 亦短褐也. {集韻}或作豎. 又{正韻}{字彙補}尣殊遇切, 音樹. {通鑑}寵涓曰: 遂成豎子之名. 胡三省讀去聲. {集韻}籀作豎. 或作偄. 俗作竪, 非. (說文) <臤部> 臣庾切. 豎立也. 从臤豆聲.

豐 豐 豐 A0284 U-8C50

•豐• 豆字部 總18劃. (훈글) [풍] 풍년. (新典) [풍] 콩염을. 클. 두터울. 더복할. 풍년. (英譯) abundant, lush, bountiful, plenty. (漢典) 象形. 甲骨文字形, 上面象一器物盛有玉形, 下面是“豆”. 故“豐”本是盛有貴重物品的禮器. 這由“豊”字可以得到證明. 古文“豐與”豊“是同一個字, {說文}:” 豊, 行禮之器也.“本義: 古代盛酒器的托盤. (康熙) <豆部> 古文: 豊豊. {唐韻}敷戎切, {集韻}{韻會}敷馮切, 尣音酆. {說文}豆之豐滿者也. 一曰器名, 鄉飮酒有豐侯, 亦謂之廢禁. {陸佃云}似豆而卑. {海錄碎事}{射禮}: 置豐於西階. 古豐國之君以酒亡國, 故以爲罰爵, 圖其人形於下寓戒也. {儀禮・鄉射禮}司射適堂西, 命弟子設豐. {註}將飮不勝者, 設豐所以承其爵也. {疏}按{燕禮}君尊有豐, 此言承爵豐, 則兩用之. 又{玉篇}大也. {廣韻}多也. {易・豐卦疏}豐者, 多大之名, 盈足之義. 財多德大, 故謂之豐. {書・高宗肜日}典祀無豐于昵. {疏}謂犧牲禮物多也. {楚語}彼若謀楚, 其必有豐敗也哉. {註}大也. {揚子・方言}凡物之大貌曰豐. 又趙魏之郊, 燕之北鄙, 凡大人謂之豐人. 燕記曰: 豐人杼首. 杼首, 長首也. 又{廣韻}茂也, 盛也. {詩・小雅}在彼豐草. {傳}豐, 茂也. {楚語}夫事君者, 不以豐約擧. {註}豐, 盛. 約, 衰也. 又猶厚也. {周禮・地官・大司徒}原隰, 其民豐肉而庳. 又歲熟曰豐. {詩・周頌}豐年多黍多稌. {公羊傳・桓三年}大有年何, 大豐年也. {註}謂五穀皆大成熟. 又{博雅}雲師謂之豐隆. 一曰雷師也. {屈原・離騷}吾令豐隆乘雲. {淮南子・天文訓}季春三月, 豐隆乃出. {註}雷也. 又豐席. {孔安國・書傳}豐, 莞也. 郭璞曰: 今西方人呼蒲爲莞, 用之爲席. 鄭康成曰: 刮凍竹席也. 又豐本, 韭別名. {禮・曲禮}凡祭宗廟之禮, 韭曰豐本. {註}其根本茂盛也. 又地名. {書・武成}王來自商, 至于豐. {傳}文王舊都在京兆鄠縣, 今長安縣西北是也. 通作酆. 又水名. {詩・大雅}豐水東注. {後漢・郡國志註}豐水出鄠南山豐谷, 北入于渭. 通作灃. 又縣名. {前漢・地理志}豐縣, 屬沛郡. 又州名. 古太原郡, 宋置豐州. 又陝西, 隋置豐州. 又山名. 豐山, 在滁州南二里許, 上有豐樂亭. 見{歐陽修記}. 又人名. {前漢・古今人表}陳豐, 帝嚳妃, 生堯. {師古曰}卽陳鋒也. 又姓. {廣韻}鄭穆公子豐之後. 又複姓. 豐將氏. 見{潛夫論}. 又叶敷文切, 音分. 蔡邕{碑}民安物豐. 上叶綏我荆衡, 下叶以紀洪勳. 又叶敷康切, 音芳. 韓愈{歐陽生哀辭}友則旣獲兮, 祿實不豐. 以志爲養兮, 何有牛羊. (說文) <豐部> 敷戎切. 豆之豐滿者也. 从豆, 象形. 一曰{鄉飮酒}有豐侯者. 凡豐之屬皆从豐.

豕 豕 豕 A0597 U-8C55

•豕• 豕字部 總07劃. (훈글) [시] 돼지. (新典) [시] 도야지, 돗. (訓蒙) [시] 돋. (英譯) a pig, boar. KangXi radical 152. 漢典 象形. 甲骨文字形, 象豬形, 長吻, 大腹, 四蹄, 有尾. 本義: 豬. 康熙 <豕部> 古文: 㣇豕𢑚. {廣韻}施是切, {集韻}{韻會}賞是切, {正韻}詩止切, 丛音始. {說文}彘也. 竭其尾, 故謂之豕, 象毛足而後有尾. {徐曰}竭, 舉也. {玉篇}豬豨之總名. {揚子・方言}豬, 關東西或謂之彘, 或謂之豕. {林氏小說}以其食不絜, 故名之豕. {大戴禮・易本命}四主時, 時主豕, 故豕四月而生. {本草綱目}李時珍曰: 在畜屬水, 在卦屬坎, 在禽應室星. {易・說卦}坎爲豕. {埤雅}坎性趨下, 豕能俯其首, 又喜卑穢, 亦水畜也. {詩・小雅}有豕白蹢, 烝涉波矣. {傳}犬喜雪, 馬喜風, 豕喜雨, 故天將久雨, 則豕進涉水波. {禮・曲禮}豕曰剛鬣. {疏}豕肥則毛鬣剛大也. {周禮・天官・食醫}凡會膳食之宜, 豕宜稷. {疏}豭豬味酸, 牝豬味苦, 稷米味甘, 是甘苦相成. 又國名. {左傳・襄二十四年}范宣子曰: 昔匄之祖在商爲豕韋氏. {註}豕韋, 國名. 又星名. {博雅}營室謂之豕韋. 又{史記・天官書}奎曰封豕, 爲溝瀆. {前漢・天文志}作封豨. 又藥名. {爾雅・釋草}菿薽, 豕首. {疏}豕首, 一名彘顱, 南人名爲地菘, 今江東呼豨首, 可以燭蠶蛹. 又{莊子・徐無鬼}藥也, 豕零也. {註}豕橐一名苓根, 似豬屎, 其塊零落而下故也. 韓愈{進學解}作豨苓. {註}楚人呼豬爲豨, 卽豬苓是也. {本草綱目}一名豭豬屎. 又{集韻}亥古作豕. {正字通}{家語}或讀史云: 三豕渡河. 子夏曰: 己亥渡河. 己譌爲三, 亥譌爲豕. 或曰支干內有五亥, 己亥位居三, 三豕渡河是隱語. {說文}亥與豕溷. 李陽冰曰: 古文亥比豕加一畫, {說文}溷亂, 不足信. 又叶施智切, 施去聲. {司馬相如・上林賦}格蝦蛤, 鋋猛氏. 羂騕褭, 射封豕. {韻會小補}相如賦本文一段俱上聲, {吳棫・韻補}以豕字叶入寘韻, 誤. {字彙}凡偏傍从豕者, 俗省作豕. 說文 <豕部> 式視切. 彘也. 竭其尾, 故謂之豕. 象毛足而後有尾. 讀與豨同. (桉: 今世字, 誤以豕爲彘, 以彘爲豕. 何以明之? 爲啄琢从豕, 蠡从彘. 皆取其聲, 以是明之.)凡豕之屬皆从豕.

A0599 U-8C56

•豖• 豕字部 總08劃. 훈글 [축] 발 얽은 돼지 걸음. 英譯 a shackled pig. 康熙 <豕部> {唐韻}丑六切, {集韻}敕六切, 丛音畜. {說文}豕絆足行豖豖也. 又{廣韻}{集韻}丛丑玉切, 音亍. 義同. 或作豩. {六書正譌}从豕, 繫二足, 指事. 凡逐, 琢等字丛从此. 說文 <豕部> 丑六切. 豕絆足行豖豖. 从豕繫二足.

A0605 U-8C5A

•豚• 豕字部 總11劃. 훈글 [돈] 돼지. 新典 [돈] 새끼 돗. 복. 우리속돗. 訓蒙 [돈] 삿기. 英譯 small pig, suckling pig. suffle. 漢典 會意. 小篆作字形從彖省. 彖, 豬. 從手持肉, 用于祭祀. 本義: 小豬, 豬. 康熙 <豕部> {唐韻}徒魂切, {集韻}{韻會}徒渾切, {正韻}徒孫切, 丛音屯. {說文}小豕也. {小爾雅}豬子曰豚. {易・中孚}豚魚吉. {孔疏}豚, 獸之微賤者. {禮・曲禮}凡祭宗廟之禮, 豚曰腯肥. {周禮・天官・庖人}春行羔豚, 膳膏香. 又地名. {左傳・定六年}公侵鄭, 往不假道于衞. 及還, 陽虎使季, 孟舍于豚澤, 衞侯使彌子瑕追之. 又水名. {字彙補}豚水, 在牂柯郡. 又姓. {印藪}有豚少公, 漢人. 又河豚, 魚名. 與鲀同. {博雅}鯸鮐, 鲀也. 背青, 腹白, 觸物卽怒, 其肝殺人. {註}正今人名爲河豚者也. 又{廣韻}或作豘. {莊子・德充符}適見豘子食于其死母者. {晉書・謝混傳}每得一豘, 以爲珍膳. {音義}豘, 卽豚字. 又{集韻}通作肫. {晉書・王濟傳}蒸肫甚美. 又書作貀. {石鼓文}射其貀蜀. {釋文}作豚. 又書作肩. {石鼓文}又體如肩. {釋文}作豚. 又{集韻}杜本切, {正韻}徒本切, 丛屯上聲. 行曳踵也. {禮・玉藻}

圈豚行不擧足. {註}豚性散, 圈之則聚而回旋于其中. 圈, 豚𠅤上聲. 又{集韻}或作腯. {禮·曲禮}豚曰腯肥. {釋文}腯亦作豚. 又{韻會小補}徒困切, 屯去聲. 義同. 又{字彙補}都昆切, 音墩. 土豚, 土墩也. {魏志·蔣濟傳}豫作土豚, 遏絶湖水. 又叶徒丁切, 音庭. {李尤·席銘}施席接賓, 士無過賢. 値時所有, 何必羊豚. 賢音刑. {說文}从彖省, 象形. 从又持肉, 以給祠祀. 篆文从肉豕作豚. {玉篇}作豨. {類篇}作腞. {集韻}作豰. 亦作豚. 或作豘, 遂. 說文 <豚部> 徒魂切. 小豕也. 从彖省, 象形. 从又持肉, 以給祠祀. 凡豚之屬皆从豚.

A0607 U-8C61

•象• 豕字部 總12劃. 훈글 [상] 코끼리. 新典 [샹] 코기리. 법바들. 빗날. 형샹할. 샹춤. 샹술준. 역관. 망샹이. 訓蒙 [샹] 고키리. 英譯 elephant. ivory. figure, image. 漢典 象形. 甲骨文字形, 突出其長鼻. 本義: 大象, 一種哺乳動物. 康熙 <豕部> 古文: 爲. {唐韻}徐兩切, {集韻}{韻會}{正韻}似兩切, 𠅤詳上聲. {說文}長鼻牙, 南越大獸, 三年一乳, 象耳牙四足之形. {爾雅·釋地}南方之美者, 有梁山之犀象焉. {疏}犀, 象二獸, 皮角牙骨, 材之美者也. {詩·魯頌}元龜象齒. {左傳·襄二十四年}象有齒以焚其身, 賄也. {禮·玉藻}笏, 諸侯以象, 士竹本象可也. 又{王安石·字說}象牙感雷而文生, 天象感氣而文生, 故天象亦用此字. {易·繫辭}在天成象. {疏}謂懸象日月星辰也. {禮·樂記·註}象, 光耀也. 又{韓非子·解老篇}人希見生象也, 而得死象之骨, 按其圖以想其生也, 故諸人之所以意想者, 皆謂之象也. {易·繫辭}象也者, 像此者也. {疏}言象此物之形狀也. {左傳·桓六年}申繻曰: 名有五, 以類命爲象. {註}若孔子首象尼丘. {周禮·春官·大卜}以邦事作龜之八命, 二曰象. {註}謂災變雲物如衆赤鳥之屬, 有所象似. {前漢·王莽傳}白煒象平. {註}象, 形也. 萬物無不成形于西方. 又法也. {書·舜典}象以典刑. {傳}法用常刑, 用不越法. {儀禮·士冠禮}繼世以立諸侯, 象賢也. {註}象, 法也. 又象魏, 門闕也. 一曰書名. {周禮·天官·大宰}正月之吉, 縣治象之法于象魏. {疏}周公謂之象魏, 雉門之外, 兩觀闕高魏魏然也. {左傳·哀三年}命藏象魏. {疏}由其縣于象魏, 故謂其書爲象魏. 又象尊, 酒器. {左傳·定十年}犧, 象不出門. {疏}象尊以象鳳凰. 或曰以象骨飾尊. {三禮圖}云: 當尊腹上畫象之形. {禮·明堂位}犧象, 周尊也. 又通言之官. {禮·王制}南方曰象. {註}劉氏曰: 象, 像也. 如以意倣象, 其似而通之, 周官象胥是也. 又舞名. {詩·周頌序}維淸奏象舞也. {正義}文王時有擊刺之法, 武王作樂, 象而爲舞, 號其樂曰象舞. {禮·內則}成童舞象. {史記·樂書}文王之舞, 舞之以未成人之童, 故謂之象舞. 又象人, 若今戲蝦魚, 獅子者也. {前漢·禮樂志}郊祭, 常從象人四人. 又罔象, 水怪名. {史記·孔子世家}水之怪龍, 罔象. {註}罔象食人, 一名沐腫. 又藥名. {本草綱目}盧會, 一名象膽, 以其味苦如膽也. 又象敎. 卽佛敎也. {王中·頭陀寺碑}正法旣沒, 象敎陵俠. {註}謂爲形象以敎人也. 又郡名, 州名, 山名. {史記·秦始皇紀}三十三年爲象郡. {註}今日南. 又百越地, 陳置象郡, 因象山名. 隋平陳置象州. 又姓. {姓苑}潁州望族. 今南昌有此姓. 又{正字通}象有平, 上, 去三聲, 諸韻書收入養韻, 漾韻不收, {正韻}亦然. {六書}有一字備四音者, 有轉十數音者, 獨至象必限以一音, 此古今分韻之謬也. 又叶徐羊切, 音詳. {晉書·樂志·地郊饗神歌}祇之體, 無形象. 潛泰幽, 洞忽荒. 說文 <象部> 徐兩切. 長鼻牙, 南越大獸, 三秊一乳, 象耳牙四足之形. 凡象之屬皆从象.

A0599 U-8C62

•豢• 豕字部 總13劃. 훈글 [환] 기를. 新典 [환] 칠, 기를. 訓蒙 [환] 칠. 英譯 domestic animals. feed, raise. (漢典) 形聲. 從豕, 季聲. 本義: 設圍欄以谷物養豬. (康熙) <豕部> ｛唐韻｝｛集韻｝｛韻會｝｛正韻｝太胡慣切, 音宦. ｛說文｝以穀圈養豕也. ｛廣韻｝穀養畜也. ｛禮・月令｝仲秋按芻豢. ｛註｝養牛馬曰芻, 犬豕曰豢. ｛疏｝食草曰芻, 食穀曰豢. 又餌之以利, 一曰豢. ｛左傳・哀十一年｝吳將伐齊, 越子率其衆以朝, 王及列士皆有餽賂, 子胥懼, 曰: 是豢吳也夫. ｛註｝豢, 養也. 又官名. ｛左傳・昭二十九年｝董父擾畜龍, 以服事帝舜, 帝賜之姓曰董, 氏曰豢龍. ｛註｝豢龍, 官名. 以官爲氏. 又｛集韻｝通作圂. ｛禮・少儀｝君子不食圂腴. ｛註｝圂, 同豢. 又｛韻會｝亦作犧. ｛莊子・達生篇｝祝宗人說彘曰: 汝奚惡死, 吾將三月犧汝. 又｛集韻｝戸管切, 音緩. 義同. 又叶胡玩切, 音換. ｛曹植・孔甲贊｝行有順天, 龍有河漢. 雌雄各一, 是擾是豢. 又叶熒絹切, 緣去聲. ｛歐陽修・讀書詩｝淡泊味愈長, 始終殊不變. 庶幾垂後世, 不默死芻豢. ｛說文｝本从豕季, 手執米以養之, 指事也. 隷省作豢. ｛說文｝本从豕季作豢. (說文) <豕部> 胡慣切. 以穀圈養豕也. 从豕季聲.

A0600 U-8C69

•豩• 豕字部 總14劃. (훈글) [빈] 돼지. (康熙) <豕部> ｛唐韻｝伯貧切, ｛集韻｝悲巾切, 太音彬. ｛說文｝二豕也. ｛同文備考｝豕亂羣也. 又｛唐韻｝｛集韻｝太呼關切, 音慣. 義同. 又｛漢皋詩話｝豩, 頑也. ｛劉夢得詩｝盃前膽不豩. ｛趙嘏詩｝呑船酒膽豩. (說文) <豕部> 伯貧切・呼關切. 二豕也. 豳从此. 闕.

A0599 U-8C6D

•豭• 豕字部 總16劃. (훈글) [가] 수퇘지. (新典) [가] 수돗. (英譯) boar, male pig. (康熙) <豕部> ｛唐韻｝古牙切, ｛集韻｝｛韻會｝｛正韻｝居牙切, 太音家. ｛說文｝牡豕也. ｛揚子・方言｝豬, 北燕朝鮮之閒謂之豭. ｛易・姤卦註｝羣豕之中, 豭强而牝弱. ｛左傳・隱十一年｝卒出豭. ｛疏｝謂豕之牡者. ｛史記・秦始皇紀｝夫爲寄豭. ｛註｝夫淫他室, 若寄豭之豬也. 又｛韻會｝或作猳. ｛史記・衞康叔世家｝太子與五人介輿猳從之. 又叶洪孤切, 音胡. ｛左傳・定十四年｝宋野人歌曰: 旣定爾婁豬, 盍歸吾艾豭. (說文) <豕部> 古牙切. 牡豕也. 从豕叚聲.

A0264 U-8C70

•豰• 豕字部 總17劃. (훈글) [혹] 흰 여우 새끼. (康熙) <豕部> ｛廣韻｝｛集韻｝｛韻會｝｛正韻｝太呼木切, 烘入聲. 獸名. ｛爾雅・釋獸｝貔, 白狐, 其子豰. ｛註｝一名執夷, 虎豹之屬. ｛孫愐曰｝豰似豹而小, 腰以上黃, 以下黑, 形類犬, 食獮猴, 俗名黃腰. ｛蜀志｝黃腰獸, 鼬身貍首, 長則食母. 形雖小, 能食虎及牛, 鹿. ｛酉陽雜俎｝黃腰, 一名唐已. ｛司馬相如・上林賦｝蟖胡豰蛇. ｛張衡・南都賦｝豰玃猱挺戲其巔. ｛玉篇｝或作㱿. 又｛集韻｝黑角切, 音謞. 義同. 又｛唐韻｝步角切, ｛廣韻｝蒲角切, ｛集韻｝弼角切, 太音雹. ｛說文｝小豚也. ｛集韻｝或作豱. 又｛集韻｝呼酷切, 音熇. 義同. 又｛集韻｝胡谷切, 音斛. 豰豭也. 又｛集韻｝黑各切, 音壑. 豕聲. 又｛廣韻｝丁木切, ｛集韻｝都木切, 太音剢. 豰豰, 動物. 又｛集韻｝居候切, 音覯. 啖豬也. (說文) <豕部> 步角切. 小豚也. 从豕㱿聲.

A0605 U-8C78

•豸• 豸字部 總07劃. (훈글) [치] 발 없는 벌레. (新典) [치] 발 업는 버레. 해치양. 풀. (類合) [티] 벌에. (英譯) KangXi radical 153. legless insects. a legendary beast. (康熙) <豸部> {唐韻}池爾切, {集韻}{韻會}丈介切, 𠆥音豸. {爾雅・釋蟲}有足謂之蟲, 無足謂之豸. {集韻}亦作蟗. 又{說文}獸長脊, 行豸豸然, 欲有所司殺形. {註}徐鍇曰: 豸豸, 背隆長貌. 又解也. {左傳・宣十七年}使郤子逞其志, 庶有豸乎. {註}豸, 解也. 又{史記・司馬相如傳}陂池貏豸. {文選・李善註}貏豸, 漸平貌. 又嫋娜也. {張衡・西京賦}增嬋娟以跐豸. {註}跐豸, 姿狀嫋娜也. 又{正韻}丈几切, 音跱. 義同. 又{廣韻}宅買切, {集韻}{韻會}丈蟹切, 𠆥音豸. 與廌通. {史記・司馬相如傳}弄解豸. {後漢・輿服志}法冠, 或謂之獬豸冠. 獬豸, 神羊, 能別曲直, 故以爲冠. {佩觿集}蟲豸之豸爲獬廌. {廣韻}同豸. (說文) <豸部> 池爾切. 獸長脊, 行豸豸然, 欲有所司殺形. 凡豸之屬皆从豸. (司殺讀若伺候之伺.)

A0606 U-8C79

•豹• 豸字部 總10劃. (훈글) [표] 표범. (訓蒙) [표] 표엄. (英譯) leopard, panther. surname. (漢典) 形聲. 從豸, 勺聲. "豸", 象形字, 本指長脊的野獸. 本義: 豹子. (康熙) <豸部> {唐韻}北教切, {集韻}{韻會}巴校切, {正韻}布恔切, 𠆥音爆. {說文}似虎圜文. {陸璣・詩疏}毛赤而文黑謂之赤豹, 毛白而文黑謂之白豹. {爾雅翼}屠州有黑豹. {洞冥記}青豹出浪坂之山, 色如翠. {本草衍義}土豹更無文色, 其形小. {正字通}豹狀似虎而小, 白面, 毛赤黃, 文黑如錢圈, 中五圈, 左右各四者, 一曰金錢豹, 宜爲裘. 如艾葉者曰艾葉豹. 又西域有金線豹, 文如金線. {易・革卦}君子豹變. {疏}如豹文之蔚縟也. {詩・鄭風}羔裘豹飾, 孔武有力. {張衡・西京賦}搤水豹. {註}謂水處也. {列子・天瑞篇}程生馬. {註}程卽豹也. 又{周禮・天官・司裘}王大射, 則共虎侯, 熊侯, 豹侯, 設其鵠. {註}豹侯, 卿大夫以下所射. 又{後漢・輿服志}最後一車懸豹尾. {古今注}豹尾車, 周制也. 古軍正建之, 今唯乘輿建焉. 又姓. {風俗通}八元叔豹之後. {魏志}騎將豹皮公. (說文) <豸部> 北教切. 似虎, 圜文. 从豸勺聲.

A0902 U-8C87

•貇• 豸字部 總13劃. (훈글) [간] 간절할. (英譯) to root, gnaw. (康熙) <豸部> {集韻}枯昆切, 音坤. 貇或作豤. {類篇}齧也, 減也. 又{正字通}同懇. ○ 按{說文}懇作懇, 从心貇聲, 貇齧也. 从豕艮聲, 音康很切. {漢書・劉向傳}故貇貇數奸死亡之誅. 師古曰: 貇貇, 款誠之意, 音懇. 則貇亦通懇. 後人懇从豸, 故貇亦从豸. 豤, 懇.

A0549 U-8C8C

•貌• 豸字部 總14劃. (훈글) [모] 얼굴. (新典) [모] 것, 짓, 꼴, 얼골, 모양. [막] 모뜰. 멀. (訓蒙) [모] 즛. (英譯) countenance, appearance. (漢典) 形聲. 從豹省, 皃聲. 本作"皃", 從"人白", 象人面形. 皃, 古文"人"字. 本義: 面容, 相貌, 容貌. (康熙) <豸部> 古文: 貇. {廣韻}莫教切, {集韻}{韻會}{正韻}眉教切, 𠆥音皃. {說文}皃, 頌儀也. 从人, 白面, 象人面形. 籒文从豹, 省作貌. {書・洪範}五事, 一曰貌. {疏}貌是容儀, 擧身之大名也. 又{禮・郊特牲}委貌, 周道

也. {註}或謂委貌爲玄冠. {後漢・輿服志}委貌以皁絹爲之. 又{史記・游俠傳贊}諺曰: 人貌榮名, 豈有旣乎. {註}榮名飾表稱譽無極也. 又姓. {正字通}{戰國策}: 齊有貌辨. 又{五音集韻}莫角切, 音瞀. {正韻}描畫人物類其狀曰貌. {唐書・后妃傳}命工貌妃於別殿. 又與邈同. 遠也. 韓愈{月蝕詩}完完上天東. {考異}完完, 諸本作貌貌. {集韻}或作額.

A0372 U-8C9D

•貝• 貝字部 總07劃. (훈글) [패] 조개. (新典) [패] 자개. 재물. 패비단. (訓蒙) [패] 자개. (英譯) sea shell. money, currency. (漢典) 象形. 甲骨文和金文字形, 象海貝形. 漢字部首之一. 古時以貝殼爲貨幣, 又用作裝飾, 故從“貝”的字多與錢財寶物, 裝飾品或貿易商品有關. 本義: 海貝. (康熙) <貝部> {唐韻}{集韻}{韻會}𠀤博蓋切, 音跟. {埤雅}貝以其背用, 故謂之貝. {說文}海介蟲也. 古者貨貝而寶龜, 周而有泉, 至秦廢貝行錢. {爾雅・釋魚}貝居陸贆, 在水者蜬, 大者魧, 小者鰿. {註}大貝如車渠, 細貝亦有紫色者. {又}餘貾黃白文. {註}黃爲質, 白文爲點. {又}餘泉白黃文. {註}白爲質, 黃爲文點, 今紫貝也. {又}蚆博而頯. {註}頯者, 中央廣兩頭銳. {又}蜠大而險. {註}險者, 謂汙薄. {疏}此辨貝居陸, 居水, 大小文采不同之名也. {相貝經}朱仲受之於琴高, 以遺會稽大守嚴助, 其略曰: 貝盈尺, 狀如赤電黑雲曰紫貝, 赤質紅章曰珠貝, 靑地綠文曰綬貝, 黑文黃畫曰霞貝. 下此有浮貝, 濯貝, 皭貝, 慧貝. 又{山海經}陰山漁水中多文貝, 邽山濛水多黃貝. {易・震卦}億喪貝. {註}貝, 資貨糧用之屬也. {書・盤庚}具乃貝玉. {疏}貝者, 水蟲. 古人取其甲以爲貨, 如今之用錢然. 又{顧命}大貝. {傳}大貝如車渠. {史記・平準書}農工商交易之路通, 而龜貝金錢刀布之幣興焉. {註}{食貨志}有十朋五貝, 皆用爲貨, 各有多少, 兩貝爲朋, 故直二百一十六. 又錦名. {書・禹貢}厥篚織貝. {疏}貝, 錦名. {詩・小雅}萋兮斐兮, 成是貝錦. 又樂器. {正字通}梵貝, 大可容數斗, 乃蠡之大者, 南蠻吹以節樂. 又飾也. {詩・魯頌}貝胄朱綅. {傳}貝胄, 貝飾也. {疏}貝甲有文章, 故以爲飾. 又州名. {廣韻}周置貝州, 以貝丘爲名. 又姓. {玉篇}貝氏, 出淸河貝丘. {姓苑}: 古有賢者貝獨坐, 唐有貝韜. 又{正韻}邦妹切, 音背. 義同. 又{集韻}敗古作貝. 註詳攴部七畫. (說文) <貝部> 博蓋切. 海介蟲也. 居陸名猋, 在水名蜬. 象形. 古者貨貝而寶龜, 周而有泉, 至秦廢貝行錢. 凡貝之屬皆从貝.

A0192 U-8C9E

•貞• 貝字部 總09劃. (훈글) [정] 곧을. (新典) [정] 고들. 구들. (訓蒙) [뎡] 고든. (英譯) virtuous, chaste, pure. loyal. (漢典) 會意. 從卜, 從貝. 鼎本是食器, 這里表火具, 即用火具而卜. 本義: 占卜. (康熙) <貝部> 古文: 㓵. {唐韻}陟盈切, {集韻}{韻會}知盈切, 𠀤音禎. {說文}卜問也. 从卜, 貝, 以爲贄. {徐曰}{周禮}有大貞禮, 謂卜人事也. 又{易・乾卦}元亨利貞. {疏}貞, 正也. 又{文言}貞者, 事之幹也. {書・太甲}一人元良, 萬邦以貞. {疏}天子有大善, 則天下得其正. 又{書・洪範}曰貞, 曰悔. {傳}內卦曰貞, 外卦曰悔. 又{禮・檀弓}故謂夫子貞惠文子. {疏}謚法, 外內用情曰貞. 又{釋名}貞, 定也. 精定不動惑也. 又木名. {本草}女貞, 木名. 蘇頌曰: 女貞, 負霜蔥翠, 故貞女慕其名. 一名冬靑. (說文) <卜部> 陟盈切. 卜問也. 从卜, 貝以爲贄. 一曰鼎省聲. 京房所說.

貢 A0270 U-8CA2

•貢• 貝字部 總10劃. 훈글 [공] 바칠. 新典 [공] 바틸. 천거할. 세 바틸. 訓蒙 [공] 바틸. 英譯 offer tribute. tribute, gifts. 康熙 <貝部> ｛唐韻｝｛集韻｝｛韻會｝｛正韻｝丛古送切, 攻去聲. ｛說文｝獻功也. ｛書・禹貢序｝禹別九州, 隨山濬川, 任土作貢. ｛傳｝任其土地所有, 定其貢賦之差. ｛周禮・天官・大宰｝以九貢致邦國之用. ｛禮・曲禮｝五官致貢曰享. ｛註｝貢, 功也. 又｛易・繫辭｝六爻之義, 易以貢. ｛註｝告也. 又｛爾雅・釋詁｝貢, 賜也. 又｛廣雅｝貢, 上也. 又｛玉篇｝貢, 通也. 又｛廣韻｝貢, 薦也. 又姓. ｛前漢・貢禹傳｝字少翁, 琅邪人. ｛急就篇｝孔子弟子子貢, 其後以字爲氏. 說文 <貝部> 古送切. 獻功也. 从貝工聲.

貣 A0373 U-8CA3

•貣• 貝字部 總10劃. 훈글 [특] 빌. 新典 [특] 빌. 康熙 <貝部> ｛唐韻｝他得切, ｛集韻｝｛韻會｝｛正韻｝惕得切, 丛音忒. ｛說文｝從人求物也. ｛廣韻｝假貣, 謂從官借本賈也. ｛前漢・韓王信傳｝旦莫乞貣蠻夷. ｛後漢・桓帝紀｝若王侯吏民有積穀者, 一切貣得十分之三. ｛註｝貣, 吐得反. 又｛廣韻｝徒得切, ｛集韻｝｛韻會｝｛正韻｝敵德切, 丛音特. 義同. ｛後漢・桓帝紀註｝又徒得反. 又同忒. ｛史記・微子世家｝卜五占之用, 二衍貣. ○ 按｛書洪範｝作忒. ｛五經文字｝貸, 相承或借爲貣字. 互詳貸字註. 說文 <貝部> 他得切. 从人求物也. 从貝弋聲.

貫 A0407 U-8CAB

•貫• 貝字部 總11劃. 훈글 [관] 꿸. 新典 [관] 꿰일. 마칠. 돈 꿰미. 본. 미리. 類合 [관] 뻴. 英譯 a string of 1000 coins. to go through. 康熙 <貝部> ｛唐韻｝｛集韻｝｛韻會｝｛正韻｝丛古玩切, 音瓘. ｛說文｝貫, 錢貝之貫. ｛前漢・食貨志｝京師之錢累百鉅萬, 貫朽而不可校. 又｛博雅｝穿也. ｛五經文字｝旣穿曰貫. ｛易・剝卦｝貫魚. ｛釋文｝貫, 穿也. ｛前漢・董仲舒傳｝豈不同條共貫與. ｛註｝貫者, 聯絡貫穿. 又中也. ｛儀禮・鄕射禮｝不貫不釋. ｛註｝貫, 猶中也. 又｛穀梁傳・昭十九年｝羈貫成童. ｛註｝羈貫, 謂交午剪髮以爲飾. 又｛晉書・文苑傳｝架彼辭人, 共超淸貫. ｛正字通｝侍從之官曰淸貫. 又姓. ｛姓氏急就篇｝趙相貫高. ｛古音略｝貫高之貫, 音冠. 又｛博雅｝累也. 又｛韻府｝本貫, 鄕籍也. 又國名. ｛括地志｝故貫城卽古貫國, 在曹州濟陰縣. 又｛詩・魏風｝三歲貫女. ｛傳｝貫, 事也. ｛釋文｝古亂反. ○ 按朱傳: 貫, 習也. 音慣. 又｛集韻｝｛正韻｝丛古患切, 音慣. 慣, 亦作貫. ｛爾雅・釋詁｝貫, 習也. ｛詩・齊風｝射則貫兮. ｛釋文｝毛古亂反, 中也. 鄭古患反, 習也. ｛前漢・賈誼傳｝習慣如自然. ｛註｝師古曰: 貫, 亦習也. 又｛集韻｝烏關切, 音彎. 彎, 亦作貫. ｛史記・伍子胥傳｝貫弓執矢嚮使者. 又｛廣韻｝｛集韻｝｛韻會｝丛古丸切, 音官. 義同. ○ 按｛說文｝毌, 穿物持之也, 音古丸切, 貫音古玩切, 毌與貫通, 故經典貫亦音官. 說文 <毌部> 古玩切. 錢貝之貫. 从毌, 貝.

責 A0376 U-8CAC

•責• 貝字部 總11劃. 훈글 [책] 꾸짖을. 新典 [채] 빗. [책, 칙] 꾸지즐. 조를. 마를. 나물할. 재촉할. 졔탓할. 類合 [칙] 칙홀. 英譯 ones responsibility, duty. 漢典 形聲. 小篆字形. 從貝, 朿聲. 本義: 債款, 債務. 康熙 <貝部> 古文: 賚. ｛廣韻｝｛集韻｝｛韻會｝側革切, ｛正韻｝

}側格切, 𠀤音窄. {說文}求也. {左傳・桓十三年}宋多責賂於鄭. 又非也. {書・君奭}誕無我責. {傳}汝大無非責我留. 又誅責也. {詩・邶風・旄丘序}責衞伯也. {禮・表記}君子與其有諾責也, 寧有己怨. {疏}責, 謂許而不與而被責. 又責讓也. {左傳・僖十五年}西鄰責言, 不可償也. {註}微刺也. 又任也. {孟子}有言責者. 又取也. {戰國策}歸其劒而責之金. 又問也. {史記・周勃世家}吏簿責條侯. {註}簿問其辭情. 又自訟也. {前漢・韓延壽傳}痛自刻責. 又{集韻}{韻會}{正韻}𠀤側賣切. 與債同. {周禮・天官・小宰}聽稱責以傅別. {註}稱責, 謂貸子. {疏}謂舉責生子, 彼此俱爲稱意, 故曰稱責也. {左傳・成十八年}施舍已責. {註}止逋責. 又叶側棘切. {柳宗元・懲咎賦}旣明懼夫天討兮, 又幽慄兮鬼責. 惶惶兮夜寤而晝駭兮, 類麏麚之不息. 說文 <貝部> 側革切. 求也. 从貝朿聲.

A0377 U-476D

•䝭• 貝字部 總12劃. 훈글 [구] 줄. 英譯 wages. salary, to redeem. to ransom. 康熙 <貝部> {廣韻}古候切, {集韻}居候切, 𠀤音構. {玉篇}稟給也. {篇海}治也.

A0374 U-8CAF

•貯• 貝字部 總12劃. 훈글 [저] 쌓을. 新典 [져] 싸흘, 져축할. 감출. 類合 [뎌] 뎌젹. 英譯 store, stockpile, hoard. 漢典 形聲. 從貝, 寧聲. 從貝與財物有關. 本義: 積存, 收藏. 康熙 <貝部> {廣韻}丁呂切, {集韻}展呂切, 𠀤音袙. {說文}積也. {玉篇}藏也. {廣韻}居也. {公羊傳・僖三年}無貯粟. {前漢・食貨志}夫積貯者, 天下之大命也. 又與䝶, 褚同. {周禮・地官・廛人註}謂貨物䝶藏於市中. {釋文}䝶本或作貯, 又作褚, 皆同. 又同著. {史記・貨殖傳}積著之理. {註}著, 張呂反. 䝶字原从宁从著作. 說文 <貝部> 直呂切. 積也. 从貝宁聲.

B0706 U-8CB4

•貴• 貝字部 總12劃. 훈글 [귀] 귀할. 新典 [귀] 귀할, 놉흘. 귀이여길. 訓蒙 [귀] 귀흘. 英譯 expensive, costly, valuable. 康熙 <貝部> 古文: 肖賨. {唐韻}居胃切, {集韻}{韻會}歸謂切, 𠀤音餽. {說文}作䝿, 物不賤也. {易・繫辭}卑高以陳貴賤位矣. {書・旅獒}不貴異物, 賤用物. 又{玉篇}高也, 尊也. {易・繫辭}崇高莫大乎富貴. {周禮・天官・大宰}以八統詔王馭萬民, 六曰尊貴. 又{禮・祭儀}昔者有虞氏貴德而尚齒. {註}貴謂燕賜有加於諸臣也. 又{孟子}用下敬上, 謂之貴貴. 又欲也. {戰國策}貴合於秦以伐齊. {註}貴, 猶欲也. 又{玉篇}多價也. {前漢・食貨志}器苦惡賈貴. 又{釋名}貴, 歸也, 物所歸仰也. 又姓. {風俗通}廬江太守貴遷. 又州名. {韻會}春秋駱越地, 隋鬱州, 唐改貴州. 說文 <貝部> 居胃切. 物不賤也. 从貝臾聲. 臾, 古文蕢.

A0376 U-8CB7

•買• 貝字部 總12劃. 훈글 [매] 살. 新典 [매, 미] 살. 訓蒙 [미] 살. 英譯 buy, purchase. bribe, persuade. 漢典 會意. 小篆字形, 從網貝. "網"是收進, "貝"是財貨. 合起來表示把財貨購進來. 本義: 買進, 購進. 康熙 <貝部> {唐韻}{正韻}莫蟹切, {集韻}{韻會}母蟹切, 𠀤音

賈.｛說文｝作買, 市也.｛增韻｝售人之物曰買.｛急就篇註｝出曰賣, 入曰買.｛周禮・天官・小宰｝聽賣買以質劑.｛前漢・食貨志｝衆民賣買五穀, 布帛, 絲緜之物. 又姓.｛氏族略｝五代買叔午. 說文 <貝部> 莫蟹切. 市也. 从网, 貝.｛孟子｝曰: "登壟斷而网市利."

貸 A0373 U-8CB8

•貸• 貝字部 總12劃. 훈글 [대] 빌릴. 新典 [대, 딕] 빌릴, 꾸일. 갑흘. [특] 빌. 訓蒙 [딕] 뀌일. 英譯 lend. borrow. pardon. 康熙 <貝部>｛唐韻｝｛集韻｝｛韻會｝太他代切, 音態.｛說文｝施也.｛廣雅｝予也.｛玉篇｝假也, 借盈也, 以物與人更還其主也.｛周禮・地官・泉府｝凡民之貸者, 與其有司, 辨而授之.｛左傳・文十四年｝盡其家貸於公, 有司以繼. 又｛集韻｝惕得切, 音慝. 本作貣.｛五經文字｝貸, 或相承借爲貣字.｛唐韻正｝乞貸之貸爲入聲, 出貸與人之貸爲去聲.｛禮・月令｝命太史守典奉法, 司天日月星辰之行, 宿離不貸.｛註｝宿, 猶止也. 離, 猶行也. 言占候躔次進退之度數不差忒也.｛音義｝吐得反. 又音二.｛又｝季夏, 命婦官染采, 黼黻文章, 必以法故, 無或差貸.｛註｝言所染五色, 如其舊法不改易也.｛音義｝他得反. 又音二. 又｛集韻｝｛韻會｝太敵德切, 音特. 義同. 說文 <貝部> 他代切. 施也. 从貝代聲.

㕢 A0248 U-3562

•㕢• 貝字部 總14劃. 훈글 [개] 견실할. 英譯 profound significance, just now. then. in that case. 康熙 <貝部>｛唐韻｝古代切, 音漑.｛說文｝深堅意也. 从𣦼从貝. 貝, 堅寶也. 又｛集韻｝何邁切, 音邂. 義同. ○ 按｛五音集韻｝作㕢,｛字彙｝因之, 今改正. 㕢字左从卢下貝作. 又㕢. 說文 <𣦼部> 古代切. 𣦼探堅意也. 从𣦼从貝. 貝, 堅寶也. 讀若概.

䝳 A0248 U-4773

•䝳• 貝字部 總14劃. 훈글 [잔] 사물을 해치고 재물을 탐낼. 英譯 to kill for money. to commit murder for money, deeply meaningful. deep and profound. deep and thick. 康熙 <貝部>｛集韻｝財干切, 音殘. 害物貪財也. ○ 按｛說文｝㕢从𣦼从貝. 凡从𣦻者皆作𣦼, 則㕢與䝳固屬一字. 今韻書兩字分列, 音義各別, 不知何據.

賓 A0374 U-8CD3

•賓• 貝字部 總14劃. 훈글 [빈] 손. 新典 [빈] 손, 손님. 인도할. 복종할. 訓蒙 [빙] 손. 英譯 guest, visitor. surname. submit. 康熙 <貝部> 古文: 賔竇貧穷.｛唐韻｝必鄰切,｛集韻｝｛韻會｝｛正韻｝卑民切, 太音濱.｛說文｝所敬也.｛玉篇｝客也.｛易・觀卦｝利用賓于王.｛書・舜典｝賓于四門. 又｛洪範｝八政, 七曰賓.｛傳｝禮賓客無不敬.｛儀禮・士冠禮｝主人戒賓.｛註｝賓, 主人之僚友. 又｛爾雅・釋詁｝賓, 服也.｛疏｝賓者, 懷德而服.｛新序｝先王所以拱揖指揮, 而四海賓者, 誠德之至已形于外, 故｛詩｝曰: 王猷允塞, 徐方旣來. 又｛書・堯典｝寅賓出日.｛傳｝賓, 導也.｛釋文｝從也. 又律名.｛禮・月令｝律中蕤賓.｛註｝仲夏氣至, 則蕤賓之律應.｛白虎通｝蕤者, 下也. 賓者, 敬也, 言陽氣上極, 陰氣始賓敬之也. 又罽賓, 西域國名.｛前漢・西域傳｝罽賓國王治循鮮城. 又姓.｛玉海｝賓氏, 周有賓滑, 賓起, 齊有賓胥無, 賓媚人. 又官名.｛唐書・百

官志}司賓, 典賓, 掌賓各二人. 又龍賓. {陶家瓶餘事}明皇御案墨, 一日見小道士如蠅, 呼萬歲. 曰: 臣, 墨之精, 黑松使者也. 凡世有文者, 墨上有龍賓十二. 上神之, 乃以分賜掌文官. 又野賓. {王氏見聞錄}王仁裕有猿, 小而慧黠, 名曰野賓. 又{集韻}必刃切, 音殯. {書・多士}予惟四方罔攸賓. {釋文}徐音殯, 馬云: 卻也. {史記・蘇秦傳}其次必長賓之. {註}次計長擯棄關西. {莊子・徐無鬼}先生居山林, 以賓寡人. {音義}賓或作擯, 棄也. (說文) <貝部> 必鄰切. 所敬也. 从貝㝉聲.

A0606 U-8CDC

•賜• 貝字部 總15劃. (ᄒᆞᆫ글) [사] 줄. (新典) [사, ᄉᆞ] 줄. 고마움. (訓蒙) [ᄉᆞ] 줄. (英譯) give, bestow favors. appoint. (康熙) <貝部> {唐韻}{集韻}{韻會}𠀤斯義切, 思去聲. {說文}予也. {篇海}錫也. {禮・曲禮}三賜不及車馬. {註}三賜, 三命也. {疏}受命卽受賜. 又{玉藻}凡賜, 君子與小人不同日. 又{公羊傳・僖二年}虞郭之相救, 非相爲賜. {註}賜, 猶惠也. 又{玉篇}賜, 施也, 空盡也. 又姓. {玉海}齊大夫簡子賜之後. {正字通}俗作賜, 非. (說文) <貝部> 斯義切. 予也. 从貝易聲.

A0170 U-8CE2

•賢• 貝字部 總15劃. (ᄒᆞᆫ글) [현] 어질. (新典) [현] 어진이, 어질. 조흘. 나흘. (訓蒙) [현] 어딜. (英譯) virtuous, worthy, good. able. (康熙) <貝部> 古文: 臤贒. {廣韻}{正韻}戸田切, {集韻}{韻會}戸千切, 𠀤音弦. {說文}多才也. {玉篇}有善行也. {易・鼎卦}大亨, 以養聖賢. 又{繫辭}可久則賢人之德, 可大則賢人之業. {書・大禹謨}野無遺賢. 又{咸有一德}任官惟賢材. 又{禮・內則}若富, 則具二牲獻其賢者於宗子. {註}賢, 猶善也. 又勝也. {禮・投壷}某賢於某若干純. {註}以勝爲賢. 又下見切, 音現. {周禮・冬官考工記}{輪人}: 五分其轂之長, 去一以爲賢. {註}賢, 大穿也. 又{韻補}叶下珍切. {詩・小雅}我從事獨賢. 叶上臣. {前漢・敘傳}旣登爵位, 祿賜頤賢, 布衾疏食, 用儉飭身. (說文) <貝部> 胡田切. 多才也. 从貝臤聲.

A0660 U-8D64

•赤• 赤字部 總07劃. (ᄒᆞᆫ글) [적] 붉을. (新典) [적] 붉을. ᄲᆞᆯ갈. (訓蒙) [적] 블글. (英譯) red. communist, red. bare. (漢典) 會意. 甲骨文, 從大從火. 人在火上, 被烤得紅紅的. 一說"大火"爲赤. 本義: 火的顏色, 即紅色. (康熙) <赤部> 古文: 烾. {唐韻}{集韻}{韻會}{正韻}𠀤昌石切, 音尺. {說文}南方色也. {玉篇}朱色也. {易・說卦}乾爲大赤. {疏}取其盛陽之色也. {書・禹貢}厥貢惟土五色. {疏}天子社廣五丈, 東方靑, 南方赤, 西方白, 北方黑, 上冒以黃土. {禮・曲禮}周人尚赤. {註}以建子之月爲正, 物萌色赤. 又{書・康誥}若保赤子. {疏}子生而赤色, 故言赤子. 又{前漢・五行志}赤地千里. {註}空盡無物曰赤. 又{韻會}裸裎曰赤體, 見肉色也. 又{史記・孟子列傳}中國名曰赤縣神州. 又{韻會}赤縣, 謂畿縣也. {晉書・成公綏傳}赤縣據於辰巳. 又水名. {莊子・天地篇}黃帝遊乎赤水之北. {博雅}崑崙虛, 赤水出其東南陬. 又六赤. {正字通}今骰子別名. {李洞・贈李郎中詩}微黃喜兆莊周夢, 六赤重新擲印成. 又姓. {呂氏春秋}赤冀作臼. {列仙傳}赤斧, 巴人. 又{集韻}七迹切, 音戚. {周禮・秋官}赤犮氏. {註}赤犮, 猶言捇拔也. {疏}捇拔, 除去之也. 又{韻補}叶敕略切. {郭璞・猙贊}章義之山, 奇怪所宅. 有

獸似豹, 厥色惟赤. 宅, 徒洛切. {說文}作㚇. [說文] <赤部> 昌石切. 南方色也. 从大从火. 凡赤之屬皆从赤.

A0071 U-8D70

•走• 走字部 總07劃. [한글] [주] 달릴. [新典] [주] 다를. 종 다라날. [類合] [주] ᄃᆞ롤. [英譯] walk, go on foot. run. leave. [漢典] 會意. 金文字形象擺動兩臂跑步的人形, 下部象人腳. 合起來表示人在跑. 本義: 跑. [康熙] <走部> 古文: 㞫. {廣韻}子苟切, {集韻}{韻會}{正韻}子口切, 𠀤奏上聲. {說文}趨也. 从夭从止. {註}徐鍇曰: 悉則足屈, 故从夭. {五經文字}今經典相承作走. 又{儀禮・士相見禮}將走. {註}走, 猶去也. 又{司馬遷・報任少卿書}太史公牛馬走. {註}走, 猶僕也. {班固・答賓戲}走亦不任厠技於彼列. ○ 按{漢書・敘傳}走作僕. 又{廣韻}{集韻}{韻會}{正韻}𠀤則候切, 音奏. {釋名}疾趨曰走. 走, 奏也. 促有所奏至也. {羣經音辨}趨向曰走. {書・武成}駿奔走. {孟子}棄甲曳兵而走. {爾雅・釋宮}中庭謂之走. {註}走, 疾趨也. 又與奏同. {詩・大雅}予曰有奔奏. {疏}今天下皆奔走而歸趨之也. {釋文}奏, 本亦作走. 音同. 又{韻補}叶子與切. {左傳・昭七年}正考父鼎銘: 一命而僂, 再命而傴, 三命而俯, 循牆而走, 亦莫余敢侮. 又叶養里切, 音以. {論語讖}殷惑妲己玉馬走. [說文] <走部> 子苟切. 趨也. 从夭, 止. 夭止者, 屈也. 凡走之屬皆从走.

A0071 U-47A1

•䞡• 走字部 總12劃. [한글] [단] 갈. [英譯] to walk. [康熙] <走部> {玉篇}他旱切, 音坦. 行也.

A0106 U-8D96

•趖• 走字部 總14劃. [한글] [좌] 빨리달릴. [康熙] <走部> {廣韻}蘇和切, {集韻}蘇禾切, 𠀤音莎. {說文}走意. {廣韻}走疾. [說文] <走部> 蘇和切. 走意. 从走坐聲.

A0093 U-8DA0

•趠• 走字部 總15劃. [한글] [탁] 멀. [新典] [쵸] 박쵸 바람. 쒸. [착] 俗音 [탁] 멀. [英譯] argue. quarrel. squabble, far. [康熙] <走部> {廣韻}{集韻}𠀤敕角切, 音踔. 與逴同. {說文}遠也. {晉書・曹毗傳}趠不希騄駬之蹤. 又{類篇}一曰蹇也. 又{集韻}他弔切, 音糶. 與越同. {類篇}越也. 又{集韻}{韻會}{正韻}𠀤敕敎切, 音掉. {玉篇}行貌. {類篇}超也. {韻會}通作踔. 又{集韻}丑交切, 音颮. 義同. 又{集韻}竹角切, 音琢. 疾走也. 又風名. 吳中梅雨旣過, 淸風彌旬, 謂之舶趠風. 蘇軾有舶趠風詩. [說文] <走部> 敕角切. 遠也. 从走卓聲.

A0079 U-8DB3

•足• 足字部 總07劃. [한글] [족] 발. [新典] [주] 더할. 아당할 족발. 흠쑥할. 그칠. 넉넉할. [訓蒙] [족] 발. [英譯] foot. attain, satisfy, enough. [漢典] 會意. 甲骨文字形, 上面的方口象膝, 下面的"止"即腳, 合起來指整個腳. 本義: 腳. (2. [康熙] <足部> 古文: 疋㝎. {唐韻}卽玉切,

{集韻}{韻會}{正韻}縱玉切, 𠀤音哫. {說文}人之足也. 在下, 从止口. {註}徐鍇曰: 口象股脛之形. {釋名}足, 續也, 言續脛也. {易・說卦}震爲足. {疏}足能動用, 故爲足也. {禮・玉藻}足容重. {註}擧欲遲也. 又{廣韻}滿也, 止也. {書・仲虺之誥}矧予之德, 言足聽聞. {詩・小雅}既霑既足. {禮・學記}學然後知不足. {老子・道德經}知足不辱. 又不可曰不我足. {吳語}天若棄吳, 必許吾成而不吾足也. 又草名. {爾雅・釋草}蘵, 百足. {註}音織. 又姓. {戰國策}足强. {註}韓人. 又{廣韻}子句切, {集韻}遵遇切, {韻會}子遇切, {正韻}將豫切, 𠀤音沮. {論語}巧言令色足恭. {疏}足, 成也. 謂巧言令德以成其恭, 取媚于人也. {朱傳}過也. {揚子・法言}足言足容, 德之藻矣. 又{管子・五行篇}春辟勿時, 苗足本. {註}足, 猶擁也. 又{廣韻}添物也. {類篇}益也. {前漢・五行志}不待臣音, 復諏而足. 又{韻補}叶子悉切. {易林}欲飛無翼, 鼎重折足. 失其福利, 包羞爲賊. 說文 <足部> 即玉切. 人之足也. 在下. 从止, 口. 凡足之屬皆从足.

A0494 U-47D3

•䟓• 足字部 總09劃. 훈글 [정] 가는 모양. 英譯 to walk slowly, lame. crippled, long and thin legs, to walk alone, to insist on ones ways in doing things. 康熙 <足部> {廣韻}丑庚切, {集韻}抽庚切, 𠀤音撐. 行遲貌. {玉篇}跉䟓, 行貌. 又{廣韻}{集韻}𠀤中莖切, 音玎. 跉䟓, 脚細長也. 又{廣韻}丑貞切, {集韻}癡貞切, 𠀤音檉. 跉䟓, 行不正也. 又{集韻}當經切, 音丁. {類篇}獨行也.

A0890 U-8DCE

•跎• 足字部 總12劃. 훈글 [타] 헛디딜. 新典 [타] 밋글어질. 訓蒙 [타] 둥구블. 英譯 slip, stumble, falter. vacillate. 康熙 <足部> {廣韻}徒何切, {集韻}{韻會}{正韻}唐何切, 𠀤音駝. {說文}蹉跎也. {晉書・周處傳}人吳尋二陸, 見雲, 具以情告, 曰: 欲自修而年已蹉跎. {楚辭・九懷}驥垂兩耳兮中坂蹉跎. {註}蹉跎, 失足. 說文 <足部> 徒何切. 蹉跎也. 从足它聲.

A0755 U-47F4

•䟴• 足字部 總14劃. 훈글 [진] 움직일. 英譯 to shake. to vibrate. to move, to be shocked or shaken. 康熙 <足部> {唐韻}章刃切, {集韻}{韻會}{正韻}之刃切, 𠀤音震. {說文}動也. {集韻}亦作敐. 或作蜄. 又{集韻}{韻會}{正韻}𠀤之人切, 音眞. 義同. 敐字原从攴作, 同挋. 說文 <足部> 側鄰切. 動也. 从足辰聲.

D0032 U-8DFD

•跽• 足字部 總14劃. 훈글 [기] 꿇어앉을. 新典 [긔] 꿀어안즐. 訓蒙 [긔] 꿀. 英譯 to kneel for a long time, to go down on hands and knees. 康熙 <足部> {唐韻}暨几切, {集韻}{韻會}巨几切, {正韻}巨綺切, 𠀤音技. {說文}長跪也. {釋名}忌也. 見所敬忌, 不敢自安也. {戰國策}秦王跽曰: 先生不幸教寡人乎. {史記・項羽紀}項王按劒而跽. {莊子・人閒世}擎跽拳曲, 人臣之禮也. 又與䐔通. {史記・滑稽傳}髡帣韝鞠䐔. {註}徐廣曰: 䐔與跽同, 謂小

跪也. (說文) <足部> 渠几切. 長跪也. 从足忌聲.

D0028 U-8E10

•踐• 足字部 總15劃. (훈글) [천] 밟을. (新典) [쳔] 밟을. (訓蒙) [쳔] 블올. (英譯) trample, tread upon, walk on. (康熙) <足部> {集韻}才線切, 音賤. {說文}履也. {禮・曲禮}修身踐言. {註}踐, 履也. 又{博雅}蹈也. {尚書序}成王東伐淮夷, 遂踐奄. {釋文}踐, 藉也. 又{玉篇}行也. {類篇}列也. {詩・豳風}籩豆有踐. {傳}行列貌. 又{廣韻}蹋踐. {禮・曲禮}毋踐屨. {疏}踐, 蹋也. 又{釋名}踐, 殘也. 使殘壞也. 又{廣韻}慈演切, {集韻}{韻會}{正韻}在演切, 丛音餞. 義同. 又與善同. {禮・曲禮}日而行事, 則必踐之. {註}踐, 讀曰善. {疏}踐, 善也. 言卜得吉而行事, 必善也. 又與翦通. {周禮・天官・甸師註}不踐其類也. {釋文}音翦. ○ 按{禮記・文王世子}今作翦. (說文) <足部> 慈衍切. 履也. 从足戔聲.

A0942 U-8E8B

•躋• 足字部 總21劃. (훈글) [제] 오를. (新典) [졔] 오를. (英譯) ascend, go up, rise. (康熙) <足部> 古文: 𨂂跻登. {唐韻}祖稽切, {集韻}牋西切, 丛音賫. {說文}登也. {揚子・方言}海岱之閒謂之躋. {詩・秦風}道阻且躋. {傳}躋, 升也. 又{廣韻}亦作隮. {易・震卦}躋于九陵. {釋文}躋, 本又作隮. {左傳・文二年}躋僖公. {公羊傳}躋者何, 升也. {集韻}或作隮. 又{廣韻}{集韻}丛子計切, 音霽. 義同. (說文) <足部> 祖雞切. 登也. 从足齊聲. {商書}曰: “予顚躋.”

A0515 U-8EAB

•身• 身字部 總07劃. (훈글) [신] 몸. (新典) [신] 몸. 아회 벨. 측지, 교지. 몸소. (訓蒙) [신] 몸. (英譯) body. trunk, hull. KangXi radical 158. (漢典) 象形. 象人之形. 本義: 身軀的總稱. (康熙) <身部> {唐韻}失人切, {集韻}{韻會}{正韻}升人切, 丛音申. {說文}躳也, 象人之身. {爾雅・釋詁}我也. {疏}身, 自謂也. {釋名}身, 伸也. 可屈伸也. {廣韻}親也. {九經韻覽}軀也. 總括百骸曰身. {易・艮卦}艮其身. 又{繫辭}近取諸身. {書・伊訓}檢身若不及. {孝經・開宗明義章}身體髮膚, 受之父母. 又{詩・大雅}大任有身. {傳}身, 重也. {箋}重爲懷孕也. {疏}以身中復有一身, 故言重. 又告身. {唐書・選擧志}擬奏受皆給以符, 謂之告身. 又{史記・西南夷傳}身毒國. {註}索隱曰: 身音捐. 又{韻補}叶尸連切. {楊方・合歡詩}我情與子合, 亦如影追身. 寢共織成被, 絮用同功綿. (說文) <身部> 失人切. 躳也. 象人之身. 从人厂聲. 凡身之屬皆从身.

A0927 U-8ECA

•車• 車字部 總07劃. (훈글) [차] 수레. (新典) [거] 수레, 수리. 그물. (訓蒙) [거] 술위. (英譯) cart, vehicle. carry in cart. (漢典) 象形. 甲骨文有多種寫法. 象車形. 本義: 車子, 陸地上有輪子的運輸工具. (康熙) <車部> 古文: 䡏. {廣韻}九魚切, {集韻}{韻會}{正韻}斤於切, 丛音居. {廣韻}車, 輅也. {古史考}黃帝作車, 引重致遠. 少昊時加牛, 禹時奚仲爲車正, 加馬. {書・舜典}車服以庸. {易・大有}大車以載. {論語疏}大車, 牛車, 平地載任之車也. 小車, 駟馬車, 田車, 兵車, 乘車也. 又山車, 自然之車也. {禮・禮運}山出器車. {疏}謂其政太平, 山車垂

鉤, 不揉治而自員曲也. 又巾車, 官名. {周禮・春官}巾車, 掌公車之政令. {註}巾, 猶衣也. 巾車, 車官之長, 車皆有衣以爲飾, 故名. 又公車, 署名. {後漢・光武紀}詔公卿, 司隸, 州牧, 舉賢良方正各一人, 遣詣公車. {註}公車令一人, 掌殿司馬門. 天下上書及徵召, 皆總領之. 公車所在, 因以名焉. 又揭車, 香草名. {屈原・離騷}畦留夷與揭車. {註}留夷, 揭車, 皆香草也. 又覆車, 網名. {爾雅・釋器}罦, 覆車也. {註}今之翻車, 有兩轅, 中施罥以捕鳥. 又{廣韻}{集韻}{韻會}{正韻}𠀤昌遮切, 音硨. {說文}輿輪總名. 又牙車, 牙所載也. {左傳・僖五年}輔車相依. {註}輔, 頰輔. 車, 牙車. {疏}車, 牙下骨之名也. 或又謂之頷車. 輔爲外表, 車爲內骨, 故云相依. 又姓. 漢丞相田千秋, 以年老, 得乘小車出入省中, 時人謂之車丞相. 其子孫因以爲氏. 又子車, 複姓. {詩・秦風}子車仲行. 又叶倉何切, 音磋. {程曉・伏日詩}平生三伏日, 道路無行車. 閉門避暑臥, 出入不相過. 又輷. 軥hōng, 衆車聲. (說文) <車部> 尺遮切. 輿輪之總名. 夏后時奚仲所造. 象形. 凡車之屬皆从車.

軎　D0170　U-8ECE

•軎• 車字部 總10劃. (훈글) [세] 굴대 끝. (英譯) a brass parts for a cart in ancient China. (康熙) <車部> {玉篇}于劌切, 音衞. {說文}車軸頭也. 又{廣韻}祥歲切, {集韻}旋歲切, 𠀤音篲. 義同. {集韻}或从彗从慧从惠, 音義𠀤同. (說文) <車部> 于濊切. 車軸耑也. 从車, 象形. 杜林說.

載　D0170　U-8F09

•載• 車字部 總13劃. (훈글) [재] 실을. (新典) [재, 진] 해. 시를. 이길. 비롯을. 해. 일. 가득할. 운전할. 어조사. (訓蒙) [진] 시를. (英譯) load. carry. transport, convey. (康熙) <車部> 古文: 𨌗. {廣韻}{集韻}{韻會}{正韻}𠀤作代切, 音再. {說文}乘也. {易・大有}大車以載. 又承也, 勝也. {易・坤卦}君子以厚德載物. 又事也. {書・舜典}有能奮庸, 熙帝之載. {註}言奮起其功, 以廣帝堯之事也. 又始也. 與哉通. {詩・豳風}春日載陽. {孟子}湯始征, 自葛載. 又則也, 助語辭. {詩・周頌}載戢干戈, 載櫜弓矢. 又成也. {書・益稷}乃賡載歌. {註}賡, 續也. 續歌以成其義也. 又行也. {書・皐陶謨}載采采. {註}言其所行某事某事也. 又滿也. {詩・大雅}厥聲載路. 又記載也. {書・洛誥}丕視功載. {註}視羣臣有功者記載之. {史記・伯夷傳}載籍極博. 又飾也. {淮南子・兵略訓}載以銀錫. {註}箭以銀錫飾之也. 又載師, 官名. {周禮・地官・載師註}載之爲言事也, 事民而稅之也. 又姓. 又{廣韻}{集韻}{韻會}𠀤昨代切, 音在. {集韻}舟車運物也. {詩・小雅}其車旣載. {註}才再反. 又{廣韻}作亥切, {集韻}{正韻}子亥切, 𠀤音宰. 年也. {書・堯典}朕在位七十載. ○ 按{爾雅・釋天}載, 歲也. 註: 載, 始也. 取物終更始之義. 蔡邕{獨斷}載, 歲也. 言一歲之中莫不覆載也. 據此則年載之載亦可作去聲讀也. 又{集韻}都代切, 音戴. 與戴通. {詩・周頌}載弁俅俅. {禮・月令}載以弓韣. 又叶子利切, 音祭. {詩・小雅}受言載之. 叶下喜. 又叶節力切, 音卽. {詩・小雅}召彼僕夫, 謂之載矣. 叶上牧棘. (說文) <車部> 作代切. 乘也. 从車𢦔聲.

輦　A0927　U-8F26

•輦• 車字部 總15劃. (훈글) [련] 손수레. (新典) [련] 련. 당길. (訓蒙) [련] 술위. (英譯) a hand-cart. to transport by carriage. (漢典) 會意. 從車, 兩“夫”并行, 拉車前進. 本義: 古時用人拉或推的車. (康熙) <車部> 古文: 䢀. {廣韻}{集韻}{韻會}{正韻}丛力展切, 音䡖. {廣韻}人步輓車也. {詩・小雅}我任我輦. {註}任, 負任者. 輦, 人輓車也. 又輓運也. {左傳・莊十二年}南宮萬以乘車輦其母. 又京師謂之輦下. {後漢・周紆傳}典司京輦. 又宮中道曰輦道. {司馬相如・上林賦}輦道纚屬. {註}閣道可乘輦而行者. 又輦郎, 官名. {前漢・劉向傳}向以父德任爲輦郎. {註}引御輦郎也. 又姓. (說文) <車部> 力展切. 輓車也. 从車, 从㚘在車前引之.

A0139 U-8F3F

•輿• 車字部 總17劃. (훈글) [여] 수레. (新典) [여] 수레 바탕. 텬지. 긔운 어릴. 무리. 비릇옴. 람여. (訓蒙) [여] 술위. (英譯) cart, palanquin. public opinion. (康熙) <車部> {廣韻}以諸切, {集韻}{韻會}羊諸切, {等韻}雲諸切, 丛音余. {說文}車底也. {周禮・冬官考工記}輿人爲車. {註}輿人專作輿, 而言爲車者, 車以輿爲主也. {後漢・輿服志}上古聖人觀轉蓬始爲輪, 輪行不可載, 因物生智, 復爲之輿. {韻會}{詩話}曰: 輈軸之上加板以載物, 軫, 軾, 轛, 較之所附植, 輿, 其總名也. 又乘輿. 蔡邕{獨斷}天子所御車馬, 衣服, 器械, 百物曰乘輿. {註}輿, 車也. 乘, 載也. 又{韻會}權輿, 始也. 造衡自權始, 造車自輿始也. 又{正韻}堪輿, 天地之總名. {前漢・藝文志}{堪輿金匱}十四卷. {註}堪, 天道. 輿, 地道. 又載而行之之意. {左傳・僖十一年}敬禮之輿也. {註}謂其載禮以行也. 又{襄二十四年}令名德之輿也. 又負也. {戰國策}百人輿瓢而趨. 又{廣韻}多也. {集韻}衆也. {左傳・僖二十八年}晉文公聽輿人之誦. 又{韻會}扶輿, 佳氣貌. 又美稱. {司馬相如・子虛賦}扶輿綺靡. 又輿人, 賤官. {左傳・昭四年}輿人納之. 又丘輿, 地名. {左傳・成四年}鄭公子偃敗諸丘輿. {註}鄭地. 又平輿. {後漢・郡國志}平輿, 屬汝南郡. {註}古沈子國也. 又姓. {韻會}周大夫伯輿之後. 又{廣韻}{韻會}{正韻}丛羊茹切, 音豫. {增韻}舁車也. 兩手對擧之車. {集韻}或作轝. {史記・封禪書}作轝. 轝字从車从與, 作車與. (說文) <車部> 以諸切. 車輿也. 从車舁聲.

A0180 U-8F49

•轉• 車字部 總18劃. (훈글) [전] 구를. (新典) [젼] 구를. 돌아눌, 둥긋거릴. 옴길. 굴릴. (訓蒙) [뎐] 올믈. (英譯) shift, move, turn. (康熙) <車部> {廣韻}{集韻}{韻會}陟兗切, {正韻}止兗切, 丛專上聲. {說文}轉運也. {前漢・韓安國傳}轉粟輓輸以爲之備. 又{廣韻}動也, 旋也. {詩・周南}輾轉反側. {註}輾者轉之半, 轉者輾之周. 又{韻會}軫轉, 無窮也. {揚子・太玄經}軫轉其道. 又{廣韻}知戀切, {集韻}{韻會}{正韻}株戀切, 丛專去聲. 凡物自轉則上聲, 以力轉物則去聲. 又車上衣裝曰轉. {左傳・襄二十四年}踞轉而鼓琴. (說文) <車部> 知戀切. 運也. 从車專聲.

A0885 U-8F61

•轡• 車字部 總22劃. (훈글) [비] 고삐. (新典) [비] 곳비. (訓蒙) [비] 셕. (英譯) bridle of horse, reins. (康熙) <車部> {廣韻}{集韻}{韻會}兵媚切, {正韻}兵臂切, 丛音祕. {說文}馬轡也. {釋名}轡, 咈也. 牽引拂戾以制馬也. 陸佃曰: 御駑馬以鞭爲主, 御馹馬以轡爲主. 又叶補密切, 音必. {王融詩}早輕北山賦, 晚愛東皐逸. 上德可潤身, 下澤有徐轡. (說文) <絲部> 兵媚切.

馬轡也. 从絲从叀. 與連同意. {詩}曰: "六轡如絲."

辛 A0969 U-8F9B

•辛• 辛字部 總07劃. 훈글 [신] 매울. 新典 [신] 매울. 여덟재 천간. 訓蒙 [신] 미올. 英譯 bitter. toilsome, laborious. 8th heavenly stem. 漢典 象形. 據甲骨文, 像古代刑刀. 本義: 大罪. 康熙 <辛部> {唐韻}息鄰切, {集韻}{韻會}斯人切, {正韻}斯鄰切, 𠀤音新. {說文}秋時萬物成而熟, 金剛味辛, 辛痛卽泣出. {徐曰}言萬物初見斷制, 故辛痛也. {書·洪範}金曰從革, 從革作辛. {白虎通}金味所以辛者, 西方煞傷成物, 辛所以煞傷之也, 猶五味得辛乃委煞也. 又歲, 月, 日之名. {爾雅·釋天}太歲在辛曰重光, 月在辛曰塞. {禮·月令}其日庚辛. {註}辛之言新也. {前漢·律歷志}悉新于辛. {史記·律書}言萬物之辛生也. 又{正韻}葷味也. {風土記}元旦, 以蔥, 蒜, 韭, 蓼, 蒿芥, 雜和而食之, 名五辛盤, 取迎新之意. 又股象也. {說文}辛承庚, 象人股. {徐曰}辛漸揫斂, 故象人股, 漸焦殺也. 又養筋之味也. {周禮·天官}以辛養筋. {註}辛, 金味, 金之纏合異物似筋, 人之筋亦纏合諸骨, 故以辛養之也. 又{正韻}苦辛, 取辛酸之意. {李白詩}英豪未豹變, 自古多艱辛. {杜甫詩}生離與死別, 自古鼻酸辛. 又高辛, 古帝號. 又姓. {史記·夏本紀贊}夏啟封支子于莘, 因聲近改爲辛. 又少辛, 藥名. {本草}卽細辛也. 又叶胥前切, 音先. {焦仲卿詩}奉事循公姥, 進退敢自專. 晝夜勤作息, 伶俜縈苦辛. {正字通}按{說文}徐註, 泣出象股之說, 與辛義反. 壬癸繼辛, 天道剝中有復, 秋德義中寓仁, 非偏屬斷制焦殺. 徐曲附{說文}, 非. 又{爾雅}重光辛, {史記}改昭陽. 昭陽癸, {史記}改尚章. 上章庚, {史記}改商橫. 當有譌誤. 舊註: 重光一曰昭陽, 使不知者疑. {爾雅}歲陽在辛有二名, 亦非. 本作辛, {字彙}譌省作辛, 與辛音愆字形相溷, 尤非. 說文 <辛部> 息鄰切. 秋時萬物成而孰; 金剛, 味辛, 辛痛即泣出. 从一从䇂. 䇂, 辠也. 辛承庚, 象人股. 凡辛之屬皆从辛.

辟 A0573 U-8F9F

•辟• 辛字部 總13劃. 훈글 [벽] 임금. 新典 [미] 避同. [벽] 인군. 남편재. 소늬, 법. 물리칠. 간사할. 편벽될. 형벌. 밝을. 부를. 무루청 할. 訓蒙 [벽] 님굼. 英譯 law, rule. open up, develop. 漢典 會意. 小篆字形, 從卩, 從辛, 從口. "卩", 音 jié, 甲骨文象人曲膝而跪的樣子. "辛", 甲骨文象古代酷刑用的一種刀具. 本義: 法律, 法度. 康熙 <辛部> 古文: 侲侲. {廣韻}{集韻}{韻會}{正韻}𠀤必益切, 音璧. {廣韻}君也. {爾雅·釋訓}皇王后辟, 君也. 天子諸侯通稱辟. {書·大甲}克左右厥辟. {詩·小雅}百辟爲憲. {集韻}或作辥. 又人稱天曰辟. {詩·大雅}蕩蕩上帝, 下民之辟. 又妻稱夫亦曰辟. {禮·曲禮}妻祭夫曰皇辟. 又{說文}法也. {書·酒誥}越尹人祗辟. {註}正身敬法也. 又明也. {禮·王制}天子曰辟廱. {註}辟, 明也. 廱, 和也. 使天下之人皆明達和諧也. 又{祭統}對揚以辟之. {註}對, 遂也. 辟, 明也. 言遂揚君命, 以明我先祖之德也. 又徵辟也. {後漢·鍾皓傳}前後九辟公府, 皆不就. {晉書·王裒傳}三徵七辟. 又星名, 與壁同. {禮·月令}仲冬之月日在斗, 昏, 東辟中. 又姓. 又{廣韻}普擊切, {集韻}{韻會}匹辟切, {正韻}匹亦切, 𠀤音僻. 與僻同. 偏也, 邪也. {禮·玉藻}非辟之心無自入也. {左傳·昭六年}楚辟我衷, 若何效辟. {註}辟, 邪也. 衷, 正也. 又傾也, 側也. {禮·曲禮}辟咡詔之. {註}謂傾頭與語也. 又威儀習孰少誠實曰辟. {論語}師也辟. {又}友便辟. 又辟名, 空名也. {周禮·天官}凡失財, 用物, 辟名者. {註}辟名, 詐爲書, 以空作見, 文書與實不相應也. 又刑也. {書·君陳}辟以止辟. {周禮·秋官·小司寇}以八辟麗邦法. 又與闢通. {孟子}辟土地.

又辟除行人也. ｛周禮・秋官｝王燕出入, 則前車而辟. ｛孟子｝行辟人可也. 又衆人驚退也. ｛史記・項羽紀｝人馬俱驚, 辟易數里. ｛註｝言人馬開張易舊處也. 又鞭辟, 策勵也. 程子曰: 學要鞭辟近裏. 朱子曰: 辟如驅辟一般, 大約要鞭督向裏去. 又與擗通. 拊胷也. ｛詩・邶風｝寤辟有摽. ｛禮・檀弓｝辟踊. 又與躄通. 足病不能行也. ｛賈誼・治安策｝非亶倒縣而已. 又類辟. 又辟歷, 雷聲. 別作霹靂. 又｛集韻｝｛正韻｝㳄毗義切. 與避同. ｛詩・魏風｝宛然左辟. ｛註｝讓而避者必左. ｛禮・儒行｝內稱不辟親, 外擧不辟怨. 又與睥同. ｛史記・灌夫傳｝辟睨兩宮閒. ｛註｝與睥睨同. 邪視也. 又｛集韻｝｛正韻｝㳄匹智切, 與譬同. ｛禮・坊記｝君子之道, 辟則坊與. ｛中庸｝辟, 如行遠. 又｛廣韻｝｛集韻｝｛韻會｝㳄博厄切, 音百. ｛禮・內則｝麋爲辟雞. ｛註｝聶而切之也. 又與擘同. 析裂也. ｛禮・喪大記｝絞一幅爲三不辟. ｛疏｝大斂之絞旣小, 不復擘裂其末. 又｛正韻｝莫禮切, 音米. 與弭同. ｛禮・郊特牲｝有由辟焉. ｛註｝謂弭災兵也. 又｛集韻｝頻彌切, ｛正韻｝蒲糜切, 㳄音皮. 與紕同. 帶之緣飾也. ｛禮・玉藻｝天子素帶朱裏終辟. ｛註｝辟, 緣也. 終, 竟也. 天子熟絹爲帶, 用朱于裏, 終此帶盡緣之也. 又｛集韻｝必郢切, 音丙. 除也. ｛莊子・庚桑楚｝至信辟金. [說文] <辟部> 必益切. 法也. 从卩从辛, 節制其辠也 ; 从口, 用法者也. 凡辟之屬皆从辟.

辥 A0970 U-8FA5

•辥• 辛字部 總16劃. [훈글] [설] 허물. [新典] [설] 허물. [英譯] variety of marsh grass. [康熙] <辛部> ｛唐韻｝｛集韻｝｛韻會｝｛正韻｝㳄私列切, 音屑. ｛說文｝辠也. 又｛正譌｝姓也. 又｛正韻｝國名. ｛廣韻｝經典通作薛. [說文] <辛部> 私列切. 辠也. 从辛旹聲.

辭 A0972 U-8FAD

•辭• 辛字部 總19劃. [훈글] [사] 말. [新典] [사, ᄉᆞ] 말슴. 사례할. 사양할. [類合] [ᄉᆞ] 말솜. [英譯] words, speech, expression, phrase. [漢典] 會意. 本義: 訴訟, 打官司. [康熙] <辛部> 古文: 辤. ｛唐韻｝似兹切, ｛集韻｝詳兹切, 㳄音詞. 辭說也. ｛易・乾卦｝修辭立其誠. ｛書・畢命｝辭尙體要. 又｛說文｝訟辭也. ｛周禮・秋官・小司寇｝以五聲聽其獄訟, 一曰辭聽. ｛書・呂刑｝明淸于單辭, 罔不中聽獄之兩辭. ｛疏｝單辭謂一人獨言也, 兩辭謂兩人競理也. 又與辝同. ｛正韻｝卻不受也. ｛書・大禹謨｝稽首固辭. ｛中庸｝爵祿可辭也. 又謝也. ｛前漢・韓王信傳｝溫顏遜辭. 又別去也. ｛楚辭・九歌｝入不言兮出不辭. [說文] <辛部> 似兹切. 訟也. 从𤔔, 𤔔猶理辜也. 𤔔, 理也.

辰 A0986 U-8FB0

•辰• 辰字部 總07劃. [훈글] [진] 지지. [新典] [신] 째. 다섯재 디지. 북두셩. [訓蒙] [신] 별. [英譯] early morning. 5th terrestrial branch. [漢典] 象形. 金文字形, 是蛤蚌殼之類軟體動物的形象, "蜃"的本字. 后經假借而產生了其他用法. 本義, 蛤蚌之類的軟體動物. [康熙] <辰部> 古文: 㲰𠨑辰. ｛唐韻｝植鄰切, ｛集韻｝｛韻會｝｛正韻｝丞眞切, 㳄音晨. ｛說文｝辰, 震也. 三月陽氣動, 雷電振, 民農時也. ｛釋名｝辰, 伸也. 物皆伸舒而出也. 又時也. ｛書・皐陶謨｝撫于五辰. ｛註｝謂五行之時也. 又日也. ｛左傳・成九年｝浹辰之閒. ｛註｝自子至亥, 十二日也. 又歲名. ｛爾雅・釋天｝太歲在辰曰執徐. 又三辰, 日月星也. ｛左傳・桓二年｝三辰旂旗. ｛疏｝日照晝, 月照夜, 星運行于天, 昏明遞匝, 民得取其時節, 故三者皆爲辰也. 又日月合宿謂之辰. ｛書・堯典｝

曆象, 日月星辰. {註}辰, 日月所交會之地也. 又北辰, 天樞也. {爾雅・釋天}北極謂之北辰. {註}北極, 天之中, 以正四時. 又大辰, 星名. {春秋・昭十七年}有星孛于大辰. {公羊傳}大辰者何, 大火也. 大火爲大辰, 伐爲大辰, 北辰亦爲大辰. {註}大火謂心星, 伐爲參星. 大火與伐所以示民時之早晩, 天下所取正. 北辰, 北極天之中也, 故皆謂之大辰. 又{爾雅・釋訓}不辰, 不時也. {詩・大雅}我生不辰. 又{小雅}我辰安在. 又叢辰, 術家名. {史記・日者傳・叢辰註}猶今之以五行生尅擇日也. 又{韻會}州名. 古沅陵郡, 隋置辰州, 以辰溪名. 又叶時連切, 音禪. {韓愈詩}吾懸日與月, 吾繫星與辰. 叶先韻. 說文 <辰部> 植鄰切. 震也. 三月, 陽气動, 靁電振, 民農時也. 物皆生, 从乙, 匕, 象芒達; 厂, 聲也. 辰, 房星, 天時也. 从二, 二, 古文上字. 凡辰之屬皆从辰.

C0050 U-8FB1

•辱• 辰字部 總10劃. 흔글 [욕] 욕되게 할. 新典 [욕] 욕될. 굽힐. 드럽힐. 욕할, 욕될. 類合 [욕] 욕. 英譯 humiliate, insult, abuse. 漢典 會意. 甲骨文字形, 是“辰”下加腳或加手的形象. 本義: 耕作. “辰”是“蜃”的本字, 古代以蜃爲農具進行耕作. 這個意義后來寫作“耨”. 引申義: 恥辱. 同引申義 辱, 恥也. 康熙 <辰部> 古文: 𨑓. {唐韻}而蜀切, {集韻}儒欲切, 𠀤音蓐. {廣韻}恥也. {禮・曲禮}孝子不登危, 懼辱親也. 又汙也. {左傳・襄三十年}使吾子辱在塗泥久矣. 又屈也. {禮・曲禮}君言至, 則主人出拜君言之辱. {註}屈辱尊命之臨也. 又僇也. {說文}辱, 从寸, 在辰下. 失耕時於封疆上僇之也. 又姓, 見{姓苑}. 說文 <辰部> 而蜀切. 恥也. 从寸在辰下. 失耕時, 於封畺上戮之也. 辰者, 農之時也. 故房星爲辰, 田候也.

A0140 U-4885

•䢅• 辰字部 總13劃. 흔글 [신] 새벽. 英譯 (interchangeable 晨) daybreak. 康熙 <辰部> {唐韻}食鄰切, 音辰. {說文}早昧爽也. 从臼从辰. 辰時也. 互詳晨字註. 說文 <䢅部> 食鄰切. 早昧爽也. 从臼从辰. 辰, 時也. 辰亦聲. 丮夕爲㚏, 臼辰爲䢅, 皆同意. 凡䢅之屬皆从䢅.

A0140 U-8FB2

•農• 辰字部 總13劃. 흔글 [농] 농사. 新典 [농] 여름질, 농사. 訓蒙 [농] 녀름지슬. 英譯 agriculture, farming. farmer. 康熙 <辰部> 古文: 𨑃𦦶𨐮𥤶辳𨑆𦦵𦥏莀. {唐韻}{集韻}𠀤奴冬切, 音儂. {說文}耕也, 種也. {書・洪範}農用八政. {註}農者, 所以厚生也. {周禮・天官・大宰}以九職任萬民. 一曰三農生九穀. {註}三農: 山農, 澤農, 平地農也. {左傳・襄九年}其庶人力于農穡. {註}種曰農, 斂曰穡. 又神農, 古炎帝號. {前漢・食貨志}闢土植穀曰農. 炎帝敎民植穀, 故號神農氏, 謂神其農業也. 又萬山氏有子曰農, 能植百穀, 後世因名耕甿爲農. 又司農, 官名. {前漢・百官志}秦曰治粟內史, 漢景帝更名大司農. 又弘農, 郡名. {前漢・地理志註}武帝元鼎四年置. 又姓也. {風俗通}神農氏後. 又叶奴當切, 音囊. {潘岳・籍田頌}思樂甸畿, 薄采其芳. 大君戾止, 言籍其農. 又叶奴刀切, 音猱. {束晳・勸農賦}惟百里之置吏, 各區別而異曹. 考治民之踐職, 美莫富乎歡農.

A0141 U-8FB3

•辳• 辰字部 總15劃. ᄒᆞᆫ글 [농] 농사. 康熙 <辰部> {玉篇}古文農字. 註詳六畫.

A0081 U-8FB5

•辵• 辵字部 總04劃. ᄒᆞᆫ글 [착] 쉬엄쉬엄 갈. 新典 [착] 쉬엄쉬엄 갈. 뛸. 英譯 walk. walking. KangXi radical 162. 康熙 <辵部> {廣韻}丑略切, {集韻}敕略切, 太音[辵-彳]. {說文}乍行乍止也. 又{六書故}循道疾行也. 又與踖通. {公羊傳・宣六年}踖階而走. {註}踖, 一作辵. {六書正譌}从彳从止, 會意. 隸作辶. 有與足丟彳三部相通者. 互見本註. 說文 <辵部> 丑略切. 乍行乍止也. 从彳从止. 凡辵之屬皆从辵. 讀若{春秋公羊傳}曰"辵階而走".

A0094 U-488A

•䢊• 辵字部 總07劃. ᄒᆞᆫ글 [유] 놀. 英譯 (ancient form of 遊) to travel. to roam. to saunter. 康熙 <辵部> {集韻}夷周切, 同遊.

A0027 U-8FC4

•迄• 辵字部 總07劃. ᄒᆞᆫ글 [흘] 이를. 新典 [흘] 이를. 맛침. 英譯 extend, reach. until. till. 漢典 形聲. 從辵, 乞聲. 本義: 到, 至. 康熙 <辵部> {唐韻}{集韻}{韻會}許訖切, {等韻}呼訖切, 太音汔. {說文}至也. {詩・大雅}以迄于今. 又{周頌}迄用有成. 又竟也. {後漢・孔融傳}才疏意廣, 迄無成功. 又與訖通. {書・禹貢}聲教訖于四海. 說文 <辵部> 許訖切. 至也. 从辵气聲.

A0935 U-488D

•䢍• 辵字部 總08劃. ᄒᆞᆫ글 [방] 급히 갈. 英譯 to hasten. to hurry to. 康熙 <辵部> {玉篇}防罔切, 音紡. 急行也.

C0076 U-8FCD

•迍• 辵字部 總08劃. ᄒᆞᆫ글 [둔] 머뭇거릴. 新典 [쥰] 正音 [둔] 머뭇거릴. 類合 [둔] 굿길. 英譯 falter, hesitate. 康熙 <辵部> {廣韻}陟綸切, {集韻}{韻會}株倫切, 太音屯. {玉篇}迍, 邅也. 又{廣韻}徒渾切, 音豚. 義同.

A0082 U-8FCE

•迎• 辵字部 總08劃. ᄒᆞᆫ글 [영] 맞이할. 新典 [영] 마질. 맛날. 장가 들러올. 類合 [영] 마즐. 英譯 receive, welcome, greet. 漢典 形聲. 從辵. 本義: 遇, 相逢. 康熙 <辵部> {唐韻}語京切, {集韻}魚京切, {韻會}疑京切, 太音倂. {說文}逢也. {增韻}逆也, 迓也. {揚子・方

言}自關而東曰逆, 自關而西曰迎. {淮南子・覽冥訓}不將不迎. {註}將, 送也. 迎, 接也. 不隨物而往, 不先物而動也. 又逆數也. {史記・五帝紀}迎日推策. {註}逆數之也. 日月朔望, 未來而推之, 故曰迎日. 又{廣韻}魚敬切, {集韻}{韻會}{正韻}魚慶切, 𠀤併去聲. {正韻}凡物來而接之則平聲, 物未來而往迓之則去聲. {詩・大雅}親迎于渭. 又叶吾郎切, 音昂. {史記・龜筴傳}理達于理, 文相錯迎. 使工占之, 所言盡當. 又叶元具切, 音遇. {屈原・離騷}百神翳其備降兮, 九嶷繽其𠀤迎. 皇剡剡其揚靈兮, 告余以吉故. 說文 <辵部> 語京切. 逢也. 从辵卬聲.

D0027 U-8FD5

•迕• 辵字部 總08劃. ᄒᆞᆫ글 [오] 만날. 新典 [오] 맛날. 어길. 거스를. 석길. 英譯 obstinate, perverse. 漢典 形聲. 從辵, 午聲. 本義: 相逢, 相遇. 康熙 <辵部> {廣韻}{集韻}{韻會}{正韻}𠀤五故切, 音誤. {玉篇}遇也. {後漢・陳蕃傳}王甫時出, 與蕃相迕. {註}迕, 猶遇也. 又{說文}逆也. {前漢・食貨志}好惡乖迕. {註}迕, 違也. 又{王褒・洞簫賦}氣旁迕以飛射. {註}言氣競旁出, 遞相逆迕也. 又錯迕, 交雜也. {宋玉・風賦}迴穴錯迕. 又{集韻}阮古切, {韻會}疑古切, 𠀤音五. 義同. 又{正字通}遻遌逜𠀤通. 古通午.

A0273 U-5EFC

•廼• 辵字部 總09劃. ᄒᆞᆫ글 [내] 이에. 英譯 then, thereupon, only then. 康熙 <辵部> {玉篇}與乃同. 語辭也. {詩・大雅}廼立皐門, 廼立應門. 又汝也. {前漢・項籍傳}必欲烹廼翁. 又{陳餘傳}豈少廼女乎. 又始也. {前漢・賈誼傳}太子廼生. {註}言始生也.

A0468 U-8FE5

•迥• 辵字部 總09劃. ᄒᆞᆫ글 [형] 멀. 新典 [형] 멀. 빗날. 英譯 distant, far. separated. different. 康熙 <辵部> {廣韻}戶頃切, {集韻}{韻會}戶茗切, {正韻}戶頂切, 𠀤音泂. {增韻}寥遠也. 又{廣韻}光也, 輝也. 通作泂. 俗作逈. 說文 <辵部> 戶穎切. 遠也. 从辵冋聲.

D0027 U-9008

•逈• 辵字部 總09劃. ᄒᆞᆫ글 [형] 멀. 類合 [형] 멀. 英譯 distant, far. separated. different.

A0083 U-4894

•䢔• 辵字部 總10劃. ᄒᆞᆫ글 [합] 뒤쫓아 따라 붙을. 新典 [할] 뒤미쳐 갈. 英譯 mixed. abundant. assorted, repeated. 康熙 <辵部> {唐韻}侯閤切, {集韻}曷閤切, {正韻}胡閤切, 𠀤音合. {說文}䢔遝. {玉篇}行相及也. 說文 <辵部> 侯閤切. 遝也. 从辵合聲.

 A0273 U-8FFA

•迺• 辵字部 總10劃. ᄒᆞᆫ글 [내] 이에. 新典 [내] 어조사. 나. 英譯 then, thereupon, only then. 康熙 <辵部> 〈{賈誼・治安策}太子迺生.〉謹照原書賈誼治安策改前漢賈誼傳.

A0090 U-8FFD

•追• 辵字部 總10劃. ᄒᆞᆫ글 [추] 쫓을. 新典 [츄] 쏘츨. 싸를. 밀울. [퇴] 옥 다듬을. 쇠북꼬지. 類合 [듀] 쫄올. 英譯 pursue, chase after. expel. 康熙 <辵部> {唐韻}陟隹切, {集韻}{韻會}中葵切, 太音霑. {廣韻}隨也. {增韻}逮也. {玉篇}送也. {詩・周頌}薄言追之. {註}謂已發上道而追送之也. {前漢・韓信傳}公無所追. 追, 信詐也. 又{說文}逐也. {周禮・秋官・士師}掌鄉合, 以比追胥之事. {註}追, 追寇也. {左傳・莊十八年}追戎于濟西. 又{玉篇}及也, 救也. {書・五子之歌}雖悔可追. {註}言雖欲改悔, 其可及乎. {論語}往者不可諫, 來者猶可追. {左傳・襄九年}圍宋彭城, 非宋地, 追書也. {註}追書者, 其地已非宋有, 追使屬宋也. 又凡上溯已往曰追. {詩・大雅}聿追來孝. {左傳・成十三年}追念前勳. 又遂非曰追非. {前漢・五行志}歸獄不解, 玆謂追非. {註}謂歸過于民, 不罪己也. 解, 止也. 追非, 遂非也. 又國名. {詩・大雅}其追其貊, 奄受北國. 又{集韻}{韻會}{正韻}太都雷切, 音堆. {玉篇}治玉名. {周禮・天官・追師註}追, 治玉石之名. {詩・大雅}追琢其章. 又毋追, 冠名. {禮・郊特牲}毋追, 夏后氏之道也. {釋文}上音牟下多雷反. 又鐘紐. {孟子}以追蠡. 又{字彙補}旬爲切. 與隨通. {楚辭・离騷}背繩墨以追曲兮. {註}追, 古與隨通. 又叶馳僞切, 音墜. {司馬相如・上林賦}車騎雷起, 殷天動地. 先後陸離, 離散別追. 說文 <辵部> 陟隹切. 逐也. 从辵自聲.

A0084 U-9006

•逆• 辵字部 總10劃. ᄒᆞᆫ글 [역] 거스를. 新典 [역] 거시를. 마질. 類合 [역] 거스릴. 英譯 disobey, rebel. rebel, traitor. 漢典 形聲. 從辵, 屰聲. 本義: 迎, 迎接, 迎著. 康熙 <辵部> {唐韻}{正韻}宜戟切, {集韻}{韻會}仡戟切, 太凝入聲. {增韻}迕也, 拂也, 不順也. {釋名}逆, 遻也. 不從其理, 則逆遻不順也. {書・大禹謨}從逆凶. {註}言悖善從惡也. 又{太甲}有言逆于汝心. {註}人以言拂逆也. 又{廣韻}亂也. {禮・孔子燕居}勇而不中禮, 謂之逆. {前漢・武帝紀}大逆不道. 又{說文}迎也. {周禮・春官・中春}龡豳詩以逆暑. {書・呂刑}爾尚敬逆天命. {春秋・桓八年}祭公來, 遂逆王后于紀. 又{玉篇}度也, 謂先事預度之也. {論語}不逆詐. {易・說卦}知來者逆, 是故易逆數也. 又奏事上書曰逆. {周禮・天官}宰夫掌敘羣吏之治, 以待諸臣之復, 萬民之逆. {夏官・太僕}掌諸侯之復逆. {註}復, 謂奏事. 逆, 謂自下而上曰逆. 又受也. {儀禮・聘禮}衆介皆逆命不辭. {註}逆猶受也. {周禮・天官・司書}以逆羣吏之徵令. {註}逆受而鉤考之. 又河名. {書・禹貢}同爲逆河, 入于海. {註}言九河合爲一, 大河逆之而入海也. 又曲逆, 地名. {史記・陳平傳}封平爲曲逆侯. 又叶宜脚切, 音虐. {詩・魯頌}孔淑不逆, 淮夷卒獲. 獲叶音霍. 說文 <辵部> 宜戟切. 迎也. 从辵屰聲. 關東曰逆, 關西曰迎.

A0094 U-9010

•逐• 辵字部 總11劃. ᄒᆞᆫ글 [축] 쫓을. 新典 [츅] 쏘칠. 물리칠. [뎍] 달딜. 訓蒙 [튝] 조촐.

英譯 chase, expel. one by one. 漢典 會意. 甲骨文字形, 象人在豕等動物后面追逐的樣子. “止”小篆改從辵. 本義: 追趕. 康熙 <辵部> 古文: 䢜. {唐韻}{正韻}直六切, {集韻}{韻會}仲六切, 𠀤音軸. {說文}追也. {左傳·隱九年}祝耼逐之. 又{隱十一年}子都拔戟以逐之. 又{廣韻}驅也. {正韻}斥也, 放也. {史記·李斯傳}非秦者去, 爲客者逐. 又{管仲傳}三仕三見逐. 又{玉篇}競也. {左傳·昭元年}自無令王諸侯逐進. {後漢·趙壹傳}捷懾逐物, 日富月昌. 又{正韻}逐逐, 篤實也. 又馳貌. {易·頤卦}其欲逐逐. 又日逐, 地名. {前漢·宣帝紀}迎日逐, 破車師. 又{集韻}{韻會}𠀤亭歷切, 音迪. {易}其欲逐逐. {蘇林}音迪. 又{字彙補}同門切. 與豚同. {山海經}苦山有獸焉, 名曰山膏, 其狀如逐. 又{集韻}直祐切, 音冑. 奔也. {山海經}夸父與日逐. 說文 <辵部> 直六切. 追也. 从辵, 从豚省.

途 A0094 U-9014

•途• 辵字部 總11劃. ᄒᆞᆫ글 [도] 길. 新典 [도] 길. 訓蒙 [도] 길. 英譯 way, road, path, journey. course. 漢典 形聲. 從辵, 余聲. 本義: 道路. 康熙 <辵部> {唐韻}{集韻}{韻會}{正韻}𠀤同都切, 音徒. {玉篇}路也. {廣韻}道也. 又通作涂, 塗. {周禮·冬官考工記·匠人}經涂九軌. {論語}遇諸塗. 又叶徒故切, 音度. {張衡·思玄賦}雲師䨴以交集兮, 涷雨沛其灑途. 轙琱輿而樹葩兮, 擾應龍以服輅.

通 A0085 U-901A

•通• 辵字部 總11劃. ᄒᆞᆫ글 [통] 통할. 新典 [통] ᄯᅮᆯ릴, 사모칠. 형통할. 통창할. 사괼. 類合 [통] ᄉᆞᄆᆞᄎᆞᆯ. 英譯 pass through, common, communicate. 漢典 形聲. 從辵, 甬聲. 本義: 沒有堵塞, 可以通過. 康熙 <辵部> 古文: 徧. {唐韻}{正韻}他紅切, {集韻}{韻會}他東切, 𠀤統平聲. {說文}達也. {正韻}徹也. {易·繫辭}始作八卦, 以通神明之德. {禮·學記}知類通達. 又亨也, 順也. {禮·儒行}上通而不困. {註}謂仕則上達乎君, 不困于道德之不足也. {易·節卦}不出戶庭, 知通塞也. 又暢也. {爾雅}四時和爲通正. {註}通, 平暢也. 又總也. {禮·王制}以三十年之通制國用. {註}通計三十年所入之數, 使有十年之餘也. 又開也. {前漢·何武傳}通三公官. {註}謂更開置之也. 又陳也. {前漢·夏侯勝傳}先生通正言. {註}謂陳道之也. 又凡人往來交好曰通. {前漢·季布傳}非長者勿與通. 又{陸賈傳}剖符通使. 又書名. {白虎通}班固著. {風俗通}應劭著. 又書首末全曰通. {後漢·崔實傳}宜寫一通. 又凡物色純者謂之通. {周禮·春官·司常}通帛爲旃. {註}通帛, 無他物之飾也. 又通鼓. {周禮·地官·鼓人}以金鐸通鼓. {疏}司馬振鐸, 將軍以下卽擊鼓, 故云通鼓. 又井地名. {前漢·刑法志}方里爲井, 井十爲通. 又{廣韻}州名. 又{韻會}馬矢曰通. {後漢·戴就傳}以馬通薰之. 又{左傳·杜預註}旁淫曰通. 又叶他郞切, 音湯. {東方朔·七諫}身寢疾而日愁兮, 情沈抑而不揚. 衆人莫可與論道兮, 悲精神之不通. 說文 <辵部> 他紅切. 達也. 从辵甬聲.

速 A0085 U-901F

•速• 辵字部 總11劃. ᄒᆞᆫ글 [속] 빠를. 新典 [속] ᄲᆞ를. 부를. 드러울. 사슴 발자최. 類合 [속] ᄲᆞᄅᆞᆯ. 英譯 quick, prompt, speedy. 漢典 形聲. 從辵, 束聲. 本義: 速度快. 康熙 <辵部> 古文: 警. {廣韻}{集韻}{正韻}蘇谷切, {韻會}蘇木切, 𠀤音涑. {說文}疾也. {孟子}王速

出令. 又{玉篇}召也. {易·需卦}有不速之客三人來. {詩·小雅}以速諸父. 又速速, 不相親附之貌. {楚辭·九歎}躬速速而不吾親. 又與蔌通. 速速, 陋也. {後漢·蔡邕傳}速速方轂. {註}速速, 言鄙陋之小人也. {詩}作蔌蔌. 又{正韻}鹿之足跡曰速. {石鼓文}鹿鹿速速. 籒作遬. 速字从辵作. (說文) <辵部> 桑谷切. 疾也. 从辵束聲.

A0085 U-9022

•逢• 辵字部 總11劃. (ᄒᆞᆫ글) [봉] 만날. (新典) [봉] 북소리. 맛날. 마질. (類合) [봉] 만날. (英譯) come upon, happen meet. flatter. (漢典) 形聲. 從辵, 表示與行走有關. 夆聲. 本義: 遭逢, 遇見. (康熙) <辵部> {唐韻}{集韻}{韻會}𠀤符容切, 音縫. {說文}遇也. 从辵, 峯省聲. {正韻}値也. {左傳·宣三年}不逢不若. {書·洪範}子孫其逢吉. 又{正韻}迎也. {揚子·方言}逢, 迎, 逆也. 自關而西. 或曰迎, 或曰逢. 又逆也. {前漢·東方朔傳}逢占射覆. {註}逆占事, 猶言逆刺也. 又大也. {禮·儒行}衣逢掖之衣. {註}衣掖下寬大也. 又閼逢, 歲名. {爾雅·釋天}太歲在甲曰閼逢. {註}言萬物鋒芒欲出, 壅遏未通也. 又與縫通. {禮·玉藻}深衣縫齊倍要. {註}縫, 或爲逢. 又有逢, 國名. {左傳·昭二十年}有逢伯陵因之. {註}逢伯陵, 殷諸侯. 又姓. 齊逢丑父. 又{廣韻}{韻會}蒲蒙切, {集韻}{正韻}蒲紅切, 𠀤音蓬. 鼓聲也. {詩·大雅}鼉鼓逢逢. 又{前漢·司馬相如傳封禪書}大漢之德, 逢涌原泉. {註}逢讀若烽, 言如熢火之升, 原泉之流. 又叶符方切, 音房. {韓愈詩}蕭條千萬里, 會合安可逢. 叶上江, 下鄉. ○ 按从夆者, 音龐. 从夆者, 音縫, 音蓬. {顏氏家訓}逄, 逢之別, 豈可雷同. (說文) <辵部> 符容切. 遇也. 从辵, 峯省聲.

A0083 U-9032

•進• 辵字部 總12劃. (ᄒᆞᆫ글) [진] 나아갈. (新典) [진] 오를. 나올. 천거할. 본바들. 힘쓸. (訓蒙) [진] 나ᅀᆞᆯ. (英譯) advance, make progress, enter. (康熙) <辵部> 古文: 𨘞𨙷. {唐韻}{集韻}{韻會}{正韻}𠀤即刃切, 音晉. {說文}登也. {玉篇}升也. {廣韻}前也. {禮·曲禮}遭先生于道, 趨而進. {表記}君子三揖而進. {註}人之相見, 三揖三讓, 以升賔階. {書·盤庚}乃登進厥民. {疏}延之使前而告之也. 又{正韻}薦也. {禮·儒行}推賢而進達之. 又{正韻}效也. {禮·樂記}禮減而進, 以進爲文. {註}自勉强也. {易·乾卦}君子進德修業, 欲及時也. 又近也. {禮·檀弓}兄弟之子猶子也. 蓋引而進之也. 又進士. {禮·王制}大樂正論造士之秀者, 以告于王, 而升諸司馬, 曰進士. {註}進士, 可進而受爵祿也. 又特進. {後漢·和帝紀}賜諸侯王公將軍特進. {註}諸侯功德優盛, 朝廷所敬異者賜位特進. 又與餕同. {禮·祭統}百官進徹之. {註}進同餕. 又{字彙補}與盡同. {列子·黃帝篇}竭聰明, 進智力. 又通作薦. {列子·湯問篇}穆王薦之, 张註薦當作進. 又{集韻}徐刃切, {正韻}齊進切. 𠀤與賮同. 會禮也. {前漢·高帝紀}蕭何爲主吏主進. {註}主賦斂禮錢也. 師古曰: 進本作賮, 聲轉爲進. 又叶資辛切, 音津. {揚子·太玄經}陽引而進, 物出溱溱. (說文) <辵部> 即刃切. 登也. 从辵, 閵省聲.

A0093 U-9034

•逴• 辵字部 總12劃. (ᄒᆞᆫ글) [탁] 멀. (新典) [착] 俗音 [탁] 멀. 절. 뛰어날. (康熙) <十部> 古文: 𠦝𠦜𠦞𠦟. {唐韻}{正韻}竹角切, {集韻}{韻會}側角切, 𠀤音涿. {說文}高也. 早上爲卓.

隷作卓. {揚子・法言}顏苦孔之卓. {註}顏之苦亡它, 惟苦孔子之道卓然高堅也. 又{釋名}超卓也. 舉脚有所卓越也. 又姓. {後漢・卓茂傳}卓茂字子康, 南陽宛人也. 說文 <辵部> 敕角切. 遠也. 从辵卓聲. 一曰蹇也. 讀若棹苕之棹.

A0494 U-903C

•逼• 辵字部 總13劃. 훈글 [핍] 닥칠. 新典 [벽] 俗音 [핍] 갓가올. 핍박할, 구박할. 類合 [又] 다ᄃᆞᆯ핍. 英譯 compel, pressure, force. bother. 漢典 形聲. 從辵, 畐聲. 本義: 接近, 靠近. 康熙 <辵部> {廣韻}彼側切, {集韻}{韻會}筆力切, 𠀤音偪. {說文}近也. {廣韻}迫也. {正韻}驅也. {集韻}或作偪. 詳人部偪字註. 說文 <辵部> 彼力切. 近也. 从辵畐聲.

A0392 U-904A

•遊• 辵字部 總13劃. 훈글 [유] 놀. 新典 [유] 놀. 벗 사귈. 英譯 wander, roam, travel. 康熙 <辵部> 古文: 逕汓遳. {唐韻}以周切, {集韻}{韻會}夷周切, {正韻}于求切, 𠀤音猷. {玉篇}遨遊也. {書・大禹謨}罔遊于逸. {詩・邶風}以遨以遊. {禮・學記}息焉遊焉. {註}遊, 謂無事閒暇總在于學也. 又友也, 交遊也. {禮・曲禮}交遊稱其信也. {戰國策}士未有爲君盡遊者. {註}遊, 猶友也. 言不盡于交遊之道. 又叶延知切, 音移. {班彪・閒居賦}望常山之峩峩, 登北岳以高遊. 嘉孝武之乾乾, 親釋躬于伯姬. 又叶羊諸切, 音余. {黃庭經}五靈夜燭煥入區, 子存內皇與我遊.

A0089 U-9054

•達• 辵字部 總13劃. 훈글 [달] 통달할. 新典 [달] 사모칠. 결단할. 날. 나타날. 천거할. 방자할. 類合 [달] ᄉᆞᄆᆞᆺ촐. 英譯 arrive at, reach. intelligent. 康熙 <辵部> {廣韻}唐割切, {集韻}{韻會}陀葛切, 𠀤音蓬. {玉篇}通也. {書・堯典}達四聰. {禮・禮器}君子之人達. {左傳・昭七年}其後必有達人. {註}知能通達之人也. 又通顯也. {孟子}達不離道. {又}達則兼善天下. 又薦也, 進也. {禮・儒行}推賢而進達之. {前漢・黃香傳}在位多所薦達. 又生也, 遂也. {詩・周頌}驛驛其達. {註}苗生出土也. 又{商頌}莫遂莫達. 又徧也. {書・召誥}則達觀于新邑營. {註}通達觀之, 言周徧也. 又宜也. {詩・商頌}受小國是達, 受大國是達. {註}言無所不宜也. 又皆也. {禮・禮器}君子達亹亹焉. {註}達, 猶皆也. 又專決行事曰專達. {周禮・天官・小宰}大事從其長, 小事則專達. 又以物相將曰達. {周禮・夏官・懷方氏}達之以旌節. {註}達民以旌節, 達貢物以璽節. 又從入曰達. {書・禹貢}達于河. 又夾室也. {禮・內則}天子之閣, 左達五, 右達五. {註}達, 夾室也. 各有五閣, 以庋食物也. 又窻牖也. {禮・明堂位}刮楹達鄉. {註}每室八窻爲四達, 天子之廟飾也. 又小羊名達. {詩・大雅}先生如達. {註}羊子易生, 無留難也. 又州名. {字彙補}梁萬州改通州, 宋改達州. 又{廣韻}{集韻}{韻會}{正韻}𠀤他達切, 音闥. {集韻}行不相遇也. {正韻}挑達, 往來相見貌. {詩・鄭風}挑兮達兮. {註}挑, 輕儇也. 達, 放恣也. {集韻}或作达. 說文 <辵部> 徒葛切. 行不相遇也. 从辵羍聲. {詩}曰: "挑兮達兮."

遘 A0087 U-9058

◆遘◆ 辵字部 總14劃. (한글) [구] 만날. (新典) [구] 맛날. (英譯) to meet. to come across. (漢典) 形聲. 從辵, 表示與行走有關, 冓聲. 本義: 遇, 遇見. (康熙) <辵部> {唐韻}古候切, {集韻}{韻會}{正韻}居候切, 𠀤音姤. {說文}遇也. {爾雅・釋詁}遘, 逢, 遇, 遻, 見也. {註}行而相值也. {書・洛誥}無有遘自疾. {註}言身其康强, 無有遘遇自罹疾害者. {崔駰・慰志賦}嘉昔人之遘辰兮. 又與覯通. {前漢・敘傳}遘閔既多. {詩・邶風}作覯. (說文) <辵部> 古候切. 遇也. 从辵冓聲.

遝 D0026 U-905D

◆遝◆ 辵字部 總14劃. (한글) [답] 뒤섞일. (新典) [답] 뒤석길. 뒤밋쳐 다를. (英譯) mixed, abundant, assorted. (康熙) <辵部> {唐韻}徒合切, {集韻}{韻會}{正韻}達合切, 𠀤音沓. {正韻}雜遝也. {前漢・劉向傳}雜遝衆賢, 罔不肅和. {曹植・洛神賦}衆靈雜遝. 又{玉篇}迨遝, 行相及也. {古詩}迨遝高飛莫安宿. {王褒・洞簫賦}鶩合遝以詭譎. {註}合遝, 盛多貌. 又馺遝. {陸機・文賦}紛葳蕤以馺遝. {註}文辭壯奮也. (說文) <辵部> 徒合切. 迨也. 从辵眔聲.

遠 A0092 U-9060

◆遠◆ 辵字部 總14劃. (한글) [원] 멀. (新典) [원] 멀. 멀니할. (英譯) distant. remote. far, profound. (康熙) <辵部> 古文: 遠𢓊. {廣韻}雲阮切, {集韻}{韻會}雨阮切, 𠀤爰上聲. {說文}遼也. {廣韻}遙遠也. {正韻}指遠近定體也. 又{廣韻}{集韻}{韻會}于願切, {正韻}于怨切, 𠀤爰去聲. {正韻}遠之也. 遠近之遠上聲, 如{詩}其人則遠之類. 遠離之遠去聲, 如{論語}敬鬼神而遠之之類是也. 又叶于員切, 音淵. {詩・小雅}爾之遠矣, 民胥然矣. 俗作逺. (說文) <辵部> 雲阮切. 遼也. 从辵袁聲.

遣 A0093 U-9063

◆遣◆ 辵字部 總14劃. (한글) [견] 보낼. (新典) [경] 보낼. 쪼츨. 견전제. (類合) [견] 보낼. (英譯) send, dispatch. send off, exile. (漢典) 形聲. 從辵. 本義: 釋放. (康熙) <辵部> {廣韻}{集韻}去演切, {正韻}驅演切, 𠀤音繾. {說文}縱也. {廣韻}送也. {儀禮・既夕}書遣于策. {註}遣, 猶送也. 又{正韻}祛也, 逐也, 發也. {左傳・僖二十三年}姜氏與子犯謀, 醉而遣之. {前漢・孔光傳}遣歸故郡. 又{廣韻}去戰切, {集韻}{韻會}{正韻}詰戰切, 𠀤繾去聲. {廣韻}人臣賜車馬曰遣車. {正韻}將葬而祭曰遣奠. 既祭, 乃包牲體, 載之以車, 隨柩而行, 曰遣車. {禮・檀弓}遣車一乘. {註}人臣賜車馬者, 乃得有遣車. (說文) <辵部> 去衍切. 縱也. 从辵䢜聲.

適 D0027 U-9069

◆適◆ 辵字部 總15劃. (한글) [적] 갈. (新典) [적] 갈. 맛가즐. 마츰. 꽤다를. 시집갈. [뎍] 조츨. 주장할. 친이할. 조츨. (類合) [뎍] 마즐. (英譯) match, comfortable. just. (康熙) <辵部> {唐韻}{集韻}{韻會}{正韻}𠀤施隻切, 音釋. {說文}之也. {廣韻}往也. {正韻}如也, 至也. {詩

・鄭風}適子之館兮. {禮・曲禮}將適舍, 求毋固. 又{廣韻}樂也. {正韻}安便也, 自得也. {詩・鄭風}適我願兮. {莊子・大宗師}適人之適, 不自適其適. 又從也. {書・多士}惟我事不貳適. {註}言割殷之事無私心, 一于從帝而無貳也. {左傳・昭十五年}民知所適. 又{正韻}適然, 猶偶然也. {書・康誥}乃惟眚災適爾. {註}適, 偶也. 又事之常然者. 亦曰適然. {前漢・贾誼傳}以是爲適然耳. 又{韻會}適來, 猶爾來也. 又甫爾之辭. {唐書・武元衡傳}適從何來. 又{廣韻}善也. {韻會}貢得其人曰適. {前漢・武帝紀}貢士有一適, 再適, 三適. 又{正字通}關西謂補滿曰適. {前漢・黃霸傳}馬不適士. {註}馬少士多, 不相補滿. 又{玉篇}女子出嫁也. 又{廣韻}都歷切, {集韻}{韻會}丁歷切, 㚏音的. 與嫡同. {詩・大雅}天位殷適. {註}殷適, 殷之嫡嗣也. {禮・檀弓}扶適子, 南面而立. 又適士, 上士也. {禮・祭法}適士二廟. 又適室, 正寢也. {禮・檀弓}哭之適室. 又{韻會}主也, 專也. {論語}無適也. {詩・衛風}誰適爲容. 又{小雅}誰適與謀. 又{集韻}{韻會}亭歷切, {正韻}杜歷切, 㚏音狄. 與敵同. {禮・燕義}君獨升立席上, 西面特立, 莫敢適之義也. {史記・田單傳贊}始如處女, 適人閉戶. 後如脫兎, 適不敢距. 又{集韻}陟革切, 音摘. 與讁同. {詩・商頌}勿予禍適. 又{孟子}人不足與適也. 又{集韻}他歷切, 音惕. 適適然, 驚貌. {莊子・秋水篇}適適然驚. 又{集韻}之石切, 音隻. 往也. 又叶式吏切, 音世. {揚子・太玄經}銳首銳于時, 得其適也. 銳東亡西, 不能迴避也. 又叶式列切, 音設. 韓愈{進學解}紆餘爲姸, 卓犖爲傑. 較短量長, 惟器是適. 又叶施灼切, 音爍. {陸機・演連珠}煙出夫火, 非火之和. 情生于性, 非性之適. 故火壯則煙微, 性充則情約. (說文) <辵部> 施隻切. 之也. 从辵啻聲. 適, 宋魯語.

A0088 U-9072

•遲• 辵字部 總16劃. (ᄒᆞᆫ글) [지] 늦을. (新典) [지] 오랠. 더딀. 천천할. 쉴. 기다릴. 이에. (類合) [디] 더딀. (英譯) late, tardy. slow. delay. (康熙) <辵部> 古文: 遟. {唐韻}直尼切, {集韻}{韻會}陳尼切, {正韻}陳知切, 㚏音墀. {說文}徐行也. {廣韻}久也, 緩也. {詩・衛風}行道遲遲. {禮・玉藻}君子之容舒遲. 又{孔子閒居}無體之禮, 威儀遲遲. {註}緩而不迫也. 又委遲, 迴遠貌. {詩・小雅}周道倭遲. 又{韻會}棲遲, 息也. {詩・陳風}可以棲遲. 又姓. {書・盤庚}遲任有言. {註}古賢人. 又尉遲, 複姓. 又{廣韻}{韻會}直利切, {集韻}直吏切, {正韻}直意切, 㚏音稚. {廣韻}待也. {後漢・章帝紀}朕思遲直士, 側席異聞. 又{趙壹傳}實望昭其懸遲. {註}懸心遲仰之. 又遲明卽黎明. {前漢・高帝紀}遲明, 圍宛城三匝. {註}遲, 未也. 天未明之頃也. {衛青傳}遲明行二百餘里. {註}遲, 待也. 待天欲明也. 又{正韻}欲速而以彼爲緩曰遲, 使彼徐行以待亦曰遲. {荀子・修身篇}遲彼止而待我. 又乃也. {史記・春申君傳}遲令韓, 魏歸帝重于齊. {註}遲, 猶値. 値, 猶乃也. {韻會}遲遟迡㚏同. (說文) <辵部> 直尼切. 徐行也. 从辵犀聲. {詩}曰: "行道遲遲."

A0799 U-9077

•遷• 辵字部 總16劃. (ᄒᆞᆫ글) [쳔] ᄋᆞᆱ길. (新典) [쳔] 옴길. 박괼. 옮을. 귀향 보낼. 벼슬 거칠. (類合) [쳔] 올ᄆᆞᆯ. (英譯) move, shift, change. transfer. (康熙) <辵部> 古文: 迁䙴拪搟抰. {唐韻}七然切, {集韻}親然切, 㚏音韆. {說文}登也. {廣韻}去下之高也. {詩・小雅}遷于喬木. 又遷徙也. {易・益卦}君子以見善則遷, 有過則改. {書・益稷}懋遷有無化居. {註}懋, 勉其民, 徙有於無, 交易變化, 其所居積之貨也. 又移物曰遷. {禮・曲禮}先生書策琴瑟在前, 坐

而遷之. ｛註｝諸物當前, 跪而遷移之. 又變易也. ｛左傳・昭五年｝吾子爲國政, 未攺禮, 而又遷之. 又徙國曰遷. ｛周禮・秋官・小司寇｝二曰詢國遷. ｛註｝謂徙都攺邑. 又徙官曰遷. ｛前漢・賈誼傳｝誼超遷, 歲中至大中大夫. 又貶秩曰左遷. ｛史記・韓王信傳｝項王王諸將近地, 而王獨遠居, 是左遷也. 又｛張蒼傳｝吾極知其左遷. ｛註｝是時尊右卑左, 故謂貶秩爲左遷. 又｛正韻｝謫也, 放逐也. ｛皐陶謨｝何遷乎有苗. 又君遷, 木名. ｛左思・吳都賦｝平仲君遷. 又姓. 又西烟切, 音仙. ｛前漢・王莽傳｝立安爲新遷王. ｛註｝服虔曰: 遷, 音仙. 師古曰: 遷, 猶仙耳. 不勞假借. 又叶七情切, 音淸. ｛陳琳・大暑賦｝樂以忘憂, 氣變志遷. 爰速嘉賓, 式燕且殷. ｛李翺・祭韓愈文｝疏奏輒斥, 去而復遷, 升黜不攺, 正言時聞. 說文 <辵部> 七然切. 登也. 从辵䙴聲.

D0027 U-48AE

◆䢮◆ 辵字部 總17劃. 훈글 [뢰] 비. 英譯 rapid marching or running. 康熙 <辵部> ｛廣韻｝徒歷切, ｛集韻｝亭歷切, 𠀤音荻. ｛廣韻｝雨也. ｛集韻｝䢮䢮, 雨貌. 又｛玉篇｝力罪切, 音類. 又｛集韻｝徒沃切, 音毒. 義𠀤同.

A0089 U-907F

◆避◆ 辵字部 總17劃. 훈글 [피] 피할. 新典 [피] 숨을. 비켤, 피할. 어길. 類合 [피] 피홀. 英譯 avoid. turn aside. escape. hide. 漢典 形聲. 從辵, 辟聲. 本義: 躲開, 回避. 康熙 <辵部> 古文: 𨔷僻. ｛唐韻｝｛集韻｝｛韻會｝｛正韻｝𠀤毗義切, 音鼻. ｛玉篇｝迴避也. ｛史記・藺相如傳｝望見廉頗, 引車避匿. ｛前漢・王吉傳｝敘: 避而入商雒深山. ｛後漢・郅惲傳｝避地敎授. ｛註｝隱遁也. 又｛正韻｝通作辟. ｛論語｝辟世, 辟地, 辟言, 辟色, 俱作辟. 說文 <辵部> 毗義切. 回也. 从辵辟聲.

A0091 U-9087

◆邇◆ 辵字部 總18劃. 훈글 [이] 가까울. 新典 [이] 갓가울. 訓蒙 [ᅀᅵ] 갓가올. 英譯 be near, be close. recently. 康熙 <辵部> 古文: 迩. ｛廣韻｝兒氏切, ｛集韻｝｛韻會｝忍氏切, ｛正韻｝忍止切, 𠀤音爾. ｛說文｝近也. ｛書・舜典｝柔遠能邇. ｛詩・周南｝父母孔邇. ｛左傳・文十七年｝以陳, 蔡之密邇於楚. 又通作爾. ｛詩・大雅｝莫遠具爾. ｛註｝爾, 近也. ｛儀禮・燕禮｝君南鄉爾卿, 卿西面北上爾大夫. ｛註｝揖而移之近之也. ｛說文｝別作迩, 俗省作迩, 迩. 迩字从𨑂作. 說文 <辵部> 兒氏切. 近也. 从辵爾聲.

A0207 U-908A

◆邊◆ 辵字部 總19劃. 훈글 [변] 가. 新典 [변] 가. 변방. 겻할. 모퉁이. 訓蒙 [변] ᄀᆞᆺ. 英譯 edge, margin, side, border. 康熙 <辵部> 古文: 𨘢. ｛集韻｝｛韻會｝｛正韻｝𠀤卑眠切, 音編. ｛玉篇｝畔也, 邊境也. ｛禮・玉藻｝其在邊邑. ｛註｝邊邑, 九州邊鄙之邑. ｛左傳・成十三年｝蕩搖我邊疆. 又｛正韻｝旁近也. ｛前漢・高帝紀｝齊邊楚. 又側也. ｛禮・檀弓｝齊衰不以邊坐. ｛疏｝喪服宜敬, 起坐宜正, 不可著齊衰而偏坐也. 又邊璋, 半文飾也. ｛周禮・冬官考工記｝邊璋七寸. 又姓. 周大夫邊伯之後. 南唐有邊鎬. ｛說文｝作邉.

D0027 U-908B

•邋• 辵字部 總19劃. 훈글 [랍] 나부낄. 新典 [랍] 천천이 거를. 英譯 rags. 康熙 <辵部> {唐韻}良涉切, {集韻}力涉切, 丛音獵. {說文}搚也. {廣韻}邁也. 又{字彙補}旌旗動搖貌. {石鼓文}邋邋員斿. 又{廣韻}盧盍切, {集韻}力盍切, 丛音臘. 邋遢, 行貌. 說文 <辵部> 良涉切. 搚也. 从辵巤聲.

A0379 U-9091

•邑• 邑字部 總07劃. 훈글 [읍] 고을. 新典 [읍] 골. 흡흡 늣길. 답답할. 訓蒙 [읍] 고을. 英譯 area, district, city, state. 漢典 會意. 甲骨文字形. 上爲囗, 表疆域, 下爲跪著的人形, 表人口. 合起來表城邑. "邑"是漢字的一個部首, 變體爲右耳旁. 從"邑"的字多和地名, 邦郡有關. 本義: 國. 康熙 <邑部> {集韻}於汲切, {集韻}{韻會}乙及切, {正韻}一入切, 丛音浥. {說文}國也. {正韻}都邑也. {釋名}邑, 人聚會之稱也. {史記・五帝紀}舜一年而所居成聚, 二年成邑. {周禮・地官・小司徒}四井爲邑, 四邑爲丘. 又{載師}以公邑之田任甸地, 以家邑之田任稍地. {註}公邑, 謂六遂之餘地. 家邑, 謂大夫之采地. 又王畿亦稱邑. {書・湯誓}率割夏邑. {詩・商頌}商邑翼翼. 又侯國亦稱邑. {書・武成}用附我大邑周. {詩・大雅}作邑于豐. 又於邑, 氣逆結不下也. {楚辭・九章}氣於邑而不可止. {前漢・成帝贊}言之可爲於邑. {註}於邑, 短氣也. 又邑邑, 與悒悒通. {史記・商君傳}安能邑邑待數十百年. 又複姓. {廣韻}漢有邑由氏. 又{集韻}{正韻}丛遏合切, 音姶. 阿邑, 與阿匼同, 諂諛迎合貌. {前漢・張湯傳}以智阿邑人主, 與俱上下. 又叶弋灼切, 音藥. {後漢・杜篤・論都賦}成周之隆, 乃卽中洛. 遭時制都, 不常厥邑. {說文}从口, 音圍, 象四境. 卪聲. 尊甲大小有等, 故从卪會意. 偏旁作阝, 俗从口从巴. 非. 說文 <邑部> 於汲切. 國也. 从囗; 先王之制, 尊卑有大小, 从卪. 凡邑之屬皆从邑.

A0380 U-90A6

•邦• 邑字部 總07劃. 훈글 [방] 나라. 新典 [방] 나라. 봉하. 訓蒙 [방] 나라. 英譯 nation, country, state. 漢典 形聲. 從邑, 豐聲. 古文從之, 從田, 會意. 與封字從之, 從土同意. 本義: 古代諸侯的封國, 國家. 康熙 <邑部> 古文: 峀邫邦. {唐韻}博江切, {集韻}{韻會}悲江切, 丛音梆. {說文}國也. {周禮・天官}大宰掌邦之六典, 以佐王治邦國. {註}大曰邦, 小曰國. 又{釋名}邦, 封也. 封有功于是也. {書・蔡仲之命}乃命諸王邦之蔡. 又姓. {正字通}明有邦嚴. 又叶卜工切, 音崩. {詩・小雅}以畜萬邦, 叶上訩. {又}保其家邦. 叶上同. 又{大雅}御于家邦. 叶上恫, 凡{詩}{易}邦字丛同此音. 說文 <邑部> 博江切. 國也. 从邑丰聲.

A0510 U-90B1

•邱• 邑字部 總08劃. 훈글 [구] 땅 이름. 英譯 surname. hill. mound. grave. 康熙 <邑部> {唐韻}去鳩切, {集韻}袪尤切, 丛音丘. 地名. 說文 <邑部> 去鳩切. 地名. 从邑丘聲.

A0568 U-90B2

•邲• 邑字部 總08劃. 훈글 [필] 땅 이름. 新典 [필] 필따. 어엽블. 英譯 good-looking. name of a place. 康熙 <邑部> {唐韻}毘必切, {集韻}{韻會}薄必切, {正韻}薄密切, 丛音佖. {說文}鄭地. {春秋·宣十二年}晉荀林父帥師及楚子戰于邲. {註}在鄭州管城縣. 又姓, 見{姓苑}. 又{廣韻}{集韻}丛兵媚切, 音祕. {廣韻}好也. 說文 <邑部> 毗必切. 晉邑也. 从邑必聲. {春秋傳}曰: "晋楚戰于邲."

A0570 U-90B5

•邵• 邑字部 總08劃. 훈글 [소] 고을 이름. 新典 [쇼] 소짜. 英譯 surname. various place names. 康熙 <邑部> {集韻}{韻會}時照切, {五音集韻}市照切, 丛音紹. {廣韻}邑名. {左傳·襄二十三年}齊侯伐晉, 戍郫, 邵. {註}晉邑. 又姓. 與召通. 召公奭之後. {史記·白起傳}雖周, 邵, 呂望之功, 不益于此矣. 又邵陵, 地名. {史記·秦本紀}齊桓公伐楚, 至邵陵. {左傳·僖四年}作召陵. {正字通}从邑者, 爲邑, 爲姓. 从卩者訓勸勉, 又訓高也. 俗多譌混. 說文 <邑部> 寔照切. 晉邑也. 从邑召聲.

A0220 U-9095

•邕• 邑字部 總10劃. 훈글 [옹] 화할. 新典 [응] 막힐. 화할. 英譯 former or literary name for Nanning (in Guangxi). 漢典 會意. 從川, 從邑. 水流圍困城邑. 本義: 四方被水環繞的都邑. 康熙 <邑部> {唐韻}{集韻}{韻會}{正韻}丛於容切, 音雍. {說文}邑四方有水, 自邕城池者是也. 又{集韻}竭塞也. 與壅同. {前漢·王莽傳}邕河水不流. 又{正韻}和也. 與雍同. {晉書·桑虞傳}閨門邕穆. 又{韻會}州名. 秦桂林郡, 唐置邕州. {正字通}邕雍雝壅, 古俱通用. 說文 <川部> 於容切. 四方有水, 自邕城池者. 从川从邑.

A0381 U-90D5

•郕• 邑字部 總10劃. 훈글 [성] 땅 이름. 新典 [셩] 셩나라. 英譯 state in Shandong province. 康熙 <邑部> {廣韻}是征切, {集韻}{韻會}{正韻}時征切, 丛音成. 國名. {左傳·隱五年}衞師入郕. {註}東平亢父縣西南有郕鄉, 後屬魯, 爲孟氏邑. 又地名. {左傳·隱十一年}王與鄭人之田溫原隰郕. {註}隰郕, 在懷縣西南. 說文 <邑部> 氏征切. 魯孟氏邑. 从邑成聲.

A0315 U-90ED

•郭• 邑字部 總11劃. 훈글 [곽] 성곽. 新典 [곽] 셩곽휘, 밧셩. 訓蒙 [곽] 밧잣. 英譯 outer part (of a city). surname. 康熙 <邑部> 古文: 鄭. {唐韻}{正韻}古博切, {集韻}{韻會}光鑊切, 丛音椁. {廣韻}內城外郭. {釋名}郭, 廓也. 廓落在城外也. {白虎通}所以必立城郭者, 示有固守也. 又{正韻}國名. {春秋·莊二十四年}赤歸于曹郭公. {公羊傳}赤者何, 蓋郭公也. 又姓. {玉篇}王季之後, 亦曰虢叔之後. {正字通}郭之有虢音者, 周文王季第封于虢, 或稱郭公, 因爲氏. {春秋傳}: 攻虢則虞救之. {公羊}作郭, {左}{穀}{孟子}作虢, 異字轉音相近也.

又{五音集韻}苦郭切. 與廓同. 說文 <邑部> 古博切. 齊之郭氏虛. 善善不能進, 惡惡不能退, 是以亡國也. 从邑䇞聲.

A0303 U-9115

•鄉• 邑字部 總13劃. 훈글 [향] 시골. 新典 [향] 시골. 訓蒙 [향] 스굴. 英譯 country. rural. village. 康熙 <邑部> {廣韻}許良切, {集韻}{韻會}{正韻}虛良切, 𠔉音香. {釋名}鄉, 向也, 衆所向也. {廣韻}萬二千五百家爲鄉. {前漢・食貨志}五家爲鄰, 五鄰爲里, 四里爲族, 五族爲黨, 五黨爲州, 五州爲鄉, 是萬二千五百戶也. 又上聲. {韻會}{正韻}𠔉許兩切, 與響同. {前漢・董仲舒傳}如影鄉之應形聲. 又{字彙補}與饗通. {前漢・文帝紀}專鄉獨美其福. 又去聲. {集韻}{正韻}𠔉許亮切. 與嚮同. {禮・曲禮}則必鄉長者所視. {又}請席何鄉. 又{爾雅・釋宮}兩階閒謂之鄉. {註}人君南鄉當階閒. 又窻牖名. {禮・明堂位}刮楹達鄉. {疏}每室四戶八窻, 窻戶皆相對. 又{儀禮・士虞禮}祝從啓牖鄉如初. {註}鄉, 牖一名也. {疏}北牖名鄉, 鄉亦是牖, 故云一名也. 又{正字通}昔也, 曩也. 往者在前, 來者從後, 故往者謂之鄉者, 往日謂之鄉日. {論語}鄉也, 吾見於夫子而問知. 又姓. {集韻}通作向.

A0592 U-9117

•鄗• 邑字部 總13劃. 훈글 [호] 땅 이름. 新典 [효] 효슈. 英譯 county in Hebei province. 康熙 <邑部> {廣韻}胡老切, {集韻}下老切, {韻會}合老切, 𠔉音皓. {正字通}春秋晉邑, 戰國屬趙. {左傳・哀四年}齊國夏伐晉, 取邢, 任欒, 鄗. {註}鄗, 晉地. 後漢光武卽位于此, 改名高邑, 卽今趙州高邑縣. 又與鎬通. {後漢・馮衍傳}西顧酆, 鄗. {註}酆, 鄗, 二水名. 文王都酆, 武王都鄗. 又{廣韻}口交切, {集韻}{韻會}{正韻}丘交切, 𠔉音敲. 水名. {左傳・宣十二年}晉師在敖, 鄗之閒. {註}敖, 鄗, 二水名, 在滎陽縣西北. 又{唐韻}呼各切, {集韻}{韻會}{正韻}黑各切, 𠔉音壑. 又{集韻}虛到切, 音秏. 義𠔉同. 又{字彙補}居囂切, 音郊. 地名. 與郊同. {史記・秦本紀}取王官及鄗. {左傳・文三年}作郊. 說文 <邑部> 呼各切. 常山縣. 世祖所卽位, 今爲高邑. 从邑高聲.

A0323 U-9119

•鄙• 邑字部 總14劃. 훈글 [비] 다라울. 新典 [바] 드러울, 드럽힐. 시골. 변방. 인색할. 訓蒙 [비] ㄱ. 英譯 mean. low. 漢典 形聲. 從邑, 啚聲. 本義: 五百家(周代戶口單位. 康熙 <邑部> 古文: 啚. {廣韻}方美切, {集韻}{韻會}補美切, {正韻}補委切, 𠔉音比. {釋名}鄙, 否也. 小邑不能遠通也. {周禮・天官・大宰}以八則治都鄙. {註}都之所居曰鄙, 公卿大夫之采邑, 王子弟所食邑在畿內者. 又{地官・遂人}掌造縣鄙形體之法, 五酇爲鄙, 五鄙爲縣. 又{廣韻}邊鄙也. {左傳・隱元年}太叔命西鄙北鄙貳于己. {註}鄙, 鄭邊邑. 又{正韻}陋也, 厭薄之也. {左傳・宣十四年}過我而不假道, 鄙我也. {老子・道德經}衆人皆有以, 我獨頑似鄙. 又鄙與都對言, 朴野也. {淮南子・詮言訓}夫始于都者, 常大于鄙. 又鄙與仁對, 言不通也. {前漢・董仲舒傳}或仁或鄙. 又嗇於財者曰鄙吝. 俗作鄙, 鄙. 說文 <邑部> 兵美切. 五酇爲鄙. 从邑啚聲.

D0088 U-9127

•鄧• 邑字部 總15劃. (ᄒᆞᆫ글) [등] 나라 이름. (新典) [등] 등나라. (英譯) surname. (康熙) <邑部> {唐韻}徒亘切, {集韻}{韻會}{正韻}唐亘切, 𠀤音蹬. {說文}曼姓之國. {春秋・桓七年}鄧侯吾離來朝. {疏}鄧, 在南地, 屬衡岳. 又魯地. {春秋・隱十年}春, 齊侯, 鄭伯盟于鄧. {註}鄧, 魯地. 又蔡地. {春秋・桓二年}蔡侯, 鄭伯會于鄧. {註}潁川召陵縣西南有鄧城. {疏}賈, 服以鄧爲國, 釋例以此爲蔡地, 其鄧國則義陽鄧縣是也. 以鄧是小國, 去蔡遠, 蔡, 鄭懼楚而爲此會, 不當反求近楚小國與之結援, 故知非鄧國也. 又州名. 本秦南陽郡, 隋置南陽縣, 攺鄧州. 又姓. {姓考}殷武丁封叔父于河北, 爲鄧侯, 後因氏. (說文) <邑部> 徒亙切. 曼姓之國. 今屬南陽. 从邑登聲.

A0269 U-912D

•鄭• 邑字部 總15劃. (ᄒᆞᆫ글) [정] 나라 이름. (新典) [정] 정나라. (英譯) state in todays Henan. surname. (康熙) <邑部> {唐韻}{集韻}{韻會}{正韻}𠀤直正切, 音鄭. 國名. {釋名}鄭, 町也, 地多平町町然也. {正字通}鄭本西都畿內地, 周宣王封其弟友, 是爲鄭. 桓公寄孥與賄于虢鄶, 其子武公, 定平王于東都, 因徙其封, 施舊號于新邑, 是爲新鄭. 今河南開封府鄭州是也. 又南鄭, 縣名. 今屬陝西漢中府, 桓公封邑在畿內, 爲西鄭, 漢中在京兆之南, 故稱南鄭以別之. {一統志}南鄭, 古褒國附庸之邑. 桓公歿, 其民南奔居此, 因曰南鄭. 又{廣韻}鄭重, 殷勤之意. {前漢・王莽傳}非皇天所以鄭重降符命之意. 又姓. {集韻}鄭滅于韓, 子孫因以國爲氏. (說文) <邑部> 直正切. 京兆縣. 周厲王子友所封. 从邑奠聲. 宗周之滅, 鄭徙潧洧之上, 今新鄭是也.

C0071 U-9130

•鄰• 邑字部 總15劃. (ᄒᆞᆫ글) [린] 이웃. (新典) [린] 이웃. 이웃할. 도을. (訓蒙) [린] ᄆᆞᅀᅳᆯ. (英譯) neighbor. neighborhood. (康熙) <邑部> 古文: 厸. {唐韻}力珍切, {集韻}{韻會}{正韻}離珍切, 𠀤音粼. {廣韻}近也, 親也. {正韻}比也. {釋名}鄰, 連也. 相接連也. {周禮・地官・遂人}五家爲鄰, 五鄰爲里. 又連界之國, 亦稱鄰. {書・蔡仲之命}睦乃四鄰. 又左右輔弼亦曰鄰. {書・益稷}臣哉鄰哉. {註}臣以人言, 鄰以職言. 又車聲. 與轔通. {詩・秦風}有車鄰鄰. {註}衆車聲. 又{集韻}{韻會}{正韻}𠀤良刃切, 音吝. 與甐通. {集韻}敝也. {正韻}動也. {周禮・冬官考工記}輪雖敝, 不甐于鑿. {註}以輪之厚, 石雖齧之, 不能敝其鑿, 旁使之動也. 甐, 本又作鄰. 又叶陵延切, 音連. {陸機・挽歌}人往有反歲, 我行無歸年. 昔居四民宅, 今託萬鬼鄰. {正字通}本作鄰, 隷作隣. 今通作鄰. (說文) <邑部> 力珍切. 五家爲鄰. 从邑粦聲.

D0088 U-9146

•酆• 邑字部 總21劃. (ᄒᆞᆫ글) [풍] 나라 이름. (新典) [풍] 풍물. 풍싸. (英譯) name of Zhou period state. (康熙) <邑部> {廣韻}敷空切, {集韻}{韻會}敷馮切, 𠀤音豐. {集韻}周文王所都. {左傳・昭四年}康有酆宮之朝. {註}酆, 在始平鄠縣東, 有靈臺, 康王於是朝諸侯也. 又國名. {左傳・僖二十四年}畢, 原, 酆, 郇, 文之昭也. 又姓. {左傳}有酆舒. 又水名. {後漢・馮衍

傳}西顧酆, 鄗. {註}酆, 鄗, 二水名. ○ 按{詩・大雅}作邑于豐. 豐水東注. {書・武成}王來自商, 至于豐. 俱作豐. 後人加阝作酆, 無二義. 說文 <邑部> 敷戎切. 周文王所都. 在京兆杜陵西南. 从邑豐聲.

A0993 U-9149

•酉• 酉字部 總07劃. 훈글 [유] 닭. 新典 [유] 별. 열재 디지. 나아갈. 英譯 10th terrestrial branch. a wine vessel. 漢典 象形. 金文字形, 象酒壇形. "酉"是漢字的一個部首, 從"酉"的字多與酒或因發酵而制成的食物有關. 本義: 酒. 康熙 <酉部> 古文: 丣. {廣韻}與九切, {集韻}{韻會}以九切, {正韻}云九切, 𠀤音牖. {說文}就也. 八月黍成, 可爲酎酒. {徐曰}就, 成熟也. 丣爲春門, 萬物已出. 酉爲秋門, 萬物已入. 一, 閉門象也. {廣韻}飽也, 老也. {爾雅・釋天}太歲在酉曰作噩. {史記・律書}八月也. 律中南呂, 其於十二子爲酉. 酉者, 萬物之老也. {淮南子・天文訓}指酉. 酉者, 飽也. 律受南呂. 又{時則訓}仲秋之月, 招搖指酉. {釋名}酉, 秀也. 秀者, 物皆成也. 於{易}爲兌. 又大酉, 小酉, 山名. 在辰州沅陵. 相傳石穴中有書千卷. 又水名. {後漢・郡國志}武陵郡酉陽縣, 酉水所出, 東入湘. 又{字彙補}五酉, 怪名, 孔子在陳所見也. 見{衝波集}. 又姓. {正字通}魏有酉牧. 說文 <酉部> 與久切. 就也. 八月黍成, 可爲酎酒. 象古文酉之形. 凡酉之屬皆从酉.

A1000 U-48E5

•䣥• 酉字部 總09劃. 훈글 [비] 술 이름. 英譯 a kind of wine. 康熙 <酉部> {類篇}補履切, 音比. 酒名. 與酏同.

D0181 U-914C

•酌• 酉字部 總10劃. 훈글 [작] 따를. 新典 [잠] 잔질할. 대즁할, 짐작할. 訓蒙 [쟉] 브슬. 英譯 serve wine. feast. deliberate. 漢典 形聲. 從酉, 從勺, 勺亦聲. 從"酉"與酒有關. 本義: 斟酒. 康熙 <酉部> {唐韻}之若切, {集韻}{韻會}{正韻}職略切, 𠀤音灼. {說文}盛酒行觴也. {詩・周南}我姑酌彼金罍. {禮・郊特牲}縮酌用茅. {註}酌, 猶斟也. 酒已泲, 則斟之, 以實尊彝. {前漢・蓋寬饒傳}無多酌我, 我乃酒狂. {班固・西都賦}騰酒車以斟酌. 又{博雅}酌, 漱也. {又}益也. 又{禮・曲禮}酒曰淸酌. {博雅}淸酌, 酒也. 又取善而行曰酌. {左傳・成六年}子爲大政, 將酌於民者也. {註}酌取民心, 以爲政. {禮・坊記}上酌民言, 則下天上施. {註}酌, 猶取也. 又參酌也. {周語}而後王斟酌焉. {前漢・敘傳}斟酌六經, 放易象論. 又地名. {史記・建元以來王子侯者年表}平酌侯菑川懿王子. {註}志屬北海. 又{正字通}武王樂歌, 周頌於鑠王師之篇名. 酌, 亦省作勺. {禮・內則}十三舞勺. {註}勺與酌同. 又{集韻}實若切, 音杓. 挹也. {左傳・成十四年}不內酌飮. {釋文}酌, 市略反, 亦讀章略反. 說文 <酉部> 之若切. 盛酒行觴也. 从酉勺聲.

A0997 U-914D

•配• 酉字部 總10劃. 훈글 [배] 아내. 新典 [배, 비] 짝. 짝할. 도을. 귀향 보낼. 類合 [비]

叺. (英譯) match, pair. equal. blend. (漢典) 形聲. 從酉, 己聲. 按: 一說不從"己"聲, 應是"妃"省聲. 本義: 用不同的酒配制而成的顏色. (康熙) <酉部> {唐韻}{集韻}滂佩切, {韻會}滂沛切, 𠀤音霈. {說文}酒色也. 又{玉篇}匹也, 媲也, 對也, 當也, 合也. {易・繫辭}廣大配天地, 變通配四時. {書・君牙}對揚文武之光命追配于前人. 又夫婦曰配偶. {易・蒙卦・納婦吉傳}婦者, 配己而成德者也. {詩・大雅}天立厥配, 受命旣固. 又{增韻}侑也. {易・豫卦}先王以作樂崇德殷薦之上帝, 以配祖考. {禮・雜記}男子祔于王父則配. 又{禮・禮器}齊人將有事于泰山, 必先有事于配林. {註}配林, 林名. 又{韻會}流刑隸也. {王溥・五代會要}晉天福三年, 左街從人韓延嗣徒二年半, 刺面, 配華州, 發運務. 或曰唐雖有配流嶺南之文, 然配法刺面, 當始於此. 又{五音集韻}補妹切, 音䏶. 匹也, 合也. 又{韻會}叶鋪枚切, 音坯. {張衡・東京賦}然後宗上帝於明堂, 推光武以作配. 辨方位而正則, 五精帥而來摧. (說文) <酉部> 滂佩切. 酒色也. 从酉己聲.

酎 A1001 U-914E

•酎• 酉字部 總10劃. (훈글) [주] 진한 술. (新典) [쥬] 세 번 우덥흔 술. 우덥흔 술. (英譯) double-fermented wine, vintage wine. (康熙) <酉部> {唐韻}除柳切, {集韻}直祐切, {韻會}直久切, {正韻}直又切, 𠀤音胄. {說文}三重醇酒也. {玉篇}醇也, 釀也. {左傳・襄二十二年}見於嘗酎, 與執燔焉. {註}酒之新熟, 重者爲酎. {禮・月令}孟夏之月, 天子飮酎. {註}酎之言醇也. 謂重釀之酒也. 春酒至此始成. {史記・孝文紀}高廟酎, 奏武德, 文始, 五行之舞. {註}張晏曰: 正月旦作酒, 八月成, 名曰酎. 酎之言純也. 又{史記・平準書}列侯坐酎金, 失侯者百餘人. {註}漢儀注, 王子爲侯, 侯歲以戸口酎黃金於漢廟, 皇帝臨, 受獻金以助祭. 大祀日飮酎, 飮酎受金, 金少不如斤兩, 色惡, 王削縣, 侯免國. (說文) <酉部> 除柳切. 三重醇酒也. 从酉, 从時省. {明堂月令}曰: "孟秋, 天子飮酎."

酒 A0994 U-9152

•酒• 酉字部 總10劃. (훈글) [주] 술. (新典) [쥬] 술. 무술. (訓蒙) [쥬] 술. (英譯) wine, spirits, liquor, alcoholic beverage. (漢典) 會意. 從水, 從酉. "酉"本義就是酒. "酉"亦兼表字音. (康熙) <酉部> {唐韻}子酉切, 愀上聲. {說文}就也, 所以就人性之善惡. 一曰造也. 吉凶所造也. {釋名}酒, 酉也, 釀之米麴, 酉澤久而味美也. 亦言踧也, 能否皆彊相踧持飮之也. 又入口咽之, 皆踧其面也. {周禮・天官・酒正}辨三酒之物, 一曰事酒, 二曰昔酒, 三曰淸酒. {註}事酒, 有事而飮也. 昔酒, 無事而飮也. 淸酒, 祭祀之酒. {前漢・食貨志}酒, 百藥之長. {東方朔傳}銷憂者莫若酒. {江統・酒誥}酒之所興, 肇自上皇, 成之帝女, 一曰杜康. 又玄酒, 明水也. {禮・明堂位}夏后氏尚明水, 殷尚醴, 周尚酒. 又天酒, 甘露也. {瑞應圖}王者施德惠, 則甘露降, 一名天酒. 又官名. {周禮・天官}酒正. {註}酒官之長. {又}女酒. {註}女奴曉酒者. 又祭酒, 尊稱之號. {前漢・伍被傳}號爲劉氏祭酒. {註}祭時惟尊長酹酒也. 又酒旗, 星名. {曹植・酒賦}仰漢旗之景曜, 協嘉號於天辰. 又地名. {左傳・莊二十二年}王與虢公酒泉之邑. {註}邑在河南. 又{前漢・武帝紀}以其地爲武威酒泉郡. {註}酒泉, 今肅州. 又姓. 明有酒好德. 又人名. {史記・晉世家}靜公俱酒. 又{韻補}叶子小切, 音剿. {詩・鄭風}叔于狩, 巷無飮酒. 豈無飮酒, 不如叔也, 洵美且好. {易林}白茅醴酒, 靈巫拜禱. 神嘻飮食, 使人壽老. 又叶子與切, 音苴. {張超・誚靑衣賦}東向長跪, 接狎歡酒. 悉請諸靈, 邪僻無主. (說文) <酉部> 子酉切. 就也, 所以就人

性之善惡. 从水从酉, 酉亦聲. 一曰造也, 吉凶所造也. 古者儀狄作酒醪, 禹嘗之而美, 遂踈儀狄. 杜康作秫酒.

A0556 U-9153

•酓• 酉字部 總11劃. 한글 [염] 술 맛이 쓰다. 新典 [염] 쓴 술. 康熙 <酉部> {廣韻}{集韻}丛於琰切, 音黶. 與檿同. {史記・夏本紀}其篚酓絲. {註}孔安國曰: 酓, 桑蠶絲, 中爲琴瑟絃. 又{廣韻}酒味苦也. 又{集韻}徒南切, 音覃. 又呼含切, 音峆. 又於念切, 音醶. 義丛同. 又{集韻}於豔切, 音厭. 酒盈量也. 又於錦切. 同飮.

A0578 U-919C

•醜• 酉字部 總17劃. 한글 [추] 추할. 新典 [츄] 추할. 가틀. 무리. 자라 쏭구멍. 드러울. 訓蒙 [취] 더러울. 英譯 ugly looking, homely. disgraceful. 漢典 形聲. 從鬼, 酉聲. 古人以爲鬼的面貌最丑, 故從鬼. 本義: 貌丑. 康熙 <酉部> 古文: 魗䰰. {唐韻}{集韻}{韻會}{正韻}丛齒九切, 犨上聲. {說文}可惡也. {詩・小雅}日有食之, 亦孔之醜. {傳}醜, 惡也. {左傳・文十八年}醜類惡物. {註}醜, 亦惡也. {前漢・項羽紀}項王爲天下宰不平, 今盡王故王於醜地. 又{釋名}臭也, 如臭穢也. 又惡之也. {左傳・昭二十八年}惡直醜正, 實蕃有徒. {史記・殷本紀}伊尹去湯適夏, 旣醜有夏, 復歸於亳. 又相惡也. {戰國策}又身自醜於秦. {註}自醜於秦, 與秦惡也. 又羞也. {史記・魏世家}以羞先君宗廟社稷, 寡人甚醜之. 又{韓非傳}在知飾所說之所敬, 而滅其所醜. {註}索隱曰: 謂人主有所避諱而醜之, 游說者當滅其事端而不言也. 又貌惡也. {前漢・五行志}或形貌醜惡, 亦是也. {淮南子・說山訓}不求美, 又不求醜, 則無美無醜矣. 又類也. {易・漸卦}夫征不復, 離羣醜也. {疏}醜, 類也. {孟子}地醜德齊. 又衆也. {詩・小雅}執訊獲醜. {箋}醜, 衆也. {左傳・定四年}將其醜類. {註}醜, 衆也. 又比也. {禮・學記}古之學者比物醜類. {註}醜, 猶比也. 又{揚子・方言}醜, 同也. 東齊曰醜. 又山名. {山海經}崑崙之丘, 洋水出焉而西南流, 注于醜塗之水. {註}醜塗, 亦山名也. 又{禮・內則}鼈去醜. {註}醜, 謂鼈竅也. 又姓. {後漢・袁術傳}有醜長. 又複姓. {西秦錄}有下將軍醜門于第. 又{謚法}怙威肆行曰醜. {晉書・何曾傳}曾驕奢過度, 宜謚繆醜. 又{韻補}叶敞呂切, 音杵. {易林}東家中女, 嫫母敢醜. 三十無家, 媒自勞苦. {集韻}或作䰰. 說文 <鬼部> 昌九切. 可惡也. 从鬼酉聲.

D0181 U-91AB

•醫• 酉字部 總18劃. 한글 [의] 의원. 新典 [의] 의원. 병 고칠. 단것, 초. 訓蒙 [의] 의원. 英譯 cure, heal. doctor, medical. 漢典 會意兼形聲. 從匚, 從矢, 矢亦聲. {說文}: "盛弓弩矢器也." "醫", 會意, 從"殹", 從酉. "殹", 治病時的扣擊聲. "酉", 用以醫療的酒. 二字各有本義, 今用"醫"爲簡體字. 康熙 <酉部> {唐韻}{韻會}於其切, {正韻}於宜切, 丛音毉. {說文}治病工也. {禮・曲禮}醫不三世, 不服其藥. {史記・扁鵲傳}爲醫或在齊, 或在趙. 又官名. {周禮・天官}醫師掌醫之政令, 聚毒藥以供醫事. 註醫師, 衆醫之長也. {後漢・百官志}太醫令一人六百石. {註}掌諸醫. 又蟲名. {崔豹・古今注}蝘蜓, 一名蛇醫. 又{集韻}或作毉. {後漢・郭玉傳}毉之爲言意也. 又{集韻}{正韻}丛隱綺切, 音倚. {韻會}飮也. {五音集韻}梅漿也. {周禮・

天官・酒正｝辨四飮之物, 二曰醫. ｛註｝醴濁釀酏爲之則少淸矣. 又｛集韻｝或作醷, 亦作臆. ｛周禮・天官・酒正註｝鄭司農說, ｛內則｝漿水臆, 醫與臆音亦相似, 文字不同, 記之者各異耳. 此皆一物. ｛釋文｝醷, 本又作臆. 又｛集韻｝壹計切, 音医. ｛周禮・六飮｝一曰醫. 徐仙民讀. (說文) <酉部> 於其切. 治病工也. 殹, 惡姿也; 醫之性然. 得酒而使, 从酉. 王育說. 一曰殹, 病聲. 酒所以治病也. ｛周禮｝有醫酒. 古者巫彭初作醫.

 醴 A0284 U-91B4

•醴• 酉字部 總20劃. (ᄒᆞᆫ글) [례] 단술. (訓蒙) [례] ᄃᆞᆫ술. (英譯) sweet wine. sweet spring. (漢典) 形聲. 從酉, 豊聲. 從"酉", 表示與酒有關. 本義: 甜酒. (康熙) <酉部> ｛唐韻｝盧啓切, ｛集韻｝｛韻會｝里弟切, ｛正韻｝良以切, 𠀤音禮. ｛說文｝酒一宿𩰲也. ｛玉篇｝甜酒也. ｛釋名｝醴, 禮也. 釀之一宿而成, 醴有酒味而已也. ｛詩・小雅｝且以酌醴. ｛傳｝饗醴, 天子之飮酒也. ｛詩詁｝酒之甘濁而不泲者. ｛周禮・天官・酒正｝辨五齊之名, 二曰醴齊. ｛註｝醴, 猶體也. 成而滓汁相將, 如今恬酒. ｛前漢・楚元王傳｝元王每置酒, 常爲穆生設醴. ｛註｝師古曰: 醴, 甘酒也. 少麴多米, 一宿而熟. 又｛廣韻｝醴泉, 美泉也. 狀如醴酒, 可養老. ｛爾雅・釋天｝甘雨時降, 萬物以嘉, 謂之醴泉. ｛禮・禮運｝故天降膏露, 地出醴泉. 又｛正字通｝木醴. ｛建康實錄｝陳末, 覆舟山, 蔣山松栢林冬日常出木醴, 後主以爲甘露. 又縣名. ｛史記・惠景閒侯者年表｝醴陵侯越. ｛註｝縣名, 屬長沙. ｛廣韻｝醴泉縣, 屬京兆府, 本漢谷口縣也, 屬馮翊. 至後魏置寧夷縣, 隋改醴泉, 因周醴泉宮得名. ｛韻會｝唐置乾州, 宋改醴州, 因醴泉縣名. 又澧水, 亦作醴. ｛楚辭・九歌｝沅有芷兮醴有蘭. ｛史記・夏本紀｝又東至于醴. ｛註｝索隱曰: 騷人所歌, 濯余佩于醴浦, 醴卽澧水也. 又｛字彙補｝與禮通. ｛禮・內則｝世子生, 宰醴負子, 賜之束帛. ｛註｝醴當爲禮. (說文) <酉部> 盧啟切. 酒一宿孰也. 从酉豊聲.

 釆 D0015 U-91C6

•釆• 釆字部 總07劃. (ᄒᆞᆫ글) [변] 분별할. (新典) [변] 분별할. (英譯) distinguish. KangXi radical 165. (康熙) <釆部> 古文: 𠂓. ｛唐韻｝蒲莧切. 辨本字. ｛說文｝辨別也. 象獸指爪分別也. ｛六書正譌｝本獸指爪, 借爲別辨字. 凡審, 釋, 悉, 番之類从此. (說文) <釆部> 蒲莧切. 辨別也. 象獸指爪分別也. 凡釆之屬皆从釆. 讀若辨.

 采 A0342 U-91C7

•采• 釆字部 總08劃. (ᄒᆞᆫ글) [채] 캘. (新典) [채, 치] 캘. 일. 가릴. 채읍. 채색. 풍채. (英譯) collect, gather. pick, pluck. (漢典) 會意. 從爪從木. 甲骨文, 上象手, 下象樹木及其果實. 表示以手在樹上采摘果實和葉子. 本義: 用手指或指尖輕輕摘取來. (康熙) <釆部> ｛唐韻｝倉宰切, ｛集韻｝｛韻會｝此宰切, 𠀤音採. ｛說文｝捋取也. ｛詩・周南｝采采卷耳. ｛朱註｝采采, 非一采也. 又擇也. ｛禮・昏義｝昏禮: 納采, 問名, 納吉, 納徵, 請期. ｛釋文｝采, 擇也. ｛疏｝納采者, 謂采擇之禮. ｛史記・秦始皇紀｝采上古帝位號, 號曰皇帝. ｛班固・西都賦｝奚斯魯頌, 同見采於孔氏. 又采色. ｛書・益稷｝以五采彰施于五色. ｛史記・項羽紀｝吾令人望其氣, 皆爲龍虎, 成五采, 此天子氣也. 又物采. ｛左傳・隱五年｝取材以章物, 采謂之物. ｛疏｝取鳥獸之材以章明物色, 采飾謂之爲物. ｛文六年｝分之采物. ｛疏｝采物, 謂采章物也. 又｛魯語｝天子大采朝日, 少采夕月. ｛註

}大采, 衮職也. 少采, 黼衣也. 又{左思 · 蜀都賦}符采彪炳. {註}符采, 玉橫文也. 又事也. {史記 · 司馬相如傳}使獲燿日月之末光絕炎, 以展采錯事. {註}采, 官也. 展其官職, 設厝其事業者也. 又官也. {書 · 堯典}帝曰: 疇咨若予采. {傳}采, 事也. 馬云: 官也. {禮 · 明堂位}九采之國. {疏}各掌當州諸侯之事. 又采地. {禮 · 禮運}大夫有采, 以處其子孫. {前漢 · 地理志}大夫韓武子食采於韓原. 又飾也. {前漢 · 嚴助傳}樂失而淫, 禮失而采. {註}如淳曰: 采, 飾也. 師古曰: 采者, 文過其實. 又墓地. {揚子 · 方言}冢, 秦晉之閒謂之墳, 或謂之采. {註}古者卿大夫有采地, 死葬之, 因名. 又風采. {前漢 · 霍光金日磾傳}政自己出, 天下想聞其風采. {左思 · 魏都賦}極風采之異觀. 又{詩 · 秦風}蒹葭采采. {傳}采采, 猶萋萋, 盛也. 又{詩 · 曹風}蜉蝣之翼, 采采衣服. {傳}采采, 衆多也. {朱註}采采, 華飾也. {謝靈運 · 緩歌行}采采彤雲浮. 又幣也. {史記 · 周本紀}召公奭贊采. {註}正義曰: 采, 幣也. 又詩篇名. {禮 · 玉藻}趨以{采齊}, 行以{肆夏}. 又姓. {風俗通}漢度遼將軍采皓. 又地名. {左傳 · 僖八年}晉里克帥師, 敗狄于采桑. {註}平陽北屈縣西南有采桑津. 又玉名. {司馬相如 · 上林賦}晁采, 琬琰, 和氏出焉. {註}晁采, 玉名. 又木名. {史記 · 秦始皇紀}堯舜采椽不刮. {註}索隱曰: 采, 木名. 卽今之櫟木也. 又草名. {博雅}采, 藁采也. 又{韻會}{正韻}𠀋倉代切, 音菜. 臣食邑. {周禮 · 天官 · 八則註}公卿大夫采邑. 音菜. {孟子 · 元士受地視子男註}所受采地之制. 音菜. {前漢 · 食貨志註}采, 官也. 因官食地, 故曰采地. 又與菜同. {周禮 · 春官 · 大胥}春入學, 舍采合舞. {註}舍采, 謂舞者皆持芬香之采. 鄭康成曰: 舍卽釋也, 采讀爲菜. 始入學, 必舍菜, 禮先師也. 菜, 蘋, 蘩之屬. 又{五音集韻}子苟切, 音走. 採取也. 說文 <木部> 倉宰切. 捋取也. 从木从爪.

野 A0906 U-91CE

•野• 里字部 總11劃. 훈글 [야] 들. 新典 [야] 들. 들스러울. 訓蒙 [야] 믹. 英譯 open country, field. wilderness. 漢典 形聲. 從里, 予聲. {爾雅·釋言}: "里, 邑也." 本義: 郊外, 野外. 康熙 <里部> 古文: 埜壄. {唐韻}羊者切, {集韻}{韻會}{正韻}以者切, 𠀋音也. {說文}郊外也. {易 · 同人}同人于野, 亨. {疏}野, 是廣遠之處. {詩 · 魯頌}駉駉牡馬, 在坰之野. {傳}邑外曰郊, 郊外曰野. 又{周禮 · 地官 · 遂人}掌邦之野. {註}郊外曰野, 此野爲甸稍縣都. 又{周禮 · 秋官}縣士掌野. {註}地距王城二百里以外至三百里曰野. 又{韻會}朴野. {論語}質勝文則野. {禮 · 檀弓}故騷騷爾則野. {疏}田野之人, 急切無禮. 又官名. {左傳 · 昭十八年}使野司寇各保其徵. {註}野司寇, 縣士也. {禮 · 月令}季春之月, 命野虞, 毋伐桑柘. {註}野虞, 謂主田及山林之官. 又地名. {書 · 禹貢}原隰底績, 至于豬野. {傳}猪野, 地名. {左傳 · 宣十七年}晉人執晏弱于野王. {註}野王縣, 今屬河內. 又{昭二十五年}齊侯唁公于野井. {註}濟南祝阿縣東有野井亭. 又鉅野, 縣名. 見{前漢 · 地理志}. 又藪名. {書 · 禹貢}大野既豬. {周禮 · 夏官 · 職方氏}河東曰兗州, 其山鎭曰岱山, 其澤藪曰大野. 又東野, 複姓. {呂氏春秋}東野稷以御見莊公. 又{莊子 · 逍遙遊}野馬也, 塵埃也, 生物之以息相吹也. {註}野馬者, 遊氣也. 又{博雅}野雞, 雉也. 又{廣韻}{正韻}承與切, {集韻}上與切. 𠀋與墅同. {集韻}田廬也. {正韻}此正古墅字, 田下已从土, 後人以其借爲郊野字, 復加土字. 又{集韻}演女切, 音與. 郊外也. 又{韻補}叶賞呂切, 音暑. {詩 · 邶風}之子于歸, 遠送于野. 協上羽下雨. {左傳 · 昭二十五年}童謠曰: 鸜鵒之羽, 公在外野, 往饋之馬. 馬, 音姥. 又叶烏果切, 倭上聲. {後漢 · 隴坻歌}念我所欲, 飄然曠野. 登高遠望, 涕泣雙墮. 又叶常御切, 音樹. {班固 · 西都賦}罘網連紘, 籠山絡野. 列卒周匝, 星羅雲布. 說文 <里部> 羊者切. 郊外也. 从里予聲.

A0514 U-91CF

•量• 里字部 總12劃. (훈글) [량] 헤아릴. (新典) [량] 헤아릴. 휘. 한뎡할. 국량. (類合) [량] 헤아릴. (英譯) measure, quantity, capacity. (漢典) 形聲. 本義: 用量器計算容積或長度. (康熙) <里部> 古文: 量量. {廣韻}{集韻}{韻會}力讓切, {正韻}力仗切, 𠀤音亮. {集韻}斗斛曰量. {書・舜典}協時月正日, 同律度量衡. {釋文}量, 力尚切, 斗斛也. {左傳・昭三年}齊舊四量, 豆區釜鍾. {禮・明堂位}頒度量, 而天下大服. {註}量, 謂豆, 區, 斗, 斛, 筐, 筥所容受. {前漢・律歷志}量者, 龠, 合, 升, 斗, 斛也. 又{正韻}度量, 能容之謂量. {蜀志・黃權傳}魏文帝察其有局量. {程子遺書}或問: 量可學乎. 曰: 可. 學進則識進, 識進則量進, 人量隨識長, 亦有識高而量不長者, 識未至也. 又限也. {禮・禮運}月以爲量. {疏}量, 猶分限也. 又{禮・曲禮}凡祭宗廟之禮幣曰量幣. {釋文}量, 音亮. 又音良. 又審也. {禮・少儀}事君者量而后入, 不入而后量. {釋文}量, 音亮. 又酒量. {論語}惟酒無量不及亂. {東都事略}太祖謂王審琦曰: 天必賜卿酒量. 又{唐韻}{集韻}{韻會}呂張切, {正韻}龍張切, 𠀤音良. {說文}稱輕重也. {馮衍・遂志賦}弃衡石而意量兮. 又{廣韻}度多少也. {增韻}概量多寡也. {唐書・武后紀}補闕連車載, 拾遺平斗量. 又度長短也. {周禮・夏官}量人. {註}量, 猶度也. 謂以丈尺度地. {前漢・枚乘傳}銖銖而稱之, 至石必差. 寸寸而度之, 至丈必過. 石稱丈量, 徑而寡失. 又{韻會}商量. 又{博雅}量, 度也. {左傳・隱十一年}度德而處之, 量力而行之. {釋文}量, 音良. {韓愈詩}蚍蜉撼大樹, 可笑不自量. ○ 按古文亮, 良二音通, 今讀度量, 器量爲亮, 讀丈量, 商量爲良, 二音遂分. 又{山海經}犬封國有文馬, 縞身朱鬣, 目若黃金, 名曰吉量. {註}郭璞曰: 一作良. 又{字彙補}與緉同. 雙履也. {世說}阮孚曰: 未知能著幾量屐. (說文) <重部> 呂張切. 稱輕重也. 从重省, 曏省聲.

A0157 U-91D0

•釐• 里字部 總18劃. (훈글) [리] 다스릴. (新典) [리] 의리. 털끗. 줄. 다스릴. [희] 복. (英譯) manage, control. 1/1000 of a foot. (康熙) <里部> 古文: 斄. {廣韻}{集韻}里之切, {韻會}陵之切, 𠀤音離. {廣韻}理也. {書・堯典}釐降二女于嬀汭. {疏}釐降, 謂能以義理下之. {揚雄・劇秦美新}荷天衢, 提地釐. {註}釐, 理也. 荷天道, 提地理, 言則而效之. 又{說文}家福也. {揚雄・甘泉賦}逆釐三神. {註}釐, 福也. 又治也. {書・堯典}允釐百工, 庶績咸熙. {傳}釐, 治也. 又數名. 與氂, 犛𠀤同. {前漢・東方朔傳}正其本, 萬事理, 失之毫釐, 差以千里. {淮南子・主術訓}是故審毫釐之計者, 必遺天下之大數. 又{揚子・方言}陳楚之閒, 凡人獸乳而雙產, 謂之釐孳. 又{博雅}耦也. 又{揚子・方言}釐埒, 貪也. 又賜也, 予也. {詩・大雅}其僕維何, 釐爾女士. {傳}釐, 予也. {又}釐爾圭瓚. {傳}釐, 賜也. 又山名. {山海經}釐山. {註}按{名勝志}釐山在嵩縣西. 又草名. {爾雅・釋草}釐, 蔓華. 本作釐. 俗从牙作𨤲. 又陟釐, 紙名. {正字通}海藻本名陟釐. 南越以海苔爲紙, 其理倒側, 故名側理紙. 又姓. {山海經}大荒之中有大人之國, 釐姓. {註}按{國名記}帝鴻之後也. {氏族志}南北朝有釐豔. 又人名. {山海經}大皞生咸鳥, 咸鳥生乘釐. {註}乘釐, 是司水土. {又}重陰之山, 有人食獸, 曰季釐. 又與嫠同. {韓詩外傳}鄰之釐婦. {後漢・西羌傳}納其釐嫂. 又{集韻}{正韻}𠀤虛其切, 音僖. 福也. {前漢・文帝紀}祠官祝釐. {註}如淳曰: 福也. 師古曰: 本作禧, 假借用. 又{倉頡篇}祭餘肉也. {前漢・賈誼傳}上方受釐宣室. {註}徐廣曰: 祭祀福胙也. 應劭曰: 祭餘肉也. 又與僖同. {史記・魯世家}季友奉子申入立之, 是爲釐公. {史記・匈奴傳}齊釐公與戰於齊郊. {註}釐音僖. 又{史記・孔子世家}汪罔氏之君守封禺之山, 爲釐姓. {註}釐音僖. 又{五音集韻}土來切, 音胎. 地名. 邰或

作釐, 后稷所封也. 又同秾. {前漢・劉向傳}貽我釐麰. {註}師古曰: 釐, 力之反, 又音來. 又{字彙補}同萊. {戰國策}齊伐釐, 莒. 又{集韻}落蓋切, 音賚. 賜也. {詩・大雅}釐爾圭瓚. 沈重讀. 又{韻補}叶力至切, 音利. {曹植頌}祇肅郊廟, 明德敬忌. 陽精積善, 鍾天之釐. (說文) <里部> 里之切. 家福也. 从里孷聲.

鉞 A0863 U-925E

•鉞• 金字部 總13劃. (훈글) [월] 도끼. (新典) [월] 독긔. (訓蒙) [월] 도치. (英譯) broad-axe, a battle axe, halberd. (康熙) <金部> {廣韻}{集韻}{韻會}丛王伐切, 音越. {廣雅}鉞, 斧也. {書・牧誓}王左杖黃鉞. {左傳・昭十五年}鍼鉞秬鬯. {疏}鉞大而斧小. {太公・六韜}大柯斧重八斤. 一名天鉞. {釋名}鉞, 豁也. 所向莫敢當前, 豁然破散也. 又星名. {史記・天官書}東井爲水事, 其西曲星曰鉞. {說文}本作戉. 大斧, 鉞車鑾聲, 呼會切, 引{詩}: 鑾聲鉞鉞. {徐鉉曰}俗作鐬. 以鉞作斧戉之戉. 非是. {正字通}按徐說迂曲難通. {說文}絾越狘皆从戉聲, 鉞从戉, 讀若誨, 別訓鑾聲, 自相矛盾. 徐渭俗作鐬非, 不知从戉無噦聲, 尤非. 古作戉. 司馬法, 从戉. 詩書周禮史傳, 丛从鉞. 鉞當卽戉之重文也. (說文) <金部> 呼會切. 車鑾聲也. 从金戉聲. {詩}曰: “鑾聲鉞鉞.”

A0674 U-92AC

•銬• 金字部 總14劃. (훈글) [고] 쇠고랑. (英譯) shackles, manacle.

銳 A0538 U-92B3

•銳• 金字部 總15劃. (훈글) [예] 날카로울. (新典) [예] 날샐. 날카려울, 샢족할. 싸락, 가시랑이. [태] 창. (類合) [예] 늘랄. (英譯) sharp, keen, acute, pointed. (康熙) <金部> {唐韻}以芮切, {集韻}{韻會}俞芮切, {正韻}于芮切, 丛音叡. {說文}芒也. 又{書・顧命}一人冕執銳. {傳}銳, 矛屬也. {釋文}銳, 以稅反. 又{左傳・成二年}銳司徒免乎. {註}銳司徒, 主銳兵者. {釋文}銳, 悅歲反. 又{廣韻}利也. {史記・武安侯傳}魏其銳身爲救灌夫. {前漢・淮南王傳}於是王銳欲發. {註}王意欲發兵, 如鋒刃之銳利. 又{劉向・說苑}哀公問取人. 孔子對曰: 毋取口銳. 口銳者, 多誕寡信. 又{左傳・哀十一年}子羽銳敏. {註}銳, 精也. {桓十一年}我以銳師, 宵加於鄖. {王褒・講德論}各釆精銳, 以貢忠誠. 又{正字通}今凡物鑯利曰銳. {前漢・天文志}下有三星銳, 曰罰. {註}上小下大, 故曰銳. {爾雅・釋丘}再成銳上爲融丘. {註}纖項者. {釋文}唯歲反. 又{釋山}銳而高嶠. {疏}銳, 鑯也, 言山形鑯峻而高者, 名嶠. 又{正韻}細小也. {左傳・昭十六年}且吾以玉賈罪, 不亦銳乎. {註}銳, 細小也. {疏}銳是鋒鋩. {釋文}銳, 悅歲反. 又姓. {姓苑}升平申鮮里, 有御史中丞銳管. 又{韻會}{正韻}丛徒外切, 音兌. 矛屬. 又{集韻}都外切, 音祋. 義同. 又{五音集韻}弋雪切, 音悅. {揚子・方言}盂, 宋楚魏之閒或謂之銚銳. {集韻}籒作剡. 或作稅. (說文) <金部> 以芮切. 芒也. 从金兌聲.

A0916 U-92C0

•鋀• 金字部 總15劃. (훈글) [두] 술그릇. (康熙) <金部> {集韻}{韻會}{正韻}丛徒口切, 音揄.

{說文}本作鍮. 酒器也. 又{廣韻}託侯切, {集韻}他侯切, 𠔏音偸. 石名. 似金. 與鍮同.

鋝 A0917 U-92DD

•鋝• 金字部 總15劃. (ᄒᆞᆫ글) [렬] 엿냥쭝. (新典) [렬] 엿량즁. (英譯) 6 oz. ancient measurement. (康熙) <金部> 古文: 鋢. {唐韻}{正韻}力輟切, {集韻}{韻會}龍輟切, 𠔏音劣. {說文}十銖二十五分之十三, 或曰二十兩爲鋝. {小爾雅}倍舉曰鋝, 鋝謂之鍰. 宋咸曰: 舉三兩, 鋝六兩. {周禮・冬官考工記・冶氏}戈戟皆重三鋝, 劒重九鋝, 次七鋝, 下次五鋝. {註}今東萊或以大半兩爲鈞, 十鈞爲環. 環重六兩有大半兩, 鍰與鋝同. 則三鋝爲一斤四兩. {六書故}說文十銖二十五分之十三爲鋝, 則三鋝不得爲一斤四兩也. 且戈戟纔重三十一銖, 爲已輕矣. 至以二十兩爲鋝, 則劒重九鋝者, 十有一斤四兩, 爲已重矣. 亦不然也. 鍰鋝皆六兩, 其實一字. 互詳鍰字註. 又{集韻}所劣切, 音刷. 義同. 或作率. (說文) <金部> 力輟切. 十銖二十五分之十三也. 从金寽聲. {周禮}曰: "重三鋝." 北方以二十兩爲鋝.

錫 D0168 U-932B

•錫• 金字部 總16劃. (ᄒᆞᆫ글) [석] 주석. (新典) [셕] 백텰. 줄. (訓蒙) [셕] 납. (英譯) tin, stannum. bestow, confer. (康熙) <金部> 古文: 鐊. {唐韻}先擊切, {集韻}{韻會}先的切, 𠔏音裼. {說文}銀鉛之閒. 从金易聲. {徐曰}銀色而鉛質也. {詩・衞風}如金如錫. {傳}金錫鍊而精. {爾雅・釋器}錫謂之鈏. {疏}錫, 金白鑞也. 一名鈏. 又{博雅}赤銅謂之錫. 又{爾雅・釋詁}賜也. {易・師卦}王三錫命. {書・堯典}師錫帝曰. {傳}錫, 與也. {左傳・莊元年}王使榮叔來錫桓公命. {註}錫, 賜也. {禮・緯文}九錫, 一曰輿馬, 二曰衣服, 三曰樂器, 四曰朱戶, 五曰納陛, 六曰虎賁, 七曰弓矢, 八曰鈇鉞, 九曰秬鬯. 又粉錫, 胡粉也. 又姓. {吳志}漢末有錫光. 又地名. {左傳・文十一年}楚伐麇, 至於錫穴. {前漢・功臣表}無錫侯多軍. 又{集韻}斯義切, 音瀃. 予也. 本作賜. 又{五音集韻}思積切, 音昔. 細布也. {禮・雜記}加灰錫也. {註}取緦以爲布, 又加灰治之, 則曰錫, 言錫然滑易也. {儀禮・大射儀}冪用錫若絺. {註}錫, 細布也. {疏}謂之錫者, 治其布, 使之滑易也. {史記・司馬相如傳}被阿錫. {註}錫, 布也. 又{集韻}他歷切, 音逖. 髲也. 又大計切, 音弟. 義同. (說文) <金部> 先擊切. 銀鉛之閒也. 从金易聲.

鍰 A0917 U-9370

•鍰• 金字部 總17劃. (ᄒᆞᆫ글) [환] 무게 단위. (新典) [환] 주셕 엿량즁. (英譯) measure. money, coins. (康熙) <金部> {唐韻}戶關切, {集韻}{韻會}{正韻}胡關切, 𠔏音還. {說文}鋝也. {玉篇}六兩也. {小爾雅}二十四銖曰兩, 有半曰捷, 倍捷曰舉, 倍舉曰鋝, 謂之鍰. 宋咸曰: 舉三兩, 鍰六兩. {書・呂刑}其罰百鍰. {傳}六兩曰鍰. 鍰, 黃鐵也. {釋文}鍰, 戶關反. 六兩也. 鄭及爾雅同. {說文}云六鋝也. 鋝十一銖二十五分銖之十三也. 馬同: 又云, 賈逵說, 俗儒以鋝重六兩. {周官}劒重九鋝. 俗儒近是. {疏}{考工記}云戈矛重三鋝. 馬融云: 鋝, 量名. 當與呂刑鍰同. 俗儒云: 鋝六兩爲一川. 不知所出耳. 鄭康成云: 鍰, 稱輕重之名. 今代東萊稱, 或以大半兩爲鈞, 十鈞爲鍰. 鍰重六兩大半兩, 鍰, 鋝似同也. 或有存行之者, 十鈞爲鍰, 二鍰四鈞而當一斤. 然則鍰重六兩三分兩之二, {周禮}謂鍰爲鋝, 如鄭康成之言, 一鍰之重六兩, 多於孔王所說, 惟挍十六銖爾黃鐵, 今之銅也. 互詳鋝字註. 又與環同. {前漢・五行志}宮門銅鍰. {註}鍰,

讀與環同. 又{集韻}胡慣切, 音患. 又{五音集韻}王眷切, 音院. 義太同. 又{韻補}叶胡涓切, 音懸. {蘇軾・月華寺詩}天公胡爲不自憐, 暮使百鎰朝千鍰. (說文) <金部> 戶關切. 鋝也. 从金爰聲. {罰書}曰: "列百鍰."

A0530 U-939C

•鎜• 金字部 總18劃. (훈글) [반] 소반. (康熙) <金部> {玉篇}古文盤字. 註詳皿部十畫.

A0261 U-93A6

•鎦• 金字部 總18劃. (훈글) [유] 죽일. (英譯) distil. lutetium. surname. (康熙) <金部> {唐韻}{集韻}{正韻}太力求切, 音留. {說文}殺也. {徐鍇曰}說文無劉字, 偏旁有之, 此字又史傳所不見, 疑此卽劉字也. 从金从丣, 刀字屈曲, 傳寫誤作田爾. ○ 按玉篇作古文劉字. 又{集韻}力救切, 音溜. 梁州謂釜曰鎦. {揚子・方言}甂, 自關而東或謂之酢鎦.

A0394 U-93C3

•鏃• 金字部 總19劃. (훈글) [족] 살촉. (新典) [족] 살촉. (訓蒙) [족] 살믿. (英譯) arrowhead, barb. swift, quick. (康熙) <金部> {唐韻}{集韻}{韻會}太作木切, 音蔟. {說文}利也. {玉篇}箭鏃也. {書・禹貢・礪砥砮丹傳}砮石中矢鏃. {釋文}鏃, 子木反. {賈誼・過秦論}秦無亡矢遺鏃之費. {集韻}或作鉃. 又{集韻}{正韻}太千木切, 音蔟. 又{集韻}側角切, 音捉. 又千候切, 音湊. 義太同. 又{集韻}昨木切, 音族. 與銼同. 又{集韻}測角切, 音婕. 鋤也. 諺曰: 欲得穀, 馬耳鏃. 賈思勰說: 或作鋜. (說文) <金部> 作木切. 利也. 从金族聲.

A0196 U-93DE

•鏞• 金字部 總19劃. (훈글) [용] 종. (新典) [용] 큰 쇠북. (英譯) a large bell used as a musical instrument. (康熙) <金部> {唐韻}余封切, {集韻}餘封切, 太音容. {說文}大鐘. {爾雅・釋樂}大鐘謂之鏞. {書・益稷}笙鏞以閒. {註}鏞, 大鐘. 又通作庸. {詩・周頌}庸鼓有斁. {傳}大鐘曰庸. {廣韻}或作鏞. (說文) <金部> 余封切. 大鐘謂之鏞. 从金庸聲.

A0915 U-9444

•鑄• 金字部 總22劃. (훈글) [주] 쇠 부어 만들. (訓蒙) [주] 담질홀. (英譯) melt, cast. coin, mint. (漢典) 形聲. 從金, 壽聲. 甲骨文字形, 會意. 上面是雙手拿"鬲", 下面是"皿", 鬲, 皿表熔化金屬的鍋爐. 中間象被熔鑄的金屬. 小篆變爲形聲字. 本義: 鑄造. (康熙) <金部> 古文: 鬻. {唐韻}之戍切, {集韻}朱戍切, 太音注. {說文}銷金成器也. {玉篇}熔鑄也. {左傳・宣三年}鑄鼎象物. {註}象所圖物, 著之於鼎. 又{昭二十一年}天王將鑄無射. 又國名. {左傳・襄二十三年}臧宣叔娶于鑄. {註}鑄國, 濟北蛇丘縣所治. 又地名. {後漢・郡國志}濟北國有鑄鄉城. 又與祝通. {禮・樂記}封帝堯之後于祝. {註}祝, 或爲鑄. 又姓. {姓苑}堯後. 以國爲氏. 又{字彙補}照秀切, 音呪. {淮南子・俶眞訓}今夫冶工之鑄器. {註}鑄, 讀作祝. (說文) <金部> 之戍切.

銷金也. 从金壽聲.

A0916 U-944A

•鑊• 金字部 總22劃. (훈글) [확] 가마. (新典) [확] 가마. (訓蒙) [확] 솓. (英譯) cauldron, large iron pot. a wok. (康熙) <金部> {廣韻}胡郭切, {集韻}{韻會}黃郭切, 𠀤音穫. {說文}鑴也. 从金蒦聲. {廣韻}鼎鑊. {增韻}釜屬. {周禮・天官・亨人}掌共鼎鑊. {註}鑊, 所以煑肉及魚腊之器. {前漢・刑法志}有鑿顚抽脅鑊亨之刑. {師古註}鼎大而無足曰鑊, 以鬵人也. 又{韻補}叶胡麥切, 音獲. {柳宗元・懲咎賦}進與退吾無歸兮, 甘脂潤兮鼎鑊. 幸皇鑒之明宥兮, 纍郡印而南適. (說文) <金部> 胡郭切. 鑴也. 从金蒦聲.

A0515 U-9451

•鑑• 金字部 總22劃. (훈글) [감] 거울. (新典) [감] 밝을. 빗칠. 거울. (訓蒙) [감] 거우로. (英譯) mirror, looking glass. reflect. (康熙) <金部> {唐韻}革懺切, {集韻}{韻會}居懺切, 𠀤音監. {說文}大盆也. 又{說文}鑑諸, 可以取明水於月. {周禮・秋官・司烜氏}以鑒取明水於月. {註}鑒, 鏡屬. 取水者, 世謂之方諸. 又{廣韻}鏡也. {左傳・莊二十一年}王以后之鞶鑑予之. {註}鑑, 工暫反, 鏡也. {文子・符書篇}人擧其疵則怨, 鑑見其醜則自善, 以鑑無心故也. 又{廣韻}照也. {左傳・昭二十八年}光可以鑑. {吳語}王盍亦鑑于人, 無鑑于水. 又{廣韻}誡也. {正字通}考觀古今成敗爲法戒者, 皆曰鑑. 因鑑能照物取義. {唐書・張九齡傳}玄宗千秋節, 九齡述前興廢之原, 爲書五卷, 號千秋金鑑錄, 以申諷諭. {宋史・司馬光傳}光編年史, 名資治通鑑. 又{韻會}通作監. {書・泰誓}厥監惟不遠, 在彼夏王. 又{酒誥}人無于水監, 當于民監. 又鑒寐, 假寐也. {齊武帝詔}永思民瘼, 弗忘鑒寐. {梁武帝詔}興言夕惕, 無忘鑒寐. 又{廣韻}{正韻}古銜切, {集韻}居銜切, {韻會}居咸切, 𠀤監平聲. 義同. 又{集韻}胡暫切, 音鑑. 陶器, 如甀大口, 以盛冰. {正字通}冰鑑, 盛冰器. 上體如斗, 有疏稜. 鏤底如風窗, 承以大盤, 置食于上, 設冰于盤, 使寒氣通徹, 以禦暑. {周禮・天官・凌人}春始治鑑. {註}鑑, 如甀大口, 以盛冰, 置食物于中, 以禦溫氣, 春而始治之. {疏}漢時名爲甀, 卽今之甕是也. {釋文}胡暫反. 本或作監. {又}祭祀共冰鑑. 又{集韻}胡懺切. 與覽同. {博雅}赏坈, 覽也. 又{韻補}叶經電切, 音見. {張衡・七辯}淑性窈窕, 秀色美豔. 鬒髮玄髻, 光可以鑑. (說文) <金部> 革懺切. 大盆也. 一曰監諸, 可以取明水於月. 从金監聲.

A0290 U-946A

•鑪• 金字部 總24劃. (훈글) [로] 화로. (新典) [로] 화로. 살. 쥬전자. (英譯) fireplace, stove, oven, furnace. (康熙) <金部> {唐韻}洛乎切, {集韻}{正韻}龍都切, {韻會}籠都切, 𠀤音盧. {說文}方鑪也. {徐鉉曰}今俗別作爐, 非. {廣韻}火牀. {韻會}一曰火函. {左傳・定三年}邾莊公廢于鑪炭. {周禮・天官・宮人}共鑪炭. {前漢・賈誼傳}天地爲鑪, 造化爲工, 陰陽爲炭, 萬物爲銅. 又{正韻}酒器. 又酒肆. {史記・司馬相如傳}令文君當鑪. {註}韋昭曰: 鑪, 酒肆也. 以土爲墮, 邊高似鑪. 又鉀鑪, 箭名. 見前鉀字註. 又{韻會}熏器. 或作爐. {漢官典職}尚書郎給女, 使執香爐. 又與鑢通. {左傳・定四年}鑪, 金初宦于子期氏. {釋文}鑪, 本又作鑢. 金名. 音慮. (說文) <金部> 洛胡切. 方鑪也. 从金盧聲.

 鑿 A0918 U-947F

•鑿• 金字部 總28劃. (훈글) [착] 뚫을. (新典) [조] 구멍. [착] 쓸. 쑬을. 어름 쓸. 짝글. 쌔끗할. 쓸혼 쌀. (訓蒙) [착] 뿔. (英譯) chisel. bore, pierce. (康熙) <金部> 古文: 鑿. {唐韻}在各切, {集韻}{韻會}{正韻}疾各切, 丛音昨. {廣韻}鏨也. {古史考}孟莊子作鑿. {師古曰}鑿所以穿木也. 又{說文}穿木也. {易・繫辭・刳木爲舟疏}刳鑿其中. 又{詩・豳風}二之日鑿冰冲冲. {朱註}鑿冰, 取冰於山也. 又黥刑. {前漢・刑法志}其次用鑽鑿. {註}鑿, 黥刑也. 又開也. {前漢・張騫傳}然騫鑿空. {註}鑿, 開也. 空, 通也. 騫始開通西域道也. 又造也. {公羊傳・成十三年}公鑿行也. {註}鑿, 猶更造之意. {釋文}鑿, 在洛反. 猶造意也. 又{韻會}六情曰六鑿. {莊子・外物篇}心無天游, 則六鑿相攘. {註}六情也. 又{正字通}恣意不求合義理, 謂之鑿. {孟子}爲其鑿也. {前漢・禮樂志}以意穿鑿. 又書名. 緯書有{乾坤鑿度}. 又{廣韻}則落切, {集韻}{韻會}{正韻}卽各切, 丛音作. {集韻}鮮明貌. {詩・唐風}白石鑿鑿. {傳}鑿鑿, 鮮明貌. {釋文}鑿, 子洛反. 又{九章算術}粟率五十, 鑿二十四. 言粟五斗, 爲米二斗四升. {左傳・桓二年}粢食不鑿. {註}不精鑿. {釋文}鑿, 子洛反. {杜甫詩}秋菰成黑米, 精鑿傳白粲. 又{廣韻}{集韻}丛昨木切, 音族. {廣韻}鑿鏤花葉. 又{集韻}{韻會}{正韻}丛在到切, 漕去聲. {集韻}穿空也. {增韻}孔竅. {周禮・冬官考工記・輪人}凡輻, 量其鑿深以爲輻廣. {釋文}鑿, 曹報反. 又如字. {前漢・楚元王傳}羊入其鑿. {師古註}鑿, 在到反. 謂所穿冢藏者. {楚辭・九辯}何時俗之工巧兮, 滅規矩而改鑿. 獨耿介而不隨兮, 願慕先聖之遺敎. 又{集韻}七到切, 音操. 穴也. 又{唐韻正}平聲, 音漕. {水經注}桓玄有問鼎之志, 乃漕一洲, 以充百數. 漕卽鑿字. 又{韻補}叶胜五切, 租上聲. {易林}鉛刀攻玉, 無不鑽鑿. 龍體具擧, 魯班爲輔. (說文) <金部> 在各切. 穿木也. 从金, 糳省聲.

A0594 U-9577

•長• 長字部 總08劃. (훈글) [장] 길. (新典) [쟝] 긴, 길이, 기럭지. 늘, 장천. 길. 클. 오랠. 착할. 넉넉할. 클. 맛. 나아갈. 기를. 놉흘. 남아지. 조흘. 멀식할. 만흘. 도재일. (類合) [당] 긴. (英譯) long. length. excel in. leader. (漢典) 象形. 甲骨文字形, 象人披長發之形, 以具體表抽象, 表示長短的“長”. 本義: 兩點距離大. (康熙) <長部> 古文: 镸長兏九兵兂镹镺. {唐韻}{集韻}直良切, {正韻}仲良切, 丛音場. {增韻}短之對也. {孟子}今交九尺四寸以長. {前漢・田橫傳}尺有所短, 寸有所長. 又久也. {詩・商頌}濬哲維商, 長發其祥. {箋}長, 猶久也. {老子・道德經}天地所以能長且久者, 以其不自生, 故能長生. 又遠也. {詩・魯頌}順彼長道, 屈此羣醜. {箋}長, 遠也. {古詩}道路阻且長. 又常也. {陶潛・歸去來辭}門雖設而長關. {李商隱詩}風雲長爲護儲胥. 又大也. {世說新語補}願乘長風, 破萬里浪. 又善也. {晉書・樂廣傳}論人必先稱其所長. {唐書・韓琬傳}文藝優長. 又{博雅}長, 挾也. 又{吳語}孤敢不順從君命, 長弟許諾. {註}長弟, 猶云先後也. 又星名. {博雅}太白謂之長庚. {詩・小雅}東有啓明, 西有長庚. {傳}日旦出, 謂明星爲啓明. 日旣入, 謂明星爲長庚. 又宮名. {班固・西都賦}北彌明光而亙長樂. {謝朓・怨情詩}掖庭聘絕國, 長門失歡宴. {註}長門, 漢陳皇后所居. 又地名. {玉海}長安, 本關中地, 西漢建都于此, 後因謂天子所都爲長安. 又山名. {說林}公見東陽長山, 曰: 何其坦迤. {金史・禮志}有司言, 長白山在興王之地, 禮合尊崇. 又國名. {山海經}有鹽長之國. 又獸名. {山海經}有獸焉, 其狀如禺, 而四耳, 其名長右. 又草名. {爾雅・釋草}長楚, 銚芅. {疏}長楚, 一名銚芅. 又姓. {左傳・僖二十八年}甯子先長牂守門. {註}長牂, 衞大夫. 又仲長, 複姓.

又長乘, 神名. ｛山海經・郭璞贊｝九德之氣, 是生長乘. 人狀犳尾, 其神則凝. 妙物自潛, 世無得稱. 又｛韻會｝｛正韻｝𠀤展兩切, 音掌. 孟也. ｛易・乾卦｝元者, 善之長也. ｛疏｝元爲施生之宗, 故言元者善之長也. ｛戰國策｝君長齊奚以薛爲. ｛註｝長, 雄長之長. 又齒高也. ｛書・伊訓｝立愛惟親, 立敬惟長. ｛禮・曲禮｝年長以倍, 則父事之. 十年以長, 則兄事之. 五年以長, 則肩隨之. 又位高也. ｛書・益稷｝外薄四海, 咸建五長. ｛傳｝言至海諸侯五國, 立賢者一人爲方伯, 謂之五長, 以相統治. ｛釋文｝五長, 衆官之長. 又｛周禮・天官・大宰｝乃施則于都鄙, 而建其長. ｛註｝長謂公卿大夫, 王子弟之食采邑者. 又進也. ｛易・泰卦｝君子道長, 小人道消也. 又生長也. ｛孟子｝苟得其養, 無物不長. 又長養之也. ｛前漢・董仲舒傳｝陽常居大夏, 而以生育養長爲事. 又｛詩・大雅｝克明克類, 克長克君. ｛箋｝敎誨不倦曰長. 又官名. ｛左傳・襄十一年｝秦庶長鮑庶長武帥師伐晉, 以救鄭. ｛註｝庶長, 秦爵也. 又縣名. ｛左傳・襄十八年｝夏, 晉人執衞行人石買于長子. ｛註｝長子縣, 屬上黨郡. 又｛集韻｝｛韻會｝｛正韻｝𠀤直亮切, 音仗. ｛集韻｝度長短曰長. 又｛集韻｝餘也. ｛正韻｝多也, 宂也, 剩也. ｛論語｝長一身有半. ｛世說新語｝平生無長物. ｛陸機・文賦｝故無取乎宂長. 又｛正韻｝知亮切, 音障. 增盛也. ｛韓愈詩｝得時方長王. (說文) <長部> 直良切. 久遠也. 从兀从匕. 兀者, 高遠意也. 久則變化. 亾聲. 㓱者, 倒亾也. 凡長之屬皆从長.

門 A0785 U-9580

•門• 門字部 總08劃. (훈글) [문] 문. (訓蒙) [문] 문. (英譯) gate, door, entrance, opening. (漢典) 象形. 甲骨文字形, 象門形. “門”是漢字的一個部首. 本義: 雙扇門, 門. (康熙) <門部> ｛唐韻｝莫奔切, ｛集韻｝｛正韻｝謨奔切, ｛韻會｝謨昆切, 𠀤音捫. ｛說文｝聞也. 从二戶, 象形. ｛玉篇｝人所出入也. 在堂房曰戶, 在區域曰門. ｛博雅｝門, 守也. ｛釋名｝捫也. 言在外爲人所捫摸也. ｛易・同人｝同人于門. ｛註｝心無係吝, 通夫大同, 出門皆同, 故曰同人於門也. ｛書・舜典｝賓于四門, 四門穆穆. ｛傳｝四門, 四方之門. ｛禮・月令｝孟秋之月, 其祀門. ｛周禮・天官・掌舍｝爲帷宮, 設旌門. ｛註｝王行止食息, 張帷爲宮, 樹旌以表門. ｛又｝設車宮轅門. ｛註｝王止宿險阻之處, 車以爲藩, 則仰車以其轅表門. 今幕府亦稱轅門, 牙門. ｛楚辭・九辯｝君之門以九重. ｛註｝天子九門: 關門, 遠郊門, 近郊門, 城門, 皐門, 雉門, 應門, 路門, 寢門, 亦曰庫門. 又譙門, 城上爲高樓以望者. ｛前漢・陳勝傳｝獨守丞與戰譙門中. 又橋門, 國學門也. ｛後漢・儒林傳｝圜橋門而觀聽者, 蓋億萬計. 又師門. ｛後漢・桓榮傳｝上則通達經旨, 下則去家慕鄕, 求謝師門. 又｛通鑑｝唐狄人傑, 嘗薦姚元崇等數十人. 或謂曰: 天下桃李, 悉在公門. 又｛正字通｝世族盛著曰門望. 韓顯宗疏, 言門望者祖父之遺烈. 又凡物關鍵處, 皆謂之門. ｛易・繫辭｝道義之門. ｛疏｝物之得宜, 從此易而來, 故云道義之門, 謂與道義爲門戶也. 又｛老子・道德經｝衆妙之門. 又期門, 勇士也. ｛後漢・譙玄傳｝帝始作期門, 數爲微行. ｛註｝前書, 武帝微行, 常與侍中常侍武騎, 及待詔, 北地良家子能騎射者, 期諸殿門, 故有期門之號, 自此始也. 成帝微行亦然, 故言始也. ｛班固・西部賦｝期門佽飛, 列刃攢鍭. 又官名. ｛周禮・地官｝司門, 祭祀之牛牲繫焉, 監門養之. ｛後漢・百官志｝黃門侍郎六百石, 掌侍從左右給事中. ｛又｝門大夫六百石. ｛註｝漢官曰: 門大夫二人, 選四府掾屬. 又｛周禮・春官・小宗伯｝其正室, 皆謂之門子. ｛註｝將代父當門者也. ｛左傳・襄十一年｝大夫諸司門子勿順. 又地名. ｛左傳・襄二十七年｝託於木門. ｛註｝木門, 晉地｛史記・項羽紀｝兵四十萬在新豐鴻門. ｛孟康註｝在新豐東十七里. 又｛秦本紀｝敗三晉之師於石門. ｛一統志｝在平陽府解州東南白徑嶺, 踰中條山, 通陝州道, 山嶺參天, 左右壁立, 間不容軌, 名曰石門. 又鴈門, 郡名. 見｛前漢・地理志｝. 又山名. ｛書・禹貢｝浮于積石, 至于龍門. ｛傳｝龍門山在河東之西界. ｛後漢・逸民傳｝龐公攜其妻子, 登鹿門山. 又｛正字通｝北

方北極之山曰寒門. 漢光武紀寒門註, 師古曰: 今冶谷去甘泉八十里, 盛夏凜然. 又星名. {史記・天官書}其南北兩大星曰南門. {註}南門二星, 在庫樓南天之外門, 明則氐羌貢. {天文志}大微星南四星執法, 中端門, 左右掖門. 又姓氏也. 公卿之子, 教以六藝, 謂之門子. 後因以爲氏, 後魏門文愛. 又東門, 西門, 雍門, 木門, 俱複姓. {左傳・宣十八年註}襄仲居東門, 故曰東門氏. 又樂名. {周禮・春官・大司樂}以樂舞敎國子, 舞雲門大卷, 大咸, 大磬, 大夏, 大濩, 大武. {註}此周所存六代之樂. 黃帝曰雲門. 又人名. {史記・秦始皇紀}使盧生求羨門高誓. {註}羨門, 古仙人. {前漢・藝文志}逢門射法二篇. {註}卽逢蒙. {荀子・正論篇}羿蠭門者, 天下之善射者也. 又{正字通}僧曰沙門桑門. {前漢・郊祀志}沙門, 漢言息心削髮, 絕情欲, 歸於無爲也. 又{韻補}叶民堅切, 音眠. {楚辭・遠遊}虛以待之兮, 無爲之先. 庶類有成兮, 此德之門. 又叶眉貧切, 音珉. {詩・邶風}出自北門, 憂心殷殷. 叶下貧. {荀卿・雲賦}往來惛憊, 通於大神. 出入甚亟, 莫知其門. (說文) <門部> 莫奔切. 聞也. 从二戶. 象形. 凡門之屬皆从門.

閱　A0538　U-95B1

•閱• 門字部 總15劃. (훈글) [열] 검열할. (新典) [열] 격글, 지내칠. 군사 점고할. 용납할. 벌열. 볼. (類合) [열] 제궐. (英譯) examine, inspect, review, read. (康熙) <門部> {唐韻}弋雪切, {集韻}{韻會}欲雪切, {正韻}魚厥切, 𠀤音悅. {說文}具數于門中. {徐曰}春秋大閱, 簡車馬也. 具數, 一一數之也. {玉篇}簡軍實也. {周禮・夏官・大司馬}中冬敎大閱. {註}大閱, 簡軍實. {春秋・桓六年}秋八月壬午, 大閱. {註}簡車馬. 又{說文}一曰察也. 出門者, 察而數之也. {博雅}閱, 數也. {左傳・襄九年}商人閱其禍敗之釁. {註}閱, 猶數也. 又{正韻}簡閱也. {書・多方}克閱于乃邑, 謀介. {疏}謂簡閱其事. 又{呂刑}閱實其罪. {疏}簡練核實. 又{正韻}歷也. {前漢・文帝紀}閱天下之義理多矣. {註}閱, 猶更歷也. 又{車千秋傳}無伐閱功勞. {師古註}閱, 經歷也. 又{廣韻}閥閱也. {史記・高祖功臣年表}積日曰閱. {後漢・章帝紀}或起甽畝, 不繫閥閱. {註}史記曰: 明其等曰閥, 積其功曰閱. 言前代舉人, 務取賢才, 不拘門地. 又{韻會}買賣損價也. {荀子・修身篇}良價不爲折閱不市. {註}折閱, 謂損其所賣物價也. 又容也. {詩・邶風}我躬不閱. {傳}閱, 容也. 又{曹風}蜉蝣掘閱. {傳}閱, 容閱也. {箋}掘閱, 掘地解閱. 謂其始生時也. 又稟也. {老子・道德經}自古及今, 其名不去, 以閱衆甫. {註}閱, 稟也. 甫, 始也. 言道稟與萬物始生, 從道受氣. 又遂也. {爾雅・釋宮}桷直而遂, 謂之閱. {註}謂五架屋際椽正相當. {疏}屋椽, 長直而遂達, 五架屋際者名閱. 又{正韻}觀也. 又人名. {左傳・僖三十年}冬王使周公閱來聘. 又{襄九年}華閱. {註}華閱, 宋臣華元子. {史記・田敬仲世家}公孫閱謂成侯忌曰: 公何不謀伐魏. (說文) <門部> 弋雪切. 具數於門中也. 从門, 說省聲.

阪　A0939　U-962A

•阪• 阜字部 總07劃. (훈글) [판] 비탈. (新典) [판] 산빗탈. 못들 언덕. (訓蒙) [판] 두듥. (英譯) hillside farmland. slope. (漢典) 形聲, 從阜, 反聲. 本義: 山坡. (康熙) <阜部> {唐韻}{集韻}{韻會}𠀤甫遠切, 音反. {說文}坡者曰阪. 一曰澤障. 一曰山脅也. {玉篇}險也. {廣韻}大陂不平. {詩・小雅}瞻彼阪田. {箋}阪田, 崎嶇墝埆之處. {禮・月令}善相丘陵阪險原隰. {戰國策}外阪遷延. {註}阪, 坡也. {史記・范雎傳}右隴蜀, 左關阪. ○ 按鄭風, 東門之墠, 茹藘在阪, 其室則邇, 其人甚遠. 阪遠二字, 廣韻俱在阮韻. 朱註, 阪, 叶孚臠切. 字彙, 正字通仍之, 云, 又音顯. 又地名. {書・立政}夷微盧烝三亳阪尹. {左傳・昭二十三年}單子從阪道. 劉子從尹

道伐尹. ○ 按書傳訓作阪地之尹長, 而左傳云, 阪道, 尹道, 明是二地名, 當從左氏. 又釋文, 詩, 禮阪字, 俱兼反, 畈二音, 惟書阪尹專音反. 又{廣韻}同坂. {集韻}亦同岅. 𠀤詳阪坂二字註. 又與反同. {荀子・成相篇}阪爲先聖. {註}阪與反同. 反先聖之所爲. 又{玉篇}步坂切, {集韻}部版切, 𠀤音鈑. {集韻}陂也. 又{集韻}蒲限切, 音版. 阪泉, 地名. {左傳・僖二十五年}遇黃帝戰於阪泉之兆. 又叶平聲. {王褒・關山篇}從軍出隴阪, 驅馬渡關山. (說文) <𠂤部> 府遠切. 坡者曰阪. 一曰澤障. 一曰山脅也. 从𠂤反聲.

阱 A0721 U-9631

•阱• 阜字部 總07劃. (훈글) [정] 함정. (新典) [졍] 함졍. (英譯) pitfall, trap, snare. (漢典) 形聲. 從阜, 表示與地形地勢的高低上下有關, 井聲. 本義: 陷阱, 爲捕捉野獸的坑. (康熙) <阜部> 古文: 汬. {廣韻}{集韻}{韻會}{正韻}𠀤疾郢切, 音靜. {廣韻}坑也. {集韻}陷也. {周禮・秋官・雍氏}春令爲阱擭溝瀆之利於民者, 秋令塞阱杜擭. 又{集韻}{韻會}{正韻}𠀤疾政切, 音淨. 義同. {集韻}同穽. (說文) <井部> 疾正切. 陷也. 从𠂤从井, 井亦聲.

防 A0935 U-9632

•防• 阜字部 總07劃. (훈글) [방] 둑. (新典) [방] 방비할. 두덕. 병풍. 언덕. 막을. 방죽. (類合) [방] 마글. (英譯) defend. prevent. embankment. (漢典) 形聲. 從阜, 方聲. 本義: 堤壩. (康熙) <阜部> {唐韻}{集韻}{韻會}{正韻}𠀤扶方切, 音房. {說文}隄也. {玉篇}鄣也. {廣韻}防禦也. {爾雅・釋地}墳, 大防. {疏}墳謂崖岸, 狀如墳墓, 名大防也. {周禮・冬官考工記・匠人}凡溝必因水埶, 防必因地埶. {左傳・襄二十五年}町原防. {註}防, 隄也. {穀梁傳・昭八年}艾蘭以爲防. {註}防爲田之大限. {孟子}無曲防. {戰國策}有長城鉅防, 足以爲塞. 又{玉篇}備也. {易・旣濟}君子以思患而豫防之. 又{玉篇}禁也. {禮・檀弓}蕢也, 宰夫也. 非刀匕是供, 又敢與知防. {註}防, 禁放溢也. 又{爾雅・釋宮}容謂之防. {註}形如今牀頭小曲屛風, 唱射者所以自防隱也. {顏延之・答鄭尚書詩}踟躕淸防密. {註}淸防, 屛風也. 又陳邑名. {詩・陳風}防有鵲巢. {傳}防, 邑也. 又魯地名. {春秋・隱九年}冬, 公會齊侯于防. {註}防, 魯地, 在琅琊縣東南. 又{隱十年}取防. {註}高平昌邑縣西南有西防城. 又防風氏, 國名. {魯語}禹致羣神于會稽之山, 防風氏后至. 又姓. {正字通}漢有孝子防廣, 明防盛. 又與房同. {史記・項羽紀}封楊武爲吳防侯. {前漢・地理志}作吳房, 屬汝南郡. {註}孟康曰: 本房子國. 又{武帝紀}有芝生殿防內中. 又{溝洫志}宣防塞兮萬福來. 又{說文}或作陸. {玉篇}或作坊. {禮・坊記}大爲之坊, 民猶踰之. {註}坊, 同防. 又{集韻}分房切, 音方. {詩・秦風}維此仲行, 百夫之防. {傳}防, 比也. {箋}猶當也. {釋文}毛音方, 鄭音房. 又{集韻}通作方. {前漢・功臣表}汁防肅侯雍齒. {史記}作什方. 又{廣韻}符況切, {集韻}{韻會}符訪切, 𠀤坊去聲. {廣韻}守禦也. {春秋序}聖人包周身之防. {釋文}防, 扶放切, 又音房. 又{集韻}隄也. 亦同坊. (說文) <𠂤部> 符方切. 隄也. 从𠂤方聲.

阜 A0932 U-961C

•阜• 阜字部 總08劃. (훈글) [부] 언덕. (新典) [부] 두덕. 클. 살질. 만흘. 두들할. 메쑤기. (訓蒙) [부] 두던. (英譯) mound. abundant, ample, numerous. (漢典) 象形. 甲骨字形, 像山崖

邊的石磴形. 用以表示地勢或升降等意義. 阜作左邊偏旁, 楷書寫成阝. 本義: 土山. (康熙) <阜部> 古文: 𨸏. {唐韻}{集韻}房九切, {韻會}扶缶切, {正韻}房缶切, 丛音蝜. {爾雅・釋地}大陸曰阜. {說文}山無石者. {釋名}土山曰阜, 言高厚也. {詩・小雅}如山如阜. 又大也. {書・周官}阜成兆民. {註}大成兆民之性命. 又{玉篇}肥也. {詩・秦風}駟驖孔阜. {疏}馬甚肥大也. 又盛也. {詩・鄭風}火烈具阜. {傳}阜, 盛也. 又多也. {詩・小雅}爾殽既阜. {傳}阜, 猶多也. 又長也. {魯語}助生阜也. 又山名. {左傳・文十六年}楚大饑, 戎伐其西南, 至于阜山. 又地名. {禮・明堂位}封周公于曲阜. 又{左傳・文十五年}置諸堂阜. 又阜城, 屬渤海郡, 阜陵, 屬九江郡. 丛見{前漢・地理志}. 又阜螽, 蟲名. {詩・召南}趯趯阜螽. {傳}阜螽, 蠜也. 又{韻會}佛寺曰香界, 亦曰香阜. 又叶敷救切, 音覆. {梁鴻詩}惟季春兮華阜, 麥含英兮方秀. 哀茂時兮逾邁, 愍芳香兮日臭. {陳第・詩古音考}阜字, 可上可去. 又叶房詭切. {劉邵・趙都賦}羣后紛其既醉, 遠人佗以宴喜. 悅皇風之舄奕, 羡我邦之殷阜. 又叶符遇切, 音附. {裴秀大蜡詩}告成伊何, 年豐物阜. 禮禋孝祀, 介玆萬祜. ○ 按唐韻正, 四十四有之半, 古與篠小巧皓四韻通爲一韻. 詩鄭風, 叔于田, 乘乘鴇, 兩服齊首, 兩驂如手, 叔在藪, 火烈具阜. 小雅, 田車既好, 四牡孔阜, 東有甫草, 駕言行狩. 又吉日維戊, 既伯既禱, 田車既好, 四牡孔阜, 易林, 倬然遠咎, 辟害高阜, 田獲三狐, 巨貝爲寶. 桓驎七說, 超絕壑, 踰懸阜. 馳猛禽, 射勁鳥. 王粲瑪瑙勒賦, 總衆材而課美, 信莫臧於瑪瑙, 被文采之華飾, 雜朱綠於蒼阜. 左思魏都賦, 畜雲翔龍, 澤馬於阜, 山圖其石, 川形其寶. 韻會小補, 於紙韻遇韻俱云叶音, 非. {說文}本作𠂤. {集韻}同𨸏.

𨸏𡟒 A0937 U-49C5

•陝• 阜字部 總09劃. (훈글) [이] 험준할. (新典) [이] 험할. (英譯) dangerous. hazardous. difficult. trouble, disaster or distress, name of a place. (康熙) <阜部> {廣韻}以脂切, {集韻}{韻會}延知切, 丛音姨. {玉篇}地名. 又{廣韻}陝陝, 險阻.

降 A0936 U-964D

•降• 阜字部 總09劃. (훈글) [강] 내릴. [항] 항복할. (新典) [항] 싹정밧힐, 항복할. [강] 내릴. 떨어질. 떨어트릴. 돌아갈. (類合) [강] 누릴. (英譯) descend, fall, drop. lower, down. (漢典) 會意. (康熙) <阜部> 古文: 夅. {廣韻}下江切, {集韻}{韻會}{正韻}胡江切, 丛音缸. {爾雅・釋詁}降, 落也. {禮・曲禮}羽鳥曰降. {釋文}降, 戸江反. 又{爾雅・釋言}降, 下也. {書・堯典}釐降二女于嬀汭. {禹貢}桑土既蠶, 是降丘宅土. {又}北過降水. {水經注}鄭註尚書, 北過降水, 云: 降, 下江反, 聲轉爲共. 今河內北共山, 淇水共水出焉, 東至魏郡黎陽, 入河, 近所謂降水也. 周時國於此地者, 惡言降, 故改爲共耳. 又{玉篇}降, 伏也. {春秋・莊八年}師及齊師圍郕, 郕降于齊師. 又{爾雅・釋天}降婁, 奎婁也. {註}奎爲溝瀆, 故爲降. {疏}孫炎云: 降, 下也. {左傳・襄三十年}於是歲在降婁, 降婁中而旦. {註}周七月, 今五月, 降婁中而天明. {釋文}降, 戸江反. ○ 按集韻, 類篇收入絳韻, 作胡降切, 非. 又{集韻}乎攻切, 音碚. 下也. 又{屈原・離騷}帝高陽之苗裔兮, 朕皇考曰伯庸. 攝提貞於孟陬兮, 惟庚寅吾以降. {註}降, 乎攻反. {班固・北征頌}奉聖皇之明策, 奮無前之嚴鋒. 採伊吾之城壁, 蹈天山而遙降. 又{唐韻正}古音洪, 凡降下之降, 與降服之降, 俱讀爲平聲. 故自漢以上之文無讀爲去聲者. {詩・召南}未見君子, 憂心忡忡. 亦既見止, 亦既覯止, 我心則降. 又{大雅}瑟彼玉瓚, 黃流在中. 豈弟君子, 福祿攸降. {又}既燕于宗, 福祿攸降. 公尸燕飮, 福祿來崇. {左傳・哀二十六年}六卿三族降聽

政. {註}降, 和同也. 和同卽切降字, 乃疾言徐言之別耳. {楚辭・九歌}靈皇皇兮旣降, 猋遠擧兮雲中. 又{天問}皆歸射鞠而無害厥躬, 何后益作革而禹播降. ○ 按降下之降今讀去聲, 相沿已久, 然唐韻正歷有明據, 應從之. 類篇降字無平聲, 非. 又{唐韻}{集韻}{韻會}{正韻}𠀤古巷切, 音絳. {玉篇}下也, 落也, 歸也. {正韻}貶也. ○ 按降以去聲爲正音, 自玉篇始. 又叶胡郎切, 音杭. {楚辭・九歌}靑雲衣兮白霓裳. 擧長矢兮射天狼, 操余弧兮反淪降. {東方朔・七諫}忠臣貞而欲諫兮, 讒諛毁而在旁. 秋草榮其將實兮, 微霜下而夜降. 又叶胡貢切, 鴻去聲. {郭璞・山海經巫咸贊}羣有十巫, 巫咸所統. 經技是挍, 術藝是綜. 采藥靈山, 隨時登降. {北齊・享廟樂章}彝斝應時, 龍蒲代用. 藉茅无咎, 福祿攸降. 又叶餘亮切, 音漾. {習鑿齒燈詩}煌煌閒夜燈, 修修樹閒亮. 燈隨風煒煡, 風與燈升降. 又叶覃韻. {梁鴻・適吳詩}遊舊邦兮遐征, 將遙集兮東南. 心惙怛兮傷悴, 志非非兮升降. 欲乘策兮縱邁, 疾吾俗兮作讒. ○ 按諸韻書無叶覃韻者, 存俟考証. (說文) <𨸏部> 古巷切. 下也. 从𨸏夅聲.

陟 A0933 U-965F

•陟• 阜字部 總10劃. (훈글) [쳑] 오를. (新典) [쳑] 오를. 올릴. (類合) [텩] 오ᄅᆞᆯ. (英譯) climb, scale, ascend. proceed. (漢典) 會意. 甲骨文字形. 從阜, 從步. 左邊是山坡, 右邊是兩只向上的腳, 表示由低處向高處走. 本義: 由低處向高處走, 升, 登高. (康熙) <阜部> 古文: 㣥. {廣韻}{集韻}{韻會}𠀤竹力切, 音稙. {爾雅・釋詁}陟, 陞也. {說文}登也. {書・舜典}汝陟帝位. 又{太甲}若陟遐, 必自邇. 又{立政}其克詰爾戎兵, 以陟禹之迹. {詩・周南}陟彼崔嵬. 又{廣韻}進也. {書・舜典}三載考績, 三考黜陟幽明. 又{玉篇}高也. {爾雅・釋山}山三襲陟. {疏}山之形若三山重累者名陟. 又人名. {書・君奭}在太戊時則有若伊陟臣扈. 又{集韻}的則切, 音得. {周禮・春官}大卜掌三夢之灋, 一曰致夢, 二曰觭夢, 三曰咸陟. {註}陟之爲言得也. 讀如王德翟人之德. 言夢之皆得也. {集韻}或作𨑢徏𢕌騭. (說文) <𨸏部> 竹力切. 登也. 从𨸏从步.

隂 A0933 U-966E

•隂• 阜字部 總11劃. (훈글) [퇴] 높을. (康熙) <阜部> {唐韻}都皋切, {集韻}覩猥切, 𠀤音頧. {說文}隂隗, 高也. {玉篇}隂隗, 不平也. 又{廣韻}徒猥切, {集韻}杜罪切, 𠀤音𨻶. 又{集韻}都回切, 音磓. 義𠀤同. (說文) <𨸏部> 都皋切. 隂隗, 高也. 从𨸏隹聲.

陰 A0932 U-9670

•陰• 阜字部 總11劃. (훈글) [음] 응달. (新典) [음] 음달, 음긔. 음긔. 부인에게 례 가로칠. 가만할. 그늘할. 그늘. 비등어리. 음침할. (訓蒙) [음] ᄀᆞᄂᆞᆯ. (英譯) female principle. dark. secret. (康熙) <阜部> 古文: 黔侌㱃隂㑫瘖. {唐韻}{集韻}{韻會}於今切, {正韻}於禽切, 𠀤音音. {說文}闇也. {釋名}陰, 蔭也, 氣在內奧蔭也. {玉篇}幽無形, 深難測謂之陰. {易・坤卦}陰雖有美含之, 以從王事, 弗敢成也. 地道也, 妻道也, 臣道也. {禮・月令}百官靜事毋刑, 以定晏陰之所成. 又{周禮・天官・內宰}以陰禮教六宮. {註}陰禮, 婦人之禮. 又{內小臣}掌王之陰事陰令. 又{地官・大司徒}以陰禮教親, 則民不怨. {註}陰禮, 謂男女之禮. 又陰晴. {詩・邶風}曀曀其陰. {又}以陰以雨. 又{說文}山之北也. {書・禹貢}南至于華陰. 又{說文}水之南也. {前漢・地理志}河東郡汾陰縣. {註}介山在南. 又{玉篇}影也. {晉書・陶侃傳}大禹惜寸陰, 吾

輩當惜分陰. 又{正字通}碑背曰陰. 楊修解曹娥碑陰八字. 又{前漢・郊祀歌}靈之至, 慶陰陰. {註}師古曰: 言垂陰覆徧於下. 又{玉篇}默也. {戰國策}齊秦之交陰合. 又{詩・秦風}陰靷鋈續. {傳}陰, 揜軓也. {釋名}陰, 蔭也. 橫側車前, 以陰笭也. 又地名. {左傳・襄九年}濟于陰阪侵鄭. 又{昭十九年}楚工尹赤遷陰于下陰. 又{二十二年}帥師軍于陰. {前漢・地理志}南陽郡陰縣. {註}卽左傳下陰也. 又漢有兩陰山縣. {地理志}西河郡陰山, 又桂陽郡陰山. 又山名. {史記・秦始皇紀}自楡中幷河以東, 屬之陰山. {註}徐廣曰: 在五原之北. 又姓. {廣韻}管修自齊適楚, 爲陰大夫, 其後氏焉. ○ 按史記褚少孫龜筴傳: 陰兢活之, 與之俱亡. 索隱曰: 陰, 姓. 兢, 名也. 是商時卽有陰姓矣. 又左傳僖十五年: 晉陰飴甥會秦伯, 盟于王城. 註: 飴甥, 食邑于陰. 戰國策有陰簡, 陰姬, 疑卽出於此. 又昭二十四年, 陰不佞, 以溫人南侵. 疑陰亦姓也. 又{正字通}男子勢曰陰. {史記・呂不韋傳}私求大陰人嫪毐爲舍人. 又{逸周書}墠上張赤帟陰羽. {註}陰, 鶴也. {玉篇}今作陰. {五音集韻}俗作除. {字彙}俗作阥. {字彙補}亦作陽阴侌. 又{集韻}烏含切, 音菴. 本作闇, 治喪廬也. {論語}高宗諒陰, 三年不言. 又{集韻}{韻會}𠀤於禁切, 音蔭. {集韻}瘗藏也. {禮・祭義}骨肉斃于下, 陰爲野土. {註}陰, 讀爲依廕之廕. 又{詩・大雅}旣之陰女, 反予來赫. {箋}覆陰也. {韻會小補}蔭, 通作陰. 又{正字通}音飮. 古醫方有淡陰之疾, 俗作淡飮. 又叶於容切, 音雍. {詩・豳風}二之日鑿冰沖沖, 三之日納于凌陰. {箋}凌陰, 冰室. {揚子・太玄經}日飛懸陰, 萬物融融. 又叶於虔切, 音煙. {黃庭經}上有魂靈下關元, 左爲少陽右太陰. 又{韻會小補}本作殷. 淺黑色也. 亦作陰. {詩・小雅・我馬維駰傳}陰白雜毛曰駰. 陰, 淺黑色也. 說文 <𠂤部> 於今切. 闇也. 水之南, 山之北也. 从𠂤侌聲.

A0362 U-9672

•陲• 阜字部 總11劃. 훈글 [수] 위태할. 英譯 frontier, border. 漢典 形聲. 從阜, 垂聲. 假借爲垂, 俗用爲邊境字. 本義: 邊疆. 康熙 <阜部> {唐韻}{集韻}{韻會}𠀤是爲切, 音倕. {說文}危也. 又{廣韻}邊也. {增韻}疆也. {左傳・成十三年}虔劉我邊陲. {史記・律書}連兵於邊陲. 又{韻會}本作垂. {爾雅・釋詁}疆界邊衞圉, 垂也. {註}皆在外垂也. {戰國策}今大國之地半天下, 有二垂. {荀子・臣道篇}邊境之臣處, 則疆垂不喪. 說文 <𠂤部> 是爲切. 危也. 从𠂤垂聲.

A0937 U-9674

•陴• 阜字部 總11劃. 훈글 [비] 성가퀴. 新典 [비] 셩 위 담. 英譯 a parapet on a city wall. 漢典 形聲. 從阜, 卑聲. 從阜與高下有關, 與建筑有關. 本義: 城上女墻, 上有孔穴, 可以窺外. 康熙 <阜部> {唐韻}符支切, {集韻}{韻會}頻彌切, {正韻}蒲糜切, 𠀤音脾. {說文}城上女牆俾倪也. {左傳・宣十二年}守陴. 又{成十五年}閉門登陴. 又{集韻}賔彌切, 音卑. 同裨. 接益也. {釋名}陴, 裨也, 裨助城之高也. 又{集韻}蒲街切, 音排. 義同. {說文}籒文作䫌. 說文 <𠂤部> 符支切. 城上女牆俾倪也. 从𠂤卑聲.

A0540 U-9675

•陵• 阜字部 總11劃. 훈글 [릉] 큰 언덕. 新典 [릉] 큰 두덕. 임금의 무덤. 업신역일. 갑쌔를. 짓밟을. 탈. 놉흘. 類合 [릉] 릉만. 英譯 hill, mound. mausoleum. 漢典 形聲. 從阜,

表示與地形地勢的高低上下有關. 夌聲. 本義: 大土山. (康熙) <阜部> 古文: 夌陵隊. {唐韻}力膺切, {集韻}{韻會}閭承切, 𠀤音淩. {爾雅・釋地}大阜曰陵. {釋名}陵, 崇也, 體崇高也. {書・堯典}蕩蕩懷山襄陵. 又{爾雅・釋丘}後高陵丘. {又}如陵陵丘. 又東陵, 地名. {書・禹貢}過九江, 至于東陵. 又{玉篇}冢也. {齊語}陵爲之終. {註}以爲葬也. 又{玉篇}犯也. {廣韻}侮也, 侵也. {易・賁象}永貞之吉, 終莫之陵也. {書・畢命}以蕩陵德. {傳}陵, 邈也. {禮・學記}不陵節而施之謂孫. {註}陵, 躐也. 又{荀子・宥坐篇}百仞之山, 任負車登焉, 何則陵遲故也. {註}王肅曰: 陵遲, 陂阤也. {史記・平準書}選擧陵遲. {前漢・成帝紀}日以陵夷. 又{玉篇}慄也. 又馳也. 又草名. {爾雅・釋草}苕, 陵苕. {註}一名陵時. 又淬也. {荀子・君道篇}兵刃不待陵而勁. 又{荀子・致仕篇}凡節奏欲陵, 而生民欲寬. {註}峻也. 又州名. {唐書・地理志}劒南道陵州仁壽郡. 又姓. {正字通}永樂中灤州同知陵茂, 高郵人. 又{廣韻}漢複姓六氏, 吳季子之後有延陵氏, 高士傳有於陵子仲, 戰國策有安陵丑, 呂氏春秋有鉛陵卓子, 漢有高陵顯, 秦高陵君之後, 楚有公子, 食采於鄢陵, 後以爲氏. 又叶力中切, 音隆. {胡廣・侍中箴}國有學校, 侯有泮宮. 各有攸敎, 德用不陵. 又叶落胡切, 音盧. {柳宗元・佩韋賦}雲岳岳而專强兮, 果黜志而乖圖. 咸觸屛以拒訓兮, 肆隕越而就陵. 又與鯪同. {楚辭・天問}陵魚何所. 一作鯪. 又與淩通. {史記・秦始皇紀}陵水經地. {註}正義曰: 陵作淩, 歷也. {玉篇}或作劾. {穆天子傳}作隊. (說文) <𨸏部> 力膺切. 大𨸏也. 从𨸏夌聲.

A0935 U-9676

•陶• 阜字部 總11劃. (훈글) [도] 질그릇. (新典) [도] 질그릇. 통할. 불상히 생각할. 할할. 달릴. [요] 화락할. (訓蒙) [도] 딜구읏. (英譯) pottery, ceramics. (漢典) 形聲. 從阜, 匋聲, 阜, 土山. 從“阜”, 與土有關. 本義: 陶丘. (康熙) <阜部> {唐韻}{集韻}{韻會}{正韻}𠀤徒刀切, 音桃. {爾雅・釋丘}再成爲陶丘. {疏}丘形上有兩丘相重累. {書・禹貢}東出于陶丘北. {釋名}於高山上一重作之, 如陶竈然也. {說文}陶丘, 在濟陰. {戰國策}秦客卿造謂穰侯曰: 秦封君以陶. {註}今定陶縣. {前漢・地理志}濟陰郡定陶縣. {史記・越世家}范蠡止於陶. {註}徐廣曰: 今定陶. 正義曰: 括地志云: 陶山在濟州平陰縣東三十五里, 止此山之陽也. 又{說文}陶丘有堯城, 堯嘗所居, 故堯號爲陶唐氏. {書・五子之歌}惟彼陶唐, 有此冀方. 又縣名. {漢書・地理志}魏郡館陶縣, 雲中郡陶林縣, 定襄郡安陶縣, 雁門郡涅陶縣. 又{玉篇}陶甄. {廣韻}尸子曰: 夏桀臣昆吾作陶. {汲冢周書}神農作瓦器. {詩・大雅}陶復陶穴. 又陶正, 官名. {左傳・襄二十五年}昔虞閼父爲周陶正. 又{書・五子之歌}鬱陶乎予心. {傳}鬱陶, 言哀思也. 又{爾雅・釋詁}鬱陶, 繇喜也. {禮・檀弓}人喜則斯陶, 陶斯咏, 咏斯猶. {註}陶, 鬱陶也. {疏}鬱陶者, 心初悅而未暢之意也. 又{揚子・方言}陶, 養也. 秦或曰陶. 又{後漢・杜篤傳}粳稻陶遂. {註}韓詩曰: 陶, 暢也. 又{廣韻}正也, 化也. 又{揚雄・解嘲}後陶塗. {註}北方國名, 出馬, 因以爲名. 又蒲陶, 果名. {史記・大宛傳}有蒲陶酒. {司馬相如・上林賦}櫻桃蒲陶. 又姓. {左傳・定四年}殷民七族: 陶氏, 施氏, 繁氏, 錡氏, 樊氏, 饑氏, 終葵氏. {廣韻}陶唐之後, 今出丹陽. 又{玉篇}亦作匋. {篇海}亦作陶. 又{荀子・榮辱篇}陶誕突盜. {註}陶, 當爲檮杌之檮. 頑嚚之貌. 或曰陶當爲逃, 隱匿其情也. 又{韻會}鞠通作陶. {周禮・冬官考工記}韗人爲皐陶. {註}皐陶, 鼓木也. 陶字从革. 又{韻會}裪, 通作陶. {左傳・襄三十年}使爲君復陶. {註}復陶, 主衣服之官. 又{左傳・昭十二年}王皮冠秦復陶. {註}秦所遺羽衣也. 又{廣韻}{集韻}{韻會}{正韻}𠀤餘昭切, 音搖. {詩・王風}君子陶陶, 左執翿, 右招我由敖. {傳}陶陶, 和樂貌. {釋文}陶, 音遙. 又{禮・祭義}陶陶遂遂, 如將復入然. {註}陶陶遂遂, 相隨行之貌. {釋文}陶, 音遙. 又{廣韻}

皐陶, 舜臣. 一作咎繇. {篇海}本作陶. 又{集韻}大到切, 音導. {詩・鄭風}淸人在軸, 駟介陶陶. 左旋右抽, 中軍作好. {傳}陶陶, 驅逐之貌. {釋文}陶, 徒報反. 好, 呼報反. 又{朱註}陶, 叶徒候反. 好, 叶許候反. 又叶夷周切, 音由. {詩・魯頌}淑問如皐陶, 在泮獻囚. {易林}玆基運時, 稷契皐陶. 貞良得願, 微子解囚. {杜篤・吳漢誄}堯隆稷契, 舜嘉皐陶. 伊尹佐殷, 呂尙翼周. (說文) <自部> 徒刀切. 再成丘也, 在濟陰. 从自匋聲. {夏書}曰: “東至于陶丘.” 陶丘有堯城, 堯嘗所居, 故堯號陶唐氏.

A0434 U-9677

•陷• 阜字部 總11劃. (훈글) [함] 빠질. (新典) [함] 싸질. (訓蒙) [함] 뻐딜. (英譯) submerge, sink, plunge. trap. (漢典) 會意兼形聲. 從阜, 從臽, 臽亦聲. 據金文, 象人掉進陷阱形. 本義: 墜入, 掉進. (康熙) <阜部> {唐韻}戶韽切, {集韻}{韻會}{正韻}乎韽切, 𠀤音䐄. {說文}高下也. 一曰陊也. {玉篇}墜入地也, 沒也, 隤也. {易・需彖}剛健而不陷. {史記・灌夫傳}戰常陷堅. 又{魯語}子服景伯戒宰人曰: 陷而入於恭. {註}猶失過也. {玉篇}亦作錎. {集韻}同埳. {篇海}亦作陥. (說文) <自部> 戶猎切. 高下也. 一曰陊也. 从自从臽, 臽亦聲.

A0933 U-9678

•陸• 阜字部 總11劃. (훈글) [륙] 뭍. (新典) [륙] 뭇. 겹. 어긋날. 록록할. 두터울. (訓蒙) [륙] 두듥. (英譯) land, continental. army. an accounting form of U+516D 六 (six). (康熙) <阜部> 古文: 𨹈. {唐韻}{廣韻}{集韻}{類篇}{韻會}𠀤力竹切, 音六. {玉篇}厚也. {廣韻}高也. {爾雅・釋地}高平曰陸. {釋名}陸, 漉也. 水流漉而出也. {易・漸卦}鴻漸于陸. {詩・豳風}鴻飛遵陸. 又地名. {孟子}孟子之平陸. {註}齊下邑. 又藪名. {爾雅・釋地}晉有大陸. {左傳・定二年}魏獻子田於大陸. 又縣名. {隋書・地理志}趙郡大陸縣. 又州名. 唐置. 又漢侯國, 在壽光. 見{史記・建元以來王子侯者年表}. 又卑陸, 外國名. {前漢・西域傳}卑陸國王, 治天山東乾當國. 又{玉篇}星也. {爾雅・釋天}北陸, 虛也. 西陸, 昴也. {疏}陸, 中也. 北方之宿, 虛爲中也. 西方之宿, 昴爲中也. {左傳・昭二年}古者日在北陸而藏冰, 西陸朝覿而出之. {註}陸, 道也. 在北陸, 謂夏十二月, 日在虛危. 在西陸, 謂夏三月, 日在昴畢. 又{玉篇}道也, 無水路也. {周禮・冬官考工記}作車以行陸. {莊子・則陽篇}方且與世違, 而心不屑與之俱, 是陸沈者也. {註}人中隱者, 譬之無水而沈也. 又{玉篇}陸離, 猶參差也, 雜亂也. {屈原・離騷}斑陸離其上下. 又魁陸, 水族. {爾雅・釋魚}魁陸, 卽今之蚶也. {疏}卽魁蛤也. 一名魁陸. 又{揚雄・甘泉賦}飛蒙茸而走陸梁. {註}走者陸梁而跳也. 又姓. {廣韻}古天子陸終之後. {正字通}齊後有大陸氏, 後因姓陸. 又春秋陸渾之戎, 後亦爲陸氏. 又{後漢・馬援傳}今更共陸陸. {註}猶碌碌也. 又{唐韻正}音溜. {陰符經}龍蛇起陸. 叶上宿下覆. 又叶林直切. {郭璞・騊駼贊}騊駼野駿, 產自北域. 交頸相摩, 分背翹陸. {說文}籒文作𨻸. {集韻}作𨽐. 𨽐原从阝作, 或同籒文陸字. (說文) <自部> 力竹切. 高平地. 从自从坴, 坴亦聲.

A0942 U-967D

•陽• 阜字部 總12劃. (훈글) [양] 볕. (新典) [양] 볏, 해. 밝을. 봄. 양지짝. 거짓. 양양할. 환할. 양긔. (訓蒙) [양] 볃. (英譯) male principle. light. sun. (漢典) 形聲. 從阜, 昜聲. 從阜,

與山有關. 本義: 山南水北. 康熙 <阜部> 古文: 陽𨼆昜. {唐韻}與章切, {集韻}{韻會}余章切, {正韻}移章切, 𠀤音羊. {玉篇}營天功, 明萬物謂之陽. {說文}高明也. 又日也. {詩・小雅}湛湛露斯, 匪陽不晞. {傳}陽, 日也. {左傳・文四年}天子當陽. {禮・祭義}殷人祭其陽. {註}陽謂日中時也. {孟子}秋陽以暴之. 又{楚辭・遠遊}集重陽, 入帝宮. {註}積陽爲天, 天有九重, 故曰重陽. 又{玉篇}雙也. 又月建. {爾雅・釋天}十月爲陽. {詩・小雅}歲亦陽止. 又{爾雅・釋天}春爲青陽. {註}氣清而溫陽. 又{爾雅・釋天}太歲在癸曰昭陽. 又五月五日曰端陽, 九月九日曰重陽, 見{月令廣義}. 又{爾雅・釋山}山西曰夕陽, 山東曰朝陽. {詩・大雅}度其夕陽. {又}梧桐生矣, 于彼朝陽. 又水北也. {詩・大雅}在洽之陽. {穀梁傳・僖二十八年}水北爲陽. 又{釋名}丘高曰陽丘, 體高近陽也. 又{詩・豳風}我朱孔陽. {傳}陽, 明也. 又{玉篇}淸也. 又{詩・周頌}龍旂陽陽. {傳}陽陽, 言有文章也. 又{詩・王風}君子陽陽. {傳}陽陽, 無所用其心也. 又{周禮・地官・大司徒}以陽禮敎讓, 則民不爭. {註}陽禮謂鄕射飮酒之禮. 又國名. {春秋・閔二年}齊人遷陽. {註}陽, 國名. {戰國策}塞漏舟而輕陽侯之波. {註}博物志, 晉陽國侯溺水, 因爲大海之神. 又{春秋・昭十二年}齊高偃帥師納北燕伯于陽. {註}陽卽唐, 燕別邑, 中山有唐縣. 又縣名. {史記・高祖紀}西過高陽. {註}屬陳留. 又關名. {前漢・西域傳}去陽關七千八百二里. 又{左傳・昭二十四年}公孫于齊, 次于陽州. 又陽城, 山名. 漢爲縣, 屬潁川郡. 又古帝號. {史記・五帝紀}帝顓頊高陽氏. 又{釋名}立人, 象人立也. 或曰陽門, 在前曰陽, 兩旁似門也. 又{玉篇}傷也. 又{莊子・達生篇}西北方之下者, 則泆陽處之. {註}泆陽, 鬼名. 又{抱朴子・登涉篇}山中樹能人語者, 非樹能語也, 其精爲之, 名曰雲陽. 又昌陽, 菖蒲別名. 韓愈{進學解}昌陽引年. 又姓. {史記・司馬相如子虛賦}陽子驂乘. {註}古仙人陽陵. {廣韻}周景王封少子於陽樊, 後裔因邑命氏. 又漢複姓, 有二十二氏: 歐陽, 高陽, 青陽, 孫陽, 子陽, 周陽, 涇陽, 偪陽, 梗陽, 戲陽, 鮭陽, 葉陽, 陵陽, 鮮陽, 櫟陽, 濮陽, 太陽, 老陽, 安陽, 成陽, 朱陽, 索陽. 又通作揚. {禮・玉藻}盛氣顚實揚休. {註}顚, 讀爲闐. 揚, 讀爲陽. 盛身中之氣, 使之闐滿其息, 若陽氣之體物也. {釋名}陽, 揚也, 氣在外發揚也. 又與佯同. {禮・檀弓}陽若善之. {前漢・高帝紀}陽尊懷王爲義帝, 實不用其命. 又音暘. {爾雅・釋詁}陽, 予也. {註}魯詩云: 陽如之何, 今巴濮之人自呼阿陽. {疏}漢書藝文云: 魯申公爲詩訓, 故是爲魯詩. 其經云: 陽如之何, 申公以陽爲予, 故引之. {釋文}陽, 音暘. {五音集韻}俗作陗. {字彙}俗作阦. {字彙補}亦作隝陽氜. 說文 <𨸏部> 與章切. 高, 明也. 从𨸏昜聲.

A0934 U-968A

•隊• 阜字部 總12劃. 훈글 [대] 대. 新典 [대, 듸] 떼. 英譯 team, group. army unit. 漢典 形聲. 本義: 從高處掉下來. 是"墜"的本字. 康熙 <阜部> {唐韻}{集韻}{韻會}徒對切, {正韻}杜對切, 𠀤音憝. {說文}从高隊也, 失也. 又{玉篇}部也. 百人也. {廣韻}羣隊也. {左傳・文十六年}楚子乘馹, 會師於臨品, 分爲二隊. {註}隊, 部也. 兩道攻之. {司馬相如・上林賦}車按行, 騎就隊. 又{集韻}{正韻}𠀤直類切, 音懟. {集韻}落也. {禮・檀弓}退人若將隊諸淵. 又{樂記}上如抗, 下如隊. {釋文}隊, 直媿反. {左傳・成十二年}俾隊其師. {集韻}本作墜. 亦作隧. 又{集韻}徐醉切, 音遂. 與隧同. 詳隧字註. 又{前漢・王莽傳}分爲六尉六隊. {註}隊, 音遂. 又{穆天子傳}得絕鈃山之隊. {註}隊, 謂谷中險阻道也. 又{集韻}杜罪切, 憝上聲. 羣也. 說文 <𨸏部> 徒對切. 從高隊也. 从𨸏㒸聲.

䧱 A0941 U-968C

•陪• 阜字部 總12劃. 훈글 [암] 어두울. 康熙 <阜部> {廣韻}{集韻}𠀤烏感切, 音黤. {爾雅・釋言}陪, 闇也. {註}陪然冥貌. {集韻}不明也. 亦作暗. {玉篇}與晻同. 又{廣韻}{集韻}𠀤於金切, 音音. 又{集韻}於禁切, 音蔭. 義𠀤同.

隙 A0480 U-9699

•隙• 阜字部 總13劃. 훈글 [극] 틈. 新典 [극] 틈. 틈날. 탈. 訓蒙 [극] 씀. 英譯 crack, split, fissure. grudge. 漢典 會意. 從阜亦聲. 阜, 土山, 與土有關. 本義: 墻上開裂的裂縫. 康熙 <阜部> 古文: 隟. {唐韻}綺戟切, {集韻}{韻會}{正韻}乞逆切, 𠀤音綌. {說文}壁際孔也. {玉篇}穿穴也, 裂也. {禮・三年問}若駟之過隙然. {釋文}隙, 本又作郤. {左傳・昭元年}牆之隙壞. {孟子}鑽穴隙相窺. {史記・貨殖傳}秦文孝繆居雍隙. {註}隙者, 閒孔也. 地居隴蜀之閒要路, 故曰隙. 又{玉篇}閒也. {左傳・隱五年}皆於農隙, 以講事也. {註}隙, 閒也. 又{廣韻}怨也. {史記・樊噲傳}大王今日至, 聽小人之言, 與沛公有隙. 又{前漢・匈奴傳贊}遭王莽始開邊隙. 又{前漢・地理志}北隙烏丸夫餘. {註}隙, 際也. 又{唐韻正}古音綺略反, 義同. 又{唐韻正}古音綺路反. {韓非子・亡徵篇}木之折也, 必通蠹. 牆之壞也, 必通隙. {說苑・建本篇}枯魚銜索, 幾何不蠹. 二親之壽, 忽如過隙. ○ 按玉篇, 廣韻, 韻會, 正韻諸書皆作隙, 故字彙載入十一畫內. 惟說文作隙, 集韻, 類篇因之. 正譌, 㡿从二小, 中从日, 景也, 會意. 作隙, 非. 故正字通收入十畫內. 應从正字通. {集韻}同隟. 亦作䖅䖅. {篇海}譌作隟. 說文 <𨸏部> 綺戟切. 壁際孔也. 从𨸏从㡿, 㡿亦聲.

隝 A0942 U-969D

•隝• 阜字部 總14劃. 훈글 [도] 섬. 新典 [도] 섬. 英譯 dock, entrenchment, low wall. 康熙 <阜部> {集韻}覩老切, 音擣. {司馬相如・上林賦}阜陵別隝. {註}隝, 水中山也. {玉篇}今作島. 亦作隯. {集韻}亦作嶹. 又{集韻}丁了切, 音鳥. 義同. 又同䲧. {後漢・循吏傳}仇覽爲蒲亭長, 鄕邑爲之諺曰: 父母何在, 在我庭. 化我隝梟, 哺所生. {註}隝梟, 卽䲧梟也. 又叶當口切, 音斗. {前漢・敘傳}橫雖雄才, 伏於海隝. 沐浴尸鄕, 北面奉首. 又叶都木切, 音篤. {司馬相如・上林賦}振溪通谷, 蹇產溝瀆. 谽呀豁閜, 阜陵別隝. ○ 按正字通又見鳥部, 重出, 應刪.

隮 A0942 U-96AE

•隮• 阜字部 總17劃. 훈글 [제] 오를. 英譯 ti rise up. a rainbow. to fall. 康熙 <阜部> {廣韻}祖稽切, {集韻}{正韻}牋西切, 𠀤音擠. {玉篇}登也. {書・顧命}由賓階隮. 又{玉篇}氣也, 升也. {詩・鄘風}朝隮于西. {箋}朝有升氣於西方. {釋文}隮, 子西反, 又子細反. {周禮・春官・眡祲}十輝, 九曰隮. {註}隮, 虹也. 又{集韻}津私切, 音貲. 義同. {詩・曹風}薈兮蔚兮, 南山朝隮. 婉兮孌兮, 季女斯飢. {傳}隮, 升雲也. 又{廣韻}{集韻}𠀤子計切, 音霽. 義同. 又{書・微子}今爾無指, 告予顚隮. {傳}顚, 隕. 隮, 墜. {釋文}隮, 子細反. {廣韻}本作躋. {集韻}亦作隥陵. {石鼓文}作𨻵. {篇海}作𨽍.

 A0942 U-96AF

•隝• 阜字部 總17劃. 훈글 [도] 섬. 康熙 <阜部> ⦃玉篇⦄同島.

A0717 U-96B0

•隰• 阜字部 總17劃. 훈글 [습] 진펄. 新典 [습] 진퍼리. 英譯 low, damp land, marsh, swamp. 漢典 形聲. 阜: 土山, 與土地有關. 本義: 低濕之地. 康熙 <阜部> 古文: 隰. ⦃唐韻⦄似入切, ⦃集韻⦄⦃韻會⦄⦃正韻⦄席入切, 𠀤音習. ⦃爾雅・釋地⦄下濕曰隰. ⦃說文⦄阪下濕也. ⦃釋名⦄隰, 蟄也. 蟄, 濕意也. ⦃書・禹貢⦄原隰底績. ⦃詩・邶風⦄山有榛, 隰有苓. ⦃公羊傳・昭元年⦄下平曰隰. 又⦃詩・周頌⦄徂隰徂畛. ⦃箋⦄隰謂新發田也. ⦃疏⦄隰, 指地形而言, 則是未嘗墾發, 故知謂新發田也. 又⦃左傳・桓三年⦄逐翼侯于汾隰. ⦃註⦄汾隰, 汾水邊也. ⦃後漢・西羌傳⦄昔晉侯敗北戎于汾, 隰. ⦃註⦄二水名. ○ 按汾隰, 當從左傳註. 又地名. ⦃左傳・隱十一年⦄王與鄭人隰郕. ⦃註⦄在懷縣西南. ⦃前漢・地理志⦄西河郡隰成. 又⦃左傳・文十六年⦄先君蚡冒, 所以服陘隰也. ⦃註⦄陘隰, 地名. 又⦃廣韻⦄州名. 左傳曰: 重耳居蒲, 卽隰川州, 故蒲城是也. 漢爲蒲子縣後, 魏齊周之閒爲沁州. 隋爲隰州, 以州前有泉下濕, 蓋取下濕之義名之也. 又姓. ⦃左傳・僖九年⦄齊隰朋帥師會秦師, 納晉惠公. 又⦃集韻⦄悉協切, 音燮. 人名. 春秋傳有公子隰. ○ 按春秋襄八年, 鄭人侵蔡, 獲蔡公子燮. 燮, 穀梁傳作溼. 釋文, 溼, 本又作隰, 又音燮, 是隰直與燮通用, 不特音同也. ⦃玉篇⦄同隰. ⦃集韻⦄或作隰濕. 說文 <𨸏部> 似入切. 阪下溼也. 从𨸏㬎聲.

A0215 U-96B9

•隹• 隹字部 總08劃. 훈글 [추] 새. 新典 [쥬] 새. 訓蒙 [쵸] 새. 英譯 bird. KangXi radical 172. 漢典 象形. 甲骨文字形, 象鳥形. ⦃說文⦄: "鳥之短尾之總名也." 與"鳥"同源. "隹"是漢字的一個部首, 從"隹"的字與禽類有關. 本義: 短尾鳥的總名. 康熙 <隹部> ⦃廣韻⦄職追切, ⦃集韻⦄⦃韻會⦄⦃正韻⦄朱惟切, 𠀤音錐. ⦃說文⦄鳥之短尾總名也. 象形. 又⦃爾雅・釋鳥⦄隹其鳺鴀. ⦃註⦄今鵓鳩. ⦃疏⦄鵻, 一名鳺鴀. 詩曰: 翩翩者鵻. 毛傳, 鵻, 夫不也. 春秋傳云: 祝鳩氏司徒. 祝鳩卽鵻. 又⦃集韻⦄遵綏切, 觜平聲. 與崔同. 崔崔, 高大也. 亦作嶉崒隹. 又⦃集韻⦄祖誄切, 音濢. 與摧同. 山貌. ⦃莊子・齊物論⦄山林之畏隹. ⦃郭註⦄大風之所扇動也. ⦃劉註⦄山林之偎僻角尖處, 風所不到也. 又⦃集韻⦄諸鬼切. 山貌. ⦃莊子・齊物論畏隹註⦄李軌讀. 又⦃集韻⦄祖猥切, 觜上聲. 義同. 說文 <隹部> 職追切. 鳥之短尾總名也. 象形. 凡隹之屬皆从隹.

A0216 U-96BB

•隻• 隹字部 總10劃. 훈글 [척] 새 한 마리. 新典 [쳑] 외짝. 외새. 訓蒙 [쳑] 외짝. 英譯 single, one of pair, lone. 漢典 形聲. 從又, 持隹. 持一隹曰隻, 持二隹曰雙. 本義: 鳥一只. 康熙 <隹部> ⦃唐韻⦄⦃集韻⦄⦃韻會⦄⦃正韻⦄𠀤之石切, 音炙. ⦃說文⦄鳥一枚也. 从又, 持隹. 持一隹曰隻, 持二隹曰雙. ⦃玉篇⦄奇也. ⦃增韻⦄物單曰隻. ⦃後漢・方術傳⦄得一隻舄. ⦃穆天子傳⦄載玉萬隻. 又⦃列子・力命篇⦄多偶, 自專, 乘權, 隻立, 四人相與遊于世, 胥如志也. 說文 <隹部> 之石切. 鳥一枚也. 从又持隹. 持一隹曰隻, 二隹曰雙.

雓 A0222 U-96BF

•雓• 隹字部 總11劃. 훈글 [익] 주살. 康熙 <隹部> {唐韻}與職切, {集韻}逸職切, 𠀤音弋. {說文}繳射飛鳥也. 从隹从弋. {玉篇}今作弋. {楚辭・九章}矰弋機而在上. {朱註}弋, 一作雓. {玉篇}亦作隿. 說文 <隹部> 與職切. 繳射飛鳥也. 从隹弋聲.

雀 A0217 U-96C0

•雀• 隹字部 總11劃. 훈글 [작] 참새. 新典 [쟉] 참새. 귀이리. 訓蒙 [쟉] 새. 英譯 sparrow. 康熙 <隹部> {唐韻}卽略切, {集韻}{韻會}{正韻}卽約切, 𠀤音爵. {說文}依人小鳥也. 从小, 隹. 讀與爵同. {古今注}雀, 一名家賓. {埤雅}雀, 物之淫者. {詩・召南}誰謂雀無角. {左傳・襄二十五年}如鷹鸇之逐鳥雀也. 又{書・顧命}二人雀弁. {傳}雀韋弁. {疏}雀, 言如雀頭色也. 又{周禮・春官・巾車}漆車藩蔽豻褀雀飾. 又{戰國策}雀立不轉. {註}雀立, 踊也. 又{揚子・方言}鸝黃, 或謂之楚雀. {爾雅・釋鳥}鵹黃, 楚雀. {註}卽倉庚也. 又{爾雅・釋鳥}鶅, 負雀. {註}鶅, 鷂也. 善捉雀, 因名. 又{爾雅・釋鳥・桑鳸竊脂註}俗謂之靑雀. 又{爾雅・釋鳥・桃蟲鷦註}鷦鴨, 桃雀也. 俗呼爲巧婦. {疏}方言說, 巧婦之名, 自關而東謂之工爵, 自關而西或謂之韤雀. 又{揚雄・羽獵賦}玄鸞, 孔雀. 又{臨海異物志}南海有黃雀魚, 六月化爲黃雀, 十月入海爲魚. 又{爾雅・釋草}蘥, 雀麥. {註}卽燕麥也. 又朱雀, 南方宿名. {禮・曲禮}前朱雀而後玄武. 說文 <隹部> 卽略切. 依人小鳥也. 从小, 隹. 讀與爵同.

集 A0333 U-96C6

•集• 隹字部 總12劃. 훈글 [집] 모일. 新典 [집] 모들. 나아갈. 편안할. 일을. 가지런할. 문집. 訓蒙 [집] 모ᄃᆞᆯ. 英譯 assemble, collect together. 康熙 <隹部> 古文: 雦. {唐韻}{廣韻}{韻會}{正韻}秦入切, {集韻}{類篇}籍入切, 𠀤音䇲. {說文}本作雧. 羣鳥在木上也. {詩・周南}集于灌木. 又{廣韻}就也, 成也. {書・武成}大統未集. {傳}大業未就. {詩・小雅}我行旣集. {箋}集, 猶成也. 又{韻會}雜也. {孟子}是集義所生者. {註}集, 雜也. 又{廣韻}衆也. 又{廣韻}安也. {史記・曹參世家}問所以安集百姓. 又{玉篇}合也. {廣韻}聚也, 會也, 同也. {史記・秦始皇紀}天下雲集響應. {前漢・鼂錯傳}動靜不集. {註}師古曰: 集, 齊也. {史記・司馬相如傳}鱗集仰流. 又{左傳・昭二十三年}險其走集. {註}走集, 邊境之壘辟也. 又{前漢・藝文志}劉歆總羣書, 而奏其七略, 故有輯略. {註}師古曰: 輯與集同. 謂諸書之總要. {韻會}文集, 文所聚也. 唐有子史經集四庫. 又州名. {廣韻}漢宕渠縣, 梁恭帝爲集州. 又{廣韻}姓也. 漢有集壹. 又{韻補}叶疾救切, 音就. {詩・小雅}我龜旣厭, 不我告猶. 謀夫孔多, 是用不集. 猶, 于救切. 又叶昨合切, 音雜. {詩・大雅}天監在下, 有命旣集. 文王初載, 天作之合.

雇 A0220 U-96C7

•雇• 隹字部 總12劃. 훈글 [고] 품살. [호] 새이름. 新典 [호] 벅국새. [고] 더부사리, 머슴. 訓蒙 [고] 삭바ᄃᆞᆯ. 英譯 employ, to hire. 漢典 形聲. 從隹, 表示與鳥類有關. 戶聲. 本義: 鳥名. 即九雇, 一種候鳥. 康熙 <隹部> {唐韻}{正韻}侯古切, {集韻}{韻會}後五切, 𠀤音戶. {說文}九雇, 農桑候鳥, 扈民不婬者也. 从隹戶聲. 春雇鳻盾, 夏雇竊玄, 秋雇竊藍, 冬雇

鷄黃. 棘雇竊丹, 行雇唶唶, 宵雇嘖嘖, 桑雇竊脂, 老雇鷃也. ｛集韻｝或作鶚鳸. ｛爾雅・釋鳥｝作鳫. 又｛廣韻｝｛集韻｝｛韻會｝｛正韻｝丛古慕切, 音顧. ｛廣韻｝相承借爲雇賃字. ｛集韻｝傭也. 又｛韻會｝通作顧. ｛前漢・鼂錯傳｝斂民財以顧其功. ｛註｝顧, 讎也. 若今言雇賃也. 又｛韻會｝通作故. ｛史記・馮唐傳註｝索隱曰: 故行不行謂故, 命人行而身不自行, 故與雇同. (說文) <隹部> 侯古切. 九雇. 農桑候鳥, 扈民不婬者也. 从隹戶聲. 春雇, 鳻盾; 夏雇, 竊玄; 秋雇, 竊藍; 冬雇, 竊黃; 钊雇, 竊丹; 行雇, 唶唶; 宵雇, 嘖嘖; 桑雇, 竊脂; 老雇, 鷃也.

雈 A0226 U-96C8

•雈• 隹字部 總12劃. (훈글) [환] 수리부엉이.

雉 A0217 U-96C9

•雉• 隹字部 總13劃. (훈글) [치] 꿩. (新典) [치] 꿩. 폐백. 셩우담. 목맬. (訓蒙) [티] 꿩. (英譯) pheasant. crenellated wall. (漢典) 形聲. 從隹, 矢聲. 隹, 短尾鳥的總稱. 本義: 野雞. (康熙) <隹部> 古文: 餸鮷. ｛唐韻｝｛集韻｝直几切, ｛韻會｝｛正韻｝丈几切, 丛音薙｛說文｝雉有十四種. ｛爾雅・釋鳥｝鷂雉, 鷮雉, 鳪雉, 鷩雉, 秩秩海雉, 鸐山雉, 雗雉, 鵫雉. 雉絕有力奮. 伊洛而南, 素質五彩皆備成章曰翬. 江淮而南, 青質五彩皆備成章曰鷂. 南方曰鶹, 東方曰鶅, 北方曰鵗, 西方曰鷷. ｛疏｝別諸雉之名也. ｛易・說卦｝離爲雉. ｛周禮・春官・大宗伯｝六摯, 士執雉. ｛公羊傳・襄二十七年｝味雉彼視. 又｛爾雅・釋鳥｝鵽鳩, 寇雉. ｛註｝寇雉, 一名鵽鳩. 又｛晏子・問篇｝鄒滕雉犇而出其地, 猶稱公侯. 又｛晉語｝雉經於新城之廟. ｛註｝雉經, 頭搶而懸也. 又｛周禮・冬官考工記・匠人｝王宮門阿之制五雉, 宮隅之制七雉, 城隅之制九雉. ｛註｝雉, 長三丈, 高一丈. ｛左傳・隱元年｝都城過百雉. ｛註｝方丈曰堵, 三堵曰雉. 一雉之牆, 長三丈, 高一丈. 侯伯之城方五里, 徑三百雉, 故其大都不過百雉. ｛管子・海王篇｝吾欲藉於臺雉. 又｛春秋・定二年｝雉門及兩觀災. ｛註｝雉, 公宮之南門. 又｛揚雄・甘泉賦｝列新雉於林薄. ｛註｝服虔曰: 新雉, 香草也. 又｛爾雅・釋詁｝雉, 陳也. ｛註｝義未詳. 又｛揚子・方言｝雉, 理也. 又｛韻會｝姓也. 殷後有雉氏. 又｛前漢・高后紀註｝荀悅曰: 諱雉之字曰野雞. 師古曰: 呂后名雉, 故臣下諱雉也. ｛韻會｝漢人諱之, 謂雉爲野雞. 又｛集韻｝序姊切, 音兕. 本作鴙. 詳鴙字註. 又｛集韻｝演爾切, 音酏. 縣名. ｛前漢・地理志｝江夏郡下雉縣. ｛註｝雉, 羊氏反. ｛又｝南陽郡雉縣. ｛註｝弋爾反. 又｛集韻｝口駭切, 音鍇. 桂林人謂人短爲矲雉, 或作矲矲. 又直利切, 音稚. 野雞也. (說文) <隹部> 直几切. 有十四種: 盧諸雉, 喬雉, 鳪雉, 鷩雉, 秩秩海雉, 翟山雉, 翰雉, 卓雉, 伊洛而南曰翬, 江淮而南曰搖, 南方曰䍐, 東方曰甾, 北方曰稀, 西方曰蹲. 从隹矢聲.

雌 A0222 U-96CC

•雌• 隹字部 總13劃. (훈글) [자] 암컷. (新典) [자, ᄌᆞ] 암컷. (訓蒙) [ᄌᆞ] 암. (英譯) female. feminine. gentle, soft. (漢典) 形聲. 從隹, 此聲. 從"隹", 表示與鳥有關. 本義: 母鳥. 引申爲母的. (康熙) <隹部> 古文: 雌. ｛唐韻｝七移切, ｛集韻｝｛韻會｝七支切, 丛音髭. ｛說文｝鳥母也. 从隹从此. ｛詩・小雅｝誰知烏之雌雄. 又｛廣韻｝牝也. ｛詩・小雅｝以雌以雄. ｛史記・司馬相如・上林賦・素雌註｝索隱曰: 素雌, 猿之雌者. 餘詳雄字註. 又｛集韻｝｛正韻｝丛千西切, 音妻. ｛集韻｝牝也. ｛莊子・齊物論｝猿猵狙以爲雌. (說文) <隹部> 此移切. 鳥母也. 从隹此聲.

A0220 U-96CD

•雍• 隹字部 總13劃. 훈글 [옹] 누그러질. 新典 [옹] 화할. 벽옹. 가릴. 類合 [옹] 화홀. 英譯 harmony, union. harmonious. 康熙 <隹部> 古文: 邕. {唐韻}{集韻}{韻會}{正韻}𠀤於容切, 音廱. {玉篇}和也. {書・堯典}黎民於變時雍. 又{爾雅・釋天}太歲在戊曰著雍. 又水名. {水經}四方有水曰雍. 又縣名. {前漢・地理志}漁陽郡雍奴縣. 又{前漢・中山靖王傳}雍門子壹微吟. {註}張晏曰: 齊之賢者, 居雍門, 因以爲號. 蘇林曰: 六國時人, 名周. 又{廣韻}姓也. 祭仲壻雍糾. 見{左傳・桓十五年}. 又{集韻}通作雝. {班固・兩都賦}乃流辟雍. ○ 按禮王製作辟雝. 又{集韻}委勇切, 音壅. {周禮・秋官・司寇}雍氏. {註}謂隄防止水者也. {釋文}雍, 於勇反. 又{集韻}祐也. {揚雄・甘泉賦}雍神休. {註}晉灼曰: 雍, 祐也. 師古曰: 雍, 聚也. 雍讀曰擁. 又{廣韻}{集韻}{韻會}{正韻}𠀤於用切, 音壅. {廣韻}九州名. 雍, 擁也. 東崤, 西漢, 南商, 北居庸, 四山之所擁翳也. {書・禹貢}黑水西河惟雍州. {釋文}雍, 於用切. ○ 按爾雅釋地作雝. 又{韻會}國名. {左傳・僖二十四年}郜雍曹滕. {註}雍國, 在河內山陽縣. {釋文}雍, 於用反. 又{廣韻}姓也. {韻會}文王子雍伯之後.

A0226 U-96DA

•雚• 隹字部 總18劃. 훈글 [관] 황새. 英譯 a heron. small cup. 康熙 <隹部> {唐韻}工換切, {集韻}{正韻}古玩切, 𠀤音灌. {說文}雚, 小爵也. 从萑吅聲. {玉篇}水鳥. {詩・豳風}雚鳴于垤. {集韻}或作鸛. 又草名. {爾雅・釋草}雚, 芄蘭. {註}雚芄蔓生, 斷之有白汁, 可啖. {釋文}雚, 音貫. 又{集韻}胡官切, 音桓. 與芄同. 詳艸部芄字註. 又{集韻}古丸切, 音官. 水鳥也. 或作鸛. 說文 <萑部> 工奐切. 小爵也. 从萑吅聲. {詩}曰: “雚鳴于垤.”

A0218 U-96DB

•雛• 隹字部 總18劃. 훈글 [추] 병아리. 新典 [츄] 새색기. 訓蒙 [추] 삿기. 英譯 chick, fledging. infant, toddler. 康熙 <隹部> {唐韻}仕于切, {集韻}{韻會}崇芻切, 𠀤音鶵. {說文}雞子也. 从隹从芻. {爾雅・釋鳥}生噣雛. {註}生能自食者. {釋文}雛, 仕俱反. {禮・月令}天子乃以雛嘗黍. {釋文}仕于反. {孟子}力不能勝一匹雛. 又{禮・內則}不食雛鱉. {註}鱉伏乳者. 又{莊子・秋水篇}南方有鳥, 其名鵷雛. {司馬相如・子虛賦}鵷雛孔鸞. {註}鵷雛, 鳳屬也. {集韻}或作鶵. 俗作雏, 非. 又{集韻}{類篇}𠀤從遇切, 音聚. {集韻}人名. 仲尼弟子顏濁雛. 說文 <隹部> 士于切. 雞子也. 从隹芻聲.

A0220 U-96DD

•雝• 隹字部 總18劃. 훈글 [옹] 할미새. 新典 [옹] 화할. 벽옹. 英譯 marsh. pool. harmonious. 康熙 <隹部> {唐韻}{集韻}{韻會}{正韻}𠀤於容切, 音邕. {說文}雝渠也. {爾雅・釋鳥}鶺鴒, 雝渠. {註}雀屬. 又{詩・北風}雝雝鳴雁. {傳}雝雝, 雁聲和也. 又{大雅}雝雝喈喈. 又{詩・召南}曷不肅雝. {傳}雝, 和. 又{周頌}有來雝雝. {箋}雝雝, 和也. 又地名. {詩・周頌}于彼西雝. {傳}雝, 澤也. 又姓. {晉語}邢侯與雝子爭田. ○ 按左傳作雍. 又{正韻}尹竦切, 音勇. {詩・小雅}無將大車, 維塵雝兮. {箋}雝, 蔽也. {釋文}於勇反. 又{正韻}於用切,

音灉. {詩・小雅・麀雝釋文}又作壅. 於用反. 【說文】 <隹部> 於容切. 雝鸔也. 从隹邕聲.

A0218 U-96DE

•雞• 隹字部 總18劃. 【훈글】 [계] 닭. 【新典】 [계] 닭. 퓟비아. 【類合】 [계] 돍. 【英譯】 chickens. domestic fowl. 【漢典】 形聲. 從鳥, 奚聲. 本義: 家禽名. 雄雞可以報曉. 鳥綱雉科家禽, 品種很多, 喙短鋭, 有冠與肉髯, 翅膀短, 尤指普通家雞 雞, 知時獸也. 從隹, 奚聲. 籒文從鳥. 【康熙】 <隹部> {唐韻}古兮切, {集韻}{韻會}堅奚切, {正韻}堅溪切, 𠀤音稽. {說文}知時畜也. {玉篇}司晨鳥. {爾雅・釋畜}雞大者蜀. 蜀子雓, 未成雞僆, 絕有力奮. {疏}此別雞屬也. {春秋・說題辭}曰: 雞爲積陽, 南方之象, 火陽精物炎上, 故陽出雞鳴, 以類感也. {易・說卦}巽爲雞. {書・泰誓}牝雞無晨. {周禮・春官・大宗伯}六摯, 工商執雞. {禮・曲禮}雞曰翰音. 又{爾雅・釋鳥}鶾, 天雞{註}鶾雞赤羽. {逸周書}文鶾若彩雞, 成王時蜀人獻之. 又{爾雅・釋蟲}螒, 天雞. {註}小蟲, 黑身赤頭, 一名莎雞, 又曰樗雞. {詩・豳風}六月莎雞振羽. {爾雅翼}一名梭雞. 一名酸雞. 又雞人, 官名. {周禮・春官・雞人}掌共雞牲, 辨其物, 大祭祀夜嘑旦, 以嘂百官. 又{禮・明堂位}灌尊, 夏后氏以雞彝. 又地名. {春秋・襄三年}同盟于雞澤. {註}在廣平曲梁縣西南. 又{昭二十三年}吳敗頓胡, 沈蔡, 陳許之師于雞父. {註}雞父, 楚地. {戰國策}負雞次之典. {前漢・地理志}鬱林郡, 雍雞縣. 又姓. {正字通}明正統, 陝西苑馬寺監正雞鳴時. {說文}籒文作鷄. 互詳鳥部鷄字註. 【說文】 <隹部> 古兮切. 知時畜也. 从隹奚聲.

A0219 U-96E2

•離• 隹字部 總19劃. 【훈글】 [리] 떼놓을. 【新典】 [리] 베풀. 걸릴. 지날. 써날. 써돌아 단일. 아름답을. 둘. 반병어리. 자리뜰. 【類合】 [리] 여흴. 【英譯】 leave, depart. go away. separate. 【康熙】 <隹部> {唐韻}呂支切, {集韻}{韻會}鄰知切, 𠀤音驪. {說文}黃倉庚也, 鳴則蠶生. 从隹离聲. {玉篇}亦作鸝. {廣韻}今用鸝爲鸝黃, 借離爲離別. {集韻}或作鴷. 又卦名. {易・離卦}彖曰: 離, 麗也. {玉篇}離, 明也. 又{玉篇}散也. {廣韻}近曰離, 遠曰別. {揚子・方言}參蠡, 分也. 秦晉曰離. {易・乾卦}進退無恆, 非離羣也. {待王風}有女仳離. 又{玉篇}遇也. {揚子・方言}羅謂之離. {易・小過}飛鳥離之. {前漢・揚雄傳・反離騷註}應劭曰: 離, 猶遭也. 又{詩・小雅}不離于裏. {疏}離, 歷也. 又{玉篇}兩也. {禮・曲禮}離坐離立. {註}離, 兩也. 兩相麗謂之離. 又{玉篇}判也. {禮・學記}一年視離經辨志. {註}離經, 斷絕句也. {周禮・夏官・形方氏}無有華離之地. {註}華讀爲低, 正之使不低邪離絕. 又{禮・明堂位}叔之離磬. {註}離, 謂次序其聲懸也. {疏}叔之所作編離之磬. 又{儀禮・大射禮}中離維綱. {註}離, 猶過也, 獵也. 又{玉篇}陳也. {左傳・昭元年}設衞離服. {註}離, 陳也. 又{爾雅・釋親}男子謂姊妹之子爲出, 謂出之子爲離孫. 又{荀子・非相篇}離離然. {註}離離, 不親事之貌. 又{爾雅・釋詁}覞髳茀離也. {註}謂草木之蒙茸翳薈也. 茀離卽彌離, 彌離猶蒙茸. 又{屈原・離騷}長余佩之陸離. {註}陸離, 猶嵾嵯, 衆貌也. 許愼云: 美好貌. 師古云: 分散也. 又{前漢・郊祀歌}闢流離. {註}流離, 不得其所者. 又{司馬相如・大人賦}滂濞泱軋, 麗以林離. {註}林離, 摻攡也. {揚雄・羽獵賦}淋離廓落. 又{司馬相如・大林賦}前長離而後矞皇. {註}服虔曰: 皆神名也. 師古曰: 長離, 靈鳥也. ○ 按前漢禮樂志作長麗. 註云: 星名. {張衡・思玄賦}前長離使拂羽兮. {註}長離, 南方朱雀神也. 又{爾雅・釋樂}大琴謂之離. {疏}音多變, 聲流離也. 又{前漢・西域傳}罽賓出璧流離. {註}師古曰: 魏略云: 大秦國出赤, 白, 黑, 黃, 靑, 綠, 縹, 紺, 紅, 紫十種流離.

又馬名. {李斯・諫逐客書}乘纖離之馬. 又鳥名. {詩・邶風}流離之子. {傳}流離, 鳥也. ○ 按爾雅釋鳥註, 作留離. 又草名. {屈原・離騷}扈江離與辟芷兮. {註}離, 蘼蕪也. 又{司馬相如・子虛賦}蘖離朱楊. {註}離, 山梨. 又{埤雅}韓詩曰: 芍藥, 離草也. 將離, 相贈以芍藥. 一名可離. 又木名. {史記・孔子世家註}{皇覽}曰: 塋中樹, 柞, 枌, 雒, 離. 又水名. {前漢・武帝紀}出零陵下離水. 又地名. {左傳・成十五年}會吳于鍾離. {註}鍾離, 楚邑, 淮南縣. 又國名. {前漢・西域傳}東離國, 大國也. {拾遺記}泥離之國來朝. 又{廣韻}姓也. 孟子弟子離婁. 又{集韻}抽知切, 音痴. 本作螭. 詳虫部螭字註. 又{集韻}輦尒切, 音邐. 離跂, 攘臂貌. 又{司馬相如・上林賦}離靡廣衍. {註}離靡, 謂相連不絕也. 離, 音力爾反. 又{廣韻}{集韻}{韻會}丛力智切, 音荔. {廣韻}去也. {書・胤征}畔官離次. {釋文}離, 如字, 又力智反. {禮・曲禮}鸚鵡能言, 不離飛鳥. 又與荔同. {司馬相如・上林賦}荅遝離支. {註}晉灼曰: 離支, 大如雞子, 皮粗, 剝去皮, 肌如雞子, 中黃, 味甘多酢少. 師古: 音力智反. 又{廣韻}{集韻}{韻會}丛郎計切, 音麗. {禮・月令}司天日月星辰之行, 宿離不貸. {註}離, 讀如儷偶之儷, 宿儷謂其屬. 馮相氏保章氏掌天文者, 相與宿偶, 當審伺候, 不得過差也. {釋文}離, 呂計反. 偶也. 又叶音黎. {卓文君・白頭吟}凄凄復凄凄, 嫁女不須啼. 願得一心人, 白頭不相離. 又叶良何切, 音羅. 韓愈{裴少府墓銘}支分族離, 各爲大家. 家, 音歌. (說文) <隹部> 呂支切. 黃倉庚也. 鳴則蠶生. 从隹离聲.

A0232 U-96E5

•雥• 隹字部 總24劃. (훈글) [잡] 새 떼지어 모일. (康熙) <隹部> {唐韻}徂合切, {集韻}昨合切, 丛音雜. {說文}羣鳥也. 从三隹. {許善心・神雀頌}景福氤氳, 嘉貺雥集. 又{玉篇}走合切, 音帀. 義同. (說文) <雥部> 徂合切. 羣鳥也. 从三隹. 凡雥之屬皆从雥.

A0233 U-96E7

•雧• 隹字部 總28劃. (훈글) [집] 모을. (康熙) <隹部> {唐韻}秦入切, {集韻}藉入切, 丛音蕺. {說文}羣鳥在木上也. 从雥从木. 又{集韻}一曰聚也. {屈原・離騷}雧芙蓉以爲裳. {說文}或省作集. 詳前集字註. (說文) <雥部> 秦入切. 羣鳥在木上也. 从雥从木.

A0233 U-4A0A

•䨊• 隹字部 總32劃. (훈글) [연] 모일. (英譯) a flock of birds. (康熙) <隹部> {唐韻}烏懸切, {集韻}縈懸切, 丛音淵. {說文}鳥羣也. (說文) <雥部> 烏玄切. 鳥羣也. 从雥𣶒聲.

A0754 U-96E8

•雨• 雨字部 總08劃. (훈글) [우] 비. (新典) [우] 비. 비올. (訓蒙) [우] 비. (英譯) rain. rainy. KangXi radical 173. (康熙) <雨部> 古文: 𠕲𠖋𩂣𩃬𠕧. {唐韻}{集韻}{韻會}丛王矩切, 音羽. {說文}水从雲下也. 一象天, 冂象雲, 水霝其閒也. {玉篇}雲雨也. {元命包}陰陽和爲雨. {大戴禮}天地之氣和則雨. {釋名}輔也. 言輔時生養. {易・乾卦}雲行雨施, 品物流行. {書・洪範}八庶徵, 曰雨, 曰暘. 又{爾雅・釋天}暴雨謂之涷, 小雨謂之霡霂, 久雨謂之淫. 陸佃云: 疾雨曰驟, 徐雨曰零, 久雨曰苦, 時雨曰澍. 又穀雨, 二十四氣之一. 見{後漢・律曆志}. 又{正字通}雨

虎, 蟲名. 遁甲開天圖曰: 霍山有雨虎, 狀如蠶, 長七八寸, 在石內, 雲雨則出, 可炙食. 或曰石蠶之類. 詳見{本草綱目}. 又{集韻}歐許切, 音掀. 義同. 又{廣韻}{集韻}{韻會}丛王遇切, 音芋. {集韻}自上而下曰雨. {韻會}風雨之雨上聲, 雨下之雨去聲. {詩 · 邶風}雨雪其雱. 又{小雅}雨我公田. {釋文}雨, 于付反. {禮 · 月令}仲春始雨水. {註}漢始以雨水爲二月節. 又叶羽軌切, 音以. {易林}陰積不已, 雲作淫雨. (說文) <雨部> 王矩切. 水从雲下也. 一象天, 冂象雲, 水霝其閒也. 凡雨之屬皆从雨.

A0758 U-96E9

•雩• 雨字部 總11劃. (ᄒᆞᆫ글) [우] 기우제. (新典) [우] 긔우제. (英譯) offer sacrifice for rain. (漢典) 形聲. 從雨, 虧聲. 本義: 古代爲求雨而舉行的祭祀. (康熙) <雨部> {唐韻}羽俱切, {集韻}{韻會}雲俱切, 丛音于. {說文}夏祭, 樂於赤帝, 以祈甘雨也. 从雨于聲. {玉篇}請雨祭也. {爾雅 · 釋訓}舞號雩也. {註}雩之祭, 舞者吁嗟而求雨. {禮 · 月令}仲夏大雩. {註}. 雩, 吁嗟求雨之祭也. {左傳 · 桓五年}龍見而雩. {註}遠爲百穀祈膏雨也. {疏}雩之言遠也. 遠者豫爲秋收, 言意深遠也. 又雩婁. 地名. {左傳 · 襄二十六年}楚子秦人侵吳及雩婁. {釋文}雩, 音于. 又{前漢 · 地理志}豫章郡雩都, 琅邪郡雩叚. 又{廣韻}況于切, {集韻}匈于切, 丛音訏. {廣韻}雩婁, 古縣名. 在廬江. {左傳 · 雩婁釋文}徐邈讀. 又{集韻}休居切, 音虛. {左傳 · 雩婁釋文}韋昭讀. 又{集韻}汪胡切, 音烏. {左傳 · 雩婁釋文}或讀一呼反. 又{集韻}{類篇}丛王遇切, 音芋. {爾雅 · 釋天}螮蝀謂之雩. 螮蝀, 虹也. {註}俗名美人虹. 江東呼雩. {釋文}雩, 于句切. {說文}或作咢. (說文) <雨部> 羽俱切. 夏祭, 樂于赤帝, 以祈甘雨也. 从雨于聲.

A0756 U-96EA

•雪• 雨字部 總11劃. (ᄒᆞᆫ글) [설] 눈. (新典) [설] 눈. 씻을. (訓蒙) [셜] 눈. (英譯) snow. wipe away shame, avenge. (漢典) 會意. 從雨, 從彗, 彗省聲. 本義: 空氣中的水汽, 冷卻到攝氏零度以下時, 就有部分凝結成冰晶, 由空中降下, 叫做雪. (康熙) <雨部> {唐韻}{集韻}相絕切, {韻會}{正韻}蘇絕切, 丛音㩜. {說文}本作䨮. 凝雨. {元命包}陰凝爲雪. {釋名}雪, 綏也. 水下遇寒氣而凝, 綏綏然下也. {埤雅}雪六出而成華, 言凡草木華五出, 雪華獨六出, 陰之成數也. {詩 · 邶風}雨雪其雱. 又{廣韻}除也. {韻會}洗也. {莊子 · 知北遊}澡雪而精神. {戰國策}得賢士與共國, 以雪先王之恥, 孤之願也. 又{廣韻}拭也. {家語}以黍雪桃. {史記 · 酈食其傳}沛公遽雪足杖矛, 曰: 延客入. 又小雪, 大雪, 丛節候名. 見{後漢 · 律曆志}. 又山名. {後漢 · 明帝紀註}天山卽祈連山. 一名雪山. 又陽春白雪, 古曲名. 又姓. {正字通}明洪武中巡簡雪霽.

A0759 U-96F2

•雲• 雨字部 總12劃. (ᄒᆞᆫ글) [운] 구름. (新典) [운] 구ᄅᆞᆷ. 은하슈. (訓蒙) [운] 구룸. (英譯) clouds. Yunnan province. (漢典) 象形. {說文}: 古文字形. 象雲回轉形. “雲”爲會意字, 從雨, 從雲. 本義: 雲彩. 這個意義后作“雲”. (康熙) <雨部> {唐韻}{集韻}王分切, {韻會}{正韻}于分切, 丛音云. {說文}山川气也. 从雨云, 象雲回轉形. {廣韻}河圖曰: 雲者, 天地之本. {元命包}陰陽聚爲雲. {易 · 乾卦}雲行雨施. 又{詩 · 大雅}倬彼雲漢. {傳}雲漢, 天河也. 又{爾雅 · 釋親}仍孫之子爲雲孫. {註}言輕遠如浮雲. 又{周禮 · 春官 · 大司樂}舞雲門大卷. {註}周所存

六代之樂, 黃帝曰雲門大卷. 又{史記・黃帝紀}官名, 皆以雲命爲雲師. 又澤名. {書・禹貢}雲土夢作. 又{左傳・定四年}楚子涉雎濟江, 入于雲中. {爾雅・釋地}楚有雲夢. {疏}此澤跨江南北, 亦得單稱雲, 單稱夢. {司馬相如・子虛賦}雲夢者, 方九百里. 又{拾遺記}蓬萊山, 亦名雲來. 又郡縣名. {前漢・地理志}琅邪郡雲縣. 又雲中郡. 又姓. {正字通}縉雲氏之後. 唐雲洪嗣. 明雲衢, 雲岫. 又叶于員切. {陳琳・馬瑙勒賦}初傷勿用, 俟慶雲兮. 君子窮達, 亦時然兮. {說文}通作云. (說文) <雲部> 王分切. 山川气也. 从雨, 云象雲回轉形. 凡雲之屬皆从雲.

零　A0756　U-96F6

•零• 雨字部 總13劃. (훈글) [령] 조용히 오는 비. (新典) [령] 비 쑥쑥 더를. 심 남어지. 부서질. 썰어질. (訓蒙) [령] 뜯 드릴. (英譯) zero. fragment, fraction. (漢典) 形聲. 從雨, 令聲. 本義: 下雨. 指落細雨. (康熙) <雨部> 古文: 圂. {唐韻}{集韻}{韻會}𠀤郎丁切, 音靈. {說文}餘雨也. 从雨令聲. 又{玉篇}徐雨也. 又{廣韻}落也. {詩・鄘風}靈雨旣零. {傳}零, 落也. 又{字彙}畸零, 凡數之零餘也. 又{後漢・高句驪傳}好祠鬼神, 社稷零星. {註}風俗通曰: 辰之神爲零星. 又水名. {前漢・匈奴傳}零吾水上. 又{前漢・司馬相如傳}通零關道. {註}徐廣曰: 越嶲有零關縣. 又{前漢・地理志}武陵郡零陽, 零陵郡零陵. 又{韻會}丁零, 亦地名. 通作靈令. 又姓. {正字通}明成化舉人零混. 又與苓通. {莊子・徐無鬼}豕零也. {註}進學解所謂豨苓也. 又{廣韻}落賢切, {集韻}{韻會}{正韻}靈年切, 𠀤音蓮. {廣韻}先零, 西羌也. {前漢・趙充國傳}先零豪言, 願時渡湟水北. {註}零, 音憐. 又{廣韻}{集韻}𠀤郎定切, 音令. {廣韻}零落. {集韻}或作霝. 亦作䨩. (說文) <雨部> 郎丁切. 餘雨也. 从雨令聲.

雷　A0754　U-96F7

•雷• 雨字部 總13劃. (훈글) [뢰] 우레. (新典) [뢰] 텬동, 울에. (訓蒙) [뢰] 울에. (英譯) thunder. (漢典) 象形. 甲骨文, 中間象閃電, 圓圈和小點表示雷聲. 整個字形象雷聲和閃電相伴而作. 小篆變成了會意字, 從雨, 下象雷聲相連之形, 表示打雷下雨. 本義: 雲層放電時發出的巨響. (康熙) <雨部> 古文: 靁靁靁靁𩃬靁靁畾䨻. {唐韻}魯回切, {集韻}{韻會}{正韻}盧回切, 𠀤音罍. {說文}本作靁. 陰陽薄動靁雨生物者也. 从雨畾聲. 象回轉形. {易・說卦}震爲雷. {禮・月令}仲春, 雷乃發聲. 又{禮・曲禮}毋雷同. {註}雷之發聲, 物無不同時應者. 人之言當各由已, 不當然也. 又{司馬相如・大人賦}左玄冥而右黔雷. {註}黔雷, 黔贏也. 天上造化神名. 又{周禮・地官・鼓人}以雷鼓鼓神祀. {註}雷鼓, 八面鼓也. 又{韻會}雷門, 會稽城門, 有大鼓, 聲聞百里. {前漢・王尊傳}毋持布鼓過雷門. 又{南部新書}胡琴, 大曰大忽雷, 小曰小忽雷. 又山名. {書・禹貢}壺口雷首. {疏}雷首, 在河東蒲坂縣南. 又澤名. {書・禹貢}雷夏旣澤. {傳}雷夏, 澤名. 又漢侯國名. 在東海. 見{史記・建元以來王子侯者年表}. 又外國名. {前漢・西域傳}無雷國王治盧城. 又州名. {韻會}在廣西, 其山爲雷所震, 水流爲江. 唐置雷州. 又姓也. {前漢・淮南王安傳}郎中雷被. 又音纍. {楚辭・九歌}駕龍輈兮乘雷, 載雲旗兮委蛇. {晉語}靑陽. 方雷氏之甥也. {註}方雷, 西陵氏之姓. 黃帝娶於西陵氏之子, 曰纍祖, 實生靑陽. 雷纍同. ○ 按晉語註, 雷有纍音, 非止叶音也. 又{集韻}魯水切, 音壘. 推石下也. 又{集韻}盧對切, 音類. 本作礧. 或作壘礌檑. {埤蒼}推石自高而下也. {周禮・秋官・職金註}槍雷, 椎椁之屬. {釋文}劉音誄. 沈云: 當爲礌, 郎對反. {前漢・鼂錯傳・具藺石註}如淳曰: 藺石, 城上雷石. 師古曰: 雷, 來內反. 又{正字通}擊鼓曰雷. {古樂府}官家出遊雷大鼓.

A0756 U-96F9

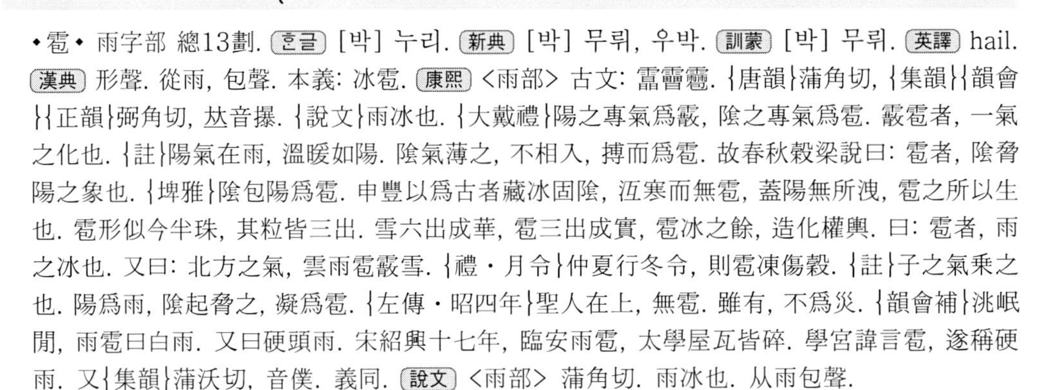
•雹• 雨字部 總13劃. (훈글) [박] 누리. (新典) [박] 무뤼, 우박. (訓蒙) [박] 무뤼. (英譯) hail. (漢典) 形聲. 從雨, 包聲. 本義: 冰雹. (康熙) <雨部> 古文: 靁雹霣. {唐韻}蒲角切, {集韻}{韻會}{正韻}弼角切, 𠀤音撲. {說文}雨冰也. {大戴禮}陽之專氣爲霰, 陰之專氣爲雹. 霰雹者, 一氣之化也. {註}陽氣在雨, 溫暖如陽. 陰氣薄之, 不相入, 摶而爲雹. 故春秋穀梁說曰: 雹者, 陰脅陽之象也. {埤雅}陰包陽爲雹. 申豐以爲古者藏冰固陰, 沍寒而無雹, 蓋陽無所洩, 雹之所以生也. 雹形似今半珠, 其粒皆三出. 雪六出成華, 雹三出成實, 雹冰之餘, 造化權輿. 曰: 雹者, 雨之冰也. 又曰: 北方之氣, 雲雨雹霰雪. {禮・月令}仲夏行冬令, 則雹凍傷穀. {註}子之氣乘之也. 陽爲雨, 陰起脅之, 凝爲雹. {左傳・昭四年}聖人在上, 無雹. 雖有, 不爲災. {韻會補}洮岷閒, 雨雹曰白雨. 又曰硬頭雨. 宋紹興十七年, 臨安雨雹, 太學屋瓦皆碎. 學宮諱言雹, 遂稱硬雨. 又{集韻}蒲沃切, 音僕. 義同. (說文) <雨部> 蒲角切. 雨冰也. 从雨包聲.

A0755 U-96FB

•電• 雨字部 總13劃. (훈글) [전] 번개. (新典) [뎐] 번개. (訓蒙) [뎐] 번게. (英譯) electricity, electric. lightning. (康熙) <雨部> 古文: 靁. {唐韻}{集韻}{韻會}堂練切, {正韻}蕩練切, 𠀤音殿. {說文}陰陽激燿. 从雨从申. {埤雅}電與雷同氣. 雷从回, 電从申, 陰陽以回薄而成雷, 以申洩而爲電. 或曰雷出天氣, 電出地氣, 故電从坤省. 說卦: 離爲電. 電, 火屬也. 蓋陰陽暴格, 分爭激射, 有火生焉, 其光爲電, 其聲爲雷. 今鐵石相擊則生火, 燒石投井則起雷. 又况天地大爐之所薄動, 眞火之所激射乎. 董子曰: 太平之世, 雷不驚人, 號令啓發而已. 電不炫目, 宣示光耀而已. {釋名}電, 殄也. 乍見則殄滅也. {易・噬嗑}雷電合而章. {註}雷電𠀤合, 不亂乃章. 又{豐卦}雷電皆至. {疏}雷者, 天之威動. 電者, 天之光耀. 雷電俱至, 則威明備足以爲豐也. {詩・小雅}爗爗震電. {禮・月令}仲春, 雷乃發聲, 始電. {疏}電是陽光, 陽微則光不見, 此月陽氣漸盛, 以擊於陰, 其光乃見, 故云始電. {春秋・隱九年}大雨震電. {疏}河圖云: 陰激陽爲電, 電是雷光. {穀梁傳}震, 雷也. 電, 霆也. {淮南子・原道訓}電以爲鞭策. (說文) <雨部> 堂練切. 陰陽激燿也. 从雨从申.

D0144 U-4A15

•䨕• 雨字部 總14劃. (훈글) [우] 소나기. (英譯) (a variant) pouring with rain. (康熙) <雨部> {廣韻}雩書作䨕.

A0756 U-9707

•震• 雨字部 總15劃. (훈글) [진] 벼락. (新典) [진] 벼락 칠. 진동할. 위엄. 두려울. (類合) [진] 텬동. (英譯) shake, quake, tremor. excite. (漢典) 形聲. 從雨, 辰聲. 雷, 雨常常并作, 故從雨. 本義: 雷, 疾雷. (康熙) <雨部> 古文: 霙. {唐韻}章刃切, {集韻}{韻會}{正韻}之刃切, 𠀤音振. {說文}劈歷振物者. 从雨辰聲. {註}徐鉉曰: 今俗別作霹靂, 非是. {易・說卦}震爲雷. {詩・小雅}爗爗震電. {傳}震, 雷也. {春秋・僖十五年}震夷伯之廟. {疏}雷之甚者爲震. {釋名}震, 戰也. 所擊輒破, 若攻戰也. 又卦名. {易・說卦}萬物出乎震. 震, 東方也. 又{易・說卦

}震, 動也. {書・舜典}震驚朕師. {盤庚}爾謂朕, 曷震動萬民以遷. {詩・周頌}薄言震之. 莫不震疊. {春秋・文九年}地震. {疏}公羊傳曰: 震者何, 動地也. {周語}伯陽父曰陽伏而不能出, 陰迫而不能烝, 於是有地震. 又{爾雅・釋詁}震, 懼也. {易・震卦}洊雷震, 君子以恐懼修省. 又{廣韻}威也. {易・未濟}震用伐鬼方. {詩・大雅}王奮厥武, 如震如怒. 又{廣韻}起也. {易・雜卦傳}震, 起也. 又{公羊傳・僖九年}葵丘之會, 桓公震而驚之, 叛者九國. 震之者何, 猶曰振振然. 又{爾雅・釋詁}娠, 震動也. {註}娠, 猶震也. {疏}大雅生民云: 載震載夙. 昭元年左傳曰: 邑姜方震大叔. 哀元年左傳曰: 后緡方震. 皆謂有身爲震, 故云娠猶震也. 又{書・禹貢}震澤底定. {傳}震澤, 吳南太湖名. 又{集韻}升人切, 音申. 與娠同. 女妊身動也. {左傳・震動釋文}震又音申, 懷妊也. {集韻}通作傓. 又{集韻}一曰官婢女隷謂之娠. 又{韻會}{正韻}么之人切, 音眞. 怒也. {班固・東都賦}赫然發憤, 應者雲興. 霆擊昆陽, 憑怒雷震. {前漢・敘傳}票騎冠軍, 猋勇紛紜. 長驅六舉, 電擊雷震. {註}師古曰: 震音之人反. 又{字彙補}震旦, 中國也. {梁書}盤盤國稱梁主爲震旦天子. 从之人切. (說文) <雨部> 章刃切. 劈歷, 振物者. 从雨辰聲. {春秋傳}曰: "震夷伯之廟."

霋 A0757 U-970B

•霋• 雨字部 總16劃. (훈글) [처] 갤. (新典) [쳐] 개일. 구름 뭉긔뭉긔 갈. (英譯) slight, passing. (康熙) <雨部> {唐韻}七稽切, {集韻}{韻會}{正韻}千西切, 么音妻. {說文}霽謂之霋. 从雨妻聲. 又{玉篇}雲行貌. (說文) <雨部> 七稽切. 霽謂之霋. 从雨妻聲.

霍 A0232 U-970D

•霍• 雨字部 總16劃. (훈글) [곽] 빠를. (新典) [화] 俗音 [곽] 쌔를. (英譯) quickly, suddenly. surname. (漢典) 會意. 從雨. 俗省作"霍". 本義: 鳥疾飛時發出的聲音. 后描述門, 水等響聲. (康熙) <雨部> {廣韻}虛郭切, {集韻}{韻會}{正韻}忽郭切, 么音霩. {玉篇}揮霍. {集韻}揮霍, 猝遽也. {陸機・文賦}紛紜揮霍. {註}揮霍, 疾貌. {馬融・廣成頌}徽𢢴霍奕. 又{荀子・議兵篇}霍焉離耳. {註}霍焉, 猶渙焉也. {司馬相如・大人賦}霍然雲消. 又{揚雄・甘泉賦}翕赫曶霍. {註}師古曰: 開合之貌. {文選註}曶霍, 疾貌. 又{前漢・嚴助傳}夏月暑時, 歐泄霍亂之疾. 又{爾雅・釋山}大山宮, 小山霍. {註}宮謂圍繞之. {疏}小山在中, 大山在外, 圍繞之. 山形若此者名霍, 非謂大山名宮, 小山名霍也. 又山名. {爾雅・釋山}江南衡. {註}衡山, 南嶽. {又}霍山爲南嶽. {註}卽天柱山. {疏}衡之與霍, 一山而有二名也. 本衡山, 一名霍山. 漢武帝移嶽神於天柱, 又名天柱, 亦爲霍, 故漢已來衡霍別矣. {註}卽天柱山. 此據作註時霍山爲言也. 其經之霍山, 卽江南衡是也. ○ 按據此註, 霍山有二, 南嶽衡山及天柱山, 皆名霍山. 白虎通: 南方爲霍, 霍之爲言護也. 言太陽用事, 護養萬物也. 風俗通義, 衡山, 一名霍山者, 萬物盛長, 垂枝布葉, 霍然而大. 又周禮夏官職方氏: 河內曰冀州, 其山鎭曰霍山. 爾雅釋地: 西方之美者, 有霍山之多珠玉焉. 晉語: 景霍以爲城. 註: 景, 大也. 大霍, 晉山名. 又國名. {書・蔡仲之命傳}武王克商, 封弟叔處于霍. {左傳・閔元年}滅霍. {註}永安縣有霍大山. 霍國, 姬姓. 又邑名. {左傳・哀四年}襲梁及霍. {註}梁南有霍陽山, 蠻子之邑也. {公羊傳・僖二十一年}會于霍. 又姓. {廣韻}武王弟霍叔之後也. 又與藿通. {前漢・鮑宣傳}漿酒霍肉. {註}劉德曰: 視肉如藿也. 師古曰: 霍, 豆菜, 貧人茹之. 又{玉篇}鳥飛急疾貌. 又{集韻}歷各切, 音洛. 艸名. {爾雅・釋草}枹霍首. 又{集韻}曷各切, 音鶴. 義同. 或作藿. 通作隺. 又上聲, 音瑣. 霍人, 地名. {史記

· 周勃世家}降下霍人. {註}正義曰: 霍, 音瑣, 又蘇寡反. 師古曰: 山寡反.

A0757 U-9716

•霖• 雨字部 總16劃. (한글) [림] 장마. (新典) [림] 장마. 단비. (訓蒙) [림] 오란비. (英譯) long spell of rain, copious rain. (漢典) 形聲. 從雨, 林聲. 本義: 久下不停的雨. (康熙) <雨部> {唐韻}力尋切, {集韻}{韻會}犂針切, {正韻}犂沉切, 太音林. {說文}雨三日已往. 从雨林聲. {玉篇}雨不止也. {爾雅·釋天}久雨謂之淫, 淫謂之霖. {書·說命}用汝作霖雨. {傳}霖以救旱. {左傳·隱九年}春王正月, 大雨霖以震, 書始也. 凡雨自三日以往爲霖. (說文) <雨部> 力尋切. 雨三日已往. 从雨林聲.

D0144 U-971C

•霜• 雨字部 總17劃. (한글) [상] 서리. (訓蒙) [상] 서리. (英譯) frost. crystallized. candied. (漢典) 形聲. 從雨, 相聲. 本義: 在氣溫降到攝氏零度以下時, 近地面空氣中水汽的白色結晶. (康熙) <雨部> {唐韻}所莊切, {集韻}{韻會}{正韻}師莊切, 太音孀. {玉篇}露凝也. {釋名}其氣慘毒, 物皆喪也. {大戴禮}陽氣勝, 則散爲雨露. 陰氣勝, 則凝爲霜雪. {易·坤卦}履霜堅冰至. {詩·秦風}白露爲霜. 又{字彙補}國名. {西域記}屈霜國. 又姓. 見{姓苑}. 又{正字通}歷年曰霜. {李白詩}陛下之壽三千霜. 又{集韻}{類篇}太色壯切, 音孀. 隕霜, 殺物也. 或作灀. {潘岳·馬汧督誄}馬生爰發, 在險彌亮. 精貫白日, 猛烈秋霜. (說文) <雨部> 所莊切. 喪也. 成物者. 从雨相聲.

A0757 U-971D

•霝• 雨字部 總17劃. (한글) [령] 비올. (英譯) drops of rain. to fall in drops. (康熙) <雨部> {唐韻}{集韻}太郎丁切, 音舲. {說文}雨零也. 从雨㗊, 象零形. 詩曰: 霝雨其濛. ○ 按詩豳風今本作零. {玉篇}落也. {廣韻}墮也. 又與靈通. {石鼓文}霝雨奔䉼. {詩·衞風}靈雨既零. 作靈. {註}靈, 善也. (說文) <雨部> 郎丁切. 雨零也. 从雨, 㗊象零形. {詩}曰: "霝雨其濛."

A0758 U-4A2A

•䨪• 雨字部 總18劃. (한글) [매] 흙비. (英譯) (same as 霾) a dust-storm, misty. foggy. cloudy. (康熙) <雨部> {集韻}同霾.

A0398 U-9738

•霸• 雨字部 總21劃. (한글) [패] 으뜸. (新典) [파] 읏듬. [백, 빅] 달넉. (英譯) rule by might rather than right. (漢典) 形聲. 從月. 本義: 陰歷每月之初始見的月光. 這個意義又寫作"魄". 古代諸侯之長. (康熙) <雨部> 古文: 䨣. {唐韻}{廣韻}{正韻}普伯切, {集韻}{類篇}{韻會}匹陌切, 太音拍. {說文}月始生霸然也. 承大月二日, 承小月三日. 从月䨣聲. {增韻}月體黑者謂之霸. {玉篇}今作魄. {書·武成·旁死魄釋文}魄, 普白反. {說文}作霸, 匹革反. {前漢·律歷

志}四月己丑朔死霸. 死霸, 朔也. 生霸, 望也. 是月甲辰望, 乙巳旁之, 故武成篇曰: 惟四月既旁生霸. {師古曰}霸, 古與魄同. {韻會補}歐陽曰: 俗从西作覇, 非. 又{廣韻}{集韻}{韻會}{正韻}𠀤必駕切, 音灞. {玉篇}霸王也. {孟子}以力假人者霸. {禮・祭法}共工氏之霸九州也. {註}共工氏無錄而王, 謂之霸. {左傳・成二年}五伯之霸也. {註}夏伯昆吾, 商伯大彭, 豕韋, 周伯齊桓, 晉文. 或曰齊桓, 晉文, 宋襄, 秦穆, 楚莊. {疏}伯者, 長也. 言爲諸侯之長也. 鄭康成云: 霸, 把也, 言把持王者之政教, 故其字或作伯, 或作霸也. {史記・項羽紀}項羽自立爲西楚霸王. ○ 按毛氏曰: 五伯之伯讀曰霸. 伯者, 取牧伯長諸侯之義, 後人恐與侯伯字相溷, 故借用霸字以別之. 又周伯琦曰: 今俗以爲王霸字, 而月霸乃用魄字, 非本義. 王霸當借用伯字, 月魄當用霸字, 其義始正. 又{集韻}一曰月始生也. 又州名. {韻會}秦上谷郡地, 唐置霸州, 五代周攺莫州. 又霸陵, 漢縣名, 屬京兆尹, 故芷陽, 文帝更名, 見{前漢・地理志}. 又水名. {前漢・地理志註}霸水, 出藍田谷, 北入渭. 師古曰: 玆水秦穆公更名, 以章霸功視子孫. {史記・項羽紀}沛公軍霸上. 又姓. {韻會}益州耆壽傳有霸栩. 又叶搏故切, 音布. {劉歆・列女贊}非刺虞丘, 蔽賢之路. 楚莊用焉, 功業遂霸. 又叶補過切, 音播. {韋孟・諷諫詩}輿國救顚, 孰違悔過. 追思黃髮, 秦繆以霸. 說文 <月部> 普伯切. 月始生, 霸然也. 承大月, 二日; 承小月, 三日. 从月䨣聲. {周書}曰: "哉生霸."

霽 A0758 U-973D

•霽• 雨字部 總22劃. 훈글 [제] 갤. 新典 [제] 개일. 訓蒙 [제] 갤. 英譯 to clear up after rain. to cease be angry. 康熙 <雨部> {唐韻}{集韻}{韻會}{正韻}𠀤子計切, 音擠. {說文}雨止也. 从雨齊聲. {爾雅・釋天}濟謂之霽. {註}今南陽人呼雨止爲霽. {疏}濟, 止也. {書・洪範}曰雨曰霽. {傳}龜兆形有似雨者, 有似雨止者. {前漢・魏相傳}爲霽威嚴. {註}霽, 止也. 又{集韻}才詣切, 音嚌. 晴也. {埤雅}雨晴曰霽. 又{集韻}在禮切, 音薺. 又子禮切, 音泲. 義𠀤同. 說文 <雨部> 子計切. 雨止也. 从雨齊聲.

霾 A0758 U-973E

•霾• 雨字部 總22劃. 훈글 [매] 흙비 올. 新典 [매, 미] 토우, 해미. 訓蒙 [ᄆᆡ] ᄒᆞᆰ비. 英譯 misty, foggy. dust storm. 漢典 形聲. 從雨, 貍聲. 本義: 風夾著塵土. 康熙 <雨部> {唐韻}莫皆切, {集韻}{韻會}{正韻}謨皆切, 𠀤音埋. {說文}風雨土也. 从雨貍聲. {釋名}霾, 晦也. 言如物塵晦之色也. {埤雅}霾下也. {爾雅・釋天}風而雨土爲霾. {疏}孫炎曰: 大風揚塵, 土從上下也. {詩・邶風}終風且霾. {傳}霾, 雨土也. {集韻}或作䨪. 又{正韻}左傳, 叔豹季霾. ○ 按左傳文十八年, 今本作季貍. 又{集韻}{韻會}𠀤暮拜切, 音韎. 義同. 說文 <雨部> 莫皆切. 風雨土也. 从雨貍聲. {詩}曰: "終風且霾."

霿 D0144 U-973F

•霿• 雨字部 總22劃. 훈글 [몽] 하늘에 안개 자욱할. 新典 [몸] 자옥할. 림검할. 康熙 <雨部> {唐韻}莫弄切, {集韻}{韻會}{正韻}蒙弄切, 𠀤幪去聲. {說文}天氣下, 地不應, 曰霿. 霿, 晦也. 从雨瞀聲. {集韻}或作霧. 又{集韻}莫鳳切, 音夢. 義同. 又{集韻}莫宋切. 與雺同. 又{集韻}{韻會}{正韻}𠀤莫候切, 音茂. {集韻}嗀霿, 鄙吝也. {前漢・五行志}霿恆風若. {註}師

古曰: 霿, 莫豆反. 應劭曰: 瞉霿, 鄙吝則風不順之也. 又{五行志}貌言視聽, 以心爲主. 四者皆失, 則區霿無識, 故其咎霿也. {集韻}或作愗𠋧㥚傍. 又{玉篇}武賦切, 音附. 地氣發, 天不應也. 亦作霧. 又{廣韻}{正韻}莫紅切, {集韻}謨蓬切, 𠀤音蒙. {廣韻}本作雺霿. 詳雺字註. 說文 <雨部> 莫弄切. 天气下, 地不應, 曰霿. 霿, 晦也. 从雨瞀聲.

靁　A0754　U-9741

•靁• 雨字部 總23劃. 훈글 [뢰] 우레. 新典 [뢰] 雷古字. 英譯 thick, strong. 康熙 <雨部> {玉篇}與雷同. {詩・召南}殷其靁. {釋文}靁, 亦作雷. {楚辭・九歌}靁塡塡兮雨冥冥. {前漢・中山靖王傳}聚蟁成靁. {註}師古曰: 靁, 古雷字. 言衆蚊飛聲有若雷也. 又{周禮・春官・大司樂}靁鼓靁鼗. 又地名. {史記・匈奴傳}北益廣田, 至胘靁爲塞. {註}胘靁, 地名, 在烏孫北. 又{周禮・春官・龜人}掌六龜之屬, 西龜曰靁屬. {釋文}力胃反, 又如字. {爾雅・釋魚}龜左倪不類. {疏}倪, 庳也, 不發聲也, 謂行時頭左邊向下者名類, 周禮西龜曰靁屬是也. 又{集韻}力救切, 音溜. 龜名也. 說文 <雨部> 魯回切. 陰陽薄動靁雨, 生物者也. 从雨, 畾象回轉形.

靃　A0232　U-9743

•靃• 雨字部 總24劃. 훈글 [확] 빗속을 새 나는 소리. 新典 [확] 나르는 소리. 康熙 <雨部> {唐韻}呼郭切, {集韻}{韻會}{正韻}忽郭切, 𠀤音霍. {說文}飛聲也. 雨而雙飛者, 其聲霍然. 又{廣韻}{韻會}{正韻}息委切, {集韻}選委切, 𠀤音髓. {玉篇}露也. 又{廣韻}靃靡, 草弱貌. {楚辭・招隱士}薠草靃靡. 又{集韻}靃靃, 細貌. 又{玉篇}綏彼切, 音髓. 靃靡, 草隨風貌. 亦作霍. 說文 <雔部> 呼郭切. 飛聲也. 雨而雙飛者, 其聲靃然.

靈　A0757　U-9748

•靈• 雨字部 總24劃. 훈글 [령] 신령. 新典 [령] 신령. 조흘. 신통할. 괴일. 類合 [령] 령홀. 英譯 spirit, soul. spiritual world. 康熙 <雨部> 古文: 霛靇䨩靐䨍. {唐韻}{集韻}{韻會}𠀤郎丁切, 音鈴. {玉篇}神靈也. {大戴禮}陽之精氣曰神, 陰之精氣曰靈. {書・泰誓}惟人萬物之靈. {傳}靈, 神也. {詩・大雅}以赫厥靈. 又{大雅・靈臺傳}神之精明者稱靈. 又{詩・鄘風}靈雨旣零. {箋}靈, 善也. 又{廣韻}福也. 又{廣韻}巫也. {楚辭・九歌}思靈保兮賢姱. 又靈氛, 古之善占者. {屈原・離騷}欲從靈氛之吉占兮. 又{周禮・地官・鼓人}以靈鼓鼓社祭. {註}靈鼓, 六面鼓也. 又{禮・檀弓}塗車芻靈. {註}芻靈, 束茅爲人. 又{左傳・定九年}載蔥靈. {註}蔥靈, 輜車名. 又{楚辭・天問}曜靈安藏. {註}曜靈, 日也. 又{揚雄・羽獵賦}上獵三靈之旒. {註}如淳曰: 三靈, 日月星垂象之應也. 又{廣韻}寵也. 又{禮・禮運}何謂四靈, 麟鳳龜龍. {爾雅・釋魚}二曰靈龜. {註}卽今觜蠵龜. 一名靈蠵, 能鳴. {史記・龜筴傳}下有伏靈, 上有兔絲. 又{諡法}亂而不損曰靈, 不勤成名曰靈, 死而志成曰靈, 死見神能曰靈, 好祭鬼怪曰靈, 極知鬼神曰靈. 又州名. {史記・匈奴傳}丁靈. {註}魏略云: 丁靈, 在康居北. {後漢・西羌傳}擊零昌於靈州. {韻會}魏武置靈州, 取靈武縣名. 又姓. {廣韻}風俗通云: 齊靈公之後. 或云宋公子靈圍龜之後. 又叶靈年切, 音連. {道藏歌}冥化自有數, 我眞法自然. 妙曲發空洞, 宮商結仙靈. {說文}本作霝.

A0775 U-975E

•非• 非字部 總08劃. (ᄒᆞᆫ글) [비] 아닐. (新典) [비] 아닐. 어긜. (訓蒙) [비] 욀. (英譯) not, negative, non-. oppose. (漢典) 指事. 金文作"兆", 像"飛"字下面相背展開的雙翅形, 雙翅相背, 表示違背. 本義: 違背, 不合. (康熙) <非部> {唐韻}甫微切, {集韻}{韻會}匪微切, 𠀤音飛. {說文}違也. 从飛下狘, 取其相背. {玉篇}不是也. {書・說命}無恥過作非. {易・繫辭}辨是與非. 又{玉篇}下也. 又{玉篇}隱也. 又{增韻}訾也. {孝經・五刑章}非聖人者無法, 非孝者無親. 又{玉篇}責也. {前漢・魏相傳}使當世責人非我. 又山名. {山海經}非山之首, 其上多金玉. 又姓. {風俗通}非子, 伯益之後. 又{集韻}{韻會}{正韻}𠀤妃尾切, 音斐. {集韻}本作誹. 謗也. {前漢・食貨志}不入言而腹非. {史記・平準書}作腹誹. 又{鼂錯傳}非謗不治. {註}非, 讀曰誹. 又{韻會}方未切, 音沸. 本作誹. 義同. (說文) <非部> 甫微切. 違也. 从飛下狘, 取其相背. 凡非之屬皆从非.

A0561 U-9762

•面• 面字部 總09劃. (ᄒᆞᆫ글) [면] 낯. (新典) [면] 낫, 얼골. 향할. 압. 뵈일. 방위. (訓蒙) [면] ᄂᆞᆾ. (英譯) face. surface. plane. side, dimension. (漢典) 象形. 甲骨文字形, 里面是"目"字, 外面表示面龐. "面", 在古代指人的整個面部. "臉"是魏晉時期才出現, 而且只指兩頰的上部, 唐宋口語中才開始用同"面"本義: 臉. (康熙) <面部> {唐韻}{集韻}{韻會}𠀤彌箭切, 音偭. {說文}本作靣, 顏前也. 从𦣻, 象人面形. {書・益稷}汝無面從, 退有後言. 又見也. {禮・曲禮}夫爲人子者, 出必告, 反必面. {註}反言面者, 從外來, 宜知親之顏色安否. {儀禮・聘禮}擯者出請事, 賔面如覿幣. {註}面, 亦見也. {周禮・秋官・司儀}私面. {註}私覿也. 又向也. {書・周官}不學牆面. {疏}人而不學, 如面向牆. {禮・曲禮}天子當依而立, 諸侯北面而見天子, 曰覲. 又{玉藻}唯君面尊. {註}面, 猶鄉也. {周禮・冬官考工記・匠人}面朝後市. 又{廣韻}前也. {儀禮・士冠禮}覆之面葉. {註}面, 前也. 又{韻會}方面, 當四方之一面也. {書・顧命}大輅在賔階面, 綴輅在阼階面. {周禮・冬官考工記}或審曲面埶. {註}審察五材曲直方面形勢之宜. {史記・留侯世家}獨韓信可屬大事, 當一面. 又{韻會}相背曰面. {史記・項羽紀}馬童面之. {註}如淳曰: 面, 不正視也. {前漢・項羽傳註}師古曰: 如淳說非也. 面謂背之, 不面向也. 面縛亦謂反背而縛之, 杜元凱以爲但見其面, 非也. 又{前漢・張敞傳}自以便面拊馬. {註}師古曰: 便面, 扇之類也. 亦曰屏面. (說文) <面部> 彌箭切. 顏前也. 从𦣻, 象人面形. 凡面之屬皆从面.

A0185 U-97AD

•鞭• 革字部 總18劃. (ᄒᆞᆫ글) [편] 채찍. (訓蒙) [편] 채. (英譯) whip. whip. string of firecrackers. (漢典) 形聲. 從革, 便聲. 本義: 皮制的馬鞭. (康熙) <革部> 古文: 㝉. {唐韻}{集韻}{韻會}𠀤卑連切, 音編. {說文}本作鞕. 驅也. {玉篇}笞也. 馬箠也. {書・舜典}鞭作官刑. {傳}以鞭爲治官之刑. {左傳・僖二十三年}左執鞭弭, 右屬櫜鞬. {禮・曲禮}乘路馬, 必朝服載鞭策, 不敢授綏. {周禮・地官・司市}凡市入, 則胥執鞭度守門. {史記・三皇紀}以赤鞭鞭草木. (說文) <革部> 卑連切. 驅也. 从革㥌聲.

韉 C0028 U-97C9

•韉• 革字部 總26劃. (훈글) [천] 언치. (英譯) saddle blanket. (康熙) <革部> {唐韻}{正韻}丛則前切, 音箋. {說文}馬鞁具也. {玉篇}鞍韉也. (說文) <革部> 則前切. 馬鞁具也. 从革薦聲.

韋 A0105 U-97CB

•韋• 韋字部 總09劃. (훈글) [위] 다룸가죽. (新典) [위] 다른 가죽. 훌부들할. 화할. 군복. (訓蒙) [위] 갓. (英譯) tanned leather. surname. KangXi radical number 178. (康熙) <韋部> 古文: 㒷𡗯𡘇. {唐韻}宇非切, {集韻}{韻會}于非切, 丛音幃. {說文}相背也. 从舛口聲. 獸皮之韋, 可以束枉戾相韋背, 故借以爲皮韋. {廣韻}柔皮. {左傳・僖三十三年}以乘韋先. {疏}乘韋, 四韋也. {周禮・春官・司服}凡兵事, 韋弁服. {儀禮・聘禮}君使卿韋弁. {註}韋弁, 韎韋之弁. {史記・孔子世家}讀易, 韋編三絕. {楚辭・卜居}將突梯滑稽, 如脂如韋, 以挈楹乎. 又{前漢・郊祀歌}依韋饗昭. {註}師古曰: 依韋諧和, 不相乖離也. 又國名. {詩・商頌}韋顧既伐. {箋}韋, 豕韋, 彭姓也. {左傳・襄二十四年}在商爲豕韋氏. {註}豕韋, 國名. {一統志}直隸大名府滑縣, 古豕韋氏之國. 又狶韋氏, 古帝王號. {莊子・外物篇}以狶韋氏之流觀今之世. 又不韋, 縣名, 屬益州郡, 見{前漢・地理志}. 又姓. {姓苑}出自顓頊大彭之後, 夏封于豕韋, 以國爲氏. 又通圍. {前漢・成帝紀}大風拔甘泉畤中, 大木十韋以上. {註}師古曰: 韋, 與圍同. 又{集韻}胡隈切, 音徊. 本作回. 詳囗部回字註. (說文) <韋部> 宇非切. 相背也. 从舛囗聲. 獸皮之韋, 可以束枉戾相韋背, 故借以爲皮韋. 凡韋之屬皆从韋.

音 A0121 U-97F3

•音• 音字部 總09劃. (훈글) [음] 소리. (新典) [음] 소리. (訓蒙) [음] 소리. (英譯) sound, tone, pitch, pronunciation. (漢典) 指事. 從言含一. 甲骨文"言, 音"互用, 金文, 小篆在"言中加一橫, 表示所發之音. 本義: 聲音. (康熙) <音部> {唐韻}{集韻}{韻會}{正韻}丛於今切, 音陰. {說文}聲也. 生於心, 有節於外, 謂之音. 宮商角徵羽, 聲. 絲竹金石匏土革木, 音也. 从言, 含一. {書・舜典}八音克諧. {禮・樂記}變成方謂之音. {疏}方謂文章, 聲既變轉和合, 次序成就文章謂之音. 音則今之歌曲也. {周禮・春官・大師}以六律爲之音. {疏}以大師吹律爲聲, 又使其人作聲而合之, 聽人聲與律呂之聲合, 謂之爲音. {詩序}情發於聲, 聲成文, 謂之音. {疏}此言聲成文謂之音, 則聲與音別. 樂記註: 雜比曰音, 單出曰聲. 記又曰: 審聲以知音, 審音以知樂, 則聲音樂三者不同, 以聲變乃成音, 音和乃成樂, 故別爲三名. 對文則別, 散則可以通. 季札見歌{秦}曰: 此之謂夏聲. 公羊傳曰: 十一而稅頌聲作, 聲卽音也. 下云治世之音, 音卽樂也. 是聲與音樂各得相通也. 又{易・中孚}翰音登于天. {禮・曲禮}雞曰翰音. 又姓. 見{姓苑}. 又{正韻}於禁切. 與蔭通. {左傳・文十七年}鹿死不擇音. {杜預註}音, 所茠蔭之處. 古字借用. ○ 按註借用, 是古字聲同, 皆相假借, 且釋文作於鳴反, 丛不作去聲讀, 正韻非. (說文) <音部> 於今切. 聲也. 生於心, 有節於外, 謂之音. 宮商角徵羽, 聲; 絲竹金石匏土革木, 音也. 从言含一. 凡音之屬皆从音.

A0559 U-9801

•頁• 頁字部 總09劃. (훈글) [혈] 머리. (新典) [혈] 마리, 머리. (英譯) page, sheet, leaf. KangXi radical 181. (漢典) 象形. 小篆字形. 上面是“首”, 下面是“人”, “頭”的本字. 本讀 xié. “頁”是漢字的一個部首. 從“頁”的字都與頭面有關. 本義: 人頭. 引申義: 書頁. (康熙) <頁部> {集韻}奚結切, {韻會}{正韻}胡結切, 𠀤音纈. {說文}頭也. 从百从儿. 又{六書故}頁卽首字, 不當音纈. 說文分部分切, 非. (說文) <頁部> 胡結切. 頭也. 从百从儿. 古文䭫首如此. 凡頁之屬皆从頁. 百者, 䭫首字也.

A0670 U-9805

•項• 頁字部 總12劃. (훈글) [항] 목. (新典) [항] 목뒤. 클. (訓蒙) [항] 목. (英譯) neck, nape of neck. sum. funds. (康熙) <頁部> {唐韻}胡講切, {集韻}{韻會}{正韻}戸講切, 𠀤學上聲. {說文}頭後也. {釋名}項, 确也. 堅确受枕之處. {儀禮・士冠禮}緇布冠缺項. {註}缺讀如有頍者弁之頍, 緇布冠無笄者, 著頍圍髮際, 結項中, 隅爲四綴, 以固冠也. 又冠後爲項. {儀禮・士冠禮}賔右手執項. {註}項, 結纓也. 又國名. {春秋・僖十七年}夏滅項. {註}項國, 今汝陰項縣. {前漢・地理志}汝南郡縣, 項. 故國. 又{唐書・西域傳}党項, 漢西羌別種. 又姓. {韻會}本姬姓國, 齊滅之, 子孫以國爲氏. {史記・項羽本紀}項氏世世爲楚將, 封於項, 故姓項氏. 又大也. {詩・小雅}四牡項領. {傳}項, 大也. {箋}但養大其領, 不肯爲用. 又{唐韻}正古胡孔切, 鴻上聲. {張衡・西京賦}鮪鯢鱨魦, 修頟短項. 大口折鼻, 詭類殊種. (說文) <頁部> 胡講切. 頭後也. 从頁工聲.

A0562 U-9808

•須• 頁字部 總12劃. (훈글) [수] 모름지기. (新典) [슈] 턱털, 슈염. 기다릴. 잠간. 거리. 생선 아감이 벌석거릴. 종쳡. (類合) [슈] 모로미. (英譯) must, have to, necessary. moment. whiskers. (漢典) 會意. 從頁, 從巛. 頁, 頭. 本義: 胡須. (康熙) <頁部> {廣韻}錫兪切, {集韻}{韻會}詢趨切, 𠀤音需. {說文}面毛也. {易・賁卦}賁其須. {註}須之爲物上附者也. {疏}須上附于面. {釋名}頤下曰須. 須, 秀也. 別作鬚. 俗作鬚. 又待也. {易・歸妹}歸妹以須. {詩・邶風}人涉卬否, 卬須我友. 又與䇓通. {左傳・成十二年}日云莫矣, 寡君須矣. {爾雅・釋詁}䇓, 待也. 又資也, 用也. 與需通. {爾雅・釋獸須屬}獸曰釁, 人曰撟, 魚曰須, 鳥曰狊. {疏}此皆氣倦體罷所須若此, 故題云須屬也. 又斯須, 猶須臾也. {禮・樂記}禮樂不可斯須去身. 又遲緩也. {左傳・成二年}子不少須, 衆懼盡. {後漢・淸河孝王傳}且復須留. {註}{東觀記}須留, 作宿留. 又須女, 星名. {史記・天官書・婺女註}正義曰: 須女, 四星. 亦婺女, 天少府也. 須女, 賤妾之稱, 婦職之甲者. 又國名. {春秋・僖二十二年}公伐邾, 取須句. {公羊傳}作須朐. {前漢・地理志}東郡須昌縣, 故須句國. 又{左傳・定四年}分唐叔以密須之鼓. {史記・周紀}文王伐密須. {註}密須氏, 姞姓之國. 今安定陰密縣是也. 又邑名. {詩・邶風}思須與漕. {傳}須, 漕, 衞邑. 又{後漢・郡國志}南陽郡順陽有須聚. 又菜名. {爾雅・釋草}須葑蓯. {疏}詩谷風, 采葑采菲. 傳, 葑須也. 先儒以須葑蓯當之. 孫炎云: 須, 一名葑蓯. 又草名. {爾雅・釋草}臺, 夫須. {疏}臺, 一名夫須. 莎草也. 又鳥名. {爾雅・釋鳥}鶨, 須贏. {疏}鶨, 一名須贏. 又兵器. {釋名}須盾, 本出於蜀. 須, 所持也. 又{揚子・方言}須, 捷敗也. 南楚凡人貧衣被醜弊謂之須

捷. 又姓. {左傳・莊十七年}有須遂氏. {戰國策}魏大夫須賈. 又人名. {左傳・僖二十四年}晉侯之豎頭須, 守藏者也. 又{左思・吳都賦}旗魚須. {註}以魚須爲旗之竿也. 又{集韻}逋還切, 音斑. 班也. {禮・玉藻}笏, 大夫以魚須文竹. {釋文}崔云: 用文竹及魚班也. 隱義云: 以魚須飾文竹之邊. 須音班. 又叶心秋切, 音修. {息夫躬辭}嗟若是兮欲何留, 撫神龍兮攬其須. {陸雲・九愍}生遺年而有盡, 居靜言其何須. 將輕擧以遠覽, 眇天路而高遊. {註}須, 求也. {說文徐註}此本須鬢之須. 頁, 首也. 彡, 毛飾也. 借爲所須之須. 俗書从水, 非. 毛氏曰: 須與湏別. 湏, 火外切. 爛也. 說文 <須部> 相俞切. 面毛也. 从頁从彡. 凡須之屬皆从須.

A0670 U-9838

•頸• 頁字部 總16劃. 훈글 [경] 목. 新典 [경] 목. 訓蒙 [경] 목. 英譯 neck, throat. 康熙 <頁部> {唐韻}居郢切, {集韻}{韻會}經郢切, {正韻}居影切, 𠀤音景. {說文}頭莖也. {釋名}頸, 徑也, 徑挺而長也. {廣韻}頸在前, 項在後. {禮・玉藻}頭頸必中. 又凡物之領皆曰頸. {禮・玉藻}韠其頸五寸. {註}頸, 中央也. 又{史記・天官書}七星頸爲員官, 主急事. {正義}七星爲頸, 一名天都, 以明爲吉, 暗爲凶. 宋均云: 頸, 朱鳥頸也. 又{周禮・冬官考工記・輈人}參分其兔圍, 去一以爲頸圍. 五分其頸圍, 去一以爲踵圍. {註}頸, 前持衡者. 踵, 後承軫者也. 又{廣韻}巨成切, 音鯨. 義同. 說文 <頁部> 居郢切. 頭莖也. 从頁巠聲.

A0674 U-4ACF

•䫏• 頁字部 總17劃. 훈글 [기] 추할. 英譯 (same as U+9B4C 魌) ugly, phycial or moral deformity, the mask wearing by one who is driven away spirits. 康熙 <頁部> {唐韻}去其切, {集韻}丘其切, 𠀤音欺. {說文}醜也. 从頁其聲. 今逐疫有䫏頭. {廣韻}方相也. 與魌同. 說文 <頁部> 去其切. 醜也. 从頁其聲. 今逐疫有䫏頭.

A0220 U-9867

•顧• 頁字部 總21劃. 훈글 [고] 돌아볼. 新典 [고] 돌아볼. 돌보아줄. 도리여. 訓蒙 [고] 도라볼. 英譯 look back. look at. look after. 康熙 <頁部> 古文: 鶚. {唐韻}{廣韻}{集韻}{類篇}{韻會}{正韻}𠀤古慕切, 音故. {玉篇}瞻也. 迴首曰顧. {詩・小雅}顧我復我. {箋}顧, 旋視也. {書・太甲}顧諟天之明命. {傳}謂常目在之. 又眷也. {詩・大雅}乃眷西顧. 又{書・康誥}顧乃德. {傳}謂顧省汝德. 又{詩・小雅}不顧其後. {箋}不自顧念. 又但也. {禮・祭統}上有大澤, 則惠必及下, 顧上先下後耳. {疏}言上有大澤, 則惠必及. 但尊上者在先, 卑下者處後耳. 一曰顧, 故也, 謂君上先餕, 臣下後餕, 示恩則從上起也. 又發語辭. {史記・刺客傳}顧不易耶. {註}顧反也. {前漢・賈誼傳}首顧居下. {註}顧亦反也, 言如人反顧然. 又與雇同. {前漢・鼂錯傳}斂民財, 以顧其功. {註}顧, 讎也, 若今言雇賃也. 又引也. {後漢・黨錮傳}郭林宗, 范滂等爲八顧, 言能以德行引人者也. 又國名. 亦姓. {詩・商頌}韋顧旣伐, 昆吾夏桀. {傳}有韋國者, 有顧國者. {箋}顧, 昆吾, 皆己姓. 又地名. {左傳・哀二十一年}公及齊侯邾子盟于顧. {註}顧, 齊地. 又山名. {方輿勝覽}鎭江北固山, 梁武改曰北顧. 又{五音集韻}公戶切, 音古. 義同. {書・微子}我不顧行遯. 徐邈讀. 俗作頋. 說文 <頁部> 古慕切. 還視也. 从頁雇聲.

A0386 U-986F

•顯• 頁字部 總23劃. 한글 [현] 나타날. 新典 [현] 나타날. 통달할. 類合 [현] 나타날. 英譯 manifest, display. evident, clear. 康熙 <頁部> 古文: 㬎. {唐韻}{集韻}{韻會}{正韻}𠀤呼典切, 音憲. {爾雅・釋詁}光也. 又見也. {玉篇}明也, 覿也, 著也. {書・泰誓}天有顯道, 厥類惟彰. {傳}言天有明道, 其義類惟明. 又達也. {左傳・僖二十五年}是求顯也. {孟子}而未嘗有顯者來. {疏}言未嘗有富貴顯達者來家中. 又姓. {風俗通}周卿顯甫. 又{正韻}曉見切, 音韅. 覿也. 又人名. {禮・檀弓}子顯致命于穆公. {釋文}顯, 呼遍切. 又叶馨煙切, 音𩔰. {郭璞・朝鮮贊}箕子避商, 自竄朝鮮. 善者所壯, 豈有隱顯. {說文}顯, 頭明飾也. 从頁㬎聲. 俗作顕, 非. 說文 <頁部> 呼典切. 頭明飾也. 从頁㬎聲.

A0234 U-98A8

•風• 風字部 總09劃. 한글 [풍] 바람. 新典 [풍] 바람. 호례할. 울림. 풍속. 訓蒙 [풍] ᄇᆞ롬. 英譯 wind. air. manners, atmosphere. 漢典 形聲. 從蟲, 凡聲. "風動蟲生"故字從"蟲". 本義: 空氣流動的自然現象, 尤指空氣與地球表面平行的自然運動. 康熙 <風部> 古文: 凬凮凨飌檒. {唐韻}方戎切, {集韻}方馮切, {正韻}方中切, 𠀤音楓. 風以動萬物也. {莊子・齊物論}大塊噫氣, 其名爲風. {河圖}風者, 天地之使. {元命包}陰陽怒而爲風. {爾雅・釋天}南風謂之凱風, 東風謂之谷風, 北風謂之凉風, 西風謂之泰風. {禮・樂記}八風從律而不姦. {疏}八方之風也. {史記・律書}東北方條風, 立春至. 東方明庶風, 春分至. 東南方淸明風, 立夏至. 南方景風, 夏至至. 西南方凉風, 立秋至. 西方閶闔風, 秋分至. 西北方不周風, 立冬至. 北方廣莫風, 冬至至. {周禮・春官・保章氏}以十有二風, 察天地之和命, 乖別之妖祥. {註}十有二辰皆有風吹其律, 以知和不. 又{玉篇}散也. {易・繫辭}風以散之. 又趨風, 疾如風也. {左傳・成十六年}郤至三遇楚子之卒, 見楚子必下免冑而趨風. 又{玉篇}敎也. {書・畢命}彰善癉惡, 樹之風聲. 又{說命}四海之內, 咸仰朕德, 時乃風. {註}言天下仰我德, 是汝之敎也. {詩・關雎序}風之始也. {箋}風是諸侯政敎也. 又風俗. {禮・樂記}移風易俗, 天下皆寧. 又疾名. {左傳・昭元年}風淫末疾. {註}末, 四肢也. 風爲緩急. 又{廣韻}佚也. {書・費誓}馬牛其風. {傳}馬牛風佚. {疏}僖四年{左傳}云: 惟是風馬牛不相及也. 賈逵云: 風, 放也. 牝牡相誘謂之風. 然則馬牛風佚, 因牝牡相逐而遂至放佚遠去也. 又防風, 國名. 今湖州武康縣. 又地名. 寧風, 齊地, 見{左傳}. 右扶風, 見{漢書}. 又官名. {前漢・地理志}武帝太初元年, 更名主爵都尉爲右扶風. 又鳥名. {詩・秦風}鴥彼晨風. {爾雅・釋鳥}晨風, 鸇. {疏}晨風, 一名鸇, 摯鳥也. 郭云: 鷂屬. 又{晉書・輿服志}相風中道. {正字通}晉制, 車駕出, 相風居前. 刻烏於竿上, 名相風. 又{述征記}長安南有臺, 高十仞, 立相風銅烏, 遇風輒動. 又草名. {西京雜記}懷風, 苜蓿別名. 一名光風. 又姓. 黃帝臣風后. 又風胡, 見{越絕書}. 又{神異經}西方有披髮東走, 一名狂, 一名顚, 一名狷, 一名風. 又{廣韻}方鳳切, 音諷. {詩・關雎序}詩有六義焉. 一曰風, 上以風化下, 下以風刺上, 主文而譎諫, 言之者無罪, 聞之者足戒, 故曰風. {箋}風化. 風刺, 皆謂譬諭, 不直言也. {釋文}下以風之. 風, 福鳳反. {註}風刺同. 又叶分房切, 音方. {楚辭・惜誓}涉丹水而馳騁兮, 右大夏之遺風. 黃鵠之一擧兮, 知山川之紆曲, 再擧兮睹天地之圜方. 又叶甫煩切, 音蕃. {王粲詩}烈烈冬日, 肅肅淒風. 潛鱗在淵, 歸鴈載軒. 又叶閭承切. {後漢・馮衍顯志賦}摛道德之光輝兮, 匡衰世之眇風. 褒宋襄于泓谷兮, 表季札于延陵. 又叶孚金切, 音分. {詩・邶風}絺兮綌兮, 淒其以風. 我思古人, 實獲我心. 又{大雅}吉甫作頌, 穆如淸風. 仲山甫永懷, 以慰其

心. {楚辭・九章}乘鄂渚而反顧兮, 欸秋冬之緖風. 步余馬兮山皐, 邸余車兮方林. {釋名}兗豫幷冀, 橫口含脣言之, 讀若分. 靑徐, 踧口開脣推氣言之, 讀若方. 風, 放也, 氣放散也. {陳第・毛詩古音考}風古與心林音滛爲韻, 孚金切. 或曰今太行之西, 汾晉之閒讀風如分, 猶存古音. {正韻}一東收風, 十二侵闕, 葢未詳風古有分音也. {說文}風動蟲生, 故蟲八日而化. 从虫凡聲. {趙古則曰}凡物露風則生蟲, 故風从虫, 凡諧聲. (說文) <風部> 方戎切. 八風也. 東方曰明庶風, 東南曰淸明風, 南方曰景風, 西南曰涼風, 西方曰閶闔風, 西北曰不周風, 北方曰廣莫風, 東北曰融風. 風動蟲生. 故蟲八日而化. 从虫凡聲. 凡風之屬皆从風.

D0146 U-98DB

•飛• 飛字部 總09劃. (훈글) [비] 날. (新典) [비] 날. 녀섯 말. (訓蒙) [비] 늘. (英譯) fly. go quickly. dart. high. (康熙) <飛部> 古文: 飛飛. {唐韻}甫微切, {集韻}{韻會}匪微切, 太音非. {玉篇}鳥翥. {廣韻}飛翔. {易・乾卦}飛龍在天. {詩・邶風}燕燕于飛. 又官名. {前漢・宣帝紀}西羌反, 應募佽飛射士. 又{釋名}船上重室曰飛廬. 在上, 故曰飛也. 又六飛, 馬名. {前漢・袁盎傳}騁六飛, 馳不測山. {註}六馬之疾若飛也. 別作騛. 又桑飛, 鷦鷯別名. 又飛廉, 神禽名. {三輔黃圖}能致風, 身似鹿, 頭似雀, 有角, 蛇尾, 文似豹. {郭璞云}飛廉, 龍雀也. 世因以飛廉爲風伯之名, 其實則禽也. 又{本草}漏蘆一名飛廉. 又{廣韻}古通作蜚. {史記・秦紀}蜚廉善走. 又借作非. {漢・藁長蔡君頌}飛陶唐其孰能若是. {說文徐註}上旁飞者, 象鳥頸. (說文) <飛部> 甫微切. 鳥翥也. 象形. 凡飛之屬皆从飛.

A0301 U-98DF

•食• 食字部 總09劃. (훈글) [식] 밥. (新典) [사, ᄉᆞ] 먹일. [이] 人名酈~其. [식] 밥. 먹을. 씹을. (訓蒙) [식] 밥. (英譯) eat. meal. food. KangXi radical number 184. (漢典) 會意. 從亼皀, 亼聲. 本義: 飯, 飯食. (康熙) <食部> 古文: 飠餐. {唐韻}乘力切, {集韻}{韻會}實職切, 太音蝕. {說文}一米也. {玉篇}飯食. {增韻}殽饌也. 又茹也, 啗也. {釋名}食, 殖也, 所以自生殖也. {古史考}古者茹毛飮血, 燧人鑽火, 而人始裹肉而燔之, 曰炮. 及神農時, 人方食穀, 加米于燒石之上而食之. 及黃帝, 始有釜甑, 火食之道成矣. {易・需卦}君子以飮食宴樂. {書・益稷}曁稷播, 奏庶艱食, 鮮食. {傳}衆難得食處, 則與稷敎民播種之, 決川有魚鱉, 使民鮮食之. 又{書・洪範}惟辟玉食. {註}珍食也. 又食祿也. {禮・坊記}君子與其使食浮于人也, 寧使人浮于食. 又祭曰血食. {史記・陳涉世家}置守冢三十家碭, 至今血食. 又飮酒亦曰食. {前漢・于定國傳}定國食酒, 至數石不亂. 又耳食. {史記・六國表}學者牽于所聞, 見秦在帝位日淺, 不察其終始, 因舉而笑之, 不敢道, 此與以耳食無異. 又目食. {宋史・司馬光傳}飮食所以爲味也, 適口斯善矣. 世人取果餌刻鏤之, 朱綠之, 以爲槃案之翫, 豈非以目食乎. 又吐而復呑曰食. {書・湯誓}朕不食言. {左傳・僖十五年}我食吾言, 背天地也. {爾雅・釋詁}食, 僞也. {疏}言而不行, 如食之消盡, 故通謂僞言爲食言, 故此訓食爲僞也. 又蠱惑曰食. {管子・君臣篇}明君在上, 便嬖不能食其意. 又消也. {左傳・哀元年}伍員曰: 後雖悔之, 不可食已. {註}食, 消也. 又{書・洛誥}乃卜澗水東瀍水西惟洛食. {傳}卜必先墨畫龜, 然後灼之, 兆順食墨. 又日食, 月食. {易・豐卦}月盈則食. {春秋・隱三年}日有食之. 又{左傳・襄九年}晉侯問於士弱曰: 吾聞之, 宋災, 於是乎知有天道, 何故. 對曰: 古之火正或食於心或食於咮, 以出內火. 又{禮・檀弓}我死, 則擇不食之地而葬我焉. {註}不食, 謂不墾耕. 又{前漢・外戚傳}房與宮對食. {註}

應劭曰: 宮人自相與爲夫婦, 名對食. 房宮, 二人名. 又{揚子・方言}食閻, 勸也. 南楚凡已不欲喜而旁人說之, 不欲怒而旁人怒之, 謂之食閻. 又寒食, 節名. {荆楚歲時記}去冬至一百五日, 卽有疾風甚雨, 謂之寒食. 又大食, 國名, 在西域波斯國西, 都婆羅門, 兵刃勁利, 勇于野鬬. 又{廣韻}獸名. 博屬. 又姓. 漢有食子通. {希姓錄}後漢食于公. 又{集韻}祥吏切, {正韻}相吏切, 丛音寺. {論語}有酒食, 先生饌. {禮・曲禮}食居人之左. {註}食, 飯屬也. 又糧也. {周禮・地官・廩人}匪頒賙賜稍食. 又以食與人也. {詩・小雅}飲之食之. {禮・內則}國君世子生, 卜士之妻, 大夫之妾使食子. {註}食謂乳養之也. {左傳・文元年}穀也食子. {註}食, 養生也. 又{廣韻}{集韻}{韻會}丛羊吏切, 音異. {廣韻}人名. 漢審食其, 酈食其. {荀悅・漢紀}作異基. 又叶式灼切, 音爍. {易林}三河俱合, 水怒踊躍. 壞我王室, 民困于食. 說文 <食部> 乘力切. 一米也. 从皀亼聲. 或說亼皀也. 凡食之屬皆从食.

B0572 U-98E4

•飤• 食字部 總11劃. 훈글 [사] 먹일. 新典 [사, 亽] 먹일. 英譯 to feed. provisions. 康熙 <食部> {唐韻}{集韻}{韻會}祥吏切, {正韻}相吏切, 丛音寺. {說文}糧也. {玉篇}食也. 與飼同. {增韻}以食食人也. {東方朔・七諫}子推自割而飤君兮, 德日忘而怨深. ○ 按謂介子推從晉文公出亡, 割股肉以飤文公也. 通作食. 又或作飴. {晉書・王薈傳}以私米作饘粥, 以飴餓者. {註}飴, 音嗣. {玉篇}通作飼. {六書故}飭飾皆从飤爲聲. 說文 <食部> 祥吏切. 糧也. 从人, 食.

A0305 U-4B25

•飺• 食字部 總12劃. 훈글 [의] 밥이 쉴. 英譯 (ancient form of 饐) cooked food which has become mouldy, sour. 康熙 <食部> {玉篇}古文饐字. 註詳十二畫.

A0302 U-98E7

•飧• 食字部 總12劃. 훈글 [손] 저녁밥. 英譯 evening meal, supper. cooked food. 漢典 會意. 從夕, 從食. 晚上吃的食品. 本義: 晚上的飯食. 康熙 <食部> {廣韻}思渾切, {集韻}{韻會}{正韻}蘇昆切, 丛音孫. {說文}餔也. {集韻}或作餐, 通作飡. 又{玉篇}水和飯也. {釋名}飧, 散也. 投水于中, 自解散也. {禮・玉藻}君未覆手, 不敢飧. {註}覆手者, 謂食畢以手循口旁, 恐有肴汙著也. 未覆手, 言君初飧未竟, 臣不敢飧也. 又{雜記}孔子曰: 少施氏食我以禮, 吾飧, 作而辭曰: 疏食也, 不敢以傷吾子. {註}禮, 食竟, 更作三飧, 以助飽. 飧謂以飲澆飯也. 鄭康成釋飧爲勸食, 誤. 又食也. {周禮・秋官・司儀}致飧, 如致積之禮. {註}飧, 食也. 小禮曰飧, 大禮曰饔餼. {儀禮・聘禮}宰夫朝服設飧. {註}食不備禮也. 又熟食也. {詩・小雅}有饛簋飧. {傳}飧, 熟食. 又夕食也. {周禮・天官・宰夫}賔賜之飧牽. {註}鄭司農云: 飧, 夕食也. 又古通貟. {宋玉・九辯}竊慕詩人之遺風兮, 願托志乎素飧. 蹇充倔而無端兮, 汩莽莽而無垠. {說文}作餐. 夕食, 故从夕. {正韻}譌作飱, 非.

A0555 U-98F2

•飲• 食字部 總12劃. 훈글 [음] 마실. 英譯 drink. swallow. kind of drink. 漢典 會意.

甲骨文字形. 右邊是人形, 左上邊是人伸著舌頭, 左下邊是酒壇. 象人伸舌頭向酒壇飮酒. 小篆演變爲“歙”, 隸書作“飮”. 本義: 喝.

A0555 U-98EE

•飮• 食字部 總13劃. ᄒᆞᆫ글 [음] 마실. 新典 [음] 마실. 마시게 할. 訓蒙 [음] 마실. 英譯 drink. swallow. kind of drink. 康熙 <食部> 古文: 汆飡衾淾歙飲䶃. {廣韻}{集韻}{韻會}{正韻}𠀤於錦切, 音上聲. {玉篇}咽水也. 亦歠也. {釋名}飮, 奄也. 以口奄而引咽之也. {周禮・天官・膳夫}飮用六淸. 又{酒正}辨四飮之物: 一曰淸, 二曰醫, 三曰漿, 四曰酏. {註}淸渭醴之泲者, 醫卽內則以酏爲醴者, 漿今之截漿, 酏今之粥也. 又漱也. {儀禮・公食大夫禮}賓坐祭, 遂飮奠於豐上. {註}飮, 漱也. 又隱也. {後漢・蔡邕傳}邕上疏曰: 臣一入牢獄, 當爲楚毒所迫趣, 以飮章辭情, 何緣復聞. {註}趣音促, 飮猶隱也, 今匿名文書也. 又{正字通}樂律有聲飮, 以聲相轉而合也. 梁武帝自制四器, 名曰通, 每通施三絃, 因以通聲, 隨聲酌其淸濁高下也. 又飮器, 溺器也. {戰國策}趙襄子殺智伯, 漆其頭以爲飮器. {註}溺器. 或曰酒器. 又受箭曰飮箭. {郭璞・蛟贊}漢武飮羽. 又{廣韻}於禁切, 音蔭. 以飮飮之也. {禮・檀弓}酌而飮寡人. {左傳・昭二十六年}成人伐齊師之飮馬于淄者. 又{莊子・則陽篇}或不言而飮人以和. {說文}或作歙. 通作飮. 互詳酉部酓字註.

A0302 U-98F1

•飧• 食字部 總13劃. ᄒᆞᆫ글 [손] 저녁밥. 新典 [손] 저녁밥. 물 만 밥. 訓蒙 [손] 믈 ᄆᆞᆫ 밥. 英譯 evening meal. 康熙 <食部> {正字通}俗飱字.

A0301 U-990A

•養• 食字部 總15劃. ᄒᆞᆫ글 [양] 기를. 新典 [양] 기를. 취할. 마음 수란할. 하인. 봉양할. 訓蒙 [양] 칠. 英譯 raise, rear, bring up. support. 康熙 <食部> 古文: 羧羪. {廣韻}餘兩切, {集韻}{韻會}{正韻}以兩切, 𠀤音痒. {玉篇}育也, 畜也, 長也. {易・頤卦}觀頤, 觀其所養也. 又取也. {詩・周頌}於鑠王師, 遵養時晦. {傳}養, 取也. 又養養, 憂貌. {詩・邶風}中心養養. {註}憂不定貌. 又{博雅}養, 使也. {公羊傳・宣十二年}厮役扈養. {註}艾草爲防者曰厮, 汲水漿者曰役, 養馬者曰扈, 炊烹者曰養. 又{史記・儒林傳}兒寬常爲弟子都養. {註}都養, 爲弟子造食也. 又姓. 養由基, 見{左傳・成十六年}. 養奮, 見{孝子傳}. 又與癢同. {荀子・正名篇}疾養滄熱, 滑鈹輕重, 以形體異. 又{廣韻}{正韻}餘亮切, {集韻}弋亮切, 𠀤音恙. {玉篇}供養也, 下奉上也. {禮・月令}收祿秩之不當, 供養之不宜者. {註}謂凡恩命濫賜膳服, 侈僭踰制者. {說文}本作養. {字彙}省作飬, 附六畫, 非. 說文 <食部> 余兩切. 供養也. 从食羊聲.

A0795 U-990C

•餌• 食字部 總15劃. ᄒᆞᆫ글 [이] 먹이. 新典 [이] 밋기. 흰썩. 먹일. 訓蒙 [ᅀᅵ] 썩. 英譯 bait. bait, entice. dumplings. 康熙 <食部> {集韻}{正韻}𠀤忍止切, 音耳. {玉篇}食也, 餅也, 餻也. {說文}粉餅也. {徐鍇曰}釋名, 烝燥屑餅之曰餈, 非也. 粉米烝屑皆餌也, 非餈也. {

許愼曰}餈稻餅，謂炊米爛乃擣之，不爲粉也．粉餈以豆爲粉糝餈上也，餌則先屑米爲粉，然後溲之．餈之言滋也，餌之言堅潔若玉餌也．{楚辭・招魂}粔籹蜜餌．又{禮・內則}糝取牛羊豕之肉，三如一小切之，與稻米，稻米二肉一，合以爲餌煎之．{註}此周禮糝食也．又{周禮・冬官考工記・弓人}魚膠餌．{註}色如餌．又{禮・內則}擣珍，取牛羊麋鹿麇之肉，必胨，每物與牛若一，捶反側之，去其餌，孰出之，去其皽，柔其肉．{註}餌，筋腱也．又啗魚具．{莊子・外物篇}五十犗以爲餌．又陰以利誘人曰餌．{前漢・賈誼傳}五餌三表．又{廣韻}{集韻}{韻會}仍吏切，{正韻}而至切，𠀤音二．義同．{說文}鬻部作䰍．重文从食耳聲，作餌．

餐　　A0707　U-9910

•餐• 食字部 總16劃. (훈글) [찬] 먹을. (新典) [손] 먹을. 물 만 밥. [찬] 삼킬. 안쥬. (英譯) eat, dine. meal. food. (漢典) 形聲. 從食, 聲. 本義: 吃. (康熙) <食部> {廣韻}七安切, {集韻}{韻會}千安切, 𠀤粲平聲. {說文}呑也. {詩・魏風}不素餐兮. {釋文}餐, 七丹反. {說文}或从水作湌. {韻會}俗作飡. 又飮饌曰餐. {前漢・高后紀}賜餐錢. {註}厨膳錢也. 又{韓信傳}令其裨將傳餐. {註}服虔曰: 立騎傳餐食也. 如淳曰: 小飯曰餐. 師古曰: 餐, 古食字. 千安反. 又採也. {王儉褚淵碑}餐輿誦于丘里, 瞻雅詠于京國. {註}採輿論, 稱述其德也. 又古通先. {古樂府・君子行}周公下白屋, 吐哺不足餐. 一沐三握髮, 後世稱聖賢. 又{集韻}蘇昆切, 音孫. 與飧同. 餔也. {爾雅・釋言}粲, 餐也. {釋文}餐, 音飧. 又{集韻}蒼案切, 音粲. 餅也. {正韻}作飡. {字彙}作湌, 𠀤非. 又餐 (說文) <食部> 思魂切. 吞也, 从食奴声.

餗　　A0144　U-9917

•餗• 食字部 總16劃. (훈글) [속] 죽. (新典) [속] 곰. (英譯) a pot of cooked rice. (康熙) <食部> {唐韻}桑谷切, {集韻}{正韻}蘇谷切, {韻會}蘇木切, 𠀤音速. 鼎實也. {易・鼎卦}鼎折足, 覆公餗. {正義}餗, 糝也. 八珍之膳, 鼎之實也. {周禮・天官・醢人・糝食註}糝食, 菜餗蒸. {疏}若今煮菜, 謂之蒸萊也. 又{集韻}測角切, 音促. 義同. {說文}本作鬻. {集韻}亦作餈餗.

館　　A0305　U-9928

•館• 食字部 總17劃. (훈글) [관] 객사. (新典) [관] 객사. (類合) [관] 집. (英譯) public building. (康熙) <食部> {唐韻}{集韻}{韻會}{正韻}𠀤古玩切, 音貫. {玉篇}客舍. {詩・鄭風}適子之館兮. {禮・曾子問}公館復, 私館不復. {註}公館, 若今縣官舍也. {周禮・地官・遺人}五十里有市, 市有候館, 候館有積. 又{西京雜記}公孫弘開客館, 招天下之士. 一曰欽賢館, 德任毗贊佐理陰陽者居之. 次曰翹材館, 才堪九列二千石者居之. 次曰接士館, 一善一藝者居之. 又{周禮・春官・司巫}祭祀則共匰主及道布及菹館. {註}菹之言藉也, 祭食有當藉者, 館所以承菹, 謂若今筐也. 又重館, 地名, 在今山東魚臺縣. {左傳・僖三十一年}宿於重館. 又與管通. {儀禮・聘禮}管人布幕於寢門外. {註}管猶館也. 又{集韻}{韻會}𠀤古緩切, 音管. 義同. 又叶扃縣切, 音睊. {徐幹・齊都賦}後宮內庭, 嬪妾之館. 衆偉所施, 極功窮變. (說文) <食部> 古玩切. 客舍也. 从食官聲. {周禮}: 五十里有市, 市有館, 館有積, 以待朝聘之客.

D0072 U-994E

•饎• 食字部 總21劃. (훈글) [희] 서속 찔. [치] 주식. (新典) [치] 술밥. 서속 찔. (英譯) wine and food eaten with wine. (康熙) <食部> {唐韻}{集韻}{韻會}{正韻}𠀤昌志切, 音熾. {爾雅・釋訓}饎, 酒食也. {註}猶今云饎饌, 皆一語而兼通. {疏}饎, 一字通酒食兩名也. 李巡云: 得酒食則喜歡也. {詩・小雅}吉蠲爲饎, 是用孝享. 又{玉篇}黍稷也. {儀禮・特牲饋食禮}主婦視饎爨于西堂下. {註}炊黍稷曰饎. 又{集韻}虛其切, 音僖. 義同. {集韻}或作飪䊕饌糦喜餓. {正韻}亦作饚. (說文) <食部> 昌志切. 酒食也. 从食喜聲. {詩}曰: "可以饙饎."

A0305 U-9950

•饐• 食字部 總21劃. (훈글) [의] 쉴. (訓蒙) [에] 쉴. (英譯) spoiled, rotten, sour. (康熙) <食部> 古文: 𩚕. {廣韻}{集韻}{韻會}𠀤乙冀切, 音懿. {玉篇}饐餲, 臭味變. {說文}飯傷濕也. {爾雅・釋器}食饐謂之餲. {集韻}或作飠饖. 又{集韻}於例切, 音餲. 義同. 又{集韻}一結切, 音噎. {說文}飯窒也. {集韻}或作餡噎. 又{集韻}益悉切, 音壹. 義同. (說文) <食部> 乙冀切. 飯傷溼也. 从食壹聲.

A0303 U-9957

•饗• 食字部 總22劃. (훈글) [향] 잔치할. (新典) [향] 잔치할. 자실, 흠향할. (訓蒙) [형] 자실. (英譯) host banquet. banquet. (康熙) <食部> {唐韻}{集韻}{韻會}{正韻}𠀤許兩切, 音享. {玉篇}設盛禮以飯賓也. {說文}鄉人飮酒也. {詩・小雅}一朝饗之. {箋}大飮賓曰饗. {周禮・秋官・掌客}三饗, 三食, 三燕. 又{禮・郊特牲}大饗尚腶脩而已矣. {註}此大饗饗諸侯也. 又{儀禮・士昏禮}舅姑共饗婦, 以一獻之禮. {註}以酒食勞人曰饗. 又{公羊傳・莊四年}夫人姜氏饗齊侯于祝丘. {註}牛酒曰犒, 加羹飯曰饗. 又祭名. {禮・禮器}大饗其王事歟. {註}祫祭也. 又{書・顧命}王三祭, 上宗曰饗. {註}宗伯曰饗者, 傳神命以饗告也. {詩・周頌}伊嘏文王, 既右饗之. {箋}文王既右而饗之, 言受而福之. 又通作享. {左傳・成十二年}享以訓恭儉, 宴以示慈惠. {註}享, 同饗. 宴, 同燕. 又與響通. {前漢・禮樂志}五音六律, 依韋饗昭. 又{集韻}{韻會}{正韻}𠀤虛良切, 音香. {集韻}祭而神歆之也. {前漢・郊祀歌}闢流離, 抑不祥. 賓百寮, 山河饗. {註}師古曰: 合韻音鄉. 又{安世房中歌}嘉薦芳矣, 告靈饗矣. 告靈既饗, 德音孔臧. 又叶荒降切, 與向通. {黃香・九宮賦}狼弧彀弓而外饗. {註}饗, 宜讀作嚮. (說文) <食部> 許兩切. 鄉人飮酒也. 从食从鄉, 鄉亦聲.

A0561 U-9996

•首• 首字部 總09劃. (훈글) [수] 머리. (新典) [슈] 머리, 마리. 먼저. 비롯을. 임금. 우두머리. 괴수. 향할. 쉽억어릴. (訓蒙) [슈] 마리. (英譯) head. first. leader, chief. a poem. (漢典) 象形. 金文字形, 上面是頭發和頭皮, 用以表示頭蓋, 下面是眼睛, 用以代表面部. 本義: 頭. (康熙) <首部> 古文: 𩠐𩠑. {廣韻}書久切, {集韻}{韻會}{正韻}始九切, 𠀤音手. {說文}頭也. {易・說卦}乾爲首. {周禮・春官・大祝}辨九㩦, 一曰䭫首, 二曰頓首, 三曰空首. {註}稽首, 拜頭至地也. 頓首, 拜頭叩地也. 空首, 拜頭至手, 所謂拜手也. 又元首, 君也. {書・益稷}元首

起哉. 又｛廣韻｝始也. ｛公羊傳·隱六年｝春秋雖無事, 首時過則書. ｛註｝首, 始也. 時, 四時也. 過, 歷也. 春以正月爲始, 夏以四月爲始, 秋以七月爲始, 冬以十月爲始. 又｛揚子·方言｝人之初生謂之首. 又魁帥也. ｛禮·檀弓｝毋爲戎首, 不亦善乎. ｛註｝爲兵主來攻伐曰戎首. 又標表也. ｛禮·閒傳｝苴惡貌也. 所以首其內, 而見諸外也. ｛集說｝首者, 標表之義, 蓋顯示其內心之哀痛于外也. 又要領也. ｛書·秦誓｝予誓告汝羣言之首. ｛傳｝衆言之本要. 又｛左傳·僖十五年｝秦獲晉侯以歸, 大夫反首拔舍從之. ｛註｝反首, 謂頭髮下垂. 又｛左傳·成十六年｝塞井夷竈, 陳於軍中, 而疏行首. ｛註｝疏行首者, 當陣前決開營壘爲戰道. 又｛禮·曲禮｝進劒者左首. ｛疏｝首, 劒拊環也. 又｛周禮·冬官考工記·廬人｝五分其晉圍, 去一以爲首圍. ｛註｝首, 殳上鐏也. 又貍首, 樂章名. ｛周禮·春官·樂師｝凡射, 諸侯以貍首爲節. 又｛禮·檀弓｝貍首之斑然. ｛註｝木文之華. 又官名. ｛史記·犀首傳｝犀首者, 魏之陰晉人也. 名衍, 姓公孫氏. ｛註｝司馬彪曰: 若今虎牙將軍. 又山名. ｛書·禹貢｝壺口雷首. ｛疏｝在河東蒲坂縣南, 一名首山. 左傳宣二年, 宣子田於首山, 卽此. 又邑名. ｛春秋·僖五年｝會王世子於首止. ｛註｝衞地, 陳留襄邑縣, 東南有首鄕. ｛公羊傳｝作首戴. 又｛左傳·昭二十八年｝韓固爲馬首大夫. ｛註｝今壽陽縣. 又牛首, 鄭邑, 見｛左傳·桓十四年｝. 又刳首, 晉地, 見｛左傳·文七年｝. 又國名. ｛山海經｝有三首國. 又咳首, 八蠻之一, 見｛風俗通｝. 又馬名. ｛爾雅·釋獸｝馬四蹢皆白, 首. ｛註｝蹢, 蹄也. 四蹄白者名首. 俗呼爲踏雪馬. 又｛禮·月令｝首種不入. ｛註｝首種謂稷. ｛疏｝百穀稷先種, 故云. 又豕首, 荊甄別名. 見｛爾雅·釋草｝. 又姓. ｛正字通｝明弘治汀州推官首德仁. 又｛廣韻｝｛集韻｝｛韻會｝｛正韻｝㐬舒救切, 音狩. ｛廣韻｝自首前罪. ｛正字通｝有咎自陳, 及告人罪, 曰首. ｛前漢·文三王傳｝驕嫚不首. ｛註｝不首, 謂不伏其罪也. 首, 失救反. 又服也. ｛後漢·西域傳｝雖有降首, 曾莫懲革. ｛註｝首, 猶服也, 音式救反. 又頭向也. ｛禮·玉藻｝君子之居恆當戶, 寢恆東首. ｛註｝首, 生氣也. ｛釋文｝首, 手又反. 又｛戰國策｝以秦之彊首之者. ｛註｝言以兵向之. 又叶詩紙切, 音始. ｛揚子·太玄經｝凍登赤天, 陰作首也. 虛羸踦踦, 擅無已也. 又叶賞語切, 音黍. ｛班固·述高帝贊｝神母告符, 朱旗迺舉. 粤蹈秦郊, 嬰來稽首. 又叶春御切, 音恕. ｛晉書·樂志鼓吹曲｝征遼東, 敵失據. 威靈邁日域, 公孫旣授首. 說文 <首部> 書九切. 百同. 古文百也. 巛象髮, 謂之鬊, 鬊卽巛也. 凡䭫之屬皆从䭫.

馘 　A0792 U-9998

•馘• 首字部 總17劃. 한글 [괵] 벨. 新典 [괵] 왼편 귀 베여 밧칠. 머리 버힐. 訓蒙 [괵] 귀버힐. 英譯 cut off left ear. tally dead enemy. 康熙 <首部> ｛廣韻｝｛韻會｝古獲切, ｛集韻｝骨或切, ｛正韻｝古伯切, 㐬音蟈. ｛玉篇｝截耳也. ｛說文｝軍戰斷耳也. ｛詩·大雅｝攸馘安安. ｛註｝軍法, 獲而不服, 則殺而獻其左耳. ｛禮·王制｝以訊馘告. ｛註｝訊是生者, 馘是死而截耳者. ｛爾雅·釋詁｝馘, 獲也. ｛註｝今以獲賊耳爲馘. 又｛五音集韻｝呼昊切, 音洫. 面也. ｛莊子·列禦寇｝槁項黃馘. ｛說文｝本作聝. ｛字林｝截耳則作耳旁, 獻首則作首旁. 又叶況壁切, 音鬩. ｛詩·魯頌｝矯矯虎臣, 在泮獻馘. 叶上德服.

香 　A0431 U-9999

•香• 香字部 總09劃. 한글 [향] 향기. 新典 [향] 옷고슬, 향내, 향긔. 訓蒙 [향] 곳다올. 英譯 fragrant, sweet smelling, incense. 漢典 會意字. 據小篆, 從黍, 從甘. "黍"表谷物, "甘"表香甜美好. 本義: 五谷的香. 康熙 <香部> 古文: 皀. ｛廣韻｝許良切, ｛集韻｝｛韻會｝｛正韻｝

}虛良切, 𠀤音鄕. {玉篇}芳也. {正韻}氣芬芳. {書·君陳}至治馨香, 感于神明. {詩·周頌}有飶其香. {禮·月令}中央土, 其臭香. 又草木之香, 如沉香, 棧香, 蜜香, 檀香, 具載. {洪芻·香譜}及{葉延珪·香錄}諸書. 又獸亦有香. {談苑}商女山中多麝, 其性絕愛其臍, 爲人逐急, 卽投巖擧爪, 剔裂其香. 又{本草}麝香有三等: 第一生香, 亦名遺香, 乃麝自剔出者. 其次臍香. 其三心結香. 又有小麝, 其香更奇. 又風香. {庾信詩}結客少年場, 春風滿路香. 又含香. {漢官儀}尙書郞含雞舌香, 伏奏事. 又酒香. {王績詩}稍覺池亭好, 偏宜酒甕香. {杜甫詩}浩蕩風塵外, 誰知酒熟香. 又花名. {廬山記}一比丘晝寢盤石上, 夢中聞花香酷烈, 及覺, 求得之, 因名睡香. 四方聞之, 謂爲花中祥瑞, 遂名瑞香. 又丁香. {本草}一名丁子香, 花紫白色, 生子, 小者爲丁香, 大者爲母丁香. 又酒名. {蘇軾·送碧香酒詩}碧香近出帝子家, 鵝兒破殼酥流盎. {劉子翬詩}未饒赤壁風流在, 且向何家醉碧香. 又阿香. {搜神記}永和中, 義興人姓周, 出都, 日暮. 道邊有一新草小屋, 一女子出門, 周求寄宿. 一更中, 聞外有小兒喚阿香聲, 云: 官喚汝推雷車. 女乃辭去. 夜遂大雷雨. 又人名. 黃香, 仇香, 見{後漢書}. 又姓. 明四譯館通事香牛. 又山名. {唐書·白居易傳}與香山僧如滿結香火社, 自稱香山居士. 又水名. {述異記}吳故宮有香水溪. 又殿名. {三輔黃圖}武帝時, 後宮八區, 有披香殿. 又亭名. {李白詩}沉香亭北倚闌干. (說文) <香部> 許良切. 芳也. 从黍从甘. {春秋傳}曰: "黍稷馨香." 凡香之屬皆从香.

A0432 U-99A8

◆馨◆ 香字部 總20劃. (훈글) [형] 향기. (新典) [형] 향내 멀리 날. 이러한. (訓蒙) [형] 곳다올. (英譯) fragrant, aromatic. distant fragrance. (漢典) 形聲. 從香, 殸聲. 殸, 籒文"磬". 本義: 芳香, 散布很遠的香氣. (康熙) <香部> {廣韻}呼刑切, {集韻}{韻會}{正韻}醯經切, 𠀤音馨. {玉篇}香遠聞也. {書·酒誥}黍稷非馨, 明德維馨. {詩·大雅}爾殽既馨. 又{周頌}有椒其馨. {楚辭·九歌}折芳馨兮遺所思. 韓愈{答張徹詩}寒猋酸骨怨, 怪花醉霓馨. 又{集韻}虛映切, 音卾. 晉人以爲語助. {晉書·王衍傳}何物老嫗, 生此寧馨兒. {世說新語}王朗之雪中詣王螭, 持其臂. 螭曰: 冷如鬼手馨, 强來捉人臂. {通雅}寧馨寧馨, 此呼語辭, 今讀能亨, 亦云那, 向有平去二音, 可平可仄, 古人多假借字也. (說文) <香部> 呼形切. 香之遠聞者. 从香殸聲. 殸, 籒文磬.

A0607 U-99AC

◆馬◆ 馬字部 總10劃. (훈글) [마] 말. (新典) [마] 말. 아저랑이. 추녀 끗. (訓蒙) [마] 몰. (英譯) horse. surname. KangXi radical 187. (康熙) <馬部> 古文: 影馭影. {唐韻}{正韻}莫下切, {集韻}{韻會}母下切, 𠀤麻上聲. {說文}怒也, 武也. 象馬頭髦尾四足之形. {玉篇}黃帝臣相乘馬. 馬, 武獸也, 怒也. {正韻}乘畜. 生於午, 稟火氣. 火不能生木, 故馬有肝無膽. 膽, 木之精氣也. 木臟不足, 故食其肝者死. {易·說卦傳}乾爲馬. {疏}乾象天, 天行健, 故爲馬. {春秋·說題辭}地精爲馬. {春秋·考异記}地生月精爲馬. 月數十二, 故馬十二月而生. {周禮·夏官·馬質}掌質馬, 馬量三物, 一曰戎馬二曰田馬三曰駑馬, 皆有物賈. 又{校人}掌王馬, 辨六馬之屬. 凡大祭祀, 朝覲, 會同, 毛馬而頒之. 凡軍事, 物馬而頒之. 註: 毛馬齊其色. 物馬齊其力. 又{趣馬}掌贊正良馬. 又{巫馬}掌養疾馬而乘治之, 相醫而藥攻馬疾. 又{廋人}掌十二閑之政教以阜馬. {圉人}掌芻牧以役圉師. 又司馬, 官名. {周禮·夏官·大司馬註}謂總武事也. 又{淸夜錄}漢制, 卿駟馬右騑. {前漢·東方朔傳}太守, 駟馬駕車, 一馬行春. {衞宏·輿服志}諸

侯四馬, 駙以一馬. {南史・柳元策傳}兄弟五人, 㕛爲太守. 時人語曰: 柳氏門庭, 五馬逶迤. {正字通}故今太守稱五馬大夫. 又田野浮氣曰野馬. {莊子・逍遙遊}野馬也, 塵埃也, 生物之以息相吹也. {註}日光也. 一曰遊絲水氣. 又陽馬. {何晏・景福殿賦}承以陽馬, 接以圓方. {註}陽馬, 屋四角引出承短椽者, 連接或圓或方也. 又投壺勝算曰馬. {禮・投壺}爲勝者立馬, 一馬從二馬, 三馬既立, 請慶多馬. {註}立馬者, 取算以爲馬, 表其勝之數也. 謂算爲馬者, 馬爲威武之用, 投壺及射, 皆以習武也. 又{字彙補}打馬, 彈碁類也. 朱李易安有打馬圖. 又地名. 馬陘, 齊邑. 馬陵, 鄭地. 㕛見{左傳}. 又天馬, 獸名. 有翼能飛. 又竈馬, 蟲名. {酉陽雜俎}狀似促織, 好穴竈旁. 今俗呼竈雞. 又馬勃, 草名. {正字通}生濕地腐木上, 一名馬疕. 韓愈所云牛溲馬勃, 兼收㕛蓄是也. 又海馬, 魚名. 牙骨堅瑩, 文理細如絲, 可制爲器. 又姓. {姓苑}本伯益之後, 趙奢封馬服君, 遂氏焉. 又司馬, 巫馬, 乘馬, 皆複姓. {前漢・溝洫志}諫大夫乘馬延年. {孟康曰}乘馬, 姓也. 又{風俗通}有白馬氏. 又馬流. {俞益期曰}馬援立銅柱, 岸北有遺兵, 居壽冷岸, 南對銅柱, 悉姓馬, 號曰馬流. {方隅勝略}謂馬人散處南海, 謂之馬流. {韓愈詩}衙時龍戶集, 上日馬人來. {註}卽馬流也. 一作馬留. 又門名. {前漢・項籍傳註}宮垣內兵衞所在, 四面皆有司馬, 以主事, 故總稱司馬門. 又{公孫弘傳註}武帝時, 相馬者東門京作銅馬法, 立於魯般門外, 更名金馬門. 又亭名. 謝靈運爲永嘉太守, 以五馬自隨, 立五馬亭. 又{集韻}滿補切, 音姥. 義同. {前漢・石慶傳}馬字與尾當五. {師古曰}馬字, 下曲者尾, 幷四點爲足, 凡五. (說文) <馬部> 莫下切. 怒也. 武也. 象馬頭髦尾四足之形. 凡馬之屬皆从馬.

A0608 U-4B74

•䭴• 馬字部 總12劃. (훈글) [환] 한 살 된 말. (英譯) an one-year-old horse. (康熙) <馬部> {廣韻}戶關切, {集韻}胡關切, 㕛音還. {玉篇}馬一歲也. 又{廣韻}胡畎切, {集韻}胡犬切, 㕛音鉉. 義同. {字彙}字从十, 宜十歲. 云一歲, 似誤. {正字通}按說文本作馬. 馬一歲也. 从馬, 一絆其足. 讀若弦. 一曰若環. 字彙譌作䭴, 弦譌作眩, 又音孩, 㕛非.

D0125 U-4B7E

•䭾• 馬字部 總14劃. (훈글) [태] (미등록). (英譯) (same as U+ 99B1 馱) to carry (a load) on the back.

A0608 U-99BD

•馽• 馬字部 總14劃. (훈글) [칩] 맬. (新典) [칩] 잡아맬. (康熙) <馬部> {唐韻}陟立切, 音執. {說文}絆馬足也. {玉篇}絆也. 韓愈{祭柳宗元文}天脫馽羈. 又{韻會}或作縶. {詩・小雅}縶之維之. {疏}在腹曰鞅, 在後曰絆. 絆, 繫足也. 縶之謂絆, 維之謂繫. {正字通}說文, 縶馽本一字重文, 从糸執聲, 作縶. 今經傳皆从縶, 字彙引正譌以俗作縶爲非, 迂泥. 又{集韻}食律切, 音術. {莊子・馬蹄篇}連之以羈馽. {陸德明・音義}馽, 丁邑反, 徐丁力反, 絆也, 李音述. 又{集韻}德合切, 音答. 義同. {集韻}作𩣺. {字彙}作䭾. 㕛非. (說文) <馬部> 陟立切. 絆馬也. 从馬, 口其足. {春秋傳}曰: "韓厥執馽前." 讀若輒.

A0609 U-99C1

•駁• 馬字部 總14劃. (훈글) [박] 얼룩말. (新典) [박] 월아말, 류부루말. (英譯) varicolored, variegated. mixed. contradict, argue. suddenly. (漢典) 會意. 從馬, 從爻. 甲骨文字形, 右邊是"爻", 表示馬的毛色混雜, 左邊是"馬". 本義: 馬毛色不純. (康熙) <馬部> {唐韻}{集韻}{韻會}丛北角切, 音博. {玉篇}馬色不純. {爾雅・釋畜}駵白駁. {易・說卦傳}乾爲駁馬. {詩・豳風}皇駁其馬. {註}黃白曰皇, 駵白曰駁. 又{爾雅・釋木}駁赤李. {疏}李之子赤者名駁. 又今俗謂龎雜爲駁, 雲開曰解駁. {正韻}同駮. 互詳後駮字註. (說文) <馬部> 北角切. 馬色不純. 从馬爻聲.

A0612 U-99DB

•駛• 馬字部 總15劃. (훈글) [사] 달릴. (新典) [사, 亽] 말 쌜리 거름. (英譯) sail, drive, pilot. fast, quick. (漢典) 形聲. 從馬, 史聲. 本義: 馬行疾(快. (康熙) <馬部> {廣韻}疎事切, {集韻}{韻會}爽士切, {正韻}師止切, 丛音史. {玉篇}疾也. {增韻}馬行疾也. 又{正韻}式至切, 音試. 與駛同.

A0612 U-4B8B

•䮋• 馬字部 總16劃. (훈글) [렬] 말 이름. (英譯) name of a horse, horses in an ordered line. to travel quickly. to move fast. to hasten, tame, well-bred, to put under control. (康熙) <馬部> {廣韻}同駕.

A0611 U-9A0E

•騎• 馬字部 總18劃. (훈글) [기] 말탈. (新典) [긔] 마군 말 탈. (訓蒙) [긔] 틀. (英譯) ride horseback. mount. cavalry. (漢典) 形聲. 從馬, 奇聲. 本義: 跨馬. (康熙) <馬部> {唐韻}{集韻}{韻會}渠羈切, {正韻}渠宜切, 丛音奇. {說文}跨馬也. {釋名}騎, 支也, 兩脚支別也. 又{廣韻}{集韻}{韻會}{正韻}丛奇寄切, 音芰. 義同. 又{增韻}馬軍曰騎. {禮・曲禮}前有車騎. {疏}古人不騎馬, 故經典無言騎. 今言騎, 是周末時禮. {能改齋漫錄}左傳昭二十五年, 左師展將以公乘馬而歸. 劉炫謂欲與公單騎而歸, 此騎馬之漸也. {正字通}古者服牛乘馬, 馬以駕車, 不言單騎. 至六國時, 始有單騎, 蘇秦所謂車千乘, 騎萬匹是也. 又票騎, 官名. {前漢・武帝紀}以霍去病爲票騎將軍. {註}位三司, 品秩同大將軍. 又旄頭騎. {漢官儀}舊選羽林爲旄頭, 被髮先驅. 或云: 旄頭騎自秦始. 又飛騎. {正字通}唐貞觀中擇膂力驍捷善射者, 謂之飛騎. 衣五色袍, 乘六閑馬, 每上出遊幸, 從駕行. 又姓. {戰國策}燕將騎劫. (說文) <馬部> 渠羈切. 跨馬也. 从馬奇聲.

A0610 U-9A3D

•騽• 馬字部 總21劃. (훈글) [습] 등이 누런 월따말. (康熙) <馬部> {廣韻}爲立切, {集韻}域及切, 丛音煜. {玉篇}驪馬黃脊. 又{說文}馬豪骭也. 又{唐韻}似入切, {集韻}席入切, 丛音習. 義同. (說文) <馬部> 似入切. 馬豪骭也. 从馬習聲.

驅　D0125　U-9A45

•驅• 馬字部 總21劃. (호글) [구] 몰. (新典) [구] 몰. 쏘쳐 보내. 선상진. (訓蒙) [구] 몰. (英譯) spur a horse on. expel, drive away. (康熙) <馬部> 古文: 敺. {唐韻}豈俱切, {集韻}{韻會}虧于切, {正韻}丘于切, 𠀤音區. {玉篇}逐遣也. {禮・月令}驅獸毋害五穀. 又{說文}走馬謂之馳, 策馬謂之驅. {玉篇}驟也, 奔馳也. {易・比卦}王用三驅失前禽. 又軍前鋒曰先驅, 次前曰中驅. 又{集韻}{韻會}𠀤袪尤切, 音丘. 義同. {詩・鄘風}載馳載驅, 歸唁衞侯. {陸雲賦}䄂愁心以自邁, 肅旁人以曾驅. 詔河馮以淸川, 命湘娥而安流. 又{廣韻}{集韻}{韻會}𠀤區遇切, 音姁. 義同. {班固・東都賦}擧烽伐鼓, 申令三驅. 輕車霆激, 驍騎電騖. {陶侃相風賦}華蓋警乘, 奉引先驅. 豹飾在後, 葳蕤先路. 又通作敺. {史記・趙世家}敺, 代地. {前漢・食貨志}敺民而歸之農. 又叶直谷切, 音逐. {詩・秦風}游環脅驅. 叶下續轂. 俗作駈駈, 𠀤非. (說文) <馬部> 豈俱切. 馬馳也. 从馬區聲.

驕　A0317　U-9A55

•驕• 馬字部 總22劃. (호글) [교] 교만할. (新典) [교] 교만할. 방자할. 키 여섯 자 되는 말. [효] 부리 저른 삽양개. (類合) [교] 갸록. (英譯) spirited horse. haughty. (康熙) <馬部> {唐韻}擧喬切, {集韻}{韻會}居妖切, 𠀤音嬌. {說文}馬高六尺爲驕. {玉篇}壯貌. 又野馬也. 又馬驐逸不受控制也. 又{正字通}恣也, 自矜也. {書・周官}位不期驕. {詩・小雅}驕人好好, 勞人草草. 又或作喬. {禮・樂記}齊音敖辟喬志. {註}喬音驕. 又{集韻}嬌廟切, 音撟. 驕驁, 馬行貌. 又縱恣也. {史記・司馬相如傳}低卬夭蟜据以驕驁兮. {註}椐, 直項也. 驕驁, 縱恣也. 驕音居召反. 又{五音集韻}居夭切, 音矯. 僨驕不可禁之勢. {莊子・在宥篇}僨驕而不可係者, 其惟人心乎. {音義}驕如字. 又居表反. 又{集韻}虛嬌切, {正韻}吁驕切, 𠀤音囂. 與獢同. 短喙犬也. {詩・秦風}載獫歇驕. {釋文}驕, 本又作獢. 許喬反. 又古通虞韻. {前漢・敘傳}漢興柔遠, 與爾剖符. 皆恃其岨, 乍臣乍驕. (說文) <馬部> 擧喬切. 馬高六尺爲驕. 从馬喬聲. {詩}曰: "我馬唯驕." 一曰野馬.

驟　A0611　U-9A5F

•驟• 馬字部 總24劃. (호글) [취] 달릴. (新典) [추] 몰아갈. 달릴. (類合) [취] 과ᄀᆞᆯ. (英譯) procedure. gallop. sudden(ly). (康熙) <馬部> {廣韻}鉏祐切, {集韻}{韻會}{正韻}鉏救切, 𠀤音縐. {玉篇}奔也. {說文}馬疾步也. {詩・小雅}載驟駸駸. {註}小曰馳, 不馳而小疾曰驟. 又凡疾速曰驟. 又數也. {左傳・襄十一年}晉能驟來. {註}晉以諸侯之師, 更番而出, 故能數來. 又{集韻}才候切, 音鯫. 義同. 又叶逡須切, 音趨. {淮南子・原道訓}縱志舒節, 以馳大區, 可以步而步, 可以驟而驟. 又叶縱遇切, 疽去聲. {桓麟七說}輪不暇轉, 足不及驟. 騰虛踰浮, 瞥若飆霧. 本作驟. (說文) <馬部> 鉏又切. 馬疾步也. 从馬聚聲.

驪　A0609　U-9A6A

•驪• 馬字部 總29劃. (호글) [려] 가라말. (新典) [리] 가라말. (英譯) a pure black horse. a pair of horses. (康熙) <馬部> {唐韻}呂支切, {集韻}{韻會}鄰知切, 𠀤音離. {玉篇}盜驪,

千里馬也. {爾雅·釋畜}小領盜驪. {註}郭註{穆天子傳}曰天子之駿盜驪, 綠耳, 又曰右服盜驪. {詩·齊風}四驪濟濟. {禮·檀弓}夏后氏尚黑, 戎事乘驪. 又{月令}冬駕鐵驪. 又駕兩馬曰驪. {後漢·寇恂傳}光武北征時, 軍食急乏, 寇恂以輦車驪駕轉輸, 前後不絕. {註}驪駕, 併駕也. 又山名. {後漢·郡國志}京兆尹新豊有驪山. {註}杜預曰: 古驪戎國. 韋昭曰: 戎成居此山, 故號驪戎. 又高句驪, 國名. 又縣名. {前漢·地理志}右北平郡驪成縣. 又{廣韻}郎奚切, {韻會}憐題切, {正韻}鄰溪切, 𠀤音黎. 義同. 又{集韻}陳尼切, 音馳. 驪靬, 縣名. {前漢·地理志}張掖郡驪靬縣. {註}李奇曰: 音遲虔. 師古曰: 驪, 力遲反. 靬音虔. 令其土俗人呼驪靬, 疾言之曰力虔. (說文) <馬部> 呂支切. 馬深黑色. 从馬麗聲.

A0252 U-9AA8

•骨• 骨字部 總10劃. (훈글) [골] 뼈. (新典) [골] 쌔. (訓蒙) [골] 쌔. (英譯) bone. skeleton. frame, framework. (康熙) <骨部> {唐韻}{韻會}古忽切, {集韻}吉忽切, 𠀤音汨. {說文}肉之覈也. {釋名}骨, 滑也. 骨堅而滑也. {靈樞經}腎主骨, 張筋化髓幹, 以立身. {周禮·天官·疾醫}以酸養骨. {註}酸木味, 木根立地中似骨. {疏}謂似人之骨立肉中者. {列子·天瑞篇}精神者, 天之分. 骨骸者, 地之分. 屬天, 淸而散. 屬地, 濁而聚. 又牲骨. {禮·祭統}凡爲俎者, 以骨爲主. {儀禮·鄕射禮註}以骨名肉, 骨貴也. 又姓. {隋書·骨儀傳}骨儀, 京兆長安人. 又{唐書·東夷傳}新羅, 其族名第一骨, 第二骨, 以自別. 又苦骨, 苦參別名. 又多骨, 白荳蔻別名. 見{本草綱目}. (說文) <骨部> 古忽切. 肉之覈也. 从冎有肉. 凡骨之屬皆从骨.

D0117 U-4BC9

•䯉• 骨字部 總14劃. (훈글) [알] 숨막힐. (英譯) to choke. the throat chocked and unable to breath smoothly. (康熙) <骨部> {廣韻}烏八切, 音軋. {說文}咽中息不利也. (說文) <欠部> 烏八切. 咽中息不利也. 从欠骨聲.

A0313 U-9AD8

•高• 高字部 總10劃. (훈글) [고] 높을. (新典) [고] 우. 놉흘. 놉힐. (類合) [고] 노폴. (英譯) high, tall. lofty, elevated. (漢典) 象形. 甲骨文字形, 象樓臺重疊之形. 漢字部首之一. 從“高”的字多與高大或建筑有關. 本義: 離地面遠, 從下向上距離大. (康熙) <高部> {廣韻}古勞切, {集韻}{韻會}居勞切, 𠀤音羔. {說文}崇也. 象臺觀高之形. 从冂口. 與倉舍同意. {易·繫辭}卑高以陳, 貴賤位矣. {註}高謂天體也. {又}崇高莫大乎富貴. 又{史記·高祖紀註}張晏曰: 禮謚法, 無高以爲功, 最高而爲漢帝之太祖, 故特起名焉. 又地名. {前漢·地理志}沛郡高縣. 又姓. {史記·仲尼弟子傳}高柴. 又{集韻}{韻會}𠀤居号切, 音誥. 度高曰高. {左傳·隱元年·都城過百雉註}一雉之牆, 長三丈, 高一丈. {釋文}高, 古報反. 又如字. 又叶居侯切, 音鉤. {柳宗元·柳評事墓銘}柳侯之分, 在北爲高, 充于史氏, 世相重侯. 又叶居何切. {蘇黃門·嚴顏碑}相傳昔者嚴太守, 刻石千歲字已譌. 嚴顏生平吾不記, 獨憶城破節最高. {韻會}俗作高. (說文) <高部> 古牢切. 崇也. 象臺觀高之形. 从冂, 口. 與倉, 舍同意. 凡高之屬皆从高.

A0563 U-9AE5

•髯• 髟字部 總14劃. (훈글) [염] 구레나룻. (新典) [염] 구레나룻. (訓蒙) [셤] 거웃. (英譯) beard. mustache. (康熙) <髟部> {廣韻}汝鹽切, {集韻}{韻會}如占切, {正韻}而占切, 𠀤冉平聲. {前漢・高帝紀}美須髯. {註}師古曰: 在頤曰須, 在頰曰髯. {釋名}隨口動搖髯髯然也. 又{廣韻}{集韻}𠀤而豔切, 音染. 頜毛. {說文}髯, 頰須也. {註}今俗別作髥, 非是.

A0563 U-9AEF

•髥• 髟字部 總15劃. (훈글) [염] 구레나룻. (英譯) beard. mustache. (漢典) 形聲. 從髟, 冉聲. 髟, 長發下垂的樣子. 本義: 兩頰上的長須. (康熙) <髟部> {正字通}俗髯字.

A0562 U-9B1A

•鬚• 髟字部 總22劃. (훈글) [수] 수염. (新典) [슈] 입거웃. 턱털. 턱슈염. (訓蒙) [슈] 입거웃. (英譯) beard, whiskers. whisker-like. (漢典) 會意. 從頁, 從巛. 頁, 頭. 本義: 胡須. (康熙) <髟部> {廣韻}相俞切, {集韻}{韻會}詢趨切, 𠀤音須. {玉篇}髭須也. 本作須. {韻會}須已从彡, 俗加髟作鬚, 非.

A0151 U-9B25

•鬥• 鬥字部 總10劃. (훈글) [투] 싸울. (新典) [각] 싸홈. (英譯) struggle, fight, compete, contend. (漢典) 象形. 有柄. 說文敘, 俗謂人持十爲斗. 本義: 十升. (康熙) <鬥部> {唐韻}都豆切, {集韻}丁候切, 𠀤音鬭. {說文}兩士相對, 兵杖在後, 象鬥之形. {廣韻}凡从鬥者, 今與門戸字同. {字彙}鬥右音戟, 丮字从手, 手有所執, 左音掬, 𠃛字反丮, 執物則一. 又{集韻}克角切, 音搉. 鬭也. (說文) <鬥部> 都豆切. 兩士相對, 兵杖在後, 象鬥之形. 凡鬥之屬皆从鬥.

A0299 U-9B2F

•鬯• 鬯字部 總10劃. (훈글) [창] 울창주. (新典) [창] 울창술. 활집. (英譯) sacrificial wine. unhindered. (漢典) 象形. 甲骨文字形, 象器皿中盛酒形, 中有小點, 表示酒糟. 本義: 古代祭祀, 宴飲用的香酒, 用郁金草合黑黍釀成. (康熙) <鬯部> {唐韻}{集韻}{韻會}𠀤丑亮切, 音悵. {說文}以秬釀鬱艸, 芬芳攸服以降神也. {易・震卦}不喪匕鬯. {註}鬯, 香酒, 奉宗廟之盛也. {書・洛誥}以秬鬯二卣曰明禋. {傳}黑黍曰秬, 釀以鬯草. {詩・大雅}秬鬯一卣. {傳}鬯, 香草也. 築煮合而鬱之曰鬯. {周禮・春官}鬯人掌共秬鬯而飾之. {註}鬯, 釀秬爲酒, 芬香條暢於上下也. 又{詩・鄭風}抑鬯弓忌. {註}鬯弓, 弢弓. 又與暢同. {前漢・郊祀志}草木鬯茂. {註}師古曰: 鬯與暢同. {集韻}或作韔. (說文) <鬯部> 丑諒切. 以秬釀鬱艸, 芬芳攸服, 以降神也. 从凵, 凵, 器也; 中象米; 匕, 所以扱之. {易}曰: "不喪匕鬯." 凡鬯之屬皆从鬯.

A0142 U-9B32

•鬲• 鬲字部 總10劃. 훈글 [격] 막을. [력] 솥. 新典 [격] 오지병. [력] 다리 굽은 솟. 英譯 type of caldron with three hollow legs. name of a state. KangXi radical number 193. 康熙 <鬲部> 古文: 䰛. {廣韻}郞擊切, {集韻}{韻會}{正韻}狼狄切, 𠀤音歷. {說文}鼎屬, 實五觳, 斗二升曰觳. {爾雅・釋器}鼎款足謂之鬲. {註}鼎曲脚也. {疏}款, 闊也. 謂鼎足相去疎闊者名鬲. {前漢・郊祀志}其空足曰鬲. {註}蘇林曰: 足中空不實者, 名曰鬲也. {揚子・方言}鍑, 吳揚之閒謂之鬲. 又{廣韻}{正韻}各核切, {集韻}{韻會}古核切, 𠀤音隔. {禮・喪大記}陶人出重鬲. {疏}縣重之罌也. 是瓦瓶. 又姓. 又{儀禮・士喪禮}苴絰大鬲. {註}鬲, 搤也, 中人之手, 搤圍九寸, 絰之差自此出焉. {釋文}鬲, 又作搹. 又國名. {左傳・襄十四年}靡奔有鬲氏. {註}鬲, 國名. 今平原縣. 又{爾雅・釋水}鬲津, 九河之一. {註}水多阨狹, 可隔以爲津. 又與隔同. {前漢・五行志}鬲閉門戸. {註}師古曰: 鬲與隔同. 又{集韻}乙革切, 音戹. 與軛同. {周禮・冬官考工記・車人}凡爲轅, 鬲長六尺. {註}鬲謂轅端厭牛領者. {五經文字}說文作鬲, 經典相承作鬲. 鬲字原从羊作. 說文 <鬲部> 郞激切. 鼎屬. 實五觳. 斗二升曰觳. 象腹交文, 三足. 凡鬲之屬皆从鬲.

A0142 U-9B33

•鬳• 鬲字部 總16劃. 훈글 [권] 솥. 康熙 <鬲部> {集韻}俱願切, 音絭. {說文}鬲屬. 說文 <鬲部> 牛建切. 鬲屬. 从鬲虍聲.

A0143 U-9B3B

•鬻• 鬲字部 總22劃. 훈글 [죽] 죽. 新典 [쥭] 미음 쥭. [육] 팔. [국] 기를. 어릴. 訓蒙 [육] 폴. 英譯 sell. child, childish. nourish. 漢典 形聲. 本義: 粥. 引申爲"賣". 康熙 <鬲部> {唐韻}{集韻}𠀤之六切, 音祝. {說文}鍵也. {註}今俗作粥. {爾雅・釋言}鬻, 糜也. {註}淖糜. {儀禮・士喪禮}鬻餘飯. {註}以飯尸餘米爲鬻也. {左傳・昭七年}饘於是, 鬻於是. {註}饘鬻, 餬屬也. 又{集韻}{正韻}𠀤余六切, 音育. {左傳・昭三年}有鬻踊者. {註}賣也. 又{莊子・德充符}四者天鬻也. 天鬻也者, 天食也. {音義}鬻, 養也. 又姓. {前漢・藝文志}鬻子名熊, 爲周師, 自文王以下問焉, 周封爲楚祖. 又{集韻}居六切, 音鞠. {詩・豳風}鬻子之閔斯. {傳}鬻, 稚也. {朱傳}養也. 又{集韻}忙皮切, 音糜. 通作䊳䊳. 又叶余律切, 音矞. {揚雄・司空箴}匪人斯力, 匪政斯敕, 流貨市寵, 而苞苴是鬻. 又叶職律切, 音怵. {蘇轍・鍾山詩}老僧一身泉上住, 十年掃盡人閒迹. 客到惟燒柏子香, 晨饑坐視山前鬻. 說文 <䰜部> 武悲切. 健也. 从䰜米聲.

A0576 U-9B3C

•鬼• 鬼字部 總10劃. 훈글 [귀] 귀신. 新典 [귀] 굿것. 귀신. 訓蒙 [귀] 귓것. 英譯 ghost. spirit of dead. devil. 漢典 象形. 甲骨文字形, 下面是個"人"字, 上面象一個可怕的腦袋, 是人們想象中的似人非人的怪物. "鬼"是漢字部首之一, 從"鬼"的字大多與迷信, 鬼神有關. 本義: 迷信的人認爲人死后有"靈魂", 稱之爲"鬼". 康熙 <鬼部> 古文: 䰟㔽䰢. {唐韻}{集韻}{

韻會}太居偉切, 音詭. {說文}人所歸爲鬼. 从人, 象鬼頭. 鬼陰气賊害, 从厶. {爾雅・釋訓}鬼之爲言歸也. {詩・小雅}爲鬼爲蜮. {禮・禮運}列於鬼神. {註}鬼者精魂所歸. {列子・天瑞篇}精神離形. 各歸其眞, 故謂之鬼. 鬼, 歸也. 歸其眞宅. 又{易・旣濟}高宗伐鬼方. {詩・大雅}覃及鬼方. {傳}鬼方, 遠方也. 又星名. {史記・天官書}輿鬼鬼祠事, 中白者爲質. {註}輿鬼, 五星, 其中白者爲質. 又姓. {前漢・郊祀志}黃帝得寶鼎, 冕侯問於鬼臾區. {註}黃帝臣也. 又國名. {山海經}鬼國在負二之尸北. 又烏鬼. {杜甫・遣悶詩}家家養烏鬼. {漫叟詩話}川人家家養猪, 每呼猪作烏鬼聲, 故謂之烏鬼. {夢溪筆談}夔州圖經稱, 峽中人皆養鸕鷀, 以繩繫頸使捕魚, 得則倒提出之, 謂之烏鬼. {元微之江陵詩}病賽烏稱鬼. {自註}南人染病, 競賽烏鬼. 又{揚子・方言}虔儇, 慧也. 自關而東趙魏之閒謂之黠. 或謂之鬼. 說文 <鬼部> 居偉切. 人所歸爲鬼. 从人, 象鬼頭. 鬼陰气賊害, 从厶. 凡鬼之屬皆从鬼.

A0577 U-9B45

•魅• 鬼字部 總15劃. 훈글 [매] 도깨비. 新典 [미] 俗音 [매, 미] 독갑이. 산매. 類合 [미] 귓것. 英譯 kind of forest demon, elf. 漢典 形聲. 從鬼, 未聲. 本義: 迷信傳說中的精怪. 康熙 <鬼部> 古文: 彔. {廣韻}{集韻}{韻會}太明祕切, 音媚. {說文}鬽, 或作魅. {左傳・文十八年}投諸四裔, 以禦螭魅. {註}螭魅, 山林異氣所生, 爲人害者. 又{宣三年}螭魅罔兩. {註}怪物. {史記・五帝紀註}螭魅, 人面獸身四足, 好惑人.

A0674 U-9B4C

•魌• 鬼字部 總18劃. 훈글 [기] 추할. 新典 [긔] 방상시. 康熙 <鬼部> {廣韻}去其切, {集韻}{韻會}丘其切, 太音欺. {說文}醜也. 今逐疫有䫏頭. {註}徐鍇曰: 䫏頭方相四目也. 今文作魌. {周禮・夏官・方相氏註}以驚敺疫癘之鬼, 如今魌頭也. {廣韻}同倛. {集韻}通作䫏.

A0765 U-9B5A

•魚• 魚字部 總11劃. 훈글 [어] 고기. 新典 [어] 물고기. 좀. 訓蒙 [어] 고기. 英譯 fish. surname. KangXi radical 195. 漢典 象形. 甲骨文字形, 象魚形. 本義: 一種水生脊椎動物. 康熙 <魚部> 古文: 䲆. {唐韻}語居切, {集韻}{韻會}{正韻}牛居切, 太御平聲. {說文}本作䲆, 水蟲也. 象形, 與燕尾相似. {註}徐鍇曰: 下火象尾而已, 非水火之火. {韻會}隸省作魚. {易・中孚}豚魚吉. {註}魚者, 蟲之隱者也. {儀禮・有司徹}魚匕. {註}魚無足翼. {史記・周本紀}白魚躍入王舟中. {註}馬融曰: 魚者介鱗之物, 兵象也. 又蠹魚, 亦名衣魚, 本草生, 久藏衣帛及書紙中. 又{詩・小雅}象弭魚服. {傳}魚服, 魚皮. {陸璣疏}魚服, 魚獸之皮也. 似猪, 東海有之. 一名魚貍, 其皮背上斑文, 腹下純青, 今以爲弓鞬步叉者也. 又{唐書・車服志}初罷龜袋, 復給以魚. {遼史・興宗記}試進士於廷, 賜馮立等緋衣銀魚. {金史・輿服志}親王佩玉魚, 一品至四品佩金魚, 以下佩銀魚. 又{左傳・閔二年}歸夫人魚軒. {註}以魚皮爲飾. 又馬名. {爾雅・釋畜}二目白, 魚. {註}似魚目也. {詩・魯頌}有驔有魚. 又地名. {左傳・僖二年}齊寺人貂漏師于多魚. 又{文十六年}惟裨儵魚, 人實逐之. {註}魚, 魚復縣, 今巴東永安縣. 又{晉語}夷鼓, 彤魚氏之甥也. {註}彤魚, 國名. 又姓. {左傳・成十五年}魚石爲左師. {史記・秦本紀}秦之先爲嬴姓, 其後分封, 以國爲姓, 有修魚氏. 又與吾同. {列子・黃帝篇}姬, 魚語女. {註}姬

讀居, 魚讀吾. 又叶魚羈切, 音宜. {徐幹 · 七喩}大宛之犧, 三江之魚. 雲鷁水鵠, 禽蹯豹胎. 胎音怡. 又叶語鳩切, 音牛. {庾闡詩}煉形去人俗, 飄忽乘雲遊. 暫憩扶桑陰, 忽見東岳魚. (說文) <魚部> 語居切. 水蟲也. 象形. 魚尾與燕尾相似. 凡魚之屬皆从魚.

A0767 U-9B5B

◆魛◆ 魚字部 總13劃. (훈글) [도] 웅어. (新典) [도] 난세깨나리, 위어. (英譯) the mullet. (康熙) <魚部> {廣韻}{集韻}都牢切, {正韻}都高切, 犮音刀. 鮤鱴魛, 今鮆魚也. {玉篇}鮆, 刀魚. {正字通}本作刀, 言魚形似刀也. 改作魛, 非.

A0210 U-9B6F

◆魯◆ 魚字部 總15劃. (훈글) [로] 노둔할. (新典) [르] 로둔할. (英譯) foolish, stupid, rash. vulgar. (漢典) 會意. 甲骨文從魚, 從口, "口"象器形. 整個字形象魚在器皿之中. 本義: 魚味美, 嘉. (康熙) <魚部> 古文: 炭. {廣韻}{正韻}郎古切, {集韻}{韻會}籠五切, 犮音虜. {說文}鈍詞也. {論語}參也魯. {何晏註}魯, 鈍也. 曾子性遲鈍. 又國名. {詩 · 魯頌譜}魯者, 少昊摯之墟也. {前漢 · 地理志}周興, 以少昊之虛曲阜封周公子伯禽爲魯侯, 以爲周公主. {釋名}魯, 魯鈍也. 國多山水, 民性樸魯也. 又姓. {廣韻}伯禽之後, 以國爲姓, 出扶風. 又複姓有魯步氏. 又{集韻}旅, 古作魯. 註詳方部六畫. (說文) <白部> 郎古切. 鈍詞也. 从白, 羨省聲. {論語}曰: "參也魯."

A0768 U-9B8F

◆鮏◆ 魚字部 總16劃. (훈글) [성] 비릴. (新典) [셩] 비릴. (康熙) <魚部> {唐韻}{集韻}犮桑經切, 音星. {說文}魚臭也. {註}今俗作鯹. 又{集韻}甾莖切, 音爭. 魚名. (說文) <魚部> 桑經切. 魚臭也. 从魚生聲.

A0768 U-9BAA

◆鮪◆ 魚字部 總17劃. (훈글) [유] 다랑어. (新典) [유] 상이. (類合) [유] 유어. (英譯) kind of sturgeon, tuna. (康熙) <魚部> {唐韻}榮美切, {集韻}{韻會}羽軌切, 犮音洧. {說文}鮥也. {爾雅 · 釋魚}鮥鮇鮪. {註}鮪, 鱣屬也. {詩 · 衞風}鱣鮪發發. {傳}鮪, 鮥也. {釋文}鮪似鱣, 大者名魟鮪, 小者名鮇鮪. 沈云: 江淮閒曰鮇, 伊洛曰鮪, 海濵曰鮥. {周禮 · 天官 · 𩰲人}春獻王鮪. {禮 · 月令}薦鮪于寢廟. {陸璣疏}鮪似鱣而青黑, 頭小而尖, 似鐵兜鍪, 口在頷下, 大者爲王鮪, 小者爲叔鮪, 肉白, 味不逮鱣, 今東萊遼東謂之尉魚. 互詳鮥字註. 又{類篇}一曰水名. 鞏縣西北臨河有周武山, 武王伐紂, 使膠革禦之鮪水上, 蓋其處也. 相傳山下有穴通江, 穴有黃魚, 春則赴龍門, 故曰鮪岫. 今爲河所侵, 不知穴之所在. 又{集韻}云九切, 音有. 義同. (說文) <魚部> 榮美切. 鮥也. {周禮}: "春獻王鮪." 从魚有聲.

A0769 U-4C5B

◆鰔◆ 魚字部 總19劃. (흔글) [혁] 물고기 이름. (英譯) a kind of fish. small fish. fry, a large amphibious creature, something like the newt but very much larger. (康熙) <魚部> {集韻}忽域切, 音洫. 魚名. {正字通}六書故, 與鰕同. 韻書分二音, 非.

A0766 U-9BE4

◆鯤◆ 魚字部 總19劃. (흔글) [곤] 곤이. (新典) [곤] 물고기 알. 곤어. (英譯) spawn. roe. fy. (康熙) <魚部> {廣韻}古渾切, {集韻}{韻會}{正韻}公渾切, 𠀤音昆. {爾雅・釋魚}鯤, 魚子. {註}凡魚之子名鯤. {魯語}魚禁鯤鮞. {類篇}或作鱞鰥. 又{玉篇}大魚. {列子・湯問篇}有魚焉, 其廣數千里, 其長稱焉, 其名爲鯤. {莊子・逍遙遊}北冥有魚, 其名爲鯤. {陸德明・音義}崔譔云: 鯤當爲鯨. 又{集韻}胡昆切, 音渾. 義同.

A0768 U-9BF9

◆鯹◆ 魚字部 總20劃. (흔글) [성] 비릴. (新典) [셩] 비릴. (訓蒙) [셩] 비릴. (康熙) <魚部> {廣韻}{集韻}{韻會}桑經切, {正韻}先青切, 𠀤音星. 與鮏同. 魚臭.

A0233 U-9CE5

◆鳥◆ 鳥字部 總11劃. (흔글) [조] 새. (新典) [됴] 새. (訓蒙) [됴] 새. (英譯) bird. KangXi radical 196. (漢典) 象形. 甲骨文字形, 小篆作字形, 都象鳥形. 本義: 飛禽總名. (康熙) <鳥部> {唐韻}都了切, {集韻}{韻會}丁了切, 𠀤音蔦. {說文}長尾禽總名也. {正韻}常時曰鳥, 胎卵曰禽. {爾雅・釋鳥}鳥之雌雄不可別者以翼, 右掩左雄, 左掩右雌. {書・堯典}厥民析鳥獸孳尾. {周禮・秋官・翨氏}掌攻猛鳥. 又{硩蔟氏}掌覆妖鳥之巢. {註}硩, 擿也. 擿其巢而去之. {正字通}二足而羽謂之禽. 或曰鳥觜曰咮曰喙, 爪曰距, 尾曰翠, 一作臎, 一名尾罌. 膍胵曰奧, 嚨曰亢曰員官, 項畜食處曰嗉, 翅曰翮曰翎, 頸毛曰翁, 腳短者多伏, 腳長者多立, 腳近翠者好步, 腳近臆者好躑. {師曠・禽經}羽蟲三百六十, 毛協四時, 色合五方. 又星名. 朱鳥, 南方七宿名. {書・堯典}日中星鳥. 又國名. {山海經}鹽長之國有人鳥首, 名曰鳥氏. 又山名. 鳥鼠. {地志}在隴西郡首陽縣西南, 禹貢, 終南惇物至于鳥鼠. 又{山海經}鳥危之山, 鳥危之水出焉. 又官名. {周禮・夏官}射鳥氏掌射鳥. {左傳・昭十七年}少皥摯之立也, 紀於鳥, 爲鳥師, 而鳥名. 又秦之先有鳥俗氏. {史記・秦本紀}大費生子二人, 一曰大廉, 實鳥俗氏. {索隱曰}以仲衍鳥身人言, 故爲鳥俗氏. 又丹鳥, 白鳥, 俱蟲名. {夏小正}丹鳥者, 丹良也. 白鳥者, 蚊蚋也. 又妙音鳥. {法華經偈頌}聖主天中王, 迦陵頻伽聲. {註}迦陵頻伽, 妙音鳥也. 鳥未出聲時, 卽發音微妙, 一切天人聲皆不及, 惟佛音類之, 故以取況. 又{正韻}尼了切, 音裊. 義同. 又{集韻}{類篇}𠀤與島同. {書・禹貢}島夷皮服. {史記・夏本紀}{前漢・地理志}𠀤作鳥夷. 孔讀鳥爲島. 又{字彙補}子削切, 音爵. {前漢・地理志}武威郡鸞鳥縣. {後漢・段熲傳}欲攻武威, 熲復追擊於鸞鳥. {註}鳥音爵. 又叶都縷切, 音女. {史記・自序}穆公思義, 悼豰之旅. 以人爲殉, 詩歌黃鳥. 又叶丁柳切, 音近斗. {前漢・敘傳}沐浴尸鄕, 北面奉首. 旅人慕殉, 義過黃鳥. (說文) <鳥部> 都了切. 長尾禽總名也. 象形. 鳥之足似匕, 从匕. 凡鳥之屬皆从鳥.

A0236 U-9CE7

•鳧• 鳥字部 總13劃. (한글) [부] 오리. (新典) [부] 물오리. 청둥이. (訓蒙) [부] 뭇올히. (英譯) wild duck, teal. swim. (康熙) <鳥部> {唐韻}防無切, {集韻}{韻會}馮無切, {正韻}逢夫切, 𠀤音扶. {爾雅·釋鳥}舒鳧, 鶩. {郭註}鴨也. {疏}野曰鳧, 家曰鴨. {又}鳧, 雁醜, 其足蹼, 其踵企. {郭註}鳧雁腳閒有幕蹼屬相著, 飛卽伸其腳跟企直. {疏}醜類也. {又}鸍, 沈鳧. {註}狀似鴨而小, 背文青色, 卑腳紅掌, 短喙長尾. {詩·鄭風}弋鳧與雁. 又{大雅}鳧鷖在涇. {註}鳧, 水鳥. 鷖, 鳧屬. 又{南越志}有私鳧棲息松閒不水處, 宿必以樹. 又{揚子方言郭註}江東有小鳧, 其多無數, 俗謂之寇鳧. 又{山海經}鹿臺山有鳥, 狀如雄雞, 人面, 曰鳧徯. 又官名. {周禮·冬官考工記}鳧氏爲鍾. {正字通}鳧入水不溺, 以名鍾工, 取虛浮之義. 又山名. {詩·魯頌}保有鳧繹. {註}鳧繹, 二山名. 又鳧麗山. 見{山海經}. 又魚鳧, 人名. 蜀山氏之君也. 見{成都記}. 又鳧茨, 草名. {後漢·劉玄傳}人掘鳧茨而食. 又{廣韻}茆鳧, 葵也. 俗省作鳬. {爾雅·釋鳥}鸍, 沉鳧. {說文}几shū部: 鳧, 舒鳧, 鶩也. 从鳥几聲. (說文) <几部> 房無切. 舒鳧, 鶩也. 从鳥几聲.

A0221 U-4CA8

•䲨• 鳥字部 總14劃. (한글) [홍] 큰기러기. (英譯) (same as 鴻) wild swan, a wild goose, vast. profound. (康熙) <鳥部> {廣韻}戸工切, {集韻}胡公切, 𠀤音紅. {說文}本作琟. 鳥肥大琟琟也. 重文作䲨. {司馬相如·上林賦}䲨鷫鵠鴇. {註}張揖曰: 䲨, 大鳥也. 師古曰: 䲨, 古鴻字. 又{集韻}戸孔切, 音澒. 義同.

A0234 U-9CF3

•鳳• 鳥字部 總14劃. (한글) [봉] 봉새. (新典) [봉] 아시, 봉새. (訓蒙) [봉] 봉황. (英譯) male phoenix. symbol of joy. (康熙) <鳥部> 古文: [illegible][illegible]鵬[illegible]. {唐韻}{集韻}{韻會}{正韻}𠀤馮貢切, 音奉. {說文}神鳥也. {爾雅·釋鳥}鶠鳳, 其雌凰. {郭註}瑞應鳥, 高六尺許. {山海經}丹穴山, 鳥狀如鶴, 五采而文, 名曰鳳. {孔演圖}鳳爲火精, 生丹穴, 非梧桐不棲, 非竹實不食, 非醴泉不飮, 身備五色, 鳴中五音, 有道則見, 飛則羣鳥從之. {廣雅}鳳凰, 雞頭燕頷, 蛇頸鴻身, 魚尾骿翼. 五色: 首文曰德, 翼文曰順, 背文義, 腹文信, 膺文仁. 雄鳴曰卽卽, 雌鳴曰足足, 昏鳴曰固常, 晨鳴曰發明, 晝鳴曰保長, 擧鳴曰上翔, 集鳴曰歸昌. {書·益稷}鳳凰來儀. {禮·禮運}鳳以爲畜, 故鳥不獝. {大戴禮}羽蟲三百六十, 鳳凰爲之長. 又幺鳳, 小鳥名. 出蜀中. {蘇軾·梅花詞}倒掛綠毛幺鳳. 又鳥鳳. {范成大·虞衡志}鳥鳳出桂海, 其形略似鳳, 音聲淸越如笙蕭, 能度小曲合宮商, 又能爲百鳥音. 又郡名. {唐書·地理志}扶風郡至德年更曰鳳翔. 又神名. {山海經}北極天樻有神, 名曰九鳳. 又官名. {左傳·昭十七年}鳳鳥氏, 歷正也. 又姓. {神仙傳}鳳綱. (說文) <鳥部> 馮貢切. 神鳥也. 天老曰: "鳳之象也, 鴻前麐後, 蛇頸魚尾, 鸛顙鴛思, 龍文虎背, 燕頷雞喙, 五色備擧. 出於東方君子之國, 翱翔四海之外, 過崐崘, 飮砥柱, 濯羽弱水, 莫宿風穴. 見則天下大安寧." 从鳥凡聲.

A0236 U-9CF4

•鳴• 鳥字部 總14劃. (한글) [명] 울. (新典) [명] 새 우름. 울. (訓蒙) [명] 우룸. (英譯) cry of bird or animal. make sound. (漢典) 會意. 從口, 從鳥. 本義: 鳥叫. (康熙) <鳥部> {唐韻}武兵切, {集韻}{韻會}{正韻}眉兵切, 䒨音明. {說文}鳥聲也. {玉篇}聲相命也, 嘷也. {詩・大雅}鳳凰鳴矣, 于彼高岡. 又獸亦曰鳴. {易・說卦傳}其於馬也爲善鳴. 又{增韻}凡出聲皆曰鳴. {禮・學記}叩之以小, 則小鳴. 叩之以大, 則大鳴. {莊子・德充符}子以堅白鳴. 又鳥名. {山海經}弇州山有五彩之鳥, 仰天鳴, 名曰鳴鳥. {書・召誥}我則鳴鳥不聞. {音義}馬云: 鳴鳥, 謂鳳凰也. 又姓. 出{姓苑}. 又{集韻}{韻會}{正韻}䒨眉病切, 音命. 鳥相呼也. {馬融・長笛賦}山雞晨羣, 野雉朝雊. 求偶鳴子, 悲號長嘯. {註}鳴, 命也. {曹植詩}鳴儔嘯匹侶. 又叶謨郎切, 音芒. {前漢・郊祀歌}寒暑不忒況皇章, 展詩應律鋗玉鳴. 函宮吐角激徵淸, 發梁揚羽申以商. {張華・俠曲}孟嘗東出關, 濟身由雞鳴. 信陵西反魏, 秦人懾其彊. (說文) <鳥部> 武兵切. 鳥聲也. 从鳥从口.

A0222 U-9CF6

◆鳶◆ 鳥字部 總14劃. (훈글) [연] 솔개. (新典) [연] 소리개. 연. (訓蒙) [연] 쇠로기. (英譯) kite. Milvus species (various). (康熙) <鳥部> {唐韻}與專切, {韻會}余專切, {正韻}于權切, 䒨音緣. {說文}鷙鳥也. {玉篇}鴟類也. {詩・大雅}鳶飛戾天. {爾雅・釋鳥}鳶鳥醜, 其飛也翔. {疏}鳶, 鴟也. 鴟鳥之類, 其飛也布翅翺翔. 又{禮・曲禮}前有塵埃, 則載鳴鳶. {疏}鳶, 鴟也. 鳶鳴則將風, 畫鴟於旌首而載之, 衆見咸知以爲備也. 又風鳶. {唐書・田悅傳}臨洺將張伾, 以紙爲風鳶, 高百餘丈, 爲書達馬燧營. {續博物志}今之紙鳶, 引絲而上, 令小兒張口望視, 以洩內熱. 又木鳶. {韓非子・外儲說}墨子爲木鳶, 三年而成. 又人名. {史記・穰侯傳}走魏將暴鳶. 又{韻會}或作鳶. {前漢・梅福傳}鳶鵲遭害, 則仁鳥增逝. {說文}本作鳶, 从鳥屰聲. {徐註}屰非聲, 一本從丫, 疑从萑省. 今俗別作鳶, 非.

A0335 U-9D1A

◆鴚◆ 鳥字部 總16劃. (훈글) [가] 기러기. (新典) [가] 거위. (康熙) <鳥部> {唐韻}古俄切, {集韻}居河切, {韻會}{正韻}居何切, 䒨音歌. {說文}鴚, 鵝也. {爾雅・釋鳥}舒鴈鵝. {註}禮記曰: 出如舒鴈. 今江東呼鴚. 又{玉篇}居牙切, 音加. 與駕同. 亦鵝也. (說文) <鳥部> 古俄切. 鴚鵝也. 从鳥可聲.

A0221 U-9D3B

◆鴻◆ 鳥字部 總17劃. (훈글) [홍] 큰 기러기. (新典) [홍] 기럭이. 클. 곳게 달릴. 긔운 뎡이. (訓蒙) [홍] 긔려기. (英譯) species of wild swan. vast. (康熙) <鳥部> 古文: 鳿. {唐韻}戶工切, {集韻}{韻會}{正韻}胡公切, 䒨音洪. {說文}鴻, 鵠也. {玉篇}鴻, 鴈也. 詩傳云: 大曰鴻, 小曰鴈. {陸璣疏}鴻羽毛光澤純白, 似鶴而大, 長頸, 肉美如鴈. 又有小鴻如鳧, 色白, 今人直謂之鴻. {易・漸卦}鴻漸于陸, 其羽可用爲儀. 又旗名. {禮・曲禮}前有車騎, 則載飛鴻. {鄭註}鴻取飛有行列也. 又通作洪, 大也. {史記・河渠書}禹抑鴻水. {楚辭・天問}不任汩鴻, 何以尙之. {註}鴻, 大水也. 又傭也. {周禮・冬官考工記}梓人爲筍簴, 小首而長, 摶身而鴻, 若是者謂之鱗屬, 以爲筍. {註}鴻, 傭也. 又{周禮・冬官考工記}矢人橈之, 以眡其鴻殺之稱也. {疏}釋云: 鴻卽上文强是也. 殺, 卽上文弱是也. 又地名. {左傳・昭二十一年}齊師宋師敗吳師于鴻

口. {註}梁國睢陽縣東有鴻口亭. 又鴻溝. {史記・蘇秦傳}大王之地, 南有鴻溝. {註}在滎陽. 又蟲名. 蜚鴻. {史記・周本紀}蜚鴻滿野. {註}蠛蠓也. 又姓. 衞大夫鴻騮魋, 見{左傳}. 鴻安丘, 見{後漢書}. 又人名. 大鴻, 堯臣名. 梁鴻, 漢人. 又{廣韻}{韻會}胡孔切, {集韻}戸孔切, 𠀤音汞. 與澒同. {揚雄・羽獵賦}鴻絧緁獵. {師古註}鴻絧, 直馳貌. 又鴻濛, 元氣也. {淮南子・俶眞訓}以鴻濛爲景柱. {註}東方之野日所出. 又{集韻}{類篇}𠀤虎孔切, 音嗊. 義同. 又{集韻}胡貢切, 音哄. 鴻洞, 深遠. 一曰相連次貌. 又{字彙}古送切, 音貢. {淮南子・精神訓}澒濛鴻洞. {註}鴻, 讀如子贛之贛. 又叶胡光切, 音黃. {呂氏春秋}彭祖以壽, 三代以昌. 五帝以昭, 神農以鴻. (說文) <鳥部> 戶工切. 鴻鵠也. 从鳥江聲.

A0235 U-9D5D

•鵝• 鳥字部 總18劃. (훈글) [아] 거위. (新典) [아] 거위. (訓蒙) [아] 거유. (英譯) goose. (康熙) <鳥部> 古文: 𩿧. {唐韻}五何切, {集韻}{韻會}{正韻}牛何切, 𠀤音峩. {說文}鴚鵝也. 長脰善鳴, 峩首似傲, 故曰鵝. {埤雅}鵝頸如瘤, 今鵝江東呼鴚. 李時珍曰: 鵝綠眼黃喙紅掌, 善鬭, 夜鳴應更. 禽經曰: 脚近臎者能步, 鵝鶩是也. 鵝見異類差翅鳴, 一名家雁. 一名舒雁. 一名鴚鵞. 又{爾雅・釋鳥}舒雁, 鵝. {李巡曰}野曰雁, 家曰鵝. {本草註}又有野鵝, 大於雁, 似人家蒼鵝, 謂之駕鵝. 又{禽經}鵝鳴則蜮沉, 養之園林, 則蛇遠去. 又{嶺南異物志}蠻人聚鵝腹毳毛爲衣被. 又{洞冥記}日出銜翅而舞, 名喜白鵝. 又陣名. {左傳・昭二十一年}鄭翩願爲鸛, 其御願爲鵝. 又人名. 榮駕鵝, 魯大夫成伯. 又草名. 黑鵝. {管子・地員篇}其種陵稻黑鵝馬夫. 又鵝抱, 亦草名. 見{本草}.

A0218 U-9DB5

•鶵• 鳥字部 總21劃. (훈글) [추] 원추. (英譯) chick, fledging. infant, toddler. (康熙) <鳥部> {廣韻}仕于切, {集韻}崇芻切, 𠀤音雛. {莊子・秋水篇}南方有鳥, 其名鵷雛. 又{玉篇}鶵, 鳥子初生, 能啄食. 一作雛.

A0235 U-9DBE

•鶾• 鳥字部 總21劃. (훈글) [한] 붉은 닭. (康熙) <鳥部> {唐韻}侯幹切, {集韻}侯旰切, 𠀤音翰. {說文}鶾, 雉肥鶾者也. 魯郊以丹雞祝曰: 以斯鶾音赤羽, 去魯侯之咎. {爾雅・釋鳥}鶾, 天雞. {郭註}鶾雞赤羽. {逸周書}文鶾若彩雞, 成王時蜀人獻之. {疏}鳥有文彩者也. 又{博古辨}古玉多刻天雞紋, 其尾翅輪如鴛鴦, 卽錦雞. 又{玉篇}雞肥貌. 今爲翰. {禮・曲禮}雞曰翰音. 又與鶾同. {爾雅・釋鳥}鶾雉, 鵫雉. {疏}鶾卽鶾也. 詳隹部韓字註. 又{廣韻}胡安切, {集韻}何干切, 𠀤音寒. 義同. (說文) <鳥部> 矦幹切. 雉肥鶾音者也. 从鳥倝聲. 魯郊以丹雞祝曰: "以斯鶾音赤羽, 去魯侯之咎."

A0218 U-9DC4

•鷄• 鳥字部 總21劃. (훈글) [계] 닭. (新典) [계] 닭. (訓蒙) [계] 돍. (英譯) chicken. (漢典) 形聲. 從鳥, 奚聲. 本義: 家禽名. 雄雞可以報曉. 鳥綱雉科家禽, 品種很多, 喙短銳, 有冠與肉

髴, 翅膀短, 尤指普通家雞 雞, 知時獸也. 從隹, 奚聲. 籒文從鳥. 康熙 <鳥部> {廣韻}古奚切, {集韻}堅奚切, 𠀤音稽. {說文}知時畜也. {徐鉉曰}鷄者, 稽也. 能稽時也. {易・說卦}巽爲鷄. {詩・鄭風}女曰鷄鳴. {禮・曲禮}鷄曰翰音. {韓詩外傳}鷄有五德: 首帶冠文也, 足搏距武也, 敵在前敢鬭勇也, 見食相呼仁也, 守夜不失信也. {爾雅・釋畜}鷄大者蜀, 蜀子雓. {郭註}今蜀鷄也. 魯鷄又其大者. 或曰鷄爲積陽, 又名燭夜. 春秋運斗樞曰: 玉樞星精散爲鷄. 李時珍曰: 鷄類甚多. 朝鮮一種長尾鷄, 尾長三四尺. 遼陽一種食鷄, 一種角鷄. 南越一種長鳴鷄, 晝夜啼叫. 南海一種石鷄, 潮至卽鳴. 蜀中一種鶤鷄, 楚中一種傖鷄, 𠀤高三四尺. 江南一種矮鷄, 脚纔二寸許也. 廣志云: 大者曰蜀, 小者曰荆, 其雛曰鷇. 又火鷄. {洞冥記}滿剌伽國有火鷄, 食火吐氣, 島夸以其卵爲飮器. 又竹鷄似鷓鴣, 居竹林閒, 性好啼, 蜀人呼爲鷄頭鶻. 又杉鷄. 陳藏器云: 出澤州有石英處, 常食碎石英, 腹下毛赤, 不能遠翔. 又秧鷄, 白頰長觜短尾, 背有白斑. 夏至後夜鳴達旦, 秋後卽止. 又{拾遺記}漢武帝大初二年, 月氏國貢雙頭鷄, 四足一翼, 鳴則俱鳴. 又{洞冥記}遠飛鷄, 曉飛四海外, 夕還依人. 又天鷄, 星名. {北齊書}武成卽位, 大赦, 殿門外建金鷄, 不詳其義. 問於司馬膺之, 對曰: 海中日占云: 天鷄星動, 當有赦, 帝王以爲候. 又{前漢・天文志}野鷄一星, 在軍市中. 又山名. {史記・五帝紀}黃帝西至於空桐, 登鷄頭. {註}索隱曰: 鷄頭, 山名. 又{山海經}鷄山, 其上多金, 其下多丹雘, 黑水出焉. 又寶鷄, 縣名. 又鷄人, 官名. {周禮・春官}鷄人掌鷄牲, 辨其物, 又夜嘑旦, 以嘂百官. 又神名. {史記・漢宣帝神爵元年}遣諫大夫王褒, 求金馬碧鷄之神於益州, 褒作聖主得賢臣頌以諷. 又鷄鳴, 歌名. {前漢・高帝紀}羽夜聞漢軍四面皆楚歌. {應劭曰}鷄鳴歌也. 又蟲名. {爾雅・釋蟲}翰天鷄. {郭註}水蟲, 黑身赤頭, 一名莎鷄, 又曰樗鷄. {詩・豳風}六月莎鷄振羽. {朱傳}蟋蟀也. 又醯鷄. {莊子註}蠛蠓也. 又樹鷄, 菌也. {王建詩}雁門天花不復憶, 况乃桑鵝與樹鷄. 又鷄毒. {高誘曰}烏頭也. 又鷄頭, 芡也. 又鷄蘇伏, 鷄子, 𠀤草名. 又辟鷄. {禮・內則}麕爲辟鷄. {註}菹類, 聶而切之也. 又{風俗通}鷄本朱氏翁所化, 故呼朱朱. 祝鷄翁善養鷄, 故呼祝祝.

A0219 U-9DF9

•鷹• 鳥字部 總24劃. 훈글 [응] 매. 新典 [응] 매. 訓蒙 [응] 매. 英譯 eagle, falcon. Accipiter species (various). 康熙 <鳥部> {廣韻}{集韻}{韻會}𠀤於陵切, 音膺. {玉篇}鷙鳥. 李時珍曰: 鷹以膺擊, 故謂之鷹. 陸佃云: 一歲曰黃鷹, 二歲曰鴘鷹, 鴘次赤也. 三歲曰鶬鷹, 今通謂之角鷹, 頂有毛角微起. 一曰題肩, 一曰征鳥, 一曰爽鳩. {左傳・昭十七年}爽鳩氏. {註}鷹也, 一作鷞鳩. {爾雅・釋鳥}鷹鶆鳩. 又{本草}虎鷹, 翼廣丈餘, 能搏虎. {裴氏新書}鷹在衆鳥閒, 若睡寐然, 故積怒而後全剛生焉. 詩大雅: 維師尚父, 時維鷹揚. 言其武之奮揚也. {正字通}鷹雄形小雌體大, 生於窟者好眠, 巢於木者常立, 雙骹長者起遲, 六翮短者飛急. 禮月令, 季夏, 鷹乃學習. 註: 鷂學飛. 又季秋, 鷹乃祭鳥. 註: 欲食鳥, 先殺鳥不食. 毛氏曰: 本作雁, 後人加鳥字, 不知雁已从隹矣. 徐鍇曰: 鷹隨人指縱, 故从人.

A0781 U-9E75

•鹵• 鹵字部 總11劃. 훈글 [로] 소금. 新典 [로] 염벗. 머칠. 개펄. 의장. 英譯 saline soil. natural salt, rock. 康熙 <鹵部> {唐韻}{正韻}郎古切, {集韻}{韻會}籠五切, 𠀤音魯. {說文}西方鹹地也. 東方謂之㡿, 西方謂之鹵. {廣韻}鹽澤也. 天生曰鹵, 人造曰鹽. {書・洪範疏}水性本甘, 久浸其地, 變而爲鹵. {易・說卦}兌爲剛鹵. 又淳鹵. {左傳・襄二十五年}楚子木使表

淳鹵. {註}淳鹵, 埆薄之地, 表異輕其賦稅. 又地名. {春秋・昭元年}晉荀吳帥師敗狄于大鹵. {註}大鹵, 太原晉陽縣. 又{前漢・地理志}安定郡鹵縣. 又代郡鹵成縣. 又鹵簿. {漢官儀}天子車駕次第, 謂之鹵簿. 兵衞以甲盾居外爲前導, 皆著之簿, 故曰鹵簿. 又鹵莽, 輕脫苟且也. {莊子・則陽篇}昔予爲禾耕而鹵莽之, 則其實亦鹵莽而報. 又香草名. {爾雅・釋草}杜, 土鹵. {註}杜衡也. 似葵而香. {疏}杜一名土鹵. 又{廣雅}鹵, 薰也. 又通櫓, 大盾也. {前漢・項籍傳}流血漂鹵. {註}鹵, 盾也. {左思・吳都賦}干鹵殳鋋. 又通擄. 拨獲也. {揚子・方言}鹵, 奪也. {前漢・高帝紀}毋得掠鹵. 又{衞青傳}車輜畜產畢收爲鹵. 又姓. {史記・游俠傳}太原鹵公孺. 又{字彙}龍都切, 音爐. 同鑪. {道樞}玄和子曰: 鼎鹵天地之象也. {註}鹵, 爐也. {釋名}地不生物曰鹵. 鹵, 爐也. 如爐火處也. (說文) <鹵部> 郎古切. 西方鹹地也. 从西省, 象鹽形. 安定有鹵縣. 東方謂之㡿, 西方謂之鹵. 凡鹵之屬皆从鹵.

A0618 U-9E7F

•鹿• 鹿字部 總11劃. (호글) [록] 사슴. (新典) [록] 사슴. 모진 고집. 작은 수레. 술그릇. 록록할. (訓蒙) [록] 사슴. (英譯) deer. surname. KangXi radical 198. (漢典) 象形. 甲骨文字形, 象鹿的頭角四足之形. 本義: 鹿科動物的總稱. 種類很多, 通常雄鹿有角. (康熙) <鹿部> {唐韻}{集韻}{韻會}{正韻}𠀤盧谷切, 音祿. {說文}獸也. {玉篇}麞屬. {爾雅・釋獸}鹿牡麚牝麀, 其子麛, 其跡速, 絕有力麉. {埤雅}仙獸也. 牡者有角. {字統}鹿性驚防, 羣居分背而食, 環角向外以備人物之害. {易・屯卦}卽鹿無虞, 惟入于林中. {疏}卽鹿若無虞官, 虛入林木中, 必不得鹿. {詩・小雅}呦呦鹿鳴. 又鹿蜀, 獸名. 見{山海經}. 又鉅鹿, 郡名. {前漢・地理志}鉅鹿, 卽禹貢大陸. ○ 按今屬順德府. 又獲鹿, 束鹿, 𠀤縣名. {唐書・地理志}隋鹿泉, 唐改獲鹿. 隋鹿城, 唐改束鹿. 又地名. {左傳・僖二十四年}出于五鹿. {註}在今衞縣西北. 又山名. 涿鹿在上谷. 白鹿在荆州. 鹿門舊名蘇嶺山, 在襄陽. 沙鹿在晉平陽元城縣東. 又鹿門, 關名. {左傳・襄二十四年}臧紇斬鹿門之關以出. {註}魯南城東門. 又臺名. {書・武成}散鹿臺之財. {薛瓚曰}在朝歌城. 又衡鹿, 官名. {左傳・昭二十年}山林之木, 衡鹿守之. 又囷鹿. {吳語}大荒薦饑, 市無赤米, 而囷鹿空虛. {註}先儒以圓曰囷, 方曰鹿. 囷, 聚也, 亦散也. 鹿善聚善散. 故囷謂鹿. 俗作簏. 又鹿車小車也. {風俗通}鹿車小, 裁容一鹿. 又酒器. {魯相韓敕修孔廟禮器碑}有雷洗觴觚, 爵鹿柤梪. 又縷鹿, 婦人冠名. 見蔡邕{獨斷}. 又鹿豆. {爾雅・釋草}蔨, 鹿藿, 其實莥. {註}今鹿豆也. 又活鹿, 鹿蹄, 鹿腸, 鹿首, 鹿麻, 𠀤草名. 見{本草綱目}. 又與麓通. {詩・大雅}瞻彼旱麓, 榛楛濟濟. {周語}作旱鹿. 又姓. {正字通}漢鹿旗, 明鹿麟. 又五鹿, 複姓. 漢有五鹿充宗. 又鹿鹿, 與錄錄通. {前漢・蕭曹傳贊}錄錄未有奇節. {註}錄錄, 猶鹿鹿也. 亦作碌碌. 又作陸陸. 又{荀子・成相篇}剄以獨鹿, 棄之江. {註}獨鹿, 與屬鏤同. (說文) <鹿部> 盧谷切. 獸也. 象頭角四足之形. 鳥鹿足相似, 从匕. 凡鹿之屬皆从鹿.

A0620 U-9E87

•麇• 鹿字部 總16劃. (호글) [균] 노루. (新典) [균] 보노루. [군] 무리. 묵굴. (英譯) general name for the hornless deer. to collect to band together. (康熙) <鹿部> {唐韻}居筠切, {集韻}{韻會}俱倫切, {正韻}規倫切, 𠀤音頵. {說文}麞也. 似鹿. 麞性驚, 又善聚散, 故又名麇, 一物二名也. {左傳・哀十四年}逢澤有介麇焉. 又國名. {左傳・文十年}厥貉之會, 麇子逃歸. 又{文十一年}楚子伐麇, 敗麇師於防渚. 又地名. {左傳・定五年}吳師居麇. {註}麇, 地名.

又{集韻}拘云切, {韻會}拘雲切, 並音君. 義同. 又{集韻}衢雲切, {韻會}{正韻}渠云切, 並音羣. {左傳・昭五年}求諸侯而麇至. {註}麇, 羣也. 又{廣韻}丘粉切, {集韻}去粉切, {韻會}苦粉切, {正韻}苦隕切, 並音趣. 束縛也. {左傳・哀二年}羅無勇, 麇之. 說文 <鹿部> 居筠切. 麞也. 从鹿, 囷省聲.

麋 A0619 U-9E8B

•麋• 鹿字部 總17劃. ᄒᆞᆫ글 [미] 큰사슴. 新典 [미] 고란이. 물가. 訓蒙 [미] 사슴. 英譯 elk. surname. 漢典 形聲. 從鹿, 米聲. 本義: 獸名. 即麋鹿. 康熙 <鹿部> {唐韻}武悲切, {集韻}{韻會}旻悲切, {正韻}忙皮切, 並音眉. {說文}鹿屬. 冬至解其角. {釋名}澤獸也. {司馬相如・上林賦}沈牛麈麋. {註}麋, 似水牛. {爾雅・釋獸}麋牡麔, 牝麎, 其子麇, 其跡躔, 絕有力狄. {疏}此釋麋之種類也. {周禮・天官・獸人}冬獻狼, 夏獻麋. {註}狼膏聚, 麋膏散, 聚則温, 散則涼. 又犨麋, 醜人也. {左思・魏都賦}犨麋之與子都. 又水草之交曰麋. {詩・小雅}居河之麋. {左傳・僖二十八年}楚子玉自爲瓊弁玉纓未之服也. 先戰, 夢河神謂已曰: 畀余, 余賜汝孟諸之麋. {註}麋, 湄也. 又姓. 蜀將東海麋竺. 見{蜀志}. 又與眉同. {荀子・非相篇}伊尹之狀, 面無鬚麋. 又與蘪通. {楚辭・九歌}秋蘭兮麋蕪. {註}麋蕪, 芎藭名. 說文 <鹿部> 武悲切. 鹿屬. 从鹿米聲. 麋冬至解其角.

麐 A0619 U-9E90

•麐• 鹿字部 總18劃. ᄒᆞᆫ글 [린] 암키린. 新典 [린] 麟同. 英譯 female of Chinese unicorn. 康熙 <鹿部> {唐韻}力珍切, {集韻}離珍切, 並同麟. {說文}牝麒也. {爾雅・釋獸}麐, 麕身, 牛尾, 一角. {陸璣疏}麐, 麕身牛尾馬足, 黃色, 圓蹄一角, 端有肉. 音中鍾呂, 行中規矩, 道必擇地, 詳而後處, 不履生蟲, 不踐生草, 羣居不侶, 行不入陷阱, 不罹羅網, 文章斌斌, 王者至仁則出. 又{廣韻}{集韻}並良刃切, 音吝. 義同. {六書正譌}从鹿, 吝聲. 俗用麟. 大牝鹿也. 今通用麟. 說文 <鹿部> 力珍切. 牝麒也. 从鹿吝聲.

麑 A0620 U-9E91

•麑• 鹿字部 總19劃. ᄒᆞᆫ글 [예] 사자. 英譯 fawn, young deer. 康熙 <鹿部> {唐韻}五雞切, {集韻}{韻會}{正韻}研奚切, 並同猊. {說文}狻麑, 獸也. {爾雅・釋獸}狻麑, 如虦猫, 食虎豹. {註}卽獅子也. 出西域. 漢順帝時, 疏勒王獻犎牛及獅子. {穆天子傳}狻猊日走五百里. 又鹿子也. {禮・玉藻}麑裘青豻褎, 絞衣以裼之. {論語}素衣麑裘. {疏}麑裘, 鹿子皮以爲裘也. 又人名. 鉏麑, 晉力士. 見{左傳・宣三年}. 又{集韻}綿批切, 音迷. 義同. 說文 <鹿部> 五雞切. 狻麑, 獸也. 从鹿兒聲.

麓 A0350 U-9E93

•麓• 鹿字部 總19劃. ᄒᆞᆫ글 [록] 산기슭. 新典 [록] 산기슭. 산림 마투 아전. 訓蒙 [록] 묏기슭. 英譯 foot of hill. foothill. 漢典 形聲. 從林, 鹿聲. 本義: 生長在山脚的林木. 康熙 <鹿部> 古文: 禁. {廣韻}{集韻}{韻會}{正韻}並盧谷切, 音祿. {釋名}山足曰麓. 麓, 陸也. 言

水流順陸, 燥也. ⌈周禮・地官・林衡⌉掌巡林麓之禁令而平其守. ⌈註⌉平林麓之大小及所生者, 竹木生平地曰林, 山足曰麓. ⌈詩・大雅⌉瞻彼旱麓. ⌈傳⌉旱, 山名. 麓, 山足也. 又⌈說文⌉麓, 守山林吏也. 又錄也. ⌈書・舜典⌉納于大麓, 烈風雷雨弗迷. ⌈傳⌉納舜使大錄萬幾之政. ⌈註⌉亦曰山足. 又與鹿通. ⌈春秋・僖十四年⌉沙鹿崩. ⌈穀梁傳⌉林屬於山爲鹿. 又叶錄直切, 音力. ⌈易林⌉被服文德, 升入大麓, 四門雍肅, 登受大福. 福, 音逼. (說文) <林部> 盧谷切. 守山林吏也. 从林鹿聲. 一曰林屬於山爲麓. ⌈春秋傳⌉曰: "沙麓崩."

A0620 U-9E95

•80

麕• 鹿字部 總19劃. (훈글) [균] 노루. (新典) [균] 고란이. 물가. (訓蒙) [균] 노ᄅᆞ. (英譯) muntjac deer, hornless river deer. (康熙) <鹿部> ⌈廣韻⌉居筠切, ⌈集韻⌉俱倫切, ⌈正韻⌉規倫切, 𠀤音頵. ⌈說文⌉麞也. 麕, 其總名也. ⌈爾雅・釋獸⌉麕牡麌, 牝麜, 其子麆, 其跡解, 絕有力豣. ⌈疏⌉辨麕類. ⌈埤雅⌉麕鹿皆健駭, 而麕性膽尤怯, 飲水, 見影輒奔. ⌈詩・召南⌉野有死麕, 白茅包之. ⌈禮・內則⌉麕脯. 又⌈正韻⌉苦隕切, 音稛. 束縛也.

A0621 U-9E97

•麗• 鹿字部 總19劃. (훈글) [려] 고울. (新典) [리] 부되칠. 고리 나라. [려] 고흠. 빗날. 걸릴. 례풀. 짝. 문루. [예] 사슴 색기. 주징사지. (類合) [려] 빗날. (英譯) beautiful, magnificent, elegant. (康熙) <鹿部> 古文: 丽而麗麗. ⌈唐韻⌉⌈集韻⌉⌈韻會⌉郎計切, ⌈正韻⌉力霽切, 𠀤音隸. ⌈說文⌉旅行也. 鹿之性, 見食急, 則必旅行. 又⌈司馬相如・大人賦⌉駕應龍象輿之蠖略委麗兮. ⌈師古註⌉行步進止貌. 又⌈玉篇⌉偶也. ⌈易・兌卦⌉麗澤兌. ⌈註⌉麗, 猶連也. ⌈周禮・夏官・校人⌉麗馬一圉. ⌈註⌉兩馬也. ⌈又⌉束帛麗皮. ⌈註⌉兩皮也. ⌈史世紀⌉太昊始制嫁娶麗皮爲禮. ⌈釋義⌉麗, 偶數也. 又⌈玉篇⌉好也. ⌈廣韻⌉美也. ⌈楚辭・招魂⌉被文服纖麗而不奇些. 又⌈前漢・東方朔傳⌉以道德爲麗. 又⌈玉篇⌉數也. ⌈詩・大雅⌉商之孫子, 其麗不億. 又⌈廣韻⌉著也. ⌈左傳・宣十二年⌉射麋麗龜. ⌈註⌉麗, 著也. 又⌈正韻⌉附也. ⌈易・離卦⌉離, 麗也. 日月麗乎天, 百穀草木麗乎土. 又⌈禮・王制⌉郵罰麗于事. ⌈註⌉麗, 附也. 過人罰人當各附於其事, 不可假他以喜怒. 又繫也. ⌈禮・祭義⌉祭之日, 君牽牲, 旣入廟門, 麗于碑. ⌈註⌉麗, 猶繫也. 又⌈玉篇⌉華綺也. ⌈正韻⌉華也. ⌈書・畢命⌉敝化奢麗, 萬世同流. ⌈韓詩外傳⌉原憲謂子貢曰: 仁義之匿, 衣裘之麗, 憲不忍爲也. 又⌈玉篇⌉施也. ⌈書・多方⌉不克開于民之麗. ⌈傳⌉不能開於民所施政敎. 麗, 施也. 言昏昧. 又⌈正韻⌉光明也. 又地名. ⌈左傳・成十三年⌉晉師濟涇, 及侯麗而還. ⌈註⌉侯麗, 秦地. 又⌈前漢・地理志⌉樂浪郡華麗縣. 又與欐同. 屋棟也. ⌈列子・力命篇⌉居則連麗. 又麗譙, 高樓也. ⌈莊子・徐無鬼⌉君必無盛鶴列於麗譙之閒. ⌈前漢・陳勝傳註⌉樓, 亦名譙, 故謂美麗之樓爲麗譙. 又梁麗, 車名. ⌈莊子・秋水篇⌉梁麗可以衝城, 不可以窒穴, 言殊器也. 又魚麗, 陣名. ⌈左傳・桓五年⌉高渠彌以中軍奉公爲魚麗之陳. 又⌈正韻⌉小舟也. 又姓, 見⌈姓苑⌉. 又複姓. ⌈左傳・成十七年⌉晉厲公游于匠麗氏. 又⌈廣韻⌉呂支切, ⌈集韻⌉⌈韻會⌉鄰知切, ⌈正韻⌉鄰溪切, 𠀤音離. ⌈釋名⌉麗, 離也. 言一目視天, 一目視地, 目明分離, 所視不同也. 又高麗, 國名. ⌈魏志⌉高句麗, 在遼東之東. ⌈前漢書⌉作高句驪. 又山名. ⌈史記・黥布傳⌉布故麗山之徒也. 或作驪. 又與鸝同. ⌈張衡・東京賦⌉麗黃嚶嚶. ⌈註⌉鵹麗古字通. 又⌈集韻⌉憐題切, 音黎. 義同. 又⌈集韻⌉里弟切, 音禮. 蕭該說, 彭蠡, 澤名. 古作彭麗. 又力智切, 音詈. 美也. 又⌈類篇⌉山宜切,

音驪. 枏也. 又{集韻}郎狄切, 音歷. 縣名. 从丽, 俗从兩日, 非. {六書正譌}丽, 古麗字. 相附之形, 借爲伉麗. 俗別作儷. (說文) <鹿部> 郎計切. 旅行也. 鹿之性, 見食急則必旅行. 从鹿丽聲. {禮}: 麗皮納聘. 蓋鹿皮也.

麛 A0620 U-9E9B

•麛• 鹿字部 總20劃. (훈글) [미] 사슴새끼. (新典) [미] 색기. 사슴 색기. (訓蒙) [미] 삿기. (英譯) fawn. (康熙) <鹿部> {唐韻}莫兮切, {集韻}{韻會}緜批切, {正韻}緜兮切, 𠀤音迷. {說文}鹿子也. 又獸初生皆曰麛. {禮・曲禮}春田, 士不取麛卵. {註}生乳之時, 重傷其類. 又同麑. {禮・玉藻}麛裘靑豻褎, 絞衣以裼之. {論語}作麑. (說文) <鹿部> 莫兮切. 鹿子也. 从鹿弭聲.

麝 A0623 U-9E9D

•麝• 鹿字部 總21劃. (훈글) [사] 사향노루. (新典) [샤] 국노루, 사향노루. (訓蒙) [샤] 샤향노ᄅᆞ. (英譯) musk deer. (康熙) <鹿部> {唐韻}{集韻}{正韻}𠀤神夜切, 音射. {說文}麝如小麋, 臍有香. 一名射父. {爾雅・釋獸}麝父麕足. {字林}小鹿有香, 其足似麞, 故云麕足. {字彙}獸如小麋, 身有虎豹之文, 臍有香, 爲人所迫, 卽自投高巖, 擧爪剔出其香, 就縶且死, 猶拱四足保其臍. 故象退齒, 犀退角, 麝退香, 皆輒掩覆, 知其珍也. 又{廣韻}{集韻}𠀤食亦切, 音射. 義同.

麟 A0619 U-9E9F

•麟• 鹿字部 總23劃. (훈글) [린] 기린. (新典) [린] 긔린. (訓蒙) [린] 긔린. (英譯) female of Chinese unicorn. (漢典) 形聲. 從鹿, 粦聲. 本義: 大鹿. (康熙) <鹿部> {唐韻}{集韻}{韻會}{正韻}𠀤力珍切, 音鄰. {說文}大麚也. 麕身牛尾, 狼額馬蹄, 五彩腹下黃, 高丈二. {玉篇}仁獸也. {詩・周南}麟之趾. {傳}麟信而應禮, 以足至者也. {箋}麟角末有肉, 示有武不用. {大戴禮}毛蟲三百六十, 麟爲之長. {禮・禮運}麟以爲畜, 故獸不狘. {註}狘, 驚走也. 又州名. 漢五原, 河西二地, 唐置麟州. 又{十洲記}鳳麟州有集弦膠. 又與燐通. 光明也. {揚雄・劇秦美新文}炳炳麟麟. 又叶陵延切, 音連. 韓愈{雜詩}指摘相告語, 雖還今誰親. 翩然下大荒, 被髮騎麒麟. 親叶音千. 此詩終篇皆先韻. ○ 按經傳皆作麟字. {爾雅}{公羊}{京房易傳}皆作麐. {說文}麐, 牝麒也. 麟, 大牝鹿也. 據此, 則麐與麟有分. {爾雅註疏}幷州界有麟, 大如鹿, 非瑞麟也. 故司馬相如賦曰: 射麋脚麟, 謂此麟也. {爾雅}麐大麃牛尾一角, 註云: 謂之麟者, 此是也. 然麟麐二字, 今俱通用. 互詳麐字註. (說文) <鹿部> 力珍切. 大牝鹿也. 从鹿粦聲.

麤 A0622 U-9EA4

•麤• 鹿字部 總33劃. (훈글) [추] 거칠. (新典) [추] 석길. 클. 가칠, 추할. (類合) [추] 굴글. (英譯) rough, coarse, big, rough. (康熙) <鹿部> {唐韻}{正韻}倉胡切, {集韻}{韻會}聰徂切, 𠀤音粗. {說文}行超遠也. 又{字統}警防也. 鹿之性相背而食, 慮人獸之害也, 故从三鹿. 又{玉篇}不精也. {周禮・天官・內宰}比其小大, 與其麤良, 而賞罰之. {疏}布帛之等, 縷小者則細良, 縷大者則麤惡. 又{玉篇}大也. {禮・月令}其器高以麤. {註}麤猶大也. 又{玉篇}疏也. {禮

・儒行}麤而翹之. 又不急爲也. {註}麤, 猶疏也, 微也. 又略也. {史記・陸賈傳}麤述存亡之徵. 又{顔師古・急就篇註}麤者, 麻枲雜履之名也. 南楚江淮之閒通謂之麤. {釋名}麤, 措也. 亦所以安措足也. 又麤糲. {左傳・哀十三年}梁則無矣, 麤則有之. {史記・聶政傳}故進百金者, 將用爲夫人麤糲之費. ○ 按{六書正譌}俗作麄粡, 通用粗. {韻會小補}載{集韻}麤, 或作𪋻. 不知𪋻卽{說文}麈, 與麤義別, 合爲一, 非. 說文 <麤部> 倉胡切. 行超遠也. 从三鹿. 凡麤之屬皆从麤.

A0326 U-9EA5

•麥• 麥字部 總11劃. 훈글 [맥] 보리. 新典 [맥, 믝] 보리. 밀. 돌귀이리. 귀이뫼. 訓蒙 [믝] 밀. 英譯 wheat, barley, oats. KangXi radical number 199. 漢典 形聲. 甲骨文字形. 從夊, 來聲. “麥”是漢字的一個部首. 本義: 麥子. 康熙 <麥部> {唐韻}{集韻}莫獲切, {韻會}{正韻}莫白切, 𠀤音脈. {說文}麥, 芒穀, 秋種厚薶麥金也. 金王而生, 火王而死. {禮・月令}孟夏麥秋至. 蔡邕曰, 百穀各以初生爲春, 熟爲秋. 麥以初夏熟, 故四月於麥爲秋. 又{前漢・武帝紀}勸民種宿麥. {註}師古曰: 歲冬種之, 經歲乃熟, 故云宿麥. 又一種蕎麥, 一名烏麥. 南北皆種之, 亦名荍麥. 又{爾雅・釋草}蘥雀麥. {註}卽燕麥也. 又{爾雅・釋草}大菊蘧麥. {註}大菊, 一名麥句薑, 卽瞿麥. 又姓. {隋書}有麥鐵杖. 又{集韻}訖力切, 音極. {詩・鄘風}爰采麥矣, 沬之北矣. 又{豳風}黍稷重穋, 禾麻菽麥. 又叶莫故切, 音暮. {晉太和末童謠}白門種小麥, 叶上路. ○ 按麥从來不从夾, 从夊不从夕. 來象其實, 夊象其根. 俗作麦, 非. 又楊愼謂麥有昧音. 引范文正公安撫江淮, 進民閒所食烏昧草, 謂卽今燕麥也. 淮南謂麥爲昧, 故史從音爲文, 殊不知燕麥卽野稷也. 升庵失考, 乃引范文正所進烏昧草當之, 蓋烏昧草實蕨也. 附辨於此. 麥作夾下夊. 說文 <麥部> 莫獲切. 芒穀, 秋穜厚薶, 故謂之麥. 麥, 金也. 金王而生, 火王而死. 从來, 有穗者；从夊. 凡麥之屬皆从麥.

A0911 U-9EC3

•黃• 黃字部 總12劃. 훈글 [황] 누를. 新典 [황] 누루, 누를. 訓蒙 [황] 누를. 英譯 yellow. surname. 漢典 象形. 金文象蝗蟲形. 當是“蝗”的本字. 本義: 蝗蟲. 康熙 <黃部> 古文: 灮. {唐韻}乎光切, {集韻}{韻會}{正韻}胡光切, 𠀤音皇. {說文}地之色也. {玉篇}中央色也. {易・坤卦}黃裳元吉. 象曰: 黃裳元吉, 文在中也. {文言}君子黃中通理. 又{史記・天官書}日月五星所行之道曰黃道. 又山名. {前漢・東方朔傳}北至池陽, 西至黃山. 又黃河. {爾雅・釋水}河出崑崙虛, 色白, 所渠幷千七百, 一川色黃. 又地名. {春秋・哀十四年}公會晉侯及吳子于黃池. {註}陳留封丘縣南有黃亭. 又國名. {左傳・桓八年}楚子合諸侯于沈鹿, 黃隨不會. {註}黃國, 今弋陽縣. 又州名. 古邾國, 漢西陵縣, 隋黃州. 又縣名. {前漢・地理志}黃縣屬東萊郡, 內黃屬魏郡, 外黃屬陳留郡. {註}縣有黃溝澤, 故名. 師古曰: 惠公敗宋師于黃, 杜預以爲外黃縣東有黃城, 卽此地. 又中黃, 天子內藏. {後漢・桓帝紀}建和元年, 芝生於黃藏府. 又官名. {杜氏通典}乘黃令, 晉官, 主乘輿金根車. {又}晉以后, 給事黃門侍郞, 散騎常侍, 俱屬門下省, 稱曰黃散. 又老人曰黃髮. {禮・曲禮}君子式黃髮. {疏}人初老則髮白, 太老則髮黃. {爾雅・釋詁}黃髮齯齒鮐背耇老, 壽也. {疏}壽考之通稱. 又小兒曰黃口. {淮南子・氾論訓}古之伐國, 不殺黃口. {高誘註}黃口, 幼也. {唐開元志}凡男女始生爲黃, 四歲爲小, 十六爲丁, 六十爲老. 每歲一造計帖, 三年一造戶籍, 卽今之黃冊也. 又翠黃, 飛黃, 𠀤馬名. {淮南子・覽冥訓}

青龍進駕, 飛黃伏皁. {詩・魯頌}有驪有黃. {註}黃騂曰黃. 又鵞黃, 鳥名. {爾雅・釋鳥倉庚註}卽鵞黃也. 又黃目, 卣罍類. {禮・郊特牲}黃目, 鬱氣之上尊也. 黃者, 中也. 目者, 氣之淸明者也. 又大黃, 弩名. {太公・六韜}陷堅敗强敵, 用大黃連弩. {史記・李廣傳}以大黃射其裨將. 又大黃, 地黃, 硫黃, 雄黃, 雌黃, 丛藥名. 又流黃, 綵也. {古詩}少婦織流黃. {廣雅}作留黃. 又會稽竹簟供御, 亦號流黃. {唐詩}珍簟冷流黃. 又{正字通}貼黃, 卽古引黃. 唐制, 詔勑有更改, 以紙貼黃, 其表章略擧事目, 見於前封皮者, 謂之引黃. 后世卽以引黃爲貼黃, 不用黃紙. 又倉黃, 急遽失措貌. {風土記}大雪被南越, 犬皆倉黃吠噬. 又{玉篇}馬病色也. {爾雅・釋詁}虺隤, 黃病也. {註}皆人病之通名, 而說者便以爲馬病. {詩・周南}我馬虺隤. 說文 <黃部> 乎光切. 地之色也. 从田从炗, 炗亦聲. 炗, 古文光. 凡黃之屬皆从黃.

A0430 U-9ECD

•黍• 黍字部 總12劃. 한글 [서] 기장. 新典 [셔] 메기장. 訓蒙 [셔] 기장. 英譯 glutinous millet. KangXi radical number 202. 漢典 形聲. 從禾, 雨省聲. 本義: 植物名. 亦稱"稷", "糜子". 康熙 <黍部> {唐韻}{集韻}舒呂切, {韻會}{正韻}賞呂切, 丛音暑. {說文}禾屬而黏者也. 以大暑而種, 故謂之黍, 从禾, 雨省聲. 孔子曰: 黍可爲酒, 禾入水也. {字彙}粟屬. 苗似蘆, 高丈餘, 穗黑色, 實圓重, 土宜高燥. {詩緝}黍有二種, 黏者爲秫, 可以釀酒. 不黏者爲黍, 如稻之有秔糯也. {爾雅翼}黍, 大體似稷, 故古人倂言黍稷, 今人謂黍爲黍穄. {禮・曲禮}凡祭宗廟之禮, 黍曰薌合. 又角黍. {續齊諧記}角黍, 菰叶裹黏米爲之, 楚俗投汨羅水祠屈原. 又地名. {左傳・哀七年}宋人築五邑, 一曰黍丘. {註}梁國下邑縣西南有黍丘亭. 又{史記・秦本紀}秦取韓負黍. 又弓名. {荀子・性惡篇}繁弱鉅黍, 古之良弓. 又黃鳥, 一名搏黍. 又蟲名. {爾雅・釋蟲}委黍. {註}鼠婦別名. 又蓬名. {爾雅・釋草}蔨黍蓬. {六書・精薀}黍下從氽, 象細粒散垂之形. 說文 <黍部> 舒呂切. 禾屬而黏者也. 以大暑而穜, 故謂之黍. 从禾, 雨省聲. 孔子曰: "黍可爲酒, 禾入水也." 凡黍之屬皆从黍.

A0659 U-9ED1

•黑• 黑字部 總12劃. 한글 [흑] 검을. 新典 [흑] 검을. 검은 사마귀. 訓蒙 [흑] 거믈. 英譯 black. dark. evil, sinister. 漢典 會意. 小篆字形, 上面是古"囱"字, 卽煙囱, 下面是"炎"字, 表示焚燒出煙之盛. 合起來表示煙火熏黑之意. 本義: 黑色. 康熙 <黑部> {唐韻}呼北切, {集韻}{韻會}{正韻}迄得切, 丛音潶. {說文}火所熏之色也. 韓康伯曰: 北方陰色. {釋名}黑, 晦也. 如晦冥時色也. {易・說卦}坤其於地也爲黑. {書・禹貢}兗州, 厥土黑墳. {禮・檀弓}夏后氏尚黑. 又水名. {書・禹貢}華陽黑水惟梁州, 黑水西河惟雍州. 又{前漢・地理志}益州郡滇池縣有黑水祠. 又黑齒, 國名. {楚辭・招魂}雕題黑齒. 又地名. {左傳・宣六年}公會晉侯宋公于黑壤. 又黑子, 今所謂黶子也. {前漢・高帝紀}左股有七十二黑子. 又{賈誼傳}淮陽之比大諸侯厪如黑子之著面. 又{周禮・天官・籩人}其實麷蕡白黑. {註}黍曰黑. 又{詩・小雅}以其騂黑. {傳}黑, 羊豕也. 又姓. 周有黑肱, 黑胎. 又叶闔各切, 音壑. {史記・龜筴傳}天出五色, 以辨白黑. 地生五穀, 以知善惡. 說文 <黑部> 呼北切. 火所熏之色也. 从炎, 上出囪. 囪, 古窻字. 凡黑之屬皆从黑.

A0233 U-9EDD

•黝• 黑字部 總17劃. 훈글 [유] 검푸를. 新典 [유] 금푸를. 웃둑할. 검은 칠 할. 英譯 black. 漢典 形聲. 從黑, 幼聲. 本義: 淡黑色. 康熙 <黑部> {唐韻}{集韻}{正韻}於糾切, {韻會}幺糾切, 丛音怮. {說文}微靑黑色. {玉篇}黑也, 微靑色也. {爾雅・釋器}黑謂之黝. 又{釋宮}地謂之黝. {註}黑飾地也. {周禮・夏官・牧人}陰祀用黝牲. {註}讀若幽, 黑也. 陰祀祭地北郊及社稷也. 又{王延壽・魯靈光殿賦}互黝糾而搏負. {註}黝糾, 特出貌. 又{廣韻}於脂切, {集韻}於夷切, 丛音伊. {前漢・地理志}丹陽郡黝縣. {註}本作黟, 其音同. 又{廣韻}{集韻}丛於九切, 音懮. {廣雅}黝堊塗也. 禮, 天子諸侯之楹黝堊. 又{集韻}云九切, 音有. 義同. 又一笑切, 音要. 一曰用黑塗地. 說文 <黑部> 於糾切. 微靑黑色. 从黑幼聲. {爾雅}曰: "地謂之黝."

A0481 U-9EF9

•黹• 黹字部 總12劃. 훈글 [치] 바느질할. 新典 [치] 바느질할. 英譯 embroidery, needlework. radical. 康熙 <黹部> {唐韻}陟几切, {廣韻}豬幾切, {集韻}{韻會}展幾切, 丛音撳. {說文}箴縷所紩衣. {爾雅・釋言}黹, 紩也. {郭註}今人呼縫紩衣爲黹. {疏}鄭註司服云: 黼黻絺繡. 爲黹謂刺繡也. {周禮・春官・司服}祭社稷五祀則希冕. {註}或作黹. {說文}从㡀, 丵省. {徐鉉曰}丵, 衆多也. 言箴縷之工不一也. 說文 <黹部> 陟几切. 箴縷所紩衣. 从㡀, 丵省. 凡黹之屬皆从黹.

D0107 U-9EFB

•黻• 黹字部 總17劃. 훈글 [불] 수. 新典 [불] 보불. 슬갑. 英譯 special pattern of embroidery. 漢典 形聲. 從黹, 象縫處縱橫交錯之形, 表示與縫衣或刺繡有關. 本義: 古代禮服上靑黑相間的花紋. 康熙 <黹部> {唐韻}{韻會}分勿切, {集韻}分物切, 丛音弗. {說文}黑與靑相次文. {爾雅・釋言}黼黻, 彰也. {郭註}黼文如斧, 黻文如兩己相背. 又{左傳・桓二年}衮冕黻珽. {杜註}黻, 韋韠, 以蔽膝也. 又{釋名}黻冕, 黻, 紩也. 畫黻紩文綵於衣也. 此皆隨衣而名之也. 所垂前後珠轉減耳. ○ 按黻之狀如①. ①, 古弗字. {增韻}云: 兩已相背形. {周禮・司服}註疏, 黻取臣民背惡向善, 亦取合離之義, 去就之理. ①字两弓相背. 說文 <黹部> 分勿切. 黑與靑相次文. 从黹犮聲.

D0107 U-9EFC

•黼• 黹字部 總19劃. 훈글 [보] 수. 新典 [보] 보불. 正蒙 [보] 보불. 英譯 embroidered official or sacrificial robe. 漢典 形聲. 從黹, 象縫處縱橫交錯之形, 表示與縫衣或刺繡有關. 甫聲. 本義: 古代禮服上繡的半黑半白的花紋. 康熙 <黹部> {唐韻}方榘切, {廣韻}方矩切, {集韻}{韻會}匪父切, 丛音甫. {說文}白與黑相次文. {周禮・冬官考工記}白與黑謂之黼. {爾雅・釋器}斧謂之黼. {疏}黼, 蓋半白半黑, 似斧刃白而身黑, 取能斷意. 一說白西方色, 黑北方色, 西北黑白之交, 乾陽位焉, 剛健能斷, 故畫黼以黑白爲文. {禮・月令}季夏命婦官染采, 黼黻文章必以法故. {賈誼・治安策}美者黼繡. 韓愈{乞巧文}黼黻帝躬. 說文 <黹部> 方榘切. 白與黑相次文. 从黹甫聲.

A0895 U-9EFD

•黽• 黽字部 總13劃. (훈글) [민] 힘쓸. (新典) [민] 힘쓸. [면] 弘農郡名~池. [맹, 밍] 맹꽁이. (訓蒙) [명] 머구리. (英譯) to strive. to endeavor. (漢典) 象形. 甲骨文字形. 象蛙形. 本義: 蛙的一種. (康熙) <黽部> {唐韻}莫杏切, 音猛. {說文}鼃黽也. {爾雅・釋魚}鼁𪓰蟾諸, 在水者黽. {疏}鼁𪓰, 一名蟾諸, 似蝦蟆, 居陸地, 其居水者名黽. 一名耿黽. 一名土鴨. 狀似青蛙, 而腹大. 陶註本草云: 大而青脊者, 俗名土鴨. 其鳴甚壯, 卽此黽也. {埤雅}黽善怒, 故音猛. 又竹名. 求黽. {管子・地員篇}在丘在山, 皆宜竹箭求黽猶檀. {註}求黽, 亦竹類也. 又姓. 漢黽初宮. 見{印藪}. 又{廣韻}武盡切, {集韻}{正韻}弭盡切, 𠀤音泯. 勉也. {詩緝}嚴氏曰: 力所不堪, 心所不欲, 而勉强爲之曰黽. {孫季昭示見編}黽, 蛙屬. 蛙黽之行, 勉强自力, 故曰黽勉. 如猶之爲獸, 其行趦趄, 故曰猶豫. 又{玉篇}眉耿切, {廣韻}武幸切, {集韻}{韻會}母耿切, 𠀤音𪓛. 義同. 又{集韻}{類篇}𠀤眉耕切, 音盲. 地名. {史記・春申君傳}秦踰黽隘之塞而攻楚. {正義曰}黽隘之塞在申州. 又{廣韻}{集韻}彌兖切, {正韻}美辯切, 𠀤音緬. {廣韻}黽池, 縣名. {前漢・地理志}弘農郡有黽池縣. 又{高帝紀}復黽池. {廣韻}黽池, 亦音泯. 又{韻補}叶名舌切, 音蔑. {後漢・桓帝時謠曰}舉秀才, 不知書. 舉孝廉, 父別居. 寒素清白濁如泥, 高第良將怯如黽. {譚苑醍醐云}泥音涅. 或音匿. 黽音蔑. 或音密. 晉書作怯如雞, 蓋不得其音而改之. 按論語, 涅而不緇, 楚辭及史記屈原傳, 作泥而不滓. 索隱曰: 泥音涅, 據此知泥有涅音, 則桓帝時謠黽讀爲蔑矣. {說文}从它, 象形, 黽頭與它頭同. {徐鉉曰}象其腹也. {六書正譌}鼃本義借爲黽勉字. 別作僶, 勔. 𠀤非. 緇字原刻从巛. 它字原刻从龜省彐. (說文) <黽部> 莫杏切. 鼃黽也. 从它, 象形. 黽頭與它頭同. 凡黽之屬皆从黽.

A0892 U-9EFF

•黿• 黽字部 總17劃. (훈글) [원] 자라. (新典) [원] 큰 자라. (訓蒙) [원] 쟈래. (英譯) large turtle, sea turtle. (康熙) <黽部> {唐韻}{集韻}{韻會}𠀤愚袁切, 音元. {說文}大鼈也. {三蒼解詁}似鼈而大. {爾雅翼}黿, 鼈之大者, 闊或至一二丈, 天地之初, 介潭生先龍, 先龍生元黿, 元黿生靈龜, 靈龜生庶龜. 凡介者生於庶龜, 然則黿介蟲之元也, 以鼈爲雌, 黿鳴則鼈應. {淮南子・說山訓}燒黿致鼈, 此以其類求之. {埤雅}黿亦思生, 其脂得火, 可燃鐵. {左傳・宣四年}楚人獻黿於鄭靈公, 公子宋與子家將見. 子公之食指動, 以示子家曰: 他日我如此, 必嘗異味. 及入, 宰夫將解黿, 相視而笑. 公問之, 子家以告. 及食大夫黿, 召子公而弗與也. 子公怒, 染指於鼎, 嘗之而出. 又天黿, 次名. {周語}武王伐紂, 星在天黿. {註}星, 辰星也. 天黿, 次名. 一曰玄枵. ○ 按云辰星是月在須女, 伏天黿之首也. {字彙}謂辰星次名, 誤. 又蜇蜴也. {史記・周本紀}龍亡而漦在櫝, 化爲玄黿, 以入王後宮. {索隱曰}亦作蚖, 蜇蜴也. 又{廣韻}五丸切, {集韻}五官切, 𠀤音岏. 義同. 又{韻補}叶虞雲切, 音輑. {蘇軾・季氏瀋珍閣銘}因石阜以庭宇, 跨飲江之鼇黿, 岌飛簷與鐵柱, 插淸江之淪淪. (說文) <黽部> 愚袁切. 大鼈也. 从黽元聲.

A0895 U-9F03

•鼃• 黽字部 總19劃. (훈글) [와] 개구리. [왜] 비로소. (新典) [왜] 맹꽁이. (英譯) the edible water-frog. (康熙) <黽部> {正字通}同蠅. (說文) <黽部> 烏媧切. 蝦蟇也. 从黽圭聲.

A0896 U-9F04

•鼄• 黽字部 總19劃. (훈글) [주] 거미. (英譯) the spider. (康熙) <黽部> {唐韻}陟輸切, {集韻}追輸切, 𠀤音株. {說文}鼅鼄也. {爾雅·釋蟲}鼅鼄, 鼄蝥. {郭註}今江東呼蝃蝥, 在地中布網者土鼅鼄, 絡幕草上者草鼅鼄. {揚子·方言}自關而西, 秦晉之閒, 謂之鼄蝥. 自關而東, 趙魏之郊, 謂之鼅鼄, 或謂之蠾蝓. 北燕朝鮮洌水之閒, 謂之蝳蜍. {三國志·管輅傳}輅射覆, 卦成曰: 第三物觳觫長足, 吐絲成羅, 尋網求食, 利在昏夜, 此鼅鼄也. 俗作蛛. (說文) <黽部> 陟輸切. 鼅鼄也. 从黽朱聲.

A0893 U-9F08

•鼈• 黽字部 總25劃. (훈글) [별] 자라. (訓蒙) [별] 쟈래. (英譯) a fresh-water turtle, Trionyx sinensis. (康熙) <黽部> {唐韻}并列切, {集韻}{韻會}{正韻}必列切, 𠀤音鷩. {說文}甲蟲. {玉篇}龜屬. 一名神守. 一名河伯从事. {埤雅}鼈以眼聽, 穹脊連脅, 水居陸生. {爾雅翼}鼈卵生, 形圓脊穹, 四周有. 帬易說卦: 離爲鼈, 爲蟹, 爲龜, 以其骨在外, 肉在內也. 周禮冬官考工記, 外骨爲龜屬, 內骨爲鼈屬, 以鼈有肉緣, 比龜爲內骨耳. {淮南子·說林訓}鼈無耳, 而目不可瞥, 精於明也. 陸佃曰: 鶴影生, 鼈思生, 鼈伏於淵而卵剖於陵, 此以思化也. {又}鼈伏隨日, 謂隨日光所轉, 朝首東鄉, 夕首西鄉. 又{爾雅·釋魚}鼈三足爲能. {山海經}從山多三足鼈. 又納鼈. {本草註}鼈無足而頭尾不縮者, 名曰納鼈. 又星名. {史記·天官書}旬始出於北斗旁, 狀如雄雞, 其怒青黑, 象伏鼈. 又縣名. {前漢·地理志}牂牁郡鼈縣. 又官名. {周禮·天官·鼈人}掌取互物. 又姓. {蜀王本紀}鼈令尸亡隨江郫, 與望帝相見, 望帝以爲相, 而禪國, 號曰開明. 又木鼈子, 番木鼈, 𠀤草名. 又石鼈. {本草註}石鼈生海邊. 又土鼈, 畜象處, 象屎所生, 斬斷復自合, 能續骨. 又蕨別名. 亦作虌. {爾雅·釋草}蕨虌. {郭註}初生無菜, 可食, 江西謂之虌. {詩·召南}言采其蕨. {毛傳}蕨, 鼈也. 其初生時似鼈脚, 故名. 又叶毘祭切, 音備. {左思·蜀都賦}白黿命鼈, 玄獺上祭. 俗作蟞鱉. (說文) <黽部> 并列切. 甲蟲也. 从黽敝聲.

A0895 U-9F09

•鼉• 黽字部 總25劃. (훈글) [타] 악어. (新典) [라] 자라. (類合) [타] 야기. (英譯) large reptile, water lizard. (康熙) <黽部> {唐韻}徒何切, {集韻}{韻會}{正韻}唐何切, 𠀤音駝. {說文}水蟲. {陸璣云}鼉似蜥蜴, 長丈餘, 其甲如鎧, 皮堅厚, 可冒鼓. {詩·大雅}鼉鼓逢逢. 一說鼓聲逢逢, 象鼉鳴. {續博物志}鼉長一丈, 其聲似鼓. {埤雅}鼉鳴應更, 吳越謂之鼉更. 又鼉欲雨則鳴, 里俗以鼉識雨. {禮·月令}季夏, 天子命漁師, 伐蛟取鼉, 登龜取黿. 亦作鱓. {呂氏春秋}帝顓頊令鱓先爲樂倡, 鱓乃偃浸, 以其尾鼓其腹, 其音英, 卽鼉也. 又{史記·晉世家}曲沃桓叔子鱓. {索隱}鱓音陀. 又{集韻}唐干切, 音壇. 又時戰切, 音繕. 義𠀤同. 又叶徒沿切, 音田. {馬融·廣成頌}左挈夔龍, 右提蛟鼉. 春獻王鮪, 夏薦鼈黿. (說文) <黽部> 徒何切. 水蟲. 似蜥易, 長大. 从黽單聲.

A0416 U-9F0E

•鼎• 鼎字部 總13劃. (훈글) [정] 솥. (新典) [뎡] 솟. 바야흐로. 느러질. 새로울. 맛당할. (訓蒙)

[뎡] 솓. 英譯 large, three-legged bronze caldron. 漢典 象形. 甲骨文字形, 上面的部分象鼎的左右耳及鼎腹, 下面象鼎足. 本義: 古代烹煮用的器物. 康熙 <鼎部> 古文: 鼑. {唐韻}{集韻}{韻會}太都挺切, 音頂. {說文}鼎三足兩耳, 和五味之寶器也. 昔禹收九牧之金, 鑄鼎荊山之下. {玉篇}鼎, 所以熟食器也. {左傳・宣三年}昔夏之方有德也, 遠方圖物, 貢金九牧, 鑄鼎象物, 百物而爲之備, 使民知神姦, 故民入川澤山林, 不逢不若, 螭魅罔兩莫能逢之. {周禮・天官・膳夫}王日一舉鼎, 十有二物, 皆有俎. {鄭註}鼎有十二, 牢鼎九, 陪鼎三. 又{周易卦名}巽下離上之卦. 又{正韻}鼎, 當也. 又方也. {前漢・賈誼傳}天子春秋鼎盛. 又鼎鼎, 大舒也. {禮・檀弓}喪事鼎鼎爾, 則小人. {疏}形體寬慢也. 又周鼎, 星名. 見{步天歌}. 又湖名. {史記・封禪書}黃帝鑄鼎於荊山, 後世因名其處爲鼎湖. 又州名. 宋朗州改鼎州. 又城門名. {後漢・郡國志}雒陽東城曰鼎門. {註}九鼎所後入. 又維舟曰鼎. {揚子・方言}維之謂之鼎. 又官名. {前漢・東方朔傳}夏育爲鼎官. {註}鼎官, 今殿前舉鼎者也. 又姓. 未將鼎澧. 又人名. {西京雜記}鼎, 匡衡小名也. 又{前漢・匡衡傳註}張晏曰: 匡衡少時字鼎, 長乃易字稚圭, 世所傳衡與貢禹書, 上言衡狀報, 下言匡鼎白, 知是字也. {又}無說詩匡鼎來. {註}服虔曰: 鼎, 猶言當也, 若言匡且來也. ○ 按服虔註誤. 又{前漢・賈捐之傳}捐之復短石顯. 楊興曰: 顯鼎貴. {註}如淳曰: 言方且欲貴矣. 鼎音釘. 師古曰: 讀如字. 又叶他經切, 音汀. {左思・吳都賦}精若耀星, 聲若雷霆. 名藏於山經, 形鏤於夏鼎. 說文 <鼎部> 都挺切. 三足兩耳, 和五味之寶器也. 昔禹收九牧之金, 鑄鼎荊山之下, 入山林川澤, 螭魅蛧蜽, 莫能逢之, 以協承天休. {易}卦: 巽木於下者爲鼎, 象析木以炊也. 籀文以鼎爲貞字. 凡鼎之屬皆从鼎.

A0417 U-4D7C

•鬺• 鼎字部 總24劃. 흔글 [상] 익힐. 英譯 to boil. to cook. to stew. 康熙 <鼎部> {廣韻}式羊切, {集韻}尸羊切, 太音商. {玉篇}煑也. 亦作鬺.

A0186 U-9F13

•鼓• 鼓字部 總13劃. 흔글 [고] 북. 新典 [고] 북. 휘. 訓蒙 [고] 붑. 英譯 drum. beat, top, strike. 漢典 會意. 甲骨文字形, 左邊是鼓的本字, 右邊是"支", 表示手持棒槌擊鼓. 本義: 鼓, 一種打擊樂器. 康熙 <鼓部> 古文: 鞁. {唐韻}工戶切, {集韻}{韻會}果五切, {正韻}公土切, 太音古. 革音之器. 伊耆氏造鼓. {說文}鼓, 郭也. 春分之音, 萬物郭皮甲而出, 故謂之鼓. {徐鍇曰}郭者, 覆冒之意. {玉篇}瓦爲椌, 革爲面, 可以擊也. 樂書, 鼓所以檢樂, 爲羣音長. {周禮・地官・鼓人}掌教六鼓. {註}六鼓: 靁鼓八面, 靈鼓六面, 路鼓四面, 鼖鼓, 皋鼓, 晉鼓, 皆兩面. 又夏后氏足鼓, 置鼓於趺上, 謂之節鼓. 殷楹鼓, 以柱貫中, 上出而樹之也. 周縣鼓, 植簨虡而縣之也. 又星名. {爾雅・釋天}河鼓謂之牽牛. {郭註}荊楚人呼牽牛爲擔鼓. 擔者, 荷也. 又{前漢・五行志}天水冀南山大石鳴, 曰石鼓, 鳴則有兵. 又國名. 春秋鼓國, 白狄别種. {左傳・昭二十三年}晉襲鼓, 滅之. {後漢・郡國志}鉅鹿下曲陽有鼓聚, 故翟鼓子國. 又量名. {禮・曲禮}獻米者操量鼓. {廣雅}斛謂之鼓. {荀子・富國篇}瓜桃棗李, 一本數以盆鼓. {註}鼓, 量也. 謂數度以盆量也. 又{後漢・東夷傳}扶餘國, 正月, 國中連日大會飮樂, 名曰迎鼓. {集韻}俗作皷, 非是. 說文 <支部> 公戶切. 擊鼓也. 从支从壴, 壴亦聲.

A0281 U-9F14

•鼓• 鼓字部 總13劃. [ᄒᆞᆫ글] [고] 북칠. [新典] [고] 두다릴. 고동할. 풀무. [英譯] a drum. to drum, from whence comes: to rouse. to swell. to bulge. [康熙] <鼓部> {唐韻}公戸切, 音古. {說文}从支从壴, 壴亦聲. {廣雅}鼓鳴也. {廣韻}擊鼓也. {左傳・莊十年}長勺之戰, 公將鼓之. 又凡有所擊搏曰鼓. {易・離卦}不鼓缶而歌. {詩・小雅}鼓瑟吹笙, 吹笙鼓簧. {又}鼓鍾于宮. 又鐘所擊處, 亦謂之鼓. {周禮・冬官考工記}鳧氏爲鐘, 于上謂之鼓, 鼓上謂之鉦. 又{正韻}撫也, 歛也. 又振動也. {易・繫辭}鼓天下之動者存乎辭. {又}鼓之舞之以盡神. 又扇也, 扇火動橐謂之鼓. {前漢・終軍傳}膠東魯國鼓鑄鹽鐵. {註}如淳曰: 扇熾火謂之鼓. ○ 按{說文}鼓舞之鼓从支, 支音朴. 鐘鼓之鼓从支, 微有不同. 今槩用支, 不復用攴矣.

A0637 U-9F20

•鼠• 鼠字部 總13劃. [ᄒᆞᆫ글] [서] 쥐. [新典] [셔] 쥐. 풀무 드림 할. [訓蒙] [셔] 쥐. [英譯] rat, mouse. KangXi radical 208. [漢典] 象形. 頭部象銳利的鼠牙, 下象足, 脊背, 尾巴形. 本義: 老鼠. [康熙] <鼠部> {唐韻}書呂切, {集韻}{韻會}{正韻}賞呂切, 𠀤音暑. {說文}穴蟲之總名也. {廣韻}鼠, 小獸, 善爲盜. {春秋・運斗樞}玉樞星散而爲鼠. {易・繫辭}艮爲鼠. 又十二生肖之首. 又水鼠. {雲僊雜志}穴水旁岸隙, 似鼠而小, 食菱芡魚蝦. 又冰鼠. 東方朔云: 生北荒積冰下, 皮毛柔, 可爲席. 又火鼠. {神異經}出西域及南海火洲山有野火鼠, 人取其毛績之, 號火浣布. 又陰鼠. {郭璞・山海經序}陰鼠生於炎山. 又耳鼠. {山海經}丹熏山有獸, 狀如鼠, 以其尾飛. 又香鼠. {字彙}河南禹州密縣雪霽山香鼠, 長寸餘, 齒鬚畢具香, 類鼷, 踰大路則死. 又辟毒鼠. {西域舊圖}大秦有辟毒鼠. 又天鼠. {王羲之・十七帖}天鼠膏可治耳聾. 又兀兒鼠. {甘肅地志}涼州地有兀兒鼠者, 似鼠, 有鳥名木周兒者, 似雀, 常與兀兒鼠同穴而處. ○ 按此即{尚書}同穴之鳥鼠也. 又鳥名. 䳛鼠. {山海經}栒狀之山有鳥, 狀如雞而鼠毛, 名曰䳛鼠. 又昌鼠, 鯧鯸魚別名. 又鼠婦, 蟲名. {爾雅・釋蟲}蟠, 鼠負. {註}瓮器底蟲. {疏}負作蟠. 陶註本草云: 多在鼠坎中, 鼠背負之. {詩・豳風}伊威在室. {毛傳}委黍也. 郭璞曰: 鼠婦之別名. 婦, 亦作婦. 又馬直肉下曰輸鼠. {齊民要術}相馬法輸鼠欲方. 又木名. {爾雅・釋木}楰鼠梓. {郭註}楸屬. 又{本草}有鼠李. 又草名. {爾雅・釋草}葝, 鼠尾. {註}可以染皁. {又}蓎鼠莞. {註}纖細似龍鬚, 可爲席. 又{正字通}山名. 鳥鼠同穴山, 在隴西首陽縣. 又土色. {釋名}土赤曰鼠肝, 似鼠肝色也. 又憂也. {詩・小雅}鼠思泣血. 亦書作癙. {小雅}癙憂以痒. 又持兩端曰首鼠. {史記・灌夫傳}武安君召韓御史曰: 何爲首鼠兩端. {註}首鼠, 言一前一卻也. 上象齒, 下象腹爪尾. 俗省作鼡. 楰字原刻臾作曳. [說文] <鼠部> 書呂切. 穴蟲之總名也. 象形. 凡鼠之屬皆从鼠.

A0212 U-9F3B

•鼻• 鼻字部 總14劃. [ᄒᆞᆫ글] [비] 코. [新典] [비] 코. 비롯을. [訓蒙] [비] 고. [英譯] nose. first. KangXi radical 209. [漢典] 會意. 從自, 從畀, "畀"又兼作聲符. "自"是"鼻"的本字, 作"自己"用后, 另造了"鼻"字. "畀"是給予, 付與的意思. 合起來表示一呼一吸, 自相給予. 本義: 鼻子. [康熙] <鼻部> 古文: 自. {唐韻}父二切, {集韻}{韻會}毗至切, {正韻}毗意切, 𠀤音紕. {說文}鼻, 引气自畀也. {釋名}鼻, 嘒也. 出氣嘒嘒也. {管子・水地篇}脾發爲鼻. {白虎通}鼻者, 肺之使. 又{揚子・方言}鼻, 始也. 獸初生謂之鼻, 人初生謂之首. 梁益閒謂鼻爲初, 或謂之

祖. 祖, 居也. 又人之胚胎, 鼻先受形, 故謂始祖爲鼻祖. {揚雄·反騷}或鼻祖於汾隅. 又獵人穿獸鼻曰鼻. 猶持弓曰手弓. {張衡·西京賦}鼻赤象, 圈巨狿. 又炊鼻, 地名. {左傳·昭二十六年}師及齊師戰於炊鼻. {杜註}炊鼻, 魯地. 又有鼻, 國名. 在永州營道縣北. {前漢·昌邑哀王傳}舜封象於有鼻. {師古註}有鼻在零陵. {孟子}作有庳. 又鼻息, 西方國名. 見{風俗通}. 又{後漢·杜篤傳}共川鼻飮之國. {註}相習以鼻飮也. 又反鼻, 蝮蛇別名. 又類鼻, 草名. 生田中, 葉如天名精. {李時珍曰}卽豨薟. 又{內典}阿鼻, 此曰無間. 从自从畀. 俗从白, 非. 說文 <鼻部> 父二切. 引气自畀也. 从自, 畀. 凡鼻之屬皆从鼻.

A0411 U-9F4A

•齊• 齊字部 總14劃. 훈글 [제] 가지런할. 新典 [자, ᄌᆞ] 상옷 아래단 할. [제] 엄숙할. 경제할. 가지런할. 빠를. 공손할. 고를. [재, ᄌᆡ] 재계할. 類合 [제] ᄀᆞᄌᆞᆨ. 英譯 even, uniform, of equal length. 漢典 象形. 甲骨文字形, 象禾麥穗頭長得平整的樣子. 小篆字形下面多了兩條線, 表示地面. 本義: 禾麥吐穗上平整. 康熙 <齊部> 古文: 亝. {唐韻}徂兮切, {集韻}{韻會}{正韻}前西切, 𠀤音臍. {說文}禾麥吐穗上平也. {註}徐鍇曰: 生而齊者, 莫如禾麥. 又{玉篇}整也. {正韻}無偏頗也. {荀子·富國篇}必將修禮以齊朝, 正法以齊官, 平政以齊民. {註}齊, 整也. 又等也. {前漢·食貨志}世家子弟富人, 或鬬雞走狗馬, 弋獵博戲, 亂齊民. {註}如淳曰: 齊, 等也. 無有貴賤, 謂之齊民. 又{正韻}莊也, 肅也. {左傳·文二年}子雖齊聖, 不先父食. {註}齊, 肅也. 又正也. {詩·小雅}人之齊聖. {註}中正通知之人也. {朱傳}齊, 肅也. 又{爾雅·釋言}殷齊, 中也. {註}釋地曰: 岠齊州以南. {疏}齊, 中也. 中州爲齊州. 中州猶言中國也. {列子·黃帝篇}華胥氏之國, 不知斯齊國幾千萬里. {註}斯, 離也. 齊, 中也. 又{廣韻}好也. 又辨也. {易·繫辭}小大者存乎卦. {註}齊, 猶言辨也. 又速也. {爾雅·釋言}疾齊, 壯也. {註}謂速也. {史記·五帝紀}幼而徇齊. {註}徇疾, 齊速, 言聖人幼而疾速. 又國名. 武王封太公之地, 今山東青州濟南濰縣安樂等處是也. 又乾齊, 縣名. 屬酒泉郡. 見{後漢·郡國志}. 又姓. {風俗通·氏姓篇序}四氏, 於國齊魯宋衞, 是也. 又放齊, 堯臣名. 又{謚法}執心克莊曰齊. 資輔就共曰齊. 又與臍通. {左傳·莊六年}後君噬齊. 又{集韻}{韻會}{正韻}𠀤在禮切, 音薺. {集韻}齊齊, 恭慤貌. {禮·玉藻}廟中齊齊. 又{廣韻}在詣切, {集韻}{正韻}才詣切, 𠀤音劑. {禮·內則}凡食齊, 視春時. {周禮·天官·醬人註}食有和齊, 藥之類也. 又酒以度量節作者謂之齊. {周禮·天官·酒正}五齊三酒, 亦作齌. 又火齊, 珠名. 一曰似雲母. 重疊而開, 色黃赤如金. 又{集韻}子計切, 音霽. 和也. {周禮·天官·食醫}八珍之齊. 又{正韻}津私切, 音貲. {論語}攝齊升堂. 孔安國曰: 衣下曰齊. {禮曲禮}兩手摳衣去齊尺. {註}齊, 謂裳下緝也. 又莊皆切. 與齋同. {禮·祭統}齊之爲言齊也, 齊不齊以致齊者也. 又牋西切, 音齏. 與齏同. {周禮·天官·醢人五齊註}齊, 當爲齏. 五齊, 昌本脾析蜃豚拍深蒲也. {疏}齏葅菜肉之通稱. 又與躋同. {禮·樂記}地氣上齊. 又{廣韻}疾私切, 與薺通. {禮·玉藻}趨中采齊. {鄭註}齊, 當爲楚薺之薺. {釋文}齊, 依註作薺, 疾私反. 又{正韻}才資切, 音疵. 引玉藻采齊當讀疵音. 又{正韻}齋字, 古單作齊. 詳齋字註. 又{集韻}子淺切, 音翦. 同剪. {說文}斷也. 剪取其齊, 故謂齊爲剪. {儀禮·既夕}馬下齊髦. {註}齊, 剪也. 說文 <齊部> 徂兮切. 禾麥吐穗上平也. 象形. 凡亝之屬皆从亝.

A0421 U-9F4B

•齋• 齊字部 總17劃. 훈글 [재] 재계할. [자] 상복. 新典 [재, ᄌᆡ] 재계할. 집. 訓蒙 [ᄌᆡ]

집. 英譯 vegetarian diet. study. to fast, abstain. 康熙 <齊部> {廣韻}側皆切, {集韻}{韻會}{正韻}莊皆切, 从債平聲. {正韻}潔也, 莊也, 恭也. {廣雅}齋, 敬也. {禮・祭統}齋之爲言齊也. {易・繫辭}聖人以此齋戒. {註}洗心曰齋. 又{後漢・輿服志}有齋冠曰長冠. 又燕居之室曰齋. 又{集韻}{正韻}从津私切, 音貲. {孟子}齋疏之服. {趙岐註}卽齋縗也. 音資. 又{易・履卦}得其資斧. {子夏傳}作齊斧. 虞喜志林云: 當作齋. 齋戒入廟而受斧也. 又叶眞而切, 音支. {後漢・周澤傳}生世不諧, 作太常妻, 一年三百六十日, 三百五十九日齋. ○ 按{說文}示齊爲齋. 示, 明也, 祇也. 齊者, 萬物之潔齊也. 洪武{正韻}云: 古單作齊, 後人于其下加立心, 以別之耳. 說文 <示部> 側皆切. 戒, 潔也. 从示, 齊省聲.

A0107 U-9F52

•齒• 齒字部 總15劃. 훈글 [치] 이. 新典 [치] 니. 나. 벌. 갓흘. 訓蒙 [치] 니. 英譯 teeth. gears, cogs. age. KangXi radical 211. 漢典 象形. 甲骨文, 象嘴里的牙齒, 象形字. 戰國文字在上面加了個聲符“止”, 成爲形聲字. 小篆同. 本義: 牙. 康熙 <齒部> 古文: 㠯𠚕𠚕𣥄𠚒. {唐韻}{廣韻}昌里切, {集韻}{類篇}{韻會}醜止切, {正韻}昌止切, 从音紕. {說文}口齗骨也. 象口齒之形. 牙, 牡齒也. {字彙}上曰齒. 下曰牙. {顏師古・急就篇註}齒者總謂口中之骨, 主齰齧者也. {周禮・秋官・小司寇之職}自生齒以上, 登於天府. {鄭註}人生齒而體備, 男八月, 女七月而生齒. 又{釋名}齒, 始也. 少長別, 始乎此也. 以齒食多者長也, 食少者幼也. 又{爾雅・釋詁}鯢齒, 壽也. 註: 齒墮更生細者. 通作兒. {詩・魯頌}黃髮兒齒. 又年也. 又列也. {左傳・隱十一年}寡人若朝於薛, 不敢與諸任齒. {杜註}齒, 列也. {疏}禮記文王世子曰: 古者謂年齡, 齒亦齡也. 然則齒是年之別名, 人以年齒相次列, 以爵位用次列, 亦名爲齒, 故云齒列也. {左傳・昭元年}使后子與子干齒. {杜註}以年齒高下而坐. 又{禮・曲禮}齒路馬有誅. {疏}論量君馬歲數, 亦被責罰, 皆廣敬也. 又類也. {管子・弟子職}同嗛以齒. {註}齒, 類也. 謂食盡則以其所盡之類而進. 又{廣韻}錄也. 又金齒, 地名. 又魚齒, 山名. 在潁川郡. 見{後漢・郡國志}. 又鑿齒, 獸名. {揚雄・長楊賦}鑿齒之徒. {註}獸齒似鑿, 能食人. 又羊齒, 草名. {爾雅・釋草}䔲馬羊齒. {郭註}草細葉, 葉羅生而毛, 似羊齒, 今江東呼爲雁齒. 又黑齒, 外國姓. 又鑿齒, 人名. {山海經}羿與鑿齒戰於壽華之野. {郭註}鑿齒, 人齒如鑿, 長五六寸, 因以爲名. 又習鑿齒, 晉人名. 又{集韻}稱拯切, 稱上聲. 齒也. 說文 <齒部> 昌里切. 口齗骨也. 象口齒之形, 止聲. 凡齒之屬皆从齒.

A0107 U-9F72

•齲• 齒字部 總24劃. 훈글 [우] 충치. 新典 [구] 俗音 [우] 너리 먹올. 英譯 tooth decay. 康熙 <齒部> {唐韻}區禹切, {集韻}{韻會}顆羽切, 从音踽. {說文}齒蠹也. {釋名}齲, 朽也. 蟲齧之齒, 缺朽也. {廣雅}齲, 病也. {史記・倉公傳}齊中大夫病齲齒. {後漢・梁冀傳}冀妻能爲齲齒笑. {註}風俗通曰: 齲齒笑者, 若齒痛不忻忻也. {淮南子・說山訓}割脣而治齲. 又{正韻}齲, 齒啓貌. 又{集韻}果羽切, 音矩. 義同.

A0772 U-9F8D

•龍• 龍字部 總16劃. 훈글 [룡] 용. 新典 [룡] 미르, 룡. [총] 寵同. [롱] 두덕. 訓蒙 [룡]

미르. (英譯) dragon. symbolic of emperor. (漢典) 象形. 甲骨文, 象龍形. 本義: 古代傳說中一種有鱗有須能興雲作雨的神異動物. (康熙) <龍部> 古文: 竜竜䮋龟龒龔龔䶬. {唐韻}{集韻}力鍾切, {韻會}{正韻}盧容切, 𠀤音籠. {說文}龍, 鱗蟲之長, 能幽能明, 能細能巨, 能短能長, 春分而登天, 秋分而潛淵. {廣雅}有鱗曰蛟龍, 有翼曰應龍, 有角曰虬龍, 無角曰螭龍, 未升天曰蟠龍. {本草註}龍耳虧聰, 故謂之龍. {易·乾卦}時乘六龍以御天. 又星名. {左傳·僖五年}龍尾伏辰. {疏}角亢氐房心尾箕爲蒼龍之宿. 又{襄二十八年}龍, 宋鄭之星也. 又山名. 龍門, 在河東, 見{禹貢}. 龍山, 見{山海經}. 封龍, 見{括地志}. 又邑名. {左傳·成二年}齊侯伐我北鄙, 三日取龍. {註}龍, 魯邑. 在泰山博縣西南. 又{前漢·地理志}燉煌郡有龍勒縣. 又官名. {左傳·昭十七年}太皞氏以龍紀, 故爲龍師, 而龍名. 又句龍. {左傳·昭二十九年}共工氏有子曰句龍. 又馬名. {周禮·廋人}馬八尺以上爲龍. {禮·月令}駕蒼龍. 又龍輔, 玉名. {左傳·昭二十九年}公賜公衍羔裘, 使獻龍輔於齊侯. 又草名. {詩·鄭風}隰有游龍. {陸璣·草木疏}一名馬蓼, 生水澤中, 今人謂之小葒草. 又神名. {山海經}有神名燭龍. {屈原·離騷}日安不到, 燭龍何照. 又姓. 漢有龍且. 又複姓. 夏關龍逢, 卽豢龍氏後. 漢御史擾龍羣, 卽劉累之後. 又人名. 奢龍, 黃帝臣. {管子·五行篇}奢龍辨乎東方, 故使爲土師. 又舜臣名. {書·舜典}帝曰: 龍命汝作納言, 夙夜出納朕命. 又{廣雅}龍, 君也. 又{廣韻}通也. 又{玉篇}寵也. {詩·商頌}何天之龍. 我龍受之. {毛傳}讀如字. {朱傳}寵也. 又{玉篇}和也, 萌也. 又{正韻}與寵同. {詩·商頌·何天之龍釋文}鄭讀作寵, 榮名之謂也. ○ 按朱傳作叶音. 又{正韻}音曨. {孟子}有私龍斷焉. 又{集韻}{韻會}𠀤莫江切, 音尨. {集韻}黑白雜色也. {周禮·冬官考工記}玉人上公用龍. {註}謂雜色, 非純玉也. 又叶蒲光切, 音龐. {易·坤卦}故稱龍焉. 叶上嫌於無陽. {揚雄·解嘲}以鴟梟而笑鳳凰, 執蝘蜓而嘲龜龍. {說文}从肉飛之形, 童省聲. {徐鉉曰}象宛轉飛動之貌. (說文) <龍部> 力鍾切. 鱗蟲之長. 能幽, 能明, 能細, 能巨, 能短, 能長 ; 春分而登天, 秋分而潛淵. 从肉, 飛之形, 童省聲. 凡龍之屬皆从龍.

龏 A0135 U-9F8F

•龏• 龍字部 總19劃. (ᄒᆞᆫ글) [공] 공손할. (康熙) <龍部> {唐韻}紀庸切, {集韻}居容切, 𠀤音恭. {說文}慤也. 又{字彙}升也. 又{廣韻}居用切, {集韻}欺用切, 𠀤音供. 義同. 又{廣韻}於角切, {集韻}乙角切, 𠀤音渥. 燭蔽也. {六書正譌}从共省. 會意. 龍聲. 俗作龔, 非. (說文) <収部> 紀庸切. 慤也. 从廾龍聲.

龐 A0584 U-9F90

•龐• 龍字部 總19劃. (ᄒᆞᆫ글) [방] 클. (新典) [롱] 충실할. [방] 어수선할. 놉흔집. (英譯) disorderly, messy. huge, big. (漢典) 形聲. 從廣, 龍聲. 廣, 象高屋形. 本義: 高屋. (康熙) <龍部> {廣韻}薄江切, {集韻}{韻會}皮江切, 𠀤音降. {說文}高屋也. 又雜亂貌. {書·周官}不和政龐. 又姓. 周畢公高後, 封於龐, 因氏焉. 又{集韻}{韻會}𠀤盧東切, 音籠. {集韻}充實也. {詩·小雅}四牡龐龐. {前漢·司馬相如傳}湛恩龐洪. 又地名. {前漢·地理志}九眞郡都龐. 又{集韻}力鍾切, {韻會}{正韻}盧容切, 𠀤音龍. 義同. 又{集韻}蒲蒙切, 音蓬. 充牣也. (說文) <广部> 薄江切. 高屋也. 从广龍聲.

A0773 U-4DAC

◆䶬◆ 龍字部 總22劃. 훈글 [견] 용의 등 갈기. 英譯 hard fins on the back of a dragon. 康熙 <龍部> {唐韻}古賢切, {集韻}經天切, 丛音堅. {說文}龍耆脊上䶬䶬. 又{集韻}㵧緣切, 音翾. 龍背堅骨. 又{廣韻}丁篋切. 龍鬐也. 又{集韻}倪結切, 音齧. 又{廣韻}{集韻}丛魚列切, 音孽. 義丛同. 說文 <龍部> 古賢切. 龍耆脊上䶬䶬. 从龍幵聲.

B0746 U-9F93

◆龓◆ 龍字部 總22劃. 훈글 [롱] 함께 가질. 英譯 a halter. 康熙 <龍部> {唐韻}盧紅切, {集韻}盧東切, 丛音籠. {說文}兼有也. {正字通}漢書. 龓貨物. 今本作籠. 又{玉篇}馬龓頭. {字彙}馬鞁也. 又{廣韻}力孔切, {集韻}魯孔切, 丛音曨. {廣韻}乘馬也. 一曰牽也. 又{集韻}云九切, 音有. 義同. 說文 <有部> 盧紅切. 兼有也. 从有龍聲. 讀若聾.

A0135 U-9F94

◆龔◆ 龍字部 總22劃. 훈글 [공] 공손할. 新典 [공] 공손할. 줄. 이바지할. 英譯 give, present. reverential. 漢典 象形. 甲骨文, 象龍形. 本義: 供給. 后作"供". 康熙 <龍部> {唐韻}俱容切, {集韻}居容切, 丛音恭. {說文}給也. {玉篇}奉也. 亦作供. 又慤也. 與恭同. {梁元帝・告四方檄}中權後勁, 龔行天罰. 又{集韻}州名. 又姓, 晉大夫龔堅. 又前漢龔勝, 龔善, 丛著名節, 世謂之楚兩龔. 說文 <共部> 俱容切. 給也. 从共龍聲.

A0774 U-9F96

◆龖◆ 龍字部 總32劃. 훈글 [답] 두 마리의 용. 英譯 flight of a dragon. 康熙 <龍部> {唐韻}徒合切, {集韻}達合切, 丛音沓. {說文}飛龍也. 又{六書・精蘊}震怖也. 二龍丛飛, 威靈盛赫, 見者氣奪, 故讋从此省. {元包經}震龖之赫霆之砉. 傳曰: 二龍怒也. 又{集韻}悉合切, 音趿. 飛龍也. 說文 <龍部> 徒合切. 飛龍也. 从二龍. 讀若沓.

A0892 U-9F9C

◆龜◆ 龜字部 總16劃. 훈글 [구] 나라 이름. [귀] 거북. [균] 틀. 新典 [귀] 거북. [균] 손 얼어 터질. 類合 [귀] 거붑. 英譯 turtle or tortoise. cuckold. 漢典 象形. 甲骨文字形, 頭象它頭, 左象足, 右象甲殼, 下面象尾. 本義: 烏龜. 康熙 <龜部> 古文: 亀𪚦𪚧. {唐韻}居追切, {集韻}居逵切, {韻會}居爲切, 丛音騩. 甲蟲之長. {說文}龜, 外骨內肉者也. {玉篇}文也, 進也. 外骨內肉, 天性無雄, 以虵爲雄也. {爾雅・釋魚}十龜: 一神龜, 二靈龜, 三攝龜, 四寶龜, 五文龜, 六筮龜, 七山龜, 八澤龜, 九水龜, 十火龜. 又{爾雅・釋魚}龜三足, 賁. {疏}龜之三足者名賁也. 又{廣雅}龜貝, 貨也. {前漢・食貨志}天用莫如龍, 地用莫如馬, 人用莫如龜. 又星名. {石氏星經}天龜六星, 在尾南漢中. 又地名. {春秋・桓十二年}公會宋公于龜. {杜註}宋地. 又山各. {詩・魯頌}奄有龜蒙. {毛傳}龜, 山也. 左傳, 龜陰之田在山北. 山今在山東兗州府泗水縣. 又背梁. {左傳・宣十二年}射麋麗龜. {杜註}麗, 著也. 龜背之隆高當心者. 又官名. {

周禮・春官・龜人}掌六龜之屬. 又龜目, 酒尊也. {禮・明堂位}周以黃目, 蓋以龜目飾尊, 今龜目黃. 又{廣韻}居求切, 音鳩. 龜玆, 西域國名. {前漢・西域傳}龜玆, 音鳩慈. 又{集韻}{韻會}袪尤切, {正韻}驅尤切, 𠀤音丘. 龜玆, 漢縣名. {前漢・地理志}上郡龜玆屬國都尉治. {註}應劭曰: 音丘玆. 師古曰: 龜玆國人來降, 處之於此, 故名. ○ 按龜玆之龜, 有鳩, 丘二音. 又{張衡・西京賦}摭紫貝, 搏耆龜. 搤水豹, 馽潛牛. ○ 按此則龜亦叶尤韻, 不獨龜玆有丘, 鳩二音也. 又{集韻}{韻會}𠀤俱倫切, 音麇. {莊子・逍遙遊}宋人有善爲不龜手之藥者, 世世以洴澼絖爲事. {註}不龜, 謂凍不皸瘃也. {釋文}舉倫反. 又叶於居切, {易・損卦}或益之十朋之龜, 弗克違. {王褒・僮約}結網捕魚, 繳鴈彈鳧. 登山射鹿, 入水掇龜. {正字通}龜本字. 說文 <龜部> 居追切. 舊也. 外骨内肉者也. 从它, 龜頭與它頭同. 天地之性, 廣肩無雄 ; 龜鼈之類, 以它爲雄. 象足甲尾之形. 凡龜之屬皆从龜.

A0111 U-9FA0

•龠• 龠字部 總17劃. ᄒᆞᆫ글 [약] 피리. 新典 [약] 피리. 英譯 flute. pipe, ancient measure. 康熙 <龠部> {唐韻}以灼切, {集韻}{韻會}{正韻}弋灼切, 𠀤音藥. {說文}樂之竹管, 三孔, 以和衆聲也. 从品侖. 侖, 理也. {博雅}龠謂之笛, 有七孔. {詩・邶風}左手執龠. 又作籥. {爾雅・釋樂}大籥謂之産, 其中謂之仲, 小者謂之箹. {春秋・宣八年}壬午猶繹, 萬入去籥. {註}籥, 管也. 又{正韻}量名. 器狀似爵, 以康爵祿. {前漢・律歷志}龠者, 黃鍾律之實, 躍微動氣而生物也. 容千二百黍, 合龠爲合, 十合爲升, 十升爲斗, 十斗爲斛. {字彙}樂之竹管𠀤謂之龠, 惟黃鍾之管, 實以黍米, 積之而成五量之名. 說文, 樂龠字, 本作龠. 別作籥字, 註: 書僮竹笘也. 謂編竹習書也. 今以龠爲龠合字, 以籥爲樂籥字, 後世遂因之, 字从品从侖. 俗省作二口. 說文 <龠部> 以灼切. 樂之竹管, 三孔, 以和眾聲也. 从品, 侖. 侖, 理也. 凡龠之屬皆从龠.

A0111 U-9FA2

•龢• 龠字部 總22劃. ᄒᆞᆫ글 [화] 풍류 조화될. 新典 [화] 和古字. 세피리. 英譯 in harmony. calm, peaceful. 康熙 <龠部> {唐韻}戸戈切, {集韻}{韻會}胡戈切. 𠀤同和. {說文}調也. {廣韻}諧也, 合也. {左傳・襄十一年}如樂之龢. {前漢・敘傳}旼中龢爲庶幾兮, 顏與冉又不再. {註}龢, 古和字. 又晉邑名. {晉語}范宣子與龢大夫爭田. 又殿名. {張衡・東京賦}前殿靈臺, 龢驩安福. {註}龢驩, 殿名. 又鍾名. {六一題跋古器銘}寶龢, 鍾也. 又人名. 庾龢. 見{晉書}. 說文 <龠部> 戸戈切. 調也. 从龠禾聲. 讀與和同.

색 인

부수색인

총획색인

【09】

【10】

【12】

【15】

【16】

【17】

발음색인

鄧 272, 830

【라】

羅 228, 732

【락】

洛 174, 620
濼 183, 634

【란】

羉 228, 732

【랄】

剌 048, 367

【람】

啉 067, 404
婪 089, 446

【랍】

邋 271, 827

【랑】

朗 150, 569
朖 150, 570
狼 196, 660

【래】

來 032, 337
婡 088, 445
徠 120, 509
淶 177, 626
睞 210, 696

【량】

㒳 040, 353
兩 040, 353
良 241, 760
量 275, 836

【려】

儷 037, 347
呂 064, 397
廬 113, 495
戾 127, 524
旅 141, 552
臚 237, 751
驪 294, 879
麗 300, 892

【력】

力 050, 370
曆 148, 564
櫟 161, 590
歷 163, 598
秝 218, 713
鬲 295, 882

【련】

聯 233, 742
輦 264, 813

【렬】

冽 045, 361
列 047, 366
洌 173, 619
烈 186, 640
鋝 276, 838
駠 293, 878

【령】

令 028, 330
姈 085, 440
紷 224, 726
零 284, 859
霝 286, 862
靈 287, 864

【례】

濿 183, 634
砅 212, 701
禮 216, 710
豊 257, 799
醴 274, 834

【로】

爐 191, 647
盧 207, 690
老 230, 737
鑪 277, 840
魯 296, 884
鹵 299, 889

【록】

彔 116, 502
𣘦 160, 588
祿 216, 708
綠 225, 728
鹿 299, 890
麓 300, 891

【론】

論 256, 796

【롱】

嚨 069, 409
弄 114, 497
攏 134, 538
瀧 184, 635
聾 233, 743
龓 305, 904

【뢰】

畾 067, 405
櫑 161, 590
灅 182, 632
牢 193, 654
罍 227, 731
邎 270, 826
雷 284, 859
靁 287, 864

【료】

僚 036, 346
寮 100, 466
尞 102, 472
潦 181, 631
燎 190, 646

【룡】

龍 304, 902

【류】

劉 050, 370
柳 155, 579
流 175, 621

【륙】

六 041, 355
陸 280, 849

【륜】

侖 032, 338

【률】

律 119, 506
栗 156, 580
㮚 159, 586

【름】

亩 026, 326
廩 113, 495

【릉】

夌 077, 425
陵 279, 847

【리】

利 048, 366
吏 062, 392
李 151, 572
莅 243, 766
釐 275, 836
離 283, 856

【린】

吝 062, 394
潾 181, 632
閔 187, 642
燐 190, 646
粦 222, 722
粼 222, 723
鄰 273, 830
麐 299, 891
麟 300, 893

【림】

林 154, 576
霖 285, 862

【립】

立 219, 716

【마】

吽 066, 402
馬 292, 876

【막】

幕 110, 487
莫 243, 766

【만】

卍 054, 376
娩 087, 443
滿 182, 632
萬 244, 768

【망】

亡 025, 324
亾 040, 353
望 150, 569
朢 150, 570
杗 152, 573

편자소개

김태환(金泰煥) : 한국학중앙연구원 선임연구원

갑골문자휘편 (甲骨文字彙編)

초판인쇄 2011년 10월 20일 초판 1쇄 인쇄
초판발행 2011년 10월 31일 초판 1쇄 발행

편 자 김 태 환
발 행 인 윤 석 현
발 행 처 도서출판 박문사
책임편집 최인노 이신
등록번호 제2009-11호

우편주소 ㊐132-702 서울시 도봉구 창동 624-1 북한산 현대홈시티 102-1206
대표전화 02) 992 / 3253
전 송 02) 991 / 1285
홈페이지 http://www.jncbms.co.kr
전자우편 bakmunsa@hanmail.net

ISBN 978-89-94024-70-7 93710 정가 71,000원